Revit Architecture 초보사용자를 위한

Autodesk Revit Architecture를 이용한 주택 모델링

이종렬 · 홍사철

SEOWOO PUBLICATIONS

저자 소개

홍사철
국민대학교 조형대학 건축학과 졸업
국민대학교 조형대학 건축학과 석사/ 박사
前 서라벌대학 건축리모델링과 부교수
現 국민대학교 건축대학 건축학과 강사
現 인덕대학교 실내건축디자인과 강사
現 경민대학교 건축인테리어학과 강사

이종렬
국민대학교 조형대학 건축학과 졸업
국민대학교 조형대학 건축학과 석사/ 박사
現 경민대학교 건축인테리어학과 부교수

이 책에서 다루는 예제에 필요한 템플릿과 패밀리 파일등의 다운로드나
기타 최신 정보는 다음 주소에서 찾을 수 있습니다.

http://books.cyarch.com

Revit Architecture 초보사용자를 위한

Autodesk Revit Architecture를 이용한 주택 모델링

이종렬 · 홍사철

대　　상 : 대학 2, 3학년 대상
건축 전공자 및 인테리어 전공자
(초보자 : 처음으로 Revit Architecture을 접하는 사용자)

사용프로그램 : **Autodesk Revit Architecture 2013 한글판**

개발기간 : **2013년 3월 - 12월**

예상 수업시간 : 주당 3시간 총 15주

이 책은
처음으로 Revit을 대하는 초보자들을 대상으로
주어진 건물을 순차적으로 모델링하면서
Revit이 가지고 있는 기본적인 기능을 개괄적으로 이해하게하여
Revit을 통한 새로운 3차원 설계를 경험하게 하려는 의도로 만들게 되었습니다.

이 책에서 다루는 내용은
다음 단계에서 이루어지는 보다 실무적인 실습을
이루어 낼 수 있는 Revit의 중급 사용자가 되기 위한
준비과정이라 할 수 있습니다.

건축과 인테리어를 전공하는 초보자 모두를 위한 교재로
이 단계에서는 공통적인 과정으로 실습을 하고
다음 단계에서 나누어진 실습이 필요하다고 판단됩니다.

저자 일동

목차

1장 시작하기 전에 Prologue

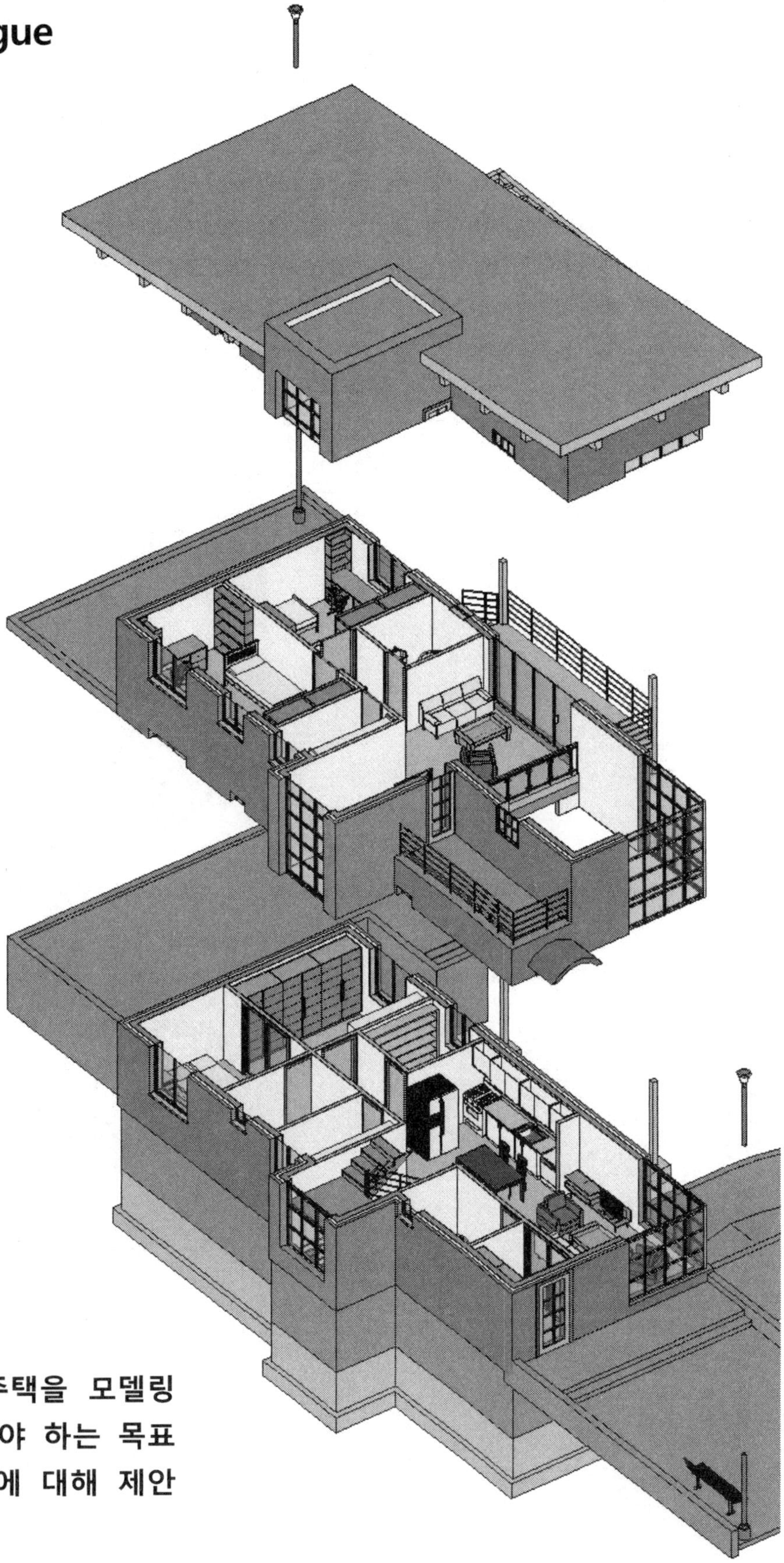

Revit Architecture를 이용하여 주택을 모델링하는 실습 전과정을 통해서 얻어야 하는 목표의 설정과 수업의 진행 및 계획에 대해 제안한다.

1. 시작하기 전에

현재 국내에서 건축과 인테리어를 전공하는 학생들에게 가장 관심 있는 프로그램은 아마 라이노(Rhino)와 레빗(Autodesk Revit Architecture)일 것이다. Rhino는 현재 설계에 많이 등장하는 프리 폼(Free Form)디자인에 대한 관심으로, Revit은 3차원 설계 프로그램의 등장으로 인한 효율성의 극대화에 대한 관심일 것이라 판단할 수 있다. 이 두 가지 프로그램 모두 개인용 컴퓨터를 구성하고 있는 각각의 하드웨어들의 비약적인 발전에 따라 구현의 범위가 넓어져서 가능한 것이 되었음을 우리 모두 주지하고 있는 사항이다.

Revit과 같은 3차원 설계 프로그램의 활용이 높아감에 따라 건축과 인테리어를 표현함에 있어서 이제까지 널리 사용되어 왔던 CAD를 이용한 2차원 설계프로그램의 비효율성이 더욱 더 나타나게 될 것임을 알 수 있다. 한 건물을 Revit에서 모델링함으로써 각각의 작업이 요구되던 평면도와 입면도, 단면도 같은 도면들과 입체들이 서로 연관이 되어 하나의 수정으로 모든 것에 영향을 주는 관계가 되며, 기획에서 설계, 시공, 감리, 완공 후 관리까지 모든 것이 Revit의 모델링을 통해서 가능하게 되는 것은 매우 획기적인 변화로 다가갈 것이다.

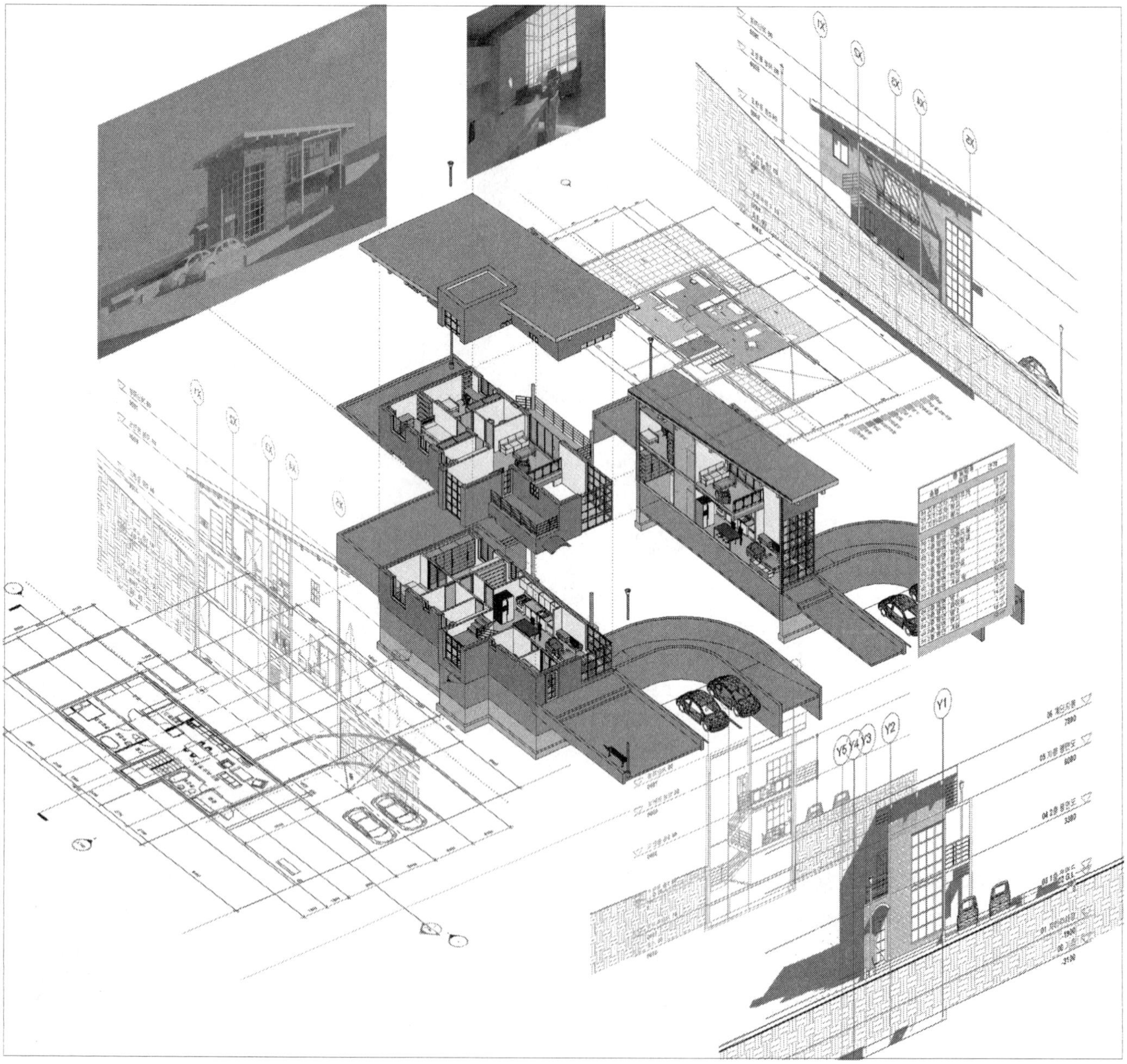

이 교재는 Revit을 처음 배우고자 하는 초보자들을 대상으로 만들어진 것이다. 따라서 Revit에 대한 모든 내용을 담고 있지 않으며, 중급사용자가 되어 Revit을 본인이 직접 활용하여 설계에 적용할 수 있기 위한 준비단계의 교재임을 알려둔다. 따라서 초급 사용자를 위한 설명과 실습 위주의 구성이 주가 될 것이다.

1) 교재의 목표

이 교재를 통해서 학생들이 얻어야 하는 목표를 다음과 같이 제시하고 그 목표에 맞추어 실습을 진행하도록 구성하였다. 이 교재의 목표는 크게 4가지로 제시할 수 있다.

- BIM과 Revit에 대한 개념 이해 및 용어, UI 이해
- Revit을 이용한 주택 모델링
- 실무에 필요한 각종 도면 및 일람표, 범례 추출
- 시각적인 결과물 추출

각 항목의 목표에 대한 세부적인 진행은 다음과 같이 구성하였다.

- **BIM과 Revit에 대한 개념 이해 및 용어, UI 이해**
  - BIM에 대한 일반적인 개념을 이해할 수 있도록 한다.
  - Revit의 사용자 인터페이스, 파라메트릭 객체, 구성요소, 패밀리, 템플릿과 프로젝트 등의 기능과 용어들을 이해하도록 한다.
- **Revit을 이용한 주택 모델링**
  - 레벨과 그리드를 만들고 수정할 수 있도록 한다.
  - 벽과 바닥, 지붕을 만들 수 있도록 한다.
  - 편집 도구를 사용할 수 있도록 한다.
  - 뷰를 조절하고, 객체의 가시성을 지정할 수 있도록 한다.
  - 문과 창 같은 시스템 패밀리를 사용할 수 있도록 한다.
  - 가구 등과 같은 구성요소 패밀리를 사용할 수 있도록 한다.
  - 커튼월과 계단, 난간, 천장 등을 사용할 수 있도록 한다.
  - 지형과 패드, 대지 구성요소를 사용할 수 있도록 한다.
- **실무에 필요한 각종 도면 및 일람표, 범례 추출**
  - 각 층 평면도, 입면도, 천장도 등의 기본적으로 레빗에서 모델링과정에서 나타나는 도면을 추출한다.
  - 단면도, 콜아웃 뷰를 이용한 상세도, 상세 뷰, 드래프트 뷰를 이용한 상세도를 생성한다.
  - 치수, 문자와 태그를 사용한 일람표, 범례와 창호도를 생성한다.
- **시각적인 결과물 추출**
  - 렌더링을 통한 실내외 투시도를 만든다.
  - 보행시선, 태양과 그림자 설정을 사용하여 주택을 프레젠테이션(시뮬레이션) 작업을 한다.
  - 카메라를 이용하여 동영상을 만든다.
  - 프레젠테이션 패널을 만든다.

2) 수업 및 실습 계획

이 교재는 대학에서 건축과 인테리어를 전공하는 학생들을 대상으로 하는 것이므로 대학의 강의 교재로서 사용될 것이며, 현재도 필자들이 강의하고 있는 대학에서 교재로 사용하고 있는 상황이다. 따라서 대학의 교육과정에 맞추어 교재의 실습의 내용과 시간을 구성하고 다음의 표로 제시한다. 기간은 15주 한 학기로 정하고 주당 3시간 정도의 강의와 실습이 필요한 것으로 판단하고 있다.

수업내용 및 일정

NO	수업내용	상세 내용: 수업내용	상세 내용: Revit 모델링 실습	실습/과제	비고
01주	BIM 개요 Revit이란? UI소개	BIM에 대한 개요 설명 Revit이란? Revit Architecture의 인터페이스(UI) 소개 Revit의 주요 용어, 요소 - 모델 요소/ 주석 요소 패밀리 구성요소 패밀리/ 시스템 패밀리 설명	-		
02주	프로젝트 시작 지형면 만들기 레벨 만들기	수업 과정 및 목표 정의 프로젝트의 시작/ 저장 / 실습용 건물 도면 결정 CAD 파일 가져오기/ 지형면 만들기 레벨(Level) 만들기 /기초레벨 G.L.레벨, 각층레벨, 지붕레벨/ Line을 이용한 설정/ Pick Line 설정/ 레벨헤드 및 레벨 이름 조절	- 지형면 만들기 레벨 만들기	실습용 도면 제공 도면 이해	
03주	그리드 그리기 외벽 그리기	그리드(Grid) 그리기 : 수직그리드 그리기/ 수평그리드 그리기/ 그리드 잠금 기능 연습/ 그리드 풍선 조절 및 이름 조절 벽 구성 원리 / 구조 기능, 마무리 기능, 복합 벽 결합 규칙 외벽(Wall) 그리기/ 1,2층 외벽그리기 외벽(Wall) 그리기/ 지하층 외벽그리기	그리드 그리기 외벽 그리기		
04주	기초 벽 및 줄기초 그리기 내벽 그리기	기초벽 그리기 기초 그리기/ 줄기초 그리기 내벽(Wall) 그리기/ 지하층 내벽그리기, 1층 내벽그리기 내벽(Wall) 그리기/ 1층 내벽 복사하여 2층 내벽 붙이기	기초벽 그리기 기초 그리기 내벽 그리기		
05주	바닥 그리기	바닥(Floor) 그리기/ 지하층 바닥그리기 1, 2층 바닥그리기/ 상단베이스 부착/ 슬래브 모서리 그리기 계단실 및 1층 상부 바닥 그리기 화장실 바닥(테이퍼 바닥) 그리기	바닥 그리기		
06주	지붕 그리기	지붕(Roof) 그리기/ 평지붕 그리기/ 지붕 경사주기 지붕 보 시스템 구성 매스를 지붕으로 변환하기	지붕 그리기 보 시스템 구성 매스 지붕 그리기		
07주	문 삽입 창 삽입 커튼월 그리기	문 삽입/ 패밀리 로드 방법, 방향 바꾸기/ 인스턴스(복제) 사용 창 삽입/ 패밀리 로드 방법, 방향 바꾸기/ 인스턴스(복제) 사용 구성요소 삽입/ 가구 등 실내요소 커튼월 추가/ 그리드 및 멀리언 추가 및 유리문 삽입	문 삽입 창 삽입 구성요소 삽입 커튼월 그리기		
08주	중간 평가	평가용 건물을 이용하여 모델링 실습 및 제출		평가용 도면 제공	
09주	계단 그리기 난간 그리기 천장 그리기	계단 그리기 난간 그리기 천장(Ceiling)그리기/ 각 실에 맞는 천장그리기	계단 그리기 난간 그리기 천장 그리기		
10주	기둥 그리기 보 시스템 구성	기둥 그리기 발코니 데크 그리기/ 보 시스템 구성 외부 데크 그리기/ 지하 경사로 바닥 그리기/ 외부 옹벽 그리기	기둥그리기 보 시스템 구성 경사바닥 그리기		
11주	대지 그리기 패드 그리기	대지(Site) 그리기/ 배치도 레벨에 대지(지형) 스케치 패드(Pad) 그리기/ 패드 스케치 대지 구성요소 삽입	대지 그리기 패드 그리기 구성요소 삽입		
12주	도면 작업01	치수작성 룸 태그를 이용한 실명 쓰기/ 문자를 이용한 실명쓰기 실 면적표/ 실에 색상 채우기 및 범례 만들기 실면적표 만들기 창호도 만들기/ 문일람표를 이용하여 문/창호도 만들기	치수 작성 룸 태그/ 문자 범례/ 실면적표 창호도		
1.3주	도면 작업02	시트 작성/ 평면도/ 입면도/ 단면도/ 상세도(콜아웃)/ 배치도/ 창호도 만들기/ 면적표, 일람표 시트 구성	시트 작성		
14주	시각적 결과물 추출 작업	단면 뷰/ 카메라 뷰, 일조 분석 각종 뷰 만들기/ 실내 투시도/ 조감도/ 외부 투시도 FBX 파일을 이용한 데이터 교환/ 3D MAX 작업 패널 구성/ 도면 및 뷰 가져오기/ 글자작성/ 이미지 삽입	뷰 구성 각종 뷰 만들기 3D MAX 작업 패널 구성		
15주	평가	과제 부여 및 평가		과제용 도면 제공	

2장 Bim과 Revit

BIM과 Revit의 이론적 설명이 이루어지며, UI(User Interface)와 Revit의 요소와 패밀리, 템플릿도 간략하게 설명된다.

2. BIM과 Revit

1) BIM이란?

BIM이 무엇인가를 단순하게 정의하기는 쉽지 않은 일이다. BIM의 전문가에게 묻는다면 각각의 활동 분야와 관심에 따라 각기 다른 대답이 나올 수 있다. 이는 BIM의 역사가 아직 짧아 통일된 정의가 이루어지지 않은 탓이기도 하겠지만 CAD의 역사 또한 그리 길지 않음에도 그 인식에서 비교적 큰 차이가 없는 것이 비하면 상대적으로 큰 견해의 차이를 가지고 있다.

이는 건축도면을 손으로 그리던 것에서 컴퓨터를 이용하는 것으로 쉽게 이해하는 관점에서 CAD를 바라보는 것이 가능하였던 것에 비하여 BIM의 개념이 기존 건축의 업무 프로세스와 차이가 크기 때문이라고 생각한다.

CAD의 개념 좁은 의미로서의 CAD - 컴퓨터를 이용하여 도면을 그리는 것 (Computer Aided Drafting) 넓은 의미로서의 CAD - 컴퓨터를 이용하는 디자인 (Computer Aided Design)

또한 넓은 의미로서의 CAD는 디자인 전반에 컴퓨터를 이용하는 것으로 쉽게 이해할 수 있다.
반면에 BIM은 그 용어 자체만으로도 명확한 의미를 이해하기가 쉽지 않다.

BIM의 개념 BIM (Building Information Model) - 건축물의 정보를 표현한 모델 BIM (Building Information Modeling) - 모델을 만드는 일 BIM (Building Information Modeler) - 모델을 만드는 소프트웨어 BIM (Building Information Management) - 시공, 감리와 같은 건축 업무뿐만 아니라 사용하는 과정도 포함하며, 건물의 수명이 다한다면 철거하는 과정도 이 정보에 포함되는 것을 나타내는 등 매우 다양한 개념이 나타난다.

BIM의 아버지라 불리는 조지아공대의 척 이스트만 교수는 BIM에 대하여 시설물의 전자적 표현(Electronic Representation of a Facility), 기계가 이해할 수 있는 시설물의 표현(Machine-readable Representation of a Facility)라고 표현했다. 이 두 가지 정의에서 공통으로 나오는 단어는 시설물과 표현이다. 시설물은 건축에서는 건물 즉 Building으로 보아도 무방할 것이다. 그렇다면 표현은 정보라고 할 수 있을 것이다. 즉 정보의 표현이라고 본다면 쉽게 이해할 수 있다.

● BIM의 기본 개념

수작업으로 이루어지던 전통적인 설계와 근래 CAD를 이용한 설계에서는 설계도면을 평면, 입면, 단면과 같은 2차원에 기호를 사용하여 표현하였다. 이 기호들은 공통된 건물에 대한 정보를 다루지만 서로 영향을 주지 못하고 독립적이었다. BIM은 설계를 벽, 창, 문 등과 같은 객체나 요소들로 표현하는데 이 객체와 요소들은 파라메트릭 특성을 가지고 있다. 정보는 모두 건물 모델에 저장되며, 이 정보로부터 전통적인 도면들을 추출할 수 있다. 파라메트릭 특성 덕분에 한 부분의 정보를 수정하면 그것과 관련된 것(모델, 각 도면, 일람표 등)들이 모두 자동으로 갱신된다.

● 사용자에 맞춰 건물 정보를 사용한다.

건축가는 도면 형식의 정보를, 구조 엔지니어나 MEP(Mechanical(HVAC), Electrical, Plumbing) 엔지니어는 프레임이나 다이어그램으로 표현한 데이터 형태의 자료로 정보를 다룬다. 이는 사용하는 인터페이스는 다르지만,

데이터 자체는 건물 모델에서 나오는 같은 내용인 것으로 BIM에서는 이것들을 통합하여 다루게 된다. MEP란 Mechanical(HVAC), Electrical, Plumbing의 약자로 설비, 전기, 배관을 뜻하며, HVAC는 Heating, Ventilation, Air Conditioning으로 난방, 냉방, 공조 등의 설비를 나타낸다.

● 오류에 대한 대처와 수정이 용이하다.

BIM은 설계, 시공, 운영의 모든 단계에 걸쳐서 일어나는 오류를 잘 대처할 수 있다. 건물 모델의 어느 한 부분의 오류를 수정하면 관련된 다른 부분들도 자동적으로 변경되기 때문이다. 이렇게 건물을 일관된 방식으로 관리하면 도면을 조정하는 작업이 쉬워지고 문서 작업에서 오류가 발생할 가능성이 크게 줄어들게 되며, 수작업으로 문서를 검토하고 조정하는데 낭비할 시간을 설계를 개선하는데 투자 할 수 있게 되어 결과적으로 시방서의 품질이 높아지고 설계 변경과 조정에 들어가는 비용이 절감되게 되는 것이다.

● 정보의 활용이 다양하다.

BIM은 정보를 자유자재로 활용할 수 있도록 한다. 건물 모델이 가지고 있는 각 정보를 사용자가 필요한 형태로 변형하여 사용할 수 있다. 예를 들면, 창호 등의 일람표를 작성하기도 하고, 이를 공정관리와 사후 보수, 관리를 위한 자료로 활용할 수 있다는 것이다.

2) Revit이란?

BIM은 건물의 정보를 모델에 포함시켜 이용한다. 건축의 각 분야에서 BIM 기술이 도입되기 위해서는 우선적으로 정보를 담을 3D Model을 만드는 것이 필수적이다. 이러한 모델링을 위한 도구는 여러 가지가 있는데 국내에서는 그중에서 Autodesk에서 만들어진 Revit이 가장 대중적으로 사용되고 있다.

Revit은 Architecture, Structure, MEP의 세 가지 버전이 있는데 여기서는 가장 많이 사용되는 건축설계 및 인테리어 설계용 Revit Architecture를 사용한다. 많이 사용하는 소프트웨어는 다음 표와 같다. 앞으로 이 교재에서 주로 다루는 것은 Revit Architecture로 건축 관련 소프트웨어로 통상 Revit은 Revit Architecture를 말하는 것이 된다.

분야	소프트웨어
건축	Revit Architecture, ArchiCAD
구조설계	Revit Structure
환경	ECOTECT, Ecodesigner, Designbuilder
건축설비	Revit MEP, AutoCAD MEP

● 파라메트릭(Parametric) 모델링 기법

Revit Architecture는 파라메트릭 모델링 기법으로 설계를 하게 되도록 되어있으며, Revit의 각 요소간의 설정 조건에 따라 모델링 되는 것으로 이 설정조건이 바로 파라메터(Parameter)가 되는 것이다. 이것은 Revit Architecture가 객체지향(Object Based)의 소프트웨어가 되는 이유이기도 하다. 구속조건이나 레벨에 의해 제어되는 Revit의 벽이나 바닥과 같은 시스템 요소와 창, 문과 같은 패밀리 요소 같은 것들을 예로 들 수 있다.

● 양방향 연관성

Revit Architecture는 양방향 연관성을 가지고 있다. 모델의 한 부분수정을 가하면 바로 다른 뷰들에 그 변화가 적용되는 기능이다. 양방향 연관성은 모든 건물 모델에 연관된 요소에 자동적으로 적용된다. 벽의 위치를 변경하면 창문, 문, 천장 등의 그 벽과 연관된 모든 요소와 그 벽의 위치 변화에 영향을 받는 모든 요소가 수정된다.

3) Revit의 UI(User Interface) 소개

Revit은 2010 버전 이후로 Microsoft에서 Office 2007 이후 버전에서 사용하는 리본 메뉴 인터페이스를 적용하고 있으며 버전 별로 인터페이스가 약간씩 달라지고 있으며, 사용자화에 의하여 다르게 구성할 수 있다.

Revit의 화면구성은 다음과 같이 나타난다.(Revit Architecture 2013)

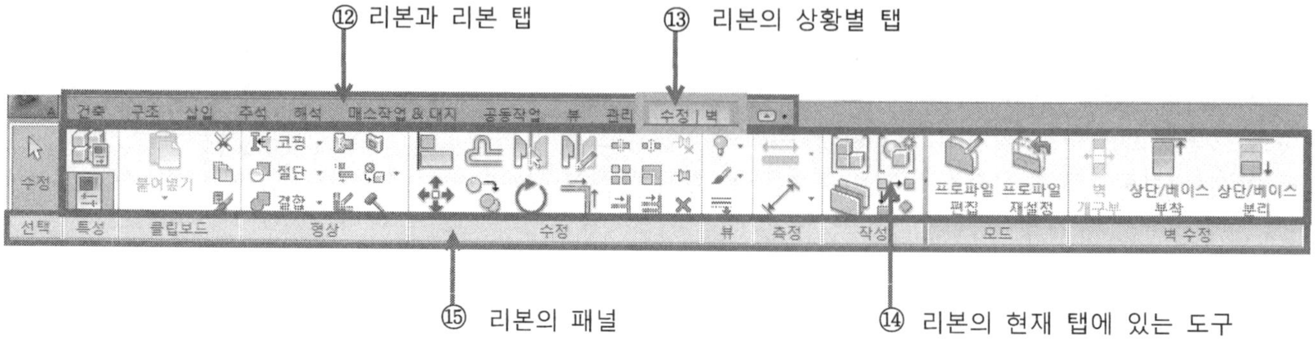

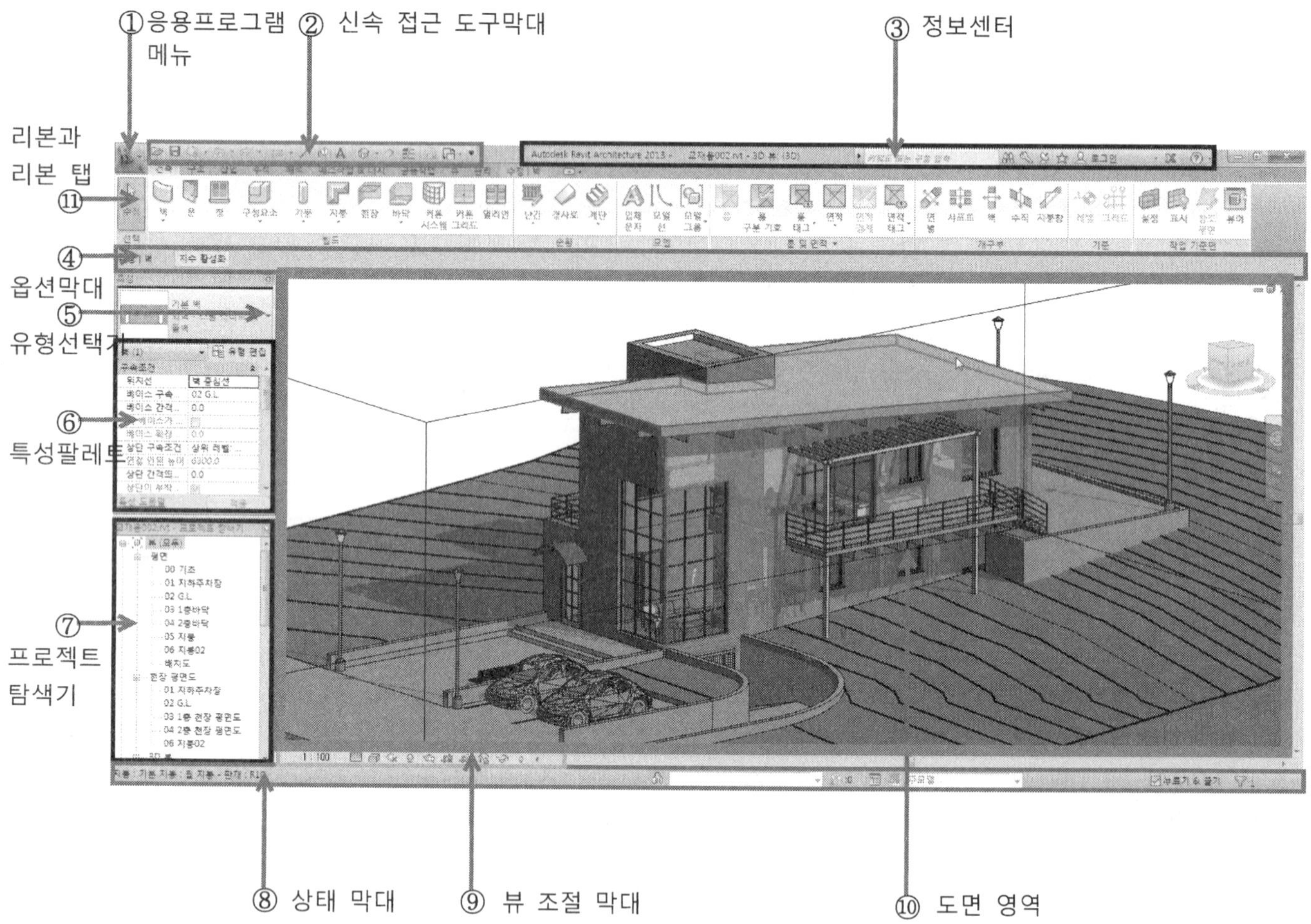

① 응용프로그램 메뉴

응용프로그램 메뉴에서는 새로 만들기, 열기 및 저장과 같은 일반 파일 작업에 액세스할 수 있다. 이 메뉴를 통해 사용자가 내보내기 및 게시와 같은 고급 도구를 사용하여 파일을 관리할 수도 있다.

 을 클릭하여 응용프로그램 메뉴를 실행시킨다.

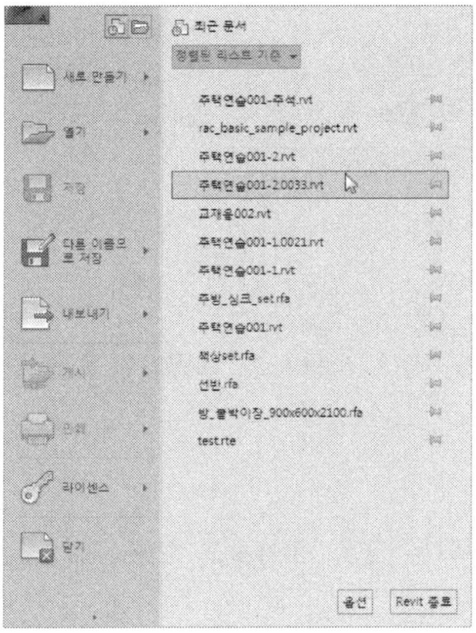

다음 왼쪽 클릭	열리는 대화상자
(새로 만들기)	새 프로젝트 대화상자
(열기)	열기 대화상자
(인쇄)	인쇄 대화상자
(게시)	DWF 게시 설정 대화상자
(라이센스)	제품과 라이센스 정보 대화상자

각 메뉴 항목에 대한 선택사항을 표시하려면 오른쪽에 있는 화살표를 클릭한다. 그런 다음 리스트에서 원하는 항목을 클릭한다. 단축키로 왼쪽에 있는 응용프로그램 메뉴의 주 버튼을 클릭하여 기본 작업을 수행할 수 있다.

● 최근 문서

응용프로그램 메뉴에서 최근 문서 버튼을 클릭하여 최근에 연 파일 리스트를 표시한다. 드롭다운 리스트를 사용하여 최근 문서의 정렬 순서를 변경한다. 압정을 사용하면 얼마나 최근에 문서를 열었는지에 관계없이 리스트의 문서를 유지할 수 있다.

● 열린 문서

응용프로그램 메뉴에서 열린 문서 버튼을 클릭하여 열려 있는 모든 뷰 리스트를 열린 파일에 표시한다. 리스트에서 뷰를 선택하여 도면 영역에 표시한다.

② 신속 접근 도구막대

신속 접근 도구막대에는 기본 도구 세트가 포함되어 있는데 이 도구막대에 가장 자주 사용하는 도구를 표시할 수 있다.

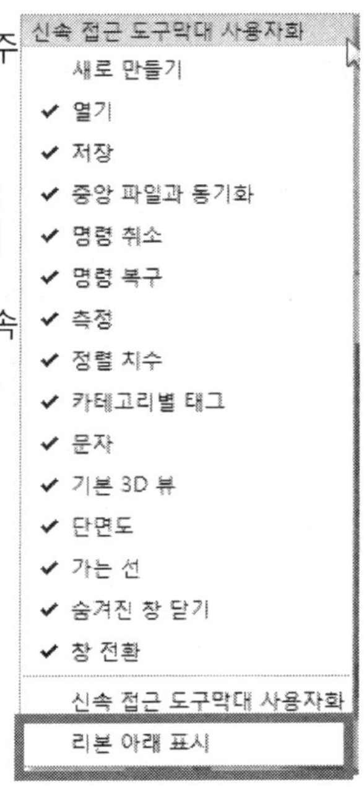

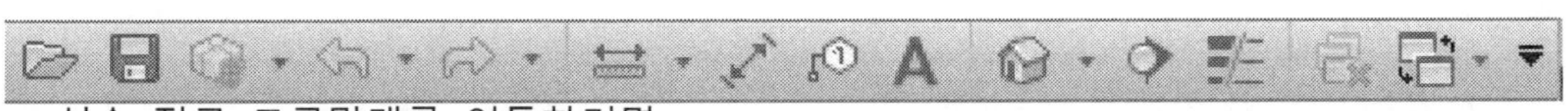

● 신속 접근 도구막대를 이동하려면

신속 접근 도구막대는 리본 위 또는 아래에 표시될 수 있다. 설정을 변경하려면 신속 접근 도구막대에서 신속 접근 도구막대 사용자화 드롭다운 리본 아래 표시를 클릭한다.

● 신속 접근 도구막대에 도구를 추가하려면

리본을 탐색하여 추가할 도구를 표시한다. 도구를 마우스 오른쪽 버튼으로 클릭하고 신속 접근 도구막대에 추가를 클릭한다. 하지만 상황별 탭의 일부 도구는 신속 접근 도구막대에 추가할 수 없다.

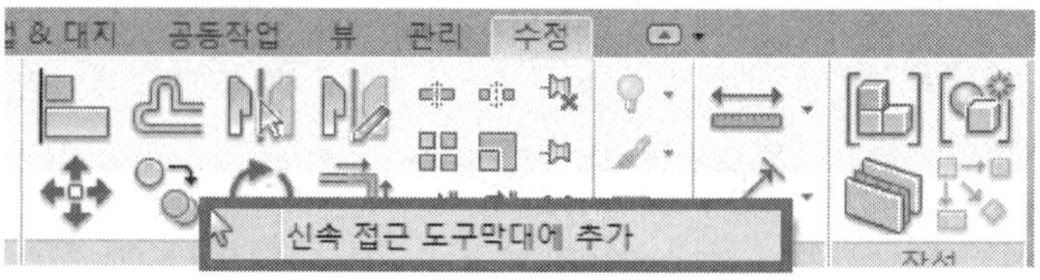

신속 접근 도구막대에서 기본 도구를 제거한 경우 신속 접근 도구막대 사용자화 드롭다운을 클릭하고 추가할 도구를 선택하여 다시 추가할 수 있다.

③ 정보센터

정보센터는 여러 Autodesk 제품에서 사용되는 기능이다. 정보센터는 제목 표시줄의 오른쪽에 있는 도구 세트로 구성되며, 이러한 도구 세트를 통해 많은 제품 관련 정보 출처에 액세스할 수 있다. Autodesk 제품 및 구성에 따라 이러한 도구는 다를 수 있다. 예를 들어, 일부 제품의 정보센터 도구막대에는 Autodesk 360 서비스에 대한 로그인 버튼이나 Autodesk Exchange에 대한 링크가 포함될 수도 있다.

● 검색 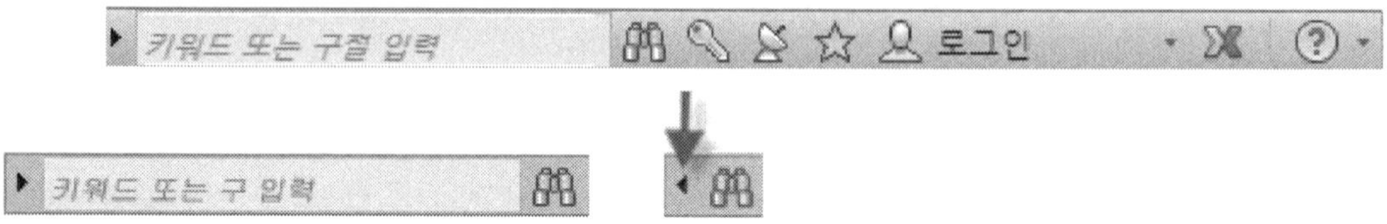

검색 상자 및 버튼을 사용하여 온라인 도움말에서 정보를 신속하게 찾을 수 있다. 검색 상자를 축소된 상태로 전환하려면 확장/축소 화살표를 클릭한다.

● Subscription 센터 

Autodesk subscription 회원만 Subscription 서비스를 사용할 수 있다. 서비스는 다음에 대한 액세스를 포함한다. Autodesk 소프트웨어의 최신 릴리즈, 증가하는 제품 향상 기능, Autodesk 기술 전문가가 제공하는 개인화된 웹 지원, 자율 e-Learning이 대상이 된다. 사용할 수 있는 옵션의 드롭다운 메뉴를 보려면 Subscription 센터 버튼을 클릭한다.

● 커뮤니케이션 센터 

커뮤니케이션 센터는 다음과 같은 유형의 알림을 제공한다.

Autodesk 채널: 지원 정보, 제품 업데이트 및 기타 공지 사항(기사 및 팁 포함)을 수신한다.

RSS Feed: 가입할 RSS Feed에서 정보를 수신한다. 일반적으로 RSS Feed는 새 콘텐츠가 게시되면 사용자에게 알려준다. 소프트웨어 설치 시 몇 가지 기본 RSS Feed에 자동으로 가입할 수도 있다.

● 즐겨찾기 

즐겨찾기 도구를 사용하여 Subscription 센터 및 커뮤니케이션 센터에서 저장한 중요 링크에 신속하게 액세스할 수 있다. 즐겨찾기를 추가하려면 Subscription 센터 또는 커뮤니케이션 센터를 열고 추가할 링크 옆에 있는 즐겨찾기 버튼을 클릭한다.

● 로그인 

이 옵션을 사용하여 Subscription 센터와 동일한 서비스에 액세스할 수 있지만, Autodesk 360의 이동성 및 공동작업 이점이 추가되었다.

● 정보센터 설정

Subscription 센터 및 커뮤니케이션 센터가 있는 경우 정보센터 설정 대화상자에서 알림 동작, RSS Feed, Autodesk 채널 등의 설정을 사용자화 할 수 있다. 이 대화상자를 열려면 Subscription 센터, 커뮤니케이션 센터 또는 즐겨찾기 메뉴의 맨 위에 있는 정보센터 설정 버튼을 클릭한다.

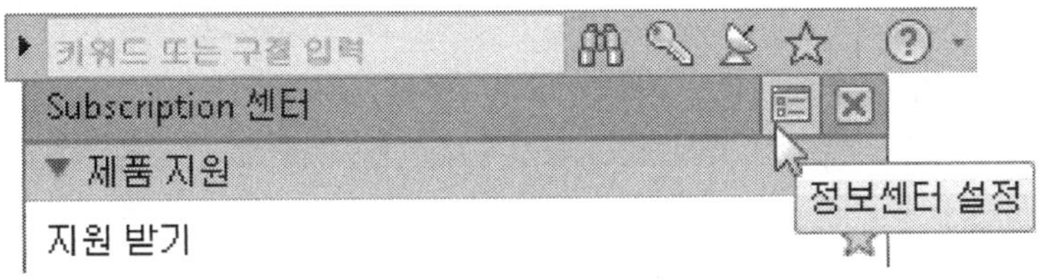

④ 옵션 막대

옵션 막대는 리본 아래에 있으며 해당 내용은 현재 도구나 선택된 요소에 따라 달라지며, Revit 창(상태 막대 위) 하단으로 옵션 막대를 이동하려면 옵션 막대를 마우스 오른쪽 버튼으로 클릭한 후 하단에 고정을 클릭한다.

⑤ 유형 선택기

요소를 배치하는 도구가 활성화되어 있거나 같은 유형의 요소를 도면 영역에서 선택하면 특성 팔레트 상단에 유형 선택기가 표시되는데 유형 선택기는 현재 선택된 패밀리 유형을 식별하고 다른 유형을 선택할 수 있는 드롭다운을 제공한다.

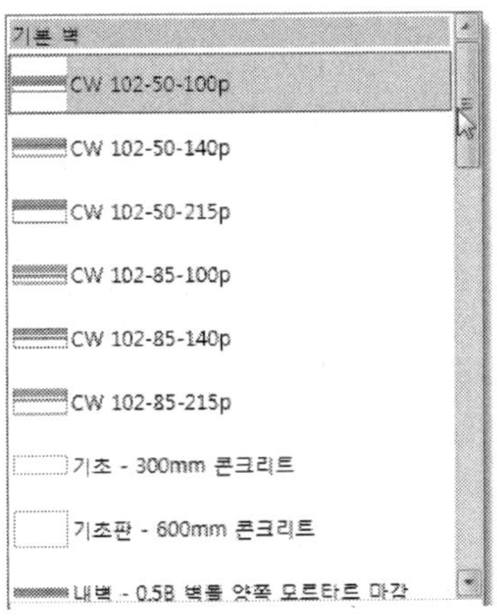

특성 팔레트를 닫을 때 유형 선택기를 사용할 수 있도록 설정하려면 유형 선택기 내에서 마우스 오른쪽 버튼을 클릭하고 신속 접근 도구막대에 추가를 클릭한다. 유형 선택기를 수정 탭에서 사용 가능하도록 설정하려면 특성 팔레트 내에서 마우스 오른쪽 버튼을 클릭하고 리본 수정 탭에 추가를 클릭한다. 요소를 선택할 때마다 수정 탭에 반영된다.

⑥ 특성 팔레트

특성 팔레트는 Revit에서 요소의 특성을 정의하는 매개변수를 보고 수정할 수 있는 대화상자로, 처음으로 Revit을 시작하면 특성 팔레트가 열리고 도면 영역 왼쪽에 있는 프로젝트 탐색기 위에 고정된다. 하지만 특성 팔레트를 닫히는 경우에는 다음 방법을 사용하여 다시 열 수 있다.

수정 탭 특성 패널(특성)을 클릭한다.

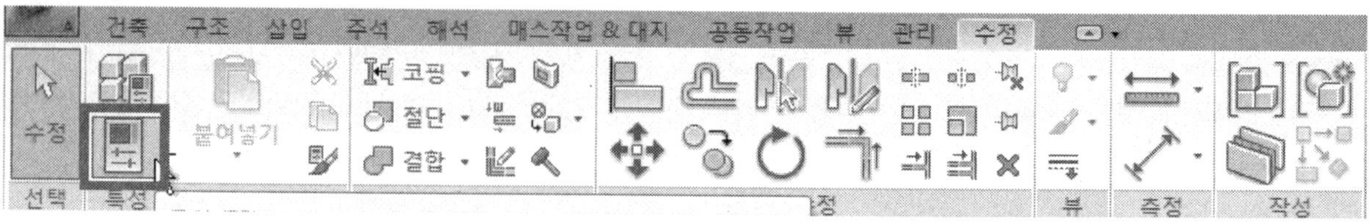

뷰 탭 창 패널 사용자 인터페이스 드롭다운 특성을 클릭한다.

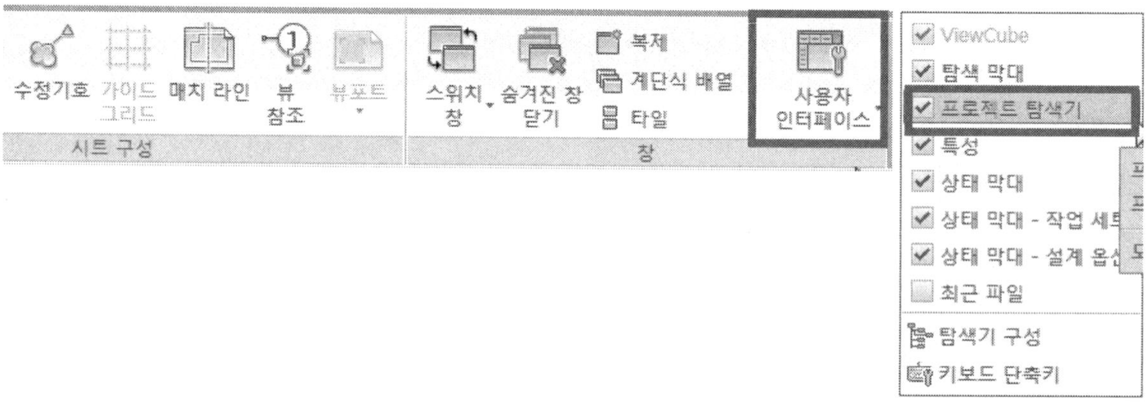

도면 영역에서 마우스 오른쪽 버튼을 클릭한 후 특성을 클릭한다.

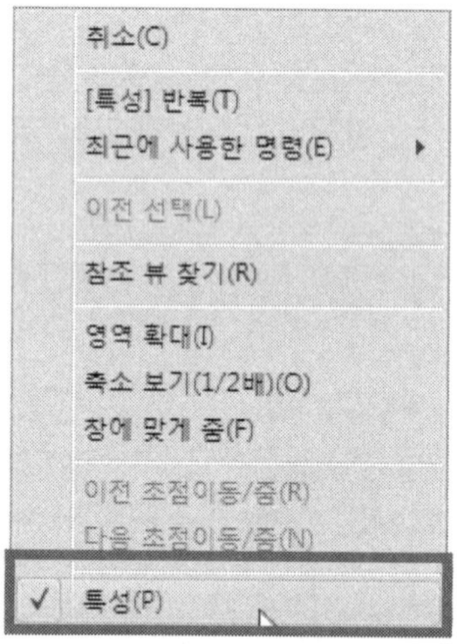

Revit 창의 한 쪽 측면에 팔레트를 고정하고 수평으로 크기를 조정할 수 있다. 고정 해제되면 수평 및 수직으로 크기를 조정할 수 있다. 팔레트의 화면표시 및 위치는 동일한 사용자에 대해 세션 간에 그대로 유지된다.

● 일반적으로 Revit 세션 중에는 다음 작업을 수행할 수 있도록 특성 팔레트를 열어 둔다.

도면 영역에 배치할 요소 유형 선택 또는 이미 배치된 요소의 유형 변경

배치할 요소 또는 도면 영역에서 선택한 요소의 특성 보기 및 수정

활성 뷰의 특성 보기 및 수정

요소 유형의 모든 인스턴스(instance)에 적용되는 유형 특성 액세스

⑦ 프로젝트 탐색기

프로젝트 탐색기는 현재 프로젝트의 모든 뷰, 일람표, 시트, 패밀리, 그룹 및 기타 부분에 대한 논리적 계층 구조를 표시한다. 각 분기를 확장하고 축소하면, 하위 레벨 항목이 표시된다.

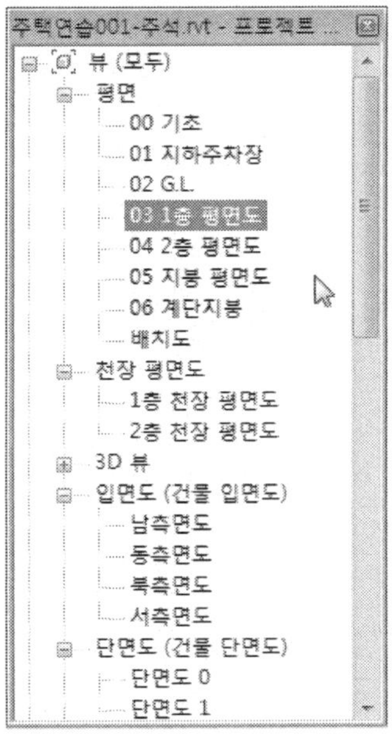

⑧ 상태 막대

상태 막대는 응용프로그램 창의 하단에 있으며 도구를 사용할 때 상태 막대의 왼쪽에는 수행할 작업에 대한 추가 정보나 힌트가 표시된다. 요소나 구성요소를 강조 표시하면 상태 막대에 패밀리 및 유형 이름이 표시된다. 상태 막대를 숨기려면 뷰 탭 창 패널 사용자 인터페이스 드롭다운을 클릭하고 상태 막대 확인란을 선택 취소한다. 상태 막대에서 작업 세트 또는 설계 옵션 컨트롤만 숨기려면 해당 확인란을 선택 취소한다.

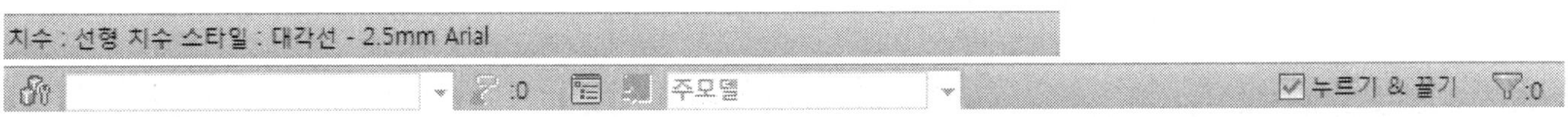

크기가 큰 파일이 열릴 때 상태 막대의 왼쪽에 진행 막대가 나타나며, 이 막대는 파일을 다운로드한 정도를 나타난다. 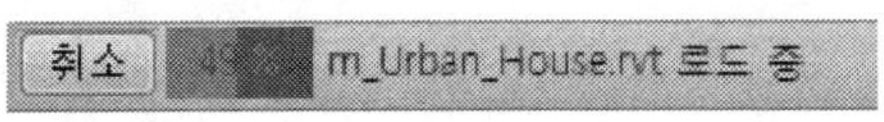

⑨ 뷰 조절 막대

뷰 조절 막대는 상태 막대 위에 있는 뷰 창 하단에 있다.

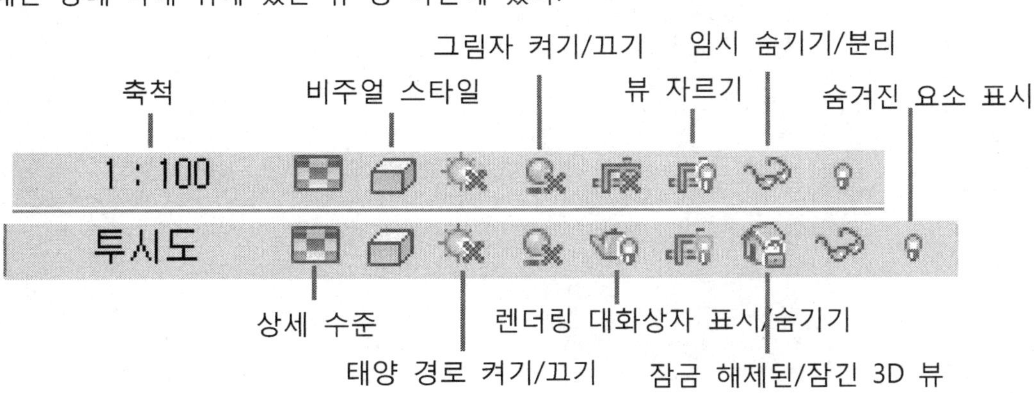

⑩ 도면 영역

Revit 창의 도면 영역에는 현재 프로젝트의 뷰(시트 및 일람표 포함)가 표시된다. 프로젝트에서 뷰를 열 때마다 기본적으로 열려 있는 다른 뷰 위의 도면 영역에 뷰가 표시된다. 다른 뷰가 여전히 열리지만 현재 뷰의 아래에 있게 된다. 뷰 탭 창 패널의 도구를 사용하여 작업 스타일에 맞도록 프로젝트 뷰를 정렬할 수 있다.

도면 영역 배경의 기본 색상은 흰색이지만 검은색으로 전환할 수 있다. 도면 영역의 배경색을 반전하려면 옵션을 클릭한다. 옵션 대화상자에서 그래픽 탭을 클릭한다. 배경색 반전 옵션을 선택하거나 선택 취소한다.

화면을 새로 고치려면 F5 키를 누른다.

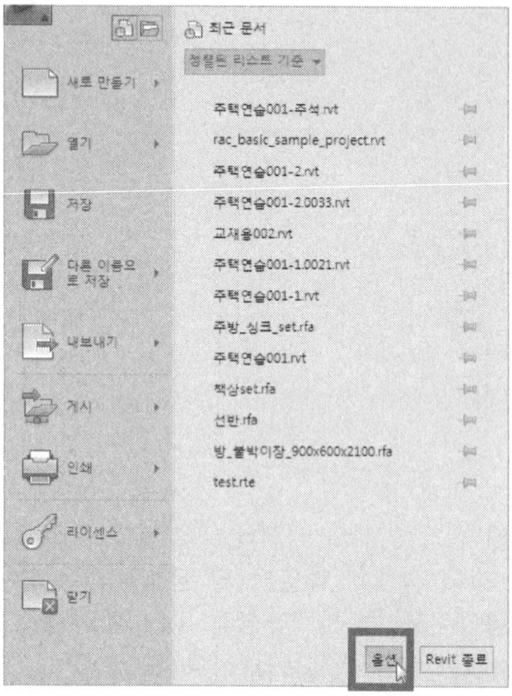

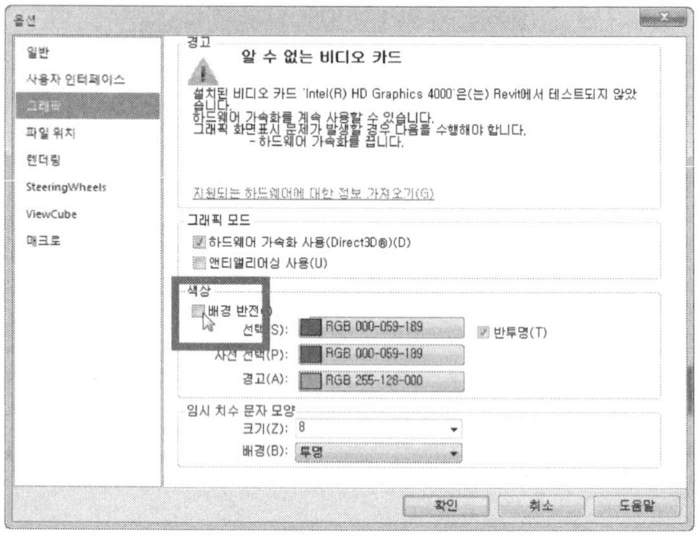

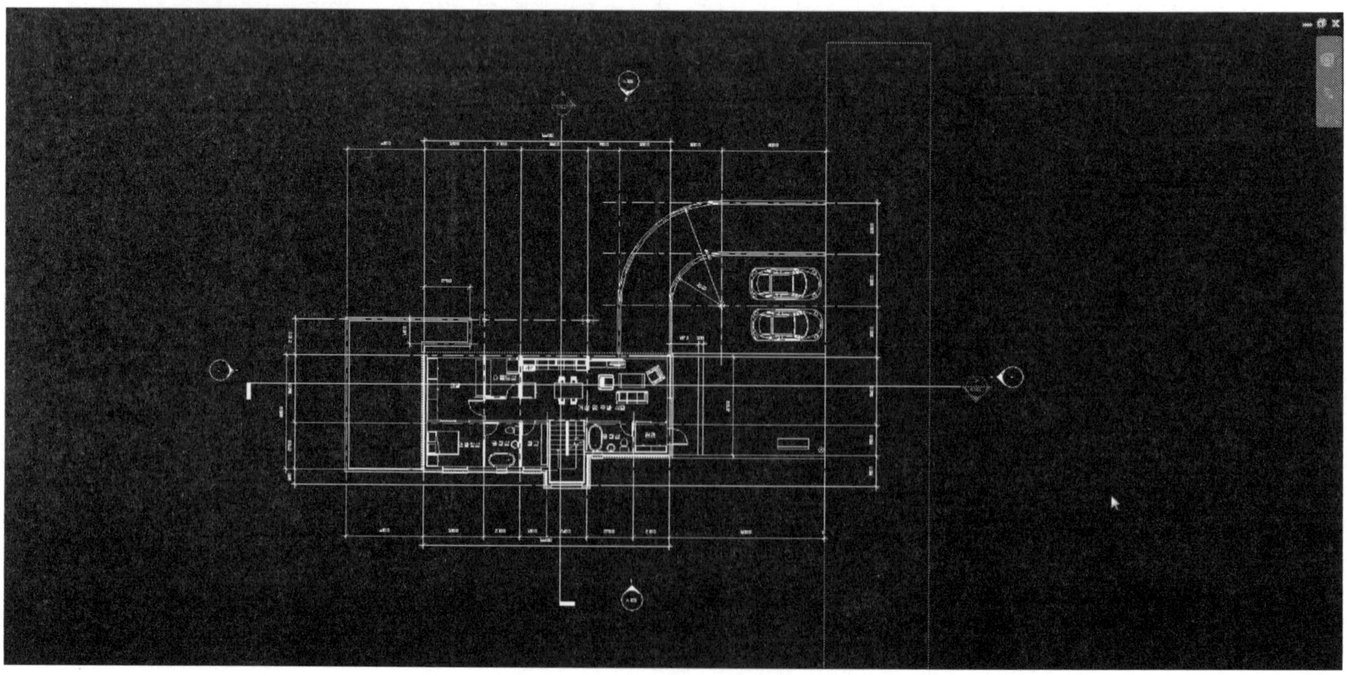

⑪ ⑫ 리본과 리본 탭

리본은 파일을 작성하거나 열면 표시되고, 프로젝트나 패밀리 작성에 필요한 모든 도구를 제공한다.

창의 크기를 조정하면 리본의 도구 크기가 사용 가능한 공간에 맞게 자동으로 조정되는 것을 확인할 수 있다. 이 기능을 사용하면 모든 버튼이 대부분의 화면 크기에서 보이도록 할 수 있다.

● 확장된 패널

패널 제목 옆의 화살표는 패널을 확장하여 관련 도구 및 컨트롤을 표시할 수 있음을 나타낸다. 기본적으로 패널 외부를 클릭하면 확장된 패널이 자동으로 닫힌다. 리본 탭이 표시되는 동안 패널을 확장된 상태로 유지하려면 확장된 패널의 왼쪽 하단 모서리에 있는 압정 아이콘을 클릭한다.

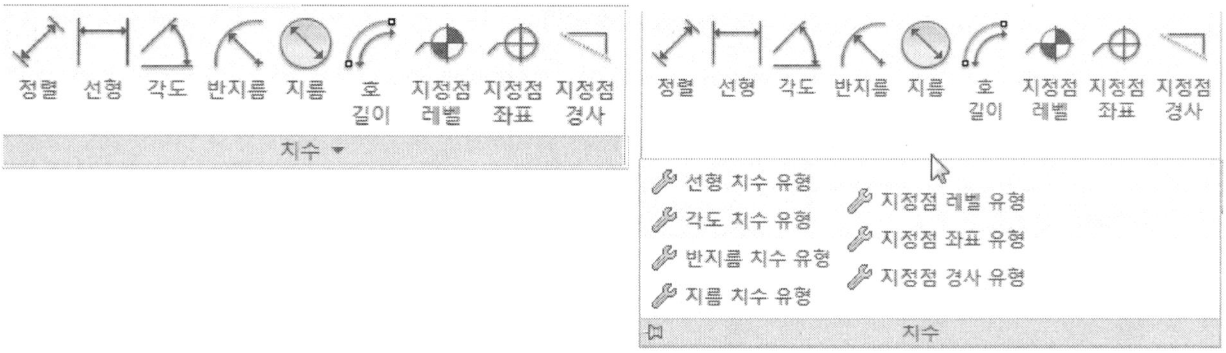

● 대화상자 시작 관리자

일부 패널에서는 대화상자를 열어 관련 설정을 정의할 수 있다. 패널 하단의 대화상자 시작 관리자 화살표 ↘ 은 대화상자를 연다.

● 상황 별 리본 탭

특정 도구를 사용하거나 요소를 선택하면 해당 도구나 요소에 관련된 도구가 상황 별 리본 탭에 표시된다. 도구를 종료하거나 선택을 취소하면 탭이 닫힌다.

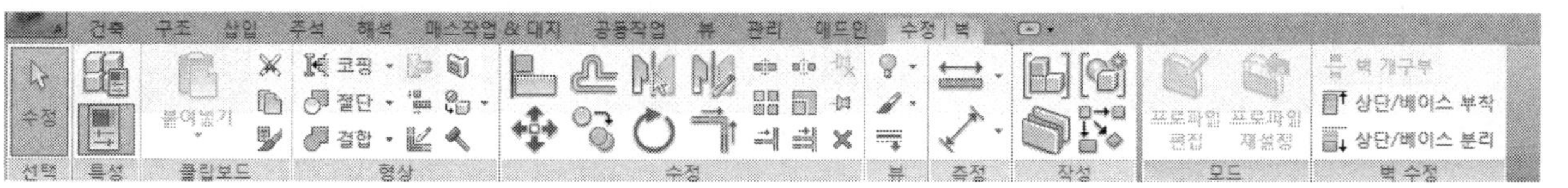

⑬ ⑭ 리본의 상황별 탭 및 리본의 현재 탭에 있는 도구

선택한 객체 또는 현재 작업과 관련된 도구를 제공한다.

⑮ 리본의 패널

리본에 있는 도구들을 종류별로 묶어 구분하여 놓은 것으로 리본메뉴에서 도구의 선택은 탭 패널 도구의 순으로 표현할 수 있다.

4) Revit 모델의 구성 - 요소와 패밀리

① 자료 구조

Revit에서 모델링되는 모든 것의 기본 단위는 요소(Element) 라고 정의한다. Revit에서서는 다음과 같은 세 가지 유형의 요소가 프로젝트에 사용된다.

- **모델 요소** : 건물의 실제 3D 형상이며 모델의 관련 뷰에 표시된다. 예를 들면 벽, 창, 문, 지붕 등이다.
- **기준 요소** : 프로젝트를 정의하는 데 도움이 된다. 예로 레벨 및 참조 평면은 기준 요소이다.
- **뷰 특성 요소** : 배치된 뷰에만 표시되며, 모델을 설명, 문서화하는데 도움이 된다. 예로 치수가 포함된다.

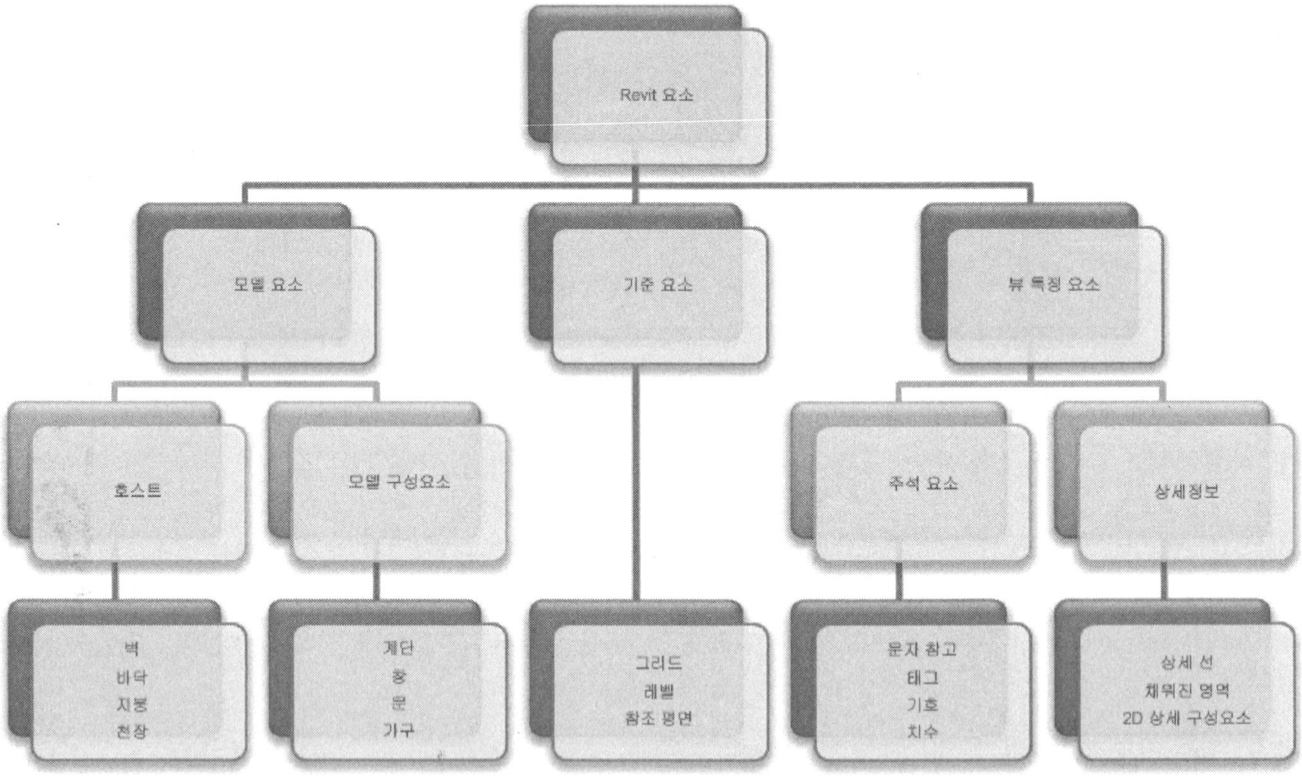

② Revit Architecture의 요소

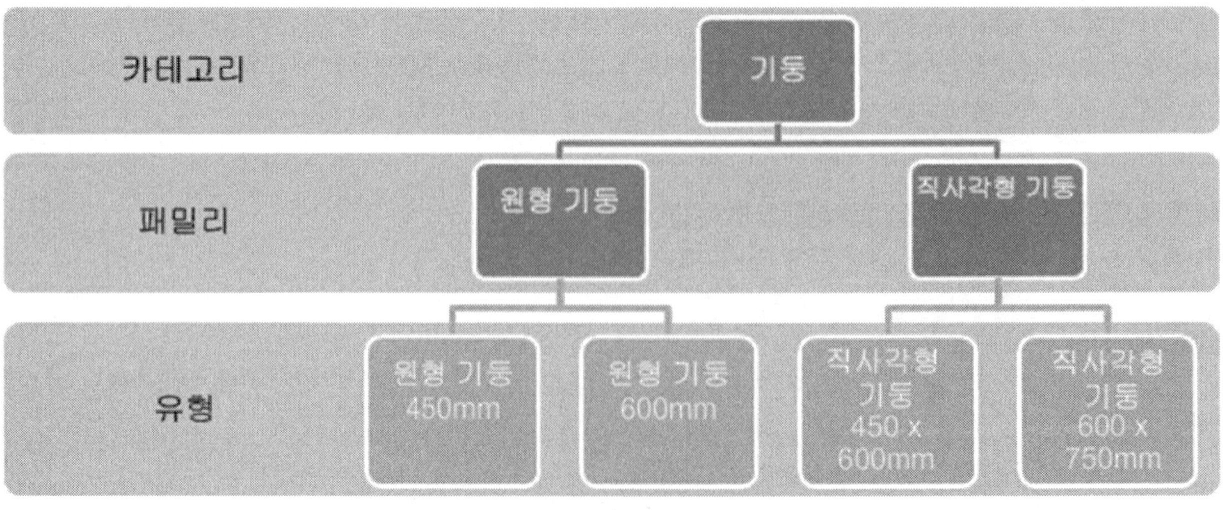

요소들은 그 종류가 매우 많으므로 각각의 종류별로 적절하게 분류하고 관리되어지는데 효율적인 관리를 위

하여 카테고리, 패밀리, 유형의 3단계로 분류되어 진다.

● **카테고리** : 는 요소의 최상위 분류로서 건물을 모델링 또는 문서화하는 데 사용하는 요소의 그룹이다.
 예 : 모델 요소의 카테고리: 벽, 보, 주석 요소의 카테고리: 태그, 문자 참고

● **패밀리** : 패밀리는 카테고리 내에 있는 요소 클래스이다. 패밀리는 공통 매개변수 세트(특성), 동일한 용도 및 유사한 그래픽 표시를 갖는 요소를 그룹화한다. 패밀리 내의 여러 요소의 특성 값은 일부 또는 모두가 다를 수 있다. 그러나 특성 세트(특성 이름 및 의미)는 동일하다.

③ 패밀리

패밀리는 그 종류에 따라 아래와 같이 세 가지로 분류할 수 있다.

● **구성요소 패밀리** : 프로젝트에 로드하고 패밀리 템플릿에서 작성할 수 있다. 패밀리의 특성 세트와 그래픽 표현을 결정할 수 있다.

● **시스템 패밀리** : 별도 파일로 로드하거나 작성할 수 없다. Revit은 시스템 패밀리의 특성 세트와 그래픽 표현을 사전 정의하며, 사전 정의된 유형을 사용하여 프로젝트 내의 이 패밀리에 속하는 새 유형을 생성할 수 있다. 또한 프로젝트 간에 시스템 패밀리를 전송할 수 있다.

● **내부 패밀리** : 프로젝트의 콘텍스트에서 작성되는 사용자 요소를 정의한다. 프로젝트에 재사용하지 않을 고유한 형상이 필요하거나 다른 프로젝트 형상과의 여러 관계 중 하나를 유지해야 하는 형상이 필요한 경우 내부편집 요소를 작성한다. 내부편집 요소는 프로젝트에서 제한적으로 사용하기 위한 것이므로 각 내부 패밀리에는 단일 유형만 포함되어 있다. 프로젝트에 여러 개의 패밀리 내부편집을 작성할 수 있으며 프로젝트에 동일한 내부편집 요소의 사본을 배치할 수도 있다. 시스템 및 표준 구성요소 패밀리와 달리 내부 패밀리 유형을 복제하여 여러 유형을 작성할 수 없다.

④ 유형

각 패밀리에는 여러 가지 유형이 있을 수 있다. 유형은 300mm X 450mm, 또는 A0 표제 블록과 같은 특정 크기의 패밀리가 될 수 있다. 또한 유형은 치수에 대한 기본 정렬 또는 기본 각도 스타일 등의 스타일이 될 수도 있다.

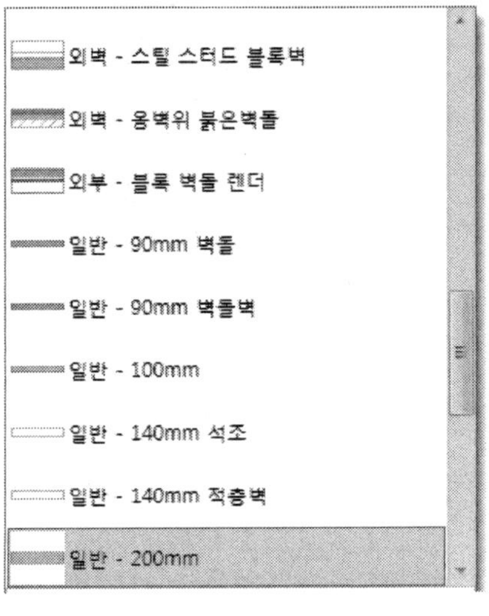

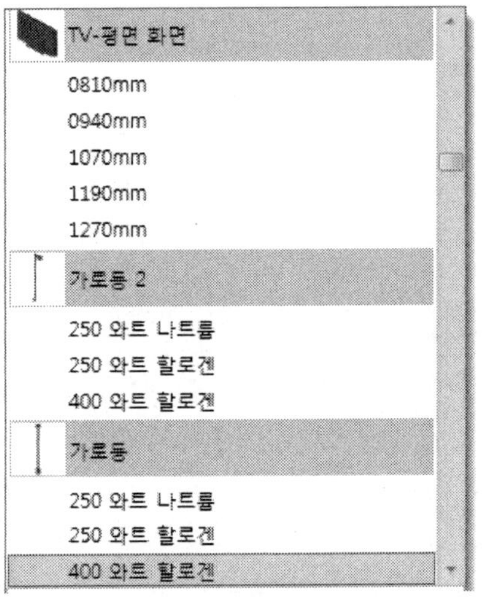

5) 프로젝트와 템플릿

① 프로젝트

Revit에서 프로젝트는 설계에 대한 단일 정보 데이터베이스인 건물 정보 모델을 말한다. 프로젝트 파일에는 형상에서 구성 데이터에 이르기까지 건물 설계에 대한 모든 정보가 포함된다. 모델 설계에 사용된 구성요소, 프로젝트 뷰, 설계도면 등이 정보를 구성한다. Revit에서는 단일 프로젝트 파일을 사용하여 쉽게 설계를 변경하고 연관된 모든 영역(평면 뷰, 입면 뷰, 단면 뷰, 일람표 등)에 변경사항을 적용할 수 있다. 한 개의 파일만 추적하면 되므로 프로젝트 관리도 용이하다.

BIM 의 특성상 Revit 에서는 AutoCAD와 달리 하나의 모델에 모든 정보가 들어가게 된다. 즉 하나의 모델이 하나의 건설 프로젝트가 되며 여기에 모든 정보가 들어있다. 프로젝트 시작 시 별도의 템플릿을 지정하지 않으면 디폴트 값으로 설정된 템플릿이 사용되며 Revit 한글판의 경우 설치 후 기본 값은 DefaultKORKOR.rte 파일이 사용된다.

② 템플릿

프로젝트 템플릿은 뷰 템플릿, 로드된 패밀리, 정의된 설정(예: 단위, 채우기 패턴, 선 스타일, 선 두께, 뷰 축척 등) 및 원하는 경우 형상을 포함하여 새 프로젝트에 대한 시작점을 제공한다. Revit이 설치된 경우 여러 분야 및 유형의 건물 프로젝트에 대한 여러 템플릿을 제공한다. 또한 특정 요구를 해결하거나 사무실 표준을 따르기 위해 사용자 템플릿을 작성할 수 있다. 프로젝트 템플릿의 파일 확장자는 RTE이다.

● 프로젝트 템플릿 사용

새 프로젝트를 작성하는 경우 자신의 분야 및 의도를 가장 잘 반영하는 템플릿을 선택한다. 사용자 템플릿에는 다음과 같이 액세스할 수 있다.

프로젝트 아래 최근 파일 창의 짧은 템플릿 리스트에서 선택한다. 새 프로젝트 대화상자에서 Revit 기본 템플릿 및 사용자 템플릿이 포함된 전체 프로젝트 템플릿 리스트에 액세스한다. 새 프로젝트를 시작할 때 더 쉽게 액세스할 수 있도록 최근 파일 창에 가장 자주 사용된 5개의 프로젝트를 나열하도록 설정한다.

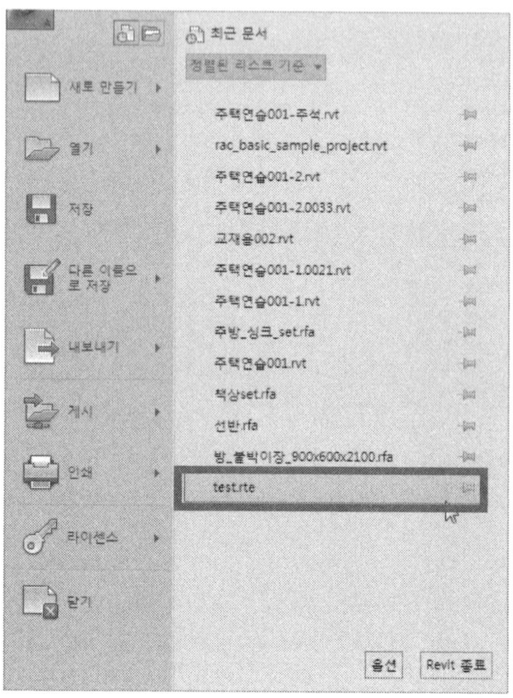

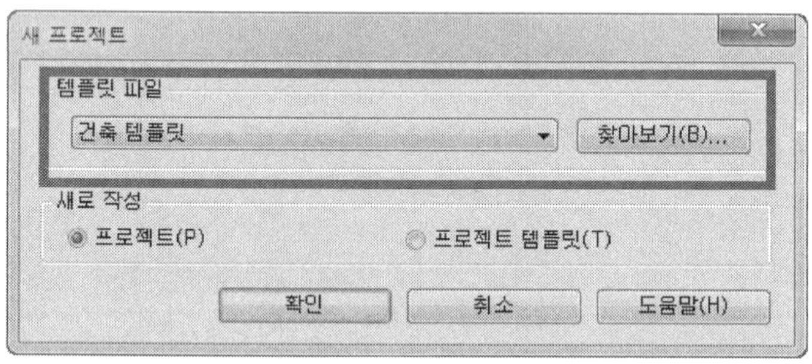

3장 주택 모델링 실습

1) 실습 주택의 개요

2) Revit의 시작 및 저장

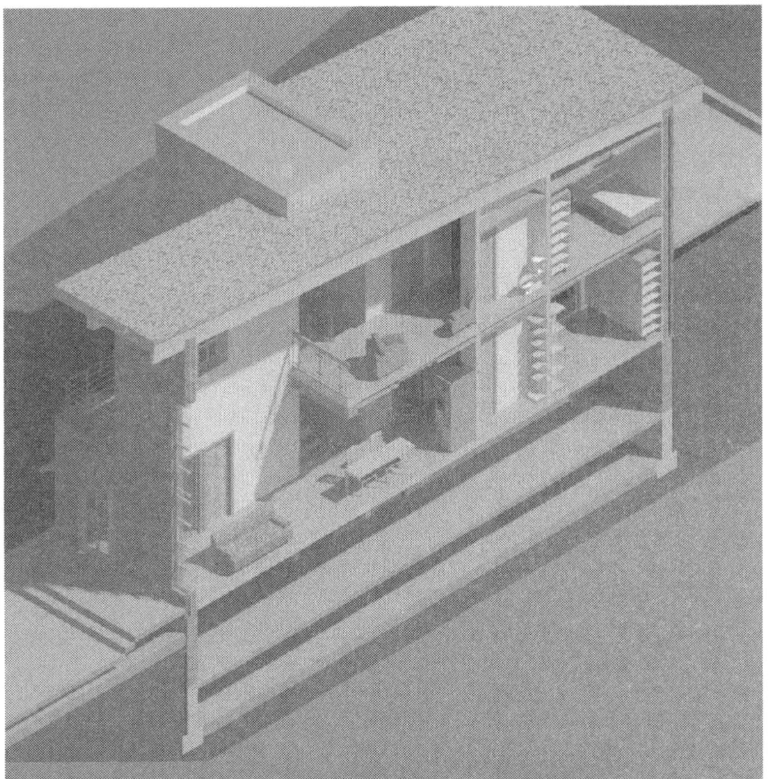

주택 모델링을 Revit을 이용해서 각 단계를 공정 별로 구분하고, 각 단계 별로 필요한 Revit 명령어에 대한 설명과 모델링 하는 실습이 이루어진다.

학습목표

1) 실습 주택의 개요
- 실습할 주택의 규모 및 실 구성 등을 이해한다.
- Revit으로 모델링해서 만들어내는 결과물에 대한 소개로 실습 목표치를 설정한다.

2) Revit의 시작 및 저장
- Revit을 처음 시작하는 방법을 숙지한다.
- 저장하는 방법을 숙지한다.
- 템플릿 파일을 사용하는 방법에 대한 실습해 보고 이해한다.

3. 주택 모델링 실습

1) 실습 주택 개요

- 규　　모 : 지하 1층, 지상 2층
- 대지조건 : 6M 도로에 면한 경사지
- 건물조건
  - 경사지붕을 가진다.
  - 철근콘크리트 구조를 가진다.
  - 1층의 거실 상부를 오픈한다.
  - 지하 1층에는 지하주차장, 1층은 거실과 주방, 안방, 2층에는 자녀 침실과 작은 거실을 마련한다.
  - 경사지를 이용해서 전면과 후면에 각각 정원을 위치시킨다.
  - 외부에서 지하주차장까지 내려가는 주차통로를 마련한다.

- 실습 주택의 배치도

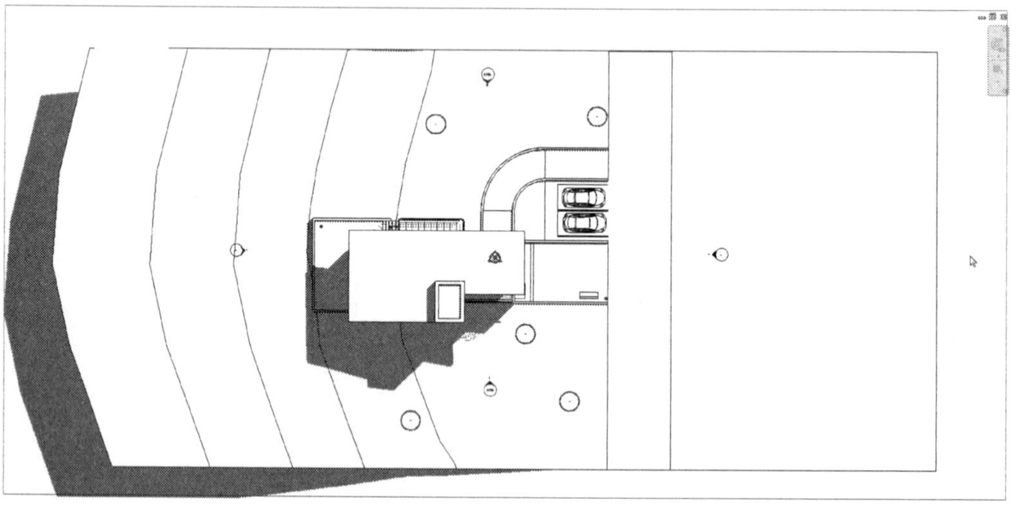

- 지하 1층 평면도

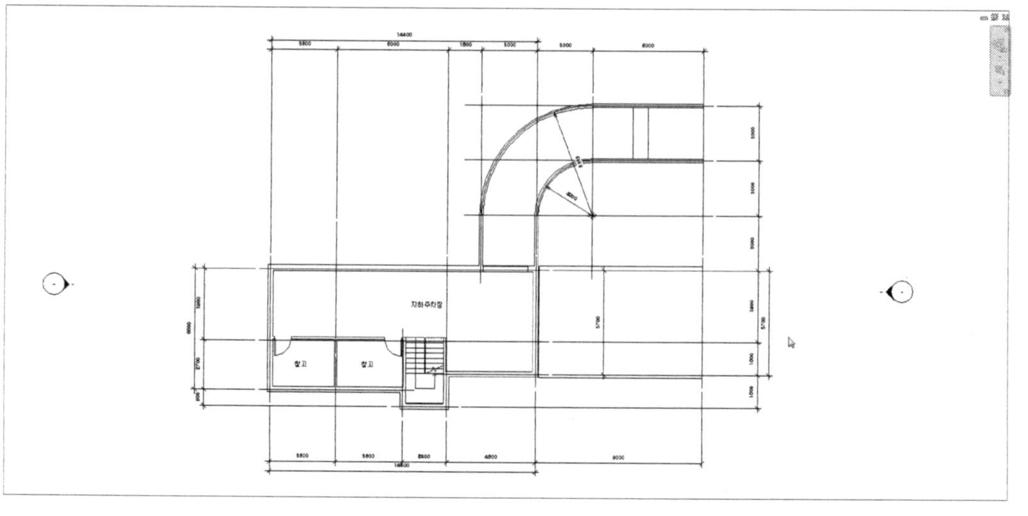

- 1층 평면도

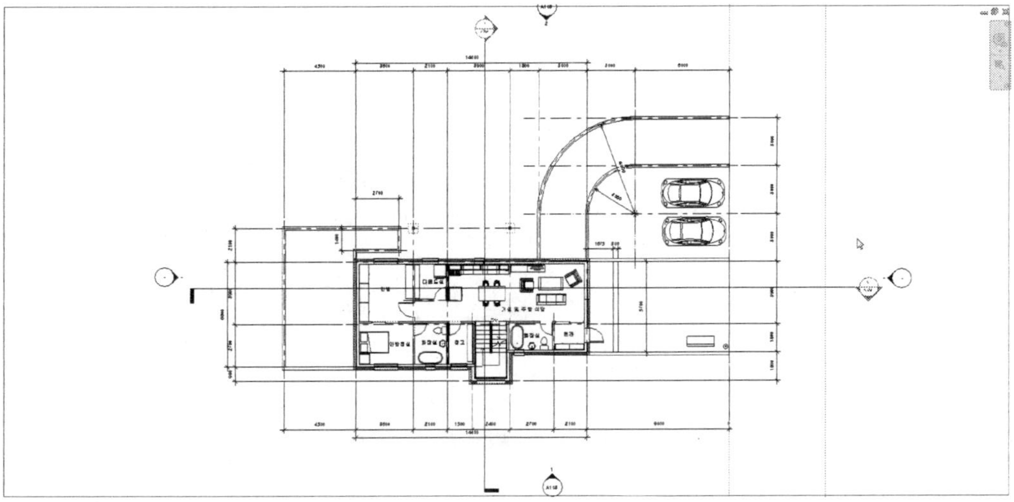

- 2층 평면도

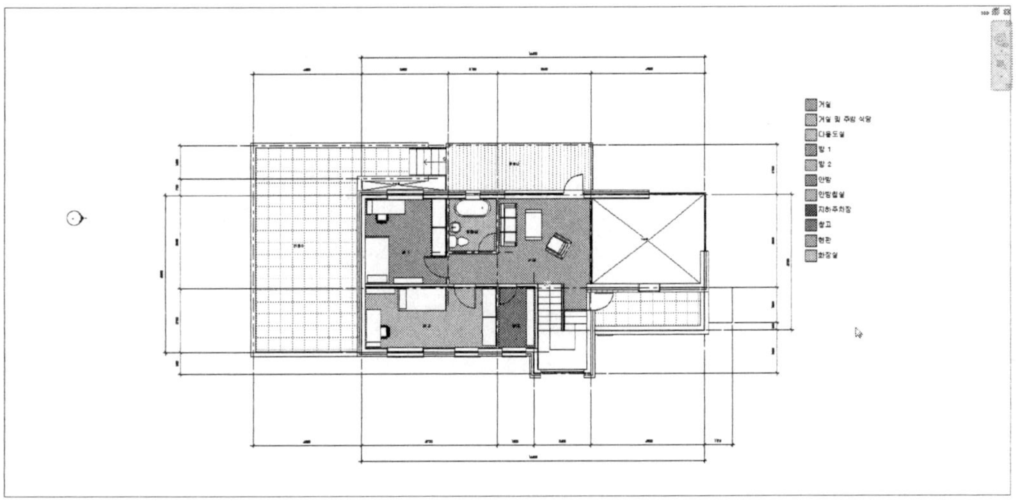

- 지붕 평면도

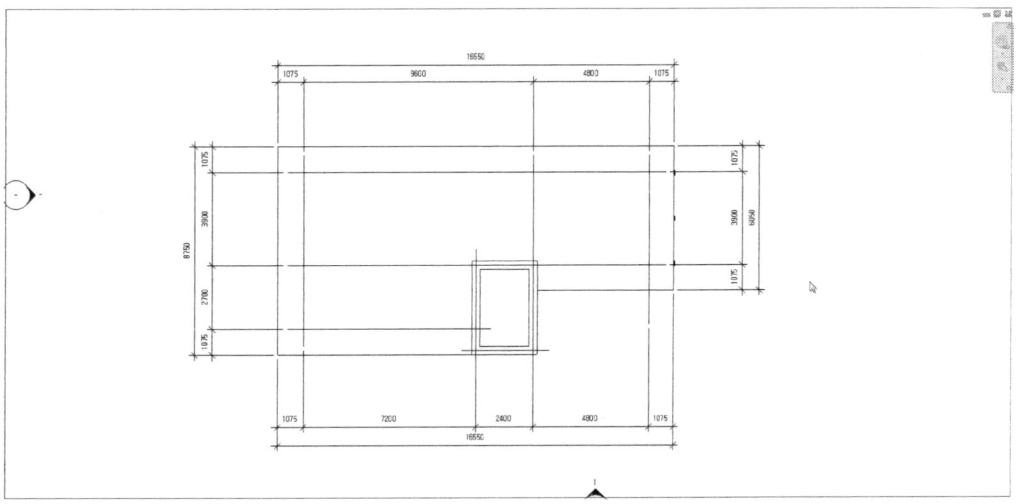

- 남측면도

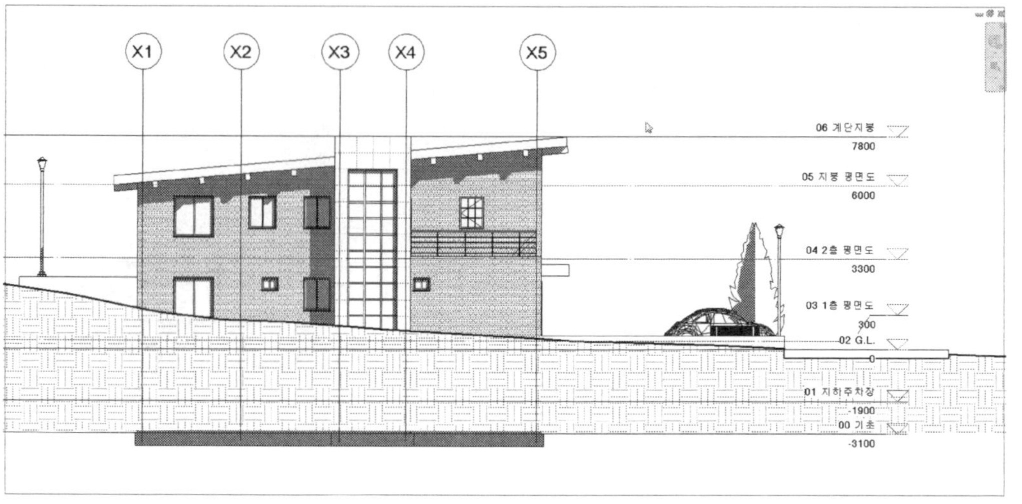

- 동측면도

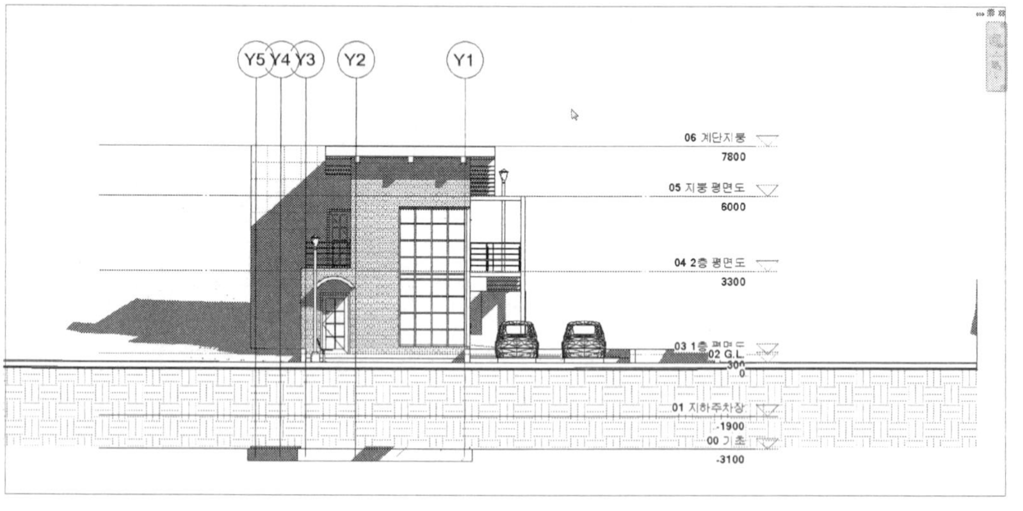

- 종단면도

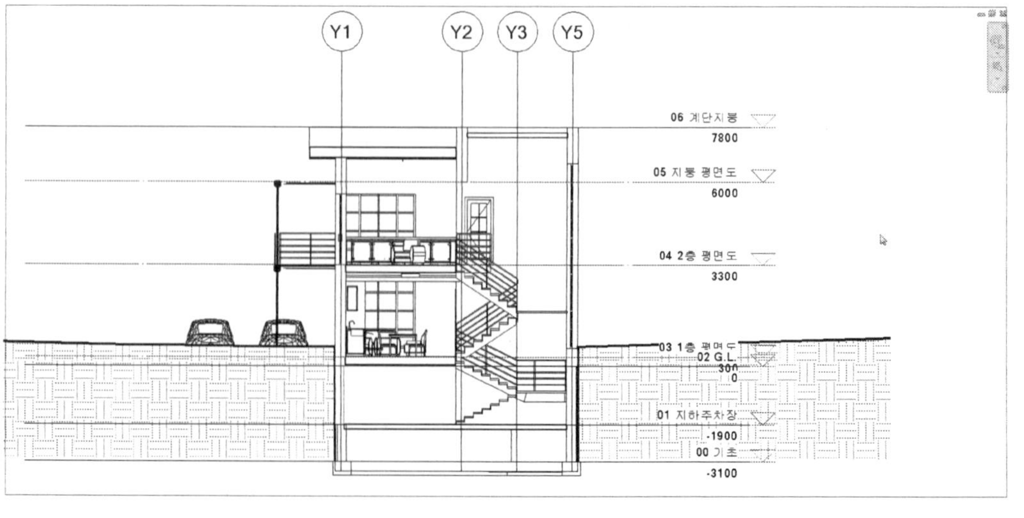

- 횡단면도

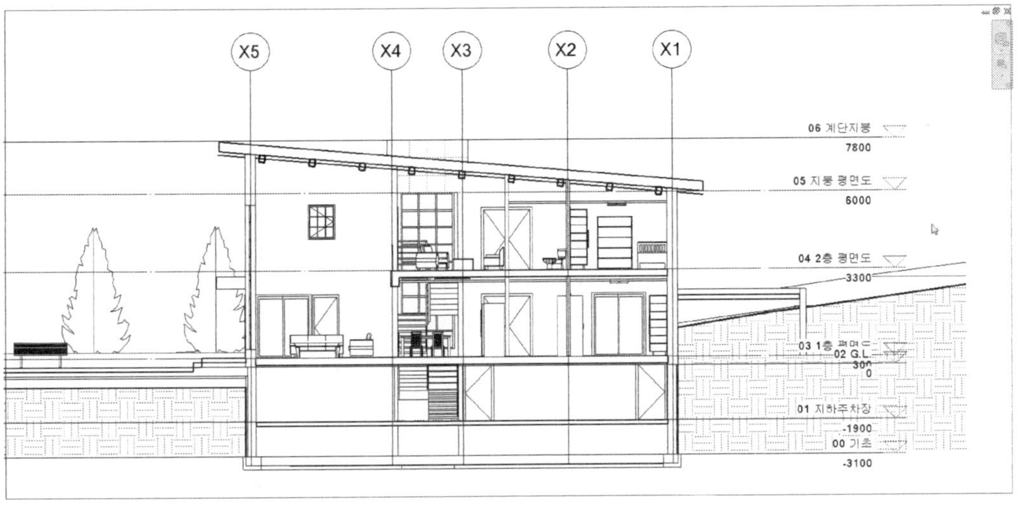

- 횡단면도

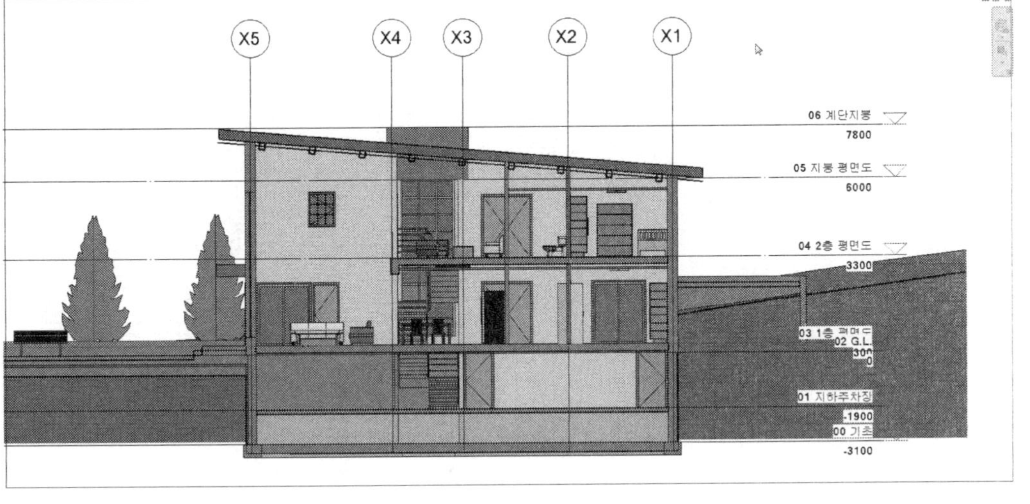

- 콜아웃 뷰를 이용한 상세도

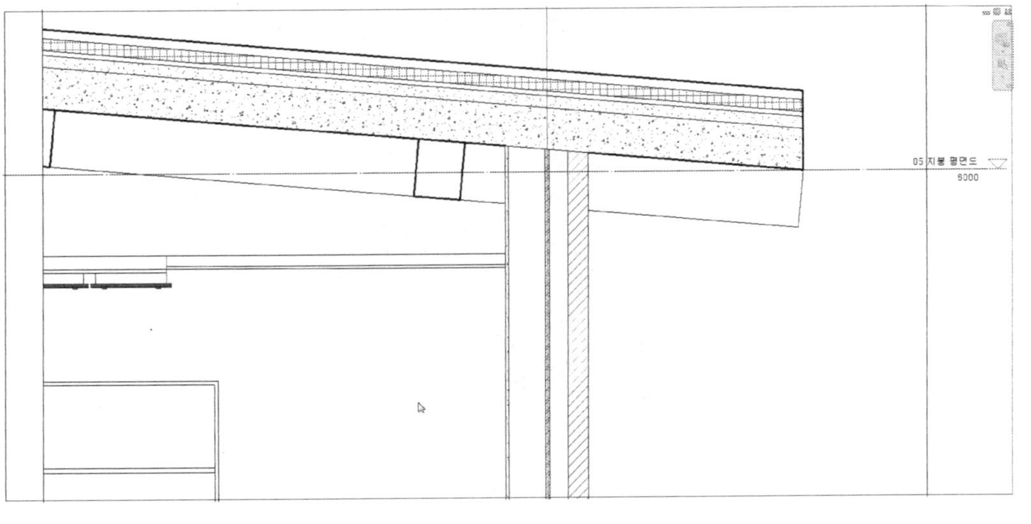

- 일람표

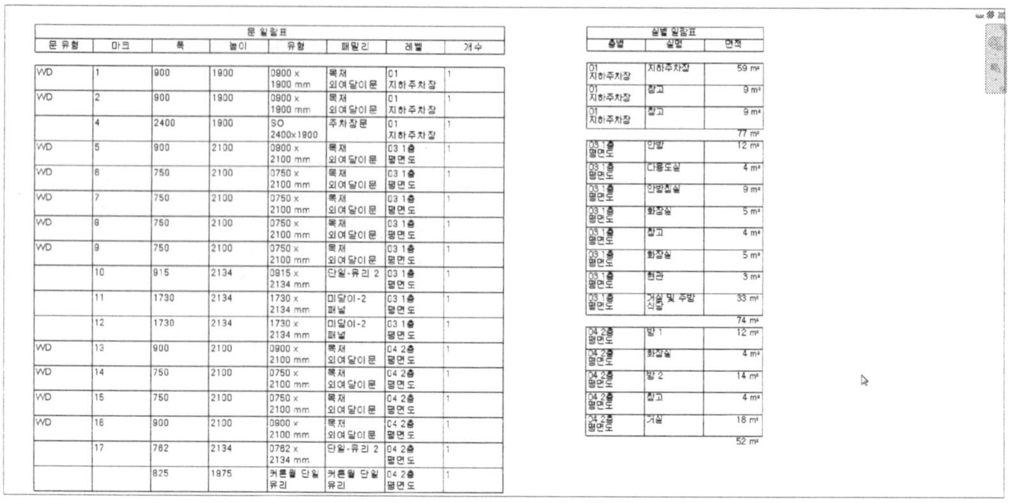

문 일람표							
문 유형	마크	폭	높이	유형	패밀리	레벨	개수
WD	1	900	1900	0900 x 1900 mm	목재 외여닫이문	01 지하주차장	1
WD	2	900	1900	0900 x 1900 mm	목재 외여닫이문	01 지하주차장	1
	4	2400	1900	SO 2400x1900	주차장문	01 지하주차장	1
WD	5	900	2100	0900 x 2100 mm	목재 외여닫이문	03 1층 평면도	1
WD	6	750	2100	0750 x 2100 mm	목재 외여닫이문	03 1층 평면도	1
WD	7	750	2100	0750 x 2100 mm	목재 외여닫이문	03 1층 평면도	1
WD	8	750	2100	0750 x 2100 mm	목재 외여닫이문	03 1층 평면도	1
WD	9	750	2100	0750 x 2100 mm	목재 외여닫이문	03 1층 평면도	1
	10	915	2134	0915 x 2134 mm	단일-유리 2	03 1층 평면도	1
	11	1730	2134	1730 x 2134 mm	미닫이-2 패널	03 1층 평면도	1
	12	1730	2134	1730 x 2134 mm	미닫이-2 패널	03 1층 평면도	1
WD	13	900	2100	0900 x 2100 mm	목재 외여닫이문	04 2층 평면도	1
WD	14	750	2100	0750 x 2100 mm	목재 외여닫이문	04 2층 평면도	1
WD	15	750	2100	0750 x 2100 mm	목재 외여닫이문	04 2층 평면도	1
WD	16	900	2100	0900 x 2100 mm	목재 외여닫이문	04 2층 평면도	1
	17	762	2134	0762 x 2134 mm	단일-유리 2	04 2층 평면도	1
		825	1975	커튼월 단일 유리	커튼월 단일 유리	04 2층 평면도	1

실별 일람표		
층별	실명	면적
01 지하주차장	지하주차장	59 m^2
01 지하주차장	창고	9 m^2
01 지하주차장	창고	9 m^2
		77 m^2
03 1층 평면도	안방	12 m^2
03 1층 평면도	다용도실	4 m^2
03 1층 평면도	안방침실	9 m^2
03 1층 평면도	화장실	5 m^2
03 1층 평면도	창고	4 m^2
03 1층 평면도	화장실	5 m^2
03 1층 평면도	현관	3 m^2
03 1층 평면도	거실 및 주방 식당	33 m^2
		74 m^2
04 2층 평면도	방 1	12 m^2
04 2층 평면도	화장실	4 m^2
04 2층 평면도	방 2	14 m^2
04 2층 평면도	창고	4 m^2
04 2층 평면도	거실	18 m^2
		52 m^2

- 문/창호도

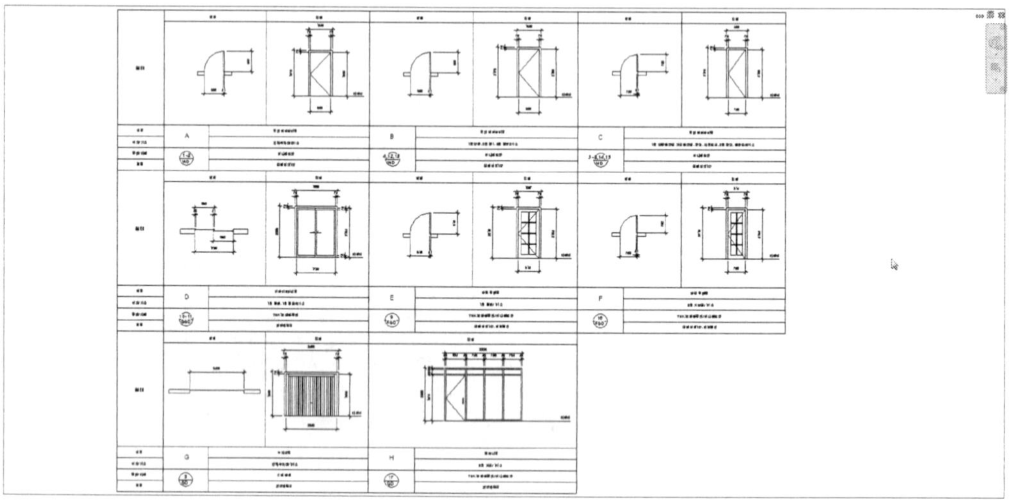

- 단면투시도

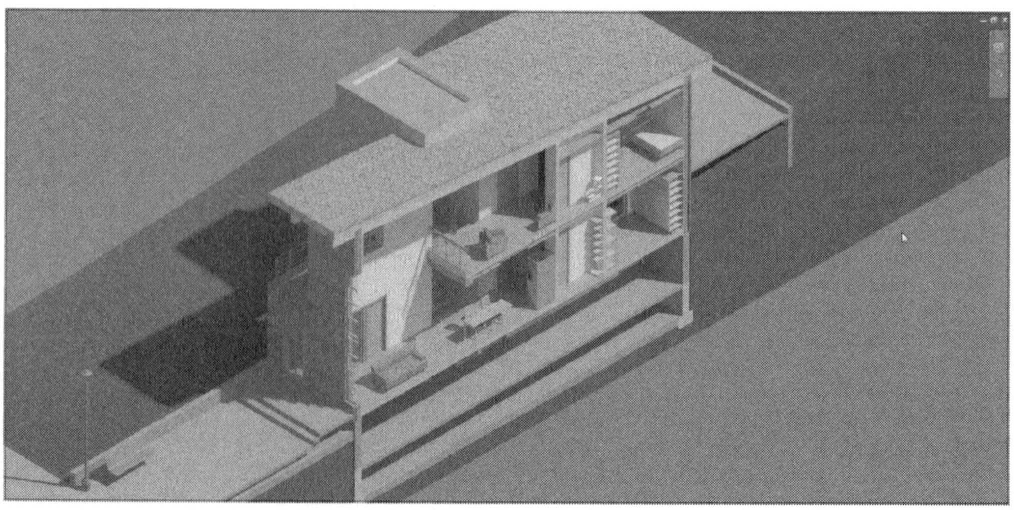

- 3D 뷰

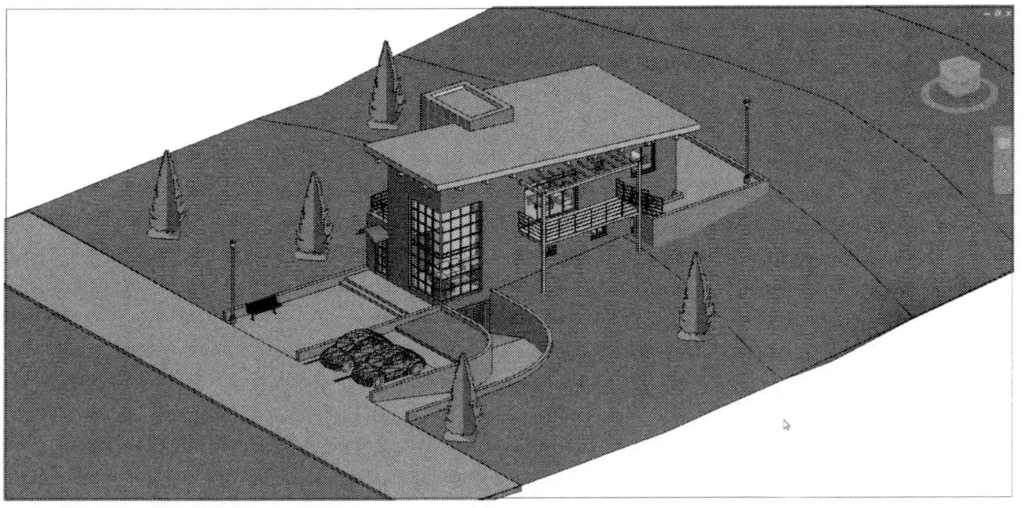

- 외관 렌더링

- 실내 렌더링

2) Revit의 시작 및 저장

① 시작

- Revit을 시작한다.
- 아래와 같은 Revit의 시작화면이 나타난다.
- 프로젝트의 새로 작성...을 선택한다.

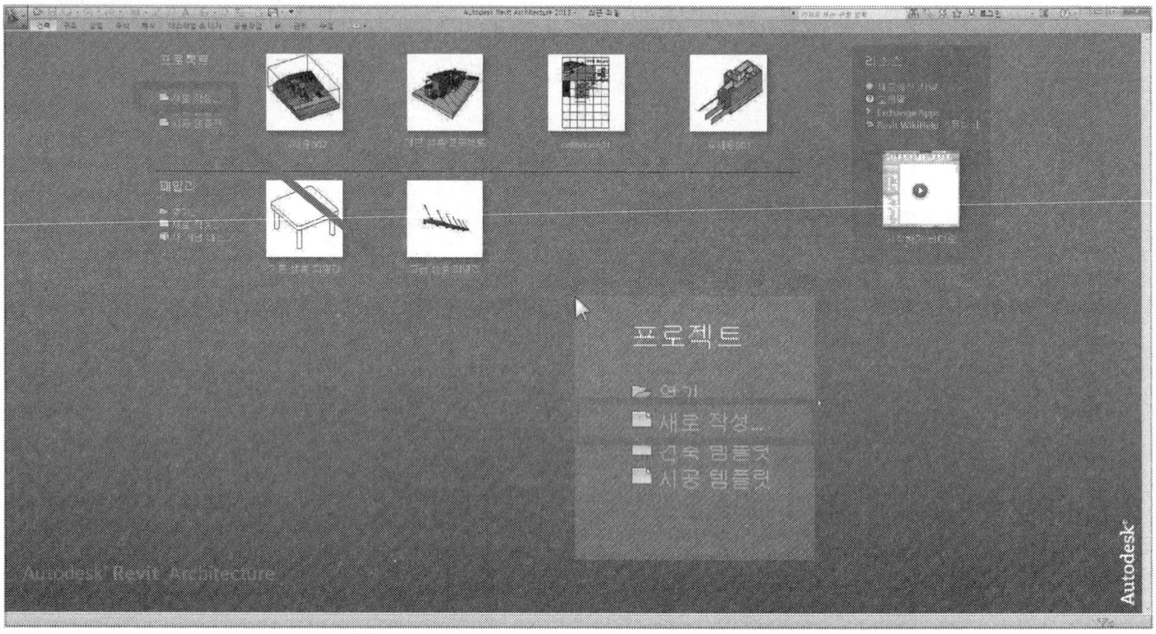

- 나타난 새 프로젝트 패널에서 템플릿 파일을 적용하기 위해서 **<u>찾아보기(B)</u>** 버튼을 클릭한다.
- 각 프로젝트에 용도 및 구조 등의 여러 가지 설정이 미리 정의 되어 있는 템플릿 파일을 선택하여 사용하는 것이 매우 능률적인 작업 방법이다.

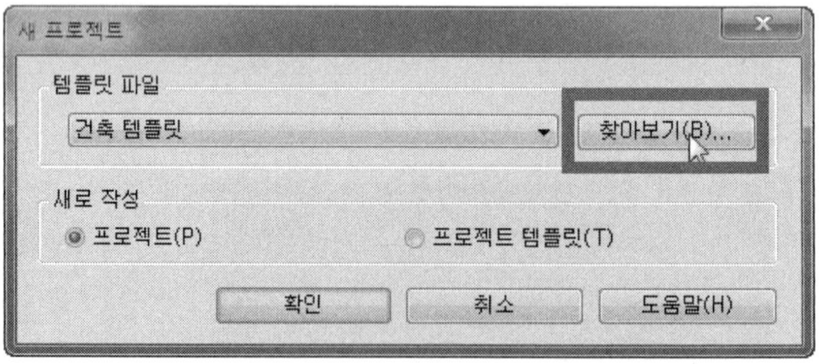

- 먼저 실습을 위해서 제공된 템플릿 파일인 2013House.rte을
  로컬 디스크 (C:)/ ProgramData/ Autodesk/ RAC 2013/ Templates/ Korea 폴더로 먼저 복사한다.
- 템플릿 선택 패널에서 원하는 템플릿 파일인 2013House.rte을 선택한다.

<u>※ 이 템플릿 파일은 Revit Architecture 2013에서 만들어진 것으로 특별한 설정이 미리 정의 되어 있는 것이 아니라 실습을 위해서 제공하는 것이므로 다른 버전의 Revit Architecture 사용자들은 찾아보기(B) 없이 확인 버튼을 눌러 실행하면 된다.</u>

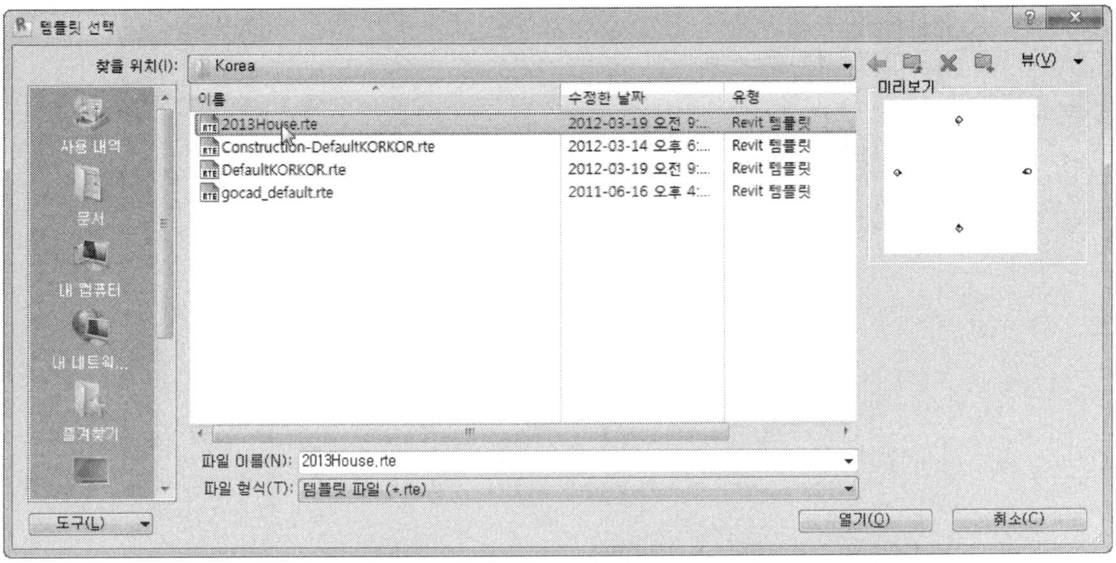

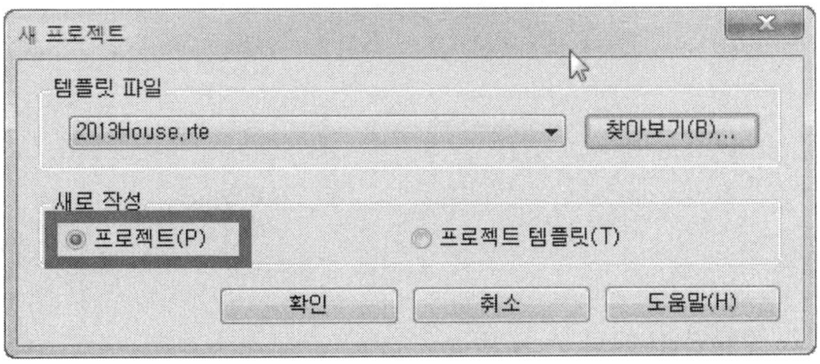

- 이제 새로운 프로젝트가 시작된다.

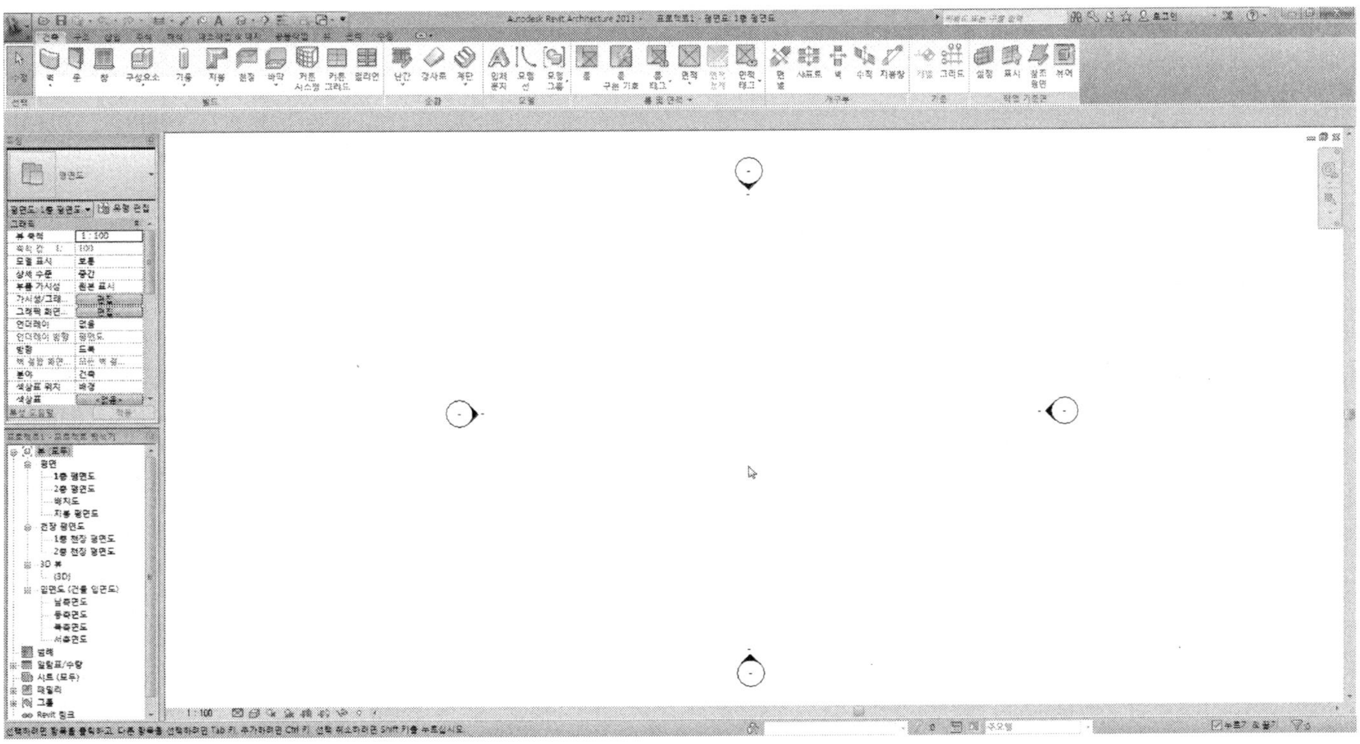

② 저장

- 메뉴검색기의 다른 이름으로 저장을 선택한다.
- 프로젝트를 선택한다.

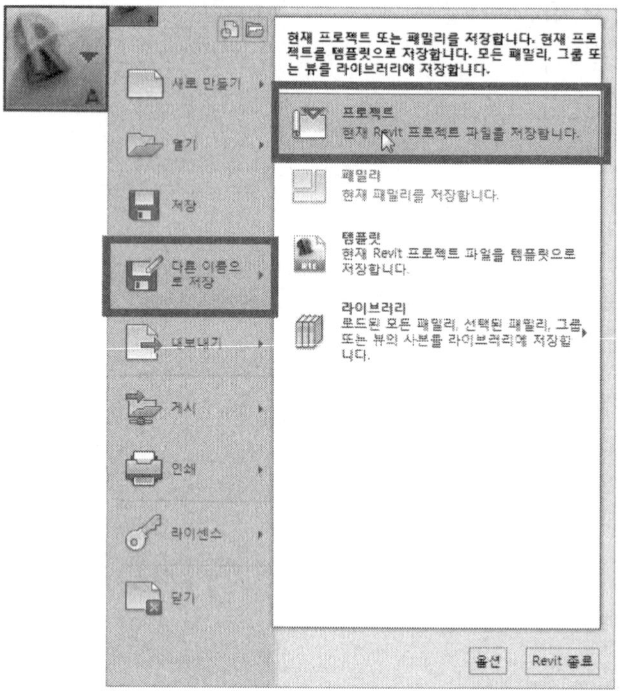

- 원하는 폴더를 선택하고 **주택연습001**로 저장한다.

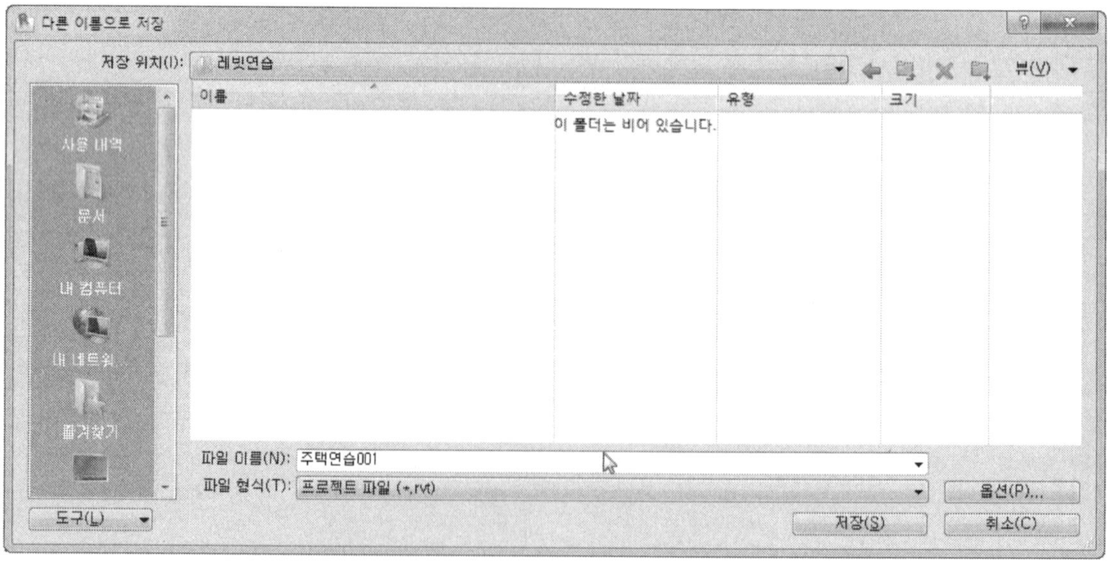

※ **원활한 실습을 원하는 폴더를 만들고 제공하는 CAD 파일과 각 종 패밀리 파일을 복사한다.**

3) 지형면 만들기
4) 레벨 만들기
5) 그리드 그리기

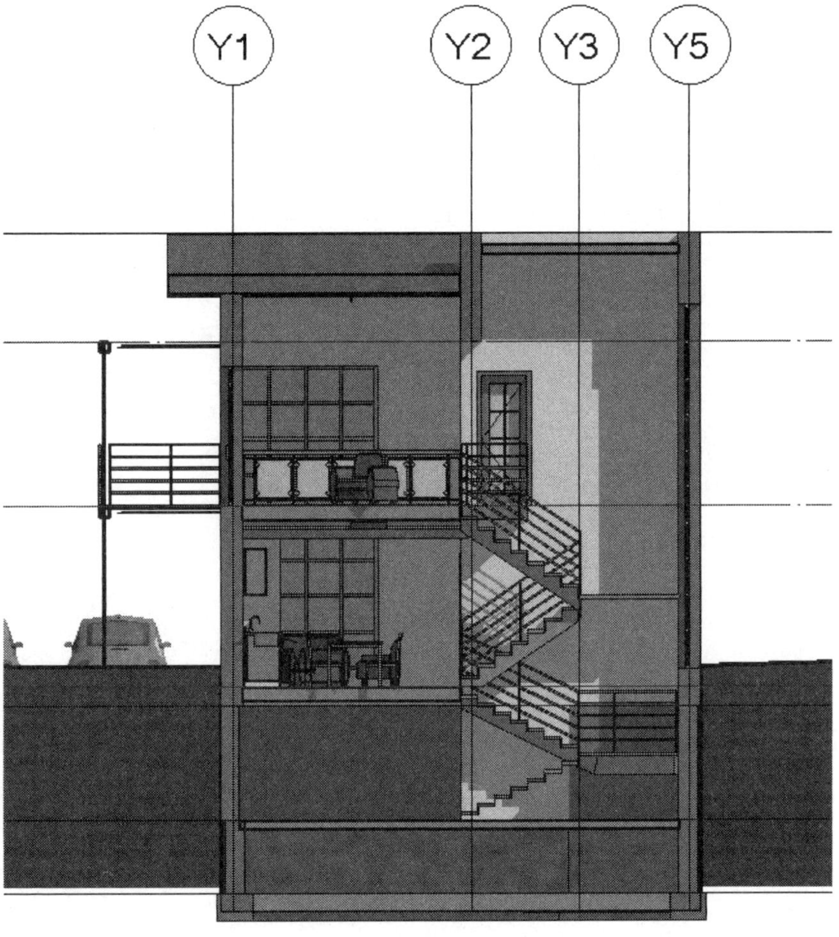

주어진 대지에 정확한 위치를 잡기 위해서 또한 수치지형도의 정확한 지형을 만들기 위해서 건물의 배치가 표시된 CAD도면을 Revit으로 가져온다.
정확한 모델링을 위해서 수직기준인 레벨을 만들고, 수평기준인 그리드를 만든다.

학습목표

3) 지형면 만들기
- CAD파일을 Revit으로 가져와 위치 및 조절 방법을 숙지한다.
- CAD파일인 수치지형도를 이용하여 지형면 만드는 방법을 숙지한다.
- 뷰에서 요소나 카테고리, 필터 등의 변수를 이용하여 감추기, 보이기 방법을 숙지한다.

4) 레벨 만들기
- Revit의 수직 기준인 레벨의 내용을 이해한다.
- 선 그리기를 이용한 레벨 만들기 방법을 실습을 통해 숙지한다.
- 선 선택을 이용한 레벨 만들기 방법을 실습을 통해 숙지한다.
- 레벨의 이름 명명 및 수정과 평면 뷰 만들기 방법을 실습을 통해 숙지한다.

5) 그리드 그리기
- Revit의 수평 기준인 그리드의 내용을 이해한다.
- 선 그리기를 이용한 그리드 만들기 방법을 실습을 통해 숙지한다.
- 선 선택을 이용한 그리드 만들기 방법을 실습을 통해 숙지한다.
- 그리드 잠금 기능 이해 및 실습을 통해 숙지한다.

3) 지형면 만들기

건물 모델링을 하기에 앞서 먼저 지형면(Toposurfaces)을 구성하여 대지의 상황을 확인하고 작업을 하는 것이 필요하다. 지형면은 표고 정보를 가진 점들로 구성된 3차원 객체로 지형면의 데이터에는 바닥 레벨에 대한 정보도 있으며, 입면도나 단면도에서 바닥 레벨을 볼 수 있다. 지형면은 수정될 수 있으며, 각 지점 정보를 직접 입력하거나 외부에서 가져와 만들 수 있다.

① CAD도면 가져오기

- 지형면을 만들기 위해서는 먼저 수차 정보를 가지고 있는 CAD도면을 Revit으로 가져온다.
- 먼저 프로젝트 탐색기에서 **평면 뷰의 배치도를 더블 클릭하여 활성화**한다.
- 삽입 탭에서 CAD 가져오기를 선택한다.

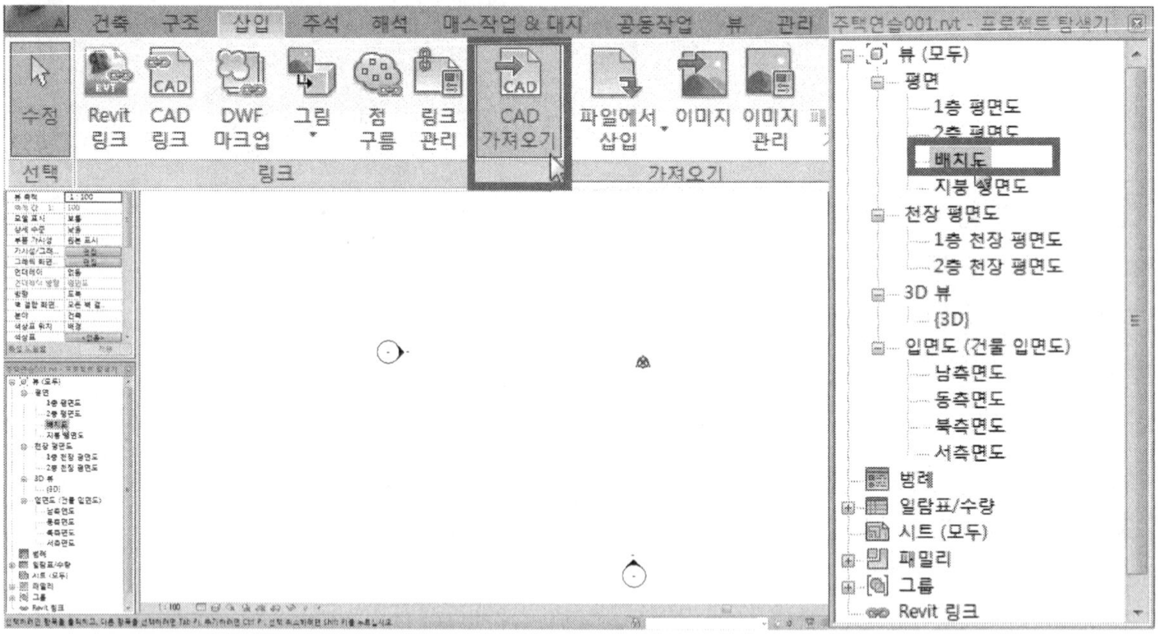

- CAD 형식 가져오기 패널에서 각자 파일이 들어있는 폴더의 배치도.dwg를 선택한다.

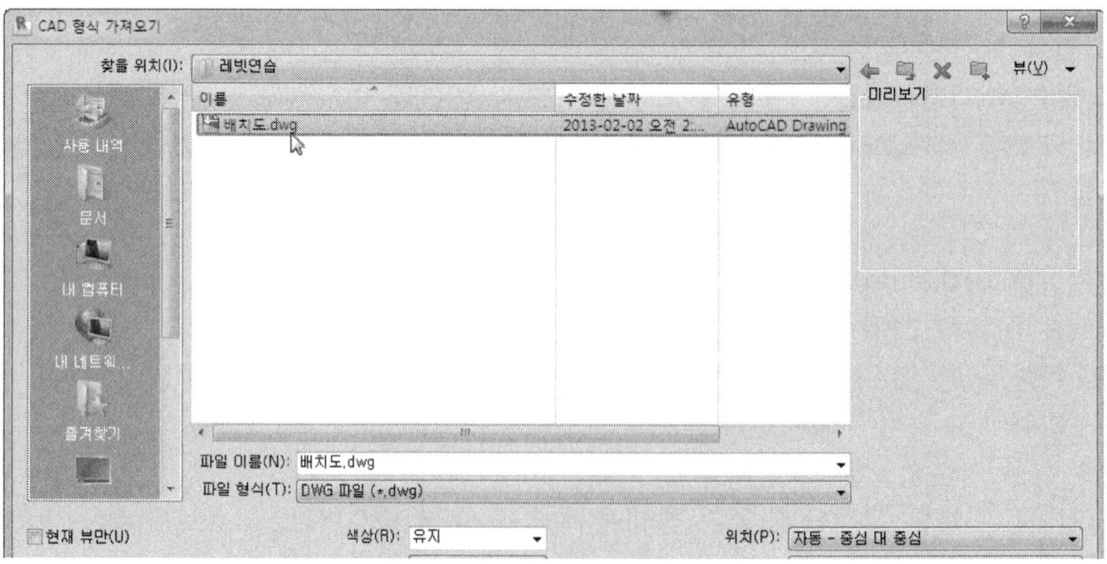

- 배치도에 지형과 배치가 표시된 CAD 파일이 배치된 것을 확인할 수 있다.

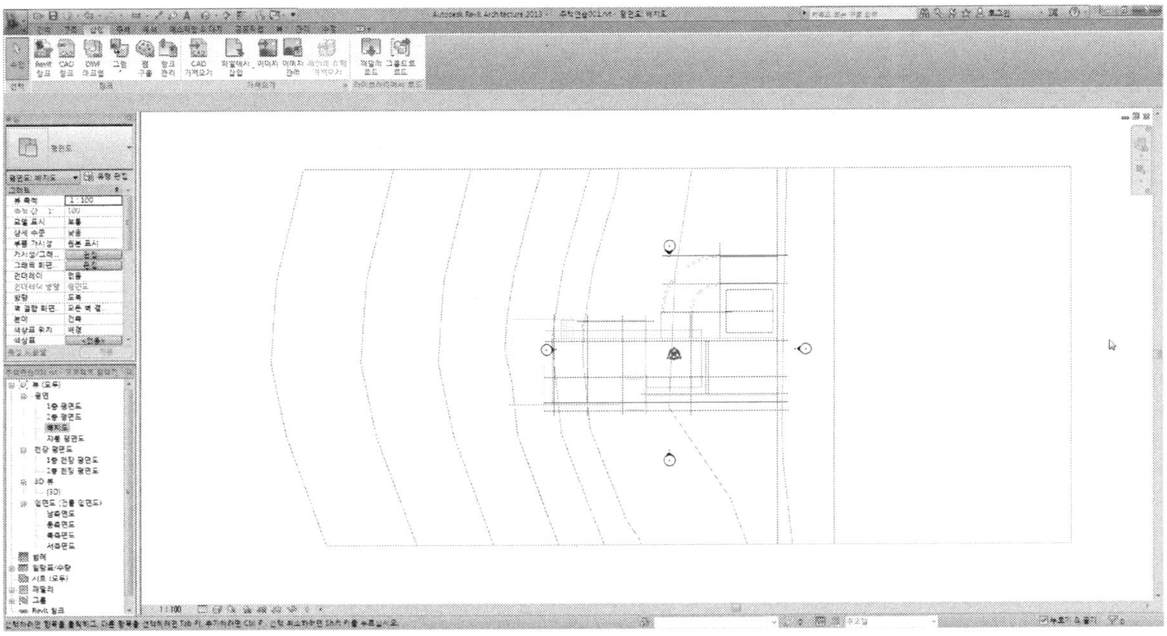

② 지형면 만들기

- 매스작업 & 대지 탭에서 지형면을 선택한다.
- 수정 /표면편집에서 가져오기에서 작성 중 가져오기 인스턴스(instance) 선택을 클릭한다.

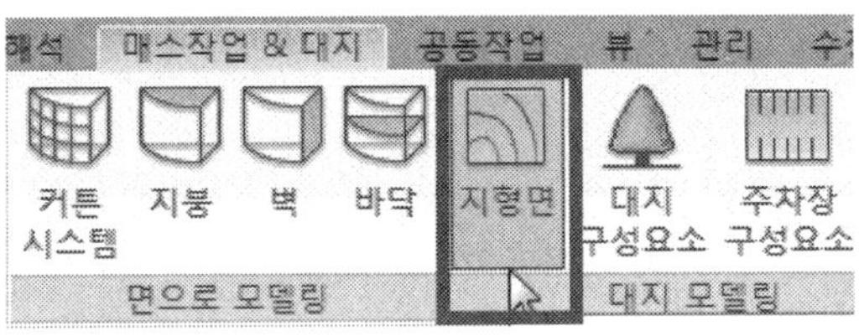

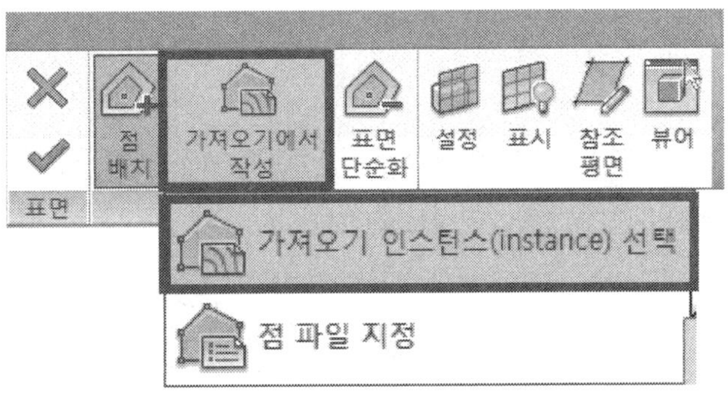

- 화면에서 도면을 선택한다.

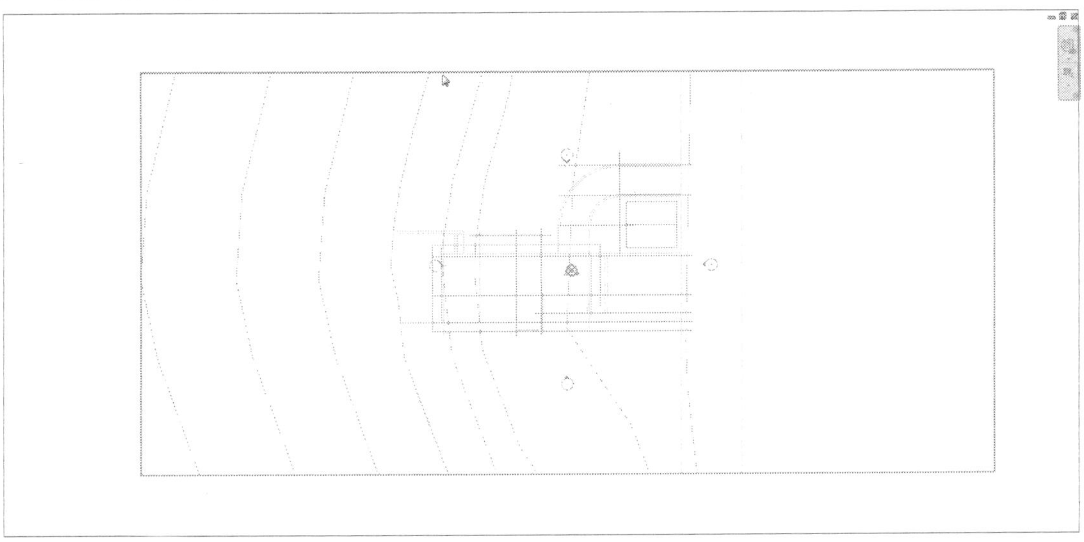

- 선택된 레이어에 점 추가 패널에서 **등고선 레이어**만 선택한다.

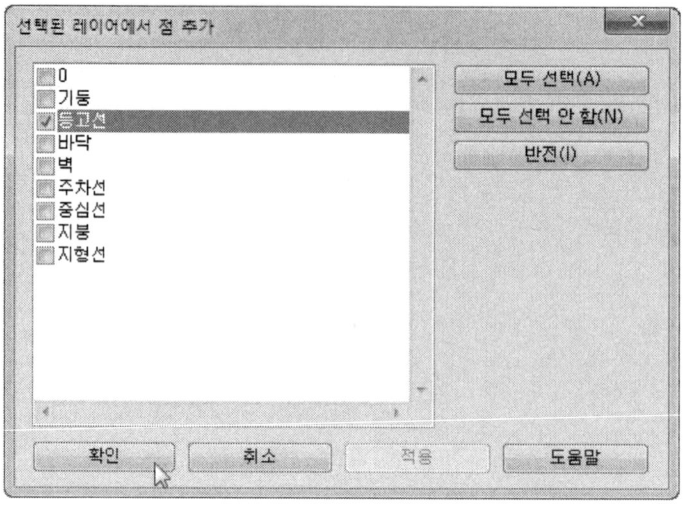

- 경고 창이 나타나면 읽고 닫는다.

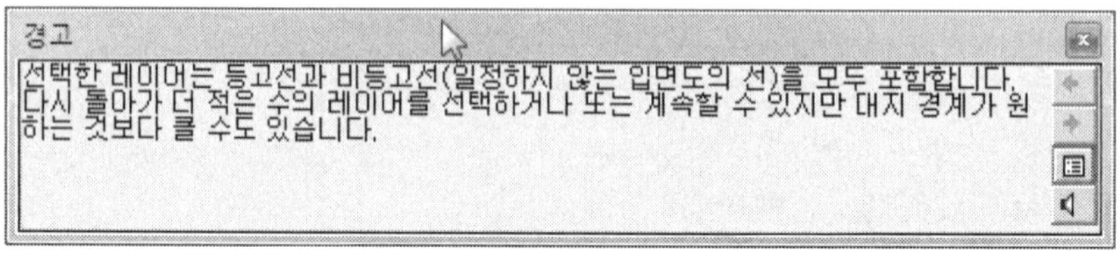

- 등고선에 점들이 구성되어 나타난다.
- 표면마감을 클릭한다.

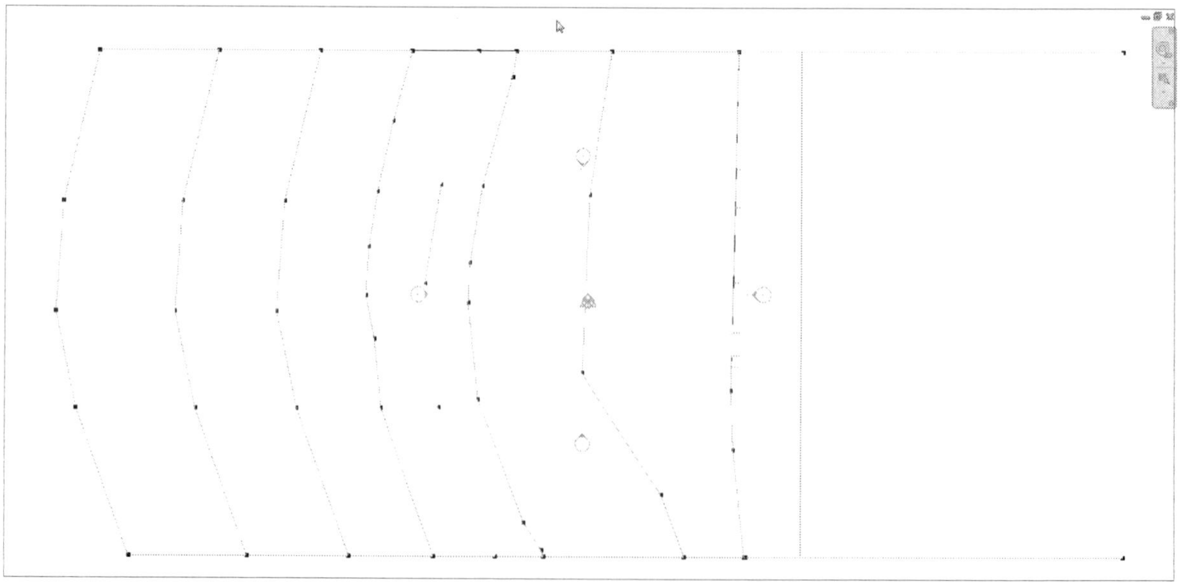

- 3D 뷰를 활성화하고 비주얼 스타일을 모서리 음영으로 설정한다.

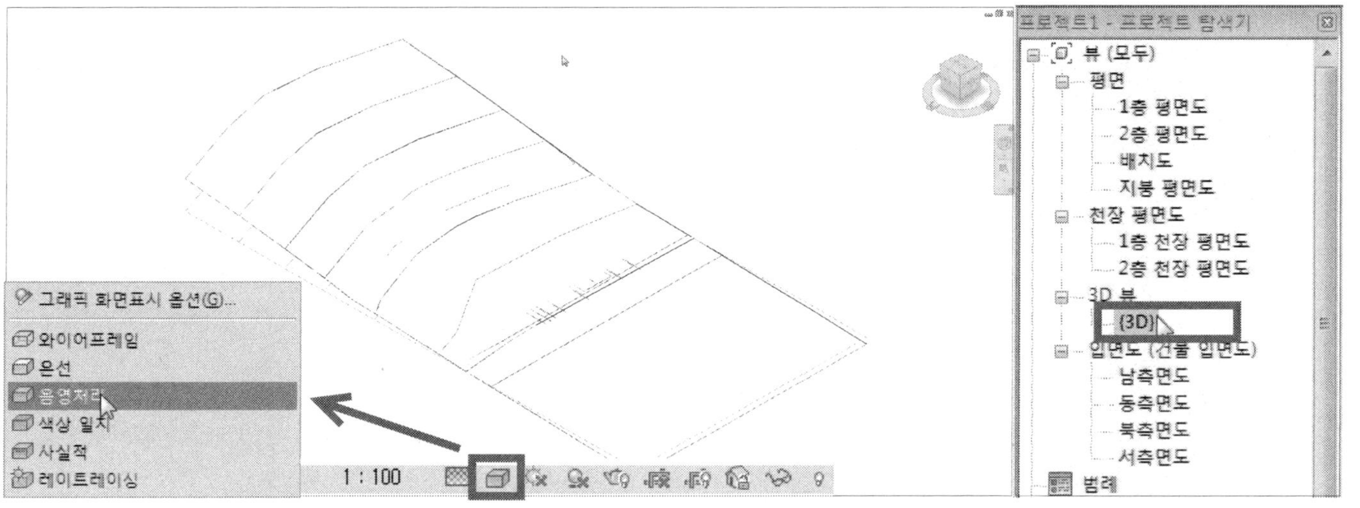

- 지형면이 나타난 것을 확인할 수 있다.

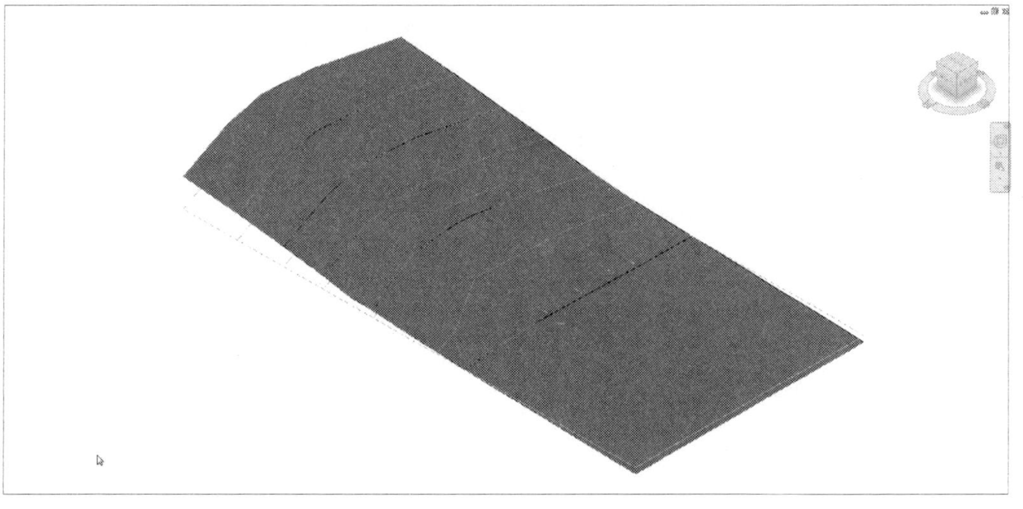

③ 지형면의 가시성 제어

- 만들어진 지형면과 지형이 나타난 CAD파일은 모든 뷰에서 보이게 된다.
- 따라서 필요에 따라 지형면과 지형이 나타난 CAD파일의 가시성을 제어해야 한다.

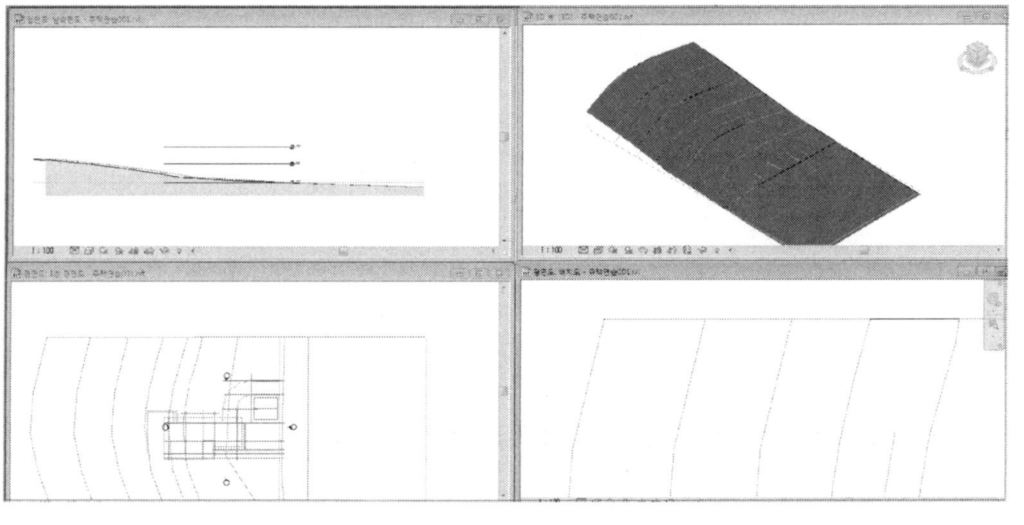

- 1층 평면도를 선택하여 활성화한다.
- 현재 뷰에서만 가시성을 제어하기 위해서는 대상을 선택하고 오른쪽 버튼을 클릭한다.
- 뷰에서 숨기기(H)를 선택하면
  요소(E) : 선택한 요소만 뷰에서 숨긴다.
  카테고리(C) : 선택한 요소가 포함된 카테고리 모두를 숨긴다.
  필터별(B) : 필터별로 가시성을 제어하거나 각 항목별로 제어가 가능하며 특히 CAD파일은 레이어별로 제어할 수 있다.

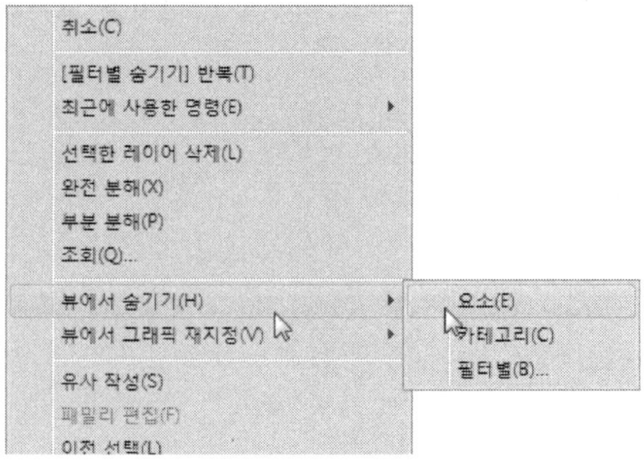

- 필터별(B)를 선택하여 1층 평면도에서 CAD 도면을 사용하기 위해서 벽만 제외하고 숨긴다.

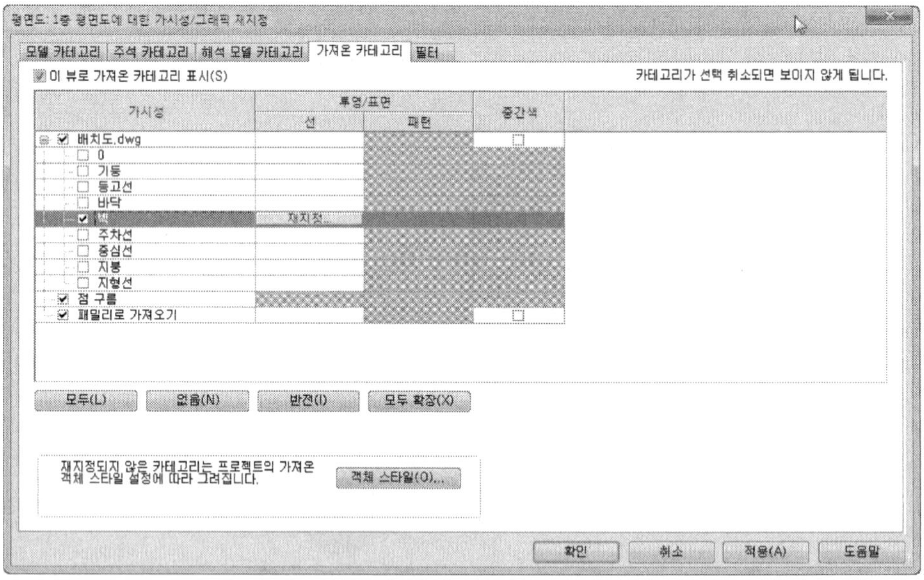

- 아래와 같이 나타난다.

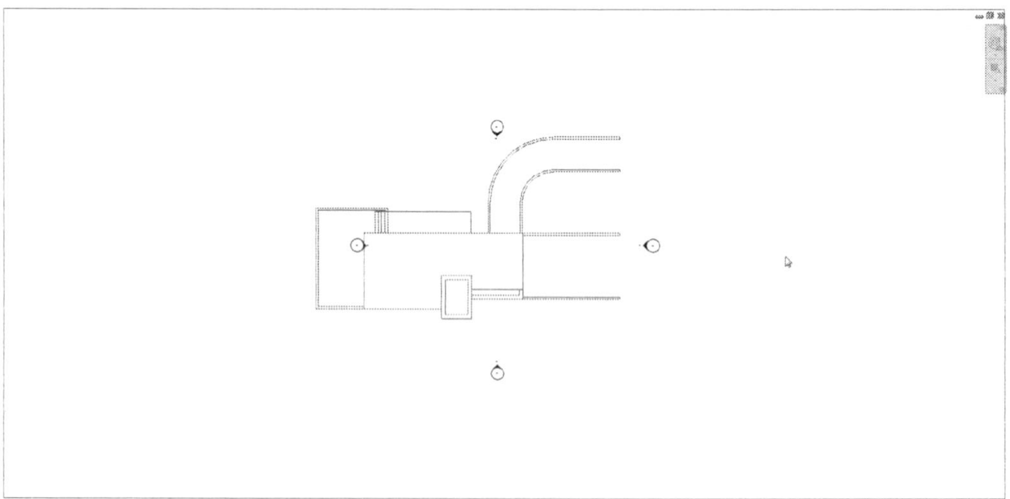

※ **나머지 뷰에서 나타나는 CAD 배치도 파일은 카테고리(C)로 숨긴다.**

4) 레벨 만들기

레벨은 벽, 지붕, 바닥, 계단, 천장 등 레벨에 연관된 요소를 위한 수평 기준면이다. 레벨은 벽의 높이와 가구, 창 문 등의 수직 위치를 결정하는데 사용된다. 평면도는 층 레벨마다 존재할 수 있으며, 평면도에 있는 모든 요소들은 해당 레벨과 연관된다. 언제라도 새로운 레벨을 추가하거나 레벨을 수정할 수 있으며, 수정 시 레벨에 연관된 요소들은 모두 레벨을 따라 이동한다.

● 뷰

레벨을 만들 때 평면뷰 만들기를 체크하면 평면도와 천장 평면도를 만든다. 레벨의 이름을 바꾸면 두 뷰의 이름도 같은 이름으로 바꿀 것인지 묻는 대화상자가 나타난다. 반대로 평면도의 이름을 바꾸면 레벨의 이름과 다른 평면도의 이름을 같은 이름으로 바꿀 것인지 묻는 대화상자가 나타난다.

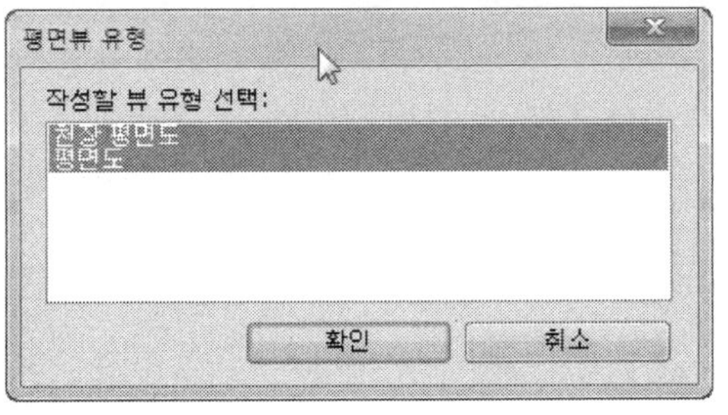

● 구속조건

벽을 만들면 벽의 '베이스 구속조건'이 무조건 지정한 레벨로 지정된다. 즉 벽은 레벨 위에 설 수 밖에 없다. 반면에 벽의 높이는 상단구속조건을 활성화하여 특정 레벨로 지정할 수도 있고, 상단구속조건을 비활성화하고 직접 수치로 입력할 수도 있다. **벽의 높이를 레벨에 연동시키면 편리한 점은 레벨에 따라 벽의 높이가 자동으로 변경된다는 것이다.**

● 레벨 높이 변경

레벨이 보이는 뷰(입면도, 단면도)에서는 레벨의 높이를 변경할 수 있다. 모델 범위 모드에서 레벨의 높이를 변경하면 그 변화는 모델 범위에 속하는 모든 뷰에 적용된다. 하지만 뷰 특정 범위 모드에서 레벨의 높이를 수정하면 그 변화는 해당 뷰로 한정된다.

① 주택 실습을 위한 레벨 지정

- 기초 벽 높이는 1,200으로 정의한다.
- 지하주차장의 층고를 2,200으로 정의한다.
- 1층 층고는 3,000으로 정의한다. 2층 층고는 2,700으로 정의한다.
- 계단지붕의 레벨은 지붕에서 1,800으로 정의한다.
- 레벨의 헤드는 삼각형 헤드를 선택하여 사용하거나 수정한다.
- 각 레벨의 수치는 적당하게 조절할 수 있다.

- 입면도의 남측면도를 더블 클릭하여 선택한다.
- 기본적으로 나타나는 레벨을 확인한다.

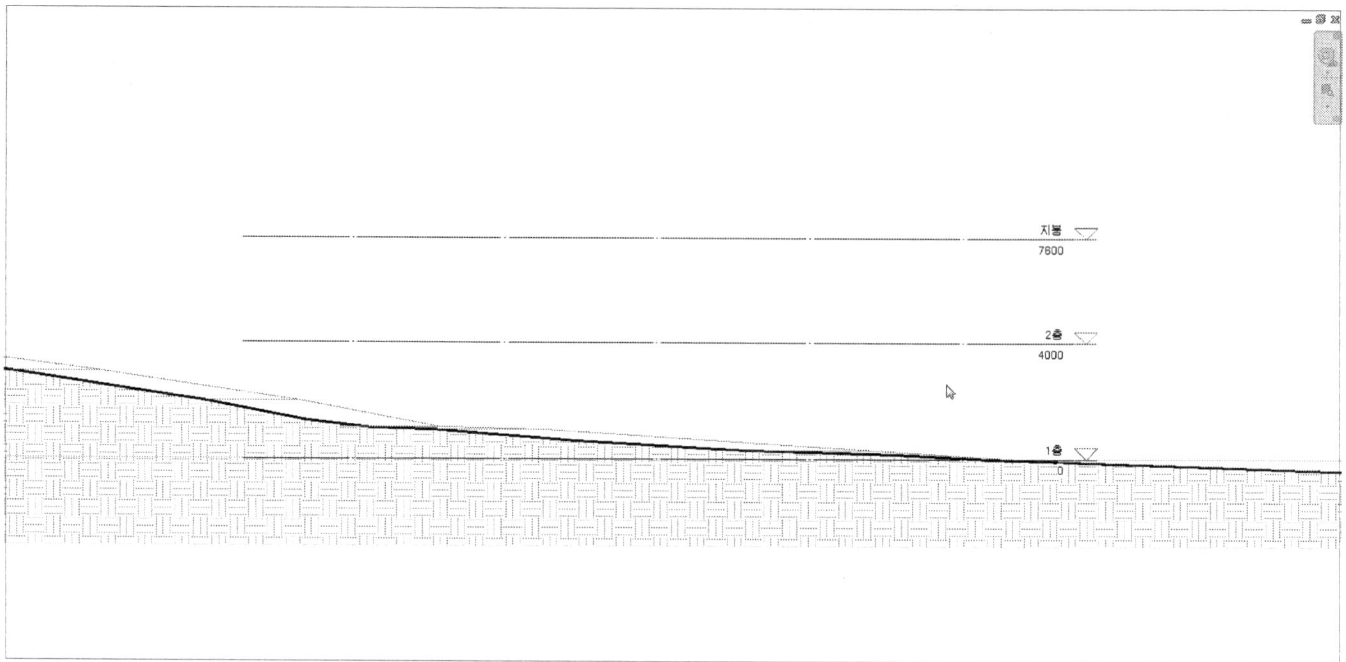

- 원활한 실습을 위해서 지형면과 CAD 도면을 뷰에서 숨긴다.

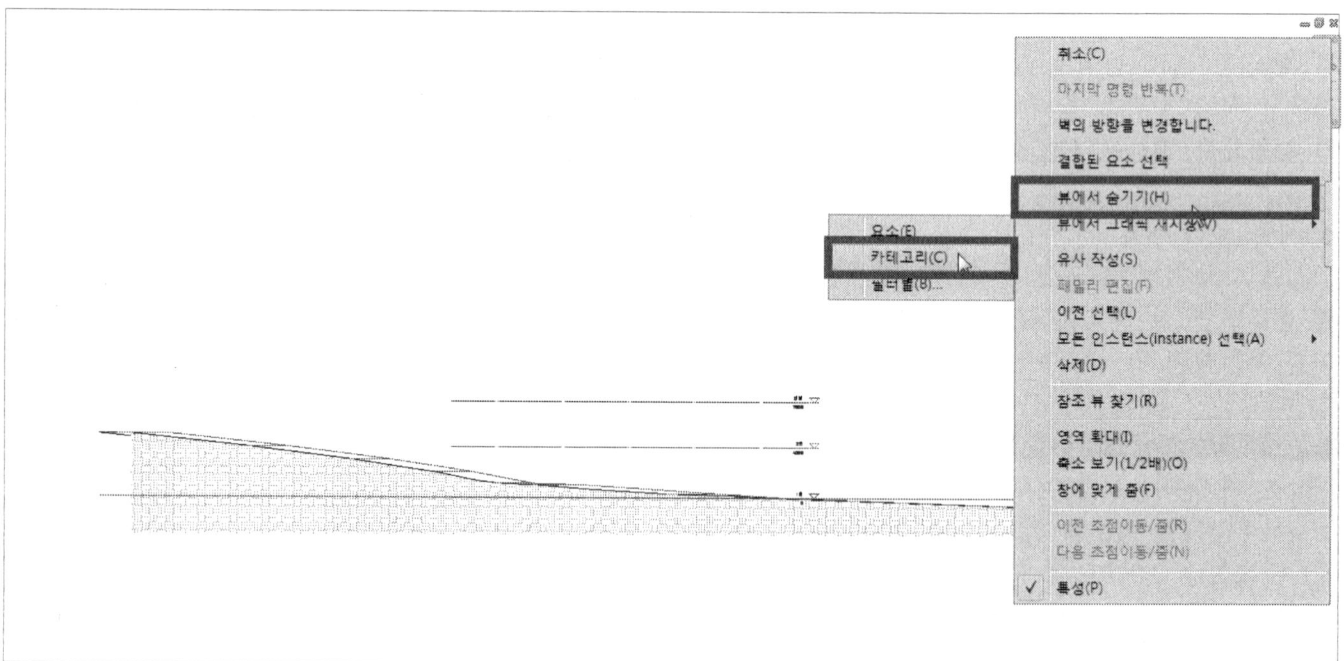

- 1층, 2층 지붕 레벨이 기본적으로 제공된다.
- 레벨과 연관된 평면도는 1층 평면도, 2층 평면도, 지붕 평면도이며,
- 천장 평면도는 1층 천장 평면도, 2층 천장 평면도이다.

② 레벨의 수치 수정 및 이름 수정

- 1층 레벨의 높이를 **0에서 300**으로 수정하고 이름도 **03 1층 평면도**로 수정한다.
- 2층은 **4000에서 3300**으로 **04 2층 평면도**로 수정한다.
- 지붕은 **7600에서 6000**으로 **05 지붕 평면도**로 수정한다.
- 레벨의 수치와 이름을 클릭하면 수정할 수 있다.

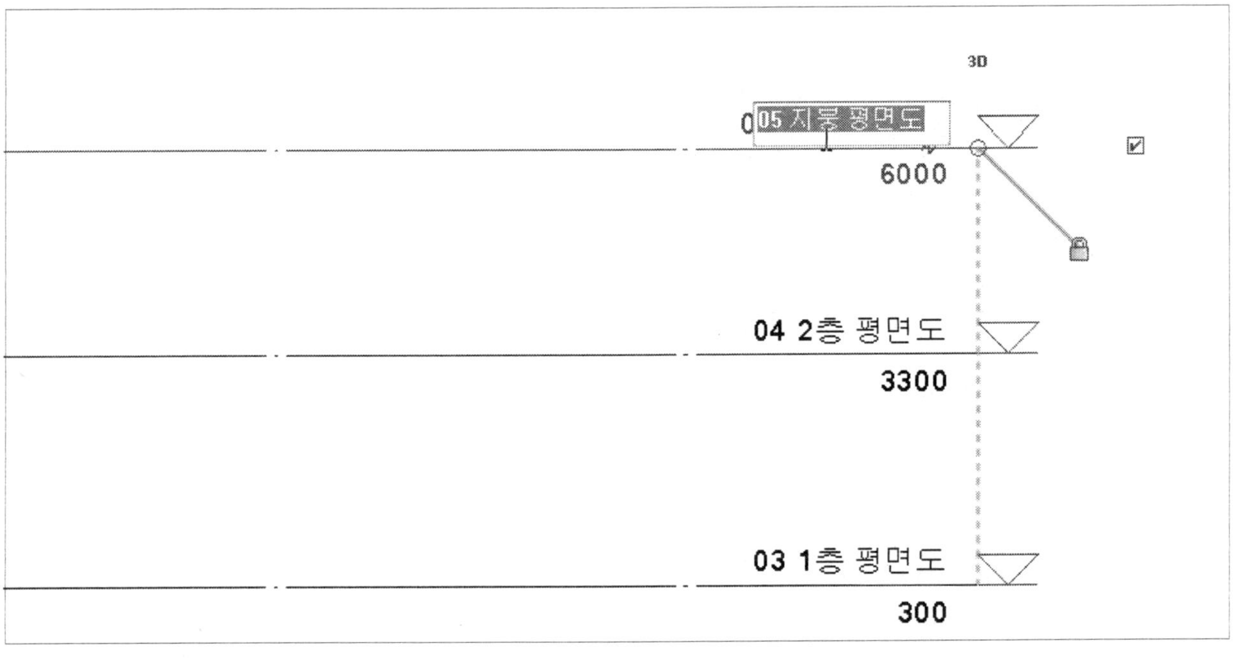

③ 레벨의 선을 이용하여 그리기

- 건축 탭의 레벨을 선택한다.
- 배치 레벨의 선을 선택한다.
- 평면뷰 만들기가 체크되어 있는지 확인하고 평면 유형을 클릭하여 평면도만을 선택한다. 이는 02 G.L.레벨(지반선)을 만들 것이므로 천장 평면도가 필요 없다.

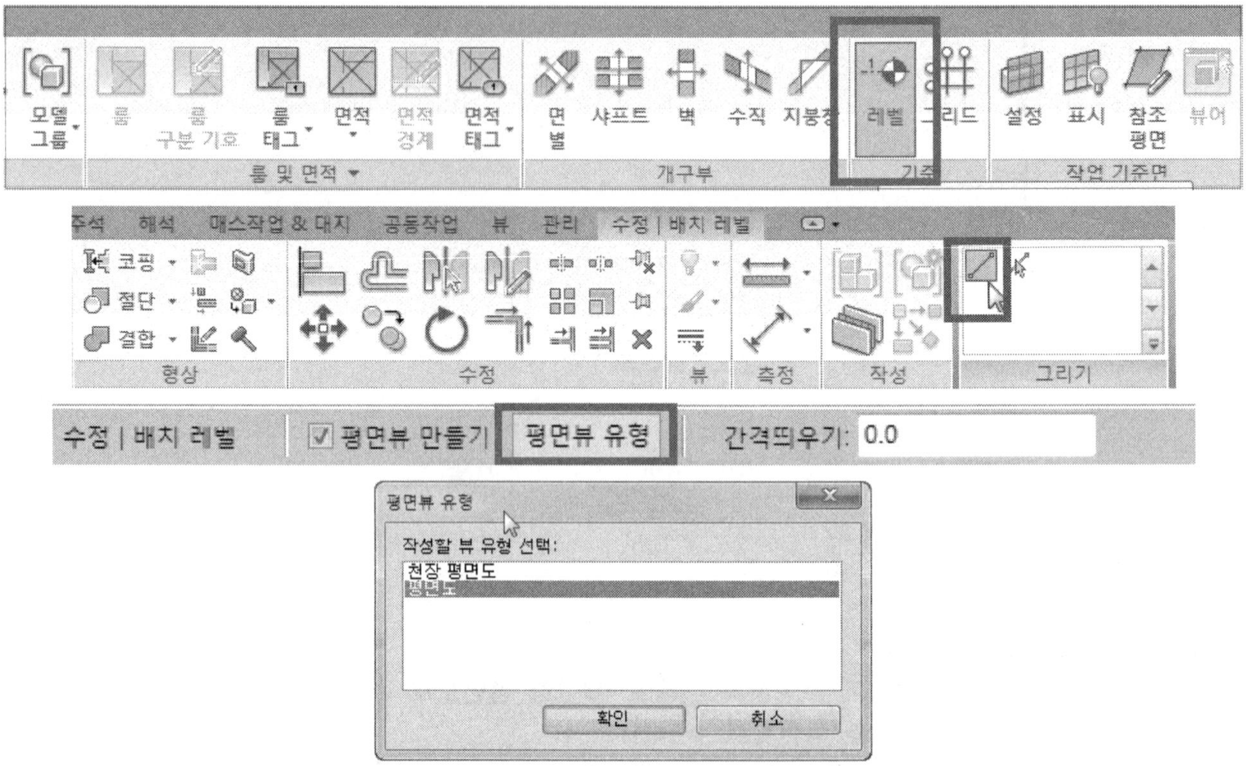

- 03 1층 평면도 레벨에서 밑으로 300 간격이 생긴 곳을 클릭하고 드래그하여 레벨을 만든다.

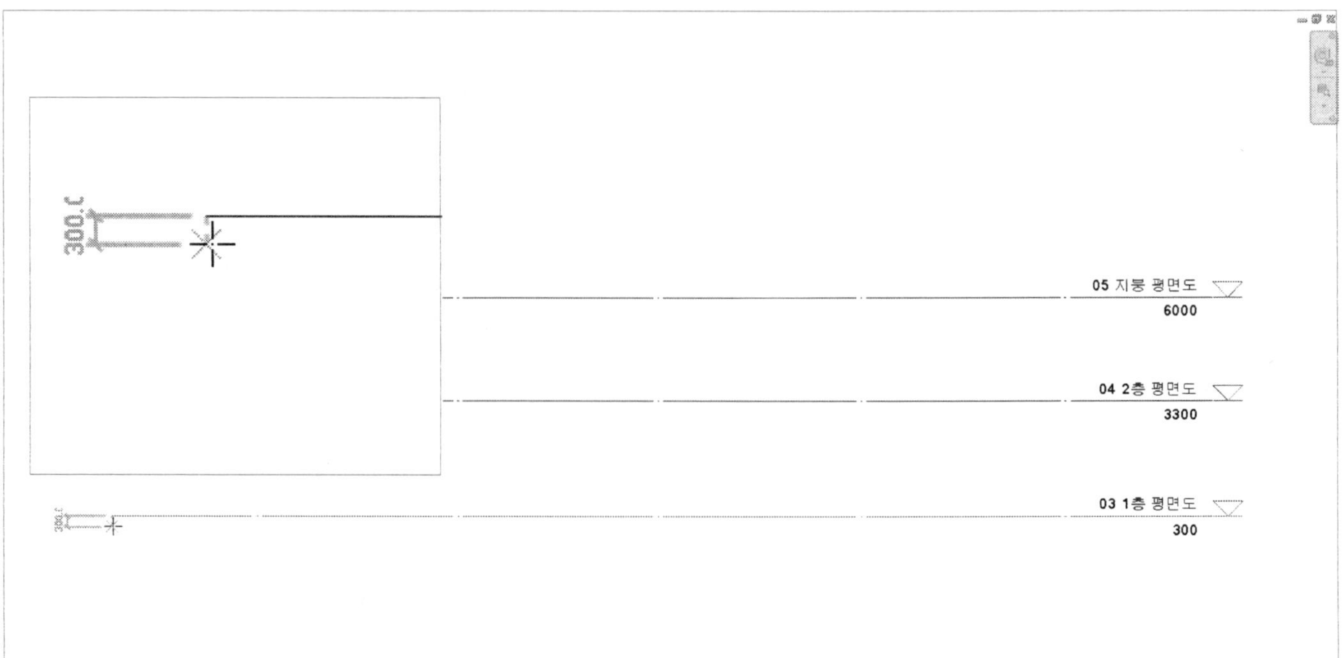

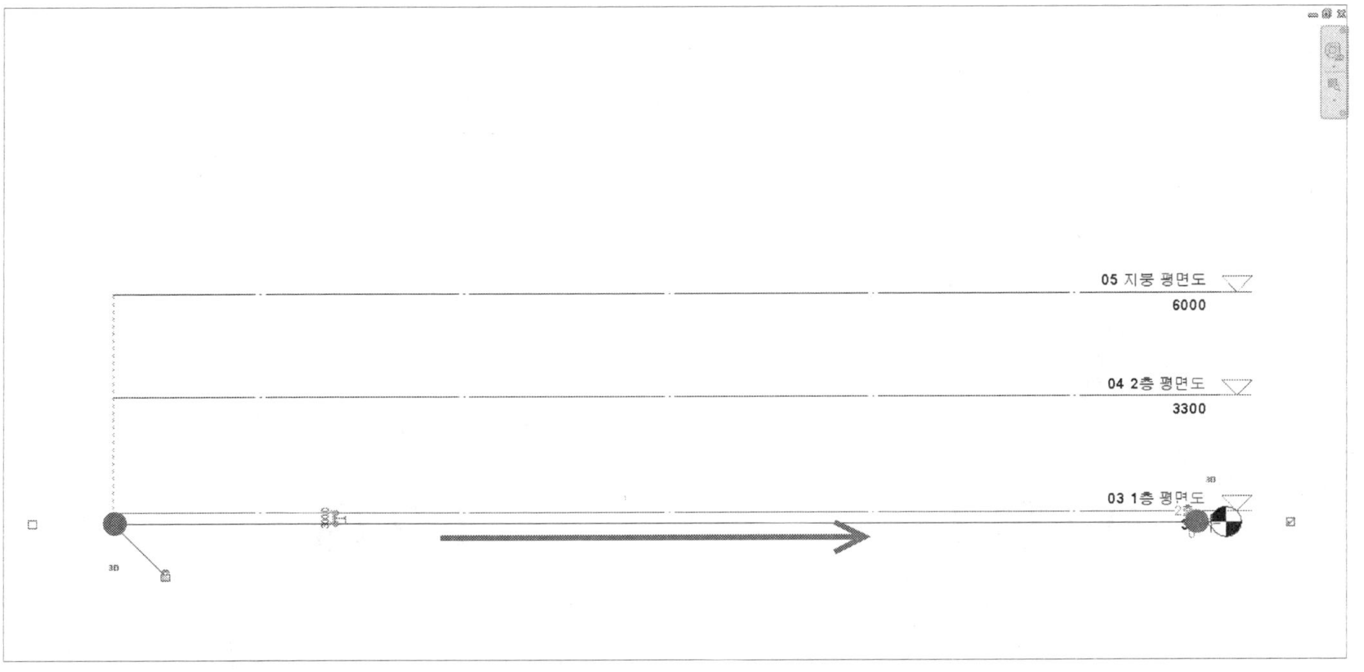

- Esc키를 더블 클릭하여 레벨 작성을 끝낸다.
- 새롭게 만들어진 레벨을 선택하고 특성의 레벨 8mm 헤드를 펼쳐서 삼각형 헤드를 선택한다.

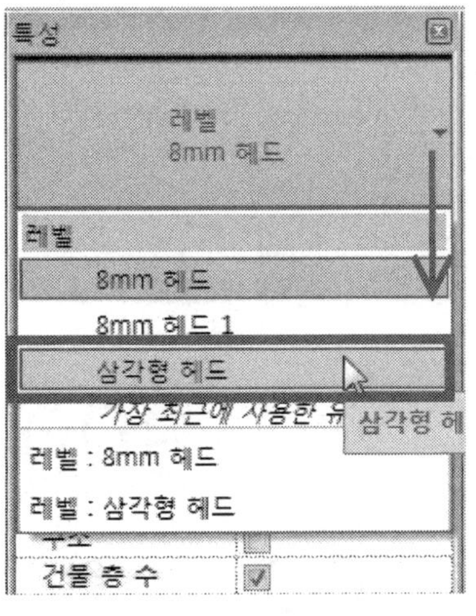

- 레벨의 이름을 02 G.L.로 변경한다.
- 이 때 해당 뷰의 이름을 바꾸시겠습니까? 물음에 예(Y)를 클릭한다.

- 레벨의 간격이 좁아 겹쳐 인식이 어려울 경우에는 레벨에 엘보를 추가하여 가시성을 높인다.
- 03 1층 평면도 레벨을 선택하면 레벨 선위에 엘보가 나타나는데 이 엘보를 클릭한다.
- 레벨의 선이 아래로 꺾인 상태가 되는데 이때 꺾인 부분의 끌기를 클릭하여 상부로 이동한다.

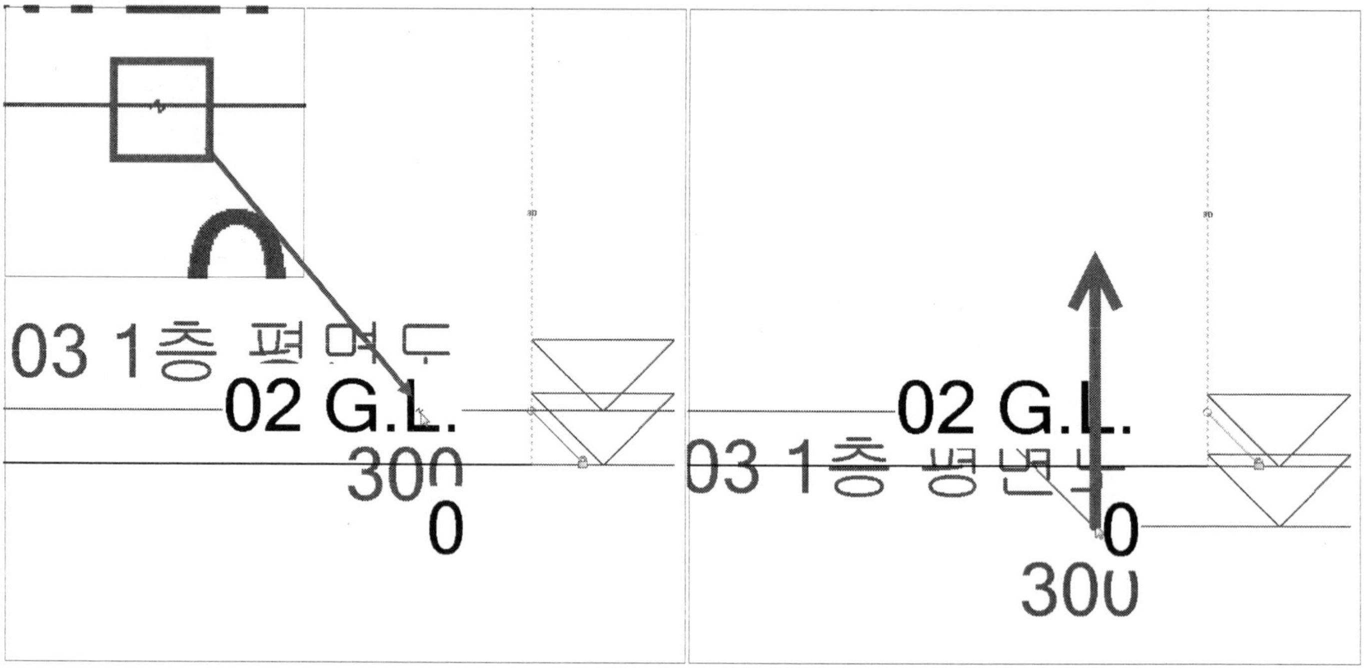

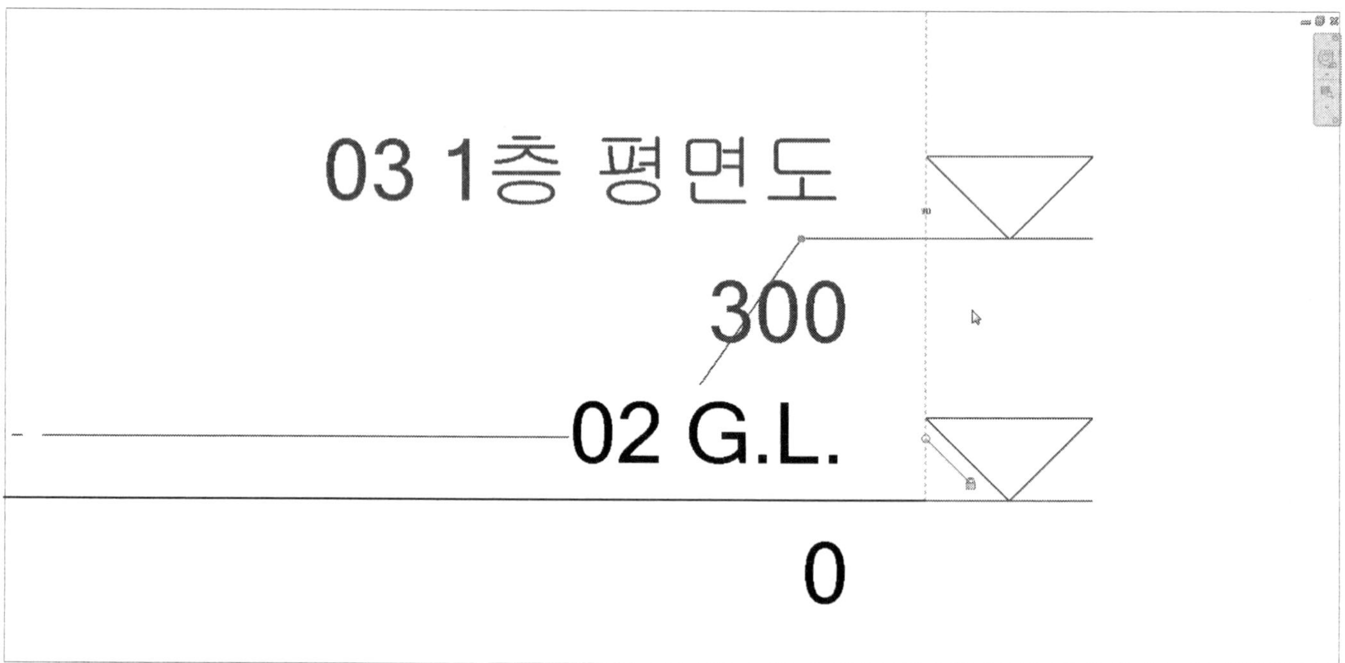

④ 레벨의 선 선택을 이용하여 그리기

- 건축 탭의 레벨을 선택한다.
- 선 선택을 선택한다.

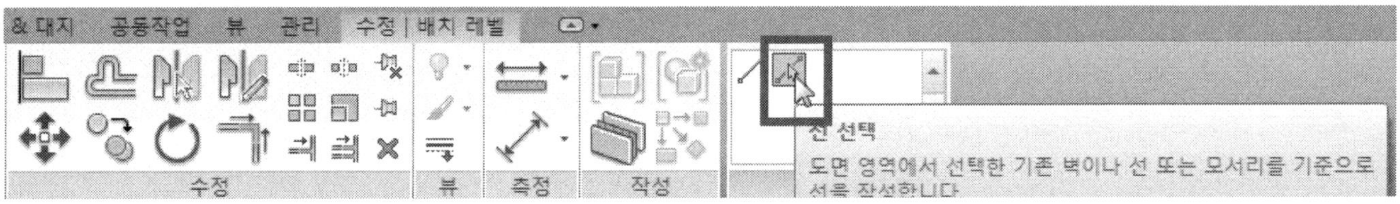

- 02 G.L. 레벨 위에 커서를 위치하고 하부에 점선이 나타나면 클릭한다.(간격띄우기 1900)

- 새롭게 만들어진 레벨 위에 커서를 위치하고 하부에 점선이 나타나면 클릭한다.(간격띄우기 1200)

- 05 지붕 평면도 레벨 위에 커서를 위치하고 상부에 점선이 나타나면 클릭한다.(간격띄우기 1800)

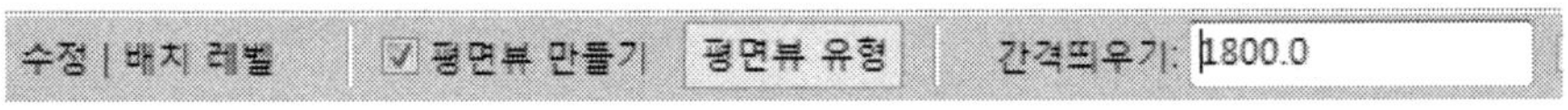

※ **레벨의 유형이 레벨 삼각형 헤드로 되어 있는 것을 확인한다.**

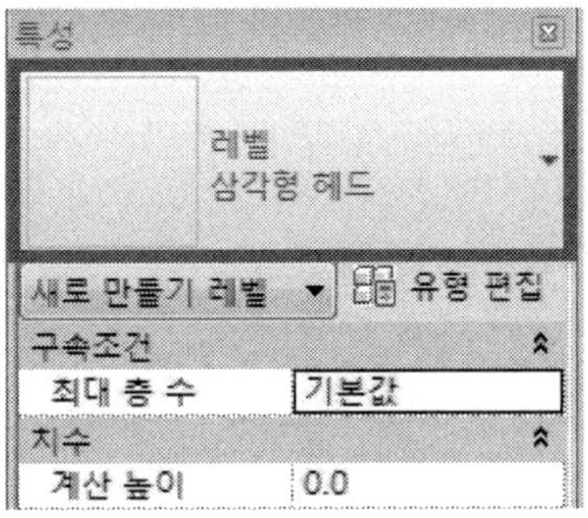

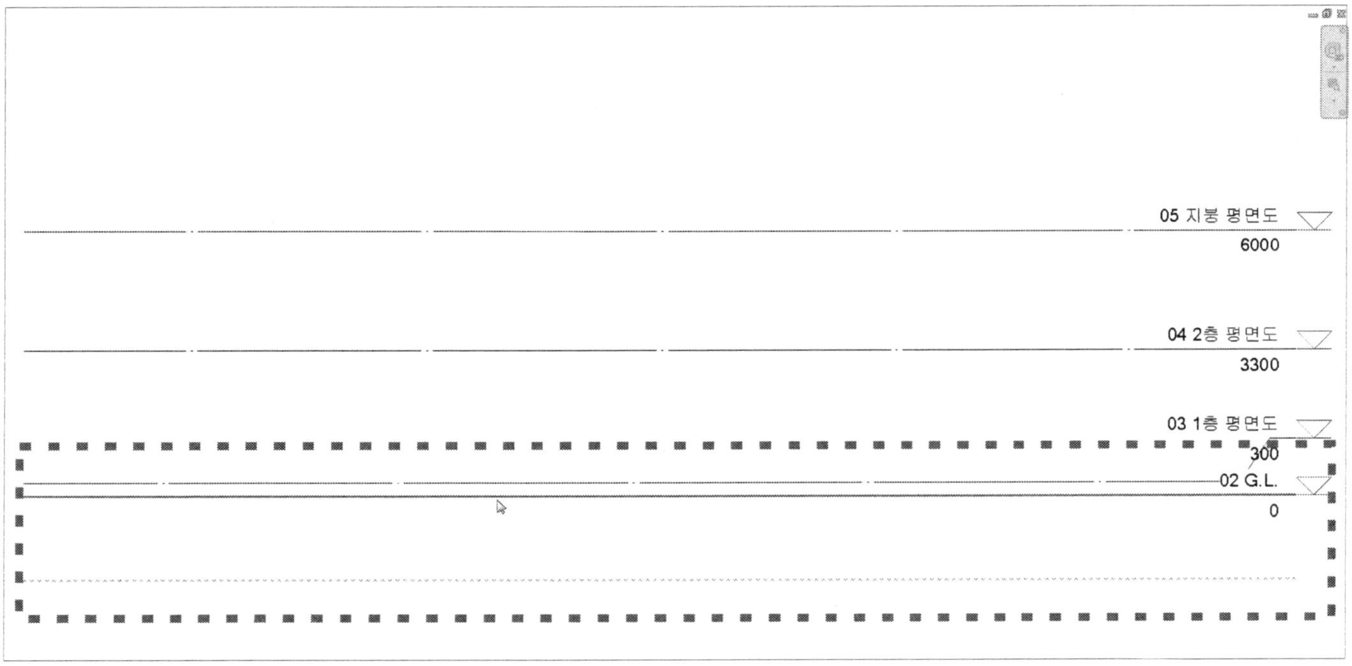

- 아래 그림과 같이 레벨이 만들어진다.

- 아래 그림과 같이 레벨의 이름을 수정한다.
- 00 기초, 01 지하주차장, 06 계단지붕으로 명명한다.
- 해당 뷰의 이름을 모두 바꾼다.

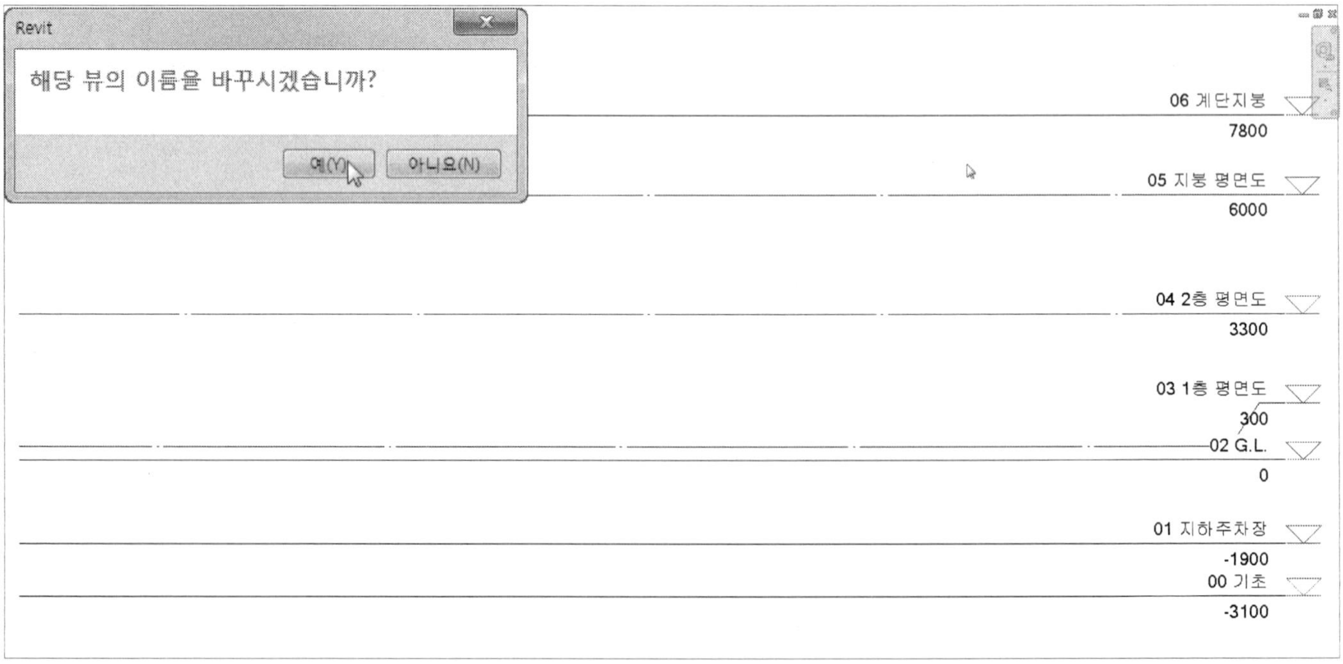

⑤ 레벨의 이름대로 평면도의 이름 수정하기

- 프로젝트 탐색기의 평면의 이름을 레벨의 이름과 일치하도록 수정한다.

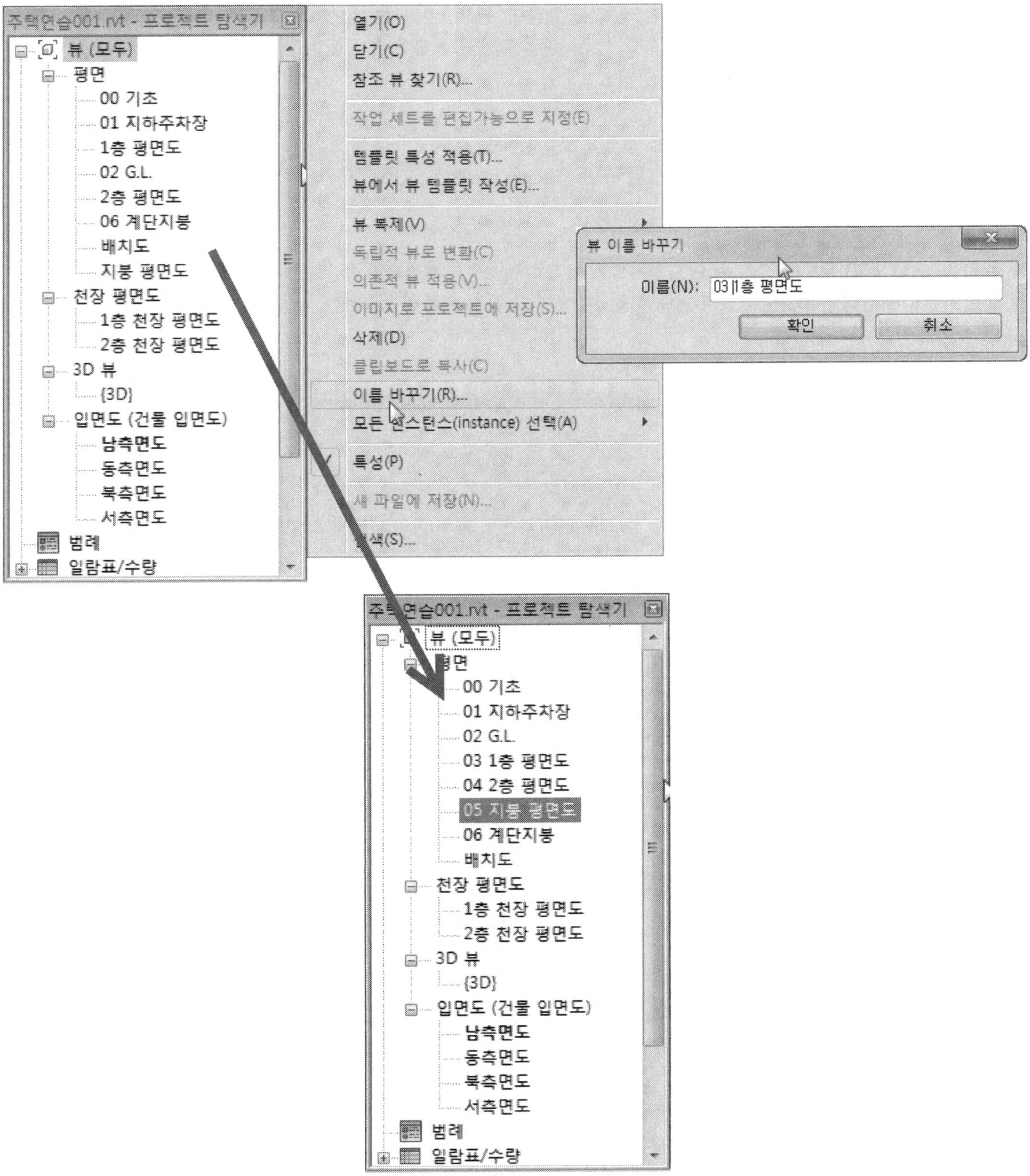

5) 그리드 그리기

● 그리드의 가시성

그리드는 평면도, 입면도, 단면도에 선으로 표시되며 평면도에서는 직선과 호로 나타나며, 입면도와 단면도에서는 직선으로만 나타난다. 그리고 3D 뷰에서는 표시되지 않는다. 그리드를 특정한 뷰에서 새롭게 구성하면 모든 뷰에 생성된다.

● 기둥그리드

기둥 그리드는 기둥을 배치하기 위한 그리드로 기둥은 그리드 선과 그리드 교차점에 자동으로 위치한다. 그리드 선이 이동되면 그리드 선에 정렬된 모든 요소들도 함께 이동되기 때문에 편리하다.

① 지형이 표시된 CAD 파일의 그래픽 속성 변화

- 프로젝트 탐색기에서 03 1층 평면도를 더블 클릭하여 1층 평면도를 활성화한다.
- 화면의 벽 레이어 색이 노란색이어서 인식이 어려운 상황이므로 이 벽의 색을 변경한다.

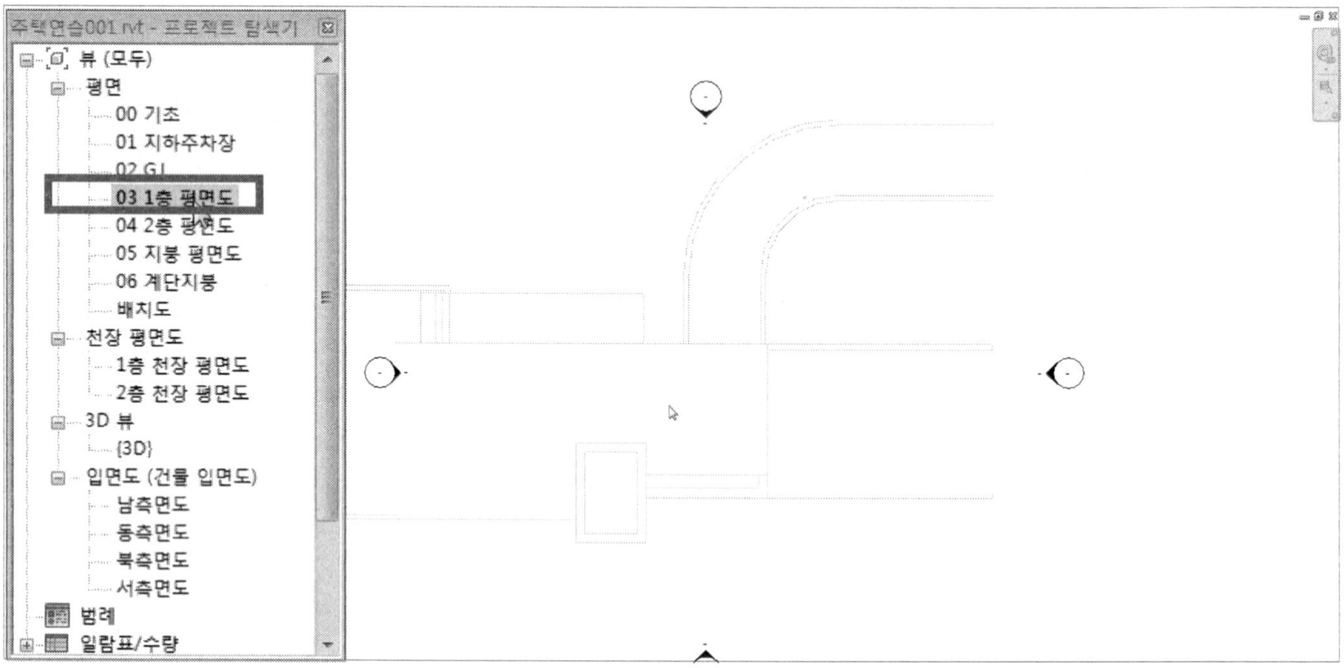

- 화면의 벽선을 선택하고 마우스 오른쪽 버튼을 클릭한다.
- 뷰에서 그래픽 재지정(V)을 선택한다.
- 필터별을 선택한다.

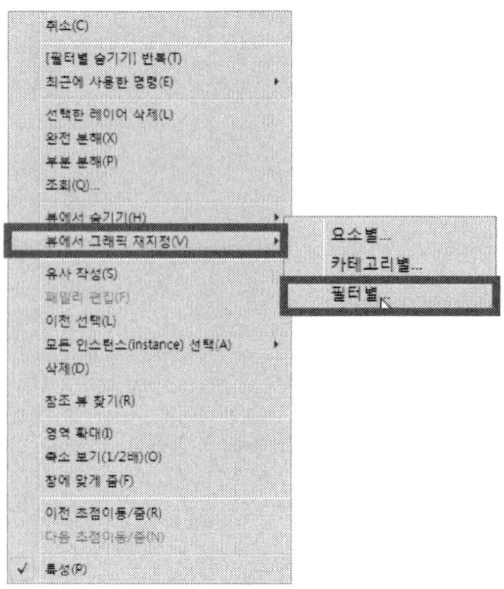

- 가져온 카테고리에서 벽 레이어의 선 항목을 클릭하여 재지정 버튼을 클릭한다.
- 선 그래픽 패널이 나타나면 색상 버튼을 클릭한다.
- 색상 패널에서 원하는 색을 선택한다.

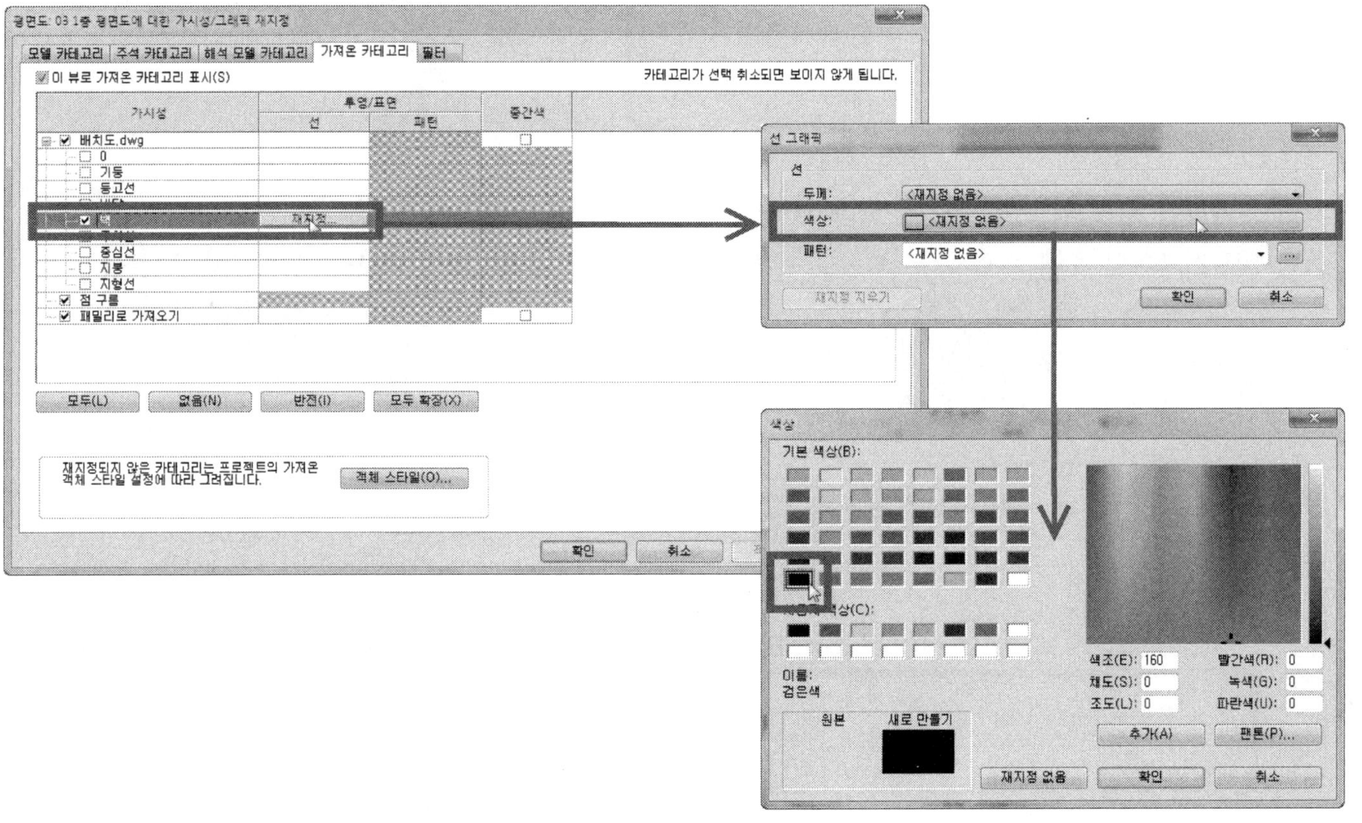

- 벽 레이어의 색상이 변화되어 확연하게 구분이 가능한 것을 알 수 있다.

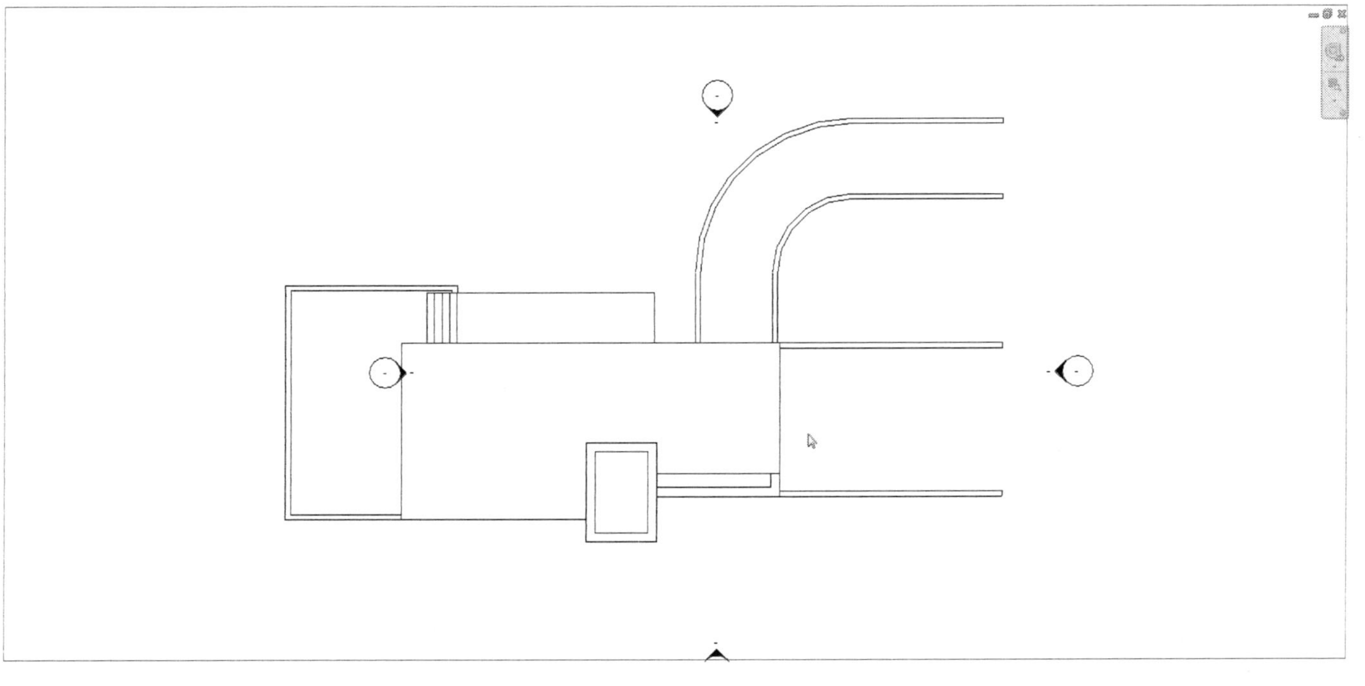

② 선 선택을 이용한 그리드 작성으로 주택 모델링의 기준 설정

- 건축 탭에서 그리드를 선택한다.

- 그리드 탭에서 선 선택을 선택한다. 간격띄우기의 수치를 175로 준다.
- 화면에서 좌측하단 수직 수평 외부 벽선을 선택하여 그리드를 생성하여 주택 모델링의 기준을 선정한다.

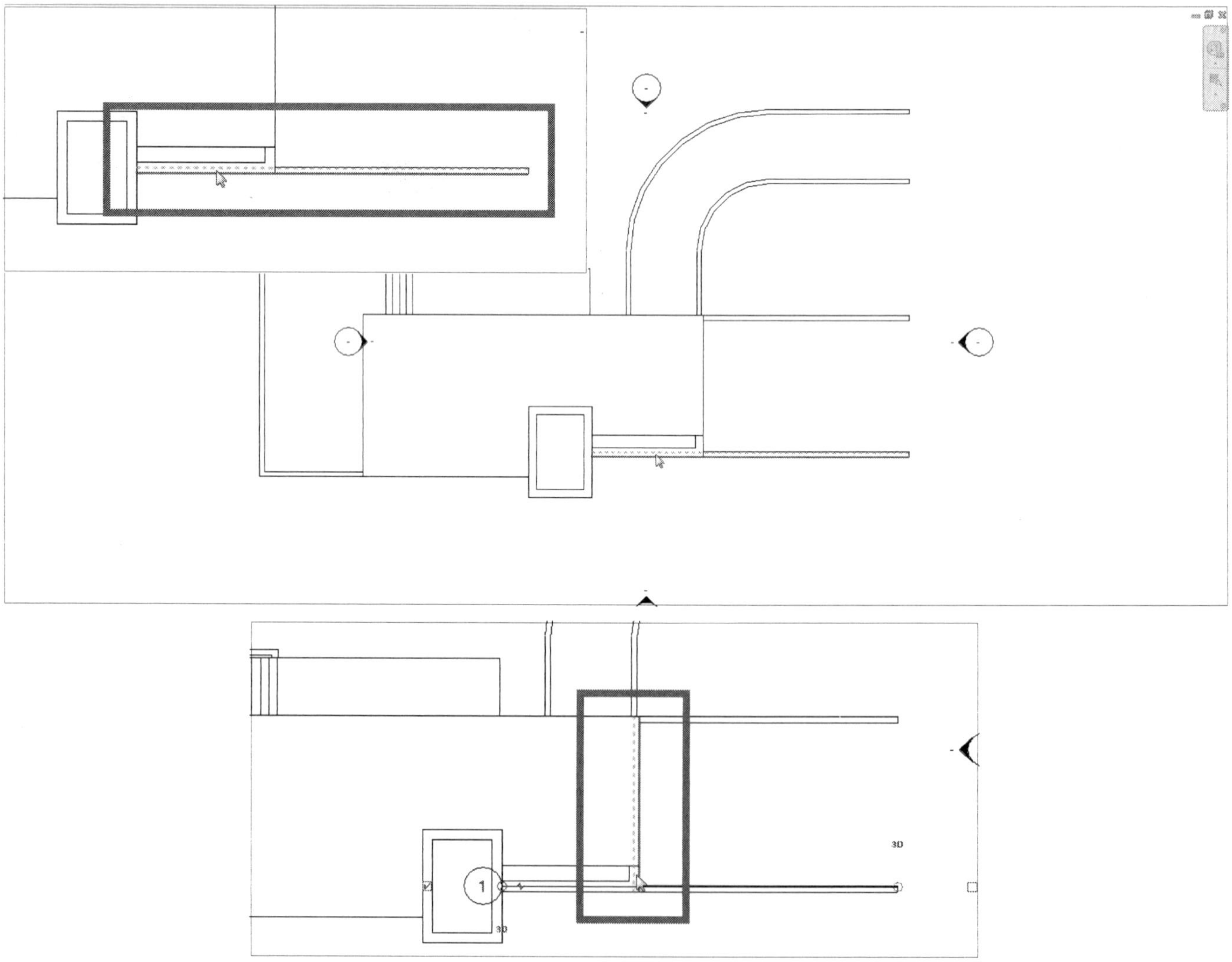

- 두 개의 그리드가 만들어지면 바탕의 벽 레이어 선들을 화면에서 숨긴다.

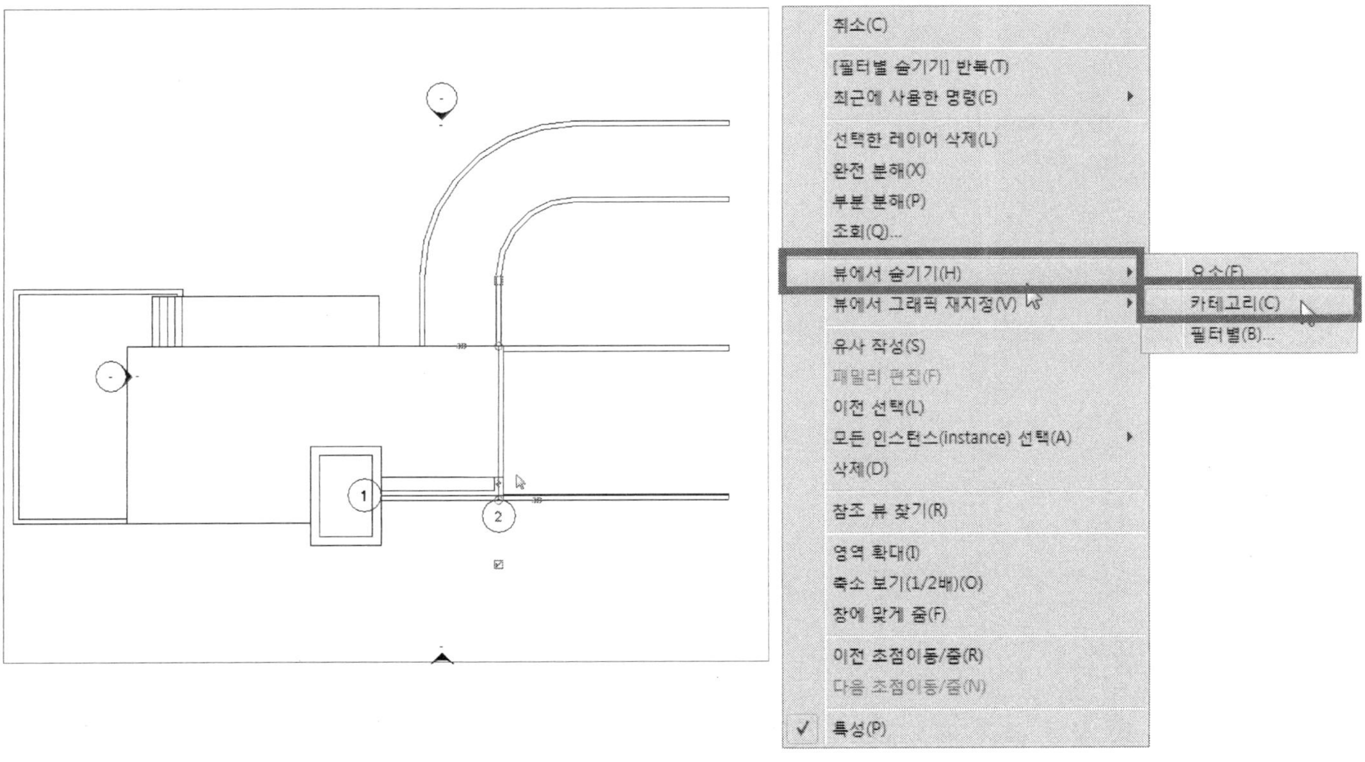

- 두 개의 그리드만 화면에 나타난다.

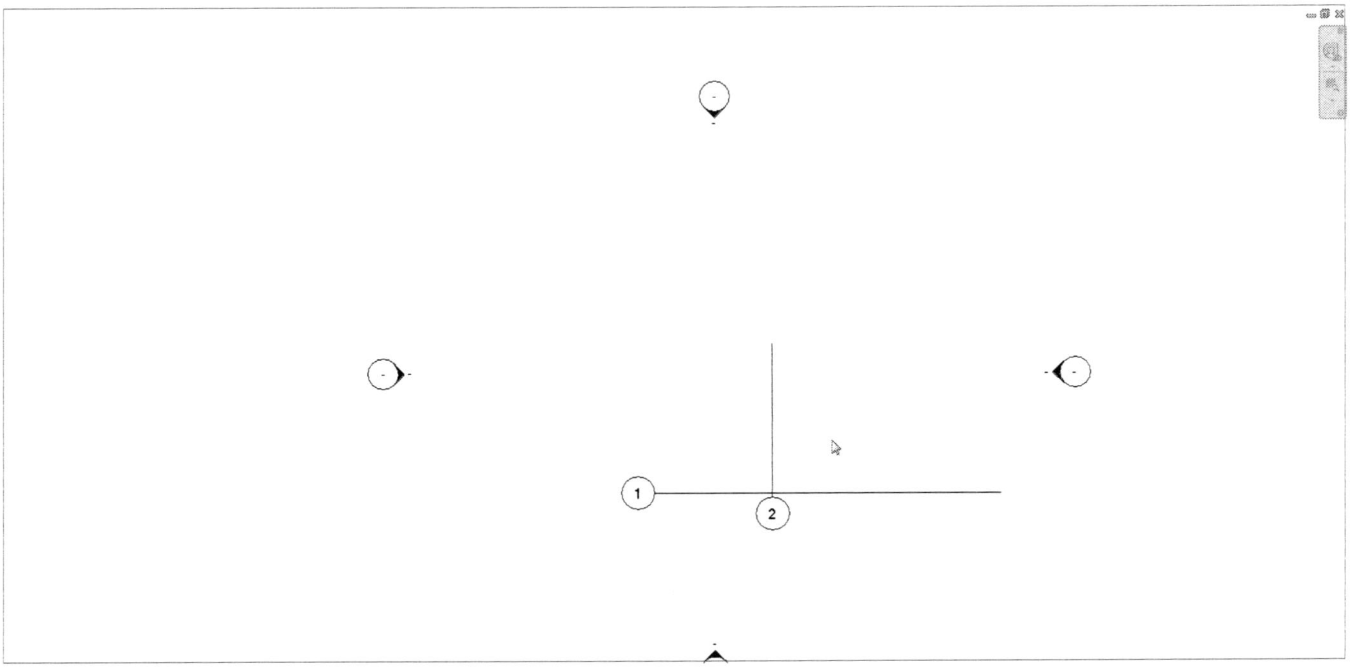

- 수평 그리드를 선택하고 양 끝을 끌어 그리드의 길이를 수정한다.

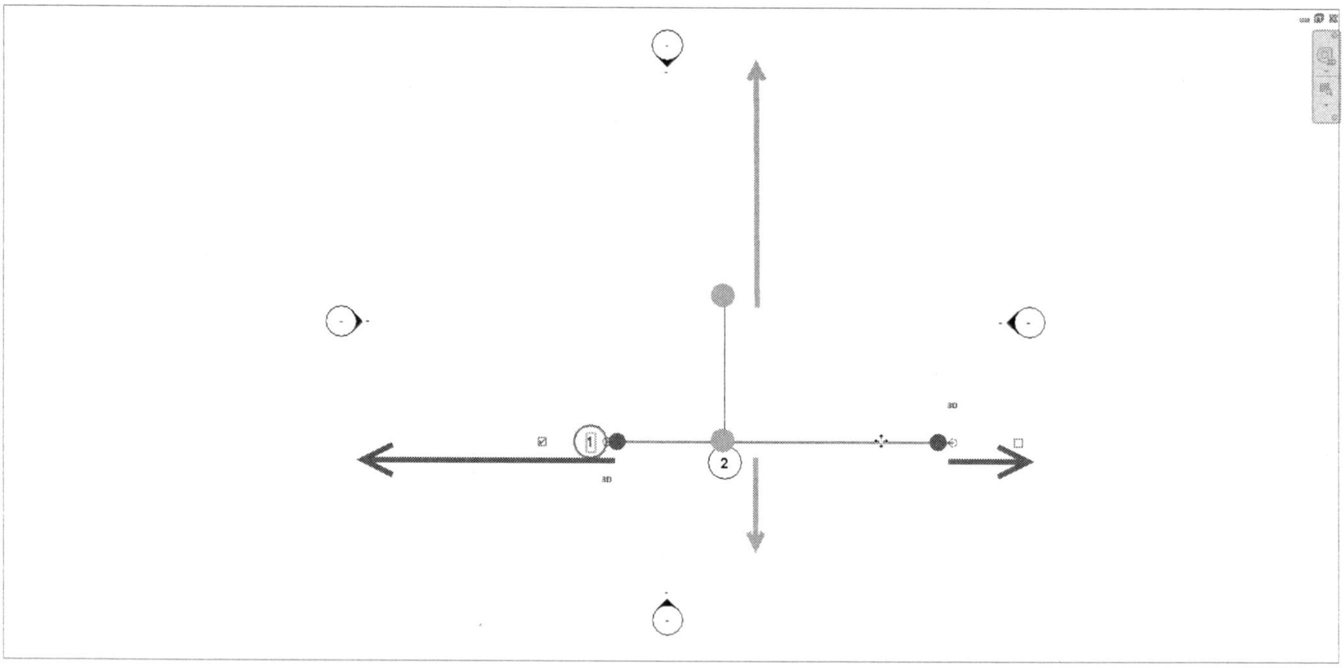

- 수직 그리드도 양 끝을 끌어 그리드의 길이를 수정한다.
- 수직 그리드의 번호를 바꾸기 위해서 그리드 버블 번호(혹은 문자)를 클릭하고 2를 X5로 바꾼다.

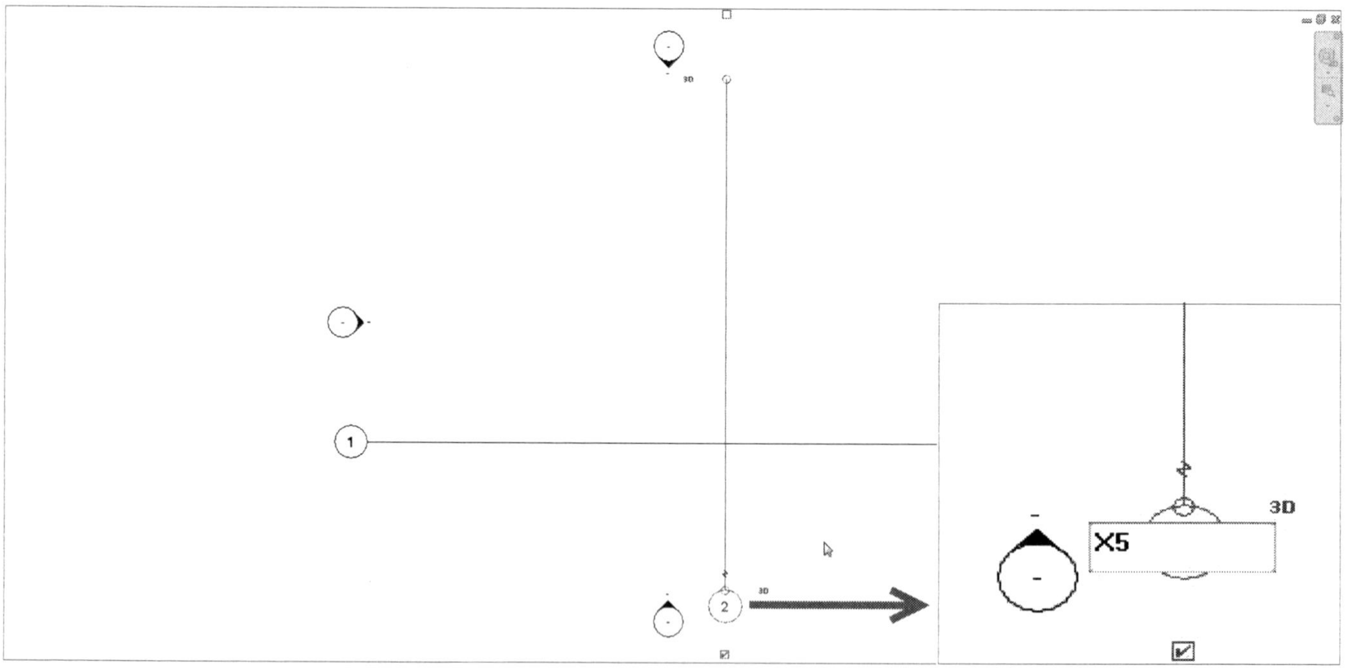

③ 그리드의 선을 이용하여 수직 그리드 그리기

- 건축 탭에서 그리드를 선택한다.
- 그리드에서 선을 선택한다.

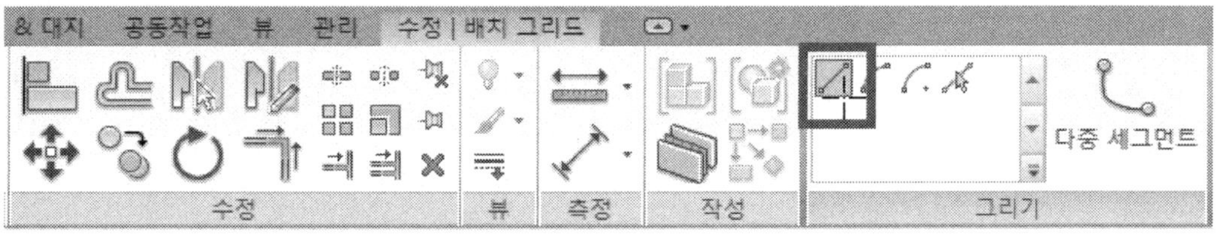

- 그리드 X5에서 좌측으로 수평으로 14,400mm 이동하여 클릭하고 아래로 이동하여 두 번째 점을 클릭한다.
- 생성된 그리드 X6을 X1으로 이름을 바꾼다.

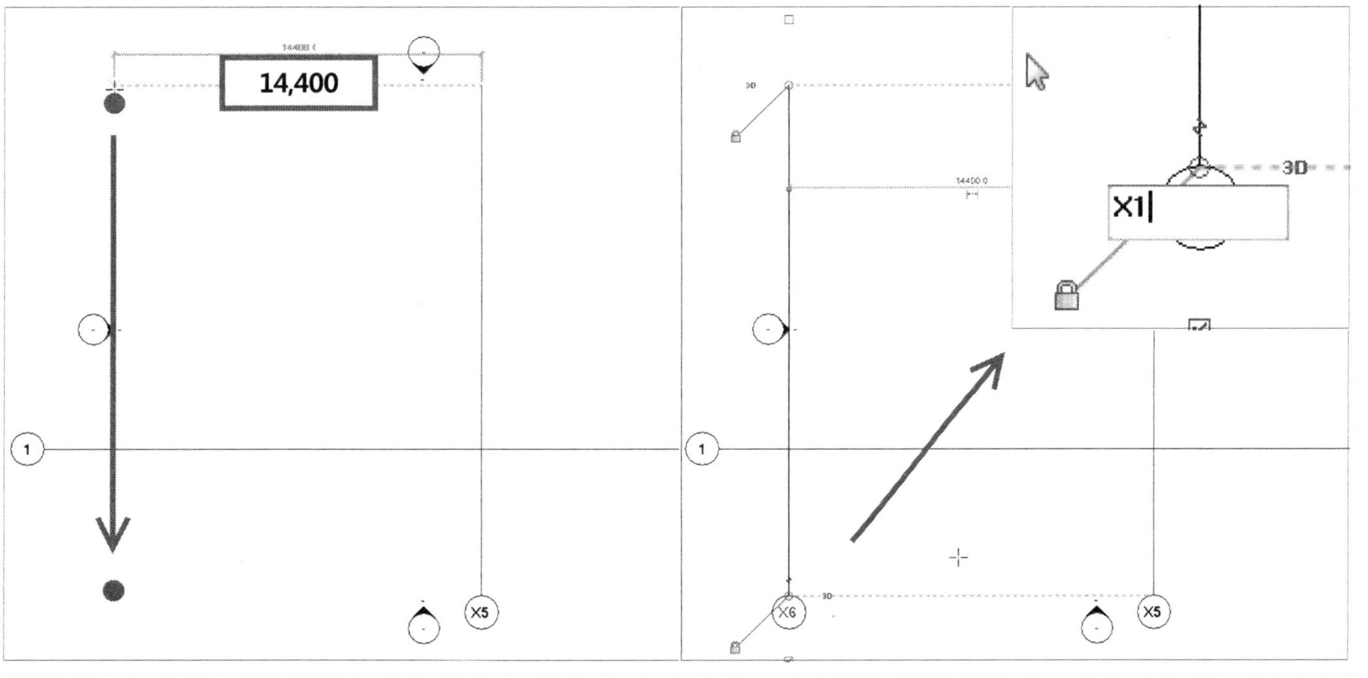

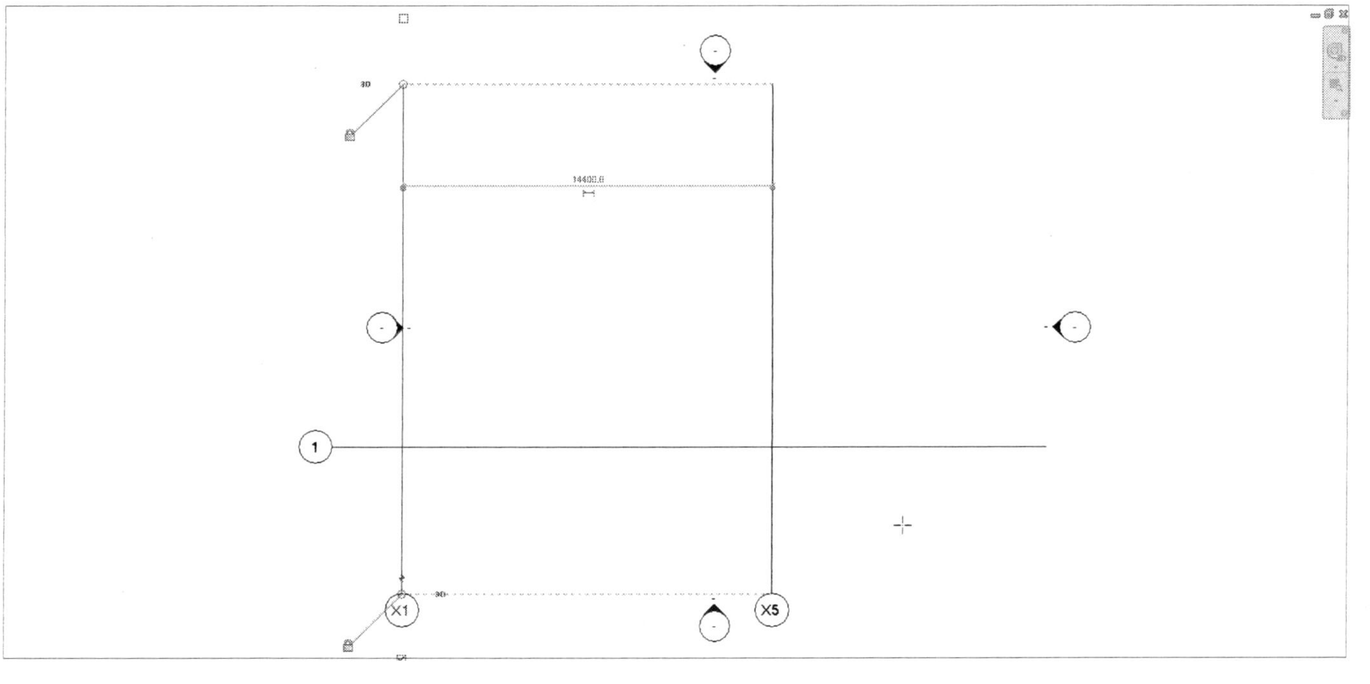

- 그리드 X2는 X1에서 우측으로 3,600mm 이동하여 상하 점을 클릭하여 생성한다.
- 그리드 X3는 X2에서 우측으로 3,600mm 이동하여 상하 점을 클릭하여 생성한다.
- 그리드 X4는 X3에서 우측으로 2,400mm 이동하여 상하 점을 클릭하여 생성한다.

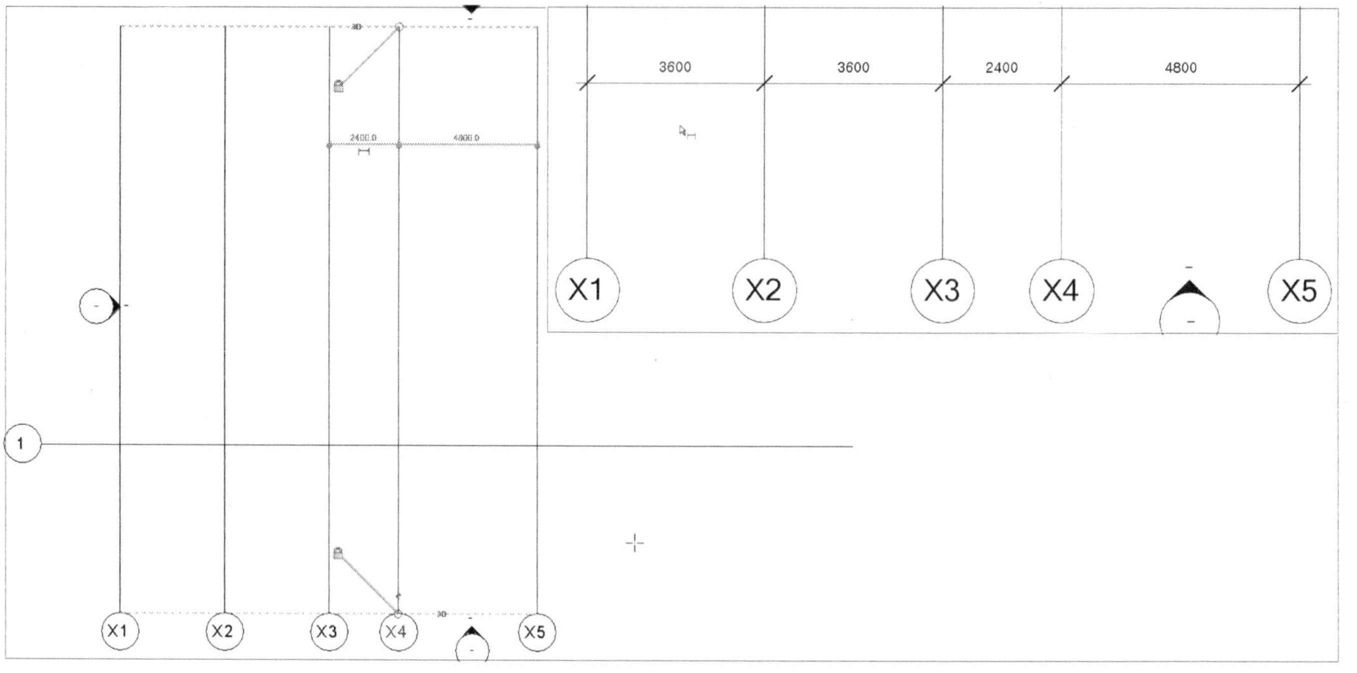

- 뷰: 입면도 : 서측면도 기호가 그리드에 너무 근접해 있으므로 이동한다.
- 기호를 클릭하면 서측면도 뷰로 이동할 수 있다.

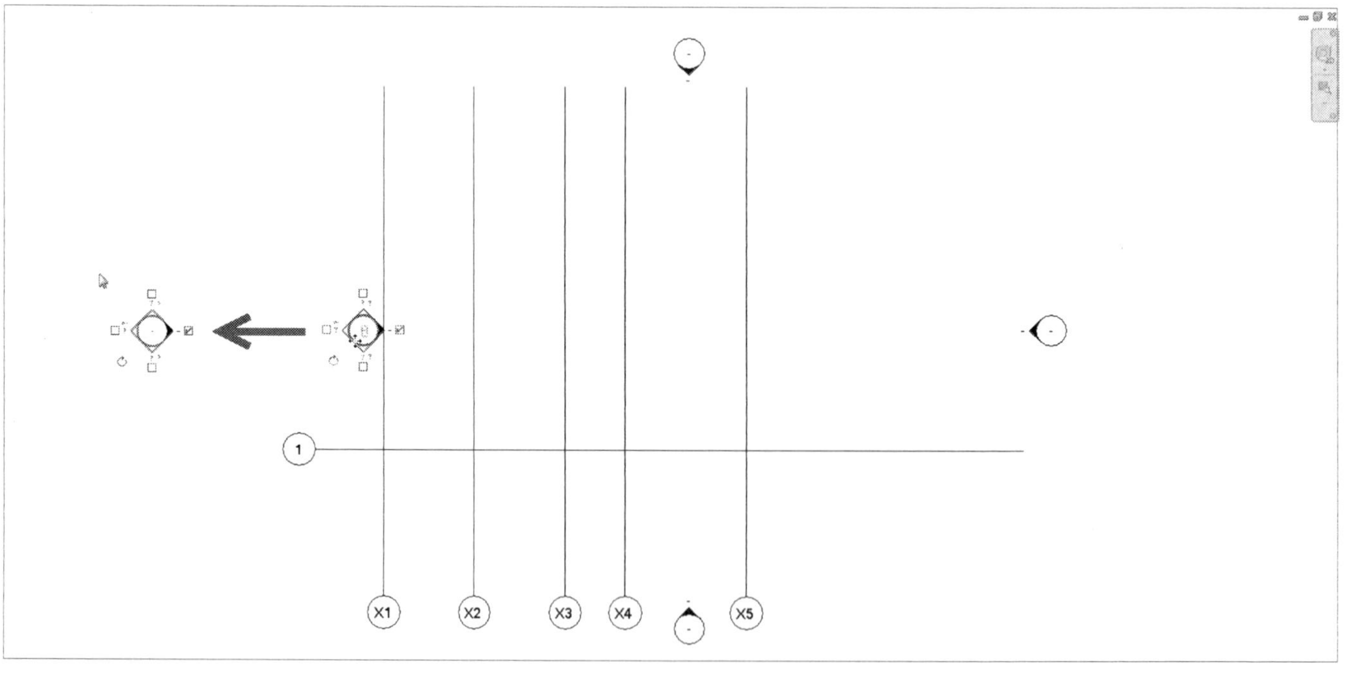

④ 그리드의 선 선택을 이용하여 수평 그리드 그리기

- 그리드 1을 Y3으로 이름을 변경한다.

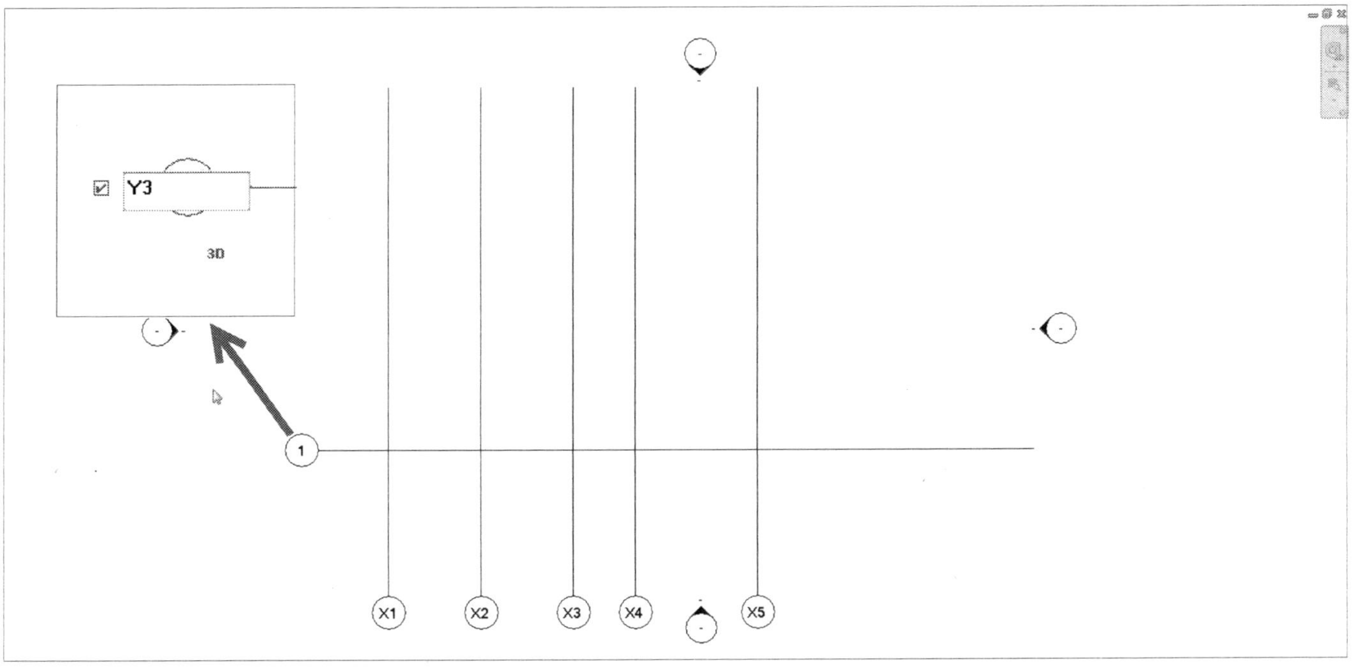

- 건축 탭에서 그리드에서 선 선택을 선택한다. 간격 띄우기의 수치를 900으로 준다.

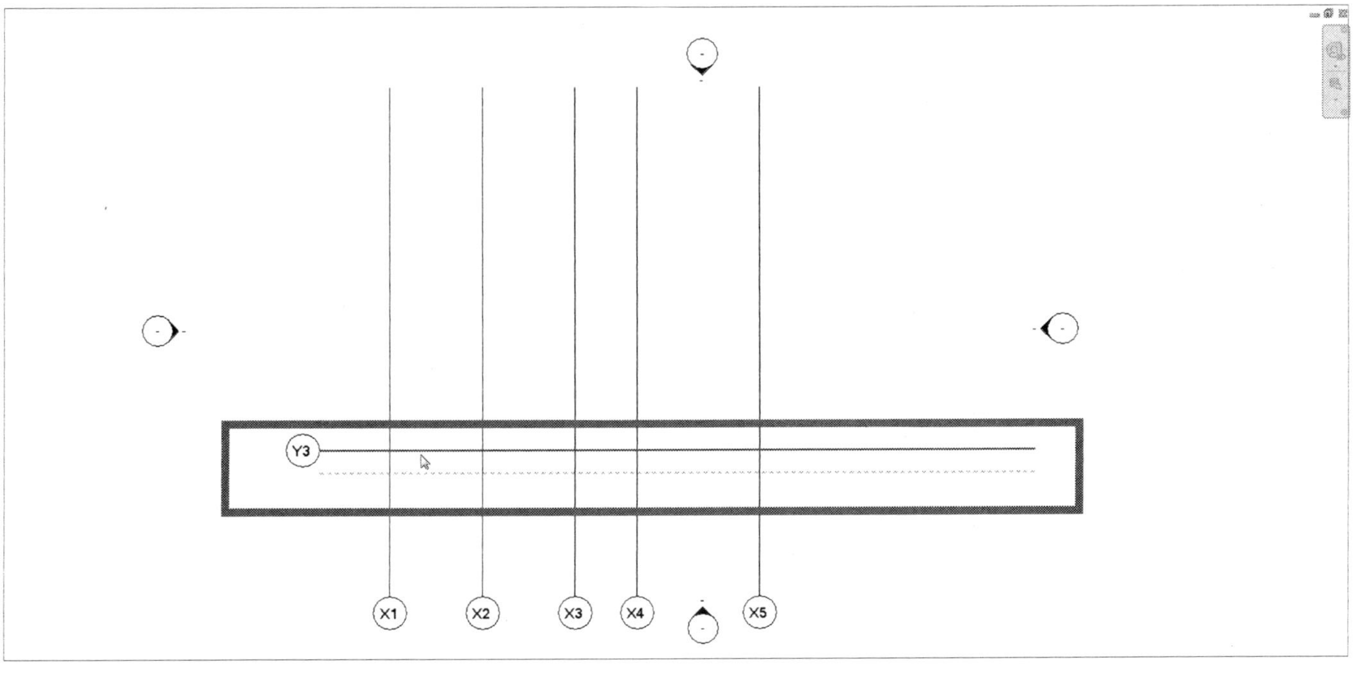

- 선 선택을 이용해서 그리드 Y3위에 커서를 위치하여 하부에 점선이 생성되면 클릭하여 Y4를 만든다.
- 그리드 Y4위에 커서를 위치하여 하부에 점선이 생성되면 클릭하여 Y5를 만든다.

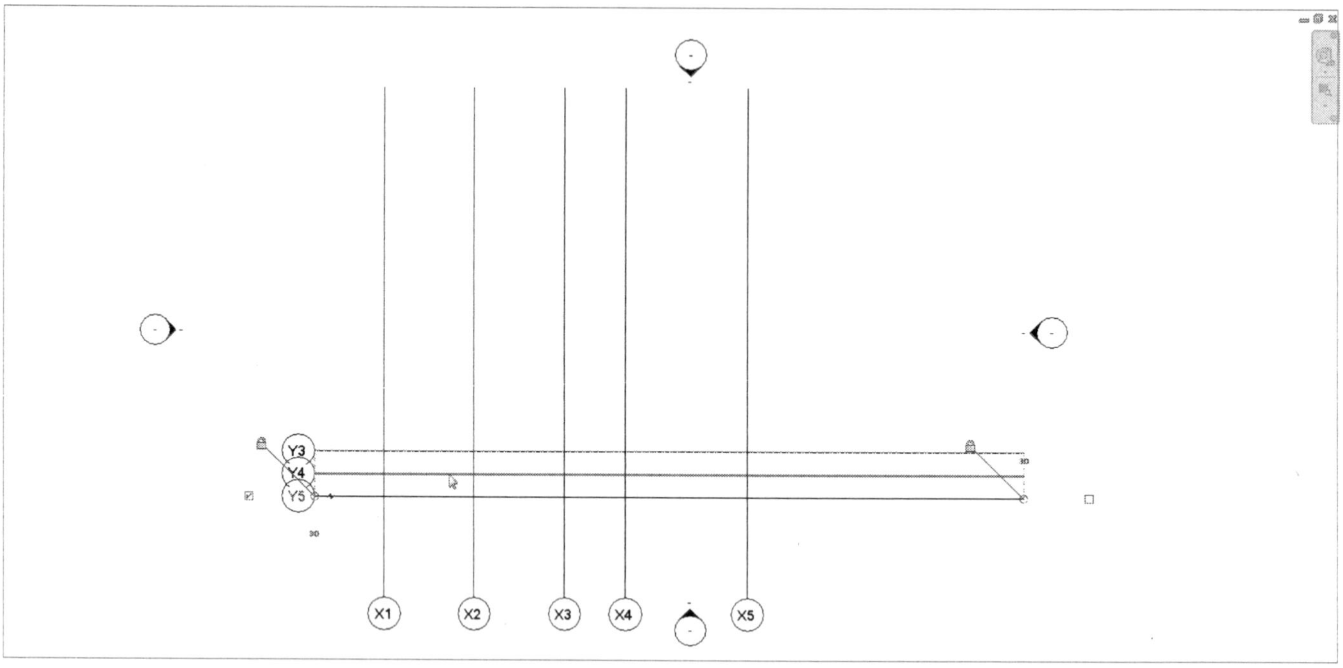

- 선 선택을 이용해서 그리드 Y3위에 커서를 위치하여 상부에 점선이 생성되면 클릭하여 Y6을 만든다.

- 선 선택을 이용해서 그리드 Y6위에 커서를 위치하여 상부에 점선이 생성되면 클릭하여 Y7을 만든다.

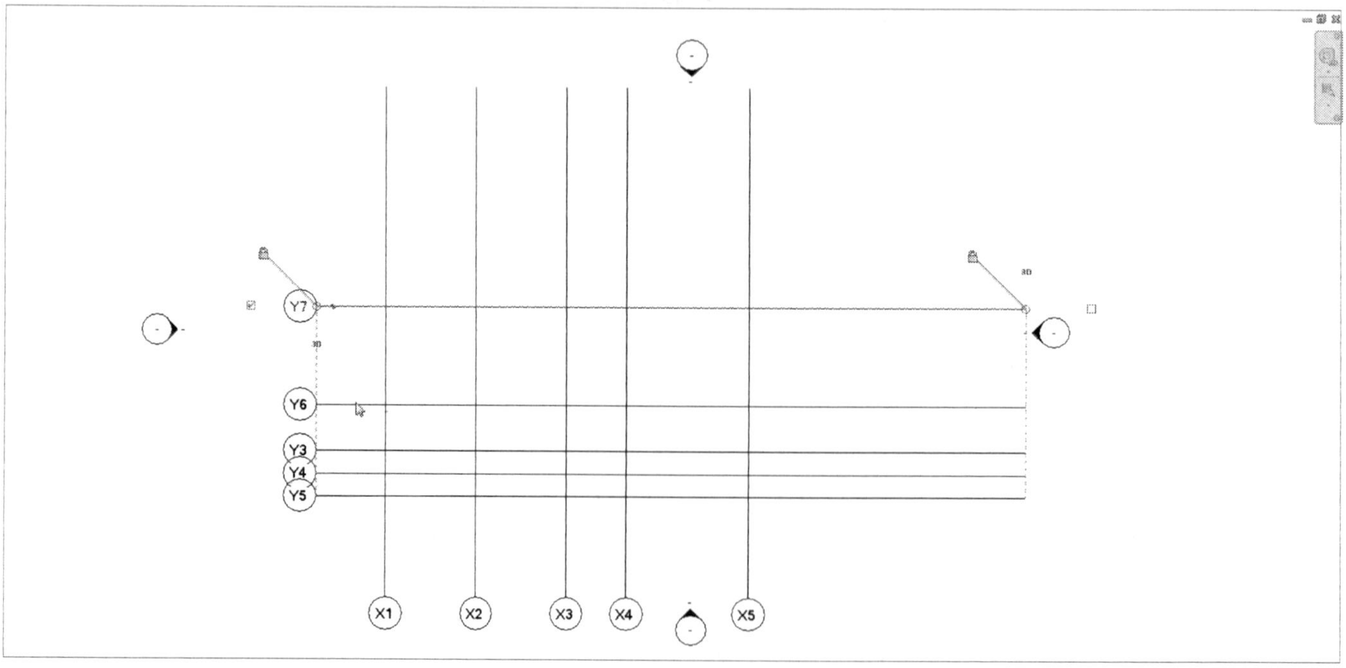

- 생성된 그리드 Y6을 Y2으로 이름을 바꾼다.
- 생성된 그리드 Y7을 Y1으로 이름을 바꾼다.

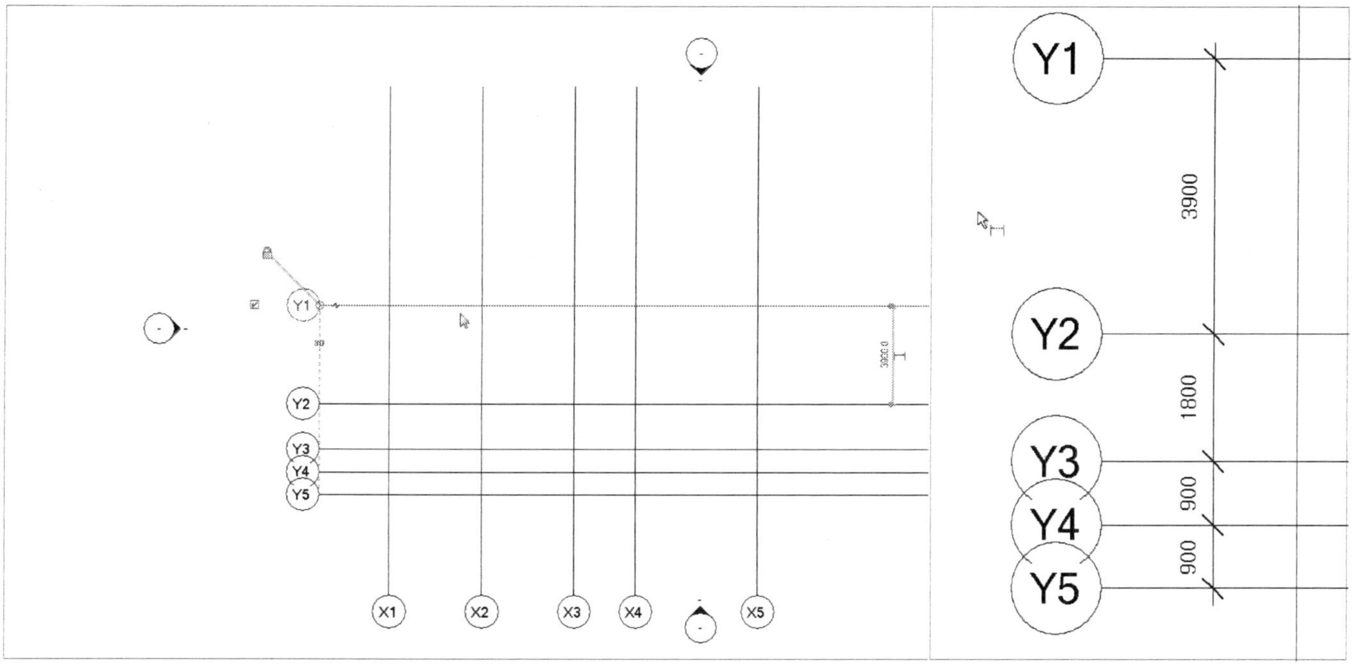

- 그리드 Y1과 그리드 X1를 Ctrl 키를 누른 상태에서 복수로 선택한다.
- 수정의 핀을 클릭하여 두 개의 그리드를 잠근다. (그리드가 잠기면 그리드를 이동할 수 없다)

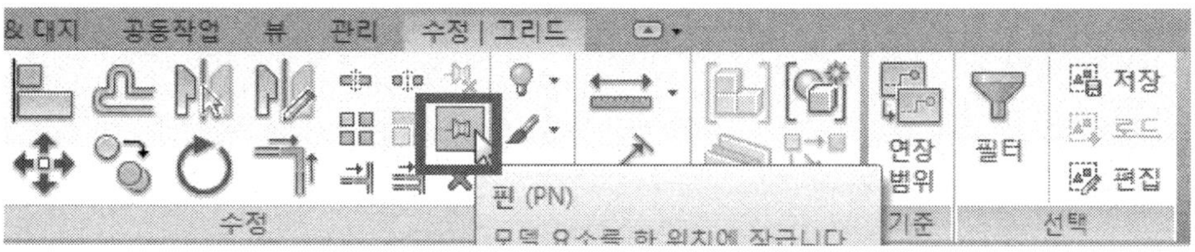

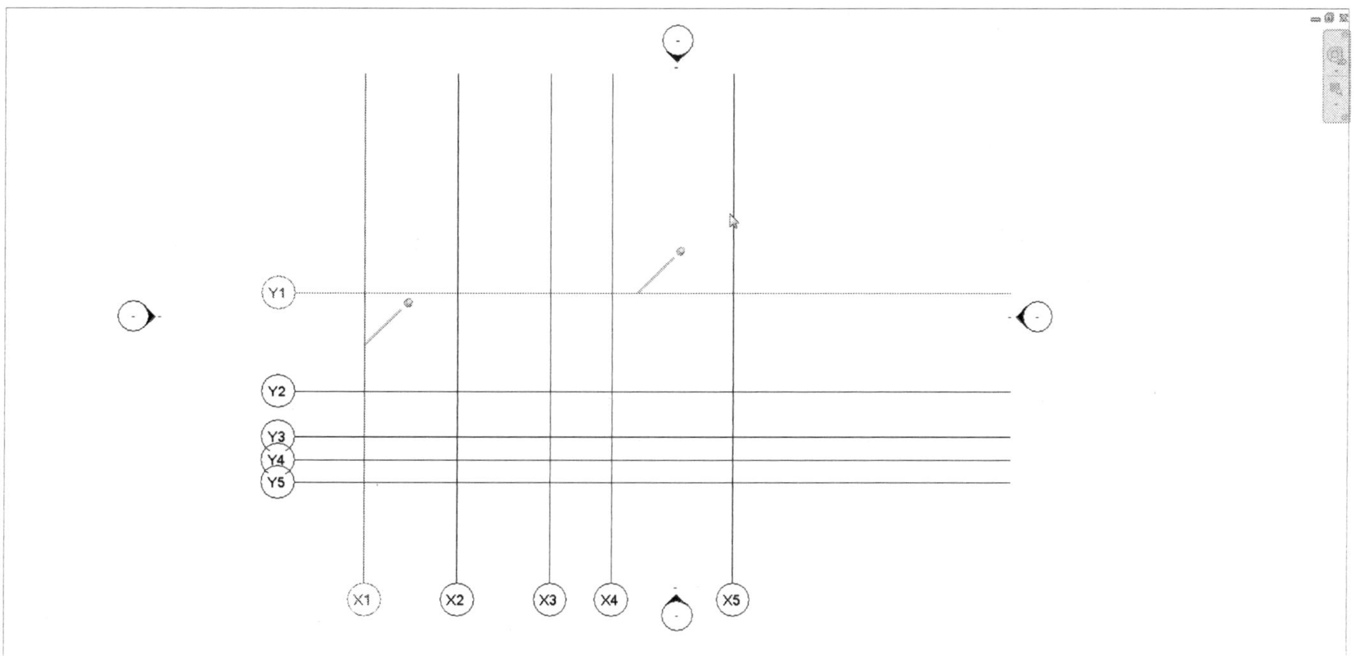

- 그리드 구성은 어느 레벨에서 만들더라도 모든 레벨에 반영된다.
- 따라서 각 레벨마다 필요한 그리드를 조절할 필요가 있다.
- 필요 없는 그리드는 선택한 후 마우스 우측 키를 클릭하여 **<u>뷰에서 숨기기(H)/ 요소(E)</u>**를 선택하여 숨긴다.

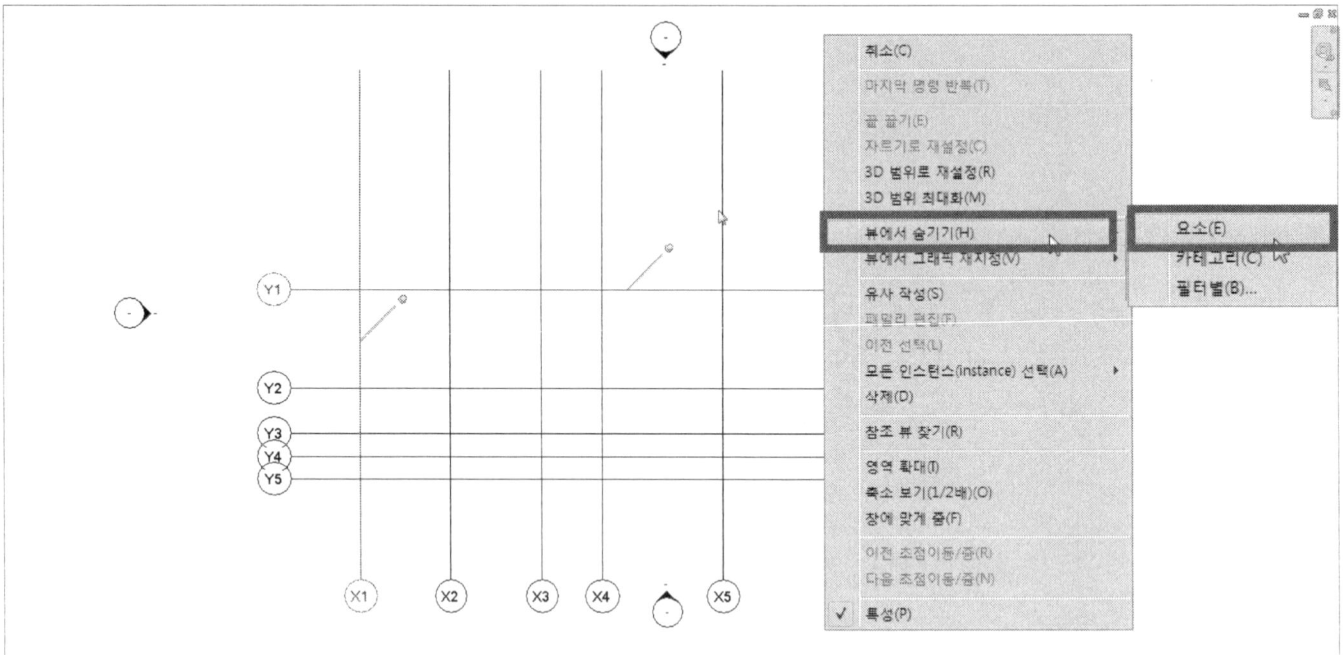

그리드에 관해서

● 그리드를 위치시킬 때 입면 표시기 사이에 적절하게 위치시키는 것이 중요하다. 따라서 그리드가 추가될 때 각 입면표시기의 위치를 적절하게 이동해야 입면 뷰에서 입면이 적절하게 표현 된다는 것을 잊지 말아야 한다.

● 그리드의 잠금을 사용하면 그리드와 그리드에 연관된 치수가 고정되어 그리드 간의 거리가 실수로 인하여 변경되는 것을 예방할 수 있다. 따라서 그리드를 작성하고 잠그는 것이 필요한데 이 때 수직과 수평 하나씩만 고정해도 효과를 나타낼 수 있다.

6) 외벽 그리기

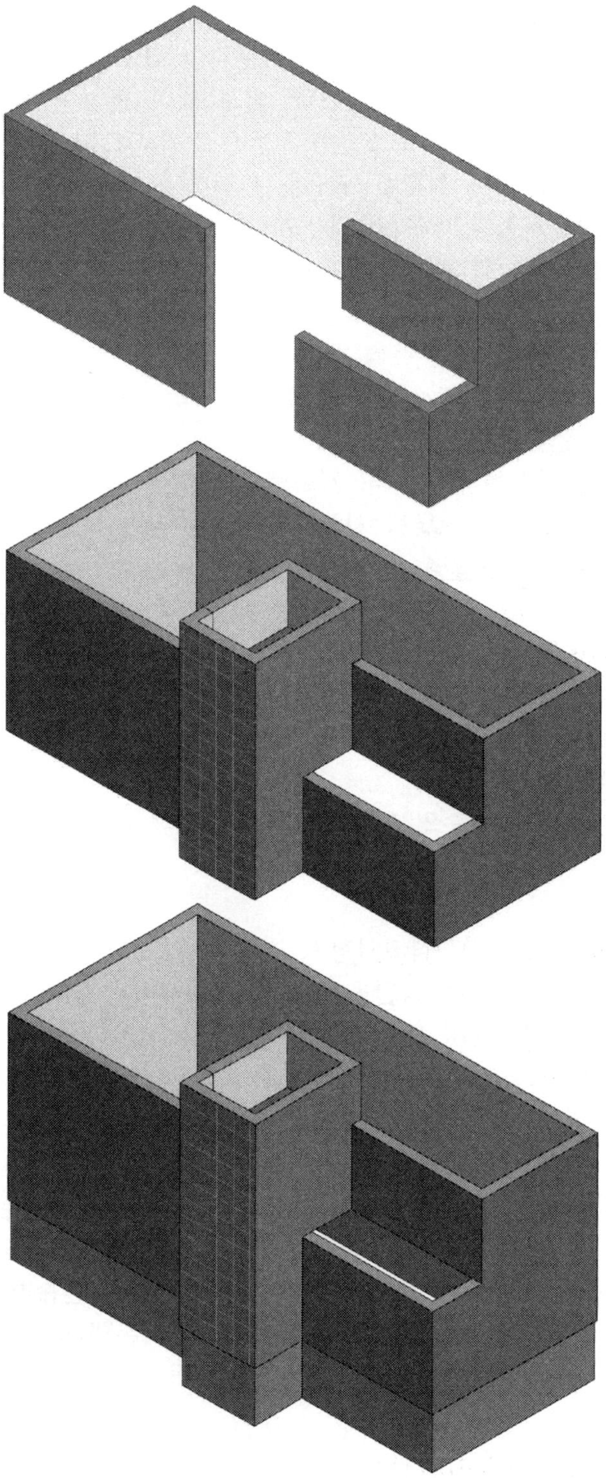

그리드를 기준으로 외벽의 유형을 결정하고 레벨에 의한 구속조건에 맞추어 외벽을 그린다.

학습목표

- 외벽의 유형, 마무리 기능, 구속조건, 정렬방식 등을 이해한다.
- 벽돌 마감의 외벽을 유형 선택, 위치선: 중심선 등의 기준에 맞추어 그리는 실습한다.
- 계단실의 외벽을 복제하고 마감재 바꾸어 그리는 실습하고 숙지한다.
- 지하주차장의 외벽을 위치선: 마감면: 내부에 맞추어 그리는 실습을 하고 숙지한다.
- 구속조건의 변화를 통해서 건물 모델링에 어떠한 변화가 오는지 확인하고 실습한다.

6) 외벽 그리기

벽은 Revit 모델링의 가장 기본적인 요소로 문과 창이 벽에 연관되며 공간을 만든다. 벽의 하단은 자동으로 레벨에 구속되도록 설정된다. 벽과 벽이 만나면 자동으로 연결되고 구조적으로 일체화한다. 반면에 지붕이나 천장과 같은 다른 요소와는 자동으로 부착되지 않기에 수동으로 부착해야한다.

벽 옵션에서 적절한 도구를 선택하여 매개변수 등을 편집하거나 프로파일을 편집할 수 있다. 도구 선택 시 옵션을 지정하고 옵션막대에서 변수를 설정한다. 옵션을 미리 설정하지 않고 객체를 배치할 수 있으며, 언제든 수정이 가능하다.

● Revit에서 벽의 유형

Revit 모델링에서 사용할 수 있는 벽의 종류는 아래와 같이 3가지로 나타난다.

기본벽 : 일반벽

일반벽은 '기본 벽' 시스템 패밀리에 속하는 벽 유형으로, 간단한 구조를 가지며 보통 벽의 두께에 따라 구분된다. 모델링 시작단계에서는 일반 벽을 배치했다가 나중에 복합벽으로 교체하는 방식으로 사용한다.

기본벽 : 복합벽

복합벽도 '기본 벽' 시스템 패밀리에 속하는 벽 유형으로, 실제 벽처럼 여러 종류의 재료들로 구성한다.

커튼월

커튼월은 커튼월 시스템 패밀리에 속하는 벽 유형이다. 커튼월은 그리드 선으로 구분된 패널들로 구성되며, 각기 다른 재료를 패널에 적용하며, 그리드 선은 커튼월의 창틀이 되는 멀리언으로 대치할 수 있다.

적층벽

적층벽은 다수의 일반벽이나 복합벽을 수직으로 겹쳐 쌓아 구성하는 벽으로, 적층벽 시스템 패밀리에 속한다.

● 벽 모델링 시 참고사항

- 벽의 높이는 상단을 레벨에 구속시켜서 정하거나 미연결로 하고 직접 입력한다. 벽을 레벨에 구속시키는 것은 정확하며 효율적인 모델링이다.
- 외벽의 높이는 낮은 레벨에서 높은 레벨로 구속하며, 내벽의 높이는 바닥에서 바닥까지로 지정한다.
- 벽을 수직 수평 방향으로 그릴 때는 Shift를 누른 상태에서 그려야 정확한 모델링이 된다.
- 벽을 모델링할 때 임시치수를 사용하여 벽의 길이를 입력하는 것이 더 효율적인 모델링이다.
- 그리기 옵션 사용 시 스냅 기능을 사용하는 것은 정확하고 효율적인 벽 모델링의 기본이다.
- 복수의 벽이 서로 연결되어 모델링되려면 옵션막대의 **체인** 체크 상자를 체크 후 모델링한다.
- 벽 모델링 시 편집 도구에 익숙해지도록 연습하여 작업의 능률을 높인다.
- CAD 파일을 가져오거나 참조하여 기존의 도면을 최대한 재사용한다.
- 건물 외곽선을 둘러싸는 벽을 만들 때는 그리기 옵션에서 **선 선택** 도구를 선택하고 Tab키를 클릭한다.

● 벽의 마무리 기능

복합 벽 레이어는 삽입물(창, 문 등의 인서트 부위) 및 벽 끝(끝단부)에서 마무리할 수 있다. 마무리는 **평면 뷰**에서만 볼 수 있으며, 이 기능으로 직사각형이 아닌 모양이나, 문 및 창과 같이 복합 삽입물 주위를 마무리할 수 있다. 마무리 설정방법은 다음과 같다.

- 인서트 부위 마무리가 필요하면 인서트 부위 마무리에서 외부, 내부 또는 둘다를 선택.
- 끝 레이어 마무리가 필요하면 끝단부 마무리에서 외부 또는 내부를 선택.
- 구조에서 편집을 클릭. 그 후 인서트 부위 마무리와 끝단부 마무리 선택.

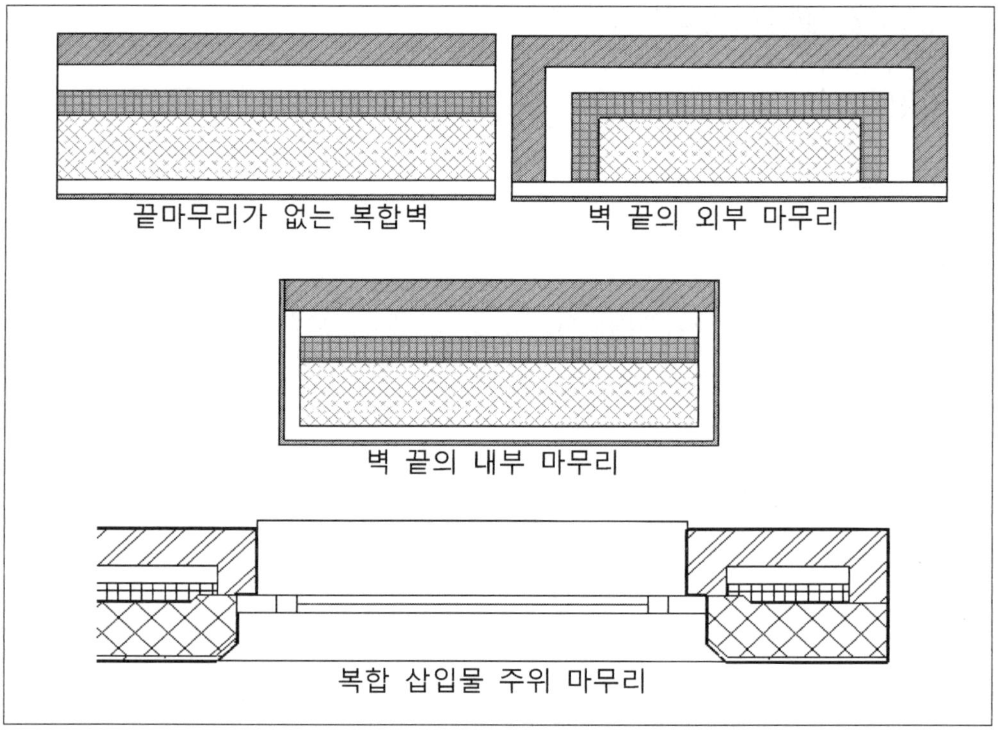

● 벽의 결합에 대해서

일반적으로 벽을 결합하면 자동으로 모서리가 만들어진다. 만약 원하는 모서리가 만들어지지 않으면 벽 결합을 지정한다. 벽 결합의 유형은 충돌, 연귀, 사각정리로 나룰 수 있다. 기본적으로 충돌 결합이 적용되며, 연결 부분이 20도 이하의 경우에는 연귀결합, 연결부분의 끝을 직각으로 잘라내는 경우에는 사각 정리 결합이 적용된다.

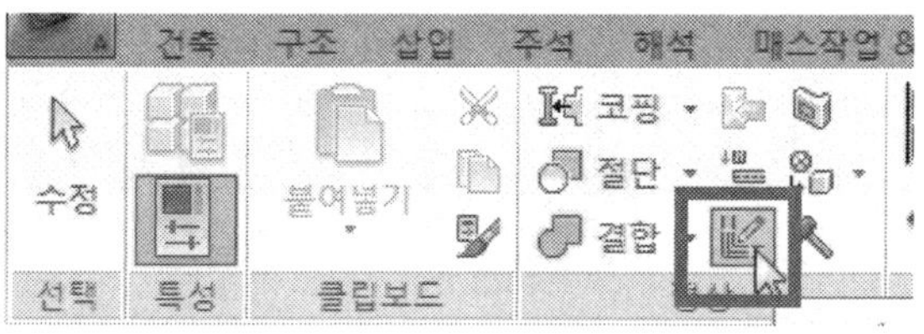

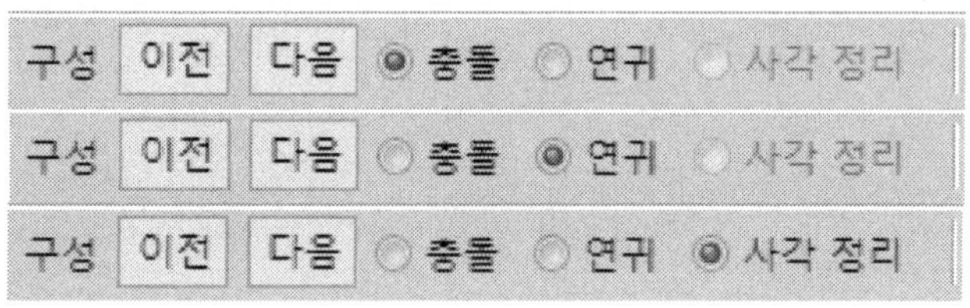

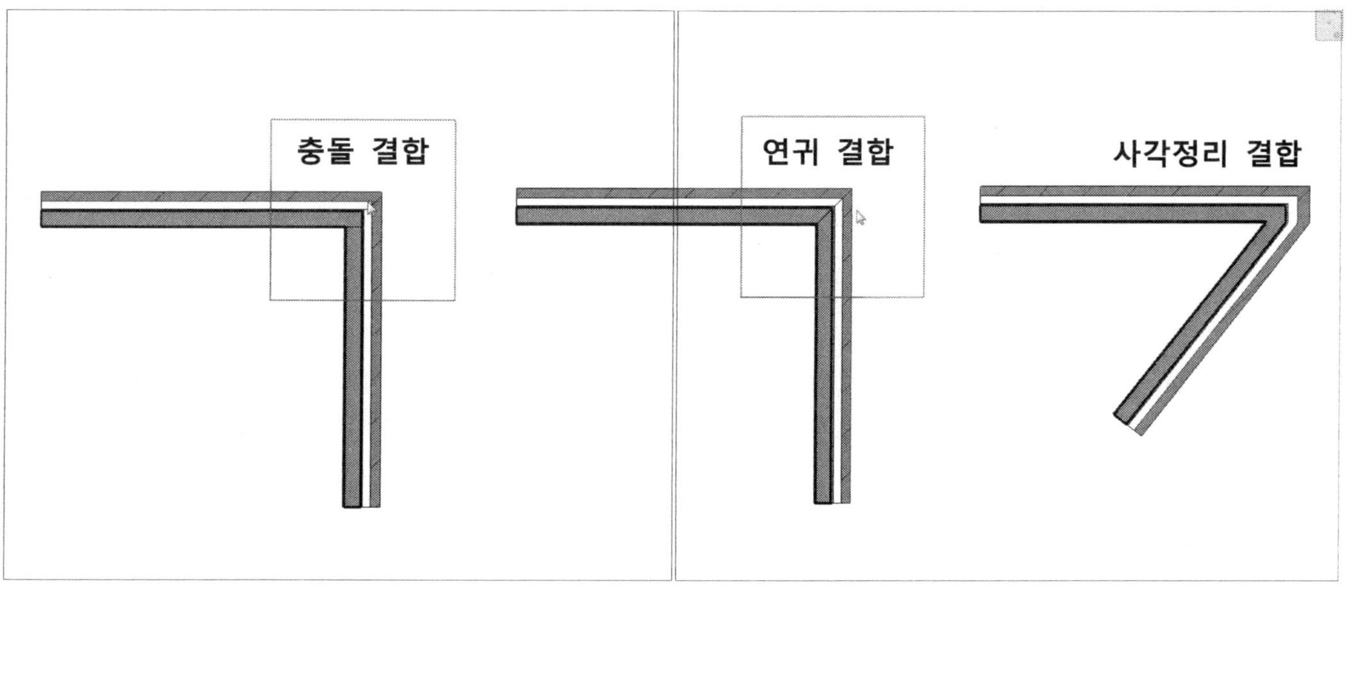

① 1층 기준의 벽돌벽 구성 01 (상단구속 지붕 평면도)

- 02 1층 평면도로 이동한다.
- 건축 탭에서 벽을 선택한 후 벽 종류에서 외벽 - 스틸 스터드 벽돌벽을 선택한다.
- 상단의 구속은 05 지붕 평면도로 정한다.
- 벽의 그리기 위치는 벽 중심선으로 정하고
- 체인 상자를 체크한다.

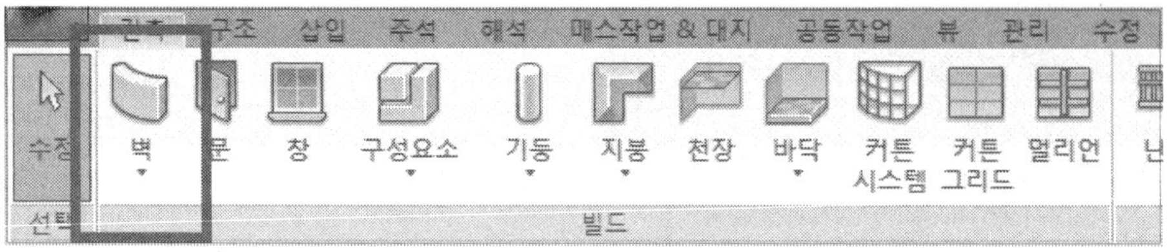

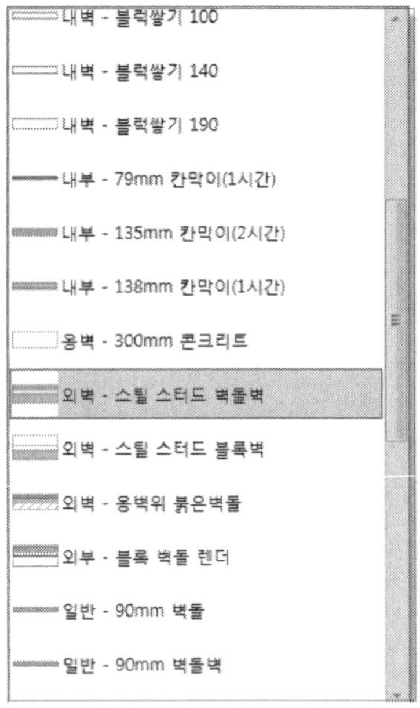

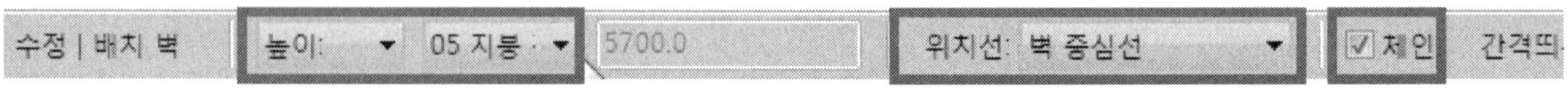

- 아래 그림과 같이 03 1층 평면도에서 작도한다.

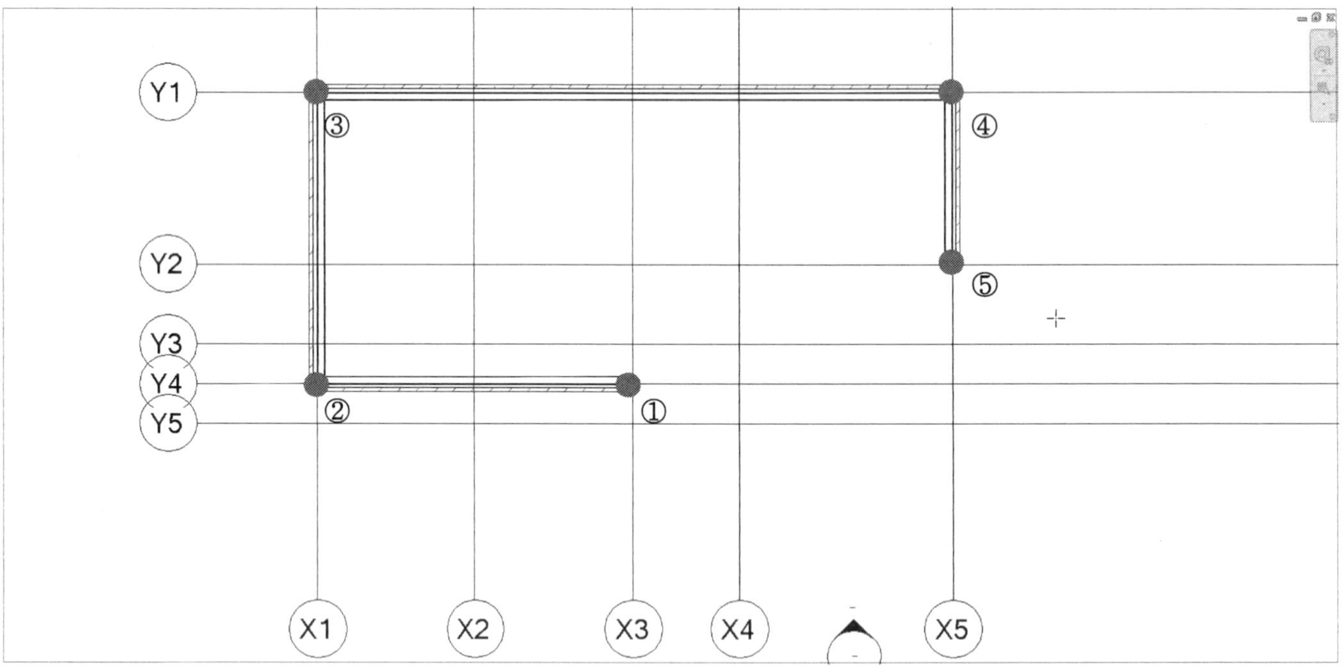

- 3D 뷰에서 확인을 위해 {3D}를 더블 클릭한다.
- CAD 파일과 지형면을 뷰에서 숨기기 위해서 아래 그림과 같이 한꺼번에 선택한다.

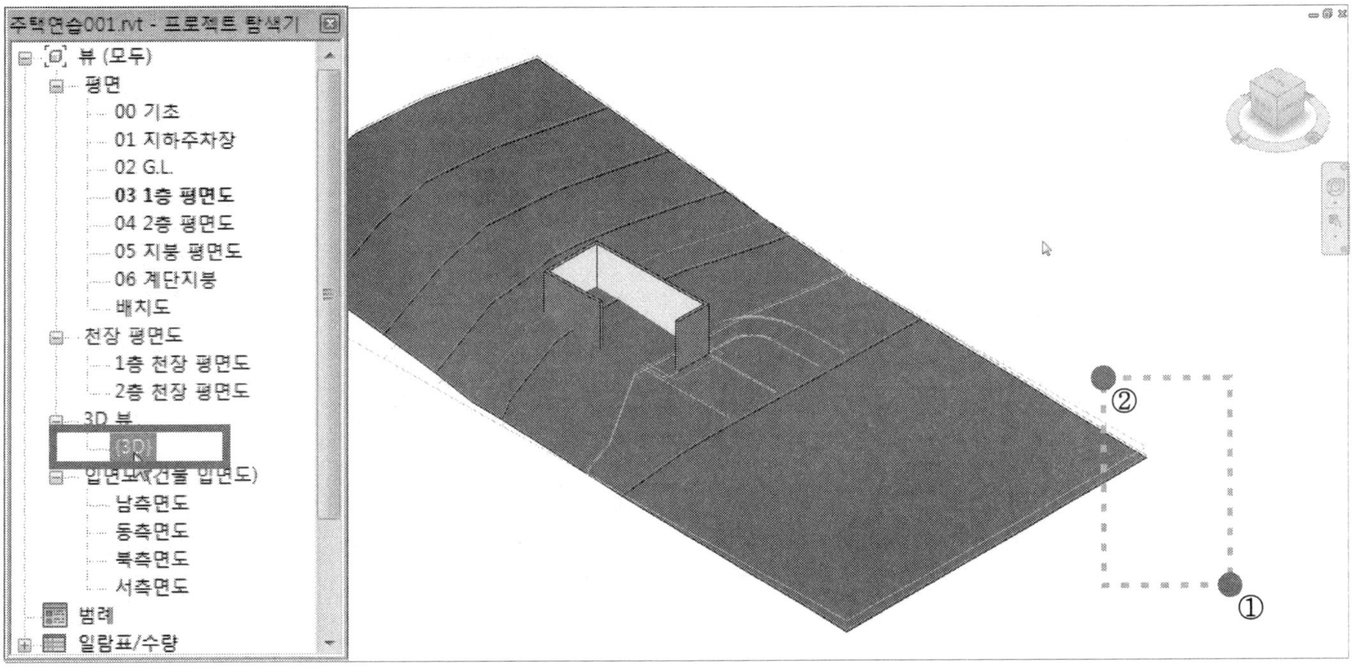

- 뷰에서 숨기기(H)의 카테고리(C)를 클릭하여 숨긴 후 확대한다.

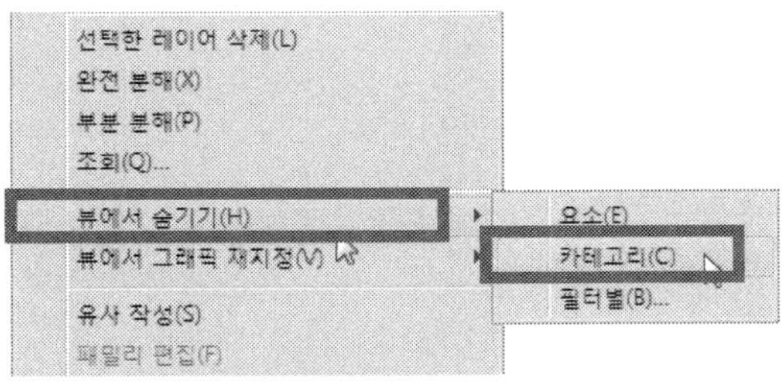

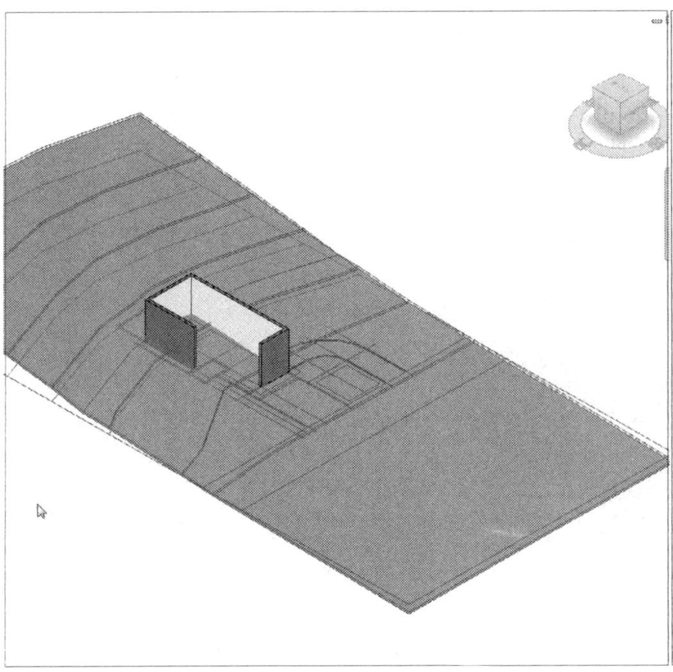

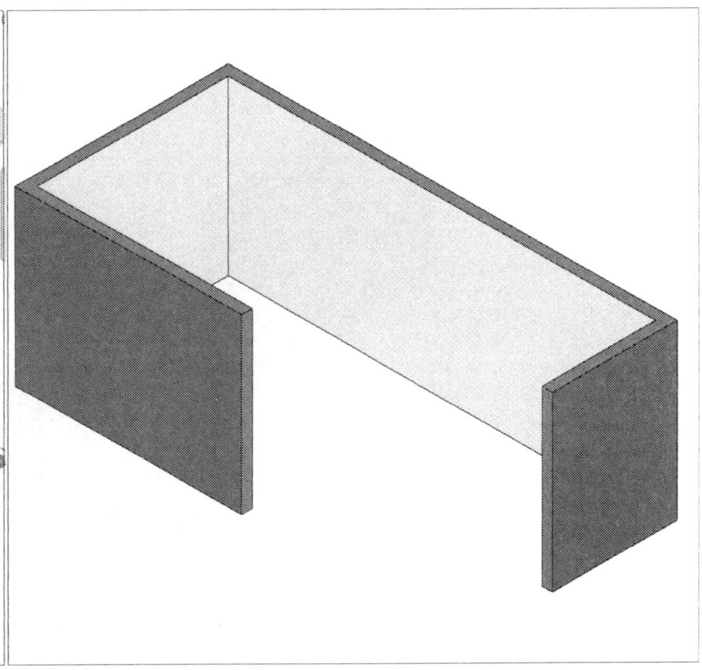

② 1층 기준의 벽돌벽 구성 02 (상단구속 2층 평면도)

- 상단의 구속은 04 2층 평면도로 정하고, 벽의 그리기 위치는 벽 중심선으로 정한다.

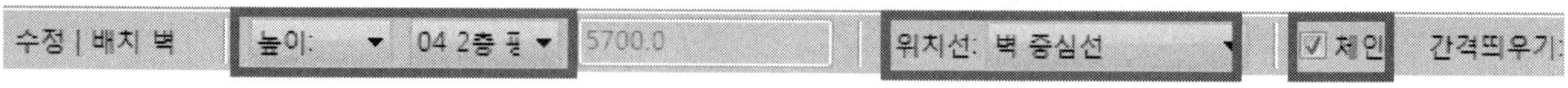

- 아래 그림과 같이 평면도에서 작도한다.

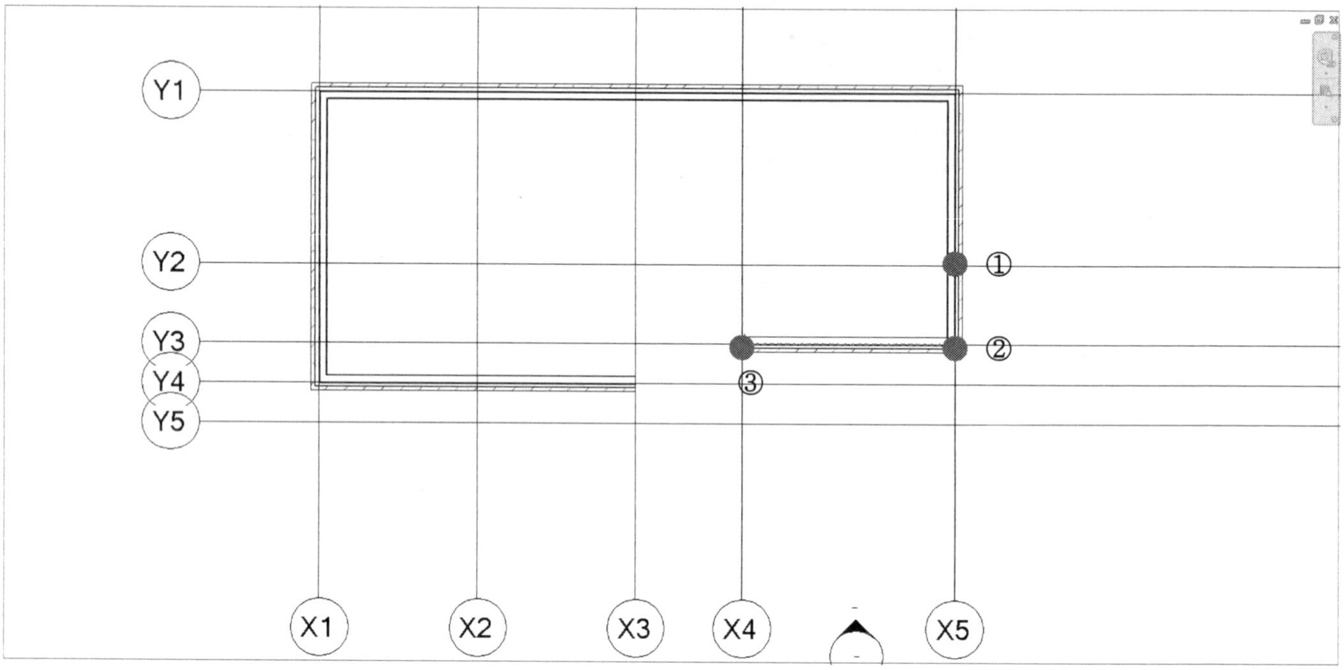

- 3D 뷰에서 확인을 위해 {3D}를 클릭한다.

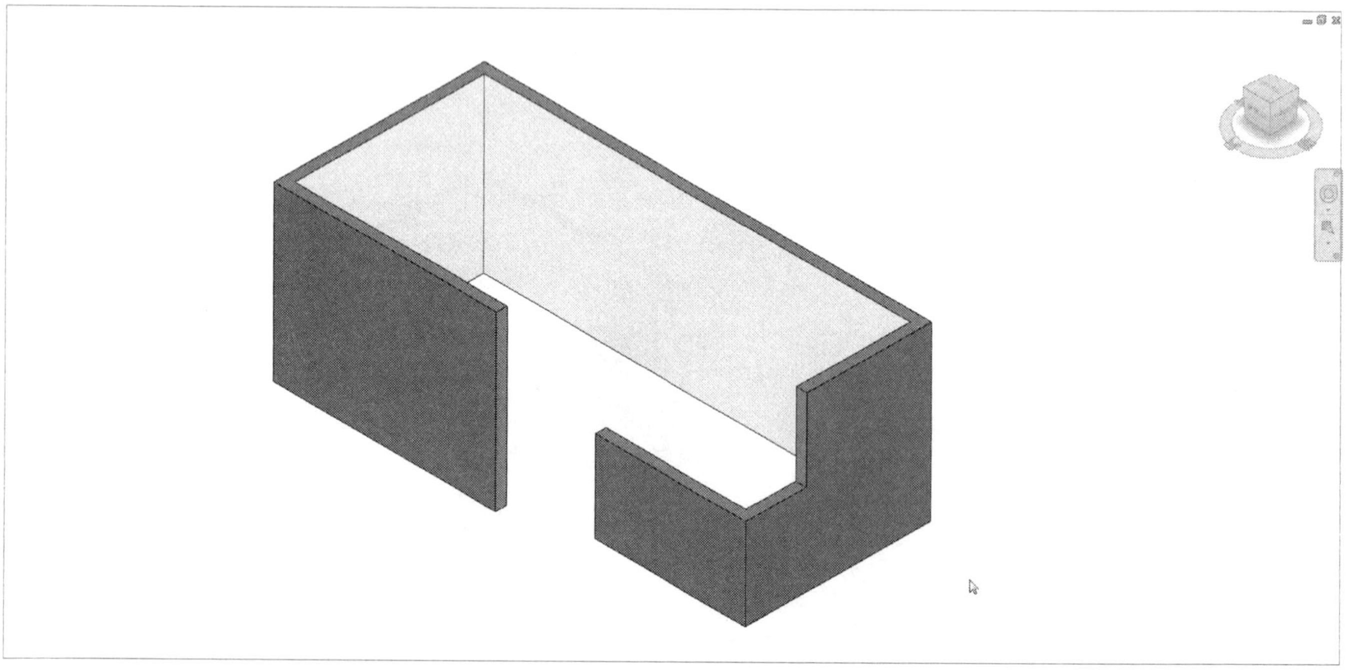

※ **<u>역방향으로 그리게 되면 벽의 내외부가 뒤집혀 그려지게 된다.</u>**

③ 2층 기준의 벽돌벽 구성

- 04 2층 평면도로 이동한다.
- 지형면과 CAD 파일을 선택하여 뷰에서 숨긴다.

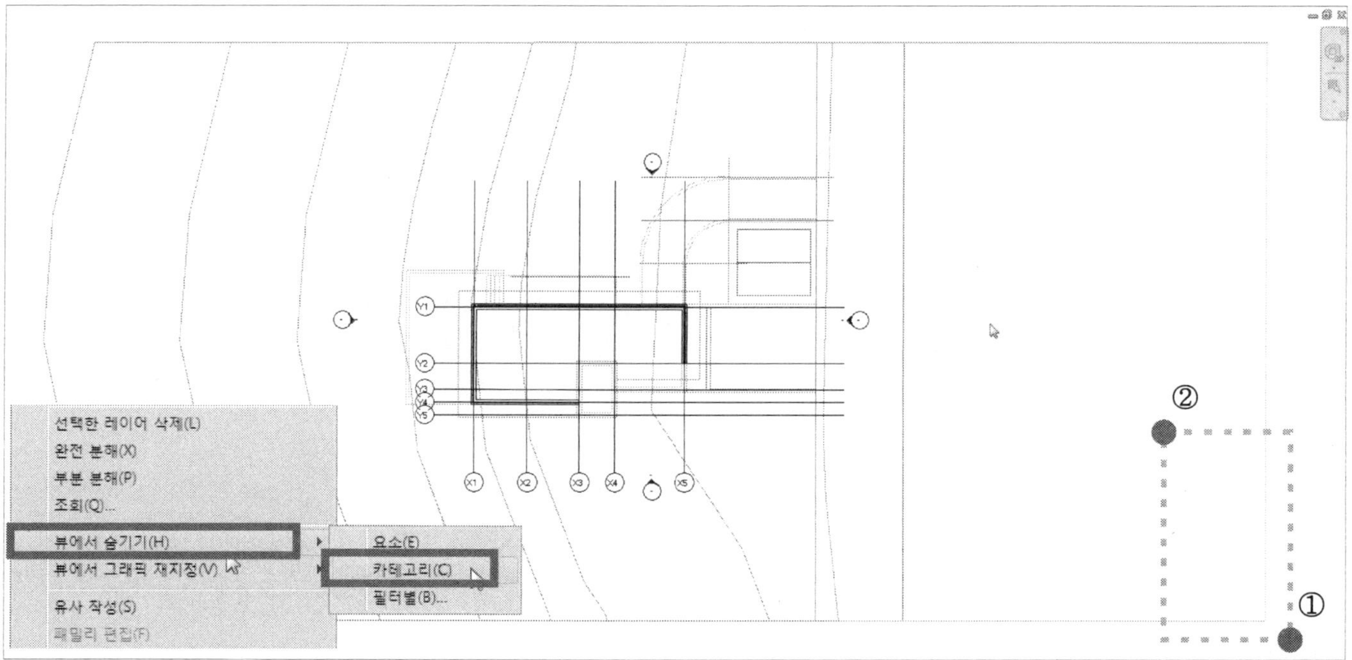

- 상단의 구속은 05 지붕 평면도로 정한다.
- 벽의 그리기 위치는 벽 중심선으로 정하고, 체인 박스의 체크를 해제한다.

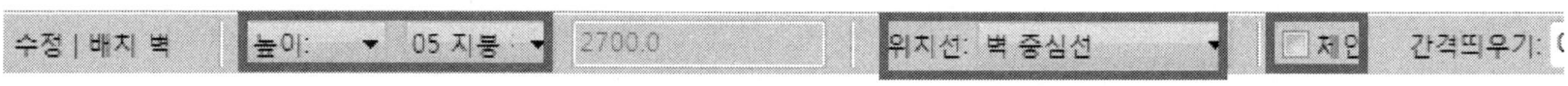

- 아래 그림과 같이 평면도에서 작도한다.

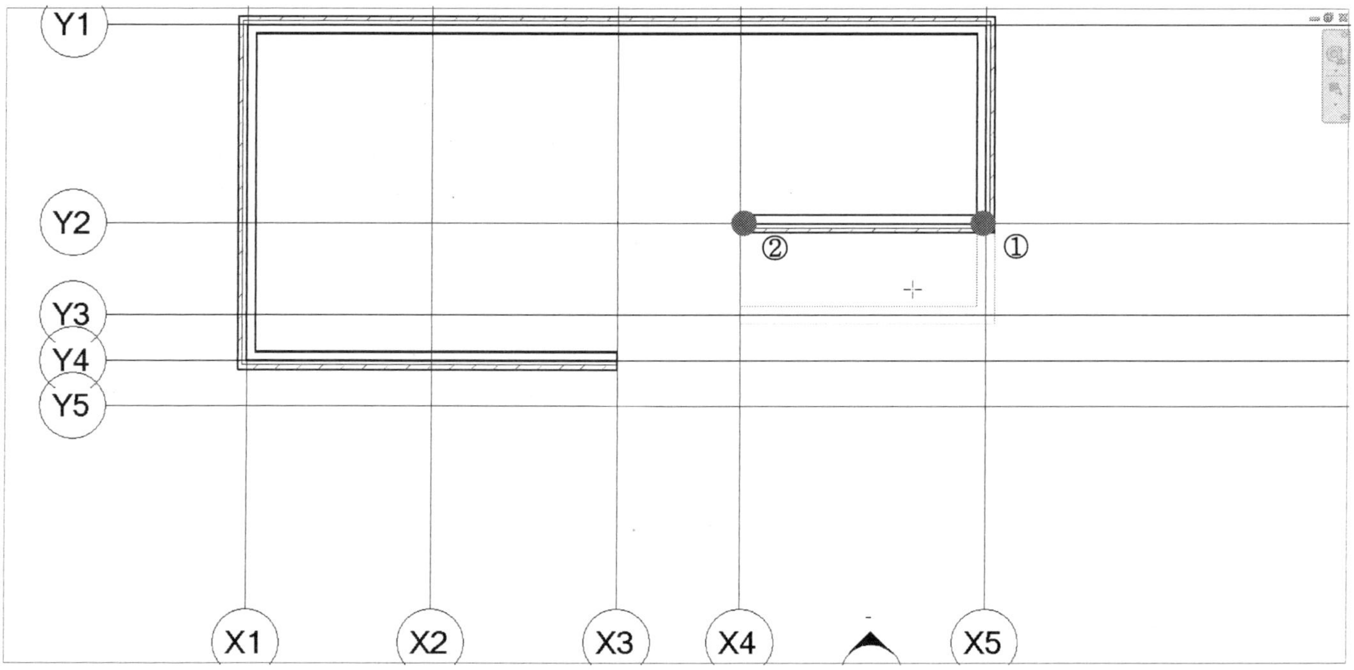

- 3D 뷰에서 확인을 위해 {3D}를 클릭한다.

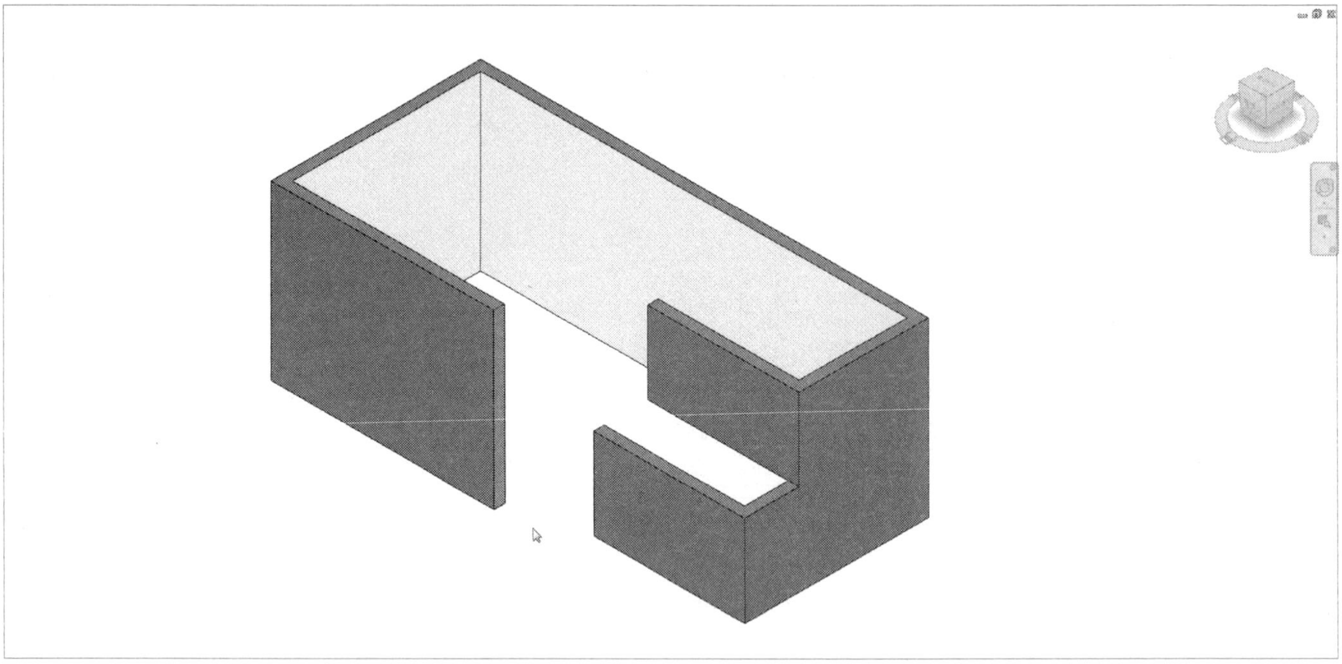

④ 계단실 외벽 모델링

- 03 1층 평면도로 이동한다.
- 계단실 외벽의 마감을 화강석벽으로 변경하기 위해서 먼저 기존의 벽을 복제하여 마감재를 화강석으로 변경하여 사용하는 것이 처음 Revit을 사용하는 초보자에게 효율적인 방법이다.
- 건축 탭의 벽을 선택하고 현재 사용하고 있는 외벽 - 스틸 스터드 벽돌벽의 유형편집을 선택한다.
- 그 후 복제 버튼을 클릭하고 이름을 외벽 - 계단실로 명명한다.

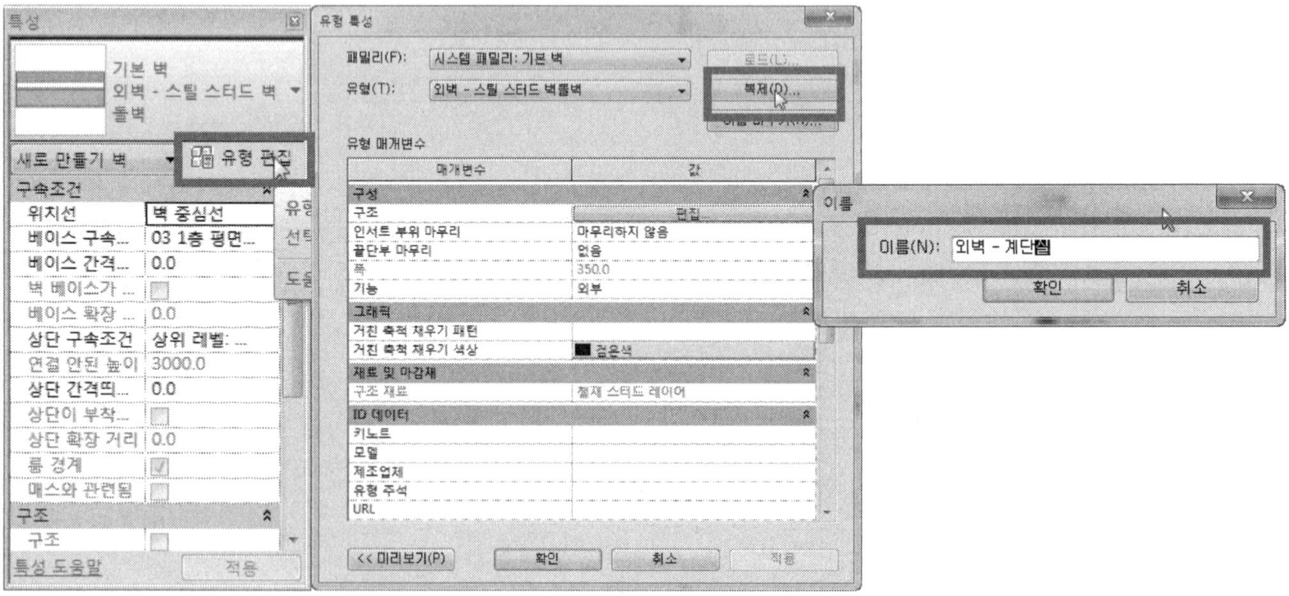

- 마감재를 변경하기 위해서 구조의 편집을 선택한다.
- 조합 편집 패널의 마감재 1[4]의 재료 안의 버튼 [벽돌, 공통 …]을 선택한다.

- 재료 탐색기 패널과 재료 편집기 패널이 나타난다.

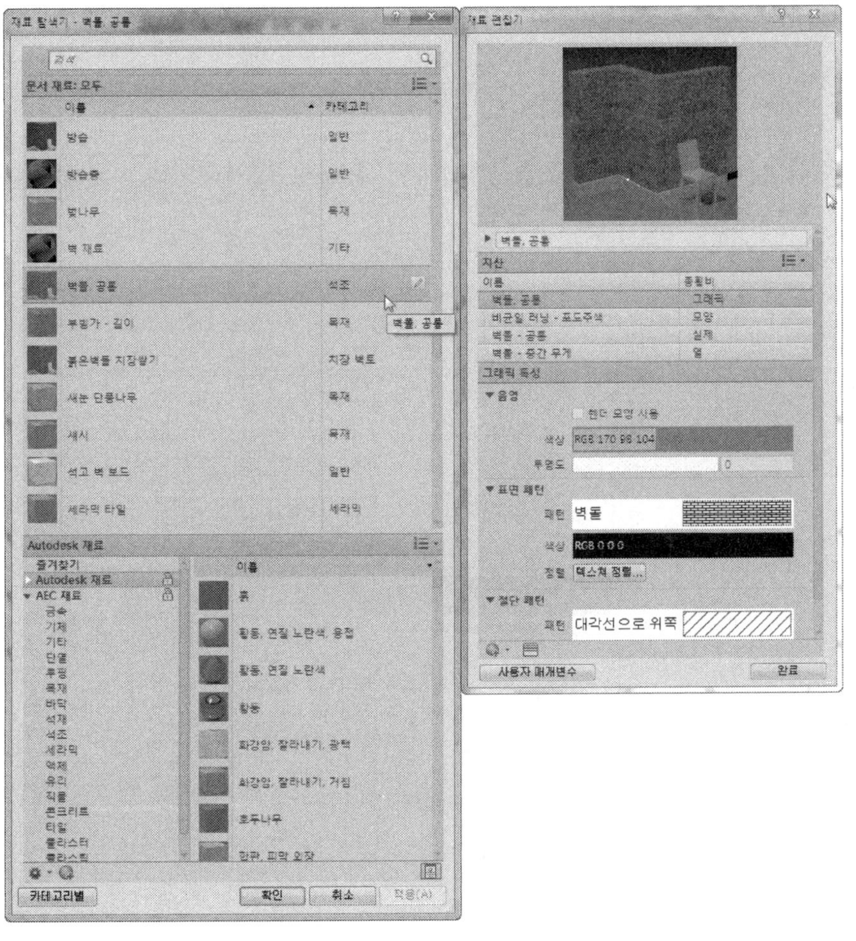

- 재료 탐색기 패널에서 화강암, 잘라내기, 거침을 선택하고 오른쪽 버튼을 클릭하여 복제를 선택한다.
- 복제된 재료의 이름을 화강암, 계단실로 바꾼다.

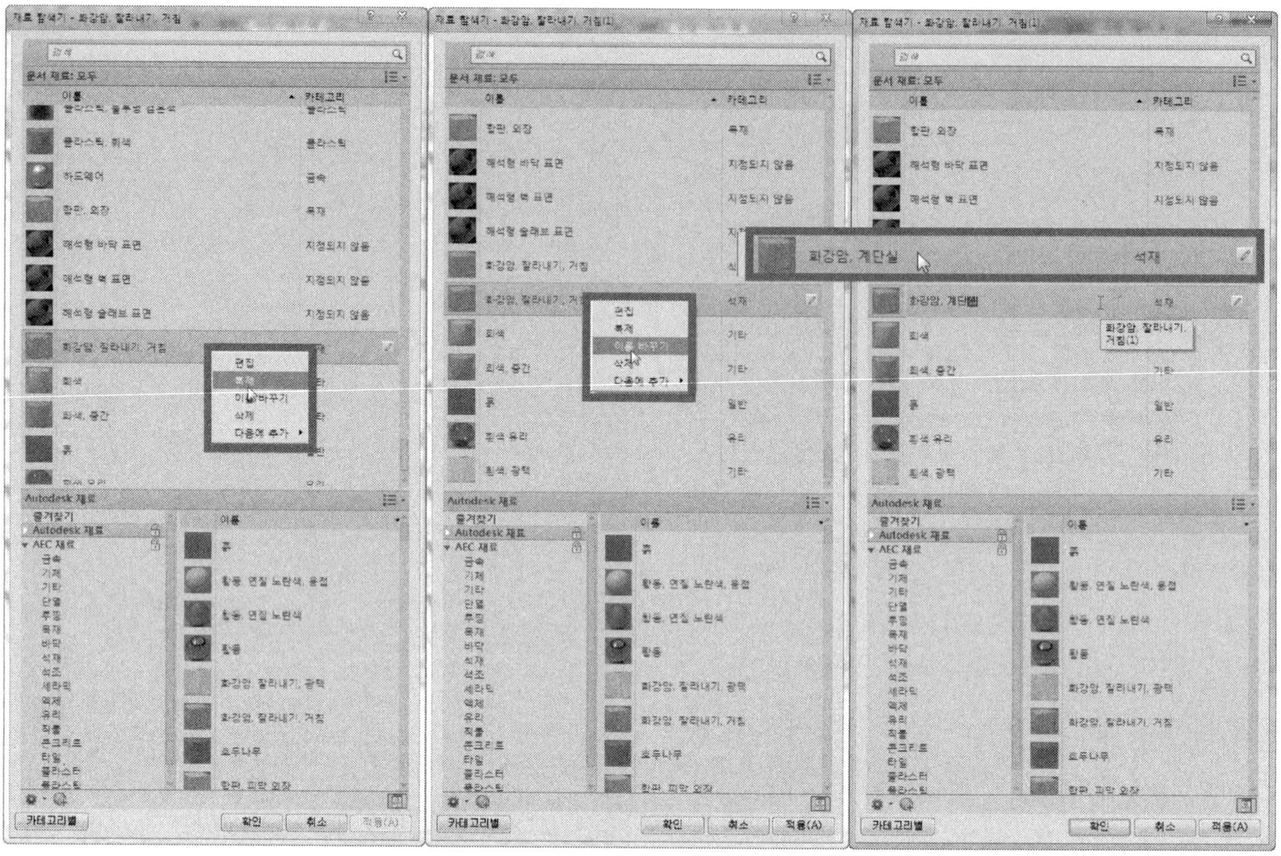

- 재료편집기에서 재료에 나타나는 표면 패턴을 정의하기 위해서 표면패턴의 <없음>을 클릭한다.
- 채우기 패턴에서 패턴 유형은 모델(M)을 체크하고
- 600 X 600 mm를 선택한다.

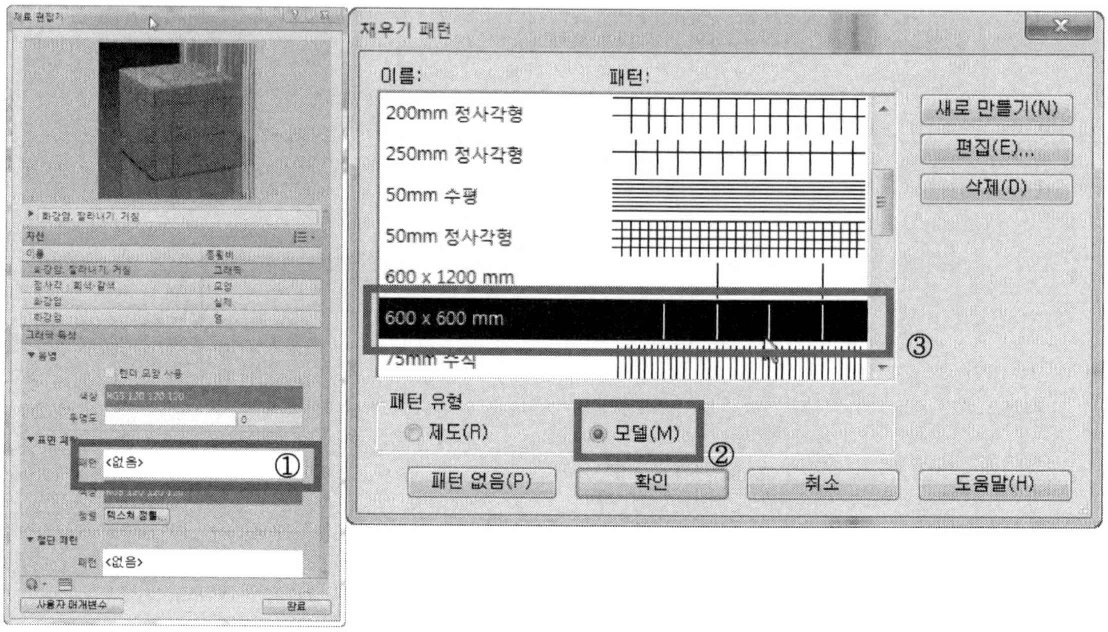

- 이번에는 Revit Architecture 2012에서 새로운 벽을 복제하여 사용하는 방법에 대해 실습해 본다.
- Revit Architecture 2012의 재료 패널은 다음과 같다.
- 현재 재료를 선택하고 마우스 오른쪽 버튼을 클릭하여 복제를 선택하고 적당한 이름으로 복제한다.

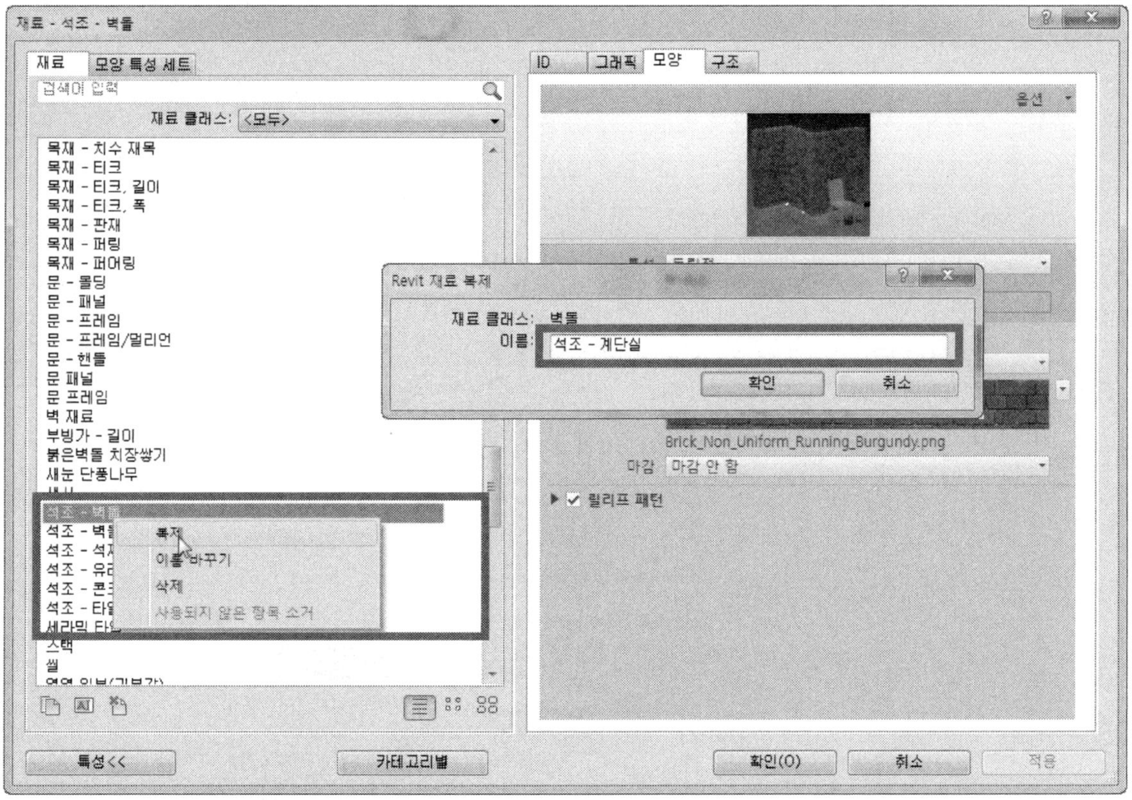

- 모양 특성 세트에서 석조/ 석재에서 화강암 정사각 광택 회색을 선택한다.

- 재료 패널 우측에서 그래픽으로 이동하고 음영에서 렌더 모양 사용에서 회색을 선택한다.
- 표면 패턴은 600 X 600 mm을 선택한다.

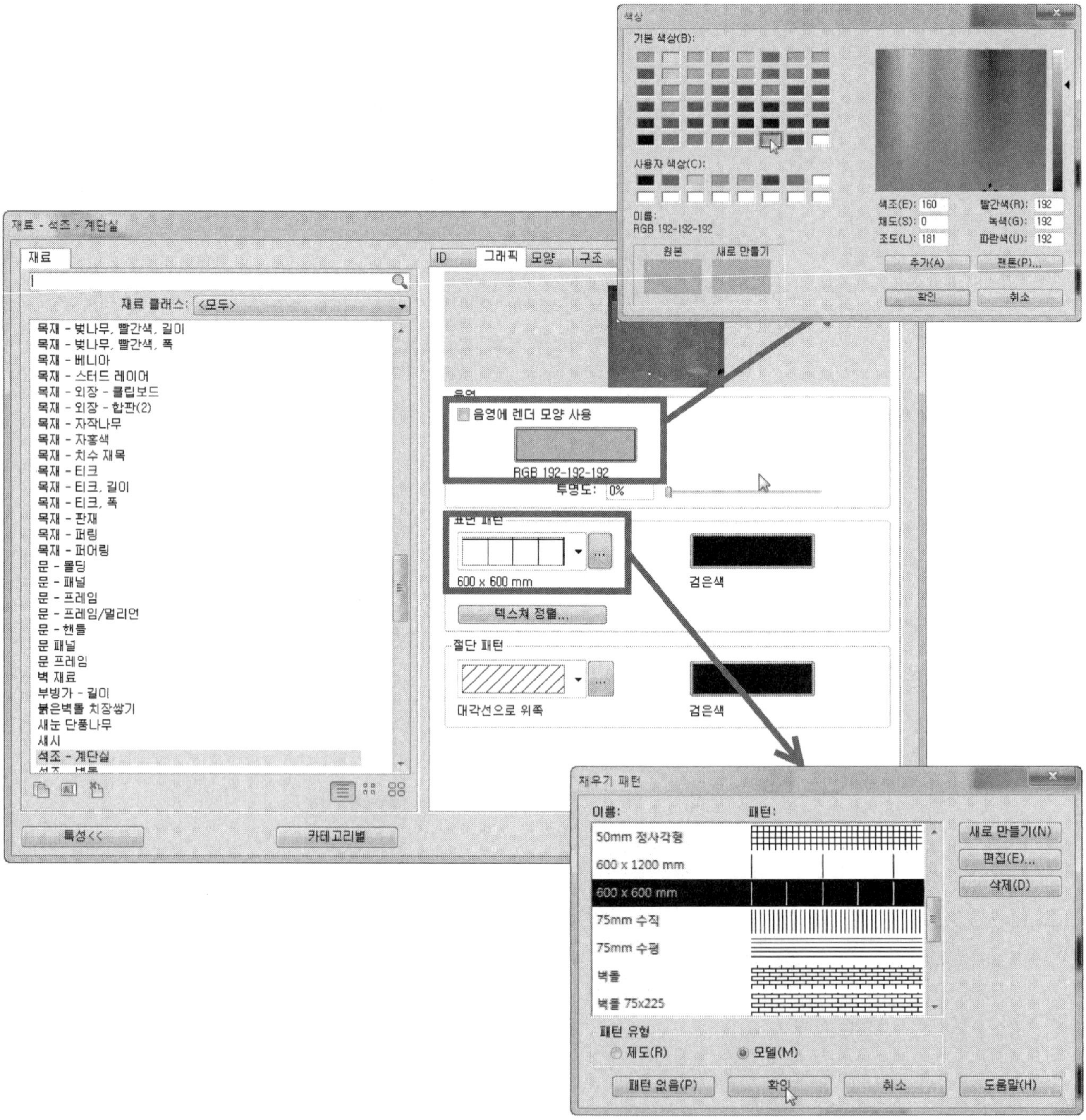

- 조합 편집 패널에서 마감재1 [4]의 재료가 화강암, 계단실 혹은 Revit Architecture 2012에서 만든 재료로 되어 있는지 확인한다.

- 03 1층 평면도로 이동한다.
- 상단의 구속은 06 계단지붕으로 정한다.
- 벽의 그리기 위치는 벽 중심선으로 정하고, 체인 박스를 체크한다.

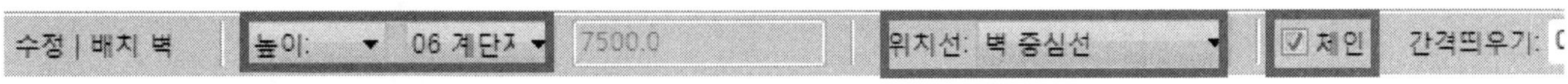

- 아래 그림과 같이 평면도에서 작도한다.

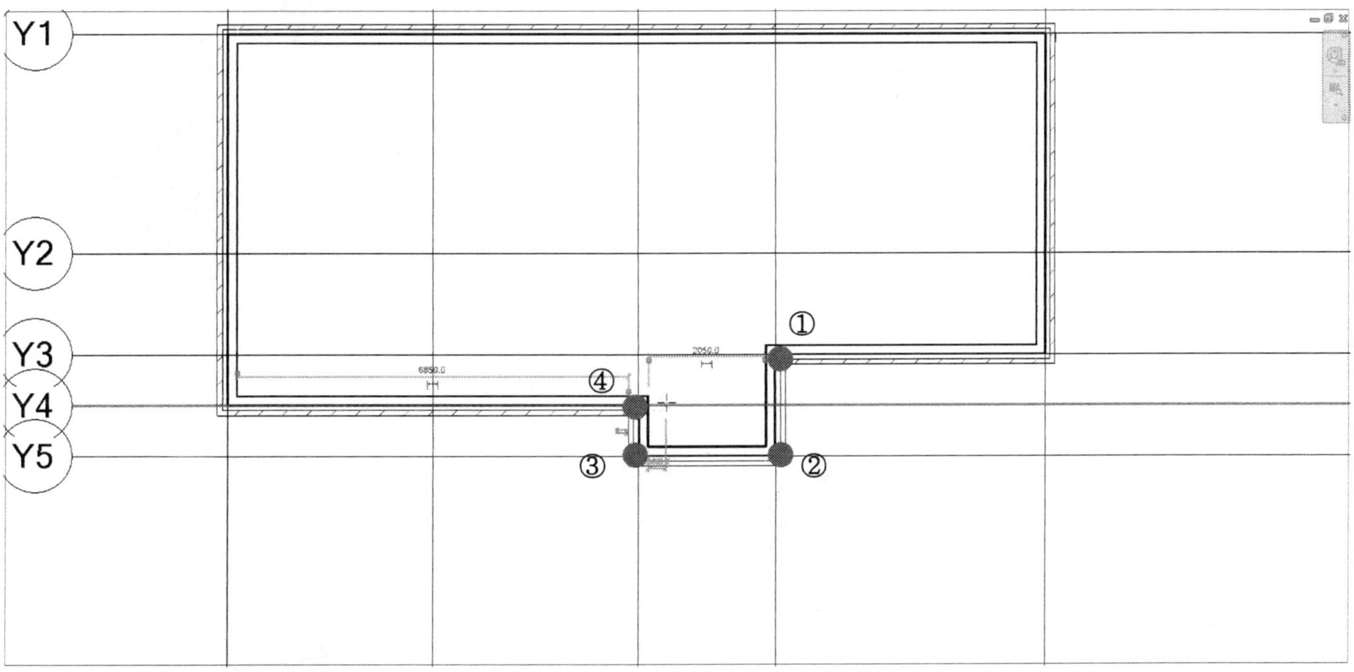

- 3D 뷰에서 확인을 위해 {3D}를 클릭한다. 계단실의 외벽에 패턴이 적용된 것을 확인할 수 없다. 이때 화면의 비쥬얼 스타일을 변경하여 패턴 적용을 확인한다.

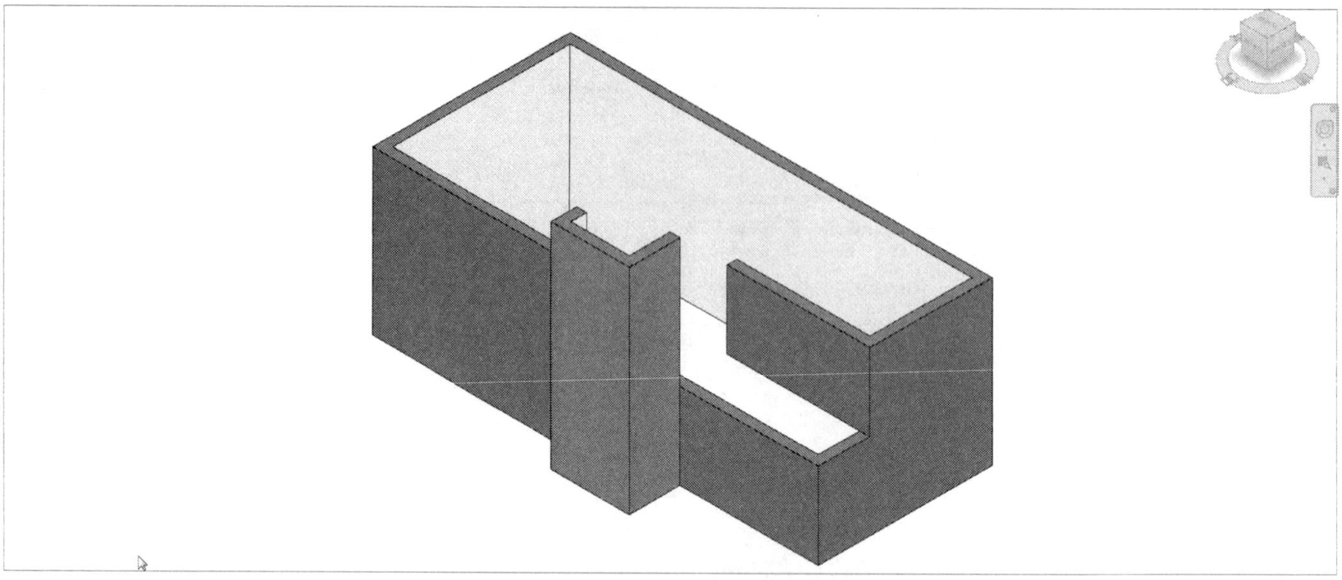

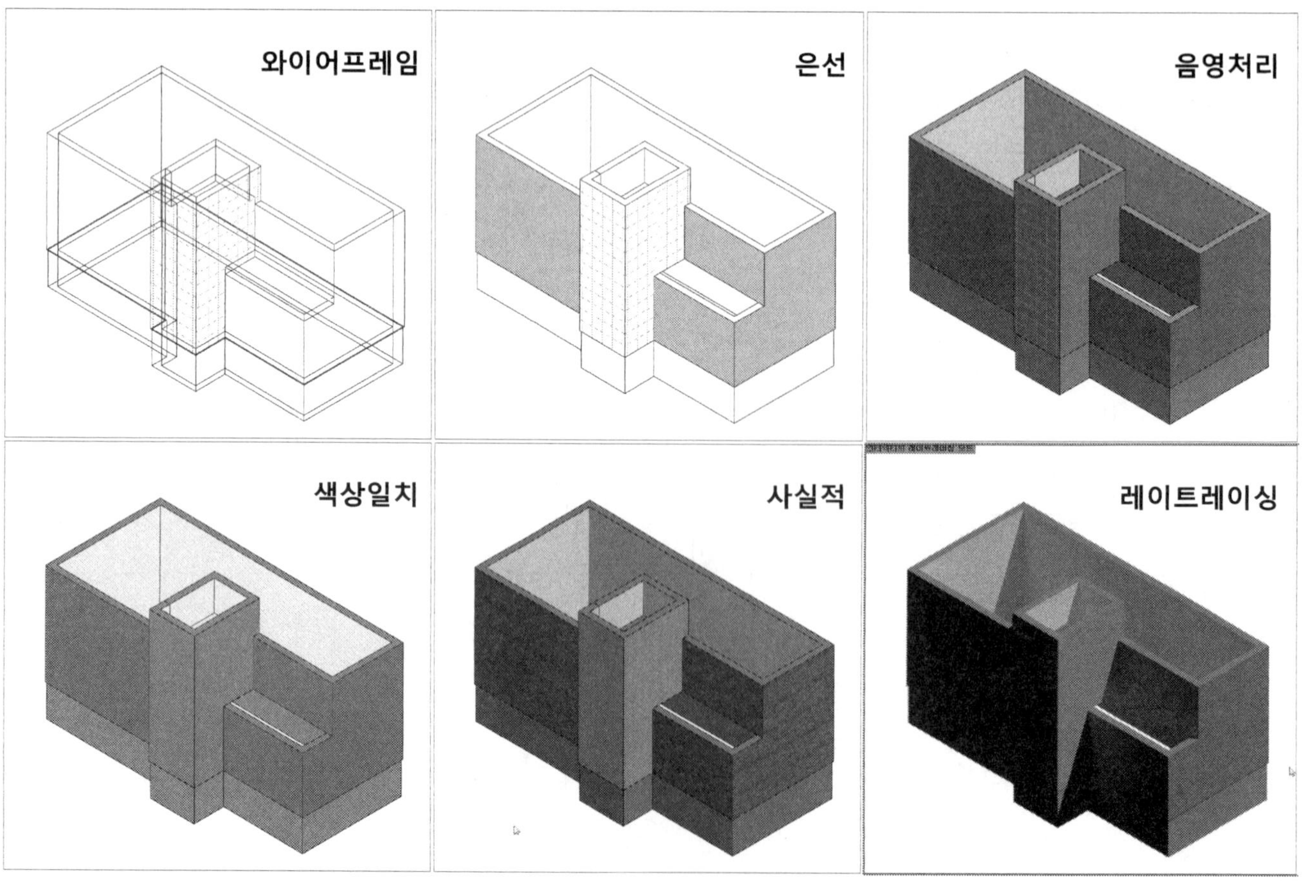

- 비쥬얼 스타일을 음영처리를 클릭한다.
- 계단실에 패턴이 적용된 것을 확인할 수 있다.

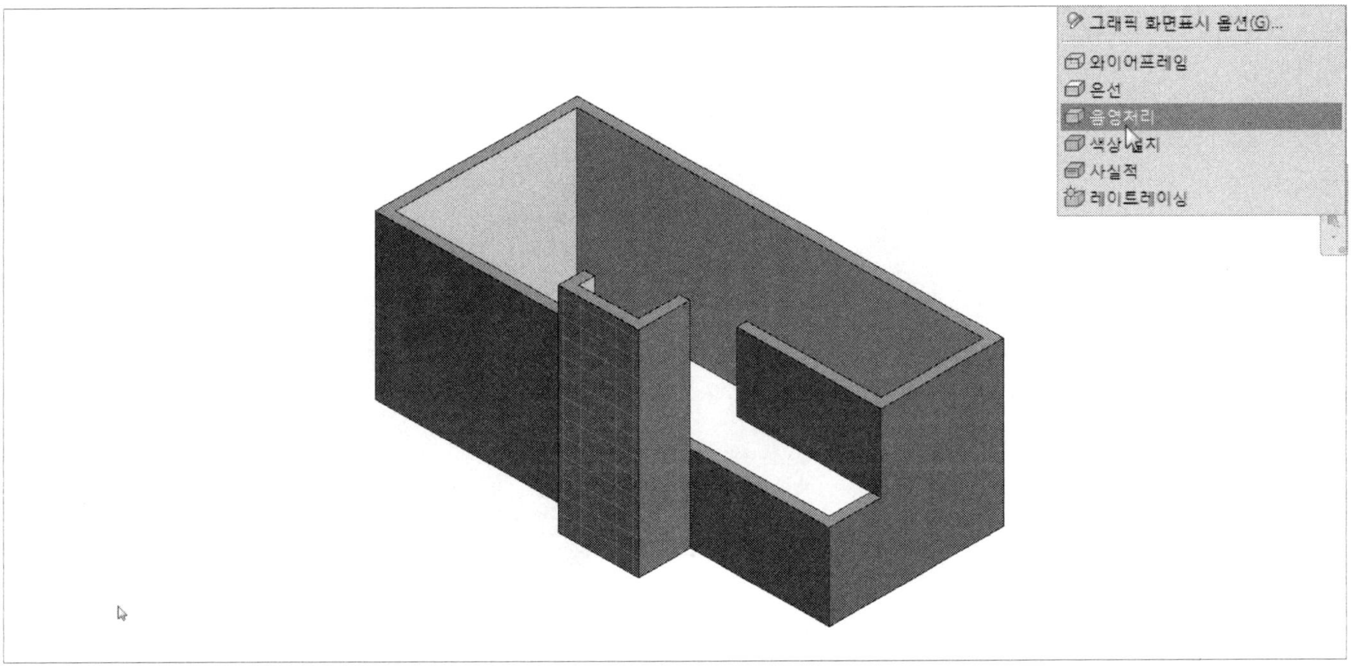

- 04 2층 평면도를 활성화한다.
- 상단의 구속은 06 계단지붕으로 정한다.
- 벽의 그리기 위치는 벽 중심선으로 정하고, 체인 박스를 체크한다.

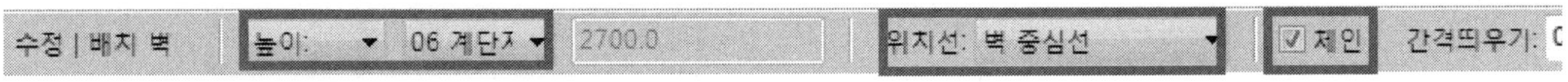

- 아래 그림과 같이 평면도에서 작도한다.

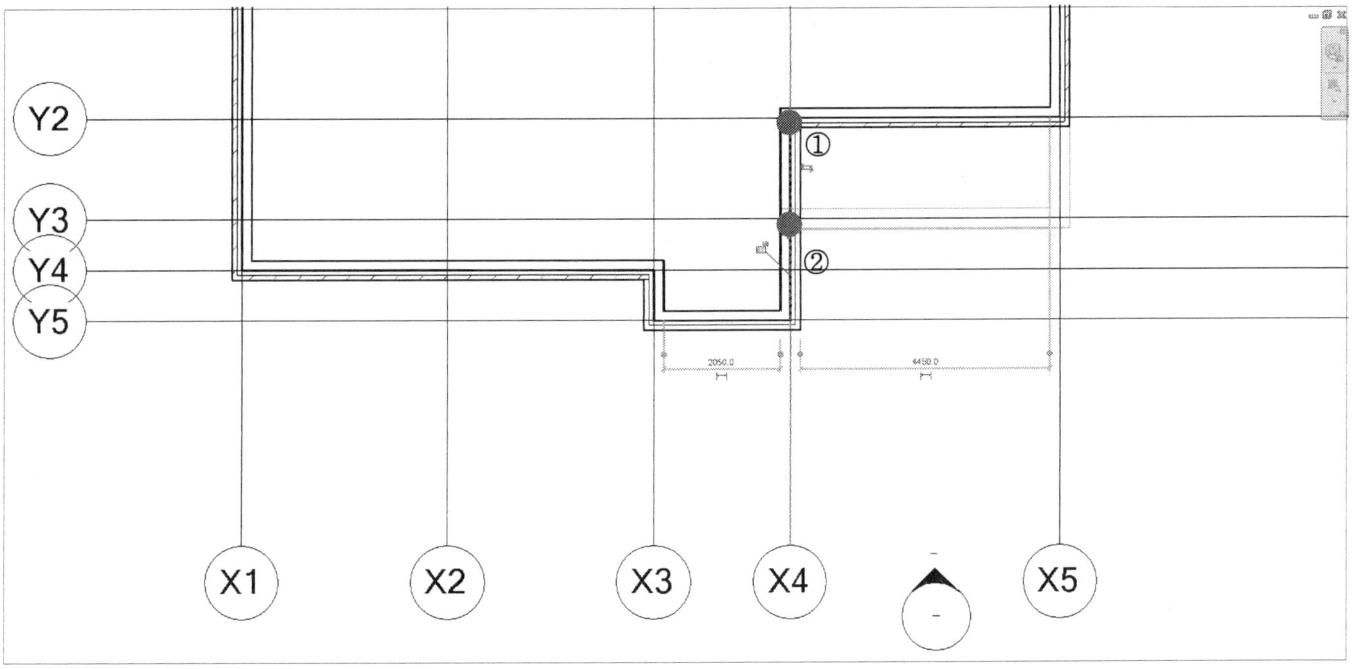

- 3D 뷰에서 확인을 위해 {3D}를 클릭한다.

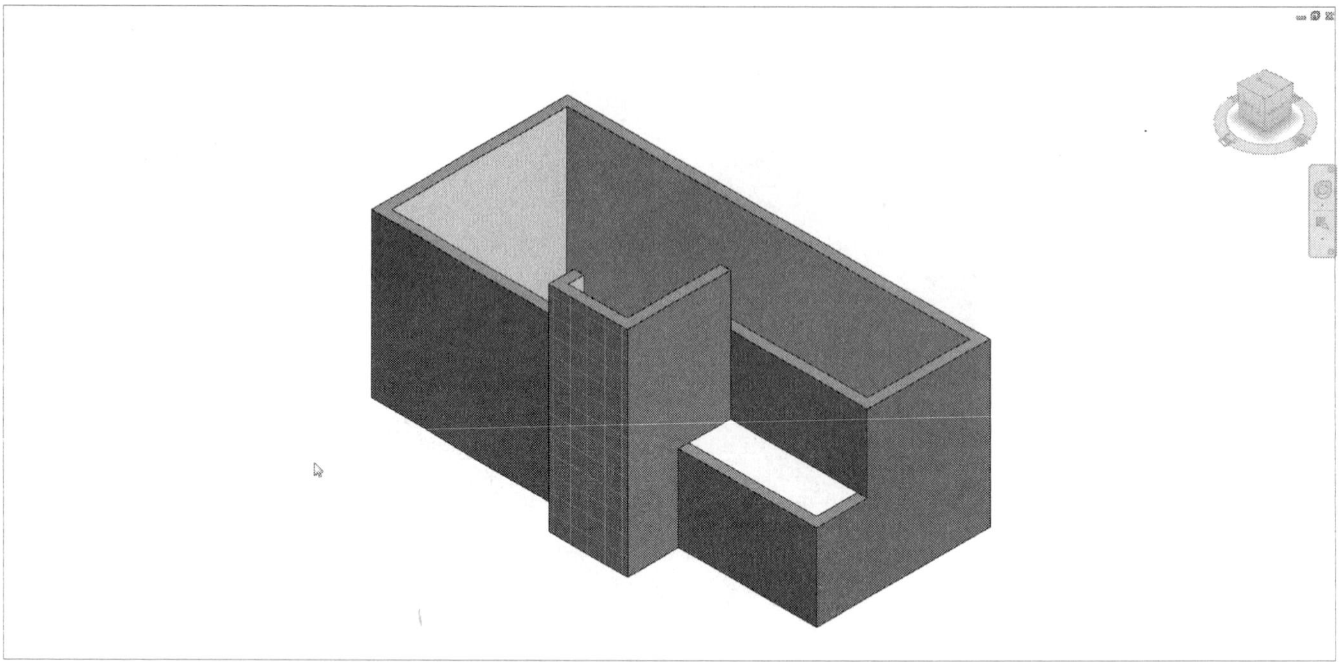

- 05 지붕 평면도를 활성화한다.
- 지형면과 CAD 도면이 나타나면 뷰에서 숨기기를 카테고리로 실행한다.
- 상단의 구속은 06 계단지붕으로 정한다.
- 벽의 그리기 위치는 벽 중심선으로 정하고, 체인 박스를 체크한다.

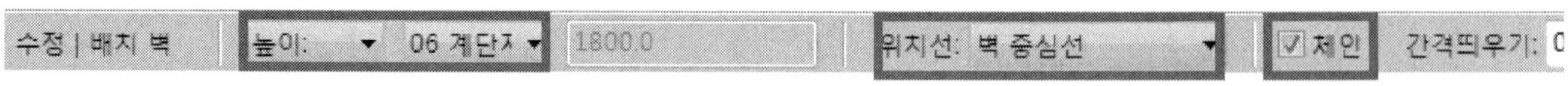

- 아래 그림과 같이 평면도에서 작도한다.

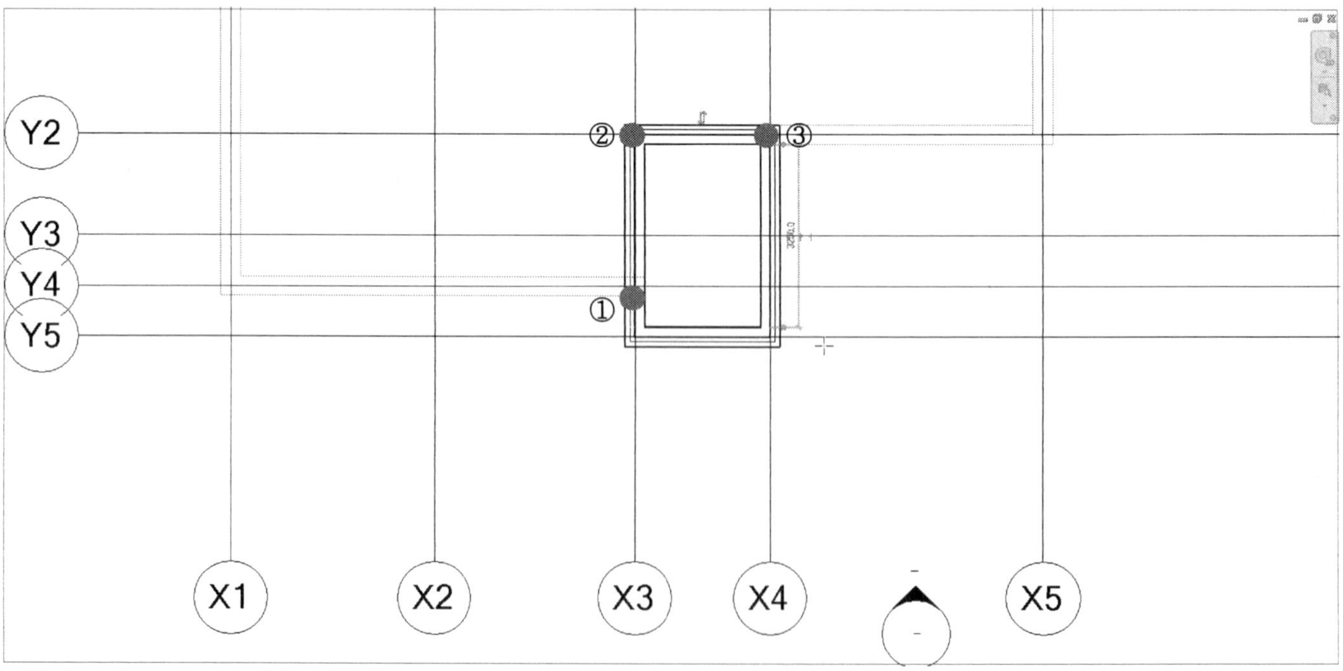

- 3D 뷰에서 확인을 위해 {3D}를 클릭한다.

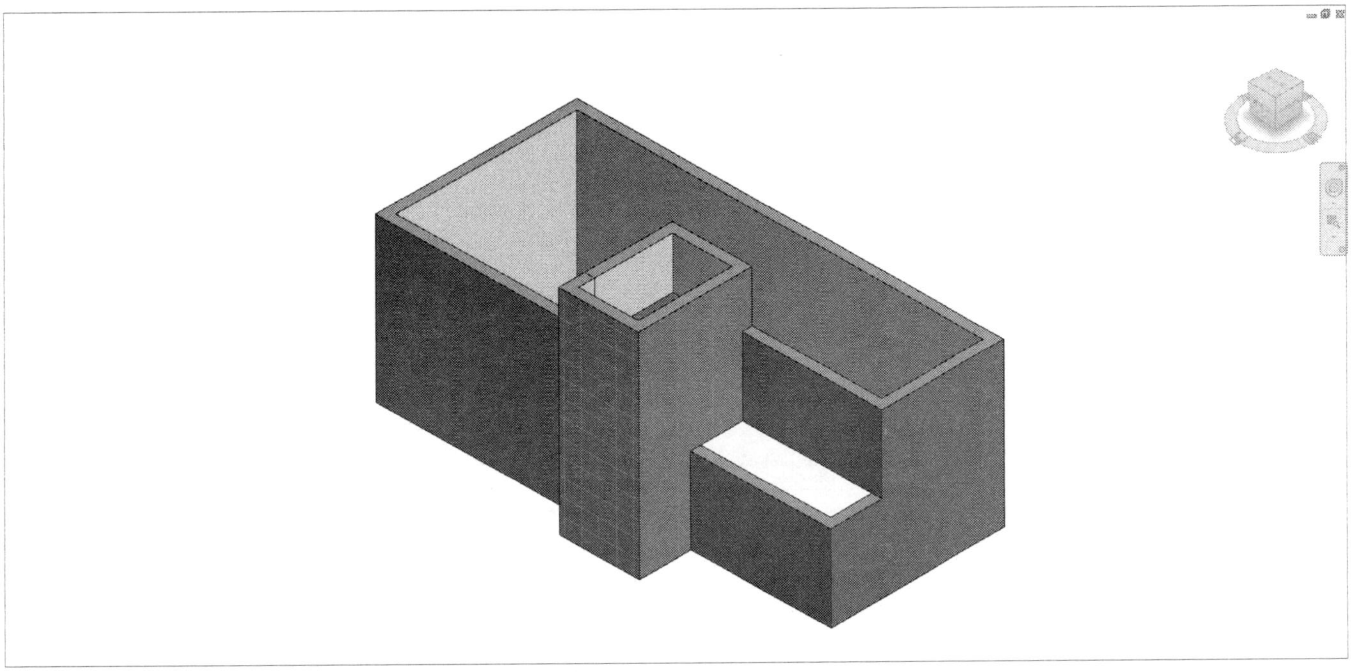

⑤ 외벽의 베이스 구속조건 변경

- 외벽 마감이 지형면까지 내려오게 하기 위해서 베이스 구속조건을 G.L. 레벨로 바꾼다.
- 3D 뷰로 이동한다. 1층 평면도에서 작도된 벽들을 선택한다. 기준을 02 G.L.로 변경한다.

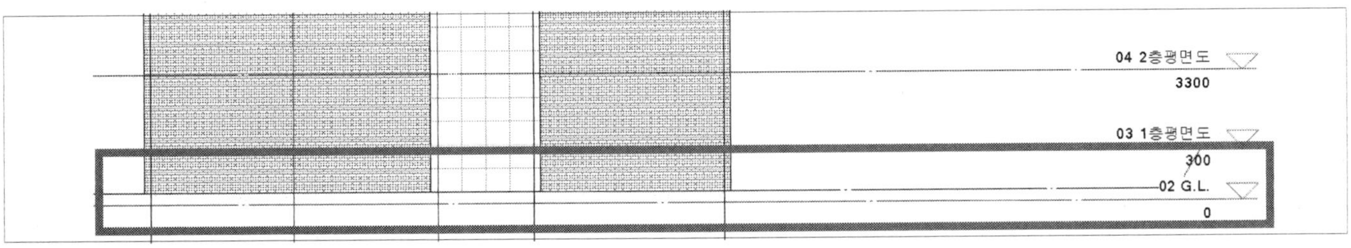

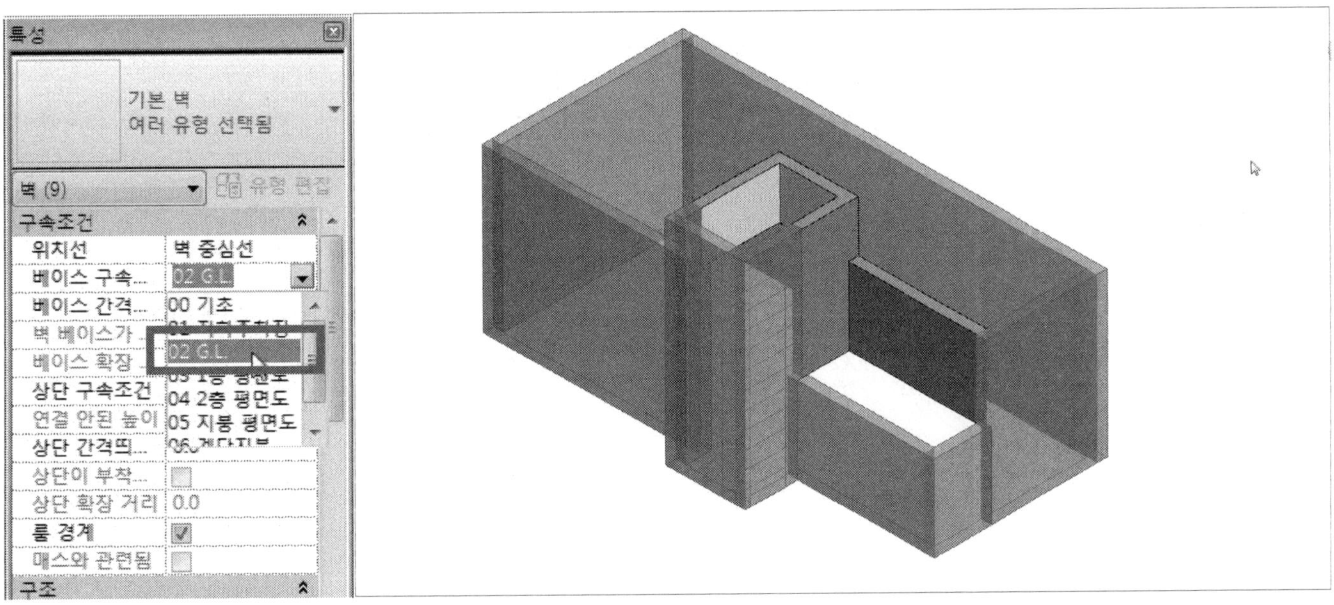

- 입면도의 남측면도 뷰에서 확인하면 벽들의 베이스 G.L.로 변경된 것을 확인할 수 있다.

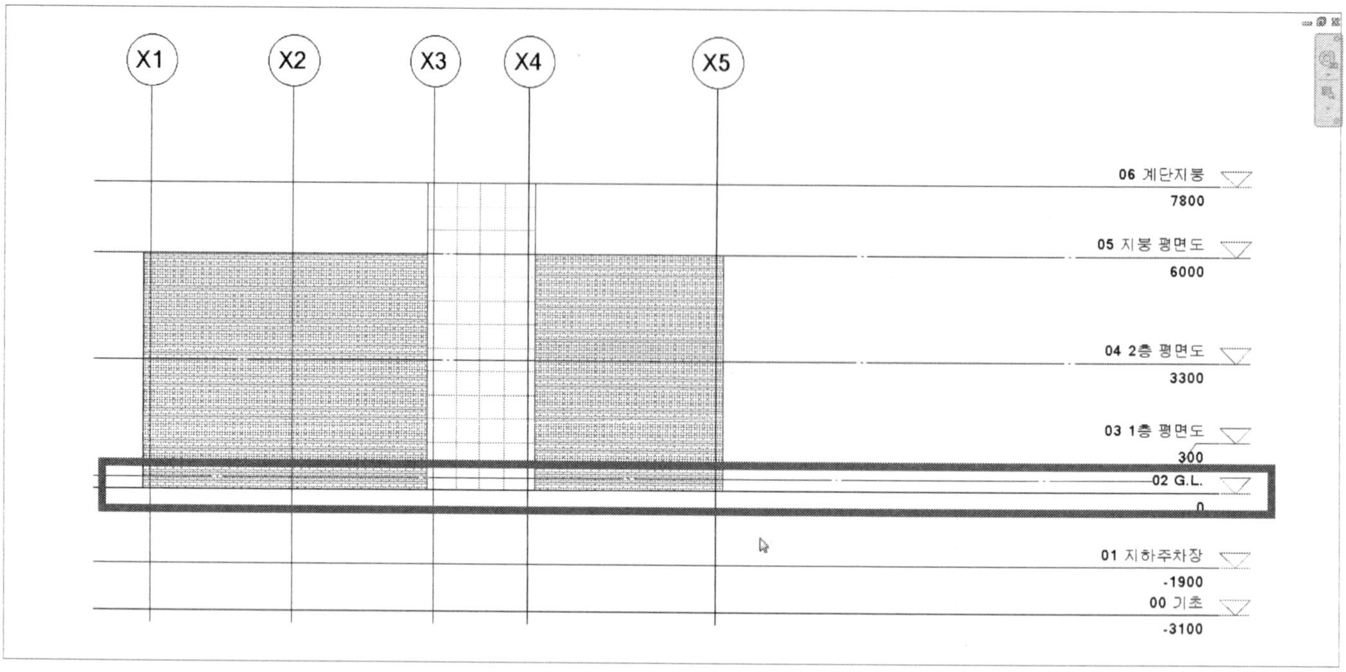

⑥ 지하주차장 외벽 구성

- 01 지하주차장 평면으로 이동한다.
- 지형면과 CAD 도면이 나타나면 뷰에서 숨기기(H)를 카테고리(C)로 실행한다. 그리드선만 화면에 나타난다.

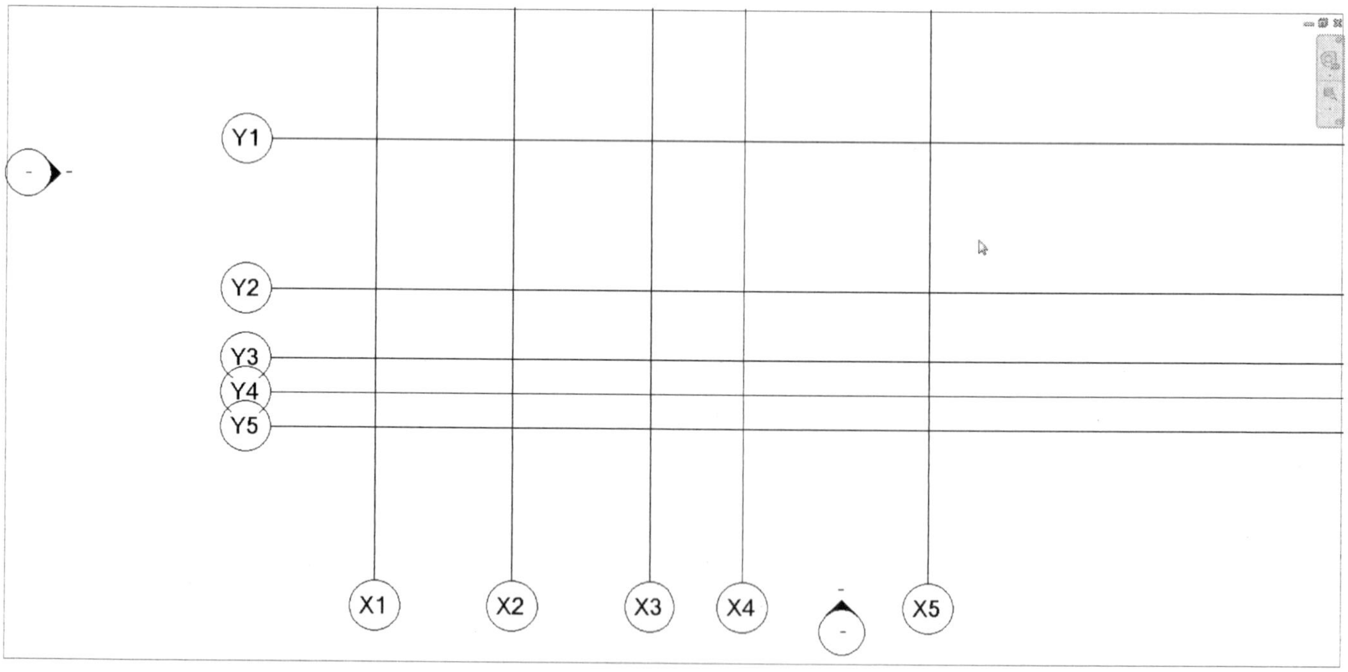

- 지하주차장의 벽은 상부에 이미 모델링된 벽과 기준을 맞추어야 한다. 이는 지하주차장의 지반에 묻히기 때문에 외장재가 없이 콘크리트만으로 모델링되기 때문이다.
- 지하주차장의 벽 모델링의 기준이 될 수 있는 1층 평면도의 벽을 화면의 밑에 보이도록 한다.
- 지하주차장 평면의 언더레이를 03 1층 평면도로 설정하여 1층 평면도의 벽이 보이도록 설정한다.
- 1층 바닥의 벽들이 보이는 것을 확인할 수 있다.

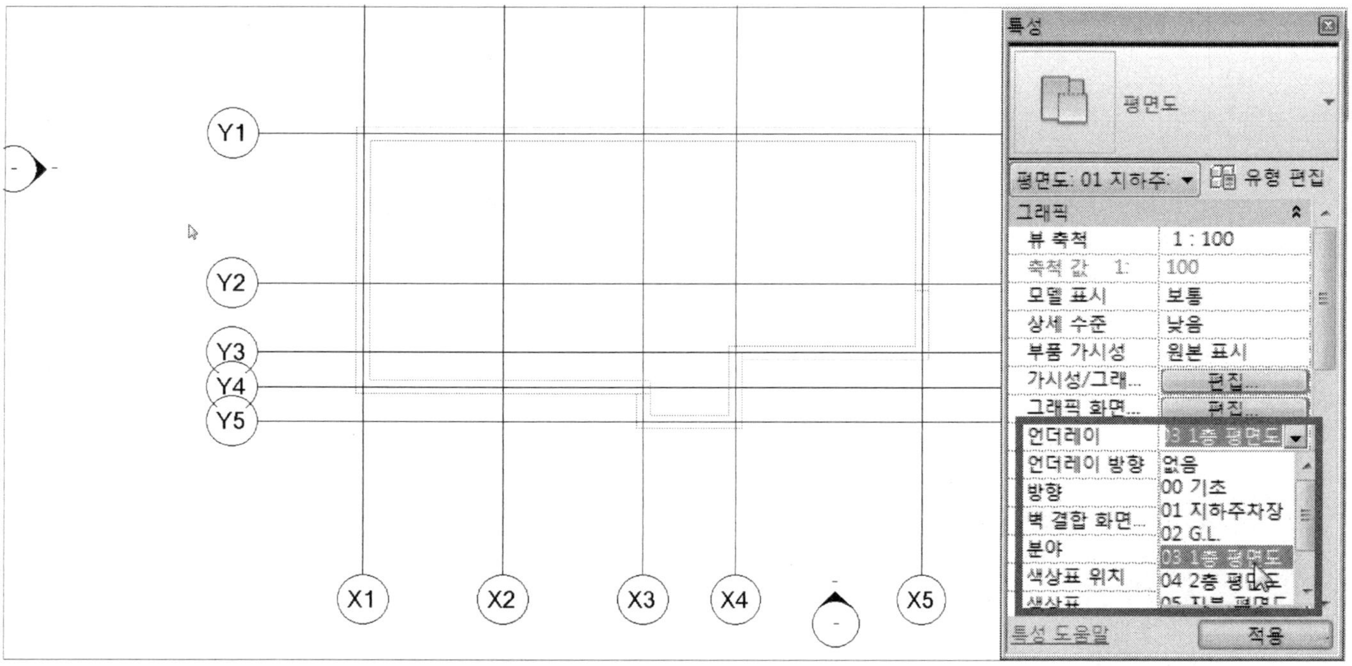

언더레이에 관해서

● 언더레이 특성은 현재의 평면도 밑에 다른 평면도를 표시할 수 있다는 것이다. 언더레이 되는 평면 뷰는 반투명으로 표시된다. 서로 다른 층에 놓여 있는 가구 등의 패밀리나 문, 창과 같은 구성요소 사이의 관계를 이해하는데 언더레이가 활용된다. 언더레이에 있는 요소를 선택하고 수정할 수 있으며 언더레이에 있는 요소들의 끝점과 중간점 등을 스냅 할 수 있다.

- 지하주차장 벽의 외벽을 구성하기 위해 새로운 일반 300mm를 선택한다.
- 이 벽은 외장 마감재가 없이 콘크리트만으로 구성된 벽으로 1층 평면도의 벽과 벽의 두께가 다르므로 벽의 위치선을 벽의 마감면: 내부로 설정하고 작도한다.
- 기준은 02 G.L.로 정하고 위치선은 마감면:내부로 정의하고 작도한다.

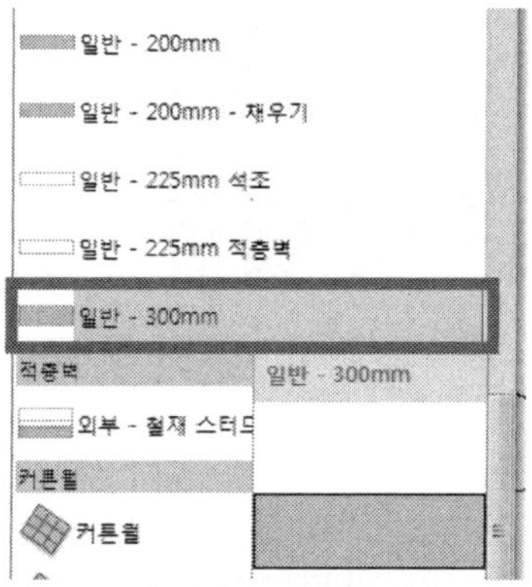

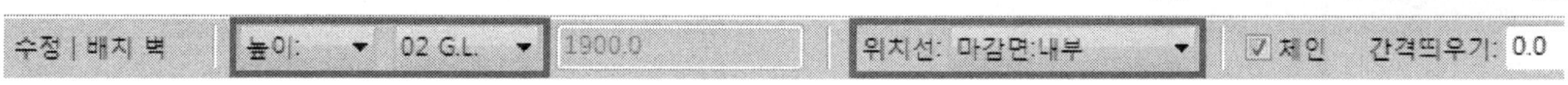

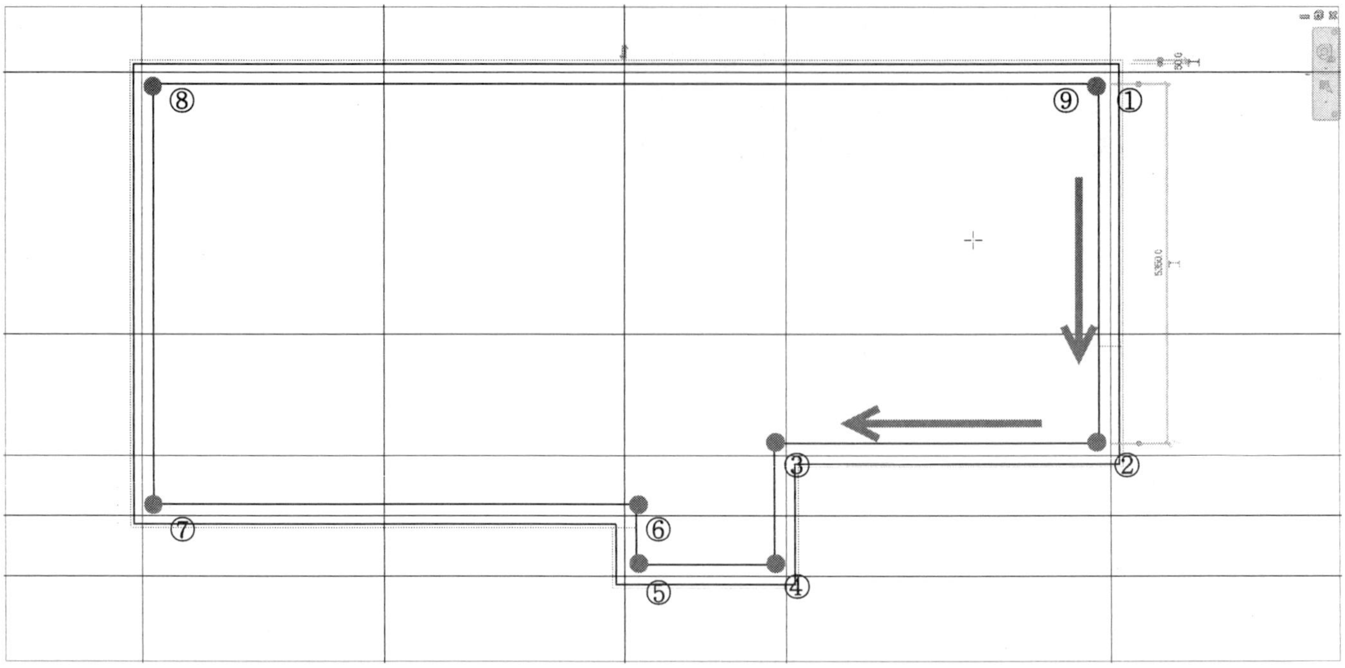

- 3D 뷰에서 확인을 위해 {3D}를 클릭한다.

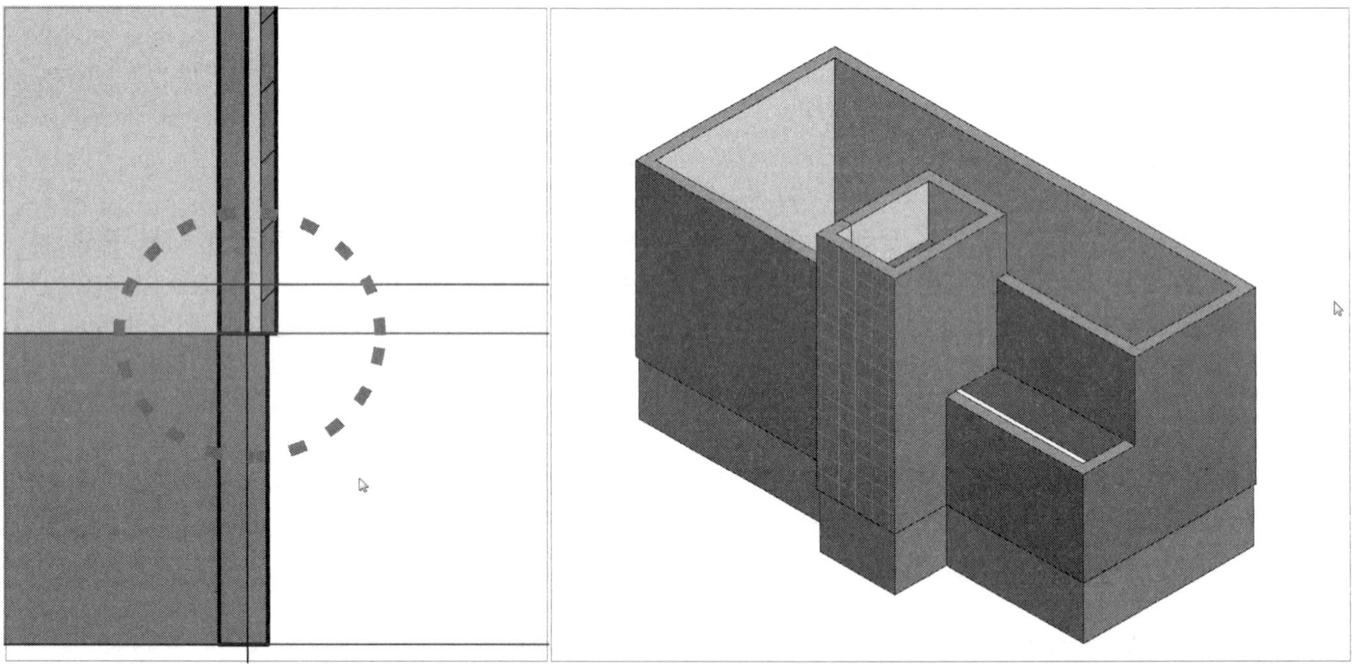

- 만약에 벽이 내외부가 뒤집혀 모델링되면 벽을 선택하면 나타나는 화살표를 클릭한다.

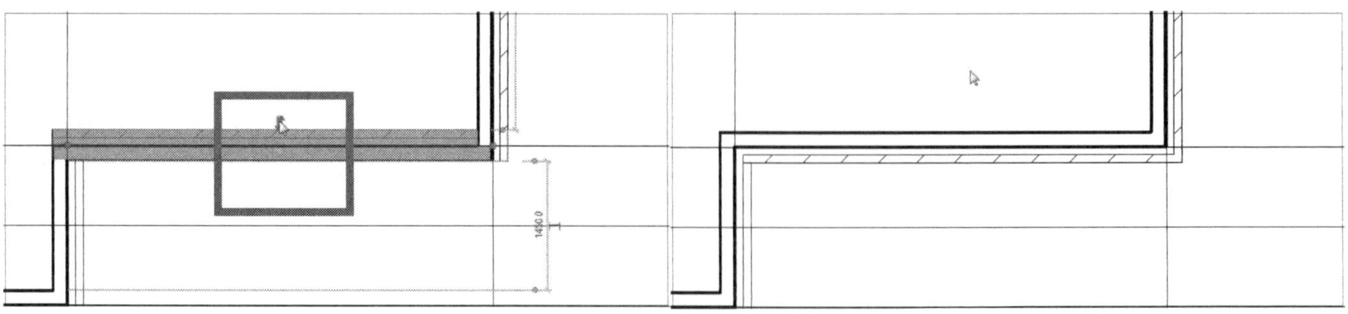

7) 기초벽 및 줄기초 그리기
8) 내벽 그리기

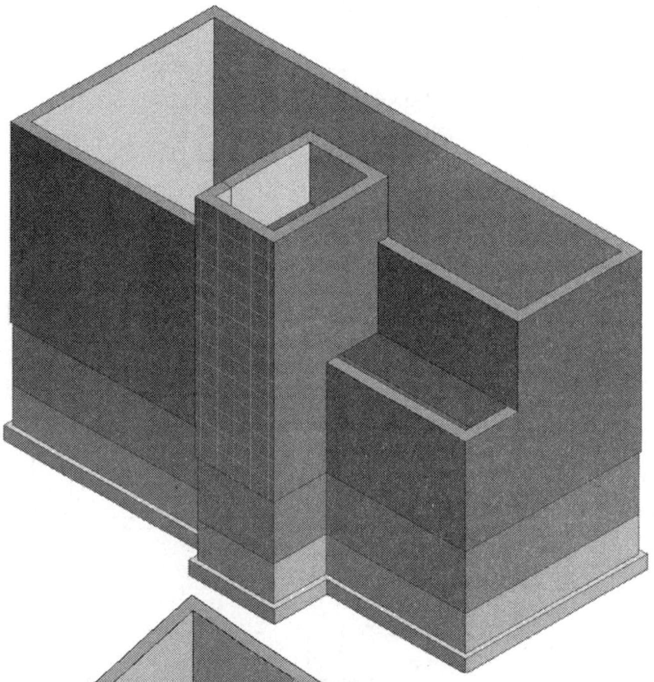

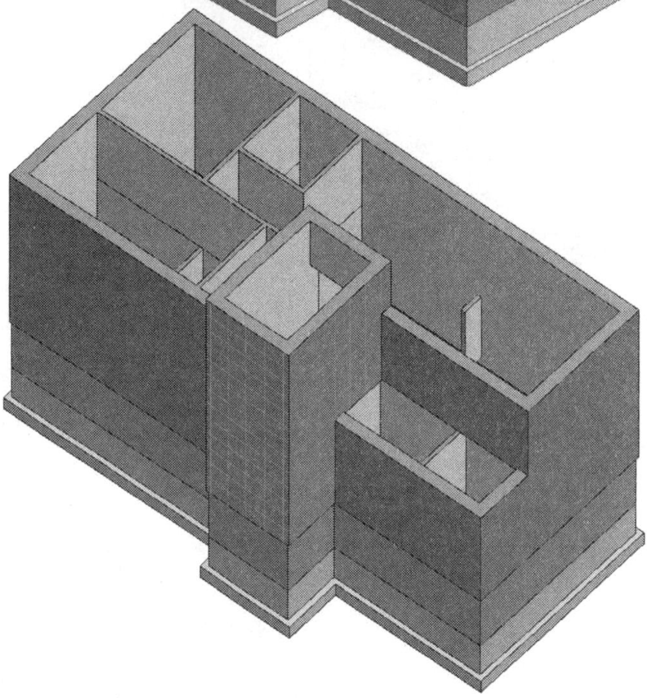

그려진 외벽의 하부에 기초벽과 줄기초를 그린다.
주택 내부에 내벽을 각 층별로 그린다.

학습목표

7) 기초벽 및 줄기초 그리기
- 기초벽의 방향에 대해 이해한다.
- 기초벽 작성방법을 실습을 통해 숙지한다.
- 줄기초 작성방법을 실습을 통해 숙지한다.

8) 내벽 그리기
- 지하주차장의 내벽을 그린다.
- 단면상자의 사용법을 실습을 통해서 숙지한다.
- 1층의 내벽을 그린다.
- 2층의 내벽 그리기/ 벽을 레벨별로 복사하여 붙이는 실습을 한다.

7) 기초벽 및 줄기초 그리기

① 기초벽 그리기

- 01 지하주차장 평면으로 이동한다.
- 건축 탭에서 벽을 선택한 후 벽 종류에서 기초 300mm 콘크리트를 선택한다.
- 기초벽은 기준 레벨 아래로 모델링되므로 상단 구속을 밑에 있는 레벨인 00 기초로 정의해야한다.
- 지하주차장 언더레이를 기초로 정의하여 모델링되는 것을 확인한다.
- 위치선은 마감면:내부로 정의하고 작도한다.

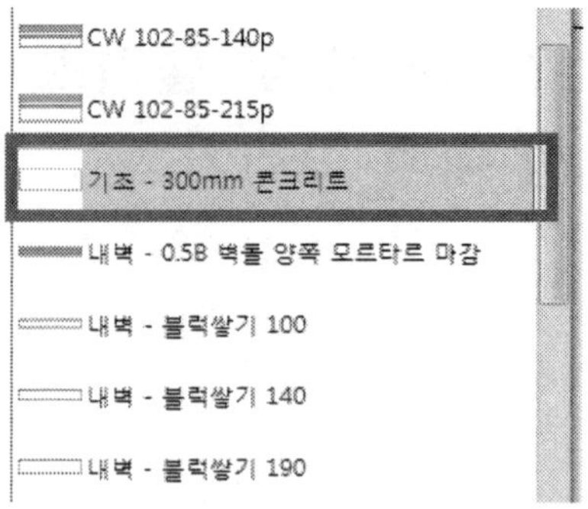

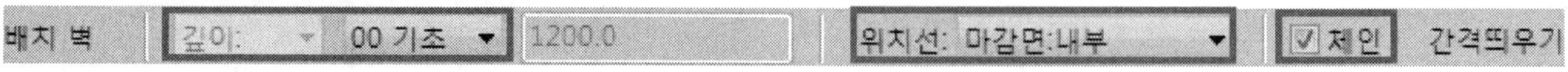

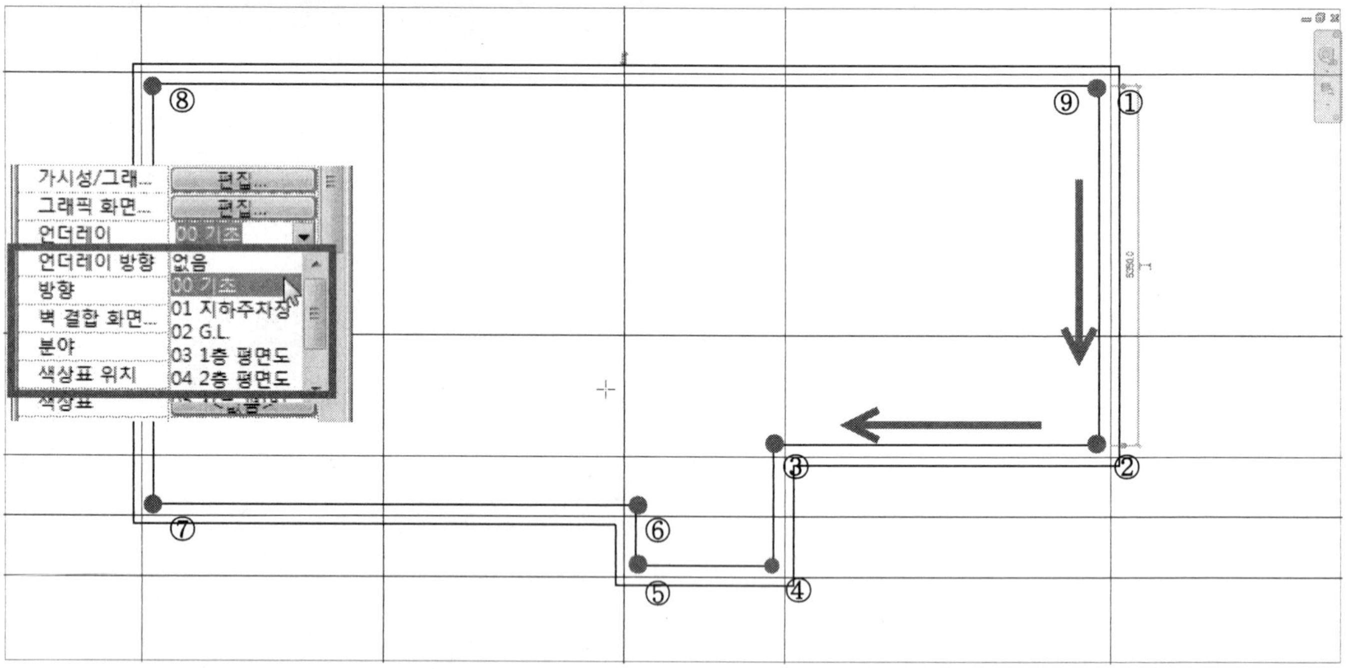

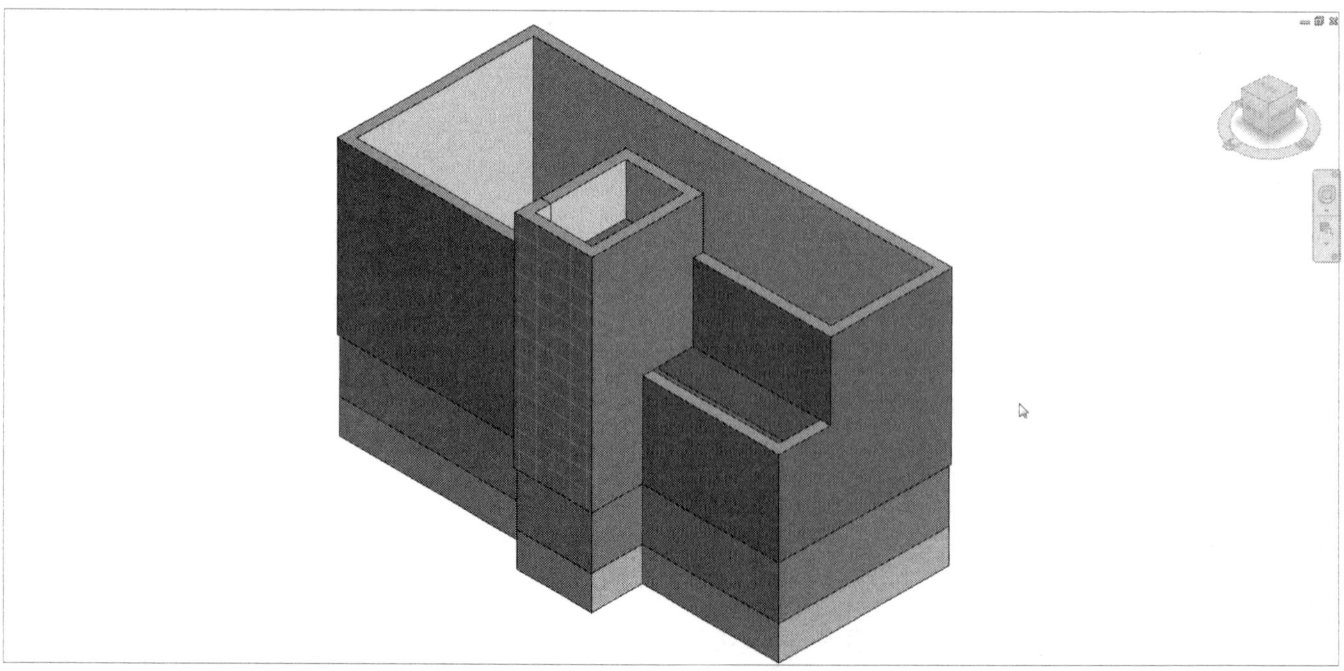

② 기초 그리기(줄기초 그리기)

- 00 기초 평면으로 이동한다.
- 줄기초가 평면에서 모델링되는 것을 확인하기 위해서 뷰 범위를 편집한다.
- 00 기초 평면의 뷰 범위 편집을 선택한다.
- 뷰 깊이 레벨을 무제한으로 선택한다.

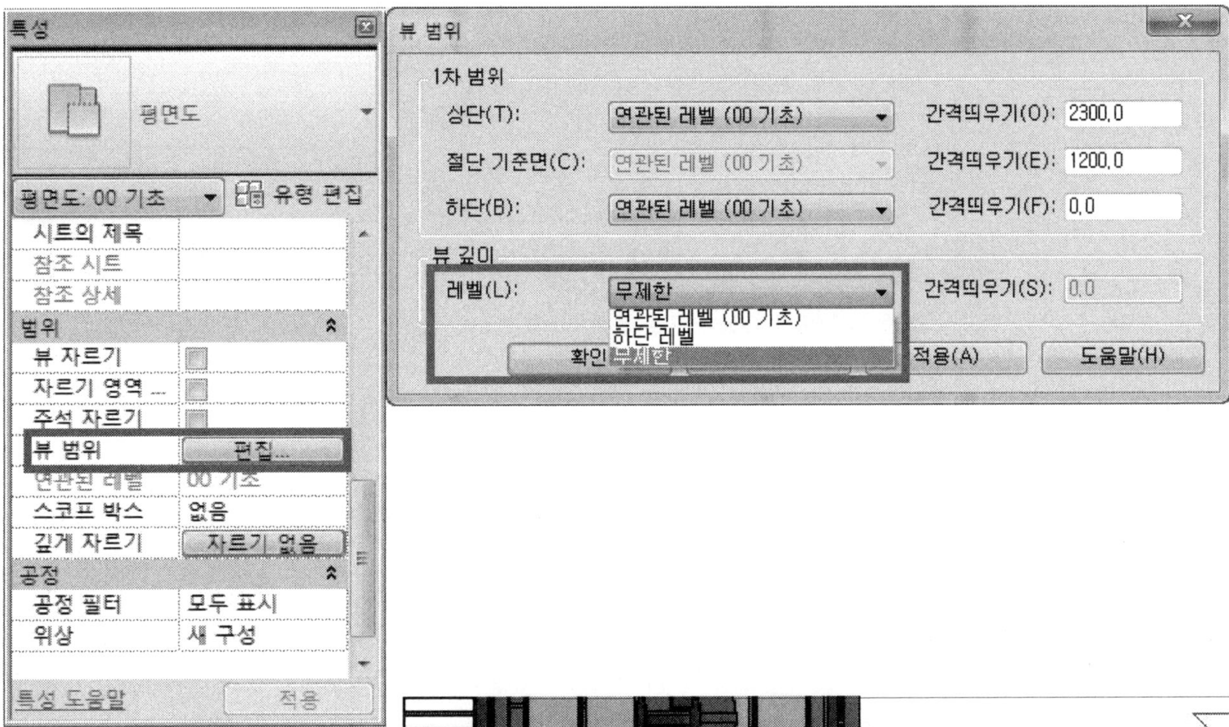

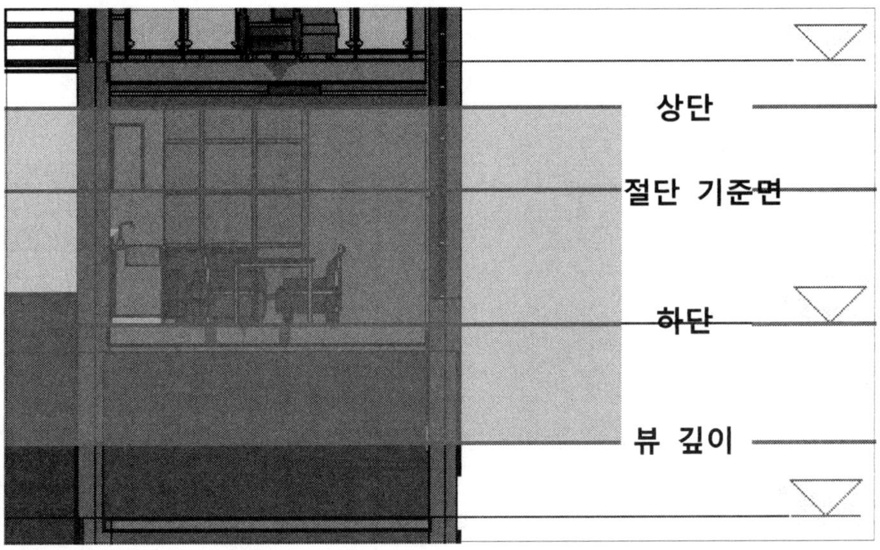

뷰 범위에 관해서

● 모든 평면도와 반사된 천장 평면도는 뷰 범위라는 특성을 가지고 있다. 뷰 범위는 뷰에서 객체의 가시성과 모습에 영향을 미치는 수평면들이다. 그 수평면들은 상단, 절단 기준면, 하단, 뷰 깊이 기준면 이렇게 4개로 구성된다.

● 상단과 하단 수평면은 뷰의 최상과 최하의 위치를 나타내고, 절단 기준면은 평면도에 표시되는 모양을 결정한다. 절단 기준면의 위에 있는 요소들은 표시되지 않고 절단 기준면의 아래에 있는 요소들은 절단 부분은 두껍게, 입면으로 보이는 부분은 얇게 표시된다.

- 건축 탭에서 벽을 선택한 후 벽 종류에서 기초 300mm 콘크리트를 선택한다.
- 유형편집을 선택하고 복제하여 줄기초를 만든다.

- 편집을 선택한다.
- 구조의 콘크리트 두께를 600으로 수정한다.

- 벽 중 기초판 600mm를 선택하고 상단구속을 미연결로 하고 높이를 450으로 설정한다.
- 위치선은 벽 중심선으로 설정하고 작도한다.

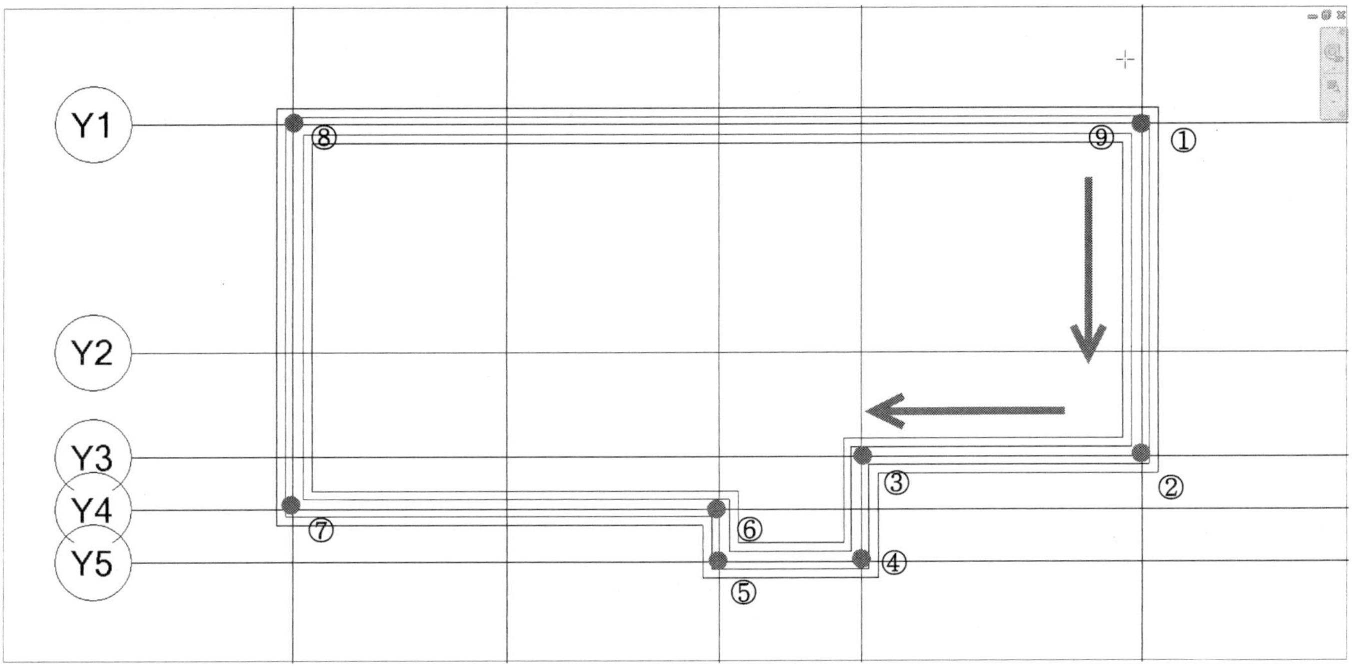

- 3D 뷰에서 확인을 위해 {3D}를 클릭한다.
- 입면도의 남측면도 뷰에서 현재 모델링의 상황을 확인한다.

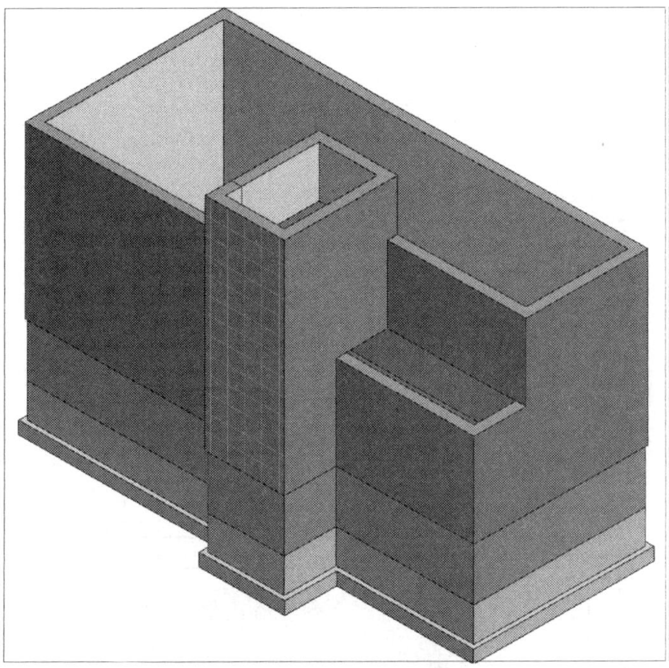

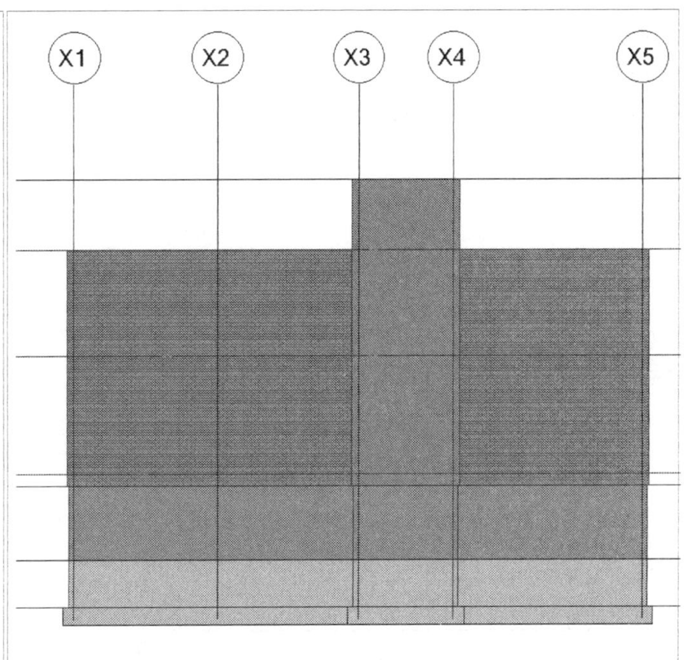

8) 내벽 그리기

① 지하주차장의 내벽 그리기

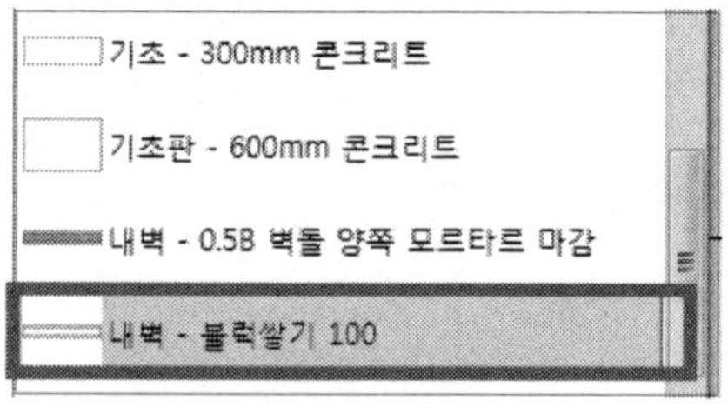

- 01 지하주차장 평면으로 이동한다.
- 건축 탭에서 벽을 선택한 후 벽 종류에서 내벽 - 블럭쌓기 100을 선택한다.
- 상단의 구속은 03 1층 평면도로 정하고 아래 옵션으로 작도한다.

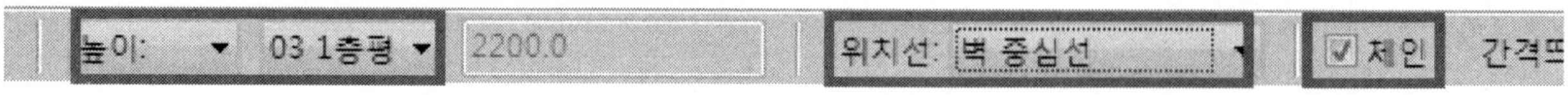

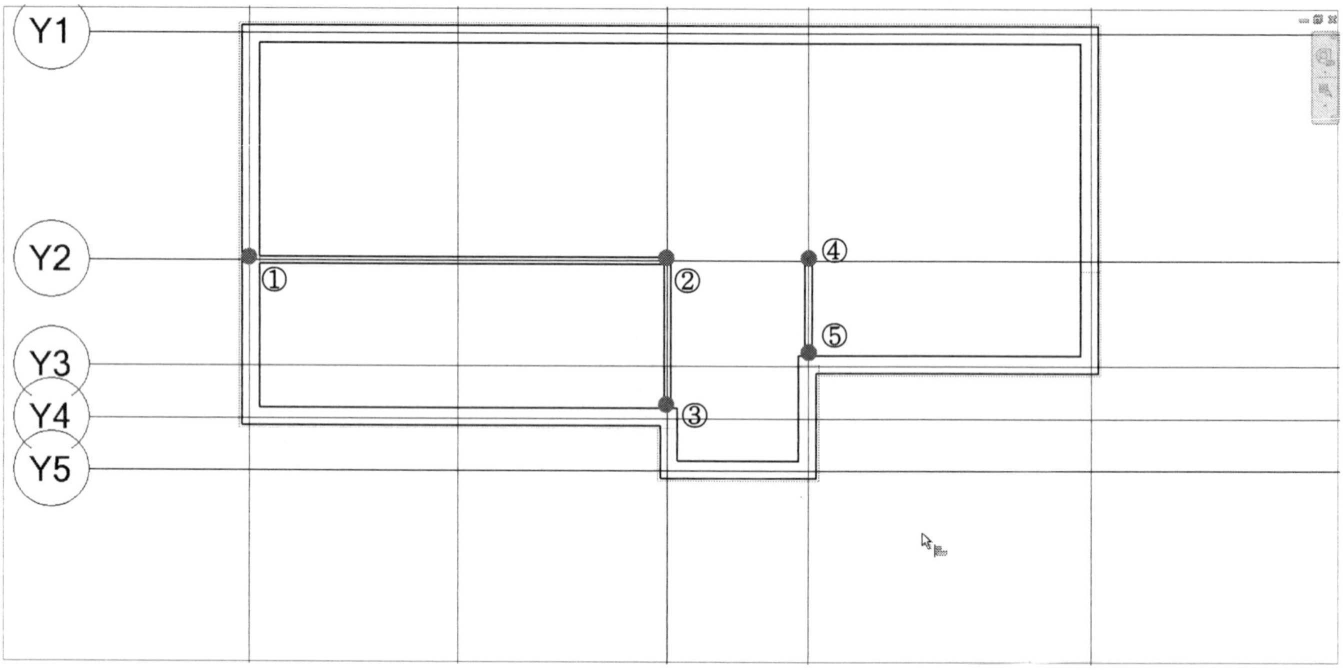

- 내벽을 정렬하기 위해서 01 지하주차장의 언더레이를 04 2층 평면도로 정한다.
- 수정의 정렬 아이콘을 선택한 후 정렬할 요소를 선택한 후 정렬할 벽을 클릭한다.

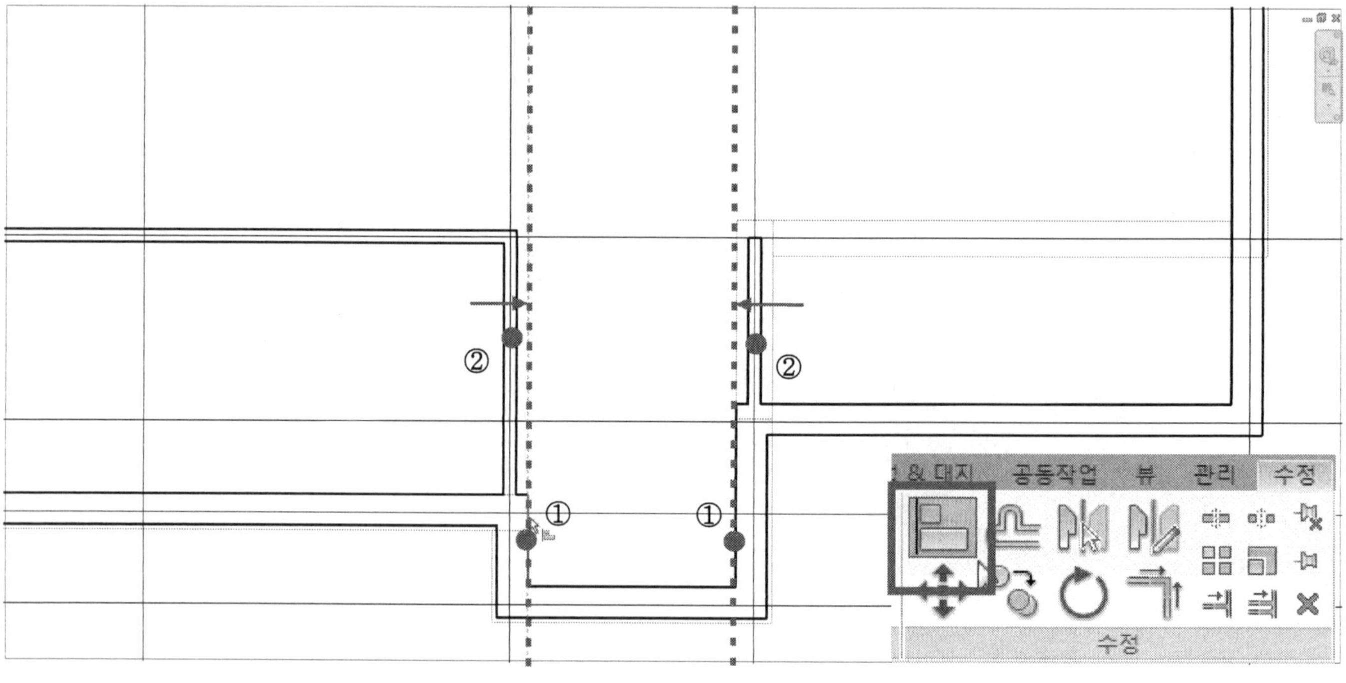

- 언더레이로 보이는 상부벽에 맞추어서 내벽을 정렬한다.

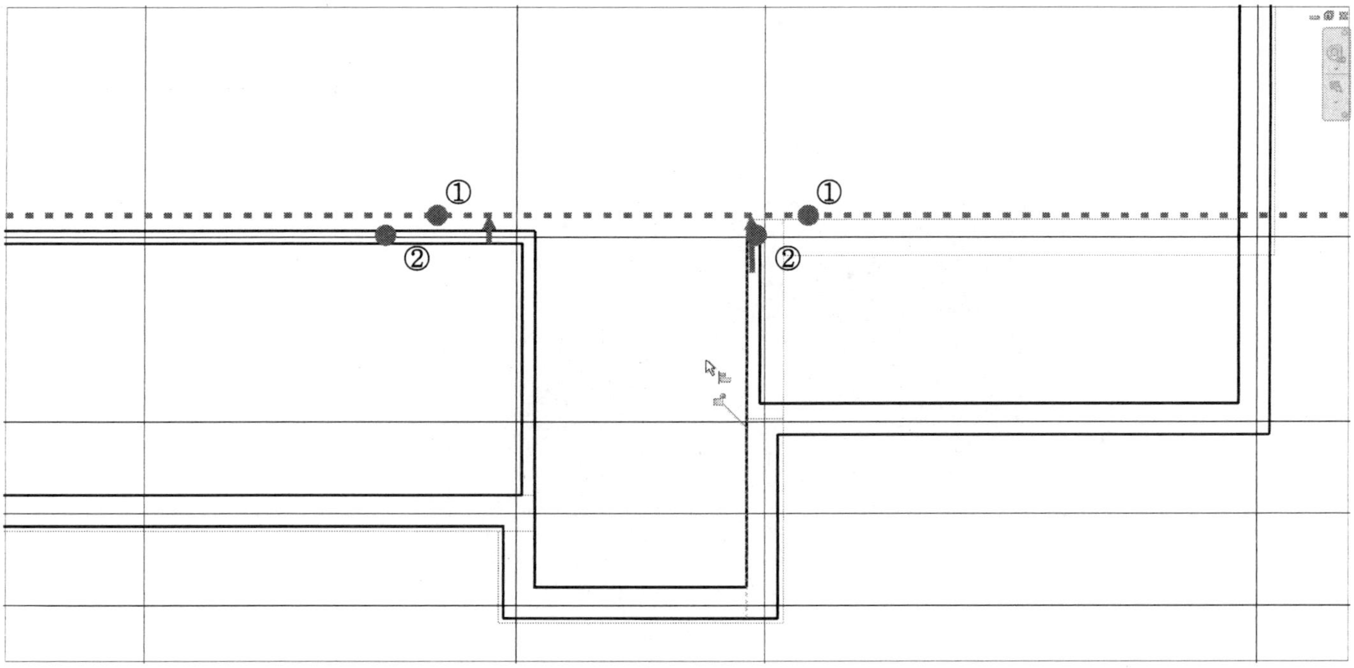

- 아래 그림과 같이 정렬 결과가 나타난다.

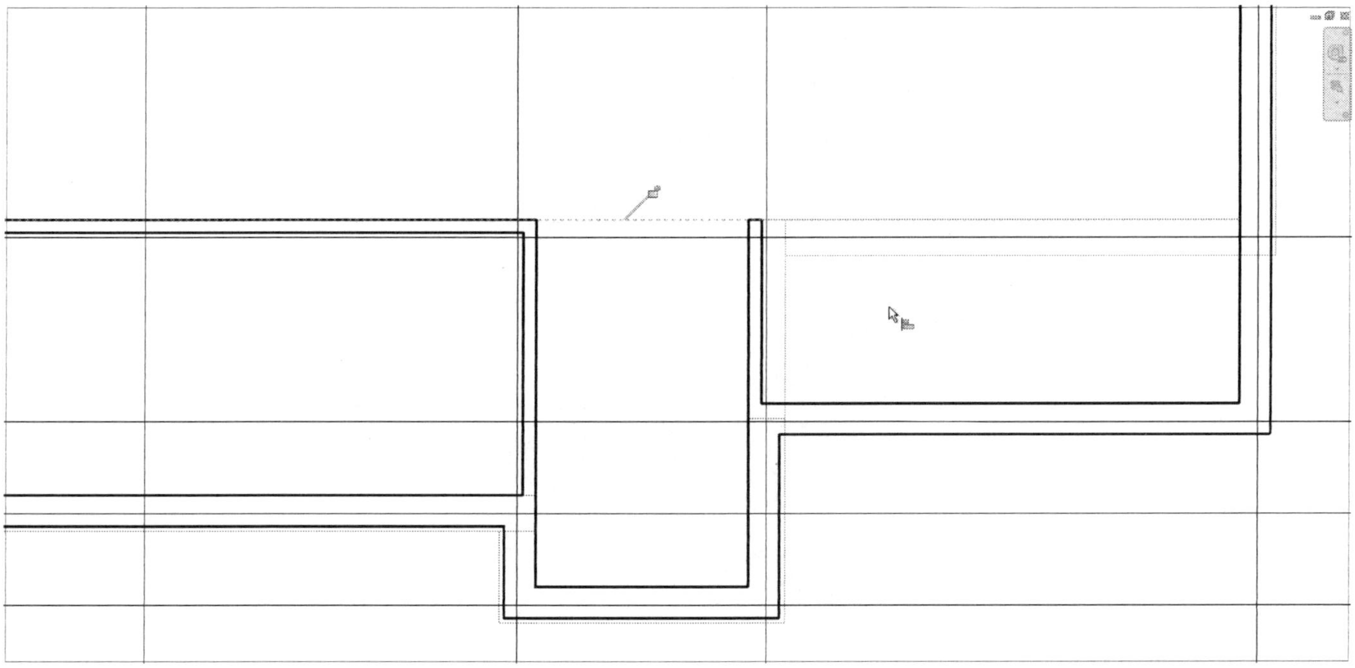

- 3D 뷰를 활성화한 후 내벽 모델링을 보기 위해서 3D 뷰의 특성 패널의 단면 상자 체크박스를 클릭한다.
- 단면 상자의 화살표를 클릭하고 아래로 드래그한다.

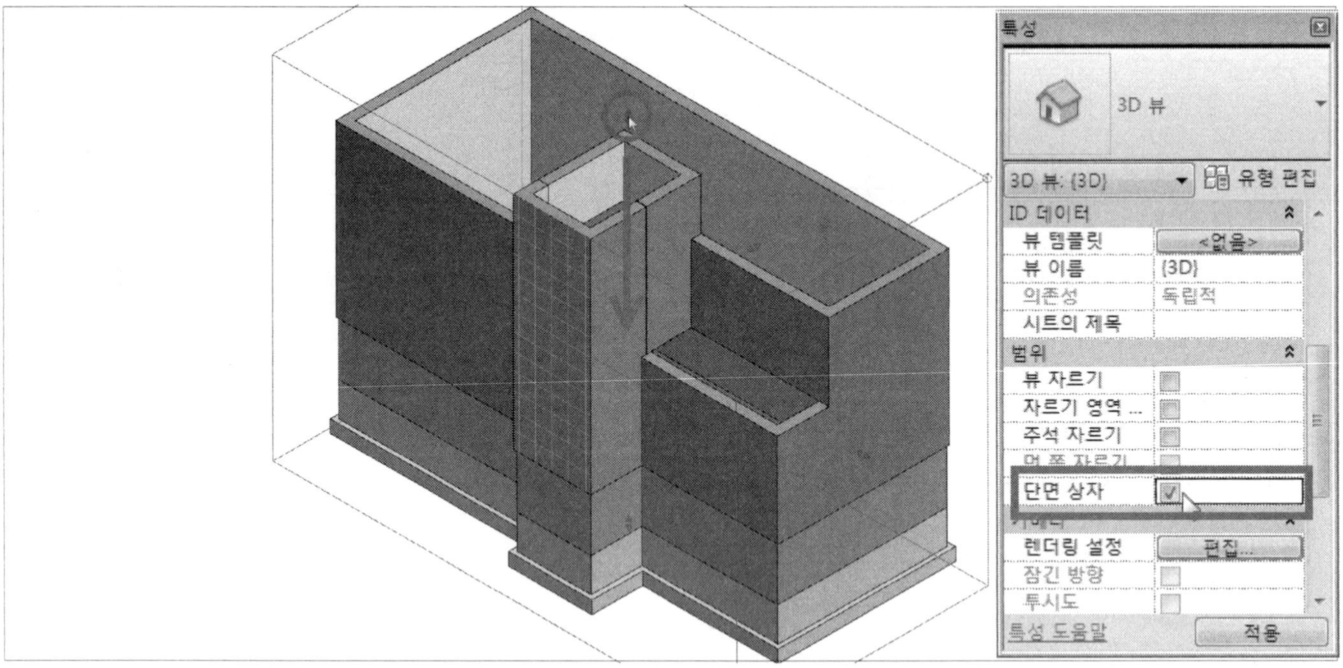

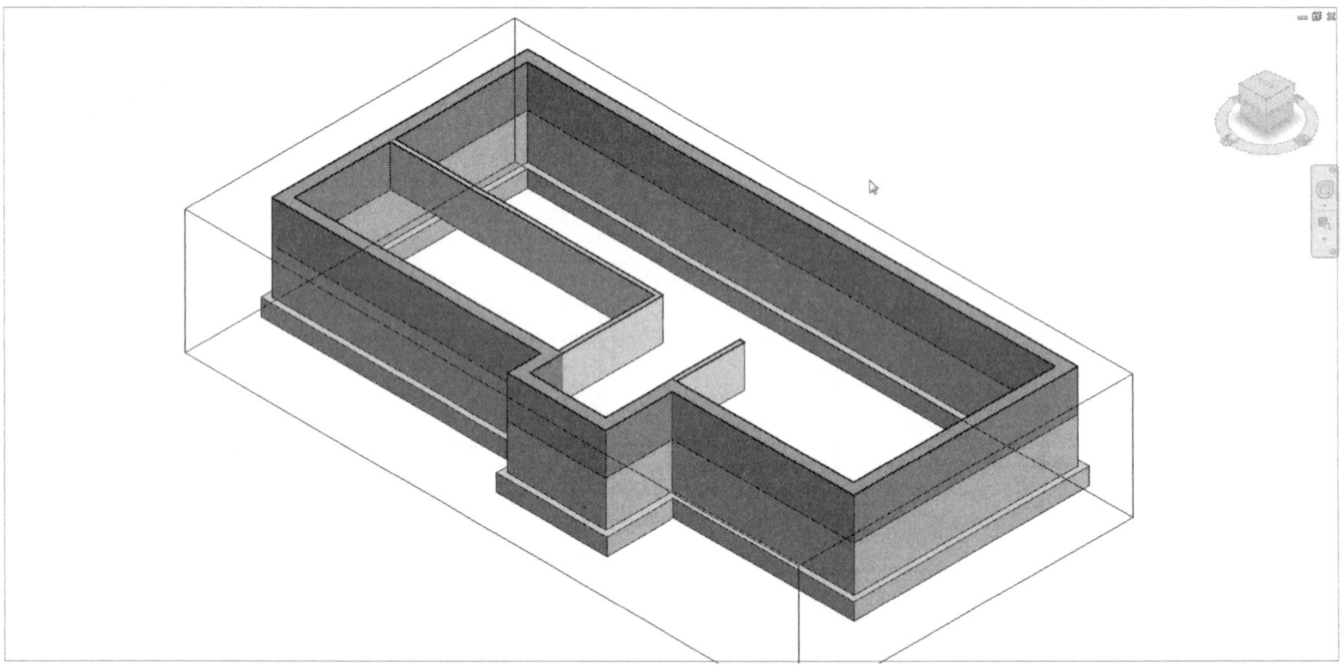

단면 상자에 관해서

● 3D 뷰의 특정 부분만을 따로 표시하고 싶을 때 단면 상자를 이용한다. 단면 상자는 모델의 일부분만 보거나 그림으로 만들 수 있다. 3D 뷰에서 단면 상자를 사용하려면 뷰의 특성 대화상자에서 단면 상자 체크박스를 클릭하면 된다. 화면의 단면 상자를 클릭하면 삼각형 모양의 컨트롤들이 표시된다. 이 컨트롤들을 드래그하여 뷰 범위를 제한할 수 있다.

● 단면 상자는 렌더링을 할 때 광원을 조정하거나 렌더링 시간을 줄이기 위해 사용될 수 있으며, 단면 상자를 숨기면서 자르기 효과는 유지될 수도 있다.

② 1층 내벽을 그리기 위한 그리드 추가 및 수정

- 03 1층평면도로 이동한다.
- 지하주차장 보다 많은 내벽을 필요하므로 그리드를 추가한다.
- 그리드의 선 선택을 이용한다. 간격띄우기는 1,500mm를 준다. 1개의 수평 그리드를 추가한다.

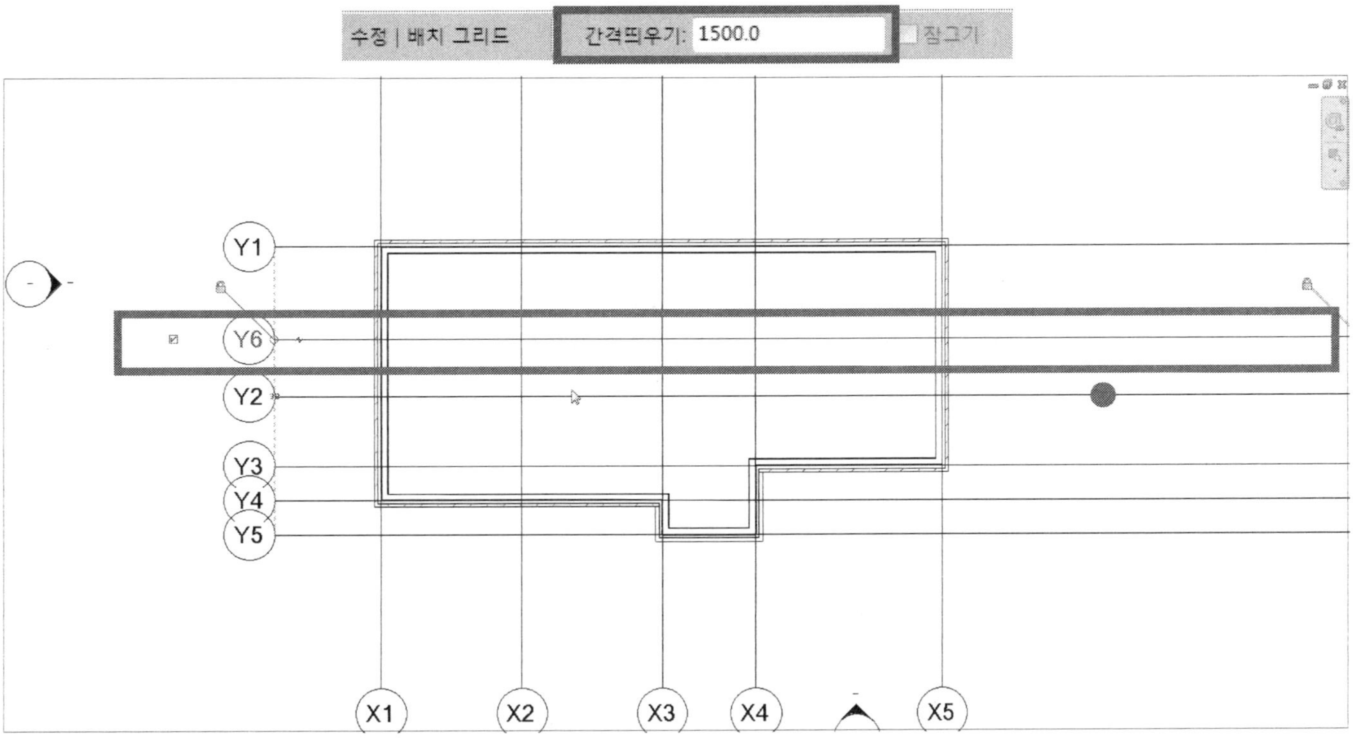

- 그리드의 선 선택을 이용한다. 간격띄우기는 2,100mm을 준다. 2개의 수직 그리드를 추가한다.

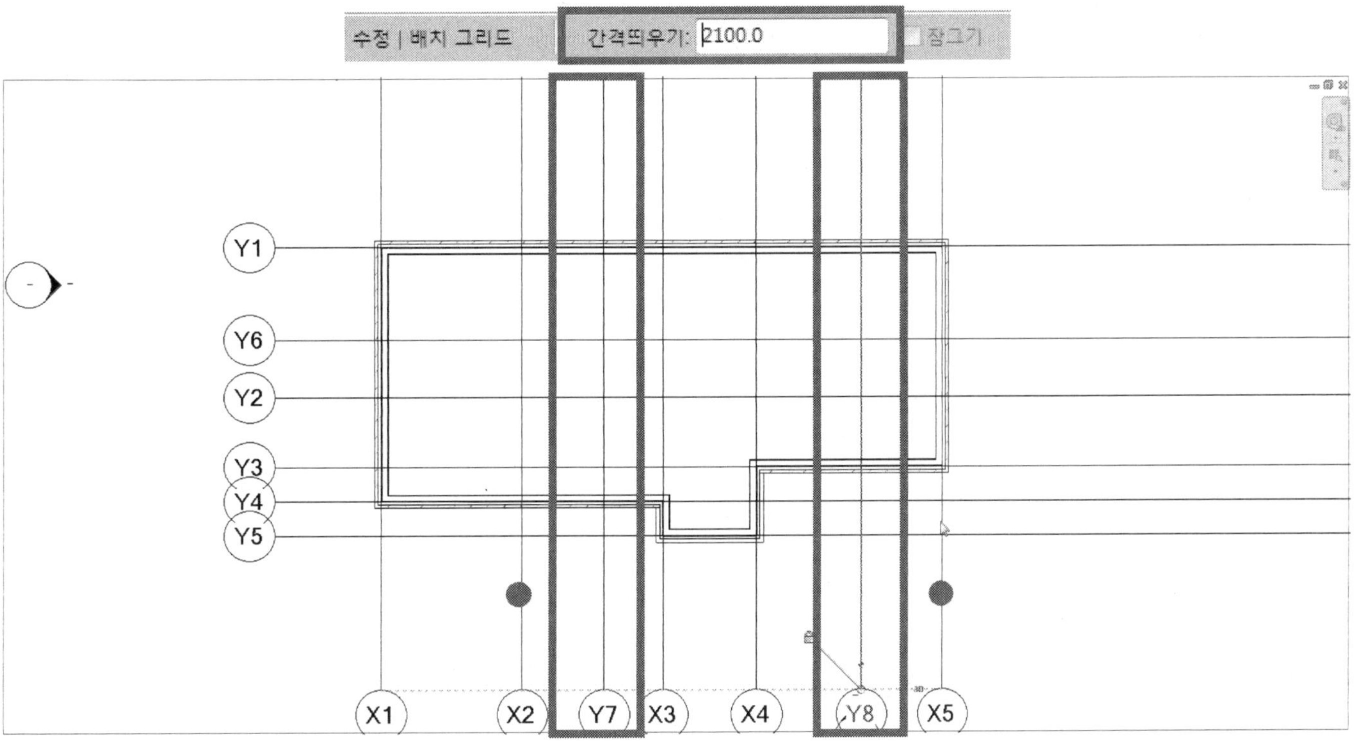

- 수평 그리드의 이름을 Y7을 X6로, Y8을 X7로 변경한다.

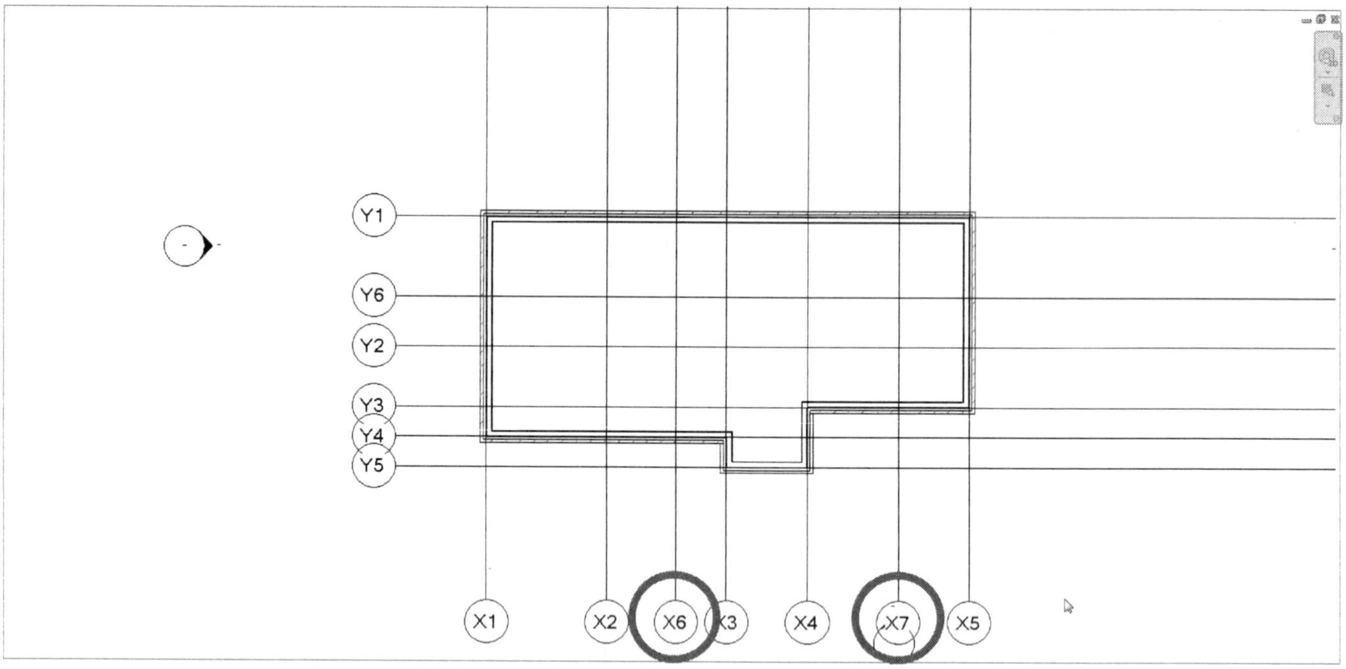

- 그리드의 버블 박스 체크를 풀어 버블을 감춘다.

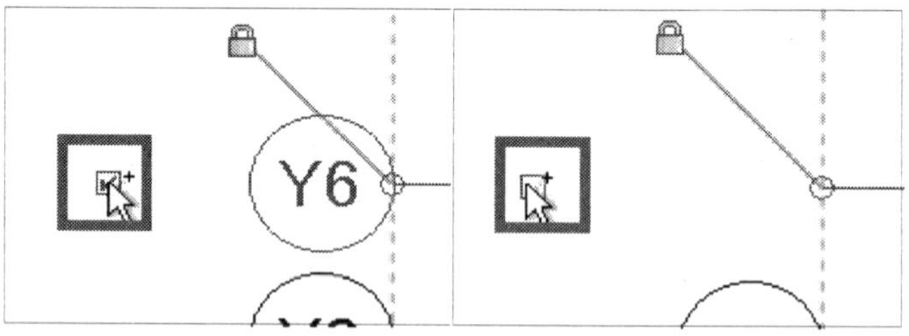

- 그리드의 잠금을 풀고 그리드 끝을 끌어 길이를 조절한다.

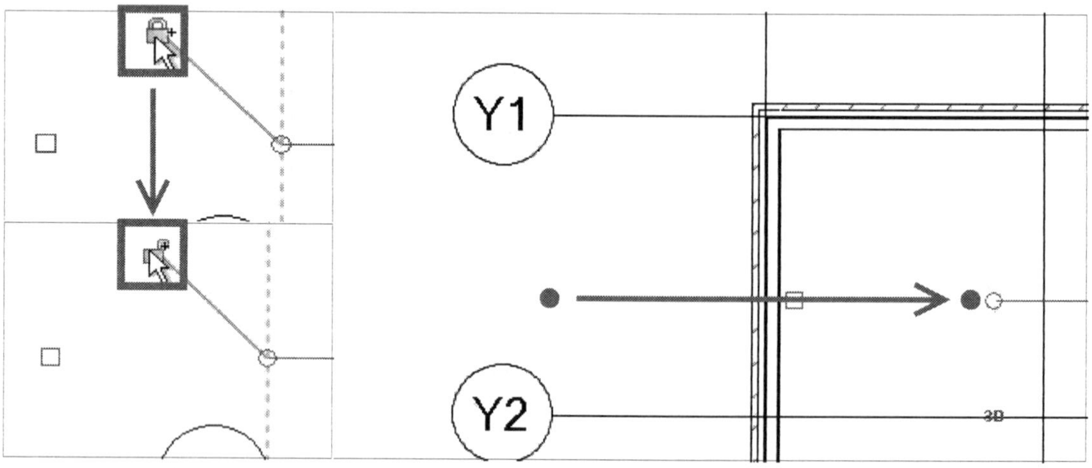

※ **이때 잠금을 풀지 않고 그리드를 옮기면 다른 그리드들도 같이 움직이게 된다.**

- 위와 같은 방법으로 그리드의 잠금을 풀고 그리드 끝을 끌어 길이를 조절한다.

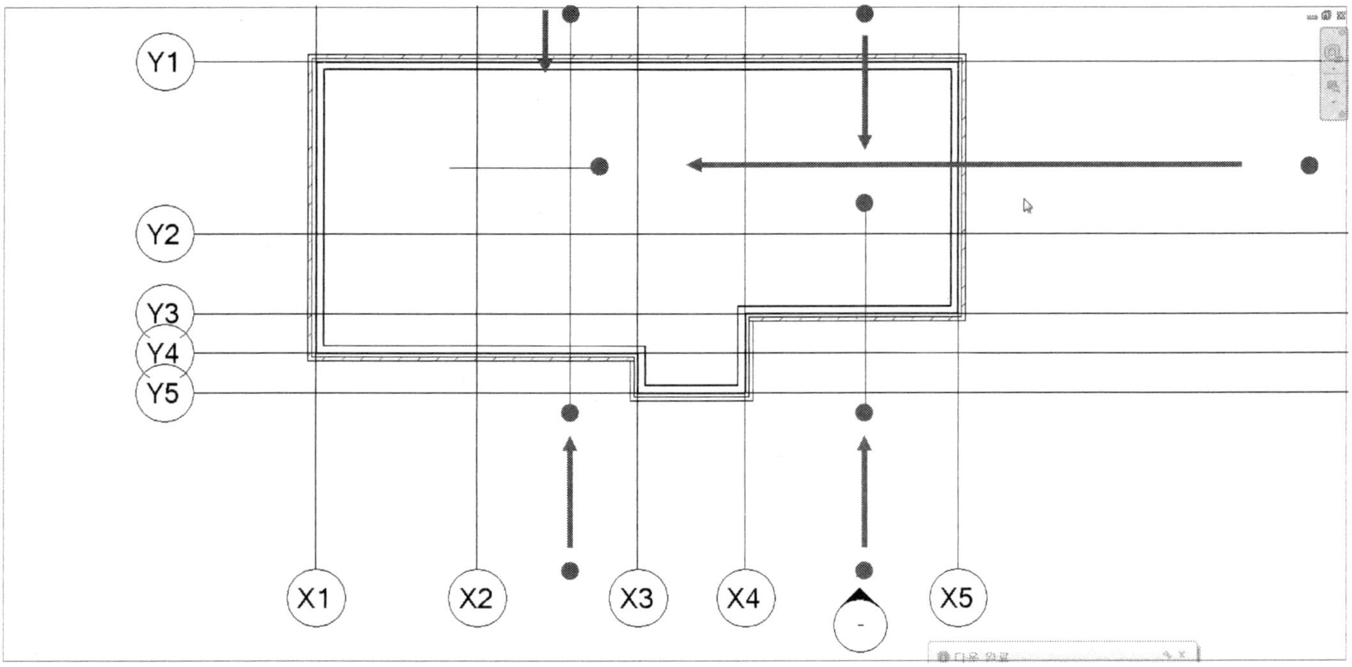

- 03 1층 평면도 그리드가 정리된 모습은 아래 그림과 같다.

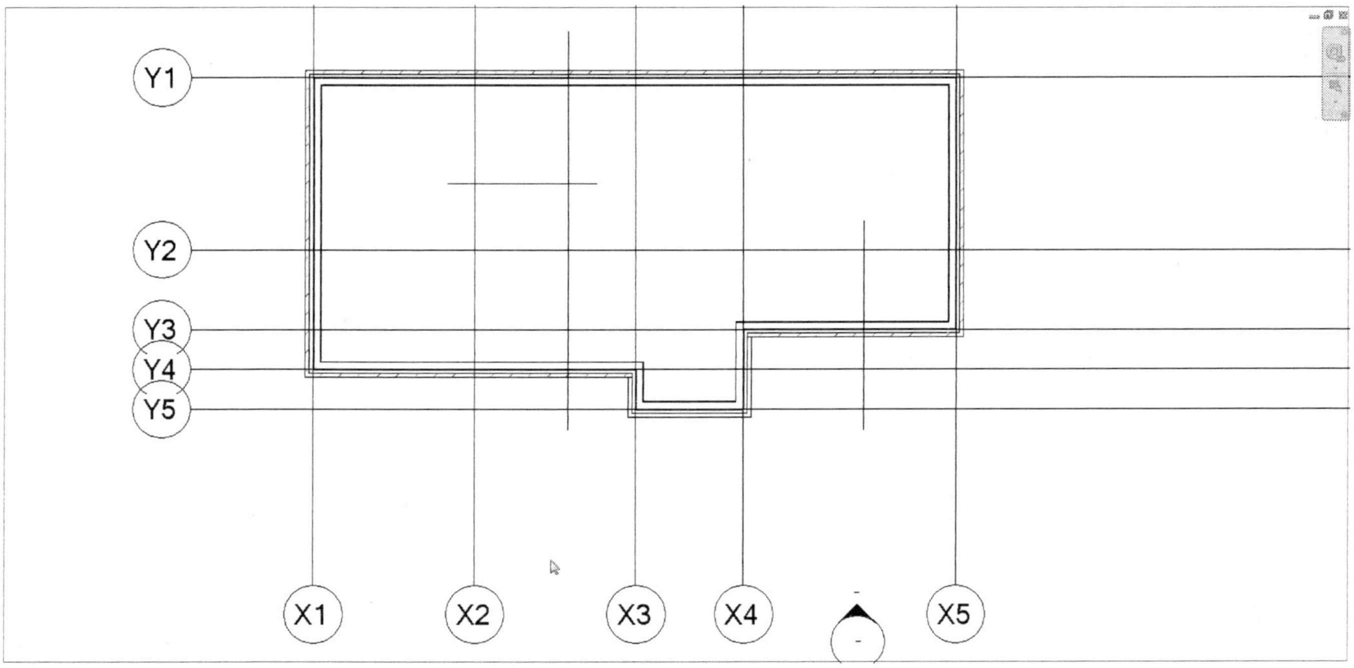

③ 1층 내벽 그리기

- 먼저 03 1층 평면도 언더레이를 01 지하주차장으로 정한다.

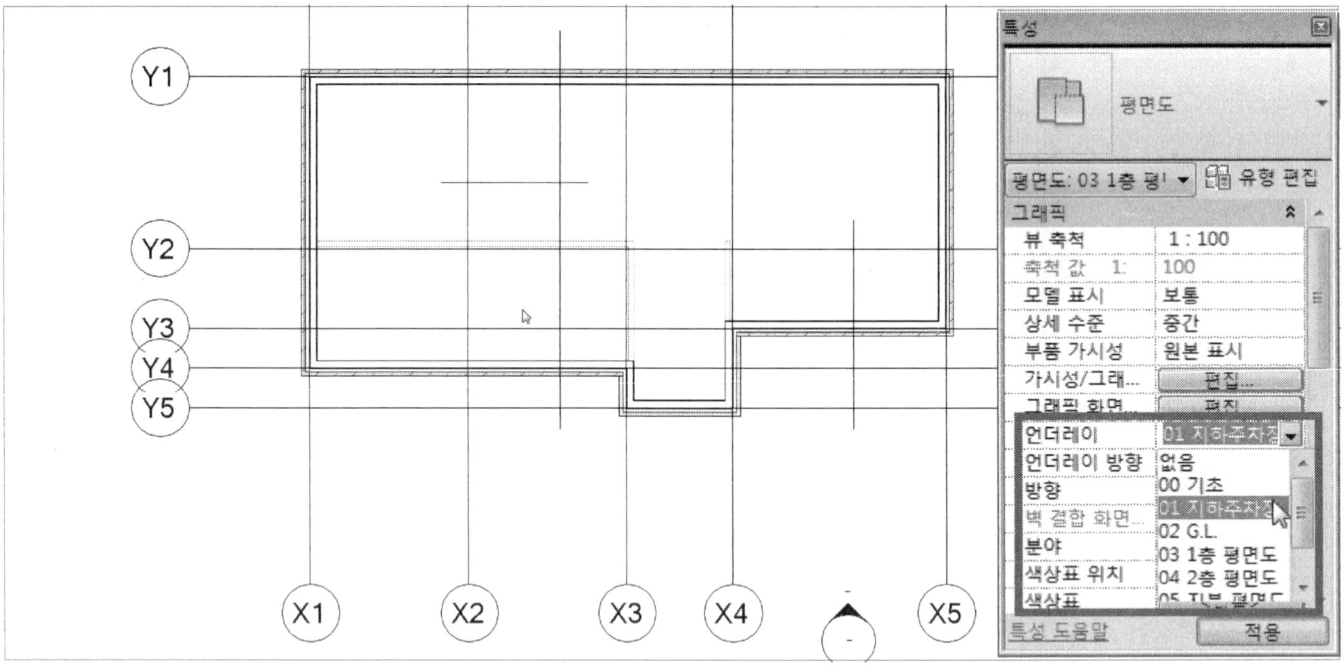

- 상단의 구속은 04 2층 평면도로 정한다.
- 벽의 위치선은 벽 중심선을 선택하고 체인박스를 체크한다.

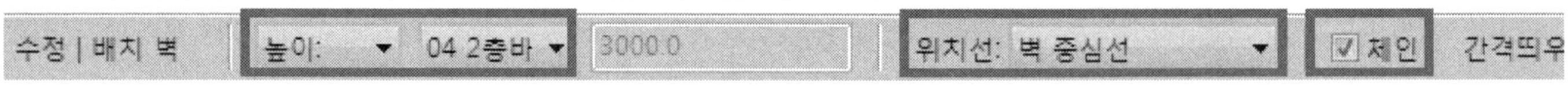

- 아래 그림처럼 작도한다.

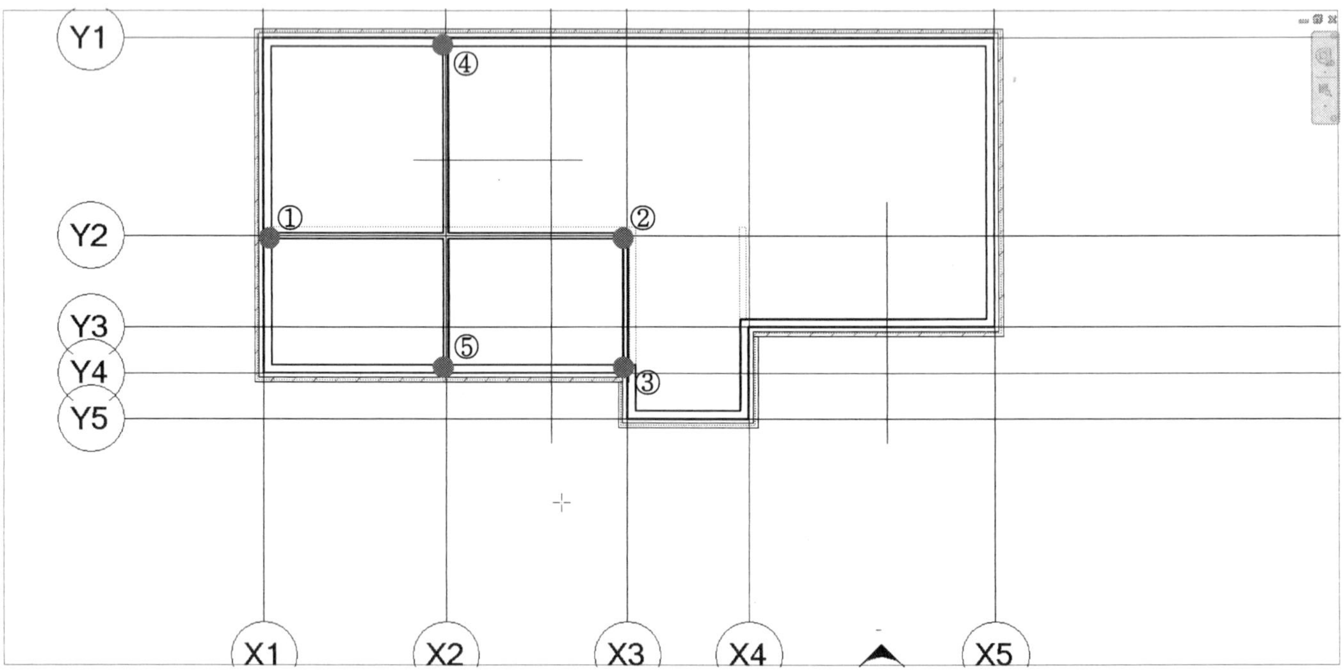

- 아래 그림처럼 작도한다.

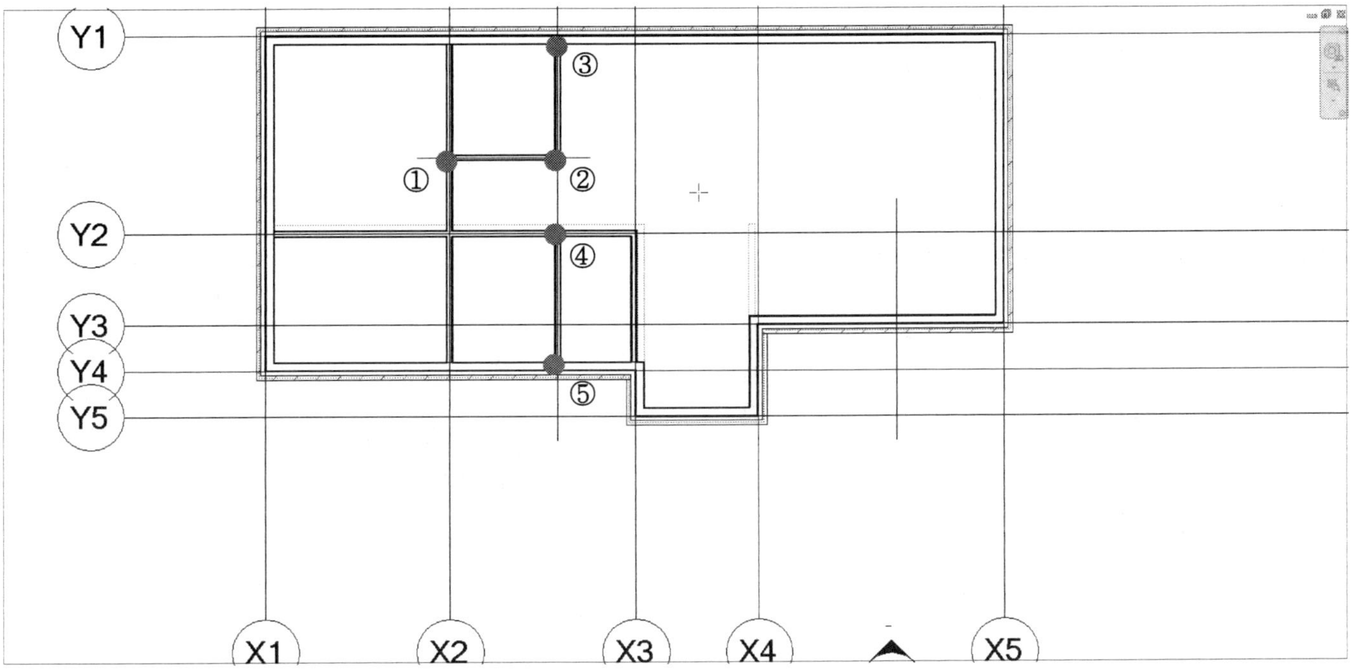

- 아래 그림처럼 작도한다.
- 주방 쪽 벽은 길이를 600mm로 한다.

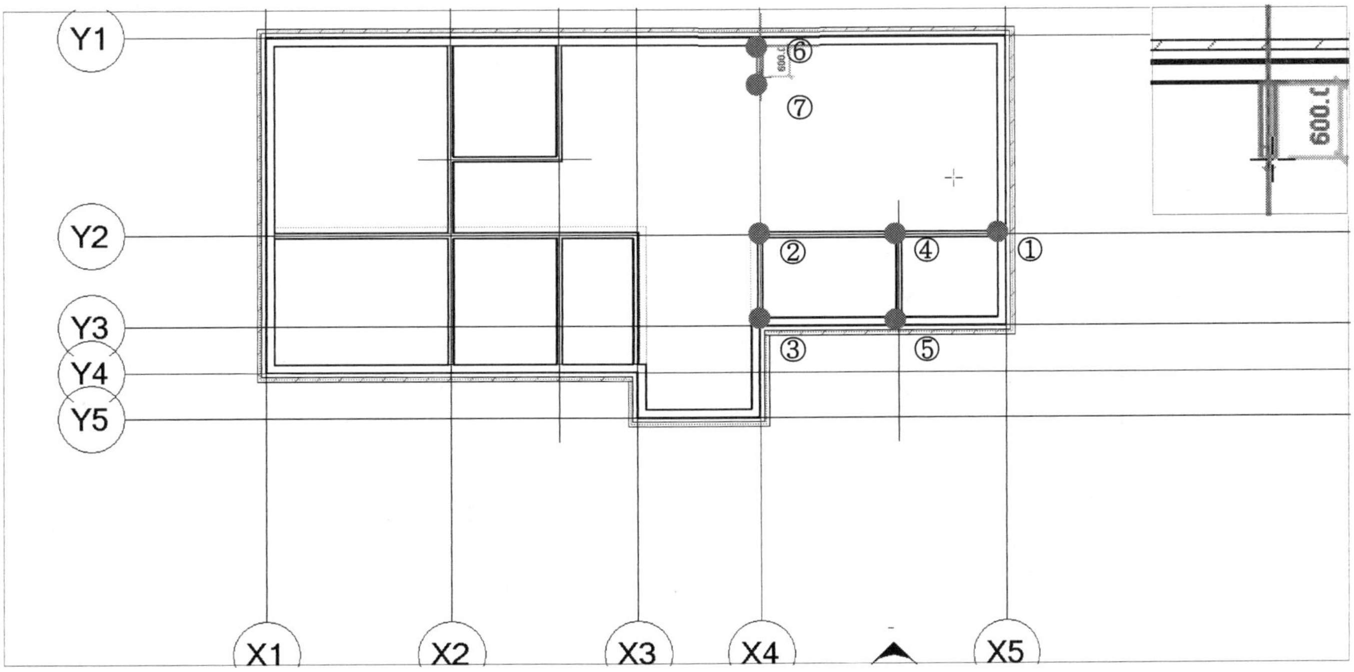

- 수정의 정렬 아이콘을 선택한 후 정렬할 요소를 선택한 후 정렬할 벽을 클릭한다.

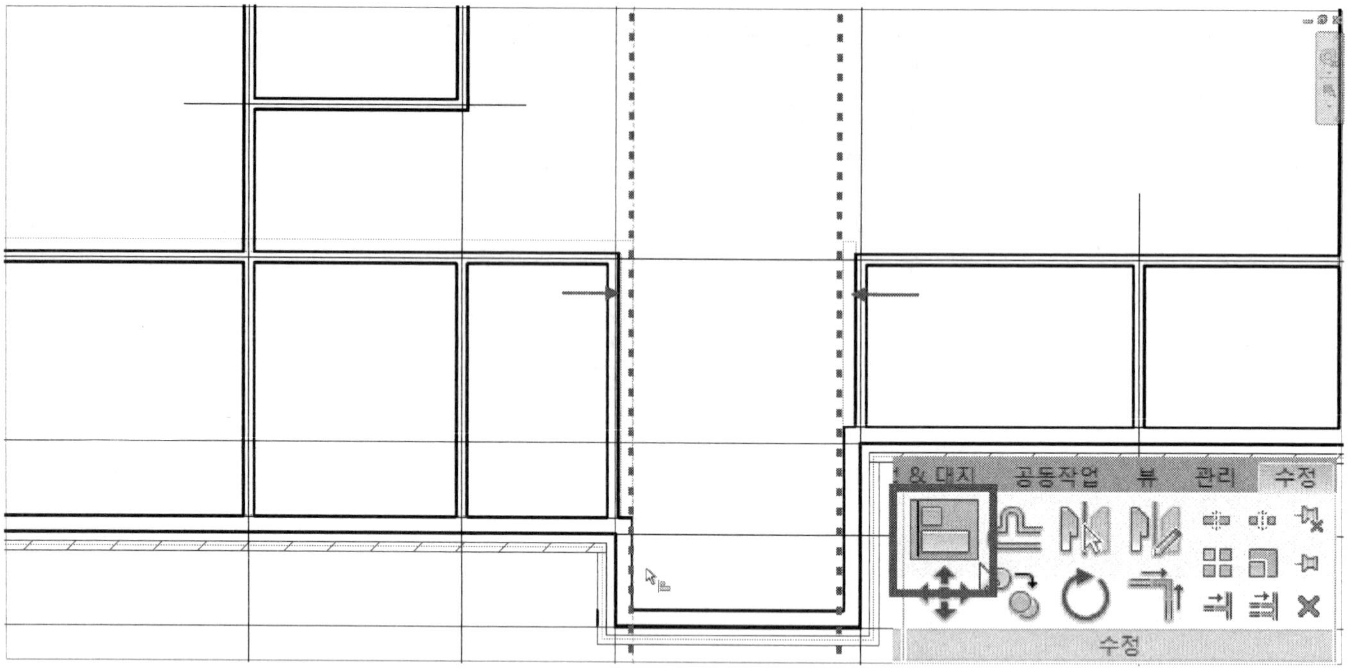

- 언더레이로 보이는 하부 벽에 맞추어서 내벽을 정렬한다.

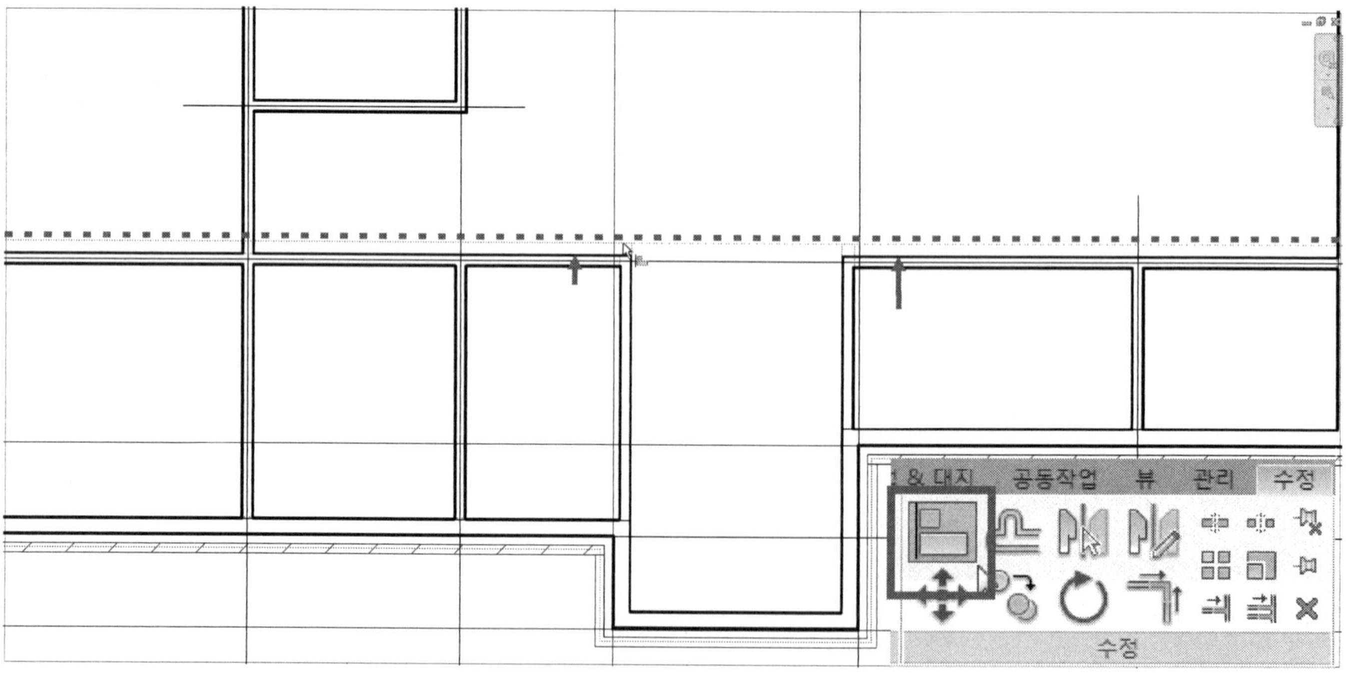

- 아래 그림과 같이 정렬 결과가 나타난다.

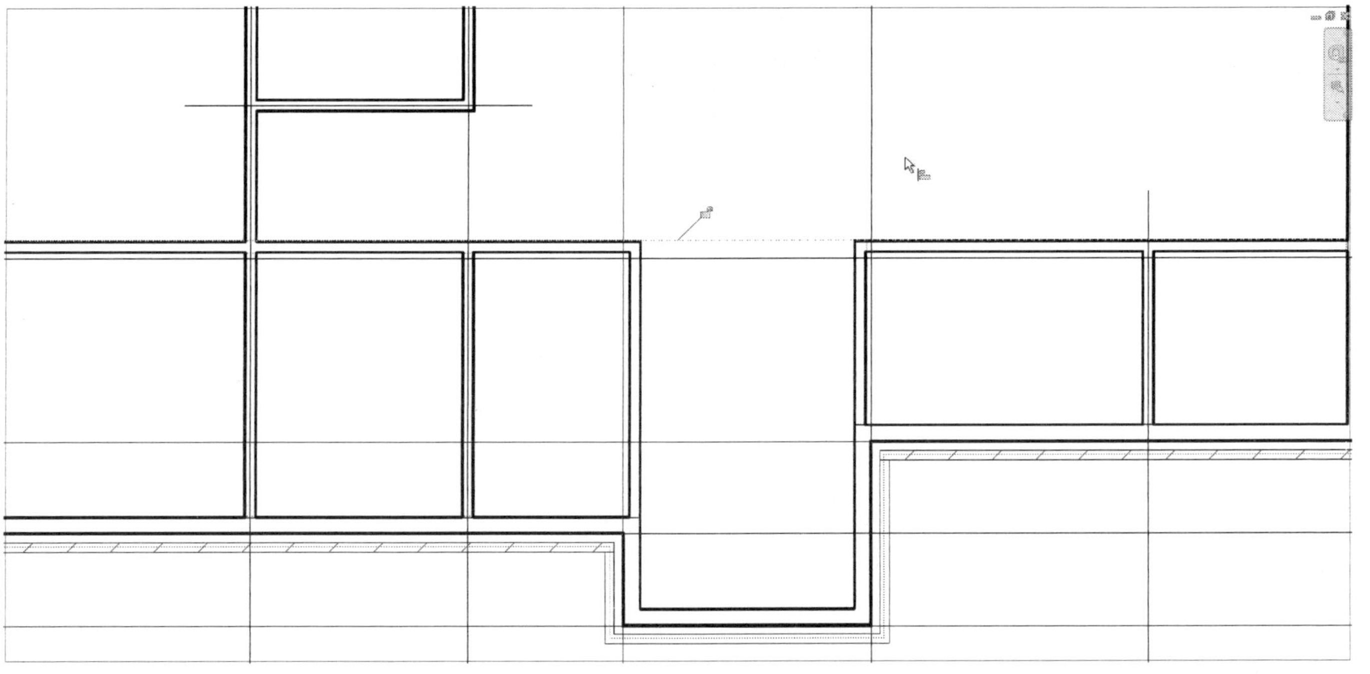

- 단면 상자의 화살표를 조절하여 1층 평면도의 내벽을 확인한다.

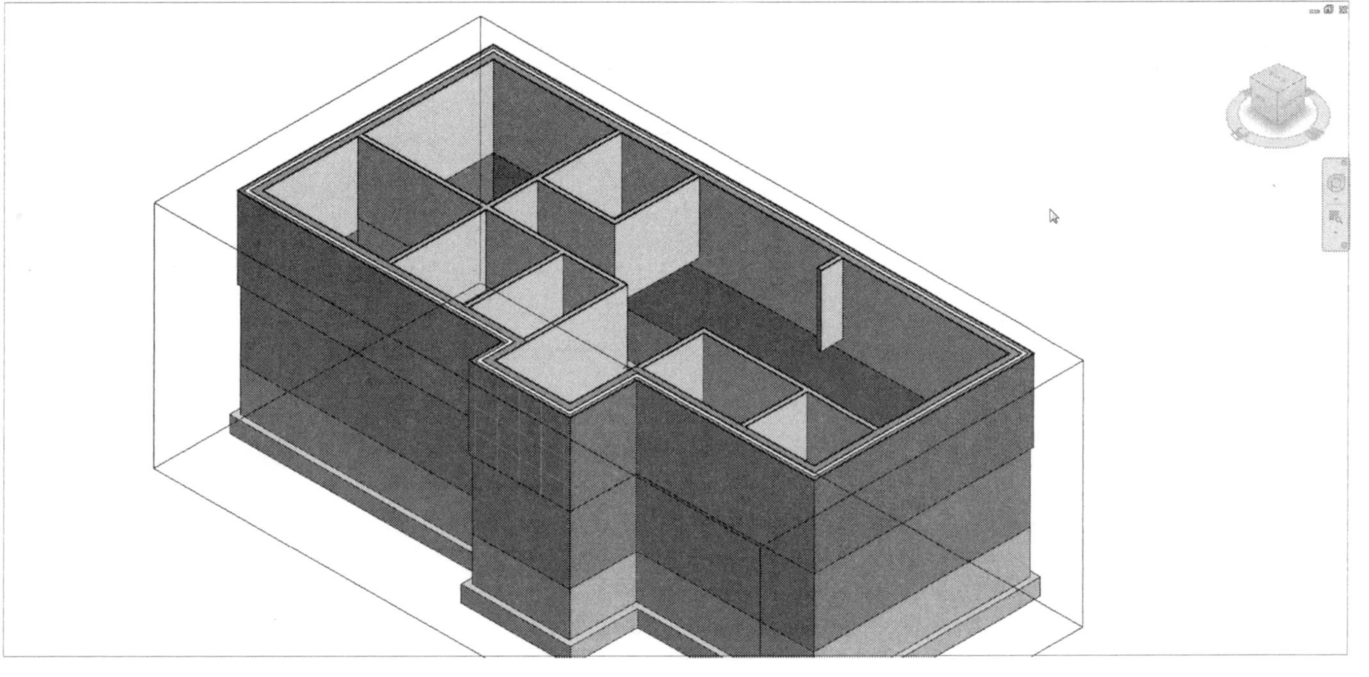

④ 2층 내벽 그리기 (1층 평면도의 내벽 복사하여 붙이기)

- 다른 방법으로 2층의 내벽을 구성하기 위해서 03 1층 평면도로 이동한다.
- **Ctrl키를 누른 상태에서 복사할 내벽 6개를 복수로 선택한다.**

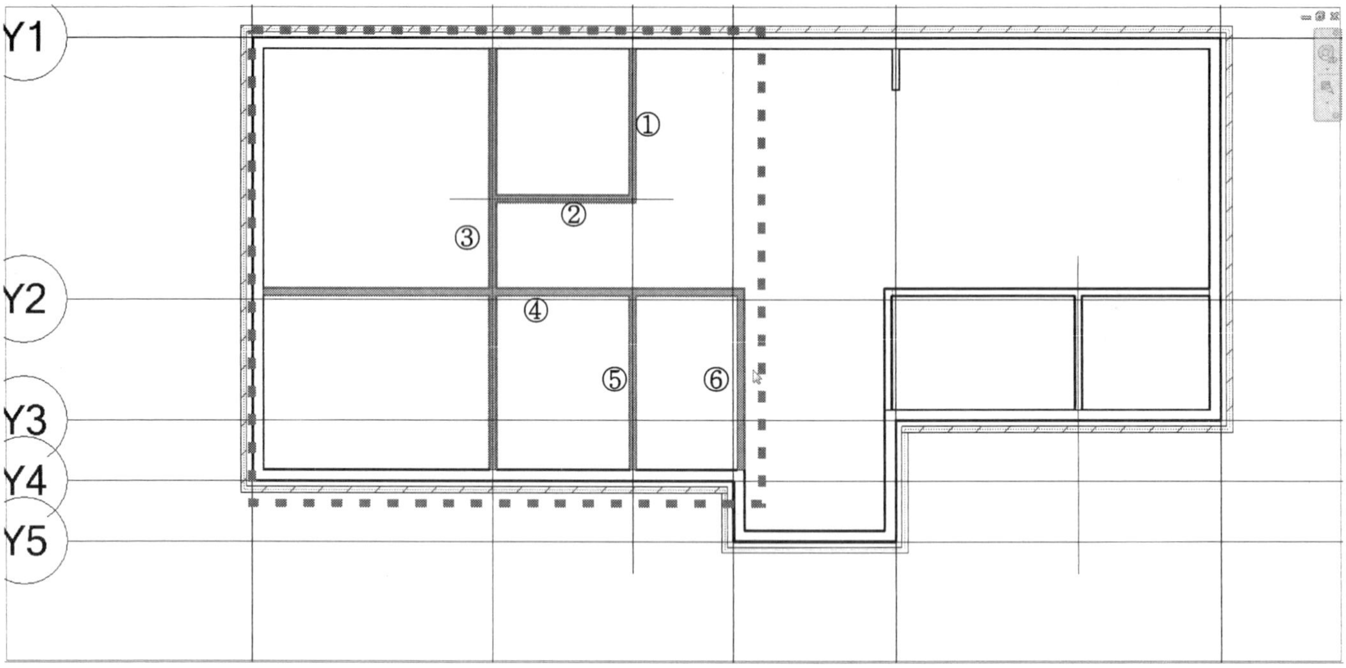

- 수정 의 클립보드 탭에서 복사를 선택한다.

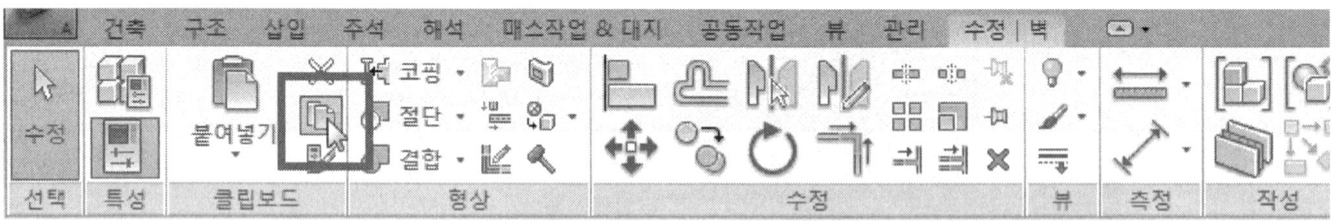

- 04 2층 평면도로 이동한다.
- 수정의 클립보드 탭에서 붙여넣기를 선택한다.
- 붙여 넣기 옵션 중 현재 뷰에 정렬을 선택한다.

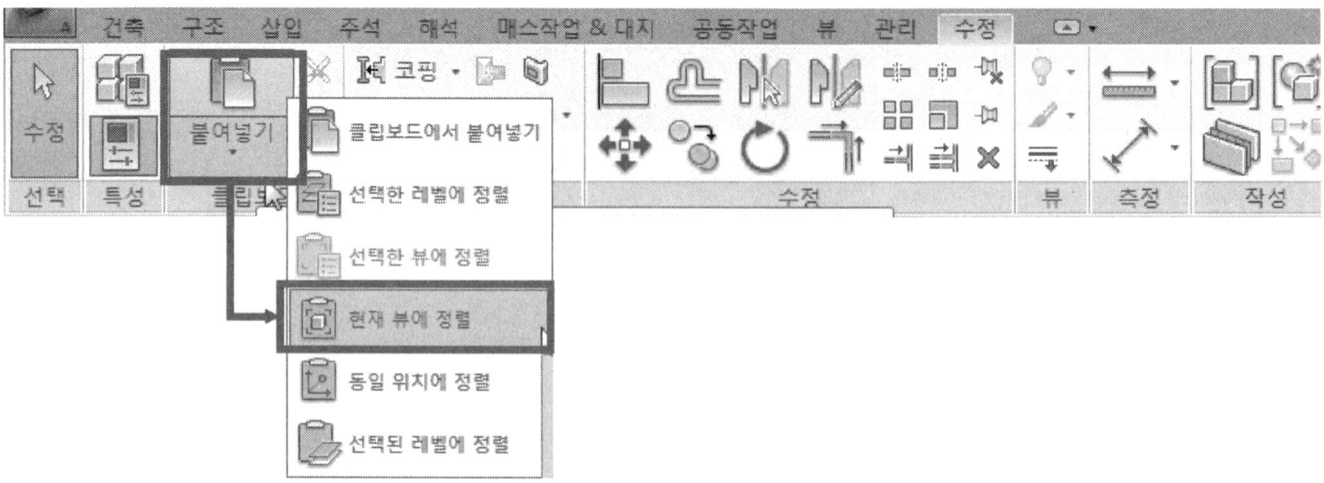

- 복사한 벽을 확인한다.

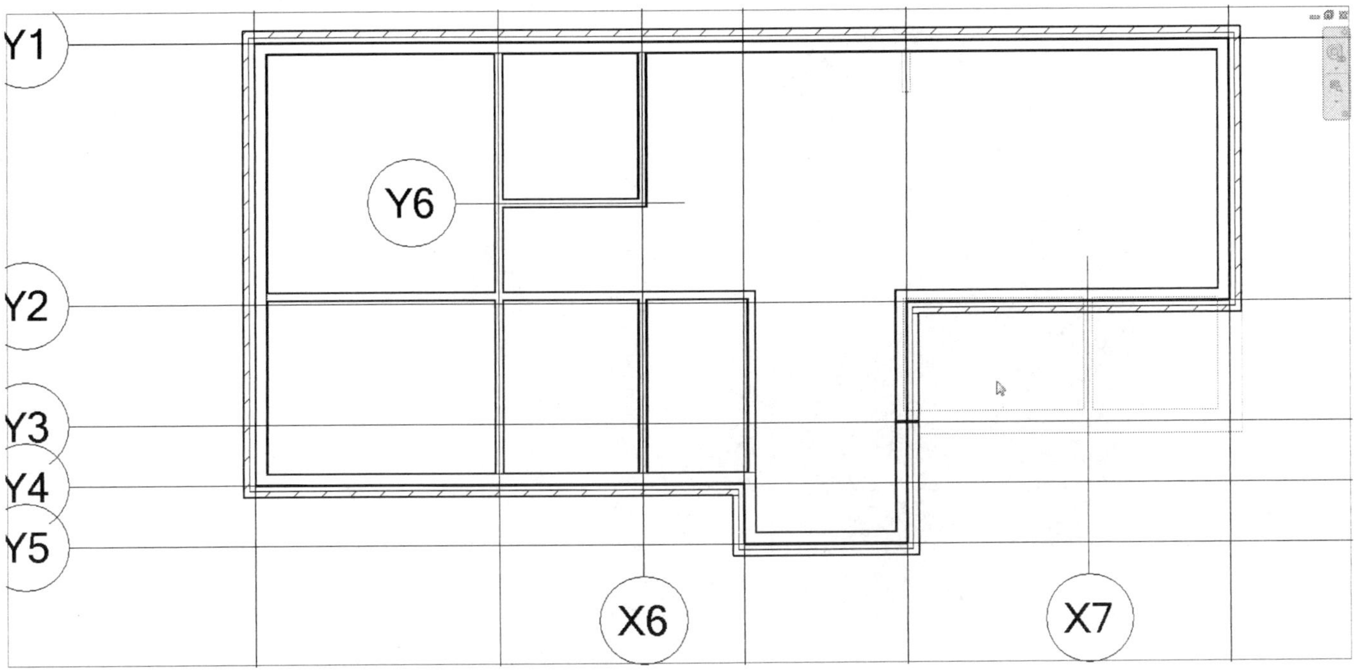

- 수정할 벽을 선택하고 길이를 조절하여 필요 없는 벽을 수정한다.

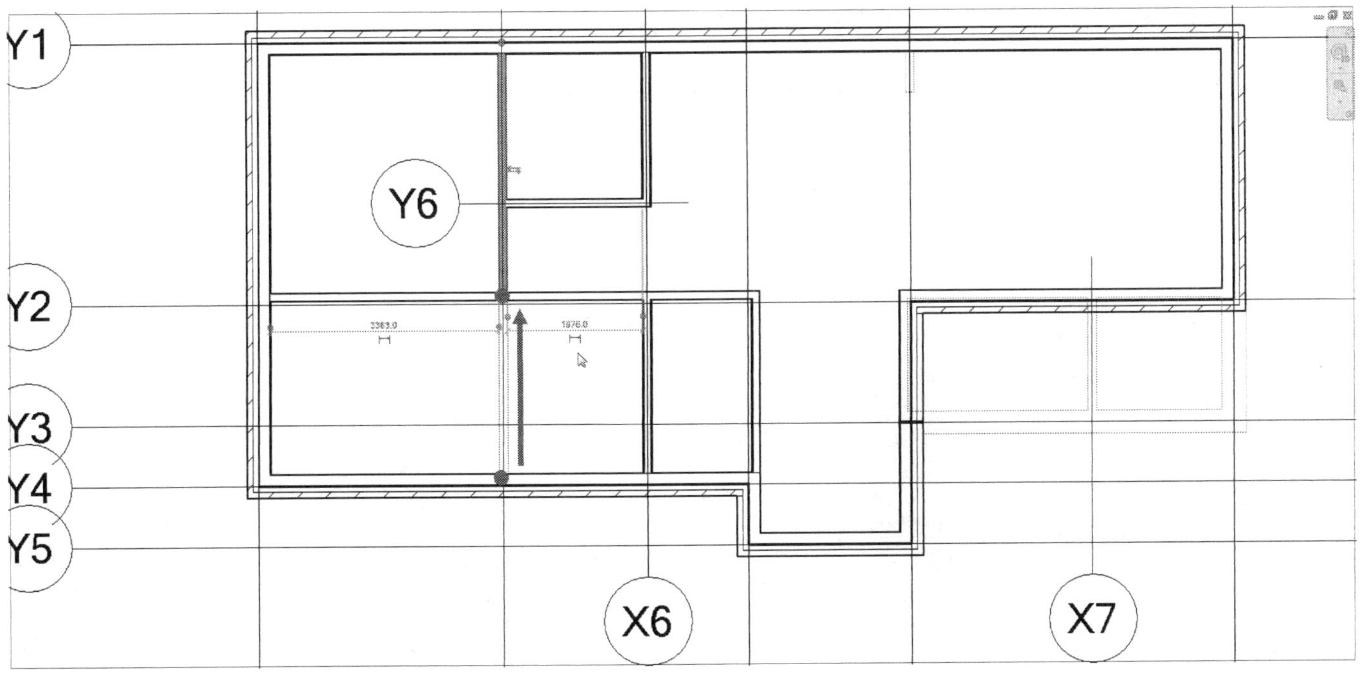

- 단면 상자의 화살표를 조절하여 2층의 내벽을 확인한다.

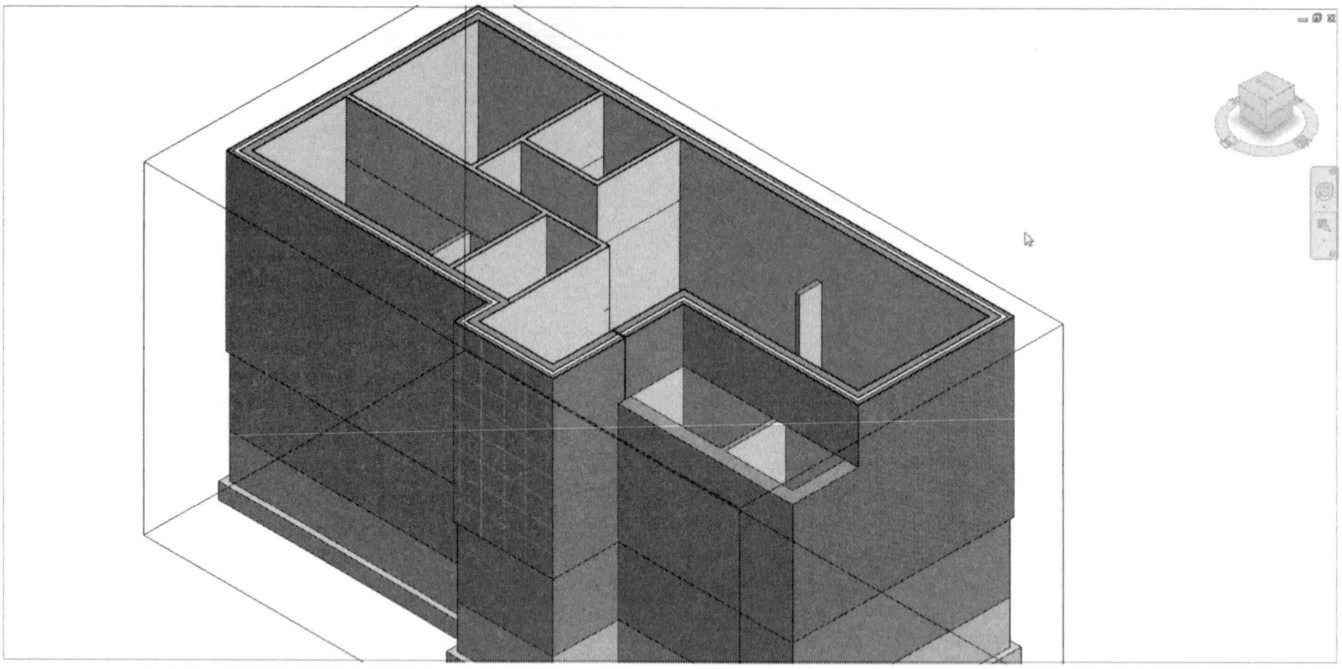

- 1층의 내벽 높이와 2층의 벽 높이가 다를 경우 1층의 벽을 복사했을 때 벽의 특성은 그 차이만큼 상단띄우기를 자동으로 한다. 따라서 복사한 벽들을 선택하고 상단띄우기의 수치를 0으로 바꾸어야 한다.

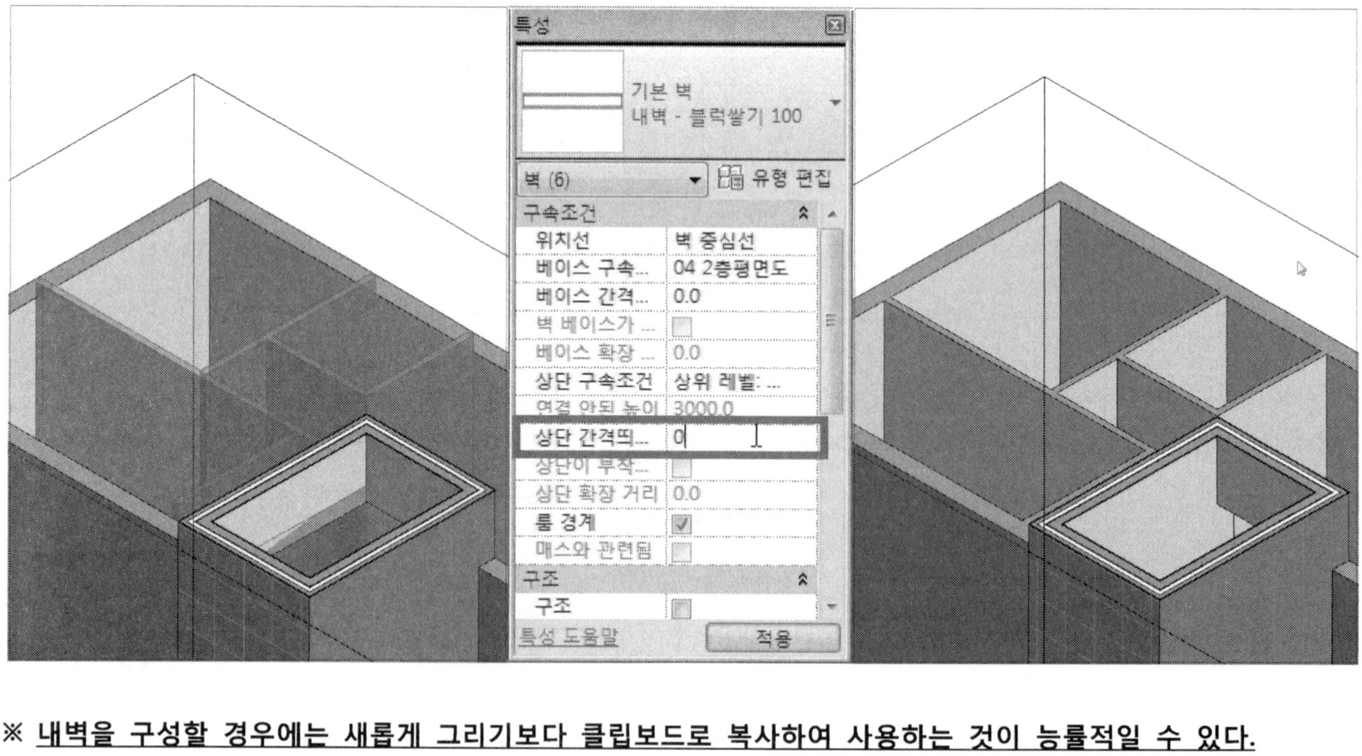

※ **<u>내벽을 구성할 경우에는 새롭게 그리기보다 클립보드로 복사하여 사용하는 것이 능률적일 수 있다.</u>**

9) 각 층의 바닥 그리기

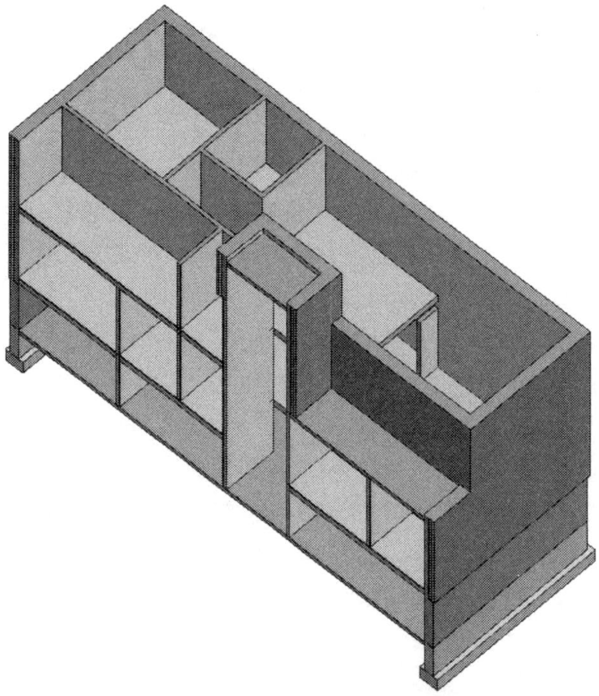

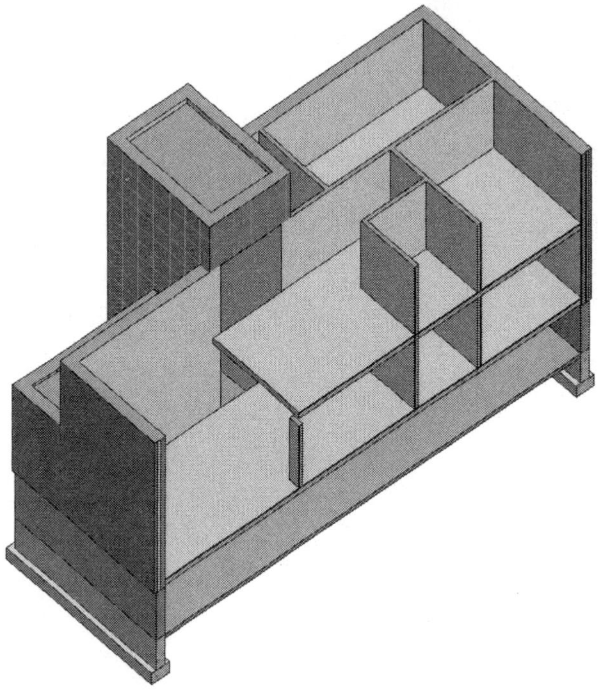

지하층, 1, 2층의 바닥을 그린다. 프로파일을 스케치하여 작성한다.

학습목표

- 경계선을 이용해서 모델링하는 바닥의 특성, 유형 및 종류를 이해한다.
- 지하주차장 바닥을 그리는 실습을 한다.
- 새로운 유형의 1층, 2층 바닥을 실습을 통해서 숙지한다.
- 바닥의 유형 바꾸기, 벽의 상부베이스 부착을 실습을 통해서 숙지한다.
- 계단실 외벽의 형상결합의 방법을 실습을 통해서 숙지한다.
- 바닥: 슬래브 모서리를 이용한 2층 바닥의 보 모델링하는 방법을 실습을 통해서 숙지한다.
- 외부와 면하는 바닥(1층 화장실 및 현관 상부, 계단실 상부) 모델링을 한다.

9) 각 층의 바닥 그리기

바닥을 만들려면 먼저 바닥의 외곽선을 스케치해야 한다. 벽이나 선을 선택하거나 혹은 선을 그려서 바닥의 경계선을 만들어내는 것이다. 건축 탭의 바닥의 그리기 패널에 있는 선도구나 벽 선택, 선 선택 도구를 사용하여 바닥을 만들 수 있다. 바닥을 그린 스케치는 닫힌 도형이 되어야 한다.

기본적으로 바닥의 상단은 바닥이 만들어진 레벨이며, 바닥 두께만큼 아래로 내려가게 된다. 바닥의 상단과 레벨의 높이 관계는 특성 대화상자에서 레벨로부터 높이 간격띄우기의 수치로 조정할 수 있다.

- 경사바닥

  경사바닥을 만들기 위해서는 먼저 바닥을 스케치하고 경사화살표를 사용하여 경사를 지정한다. 경사바닥을 스케치한 뒤에 경사 화살표의 특성을 수정하여 경사바닥의 경사 특성을 수정할 수 있다.
- 테이퍼드바닥

  만들어진 바닥을 선택하여 점과 선을 추가하고 이들의 고도의 수치를 주어 고저차가 있는 바닥을 생성하는데 이를 테이퍼드바닥이라 한다. 또한 바닥을 지지하는 보를 지정함으로써 바닥 표면에 끊기 선들을 배치할 수도 있다. 배수가 이루어지도록 높은 위치와 낮은 위치를 정의함으로써 수평 바닥의 표면을 조절한다. 점과 선들의 높이를 지정함으로써 바닥의 표면을 여러 개의 영역으로 나누어 영역마다 별도로 경사를 지정할 수 있다.
- 구조바닥

  구조 바닥은 중력을 받아 구조물에 전달하는 수평 표면으로 구조 바닥의 최대 하중 혹은 최소 하중을 지정할 수 있다. Revit에서 만든 구조 바닥은 하중 특성을 지정할 수 없기 때문에 완전하게 구조적이지는 않다. Revit Architecture가 만든 바닥과 구조 바닥은 같은 요소이며 동일한 특성을 가지는데, Revit Structure가 만든 구조 바닥은 Revit Architecture에서는 볼 수만 있고 수정은 Revit Structure에서만 가능하다.
- 바닥의 종류

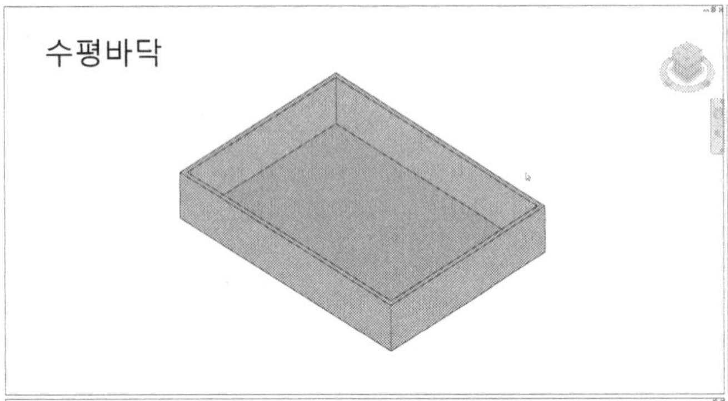

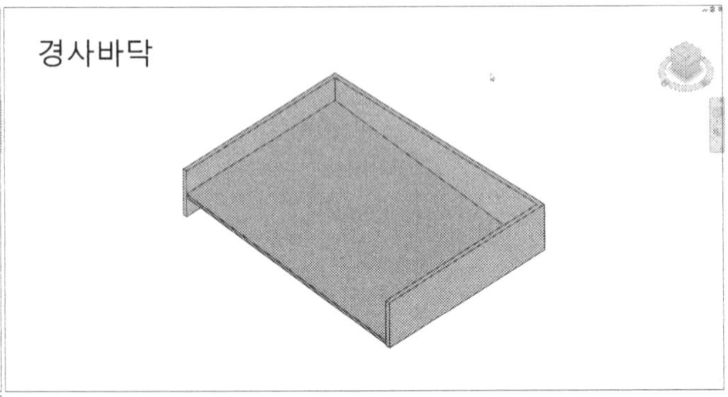

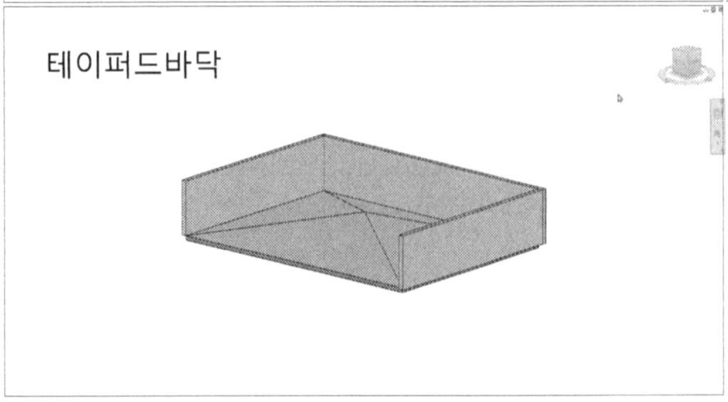

※ **<u>경사바닥과 테이퍼드바닥을 각자 실습 해본다.</u>**

① 지하주차장 바닥 그리기

- 01 지하주차장 평면으로 이동한다.
- 새롭게 만든 그리드 3개를 뷰에서 감춘다.

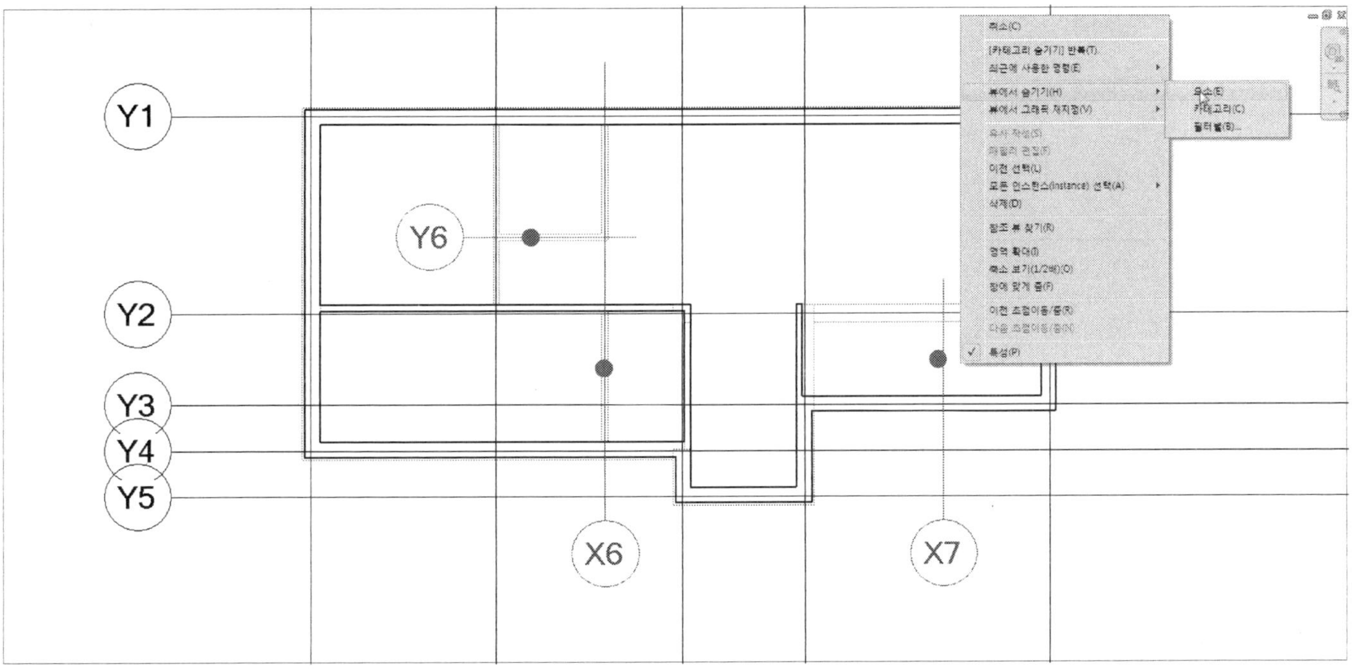

- 언더레이를 없음으로 설정한다.

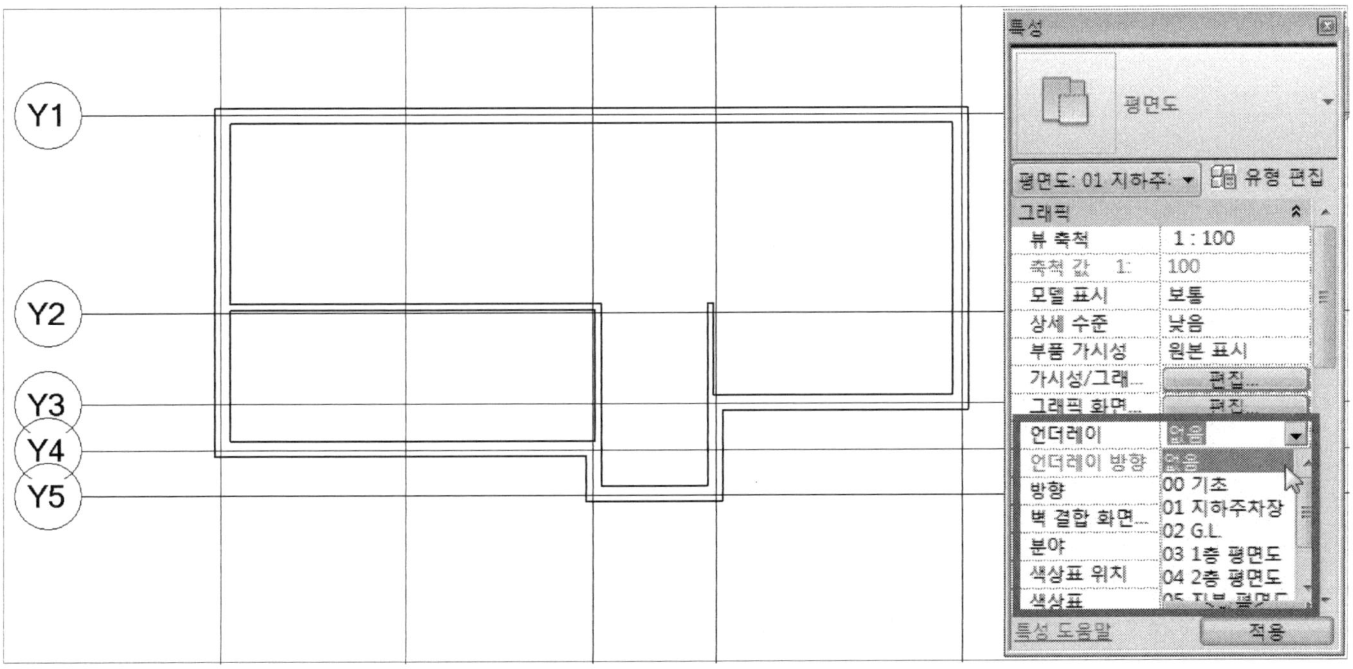

- 건축 탭에서 바닥을 선택한 후 바닥 종류에서 일반 150mm를 선택한다.
- 바닥 모드로 바뀌게 되면서 화면의 그림이 흐리게 변한다.

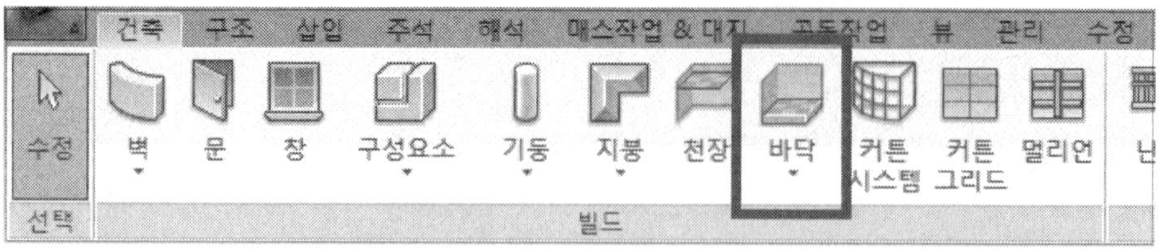

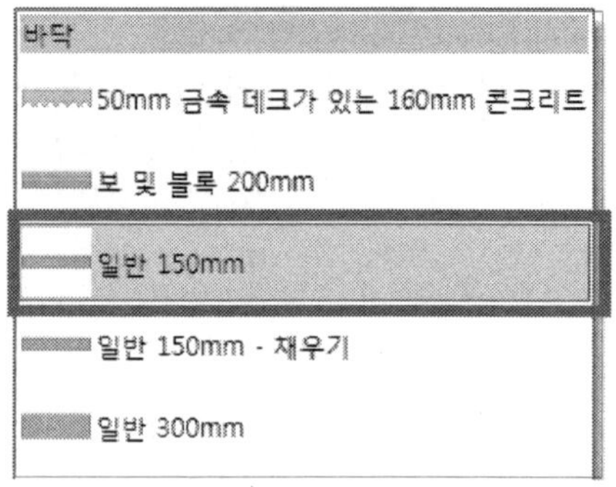

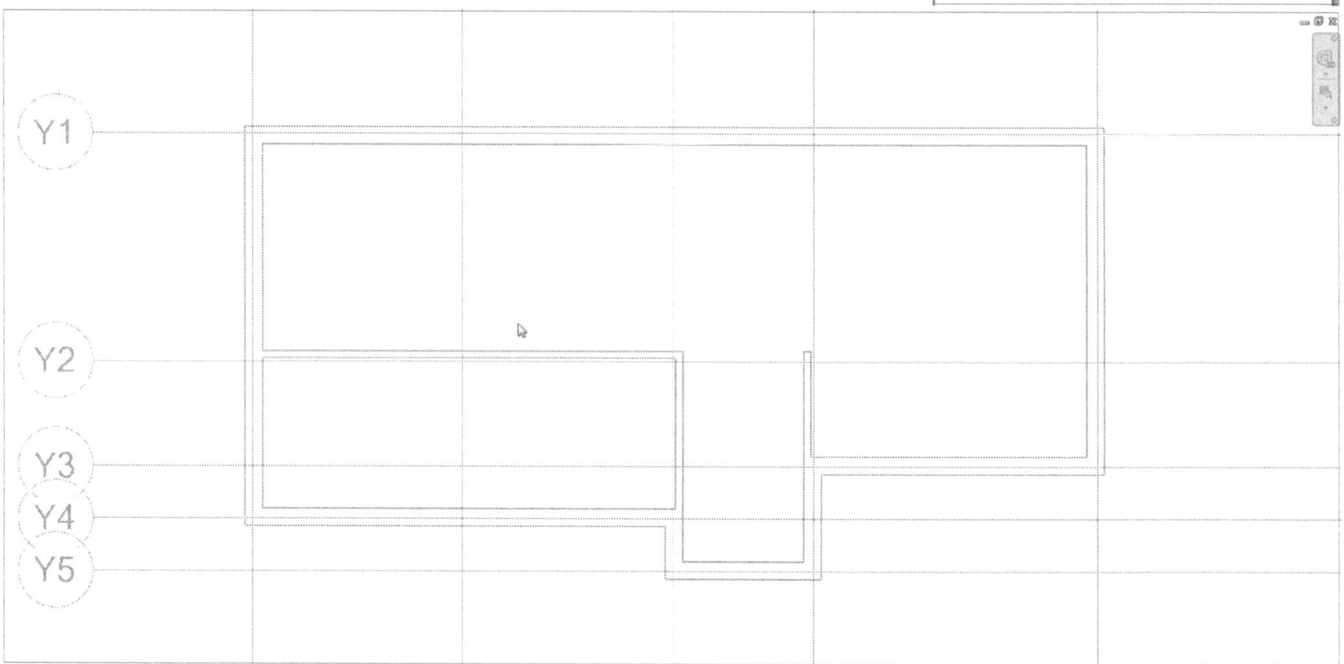

- 그리기 모드에서 선을 선택하고 벽의 교차점들을 클릭하여 아래 그림과 같이 모델링한다.

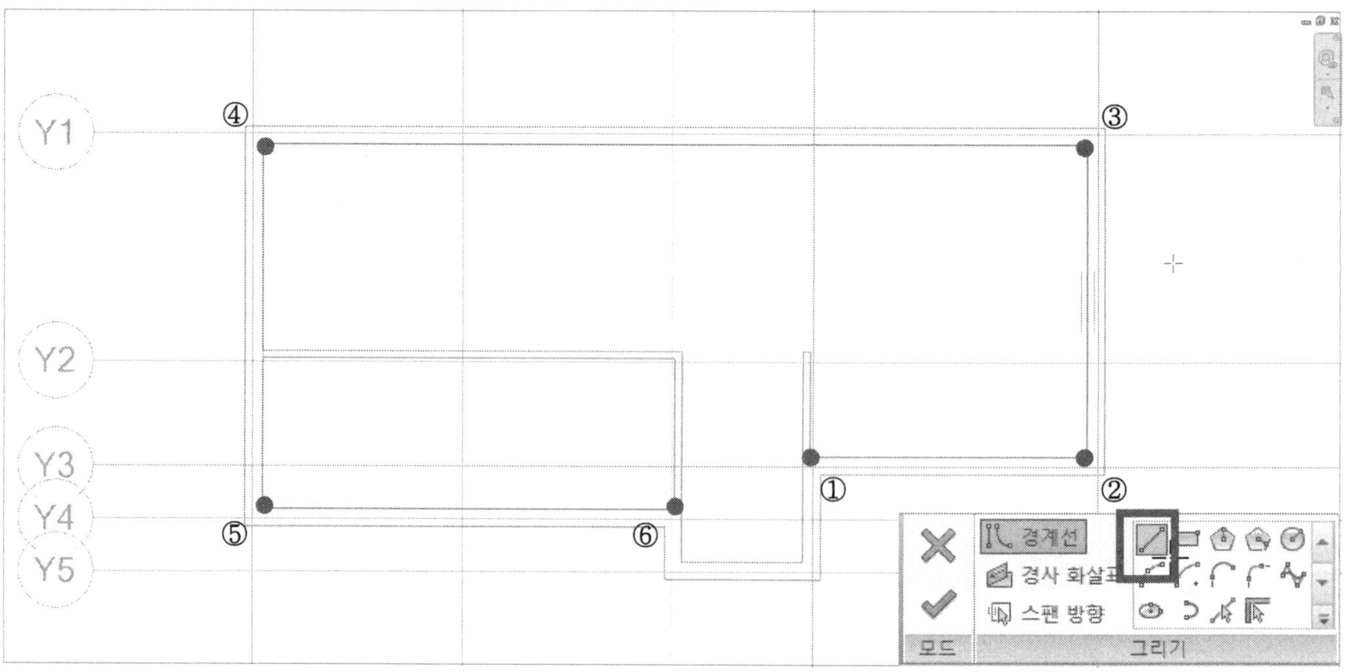

- 그리기 모드에서 선 선택을 선택하고 벽들을 클릭하여 아래 그림과 같이 모델링한다.

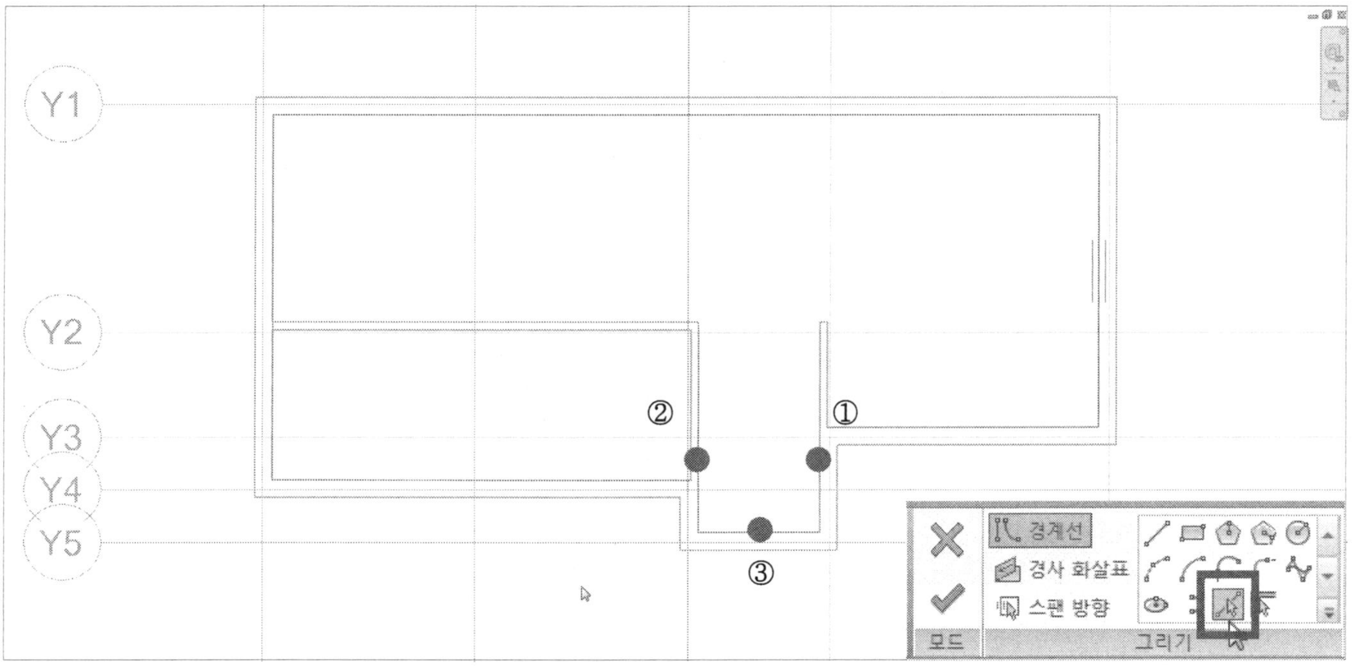

- 수정 모드에서 코너로 자르기/연장(TR)을 선택하고 바닥 선들을 클릭하여 아래 그림과 같이 정리한다.

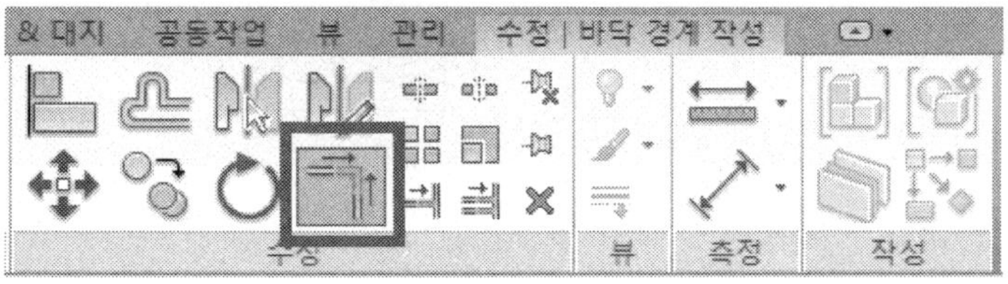

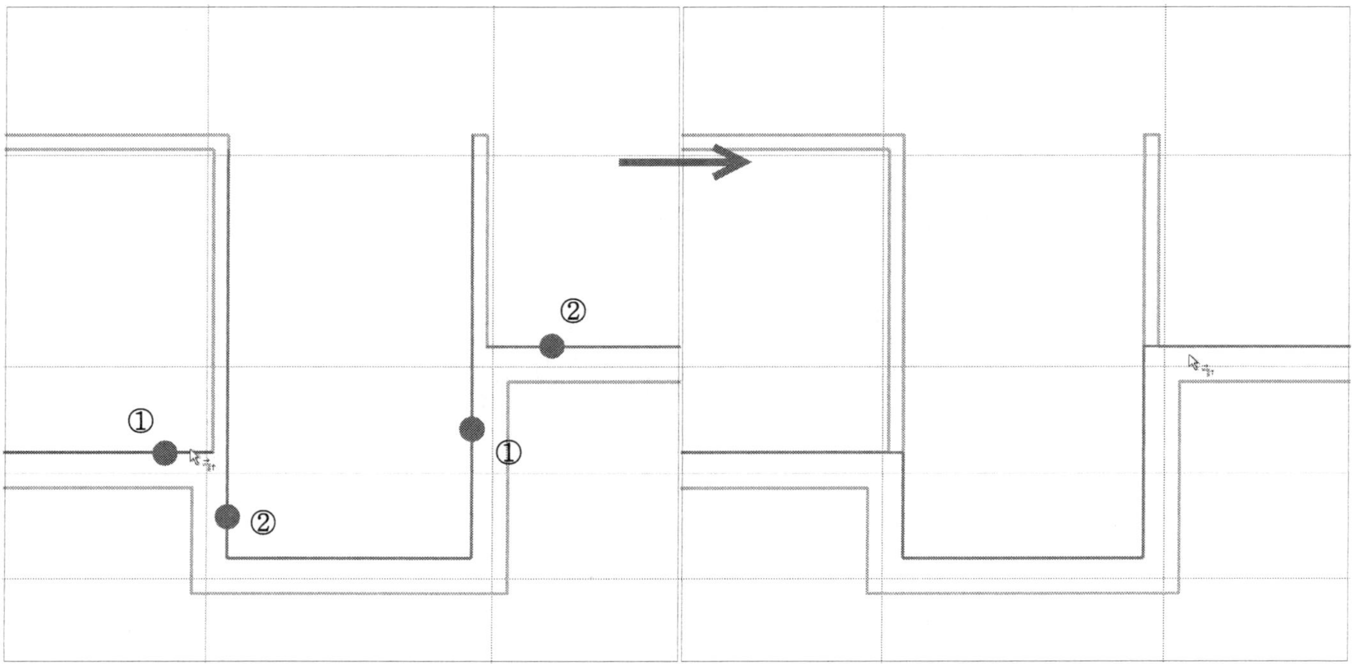

- 바닥 모드의 완료 버튼을 클릭한다.
- 메시지가 나타나면 아니요(N)를 클릭한다.

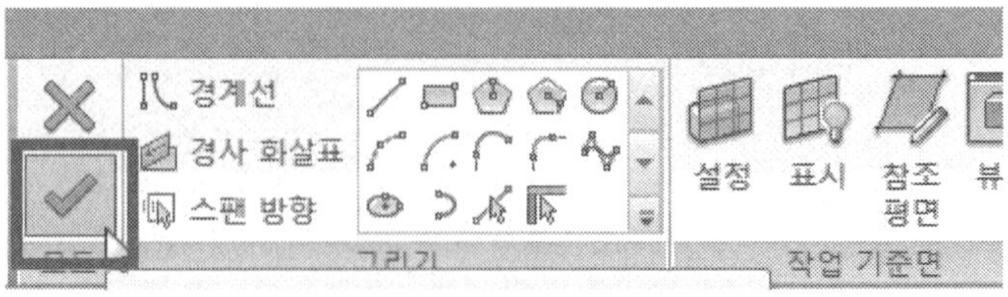

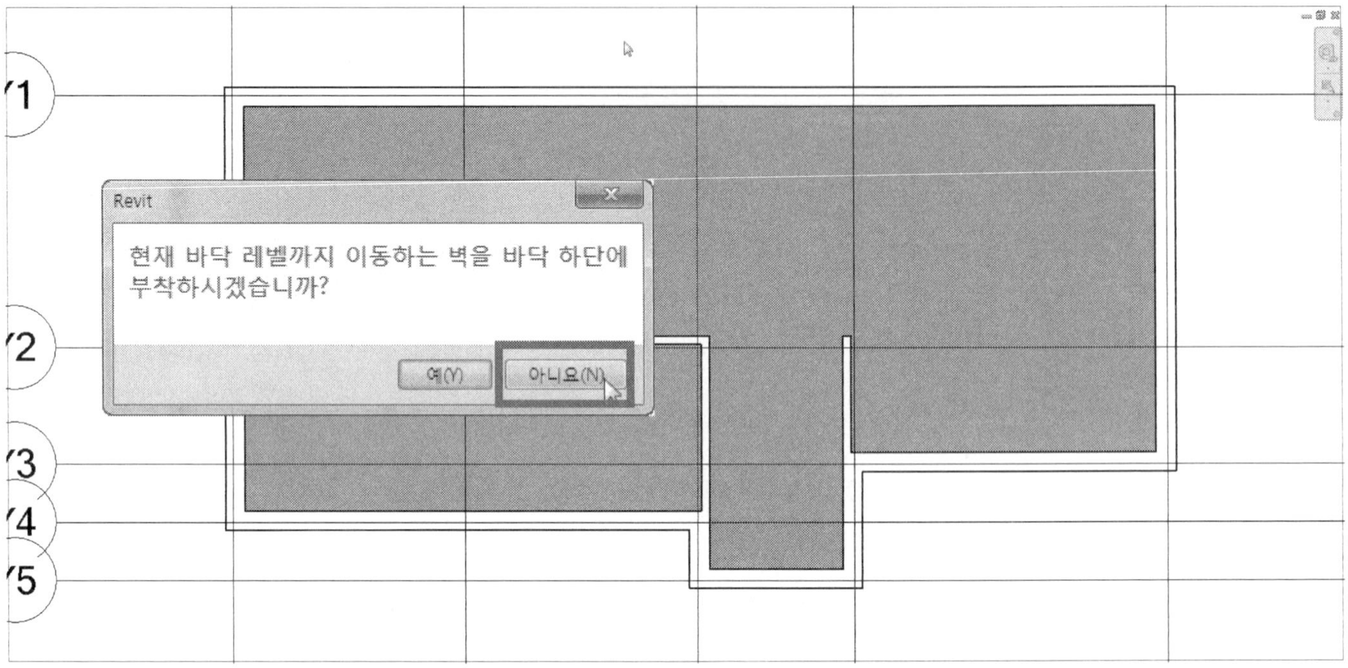

- 3D 뷰에서 단면 상자의 화살표를 조절하여 지하주차장의 바닥이 제대로 구성되었나를 확인한다.

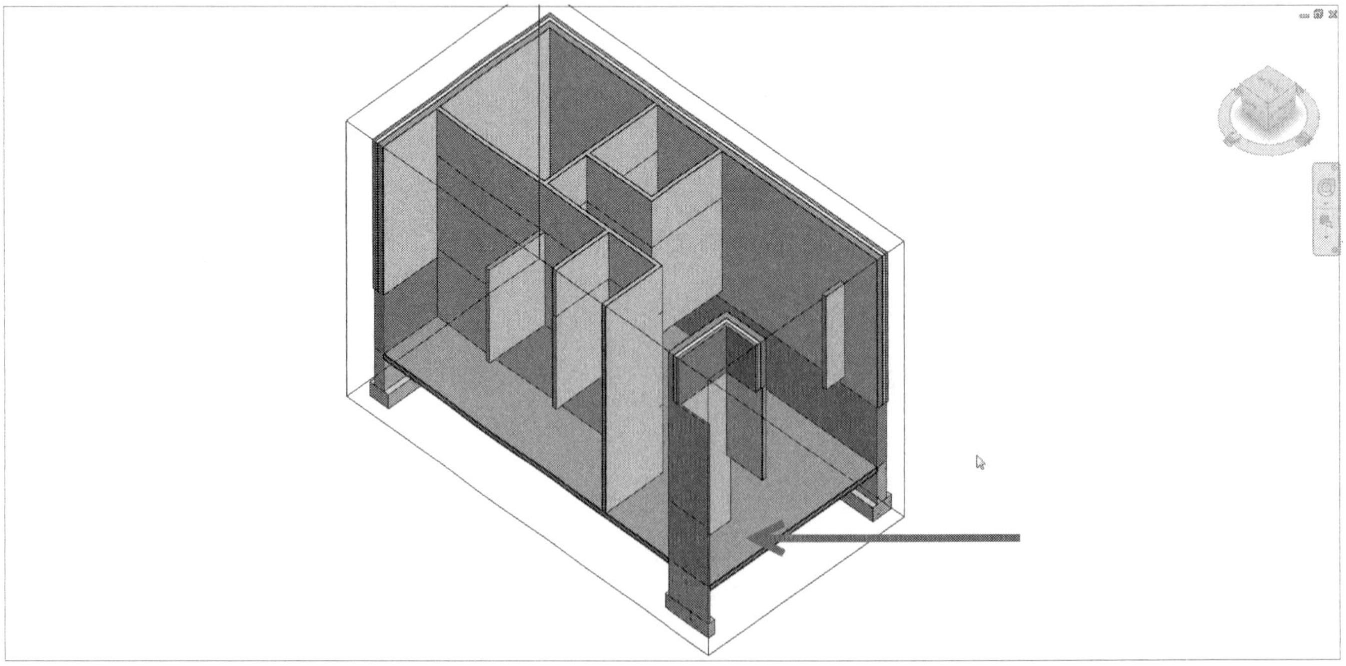

② 1층 바닥 그리기

- 03 1층 평면도로 이동한다. 주택 내부 바닥에 목재 마감을 적용하기 위해서 바닥을 다시 설정한다.
- 먼저 바닥을 선택한다. 바닥 중 표준 판재-목재마감을 선택한다.

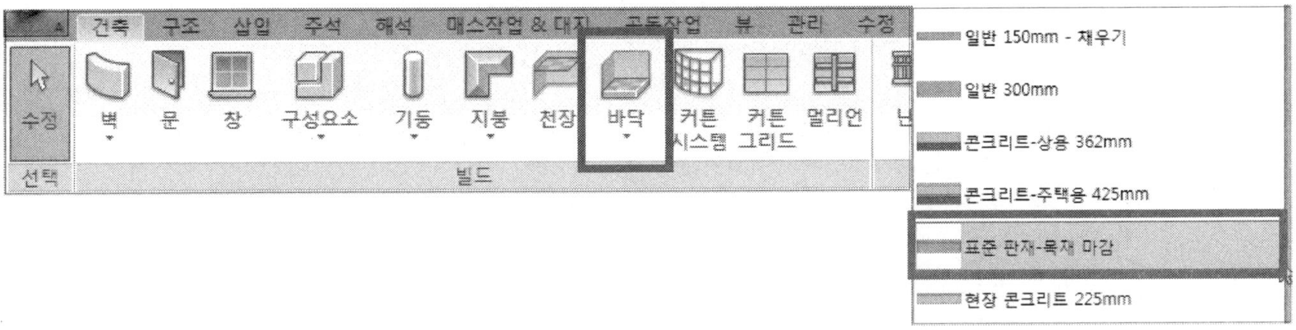

- 다른 재료를 사용하기 위해서 유형편집을 선택한다.
- 그 후 복제 버튼을 클릭하고 이름을 주택 - 목재마감 바닥으로 명명한다.

- 구조를 콘크리트로 변경하기 위해서 구조의 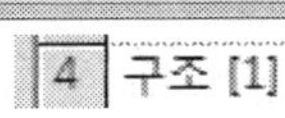
- 조합 편집 패널의 구조[1]의 재료 안의 버튼  을 선택한다.

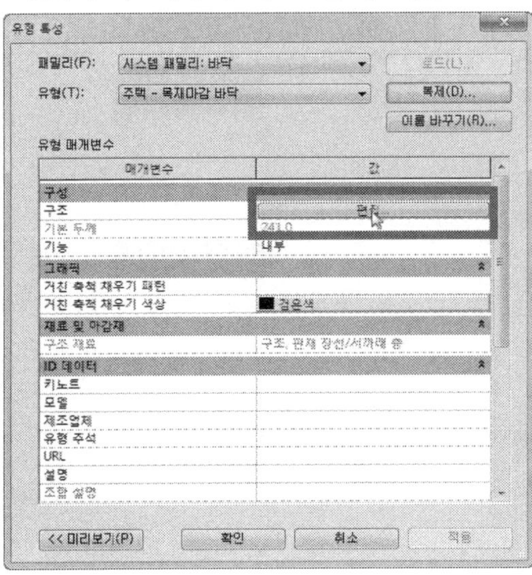

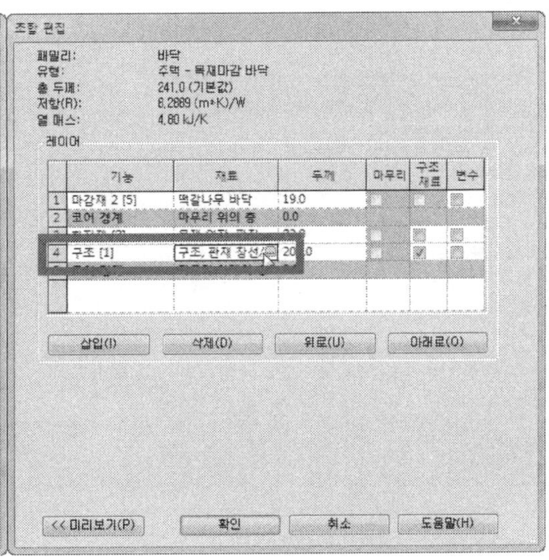

- 재료 탐색기 패널과 재료 편집기 패널이 나타나면 재료 탐색기에서 콘크리트, 현장치기를 선택한다.

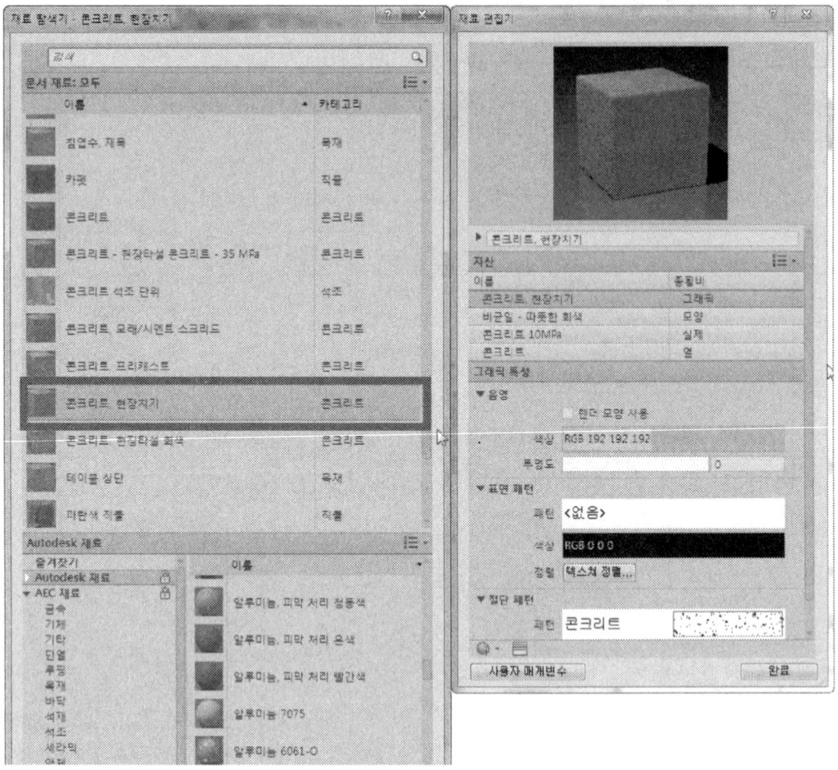

- Revit Architecture 2012의 재료 탐색기 패널에서는 다음과 같이 콘크리트, 현장치기를 선택한다.

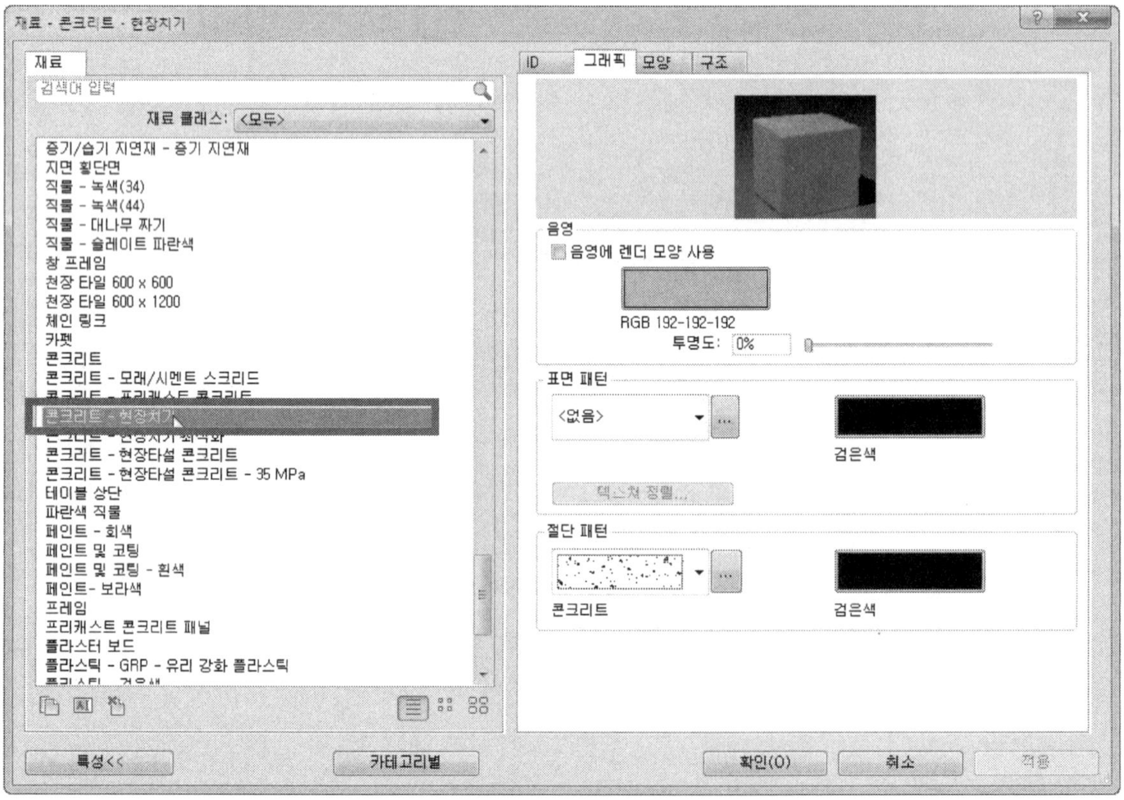

- 조합 편집 패널에서 구조[1]의 재료가 콘크리트, 현장치기로 되어 있는지 확인한다.

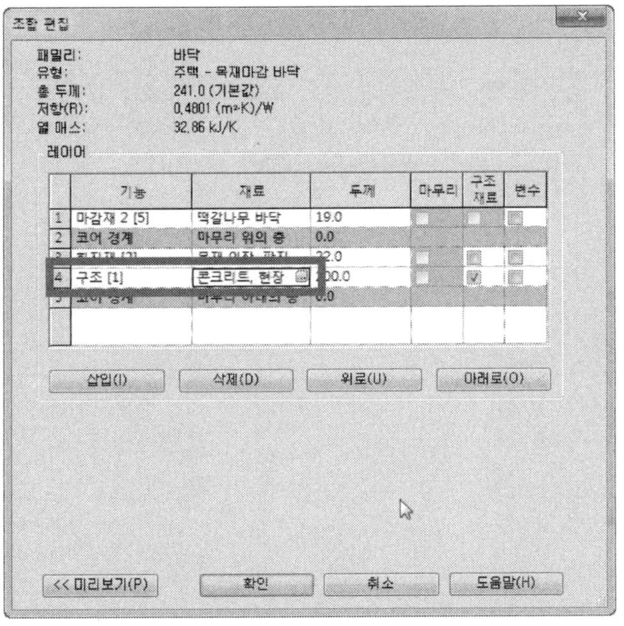

- 건축 탭에서 바닥을 선택한다. 바닥 모드에서 벽 선택으로 일차적으로 선을 그린다.
- 계단실 벽은 실내 안쪽의 벽을 선택해야 한다.

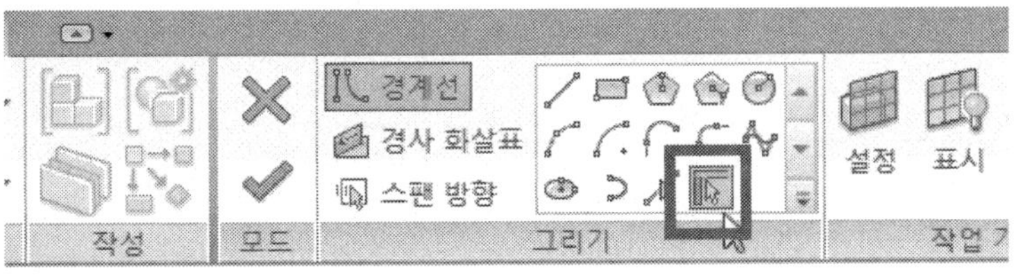

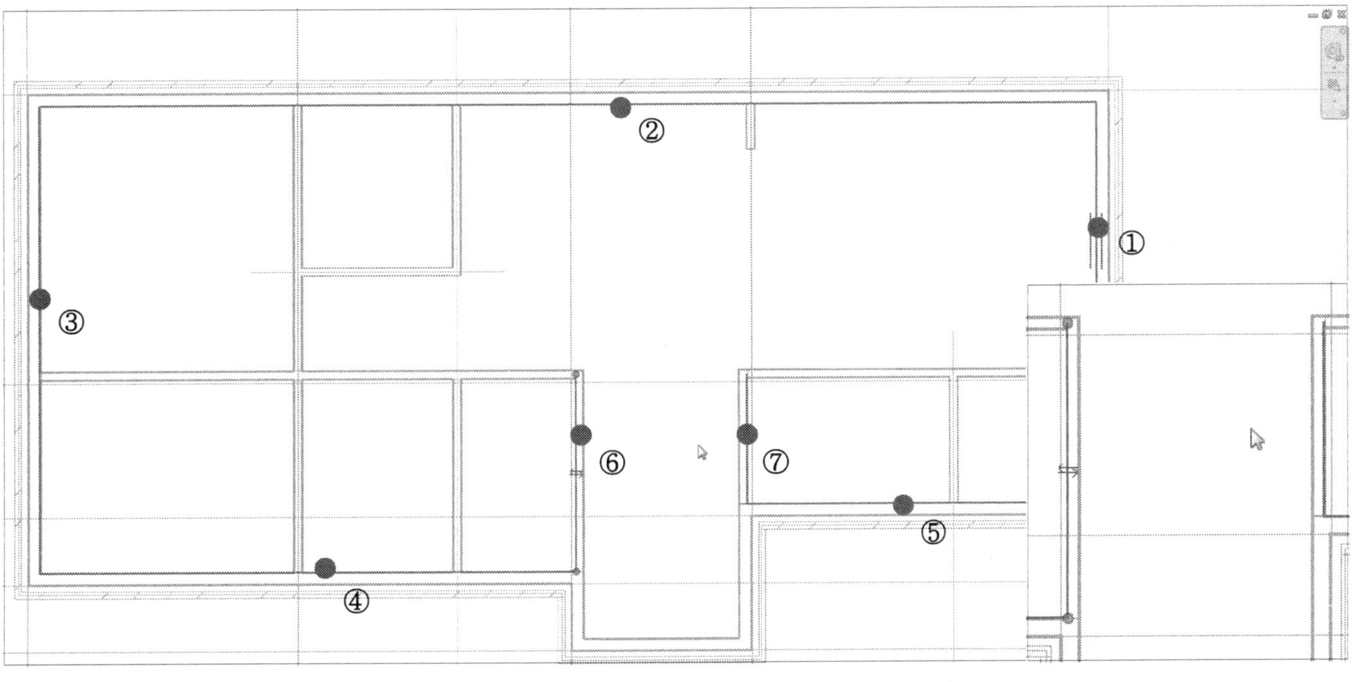

- 수정 모드에서 코너로 자르기/연장(TR)을 선택하고 바닥 선들을 클릭하여 아래 그림과 같이 정리한다.

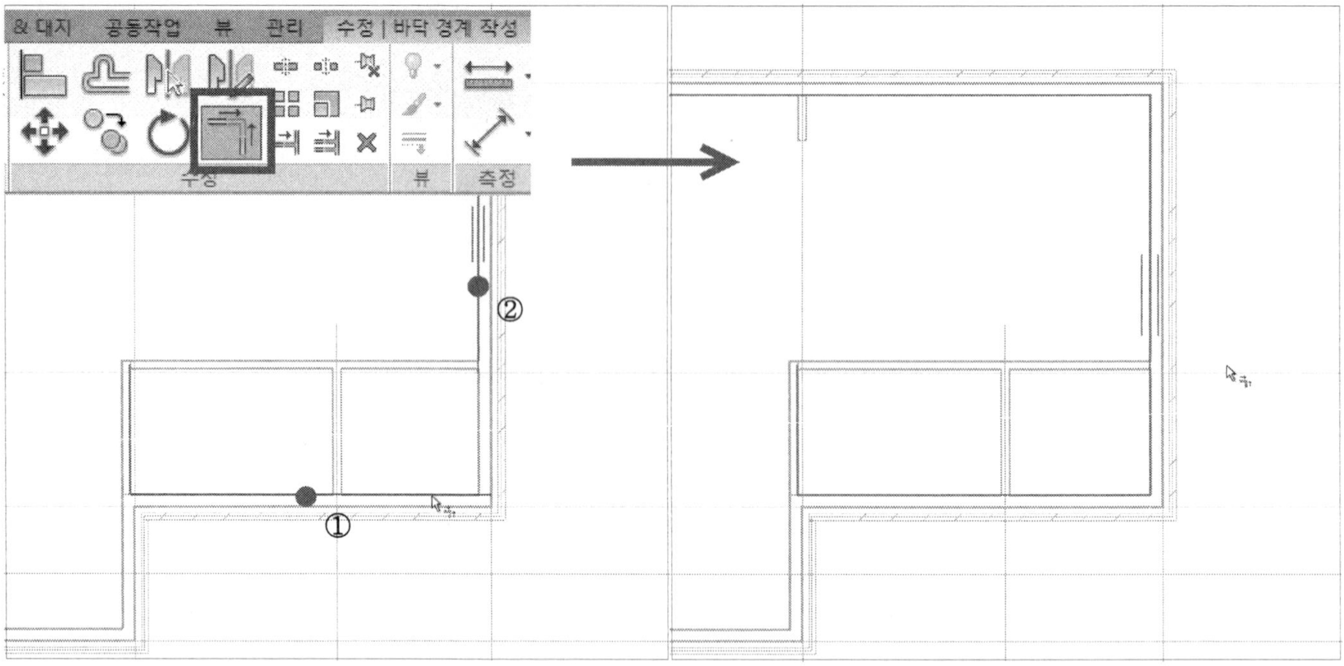

- 그리기 모드에서 선을 선택하고 벽의 끝점들을 클릭하여 아래 그림과 같이 모델링한다.

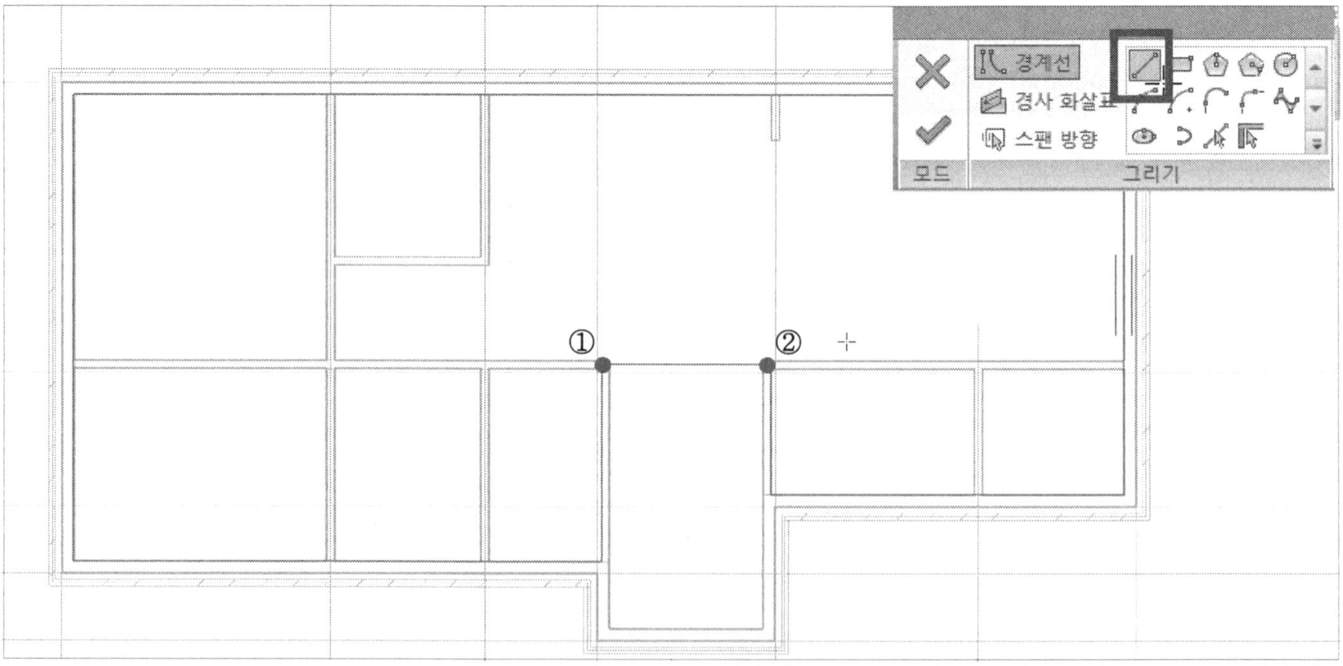

- 수정 모드에서 정렬을 선택하고 정렬 기준선과 바닥 선들을 클릭하여 아래 그림과 같이 정리한다.

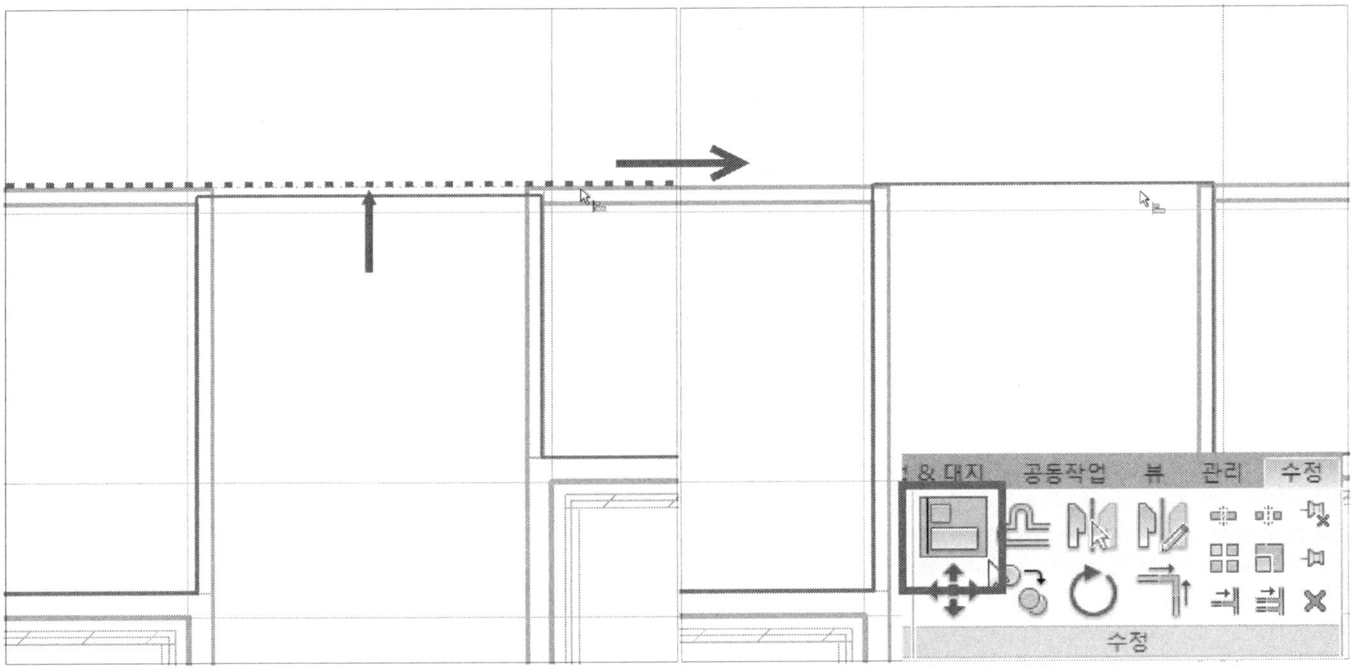

- 바닥 모드의 완료 버튼을 클릭한다.
- 메시지가 나타나면 아니요(N)를 클릭한다.

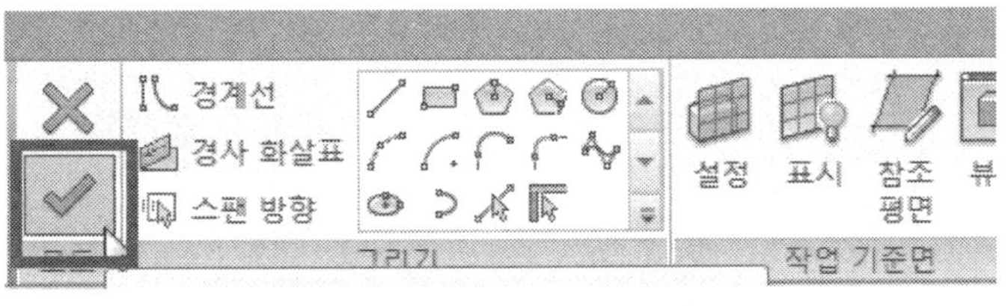

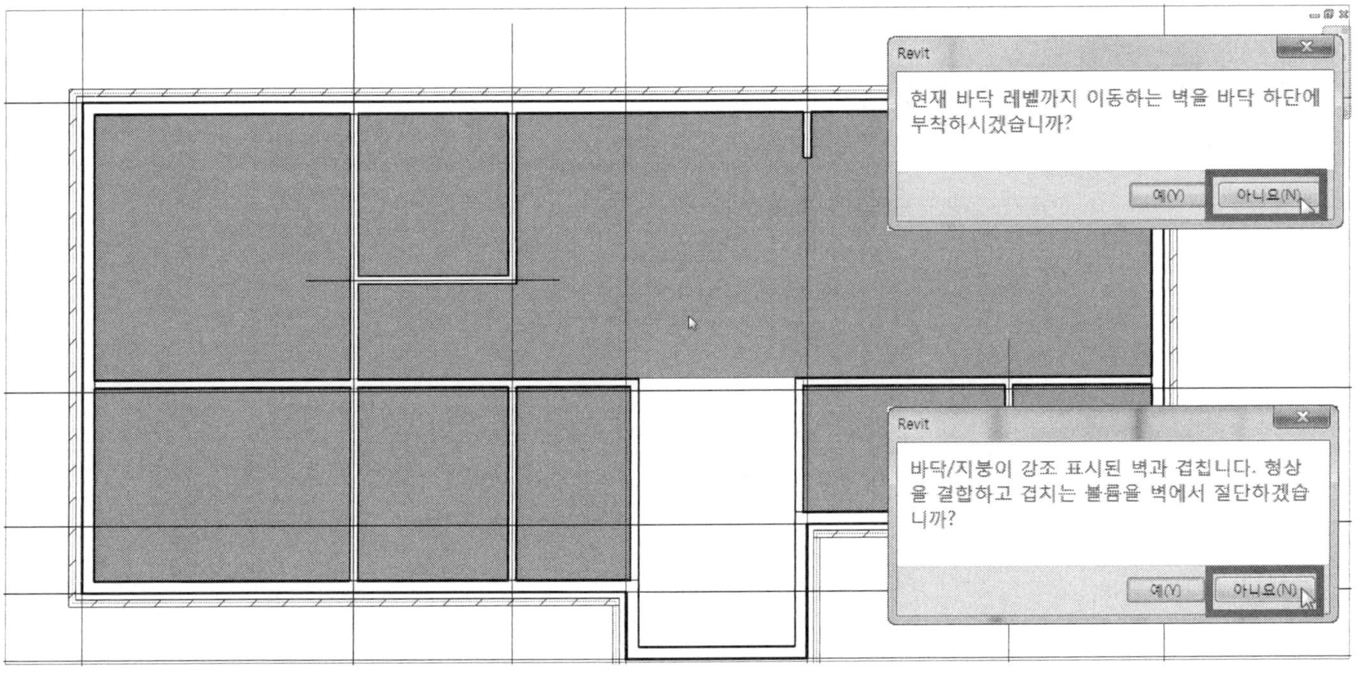

- 3D 뷰에서 단면 상자의 화살표를 조절하여 1층 바닥이 제대로 구성되었나를 확인한다.

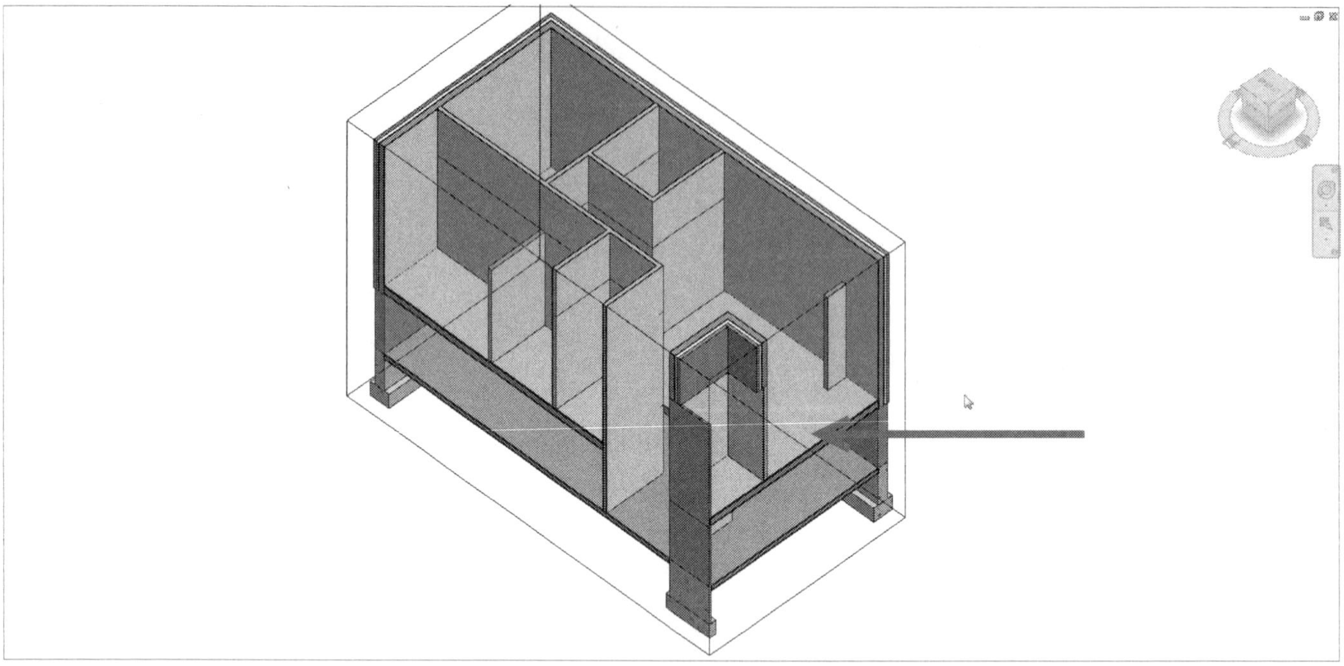

③ 2층 바닥 그리기

- 04 2층 평면도로 이동한다.
- 그리드 정리를 한다. X7은 뷰에서 숨기고, Y6와 X6은 버블을 숨긴다.

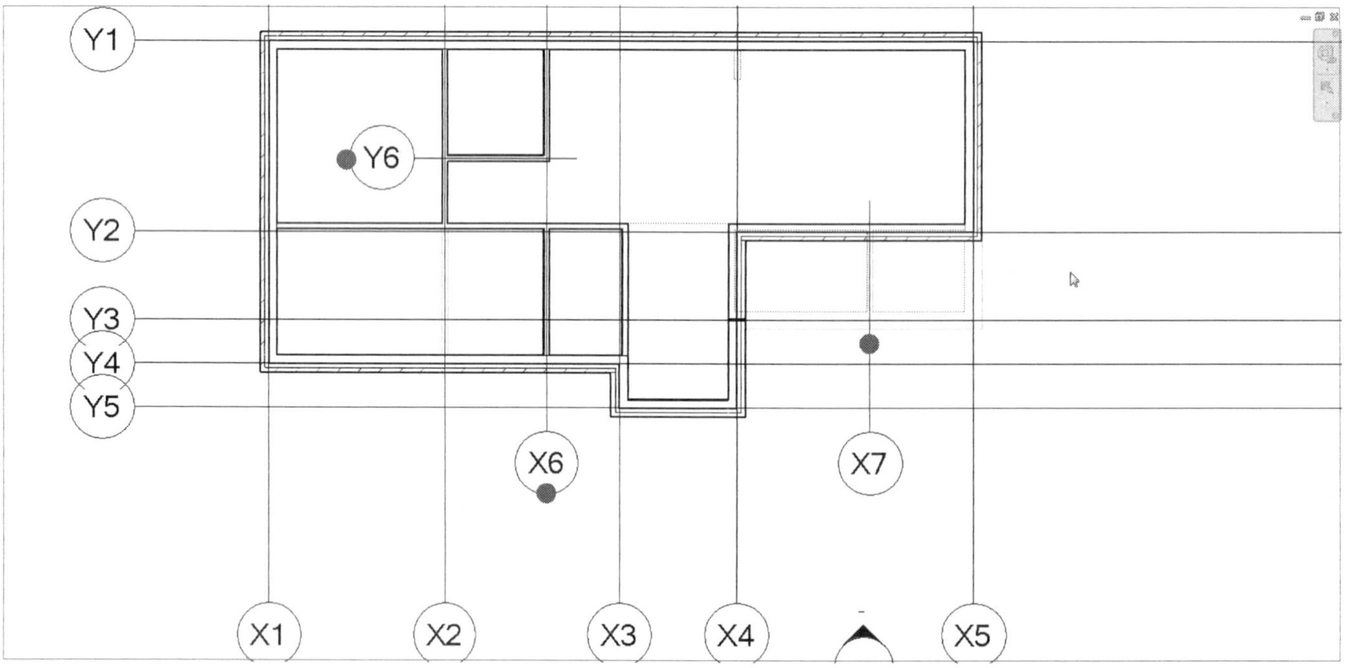

- 정리된 모습은 다음 그림과 같다.

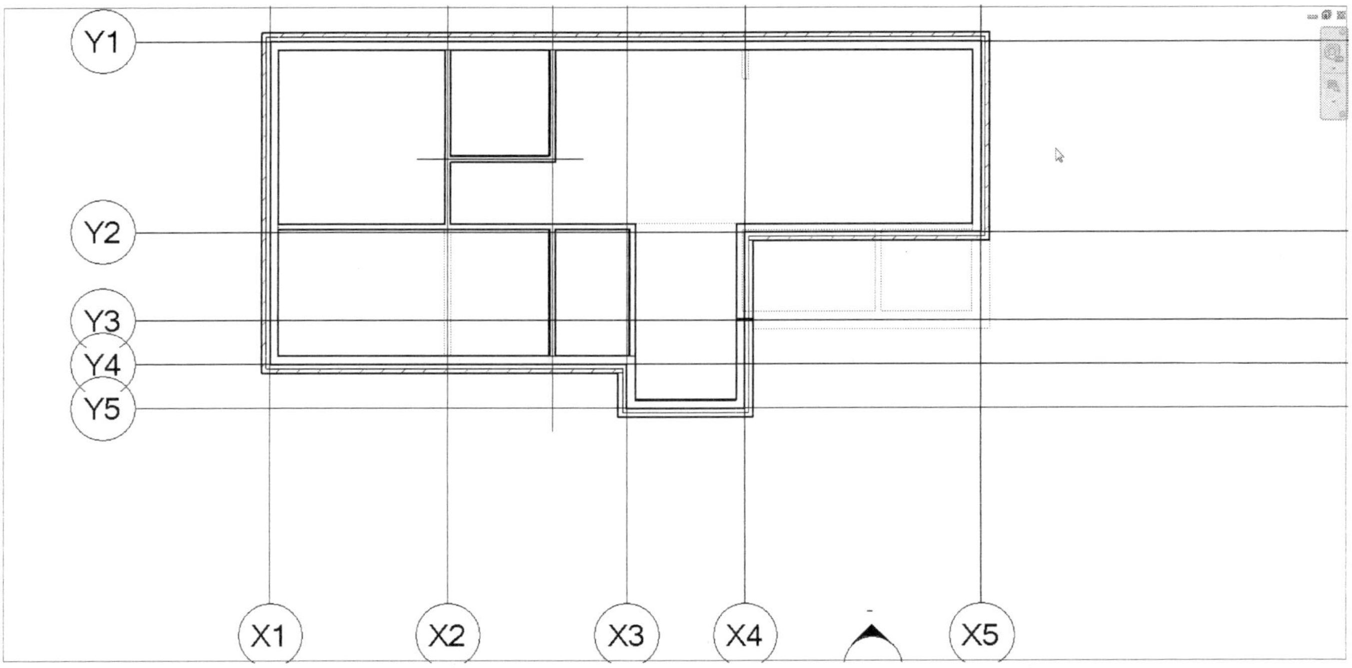

- 건축 탭에서 바닥을 선택한다. 그리기 모드에서 선 선택을 선택하고 아래 그림과 같이 모델링한다.
- 계단실 면한 벽은 내부 벽을 선택한다.

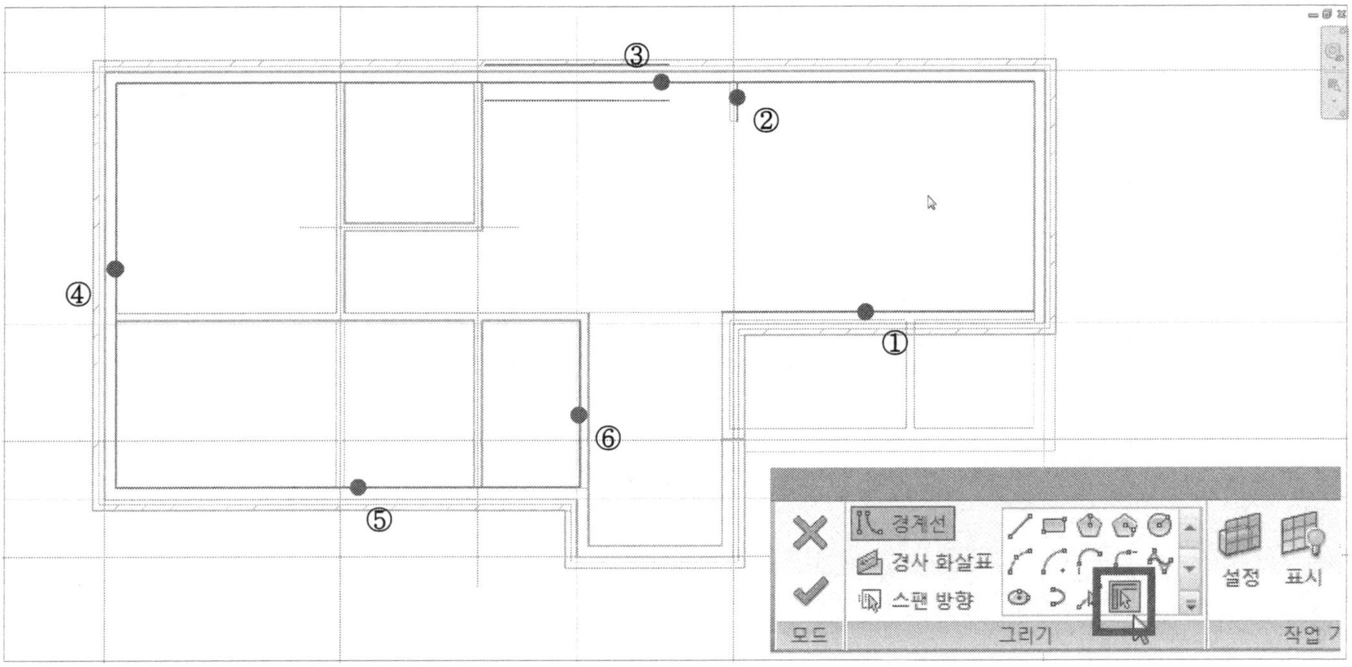

- 수정 모드에서 코너로 자르기/연장(TR)을 선택하고 바닥 선들을 클릭하여 아래 그림과 같이 정리한다.

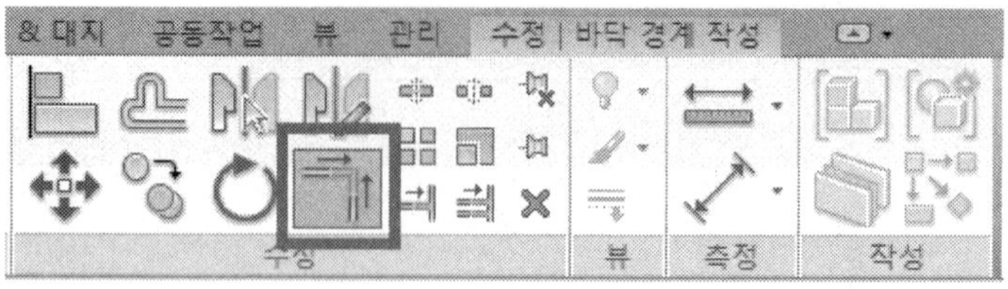

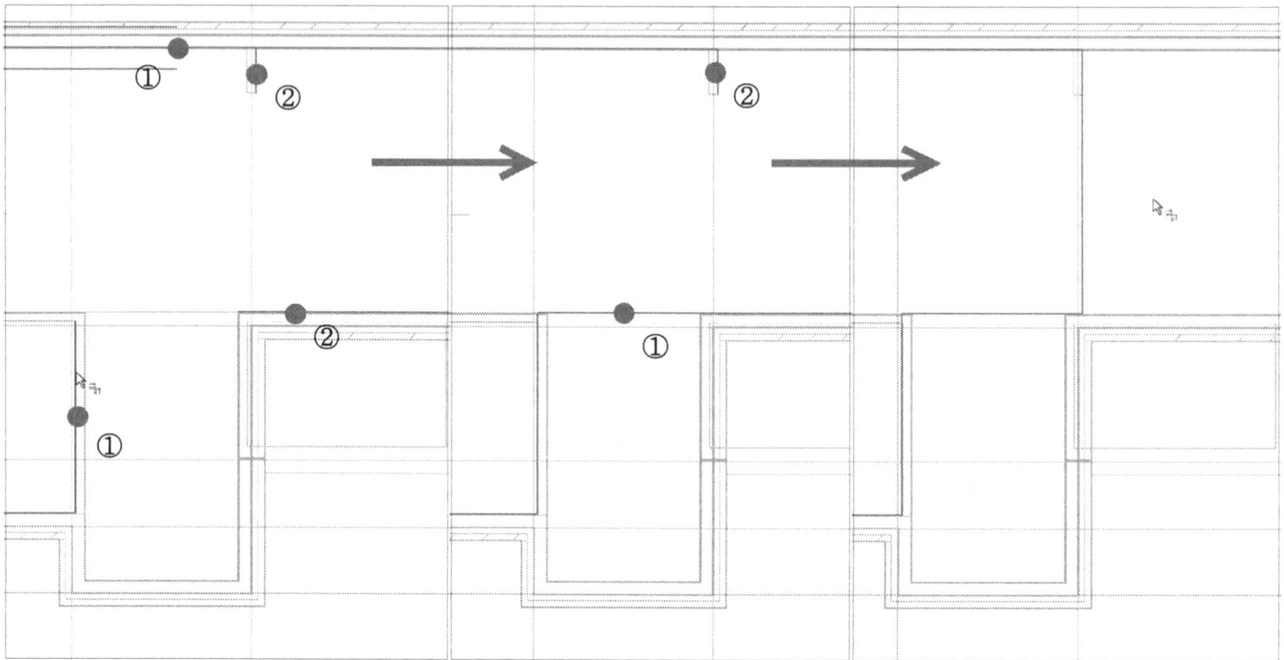

- 바닥 모드의 완료 버튼을 클릭한다.
- 메시지가 나타나면 아니요(N)를 클릭한다.

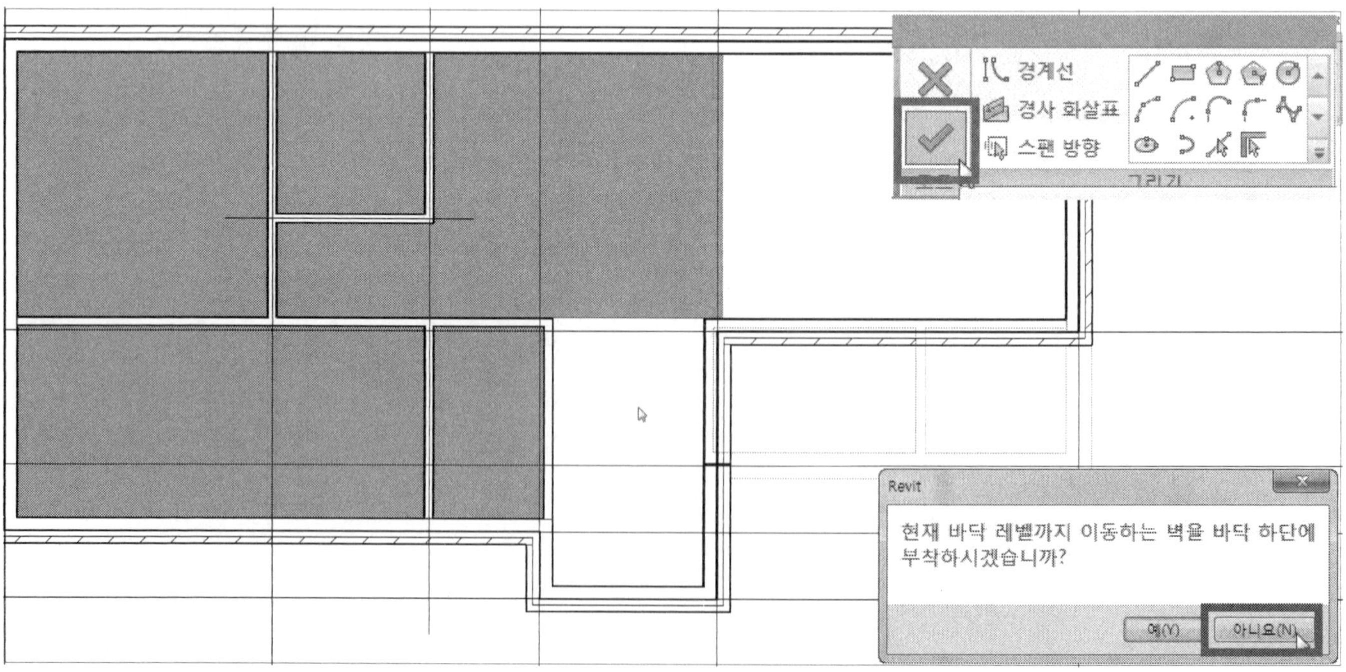

- 3D 뷰에서 단면 상자의 화살표를 조절하여 2층 바닥이 제대로 구성되었나를 확인한다.

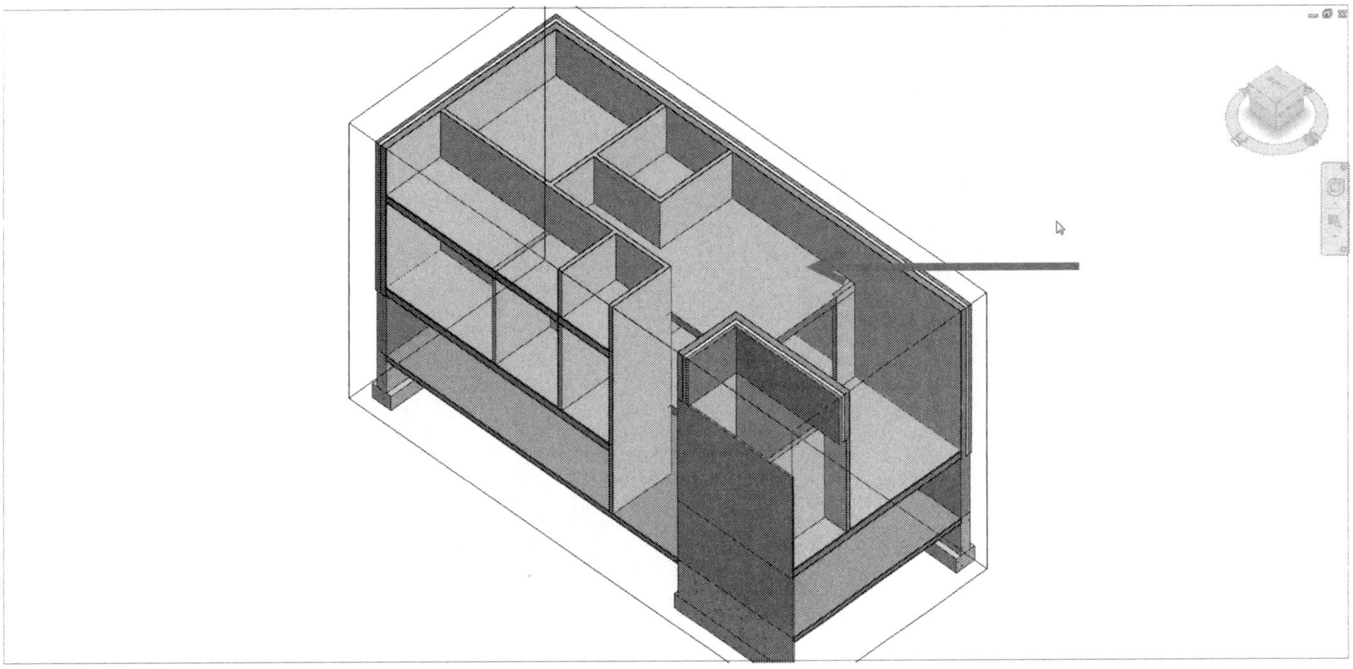

④ 벽의 상부베이스 부착

- 3D 뷰에서 1층 주방측 내벽과 중간 부분 1층 내벽이 이 2층 바닥과 중복되어 있는 것을 확인할 수 있다.
- 이 때 상부베이스 부착을 사용하여 해결한다. 부착할 벽을 선택한 후 상부베이스 부착 버튼을 클릭한다.

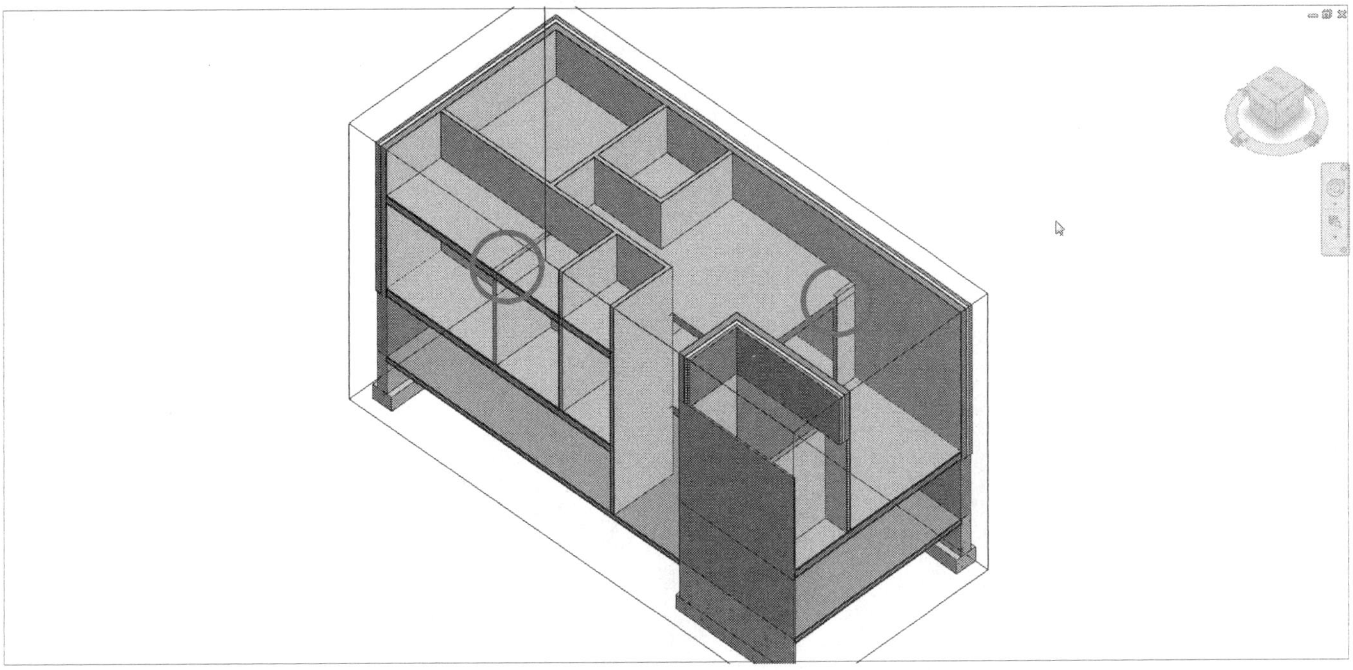

- 먼저 Ctrl키를 누른 상태에서 바닥과 중복되어 있는 2개의 벽을 선택한다.

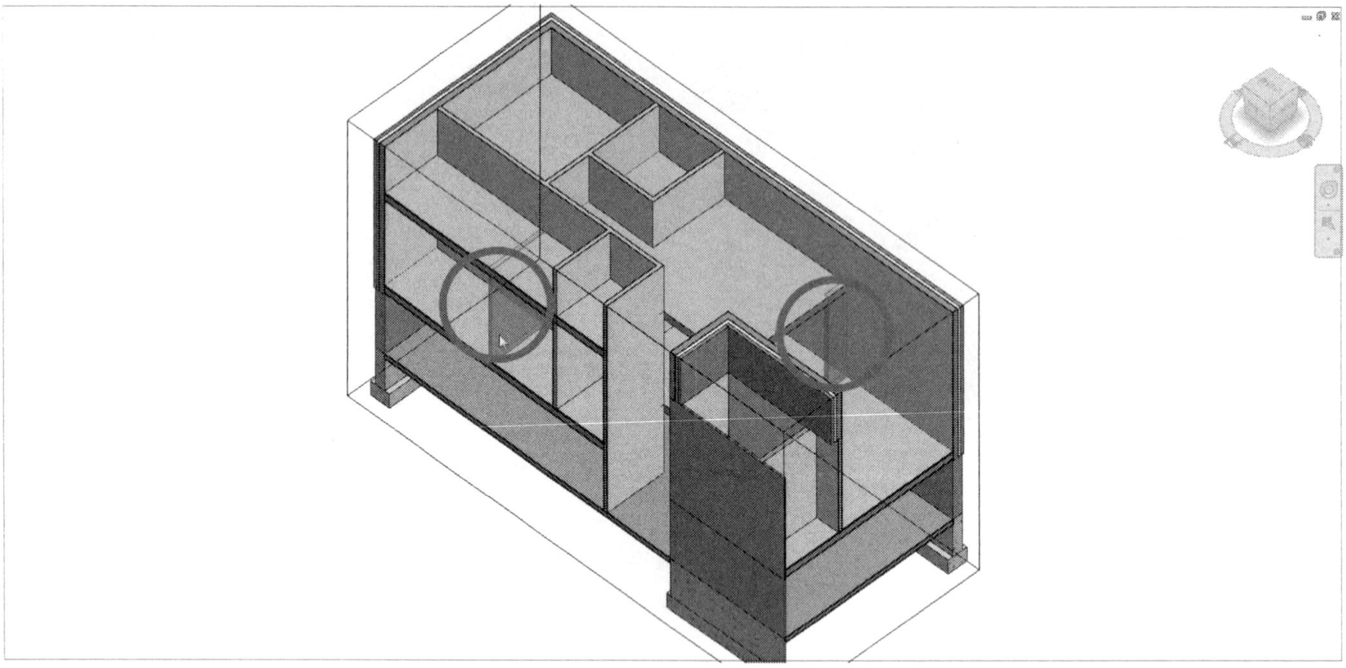

- 상단의 메뉴에서 상단/베이스 부착을 선택한다.
- 그 후 부착할 바닥을 선택한다.

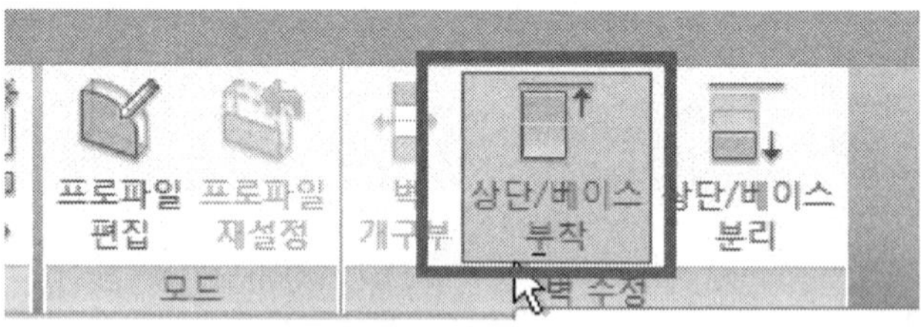

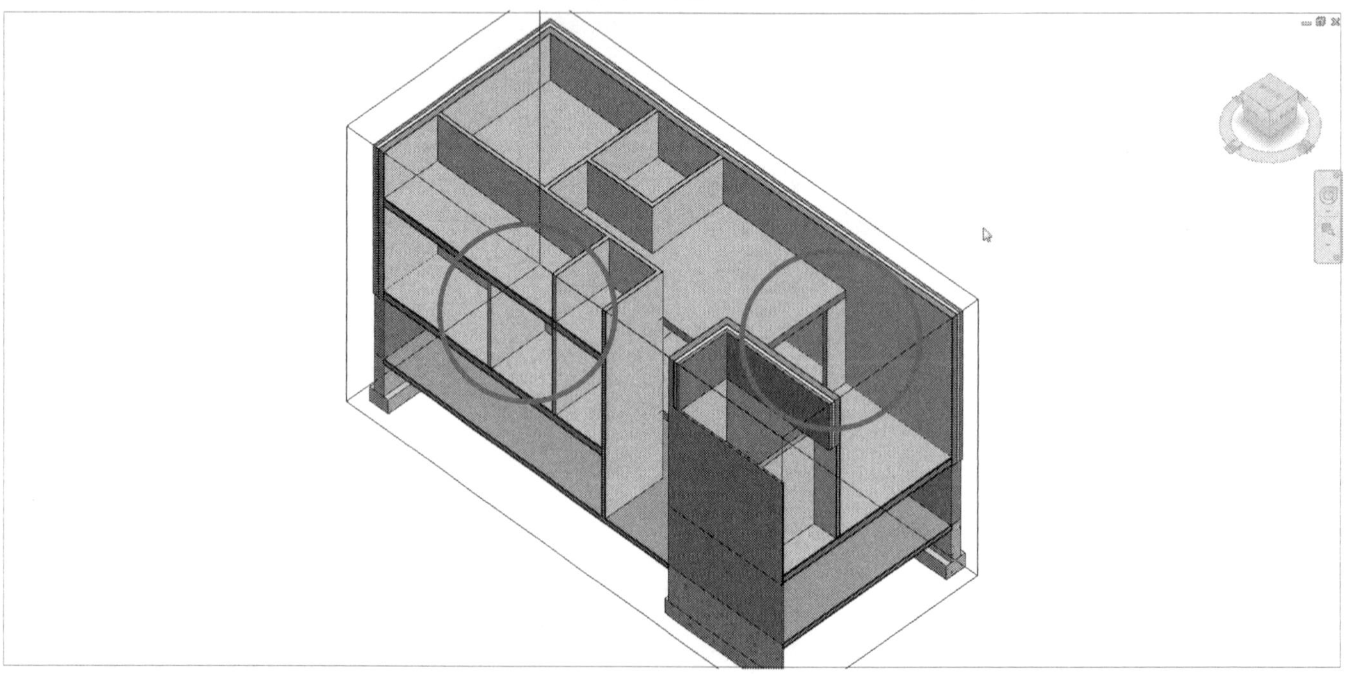

- 3D 뷰에서 단면 상자를 해제하고 전체를 보면 아래와 같다.

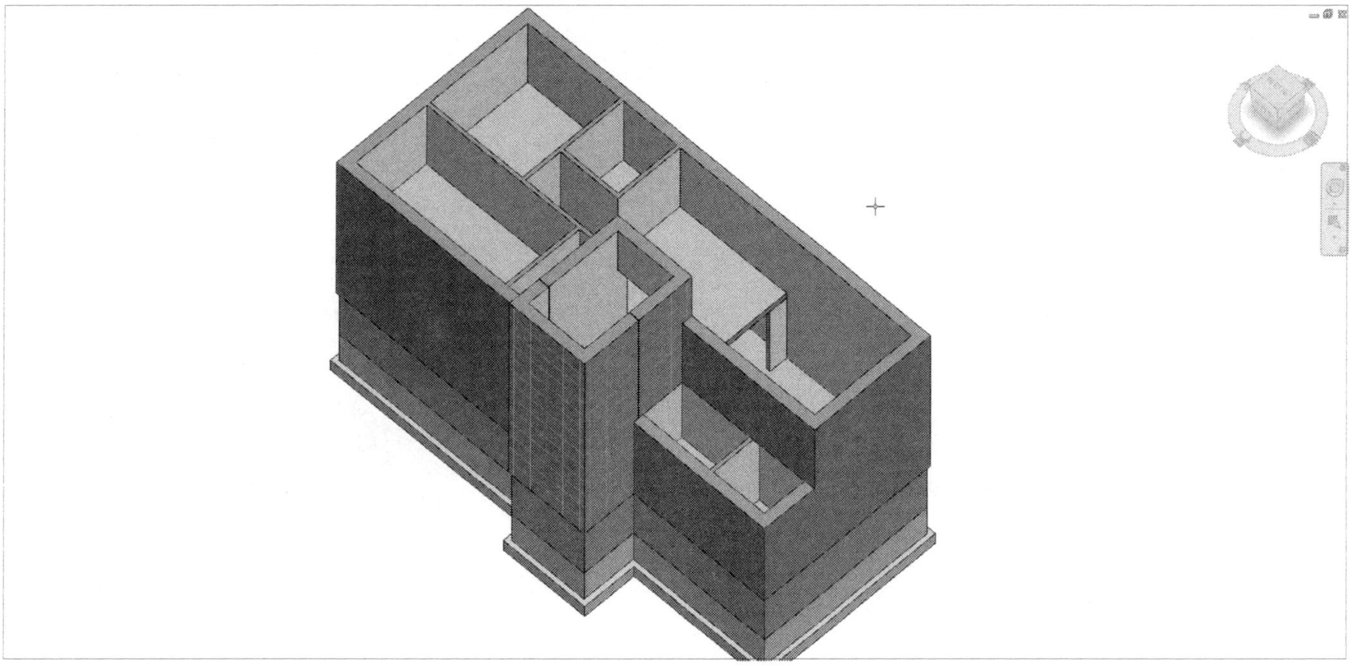

⑤ 계단실 외벽의 형상결합

- 계단실 외벽이 나누어져 부자연스러운 것을 알 수 있다. 이 때 벽들을 형상 결합하여 해결한다.
- 형상 결합 아이콘을 선택하고 결합해야 할 벽 2개를 차례로 선택한다.

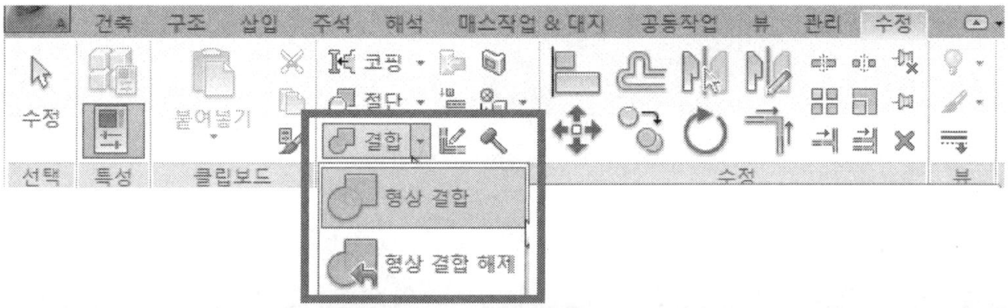

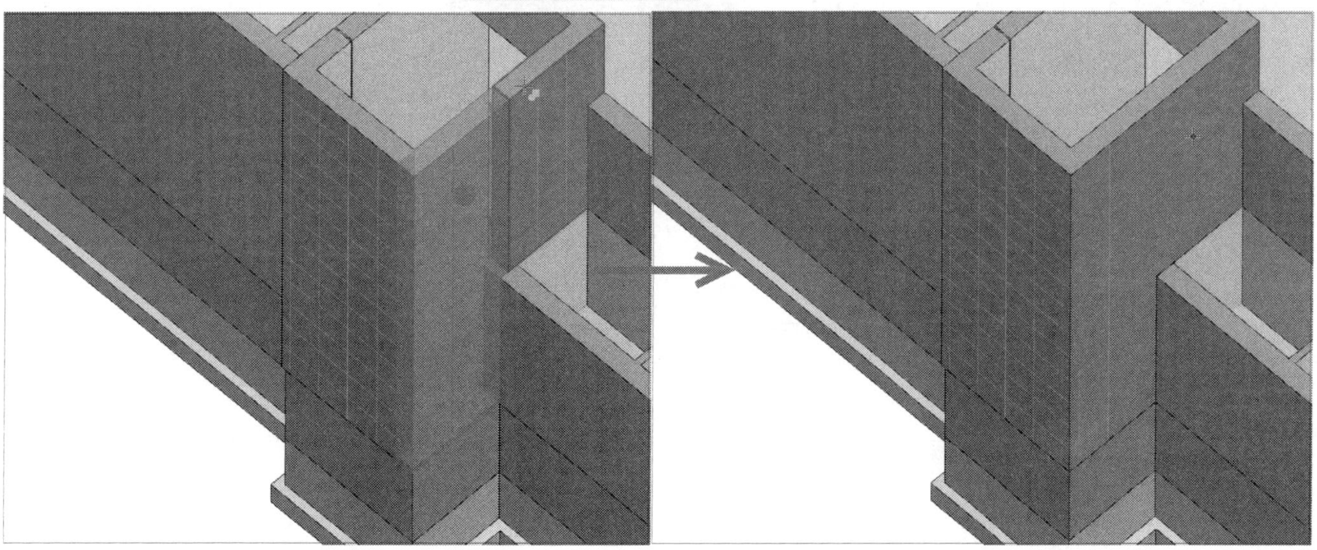

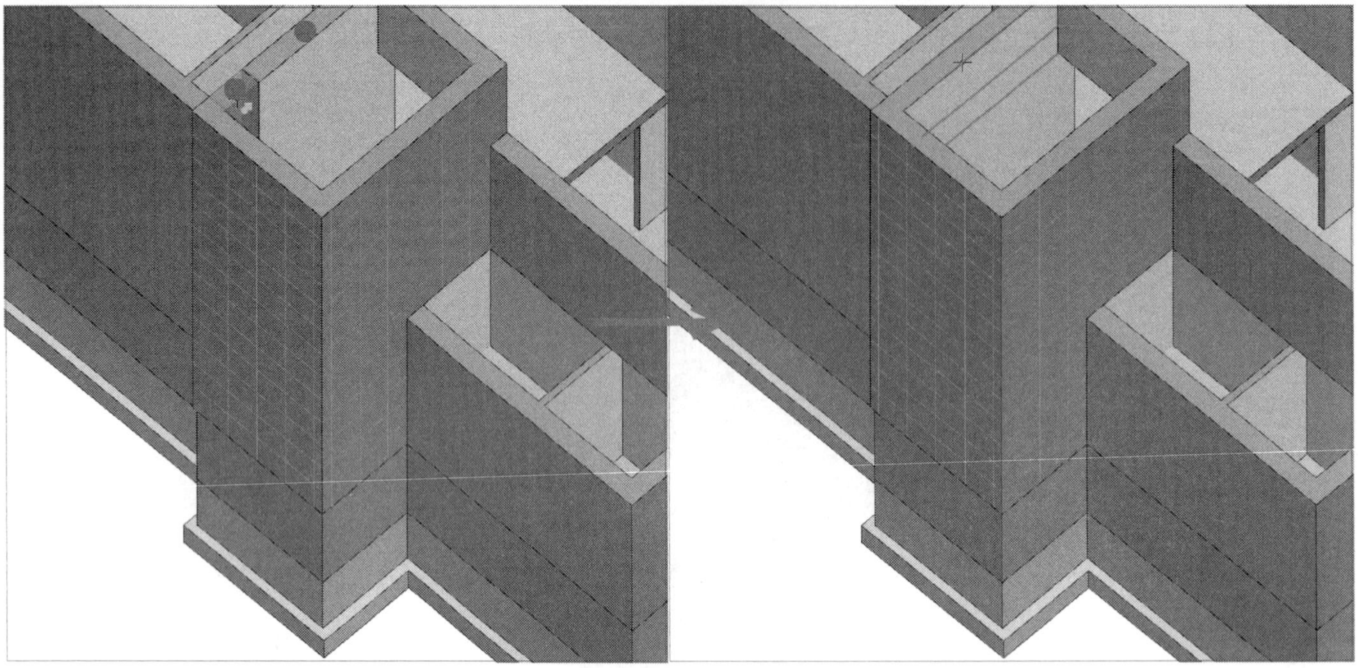

⑥ 바닥: 슬래브 모서리를 이용한 2층 바닥의 보 모델링

- 상부 오픈되어 있는 거실부분을 보면 2층 바닥에 보가 없어 바닥슬래브가 매우 빈약해 보인다.
- 이 부분에 바닥: 슬래브 모서리를 이용해 보를 추가한다.
- 먼저 단면상자를 활성화하고 조절하여 아래 그림과 같이 보이게 한다.

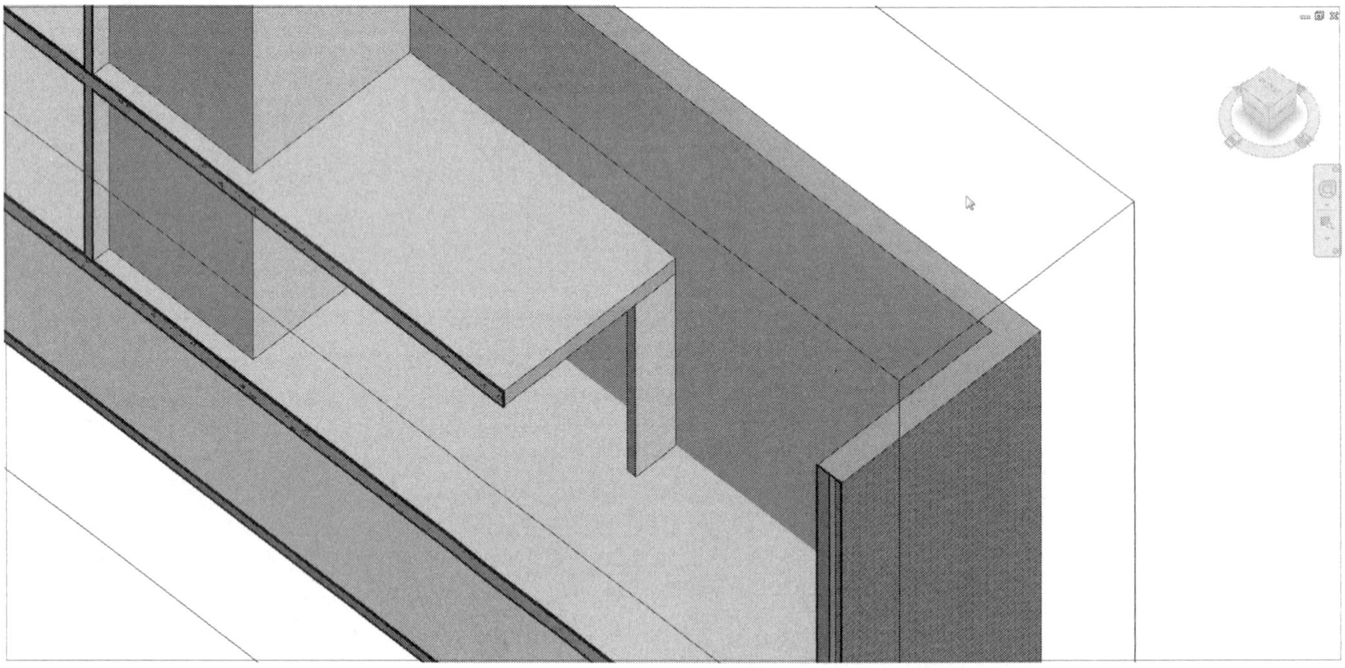

- 건축 탭의 바닥의 바닥: 슬래브 모서리를 선택하거나 구조 탭의 바닥의 바닥: 슬래브 모서리를 선택한다.

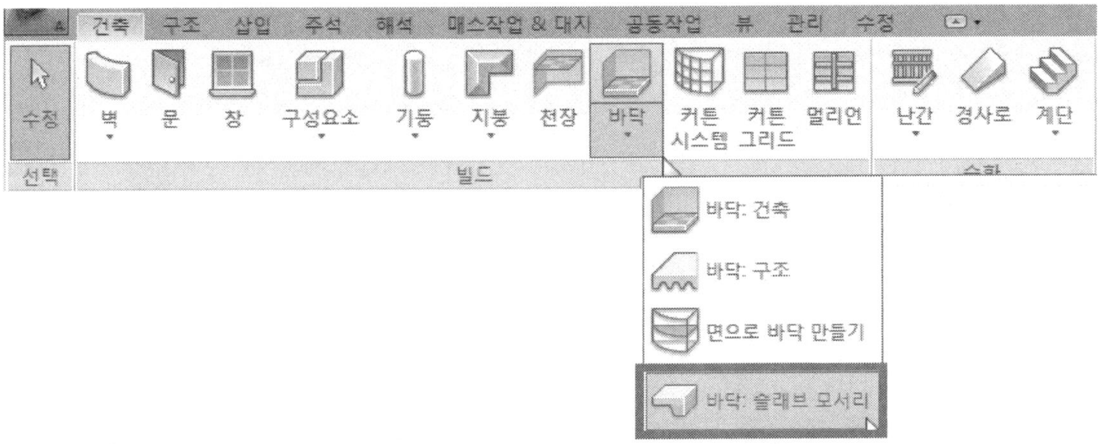

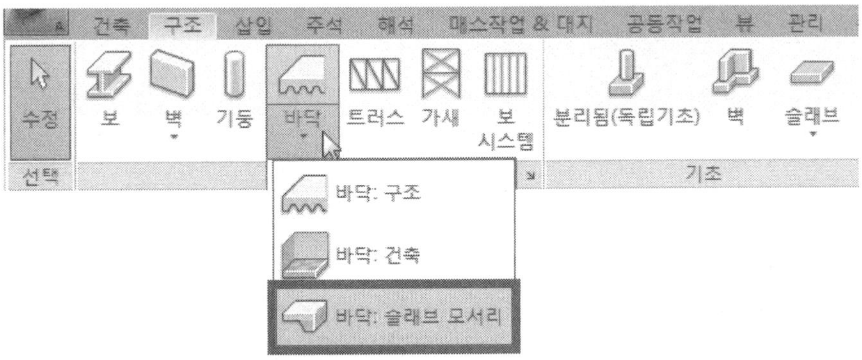

- 아래 그림과 같이 바닥의 아래 부분을 선택한다.
- 슬래브 모서리가 만들어진 것을 확인할 수 있다.

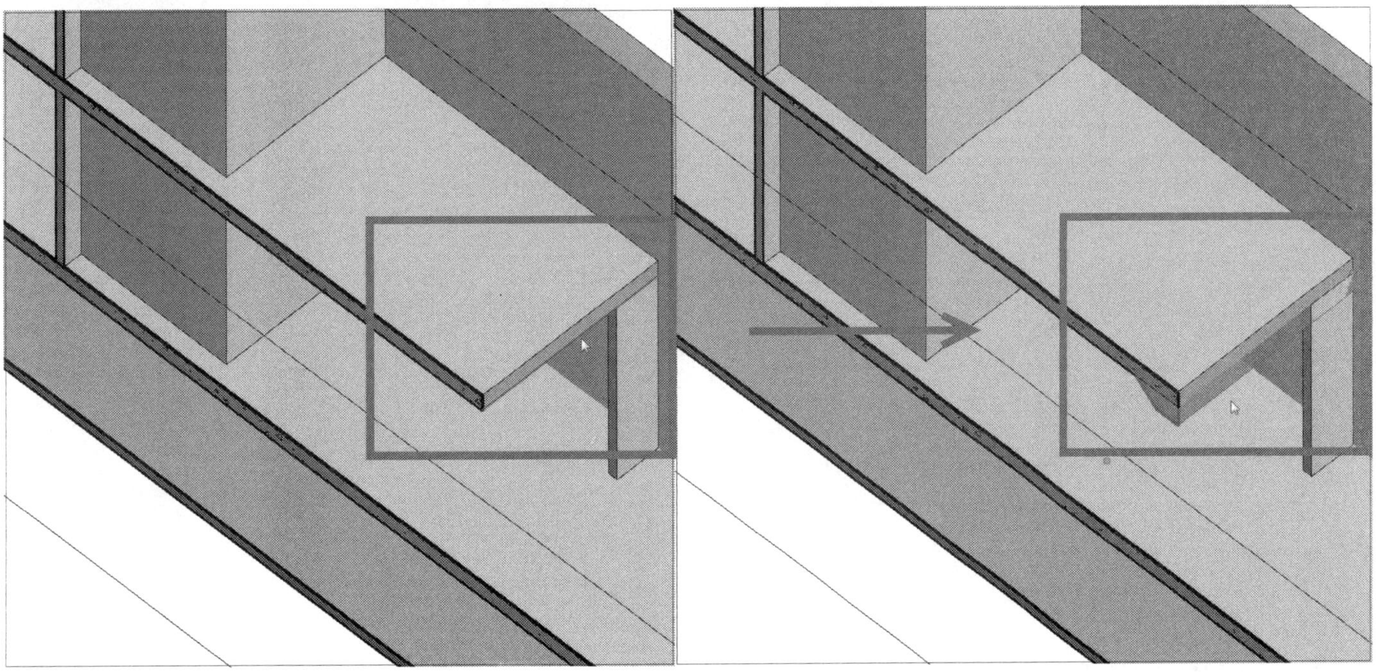

- 슬래브 모서리의 크기가 크므로 모양을 바꾸기 위해서 슬래브 모서리를 선택하고 유형편집을 클릭한다.
- 프로파일을 M_슬래브 모서리-두껍게 : 600 X 300 mm를 기본 값으로 바꾼다.

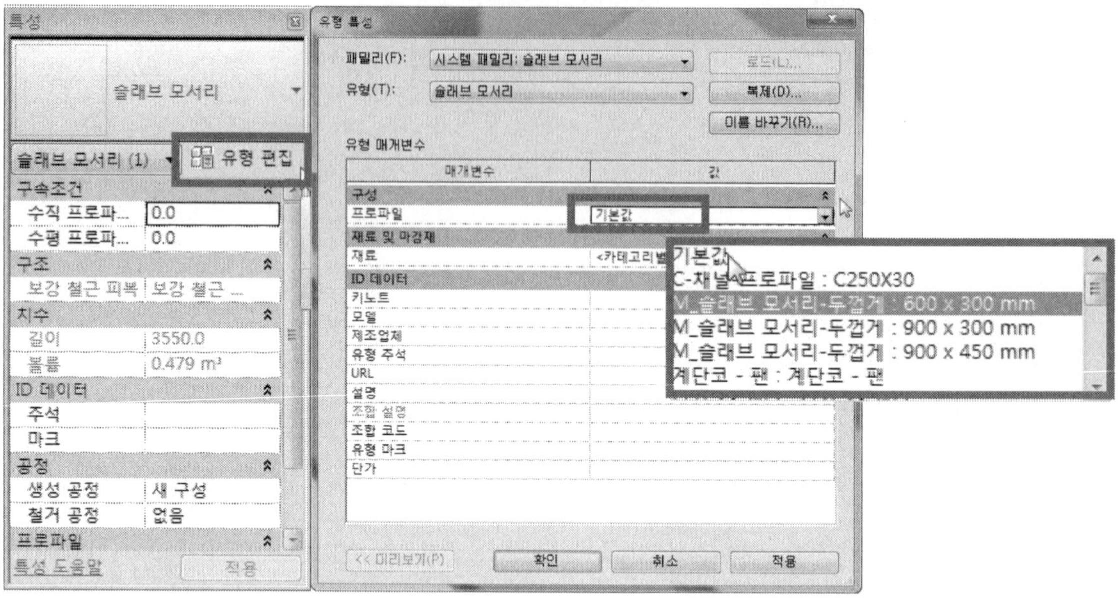

- 슬래브 모서리의 모양이 바뀐 것을 확인할 수 있다.
- 주방 벽이 슬래브 모서리와 중복되는 것을 확인할 수 있다.

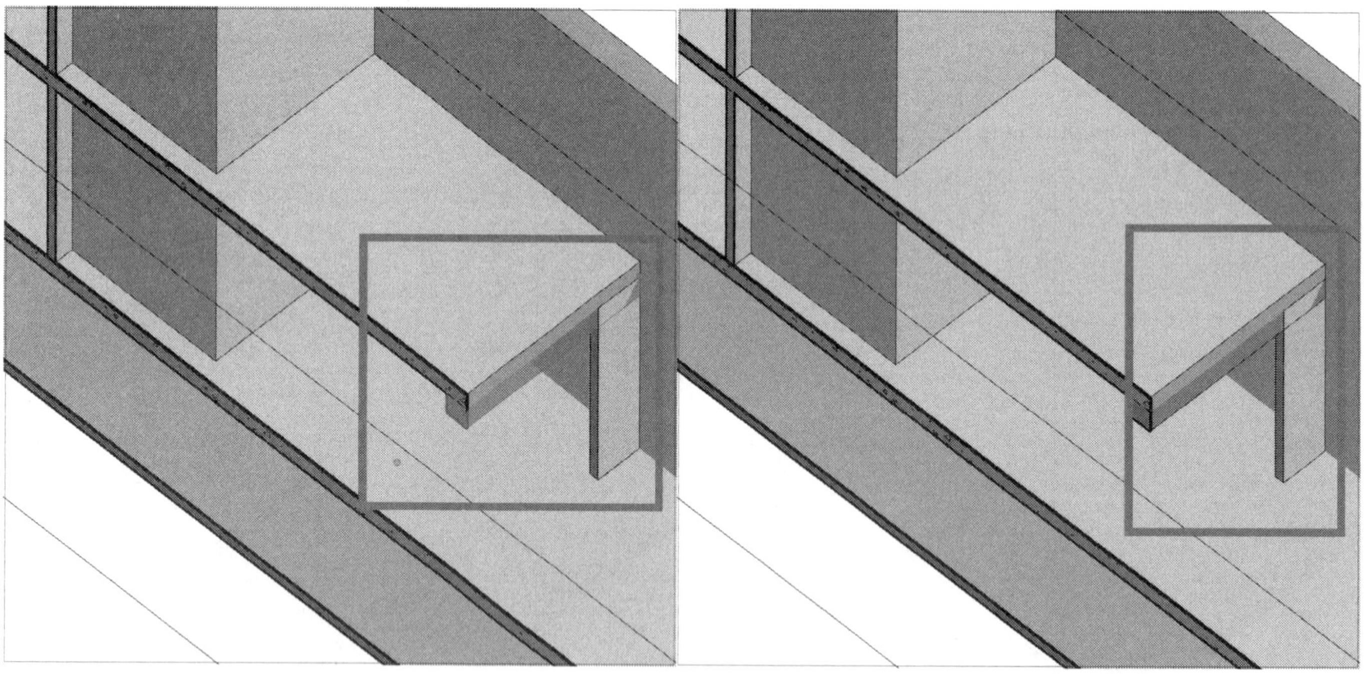

- 먼저 주방 벽을 선택하고 상단/베이스 분리를 선택하고 2층 바닥을 선택하여 분리한다.

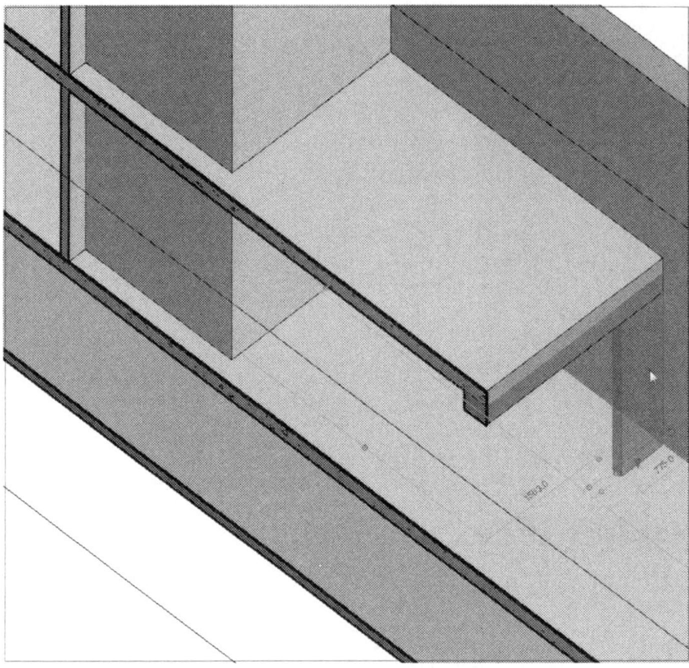

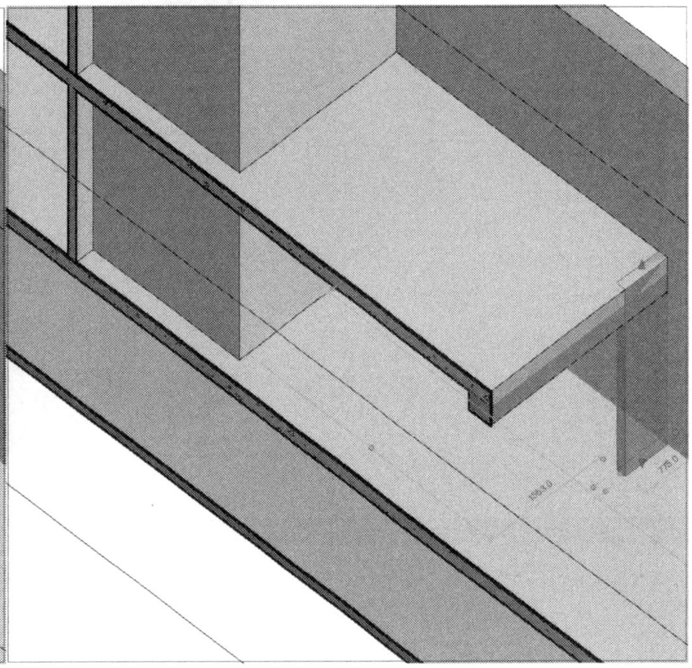

- 주방 벽의 상단구속조건을 미연결로 하고 연결 안된 높이를 2,460mm으로 맞춘다.
- 또는 상단구속조건을 04 2층 평면도, 상단 간격띄우기를 -540으로 한다.

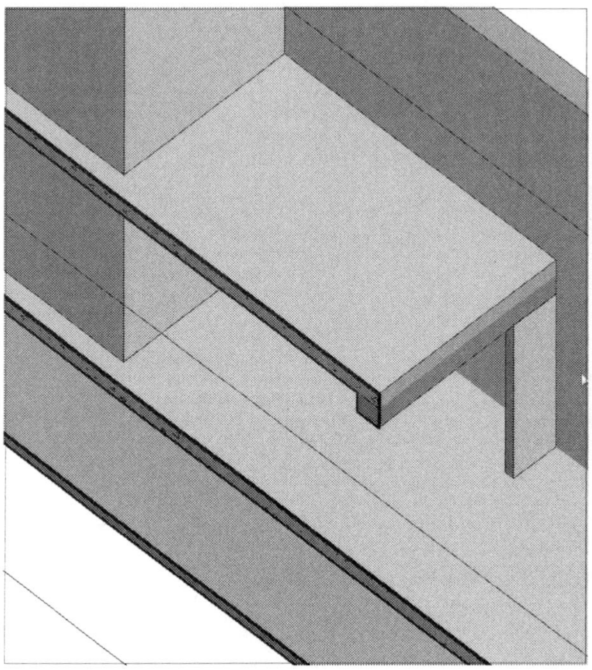

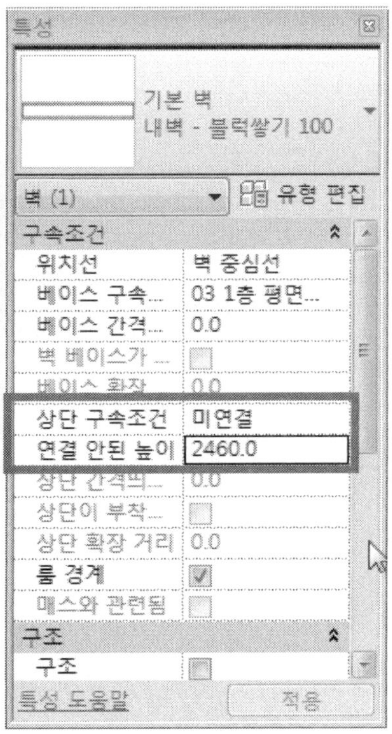

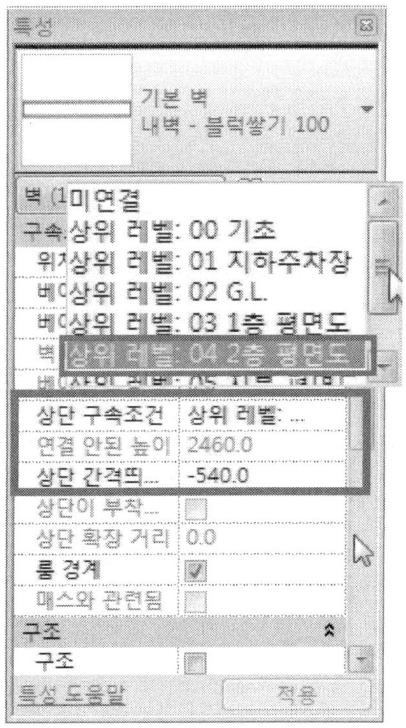

- 3D 뷰에서 단면 상자를 해제하고 전체를 보면 아래와 같다.

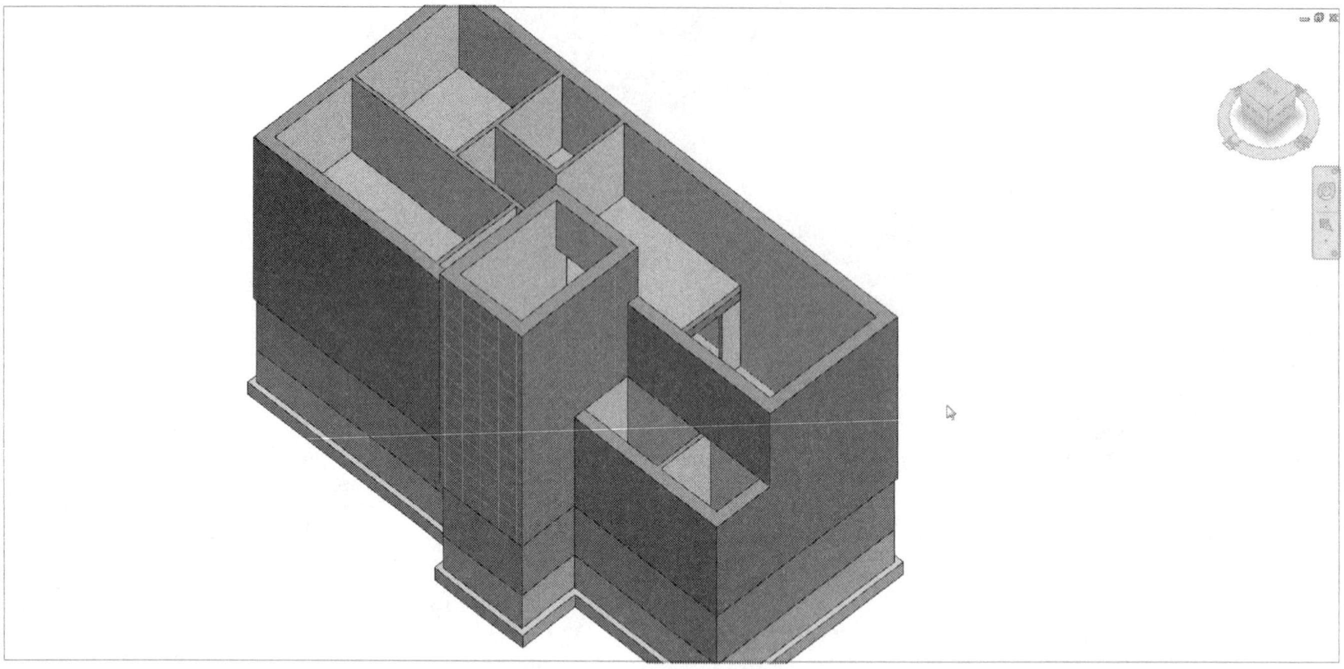

⑦ 외부와 면하는 바닥(1층 화장실 및 현관 상부, 계단실 상부) 모델링

- 먼저 04 2층 평면도로 이동해서 현관과 욕실 상부 부분이 보이도록 화면을 확대한다.

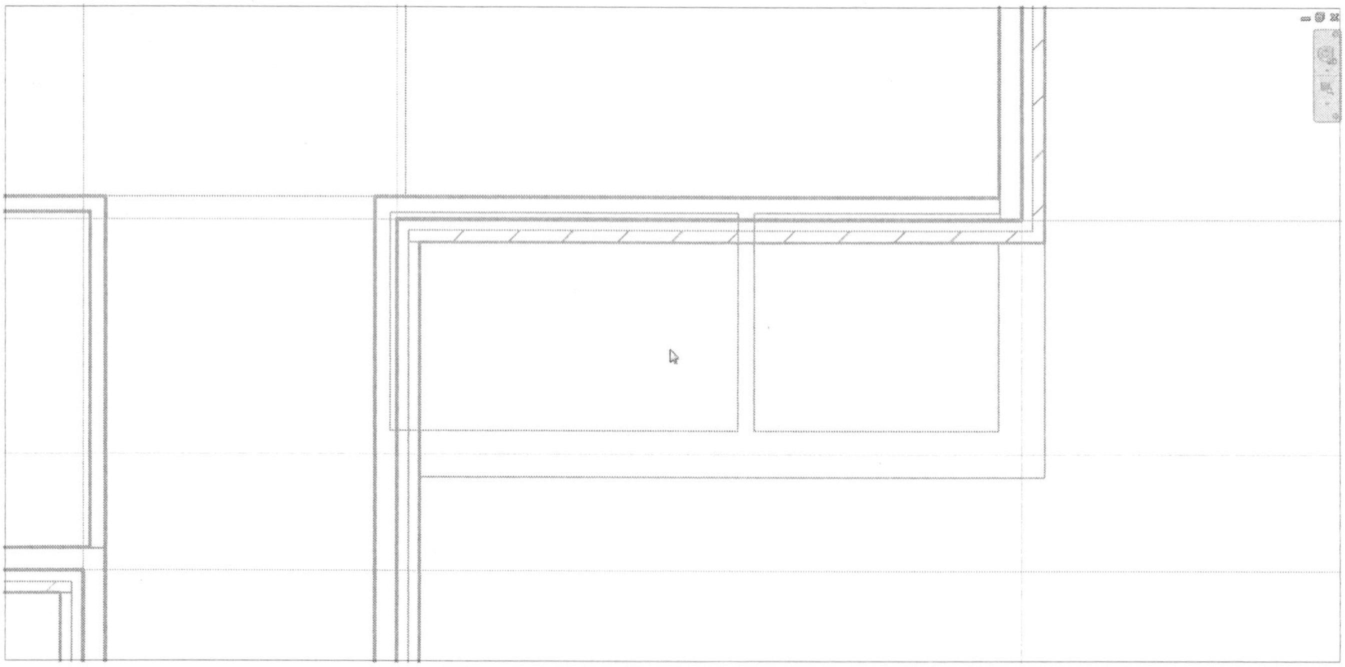

- 건축 탭의 바닥을 선택하고 일반 150mm를 활성화한다. 선 선택으로 그림과 같이 모델링한다.

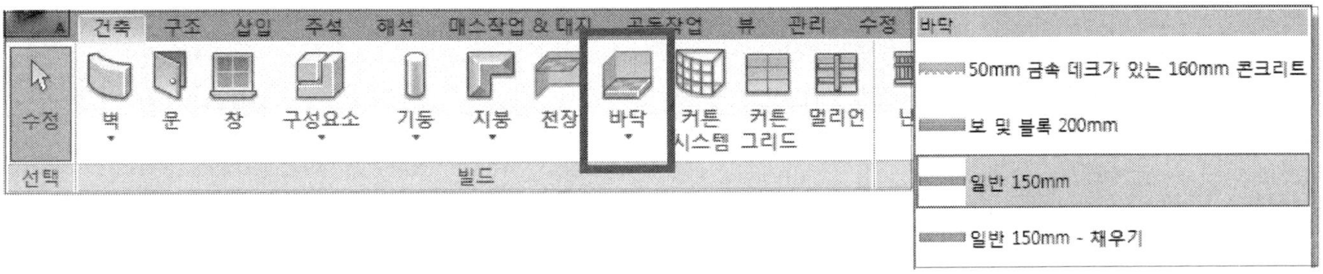

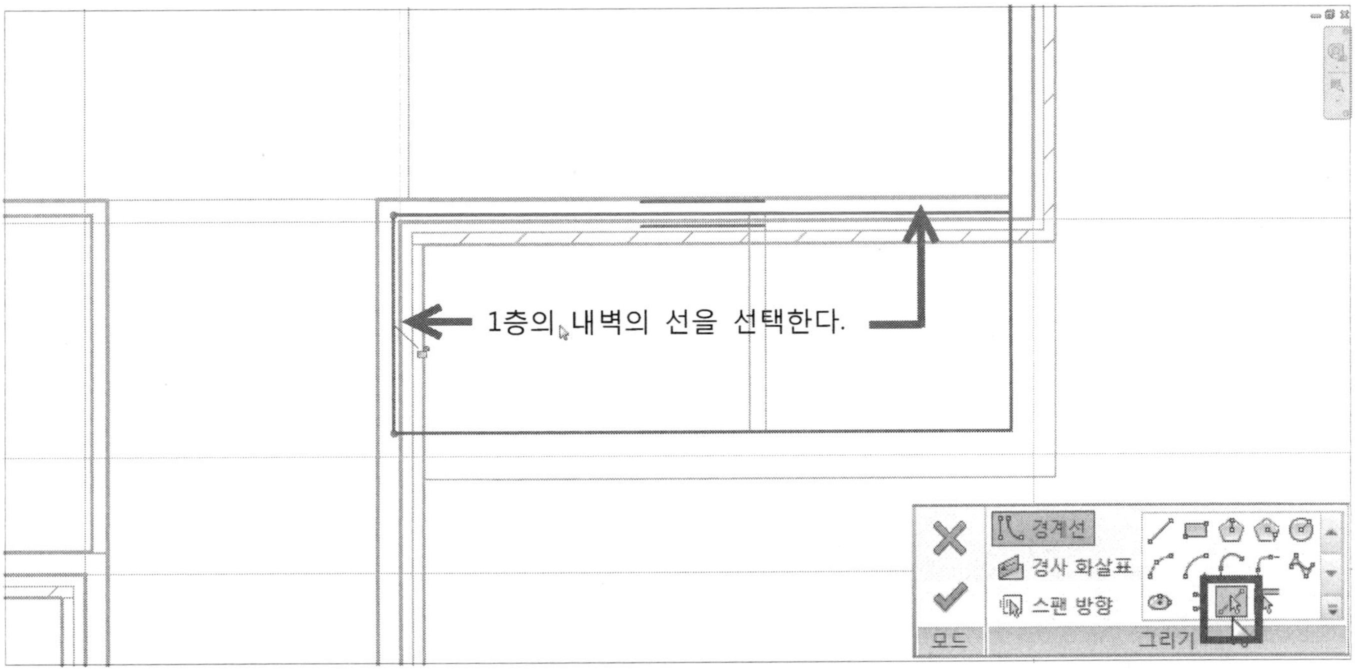

- 수정 모드에서 코너로 자르기/연장(TR)을 선택하고 바닥 선들을 클릭하여 아래 그림과 같이 정리한다.

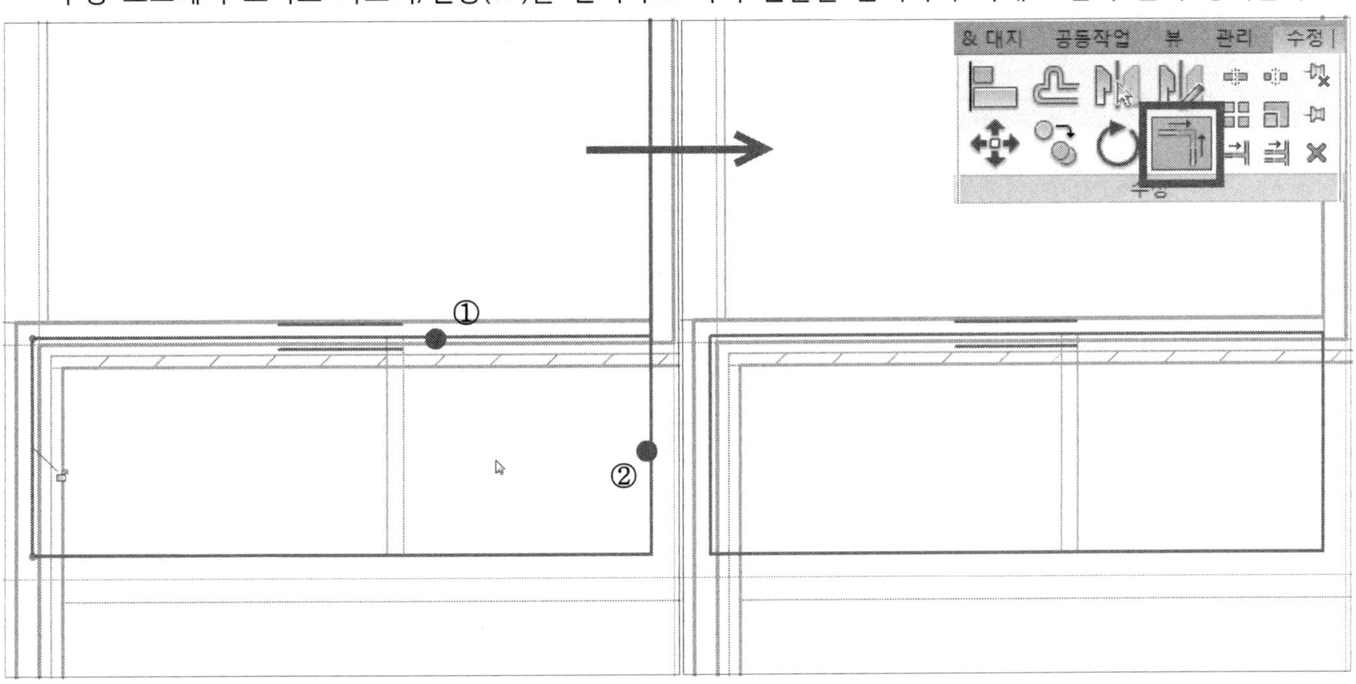

- 바닥 모드의 완료 버튼을 클릭한다.
- 메시지가 나타나면 아니요(N)를 클릭한다.

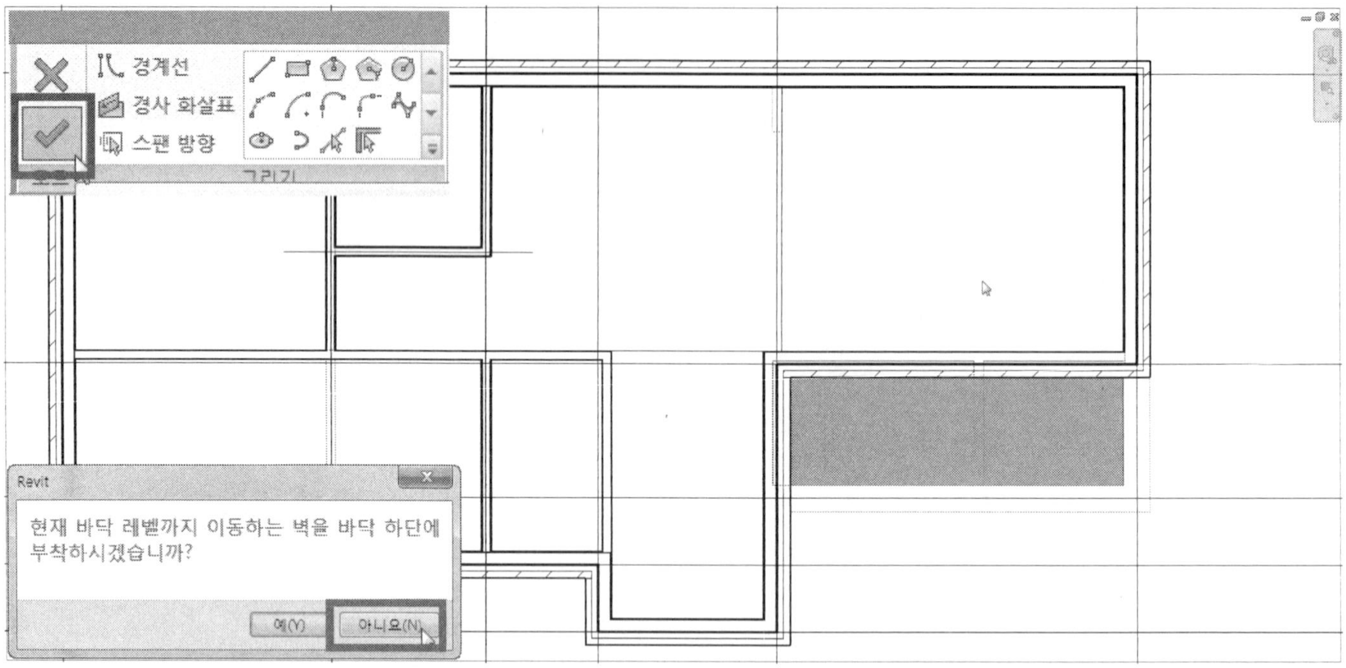

- 바닥이 만들어졌지만 바닥과 1층의 내벽이 중복된 것을 확인할 수 있다.

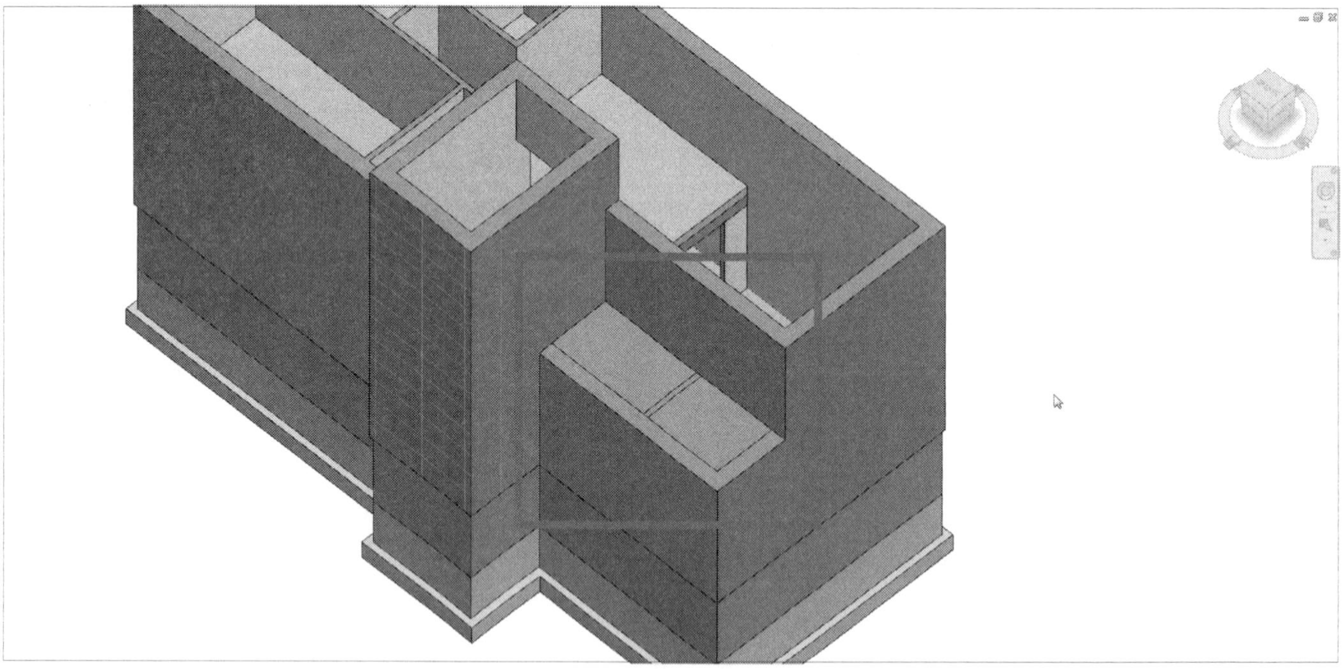

- 먼저 현관에 면한 벽을 선택하고 상단/베이스 부착을 새롭게 만든 바닥을 선택하여 부착한다.

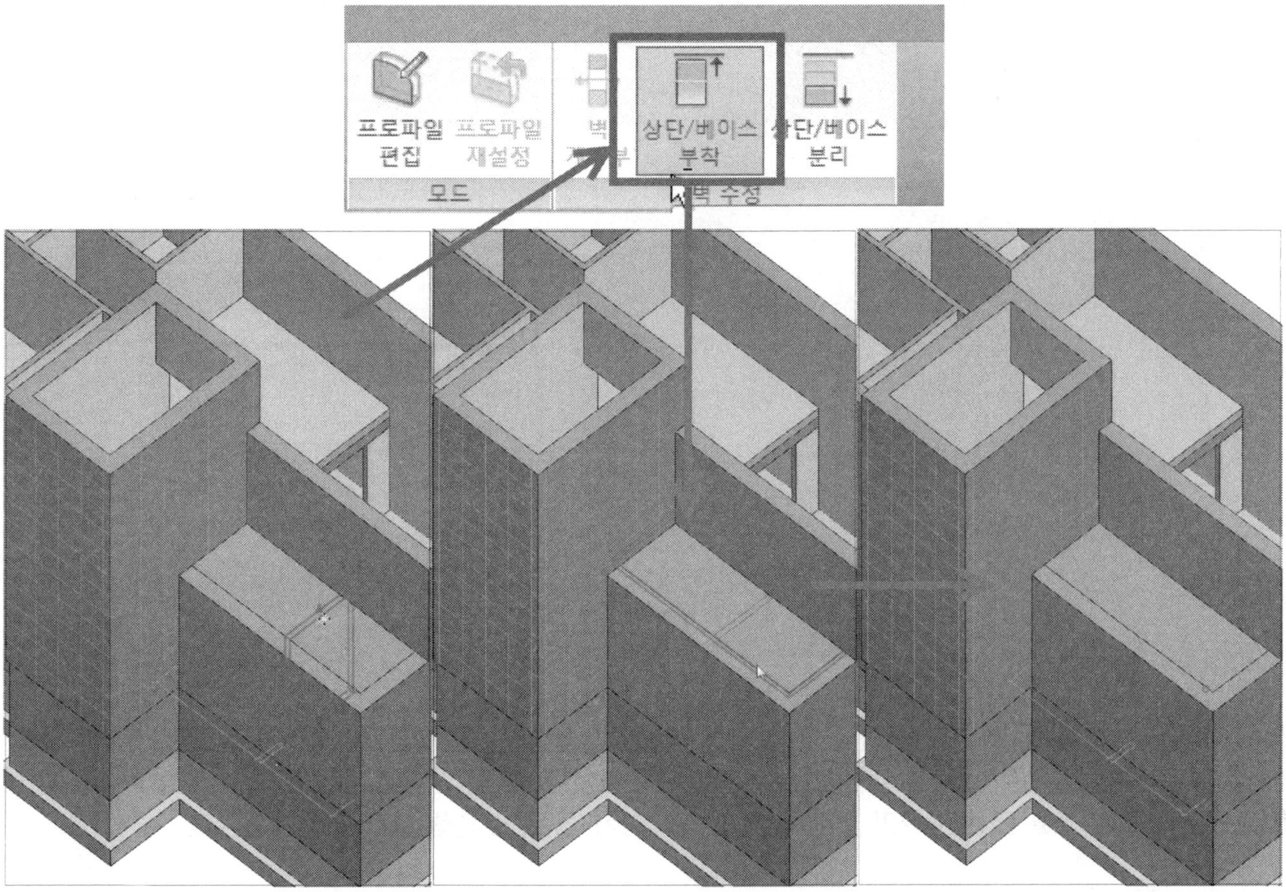

- 1층의 벽과 새롭게 만든 바닥이 같은 높이에 있으므로 외부 벽의 높이를 100mm 높여 파라펫을 만든다.
- 두 개의 1층 벽을 선택하고 특성의 상단 구속조건을 미연결로 연결 안된 높이를 3,400mm로 수정하거나

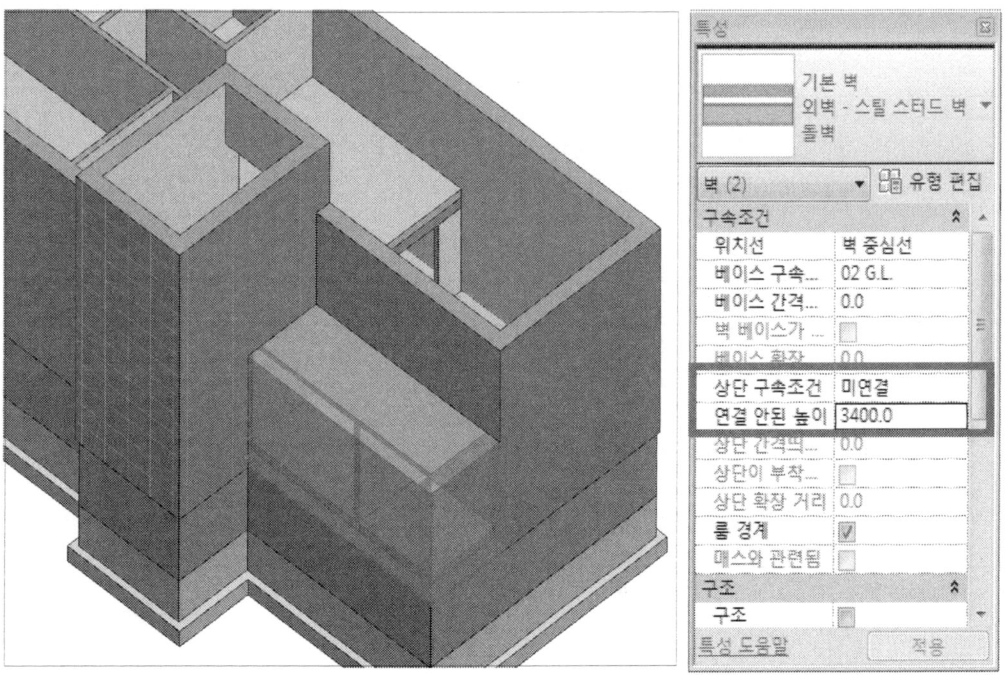

- 또는 상단구속조건을 04 2층 평면도, 상단 간격띄우기를 100으로 한다.

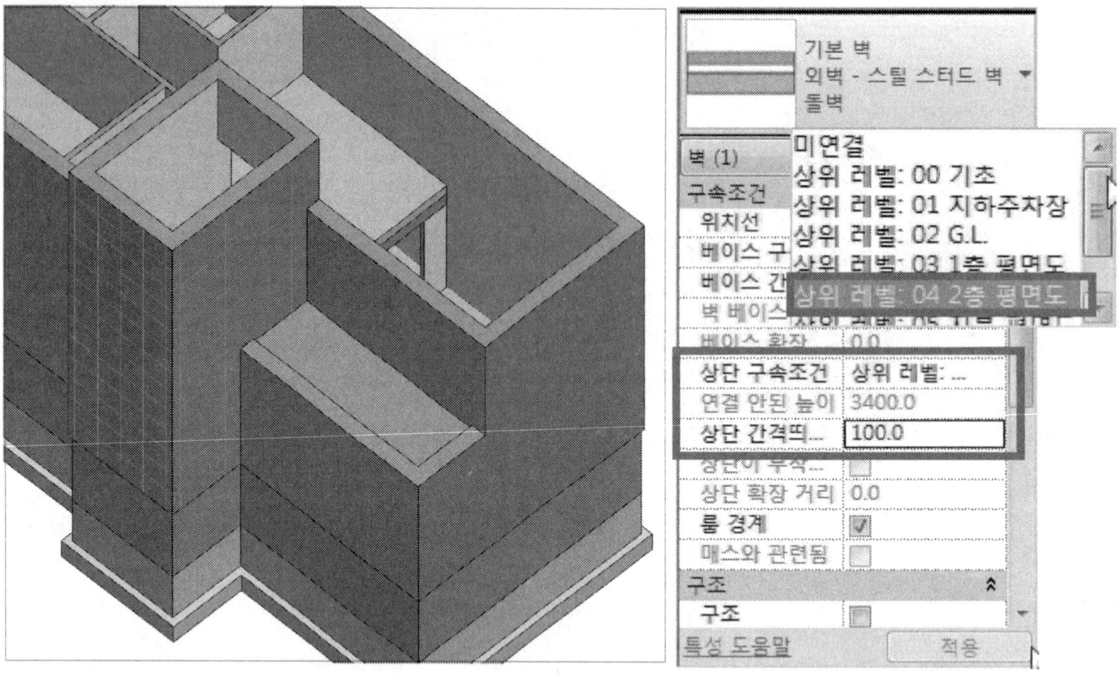

※ 벽의 구속조건을 만들 때 미연결로 하고 높이를 주는 것 보다는 구속조건을 정하고 상단 간격띄우기를 설정하는 것이 Revit의 상관적 관계를 이용하는 것으로 효율적이다. 이는 만약에 레벨의 높이가 변화하면 미연결일 때와 구속조건이 있을 때는 수정이 필요한 것과 필요하지 않은 것으로 나타나기 때문이다.

- 06 계단지붕으로 이동해서 계단실 상부가 보이도록 화면을 확대한다.
- 필요 없는 그리드인 X6, X7, Y6는 뷰에서 감춘다.

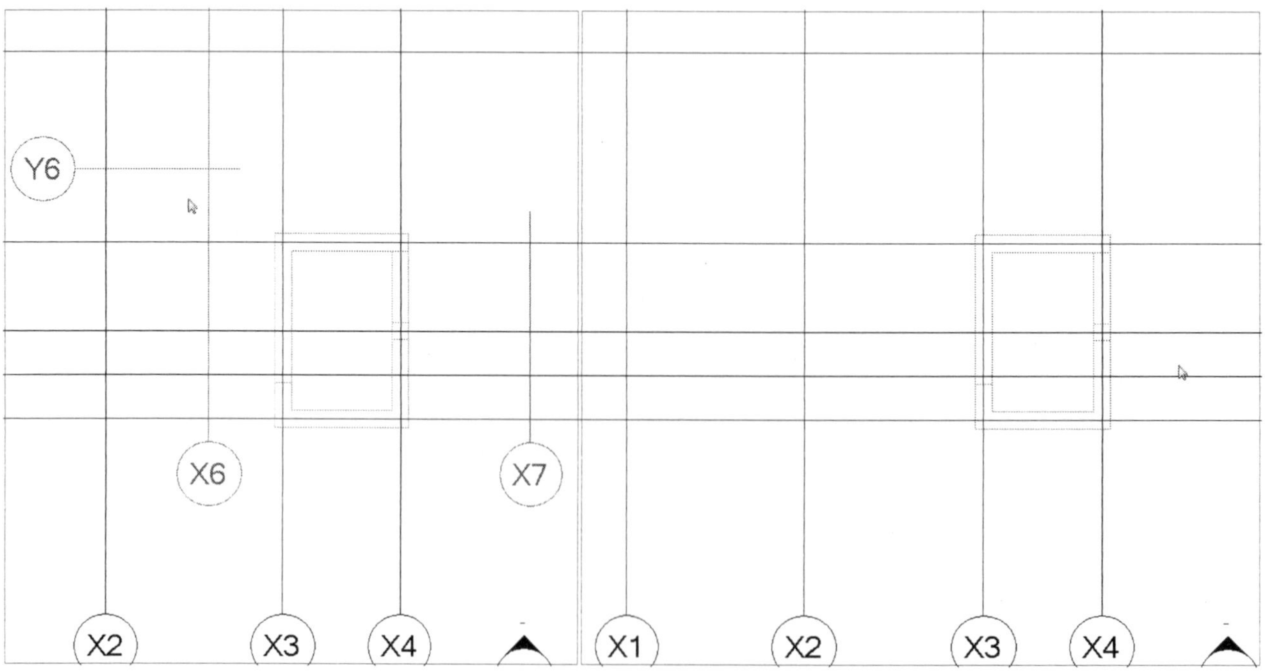

- 건축 탭의 바닥을 선택하고 일반 150mm를 활성화한다. 선 선택으로 그림과 같이 모델링한다.
- 수정 모드에서 코너로 자르기/연장(TR)을 선택하고 바닥 선들을 클릭하여 아래 그림과 같이 정리한다.

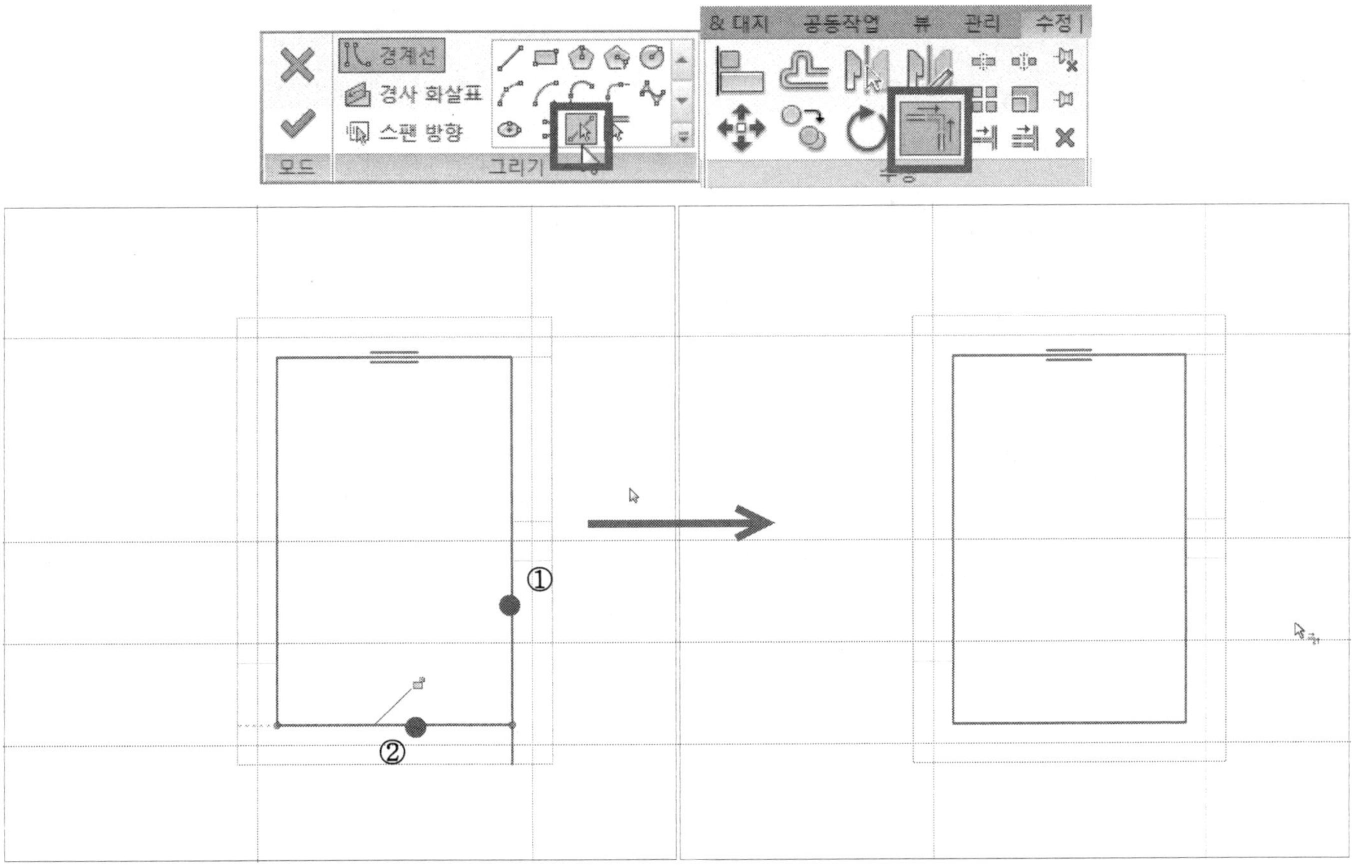

- 바닥 모드의 완료 버튼을 클릭한다.
- 메시지가 나타나면 아니요(N)를 클릭한다.

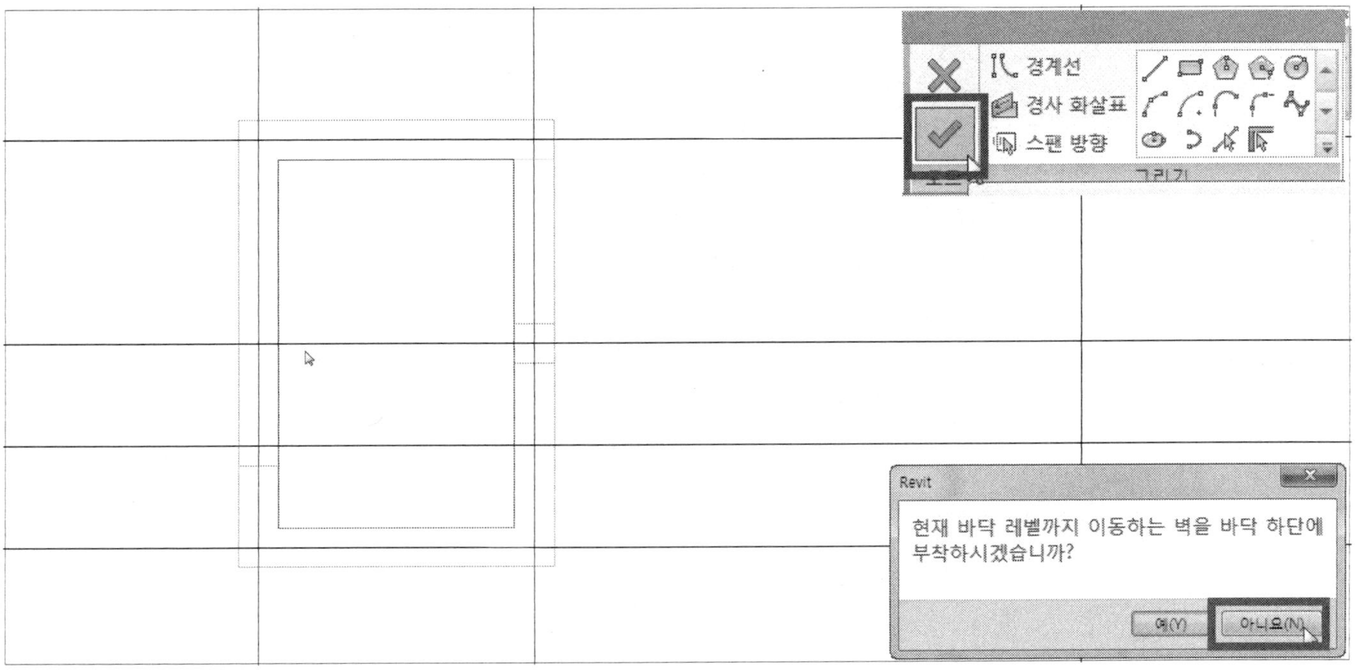

- 계단실 상부 바닥이 만들어졌지만 벽과 같은 높이로 파라펫이 없는 것을 확인할 수 있다.
- 바닥을 선택한다.

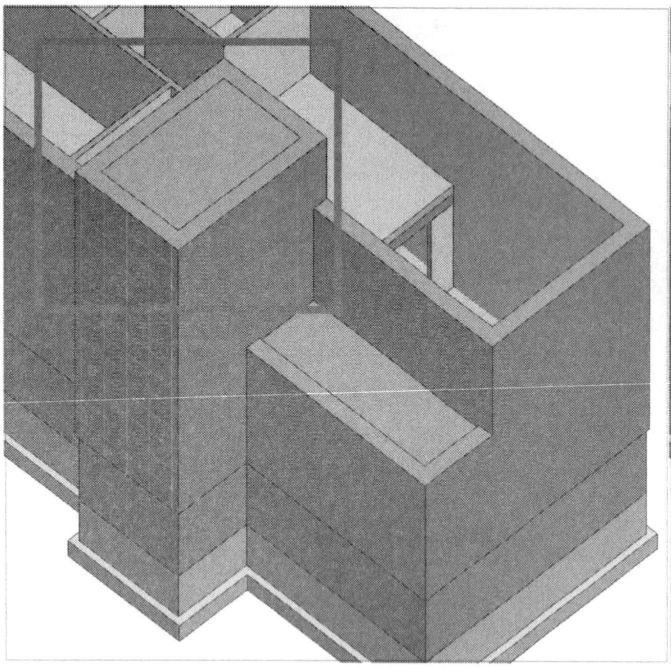

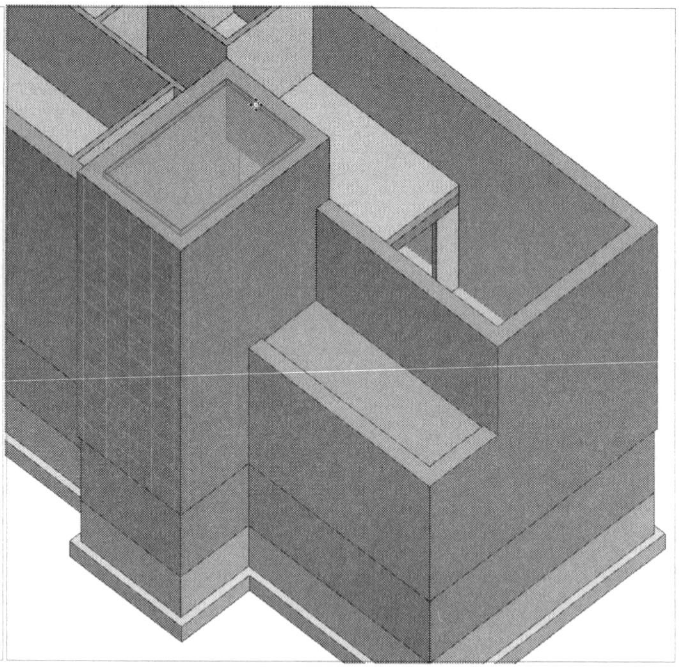

- 계단실의 벽과 새롭게 만든 바닥이 같은 높이에 있으므로 바닥을 200mm 낮추어 파라펫을 만든다.
- 바닥을 선택하고 특성의 레벨로부터 간격 띄우기를 -200mm로 수정한다.

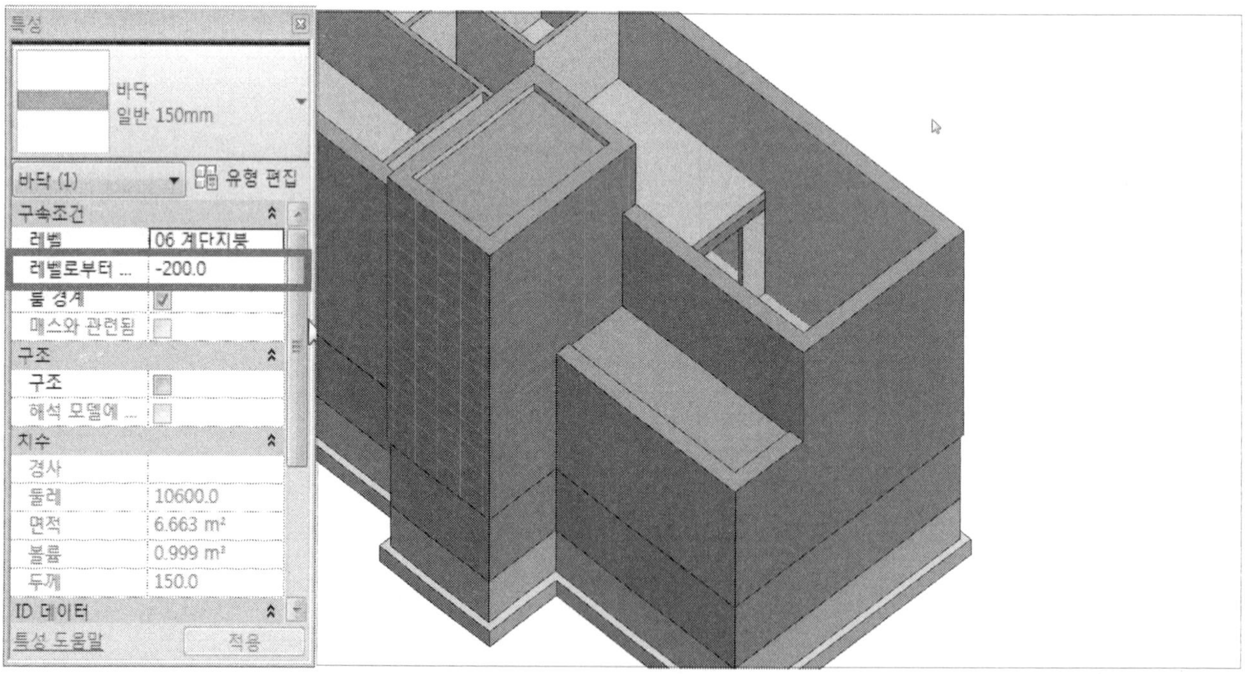

- 모델링한 것을 3D 뷰에서 확인한다.

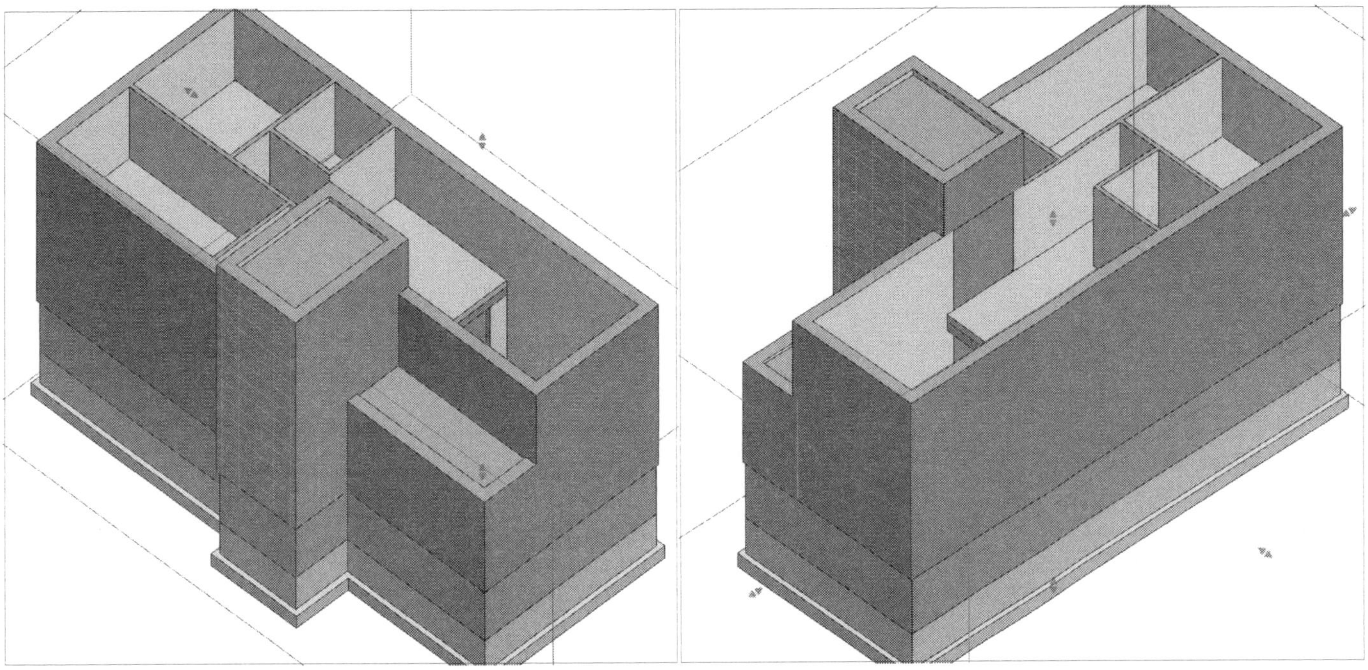

- 모델링한 것을 3D 뷰에서 단면 상자를 이용해서 확인한다.

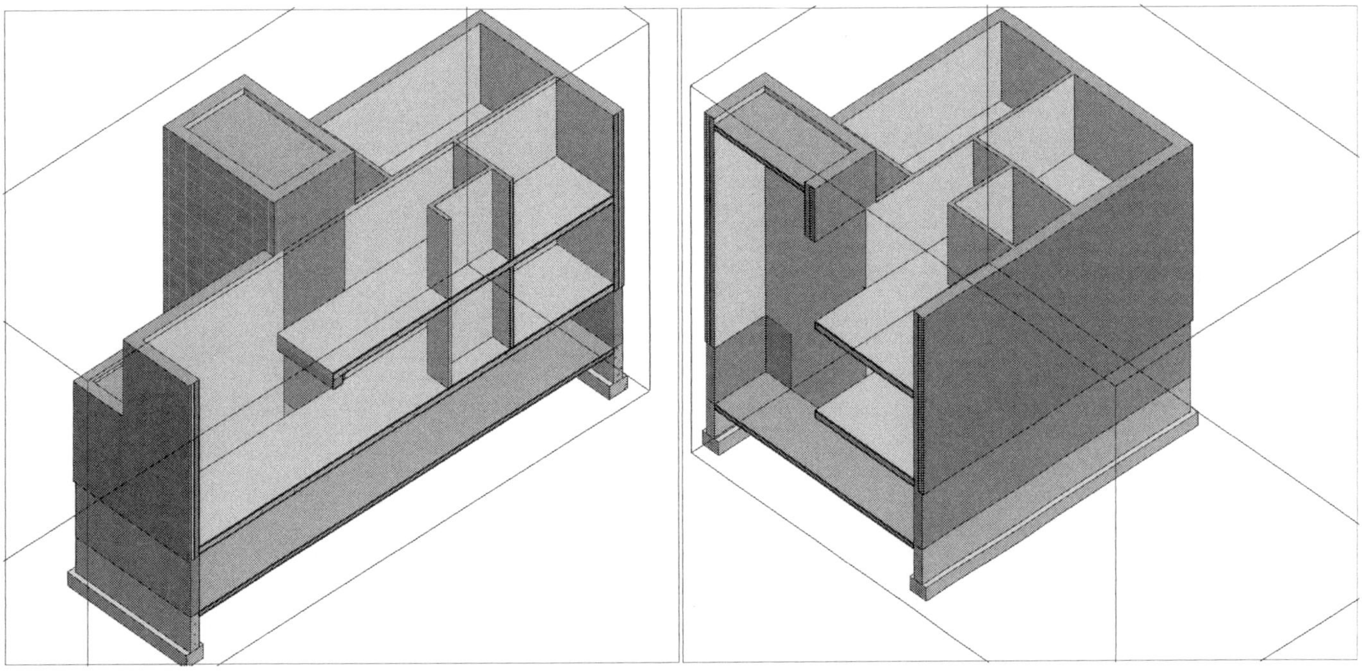

10) 지붕 그리기

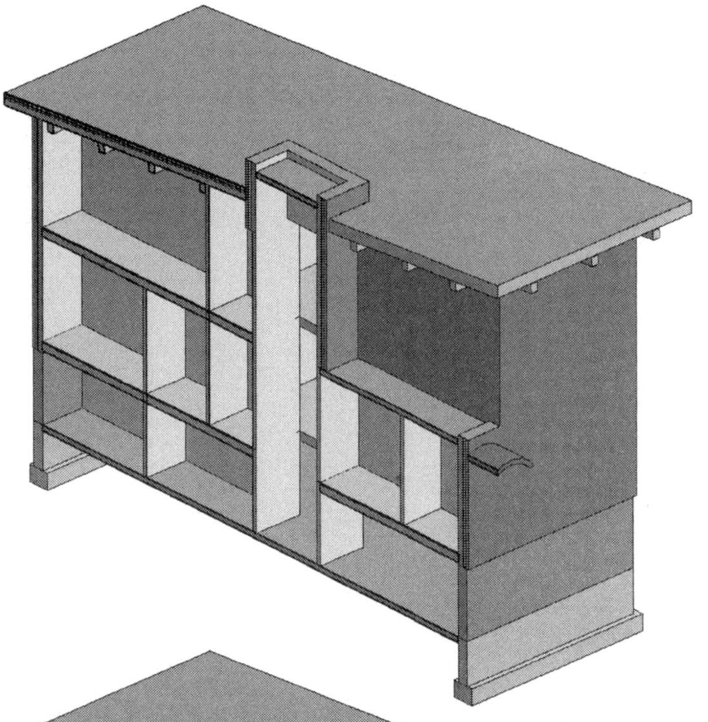

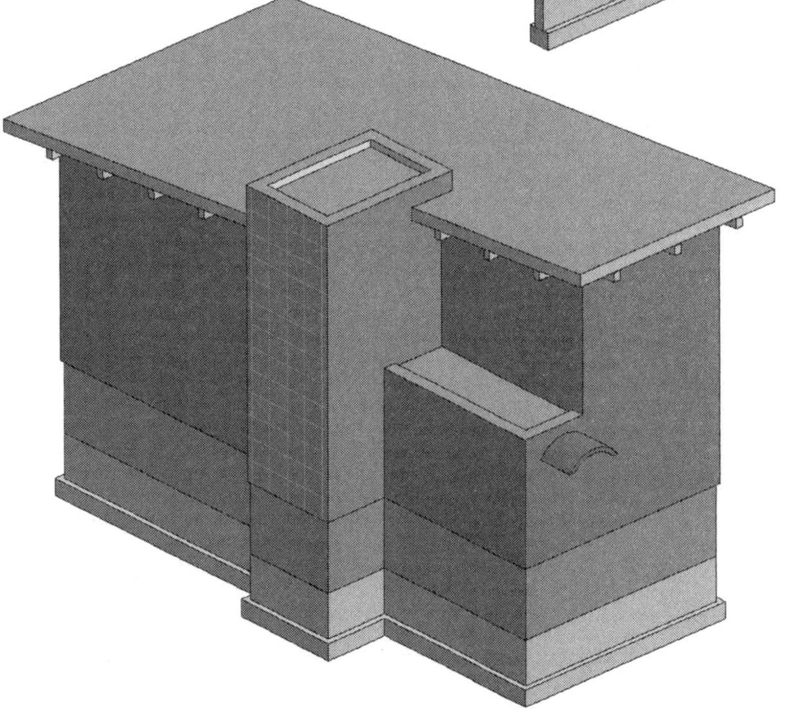

평지붕, 경사지붕을 모델링하고, 보 시스템으로 지붕의 보를 그린다.
벽의 프로파일을 수정하여 오류를 바로 잡으며, 매스로 지붕을 구성한다.

학습목표

- 경계 작성으로 지붕 모델링하는 방법을 이해한다.
- 평지붕 그리는 방법을 실습을 통해 숙지한다.
- 평지붕을 경사지붕으로 수정하는 방법을 실습을 통해 숙지한다.
- 벽 프로파일 수정하는 방법을 실습을 통해 숙지한다.
- 벽들을 상부 지붕에 부착하는 방법을 실습을 통해 숙지한다.
- 정렬을 통해 벽 입면패턴을 수정한다.
- 지붕의 보 시스템을 이해하고 실습한다.
- 매스로 지붕 구성을 이해하고 실습한다.

10) 지붕 그리기

지붕 외곽선을 그리거나 가장자리를 돌출시키거나 면을 선택하는 등 다양한 방법으로 지붕을 만들 수 있으며, 외곽선, 경사 등과 같은 지붕의 특성을 수정할 수 있다.

● 외곽설정으로 지붕 만들기

선을 그리거나 벽 혹은 선을 선택하여 지붕의 외곽을 설정하여 지붕을 만드는 방법으로 지붕은 외곽을 설정한 평면도 레벨에서 만들어진다. 외곽을 설정하는 선들은 지붕의 외곽선으로 닫힌 도형이 되어야 하며 지붕의 개구부를 나타내기 위한 닫힌 도형을 포함할 수도 있다. 그리고 지붕의 경사는 외곽선에 경사를 지정하여 사용한다. 모임지붕 박공지붕 평평한 지붕 등 다양한 지붕을 만들 수 있다.

● 돌출로 지붕 만들기

입면도나 단면도에서 지붕 상단의 프로파일을 스케치하고 돌출시켜 지붕을 만드는 방법으로 복잡한 구조의 지붕이나 둥근 지붕 등을 만들 수 있다. 돌출의 시작점과 끝점을 설정하여 지붕의 길이를 만들며, 프로파일은 직선과 호를 사용하여 된다. 3차원이나 입면에서의 프로파일 위치가 지붕의 높이가 된다.

● 면으로 지붕 만들기

면으로 지붕 만들기 도구를 사용하면 매스에서 수직이 아닌 모든 면에 지붕을 작성할 수 있다. 매스 작업을 통해서 비정형으로 구성된 면을 지붕으로 만들 수 있다.

① 평지붕 그리기

- 05 지붕평면도로 이동해서 평면전체가 보이도록 화면을 확대한다.
- 필요 없는 그리드인 X6, X7, Y6는 뷰에서 감춘다.

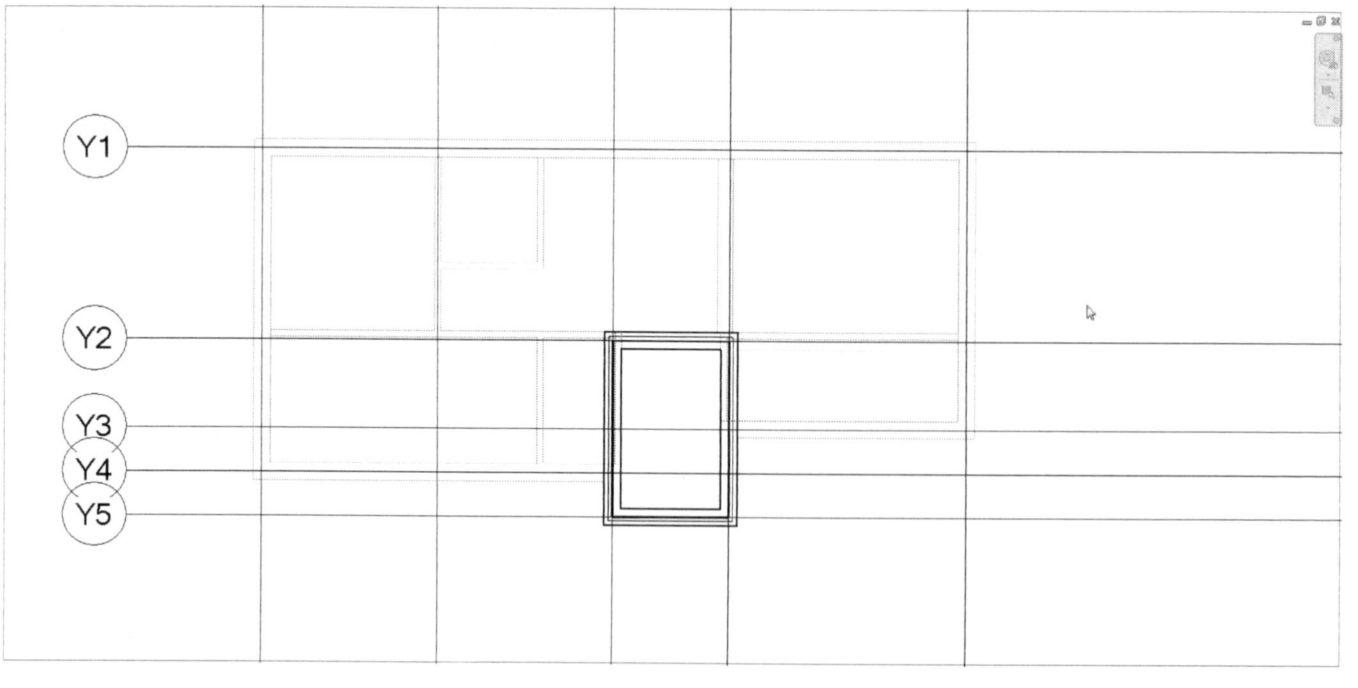

- 건축 탭의 지붕에서 외곽설정으로 지붕 만들기를 선택한다.
- 지붕은 웜 지붕 - 콘크리트를 선택한다.

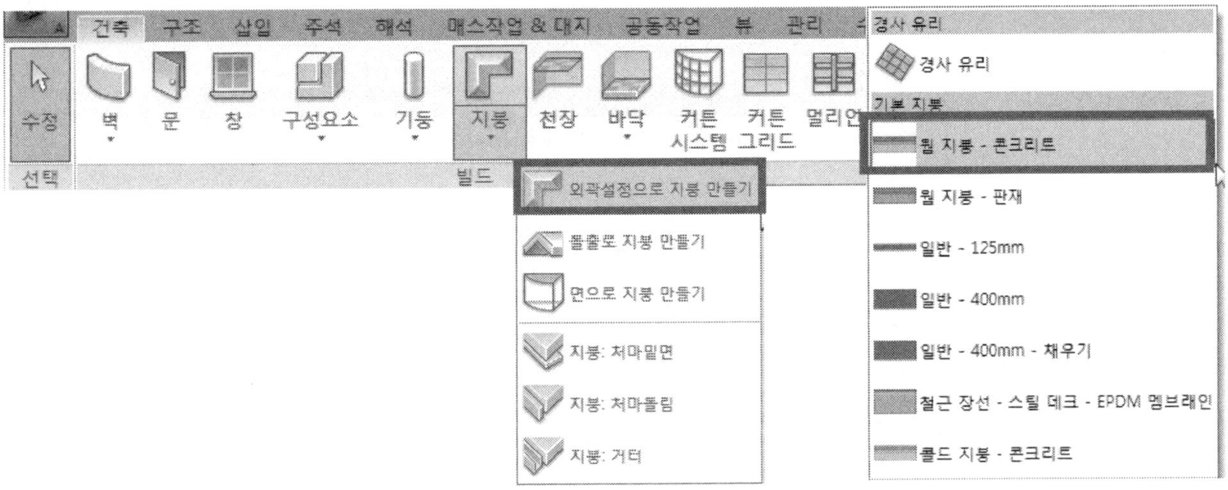

- 선 선택을 이용하여 아래 그림과 같이 구성한다.
- 경사 정의 체크를 해제하고 간격띄우기는 900mm로 설정한다.

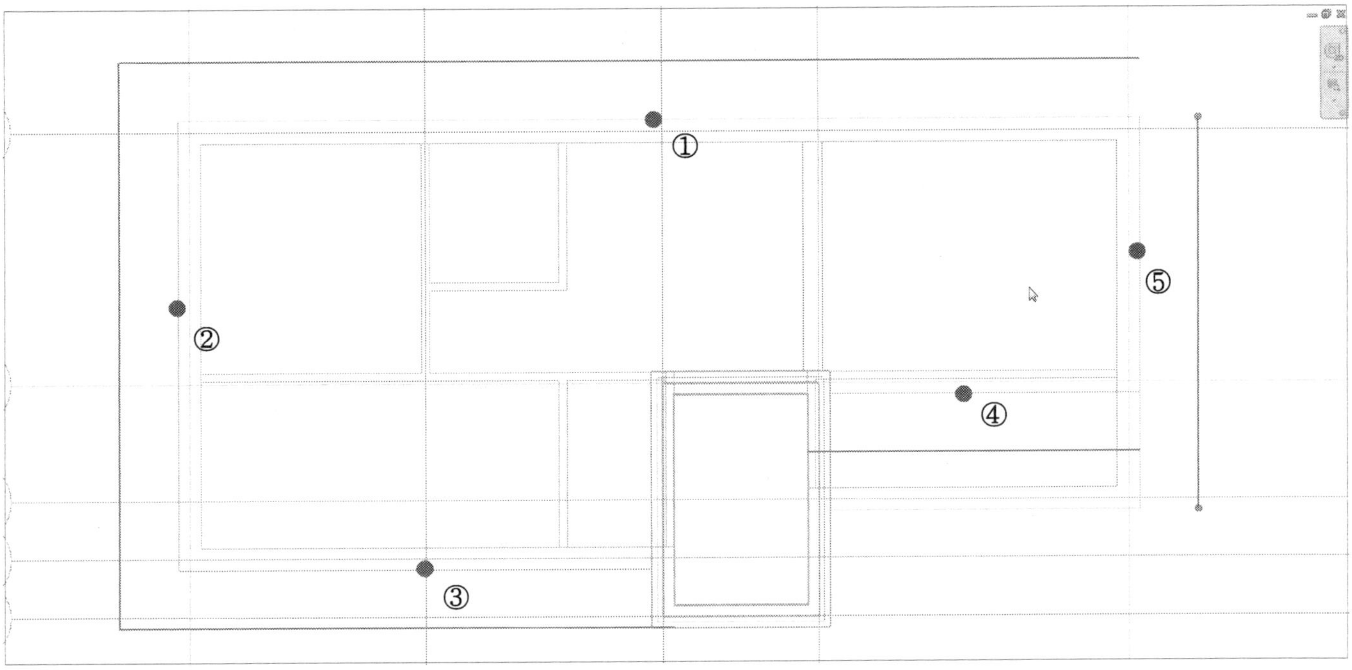

- 선 선택을 이용하여 추가로 아래 그림과 같이 구성한다.
- 경사 정의 체크를 해제하고 간격띄우기는 0mm로 설정한다.

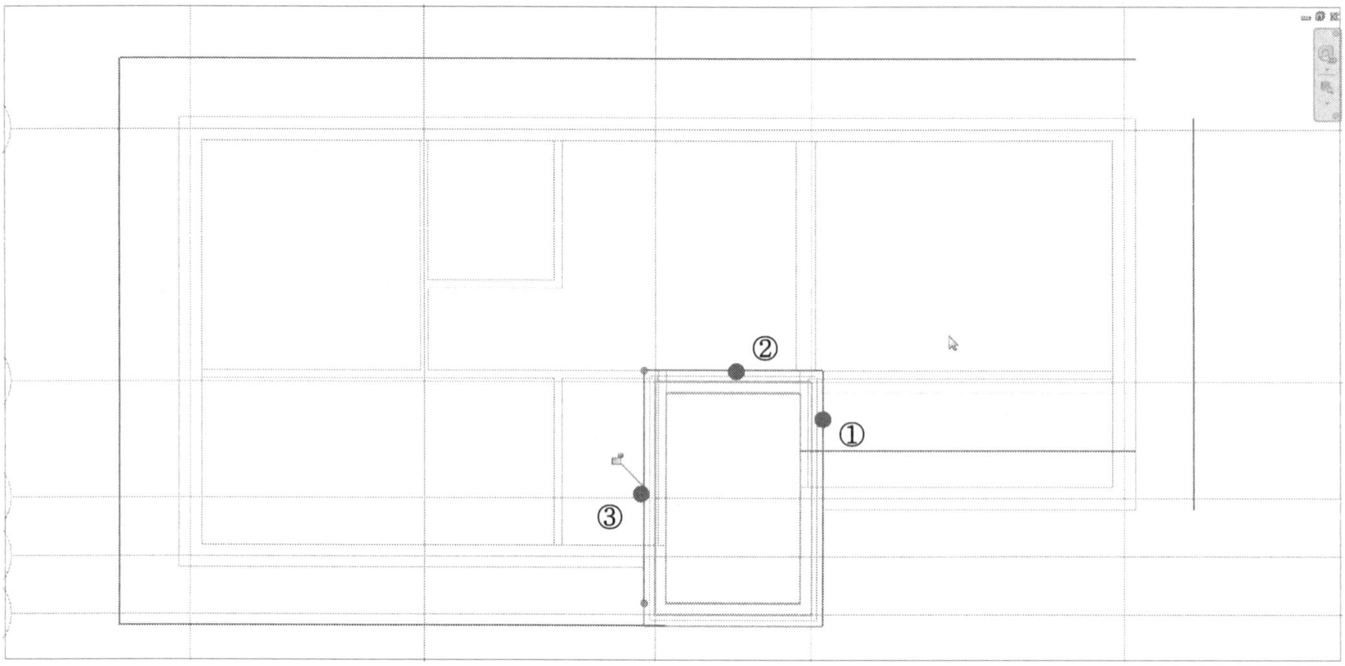

- 수정 모드에서 코너로 자르기/연장(TR)을 선택하고 지붕 외곽선들을 클릭하여 아래 그림과 같이 정리한다.

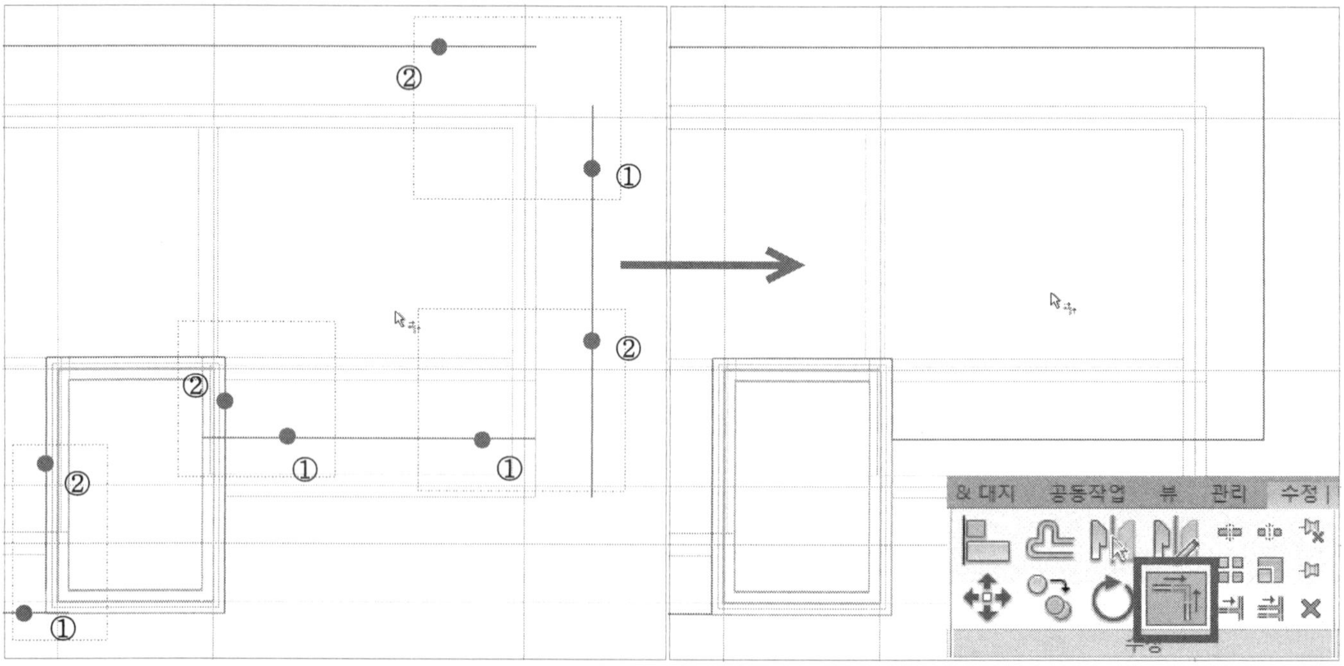

- 지붕 모드의 완료 버튼을 클릭한다.

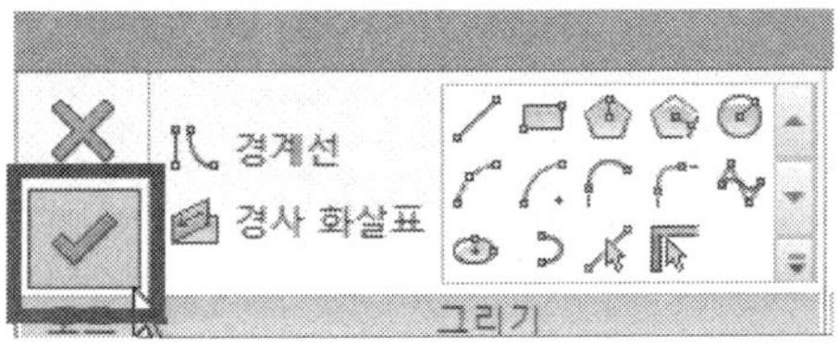

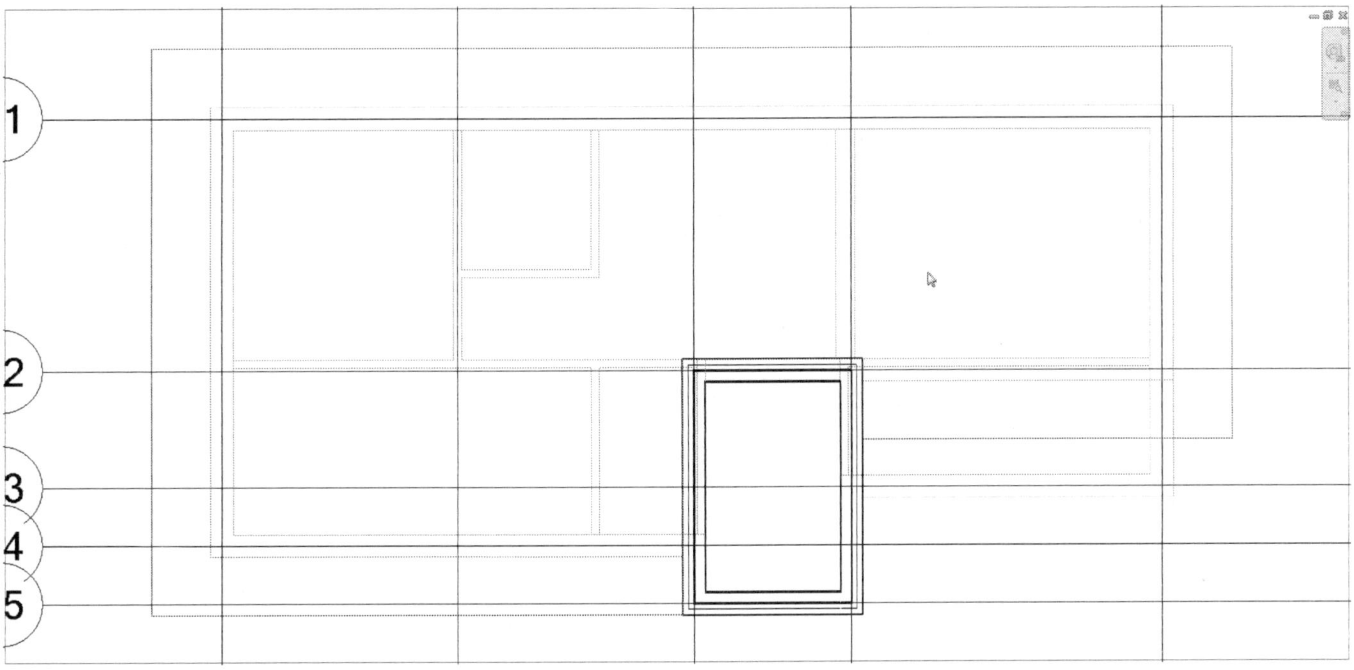

- 3D 뷰에서 확인한다.

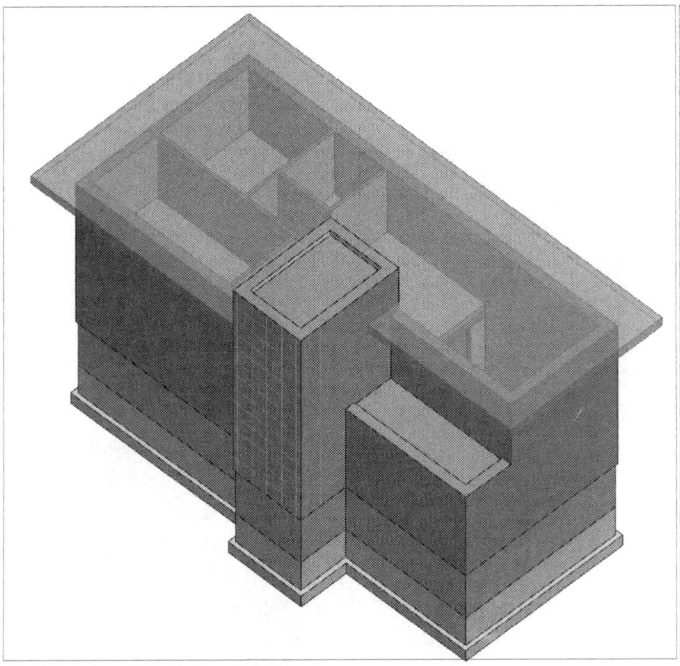

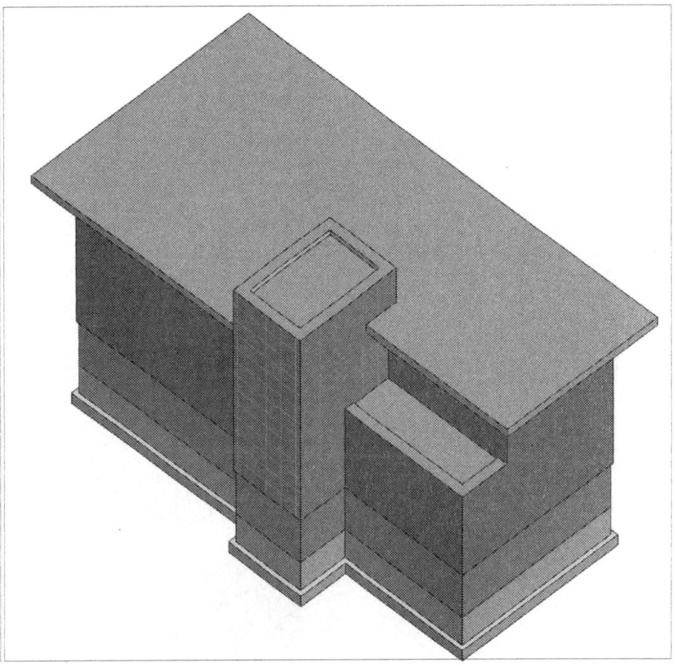

② 평지붕을 경사지붕으로 수정하기

- 남측면도를 확인해 보면 지붕이 평지붕으로 구성되어 있는 것을 알 수 있다.

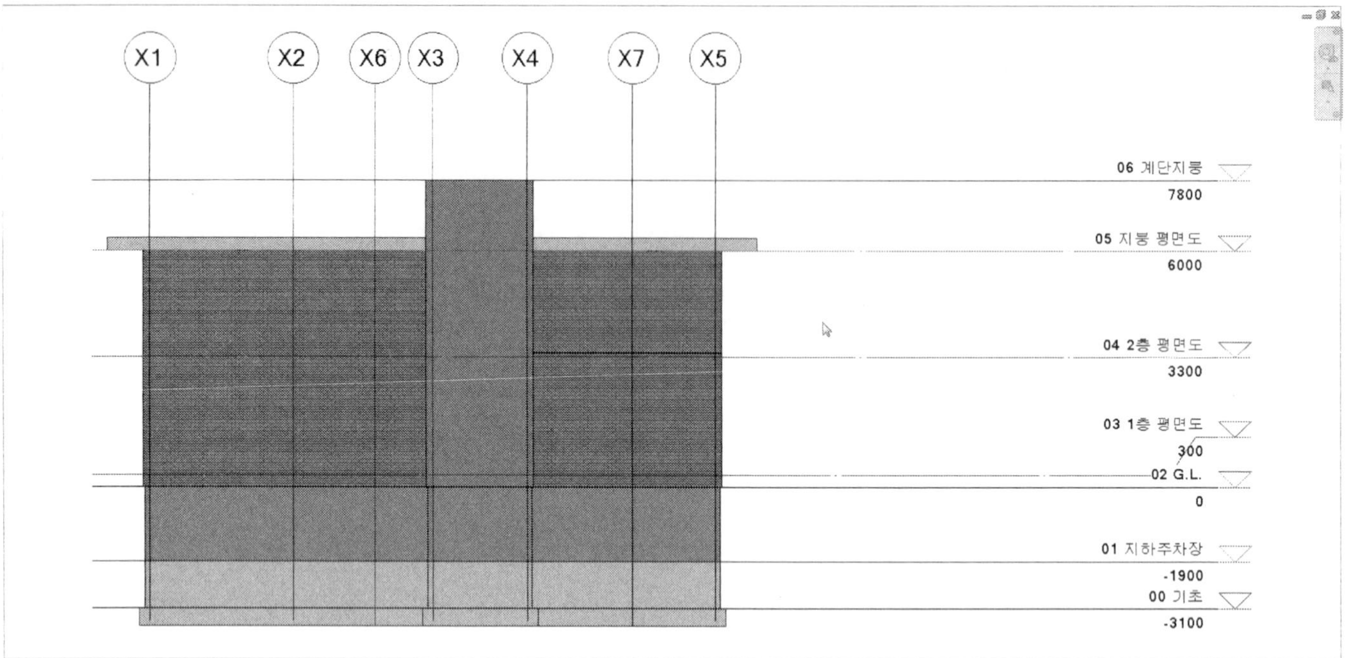

- 3D 뷰에서 지붕을 선택한다.
- 수정 탭의 모드에서 외곽설정 편집을 선택한다. 지붕이 외곽선으로 변해 나타난다.

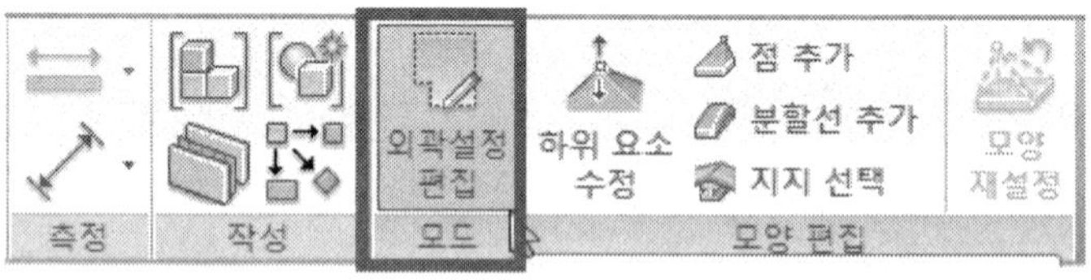

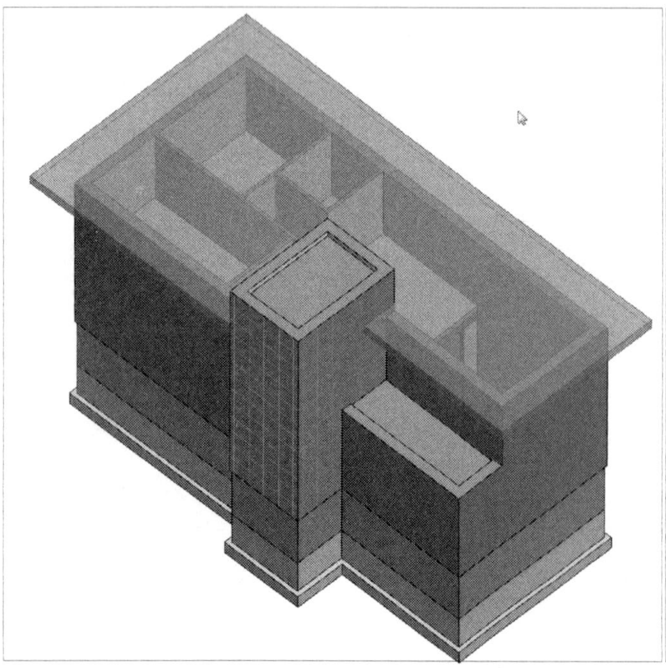

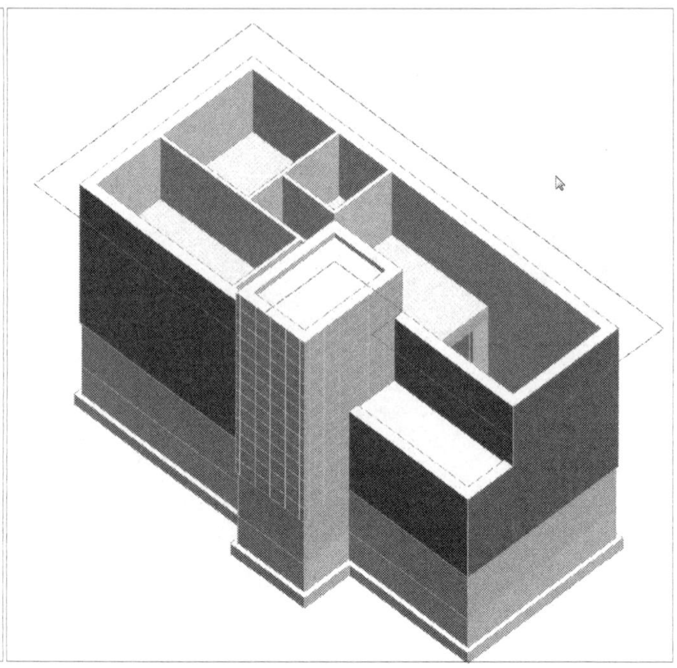

- 지붕 외곽선 중 경사를 정의할 외곽선을 선택한다.
- 먼저 특성에서 외곽선의 지붕 경사 정의 박스를 체크한다.
- 그 후 경사를 5도로 설정한다.

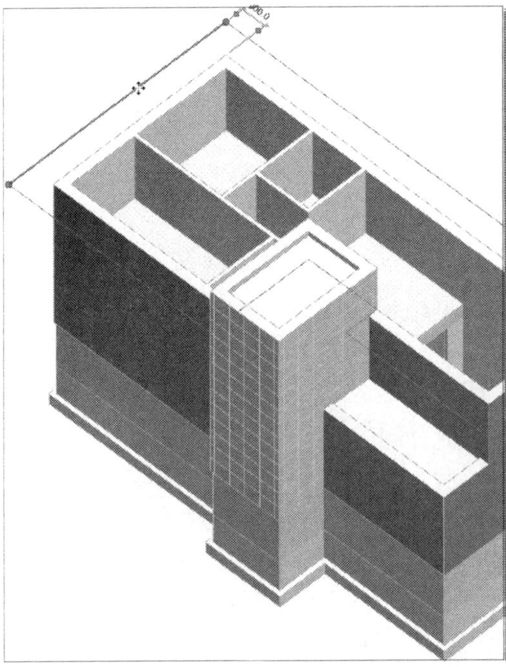

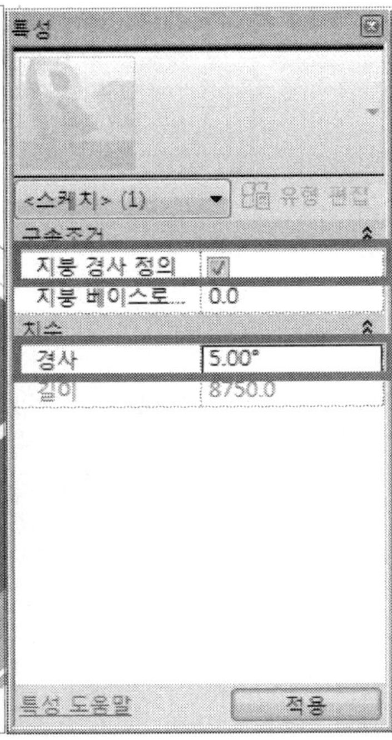

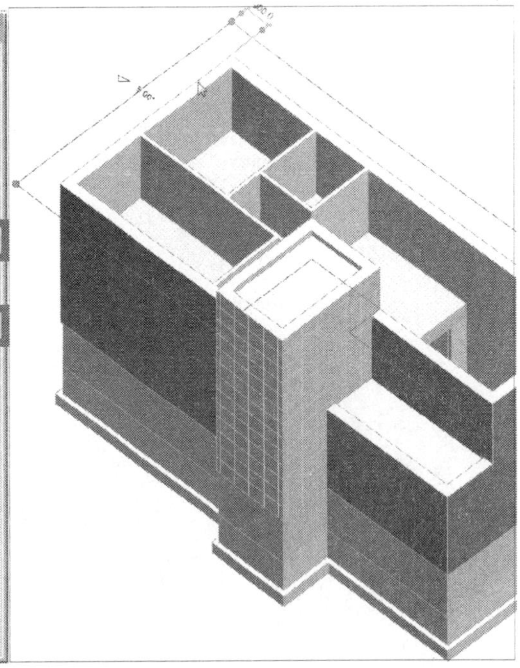

- 지붕 모드의 완료 버튼을 클릭한다. 경사지붕이 완성된 것을 알 수 있다.

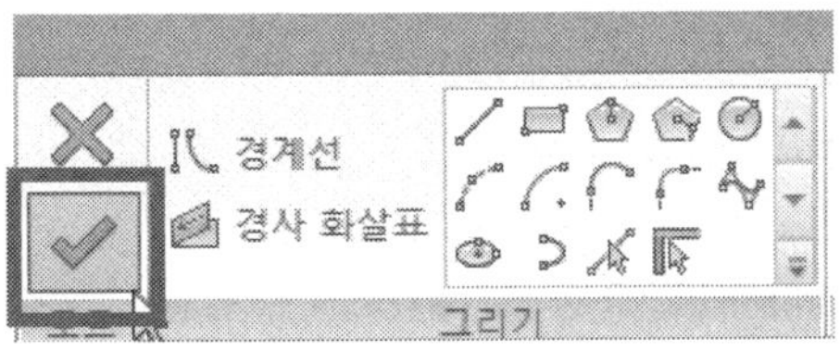

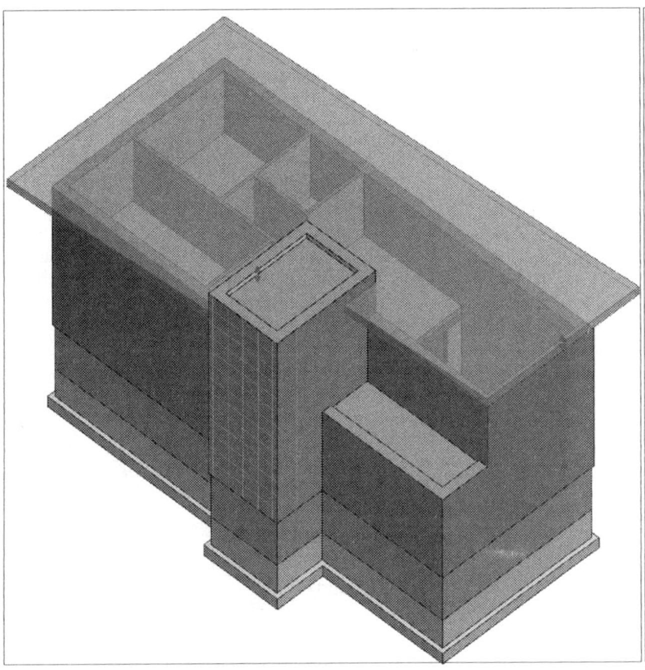

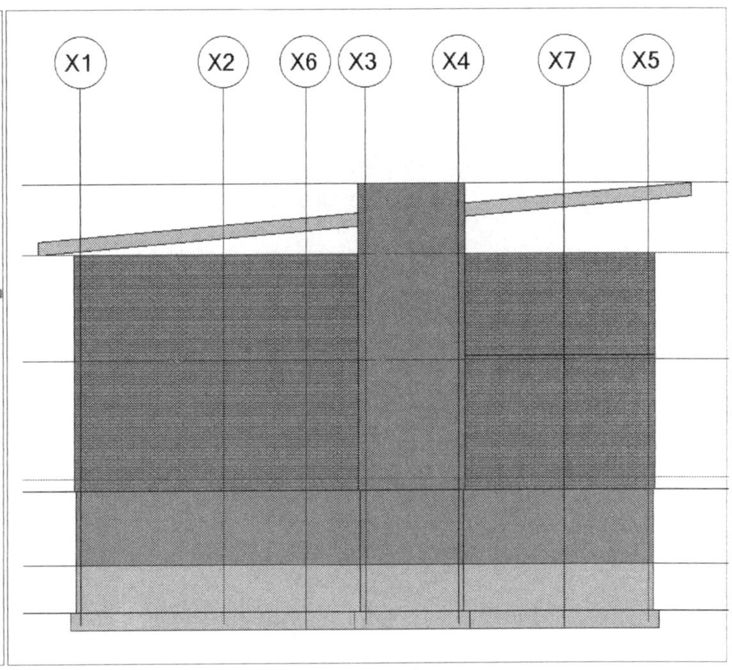

- 경사지붕과 외벽과 내벽 사이가 떨어져 있으므로 상단/베이스 부착을 통해서 벽들을 지붕에 부착시킨다.
- 먼저 보이는 외벽들을 Ctrl키를 누른 상태에서 복수로 선택하고 상단/베이스 부착을 통해 부착시킨다.

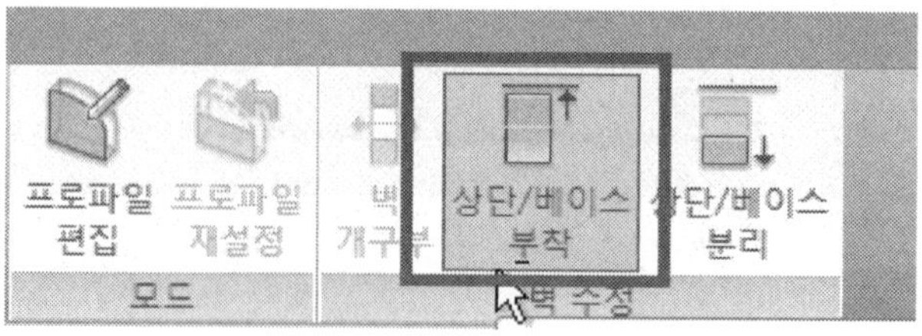

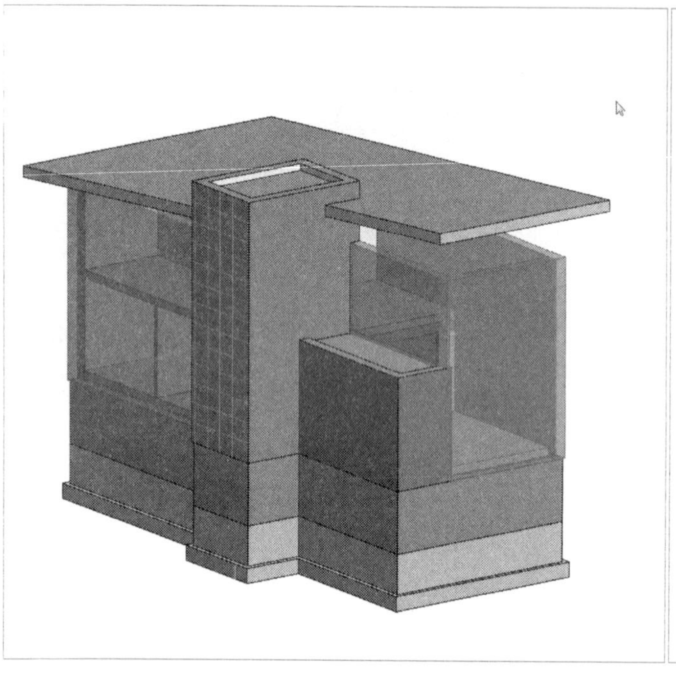

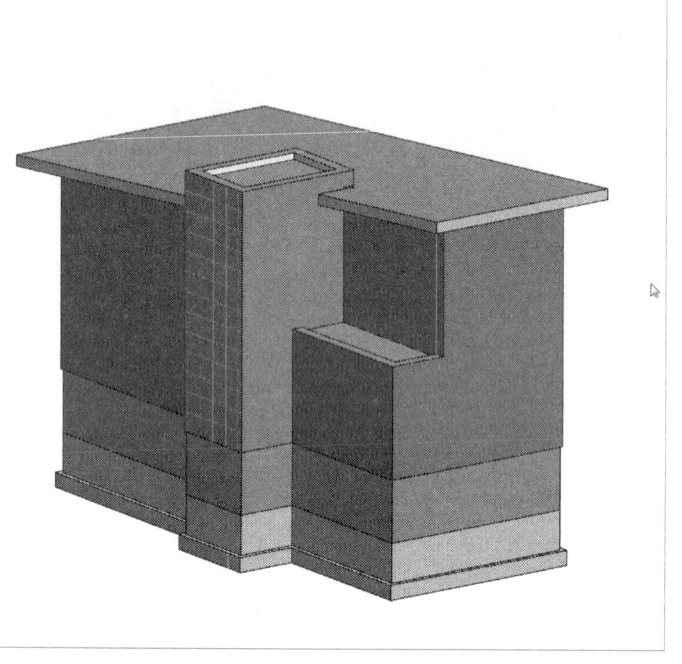

- 3D 뷰의 방향을 바꿔 후면의 벽도 선택하고 상단/베이스 부착을 통해 부착시킨다.

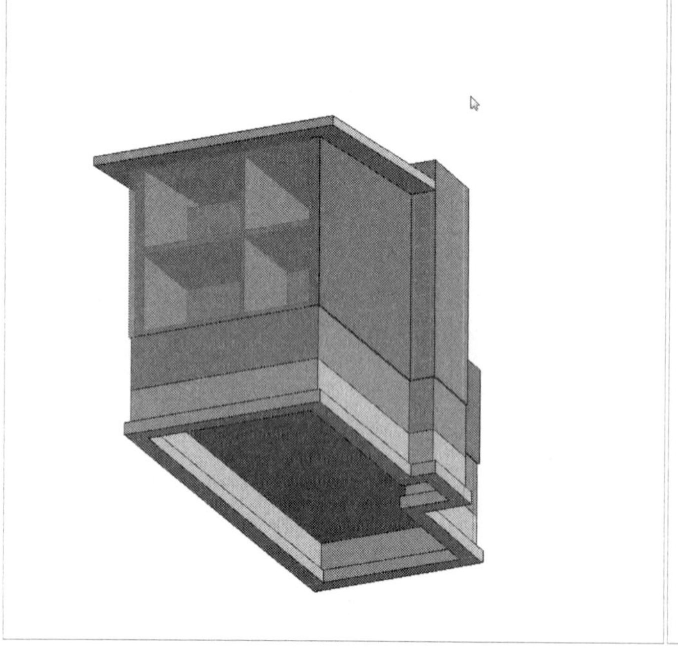

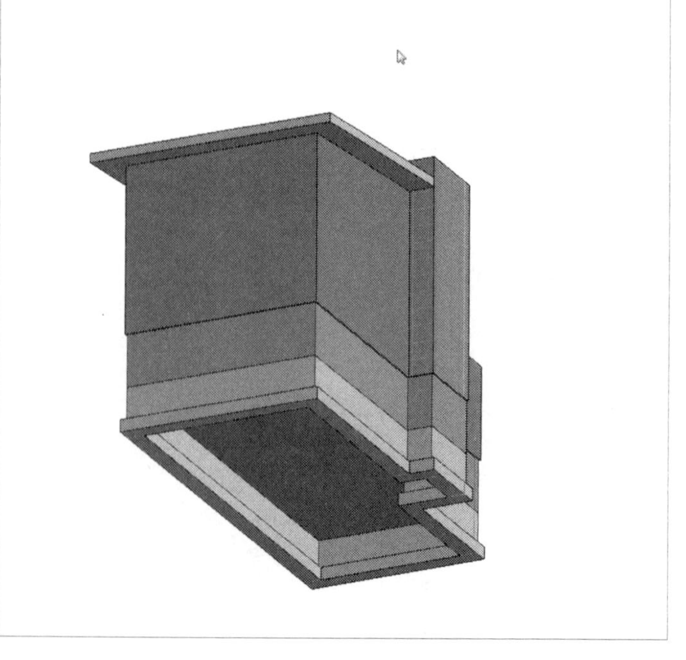

③ 벽 프로파일 수정하기

- 벽 부착으로 모델링에 이상이 생길 수 있다.
- 벽체의 일부분이 사라져 모델링에 이상이 생긴다. 05 지붕평면도에서 확인하여 본다.

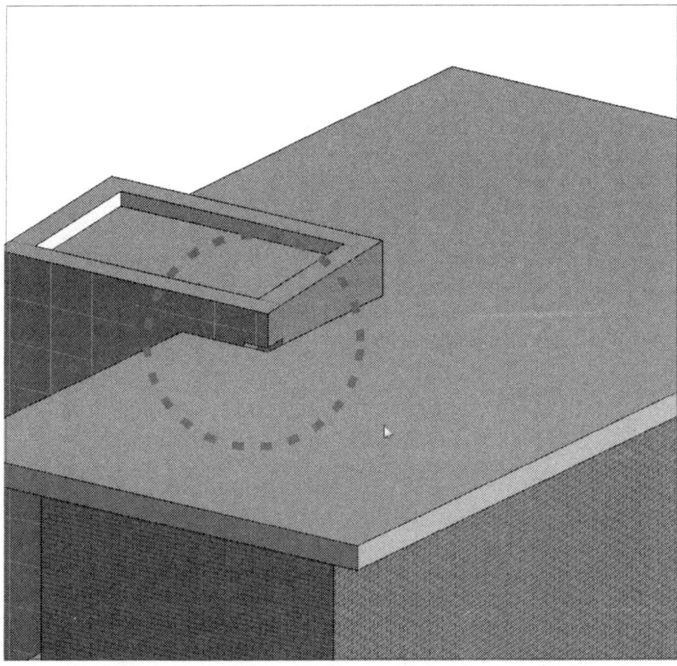

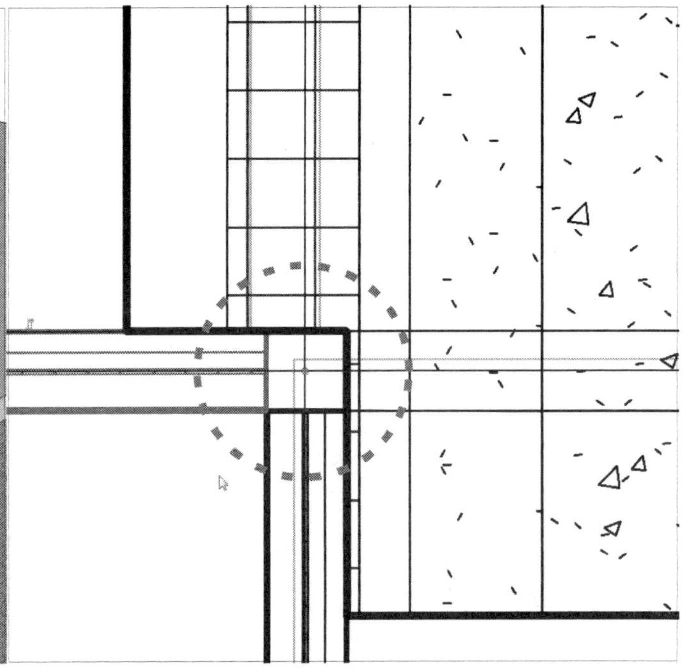

- 이 부분을 해결하기 위해서 벽의 프로파일을 편집하여 원하는 벽으로 수정할 수 있다.
- 문제가 생긴 벽을 선택하고 상단/베이스 분리한다.

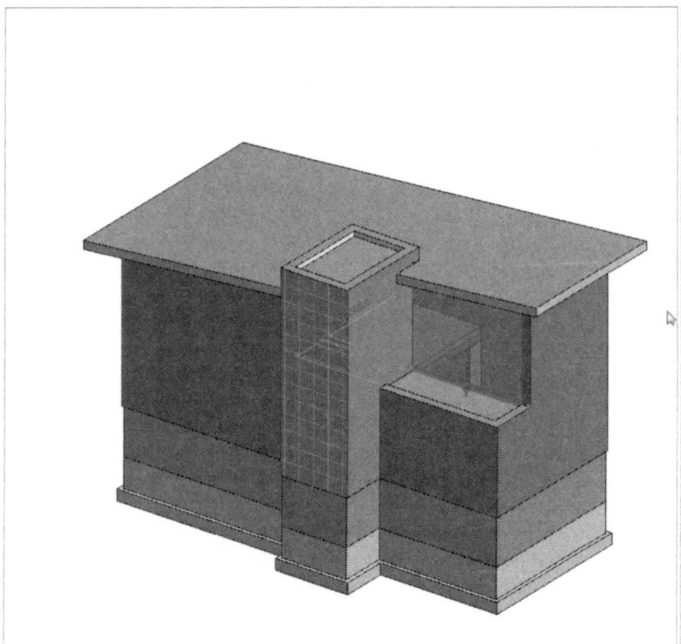

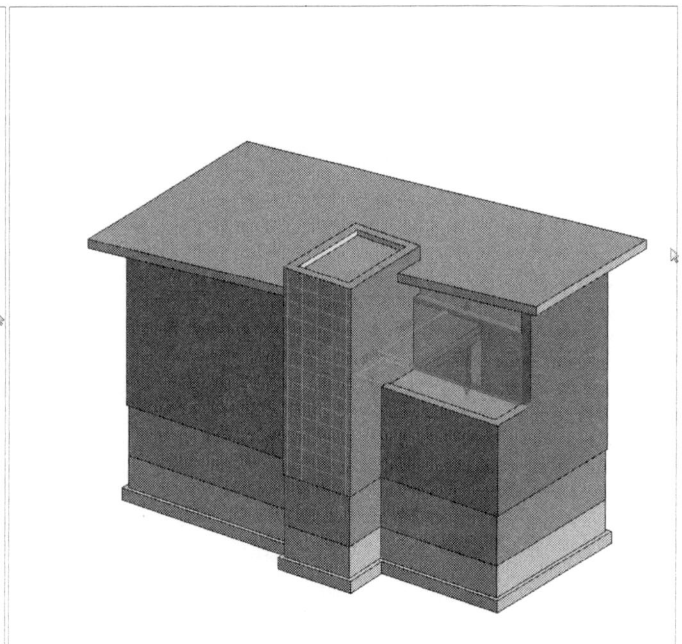

- 벽이 선택된 상태에서 프로파일 편집을 선택한다.
- 남측면도로 이동한다.

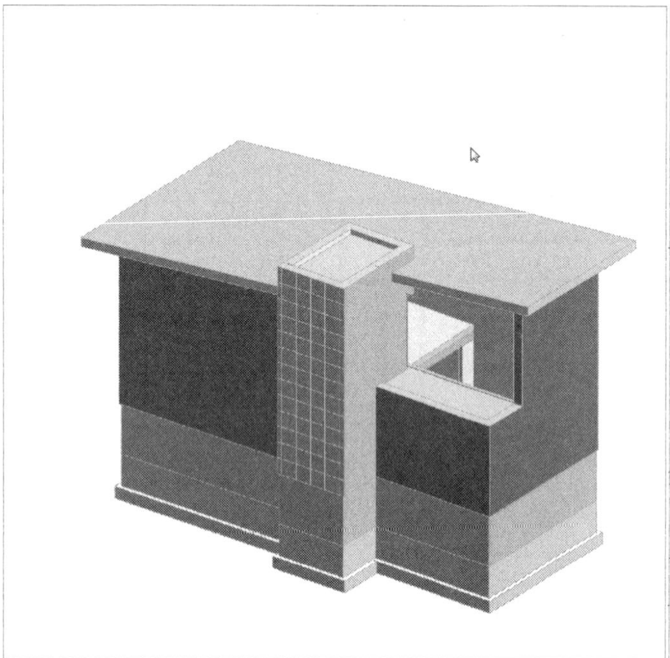

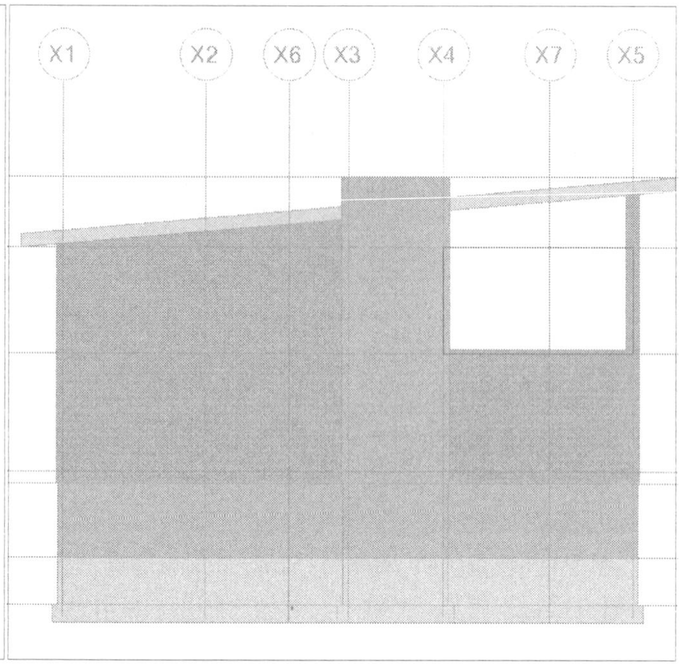

- 남측면도에서 벽의 프로파일 선이 잘 보이도록 확대하고 선 선택으로 지붕 밑에 선을 하나 만든다.
- 수정 모드에서 코너로 자르기/연장(TR)을 선택하고 벽의 프로파일 선들을 클릭하여 정리한다.

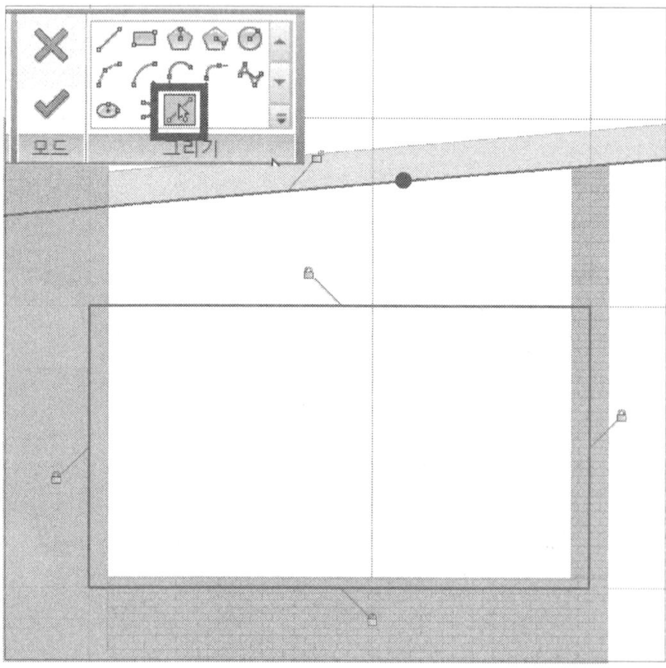

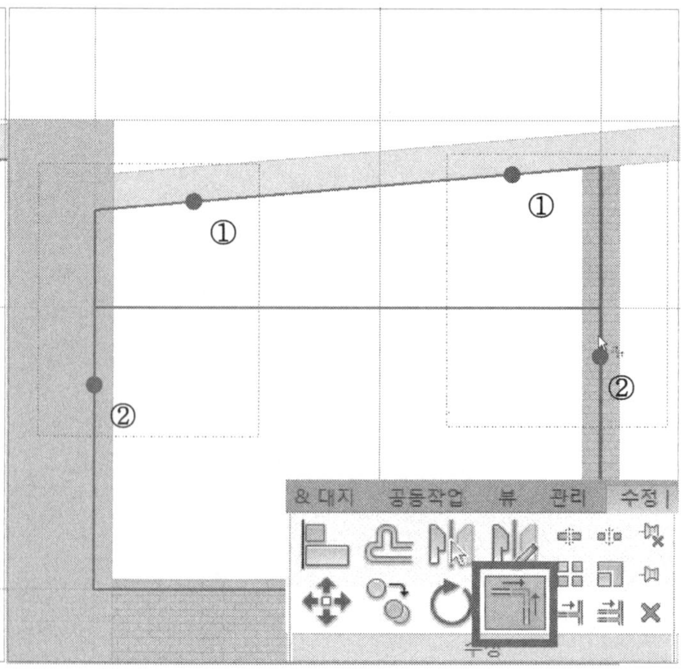

- 중간에 있는 프로파일 선을 선택하고 수정의 삭제 버튼을 누르거나 Delete키를 눌러 지운다.

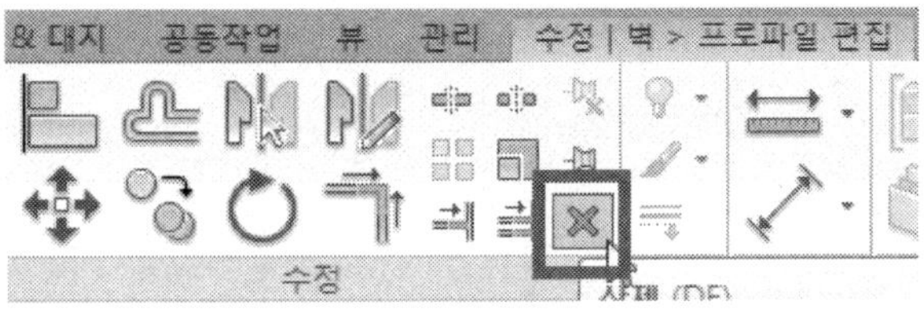

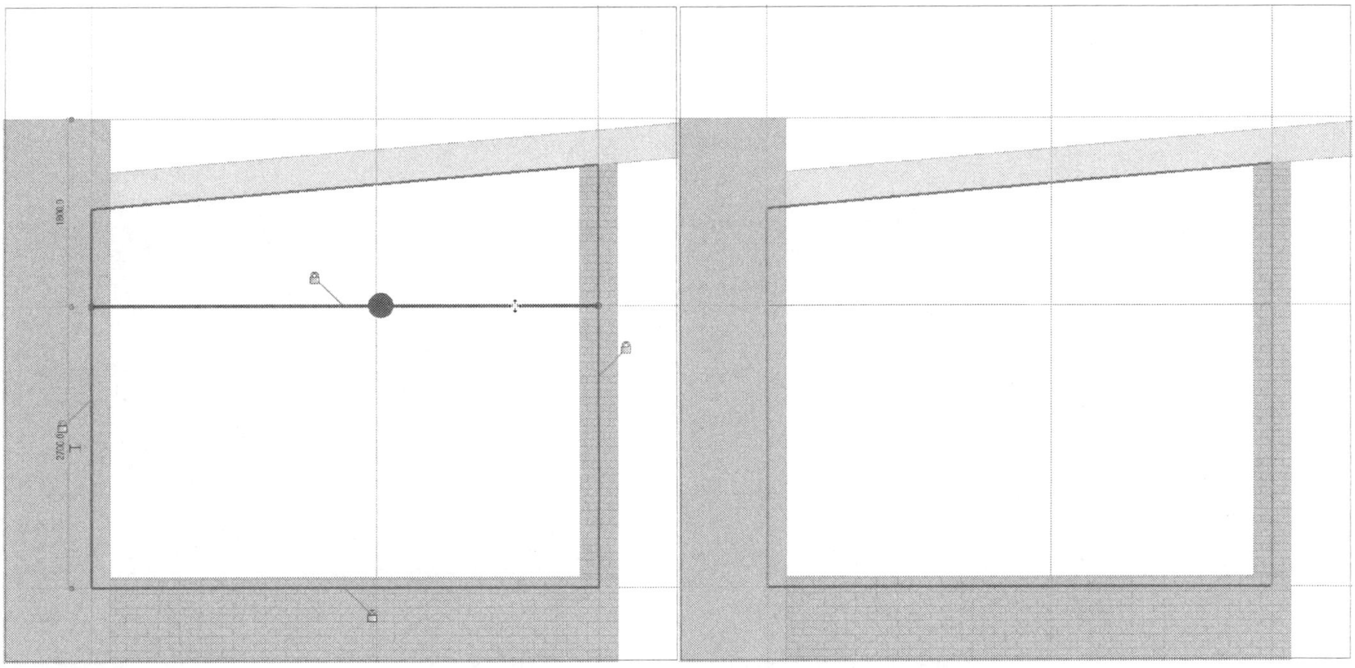

- 프로파일 수정 모드의 완료 버튼을 클릭한다. 문제 있는 부분이 해결되었다.

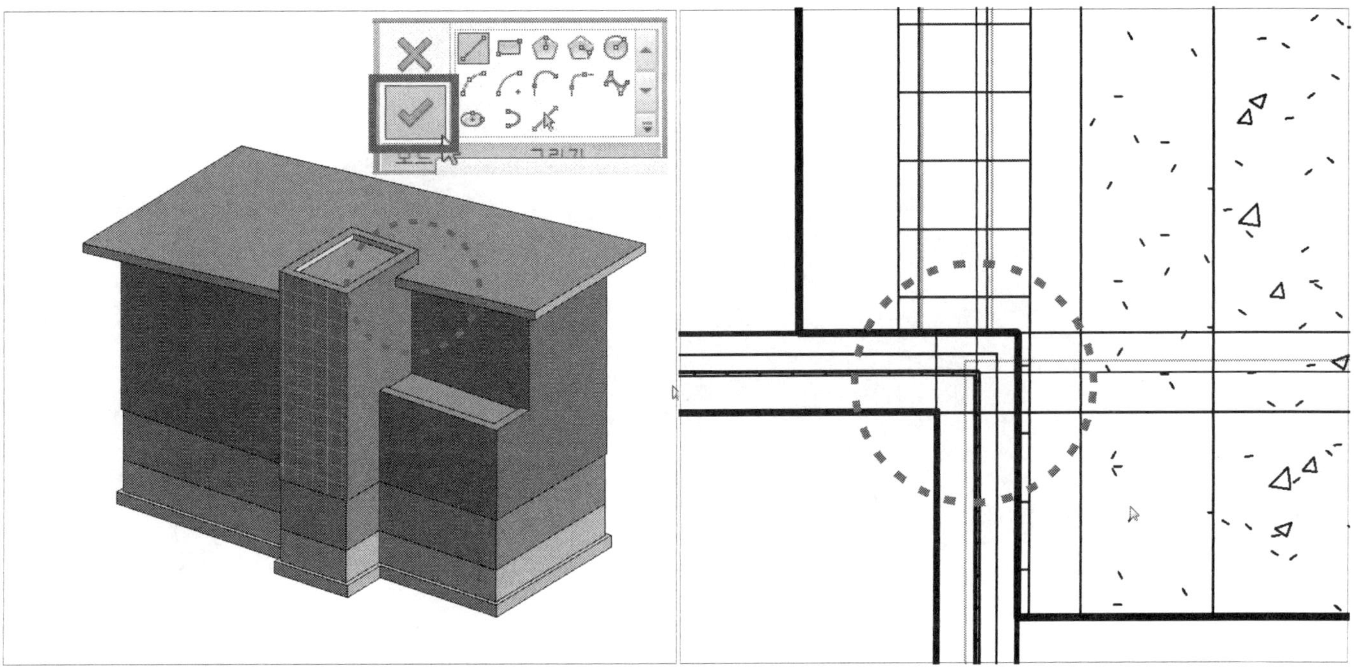

- 3D 뷰에서 단면상자를 이용해서 내벽들을 보이게 하고 내벽들을 Ctrl키를 누른 상태에서 복수로 선택하고 상단/베이스 부착을 통해 부착시킨다.

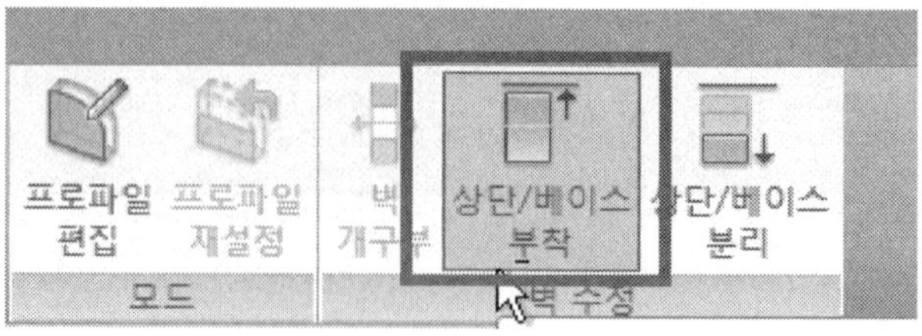

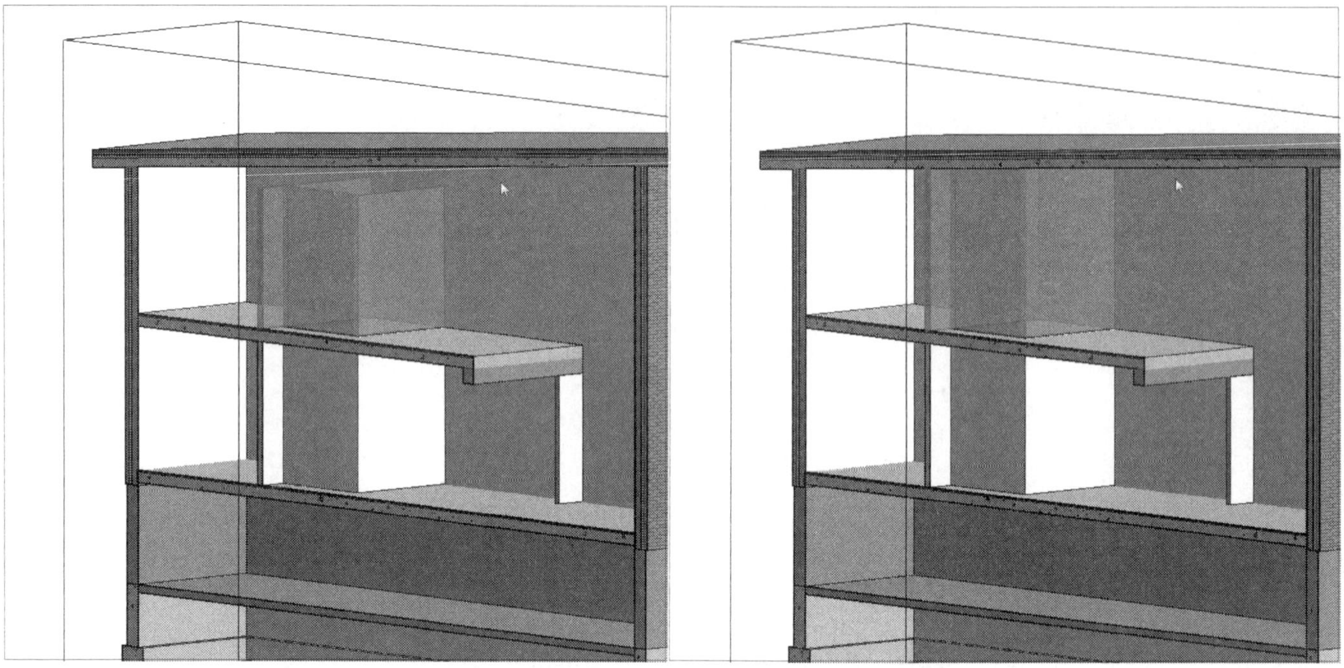

- 3D 뷰의 방향을 바꿔 다른 내벽도 선택하고 상단/베이스 부착을 통해 부착시킨다.

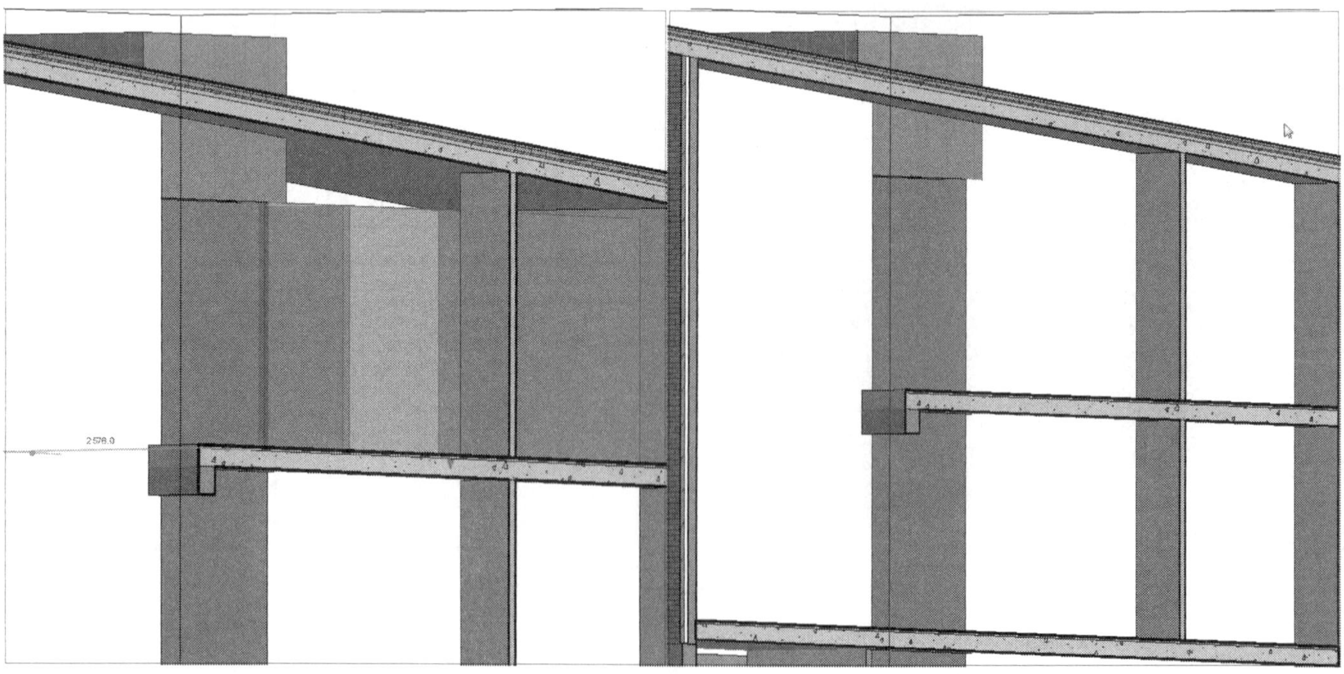

- 모델링한 것을 3D 뷰에서 확인한다.

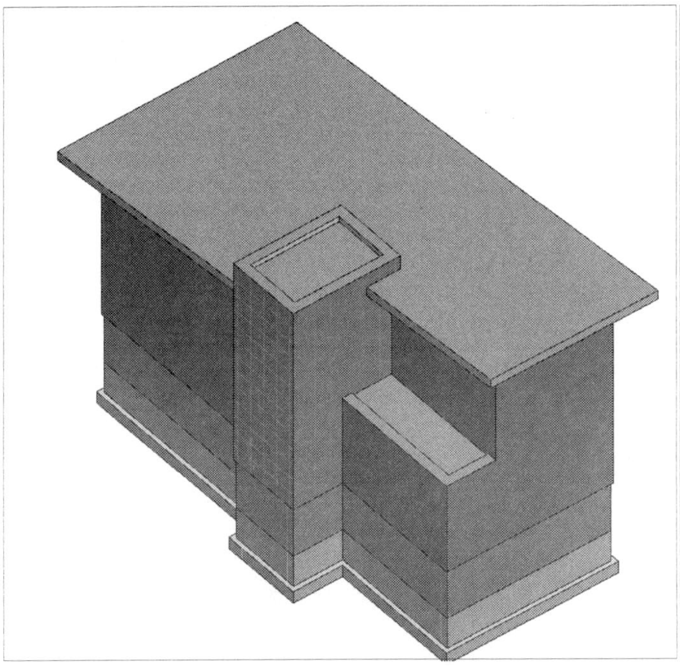

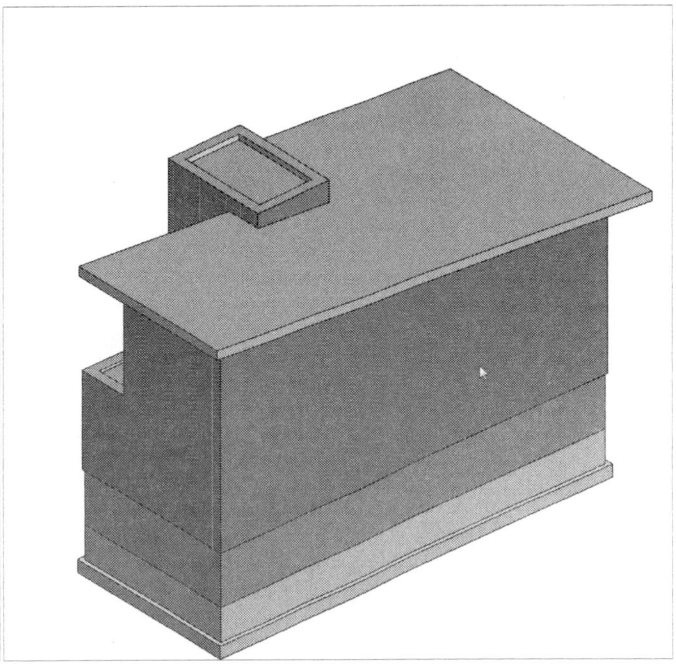

- 모델링한 것을 3D 뷰에서 단면 상자를 이용해서 확인한다.

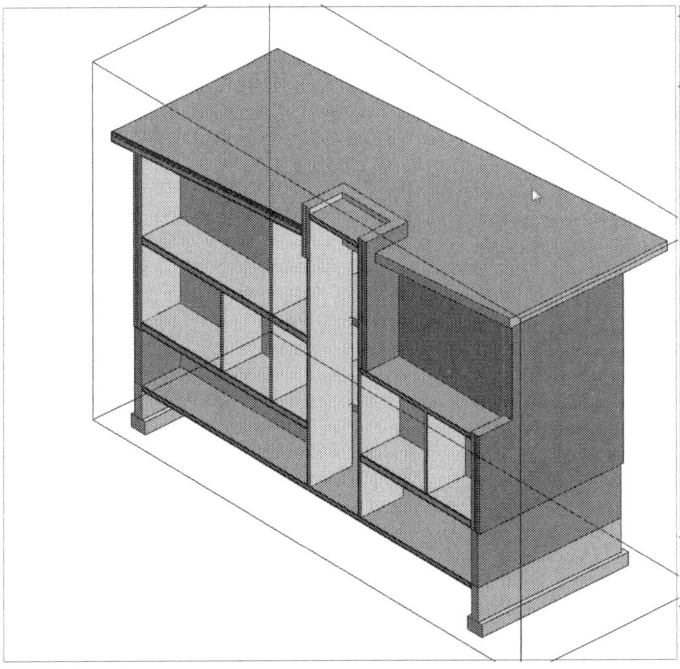

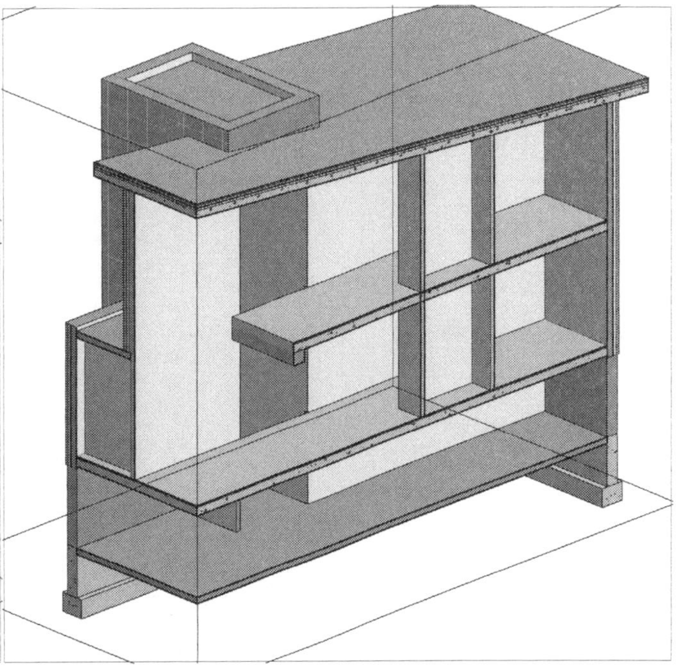

※ **<u>지하주차장의 내벽과 1층의 내벽들도 상단 베이스 부착을 통해서 슬래브에 구속시키는 것이 유리하다.</u>**

④ 정렬을 통한 벽 입면패턴의 수정

- 계단실 벽의 입면패턴이 인접한 벽에서 서로 어긋나게 나타나고 있다. 먼저 동측면도로 이동한다.
- 지형면과 CAD 파일을 카테고리로 뷰에서 숨긴다.
- 입면에서 정렬을 통해 수평 패턴을 통일한다.

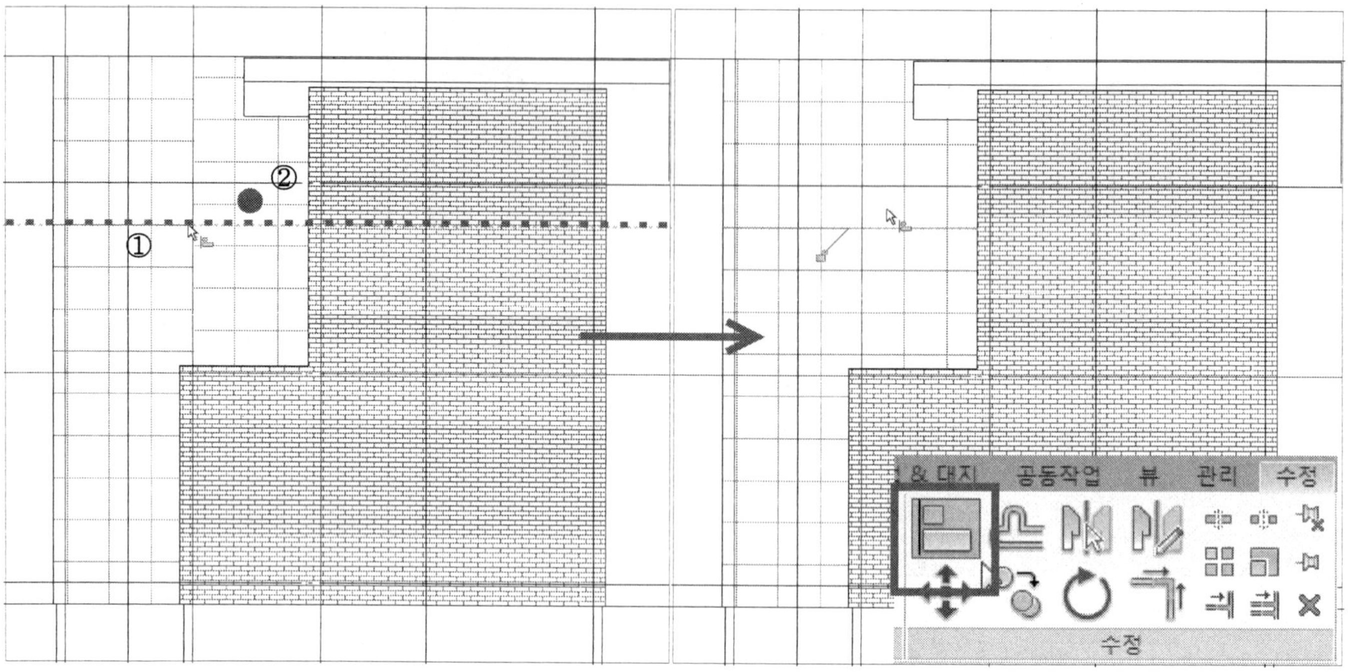

- 입면에서 정렬을 통해 수직 패턴을 통일한다.

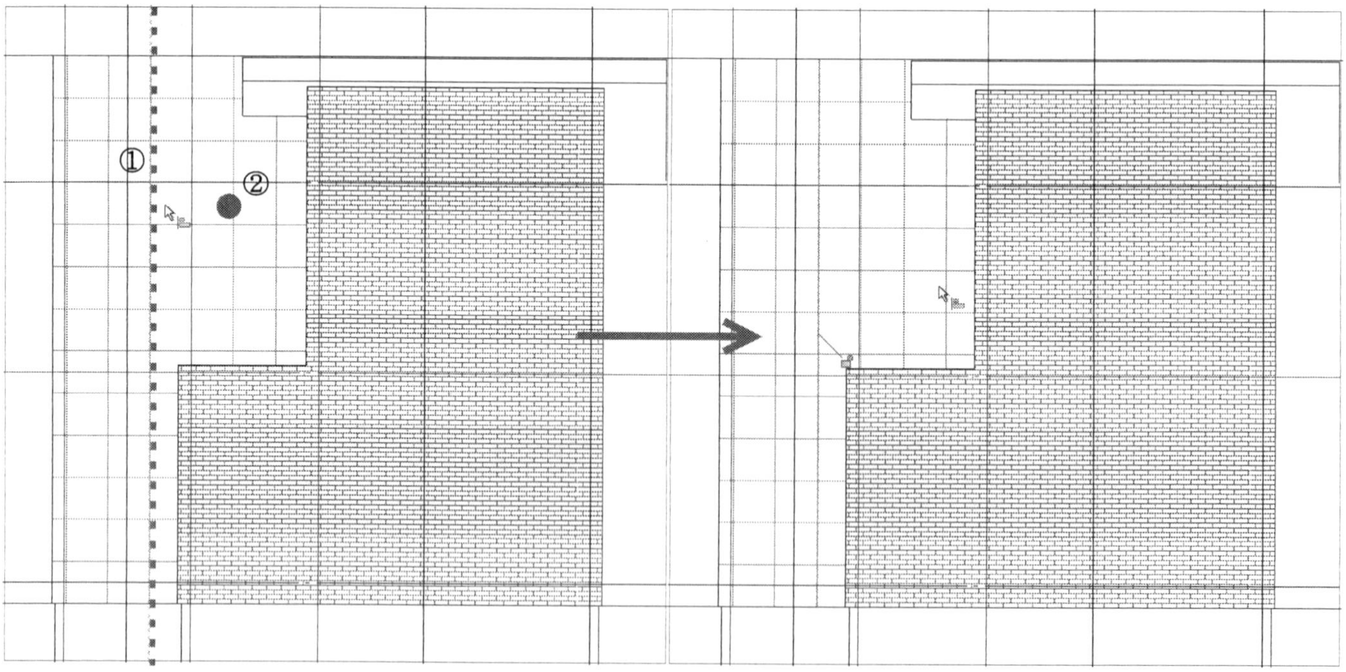

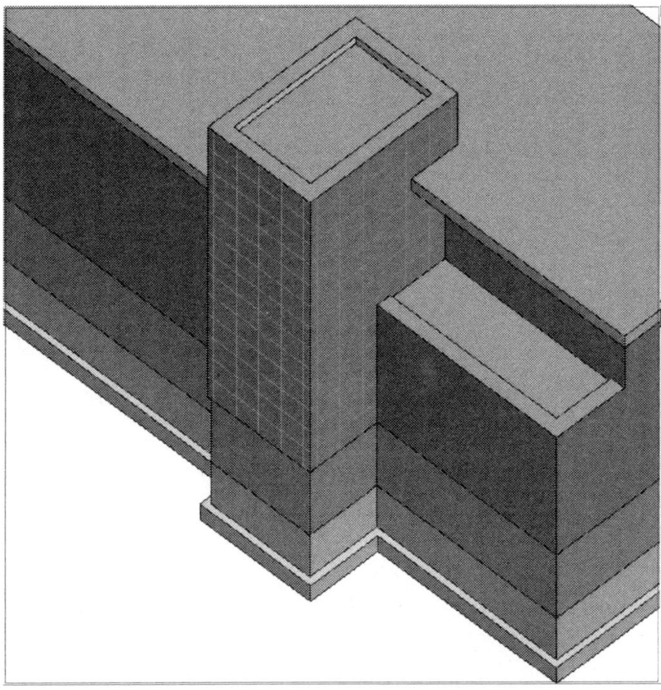

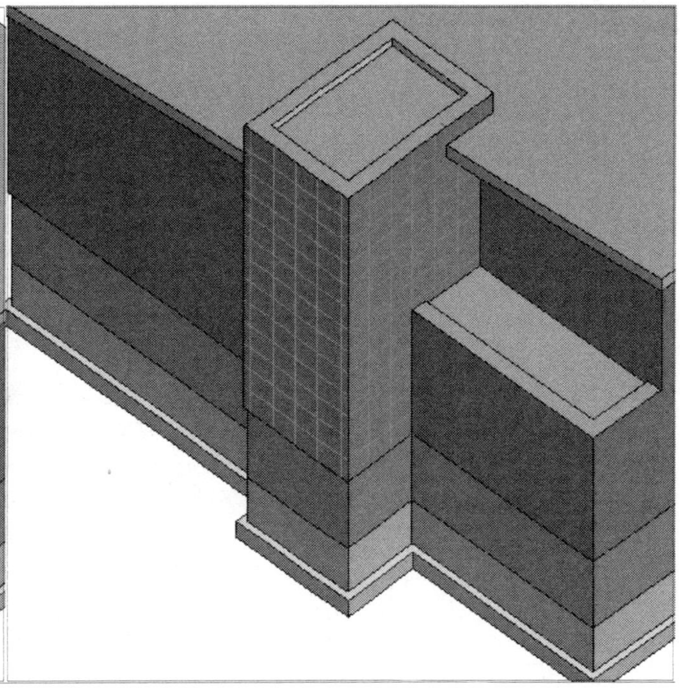

- **동일한 방법으로 서측면도에서도 정렬을 통해 계단실 입면 패턴을 통일한다.**

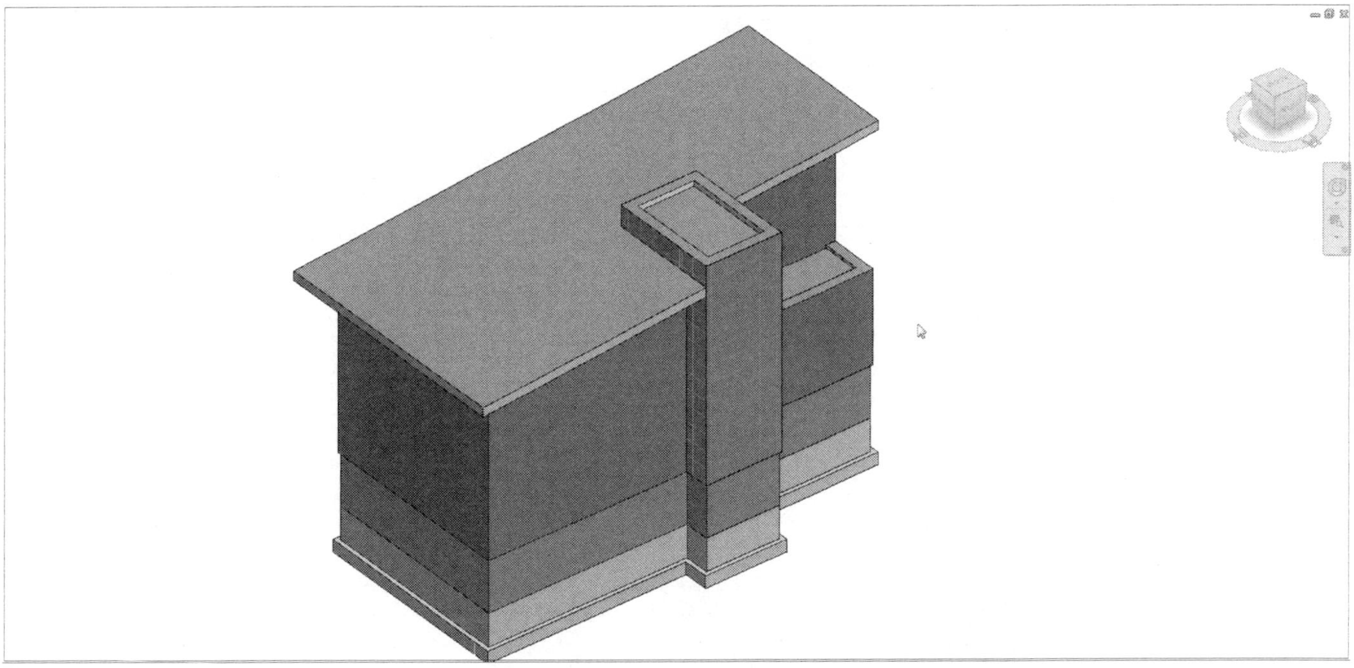

⑤ 지붕의 보 시스템 구성

- 지붕의 보와 구조 벽 등의 구조 지지 요소를 선택하거나 경계를 스케치하여 구조 보 시스템을 작성한다.
- 지붕의 보 시스템을 구성하기 위해서 먼저 3D 뷰에서 구조 탭의 보 시스템을 선택한다.

- 보 시스템을 구성할 지붕의 면을 작업 기준면으로 설정하기 위해서 작업기준면의 설정을 선택한다.
- 작업 기준면 패널이 나타나면 기준면 선택(P)를 선택한다.

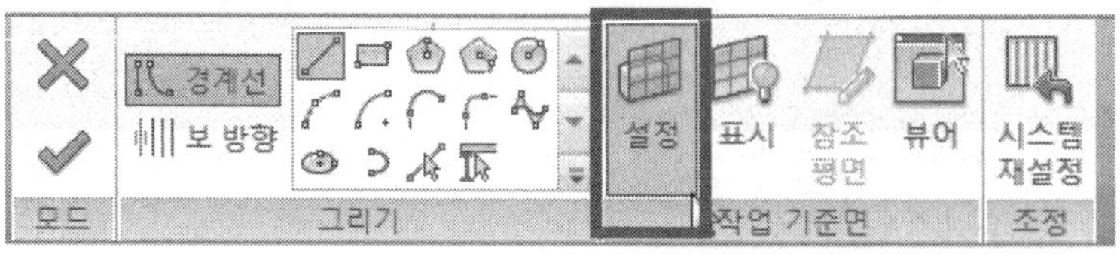

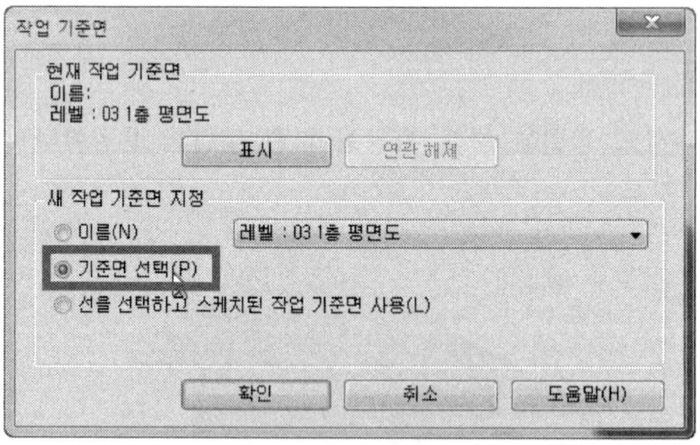

- 화면에서 그림과 같이 지붕의 아래 면에 커서를 놓아 아래 면이 나타나면 선택한다.

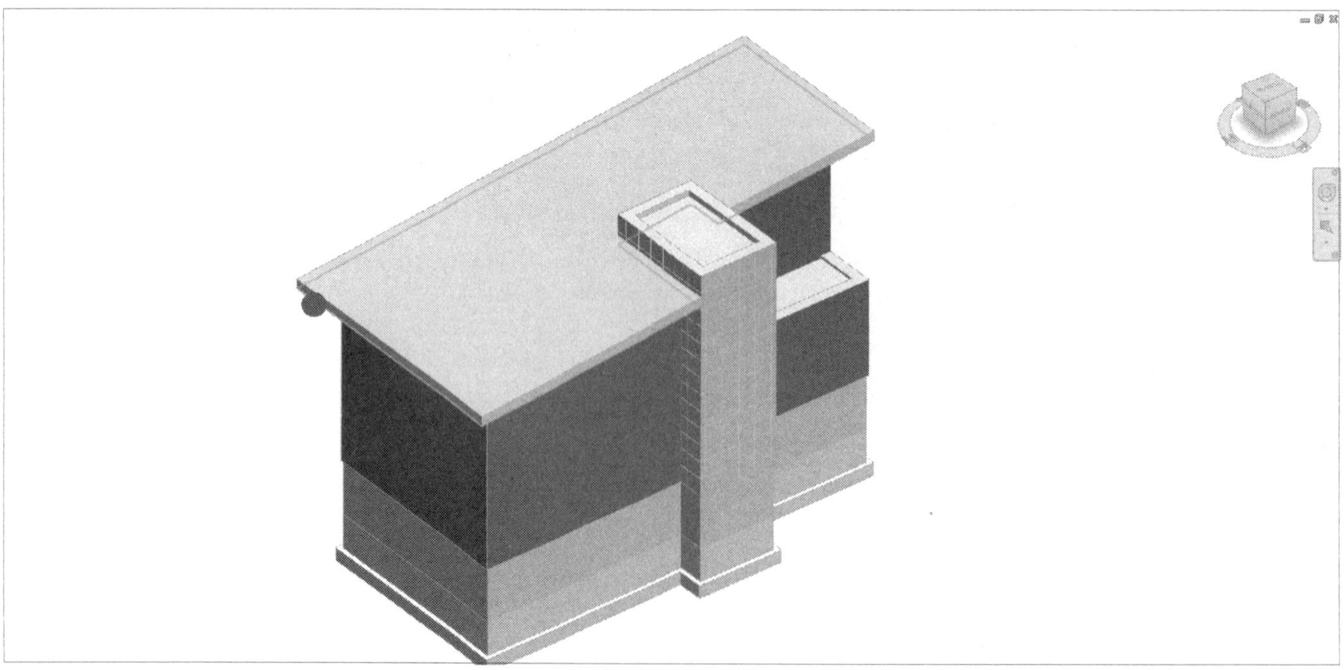

- 선 선택을 이용하여 그림과 같이 선택하여 모델링 한다.

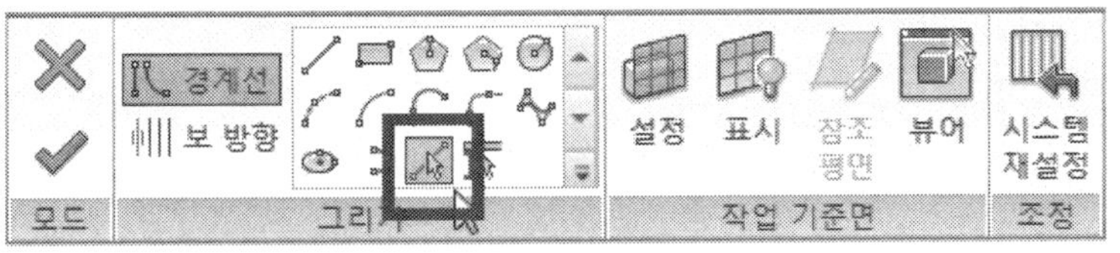

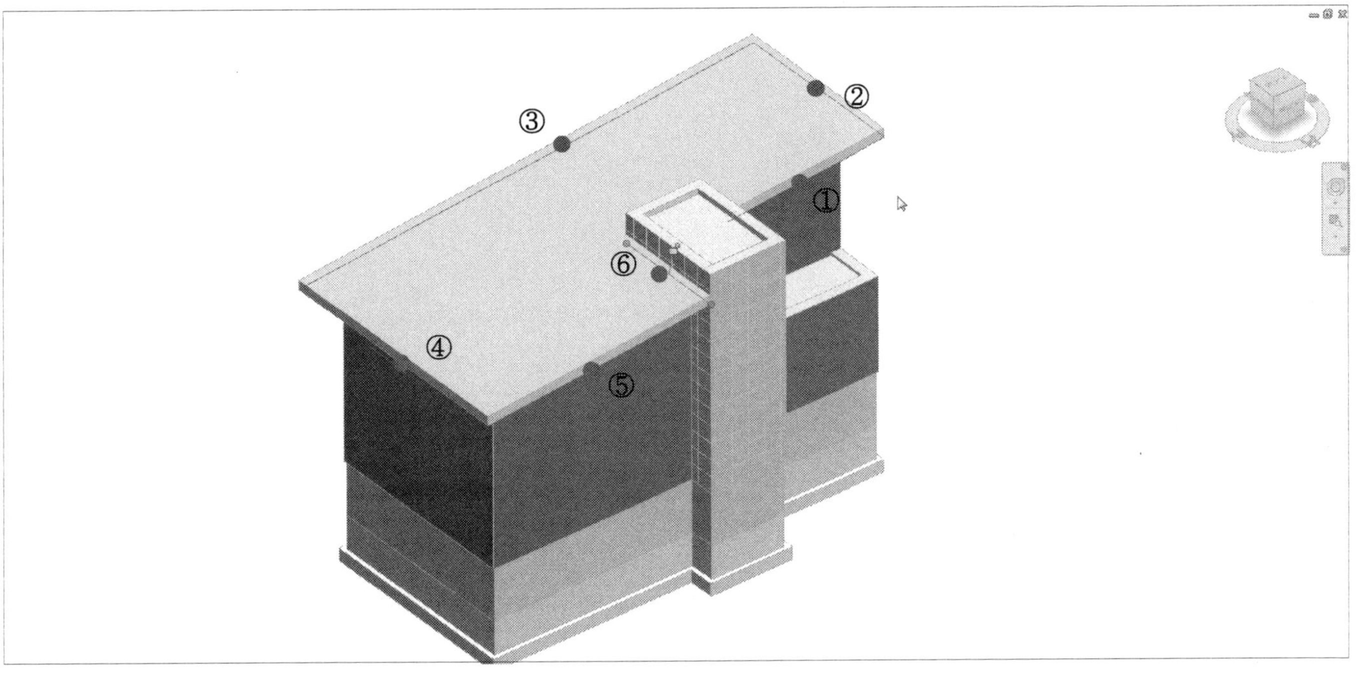

- 화면의 뷰를 변경하여 나머지 선들을 모델링 한다.
- 보의 방향을 확인한다. 표시된 선에 평행하게 보가 구성된다.

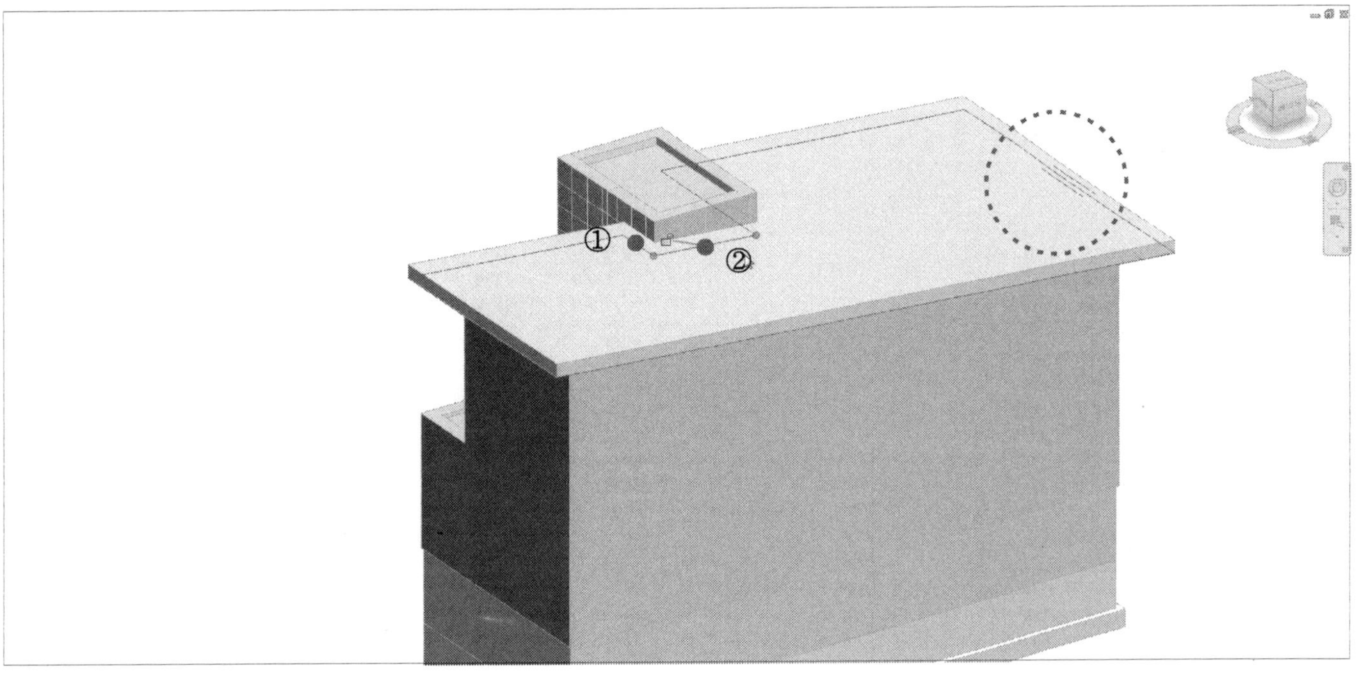

- 배치 규칙은 고정 거리로, 고정 간격은 1,700mm으로 설정한다.
- 보의 유형은 일단 Revit에서 기본적으로 제공하고 있는 UB-범용 보로 설정하고 완료한다.

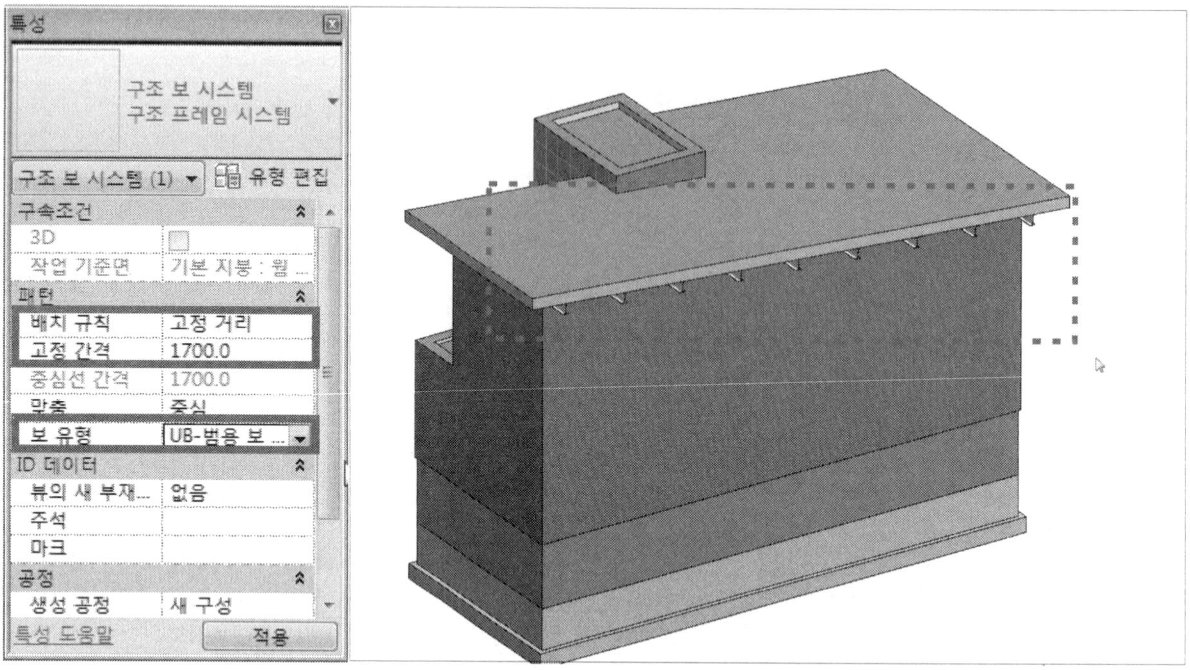

- I자형 철재 보를 목재 보로 변경하기 위해서 먼저 목재 보를 패밀리에서 가져와야한다.
- 삽입 탭의 패밀리 로드를 클릭한다.

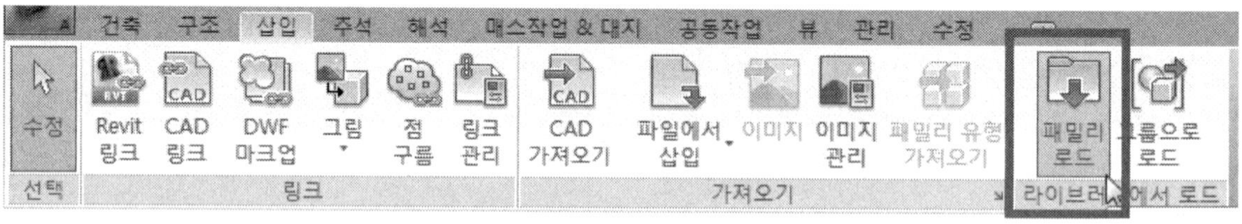

- 패밀리 로드 패널에서 **구조** 폴더를 클릭한다.

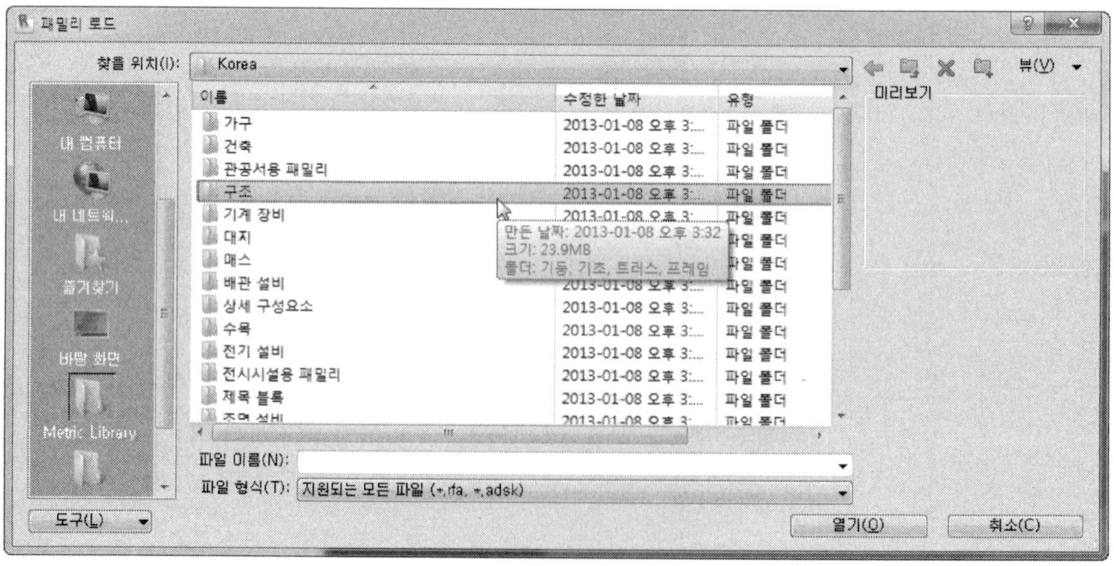

- **구조** 폴더에서 **프레임** 폴더를 클릭한다.
- **프레임** 폴더에서 **목재** 폴더를 클릭한다.

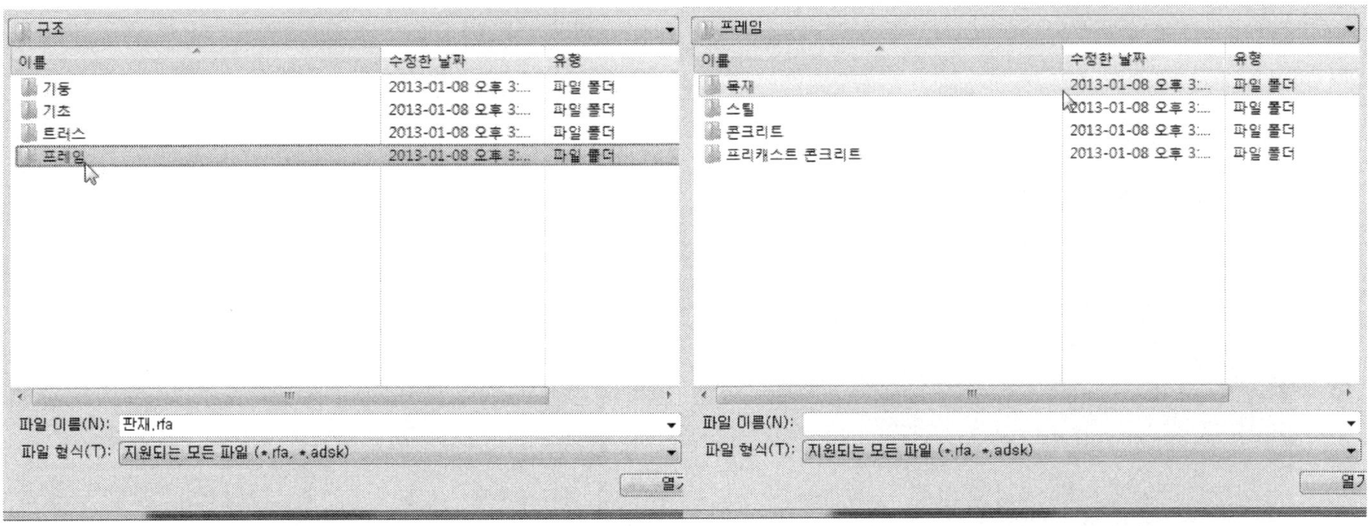

- **판재.rfa** 파일을 선택한다.

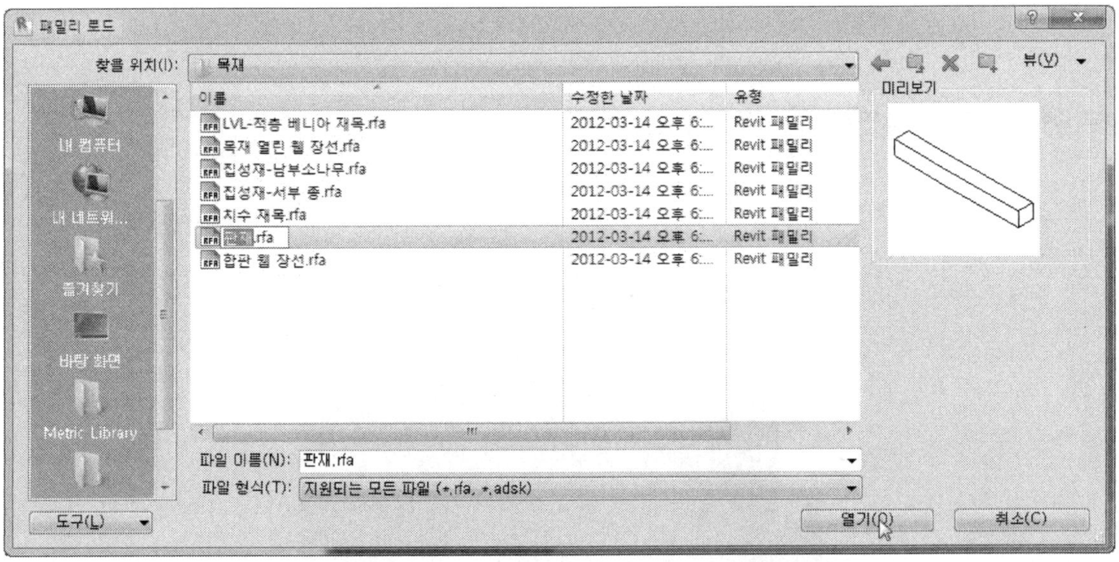

- 유형 지정에서 확인 버튼을 선택한다.

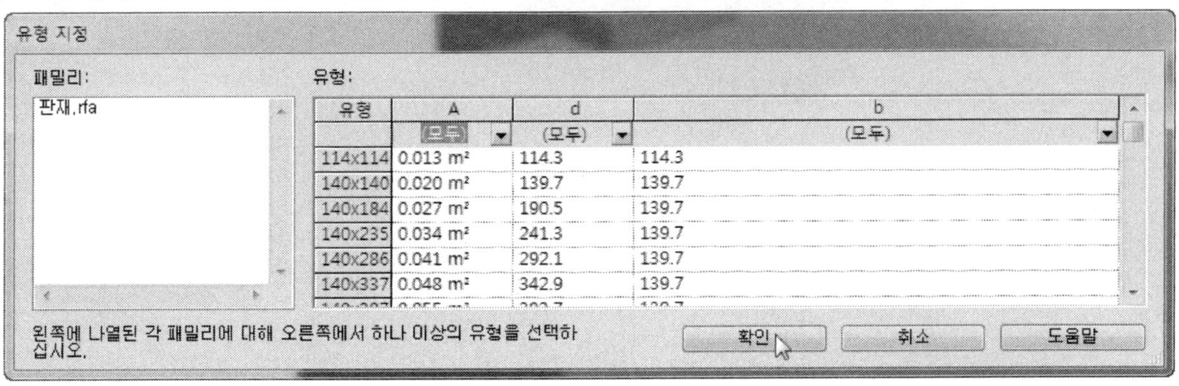

- I자형 철재 보를 목재 보로 변경하기 위해서 보 시스템을 선택한다.
- 특성 패널에서 보 유형을 판재 184X235를 선택한다.

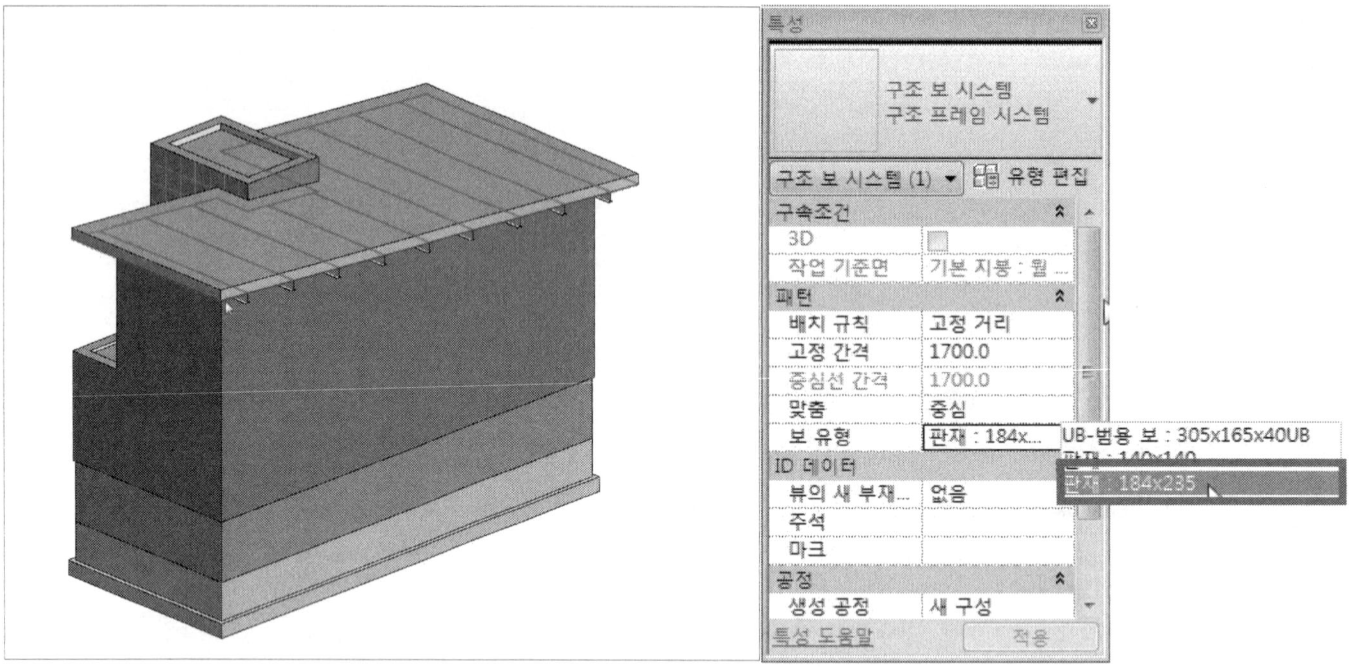

- 목재 보로 변경된 것을 확인한다.

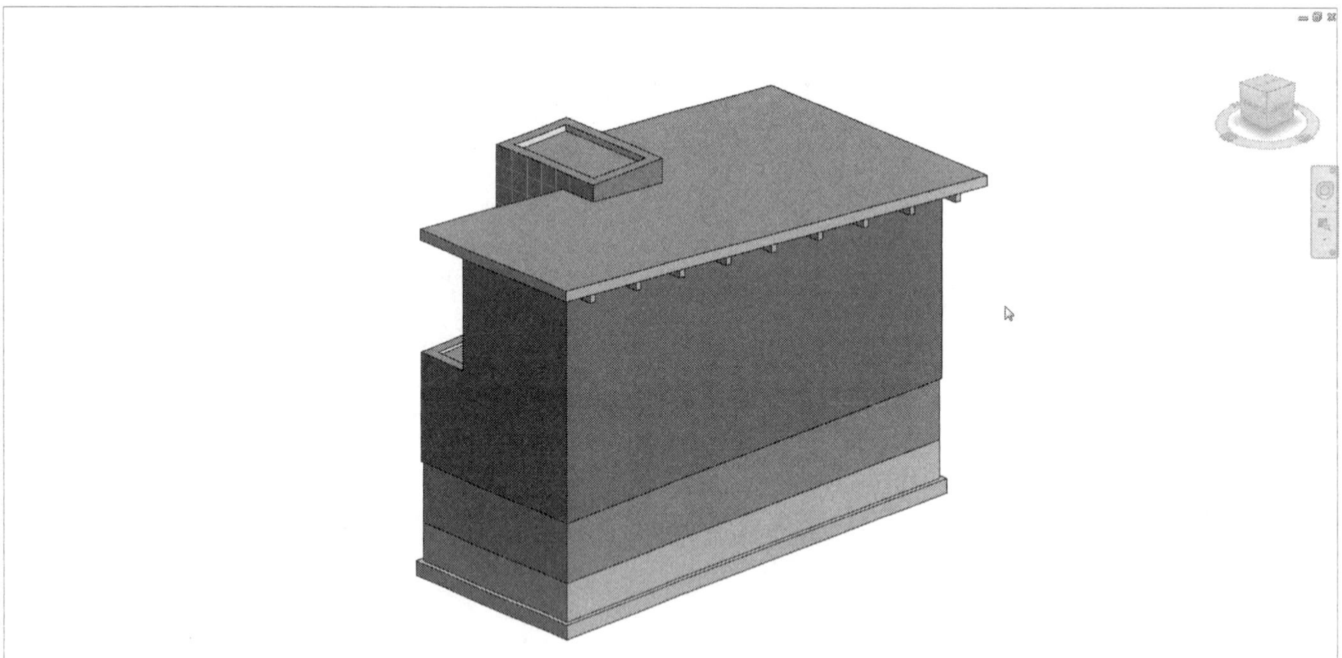

- 지붕의 보 시스템을 구성하기 위해서 먼저 3D 뷰에서 구조 탭의 보 시스템을 선택한다.
- 보 시스템을 구성할 지붕의 면을 작업 기준면으로 설정하기 위해서 작업기준면의 설정을 선택한다.

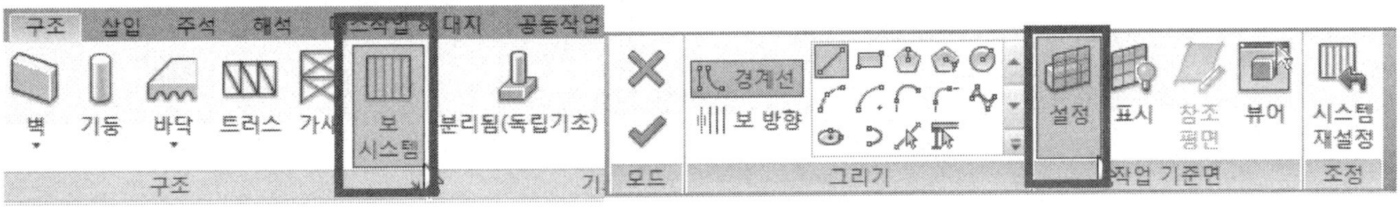

- 작업 기준면 패널이 나타나면 기준면 선택(P)를 선택한다.
- 화면에서 그림과 같이 지붕의 아래 면에 커서를 놓아 아래 면이 나타나면 선택한다.

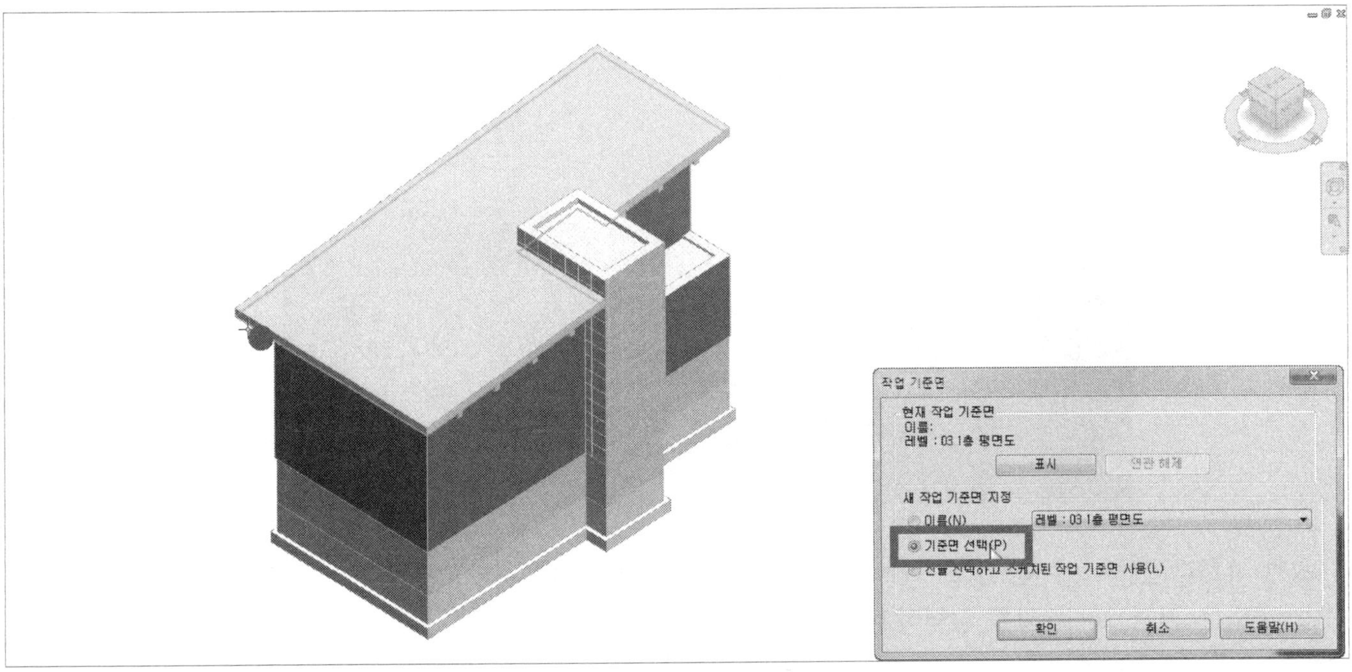

- 선 선택과 코너로 자르기 연장을 이용하여 그림과 같이 모델링 한다.

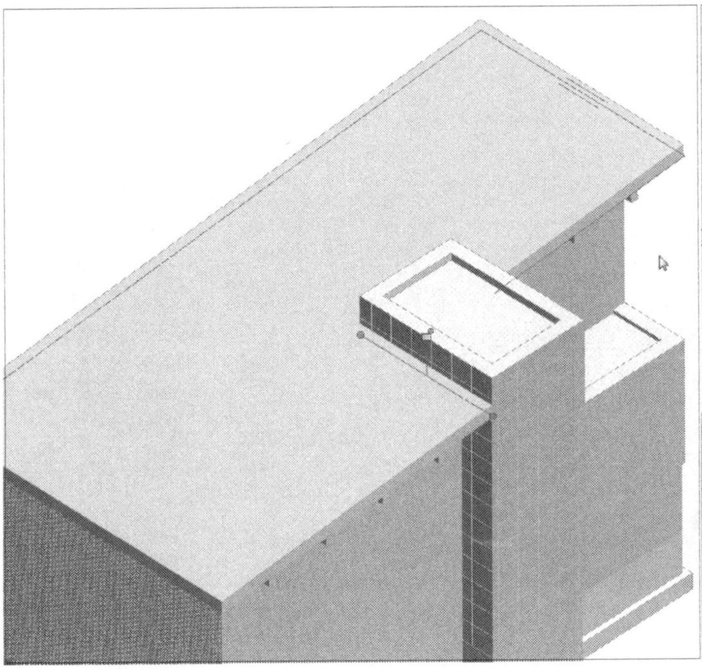

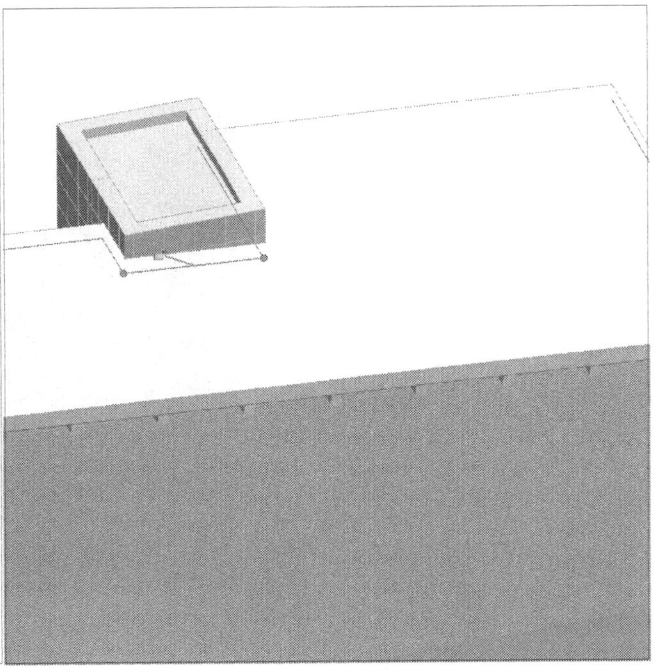

- 보 방향을 선택한 후 선을 선택하여 보 방향을 앞의 보 시스템과 직각 방향이 되도록 한다.

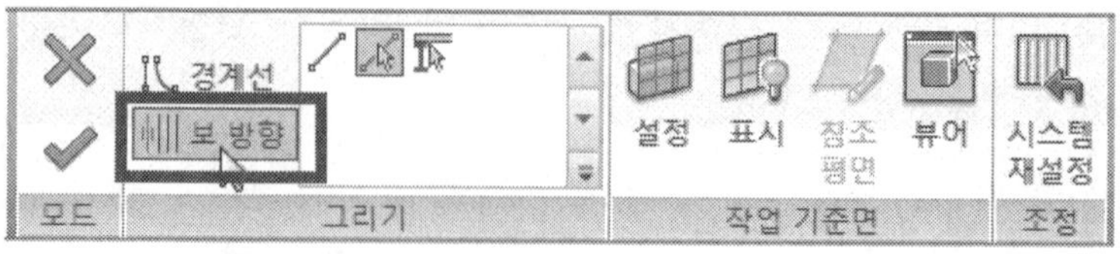

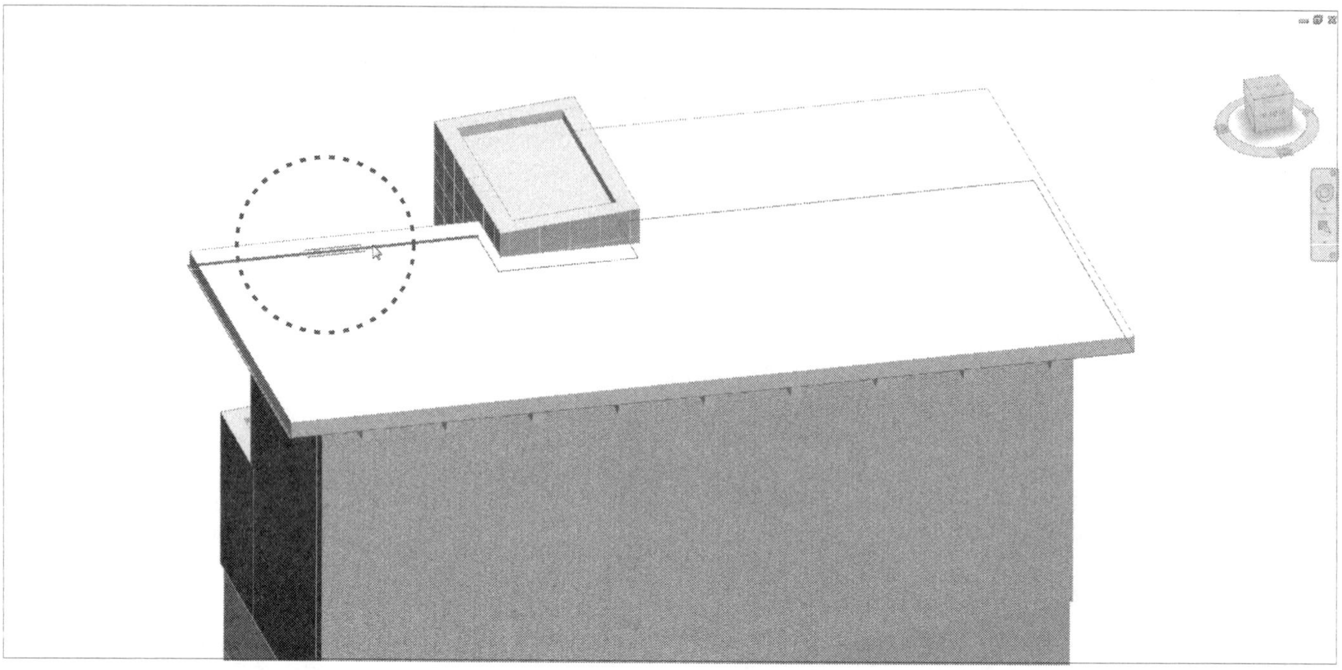

- 배치 규칙은 고정 거리로, 고정 간격은 1,700mm으로 설정한다.
- 보 유형은 판재 184X235를 선택하고 완료를 클릭한다.

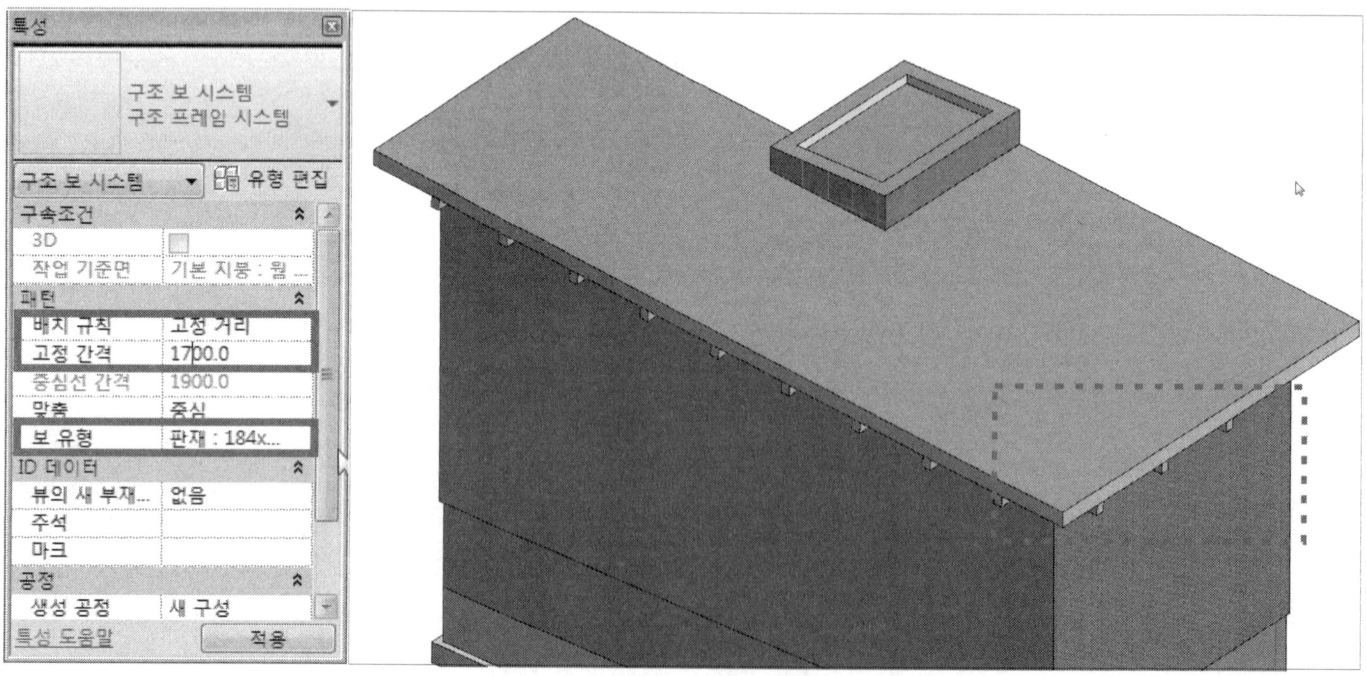

- 지붕을 뷰에서 숨기기 요소(E)로 숨기고 보 모델링을 확인한다.

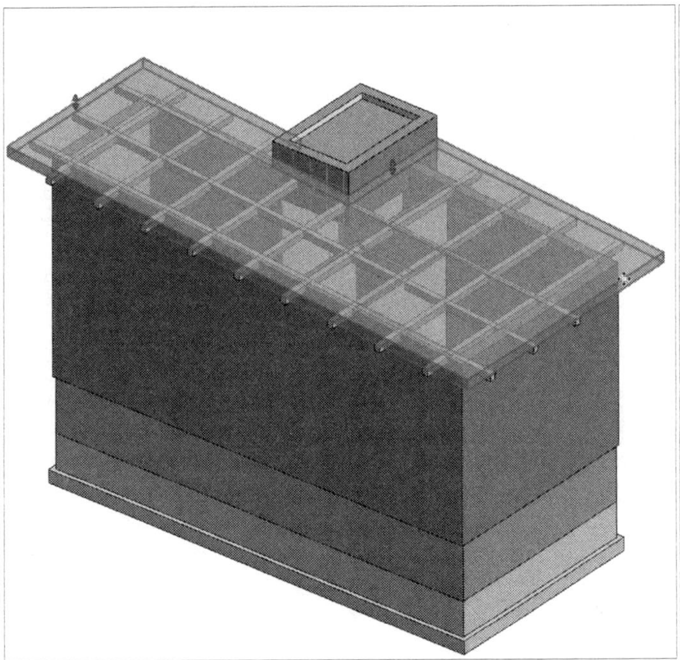

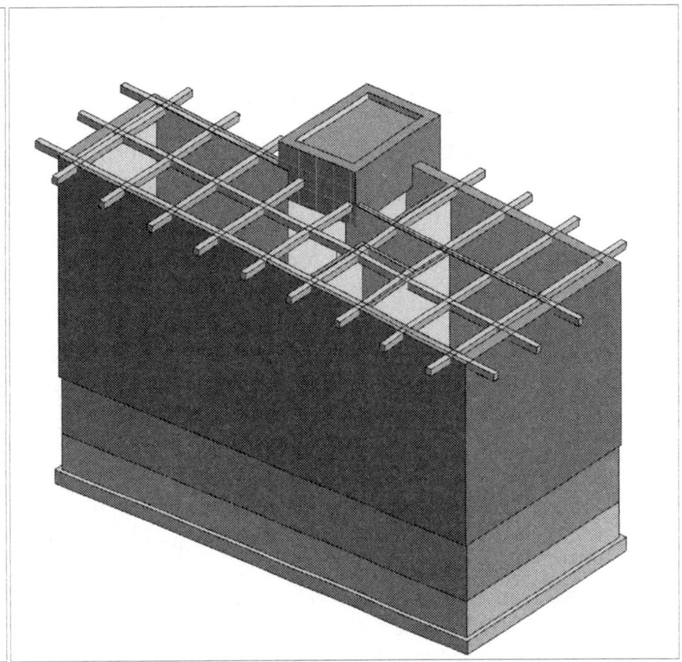

- 뷰에서 숨기기 요소(E)를 다시 보기 위해서는 하단의 숨겨진 요소 표시 아이콘 을 클릭한다.
- 지붕을 선택하고 뷰에서 숨기기 해제한다.

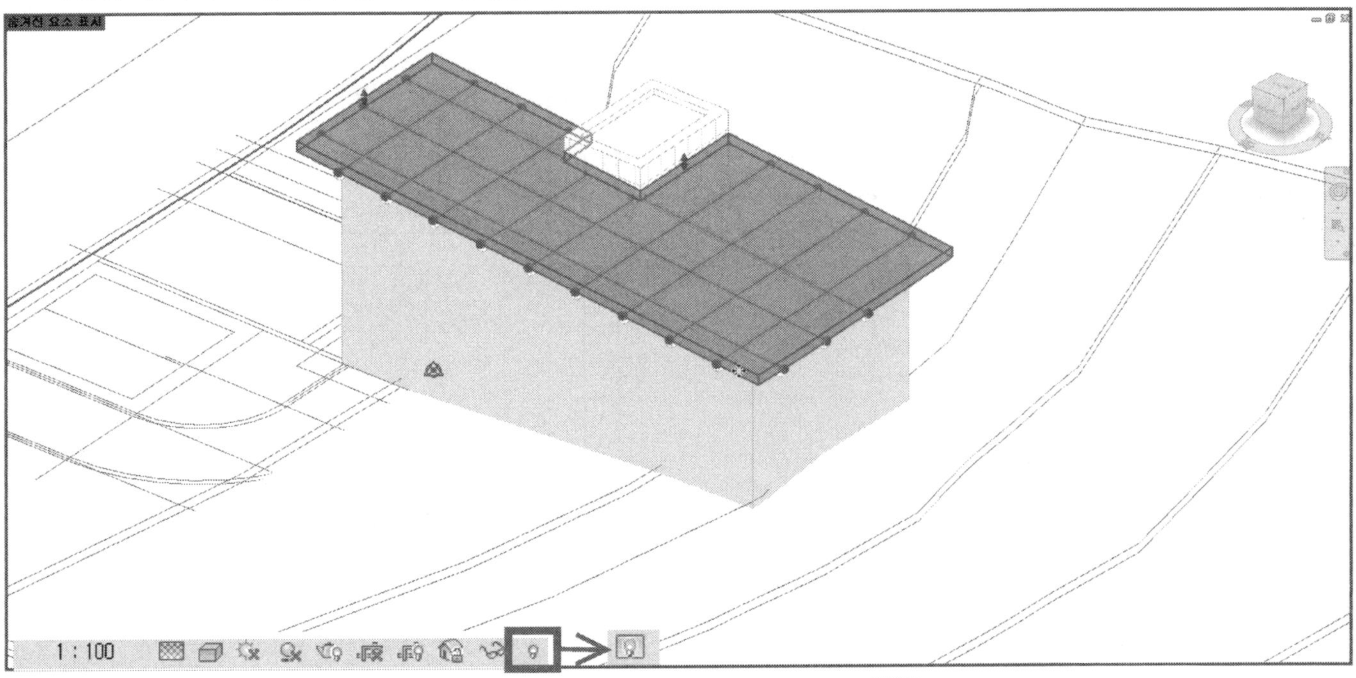

- 원래 뷰로 돌아가기 위해서 하단의 숨겨진 요소 표시 닫기 아이콘 을 클릭한다.

⑥ 매스로 지붕 구성

- 현관의 캐노피를 반원형태로 구성한다. 돌출로 지붕 만들기를 통해 반원형 지붕을 만든다.
- 03 1층 평면도로 이동한다.
- 건축 탭의 지붕의 돌출로 지붕 만들기를 선택한다.
- 작업 기준면 패널이 나타나면 기준면 선택(P)을 선택한다.

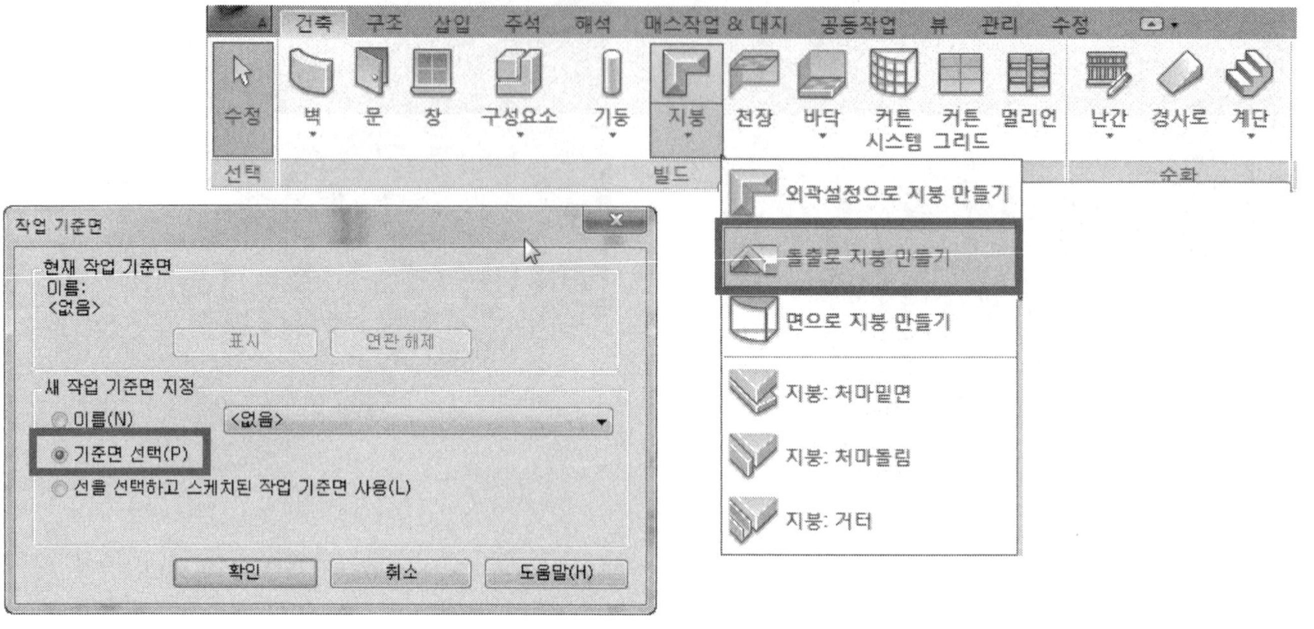

- 1층 평면도에서 현관 부분의 벽을 기준면으로 선택한다.

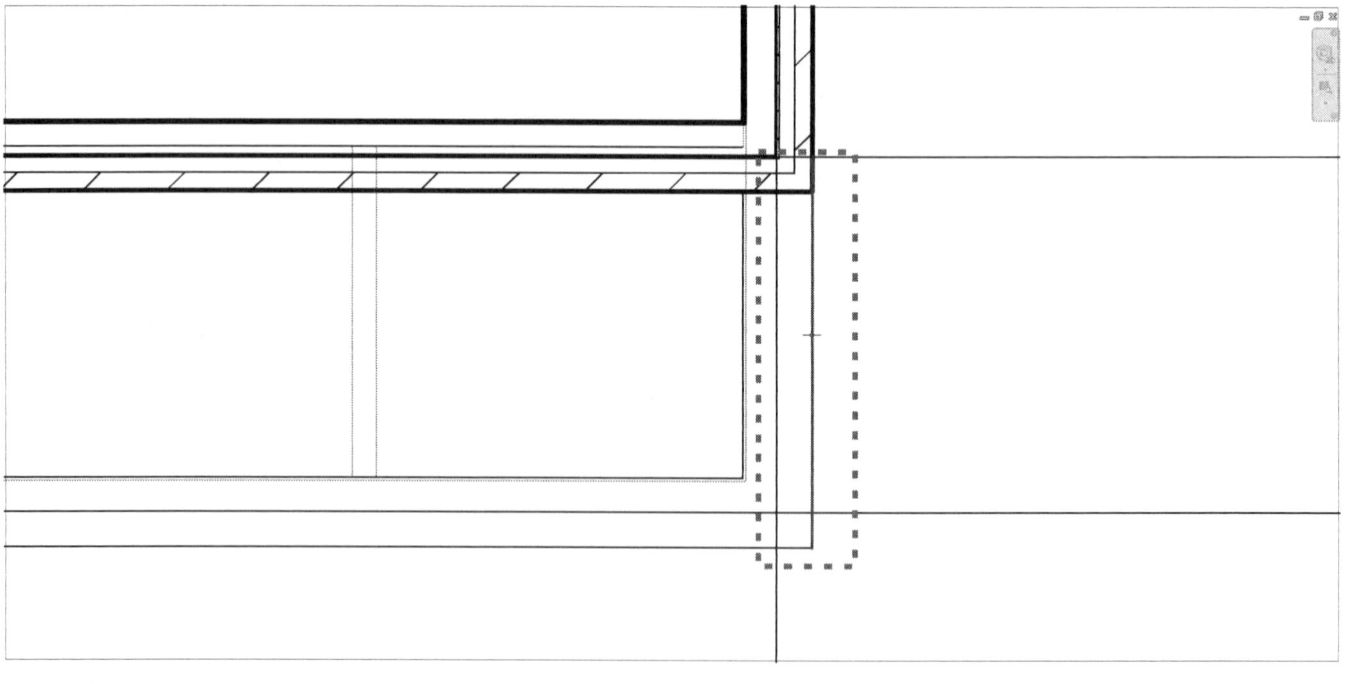

- 기준면을 선택하면 뷰로 이동 패널이 나타나는데 입면도:동측면도를 선택한다.
- 지붕 참조 레벨은 03 1층 평면도로하고 간격띄우기는 0으로 한다.

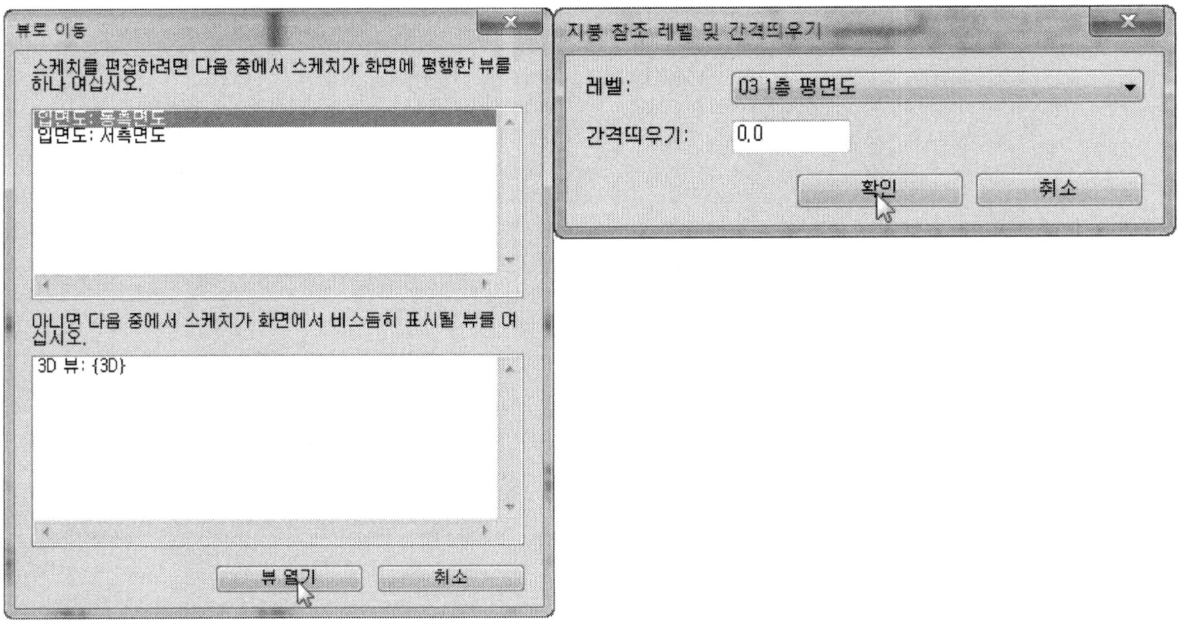

- 동측면도가 활성화된다.
- 이 때 선 선택을 이용해서 호를 그릴 기준을 잡는다. 1층 평면도 레벨선에서 2400, Y3 그리드선에서 300, 다시 새로운 선에서 1500 간격띄우기 하여 기준을 잡는다.

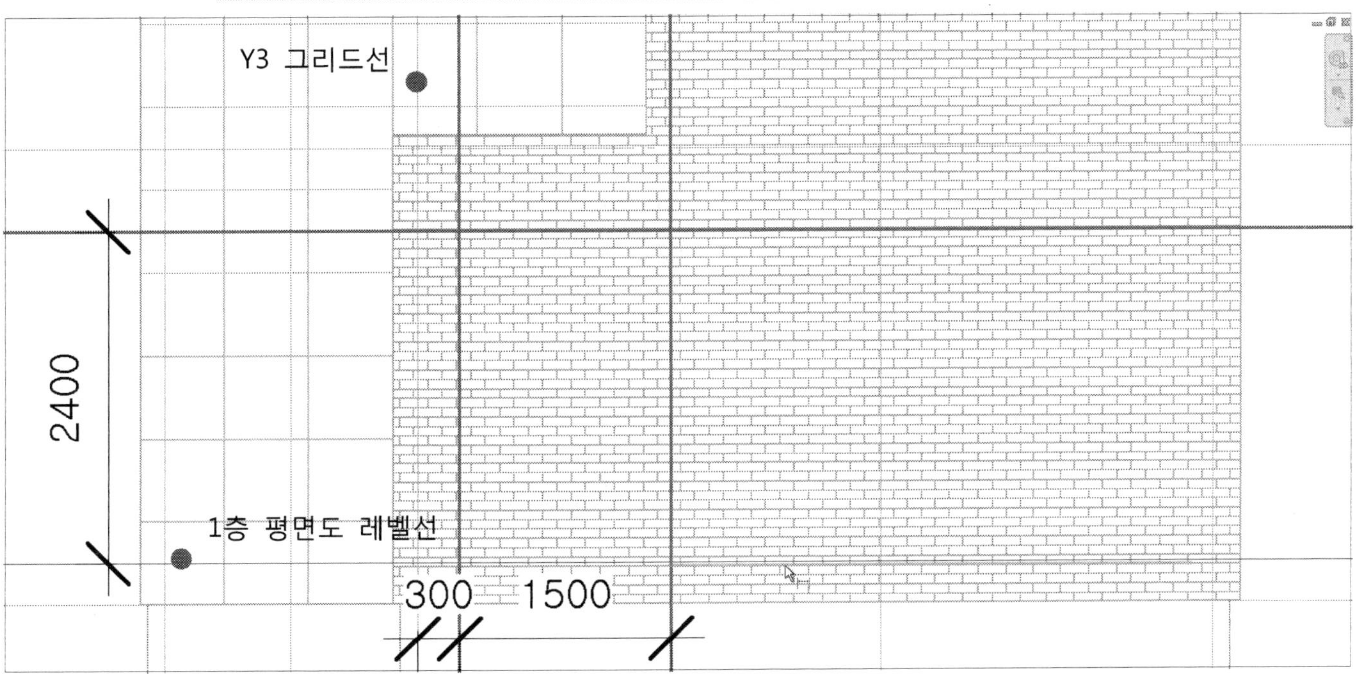

- 시작, 끝, 반지름 호를 이용하여 아래 그림과 같이 작도한다. 호의 반지름은 적당하게 한다.
- 이 때 간격 띄우기의 값은 0으로 수정한다.
- 기준선이 되었던 선들은 삭제한다.

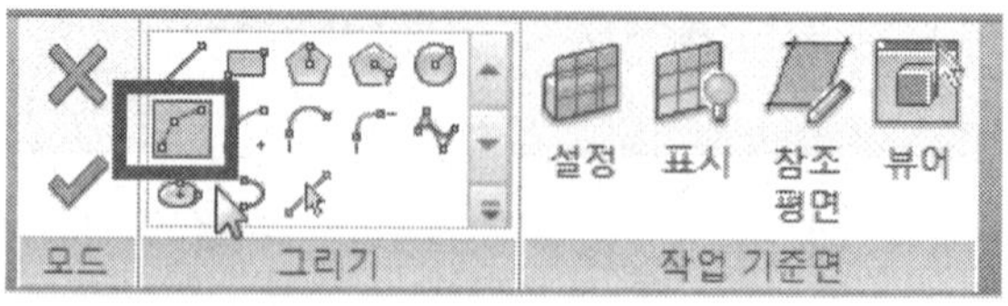

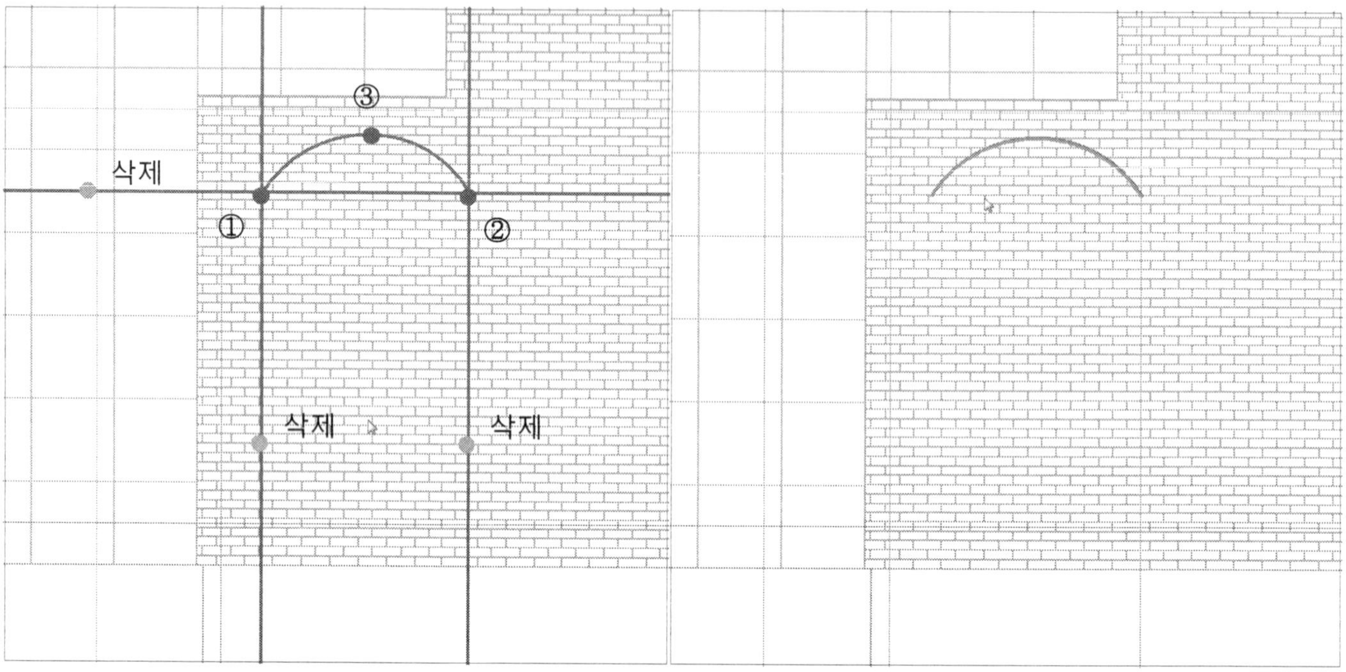

- 먼저 지붕 중 일반 125mm를 선택하고, 특성에서 돌출 시작은 0 돌출 끝은 1000을 입력한다.
- 서까래 절단은 귀퉁이 자른 수직으로 정하고, 완료를 클릭한다. 그린 호의 내부로 모델링이 이루어진다.

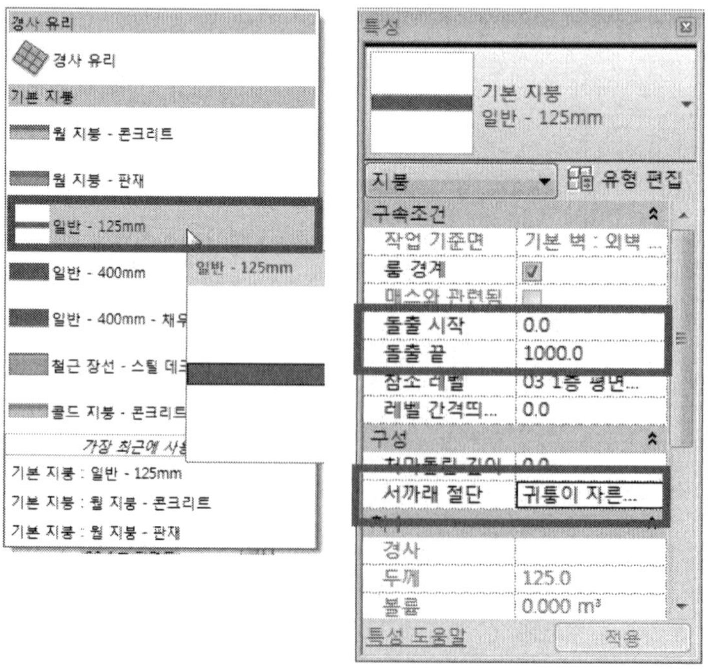

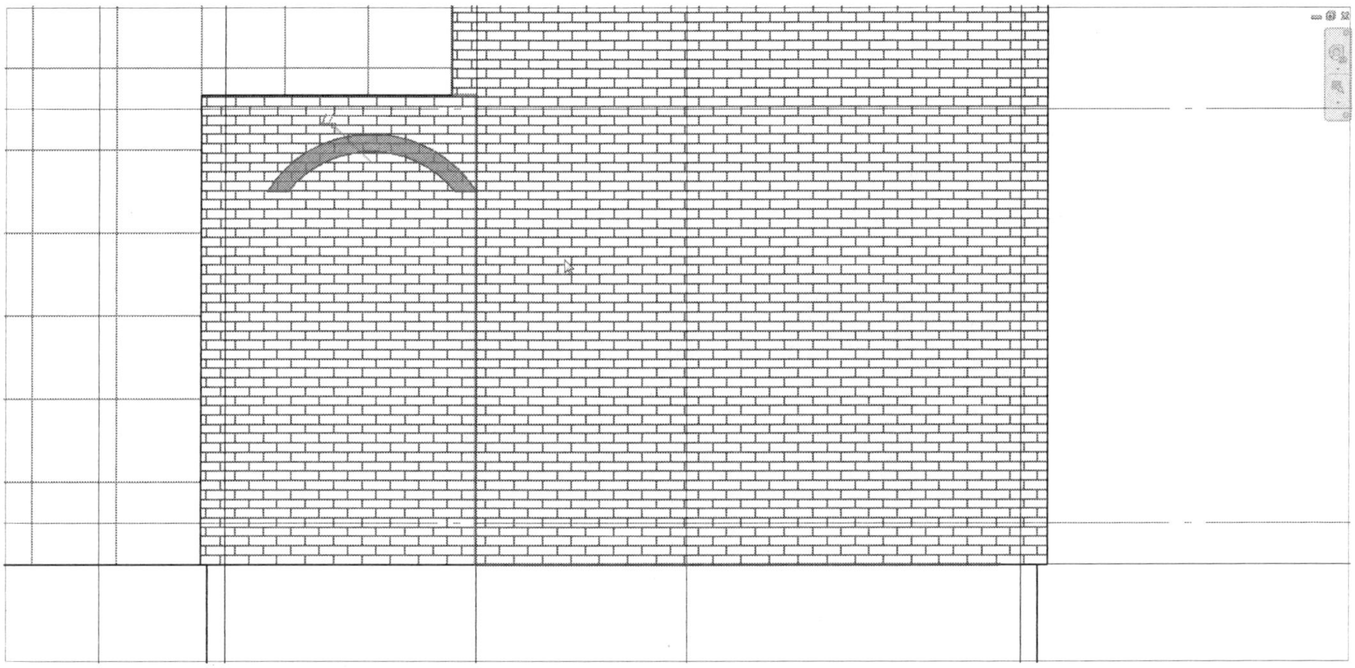

- 현관의 캐노피가 완성되었다. 매스를 이용한 지붕의 구성이다.
- **추후에 현관의 문 패밀리가 삽입 되면 위치를 이동할 가능성이 있다**.

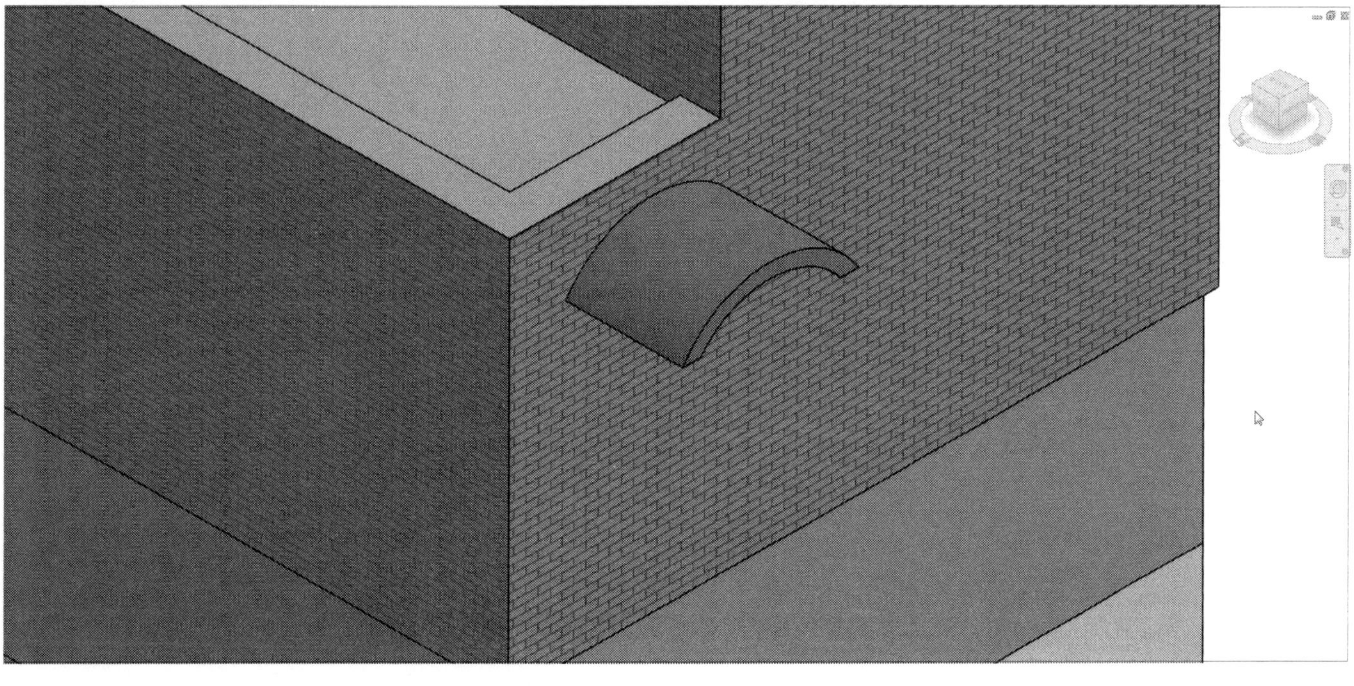

- 전체 모델링은 다음과 같다.

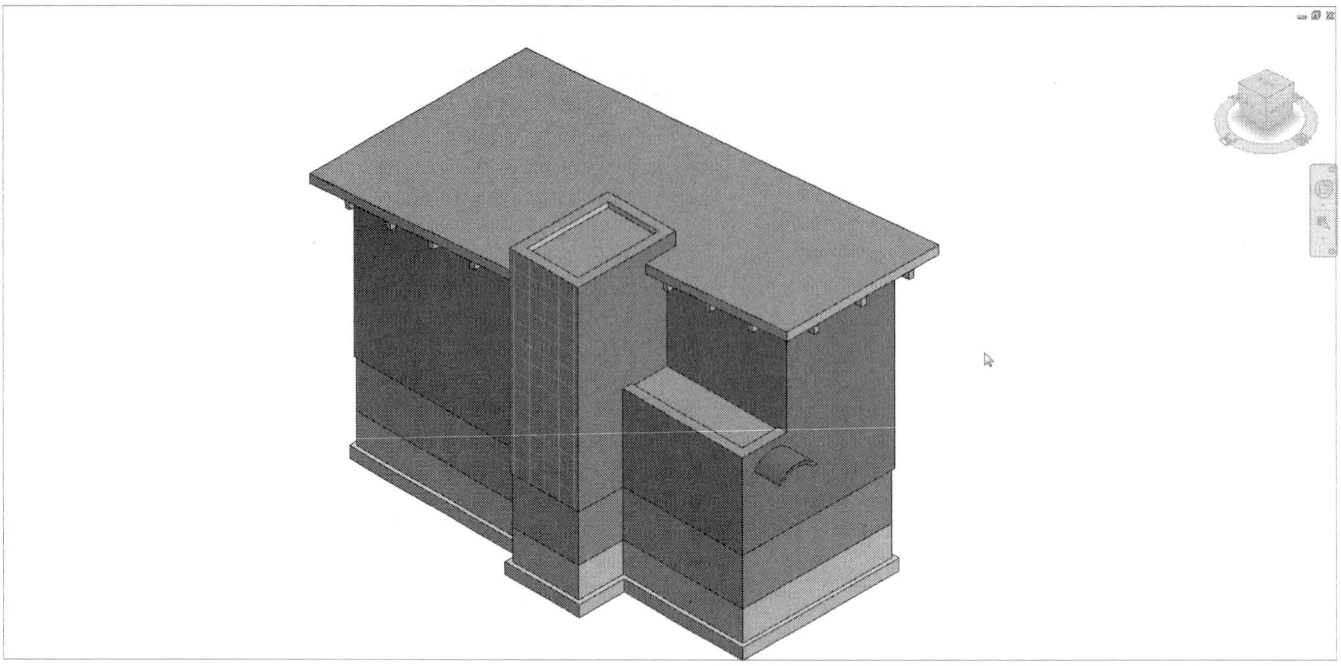

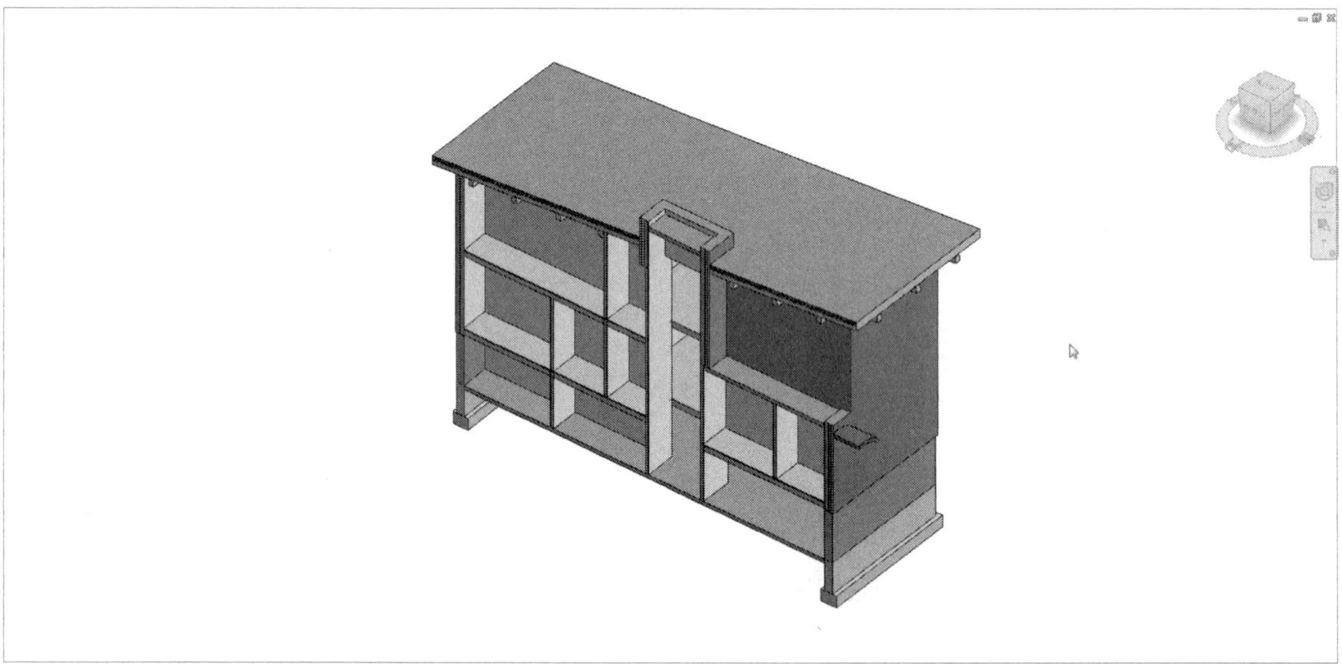

11) 문의 삽입과 로드
12) 창의 삽입과 로드

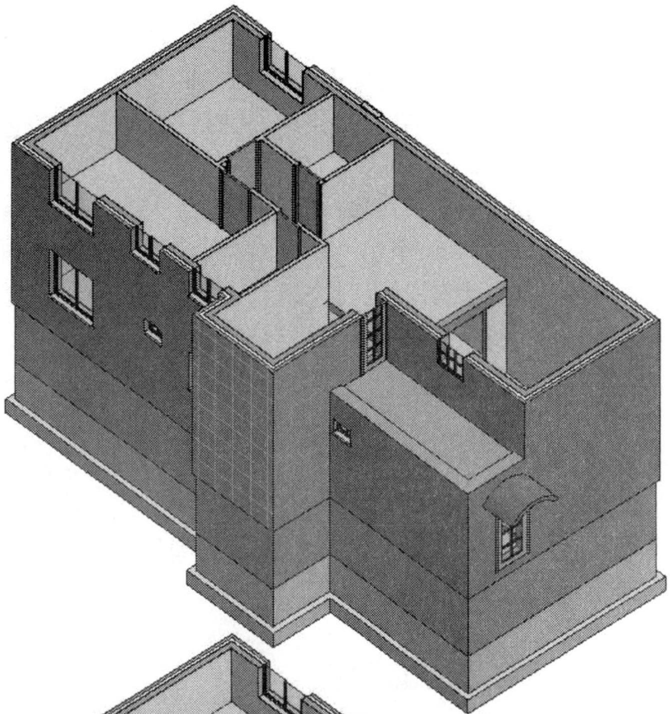

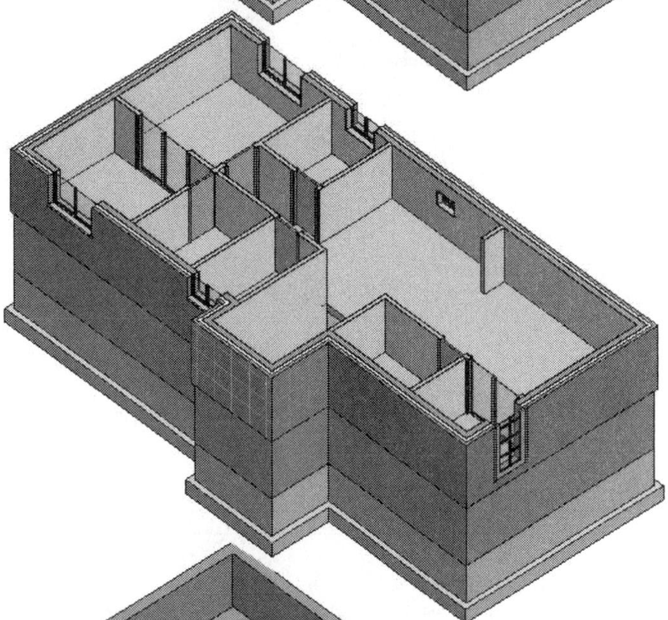

시스템 패밀리인 각종 문과 창을 삽입한다.

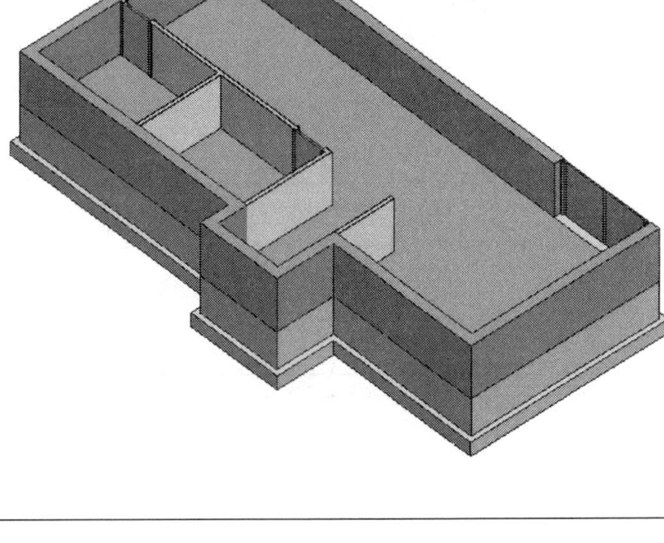

학습목표

11) 문의 삽입과 로드
- 문의 특성을 이해한다.
- 각 층에 문을 배치한다.
- 필요한 문을 로드 한다.
- 문의 특성을 변화하여 삽입한다.

12) 창의 삽입과 로드
- 창의 특성 이해한다.
- 각 층에 창을 배치한다.
- 필요한 창을 로드 한다.
- 창의 특성을 변화하여 삽입한다.

11) 문의 삽입과 로드

문은 평면도, 입면도, 3D 뷰에서 배치할 수 있으며, 벽에 연관되는 요소로 문은 오직 벽에만 설치할 수 있다. 벽에 문을 추가하면 자동으로 벽에 개구부가 생기고 그곳에 문이 생성된다. 사용자가 직접 새로운 문 패밀리를 만들어 rfa파일로 저장할 수 있으며, 이 파일은 다른 프로젝트에서 로드하여 사용할 수 있다.

● 문 특성의 수정

문의 유형 특성은 재료와 치수가 있고, 인스턴스 특성으로는 프레임 유형, 재료, 레벨 등이 있다. 유형의 특성을 수정하면 프로젝트에 사용된 동일한 유형의 문에 모두 영향을 미치지만, 인스턴스(복제된) 특성을 수정하면 선택한 문만 변화한다.

● 문 배치하기

평면도, 입면도, 3D 뷰에서 벽에만 문을 배치할 수 있다. 평면도에서 문을 배치하면 문이 열리는 방향은 커서가 닿은 벽 표면 쪽으로 설정된다. 문을 배치한 후에는 겹화살표 모양의 컨트롤을 클릭하여 문의 방향을 변경할 수 있다. 태그 삽입을 선택하면 문을 배치하면 태그가 같이 삽입된다.

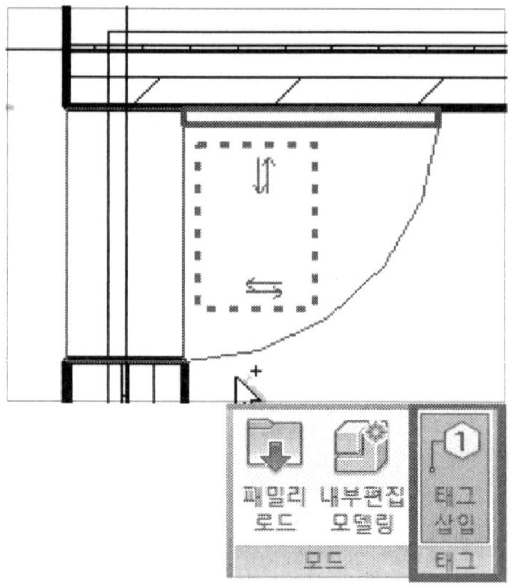

① 지하 주차장의 문 구성하기

- 01 지하주차장 평면으로 이동한다. 특성에서 문의 종류를 목재 외여닫이문 0900 X 2100mm를 선택한다.

- 문을 설치할 위치에 마우스 위치시키고 원하는 문의 방향이 되도록 Space 바나 겹화살표로 조절한다.

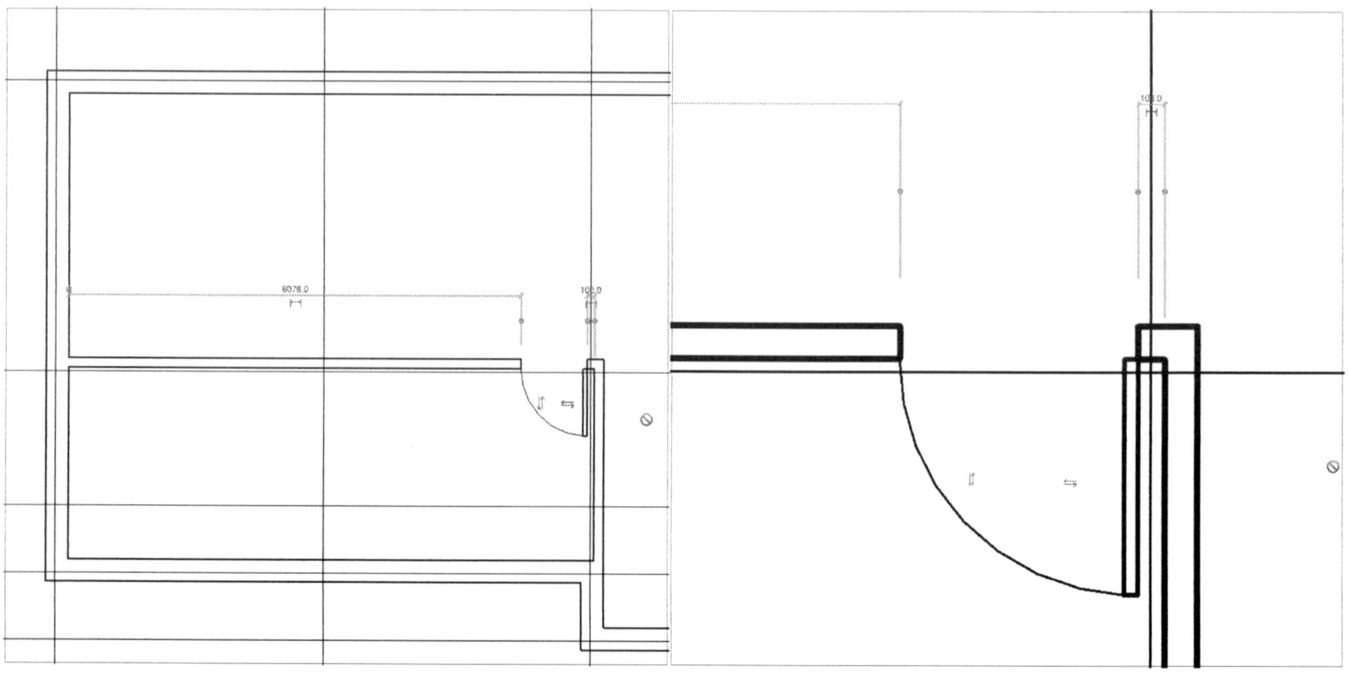

- 지하주차장의 층고가 낮아 2100mm의 문 높이가 높으니 문을 복제하고 변수를 바꾸어 문 높이를 낮춘다.
- 복제버튼을 클릭하고 이름을 0900 x 1900 mm로 주고 치수 변수의 높이를 2100에서 1900으로 바꾼다.

- 문의 유형을 새롭게 복제한 0900 X 1900mm로 바꾼다.
- 문의 높이가 낮아진 것을 확인한다.

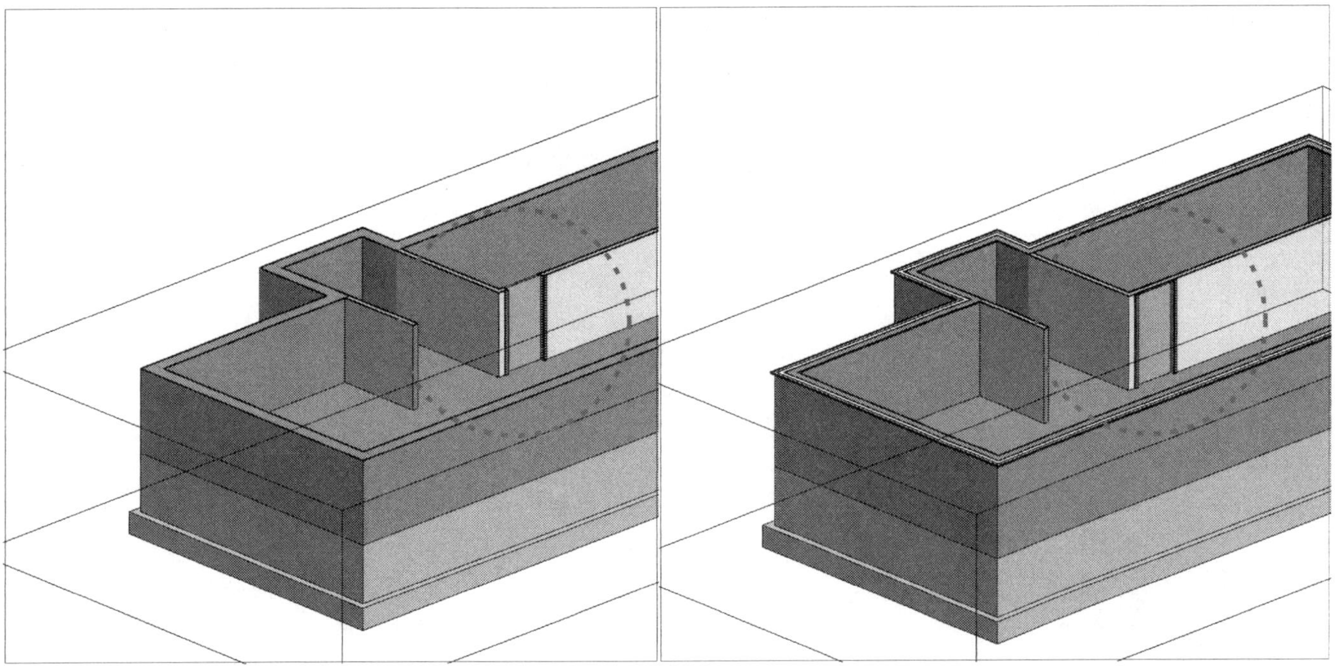

- 같은 방법으로 같은 문을 다른 곳에 설치한다.

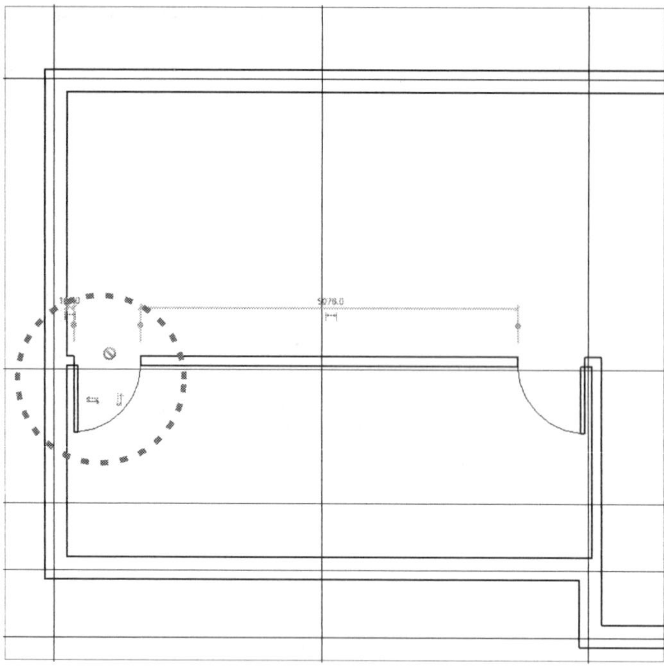

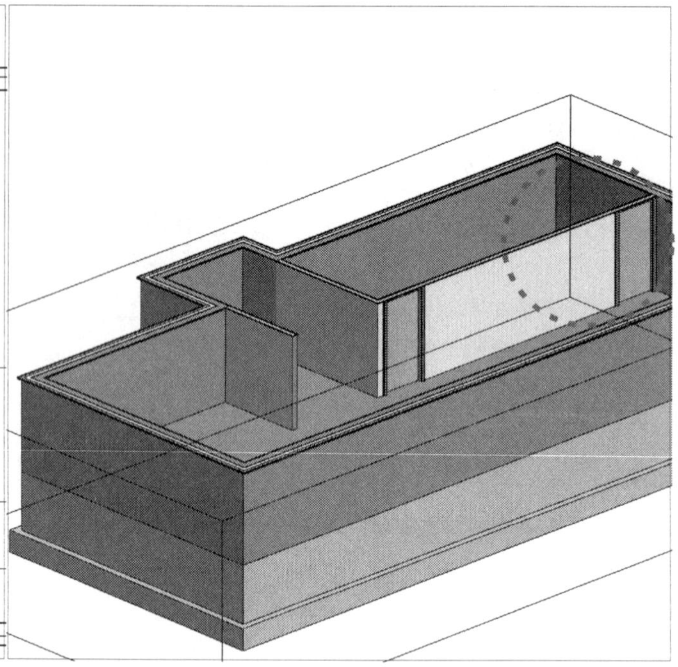

- 다시 01 지하주차장 평면으로 이동하고 주차장 문을 로드하기 위해서 패밀리 로드를 클릭한다.
- 폴더에서 주차장문.rfa를 선택한다. (이전에 복사해 놓은 폴더에서)

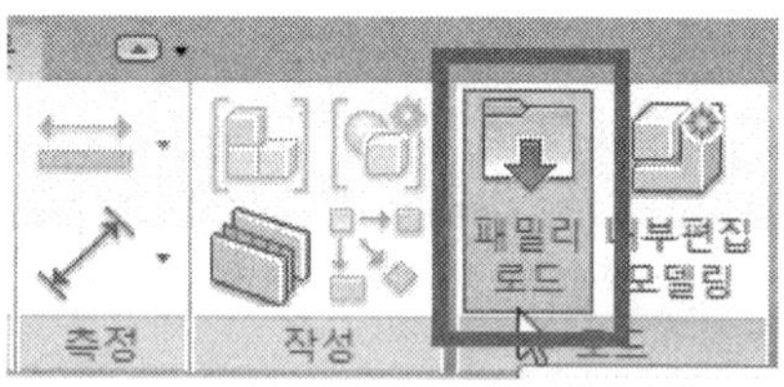

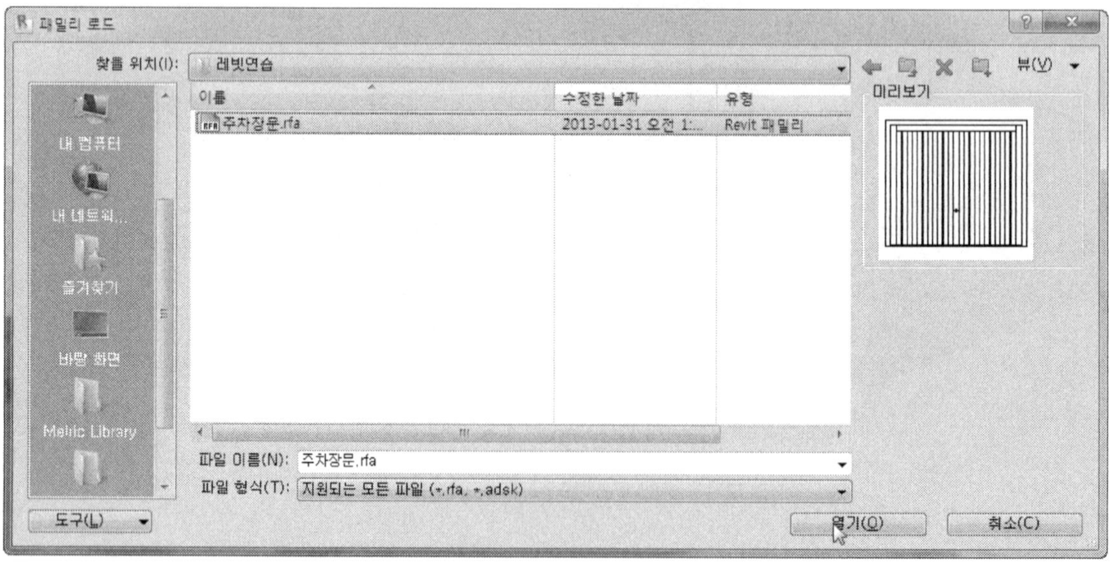

- 주차장문의 가로 크기와 높이를 바꾸기 위해서 문을 복제하고 변수를 바꾼다.
- SO 2400 x 1900로 복제하고 치수 변수의 높이를 2044에서 1900으로 폭을 2285에서 2400으로 바꾼다.

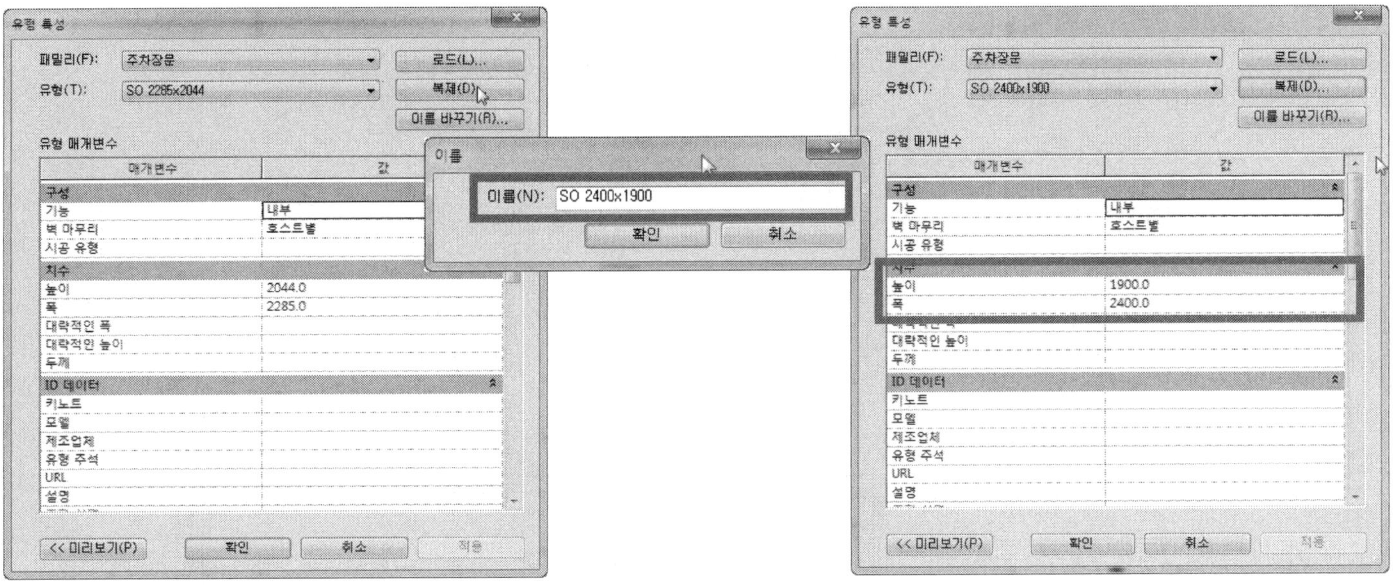

- 아래 그림과 같이 주차장문을 설치한다.

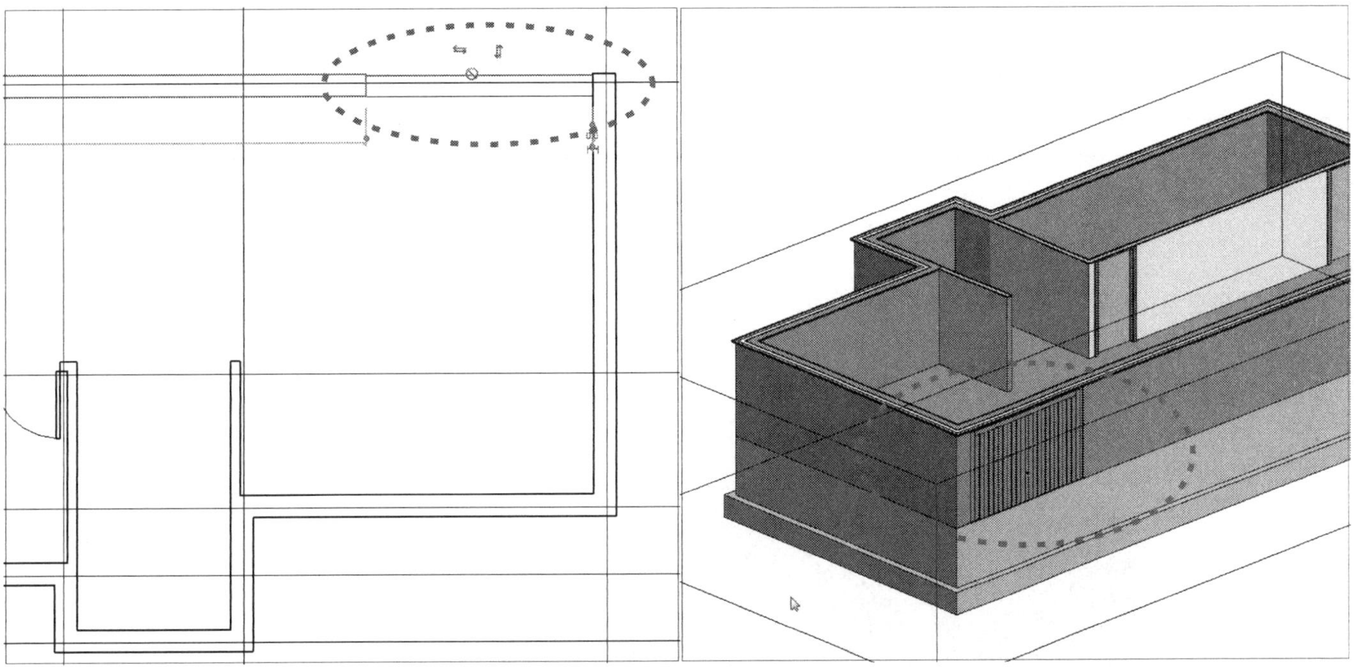

- 지하주차장 평면에 내벽을 하나 더 추가하여 모델링한다.
- 기존의 벽과 같은 벽을 추가할 경우에는 추가할 벽과 같은 벽을 선택하고 유사작성 버튼을 클릭한다.
- 선 긋기를 선택하고 아래 그림과 같이 모델링한다.

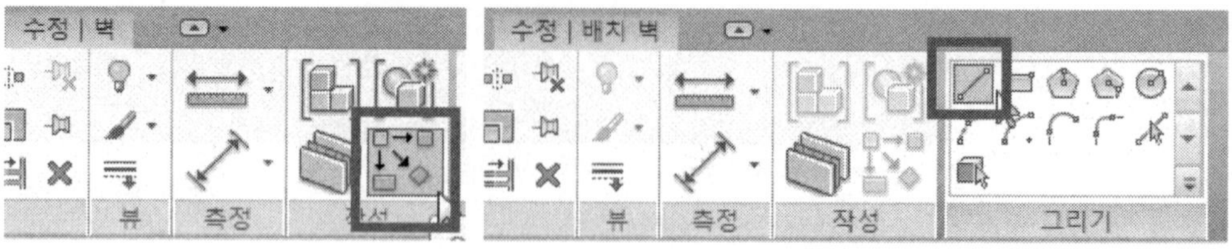

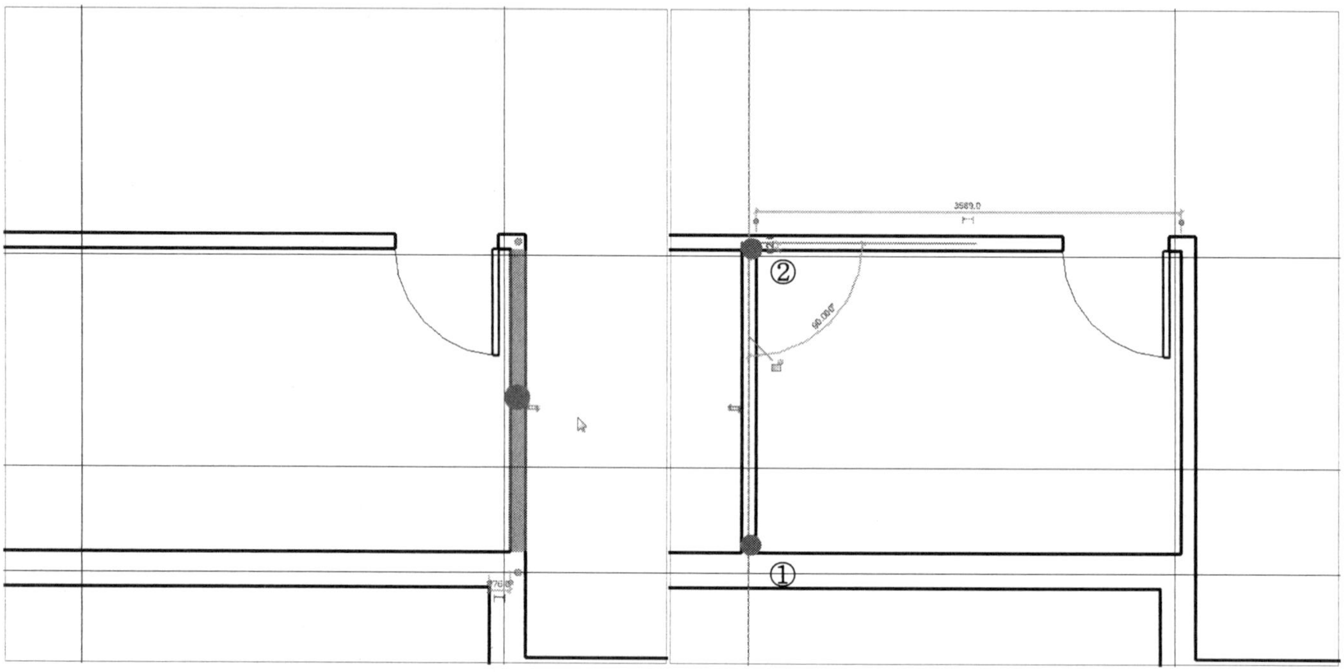

- 유사작성으로 새롭게 추가된 벽을 확인한다.

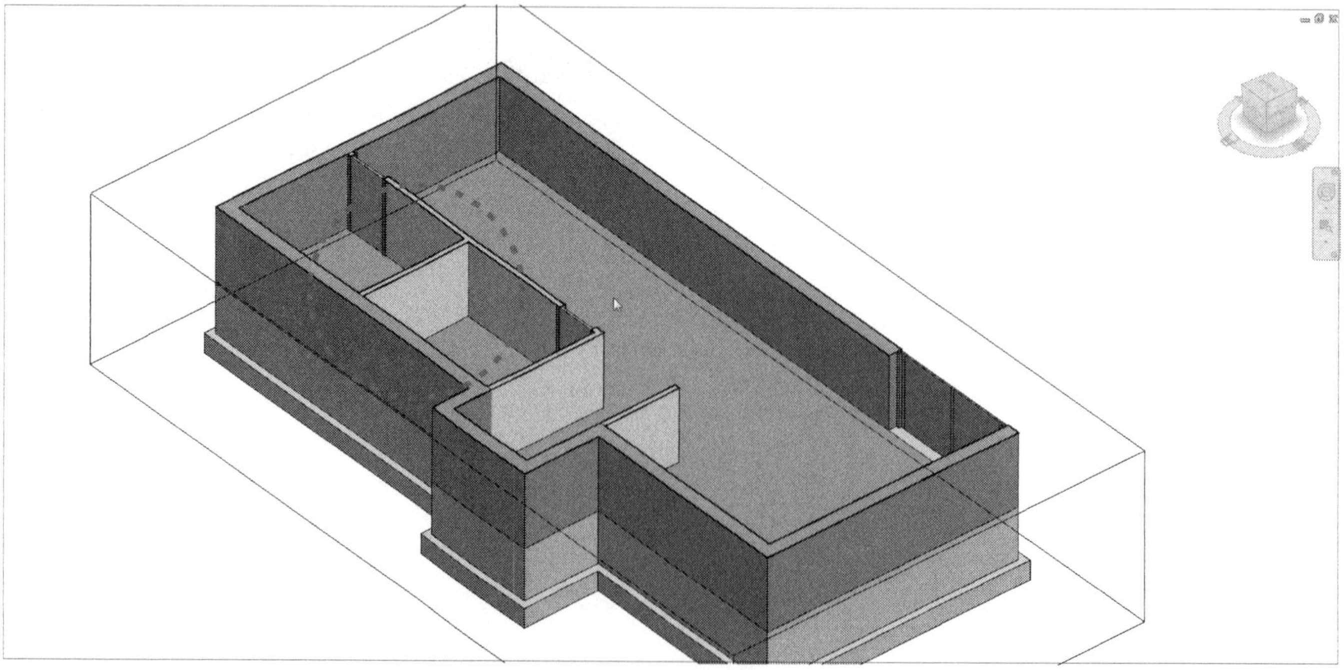

② 1층 평면도의 문 구성하기

- 03 1층 평면도 평면으로 이동한다.

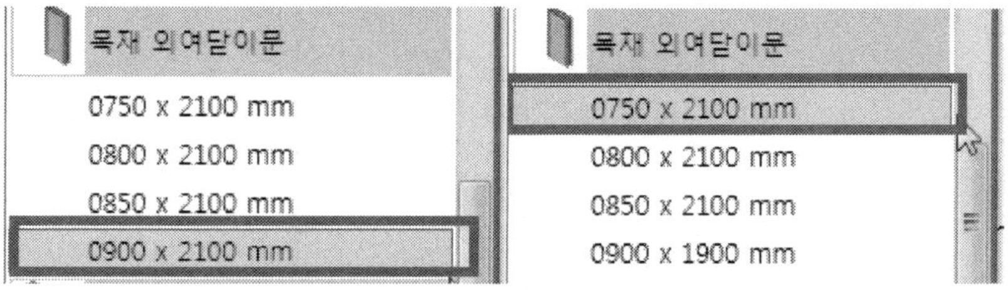

- 안방에 들어가는 문은 목재 외여닫이문 0900 X 2100mm를 선택한다. 그림과 같이 설치한다.

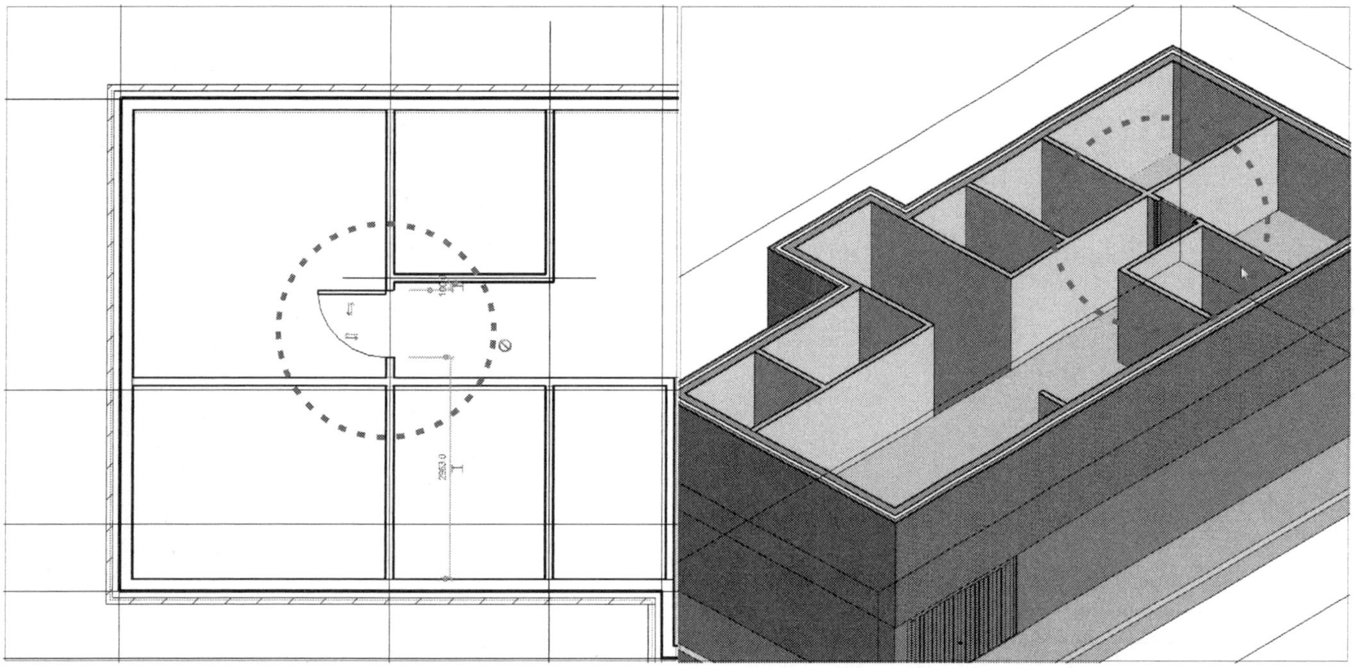

- 화장실과 다용도실, 창고 등은 목재 외여닫이문 0750 X 2100mm를 선택한다. 그림과 같이 설치한다.

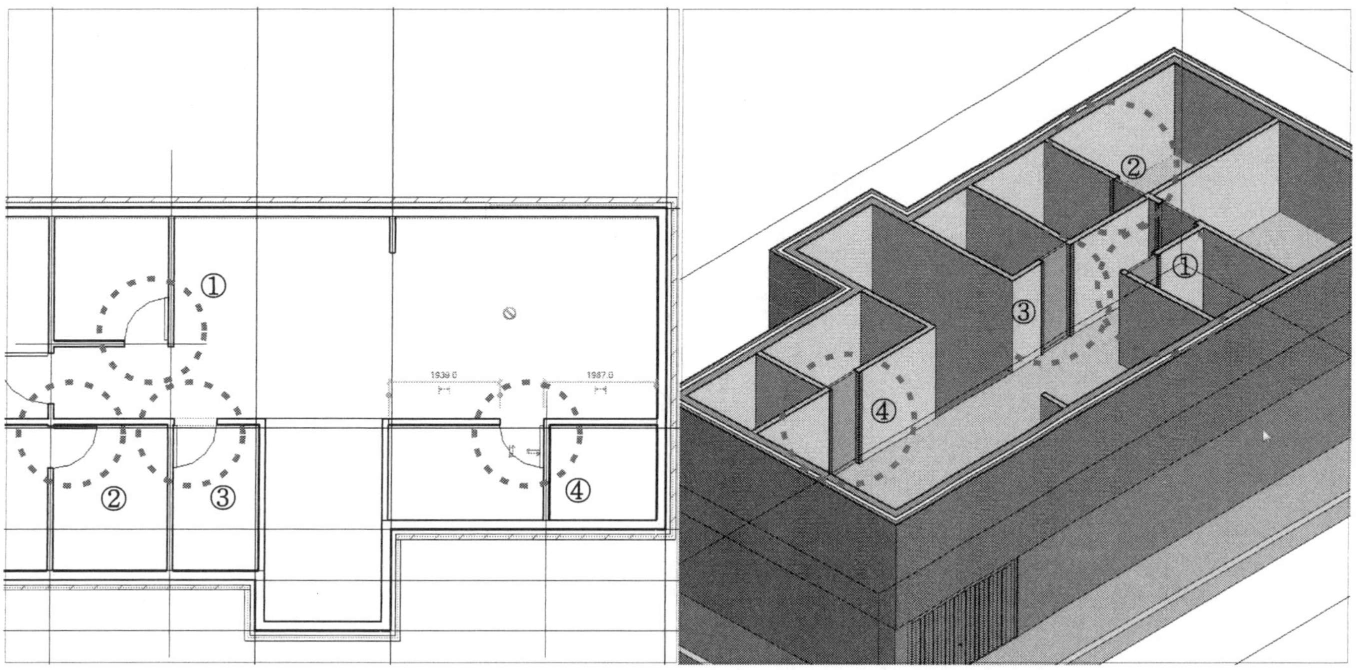

- 현관문을 설치하기 위해서 문의 종류를 단일-유리 2 0915 X 2134mm로 한다.
- 현관의 하단부분에 신발장을 설치하기 위한 공간을 확보하기 위해 450mm를 띄어서 문을 설치한다.

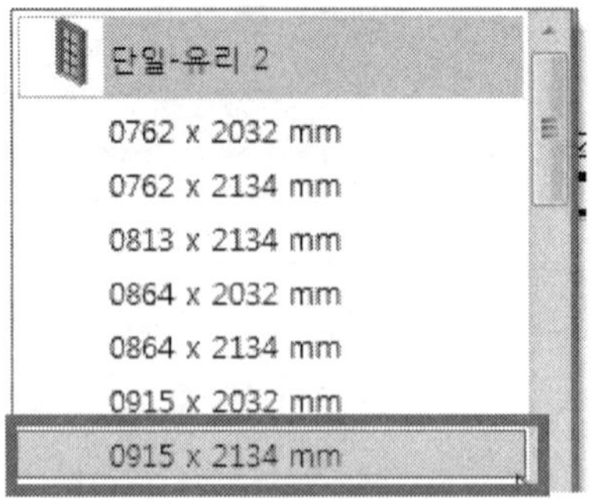

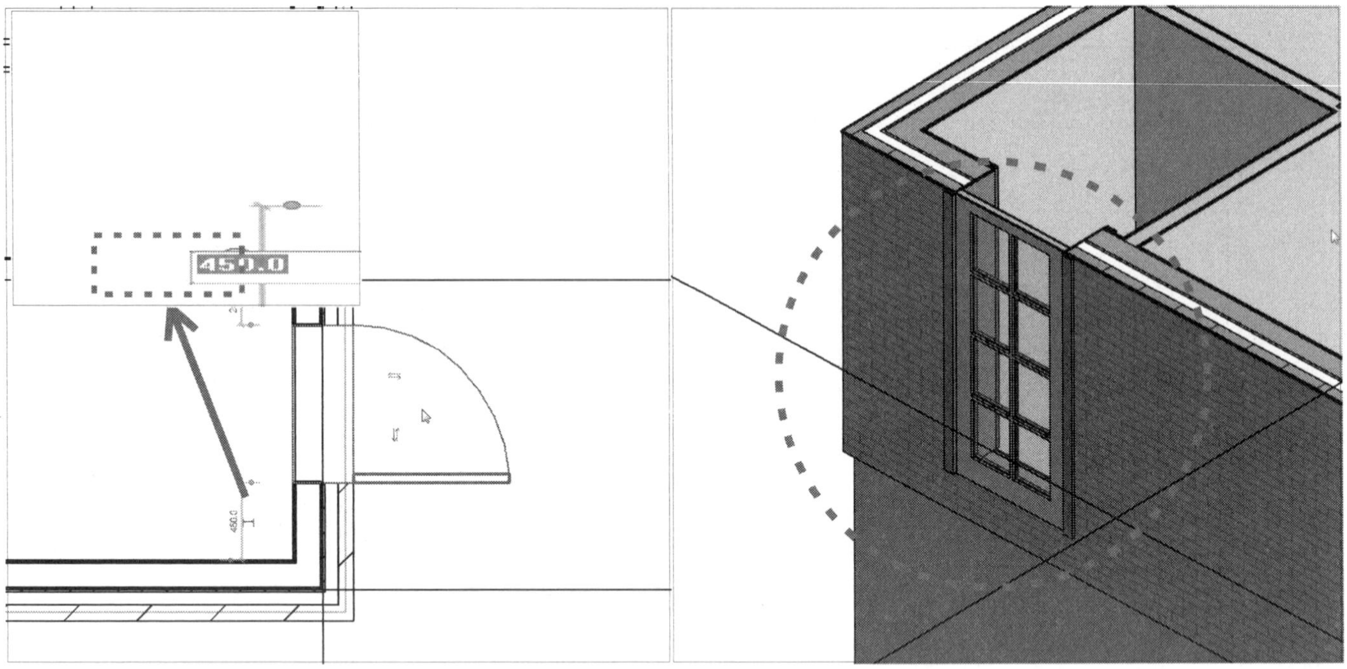

- 문의 종류를 미닫이-2 패널의 1730 X 2134 mm로 한다.
- 안방과 현관에 설치한다.

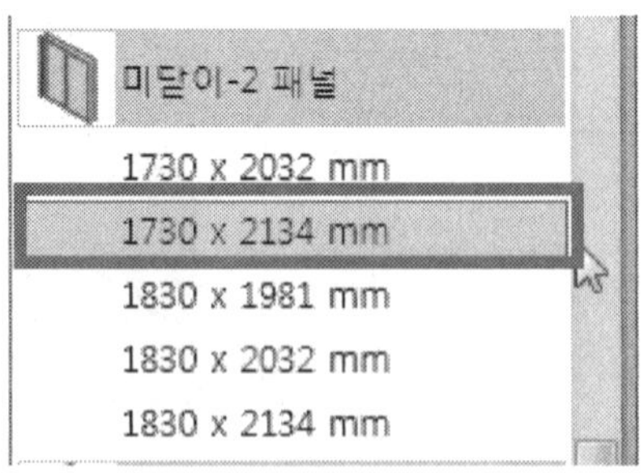

- 1층 평면도에서 아래 그림과 같이 설치한다.

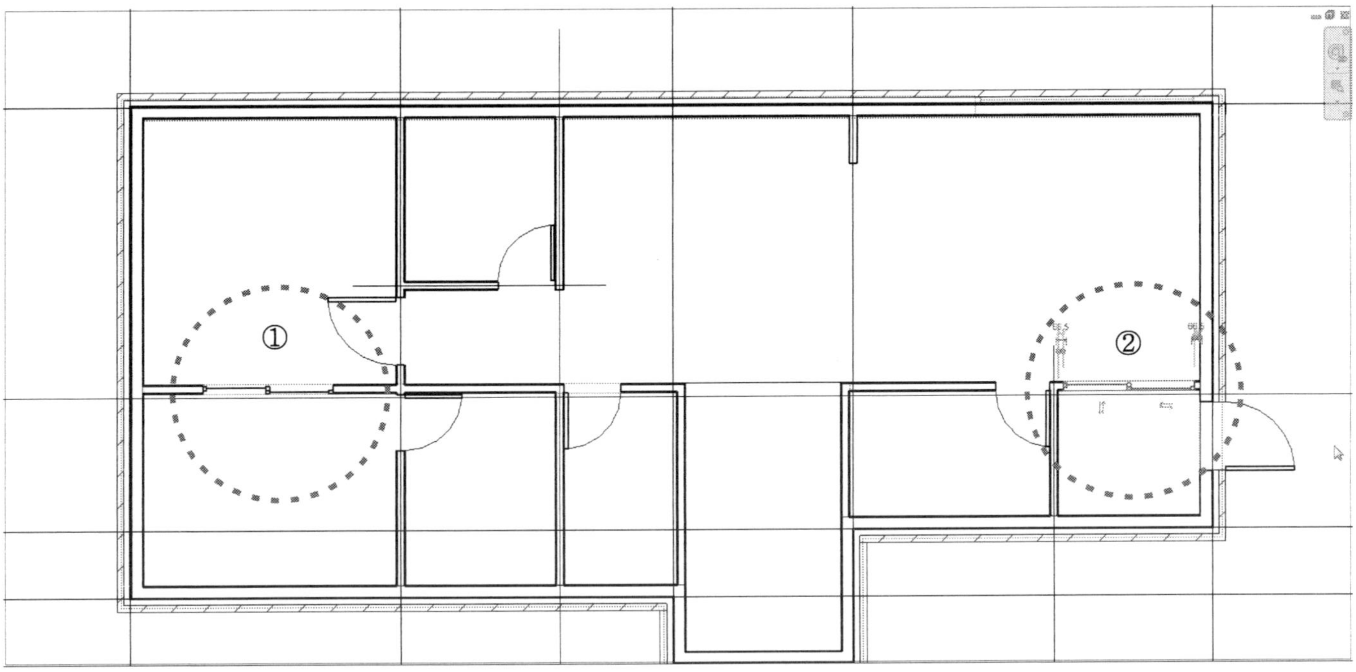

- 3D 뷰에서 확인한다.

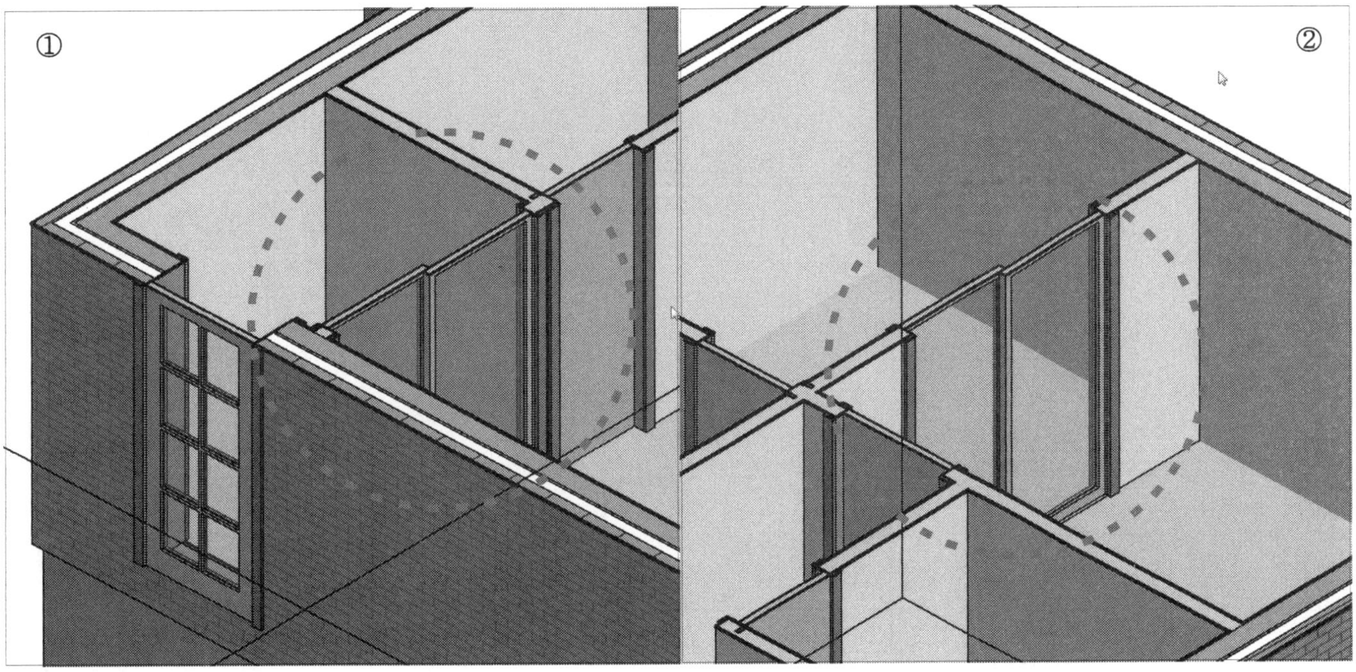

③ 2층 평면도의 문 구성하기

- 03 1층 평면도에서 복사할 문들을 Ctrl키를 누른 상태에서 복수로 선택한 후 복사를 클릭한다.

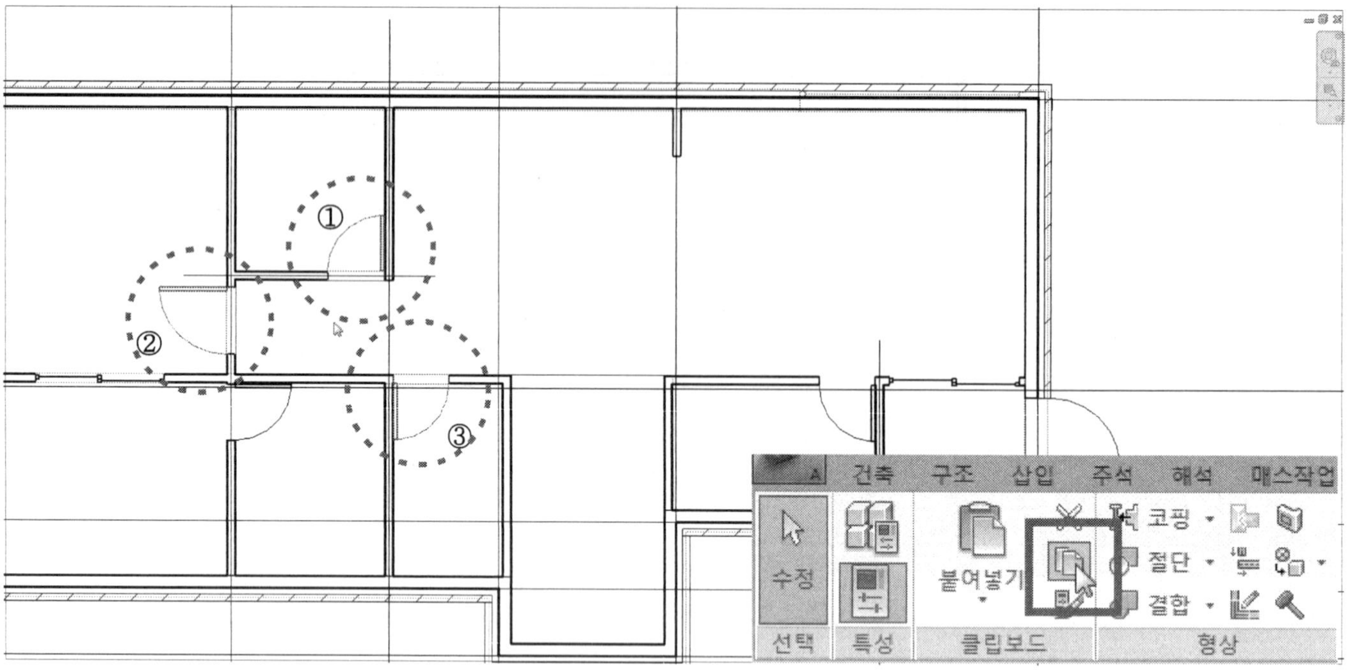

- 04 2층 평면도로 이동한 후 붙여넣기에서 현재 뷰에 정렬을 클릭한다.
- 2층의 벽에 문이 복사된 것을 확인할 수 있다.

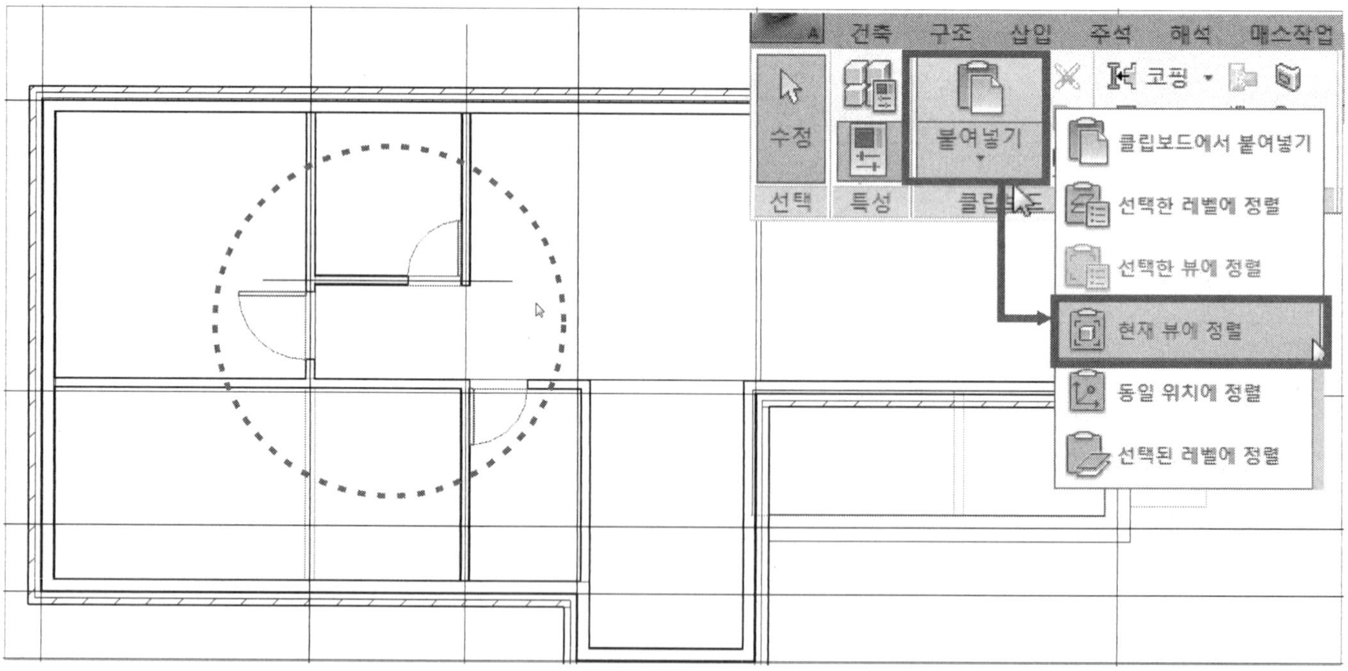

- 3D 뷰에서 단면 상자를 조절하여 확인한다.

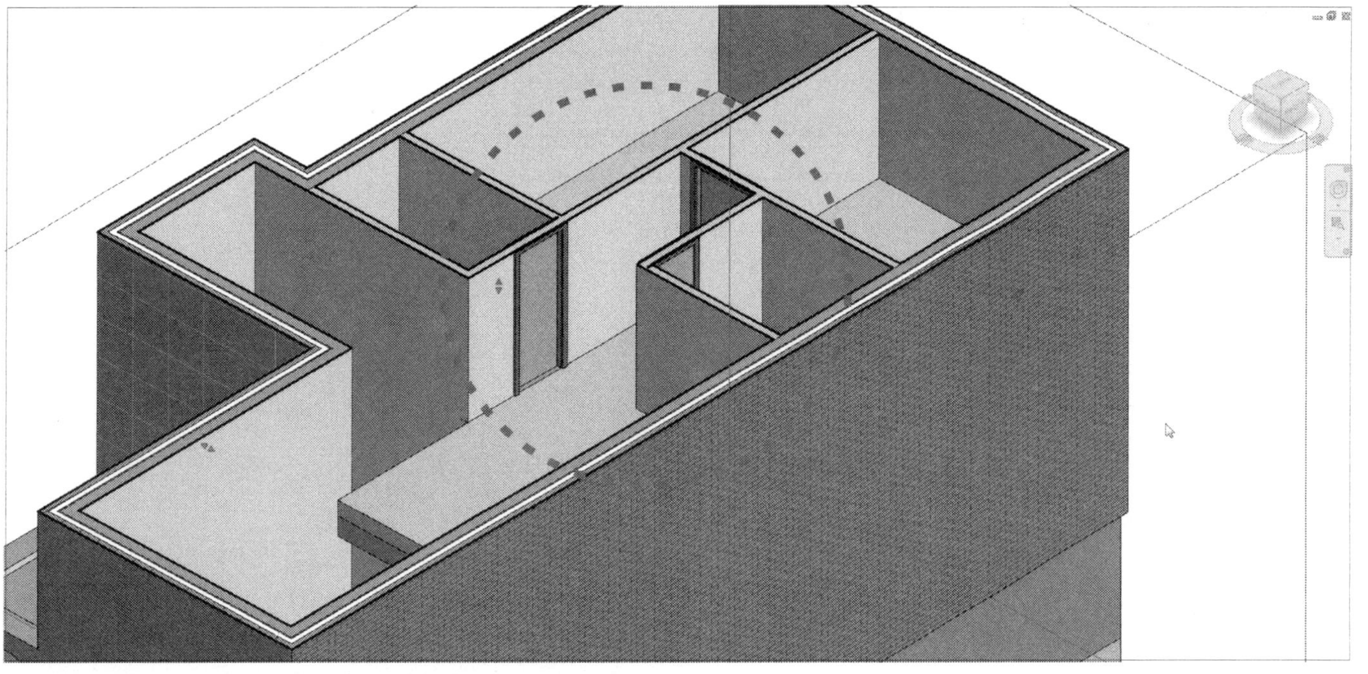

- 04 2층 평면도에서 나머지 문을 모델링한다. 문의 종류는 목재 외여닫이문 0900 X 2100mm를 선택한다.
- 새로운 문의 우측에 붙박이 장을 설치하기 위해서 거리를 두고 문을 배치한다. 좌측에 있는 벽에서 200mm 떨어져 위치시킨다.

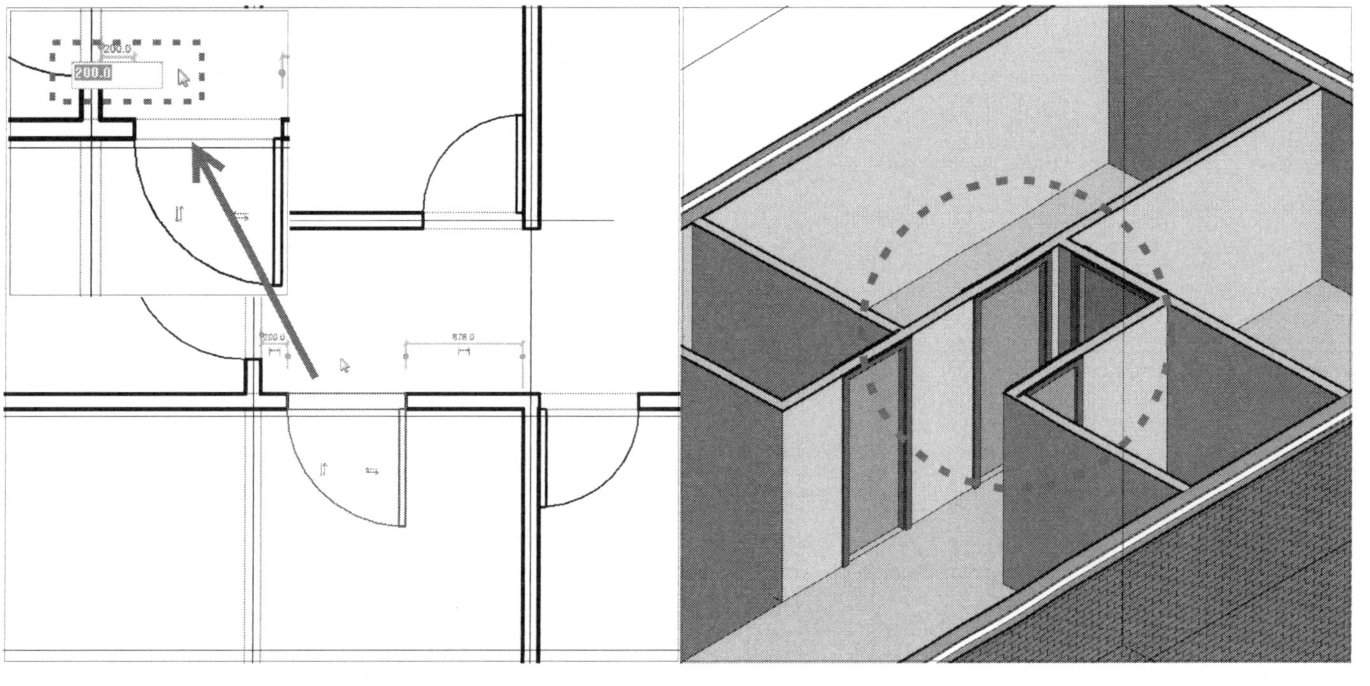

- 2층에서 1층의 현관 및 화장실 상부 테라스로 나가기 위한 문을 설치하기 위해서 문의 종류를 단일-유리 2 0762 X 2134mm로 선택한다. 그 후 아래 그림과 같이 설치한다.

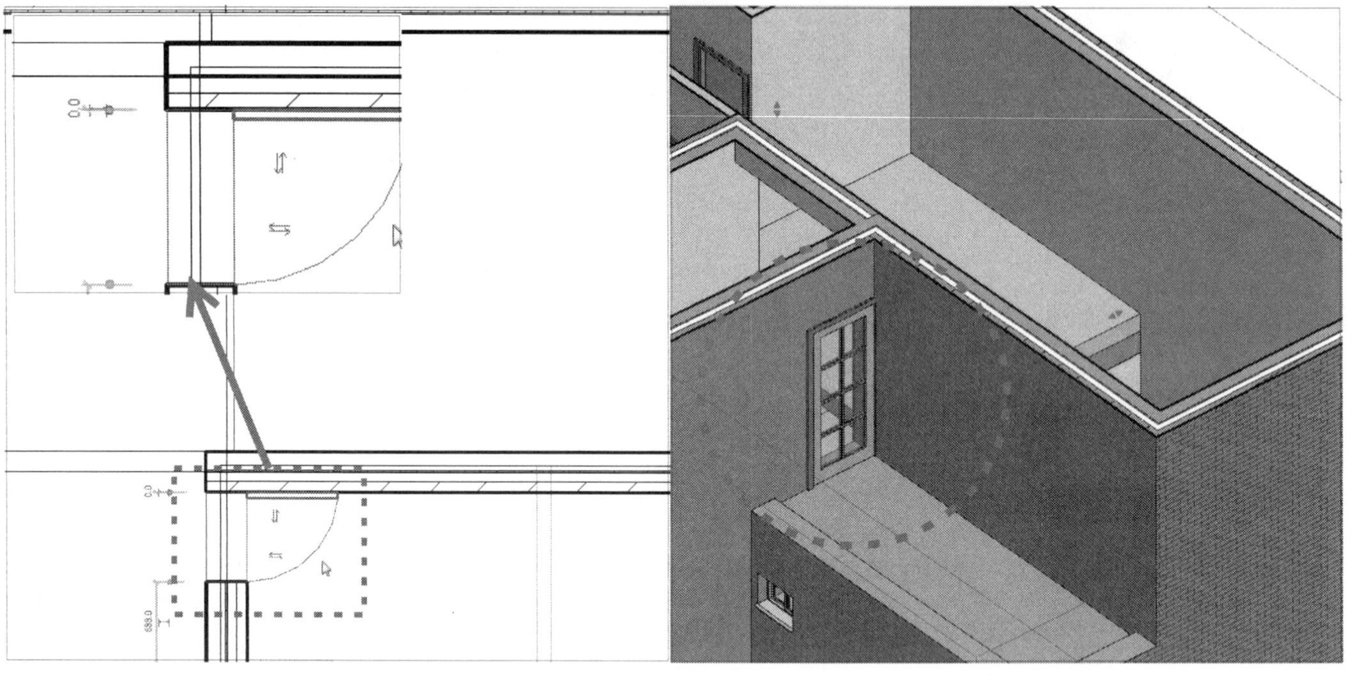

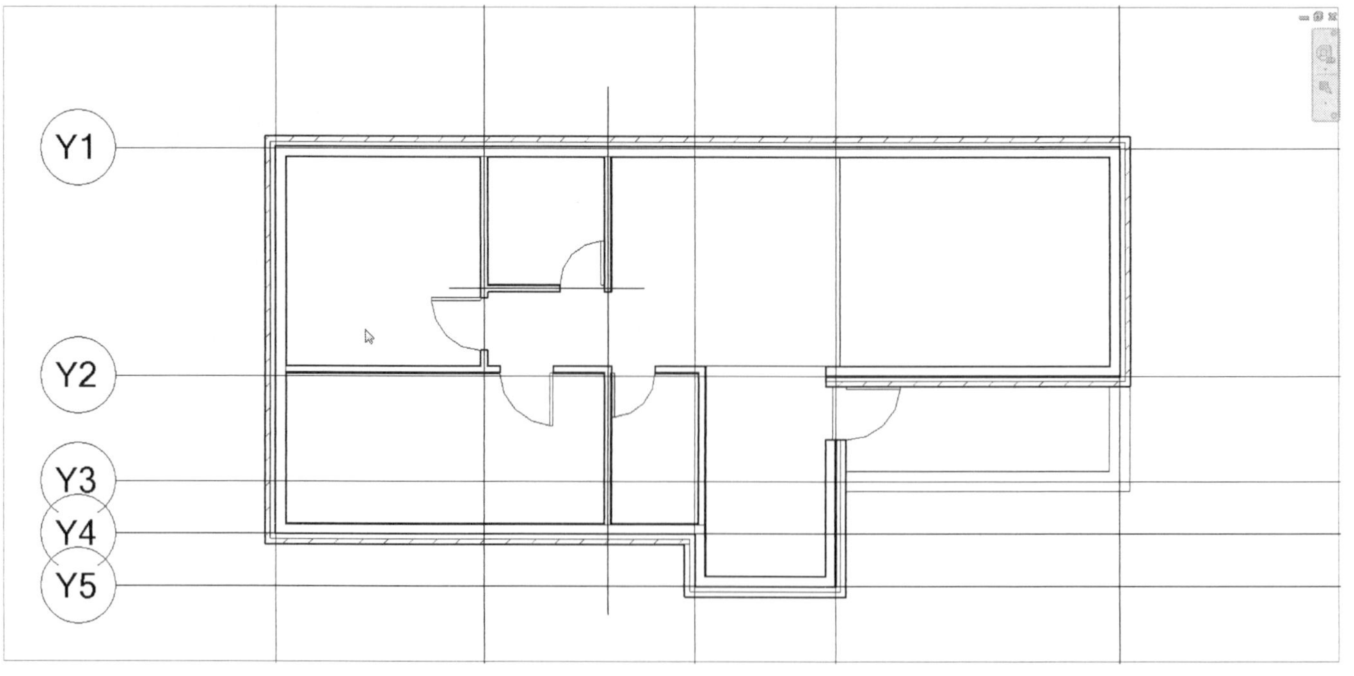

12) 창의 삽입과 로드

창은 건물의 에너지 사용량에 큰 영향을 미치는 중요한 요소로 창의 크기와 배치, 재료는 통풍 시스템과 냉난방 시스템의 설계에 큰 영향을 미치게 된다. 창 또한 벽에 연관되는 기본적인 요소로 오직 벽에만 설치할 수 있다. 벽에 창을 추가하면 자동으로 벽에 개구부가 생기고 그곳에 창이 생성된다. 사용자가 직접 새로운 창 패밀리를 만들어 rfa파일로 저장할 수 있으며, 이 파일은 다른 프로젝트에서 로드하여 사용할 수 있다.

● 창 특성의 수정

창의 유형 특성은 재료와 치수가 있고, 인스턴스 특성으로는 프레임 유형, 재료, 레벨 등이 있다. 유형의 특성을 수정하면 프로젝트에 사용된 동일한 유형의 창에 모두 영향을 미치지만, 인스턴스(복제한) 특성을 수정하면 선택한 창만 변화한다.

● 창 배치하기

창은 평면도, 입면도, 단면도, 3D 뷰에서 배치할 수 있다. 창은 벽처럼 내부와 외부로 구성되며 창을 배치할 때 면의 방향을 결정하고 바꿀 수 있다. 예를 들면 평면도에서 창을 외벽에 추가할 때 외벽의 바깥 면을 클릭하면 창은 바깥쪽을 향하게 됩니다. 이때 겹화살표 컨트롤을 클릭하여 창의 방향을 뒤집을 수 있다. 씰 높이란 창 프레임의 하단 높이이다. 창을 배치하면 기본 씰 높이가 설정된다.

① 1층 평면도의 창 구성하기

- 03 1층 평면도를 활성화하고 건축 탭에서 창을 선택한다.
- 미닫이 1500x1500 mm를 선택한다. 특성을 보면 씰 높이가 800으로 되어 있는데 이는 1층 바닥에서 800mm 높이에 창이 설치된다는 것이다.

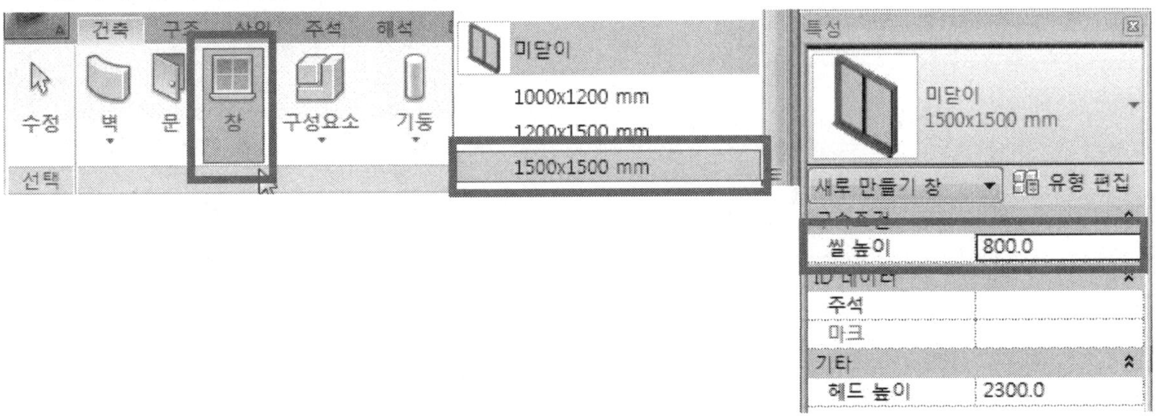

- 안방의 아래 위에 미닫이창을 벽의 중앙부분에 아래 그림과 같이 설치한다.

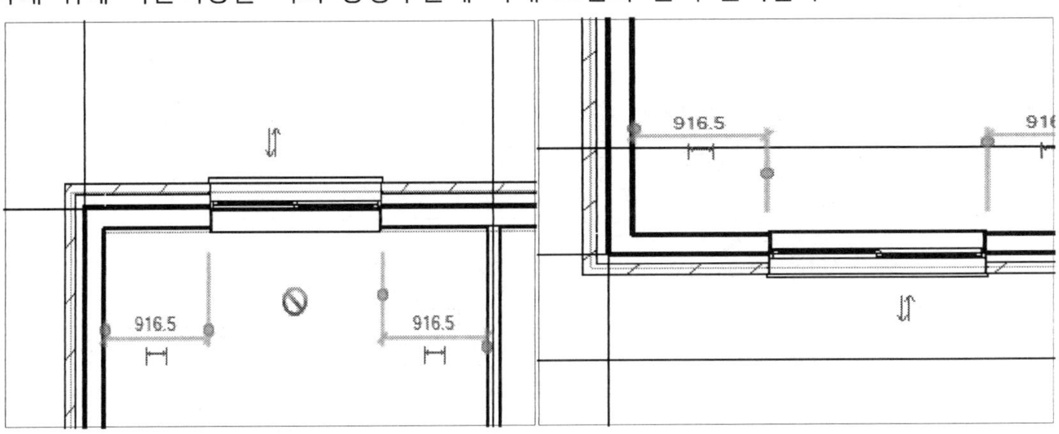

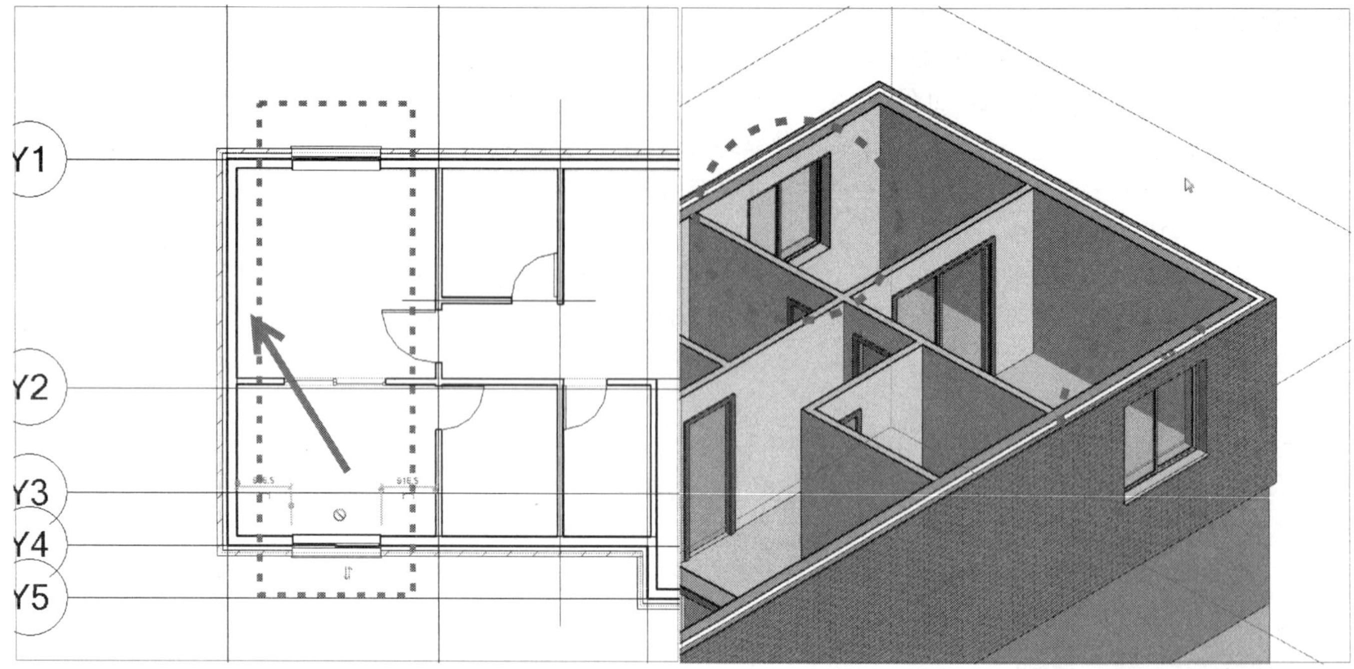

- 미닫이 1500x1500 mm를 유형편집에서 600x450 mm로 복제하고 높이와 폭을 450과 600으로 설정한다.

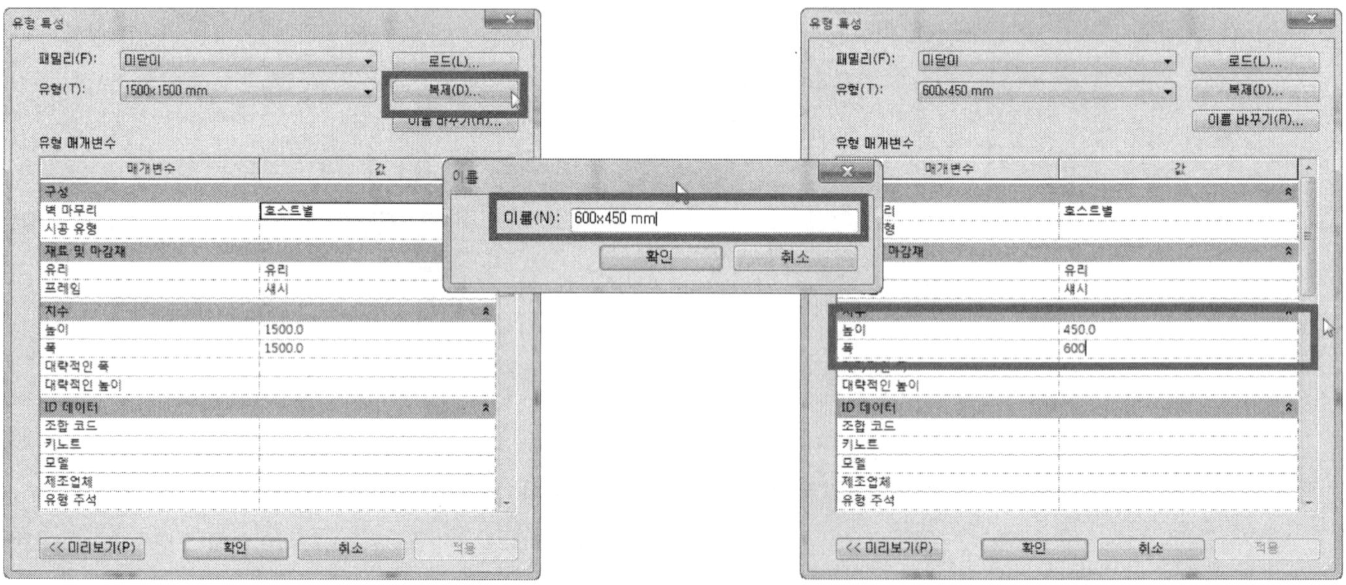

- 미닫이 600x450 mm를 선택한다. 씰 높이를 1850으로 변경하여 다른 창들과 같은 높이가 되도록 맞춘다.
- 현관 옆 화장실 창과 안방 화장실 창을 아래 그림과 같이 설치한다.

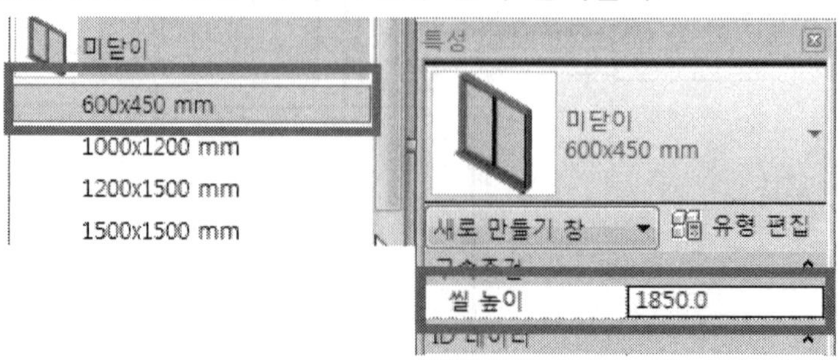

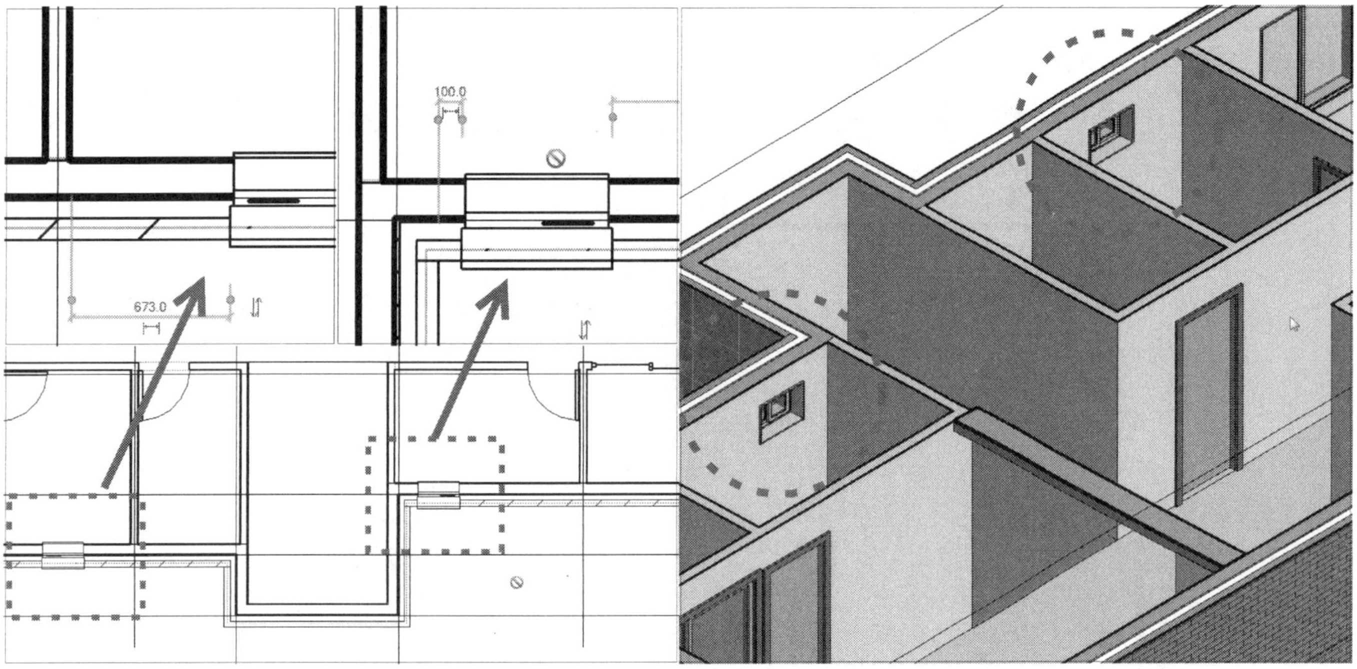

- 미닫이 600x450 mm를 선택한다. 특성의 씰 높이를 1000으로 변경하고 주방에 창을 설치한다.

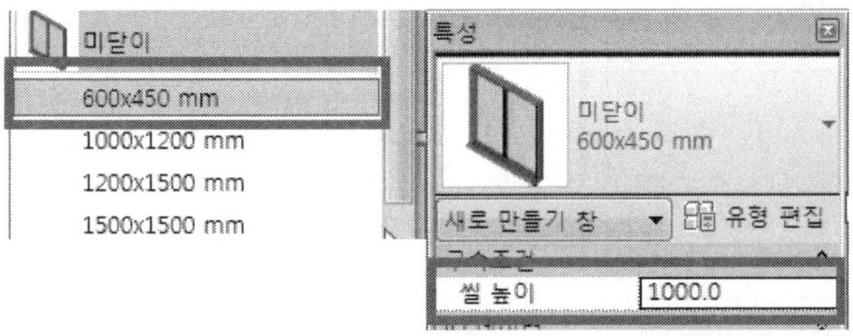

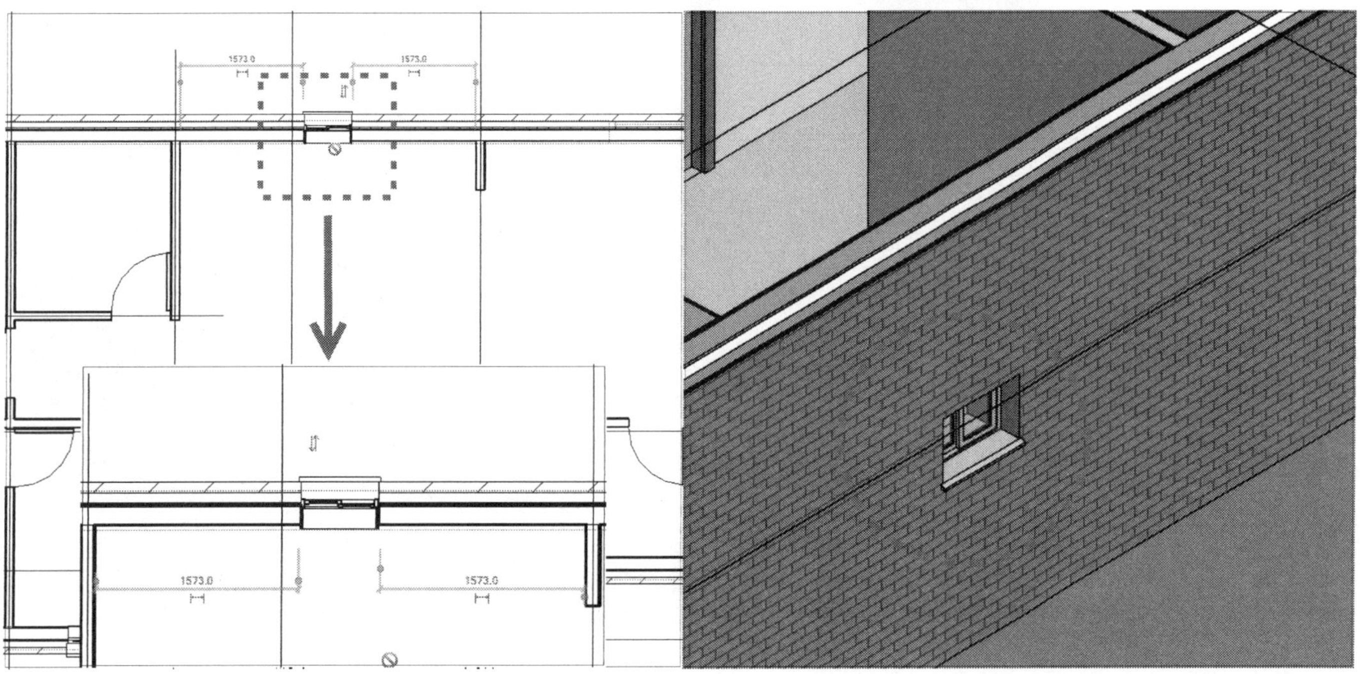

- 미닫이 1000x1200 mm를 선택한다. 다른 창과 헤드 높이를 맞추기 위해 특성의 씰 높이를 1100으로 변경하고 다용도실과 창고에 창을 설치한다.

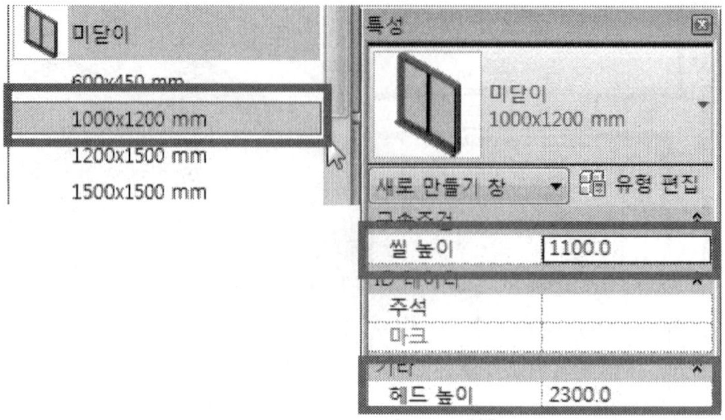

- 계단실 옆 창고와 안방 옆 다용도실의 창을 아래 그림과 같이 벽 중앙에 설치한다.

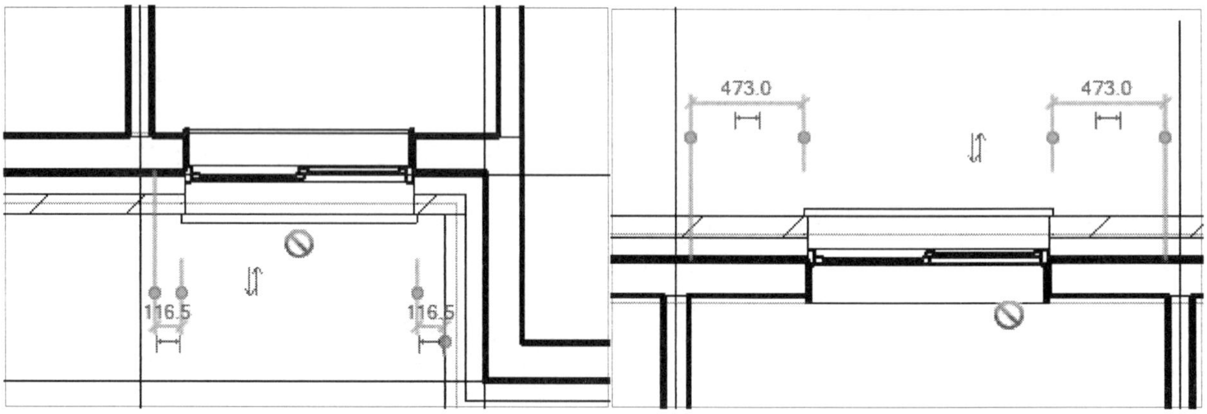

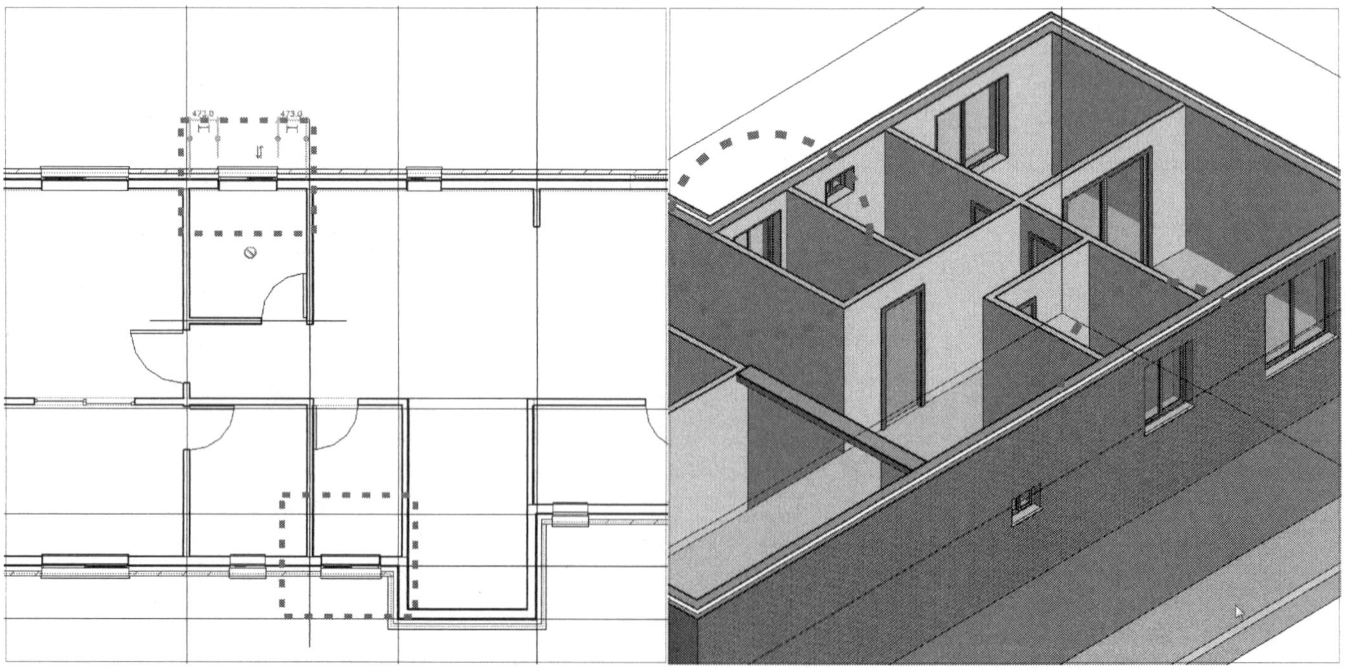

- 03 1층 평면도에 문과 창이 설치된 모습은 다음과 같다.

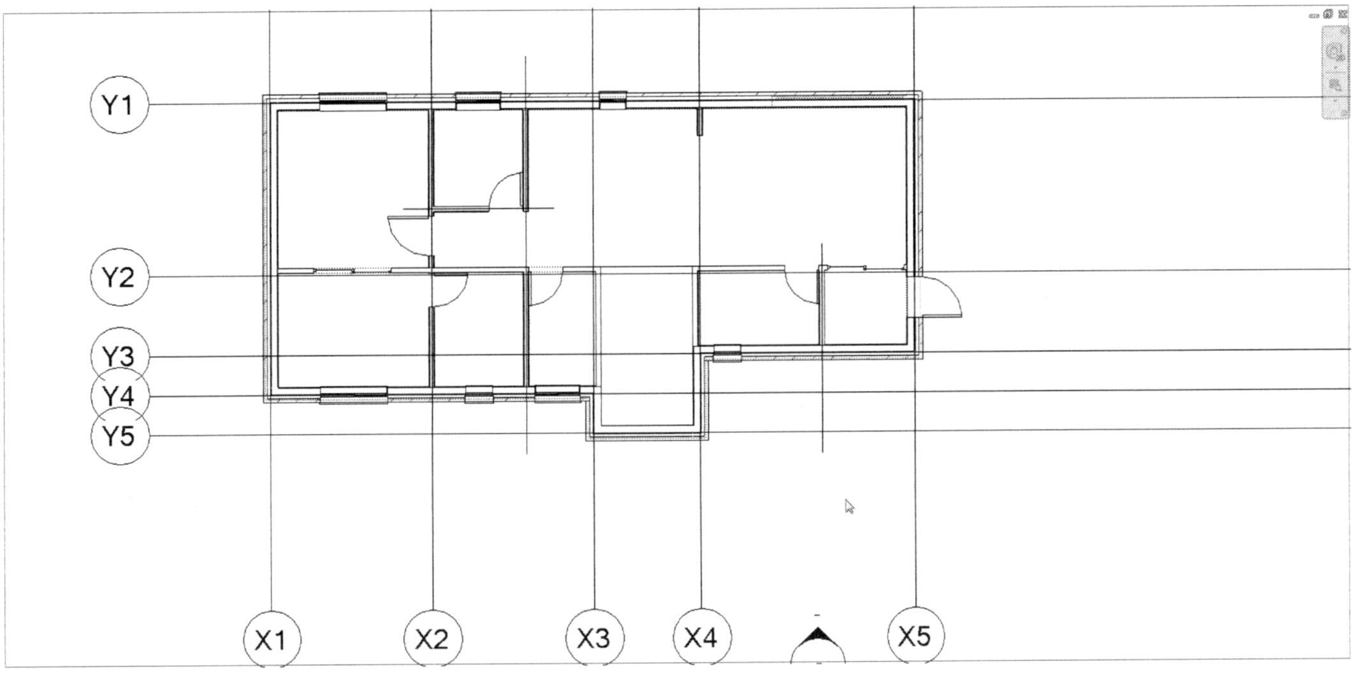

- 3D 뷰에서 확인한다.

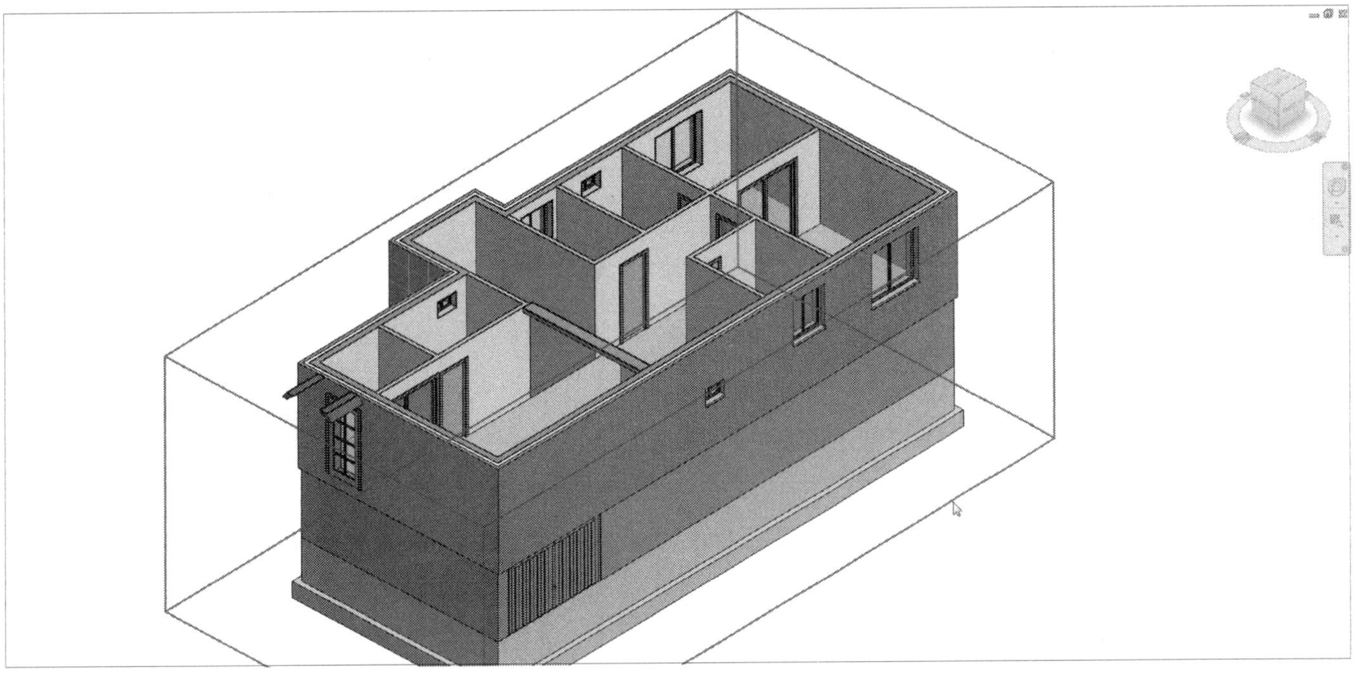

② 2층 평면도의 창 구성하기

- 03 1층 평면도에서 복사할 창들을 Ctrl키를 누른 상태에서 복수로 선택한 후 복사를 클릭한다.

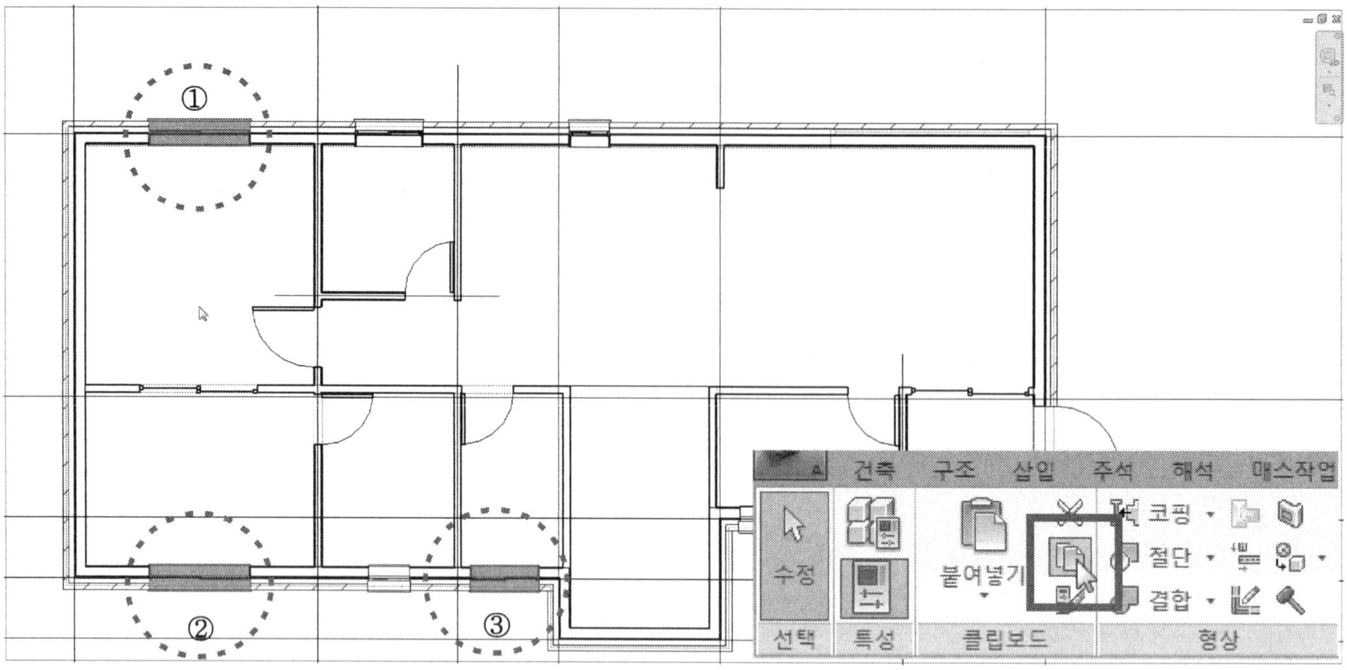

- 04 2층 평면도로 이동한 후 붙여넣기에서 현재 뷰에 정렬을 클릭한다.
- 2층의 벽에 창이 복사된 것을 확인할 수 있다.

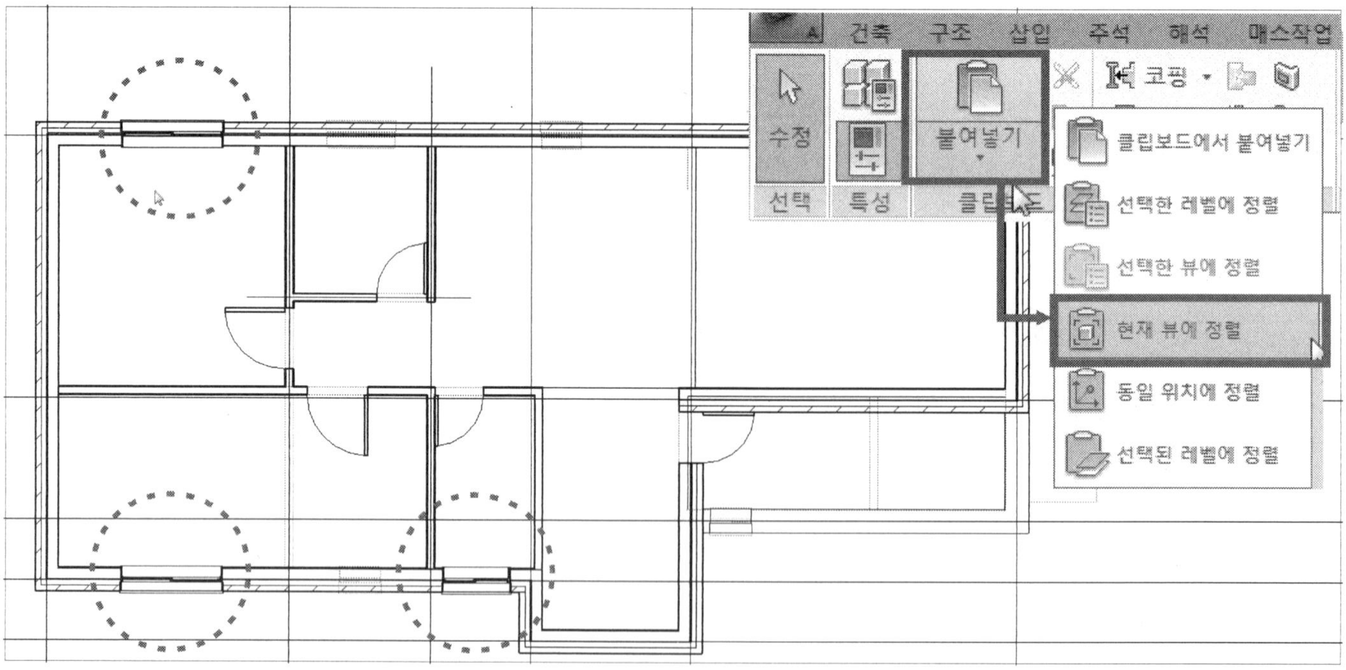

- 3D 뷰에서 확인한다.

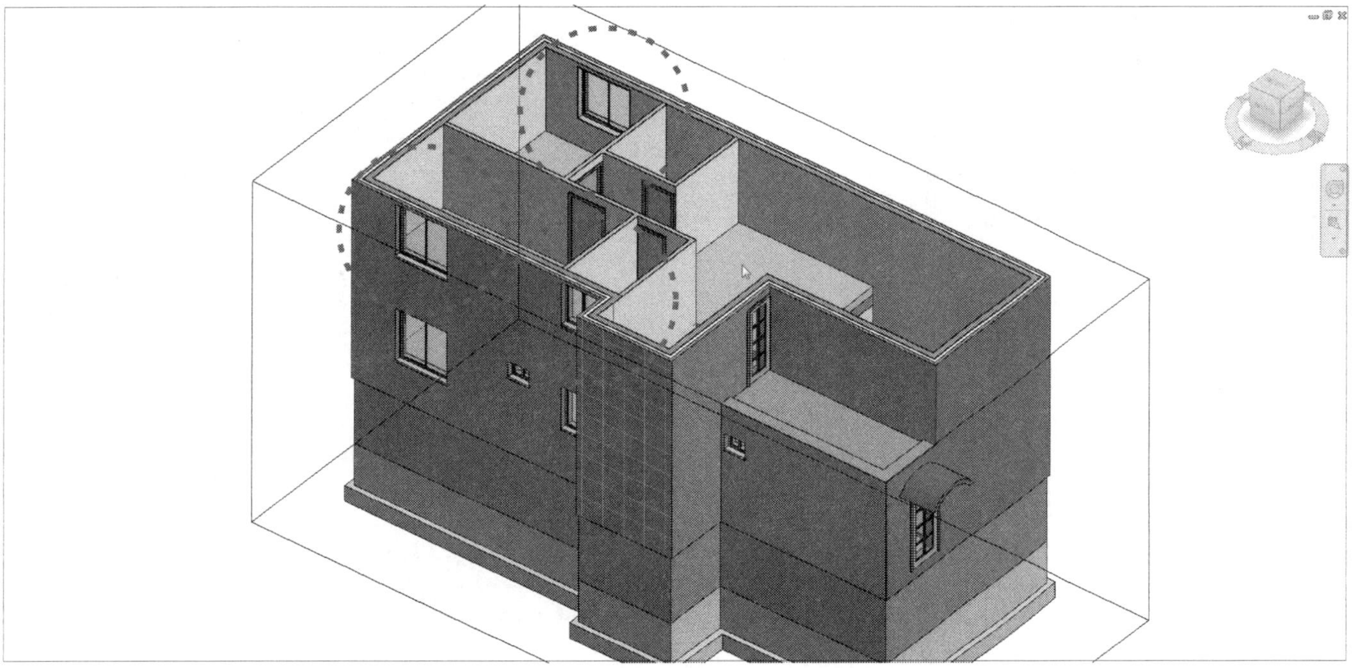

- 미닫이 1000x1200 mm과 600X450 mm을 각각 선택하고 그림과 같이 모델링한다.
- 미닫이 1000x1200 mm는 방에 600X450 mm는 화장실에 모델링한다.

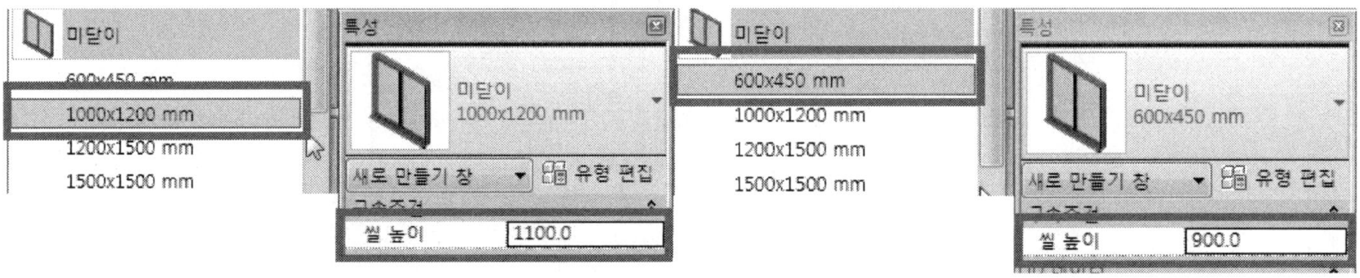

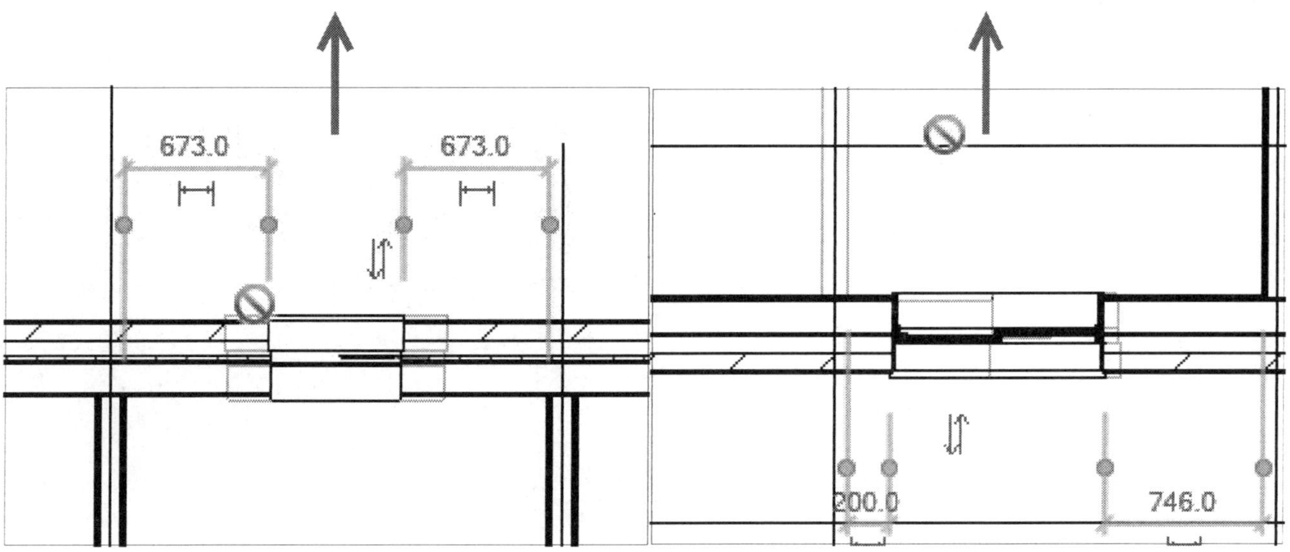

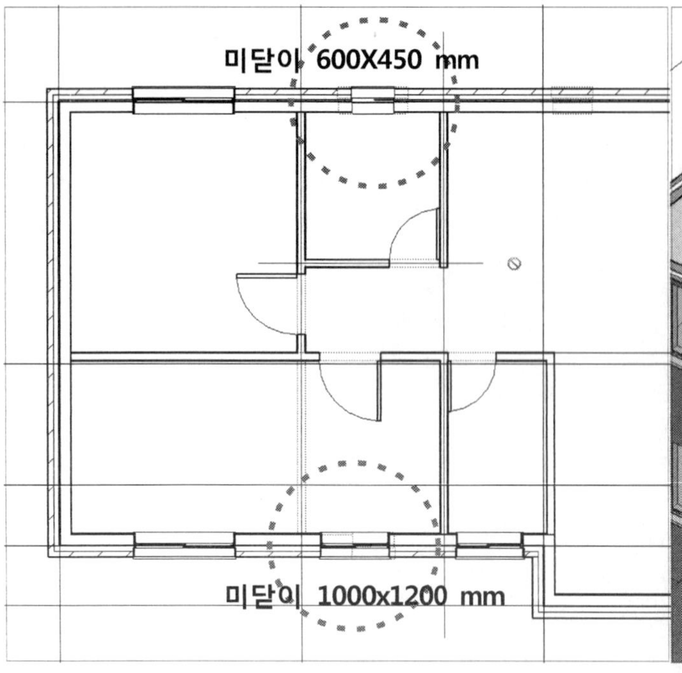

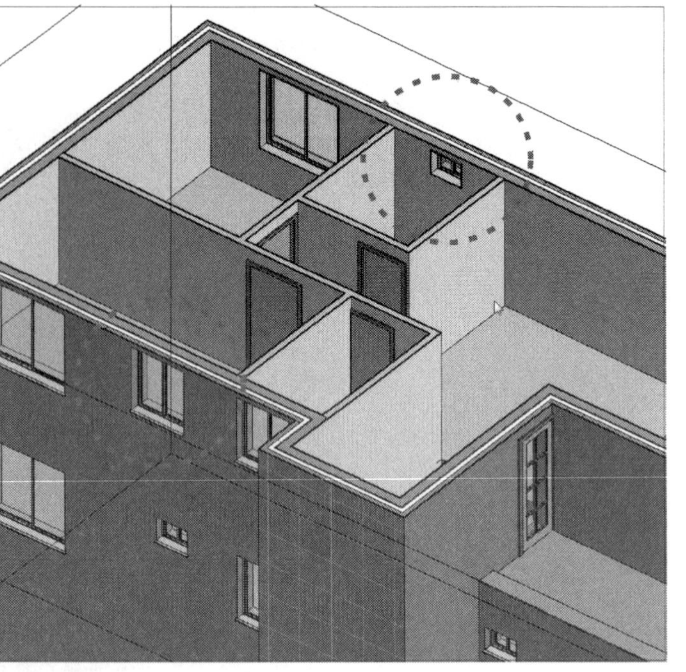

- 오픈 되어 있는 거실에 창을 설치하기 위해서 여닫이 900x1200mm를 선택하고 씰 높이를 1100으로 준다.

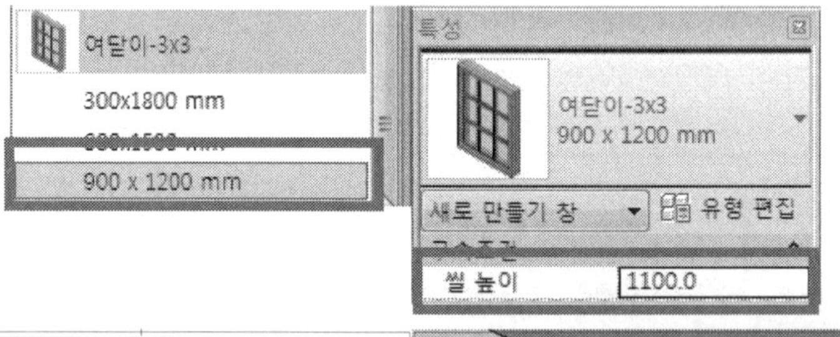

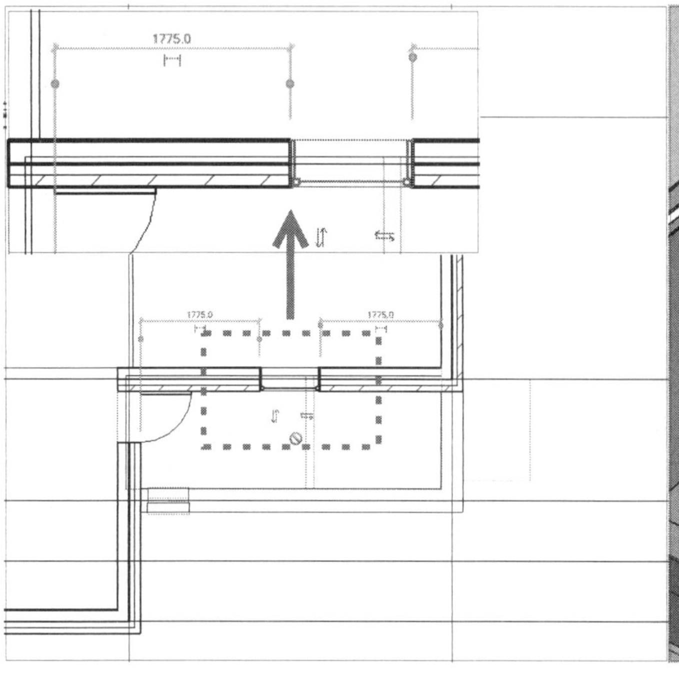

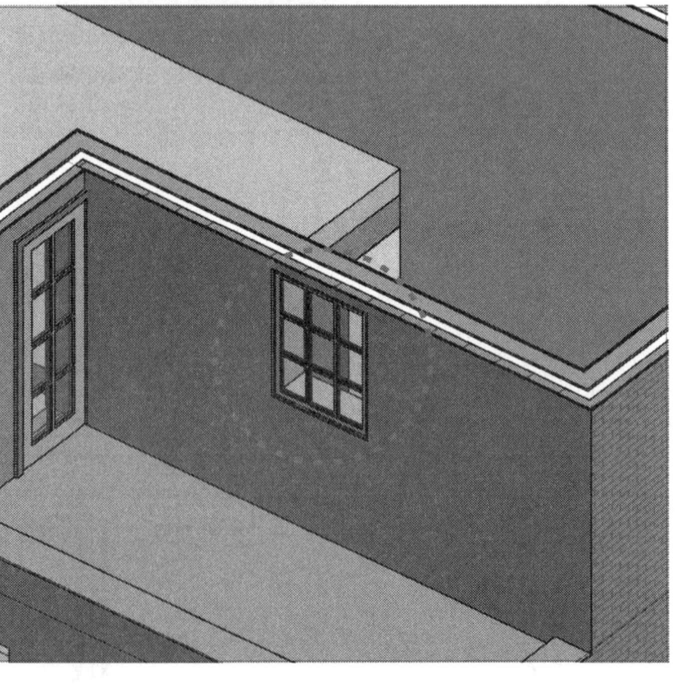

- 3D 뷰에서 확인한다. 여닫이 여닫이 900x1200mm를 **<u>원형 트림포함 1525mm 지름</u>**으로 바꾸어 보고 원하는 창으로 결정한다.

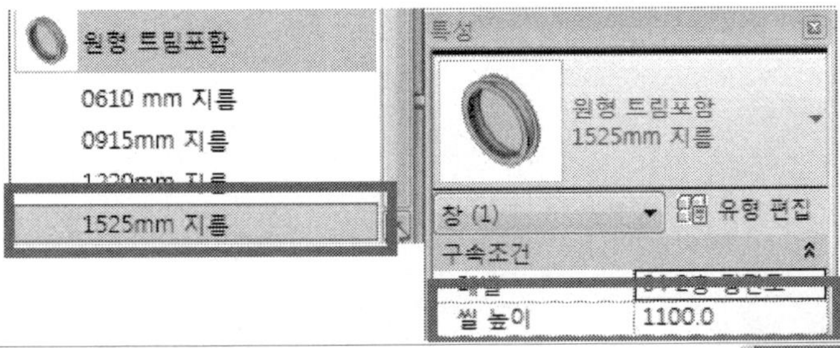

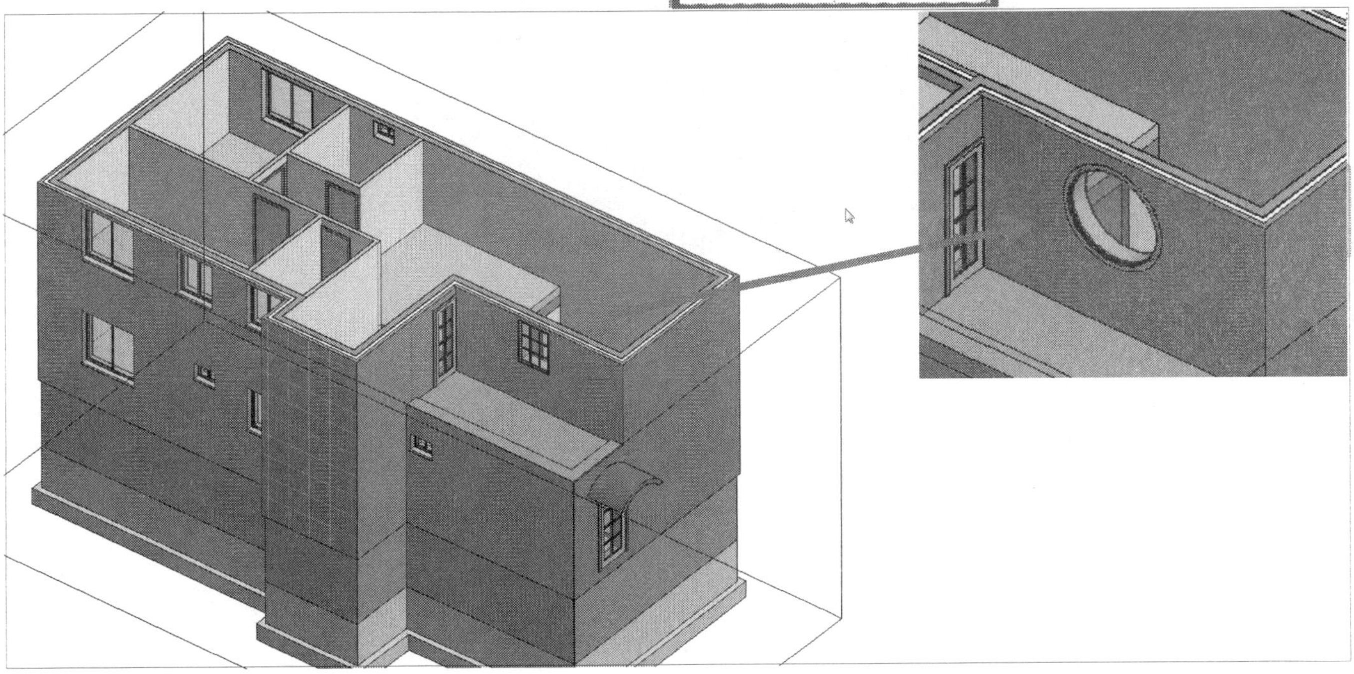

- 현재까지 문과 창이 설치된 전체 모델링은 다음과 같다.

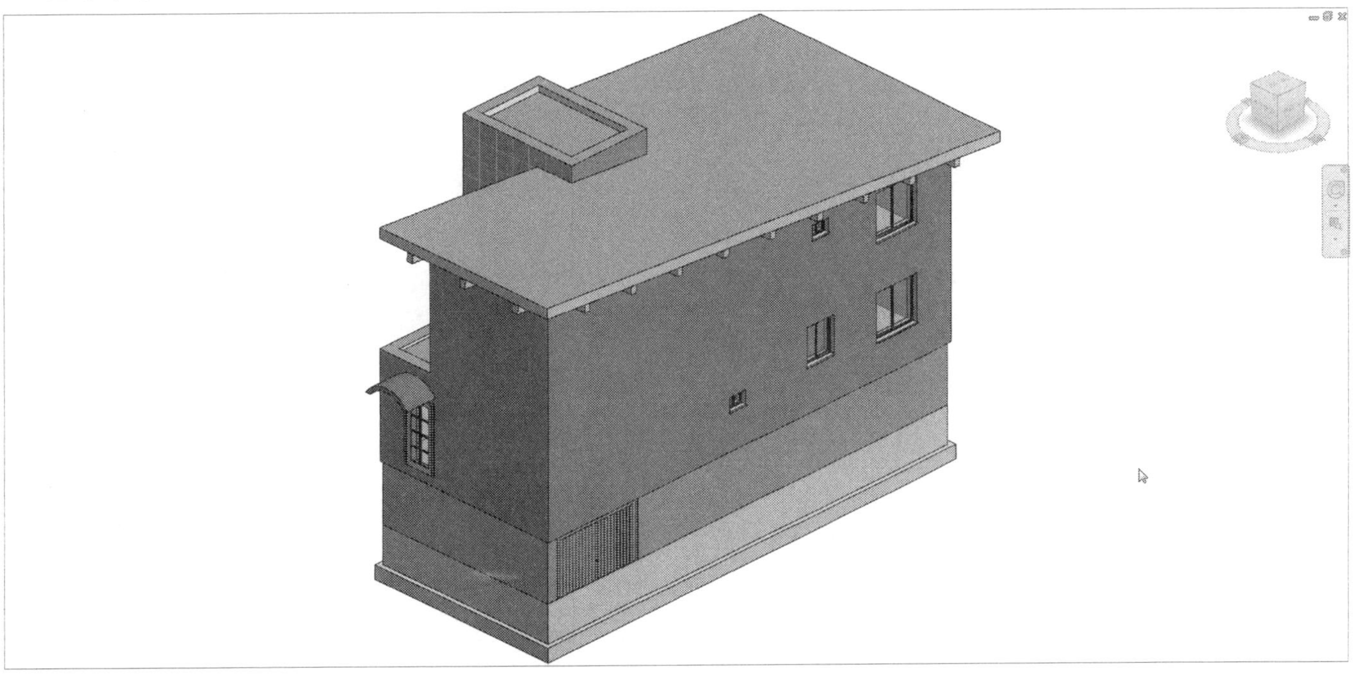

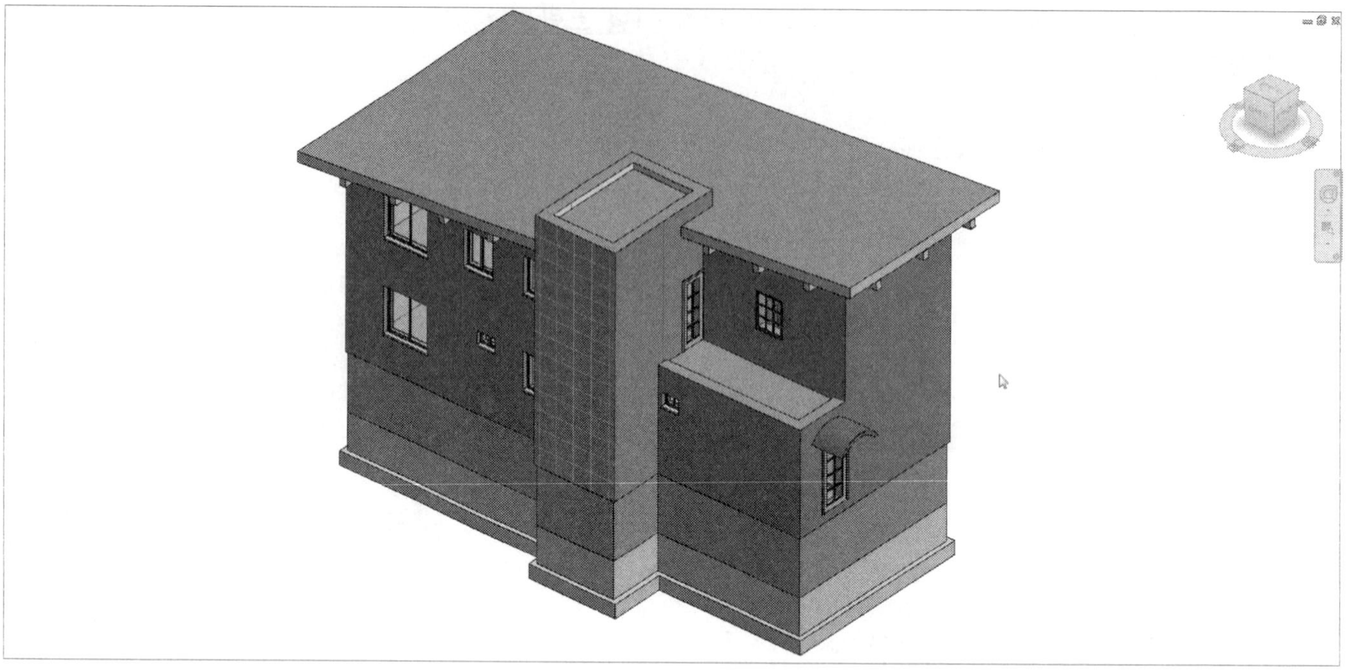

13) 구성요소 패밀리의 삽입과 로드

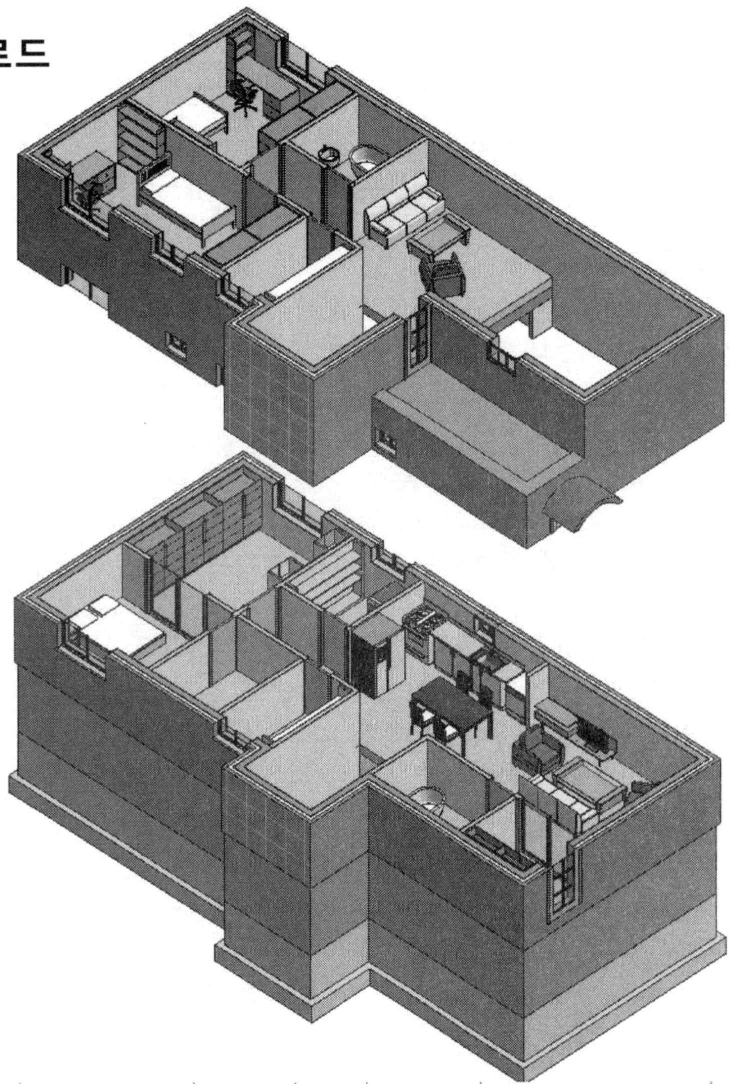

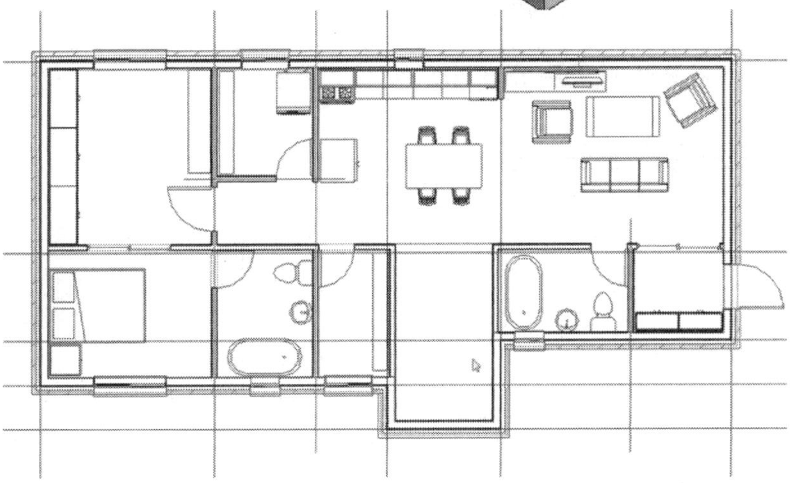

가구와 조명과 같은 구성요소 패밀리들을 각 실에 삽입한다.

학습목표

- 구성요소 패밀리의 특성을 이해한다.
- 각 층에 구성요소 패밀리를 실습을 통해서 배치한다.
- 필요한 구성요소 패밀리를 로드 한다.
- 구성요소 패밀리의 특성을 변화하여 삽입한다.

13) 구성요소 패밀리의 삽입과 로드

구성요소 패밀리에는 벽과 같은 호스트 요소에만 추가할 수 있는 요소들(창, 문등)도 있고, 호스트 요소 없이 홀로 존재할 수 있는 요소들(탁자, 의자 등)도 있다. Revit이 제공하는 구성요소 패밀리 이외에도 사용자가 직접 만들거나 인터넷에서 내려 받아서 사용할 수도 있게 되어있다. 모든 구성요소는 구성요소를 묶어 놓은 패밀리 단위로 존재한다. 구성요소 패밀리는 여러 구성요소로 구성되며, 각 구성요소는 다른 크기, 모양, 재료, 특성을 가지며, 구성요소 패밀리가 저장되어 있는 파일의 확장자는 rfa이다.

● 구성요소 도구

구성요소 도구는 가구나 배관 시설 같이 벽이나 바닥 같은 호스트 없이 독립적으로 존재할 수 있는 구성요소를 배치하는데 사용된다.

● 라이브러리에서 패밀리 로드하기

라이브러리라고 불리는 외부 파일에서 구성요소 패밀리를 프로젝트에 로드할 수 있다. 로드할 수 있는 구성요소 패밀리는 문, 창, 주석 기호, 표제 블록 등 다양하며 구성요소 패밀리 파일을 Autodesk Seek (http://library.bimworld.com/, http://seek.autodesk.com/)사이트에서 찾아 다운로드하여 사용할 수 있다. 혹은 다른 사이트를 통해서도 구성요소 라이브러리를 내려 받거나 구입할 수 있다.

① 1층 평면도의 각종 구성요소 패밀리 삽입과 로드

- 03 1층 평면도를 활성화하고 건축 탭의 구성요소를 선택하고 구성요소 배치를 선택한다.
- 유형에서 의자 사무실1 850x840x850 mm를 선택하고 평면에 그림과 같이 2개 배치한다.

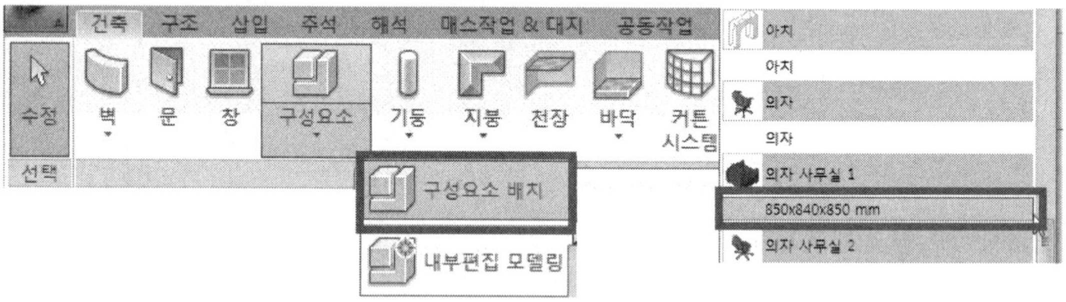

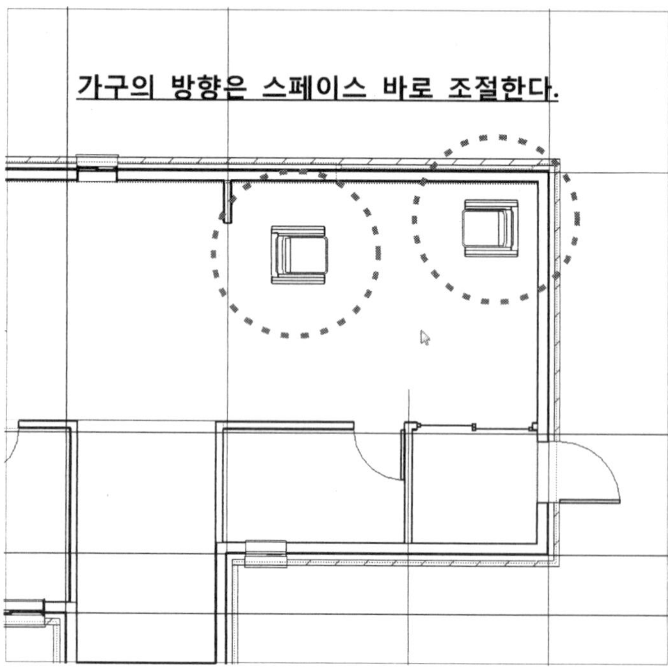

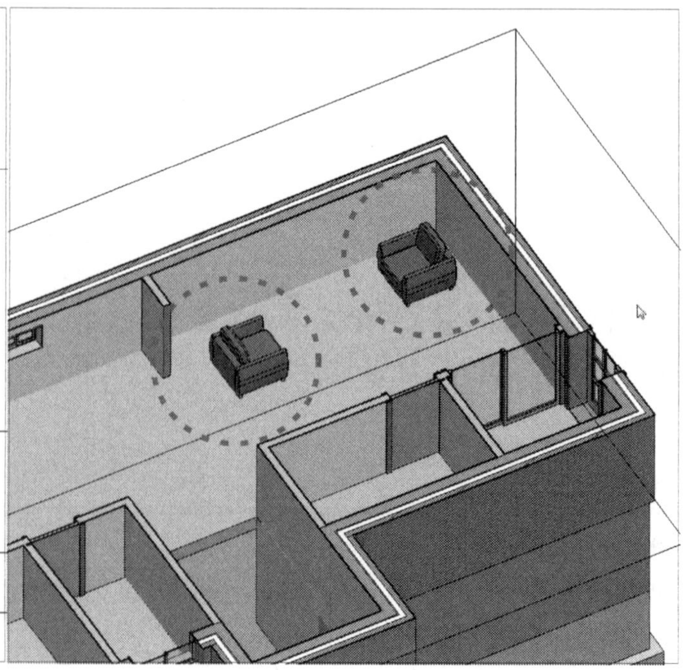

- 소파를 회전시키기 위해서 먼저 회전할 소파를 선택한 후 수정 탭에서 회전을 선택하고 그림과 같이 원하는 각도로 회전시킨다.

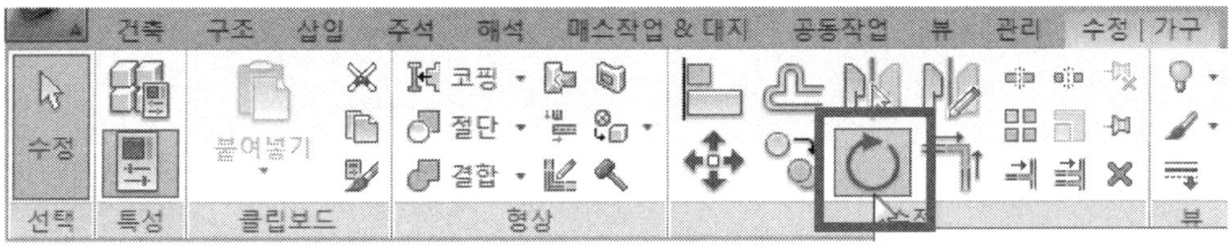

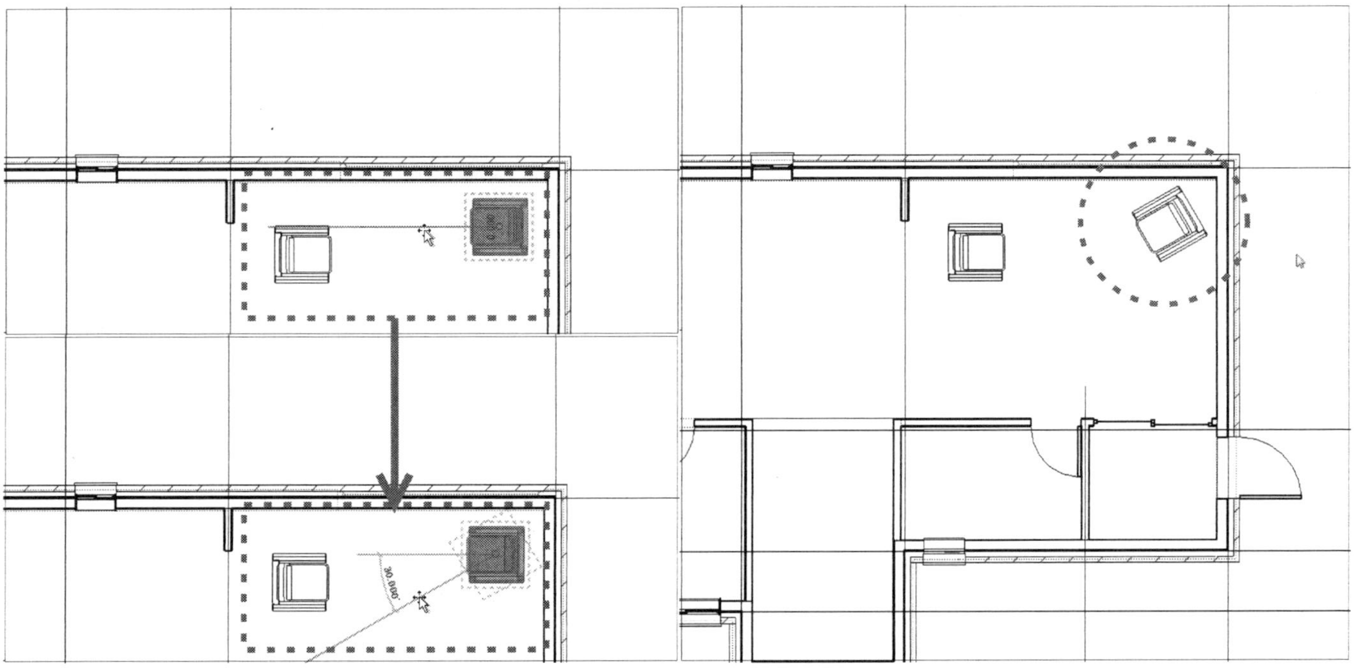

- 3인용 소파를 배치하기 위해서는 제공하고 있는 패밀리에는 없기 때문에 먼저 패밀리를 로드 한다.
- 패밀리 로그 아이콘을 클릭하고 나타나는 패밀리 로드 패널에서 가구 폴더를 열고 소파 3인용.rfa를 선택하고 로드 한다.

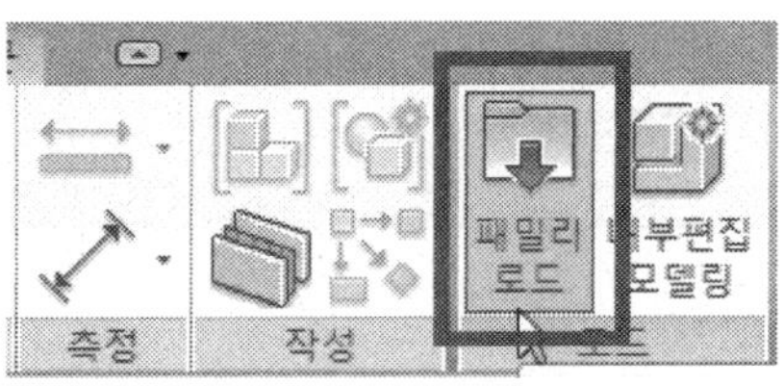

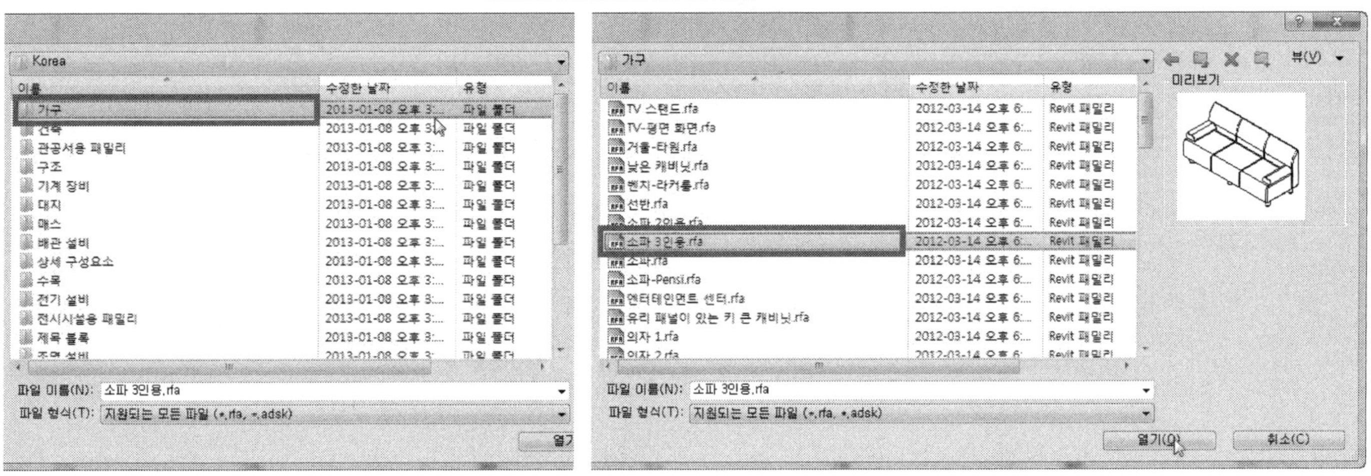

- 소파 3인용 1800x700x800 mm가 로드 되어있는 것을 확인할 수 있다.
- 소파 3인용 1800x700x800 mm를 선택하고 평면도에 아래 그림과 같이 배치한다.

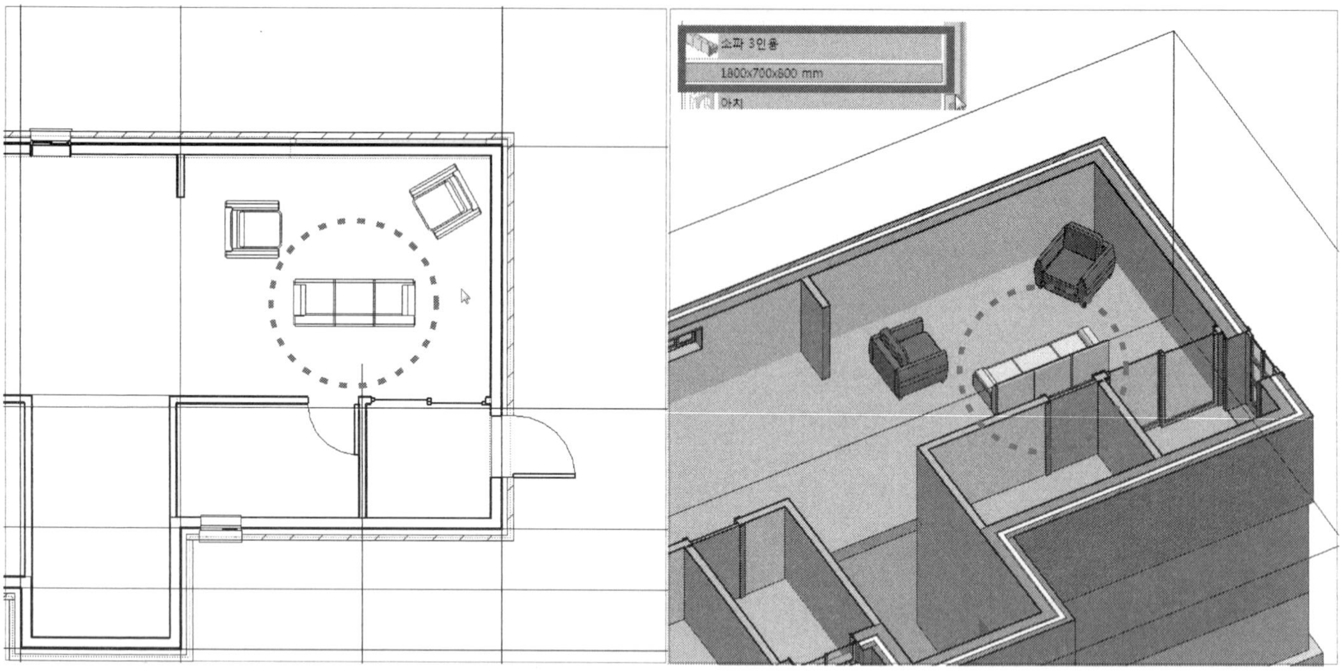

- 소파 사이의 테이블을 배치하기 위해서 먼저 패밀리를 로드 한다.
- 가구 폴더를 선택하고 열기하여 테이블 2.rfa를 선택하고 로드 한다.
- 테이블 2 1500x800x400 mm가 로드 되어있는 것을 확인할 수 있다.
- 유형에서 테이블 2 1500x800x400 mm을 선택한다.

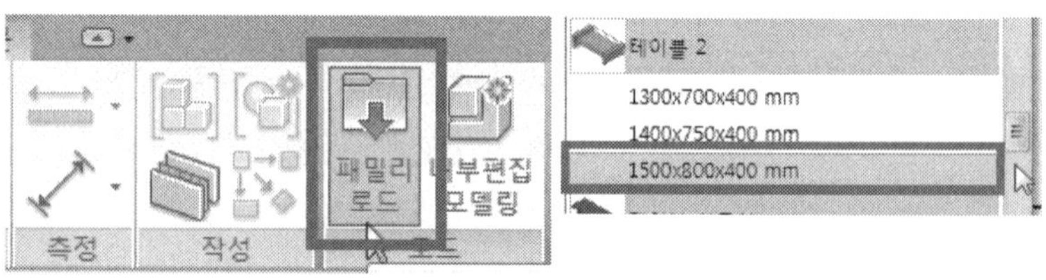

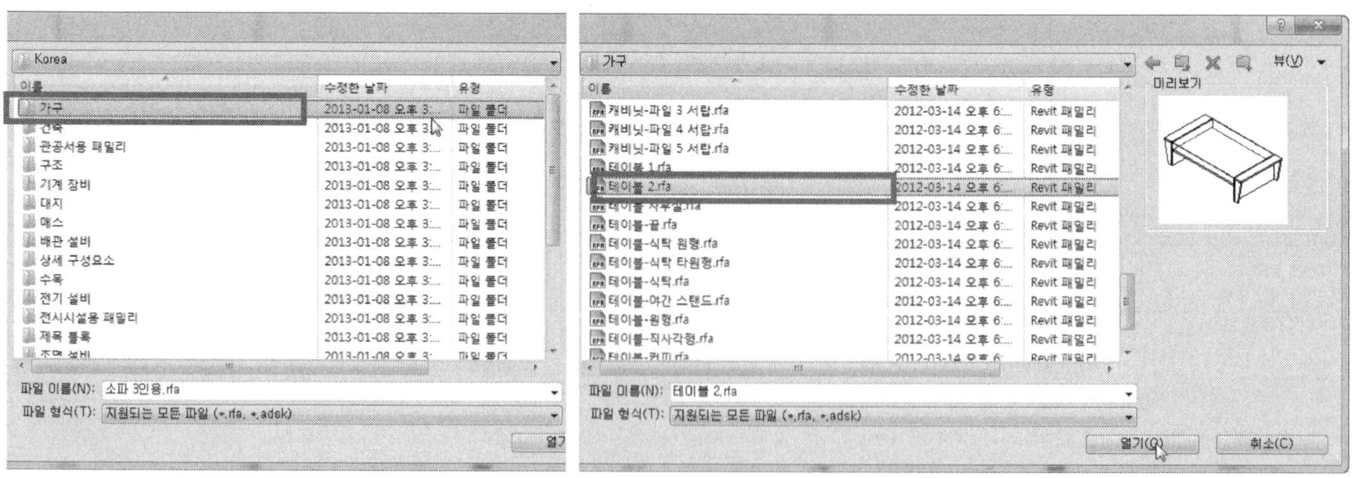

- 아래 그림과 같이 배치한다.

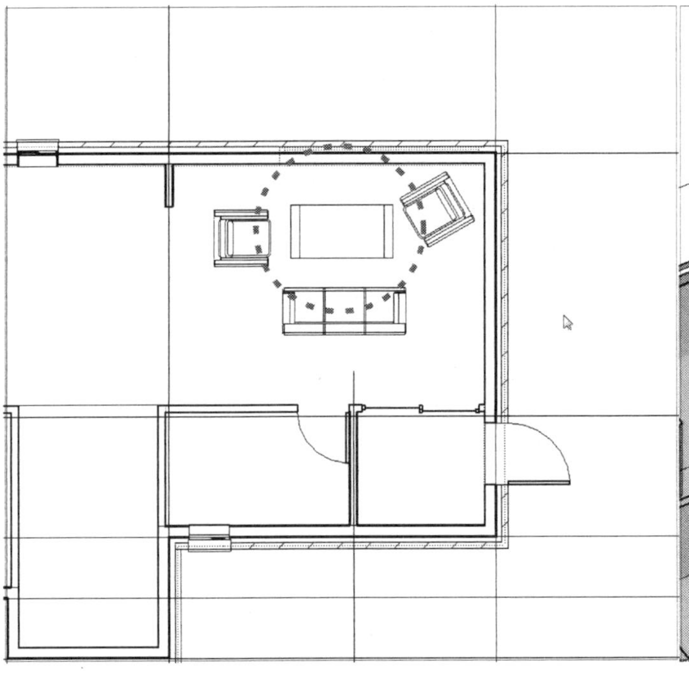

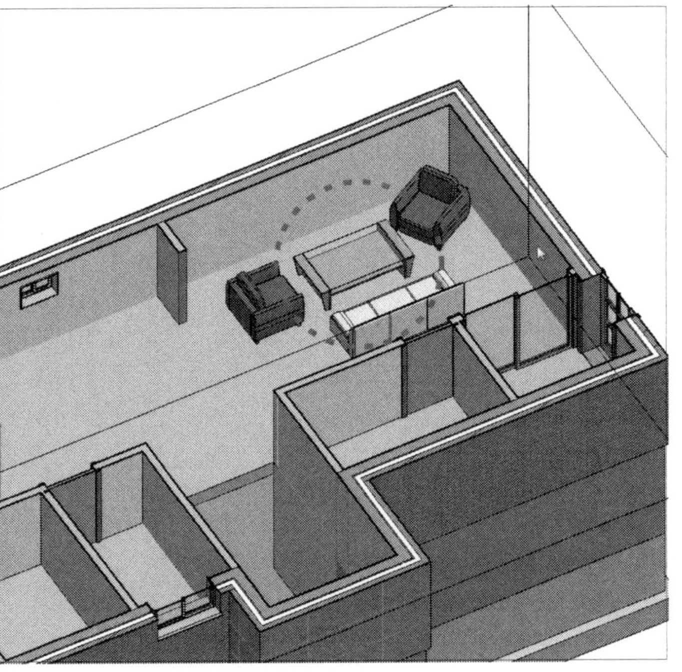

- 현관 옆 화장실에 위생기구들을 배치하기 위해서 먼저 패밀리를 로드 한다.
- 배관설비 폴더를 선택하고 열기하여 Ctrl 키를 누른 상태에서 복수로 싱크대 화장대-원형.rfa, 욕조-입식 -3D.rfa, 화장실-가정용-3D.rfa,를 선택하고 로드 한다.

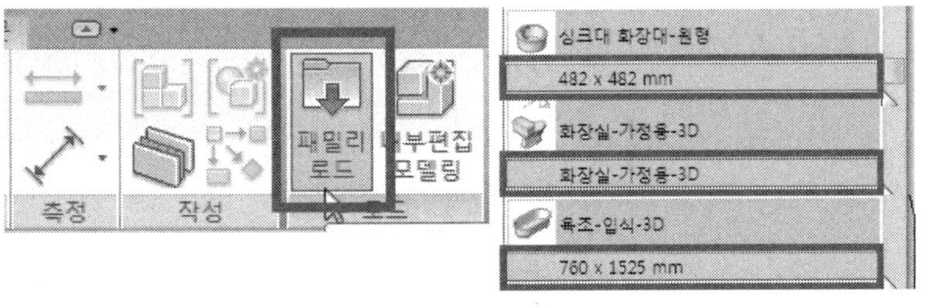

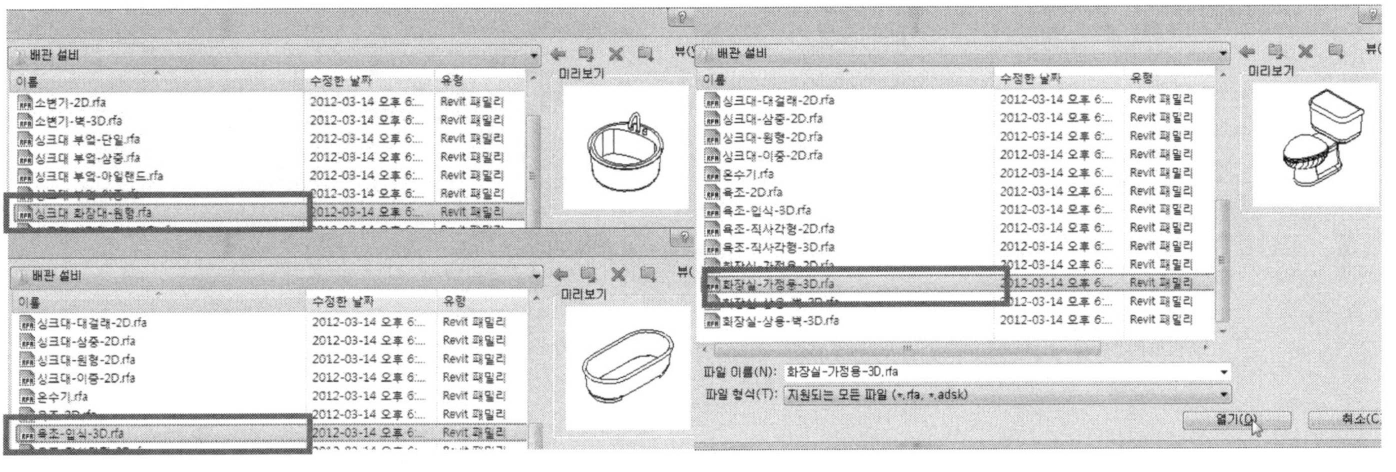

- 아래 그림과 같이 배치한다.

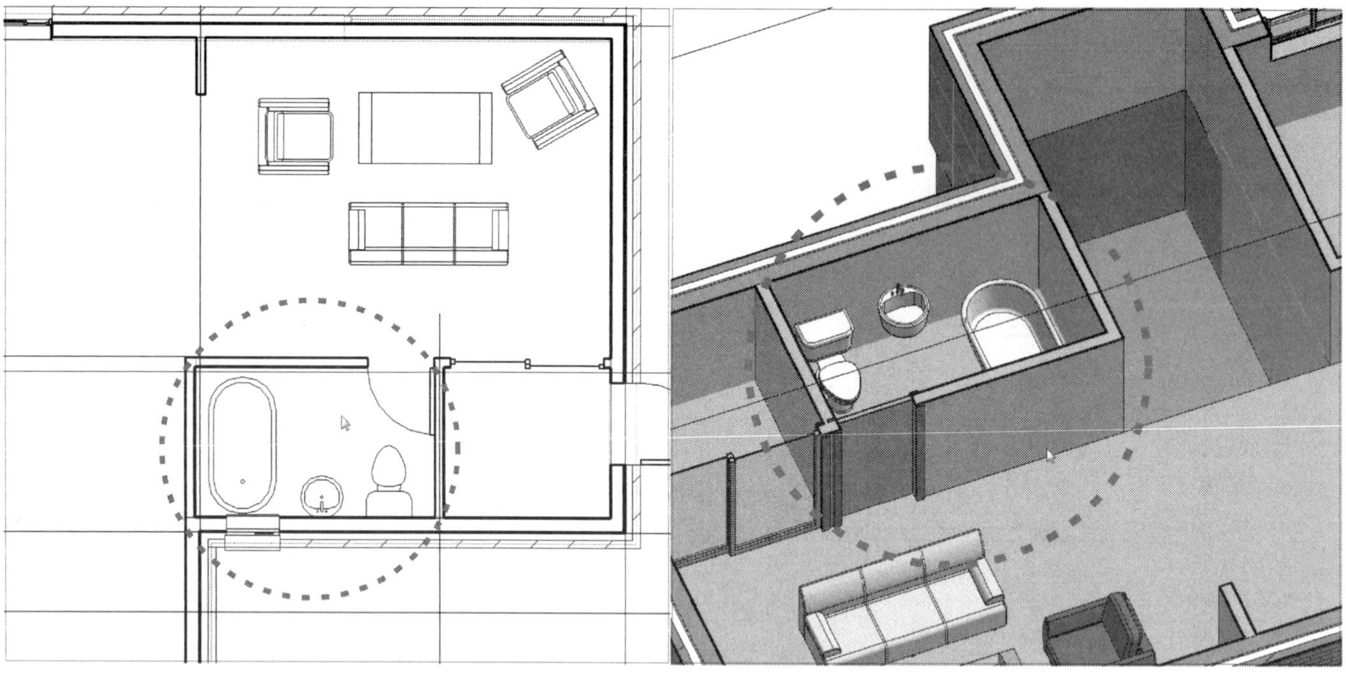

- 같은 방법으로 안방 화장실에도 배치한다.

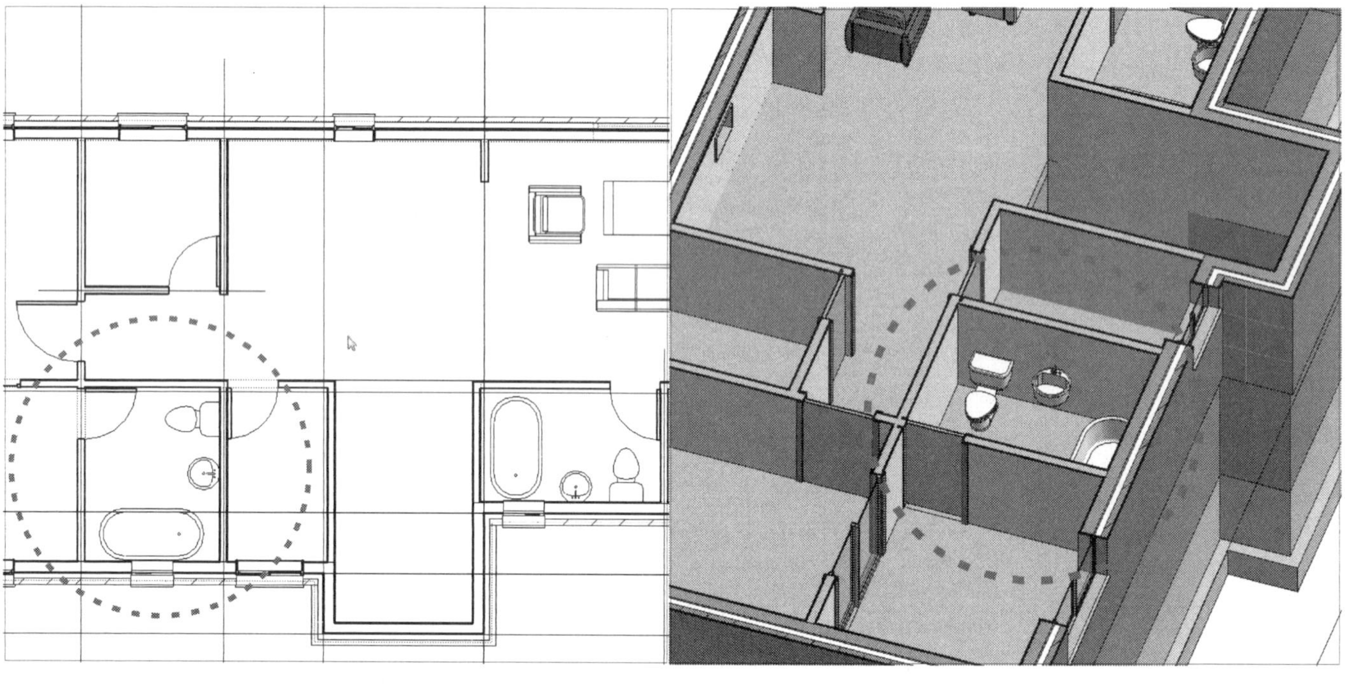

- 원활한 실습을 위해서 기존에 제공한 패밀리 파일들을 한꺼번에 로드하여 사용한다.
- 삽입 탭에서 패밀리 로드 아이콘을 선택한다.
- 제공한 패밀리 파일들이 있는 레빗연습/주택 연습용 패밀리/1층 폴더 안에 있는 모든 파일을 선택한다.

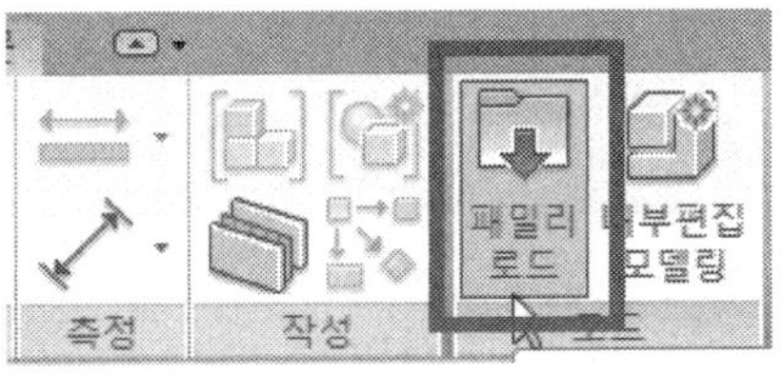

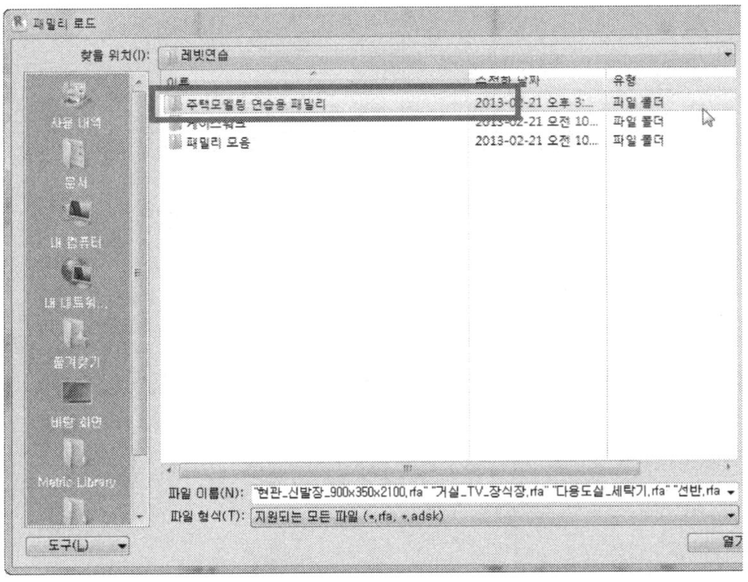

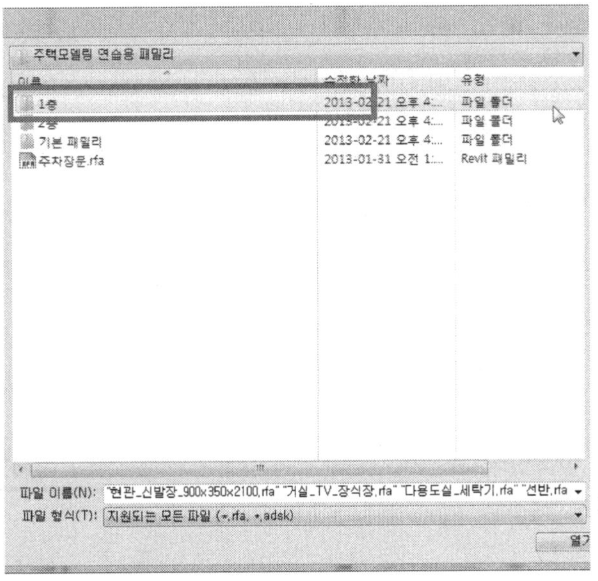

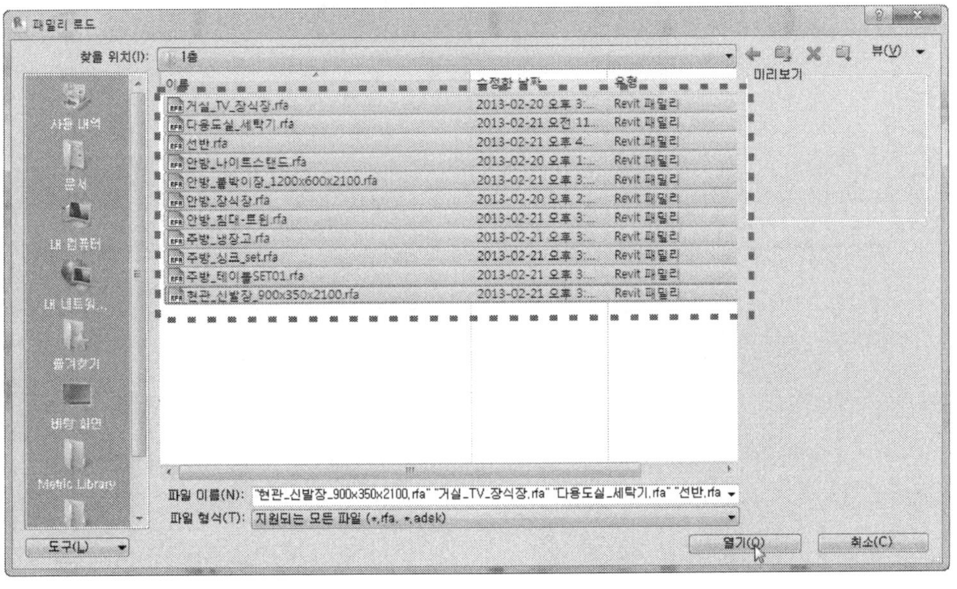

- 1층에 추가로 사용될 패밀리들은 다음과 같다.

파일명	사용개수	설치장소	내용	비고
선반	2 개	다용도실/ 창고	유형 편집 후 각 실에 사용	외부
다용도실_세탁기	1 개	다용도실	세탁기	외부
거실_TV_장식장	1 set	거실	장식장/ TV	외부
안방_나이트스탠드	1 개	안방	나이트스탠드	외부
안방_붙박이장_1200x600x2100	3 개	안방	3개 연속으로 배치	외부
안방_장식장	1 개	안방	장식장	외부
안방_침대-트윈	1 개	안방	침대	외부
주방_냉장고	1 개	주방	냉장고	외부
주방_싱크_set	1 set	주방	가스레인지, 식기세척기, 싱크대 작업대, 수납상부, 하부	외부
주방_테이블SET01	1 set	주방	식탁테이블 의자	외부
현관_신발장_900x350x2100	2 개	현관	2개 연속으로 배치	외부

- 먼저 선반을 유형편집에서 복제하여 다용실과 창고에 맞는 패밀리 유형을 새로 만들어 배치한다.
- 선반에서 제공되는 유형 1800 x 0300 x 2100을 선택한다.
- 특성에서 유형편집에서 선택하고 복제하여 다용실과 창고에 맞는 패밀리 유형을 새로 만들어 배치한다.
- 복제를 선택하고 창고 2400 x 0300 x 2100mm로 이름을 주고 폭을 2400으로 변경한다.
- 다시 복제를 선택하고 다용도실 2100 x 0300 x 2100mm로 이름을 주고 폭을 2100으로 변경한다.

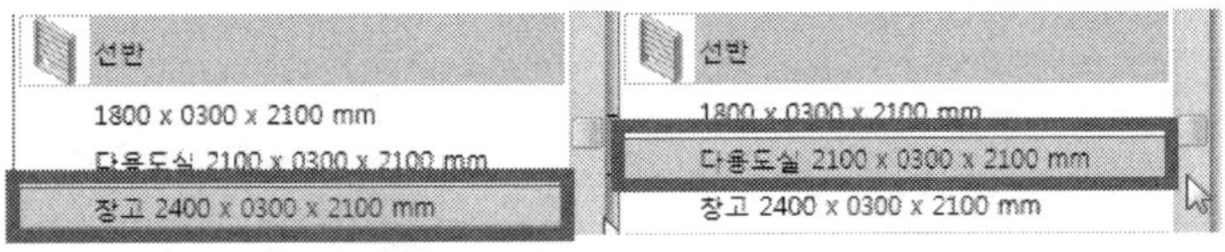

- 창고와 다용도실에 아래 그림과 같이 선반을 배치한다.

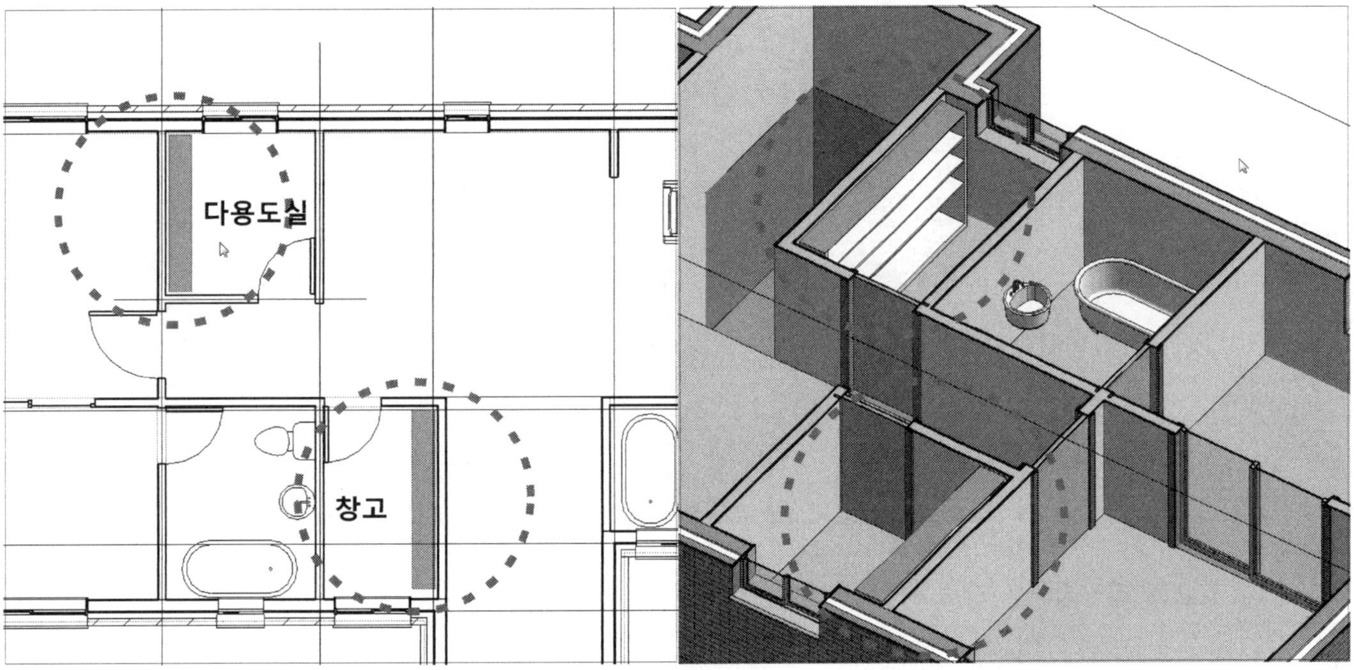

- 거실과 주방, 현관, 다용도실의 다른 패밀리들을 그림과 같이 배치한다.

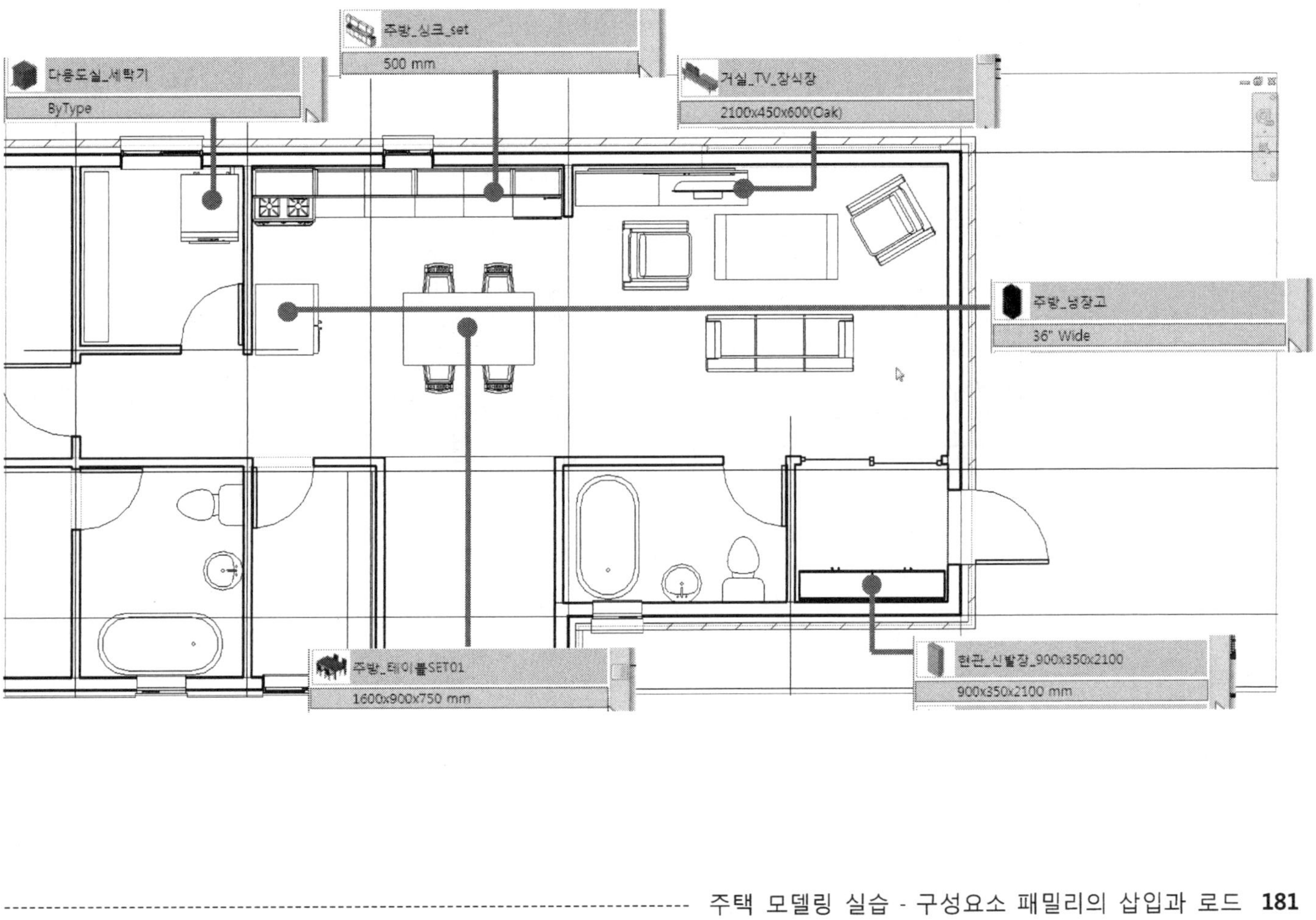

- 3D 뷰에서 확인한다.

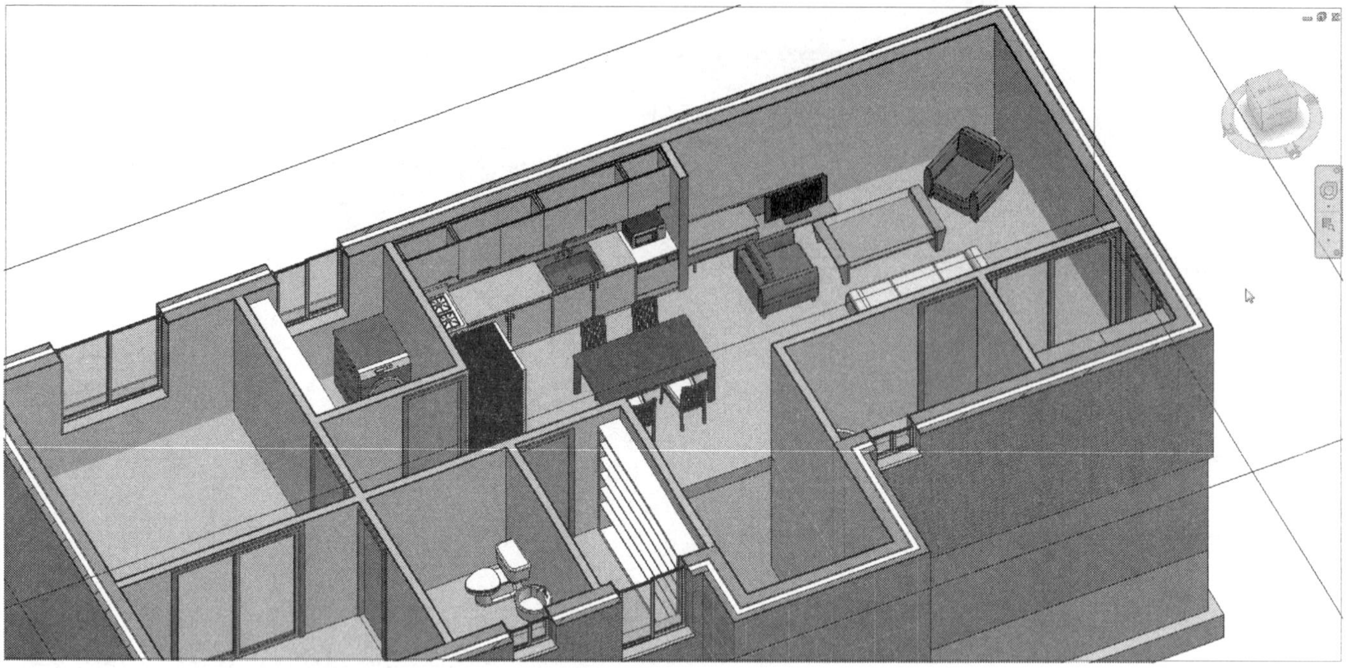

- 안방에 필요한 패밀리들을 그림과 같이 배치한다.

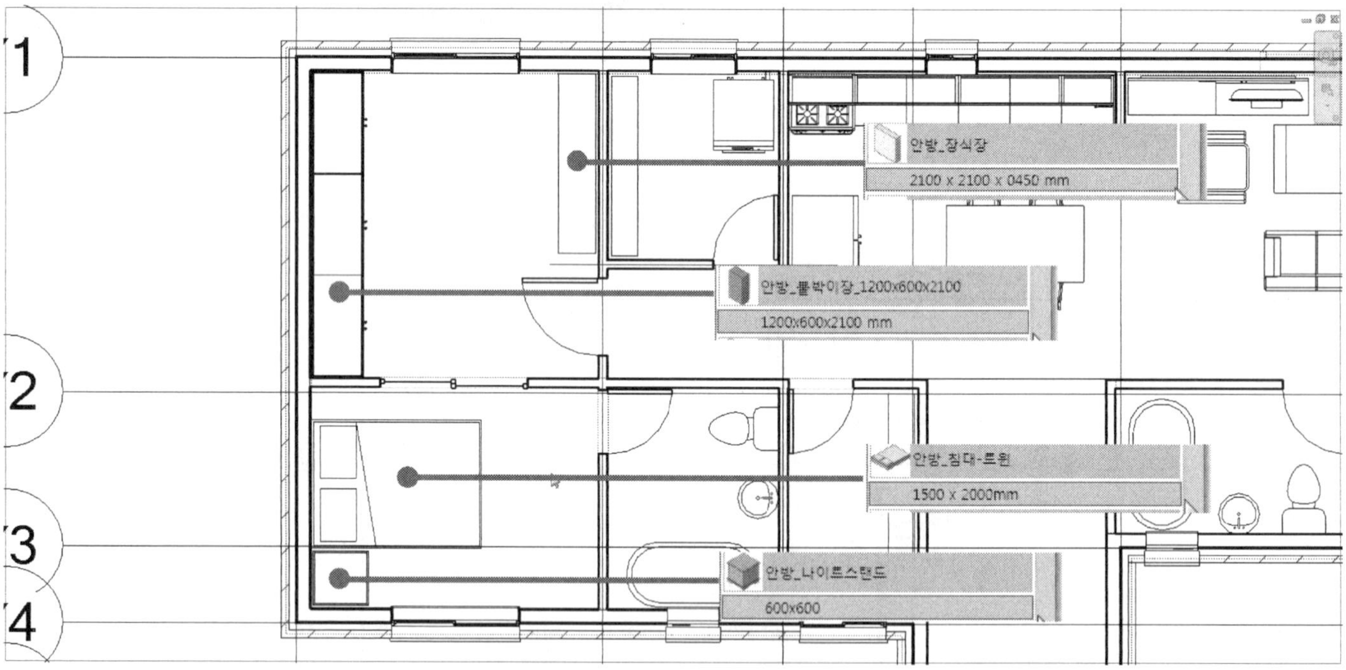

- 3D 뷰에서 확인한다.

- 1층 평면도를 확인하면 아래 그림과 같다.

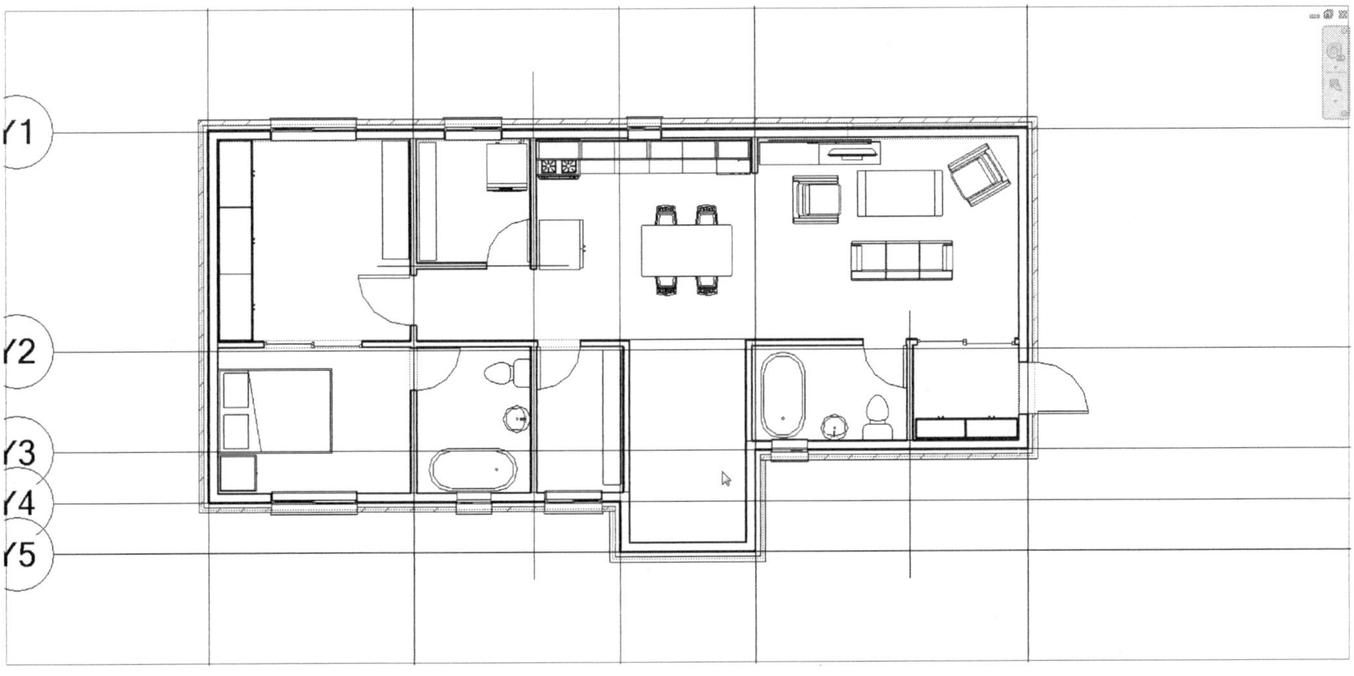

② 2층 평면도의 각종 구성요소 패밀리 삽입과 로드

- 04 2층 평면도를 활성화한다.
- 원활한 실습을 위해서 기존에 제공한 2층 모델링에 필요한 패밀리 파일들을 한꺼번에 로드하여 사용한다.
- 삽입 탭에서 패밀리 로드 아이콘을 선택한다.
- 제공한 패밀리 파일들이 있는 레빗연습/주택 연습용 패밀리/2층 폴더 안에 있는 모든 파일을 선택한다.

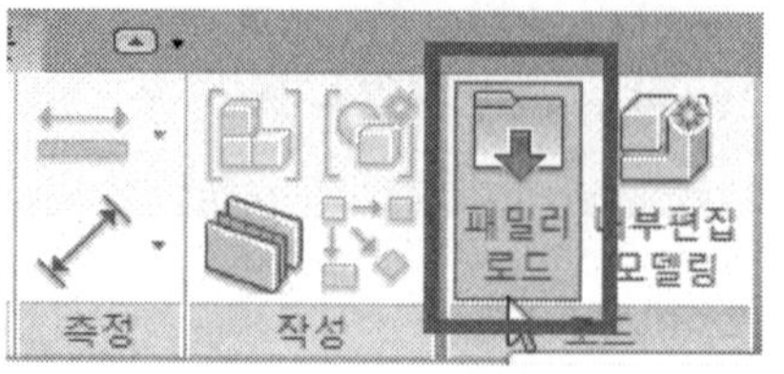

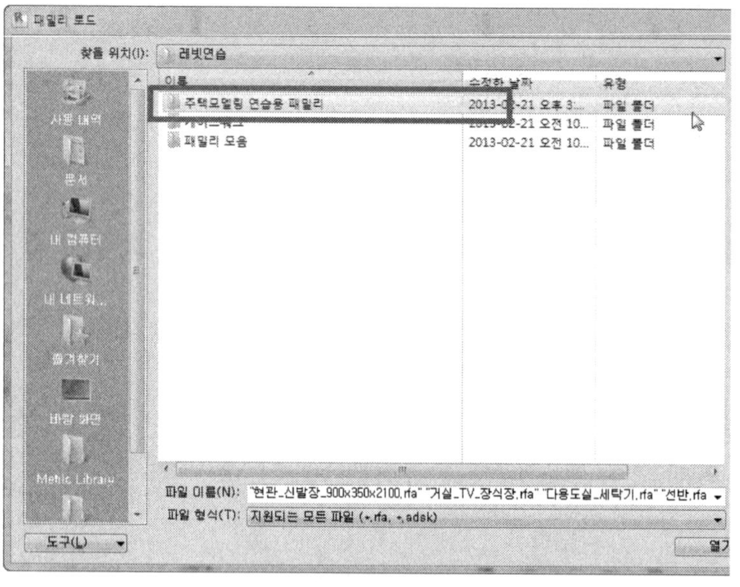

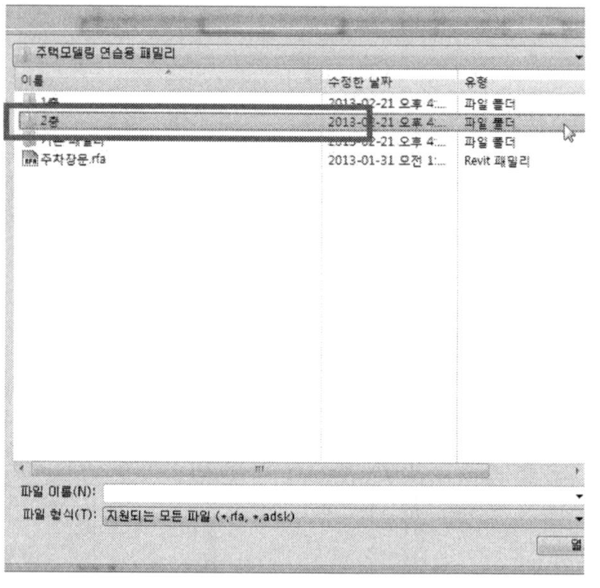

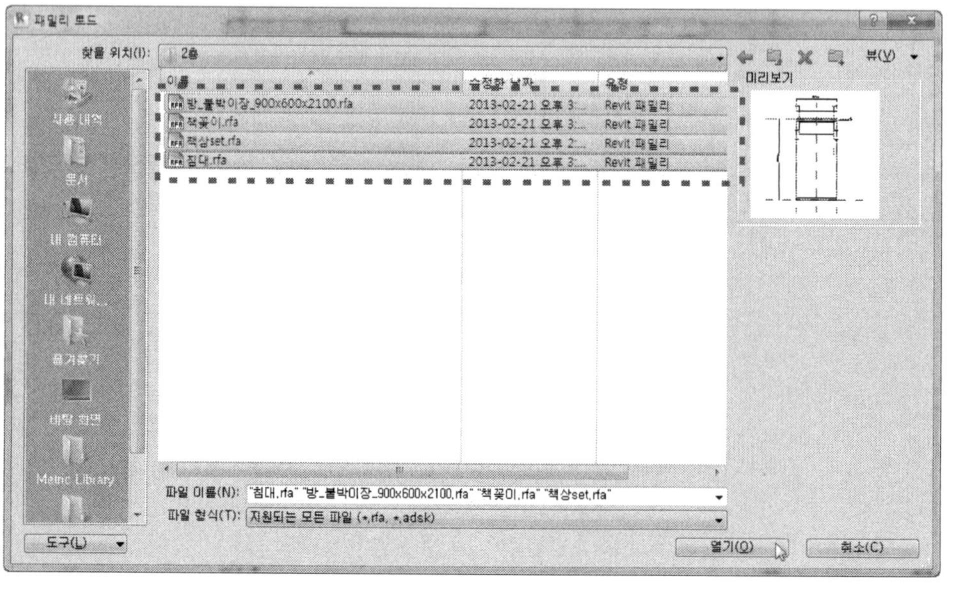

- 2층에 사용될 패밀리들은 다음과 같다.

파일명	사용개수	설치장소	내용	비고
선반 창고 2400x300x2100mm	1 개	창고	선반	외부
안방_붙박이장_1200x600x2100	3 개	방1/ 방2	방 붙박이장과 혼합	외부
방_붙박이장_900x600x2100	1 개	방1	안방 붙박이장과 혼합	외부
책꽂이	2 개	방1/ 방2	책꽂이	외부
책상set	1 set	방1/ 방2	3개 연속으로 배치	외부
침대	1 개	방1/ 방2	장식장	외부
욕조-입식-3D	1 개	욕실	욕조	내부
싱크대-화장대-원형	1 개	욕실	화장대	내부
화장실-가정용-3D	1 개	욕실	좌변기	내부
테이블 2 1300x700x400 mm	1 개	거실	테이블	내부
의자 사무실 1 850x840x850 mm	1 개	거실	1인용 소파	내부
소파 3인용 1800x700x800 mm	1 개	거실	2개 연속으로 배치	내부

- 2층에 필요한 패밀리들을 그림과 같이 배치한다.

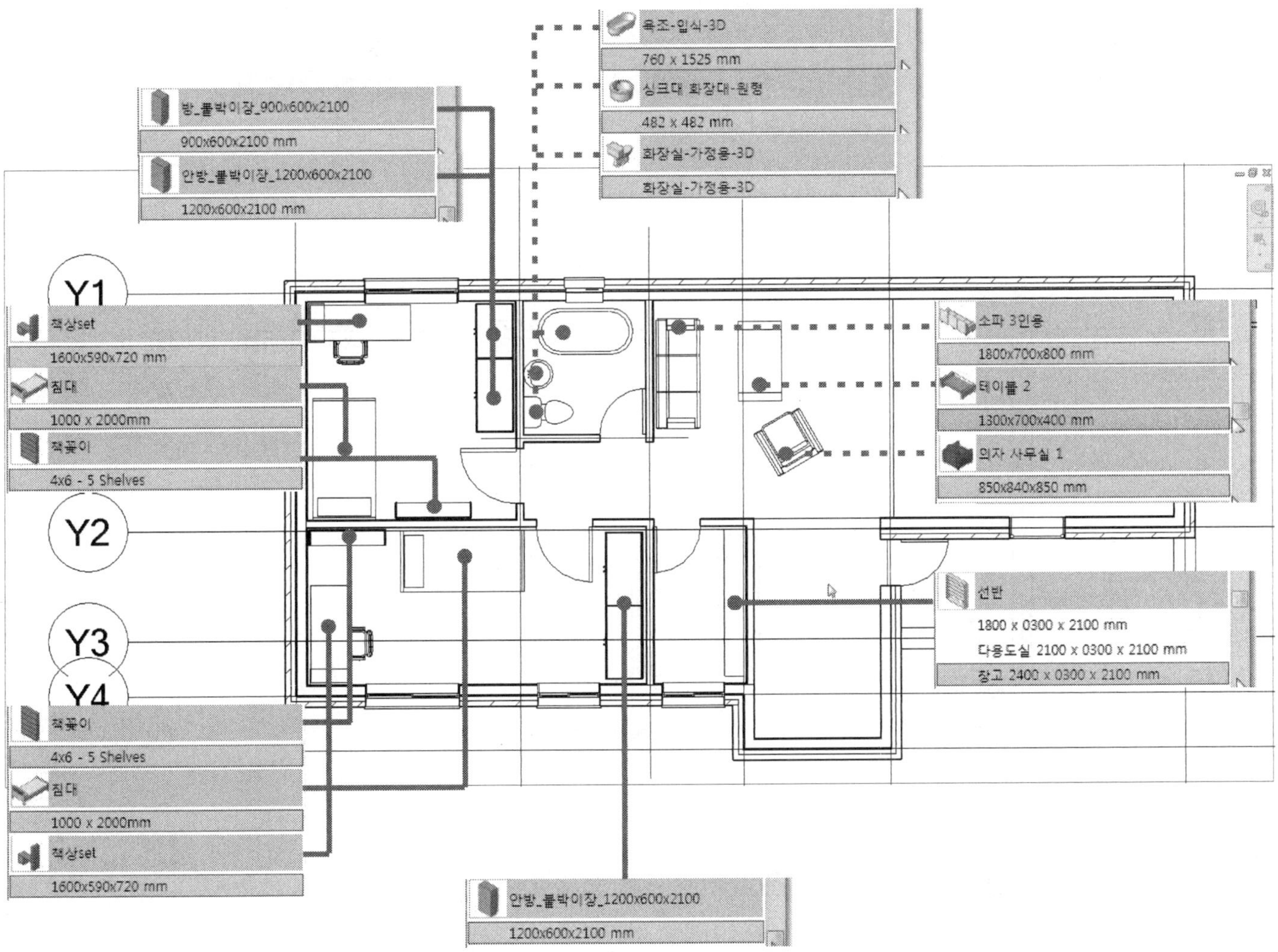

- 3D 뷰에서 확인한다.

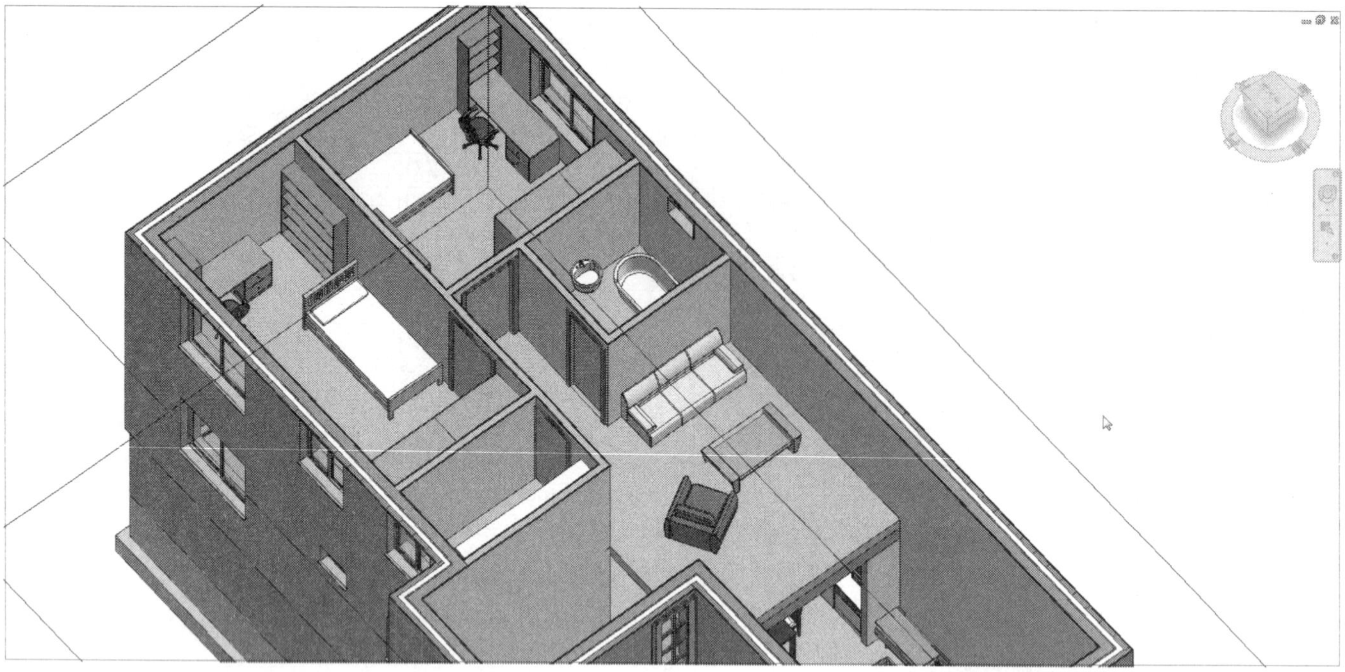

- 가구 패밀리가 배치된 2층 평면도는 다음과 같다.

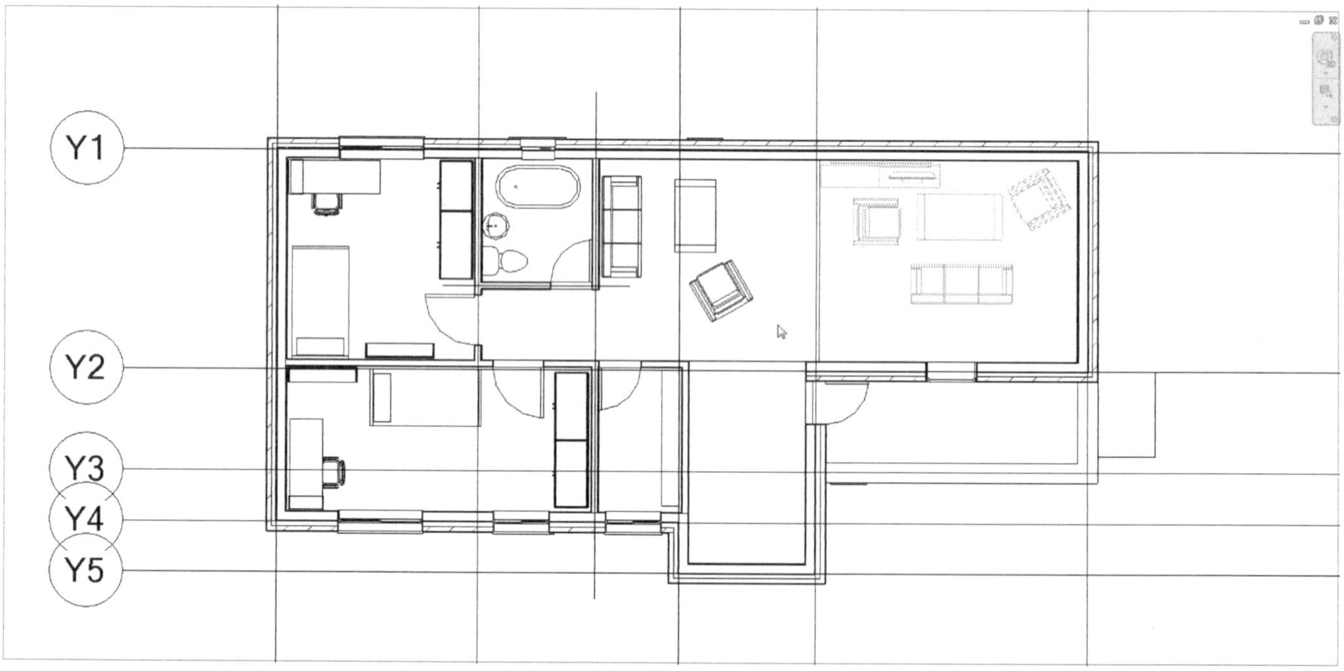

- **<u>조명과 같은 더 필요하다고 판단되는 패밀리는 추가로 로드하여 사용한다.</u>**

14) 커튼월 그리기

벽의 프로파일을 편집하여 개구부를 구성하고 커튼월과 멀리언을 그린다.

학습목표

- 커튼월의 특성을 이해한다.
- 커튼월의 커튼그리드와 멀리언에 대해 이해한다.
- 거실의 커튼월을 실습을 통해 그리고 숙지한다. (수동 커튼 그리드)
- 계단실의 커튼월을 실습을 통해 그리고 숙지한다. (자동 커튼 그리드)
- 2층 거실의 커튼월을 실습을 통해 그리고 숙지한다. (커튼월에 문 삽입)

14) 커튼월 그리기

커튼월은 벽을 그리는 것과 같은 방법으로 만든다. 벽을 먼저 그린 후 벽의 종류를 커튼월 유형으로 선택한다. 이 때 만들어지는 커튼월은 패널로 구성된다. 즉 커튼월은 가로 세로 격자로 구성되는 것이다. 벽을 커튼월로 변환하면 자동으로 벽에 있는 문과 창을 제거하는데 이는 커튼월은 문과 창을 호스트할 수 없는 구조이기 때문이다. 하지만 커튼월에 사용할 수 있는 문과 창이 따로 존재하며, 커튼월용 문과 창 패밀리도 일반 문과 창 패밀리가 있는 폴더에 제공하고 있다. 커튼월의 특정 패널을 문, 창으로 지정하면 커튼월에 문과 창을 설치할 수 있다. 커튼월용 문과 창은 배치된 패널에 맞게 조정되며, 패널의 크기가 변경되면 그에 따라 크기가 변경된다.

● 커튼월의 커튼 패널

커튼월은 하나 이상의 커튼 패널로 구성되는데 이 커튼 패널의 유형을 바꾸는 방법으로 패널을 기본 벽이나 적층 벽으로 바꿀 수 있다. 별도의 패널 패밀리를 로드 하여 사용할 수도 있다. 커튼월의 크기를 변경하면 커튼 패널도 그에 맞춰 크기가 변경되며, 커튼 패널의 위치선을 바꿈으로써 커튼월 내에서 커튼 패널의 위치를 변경할 수 있다. 베이스 구속조건, 베이스 간격띄우기, 연결 안된 높이와 같은 구속조건은 커튼 패널의 특성 대화상자에서는 수정할 수 없다.

● 커튼 그리드

커튼 그리드는 커튼월의 영역을 패널로 나누는 그리드 선의 모임으로 커튼 그리드에는 자동과 수동 두 가지 유형이 있다. 그리드 선 위에 구조 프레임을 배치할 수 있도록 그리드 선에 멀리언을 추가할 수 있다. 멀리언은 패널 사이의 경계를 정의하며, 수정 가능한 치수를 가진다. 멀리언은 각기 다른 크기, 모양, 재료를 지정할 수 있다.

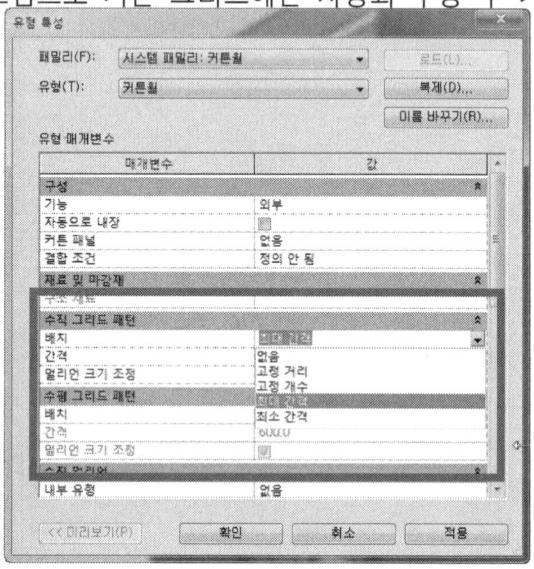

● 자동 커튼 그리드

커튼월을 만들면 커튼 그리드가 자동으로 생성되도록 커튼월 유형의 매개변수를 설정할 수 있다. 자동 커튼 그리드의 위치는 커튼월의 크기가 바뀌거나 커튼월의 유형 특성이 수정되어 그리드 배치가 바뀌어도 변하지 않는다. 유형 특성의 유형편집의 수평, 수직 그리드 패턴 매개변수를 사용하여 커튼월을 일정 수의 그리드 선으로 나누거나, 일정한 간격으로 그리드 선을 배치하거나, 그리드 선 사이의 최대 간격을 지정할 수 있다. 최대 간격을 지정하면 커튼 그리드는 커튼월의 면을 따라 균등하게 배치되지만 최대 간격을 넘지는 않는다.

● 수동 커튼 그리드

커튼월에 수작업으로 그리드를 배치할 때는 건축 탭의 커튼월 그리드 도구를 사용한다.

커튼 패널에 커튼 그리드를 배치할 때 다음과 같은 3가지 옵션 중 하나를 선택하여 작업을 하게 된다.

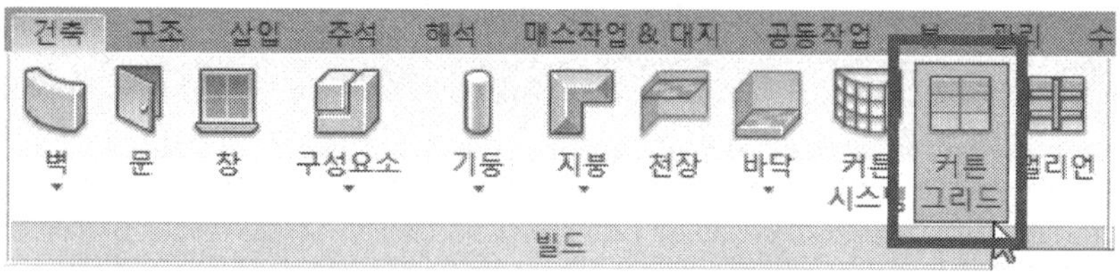

모든 세그먼트 : 수평 방향 혹은 수직 방향으로 모든 패널을 통과하는 커튼 그리드를 배치한다.

하나의 세그먼트 : 선택한 하나의 패널에만 커튼 그리드를 배치한다.

선택된 것을 제외한 모든 항목 : 선택한 패널들을 제외하고 커튼 그리드를 배치한다.

● 멀리언

커튼월의 그리드 선에 멀리언을 추가할 때 멀리언은 커튼 그리드의 중앙에 맞춰 정렬된다. 하지만 커튼월의 가장자리에 있는 그리드 선에 멀리언을 추가하면 벽의 가장자리에 맞춰 정렬된다. 여러 개의 멀리언을 한꺼번에 추가하면 멀리언은 자동으로 교차점에서 분리된다.

그리드 선 : 클릭한 그리드 선 전체에 멀리언을 배치한다.
그리드 선 세그먼트 : 클릭한 그리드 선 세그먼트에만 멀리언을 추가한다.
모든 그리드 선 : 클릭한 그리드 선뿐 아니라 모든 그리드 선에 멀리언을 추가한다.

● 멀리언의 유형 특성

각도 : 멀리언의 프로파일이 지정한 각도만큼 회전한다. 각도의 범위는 -90도에서 90도다.
간격띄우기 : 패널과의 간격을 지정한다. 멀리언 사이에 유리패널이 지정되도록 수치를 조절한다.
위치 : 멀리언 프로파일의 위치를 지정한다.
'**경로와 직각**'을 지정하면 커튼월의 면에 직각으로 배치한다.
'**지면에 평행**'을 지정하면 지면에 평행하게 배치한다.
프로파일 : 프로파일을 로드하거나 라이브러리 폴더에 있는 프로파일로 멀리언의 모양을 설정한다.

멀리언의 위치, 각도, 프로파일 특성은 커튼월의 코너에 추가된 멀리언에게는 적용되지 않는다.

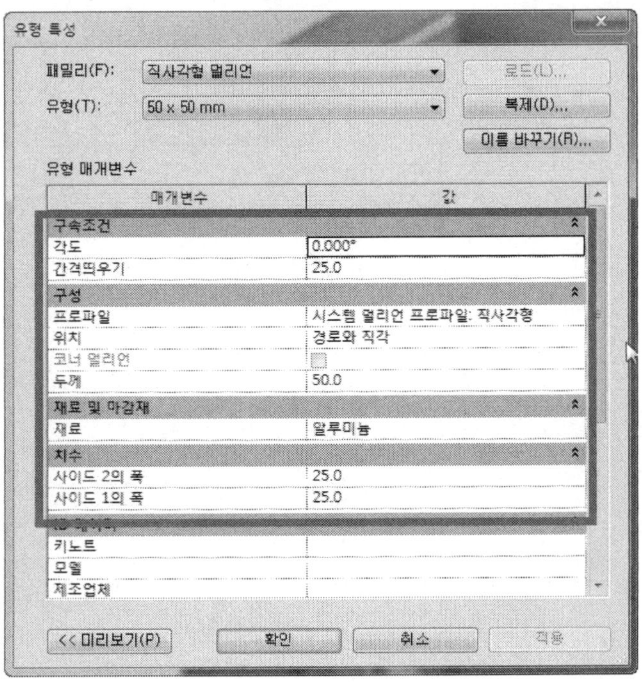

① 거실의 커튼월 그리기 (수동 커튼 그리드)

- 기존의 외벽들에 커튼월이 생성하기 위해서 먼저 벽을 선택하고 프로파일 편집을 선택한다.
- 지붕에 부착된 벽이 제거된다는 메시지가 나타나면 닫기를 선택하고 북측면도를 활성화한다.

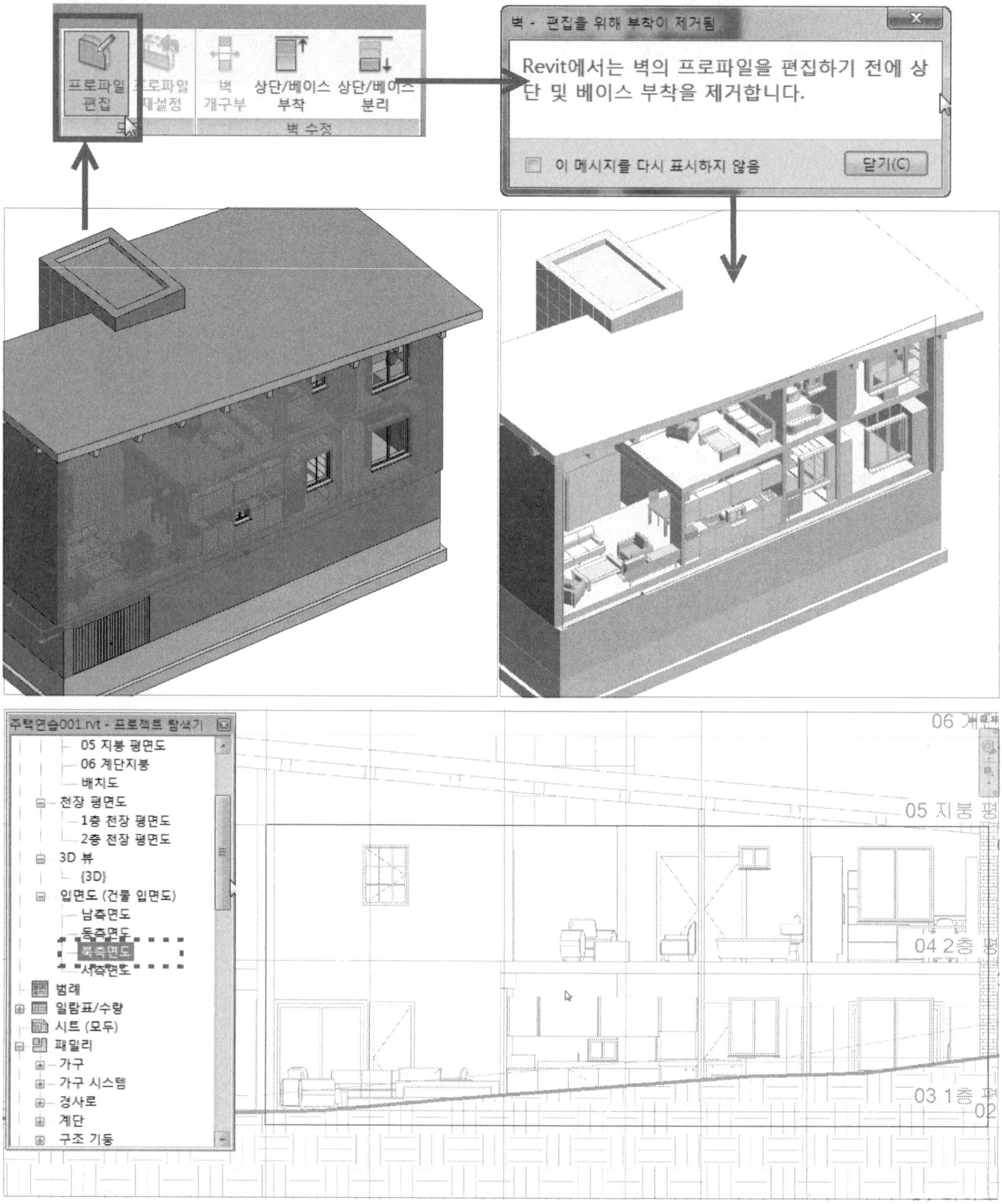

- 화면에 나타난 벽의 프로파일에 선 선택 옵션을 통해 아래 그림과 같이 새로운 선을 만든다.
- 코너로 자르기/ 연장(TR)을 이용해서 선들을 편집한다. **오류 메시지는 요소 결합 해제**를 선택한다.

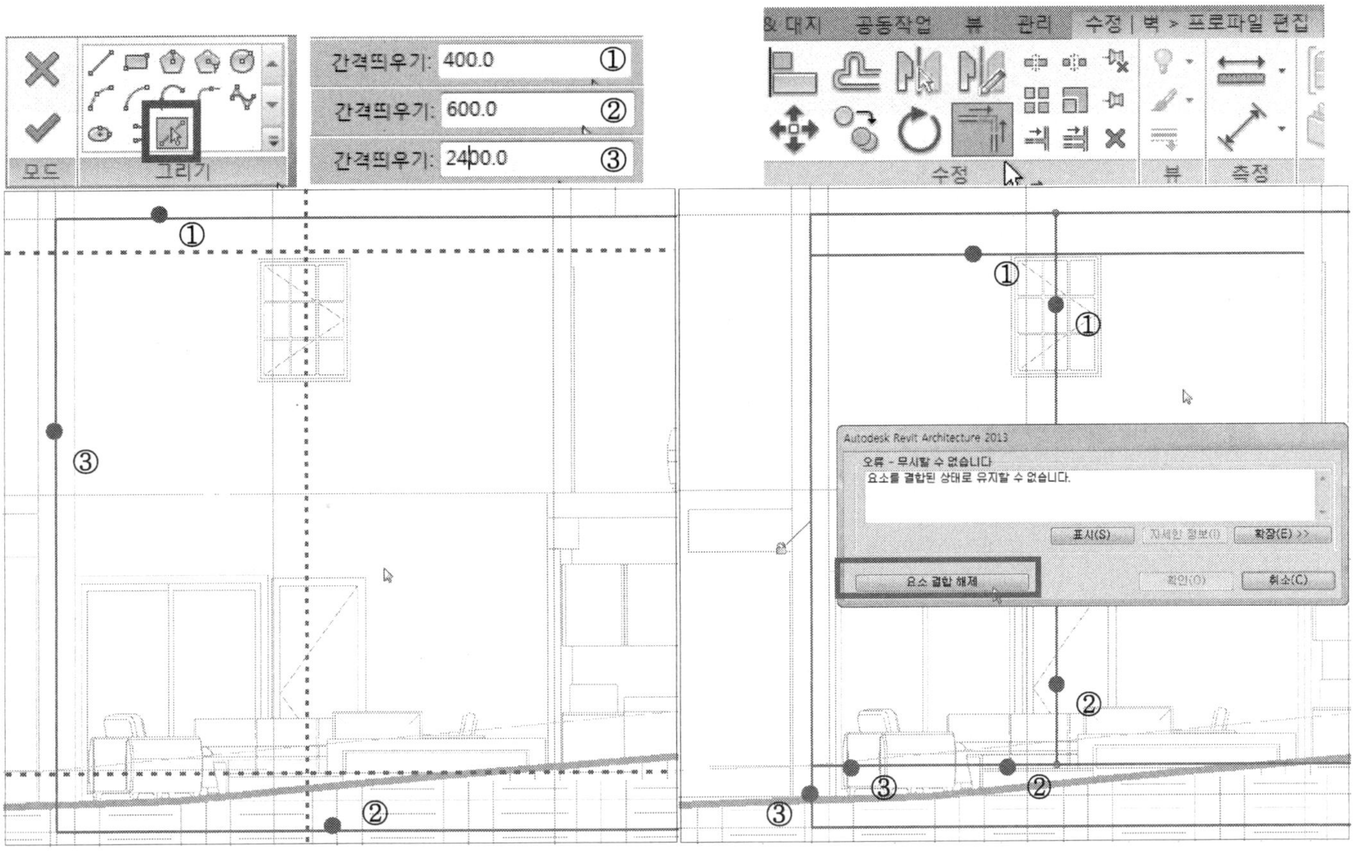

- 선을 선택하여 모자란 부분에 두 점을 클릭하여 선을 그리고 완료를 선택한다.

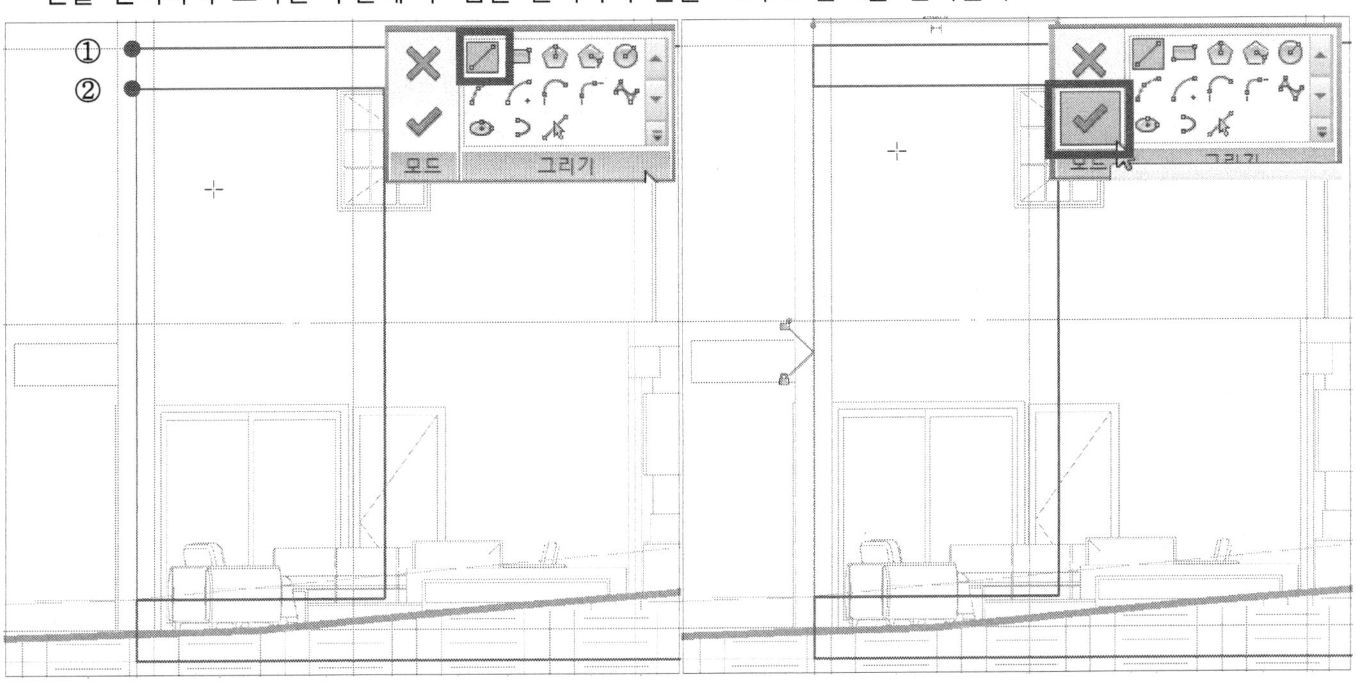

- 완료가 되면 벽의 지붕에 부착된 부분이 다시 복원되는 것을 알 수 있다.

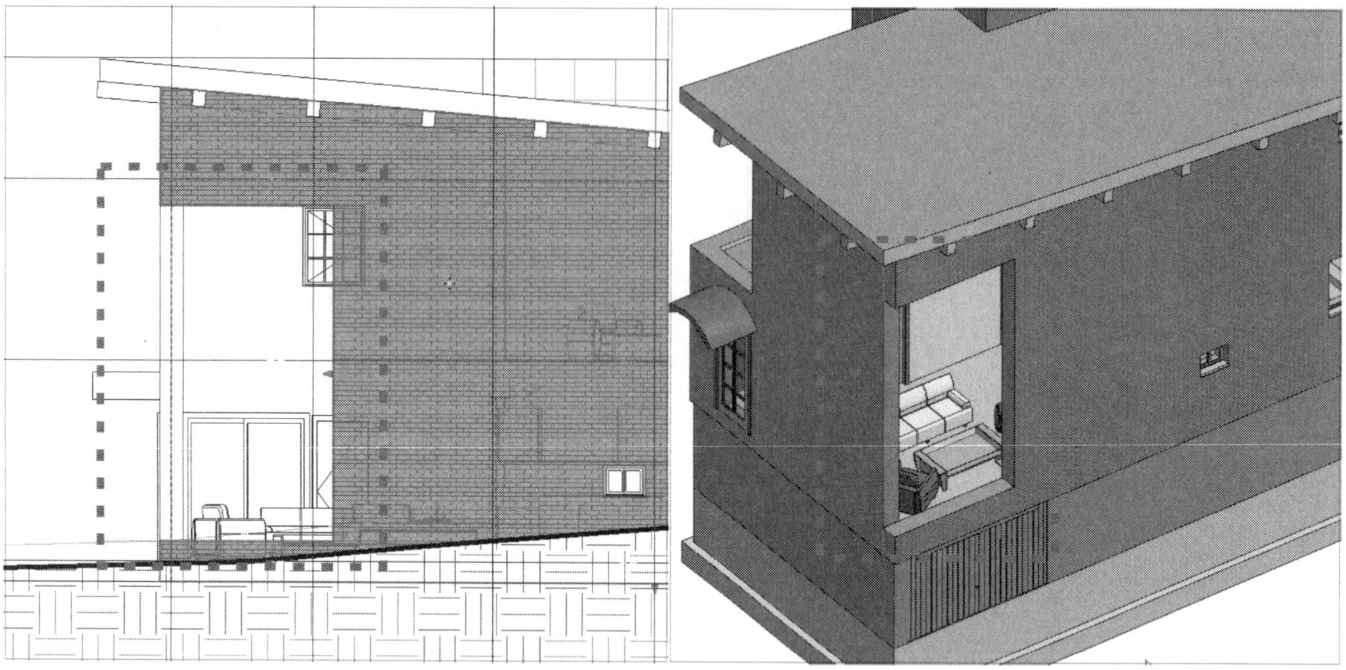

- 다른 부분의 외벽을 선택하고 프로파일 편집을 선택한다.
- 지붕에 부착된 벽이 제거된다는 메시지가 나타나면 닫기를 선택하고 **동측면도**를 활성화한다.

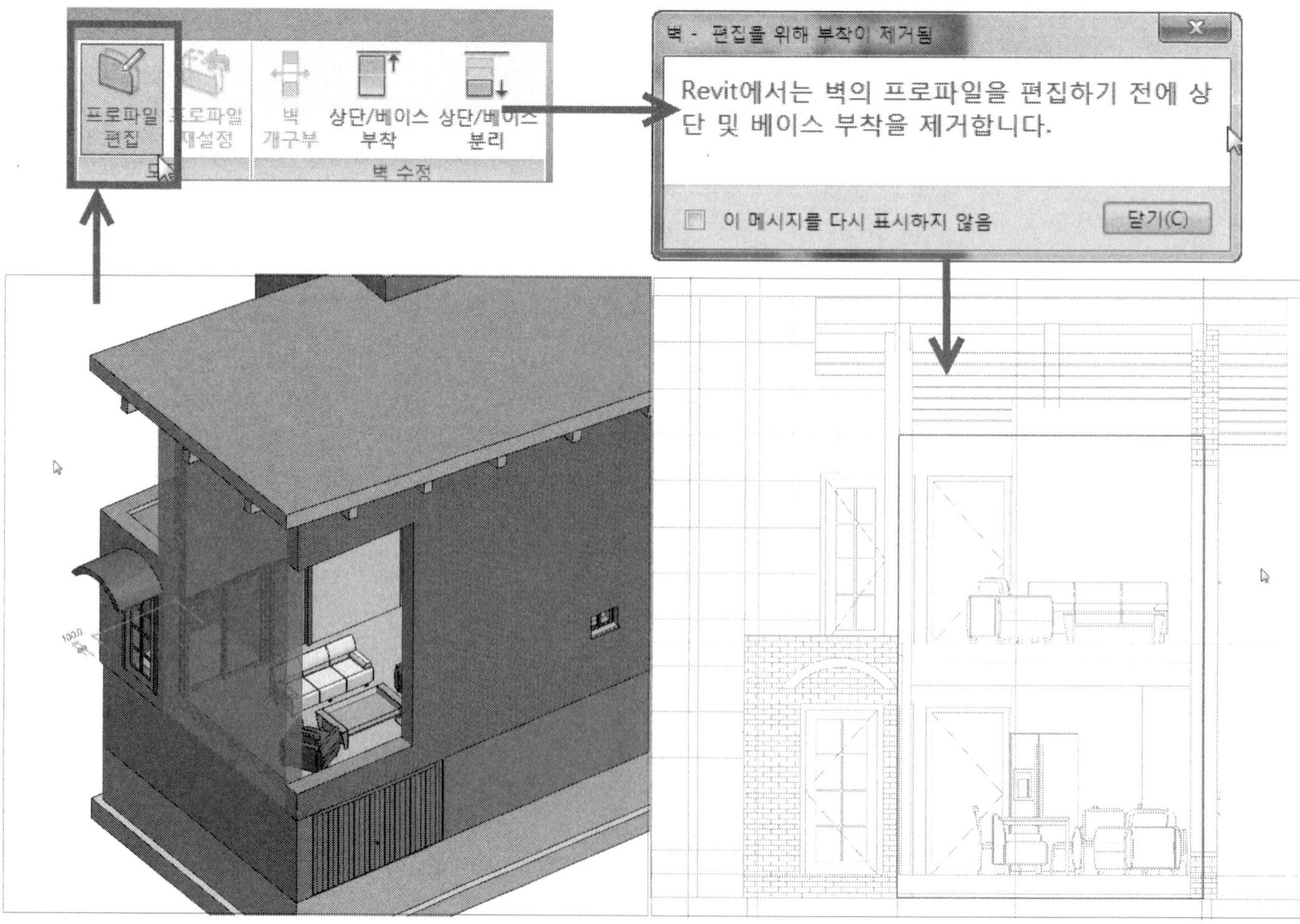

- 같은 방법으로 화면에 나타난 벽의 프로파일에 선 선택 옵션으로 아래 그림과 같이 새로운 선을 만든다.
- 코너로 자르기/ 연장(TR)을 이용해서 선들을 편집한다. **<u>오류 메시지는 요소 결합 해제</u>**를 선택한다.

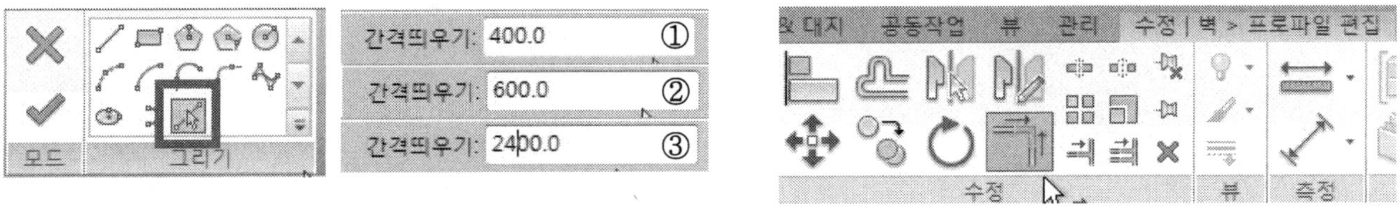

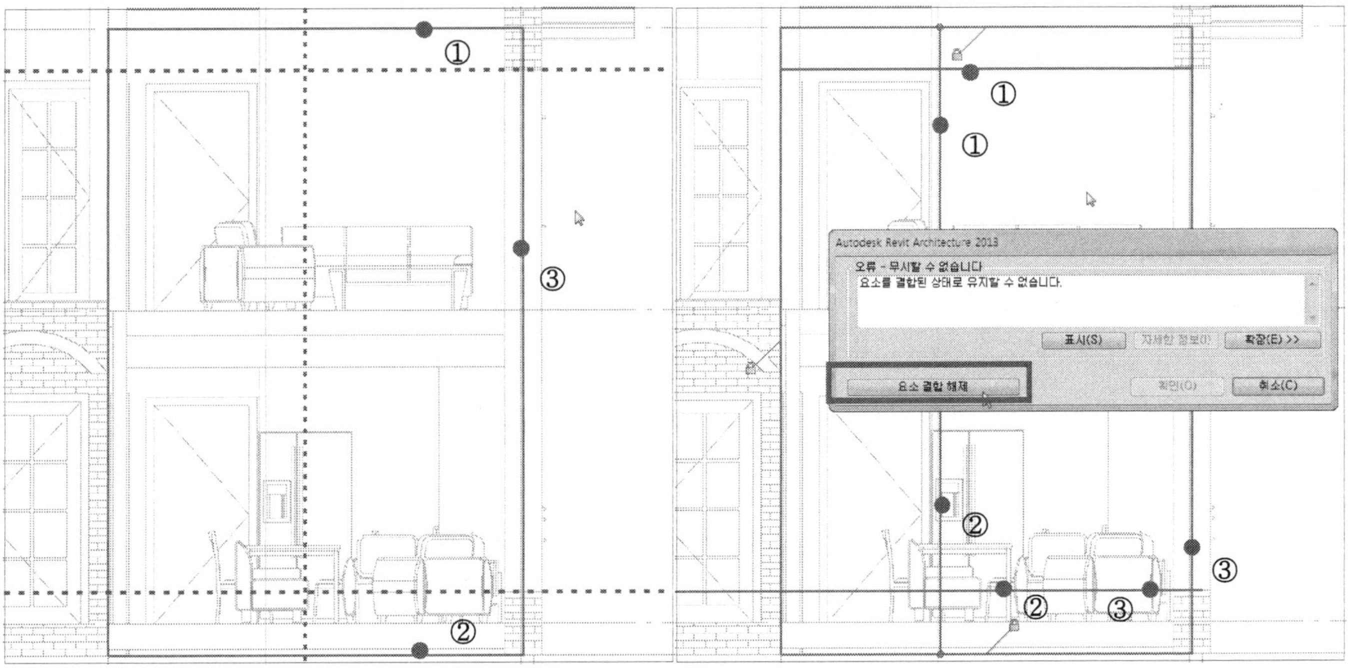

- 선을 선택하여 모자란 부분에 두 점을 클릭하여 선을 그리고 완료를 선택한다.

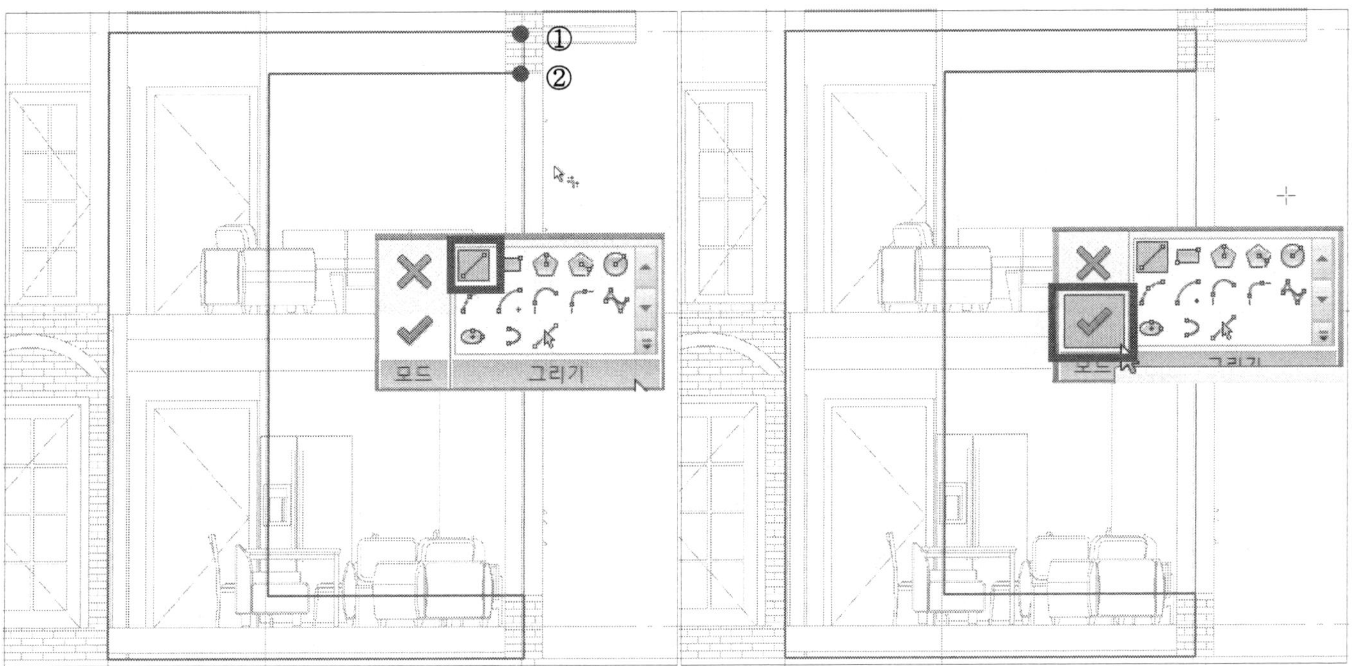

- 완료가 되면 벽의 지붕에 부착된 부분이 다시 복원되는 것을 알 수 있다.

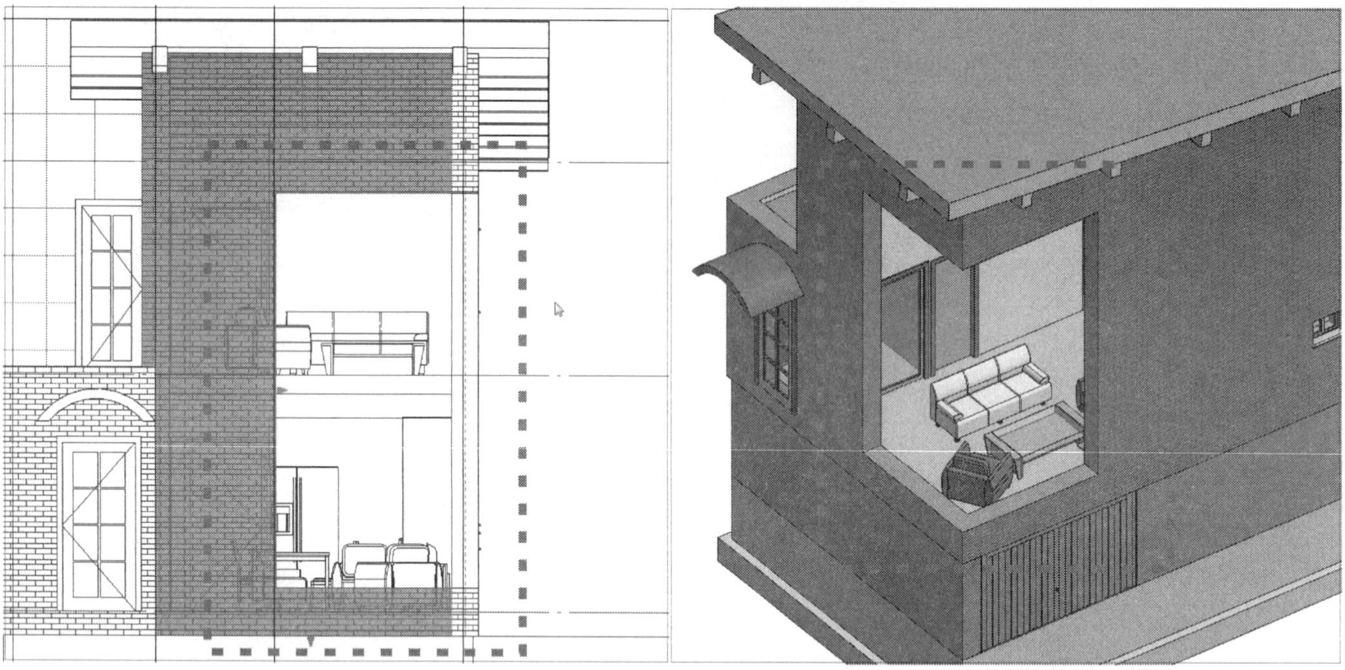

- 03 1층 평면도를 활성화하고 벽을 제거한 부분에 일반 벽을 그린다.
- 베이스 간격을 300, 상단 구속조건은 미연결로 벽의 길이는 5000mm로 하거나, 상단구속을 05 지붕 평면도로 하고 상단 간격 띄우기를 -400으로 한다.
- 위치선 : 벽 중심선으로 설정하고 체인박스를 체크한다.

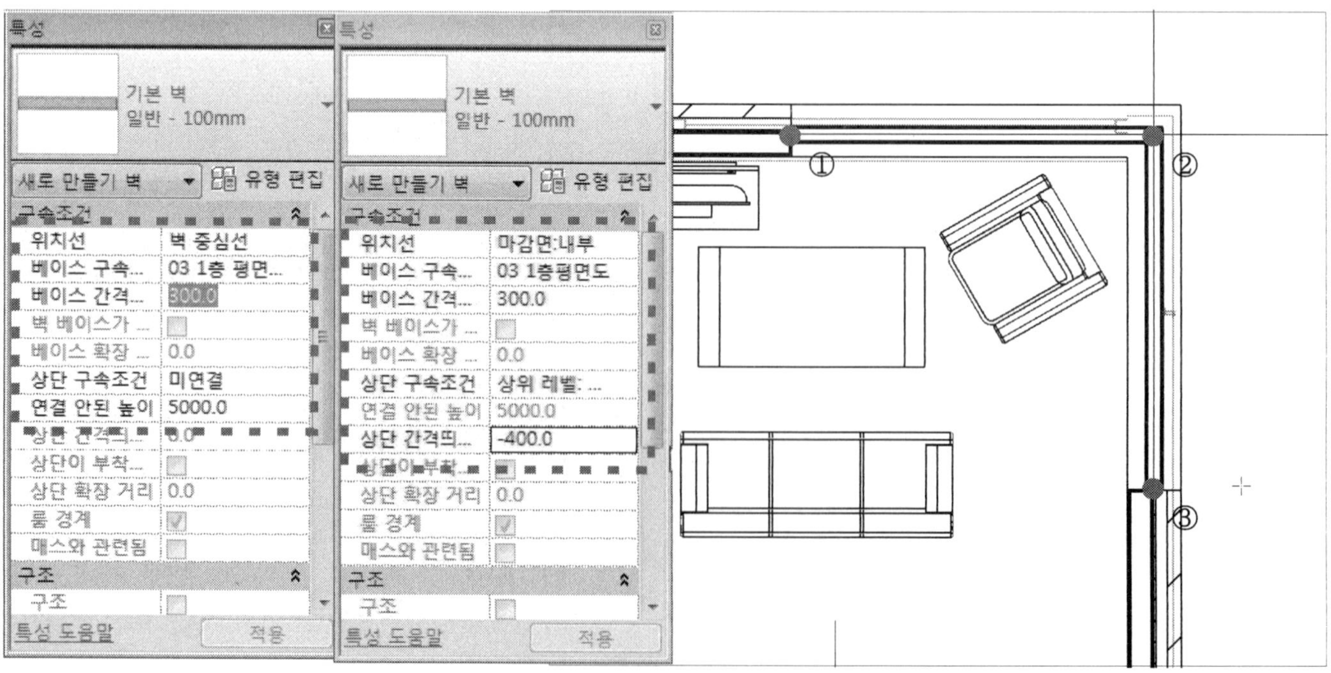

- 3D 뷰에서 확인하고 두 개의 벽을 Ctrl키를 누른 상태에서 복수로 선택한다.

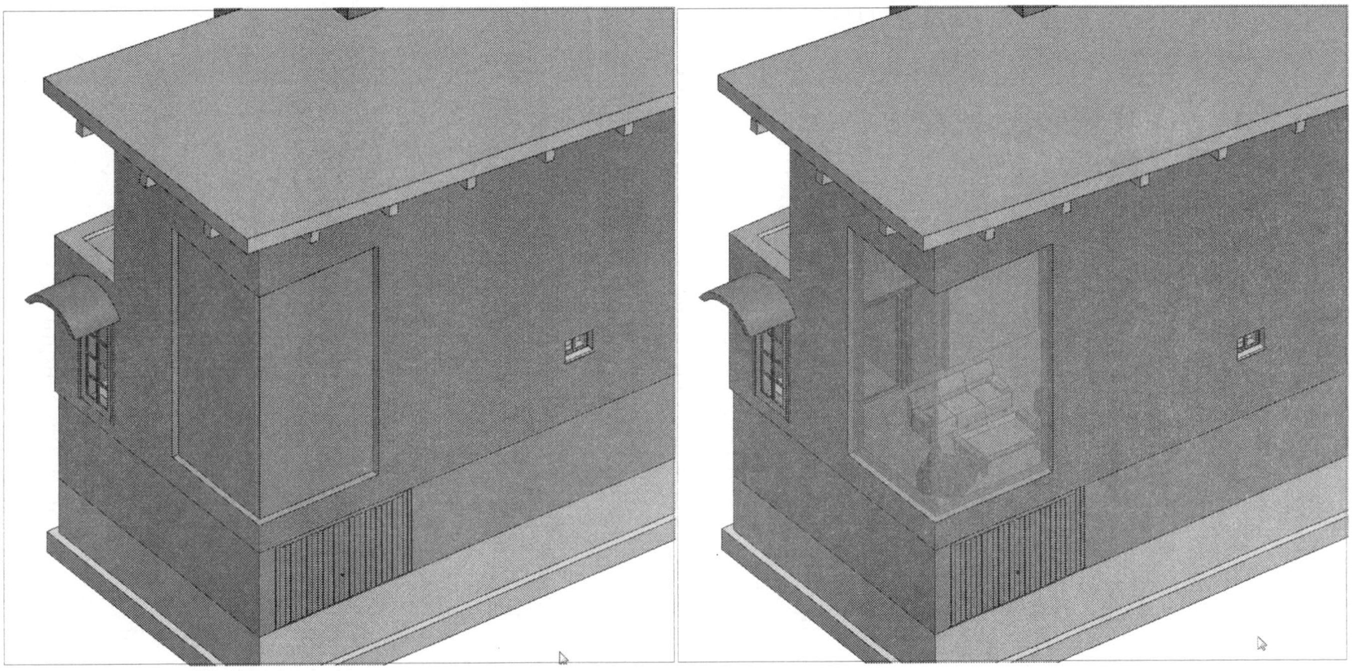

- 선택한 벽의 유형을 커튼월로 바꾸어 지정한다.
- 일반벽이 유리벽인 커튼월로 변한 것을 확인할 수 있다.

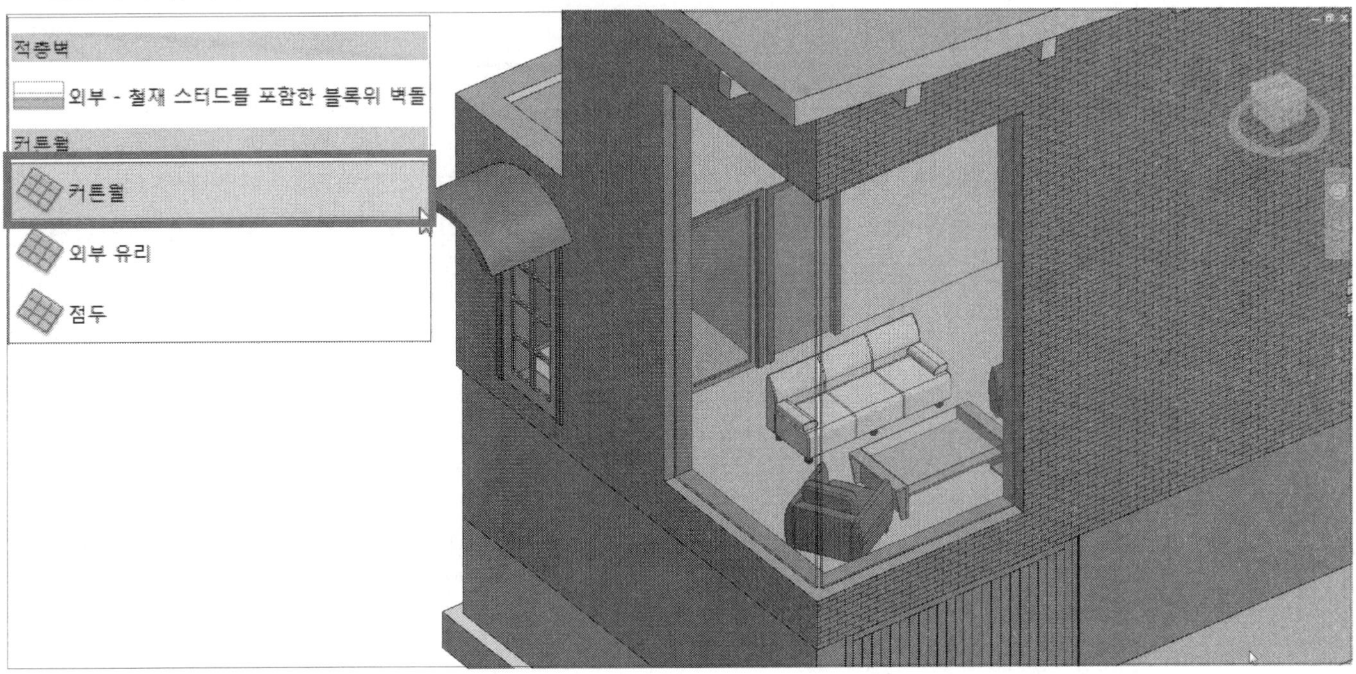

- 먼저 북측면도를 활성화하여 북측면의 커튼월의 그리드를 생성할 준비를 한다.
- 건축 탭의 커튼 그리드를 선택하고 모든 세그먼트가 활성화되어 있는 것을 확인한다.

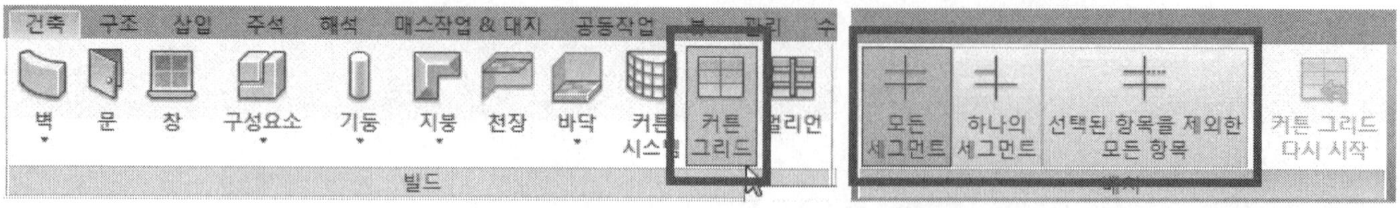

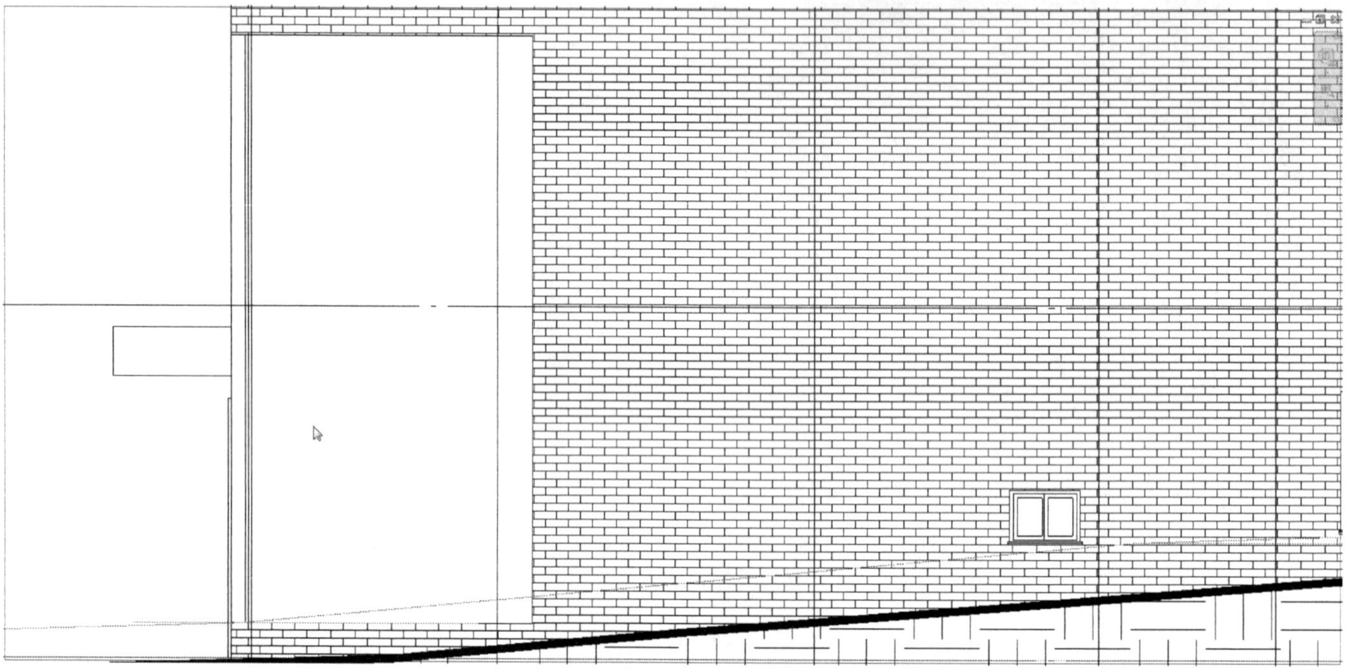

- 마우스를 커튼월 안으로 움직이면 자동으로 그리드의 기준을 찾아주는데 적당하게 수치를 맞춘다.
- 2등분, 3등분, 수치가 나타나는데 아래 그림과 같이 맞춘다. **커튼월이 그리드 크기의 패널로 나누어진다**.

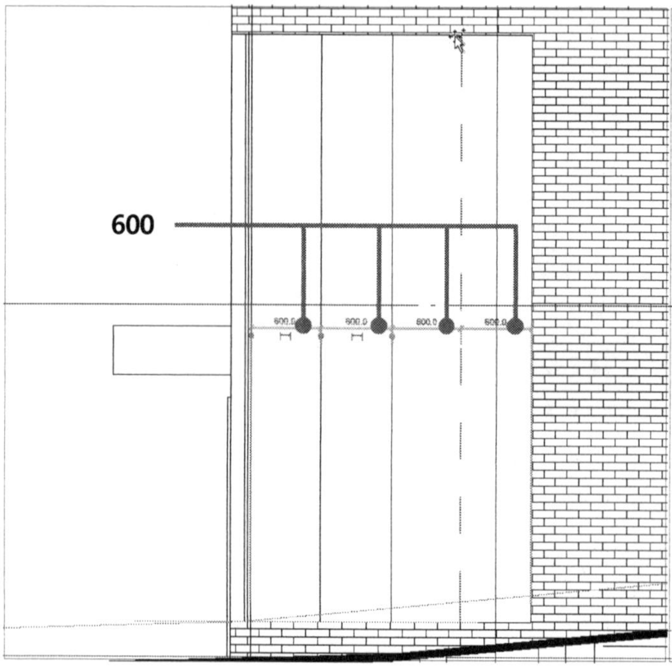

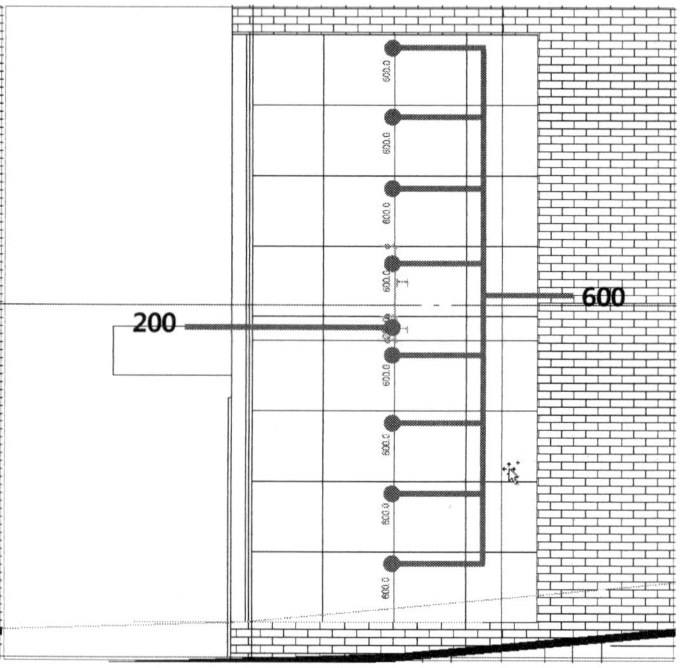

- 동측면도를 활성화하고 건축 탭의 커튼 그리드를 선택하고 모든 세그먼트 활성화한다.
- 마우스를 커튼월 안으로 움직여 수직 그리드는 4등분, 수평 그리드는 아래 우측 그림과 같이 맞춘다.

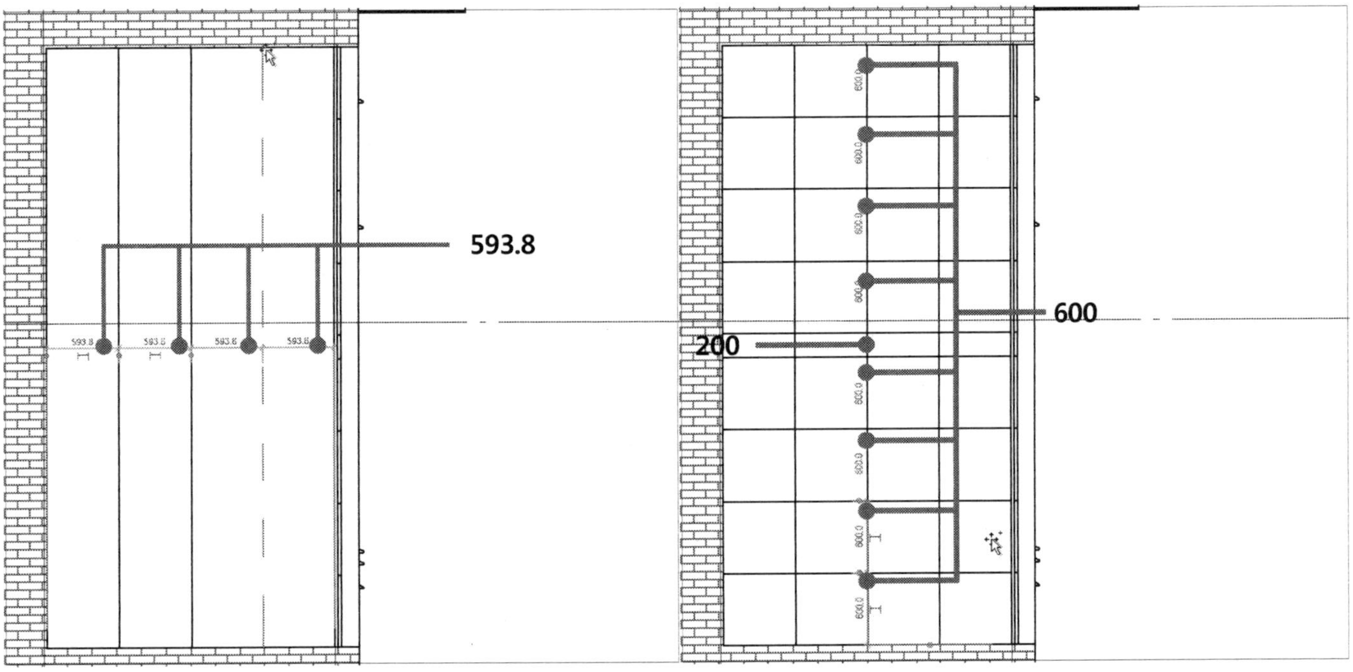

- 건축 탭의 멀리언을 선택하고 그리드 선이 활성화되어 있는 것을 확인한다.

- 직사각형 멀리언 50 x 150 mm가 기본적으로 정의되어 있는 것을 알 수 있다.
- 유형 편집을 선택하고 직사각형 멀리언 50 x 50 mm을 복제하고 간격띄우기 35, 두께 50으로 매개변수를 변경한다. 이제 직사각형 멀리언 50 x 50 mm가 활성화 된다.

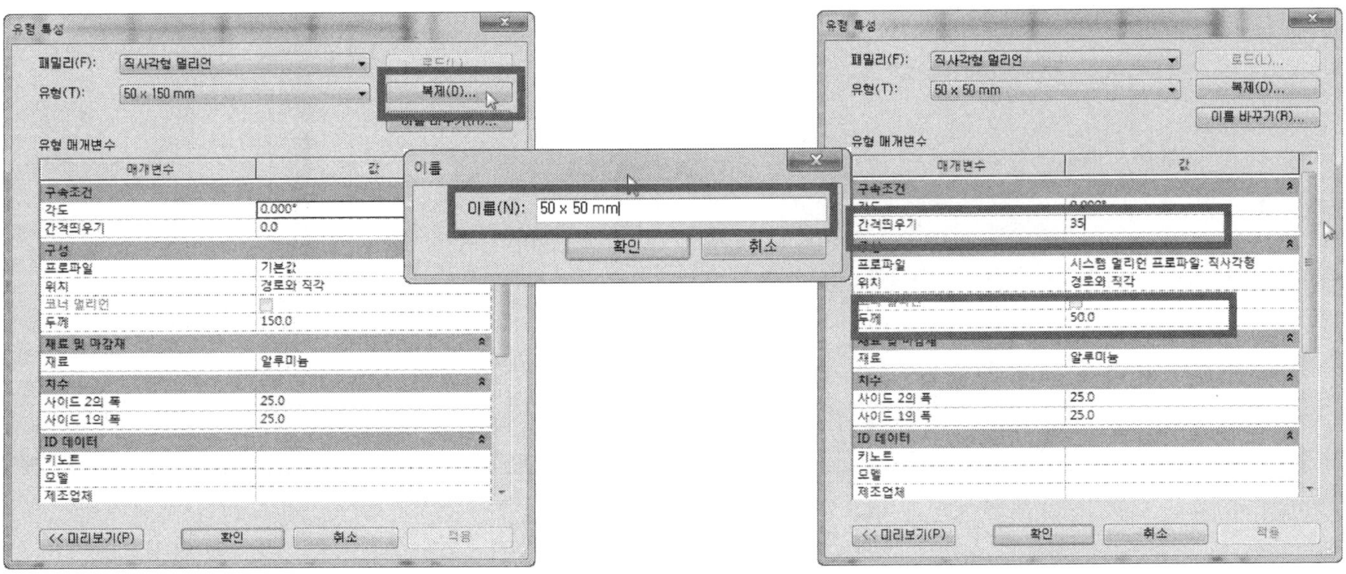

- 그리드 선위를 아래 그림과 같이 코너 수직 부분만 제외하고 클릭하여 멀리언을 만든다.

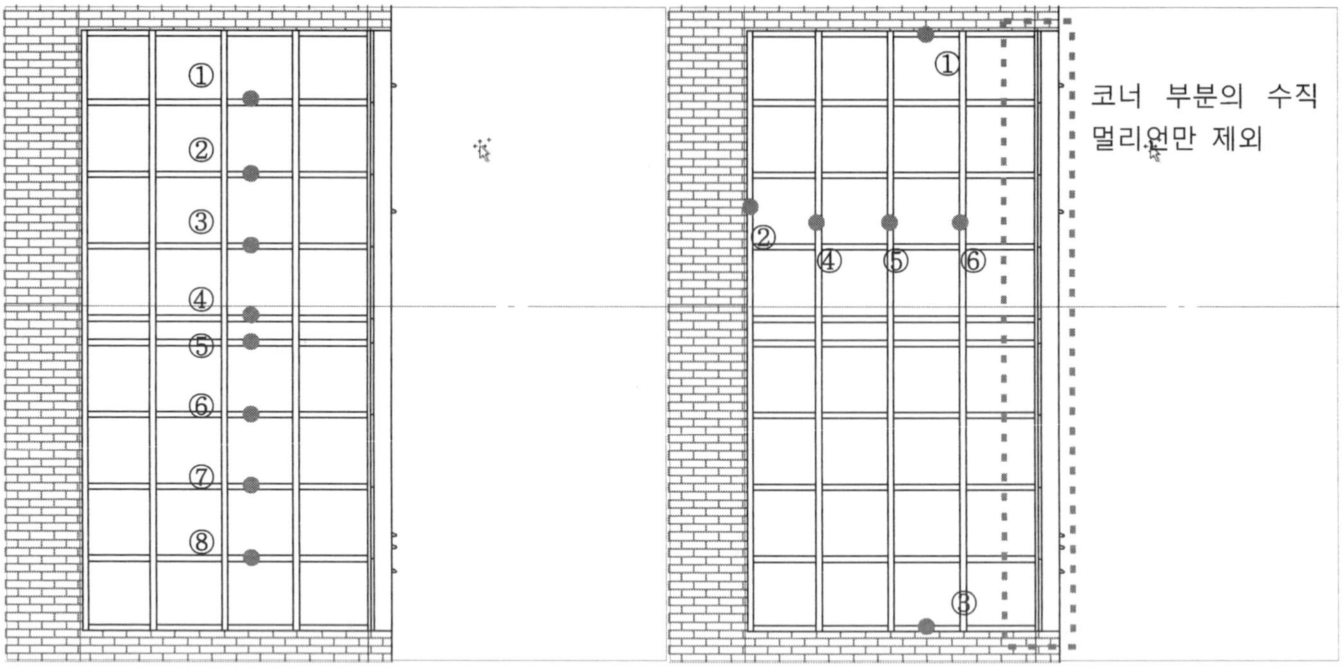

- 3D 뷰와 03 1층 평면도에서 확인하면 아래와 같이 나타난다.

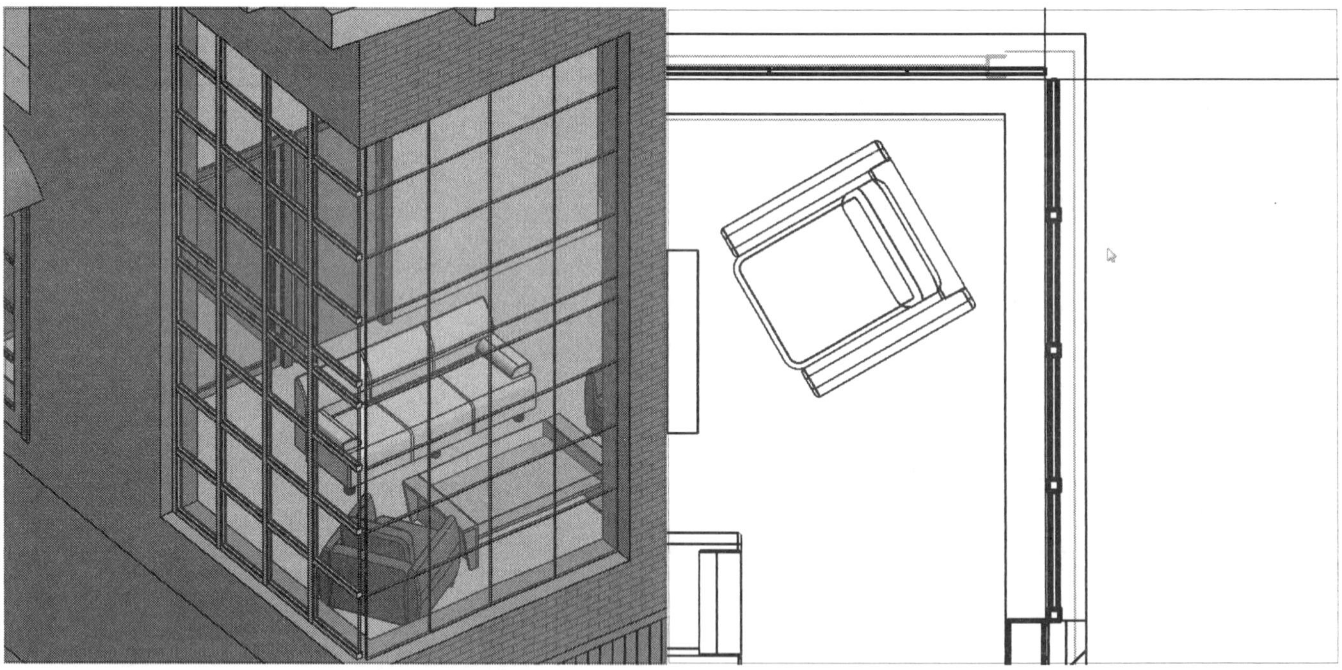

- 평면 뷰에서 확대를 해도 선이 굵어서 구분이 명확하지 않을 경우 상단의 가는 아이콘을 클릭한다.

- 평면 뷰에서 확대를 하면 아래 그림과 같이 나타나는데 매개변수의 간격띄우기 35의 수치가 어떻게 적용되었는가 확인할 수 있다.

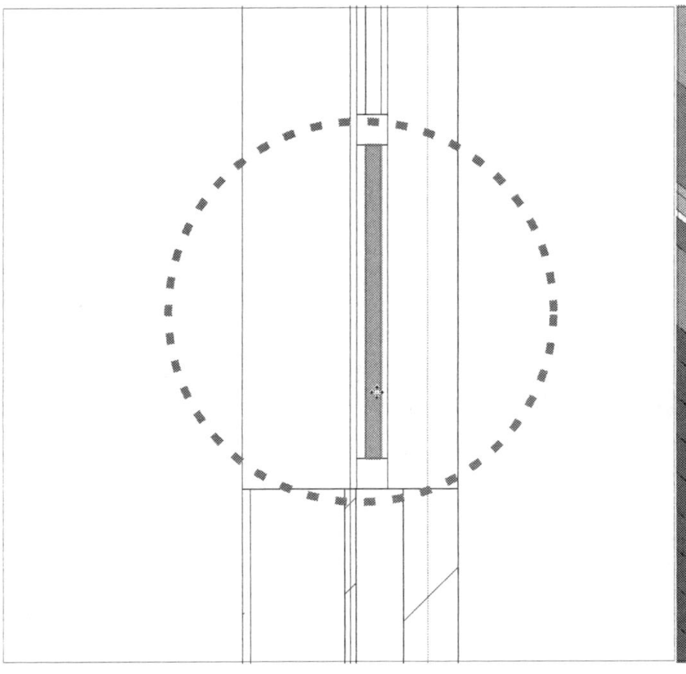

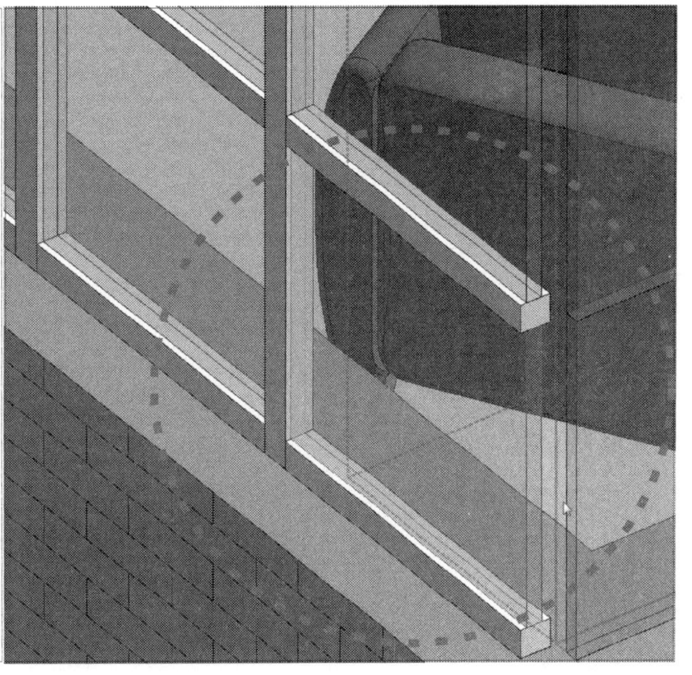

- 다른 커튼월에 멀리언을 설치하기 위해서 북측면도를 활성화한다.
- 동측면도에서 작업했던 방법과 같이 멀리언을 코너 부분만 제외하고 설치한다.

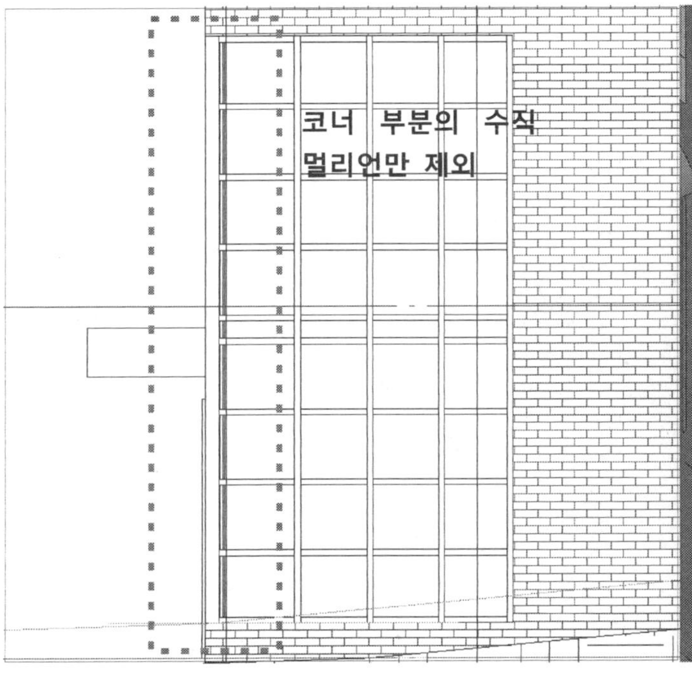

- 코너에 멀리언을 설치하기 위해서 L코너용 멀리언의 L멀리언을 선택한다.
- 유형 편집을 선택하고 L멀리언을 복제하여 L멀리언 50을 만든다.
- 간격띄우기 35, 두께 50으로 기타의 다리2, 다리1을 50으로 매개변수를 변경한다. 이제 L멀리언 50이 활성화 된다.

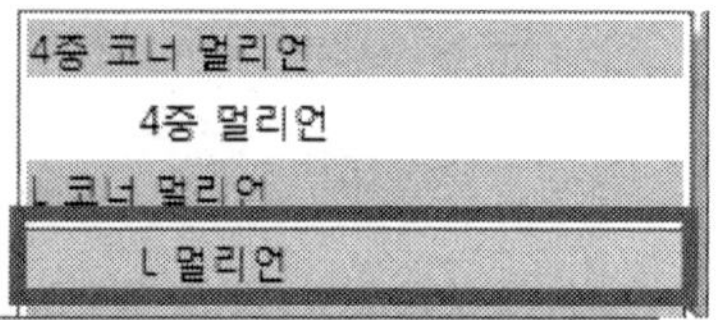

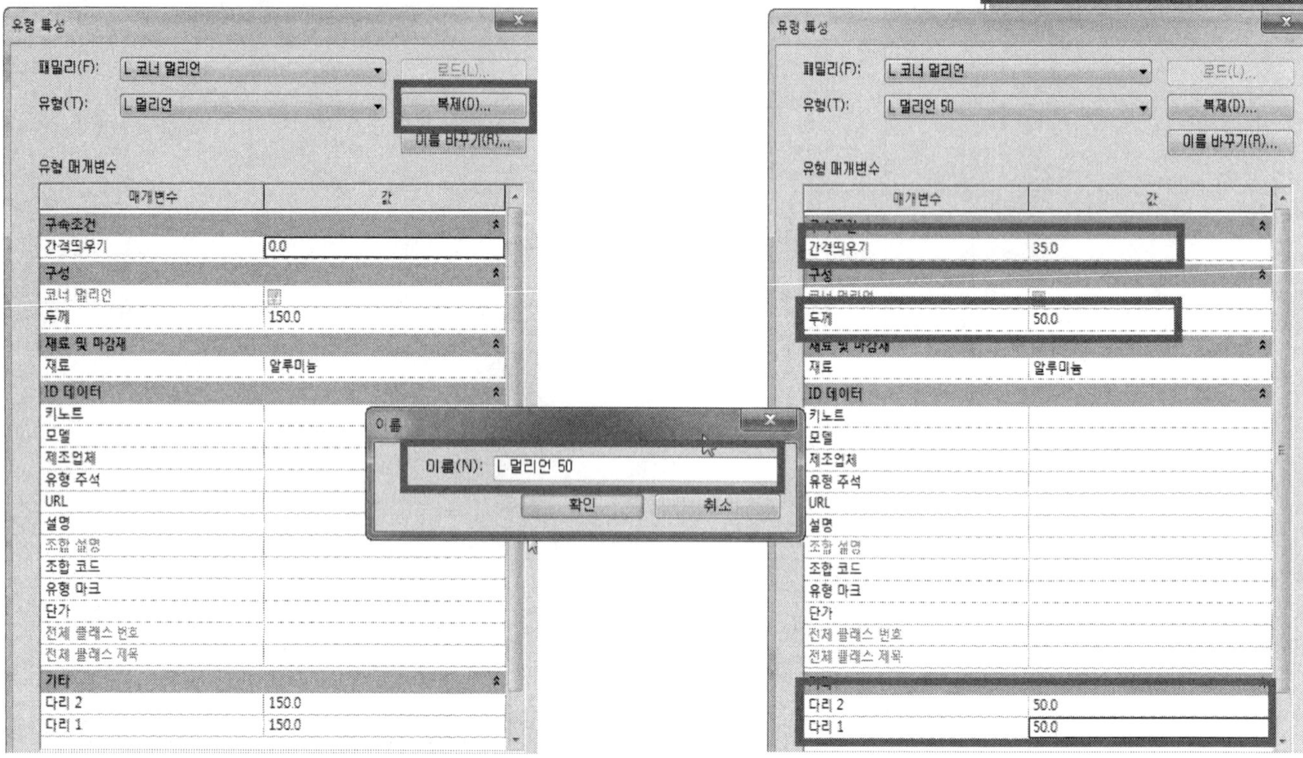

- 북측면도의 커튼월 코너부분에 멀리언을 설치한다.

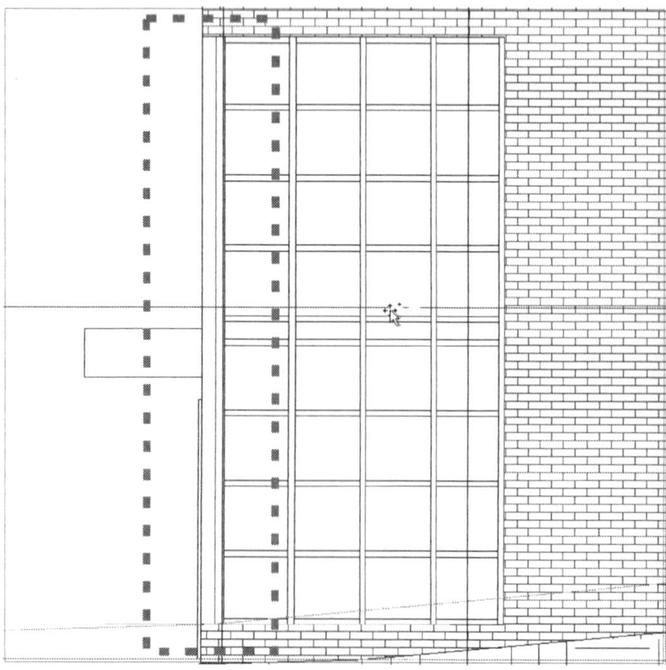

- 03 1층 평면도 뷰에서 확인한다. 확대해서 확인해 본다.

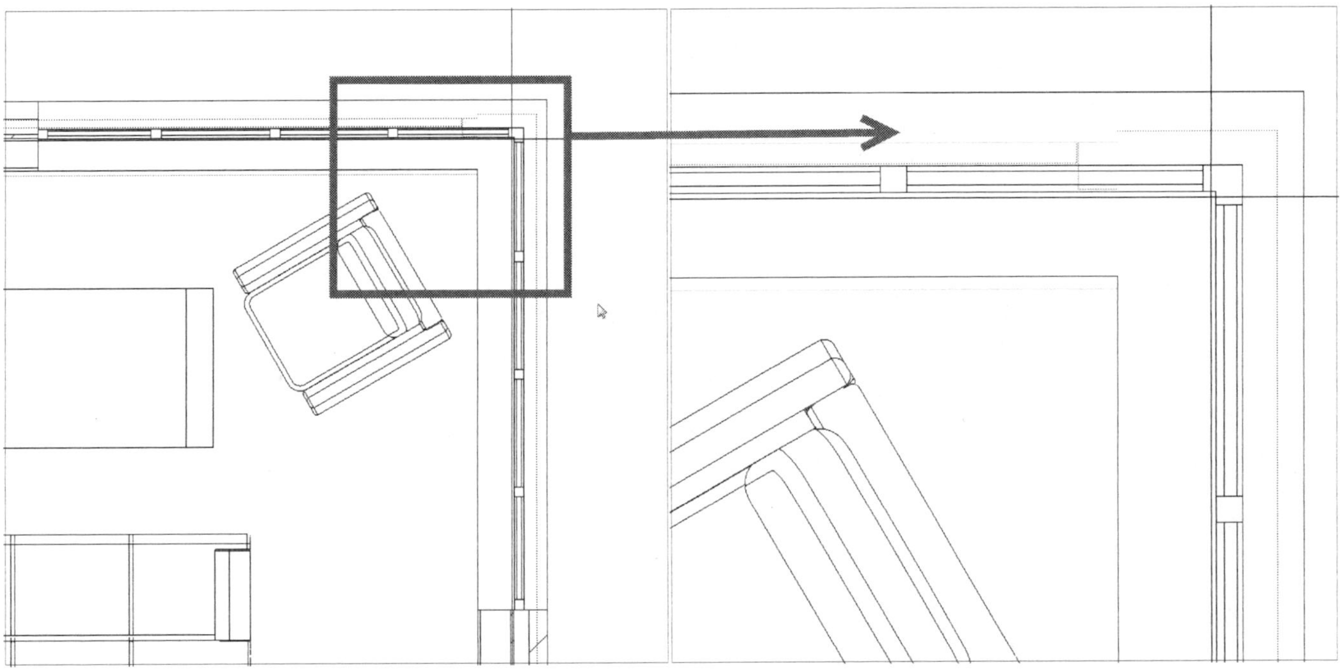

- 전체 3D 뷰에서 확인한다.

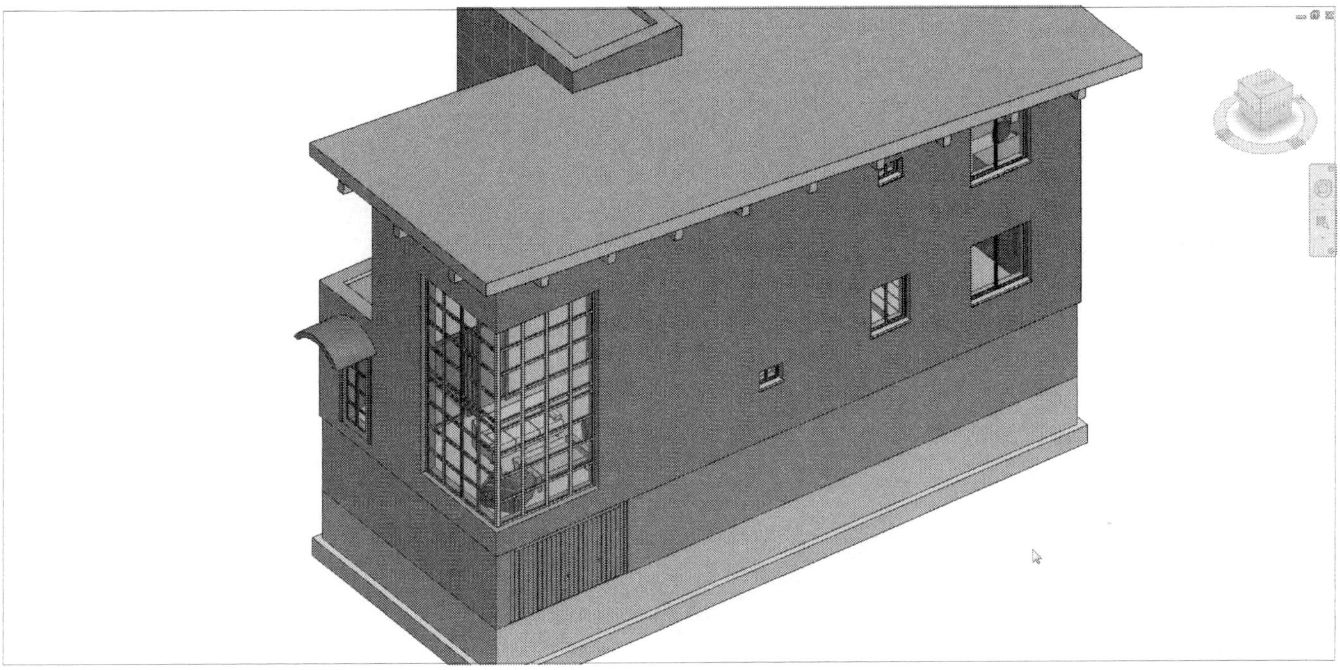

② 계단실의 커튼월 그리기 (자동 커튼 그리드)

- 계단실의 벽을 선택하고 프로파일 편집 버튼을 클릭한다.

- 남측면도를 활성화한다. 아래 그림과 같이 보기 위해서 비쥬얼 스타일에서 음영 처리를 선택한다.

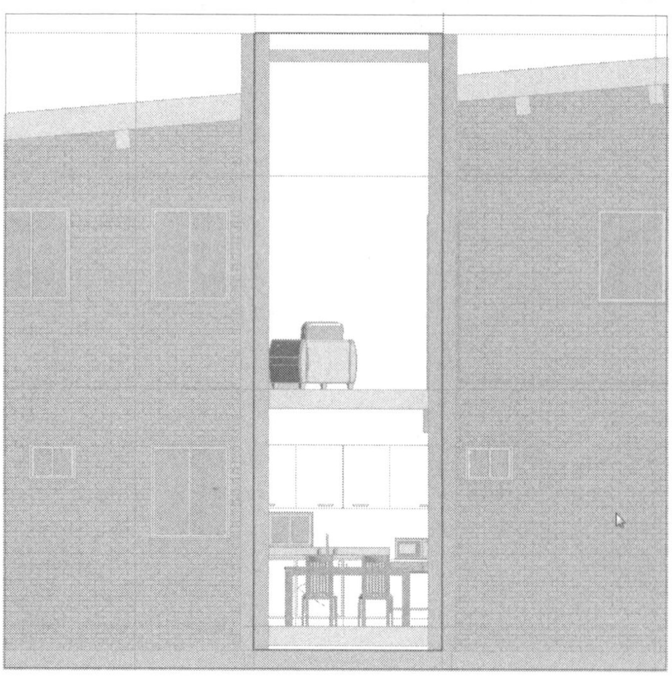

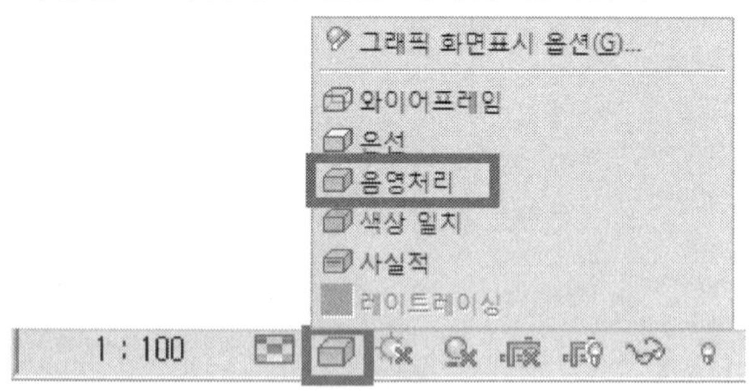

- 선 선택 옵션으로 아래 그림과 같이 새로운 선을 만들고 코너로 자르기/ 연장(TR)로 편집한다.

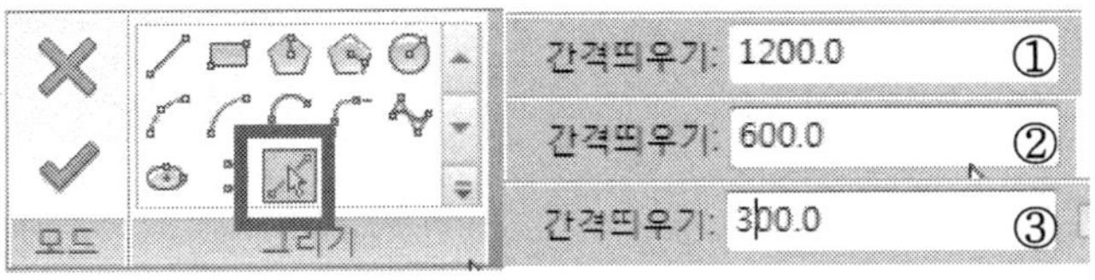

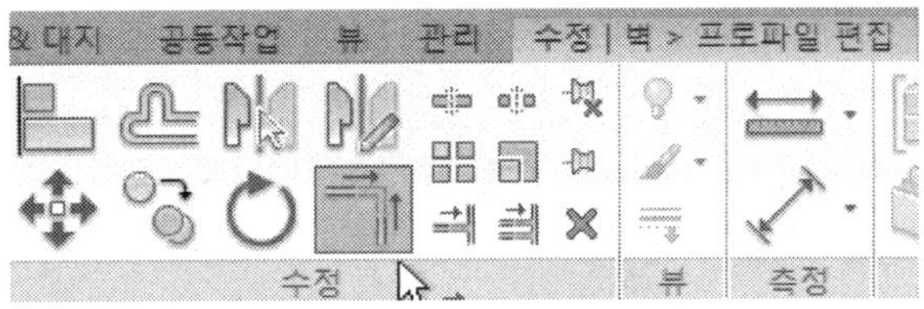

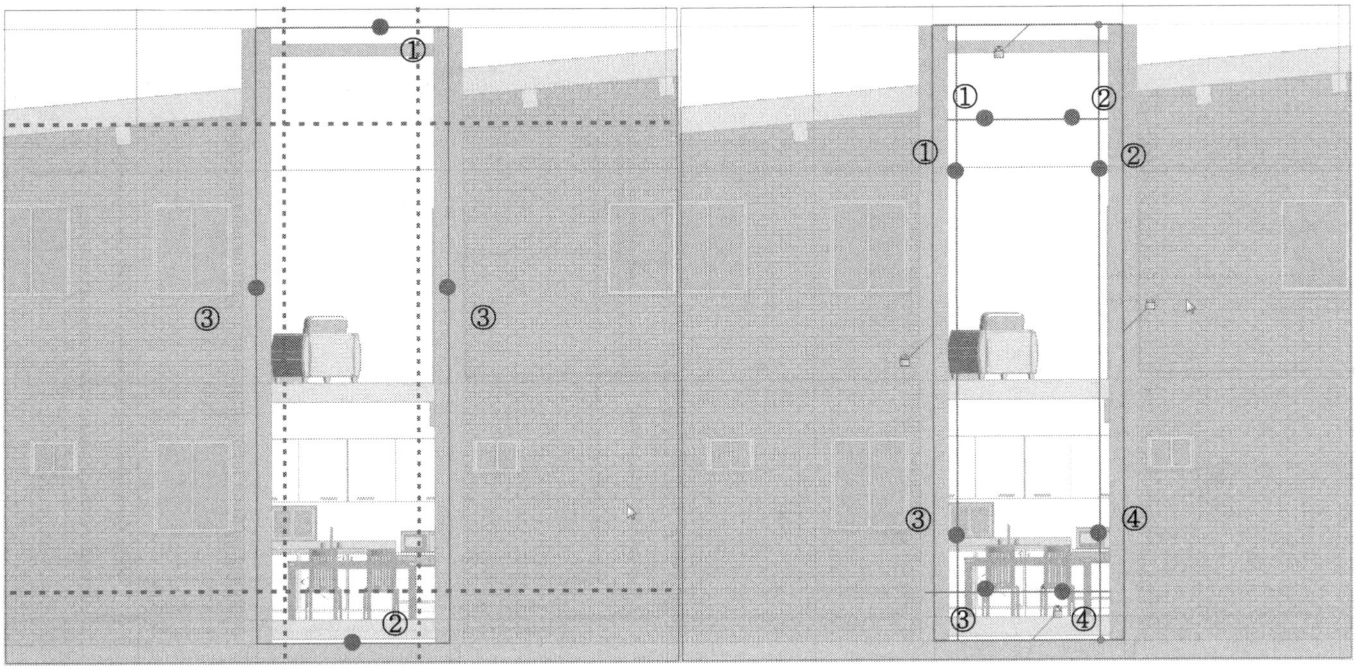

- 완료를 선택한다.

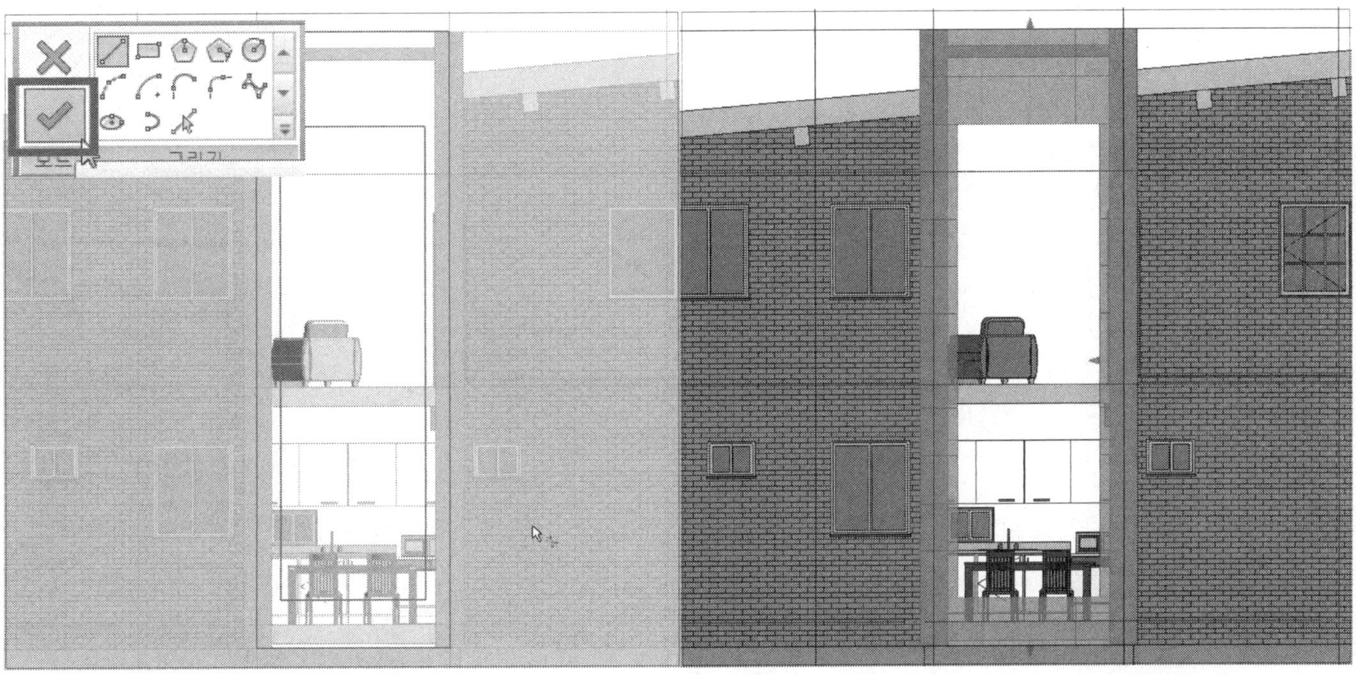

- 03 1층 평면도를 활성화하고 벽을 제거한 부분에 일반 벽을 그린다.
- 베이스 간격을 300으로 주고 상단 구속조건은 미연결로 벽의 길이는 6000mm로 하거나, 상단 구속조건을 06 계단지붕으로 하고 상단 간격띄우기를 -1200을 준다.
- 위치선 : 벽 중심선으로 설정하고 벽을 그린다.

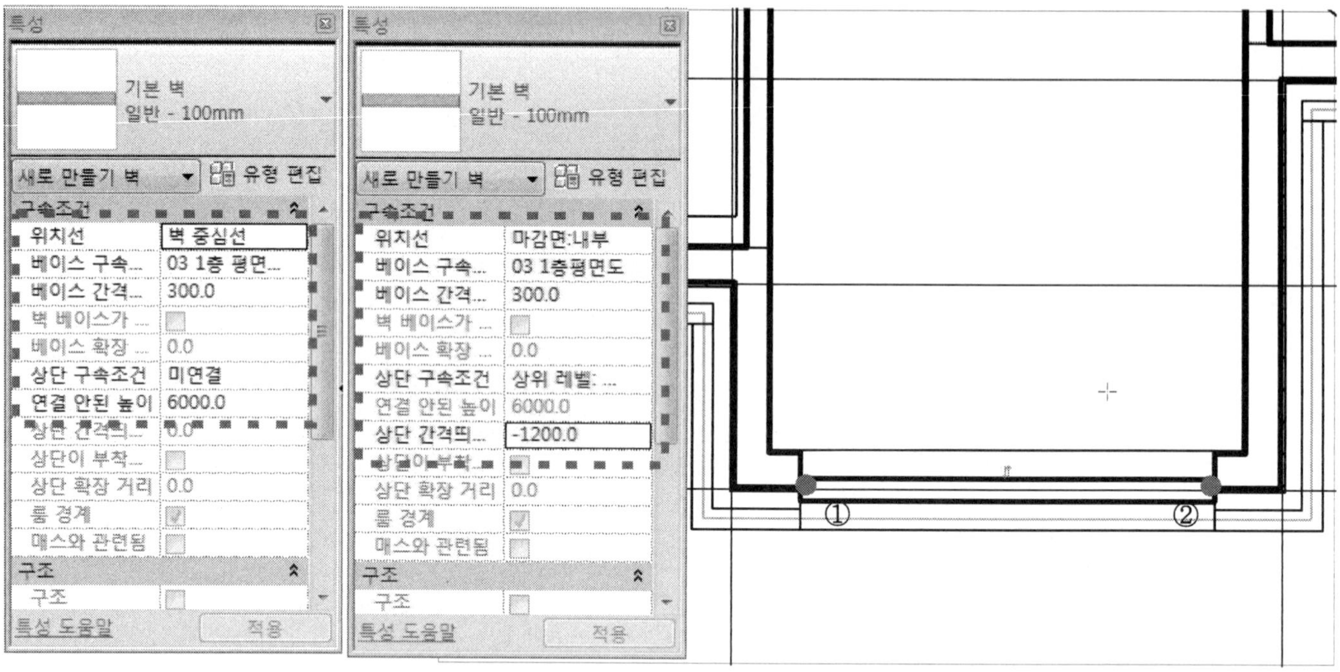

- 새롭게 만든 벽을 선택하고 벽의 유형을 커튼월로 바꾸어 지정한 후 유리패널인 커튼월로 변경한다.

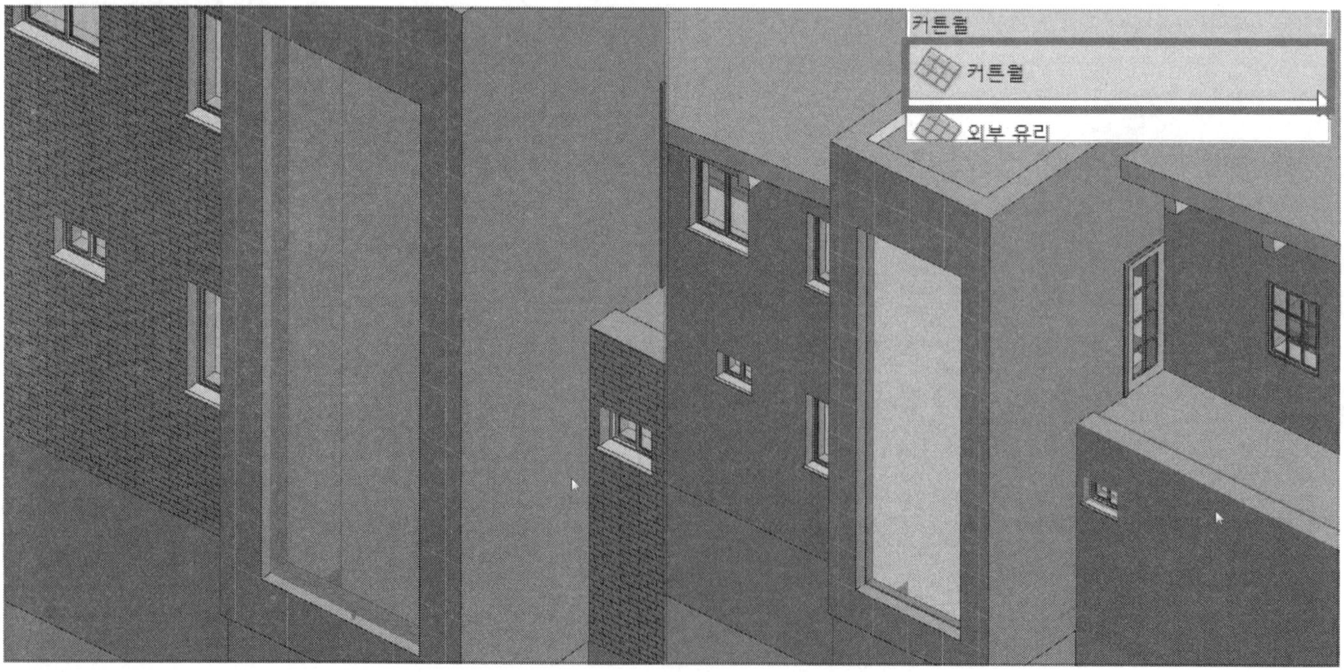

- 커튼월을 선택하고 특성의 유형편집에서 커튼월을 복제하여 그리드와 멀리언이 모두 정의된 커튼월로 매개변수를 변경하여 모델링한다.

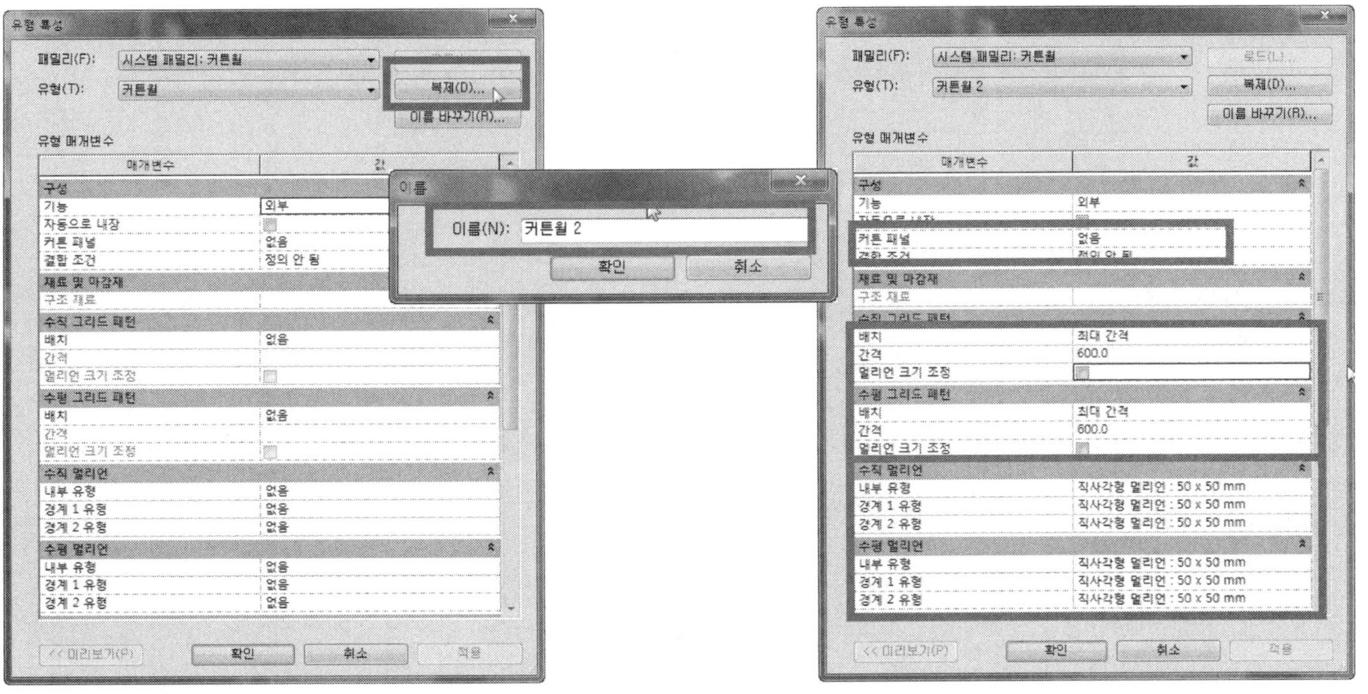

- 자동으로 그리드와 멀리언이 설치된 커튼월이 생성되었다.
- 커튼월을 복제하여 매개변수만 설정함으로도 커튼월을 완성할 수 있다는 것을 알 수 있다.

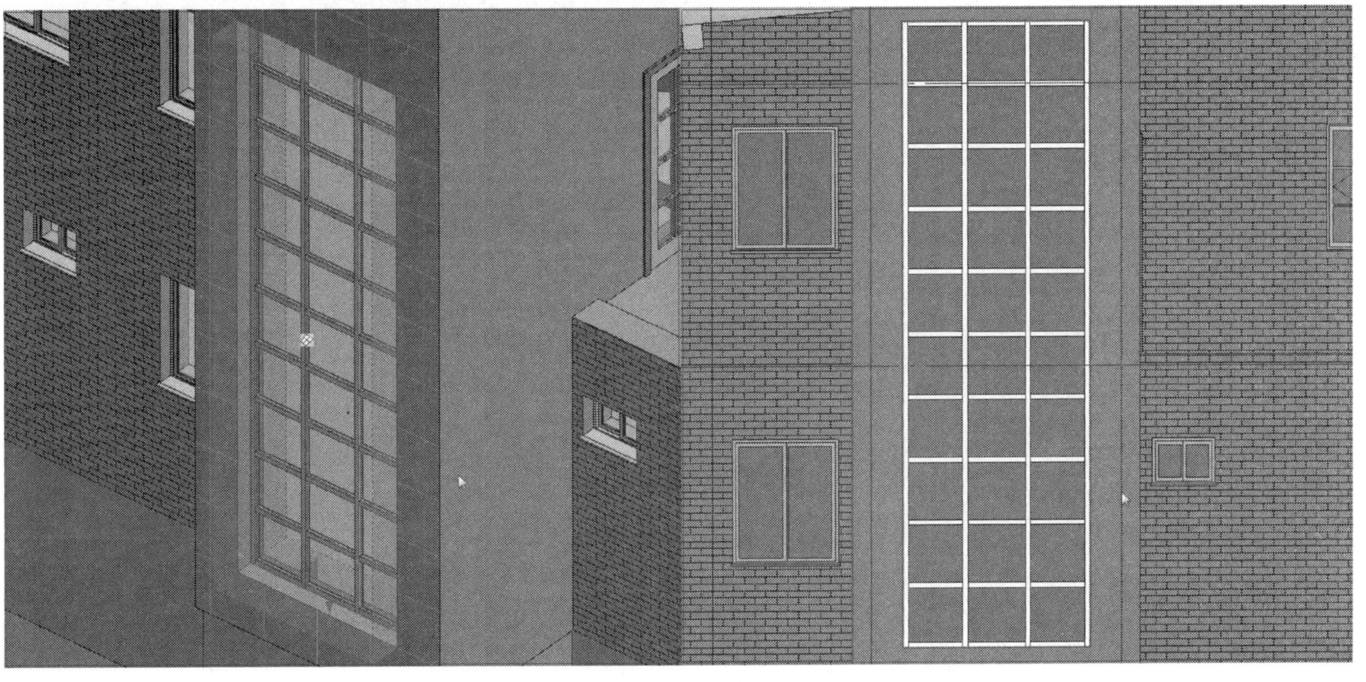

- 계단참이 걸리는 부분의 유리 패널을 다른 재료로 변경을 한다.
- 먼저 변경할 유리 패널부분을 선택하기 위해서 아래 좌측 그림과 같이 두 점을 클릭한다.
- 아래 우측 그림과 같이 나타나면 화면상단에서 필터를 선택한다.

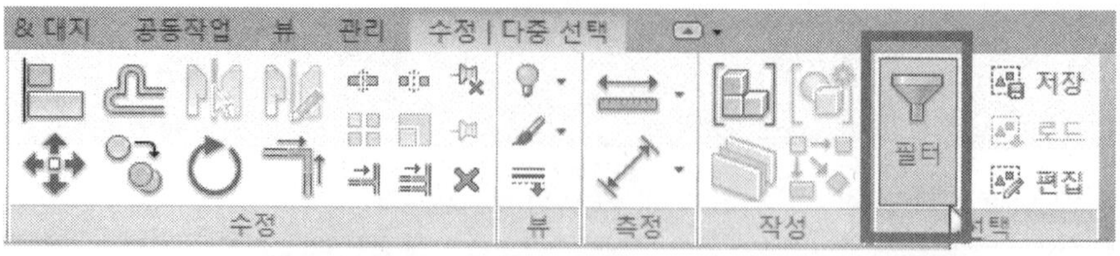

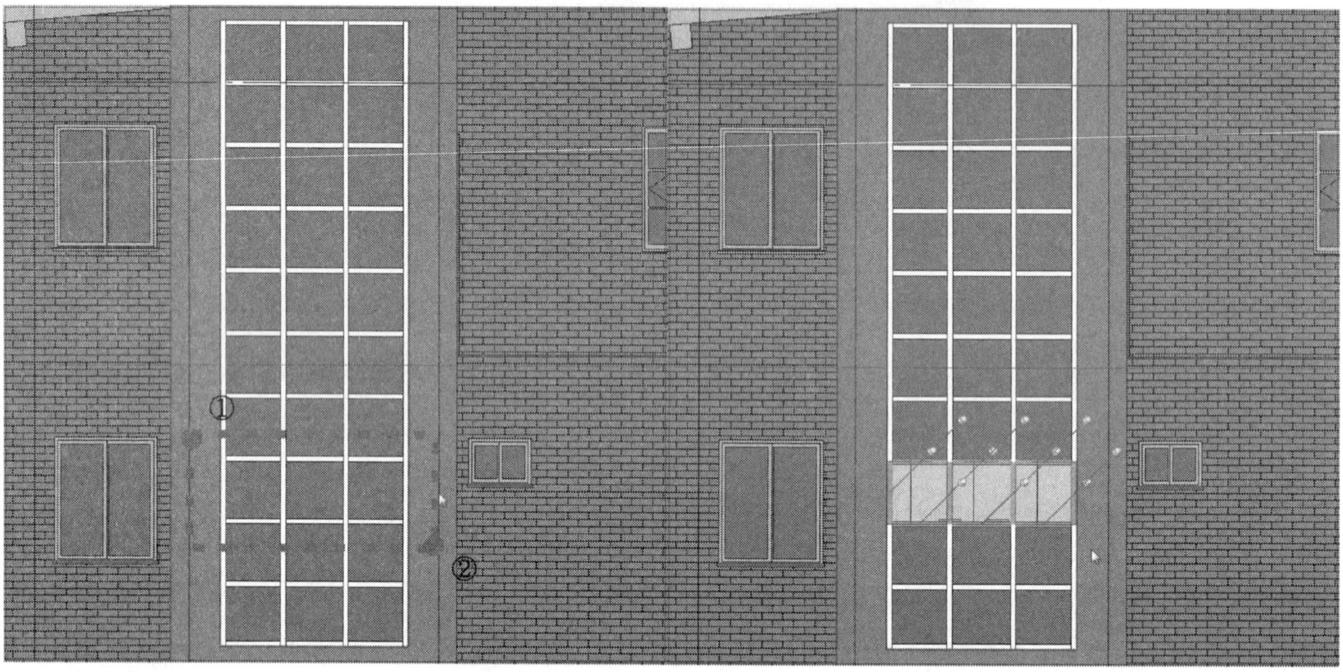

- 필터 패널에서 수정을 할 커튼월 패널만 선택한다.

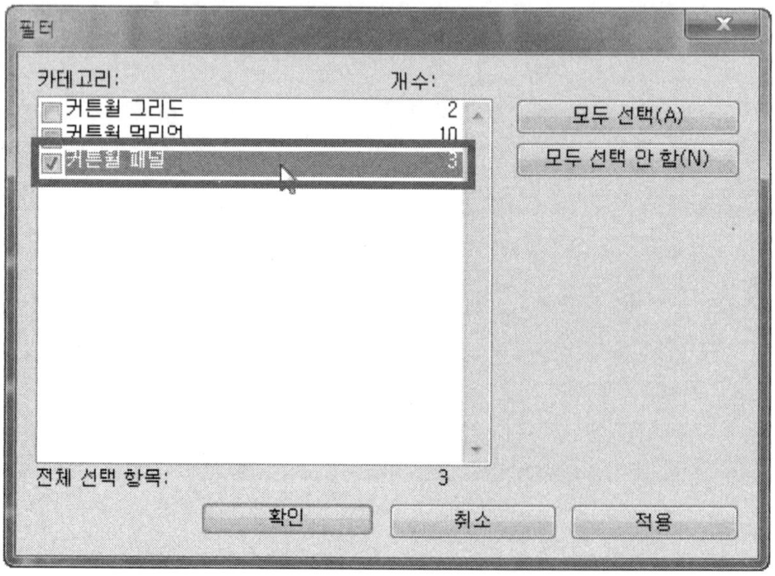

- 계단참 부분을 가리기 위해서 커튼월 패널을 현재 시스템 패널 유리에서 솔리드로 유형을 바꾼다.

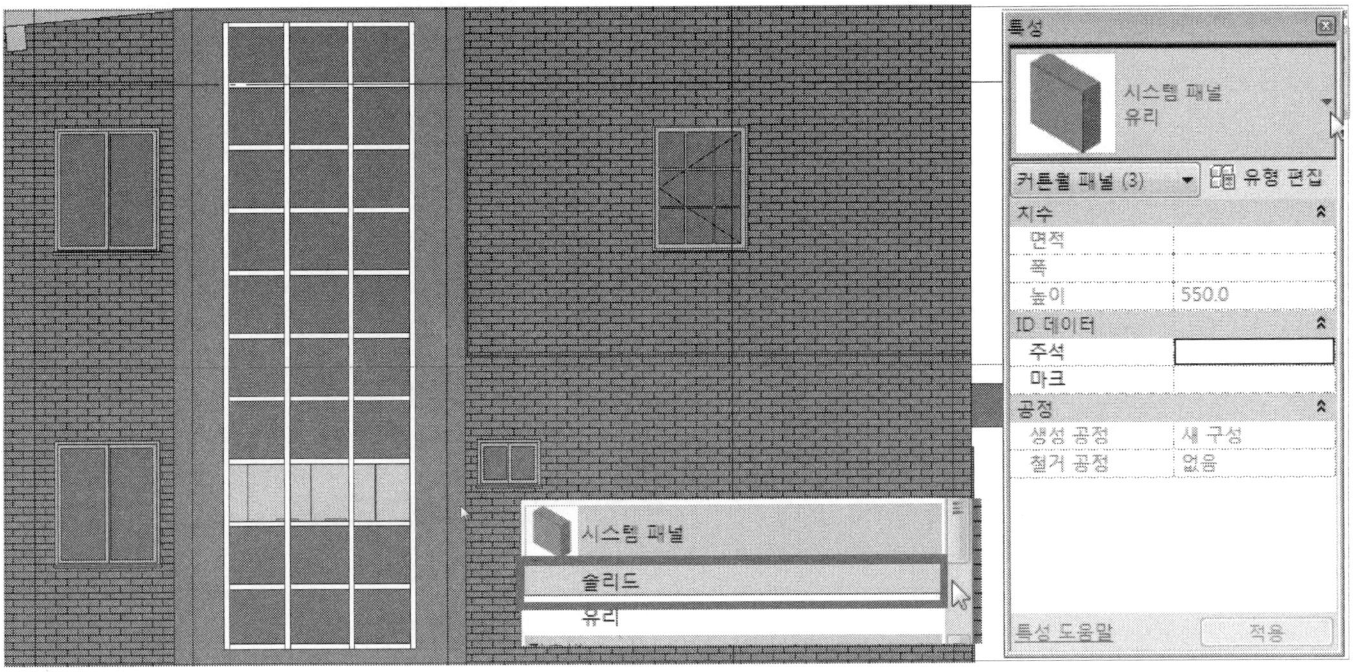

- 시스템 패널 솔리드의 유형 편집에서 복제를 선택하고 솔리드 2를 하나 만든다.
- 이 때 솔리드 2의 매개변수를 유리 패널과 같은 간격띄우기는 37, 두께는 25로 설정한다.
- 재료의 버튼을 클릭하여 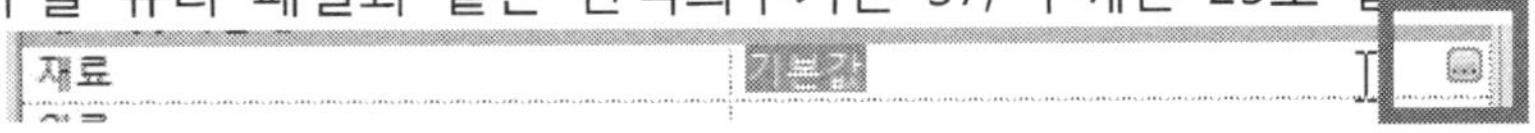

  Glazing - Curtain Wall Glazing 으로 설정한다.

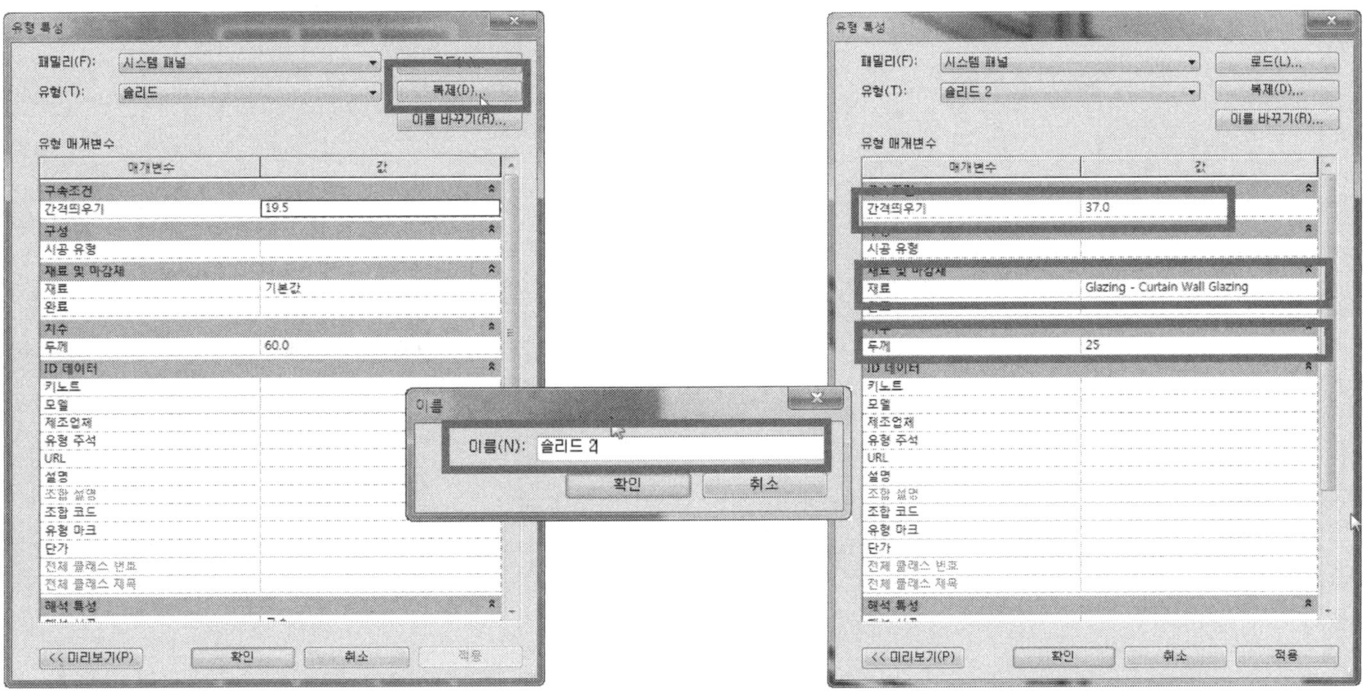

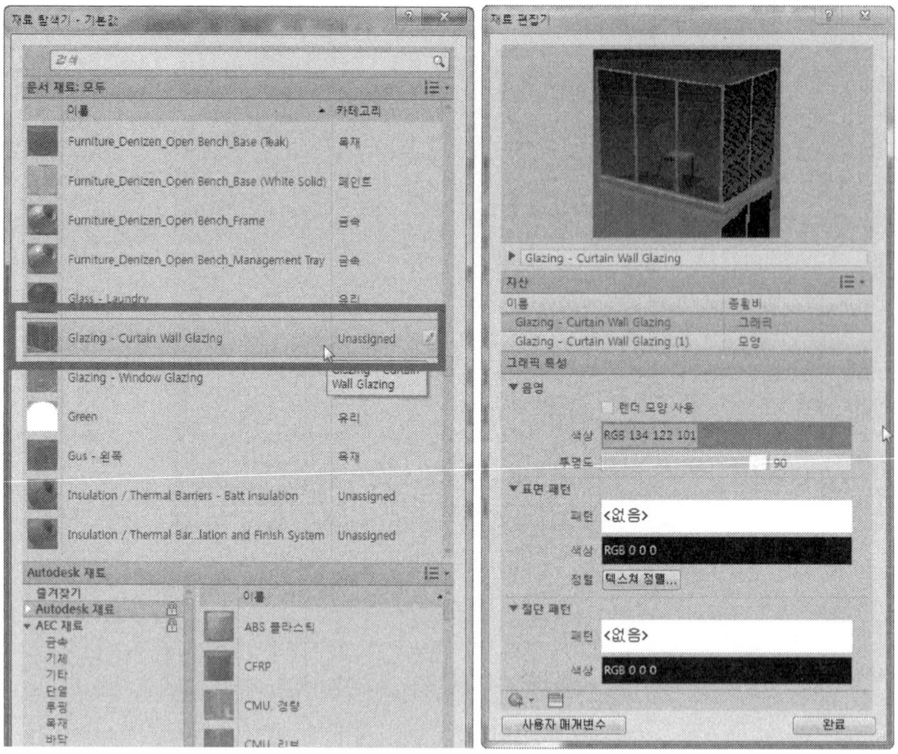

- Revit Architecture 2012의 재료에서는 유리 - 커튼월 유리를 선택한다.

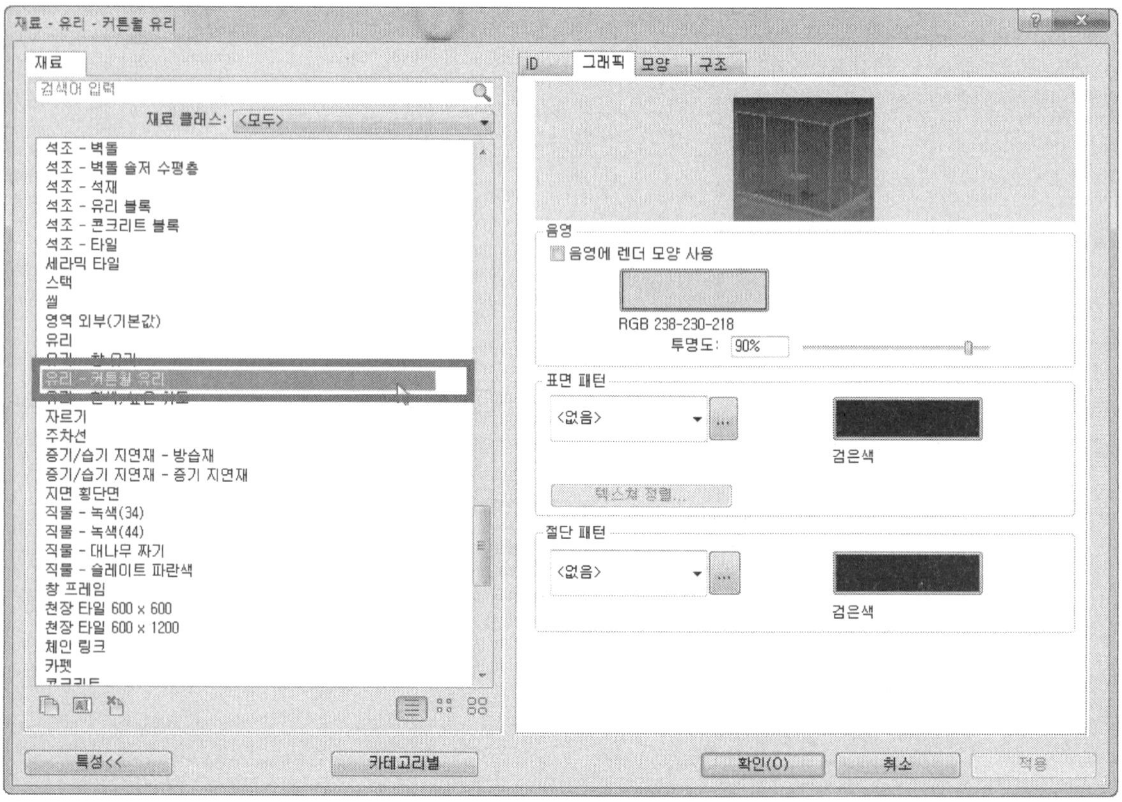

- 커튼월의 패널 유리가 변경된 것을 확인한다.

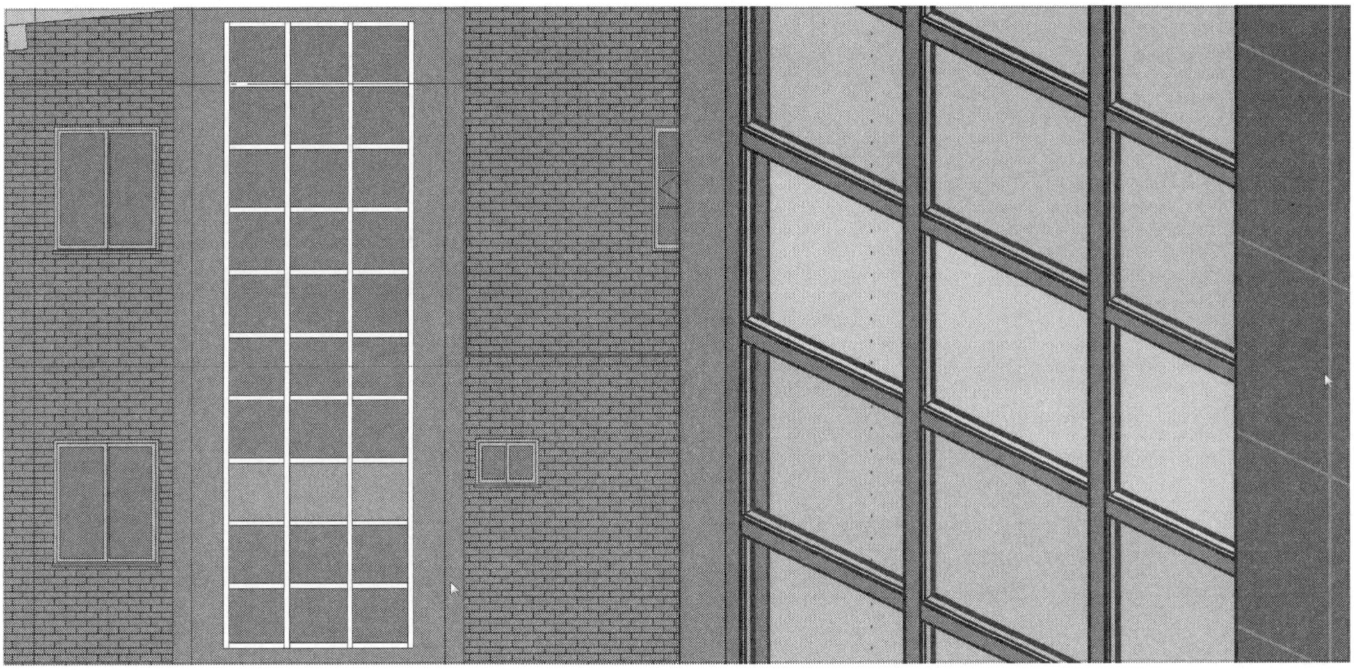

- 전체 3D 뷰에서 확인한다.

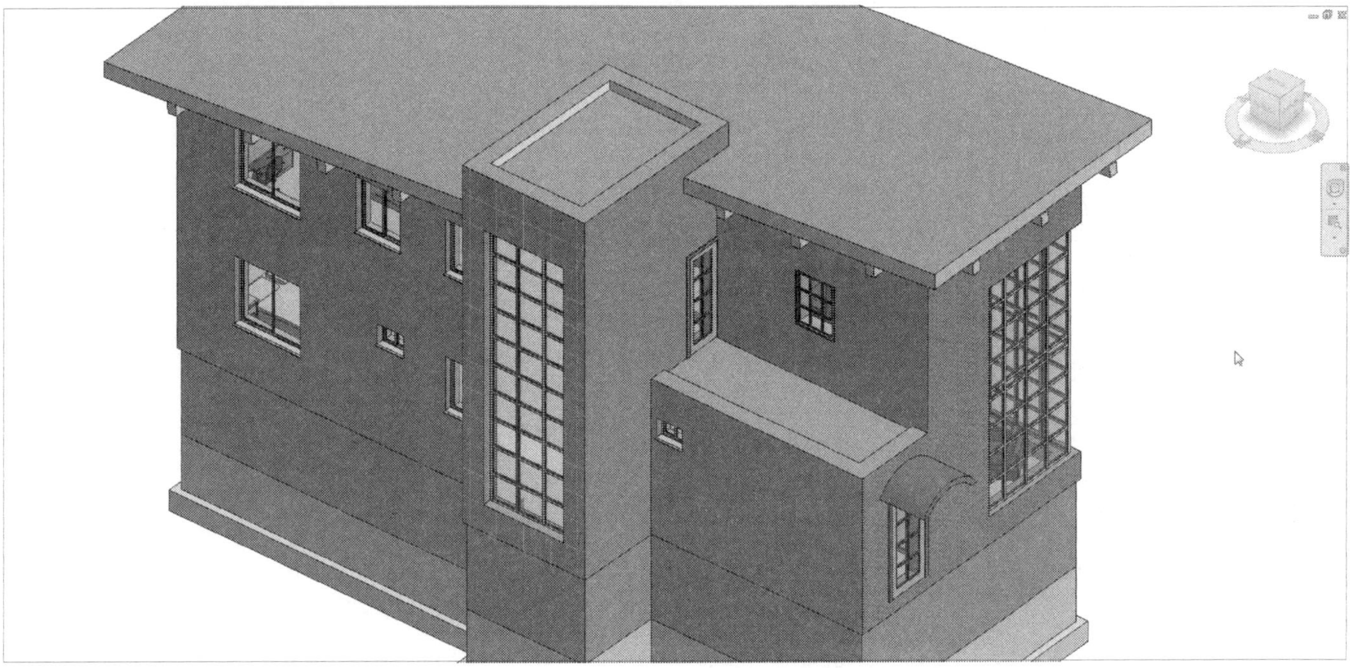

③ 2층 거실의 커튼월 그리기 (커튼월에 문 삽입)

- 2층 거실에서 외부로 통하는 개구부를 그리기 위해서 먼저 04 2층 평면도 뷰로 이동하고 벽을 선택한다.
- 상단의 프로파일 편집 버튼을 선택하고 상단베이스 부착을 제거한다는 메시지를 닫기하고 뷰로 이동 패널에서 북측면도를 선택한다.

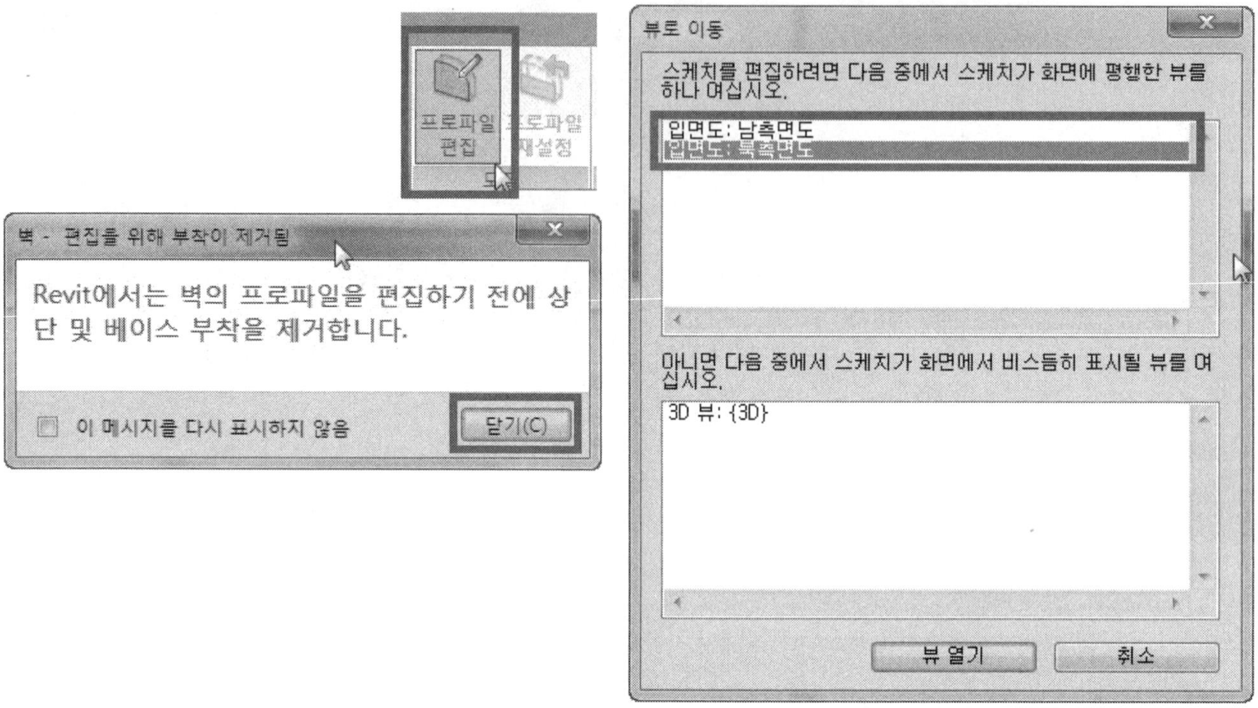

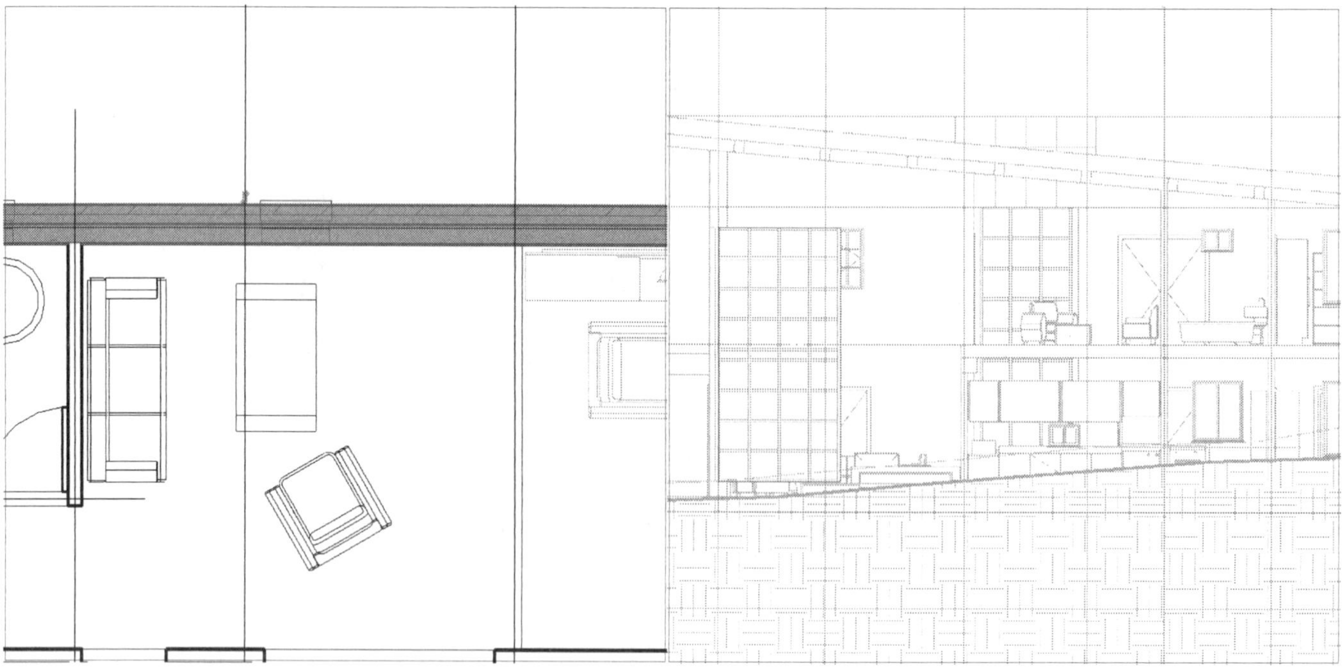

- 선 선택 옵션으로 아래 그림과 같이 새로운 선을 만들고 코너로 자르기/ 연장(TR)로 편집한다.

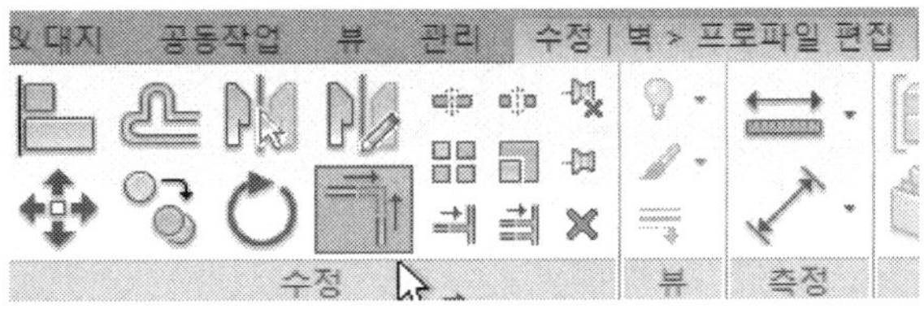

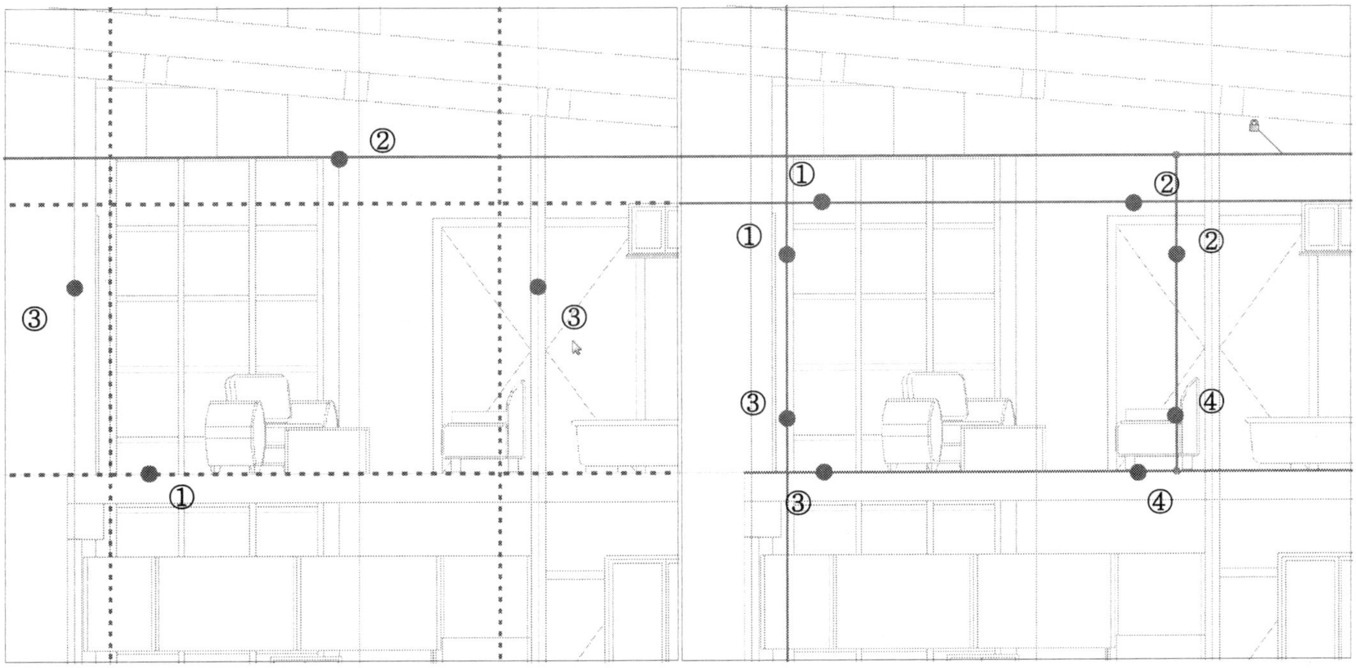

- 완료를 선택한다.

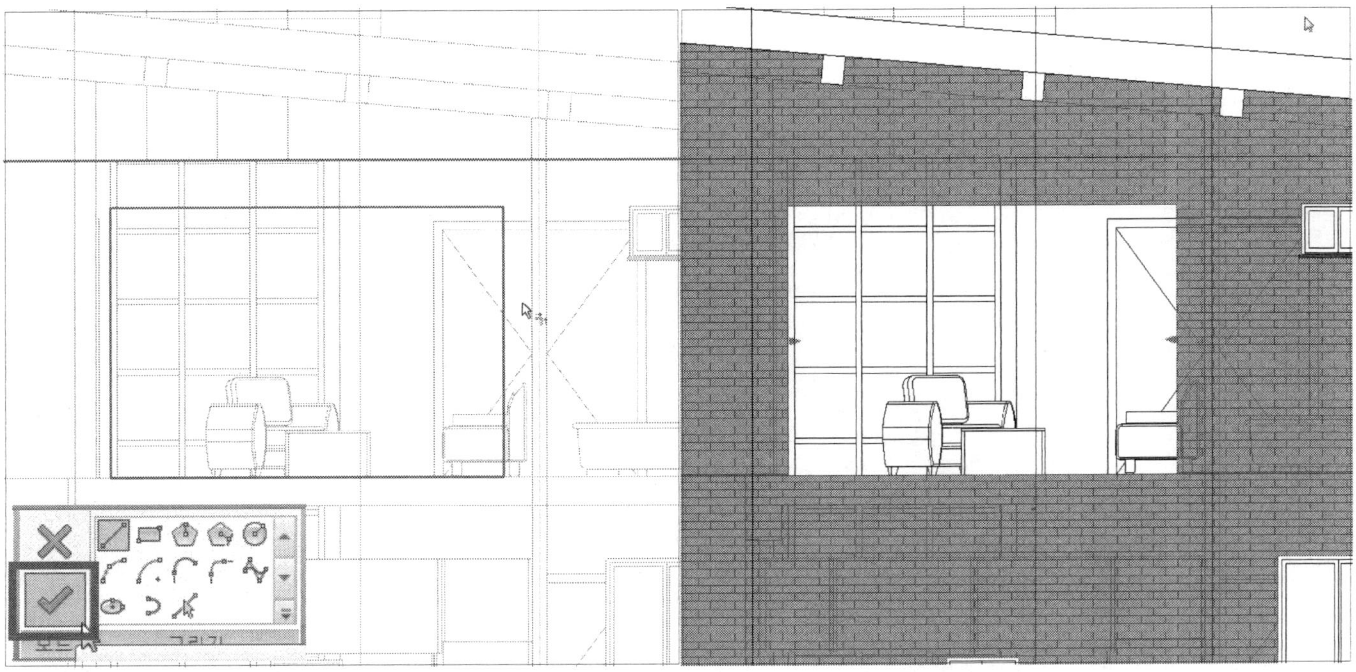

- 04 2층 평면도 뷰로 돌아가서 벽을 제거한 부분에 일반 벽을 그린다.
- 베이스 간격을 0으로 하고 상단 구속조건은 미연결로 벽의 길이는 2300mm으로 하거나, 상단 구속조건을 05 지붕 평면도로 하고 상단 간격 띄우기를 -400으로 주고, 위치선: 벽 중심선으로 한다.

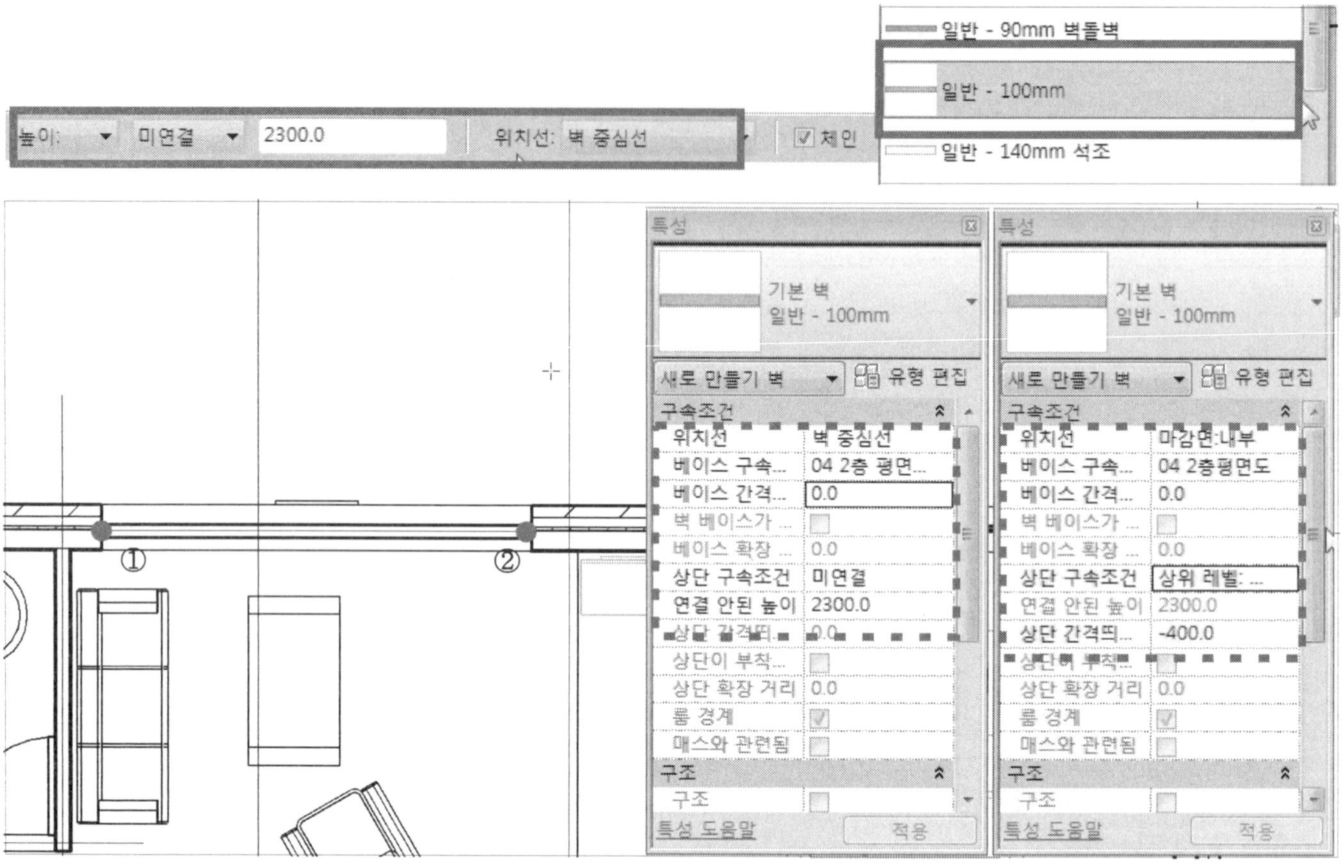

- 3D 뷰에서 확인하고 새롭게 만든 벽을 선택하고 선택한 벽의 유형을 커튼월로 바꾸어 지정한다.
- 유리패널인 커튼월로 변경된 것을 확인한다.

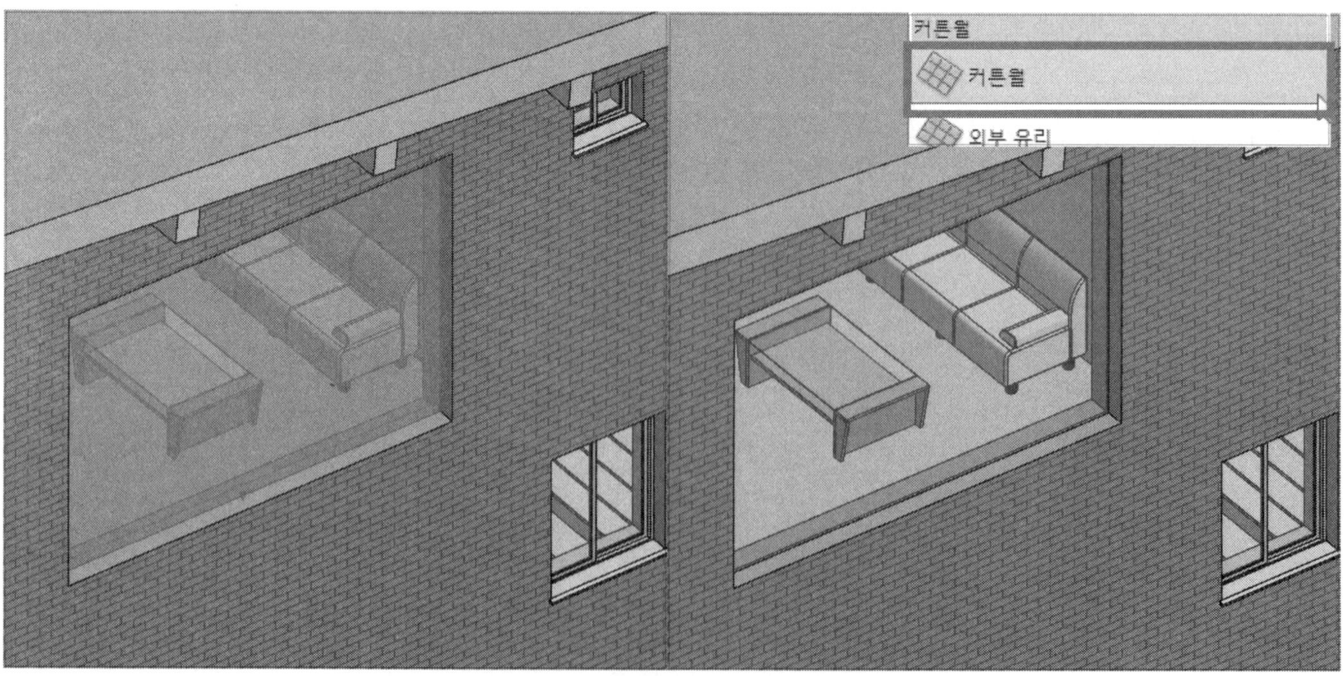

- 북측면도를 활성화하고 건축 탭의 커튼 그리드를 선택하고 모든 세그먼트가 활성화시키고 마우스를 커튼월 안으로 움직여 아래 그림과 같이 맞춘다.

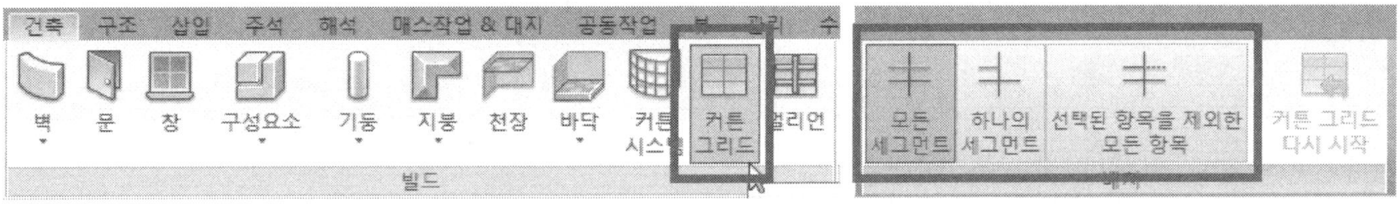

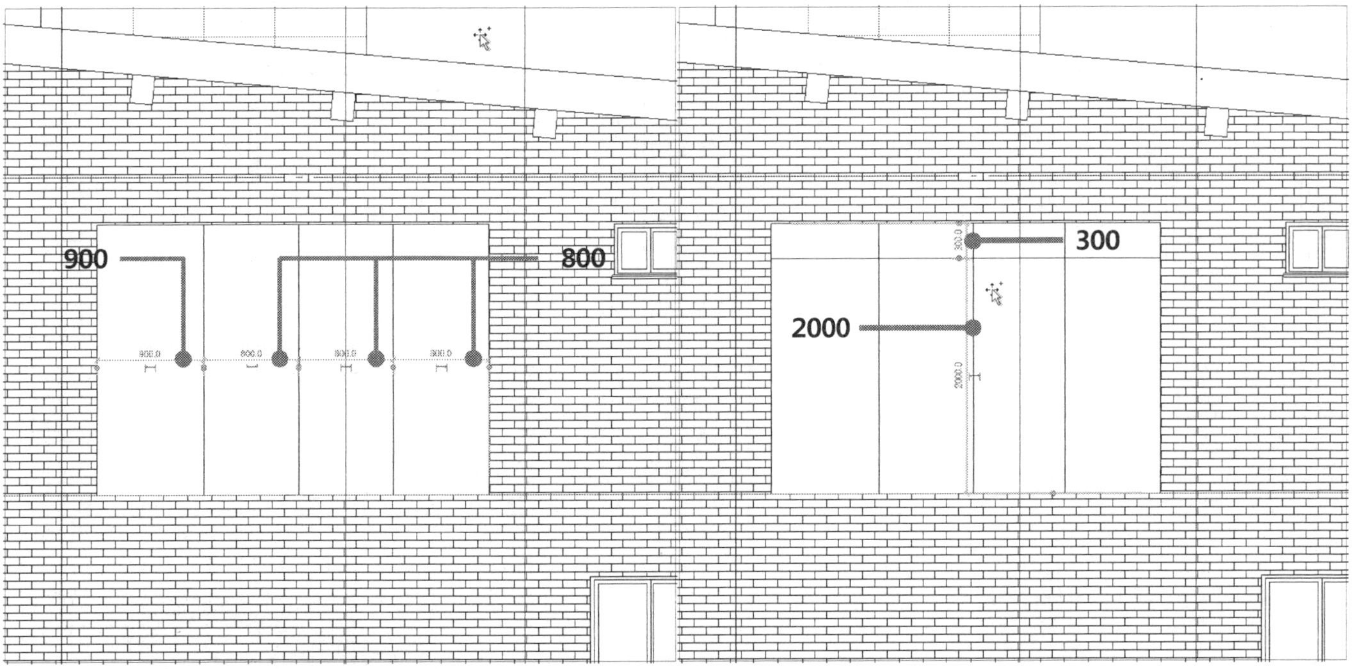

- 건축 탭의 멀리언을 선택하고 직사각형 멀리언 50 x 50 mm가 활성화되어 있는 것을 확인한다.

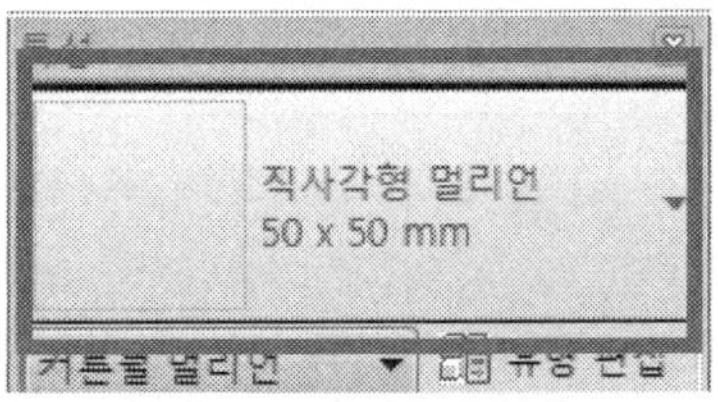

- 멀리언의 그리드선 옵션을 선택하고 아래 좌측 그림과 같이 그리드 위를 클릭하여 멀리언을 설치한다.
- 그리드 세그먼트 옵션을 선택하고 아래 우측 그림과 같이 그리드 위를 클릭하여 멀리언을 설치한다.
- 문이 들어갈 부분의 하부에만 멀리언을 설치하지 않는다.

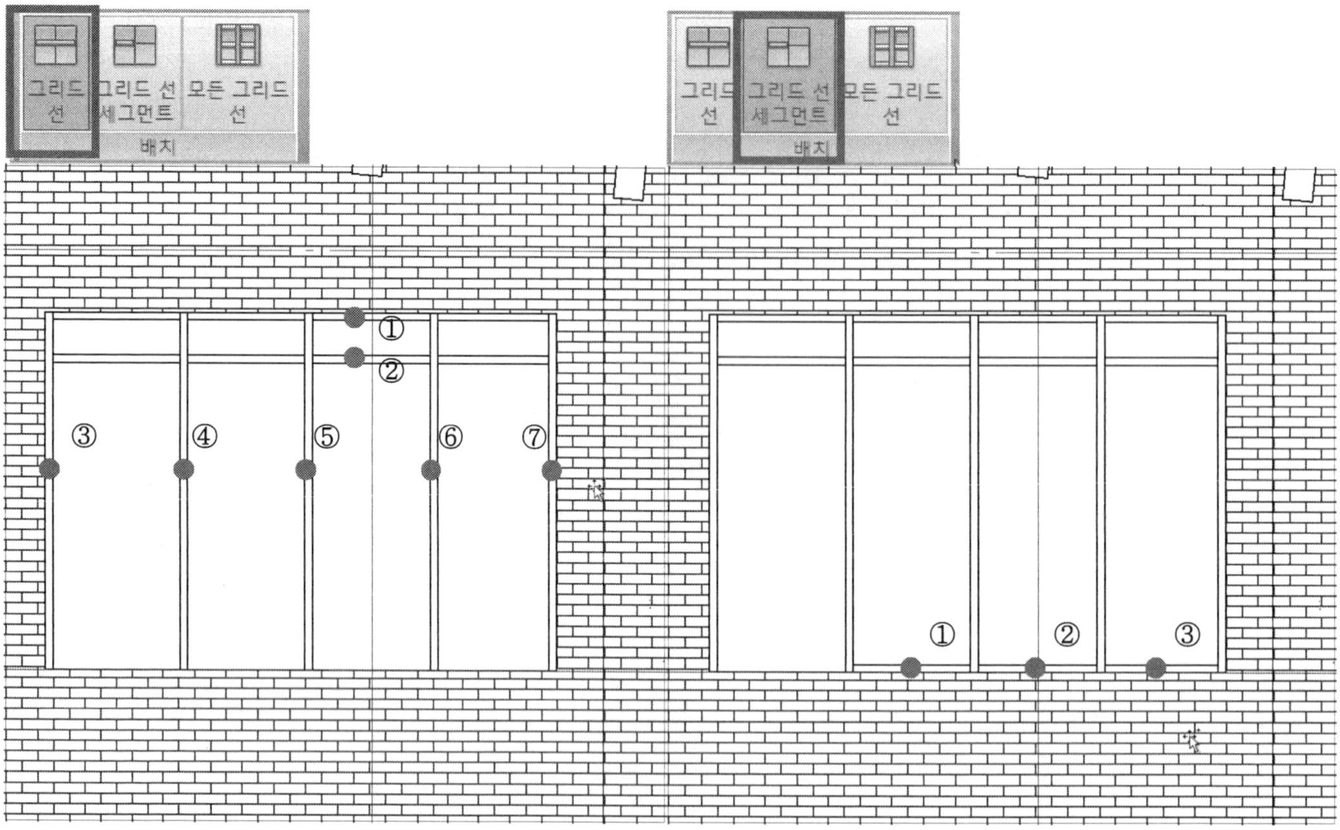
그리드 선
그리드 선 세그먼트
모든 그리드 선
배치
그리드 선
그리드 선 세그먼트
모든 그리드 선
배치
①
②
③
④
⑤
⑥
⑦
①
②
③

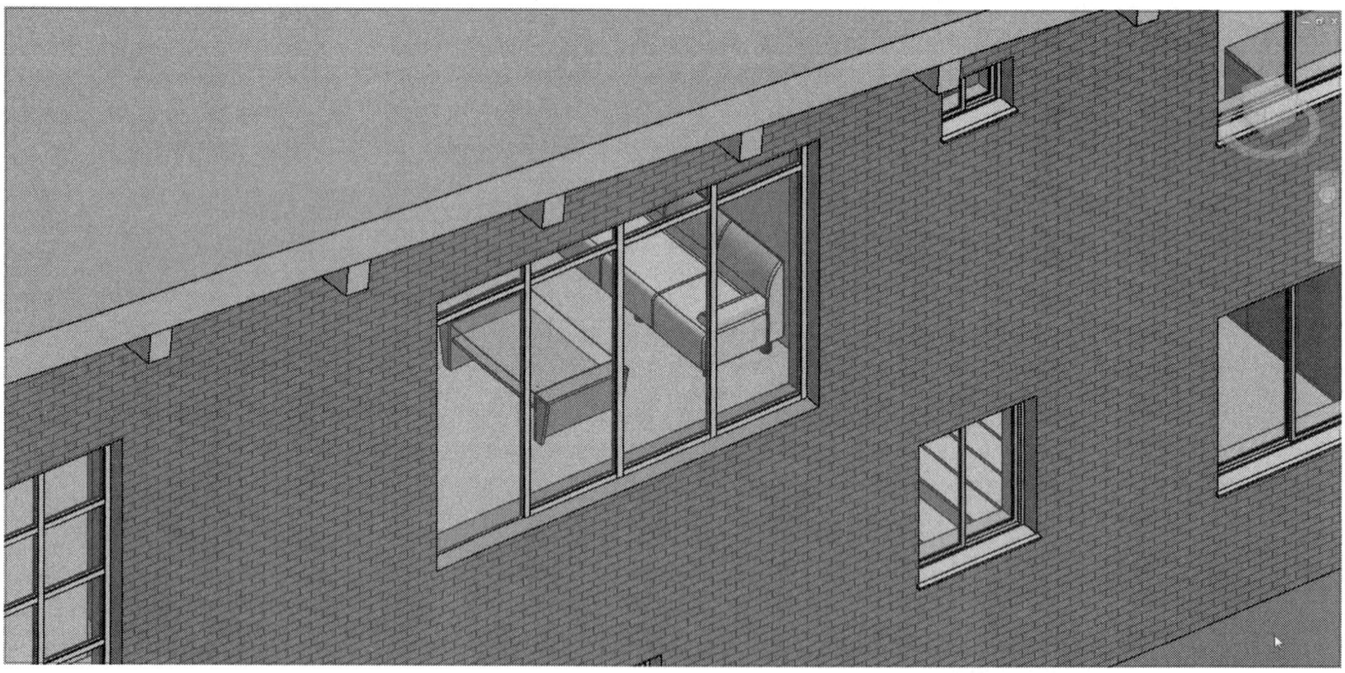

- 커튼월의 유리 패널을 선택하고 이 패널을 외부로 나가는 문으로 설정해 본다.
- 유리 패널에 지정할 커튼월용 문을 패밀리 로드를 통해 로드 한다.
- 건축/ 문 폴더를 선택하고 열기하여 커튼월 단일 유리.rfa 패밀리 파일을 선택하고 로드 한다.

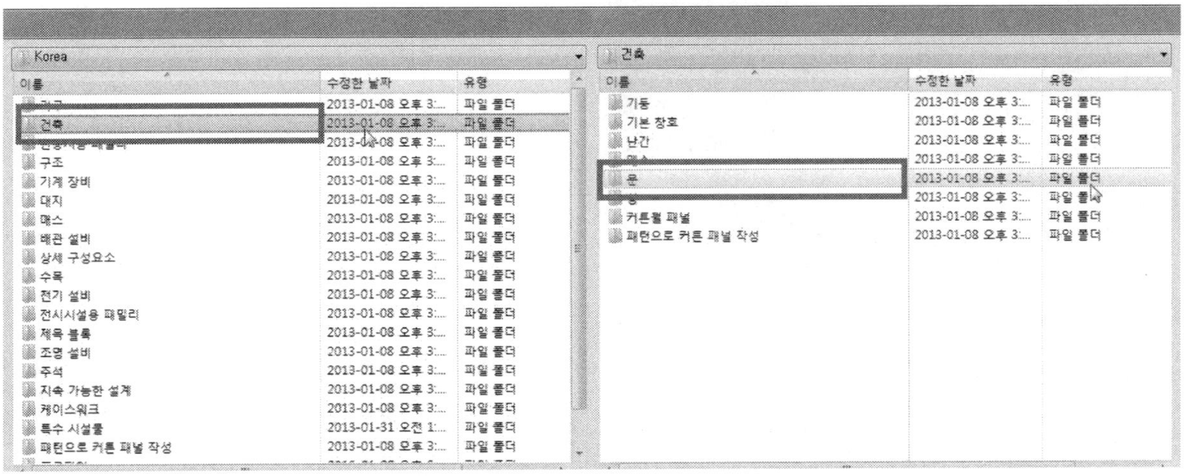

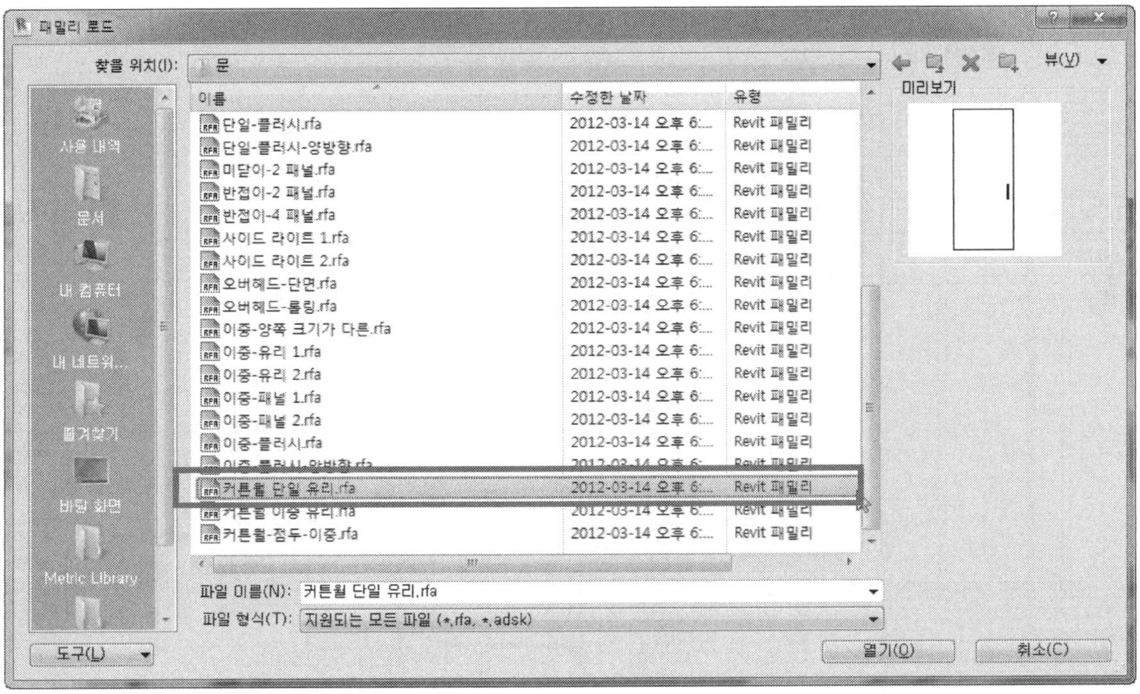

- 변경할 유리 패널을 선택한다.
  이 때 마우스를 유리 패널 부근에 위치시키고 유리 패널이 선택될 때까지 Tab 키를 누른다.
- 커튼 패널의 유형을 앞에서 로드한 커튼월 단일 유리로 변경한다.

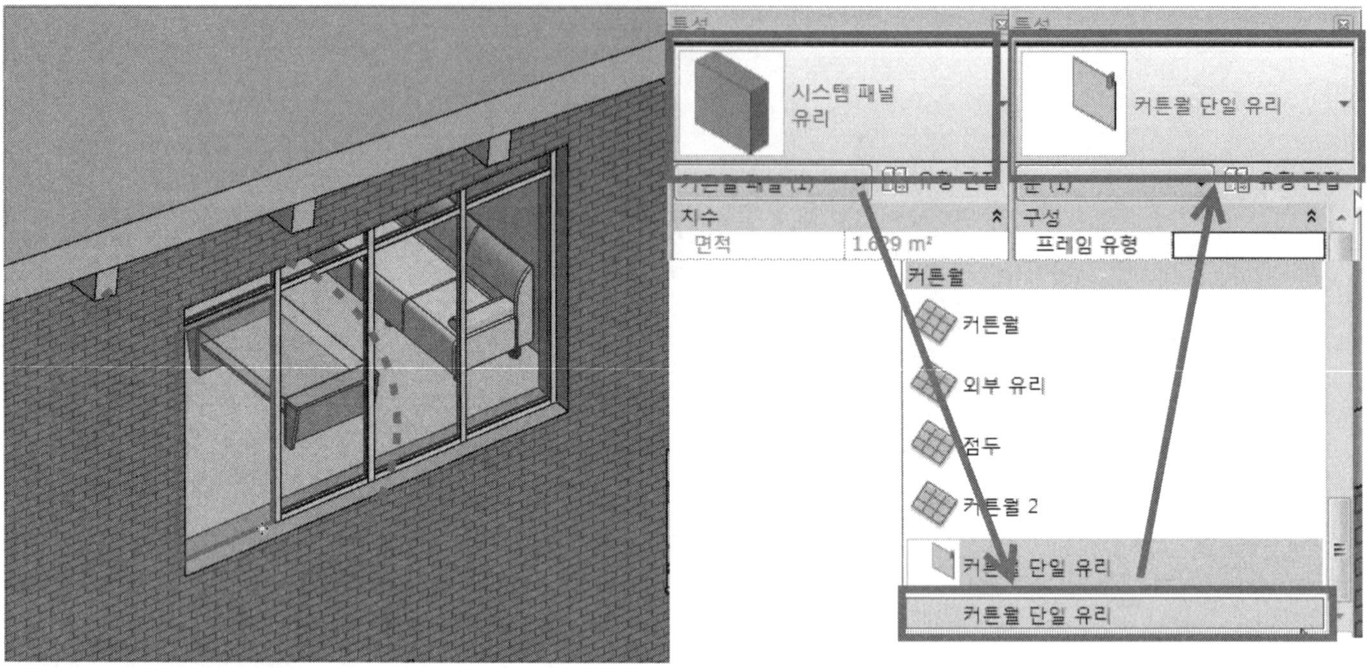

- 북측면도와 2층 평면도에서 확인해 보면 아래 그림과 같다.

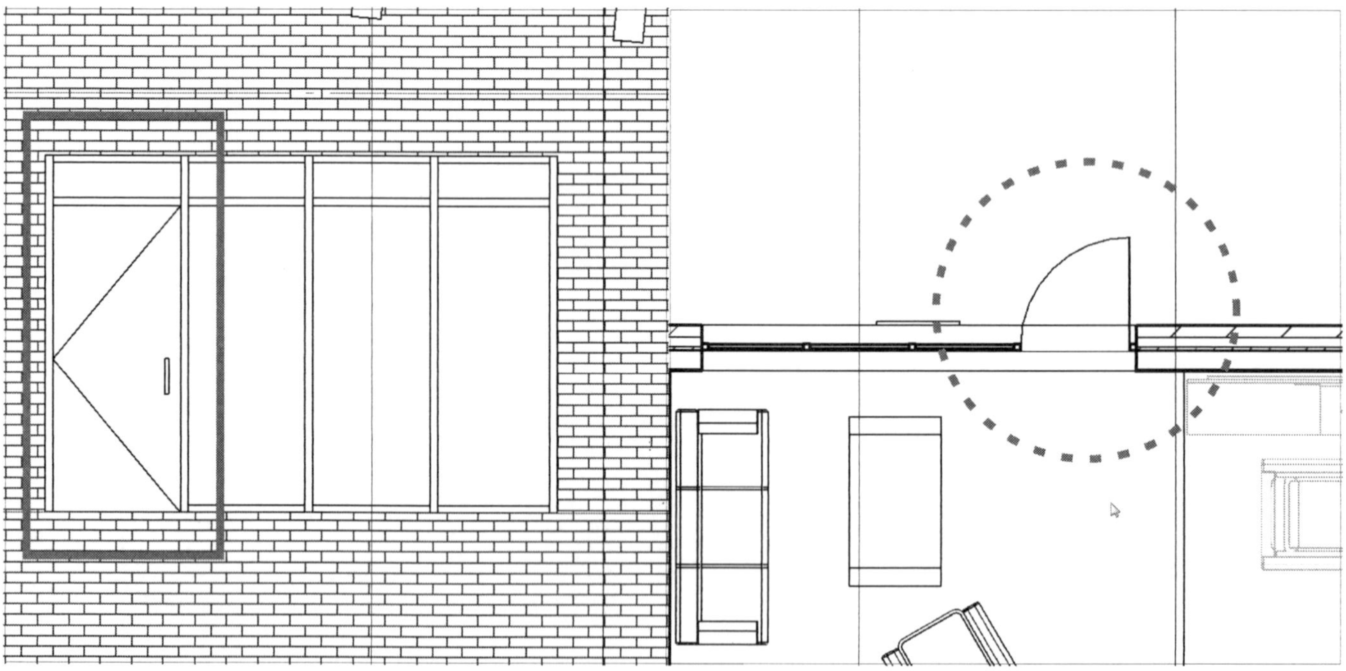

- 3D 뷰에서 확인해 보면 아래 그림과 같다.

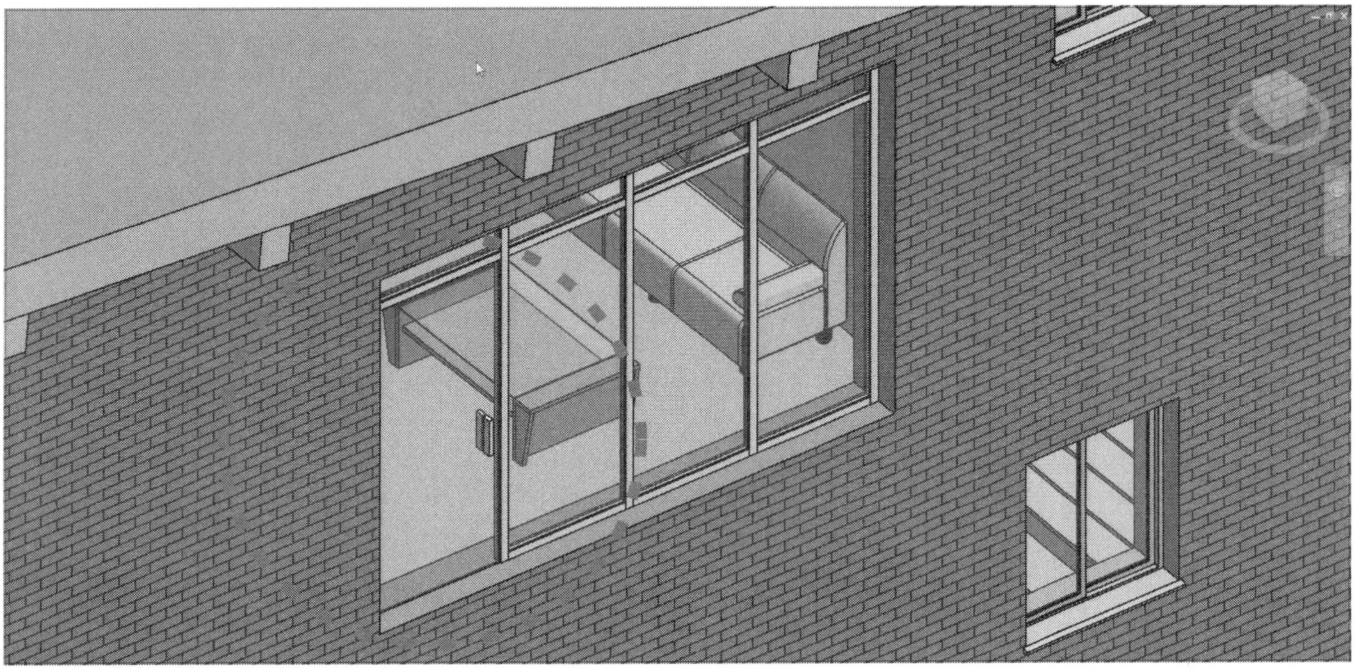

- 커튼월이 모두 설치된 모습은 아래 그림과 같다.

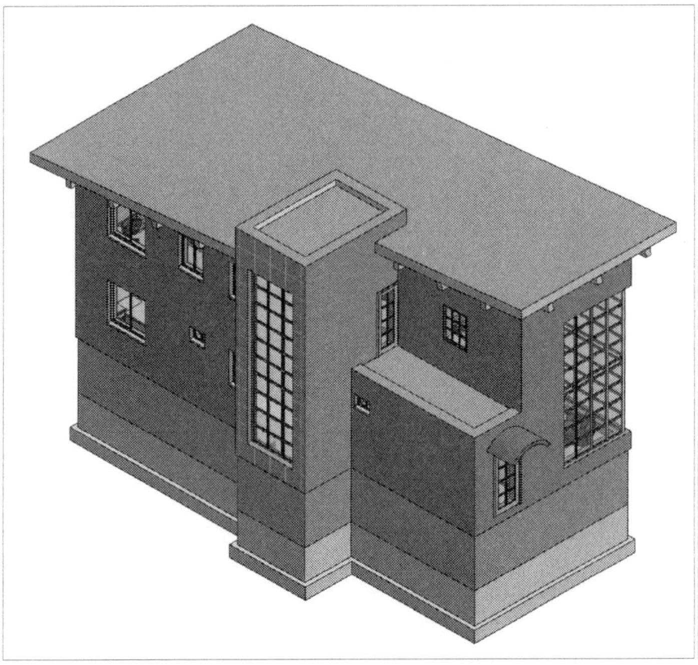

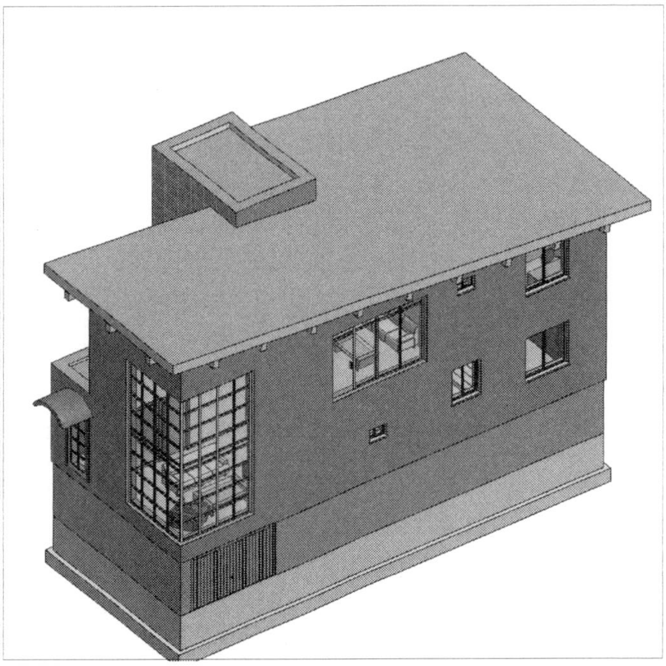

15) 계단과 난간 그리기

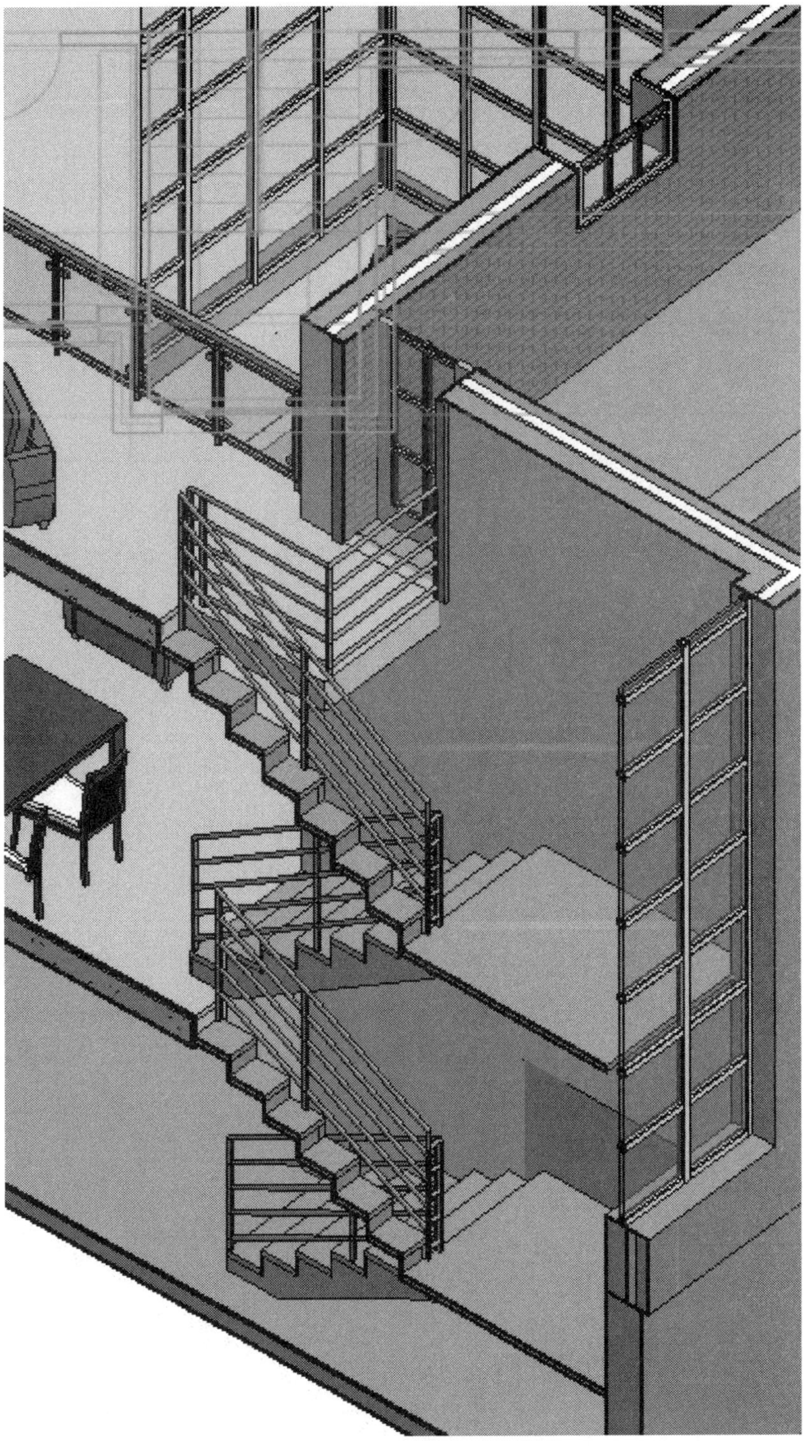

주택의 실내에 계단과 난간을 그린다.

학습목표

- 계단의 특성을 이해한다.
- 난간의 특성을 이해한다.
- 지하주차장의 계단 모델링 방법을 실습을 통해서 숙지한다. (구성요소 기준 계단)
- 1층 계단 및 난간의 모델링을 실습한다. (스케치 기준 계단)
- 2층 난간의 모델링을 실습한다.

15) 계단과 난간 그리기

계단과 난간은 건물 요소이며 난간은 계단, 경사로, 바닥에 부착할 수 있다. 계단의 진행을 지정하거나 경계선과 챌판 선을 스케치하여 계단을 만들 수 있다. 평면도에서 계단의 시작점을 지정하면 층 사이의 거리를 기준으로 계산된 디딤판의 수가 표시되며, 유형 특성을 통해서 디딤판, 챌판, 계단옆판의 재료와 치수 등을 수정할 수 있으며, 복제를 이용해서 계단의 폭, 챌판의 수, 베이스 레벨, 상단 레벨, 베이스 간격띄우기, 상단 간격띄우기 등의 특성을 지정할 수 있다.

● 계단의 종류

계단의 종류는 일반 계단(직선, L자형, U자형)과 나선형계단, 다층계단이 있다. 나선형 계단은 계단 스케치 작성 탭의 그리기 패널을 통해 만든다. 나선형 계단은 겹치지 않도록 360도 이하로 제한되며, 나선형 계단에 계단참을 만들려면 중심과 반지름이 같은 호형 계단을 스케치해야 한다. **<u>다층계단은 매개변수를 이용하여 다층 건물에 수직 방향으로 반복되는 계단을 만들 수 있다. 하지만 다층 건물의 모든 층의 높이가 같아야 하는 제약이 있다.</u>**

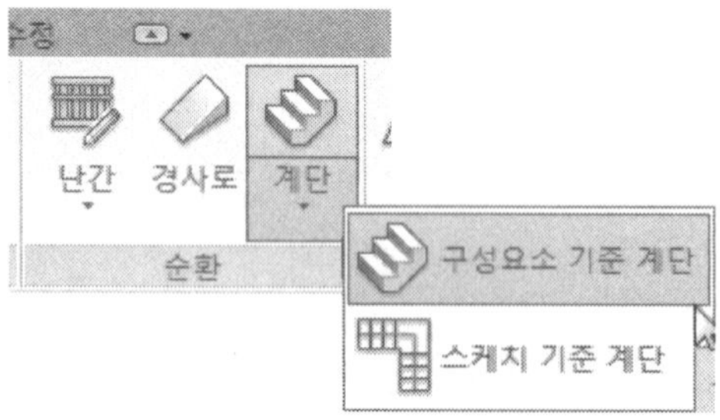

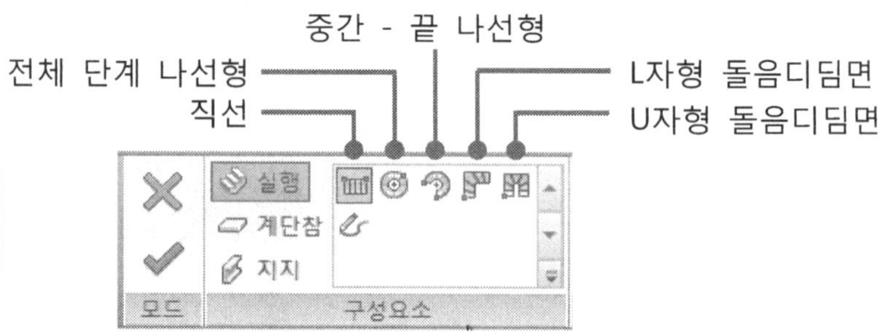

● 난간의 유형

계단을 스케치할 때 난간의 유형을 지정할 수 있다. 난간을 설치하지 않을 것이라면 '없음'을, 일단 기본 난간을 배치하고 나중에 수정할 것이라면 '기본 값'을 선택한다. 난간 유형은 새 계단을 스케치할 때만 선택할 수 있다. 난간은 난간과 난간동자로 구성되며, 난간은 수평 방향으로 진행하며, 대화상자에서 난간의 특성과 배치를 편집하여 난간을 수정할 수 있다. 난간동자는 난간과 계단의 디딤판 사이에서 난간을 지지하는 수직 방향의 요소로, 난간동자 패밀리를 반복 패턴으로 배치하고 기둥을 추가한다.

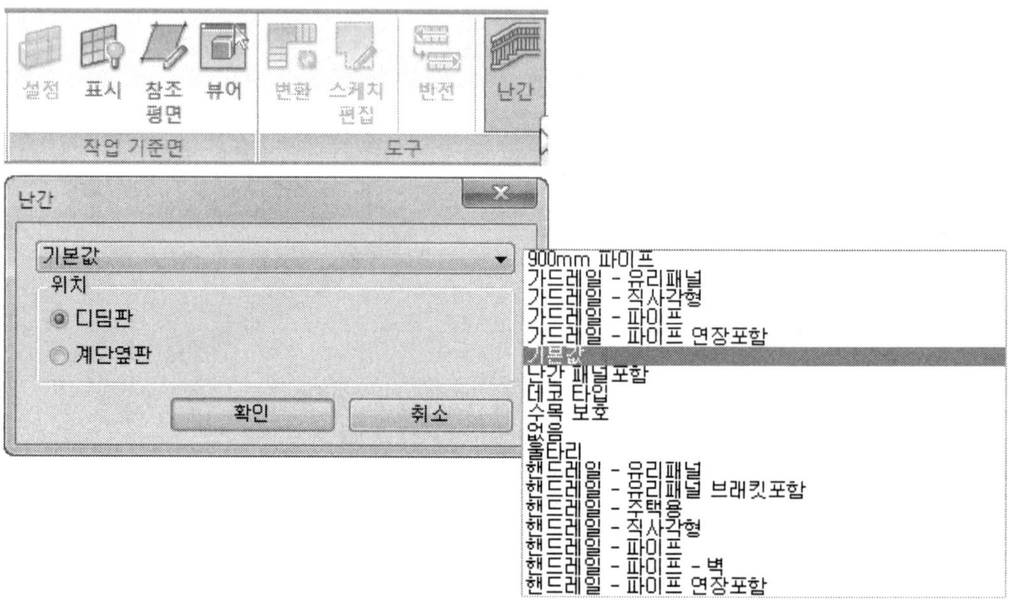

① 지하주차장의 계단 그리기 (구성요소 기준 계단)

※ Revit Architecture 2012 사용자는 구성요소 기준 계단으로 모델링하는 방법이 없으므로 다음 단원의 1층에서 계단을 만드는 방법인 스케치 기준 계단 방법으로 모델링해야 한다.

- 지하주차장에서 1층으로 올라가는 계단을 설치하기 위해서 01 지하주차장 평면을 활성화한다.
- 건축 탭의 계단의 구성요소 기준 계단을 선택한다.
- 실행의 직선이 선택되어 있는 것을 확인한다.

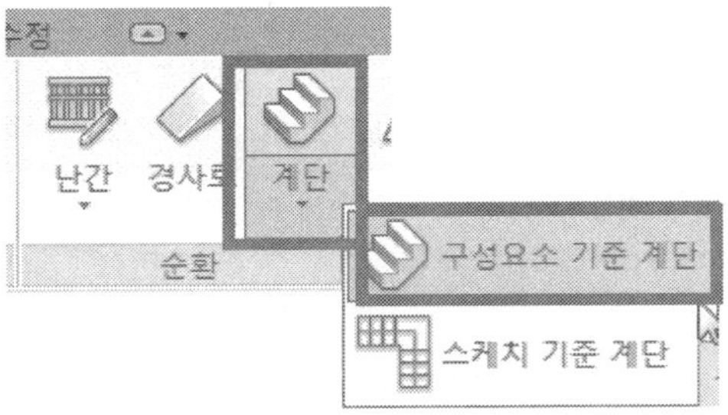

- 먼저 난간을 선택하고 기본값으로 설정된 것과 위치가 디딤판으로 되어 있는 것을 확인한다.

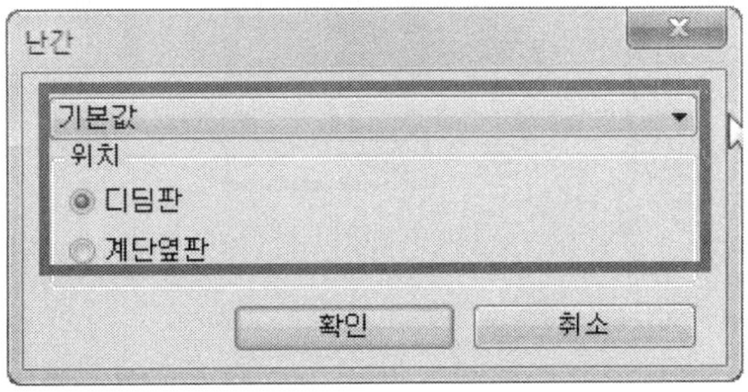

- 계단을 복제하여 사용하기위해서 특성에서 유형편집을 클릭한다.
- 주택 계단을 하나 복제한다.

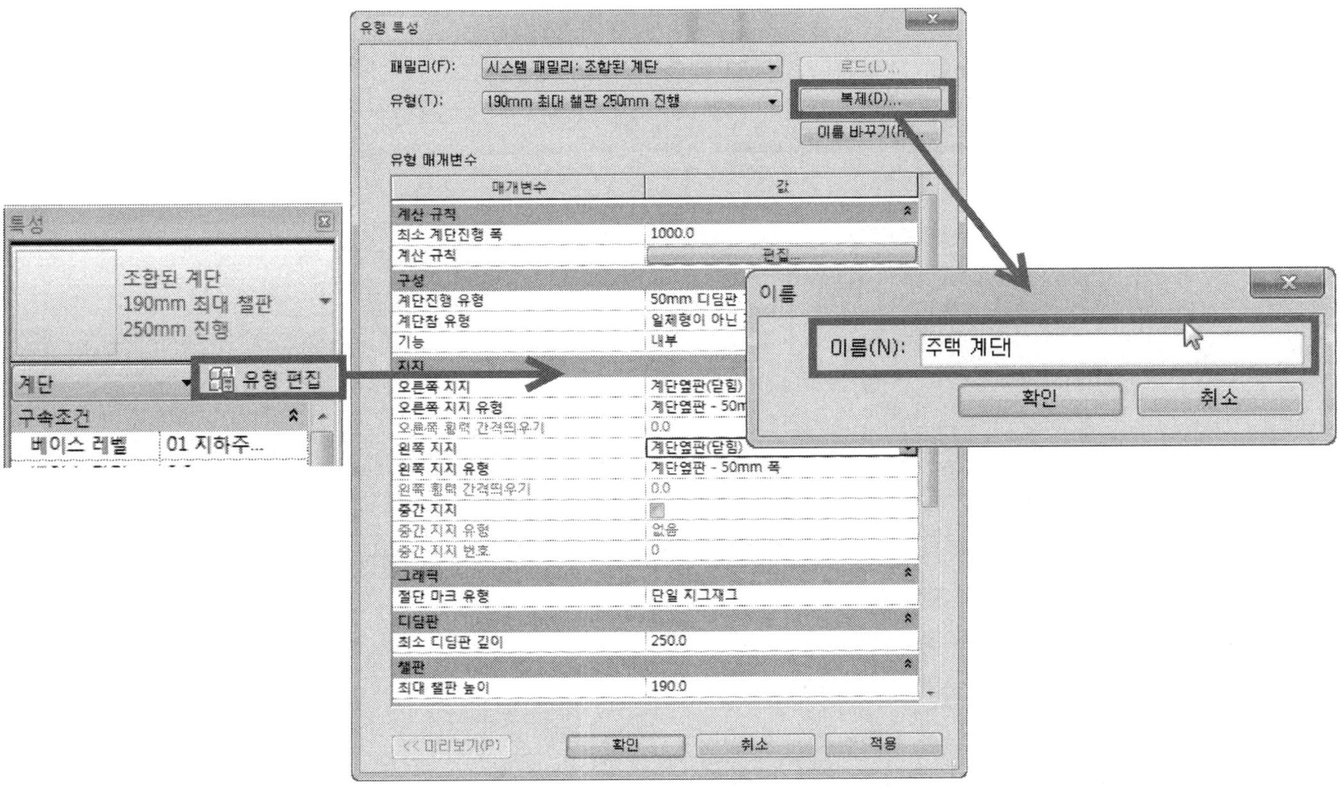

- 계단 작성을 시작하기 전에 계단의 매개변수들을 확인하거나 변경한다.
- 특성에서 상단 레벨은 03 1층 평면도로, 원하는 챌판 수 14, 실제 디딤판 깊이는 280으로 설정한다.
- 유형 편집을 선택하고 지지의 오른쪽과 왼쪽의 지지가 계단옆판(닫힘)으로 되어 있는 것을 확인한다.
- 계단의 폭은 최소 계단진행 폭이 1000.0으로 되어 있는 것을 확인한다.

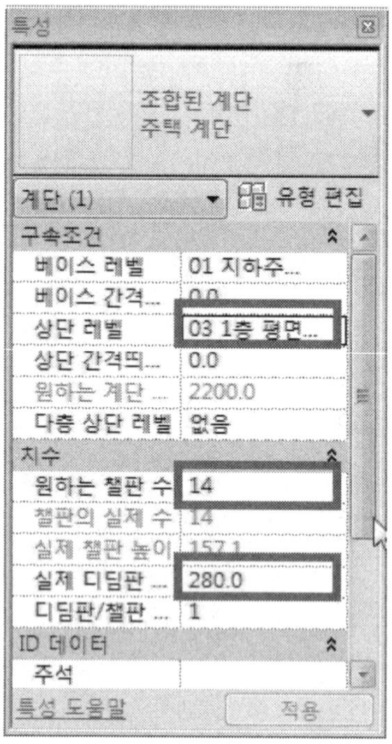

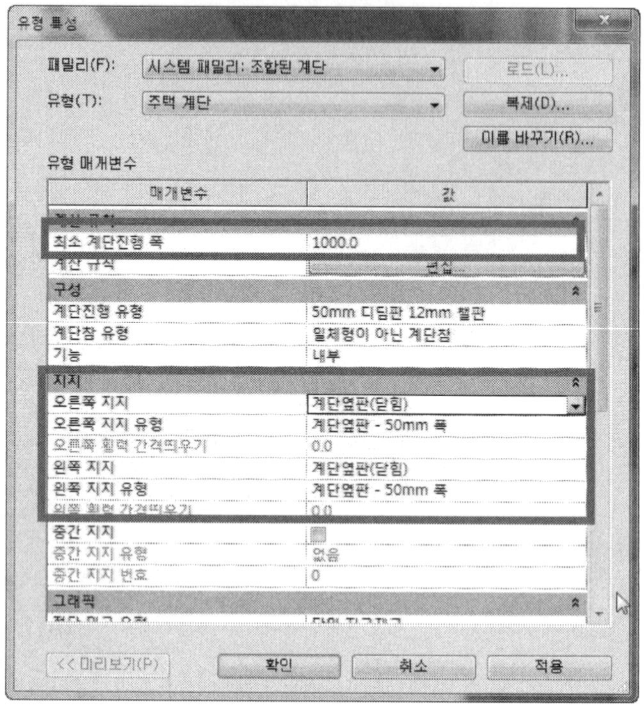

- 위치선: 왼쪽으로 설정한다.
- 시작하는 부분의 계단을 첫 번째 점을 클릭하고 6개 챌판이 그려지는 부분에 두 번째 점을 클릭한다.
- 나머지 8개의 계단은 아래 우측 그림과 같이 두 점을 클릭하여 그린다.

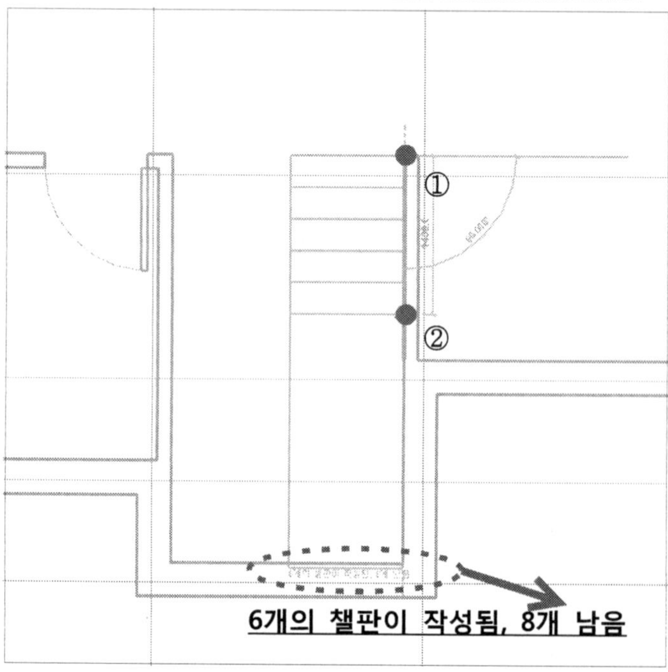

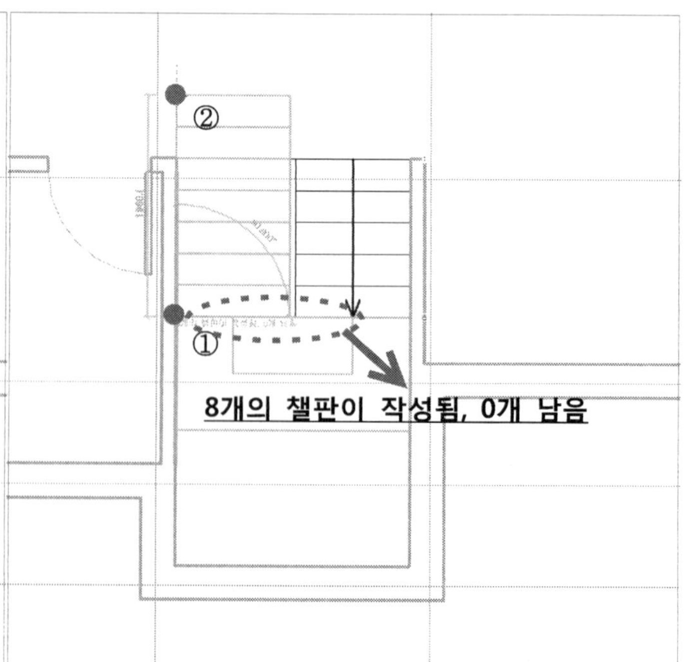

- 완료를 선택하고 난간에 대한 메시지가 나오면 읽고 닫는다.

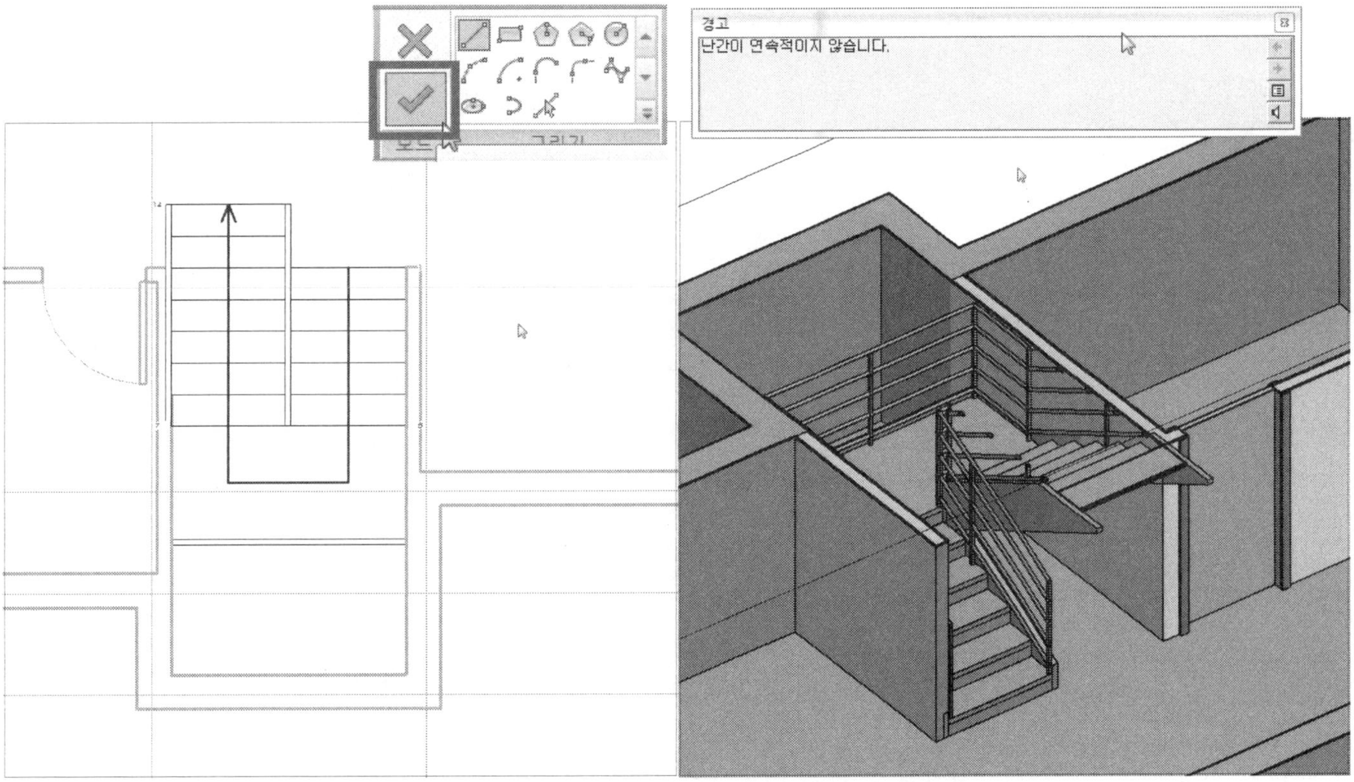

- 현재 만들어진 계단에서 불합리적인 요소들을 확인하고 변경하거나 삭제한다.

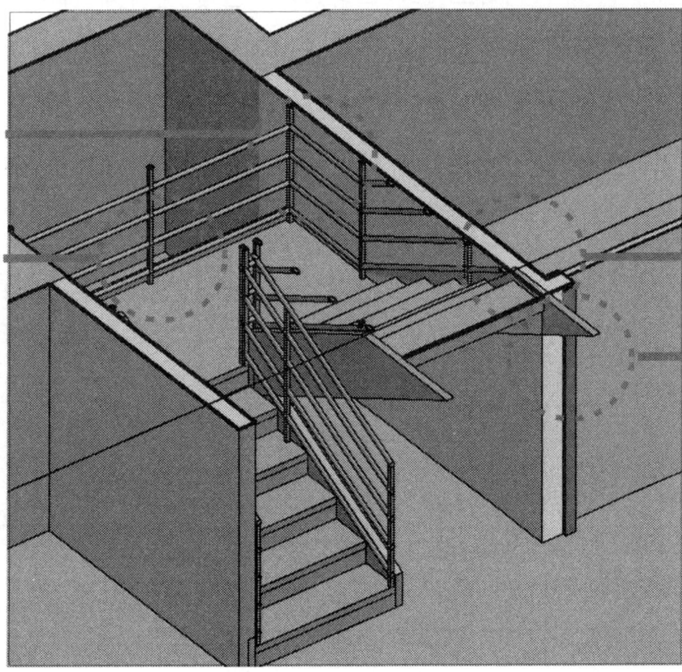

· 불필요한 난간이 설치되었다.

· 계단참의 길이가 짧다.

· 계단옆판이 벽과 중복되어 있다.

· 계단실 밖에 계단이 설치되었다.

- 위에서 나타난 문제들을 해결한다.
- 불필요한 난간을 제거하기 위해서 난간을 선택하고 Delete 키를 눌러 제거한다.

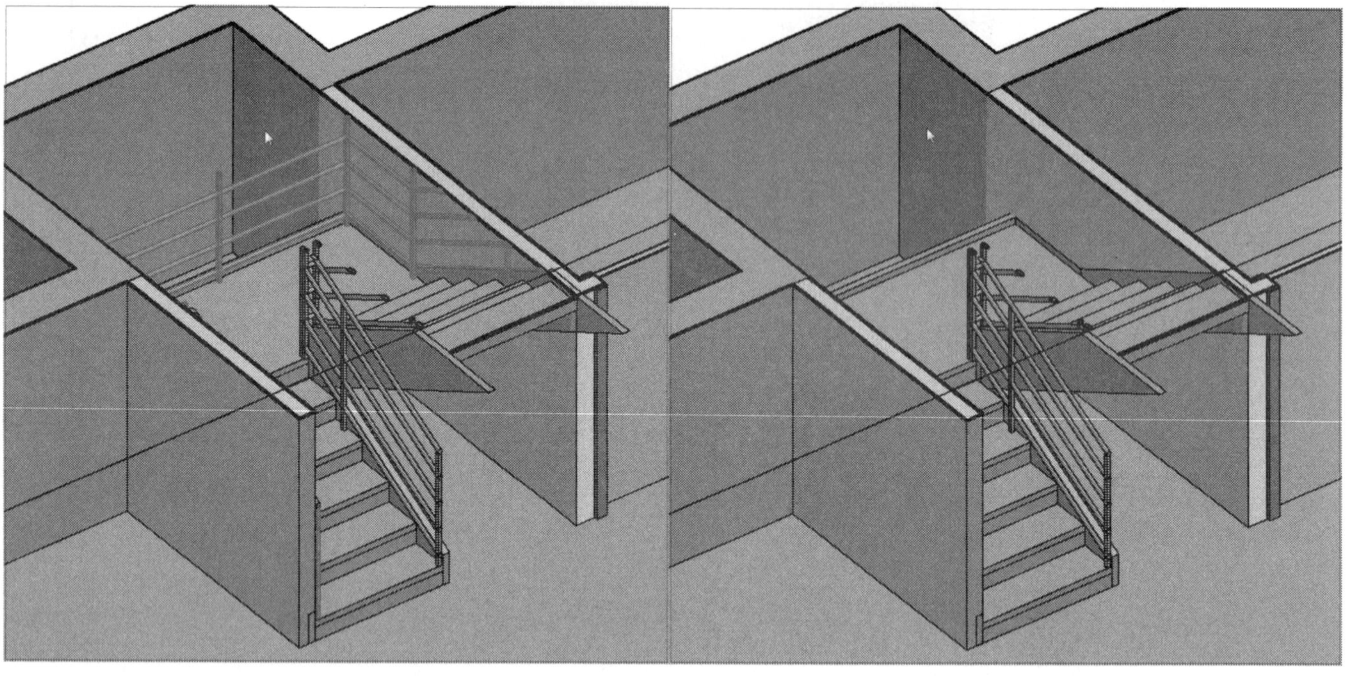

- 계단실 밖에 설치된 계단을 계단실 내부로 이동시키기 위해서 01 지하주차장 평면을 활성화한다.
- 우선 작성된 계단이 전체가 선택되도록 한다.
- 아래 좌측 그림 같이 첫 번째 점을 클릭하고 드래그하여 두 번째 점까지 이동시킨다.

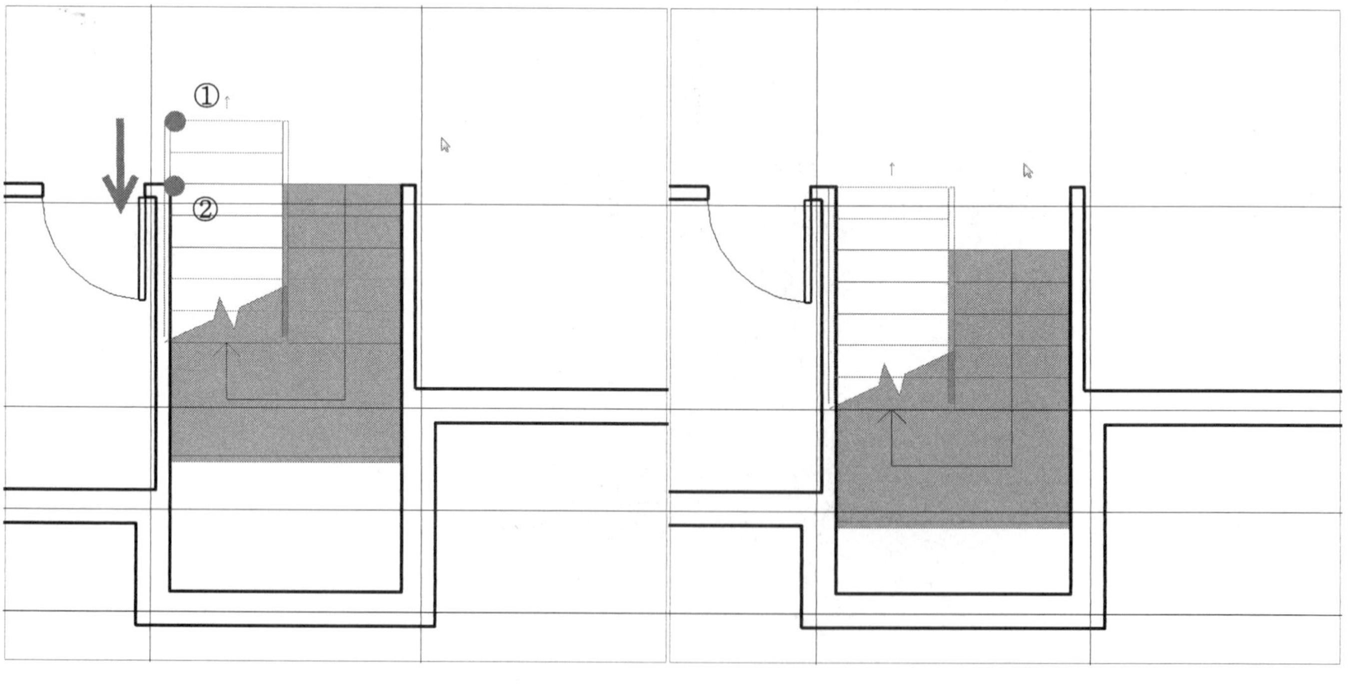

- 이제 계단참을 벽까지 늘리기 위해서 계단이 선택된 상태에서 계단 편집 버튼을 클릭한다.
- 계단참을 선택하고 아래 화살표를 드래그하여 벽 부분까지 계단참을 늘린다.

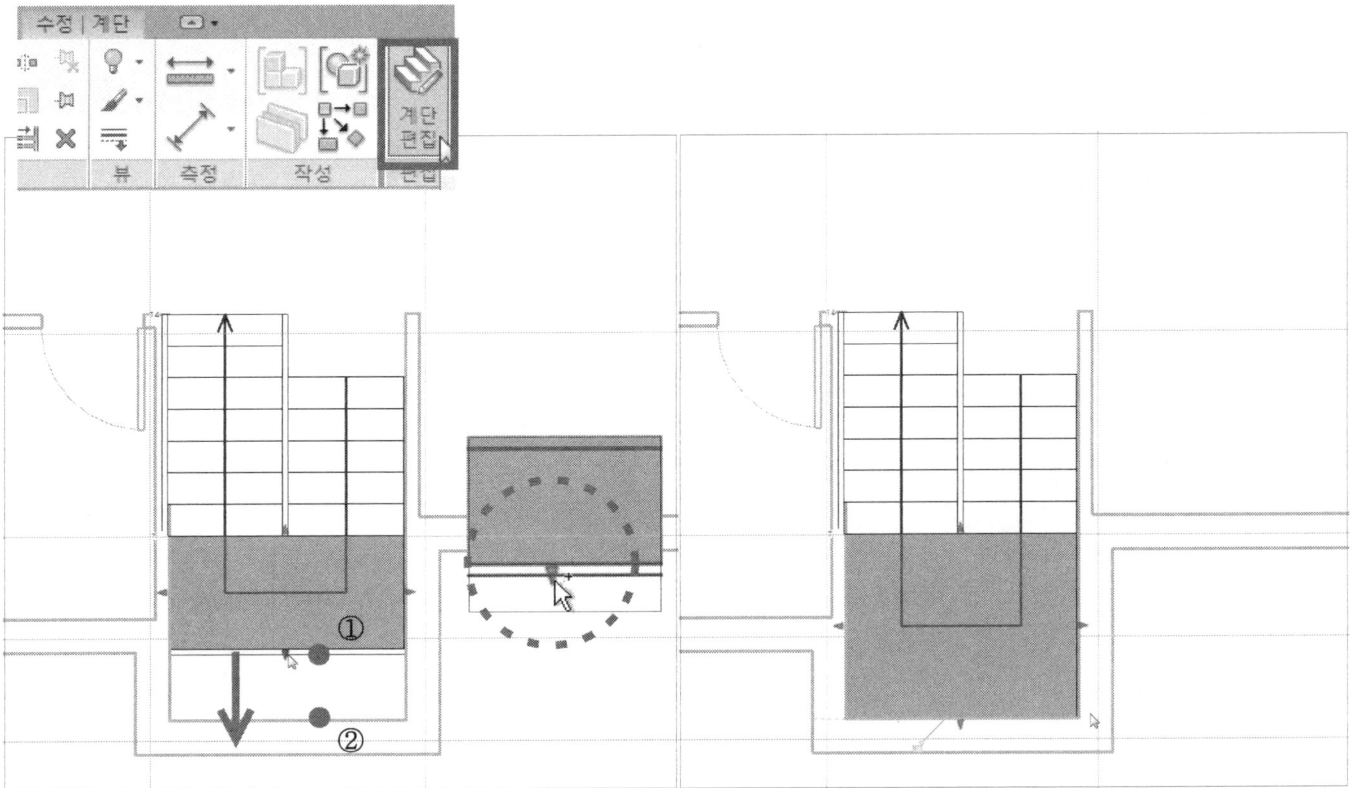

- 완료를 선택하고 확인한다.
- 계단옆판이 벽에 중복되는 것을 제외하면 모두 수정이 되었다.

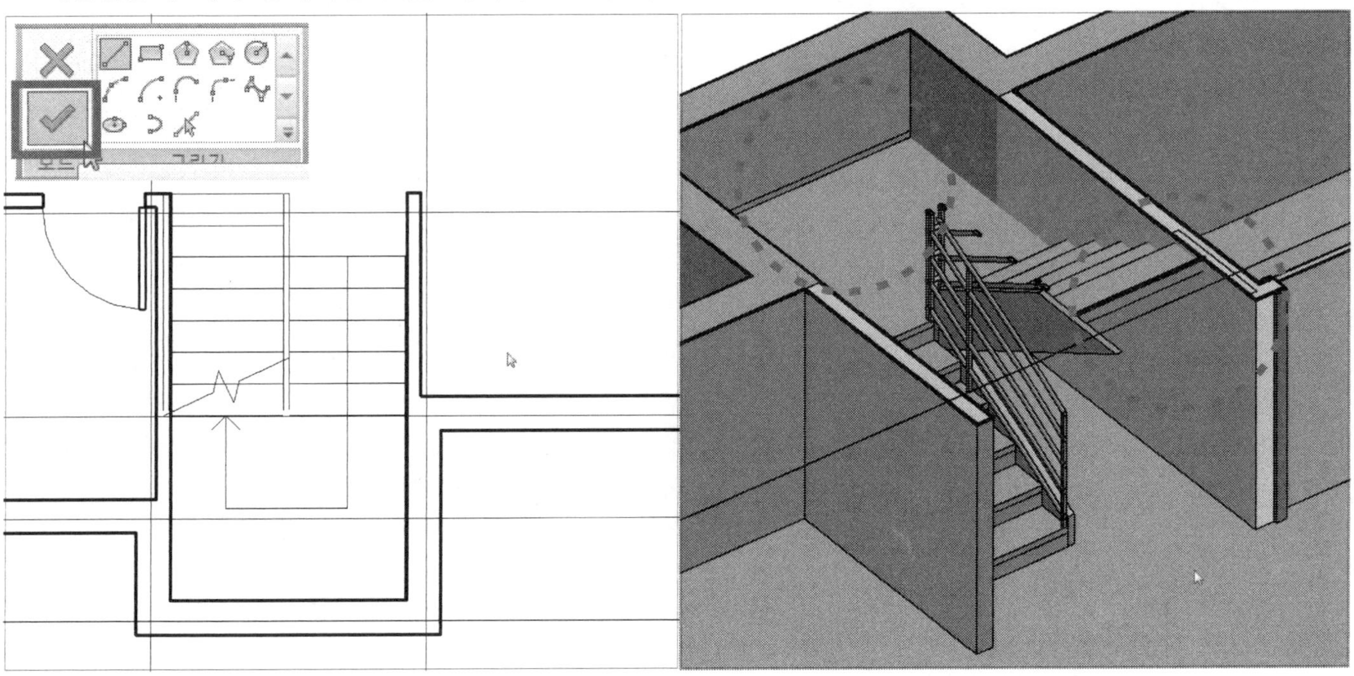

- 계단옆판이 벽과 중복되는 것을 해결하기 위해서 먼저 계단을 선택한다.
- 그 후 선택된 계단 특성의 유형 편집을 선택하고 지지에서 왼쪽 지지의 변수를 없음으로 설정한다.

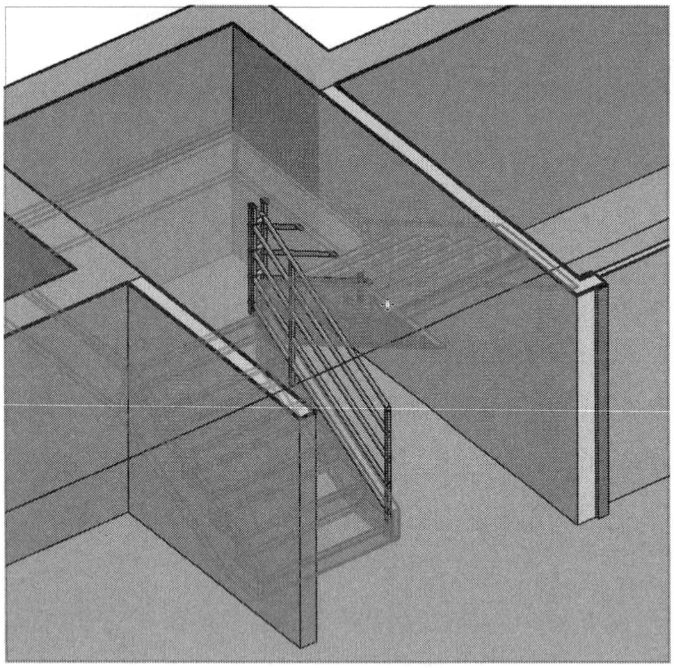

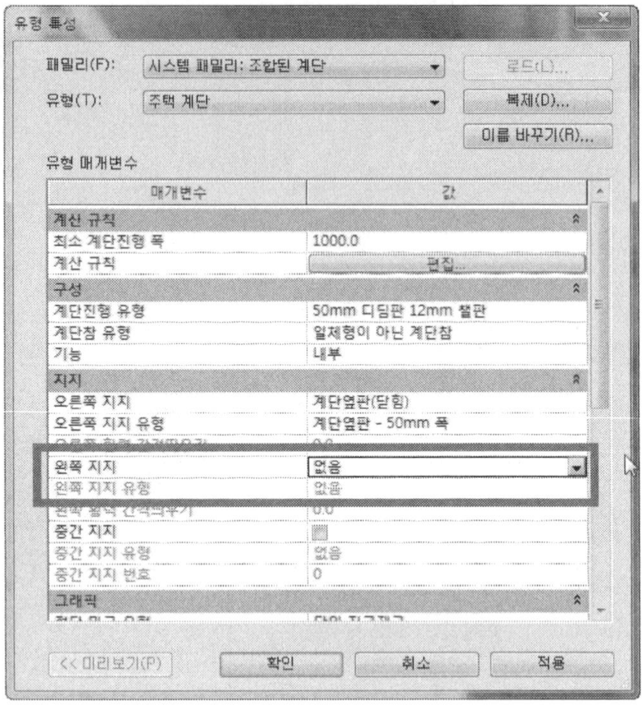

- 3D 뷰에서 확인하면 다음과 같이 중복되어 있던 계단옆판이 사라진 것을 확인할 수 있다.

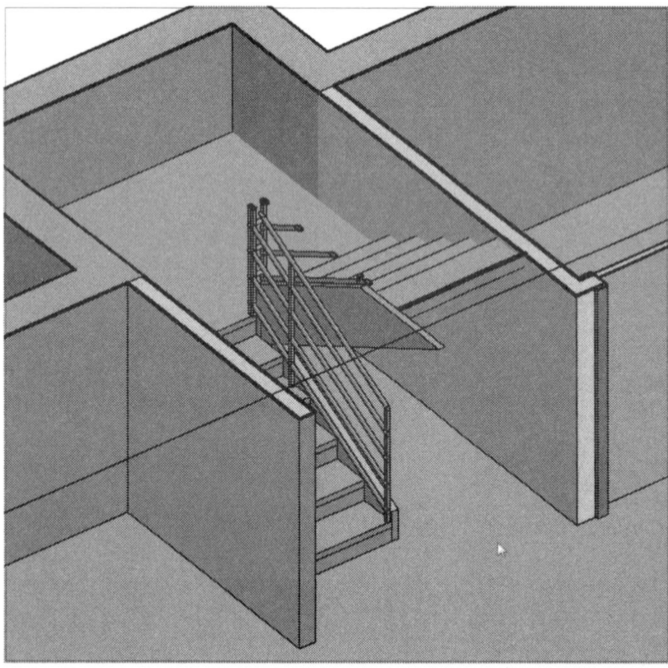

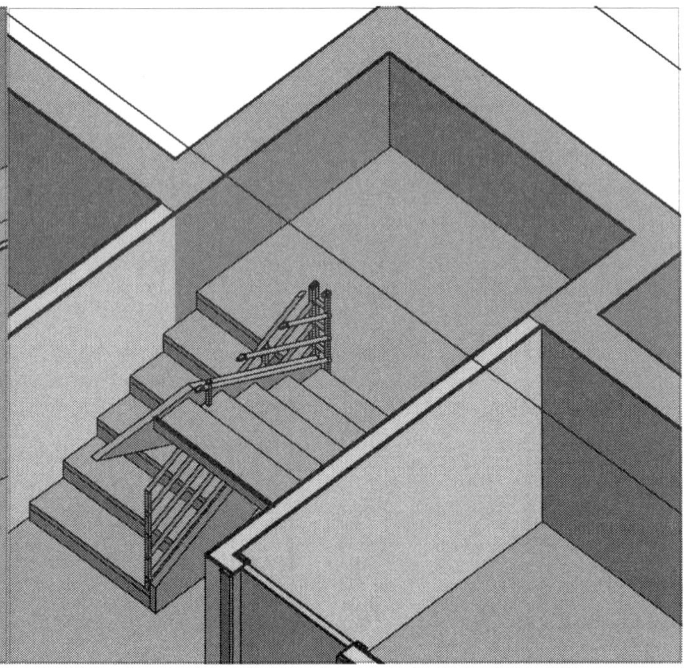

- 계단옆판의 형태를 바꾸기 위해서 선택된 계단 특성의 유형 편집을 선택하고 지지에서 오른쪽 지지의 변수를 캐리지(열림)으로 설정한다. 계단옆판의 형태가 바뀐 것을 확인할 수 있다.

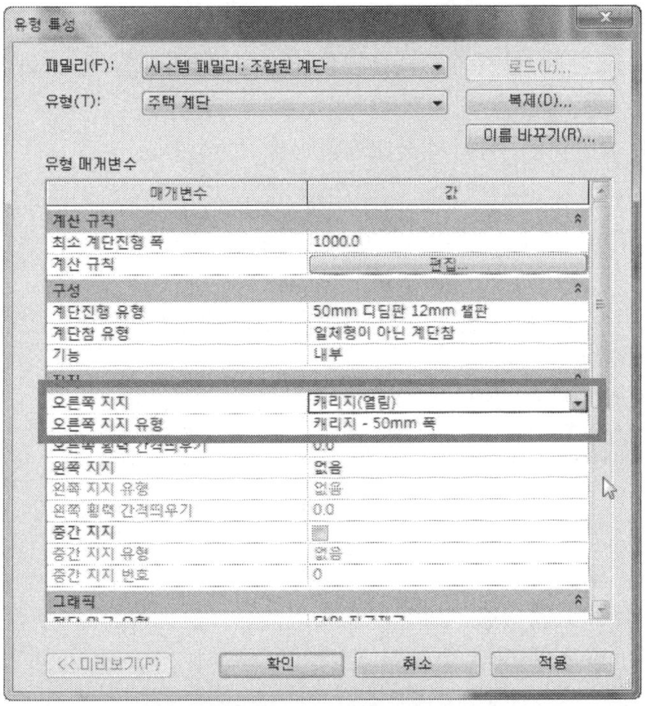

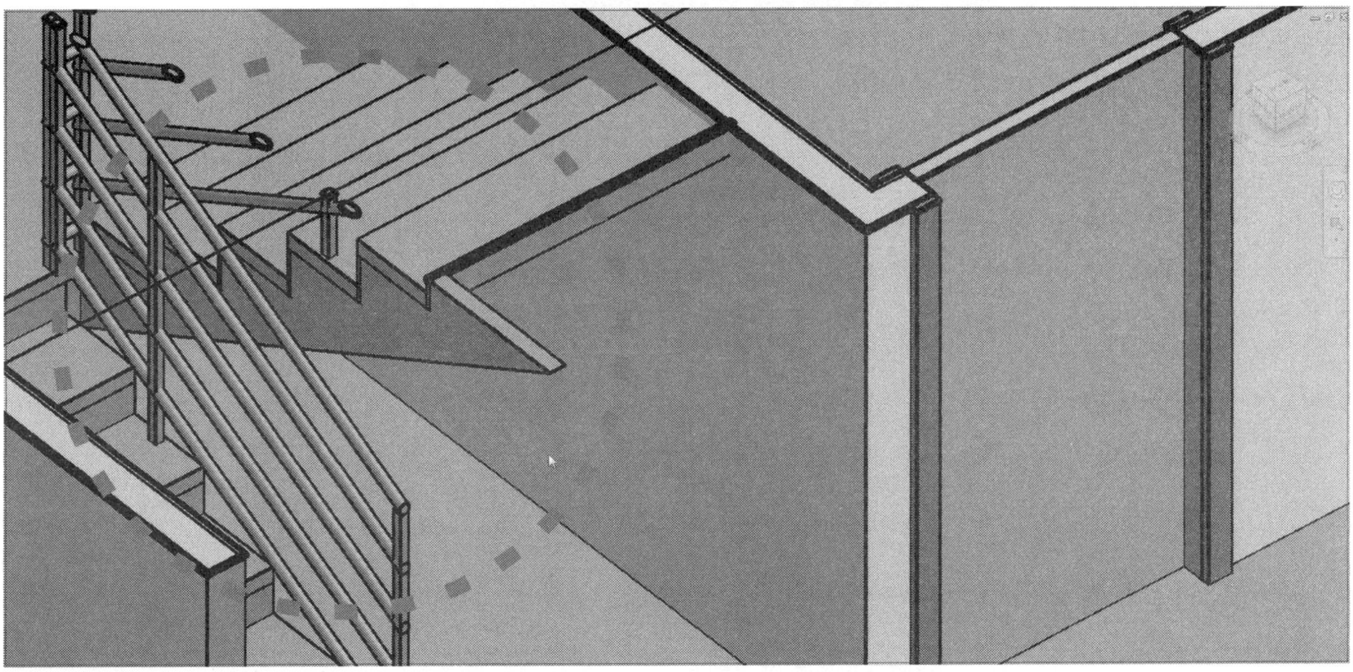

※ 이 때 주의할 점은 계단을 복제하지 않고 그대로 수정해서 사용한다면 앞으로 이 모델링에서 계속해서 계단의 형태가 이렇게 나온다는 것을 명심해야 한다. 따라서 복제를 해서 사용하는 것이 필요하다.

② 1층 평면도의 계단 그리기 (스케치 기준 계단)

※ 지하주차장에서 1층으로 올라오는 계단은 구성요소 기준 계단으로 작성하였는데 이번에는 스케치 기준 계단으로 작성한다.

- 1층으로 2층으로 올라가는 계단을 설치하기 위해서 03 1층 평면도를 활성화한다.
- 건축 탭의 계단의 스케치 기준 계단을 선택한다.
- 계단을 스케치할 기준선을 작성하기 위해서 참조 평면을 선택한다.

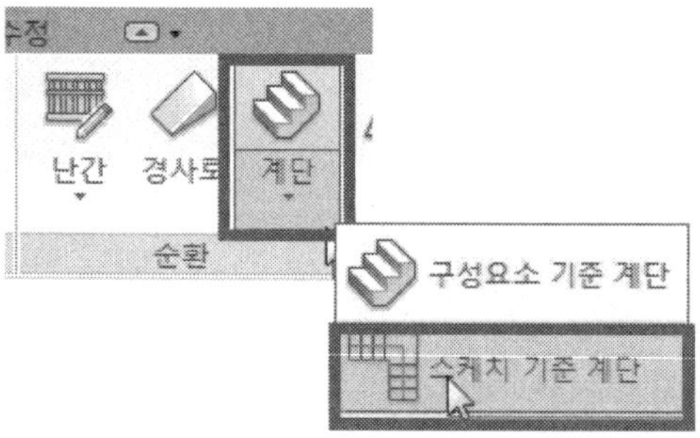

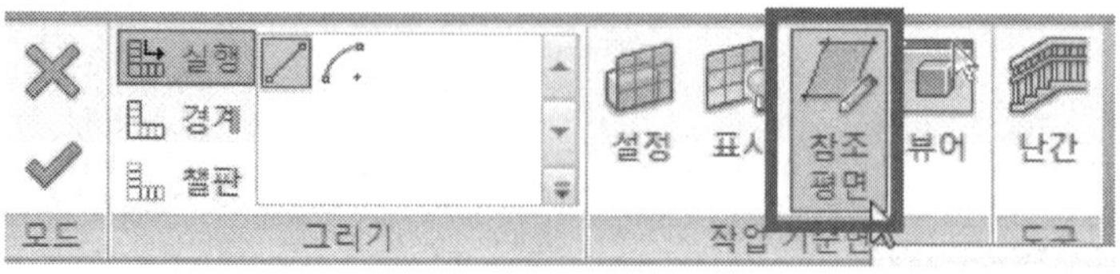

- 스케치하는 방법은 선과 선 선택 방법이 있다.
- 선으로 그리는 방법은 다음 그림과 같다.
- 선을 화면에서 계단 벽에서 500 떨어진 부분을 클릭하고 아래 방향으로 수직으로 선을 그린다.
- 다른 방향도 같은 방법으로 벽에서 500 떨어진 부분을 클릭하고 아래 방향으로 수직으로 선을 그린다.

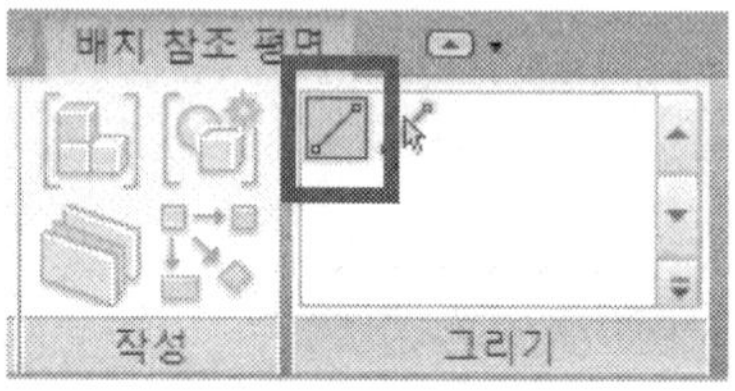

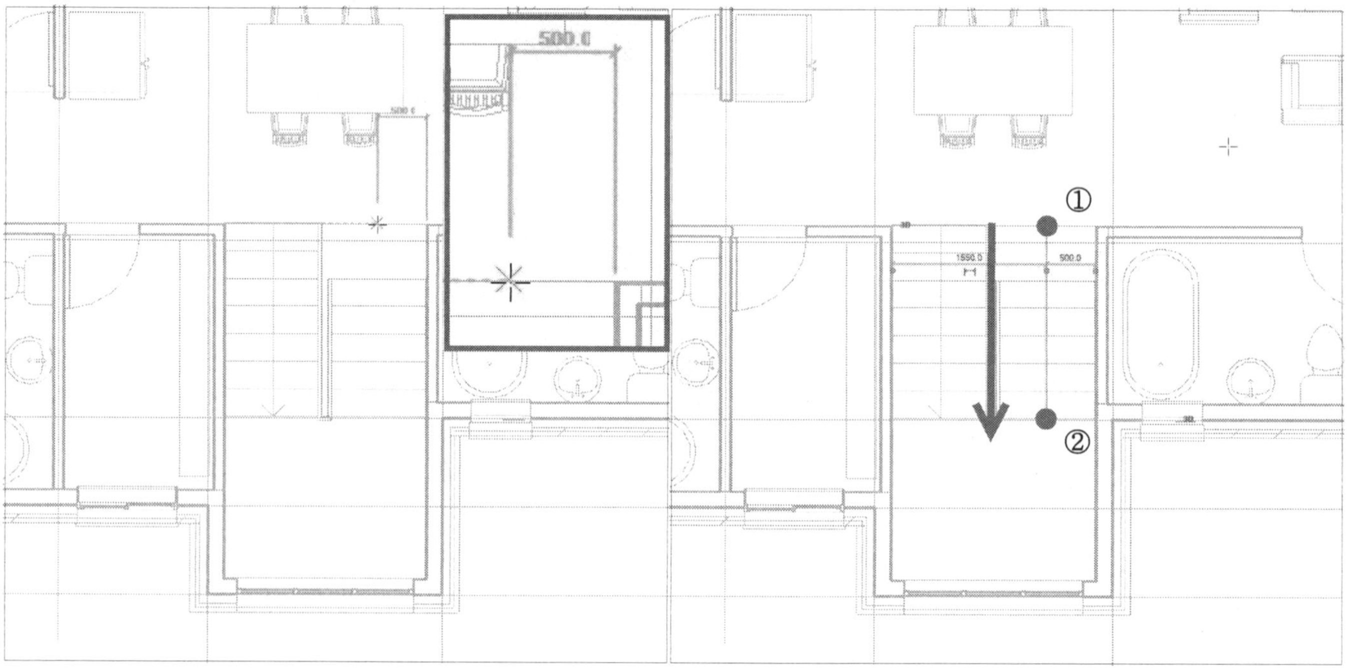

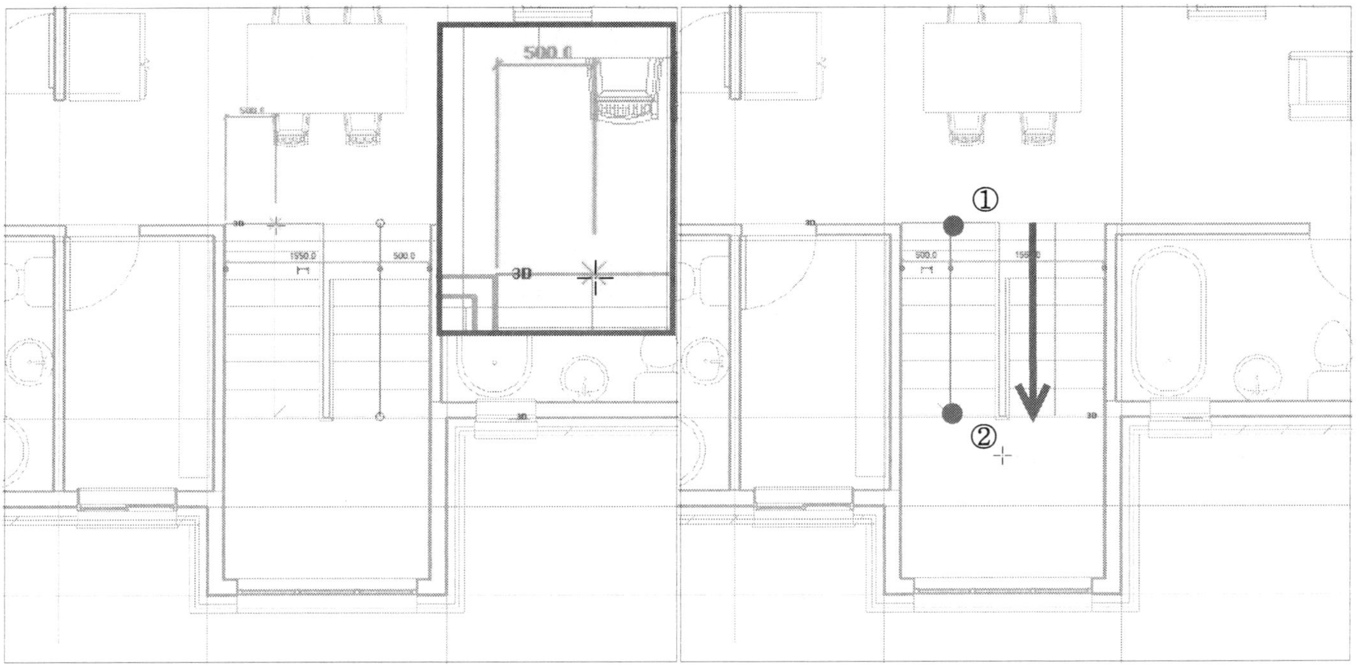

- 선 선택으로 그리는 방법은 다음 그림과 같다.
- 양쪽 계단 벽에 근접하면 파선이 나타나는데 원하는 방향에 파선이 나타나면 클릭하여 작도한다.
- 다른 방향도 같은 방법으로 선을 그린다.

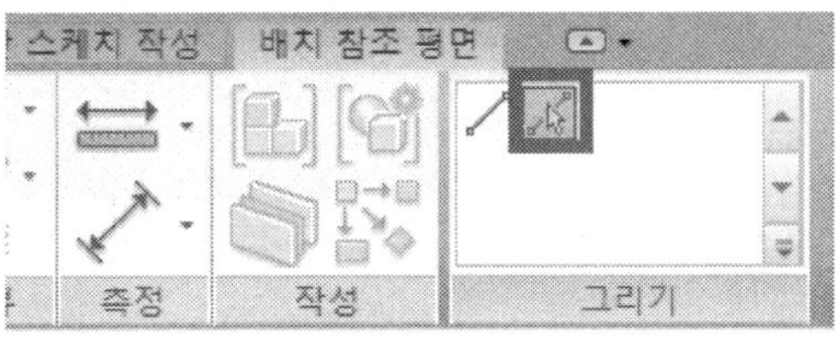

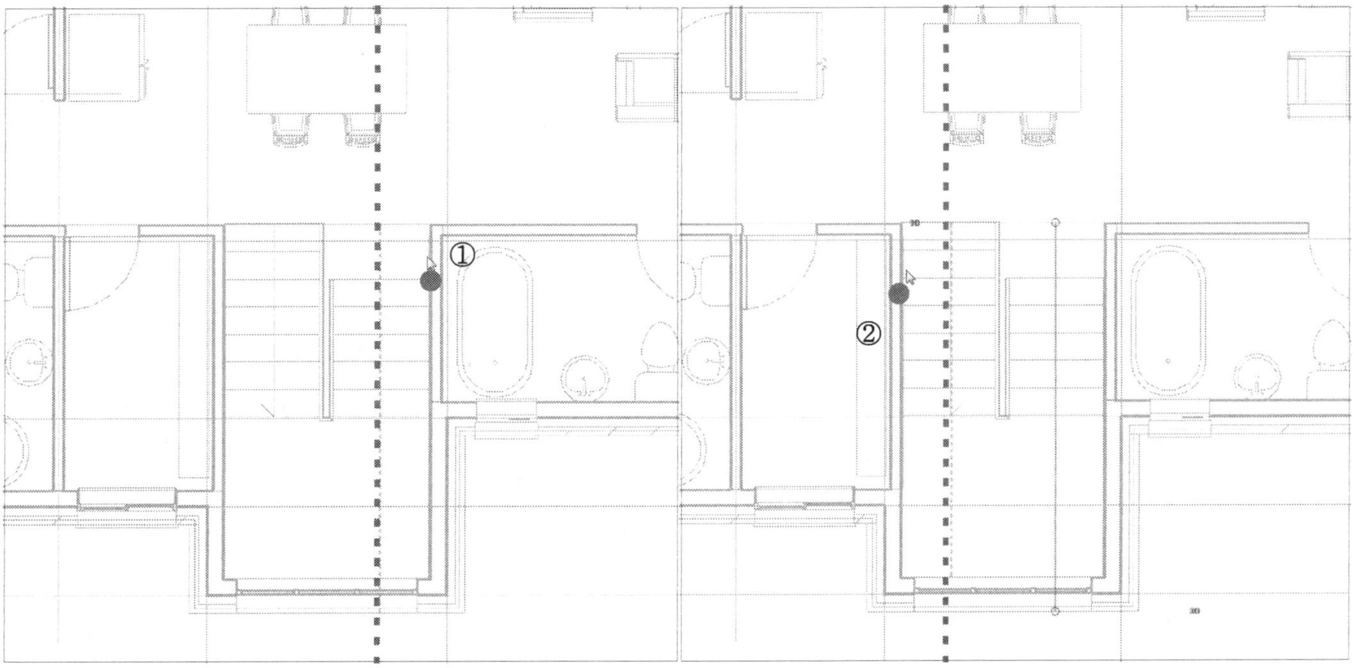

- 2개의 보조선이 나타난 것을 확인할 수 있다.

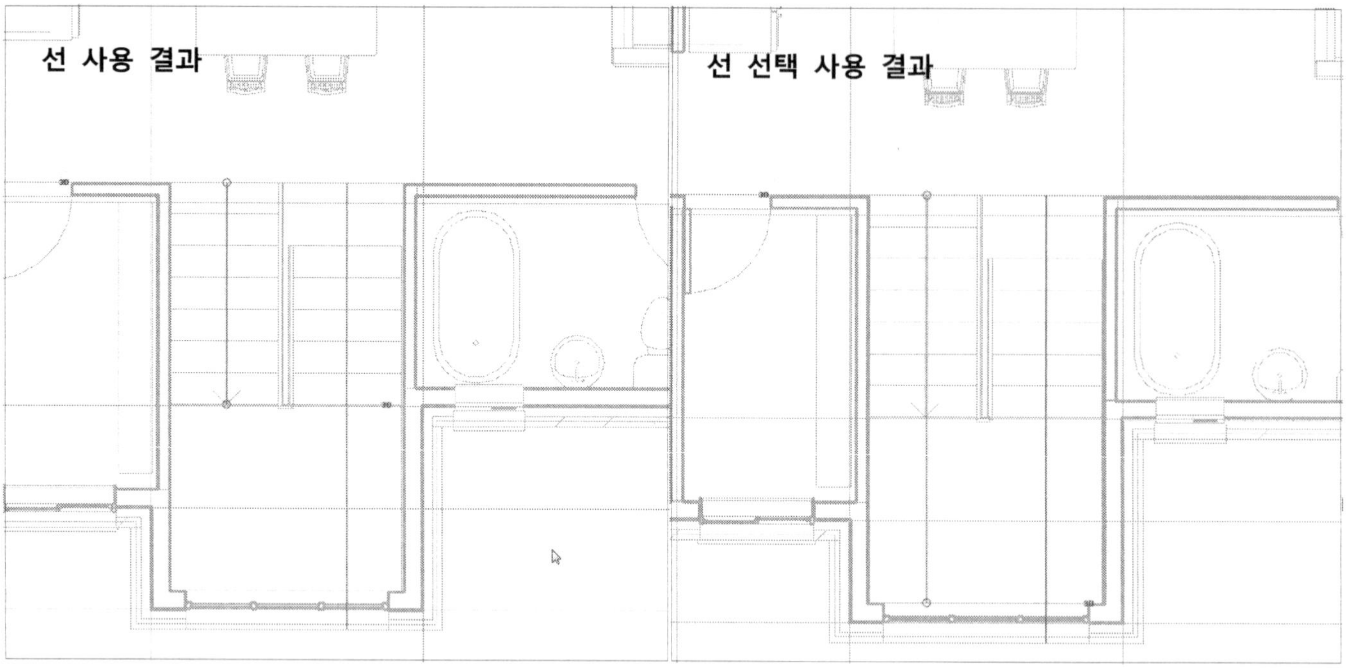

- 참조 평면에서 계단 스케치로 돌아가기 위해서 아래 그림과 같이 계단 스케치를 클릭한다.

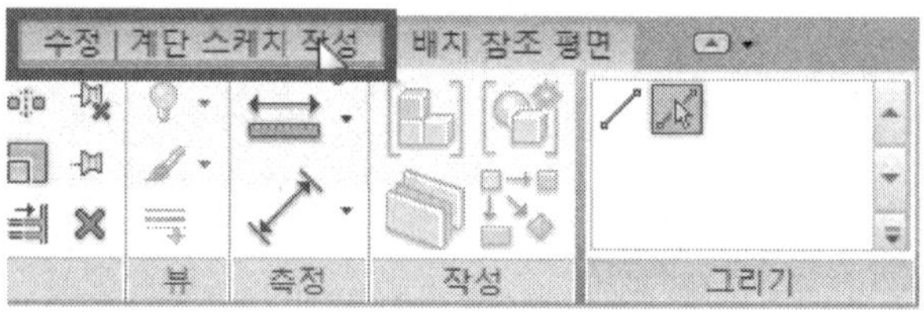

- 실행을 클릭한다.

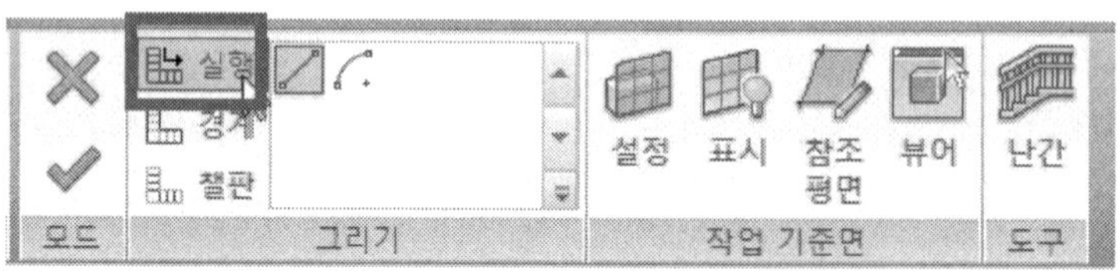

- 난간은 설정해 놓은 그대로 사용한다.

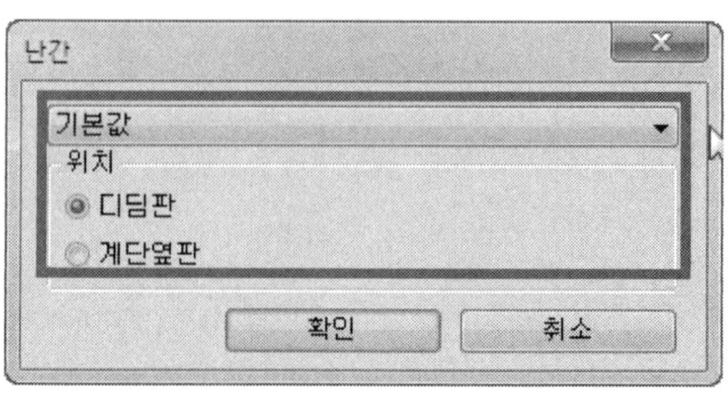

- 구성요소 기준 계단에서 복제해서 만든 계단은 스케치 기준 계단에서는 사용할 수 없으므로 다시 복제하여 사용한다.

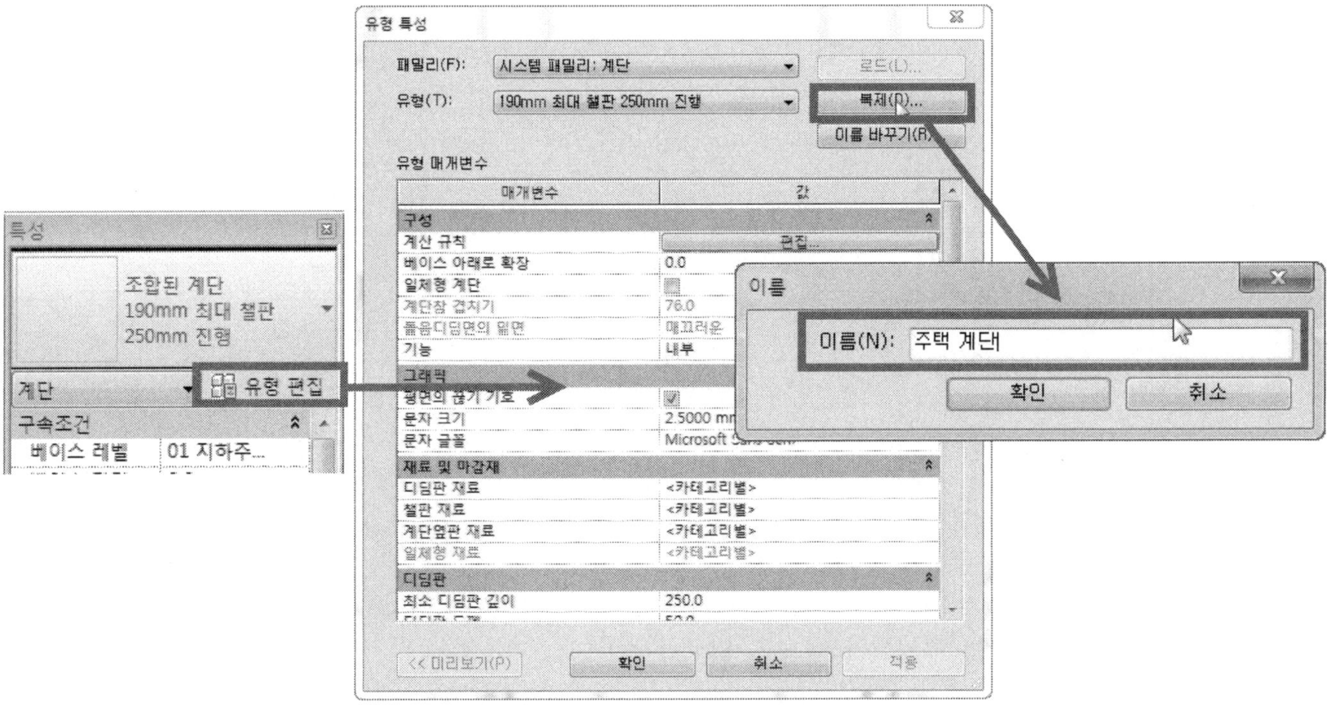

- 특성에서 원하는 챌판 수 16, 실제 디딤판 깊이는 280으로 설정한다.
- 아래 그림과 같이 계단을 스케치한다.

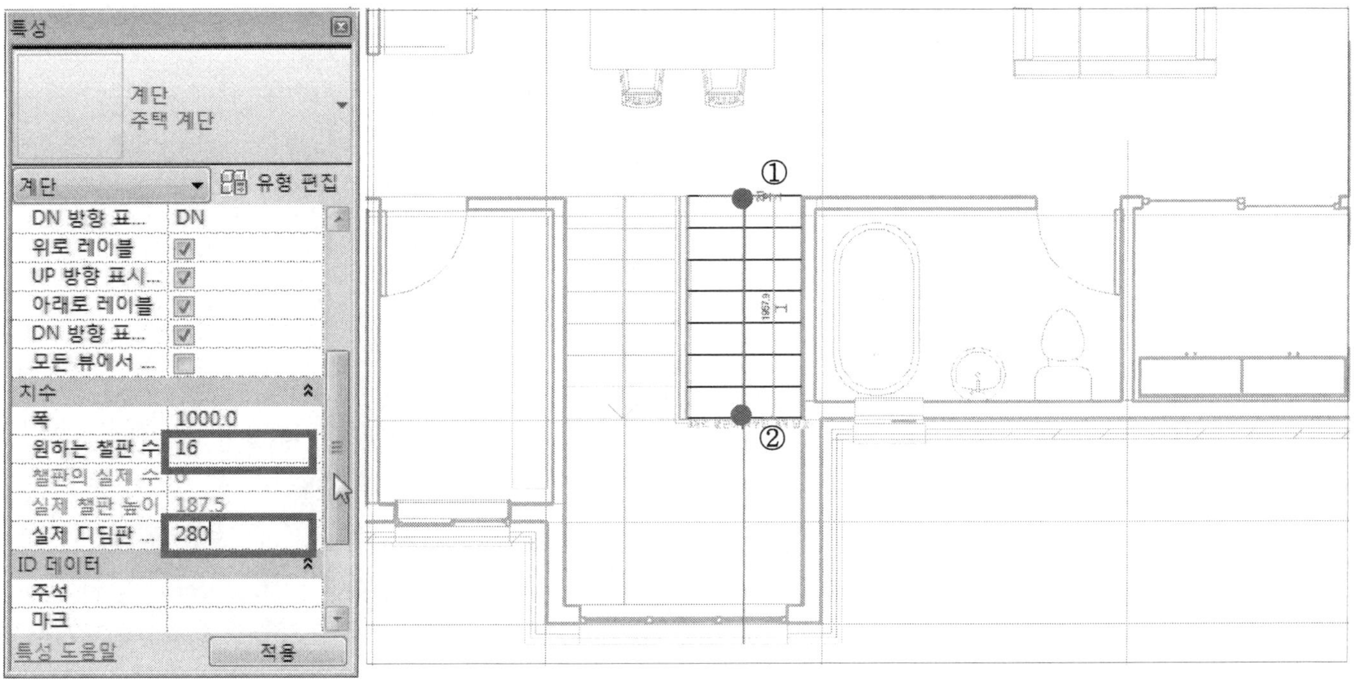

- 완료를 선택하고 난간에 대한 메시지가 나오면 읽고 닫는다.

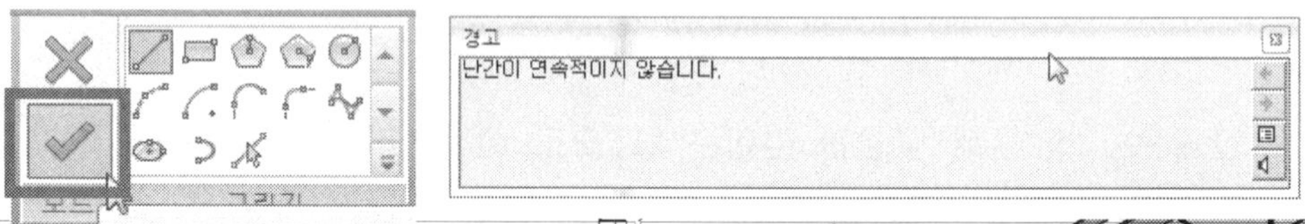

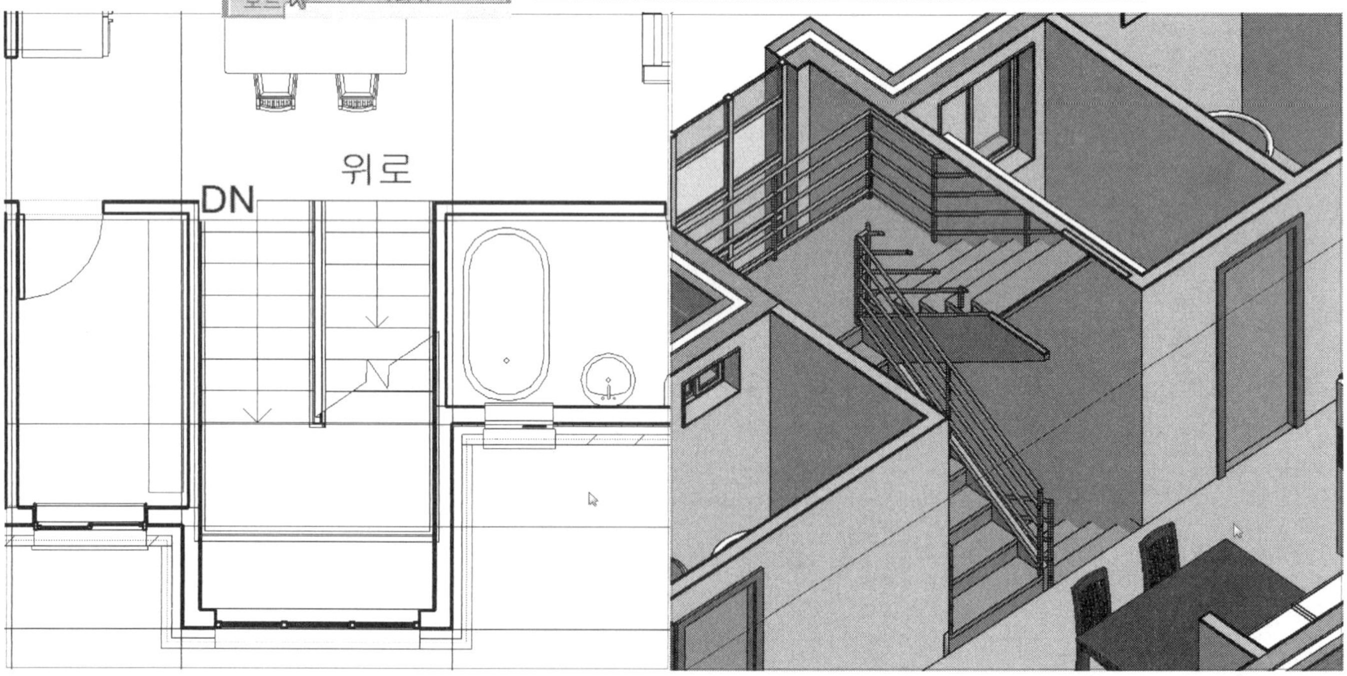

- 현재 만들어진 계단에서 불합리적인 요소들을 확인하고 변경하거나 삭제한다.

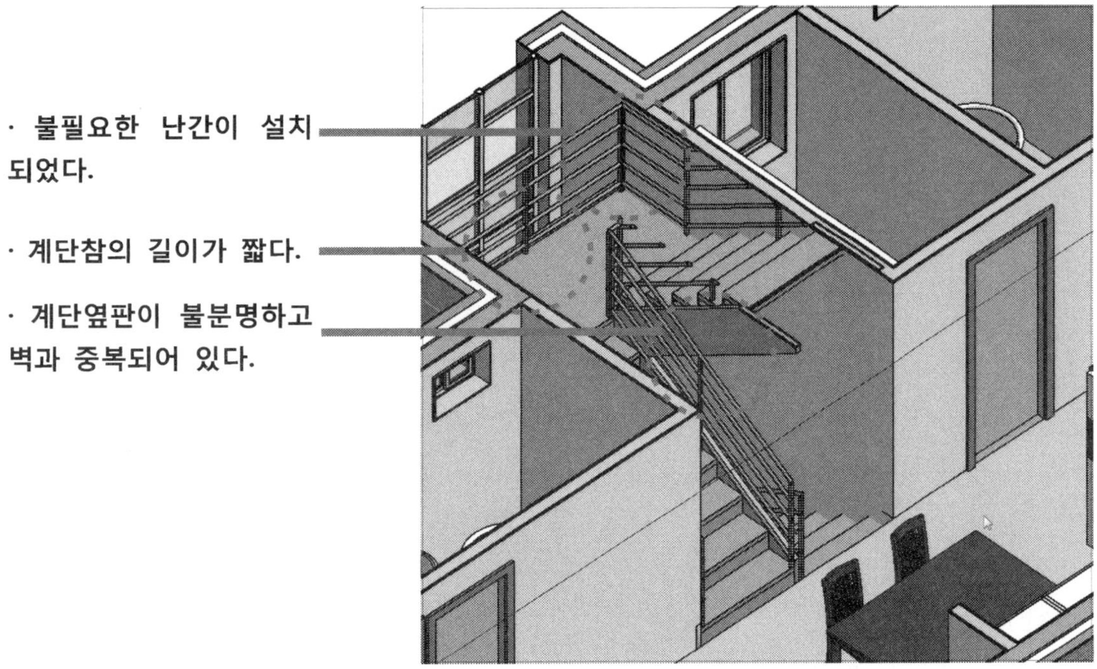

- 불필요한 난간을 제거하기 위해서 난간을 선택하고 Delete 키를 눌러 제거한다.

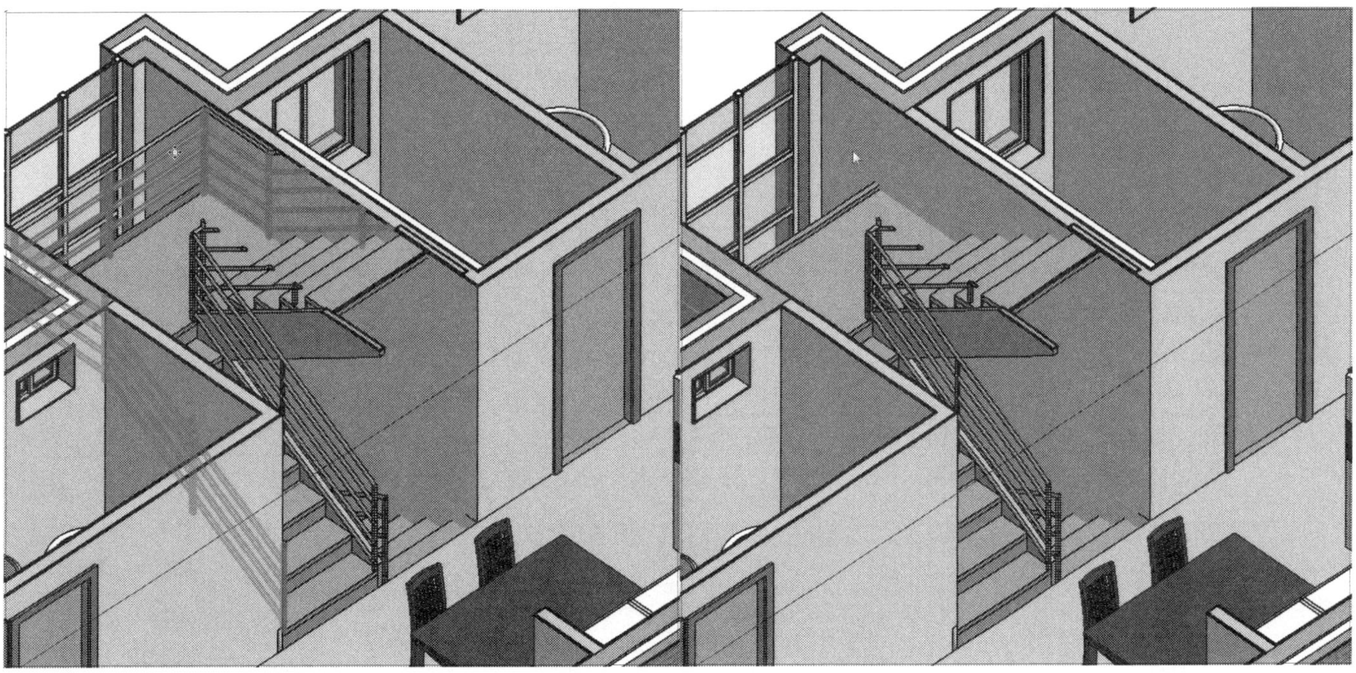

- 이제 계단참을 벽까지 늘리기 위해서 계단이 선택된 상태에서 스케치 편집 버튼을 클릭한다.
- 계단참을 선택하고 아래 화살표를 드래그하여 벽 부분까지 계단참을 늘린다.

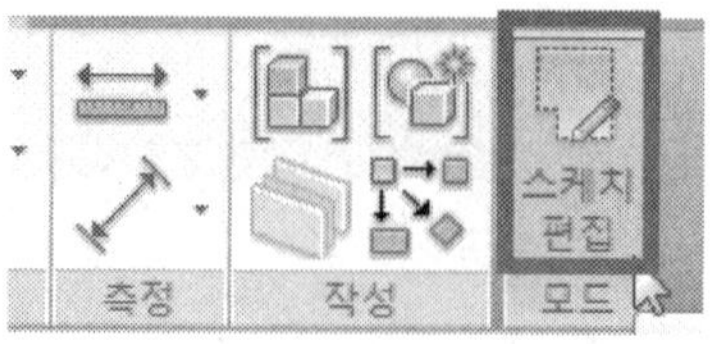

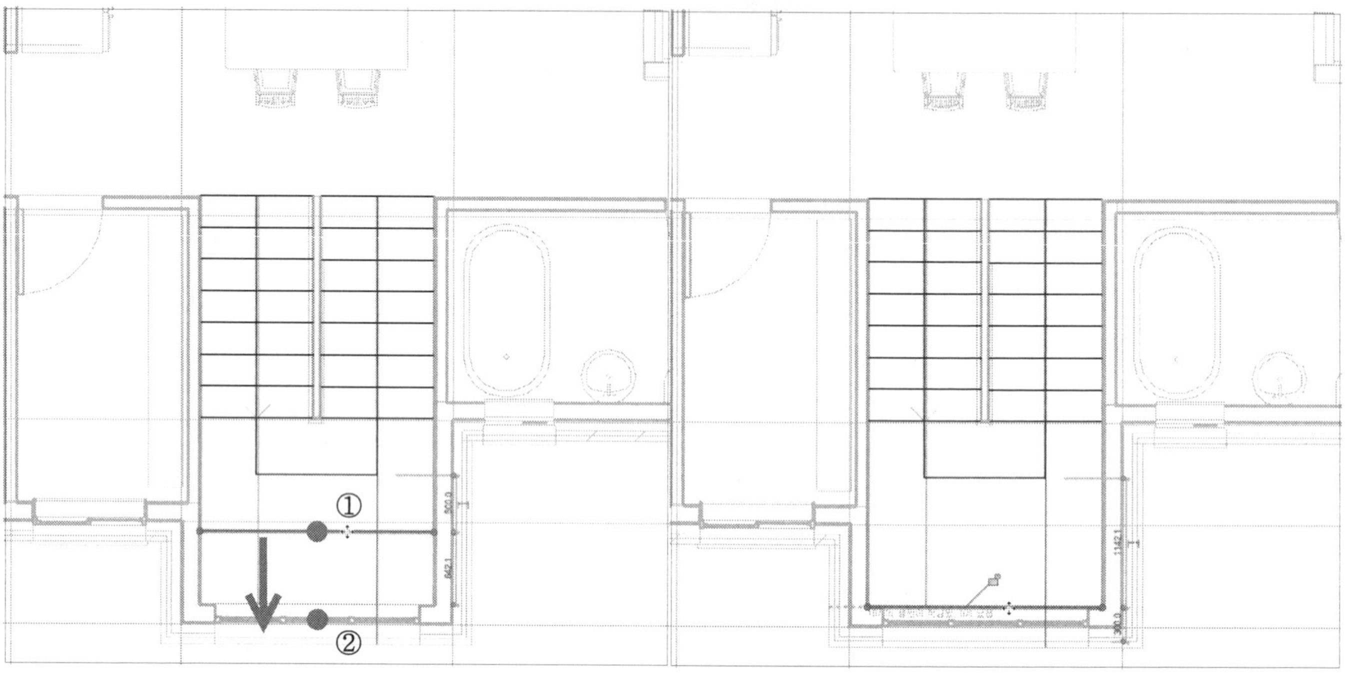

- 완료를 선택하고 확인한다.

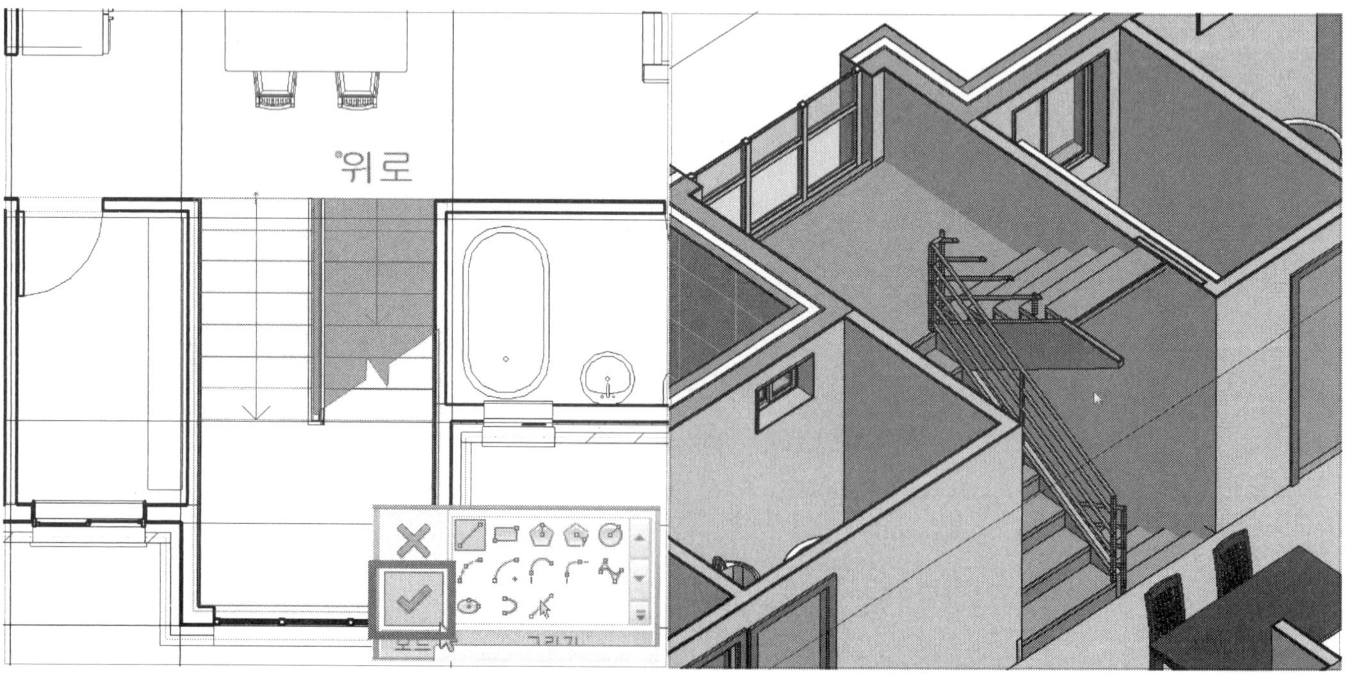

- 계단옆판의 벽과 중복되는 것과 불분명한 것을 해결하기 위해서 먼저 계단을 선택한다.
- 그 후 선택된 계단 특성의 유형 편집을 선택하고 계단옆판에서 오른쪽 계단옆판은 열기로, 왼쪽 계단옆판은 닫힘으로 설정한다.

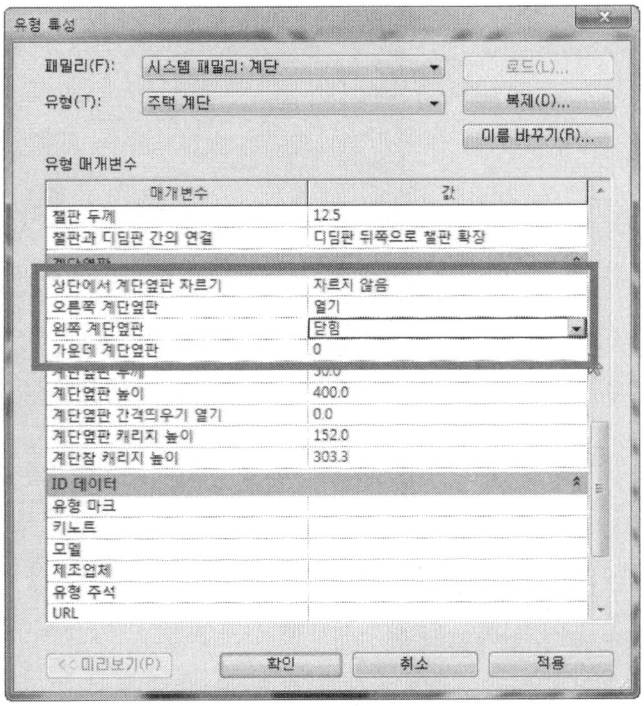

- 3D 뷰에서 확인하면 다음과 같이 중복되어 있던 계단옆판이 사라진 것을 확인할 수 있다.

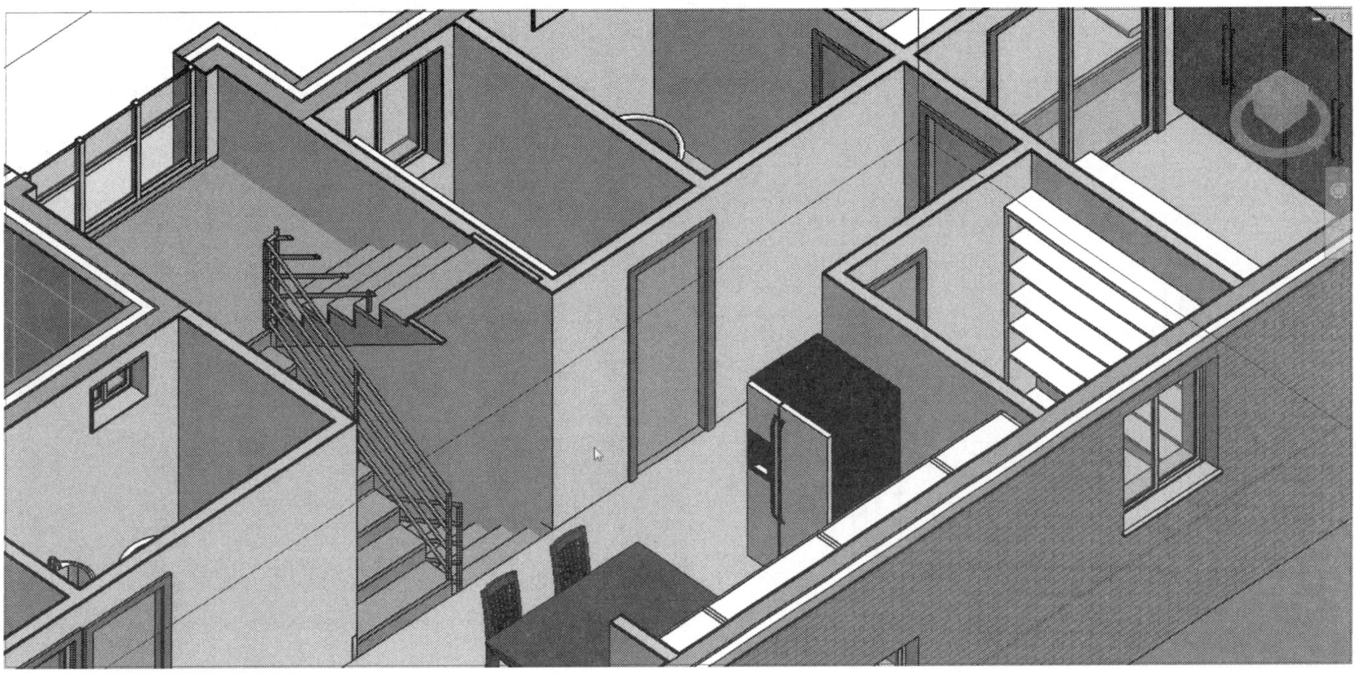

- 3D 뷰에서 단면상자를 조절하여 계단의 완성 상태를 확인한다.

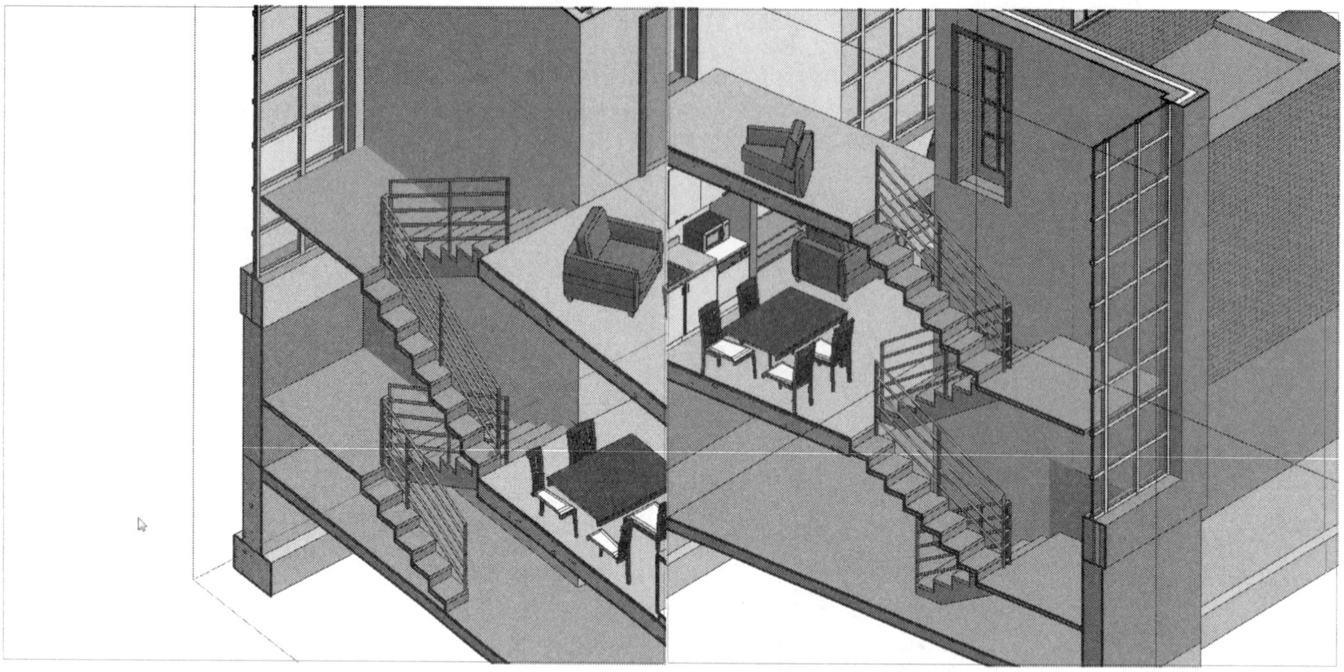

③ 2층 바닥 슬래브의 수정

- 2층 평면도와 3D 뷰에서 확인해보면 1층 현관 및 화장실 위로 나가는 통로가 없는 것을 확인할 수 있다.
- 2층의 바닥을 수정하여 외부로 나가는 통로를 생성해야 한다.

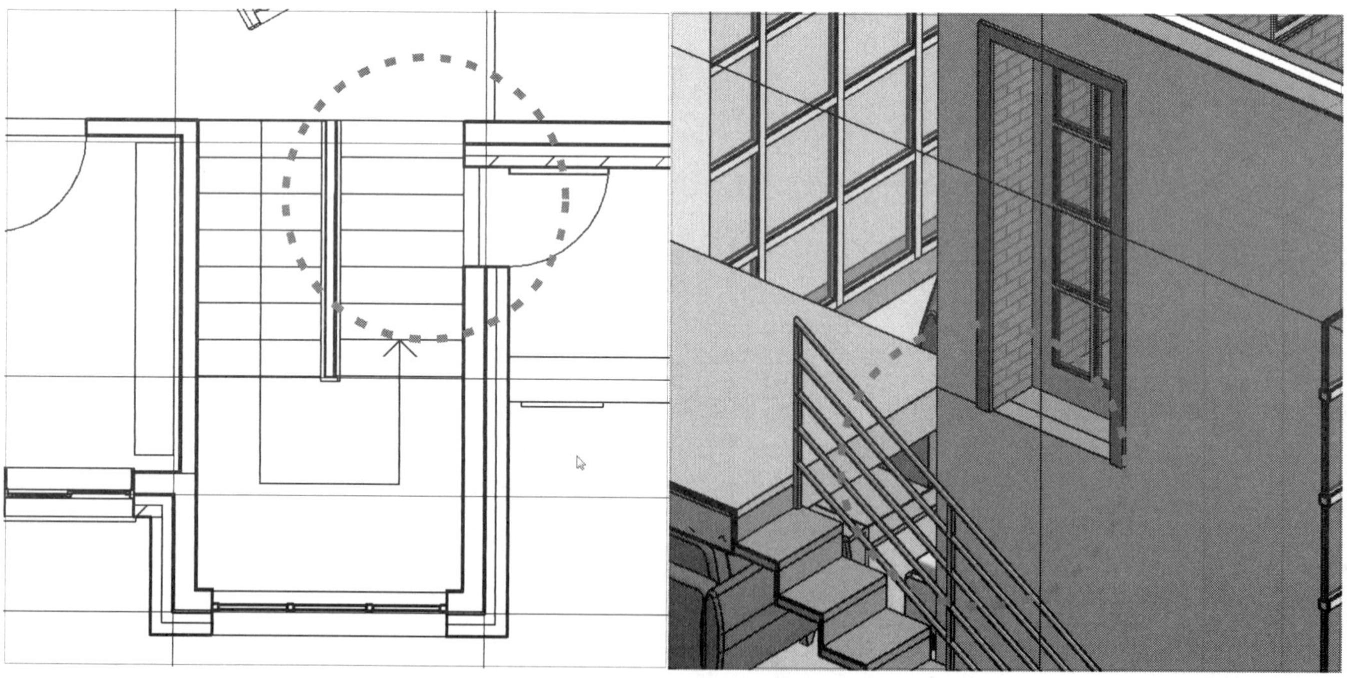

- 04 2층 평면도를 활성화하고 바닥을 선택한다.
- 수정/바닥의 경계 편집을 선택한다. 경계선의 선으로 아래 우측 그림과 같이 그린다.

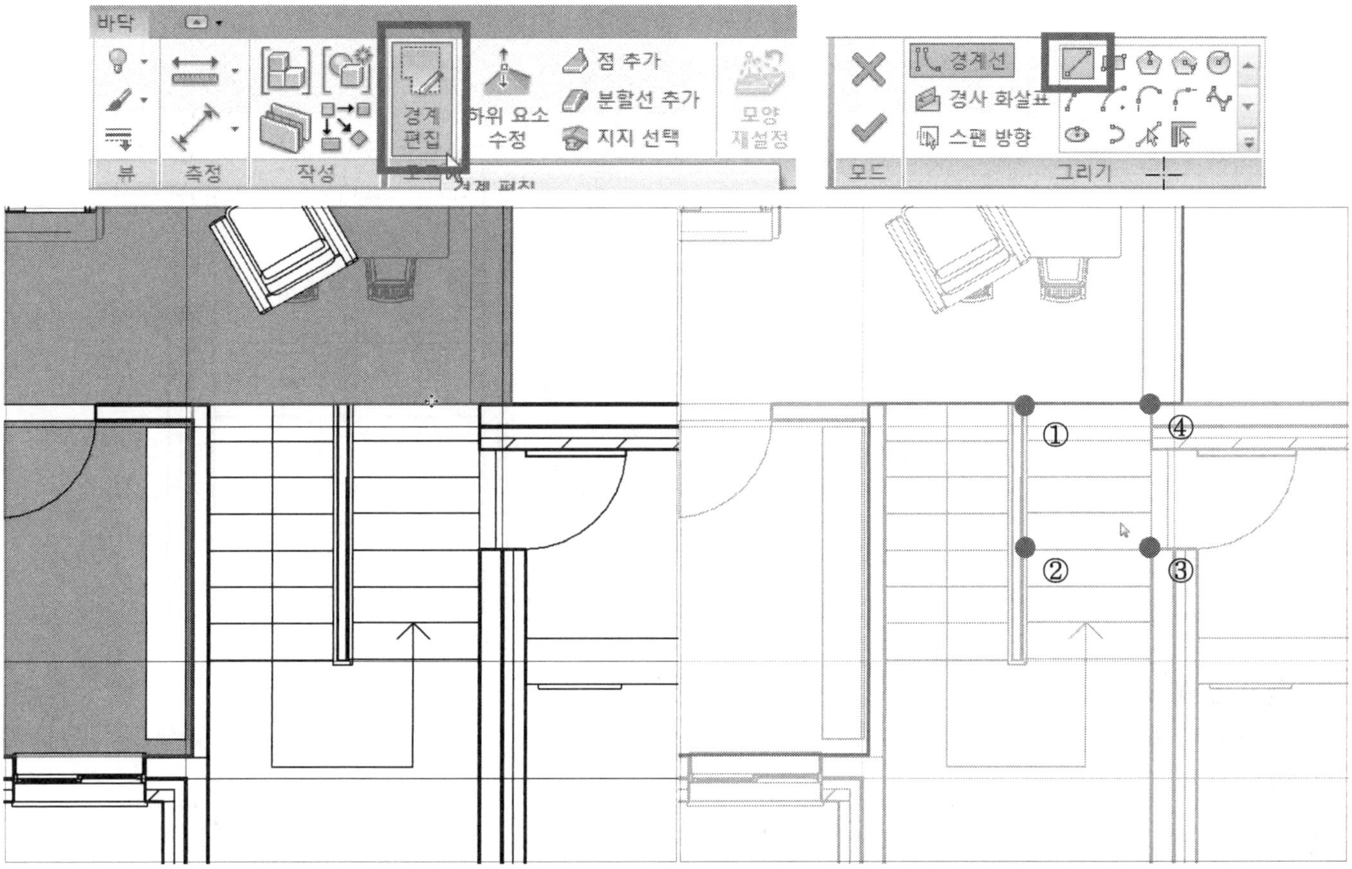

- 코너로 자르기/ 연장(TR)을 이용해서 선들을 편집한다. **오류 메시지는 요소 결합 해제**를 선택한다.
- 아래 우측 그림과 같이 모자란 부분에 두 점을 클릭하여 작도한다.

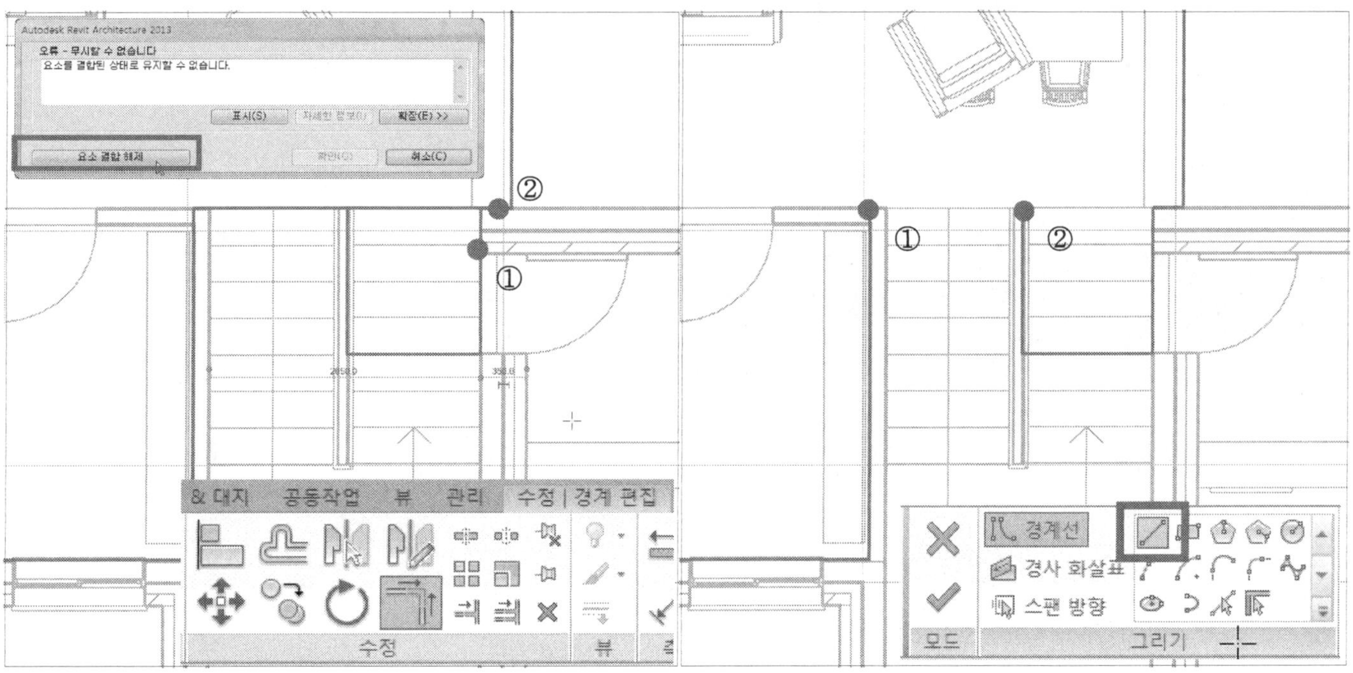

- 선을 선택하여 모자란 부분에 두 점을 클릭하여 선을 그리고 완료를 선택한다.

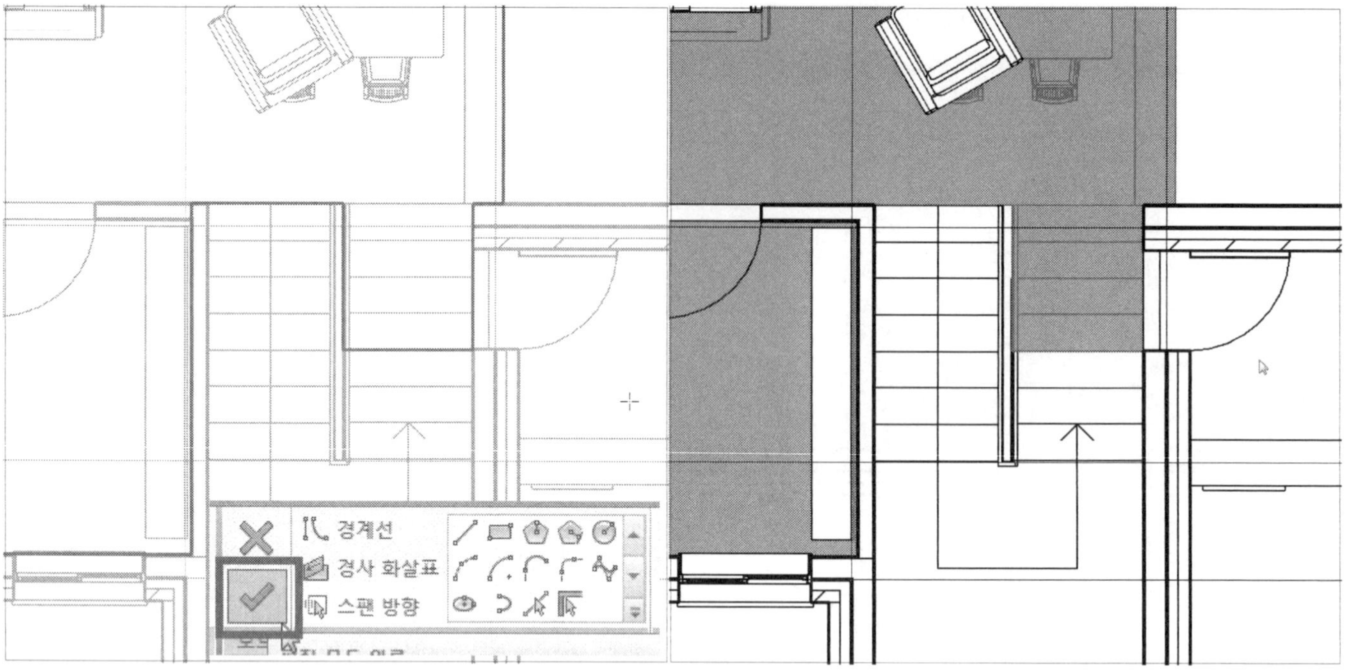

④ 2층 바닥에 난간 추가

- 2층 바닥의 수정이 완료되었으나 새롭게 추가된 바닥과 거실 상부 오픈 된 곳에 난간이 없으므로 난간을 추가해야한다.

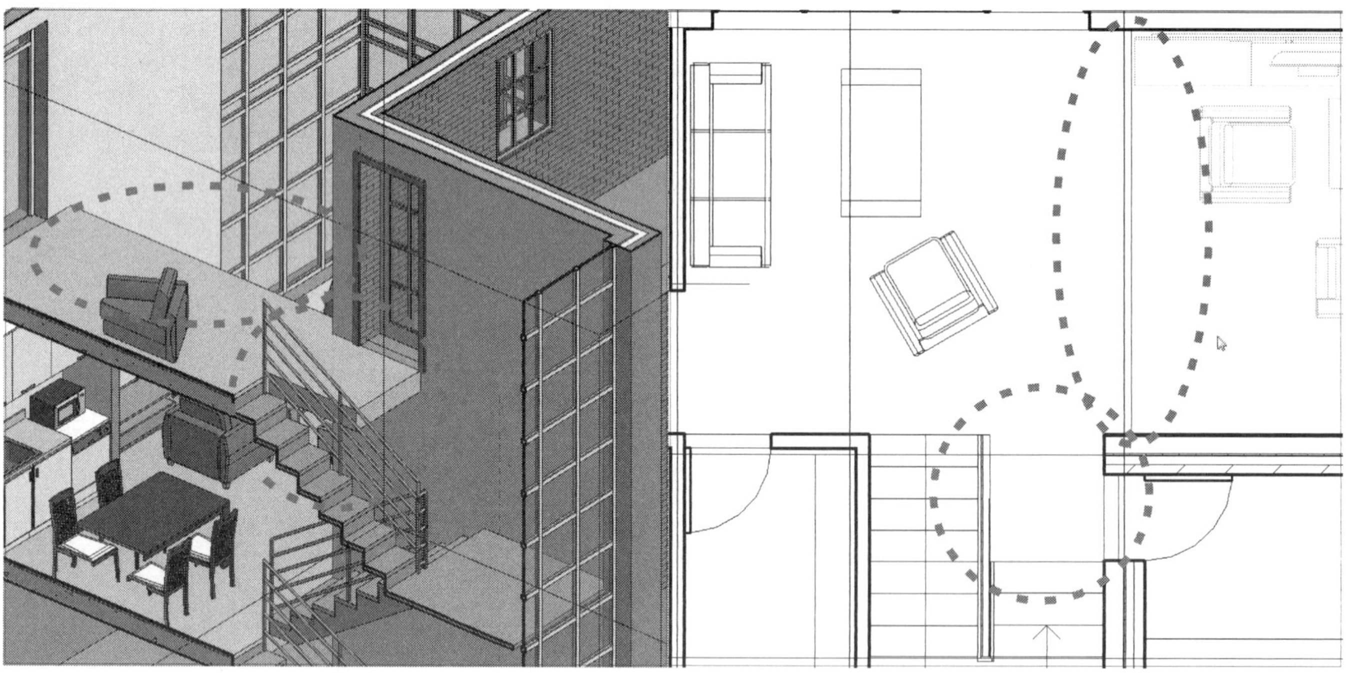

- 04 2층 평면도를 활성화하고 건축 탭 순환의 난간을 클릭하고 경로스케치를 선택한다.

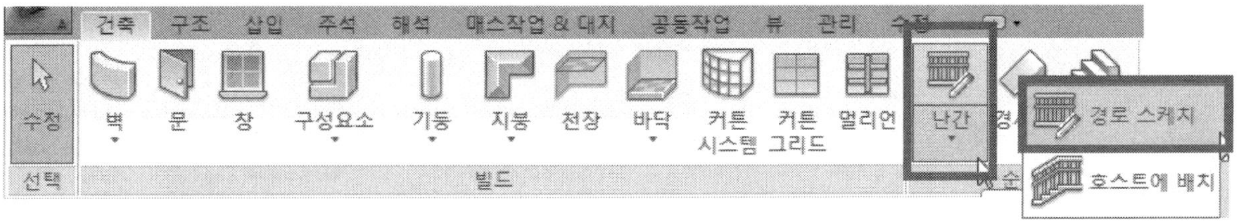

- 아래 그림과 같이 3점을 클릭하여 선을 그린다. 그리는 방법 중 체인 박스를 체크하고, 특성에 난간 900mm 파이프가 기본적으로 활성화되어 있는 것을 확인한다.

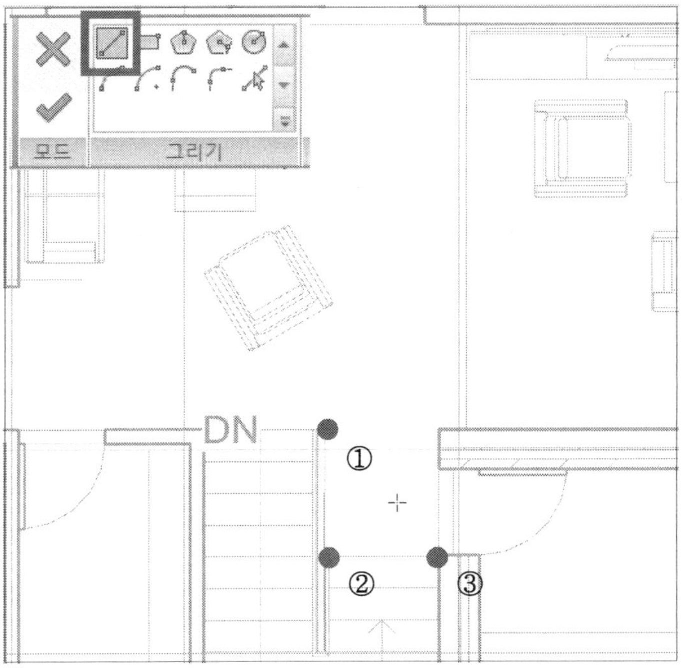

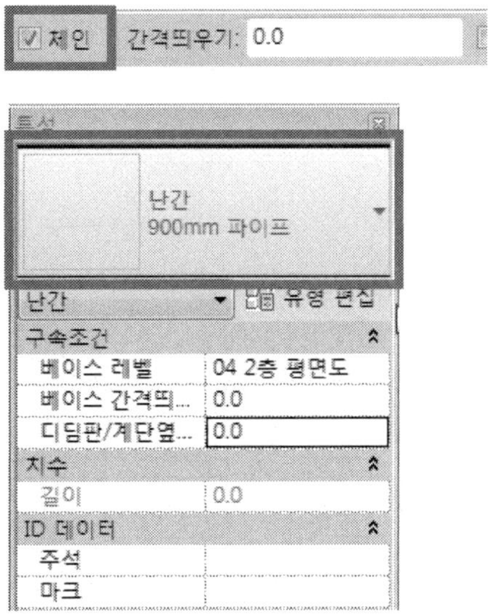

- 완료를 선택하고 확인한다.

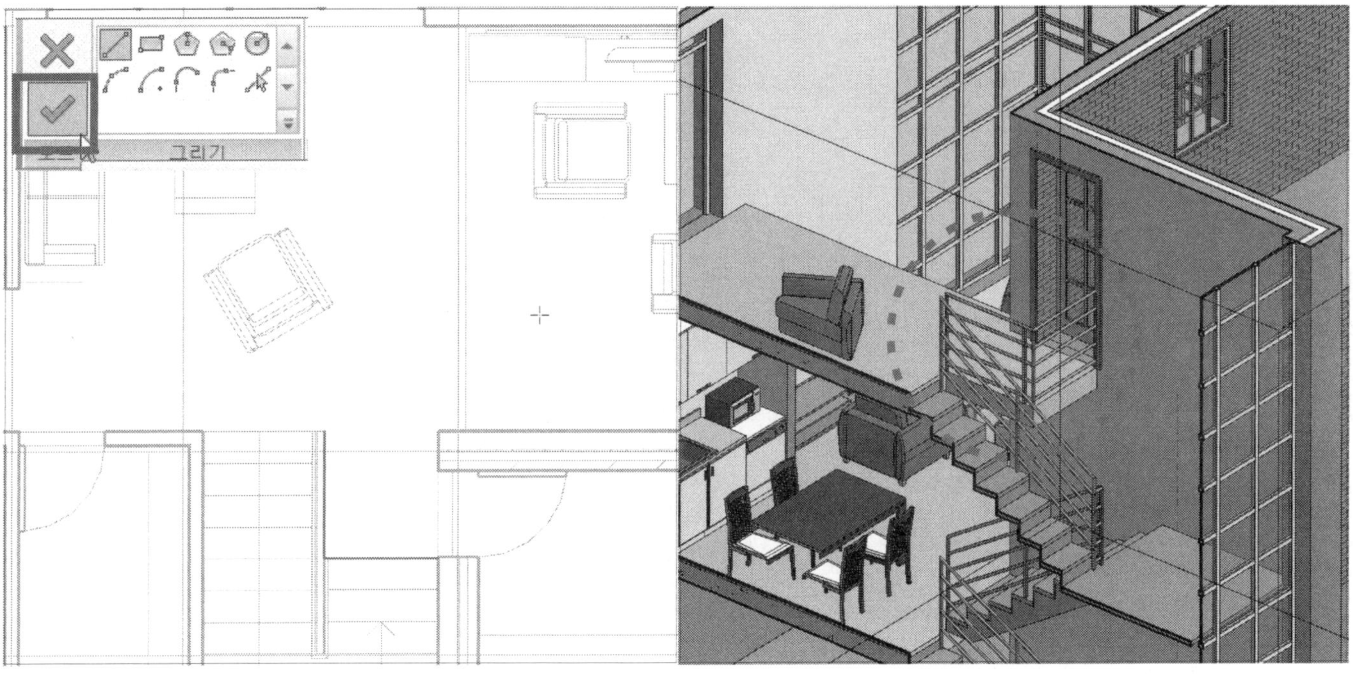

- 난간의 경로스케치를 선택한다.

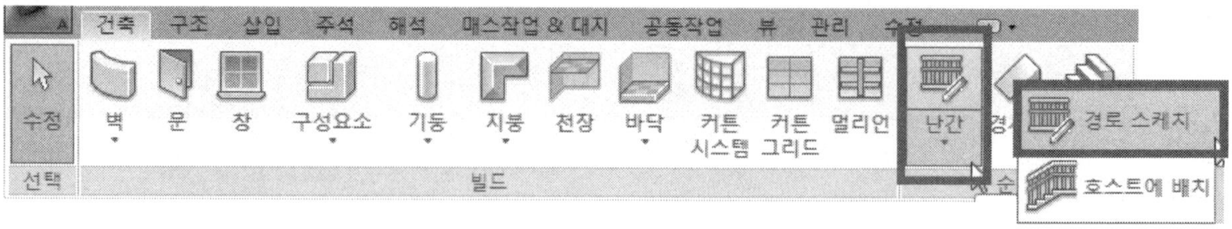

- 선을 선택하고 아래 그림과 같이 2점을 클릭하여 선을 그린다.

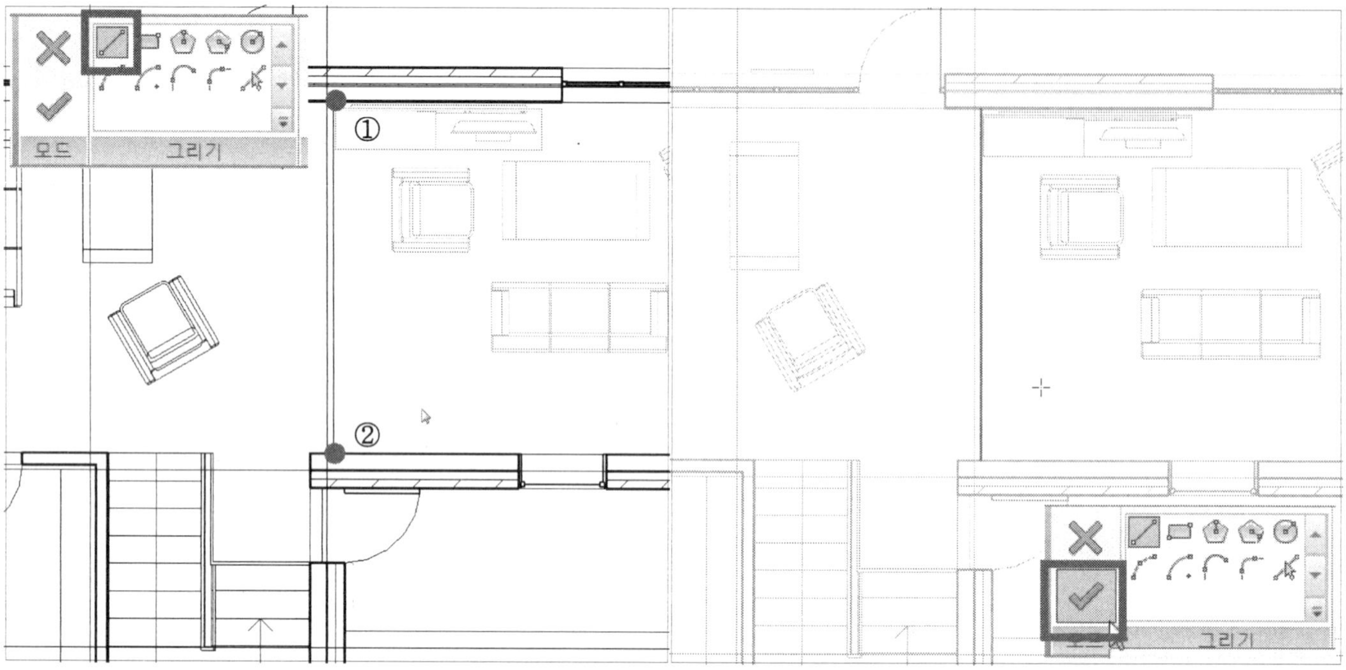

- 완성된 거실의 난간을 확인하고 다른 난간으로 바꾸기 위해서 난간을 선택한다.

- 특성에서 난간의 유형을 난간 900mm 파이프에서 핸드레일 - 유리패널 브래킷 포함으로 바꾼다.
- 난간의 유형이 바뀐 것을 확인한다.

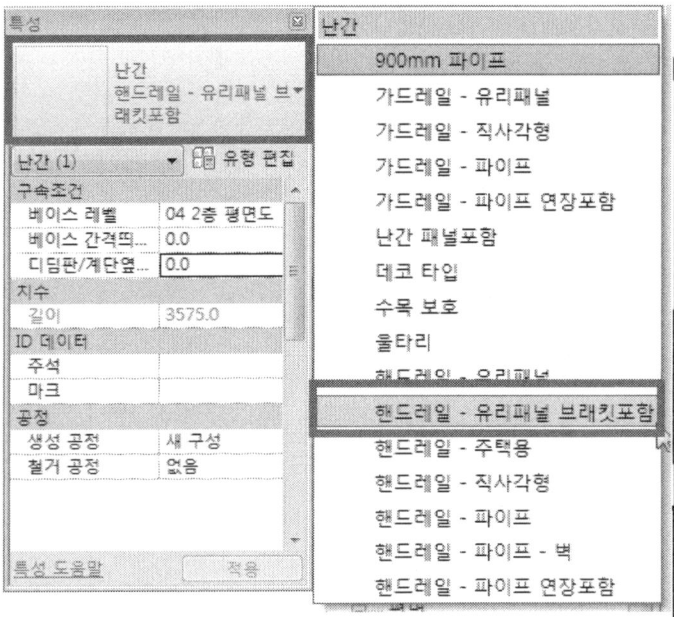

- 뷰를 바꾸어서 확인한다.

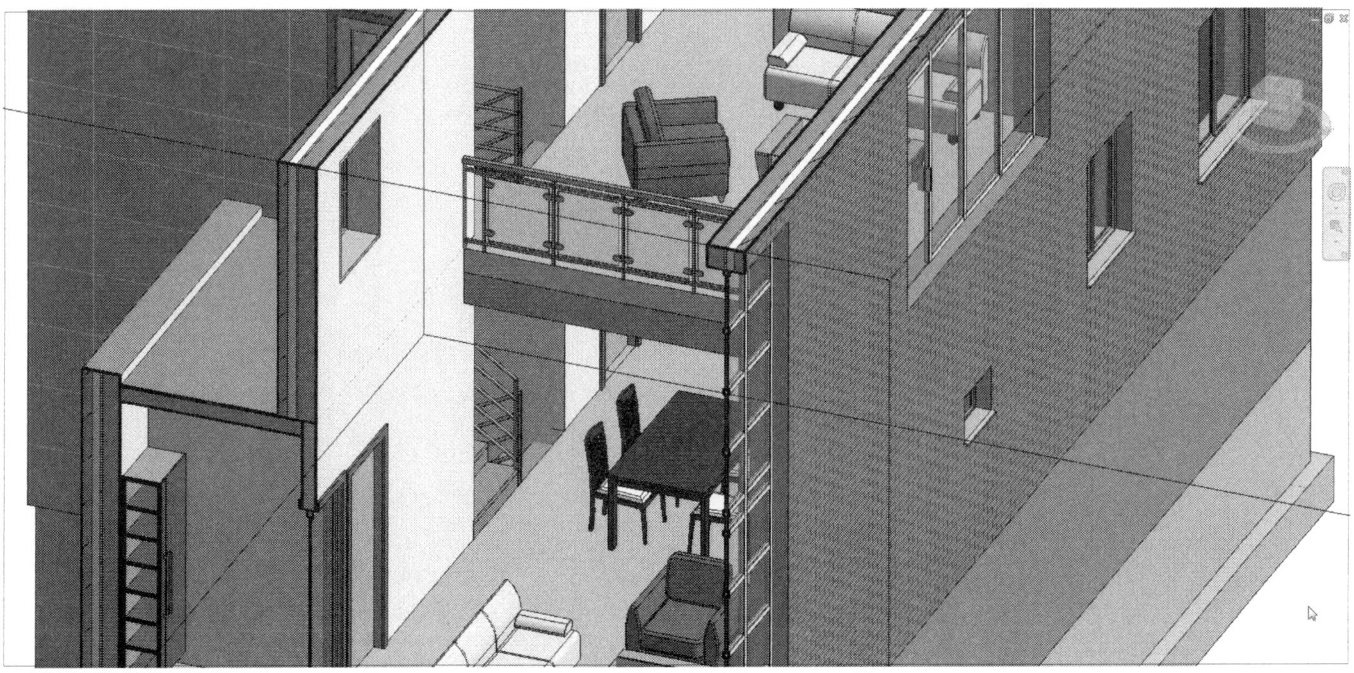

16) 천장 그리기

주택의 실내 각층에 천장과 조명을 그린다.

학습목표

- 천장의 특성을 이해한다.
- 1층 천장을 실습을 통해 모델링하고 숙지한다.
- 2층 천장을 실습을 통해 모델링하고 숙지한다.
- 각 천장에 조명을 삽입한다.

16) 천장 그리기

천장은 **레벨 기반 요소**로 자체 구조를 갖고 있으면서 조명, 배관고정 장치, 통풍 장치와 같은 천장구성요소들을 배치하는데 사용된다. 천장은 레벨에서 위쪽으로 떨어진 수치에 배치되며 경사천장이나 복잡한 구조의 천장을 만들 수 있다.

천장은 자동으로 혹은 수작업으로 만들 수 있다. 천장을 자동으로 만들려면 천장을 선택하고 천장의 유형을 선택하면 된다. 물론 나중에 천장의 유형을 언제라도 바꿀 수 있다. 천장을 만들고 보는데 천장 평면도가 사용된다. 그리고 완성된 천장은 단면도나 3D 뷰에서도 볼 수 있다.

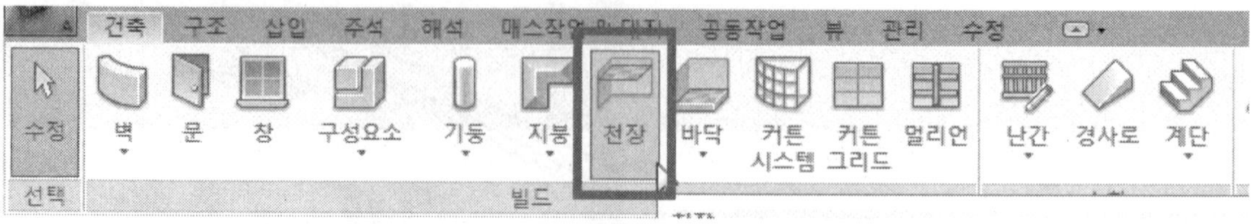

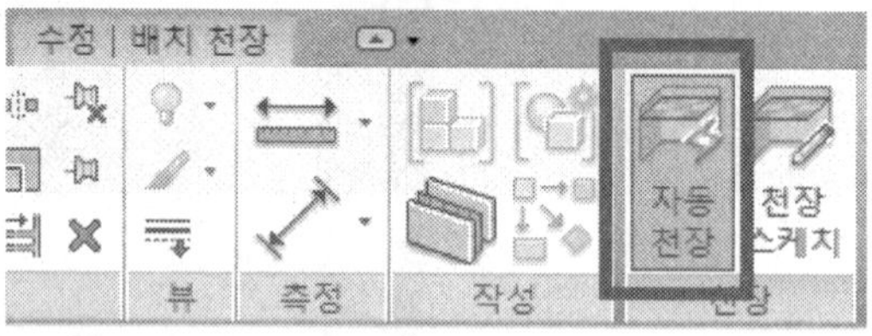

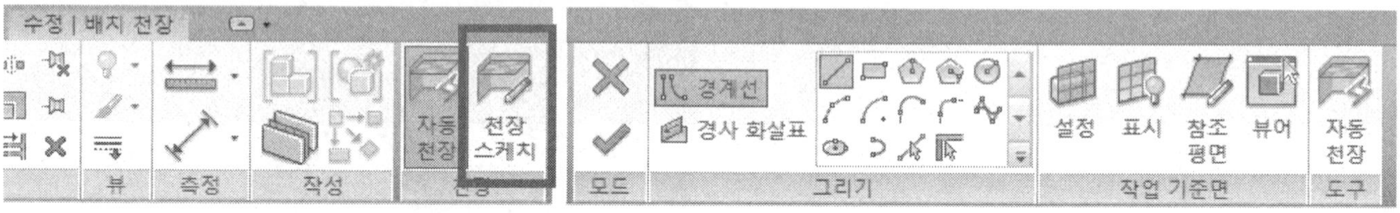

① 1층 천장 평면도에서 천장 그리기 01(자동 천장)

- 1층 천장 평면도에서 천장을 그리기 위해서 1층 천장 평면도를 활성화한다.
- 필요 없는 요소들을 뷰에서 숨긴다.(지형과 그리드의 버블 등)

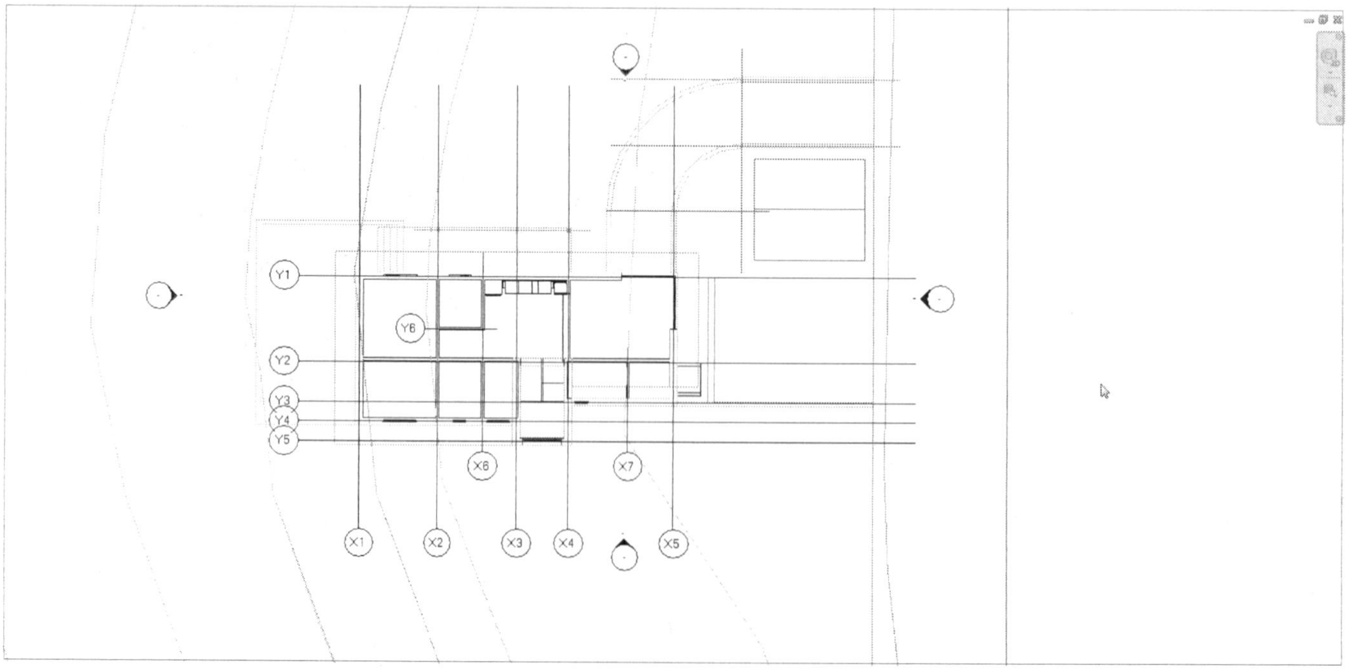

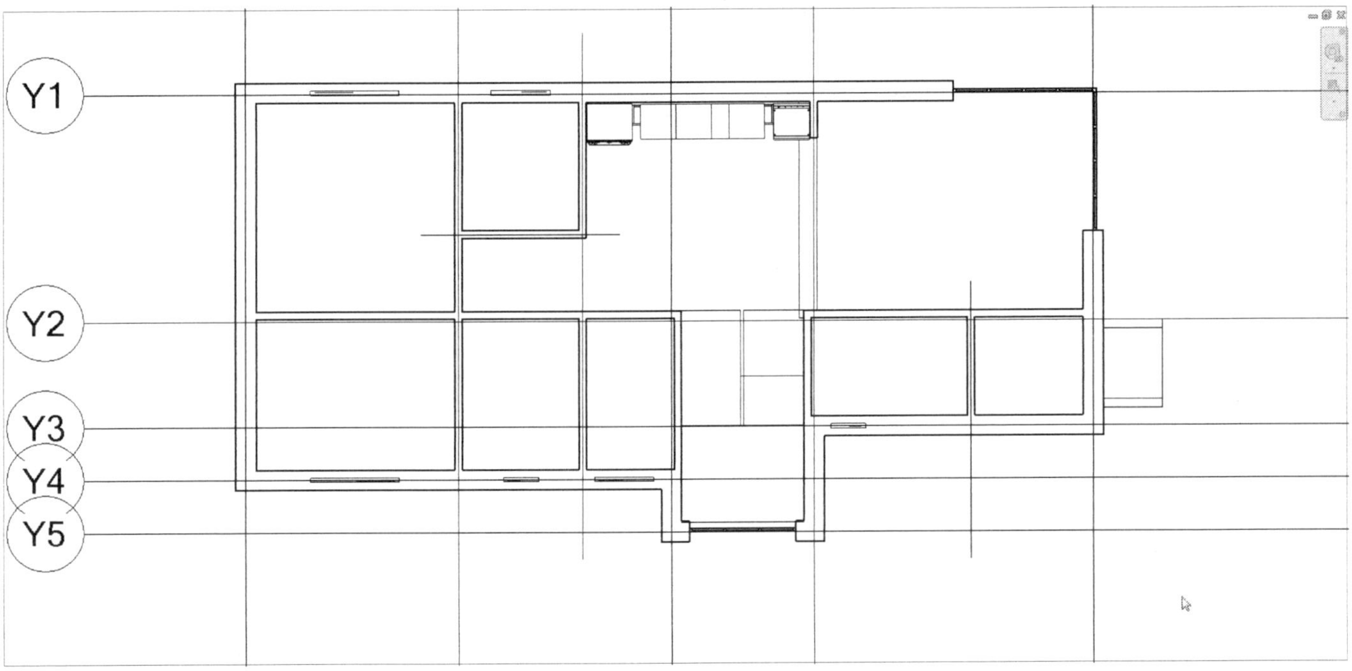

- 건축 탭에서 천장을 선택한다.
- 천장의 자동 천장이 선택되어 있는 것을 확인한다.
- 유형특성에서 복합 천장 플레인을 선택한다. 레벨에서의 높이를 2,600mm로 설정한다.

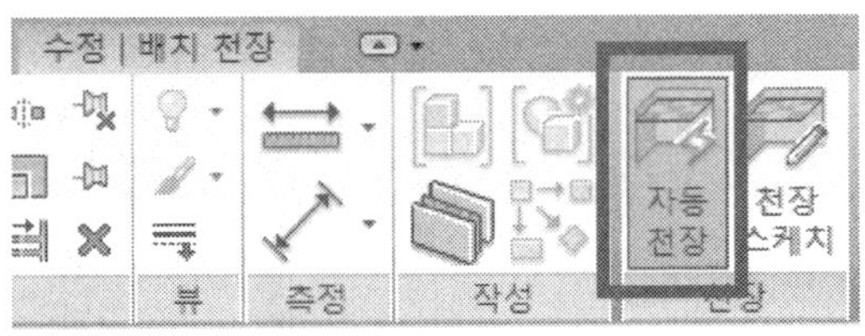

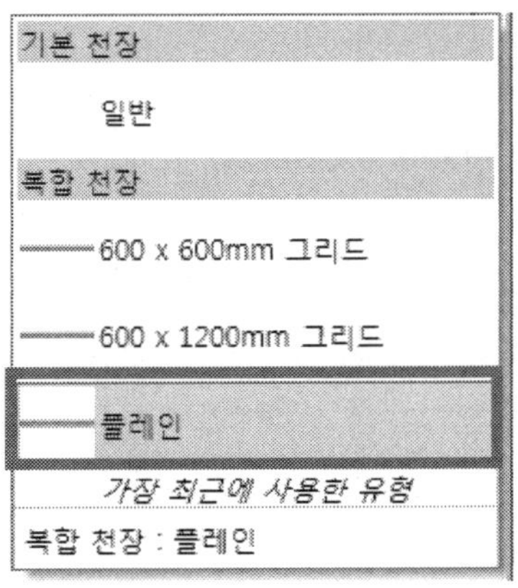

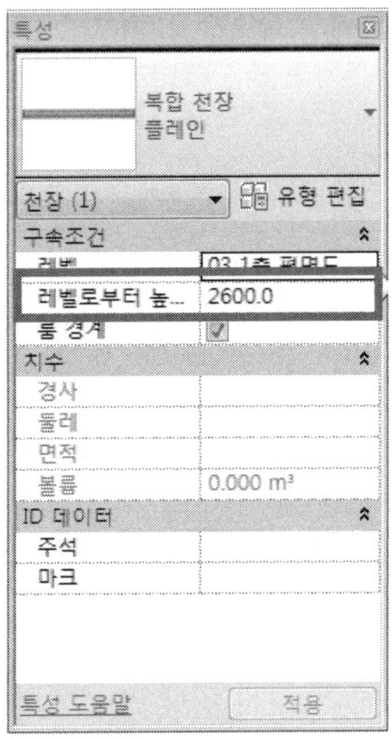

- 자동 천장을 이용하여 각 실마다 지정하여 천장을 모델링한다.

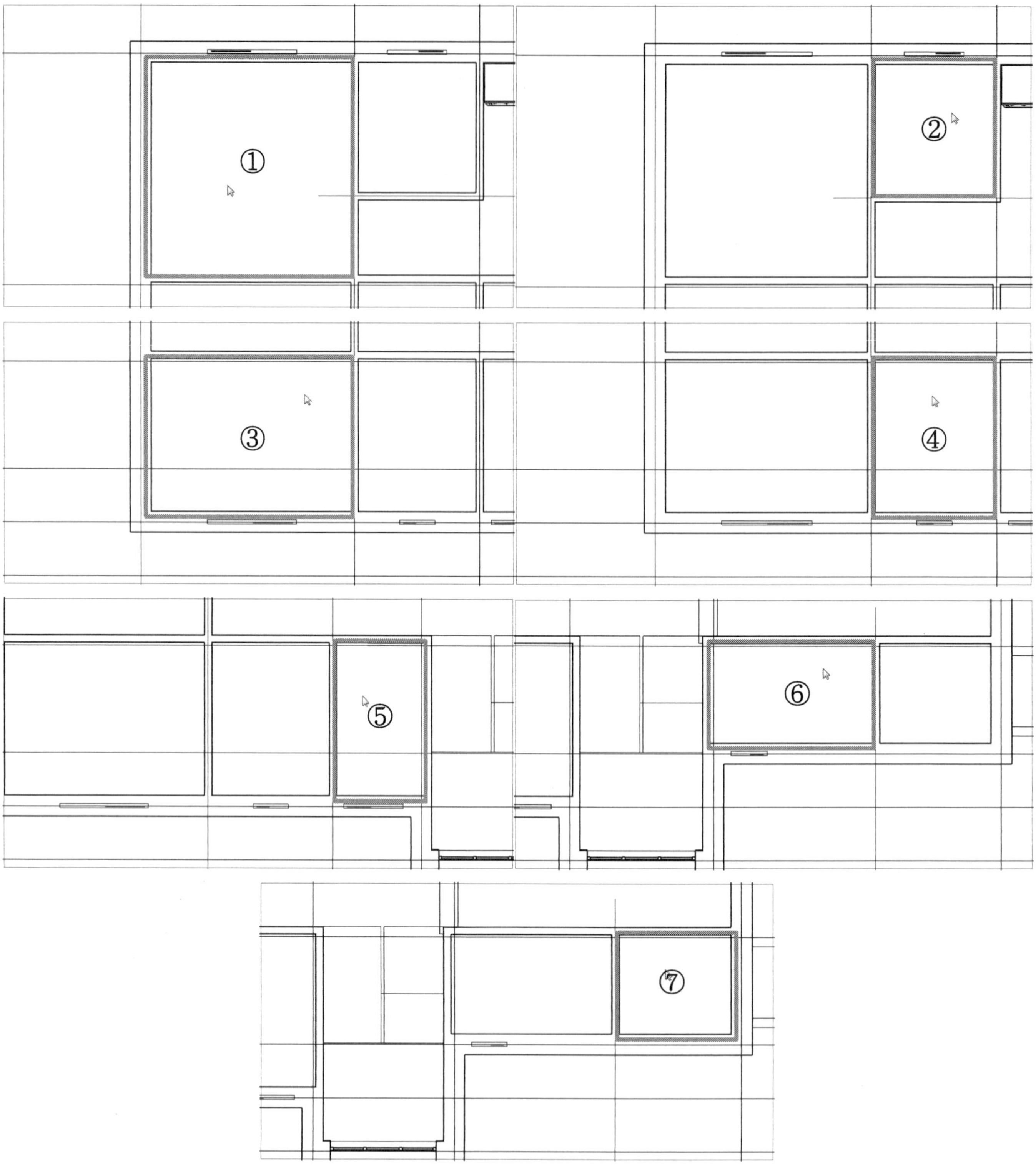

- 3D 뷰에서 확인한다.
- 각 실에 천장이 모델링된 것을 확인할 수 있다.

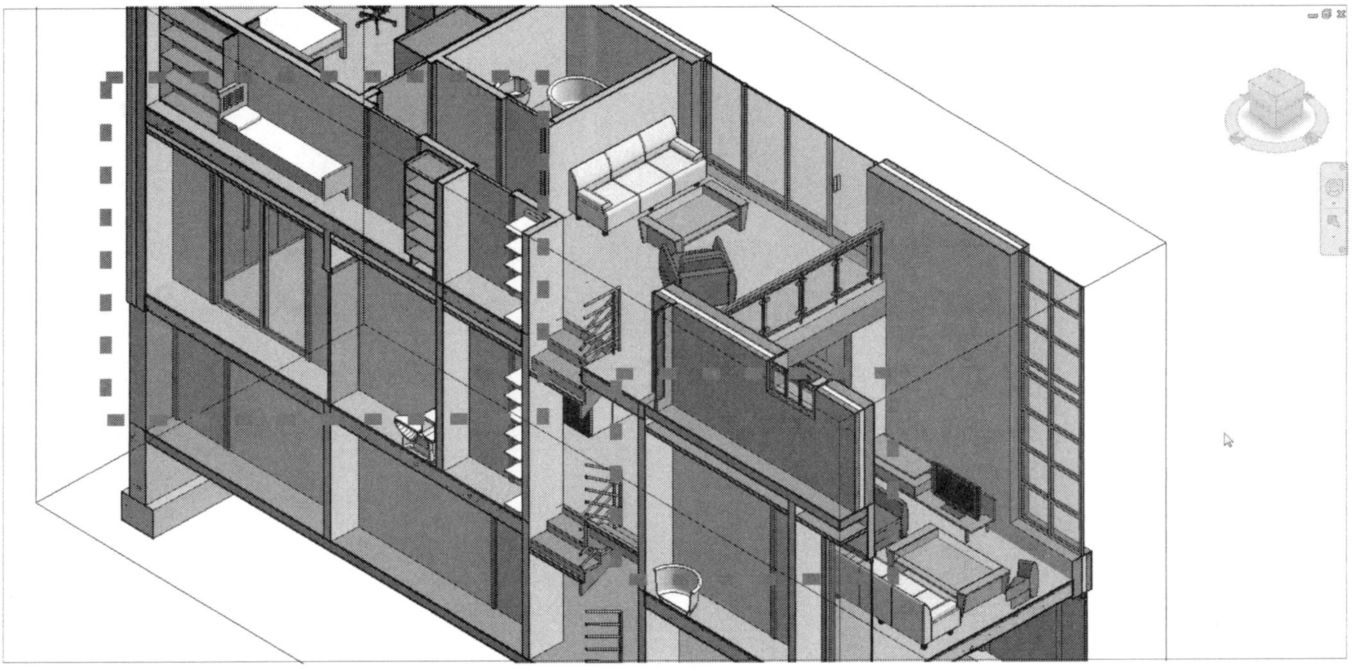

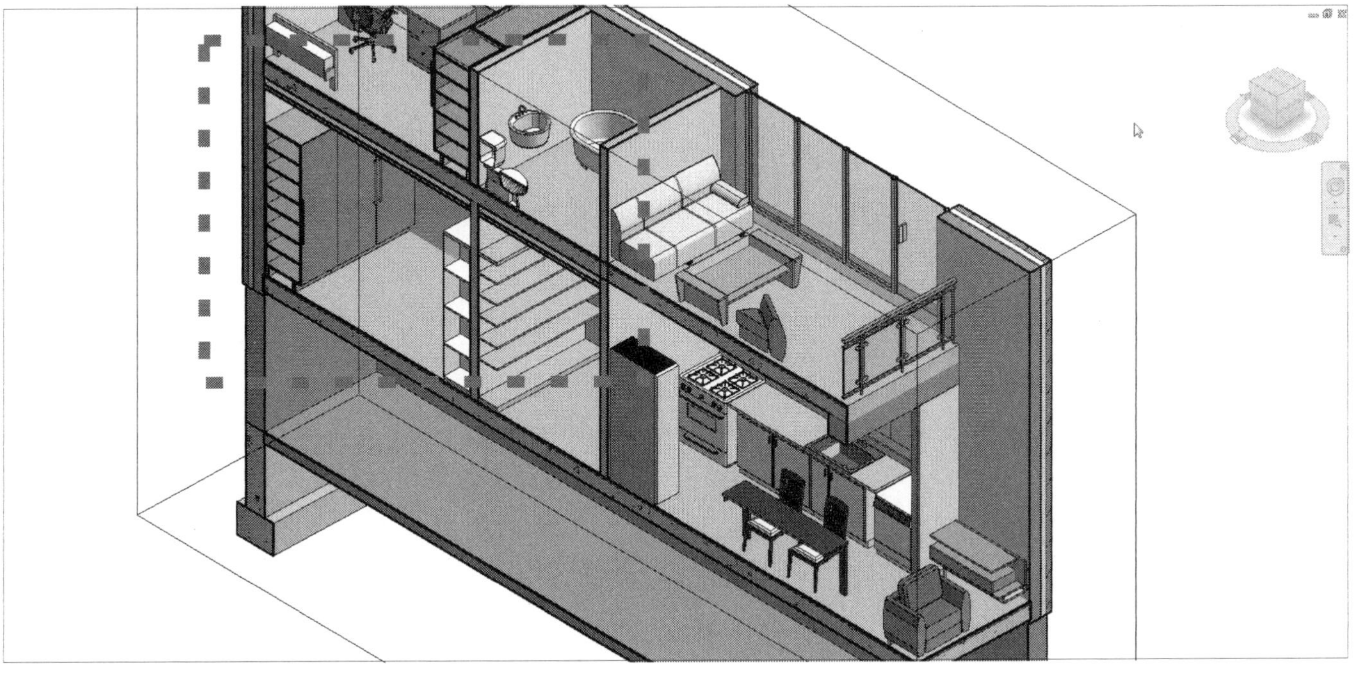

② 1층 천장 평면도에서 천장 그리기 02(천장 스케치)

- 주방과 식당의 천장을 그리기 위해서 1층 천장 평면도를 활성화하고, 천장 스케치를 선택한다.
- 유형특성에서 복합 천장 600 X 1200mm 그리드를 선택한다. 레벨에서의 높이가 2,600mm로 설정한다.
- 선 선택으로 아래 그림과 같이 그리고 자르기 연장으로 정리한다.

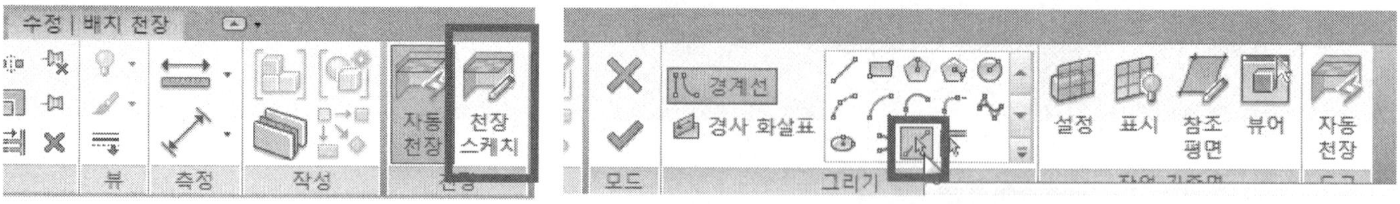

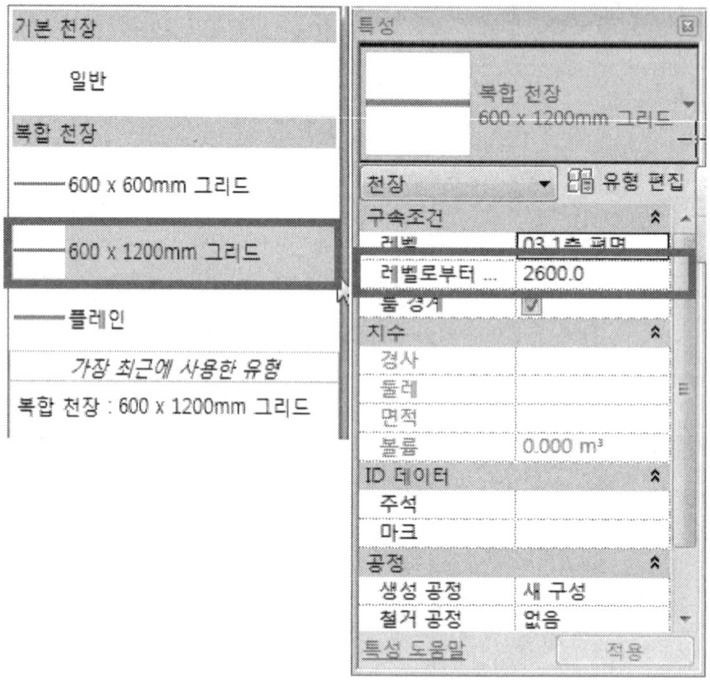

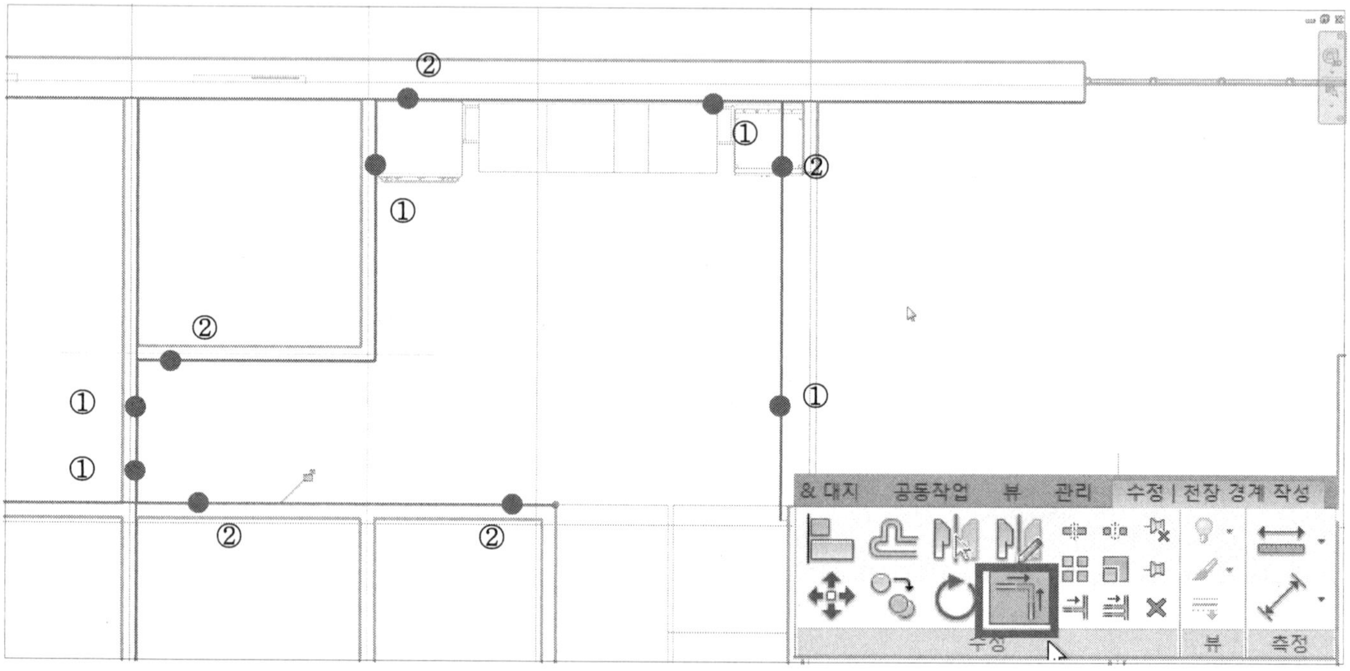

- 정렬이 끝나면 완료를 선택한다.

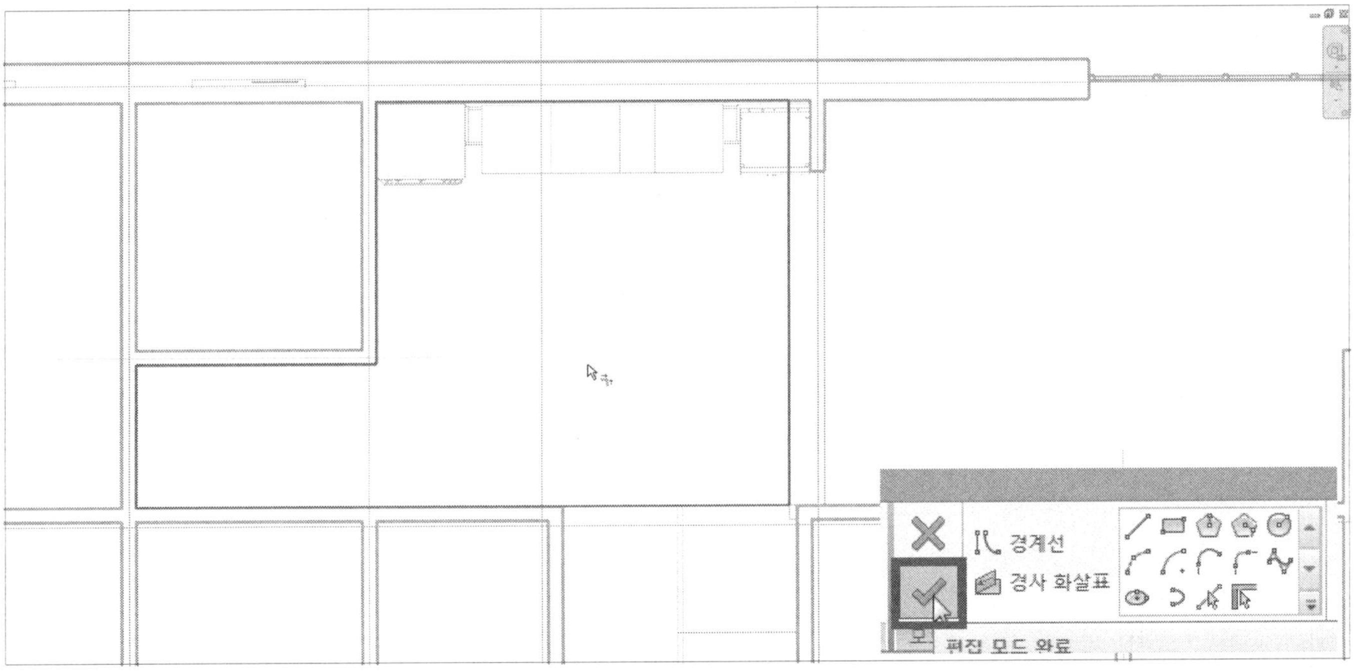

- 아래와 같이 나타난다.

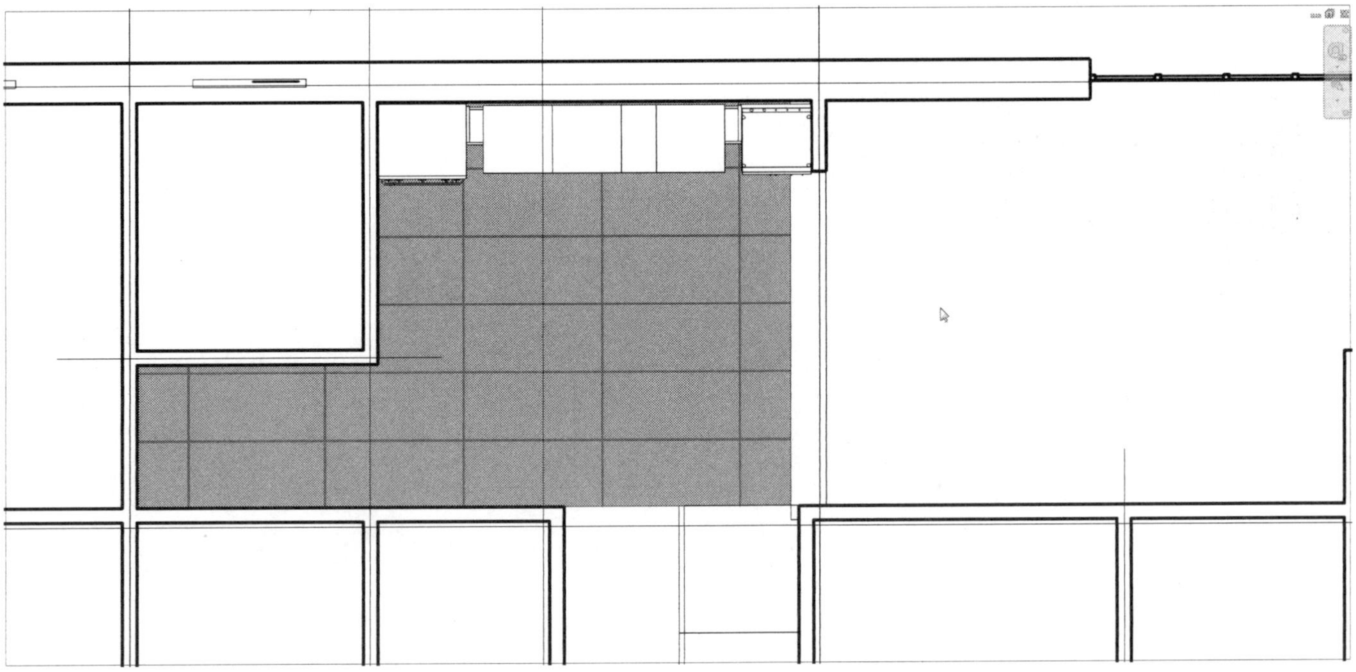

- 하지만 천장의 패널 그리드가 중앙에 맞추어져 있어 불합리하므로 정렬을 한다.
- 그리드 선을 선택하고 드래그하여 정렬한다.

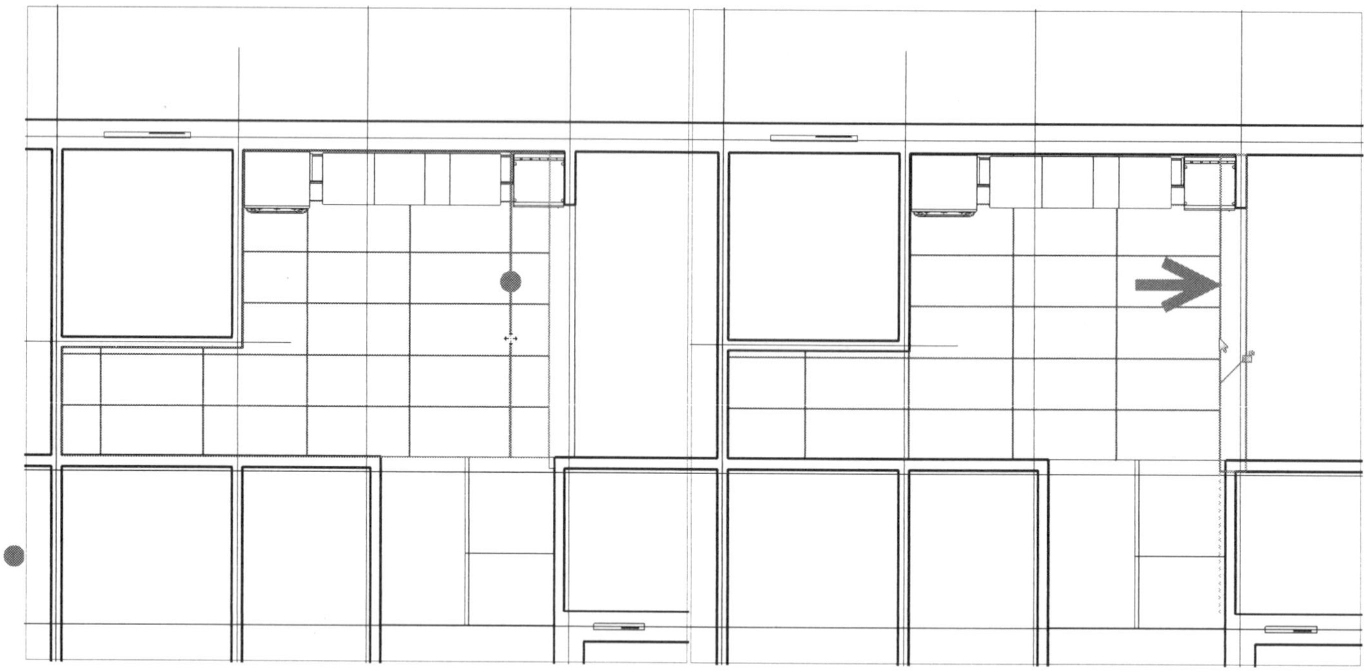

- 3D 뷰에서 확인한다.
- 각 실에 천장이 모델링된 것을 확인할 수 있다.

③ 2층 천장 평면도에서 천장 그리기

- 2층의 천장을 그리기 위해서 2층 천장 평면도를 활성화하고, 그리드 버블을 감춘다.
- 천장의 자동 천장을 선택한다.
- 유형특성에서 복합 천장 플레인을 선택한다. 레벨에서의 높이를 2,300mm로 설정한다.

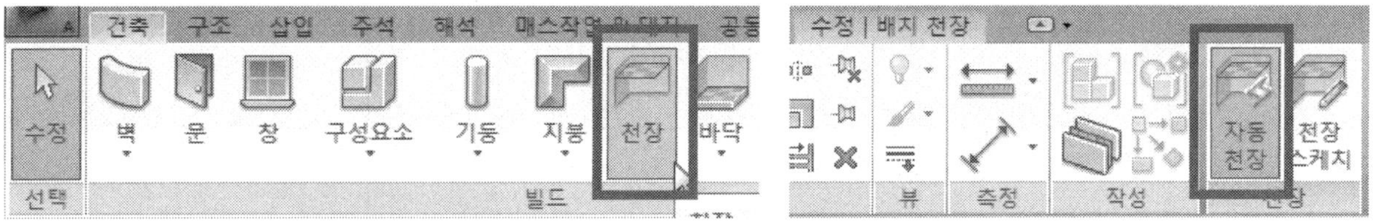

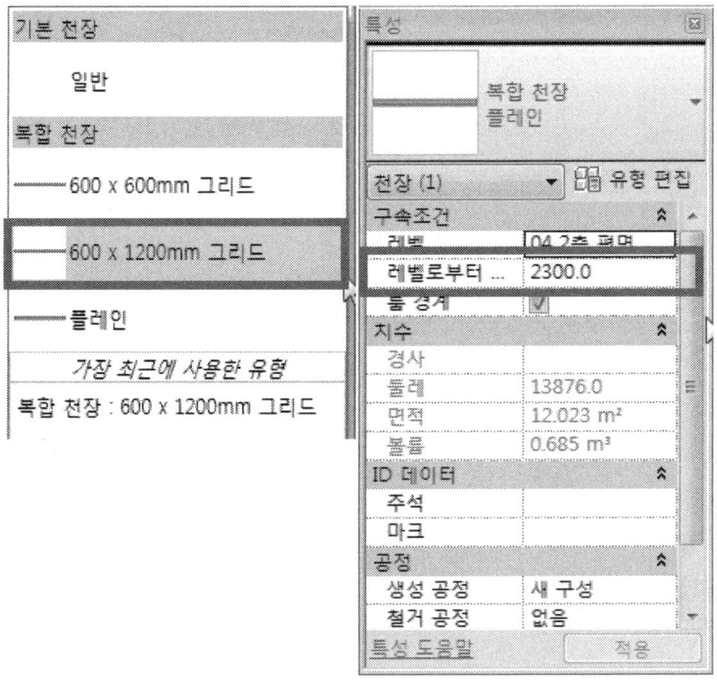

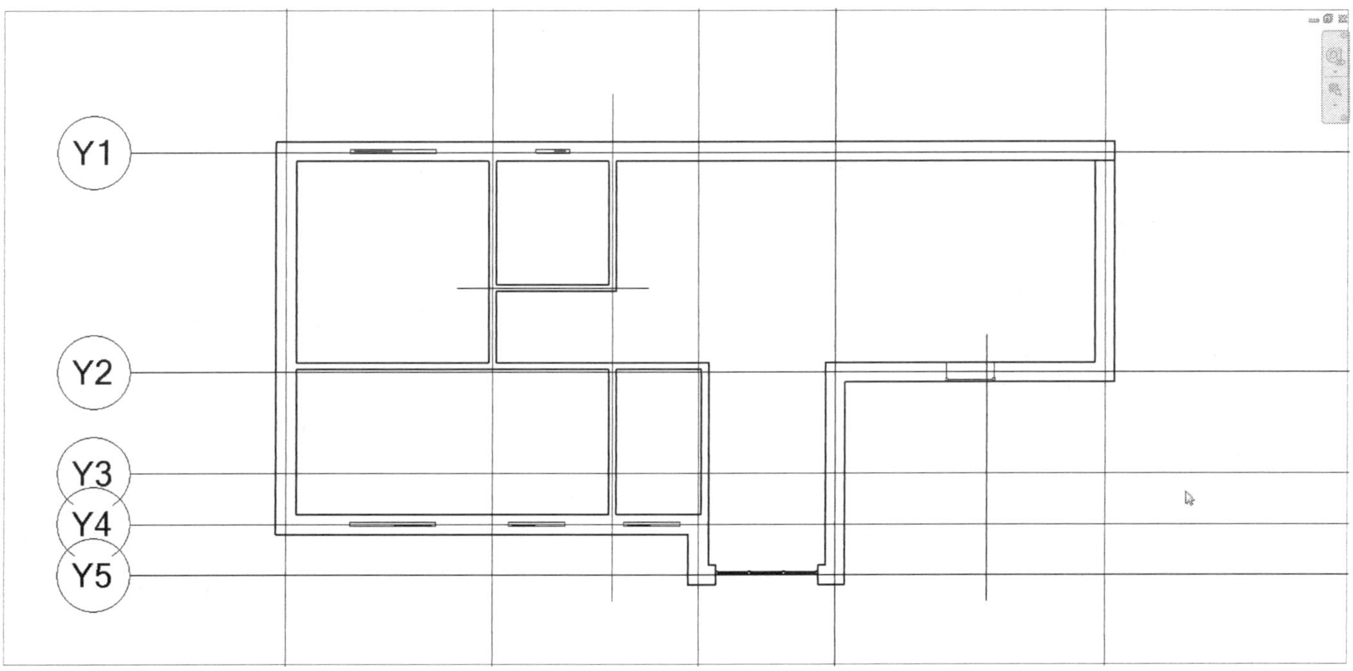

- 2층 각 방의 천장을 아래 그림과 같이 그린다.

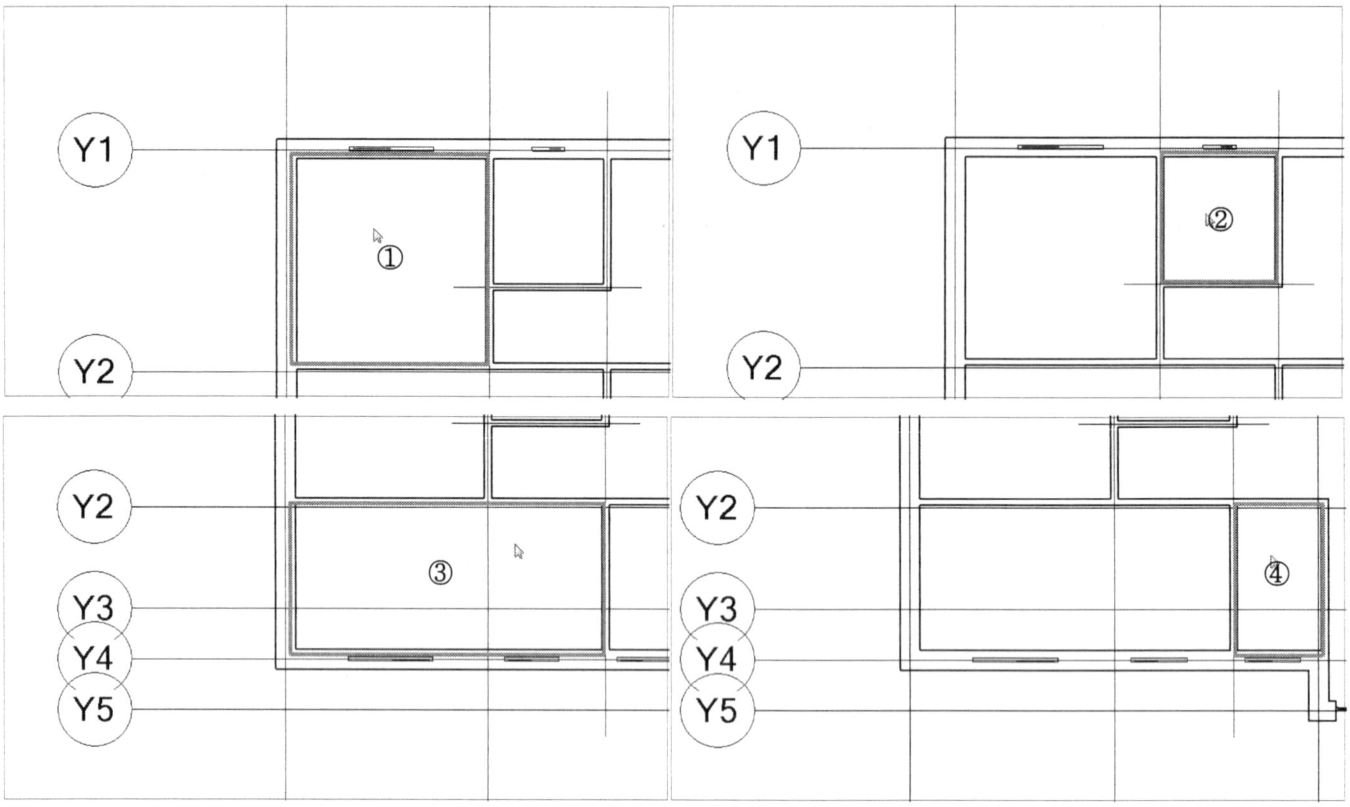

- 3D 뷰에서 확인한다.
- 각 실에 천장이 모델링된 것을 확인할 수 있다.

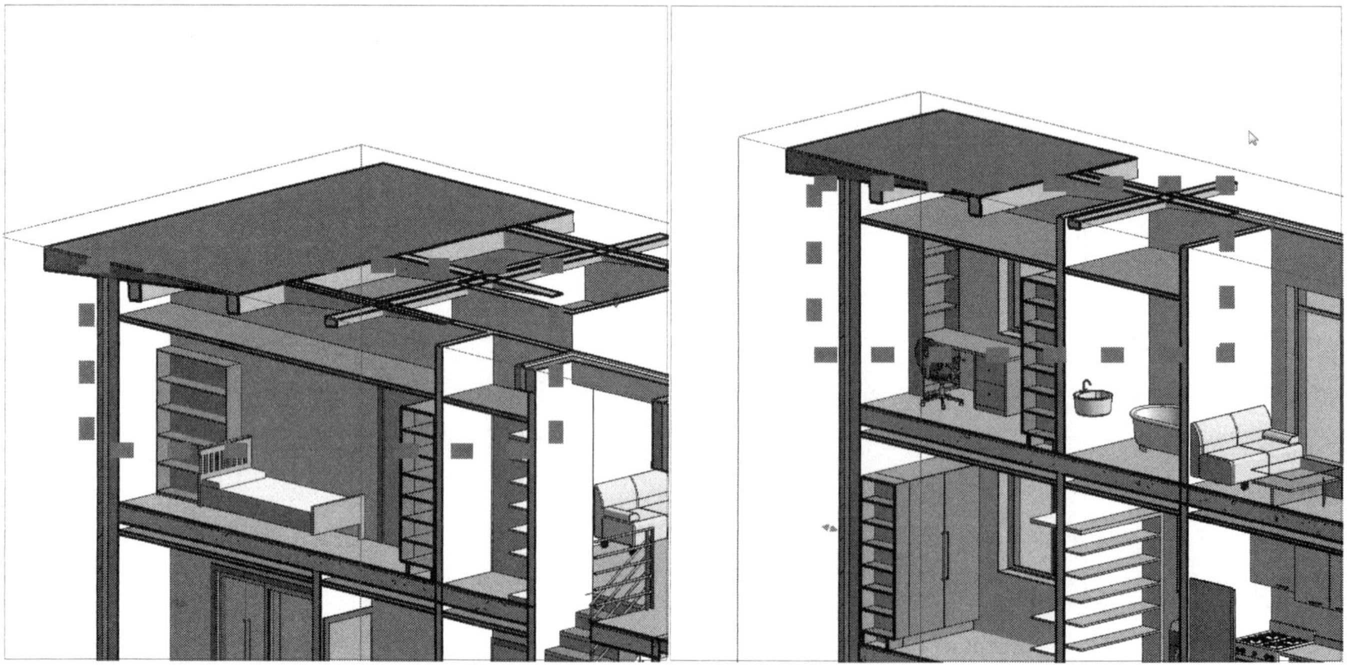

④ 1, 2층 천장에 조명 삽입하기

- 1층의 천장에 조명을 삽입하기 위해서 1층 천장 평면도를 활성화한다.
- 삽입에서 패밀리로드를 선택한다.
- 조명 설비 폴더를 선택하고, 천장용 조명1과 천장용 조명3을 선택한다.

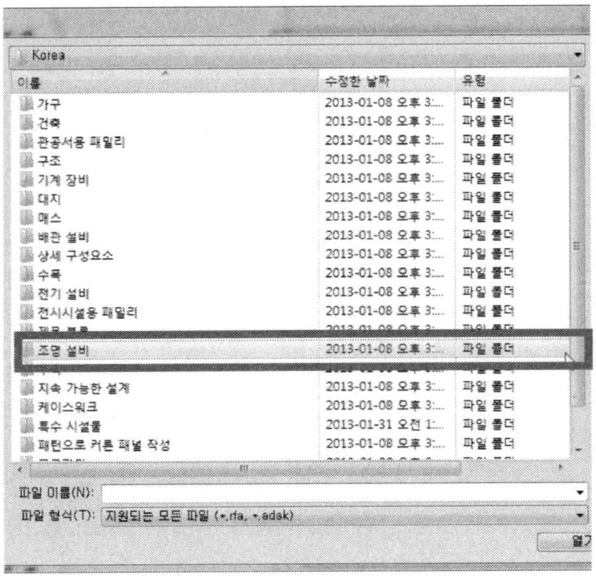

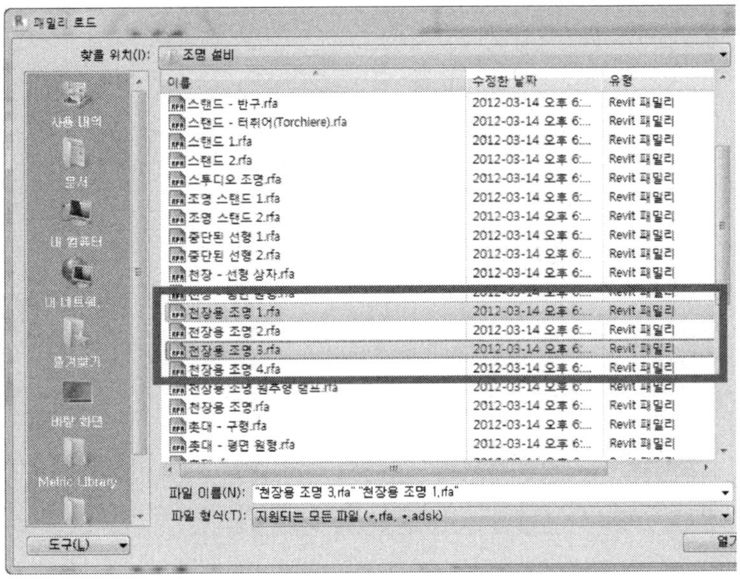

- 아래 그림과 같이 조명을 모델링한다.

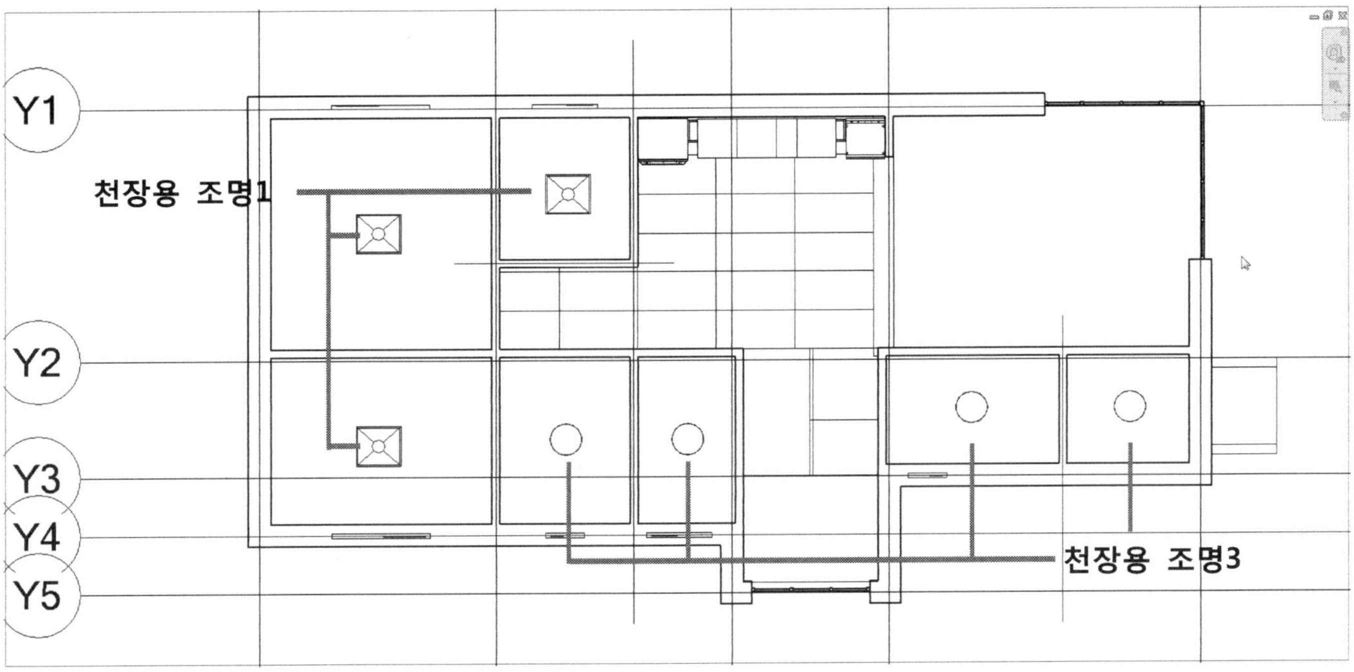

- 3D 뷰에서 확인한다.

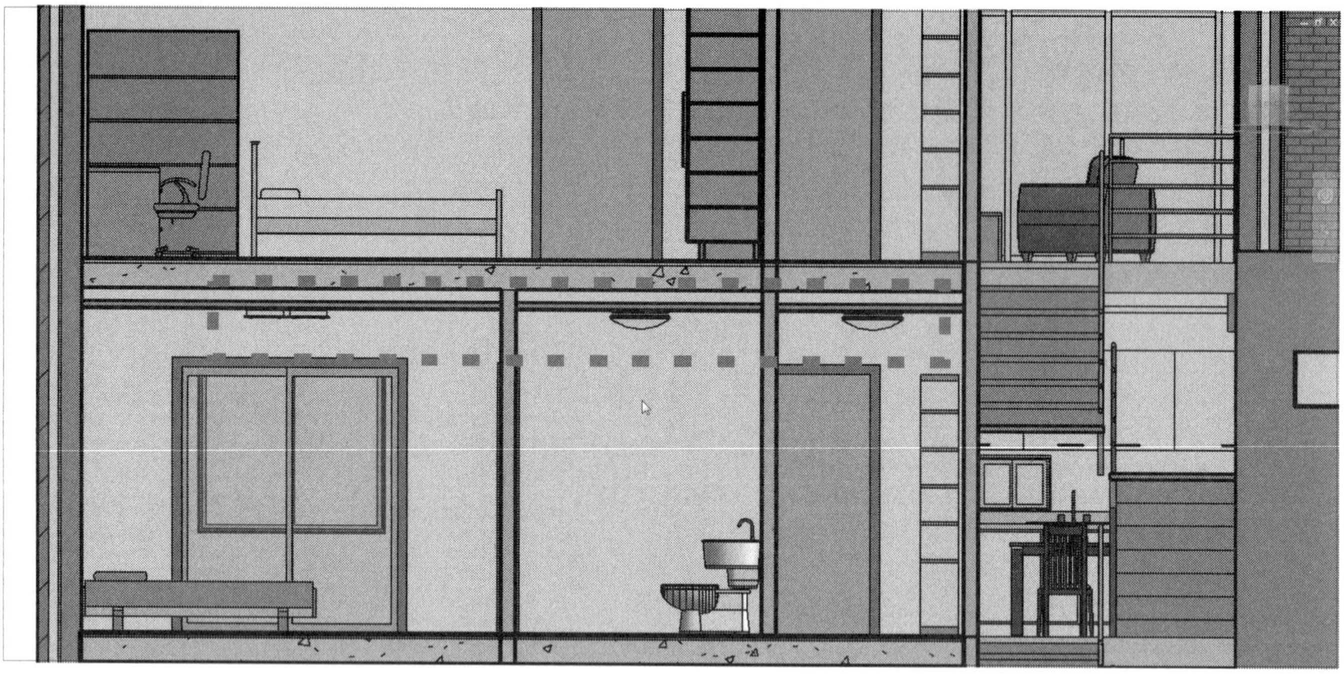

- 구성요소 배치를 선택한다.
- 조명 유형 중 트로퍼 포물선 직사각형 0600 x 1200mm를 선택하고 그림과 같이 모델링한다.

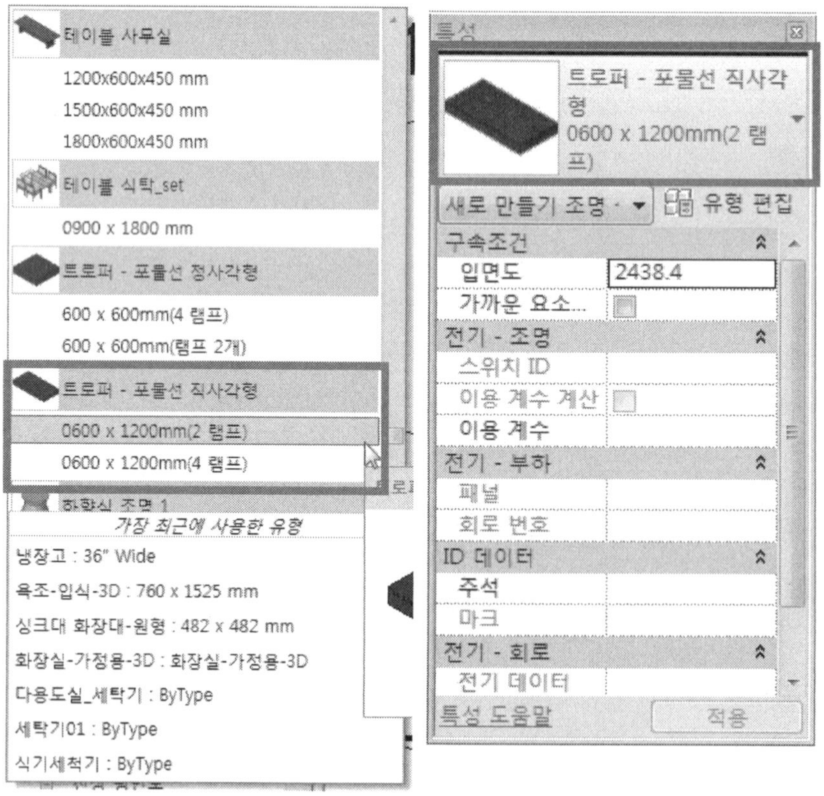

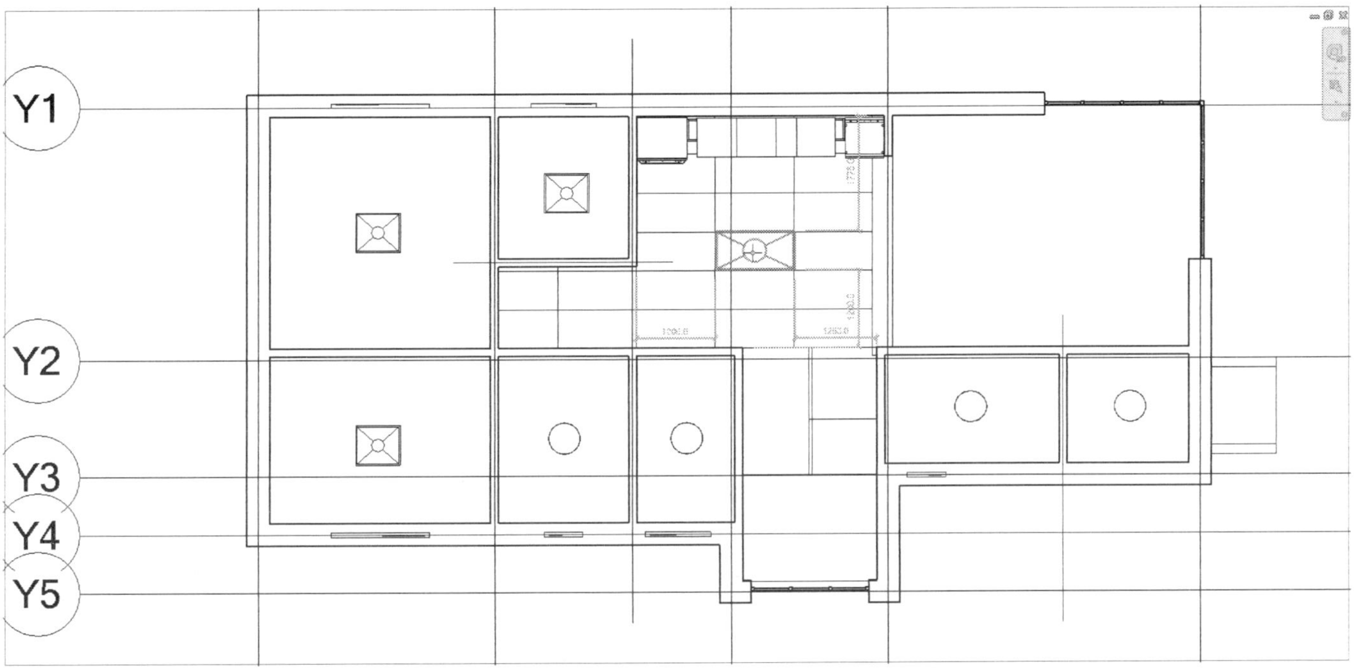

- 3D 뷰에서 확인한다.

- 같은 방법으로 2층 천장 평면도에서도 조명을 그림과 같이 삽입한다.

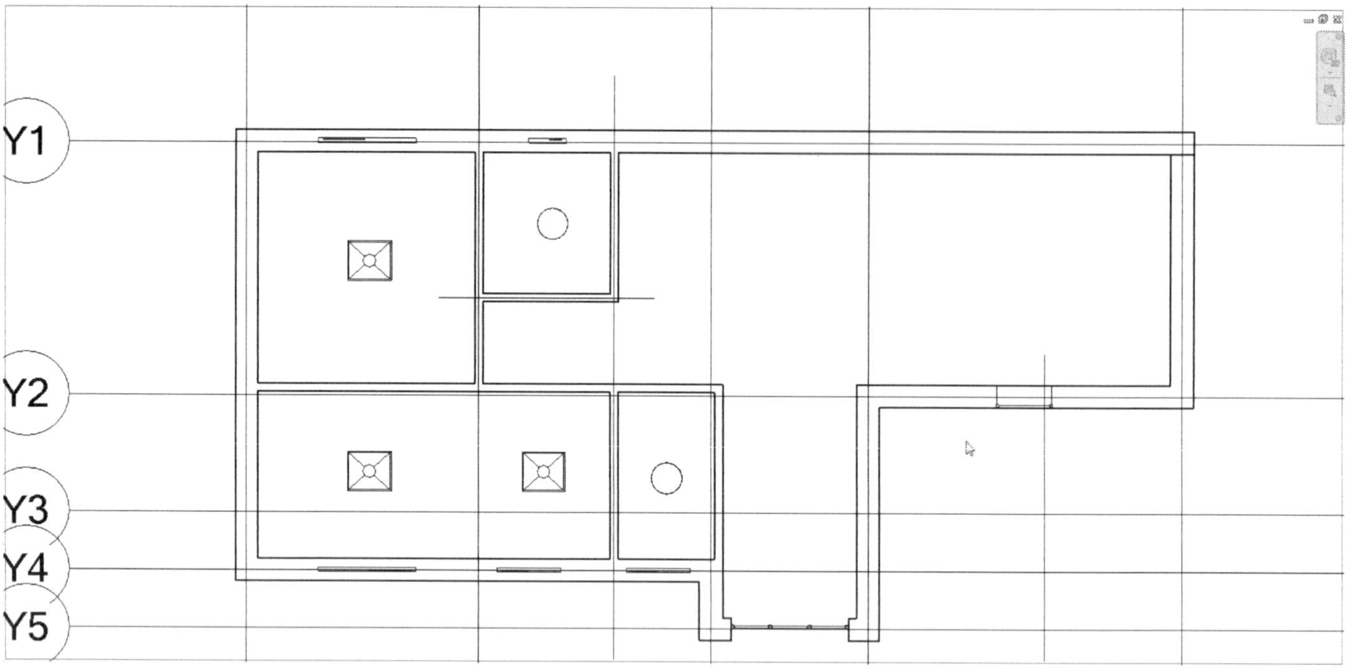

- 3D 뷰에서 확인한다.

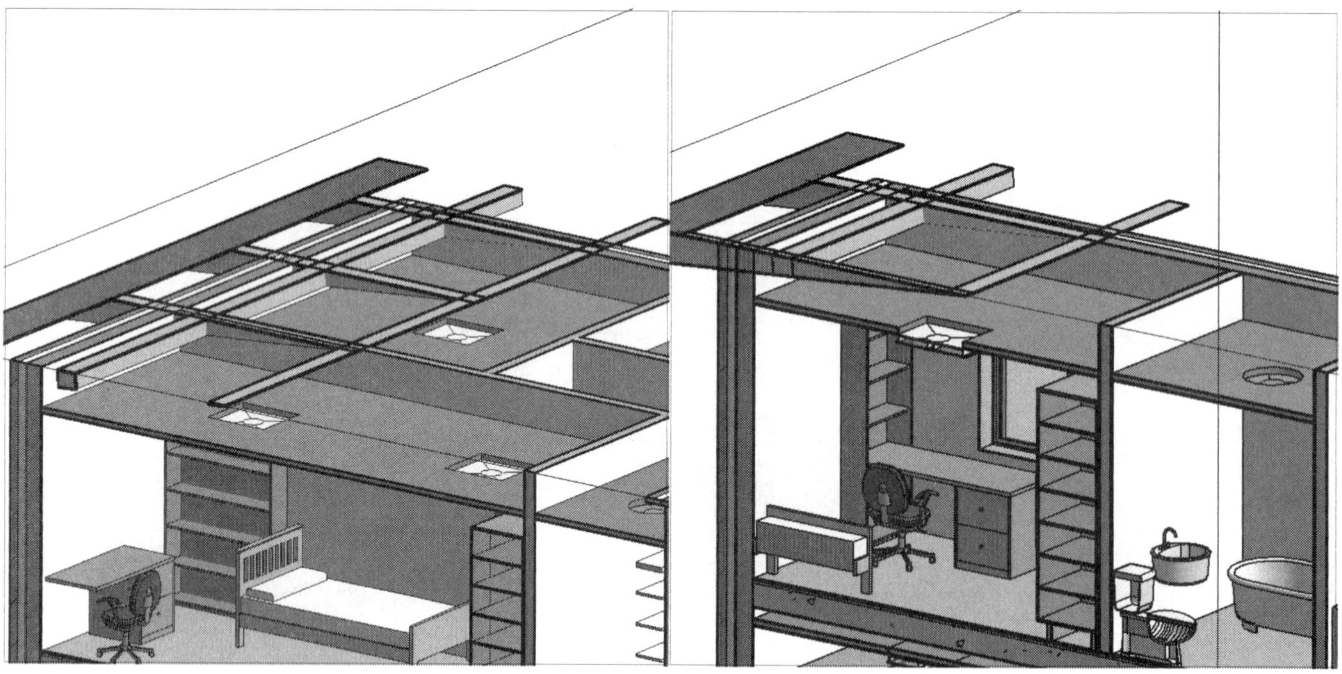

17) 지하주차장 경사로, 입구 및 건물 뒤 테라스 부분 그리기

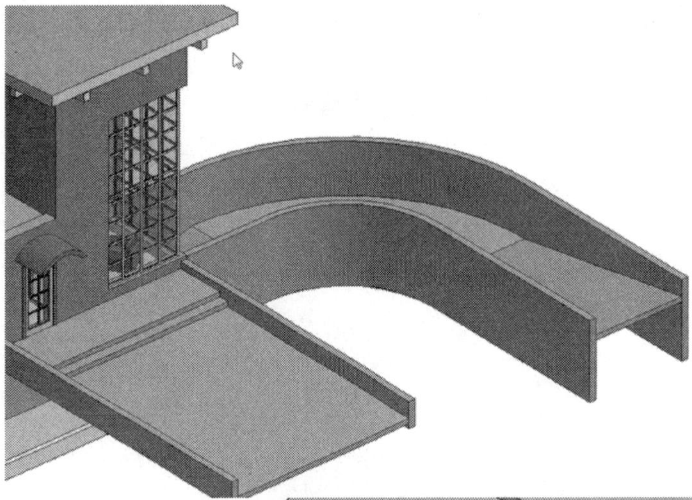

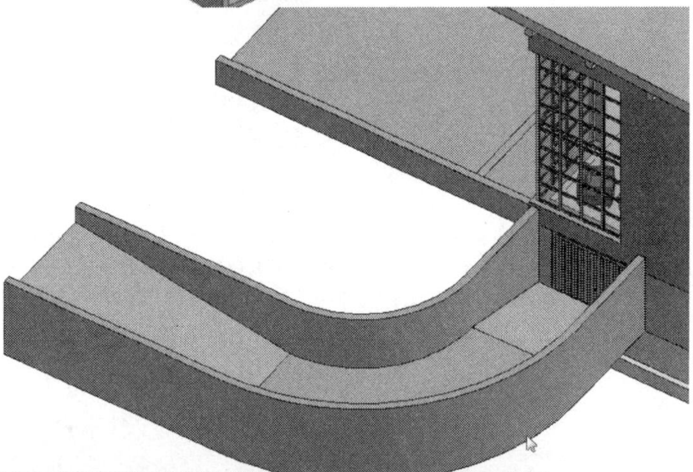

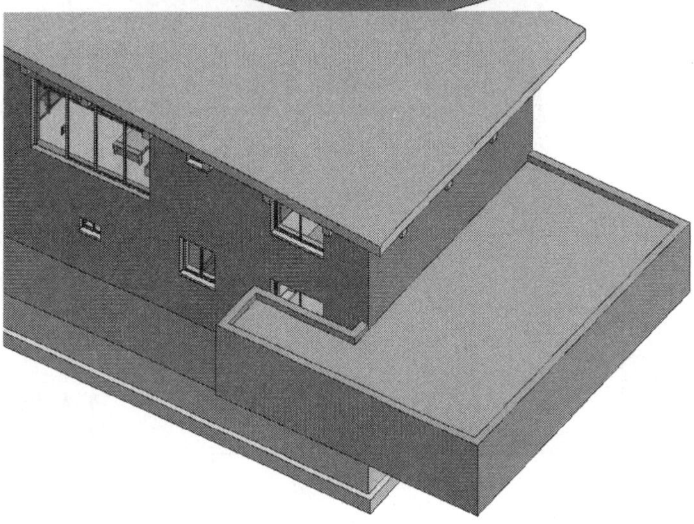

주택의 외부에 경사로, 입구 및 뒤 테라스를 그린다.

학습목표

- 건물 주변의 옹벽 및 바닥, 경사로 등을 이해한다.
- 지하주차장으로 내려가는 경사로 및 옹벽을 실습을 통해 모델링하고 숙지한다.
- 주택 입구의 바닥 및 옹벽을 실습을 통해 모델링하고 숙지한다.
- 주택 후면 테라스를 모델링한다.

17) 지하주차장 경사로, 입구 및 건물 뒤 테라스 부분 그리기

① 지하주차장 경사로 및 입구 그리기

- 03 1층평면도로 이동한다. 지하주차장과 주택 입구 벽과 계단을 구성하기 위해서 먼저 그리드를 구성한다.
- 그리드 선 선택의 간격 띄우기를 9000으로 하고 아래 그림과 같이 그리드를 추가한다.

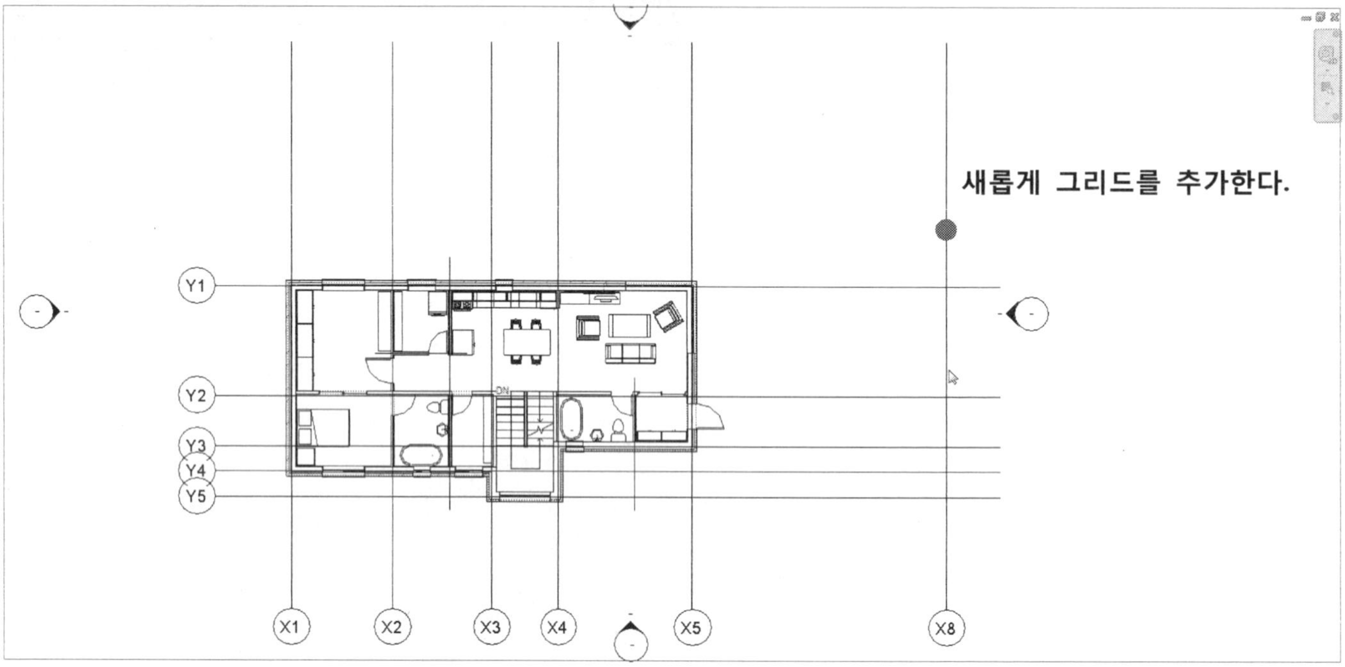

- 그리드 선 선택의 간격 띄우기를 3000으로 하고 아래 그림과 같이 그리드 5개를 추가한다.

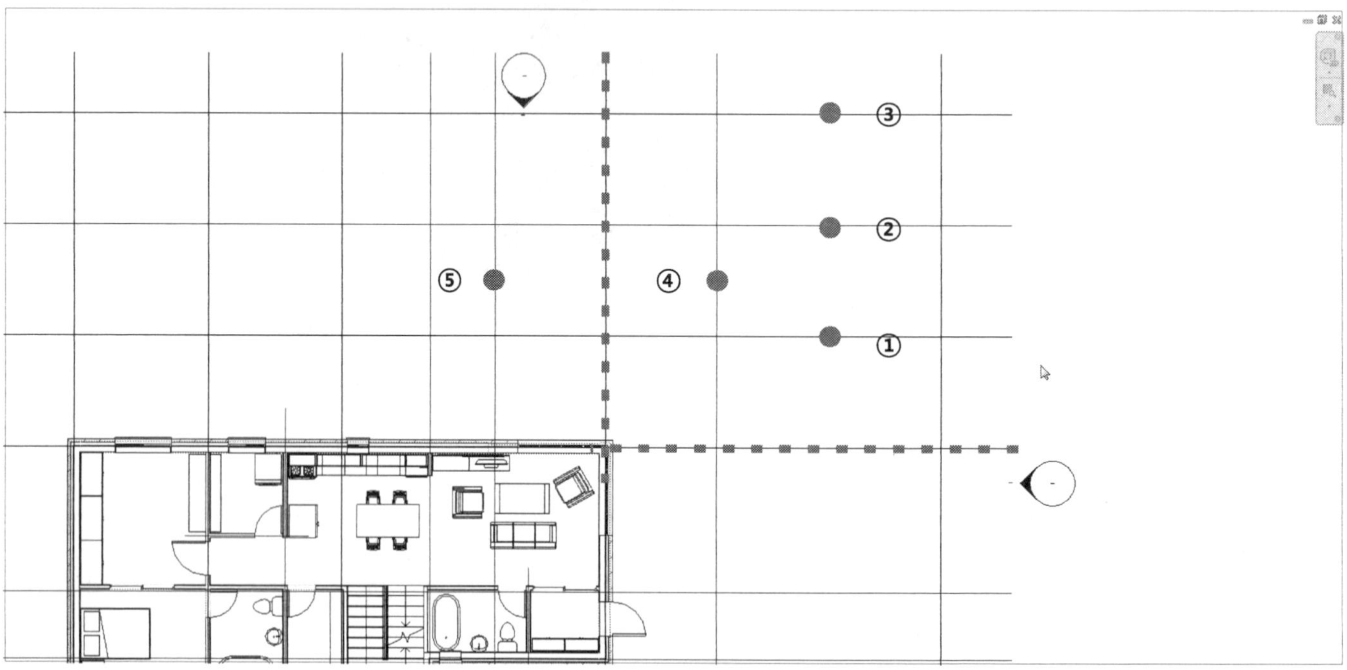

- 그리드를 아래 그림과 같이 버블을 숨기고 정리한다.

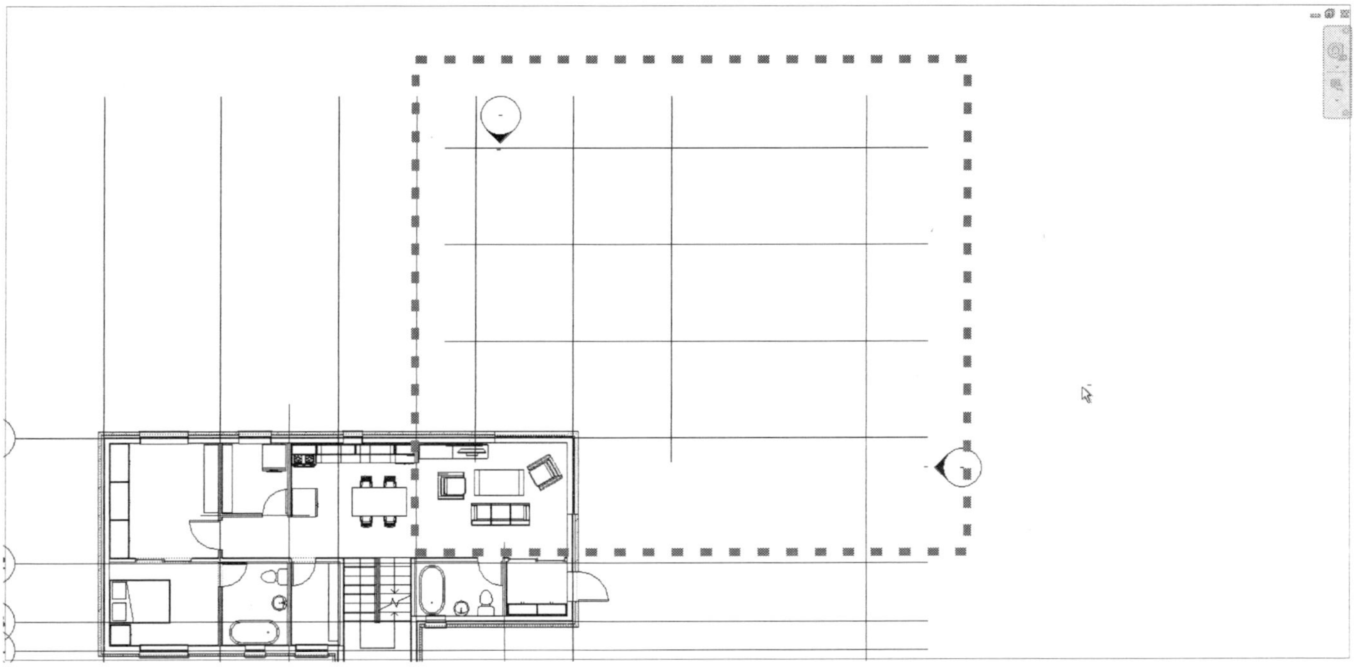

- 지하 주차장으로 가는 경사로의 벽을 모델링하기 위해서 01 지하주차장 평면으로 이동한다.
- 건축 탭에서 벽을 선택한 후 벽 종류에서 일반 200mm 를 선택한다.
- 벽의 높이는 상부구속을 02 G.L.로 상단 간격띄우기를 200mm로 설정한다.

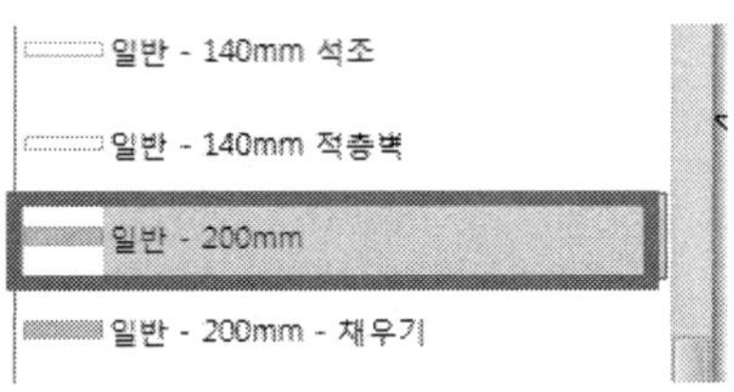

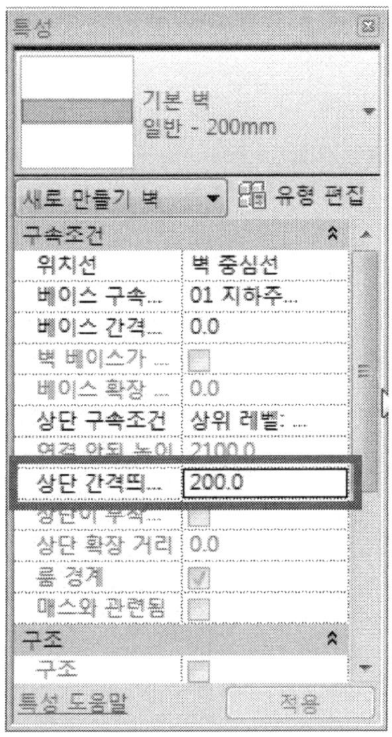

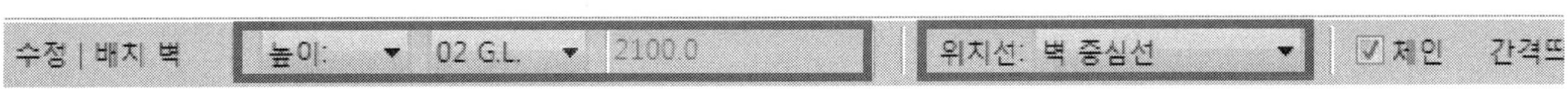

- 위치선은 벽 중심선으로 정의하고 작도한다.
- 지하주차장의 경사로의 양쪽 벽을 아래와 같이 작도한다.

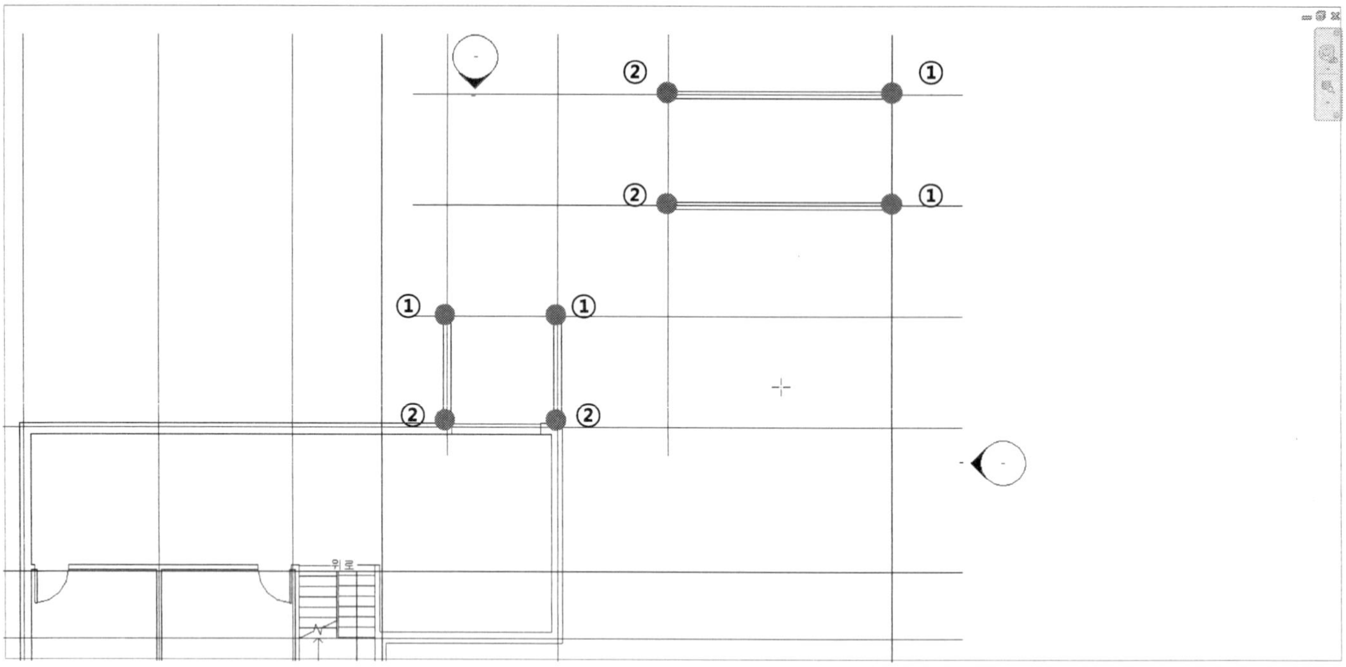

- 벽의 중간 끝 호를 이용하여 아래와 같이 작도한다.

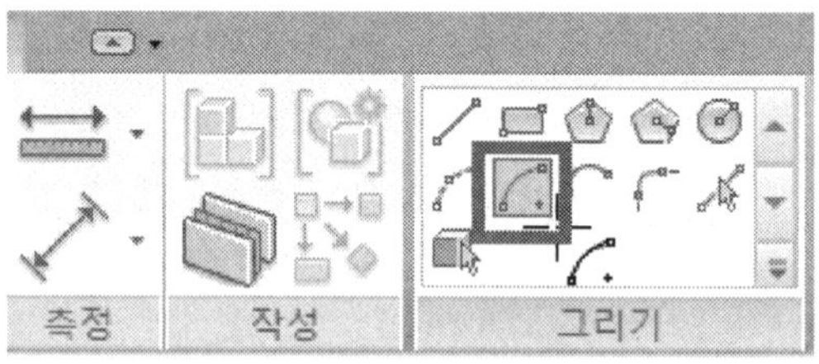

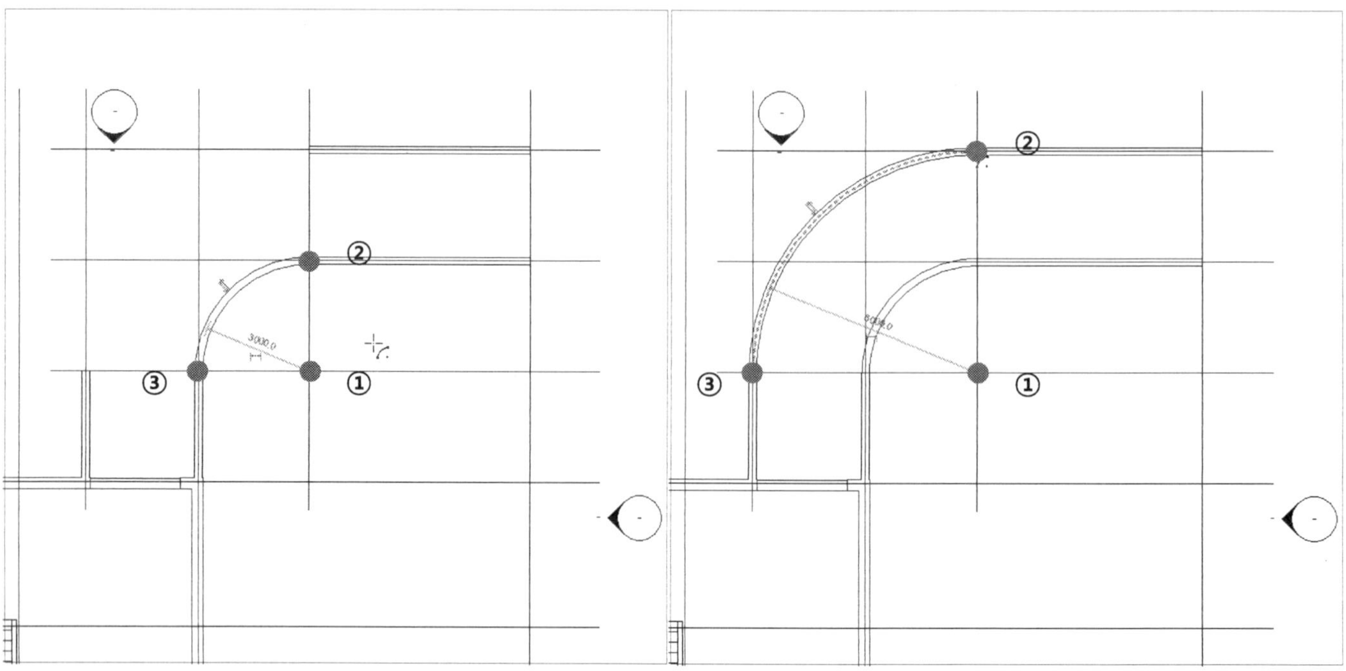

- 3D 뷰에서 확인한다.

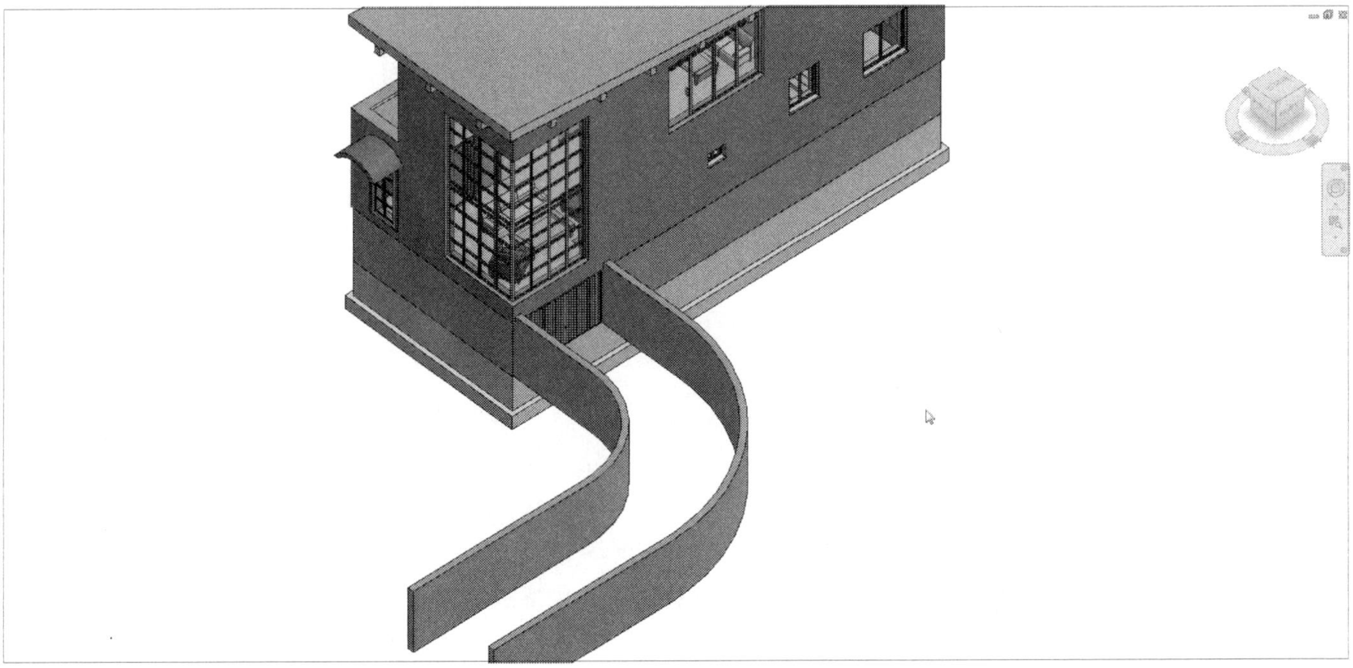

- 주택의 입구부분의 벽과 계단을 모델링하기 위해서 02 G.L.로 이동한다.
- 일반 200mm 벽이 활성화 되어 있는 것을 확인한다.
- 벽의 베이스 구속은 02 G.L.로 하고 베이스 간격 띄우기를 -300으로 정한다.
- 상단구속은 02 1층평면도, 상단 간격띄우기를 200mm로 설정한다.

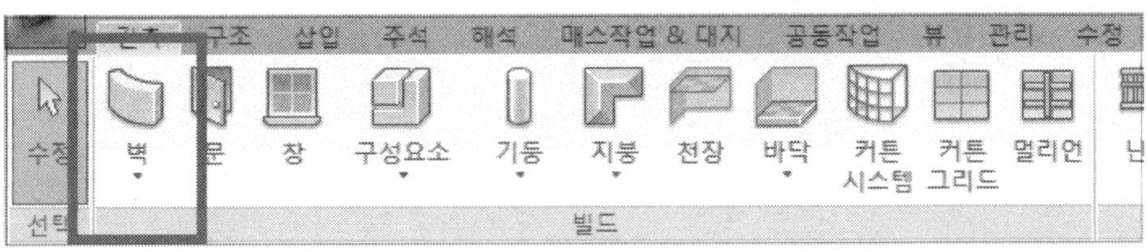

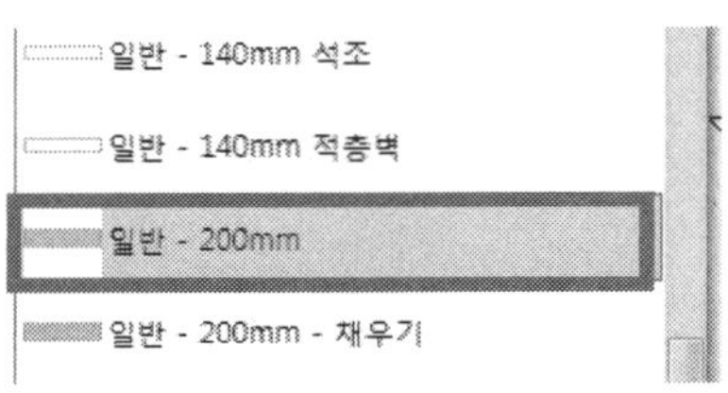

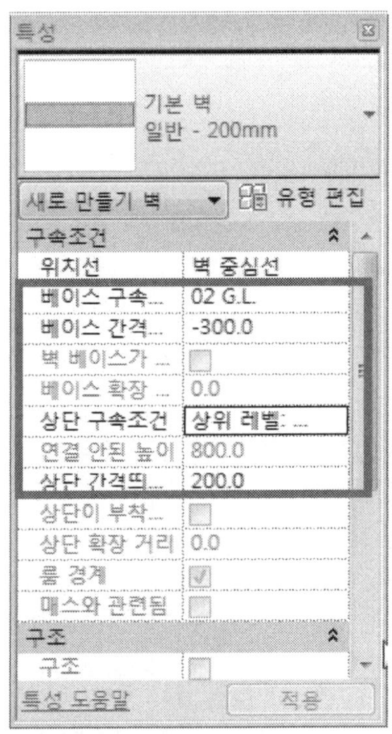

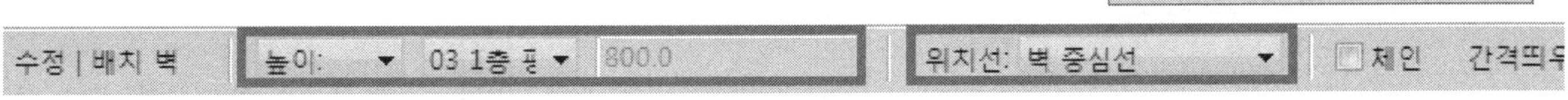

- 위치선은 벽 중심선으로 정의하고 작도한다.
- 입구 부분의 벽을 아래 그림과 같이 작도한다.

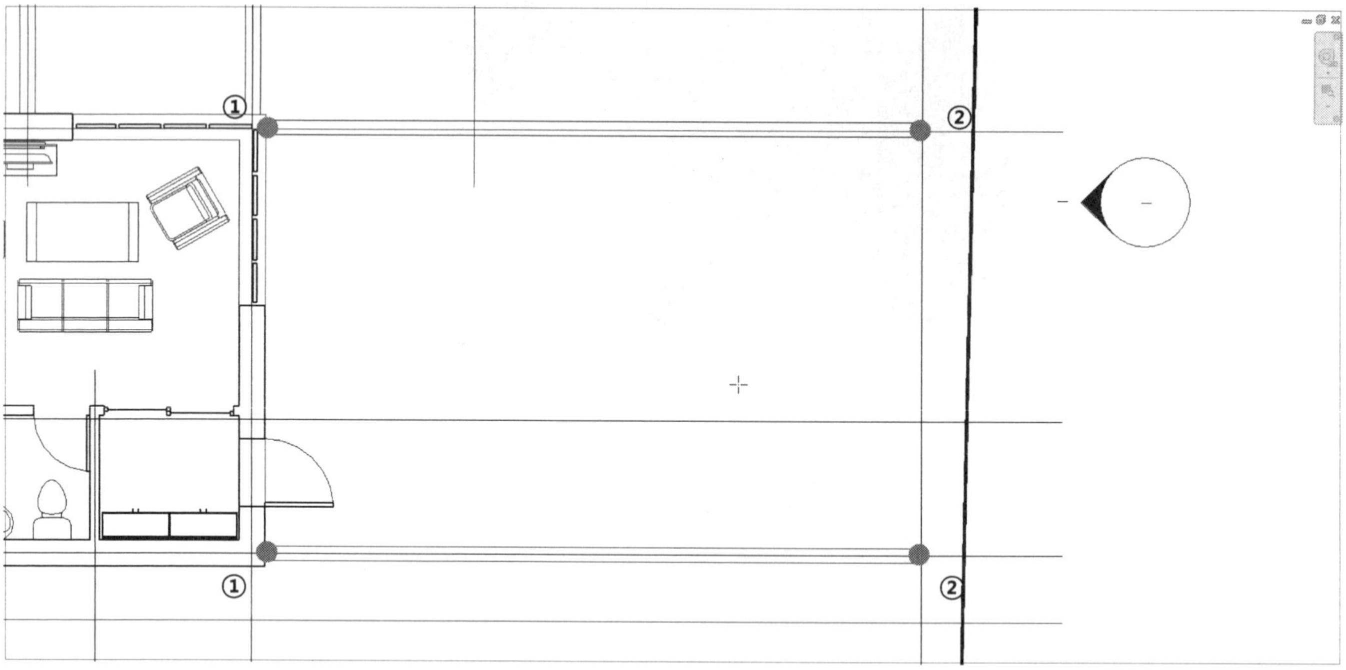

- 정렬을 통해 새로 작도된 벽을 외벽의 외부선에 정렬한다.

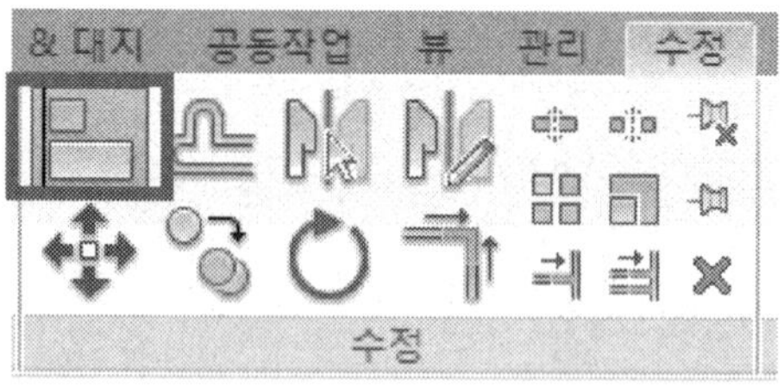

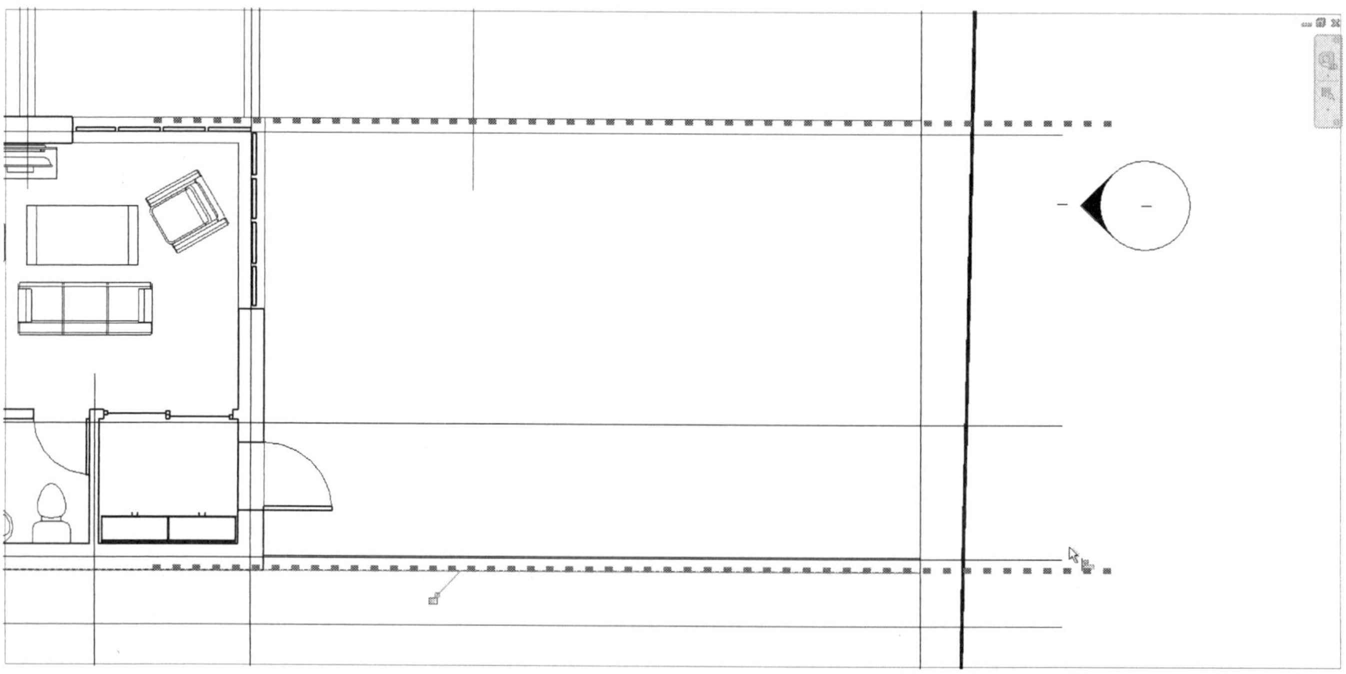

- 3D 뷰에서 확인한다.

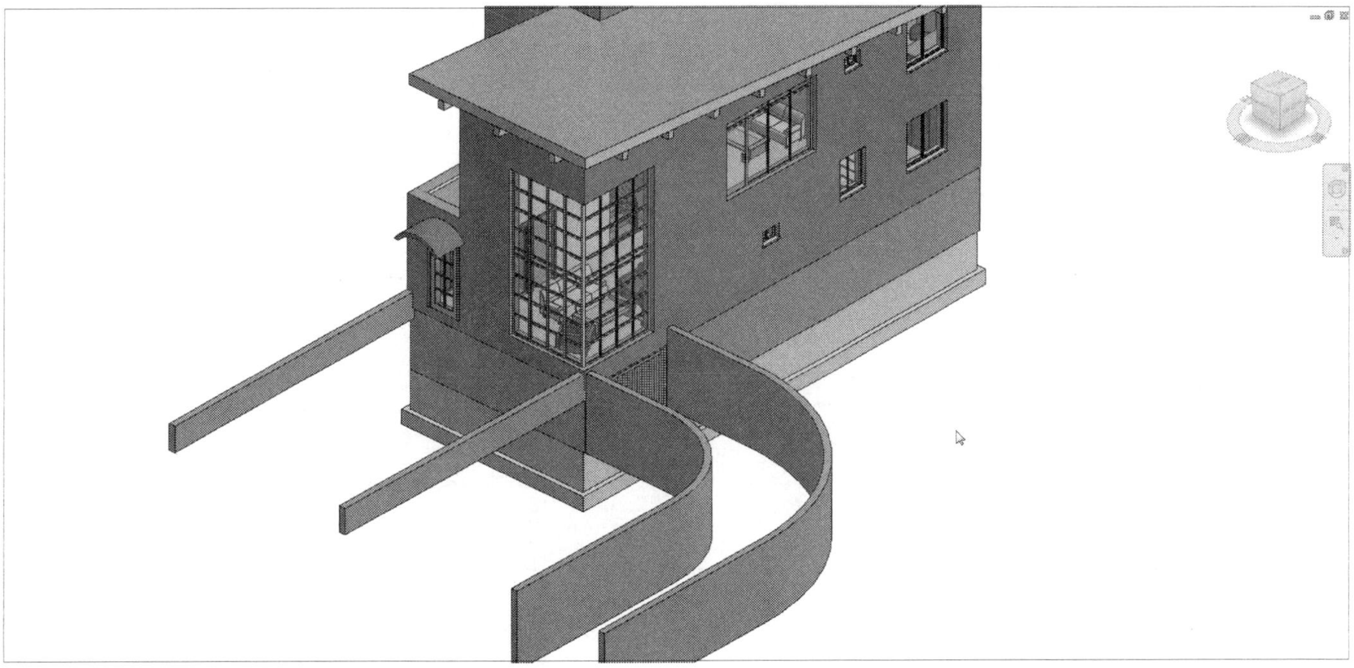

- 지하주차장으로 가는 경사로를 모델링하기 위해서 02 G.L.로 이동한다.
- 바닥을 선택하고 바닥 일반 150mm를 활성화한다.
- 아래 그림과 같이 선 선택을 이용하여 경계선을 스케치 한다.
- 코너로 자르기 연장으로 정리한다.

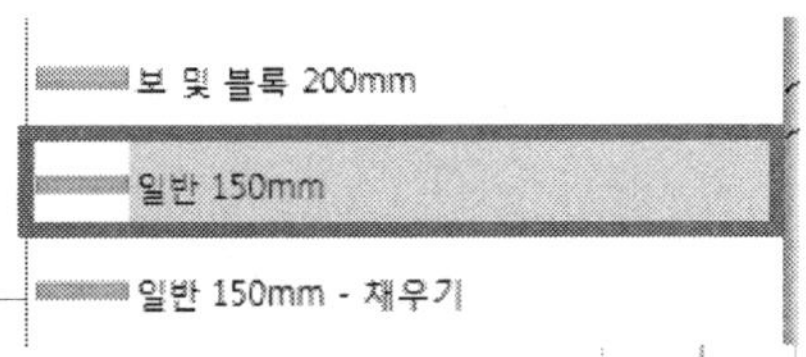

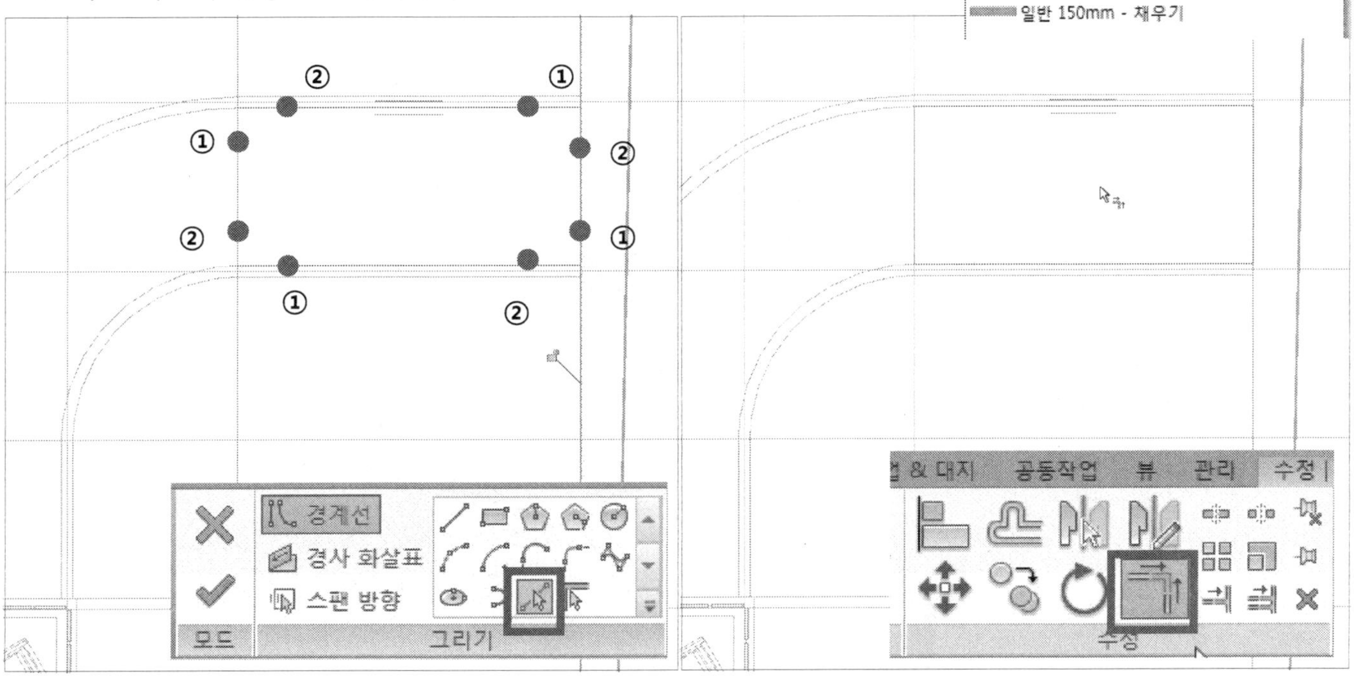

- 경사로를 지정하기 위해서 경사 화살표를 선택하고 화살표를 그림과 같이 그린다.
- 화살표를 선택하고 테일에서 높이는 0, 헤드에서 높이는 -1100으로 설정하고 바닥을 완료한다.

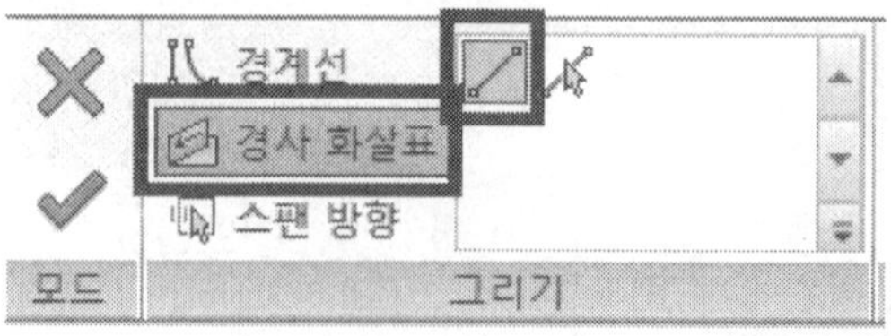

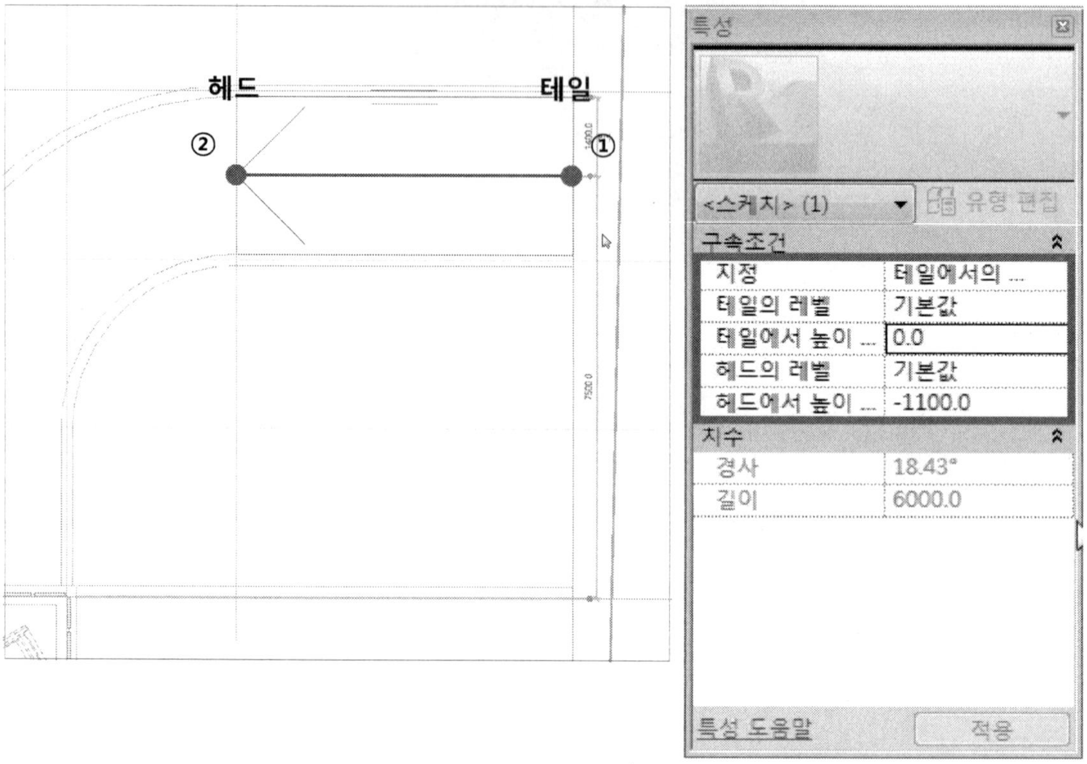

- 3D 뷰에서 확인한다.

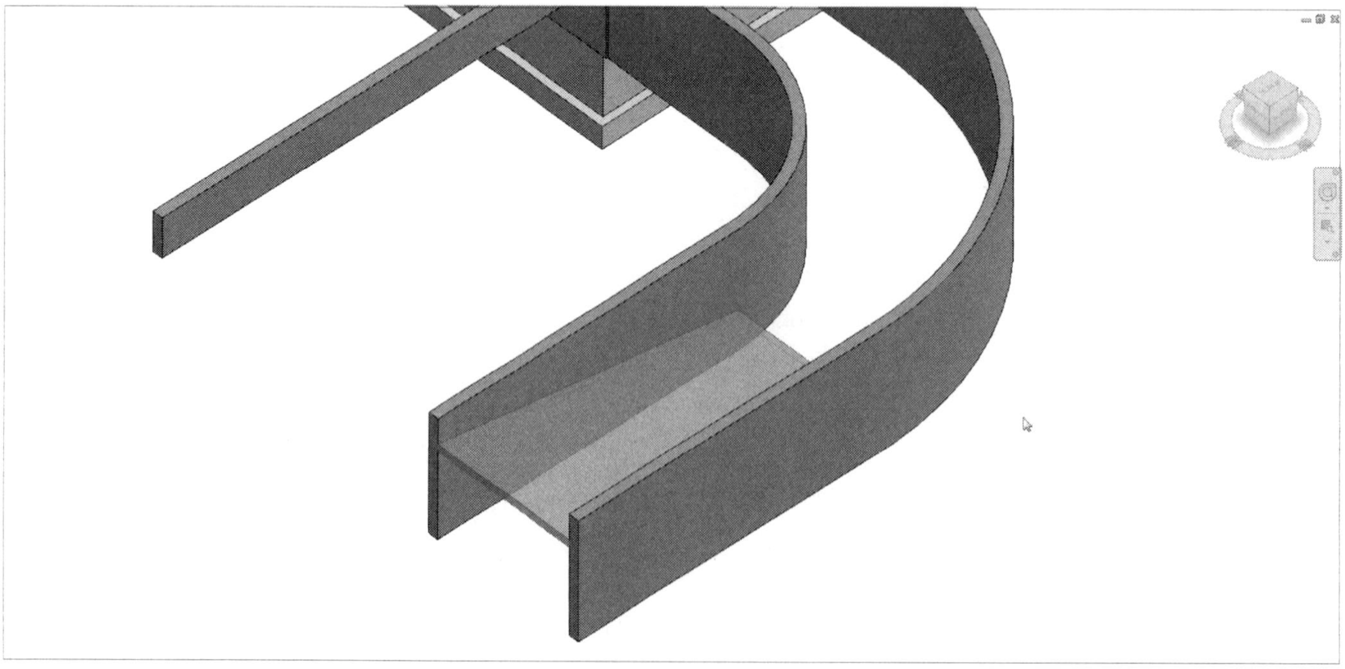

- 바닥을 선택하고 아래 그림과 같이 선 선택을 이용하여 경계선을 스케치 한다.
- 레벨은 02 G.L.로 설정하고 레벨로부터 간격 띄우기는 -1100으로 설정한다.
- 코너로 자르기 연장으로 정리한다.

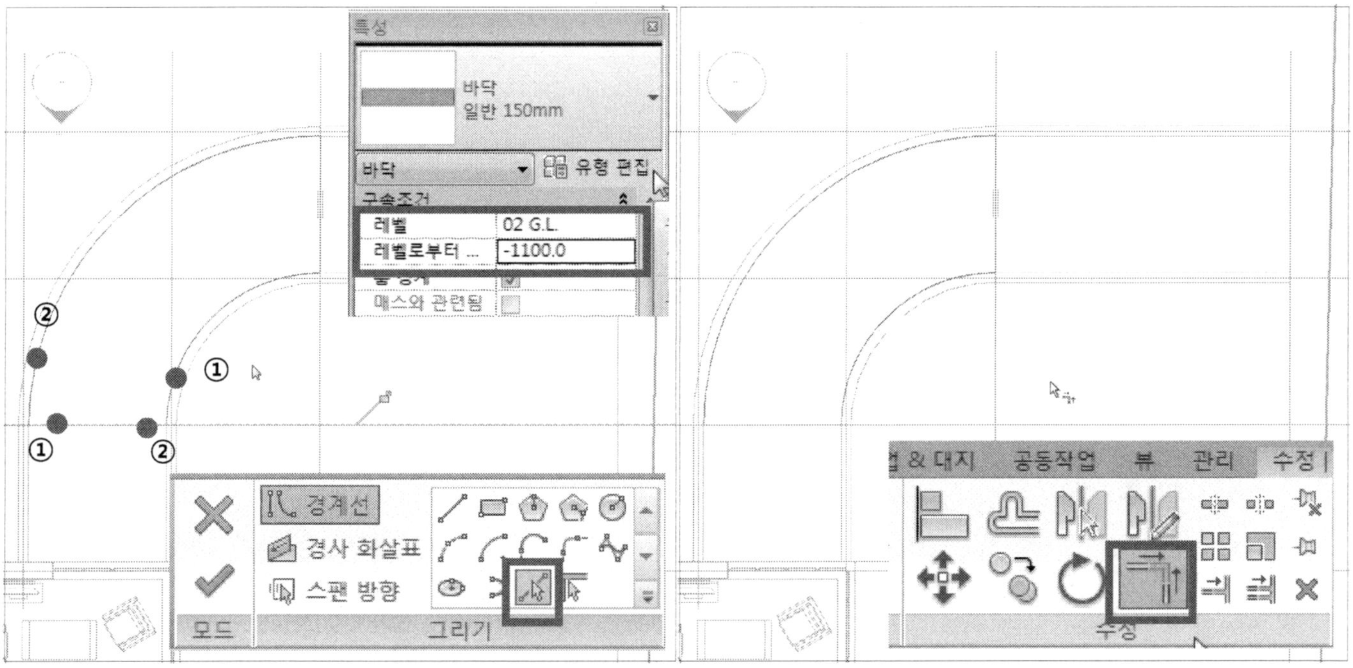

- 3D 뷰에서 확인한다.

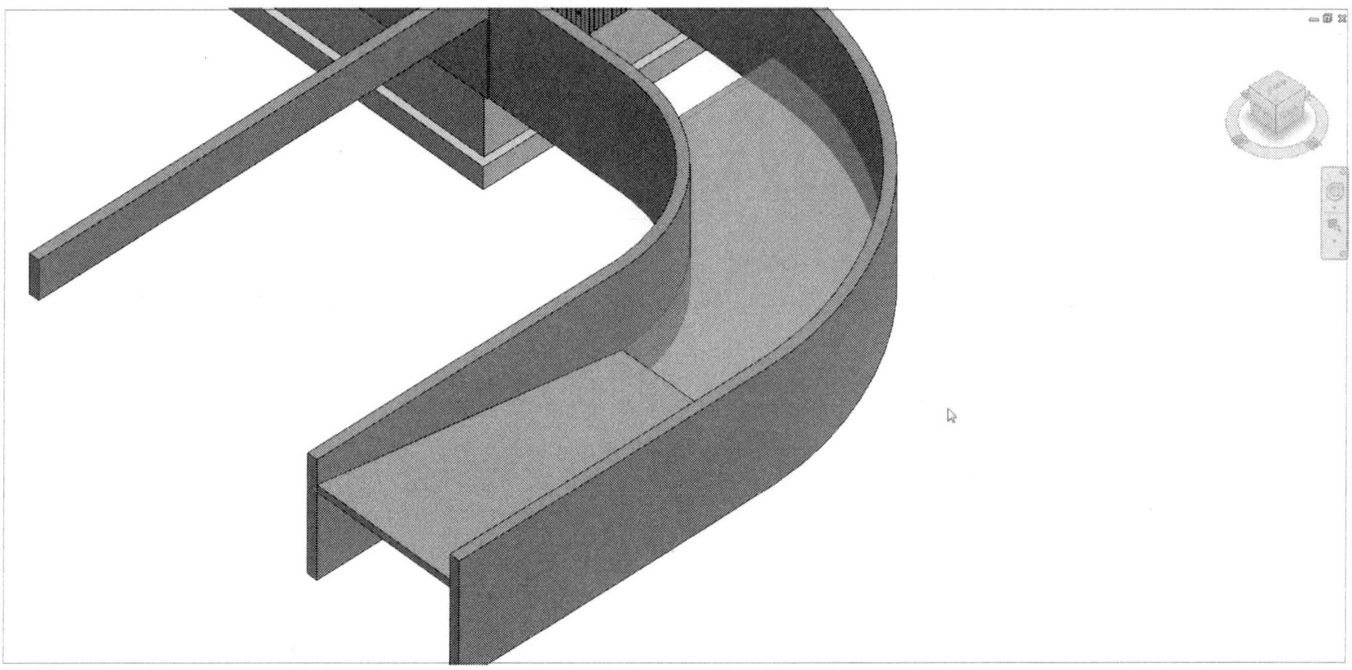

- 나머지 경사로를 모델링하기 위해서 아래 그림과 같이 선 선택을 이용하여 경계선을 스케치 한다.
- 코너로 자르기 연장으로 정리한다.

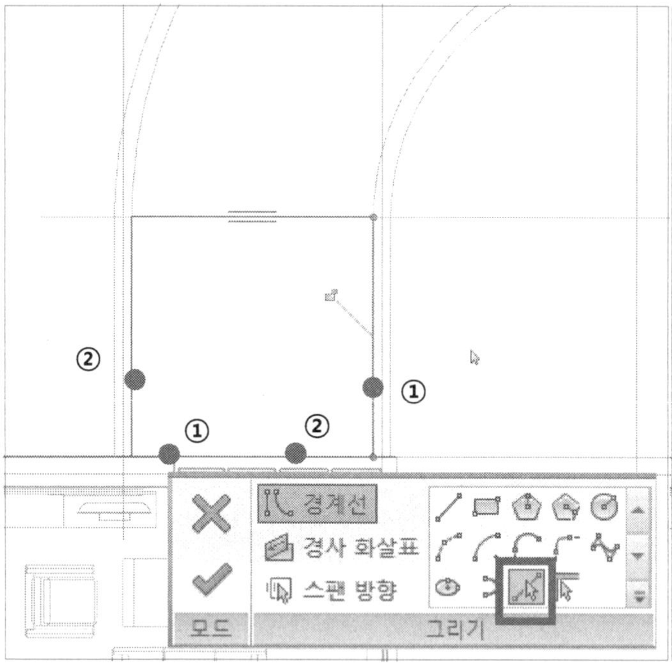

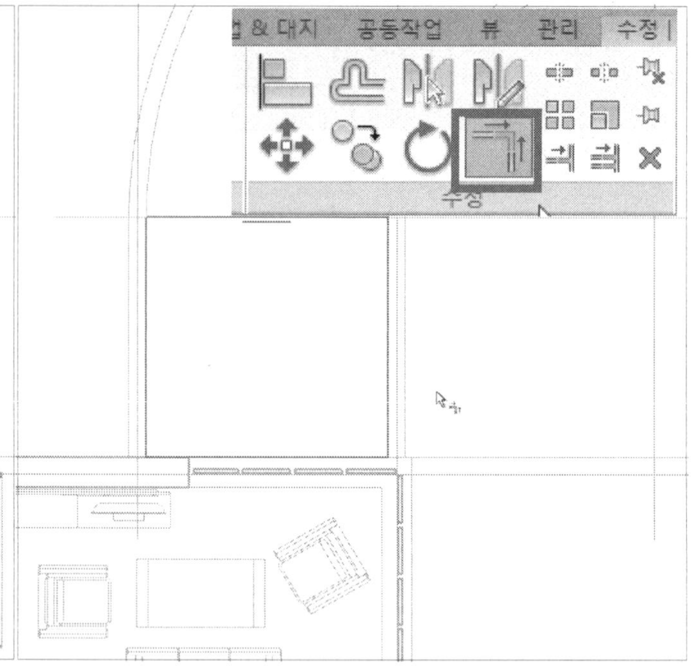

- 경사로를 지정하기 위해서 경사 화살표를 선택하고 화살표를 그림과 같이 그린다.
- 레벨은 02 G.L.로 설정하고 레벨로부터 간격 띄우기는 0으로 다시 설정한다.
- 화살표를 선택하고 테일에서 높이는 -1100, 헤드에서 높이는 -1900으로 설정하고 바닥을 완료한다.

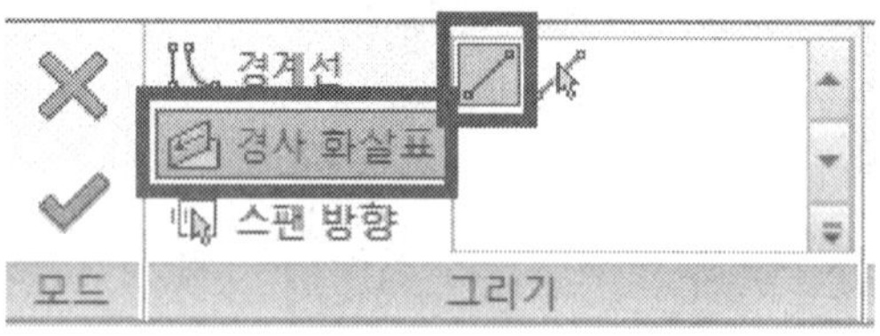

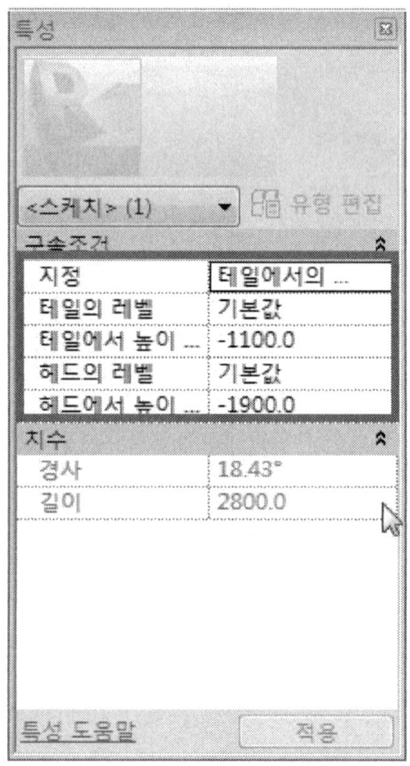

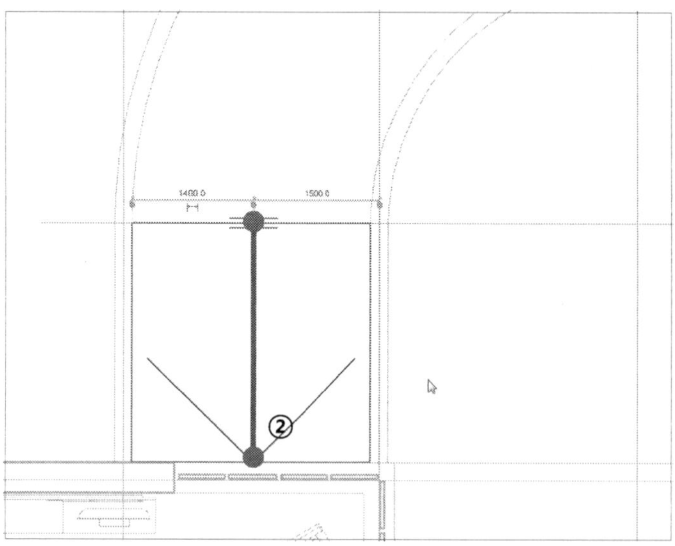

- 3D 뷰에서 확인한다.

- 경사로가 완성된 것을 확인한다.

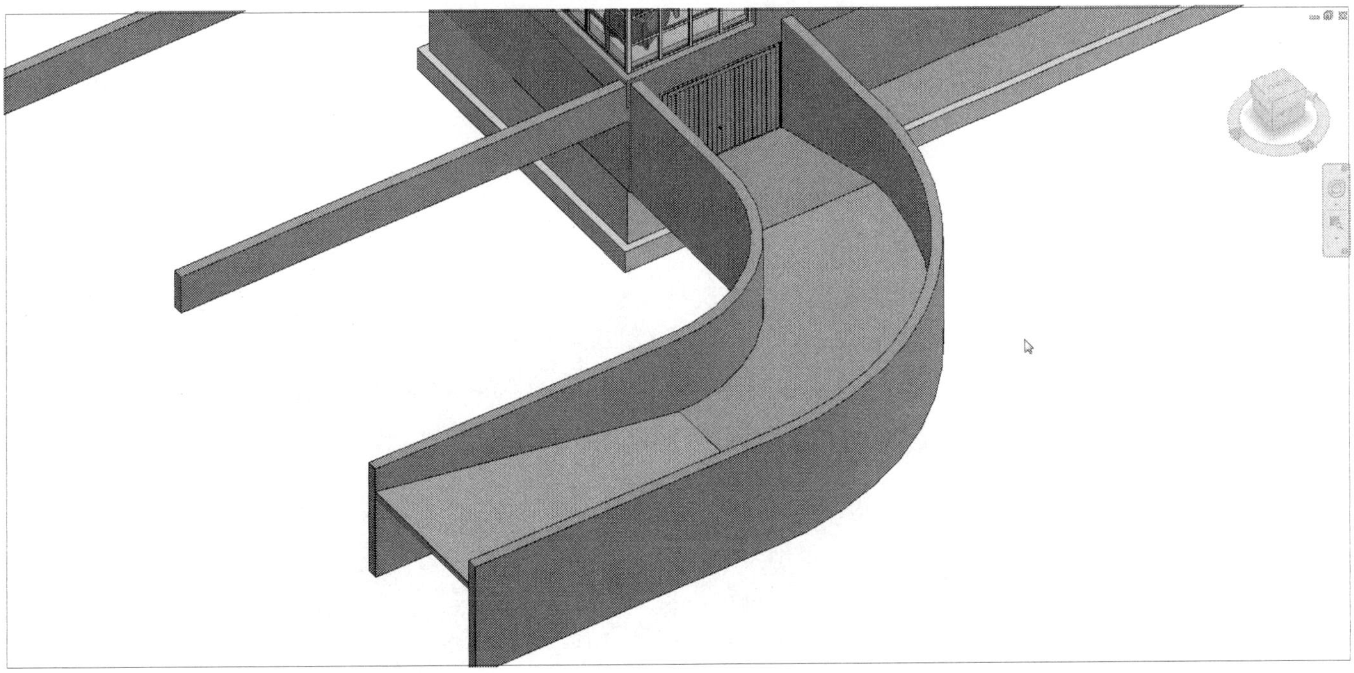

- 주택 입구의 바닥과 계단을 모델링하기 위해서 02 G.L.로 이동한다.
- 바닥을 선택하고 바닥 일반 150mm를 활성화한다.
- 아래 그림과 같이 선 선택을 이용하여 경계선을 스케치 한다.
- 코너로 자르기 연장으로 정리한다.

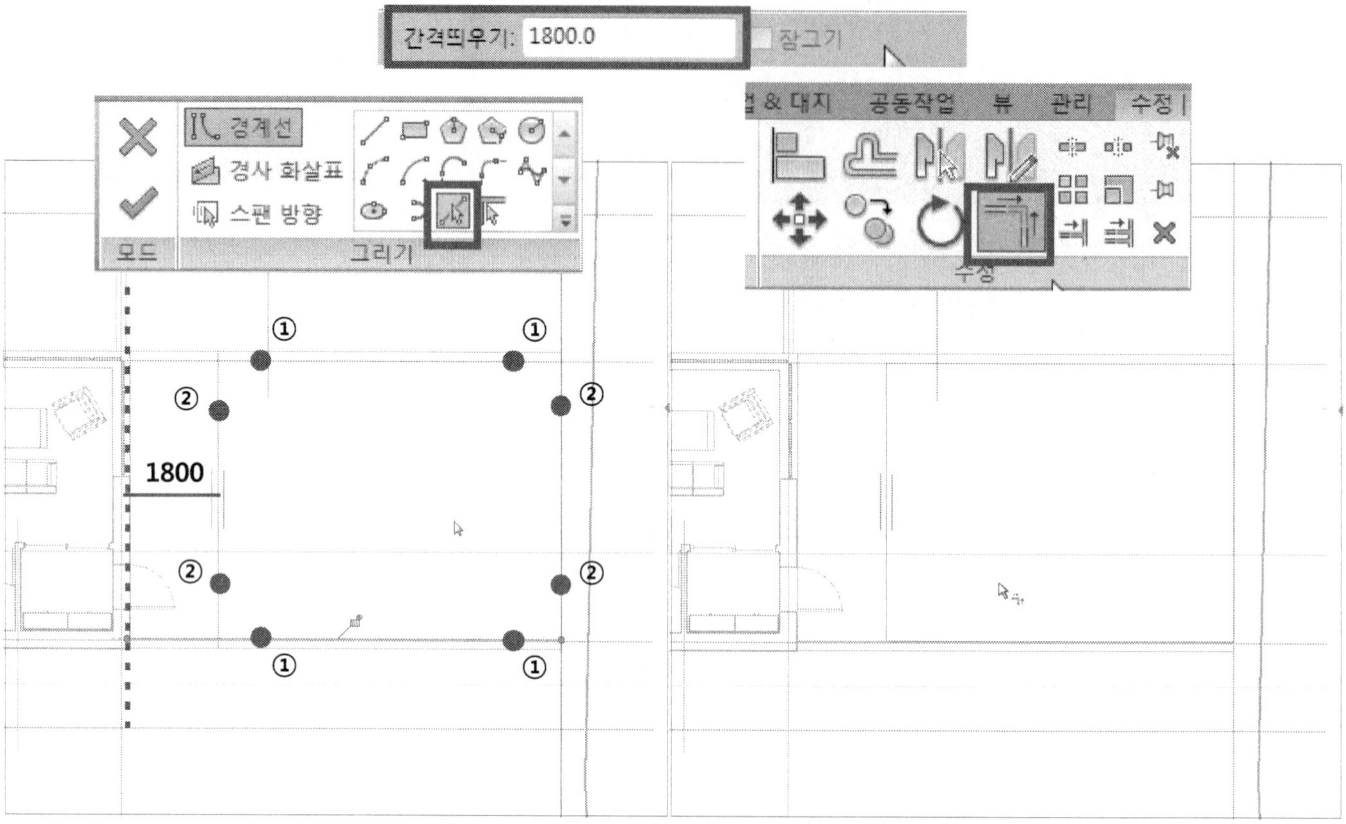

- 3D 뷰에서 확인한다.

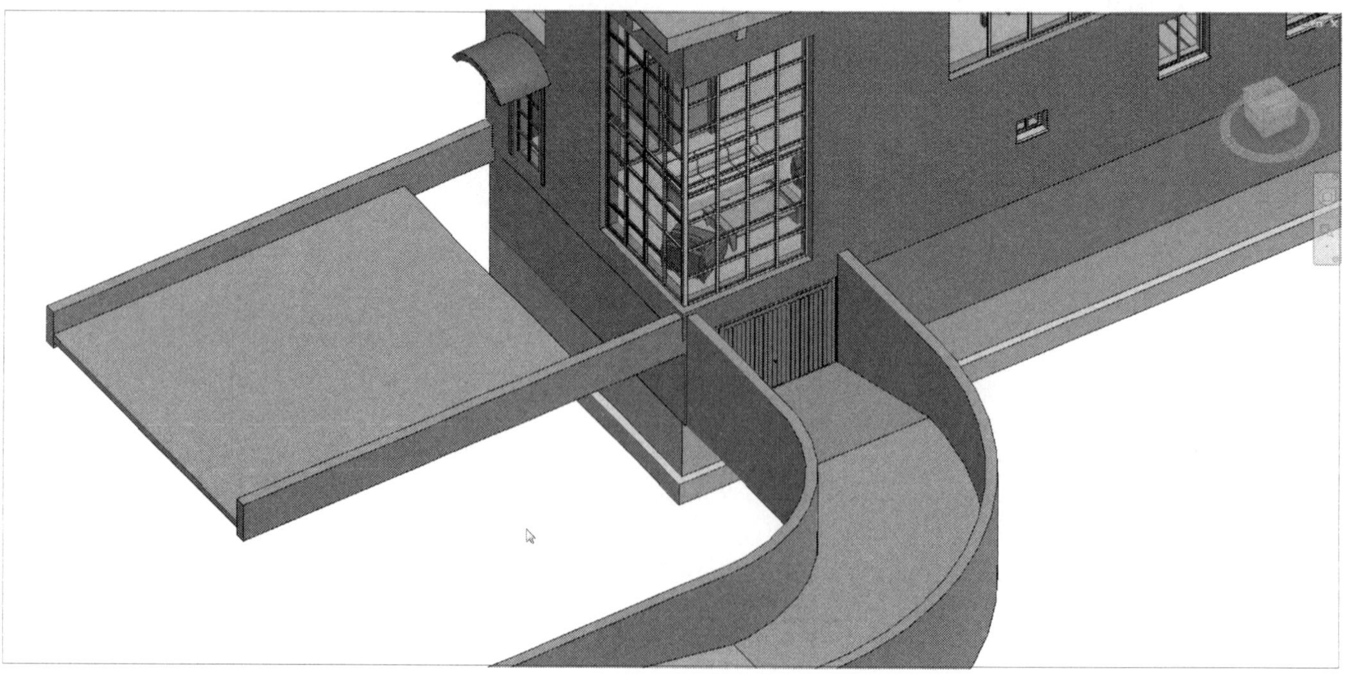

- 주택 입구의 계단을 모델링하기 위해서 03 1층평면도로 이동한다.

- 바닥을 선택하고 바닥 일반 150mm를 활성화한다.
- 아래 그림과 같이 선 선택을 이용하여 경계선을 스케치 한다.
- 코너로 자르기 연장으로 정리한다.

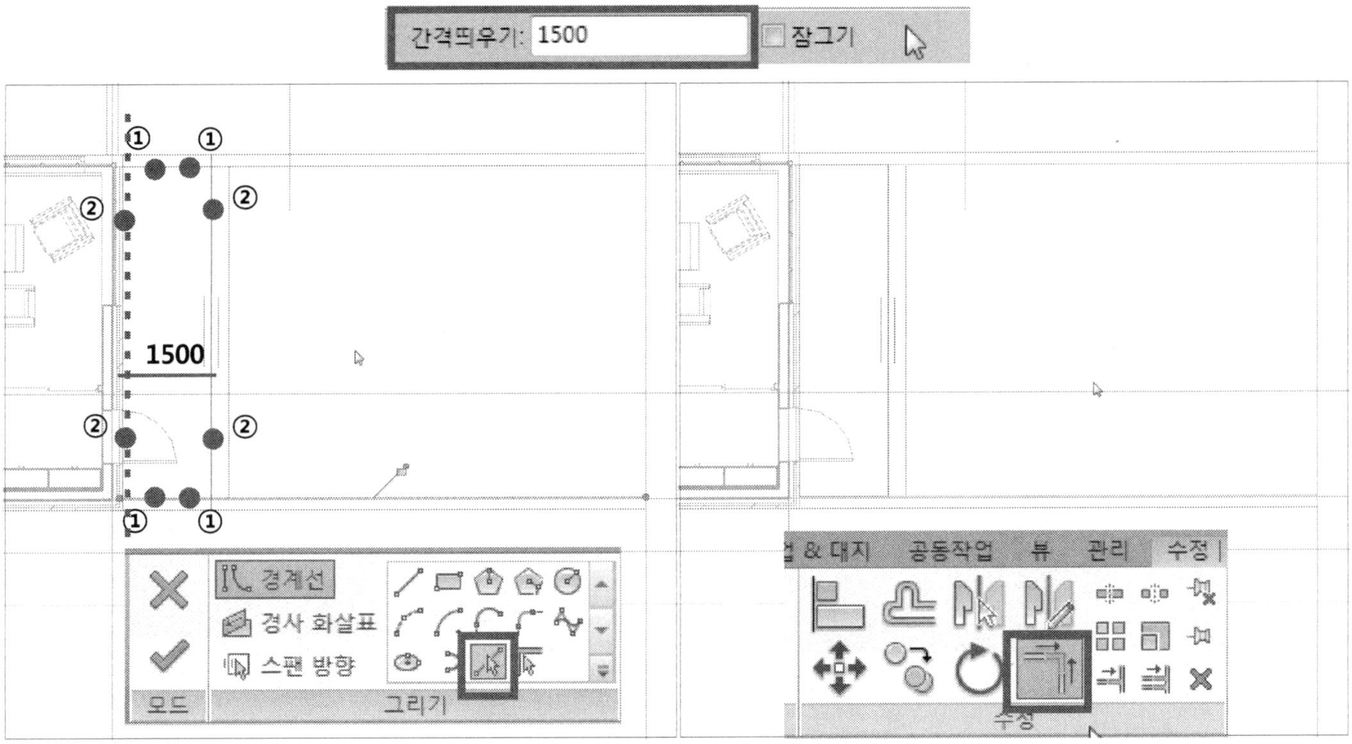

- 3D 뷰에서 확인한다.

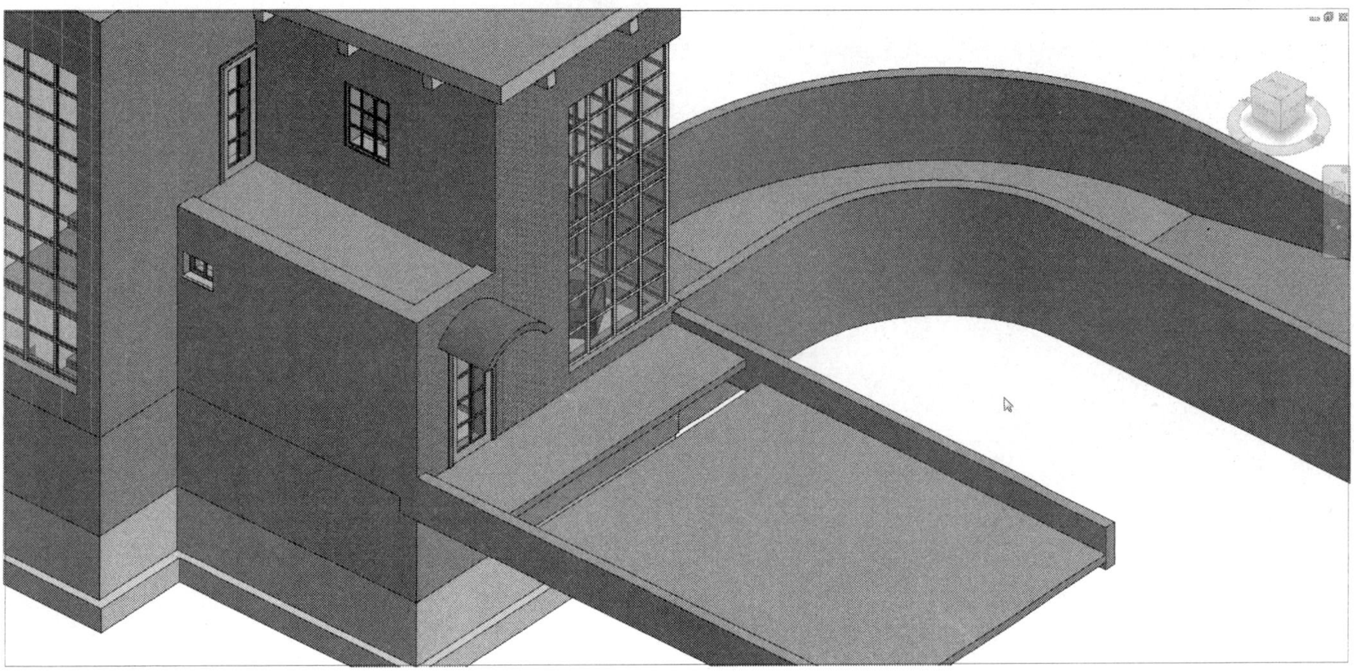

- 계단의 나머지 부분을 모델링한다.
- 바닥을 선택하고 바닥 일반 150mm를 활성화한다.
- 레벨에서 간격 띄우기 -150으로 설정하고 선을 이용하여 경계선을 스케치 한다.

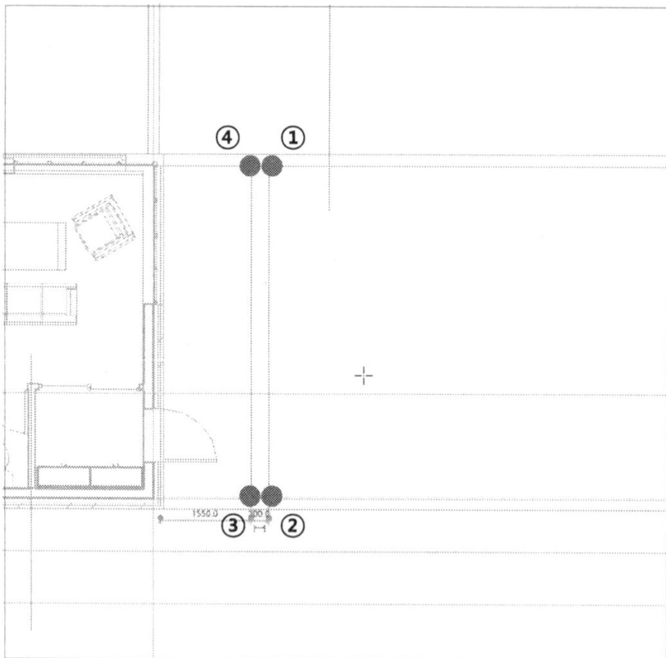

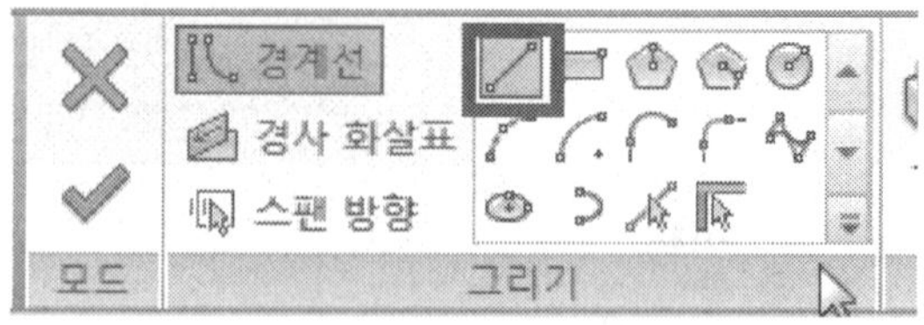

- 3D 뷰에서 확인한다.

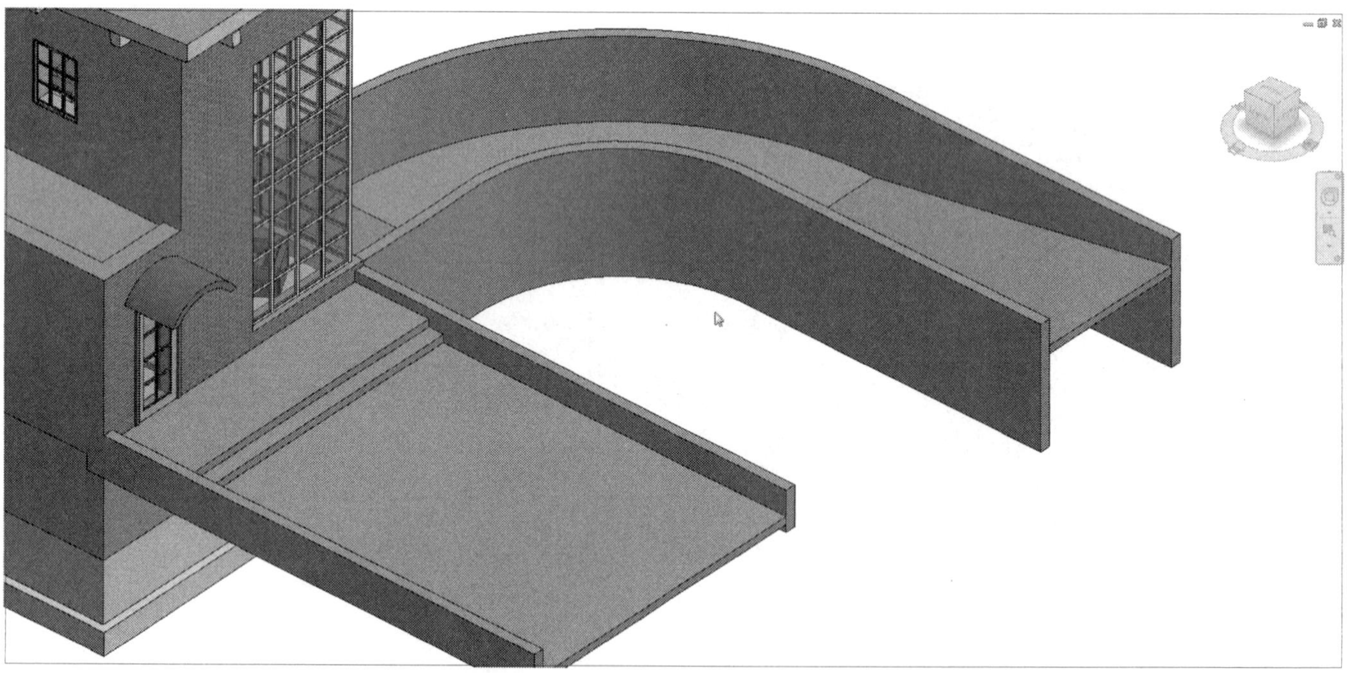

② 주택 뒤 테라스 그리기

- 주택 뒤 테라스 구성을 위해서 03 1층평면도로 이동한다.
- 벽을 구성하기 위해서 먼저 그리드를 구성한다.
- 그리드 선 선택의 간격 띄우기를 4500, 2100, 2700으로 하고 아래 그림과 같이 그리드를 추가한다.

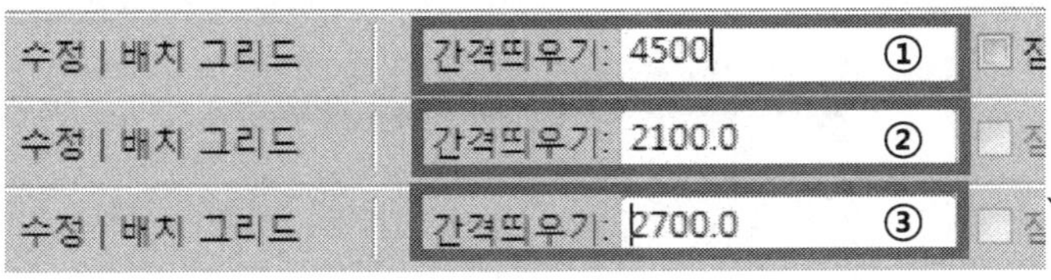

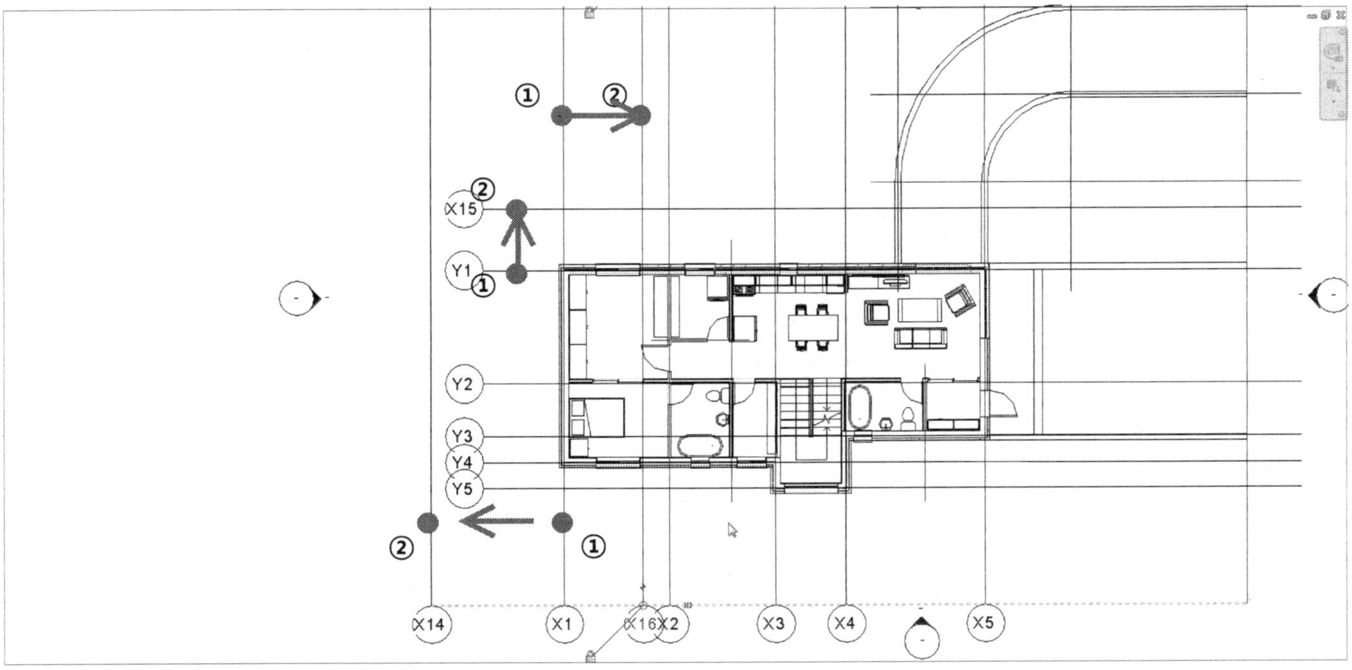

- 아래 그림과 같이 그리드의 길이와 버블을 정리한다.

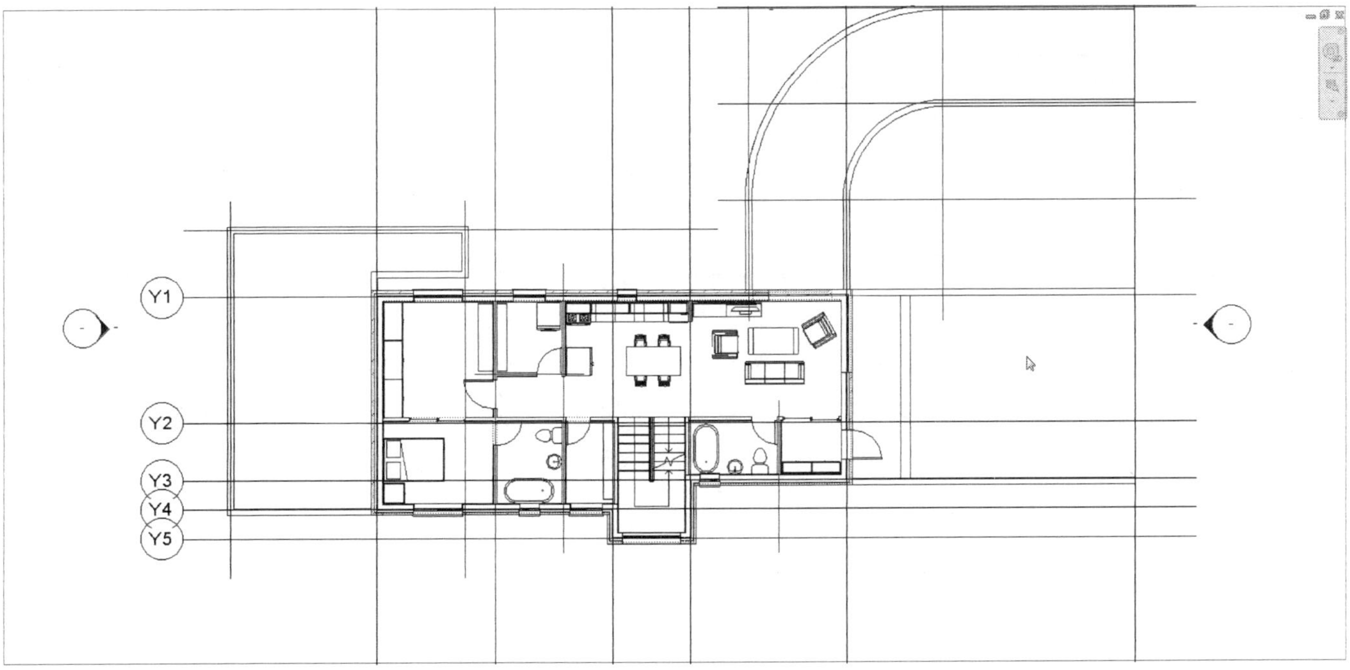

- 주택 뒤 테라스의 옹벽을 위해서 일반 200mm를 선택한다.
- 벽의 높이는 상단 구속을 04 2층평면도로 하고 상단구속 간격 띄우기를 -700mm로 정한다.
- 위치선은 벽 중심선으로 아래 그림과 같이 모델링한다.

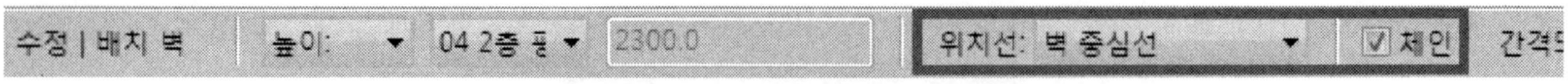

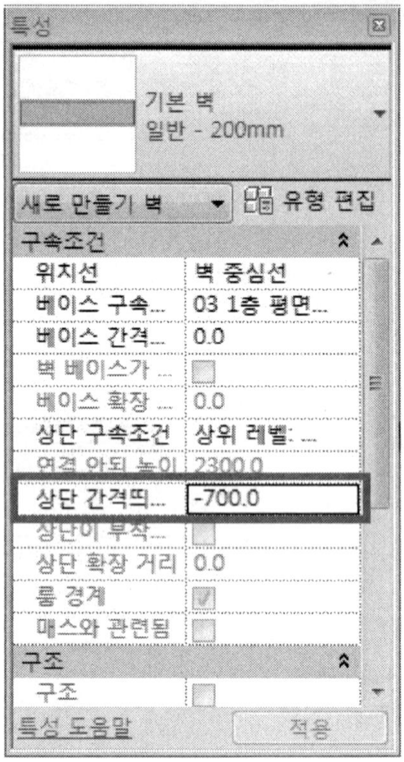

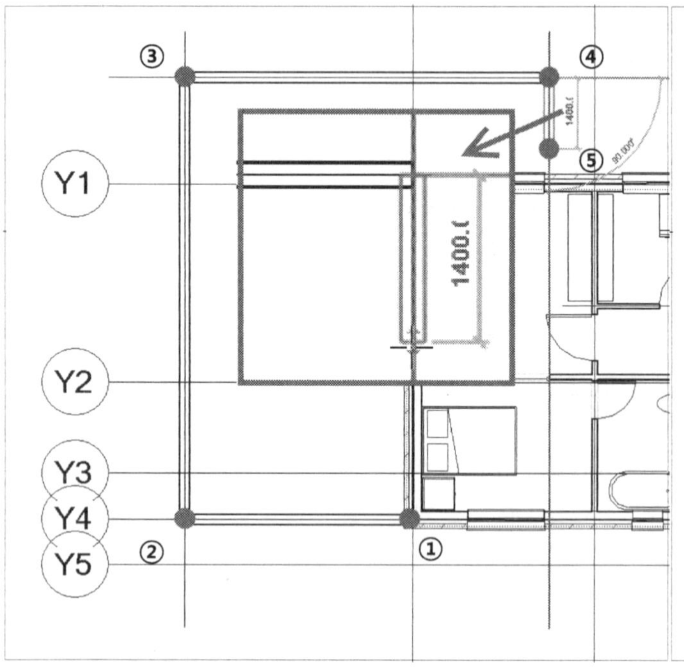

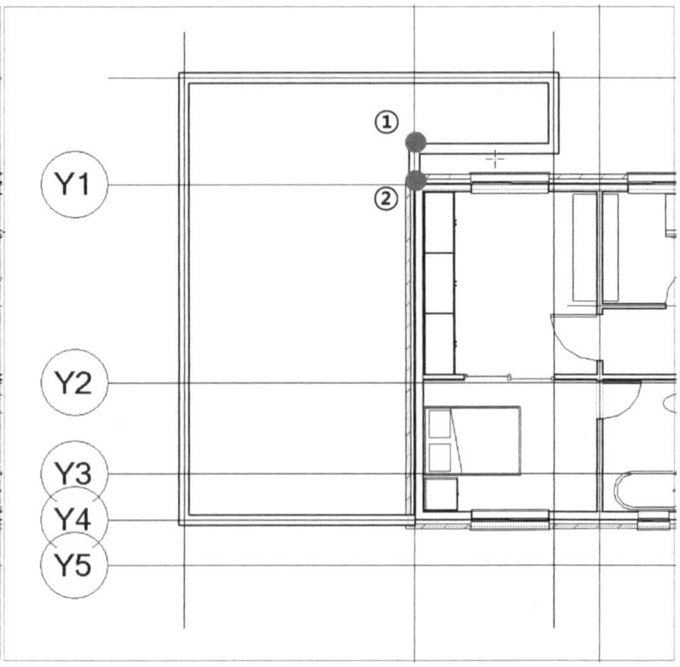

- 아래 그림과 같이 정렬한다.

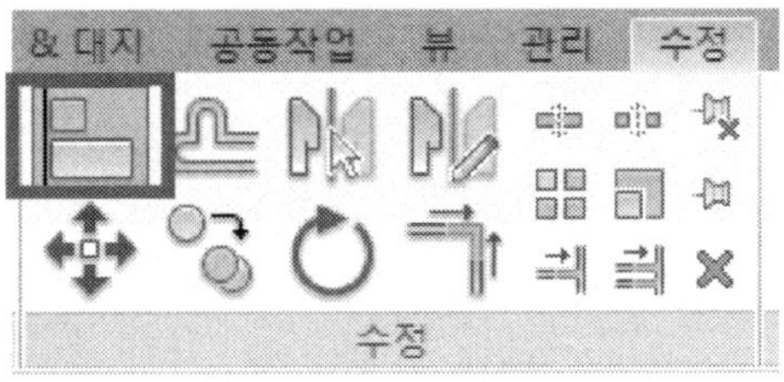

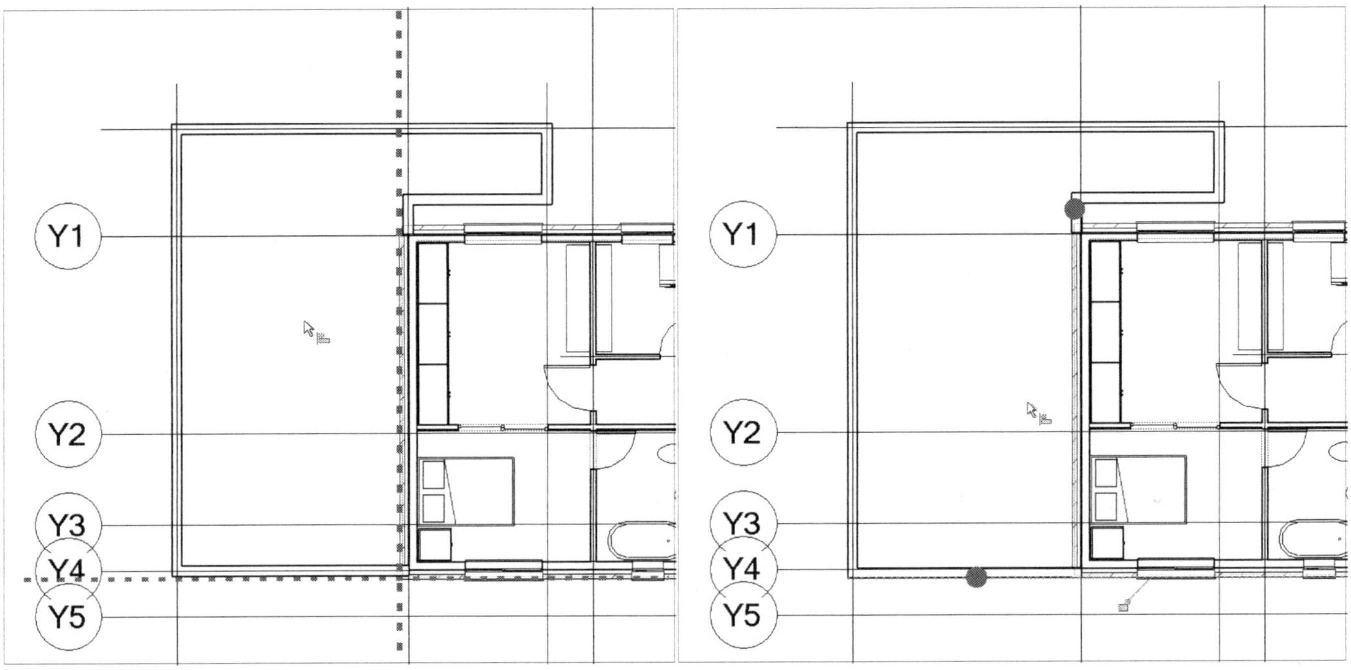

- 3D 뷰에서 확인한다.

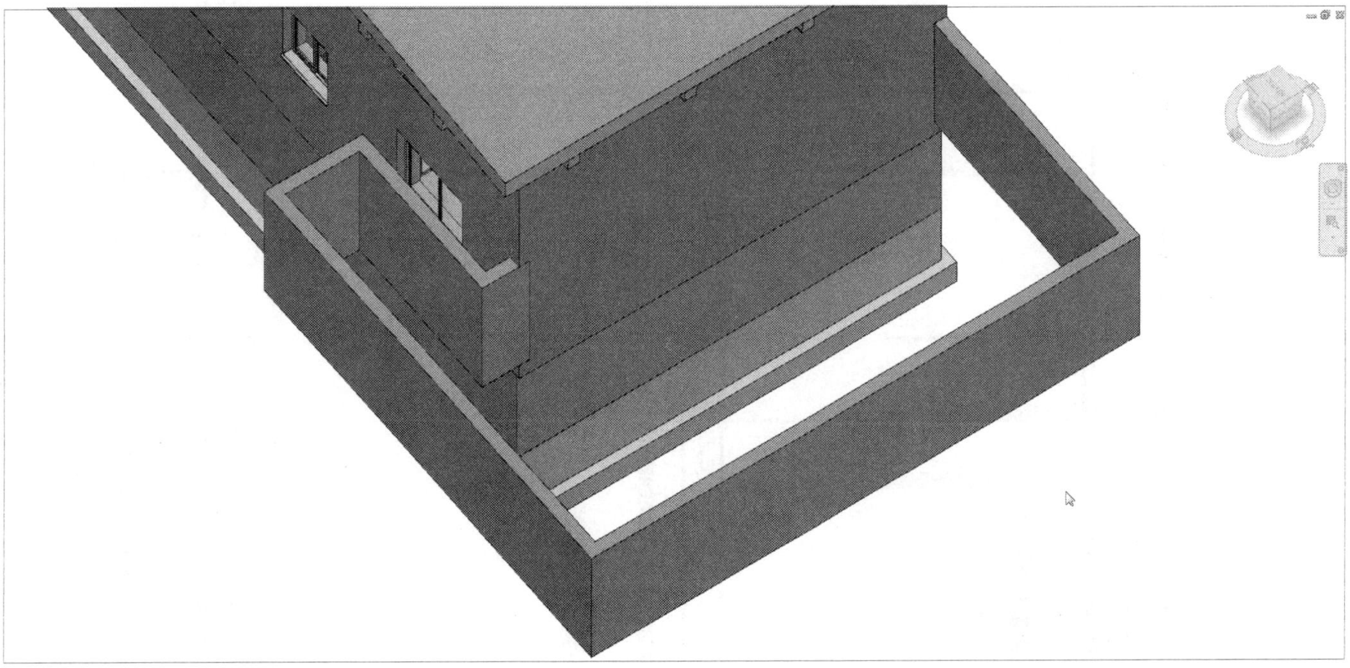

- 03 1층평면도에서 확인해보면 새롭게 만든 옹벽이 건물의 벽과 결합된 것을 알 수 있다.

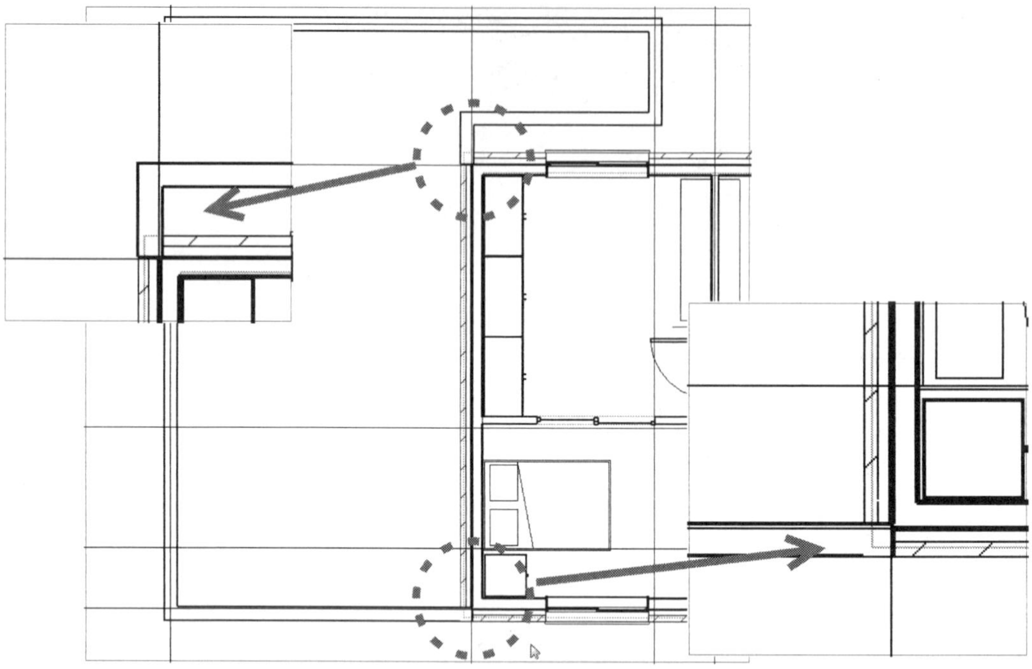

- 수정을 하기 위해서 수정 탭에서 요소 분할(SL)을 사용하여 절단하고 불필요한 벽을 삭제한다.

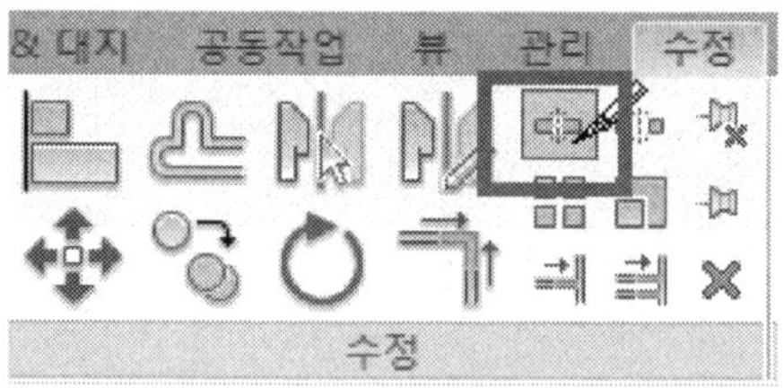

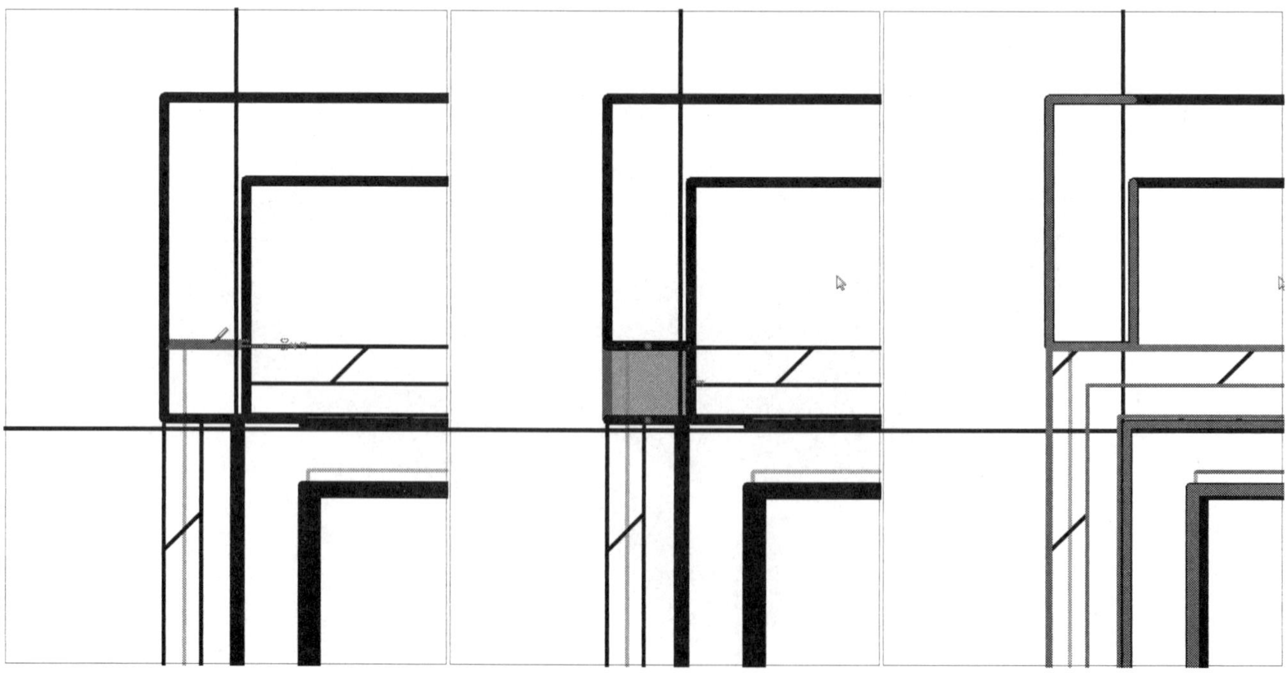

- 하부의 벽도 같은 방법으로 수정 탭에서 요소 분할(SL)을 사용하여 절단하고 불필요한 벽을 삭제한다.
- 요소 분할을 하면 경고 메시지가 나타나는데 이때 요소결합해제를 선택한다.

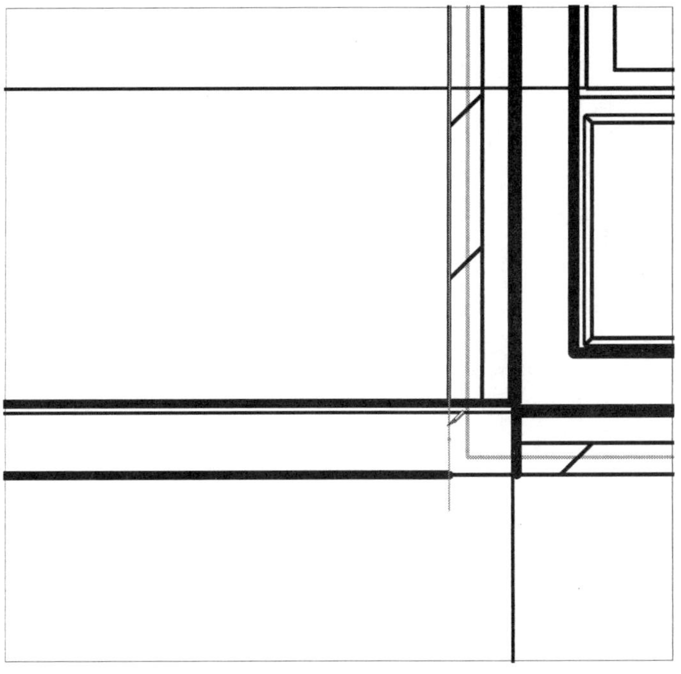

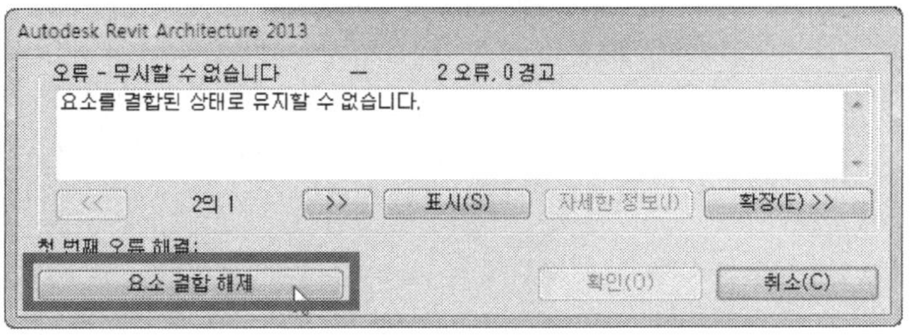

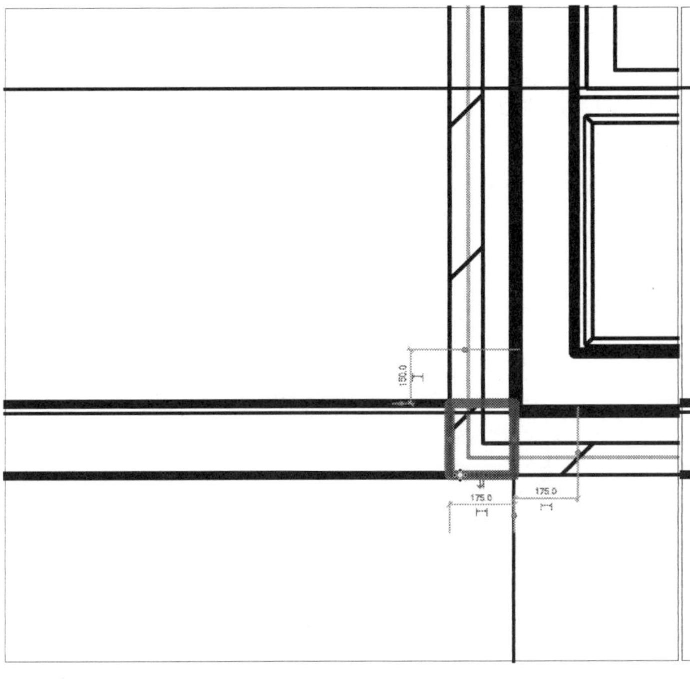

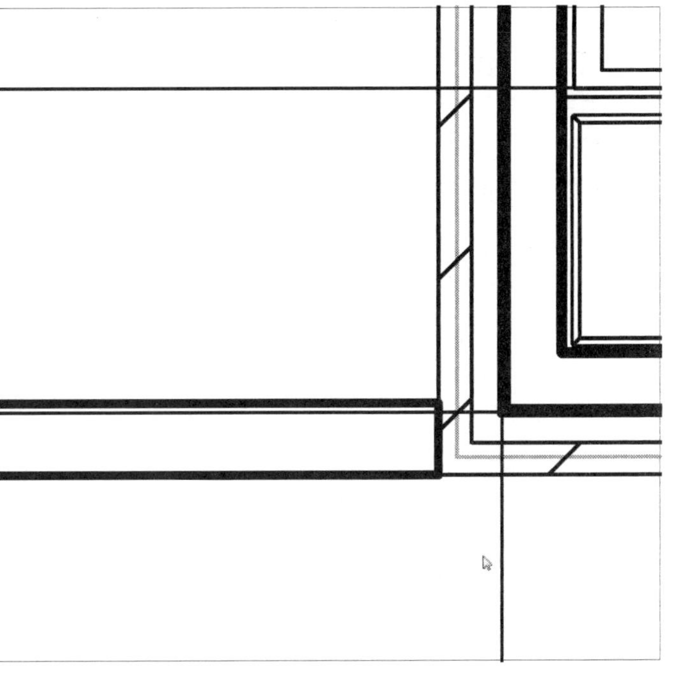

- 3D 뷰에서 확인하면 수정된 부분이 인지된다.

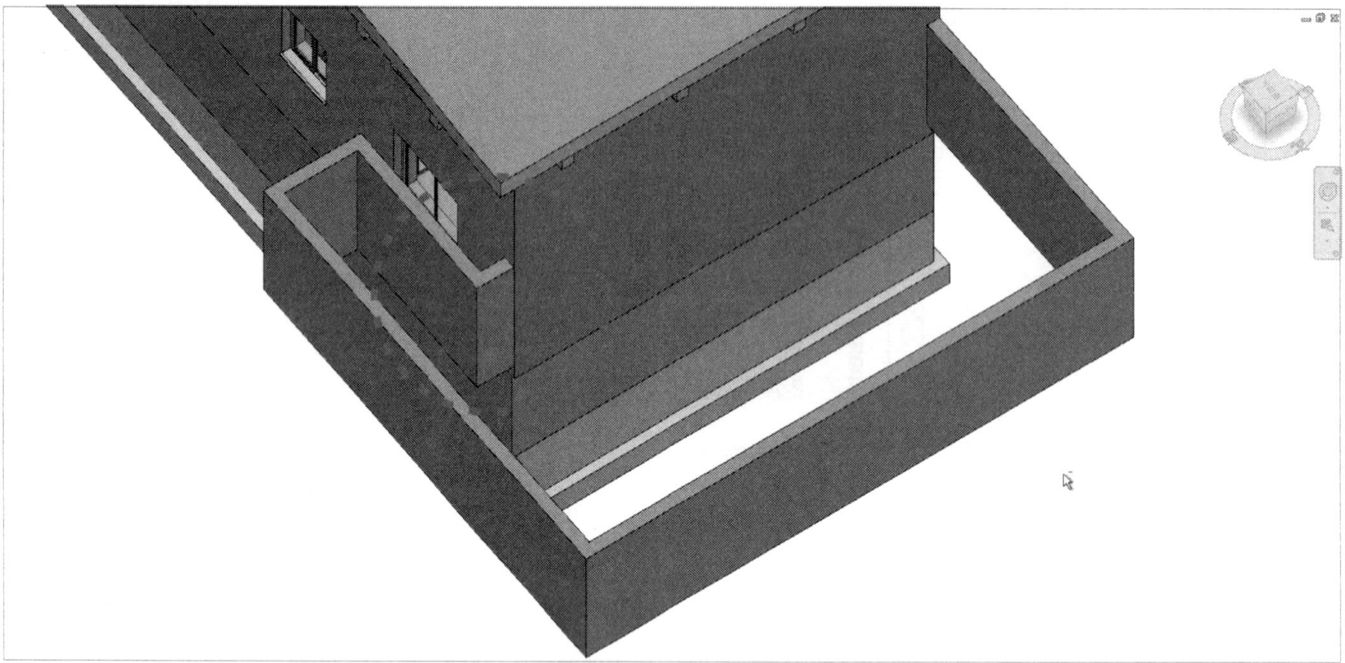

- 주택 뒤 테라스 바닥 구성을 위해서 04 2층평면도로 이동한다.
- 바닥을 선택하고 바닥 일반 150mm를 활성화한다.
- 레벨은 04 2층평면도로 하고 레벨로부터 높이 간격 띄우기는 -900mm를 준다.
- 새롭게 작도된 옹벽이 보이지 않으면 뷰범위를 수정한다.
- 1층의 가구로 도면이 복잡해 보이면 비주얼 스타일을 은선으로 맞춘다.

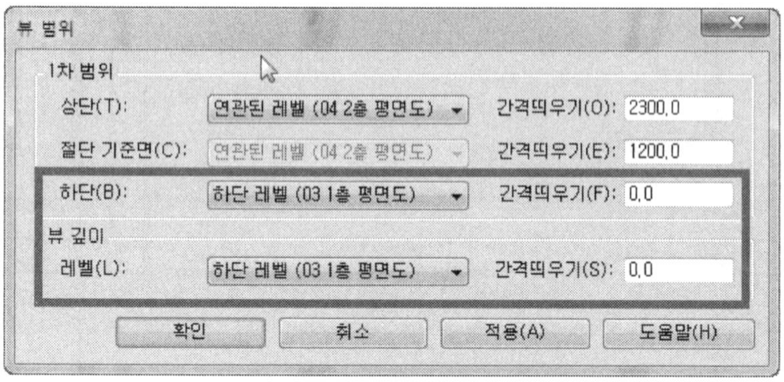

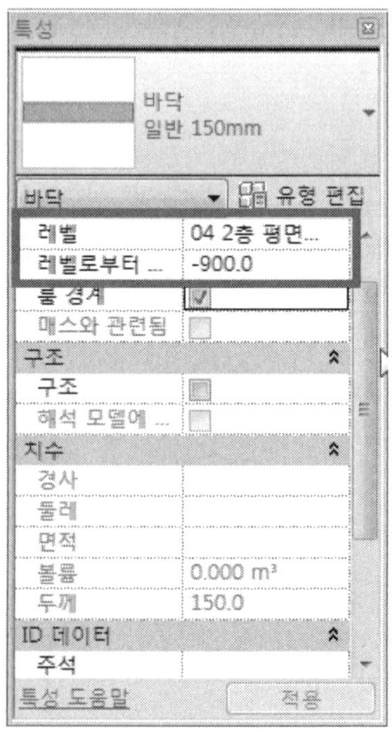

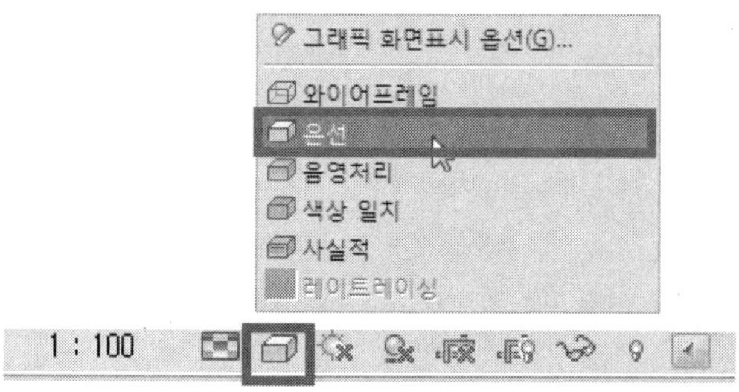

- 아래 그림과 같이 선 선택을 이용하여 경계선을 스케치 하고 코너로 자르기 연장으로 정리한다.

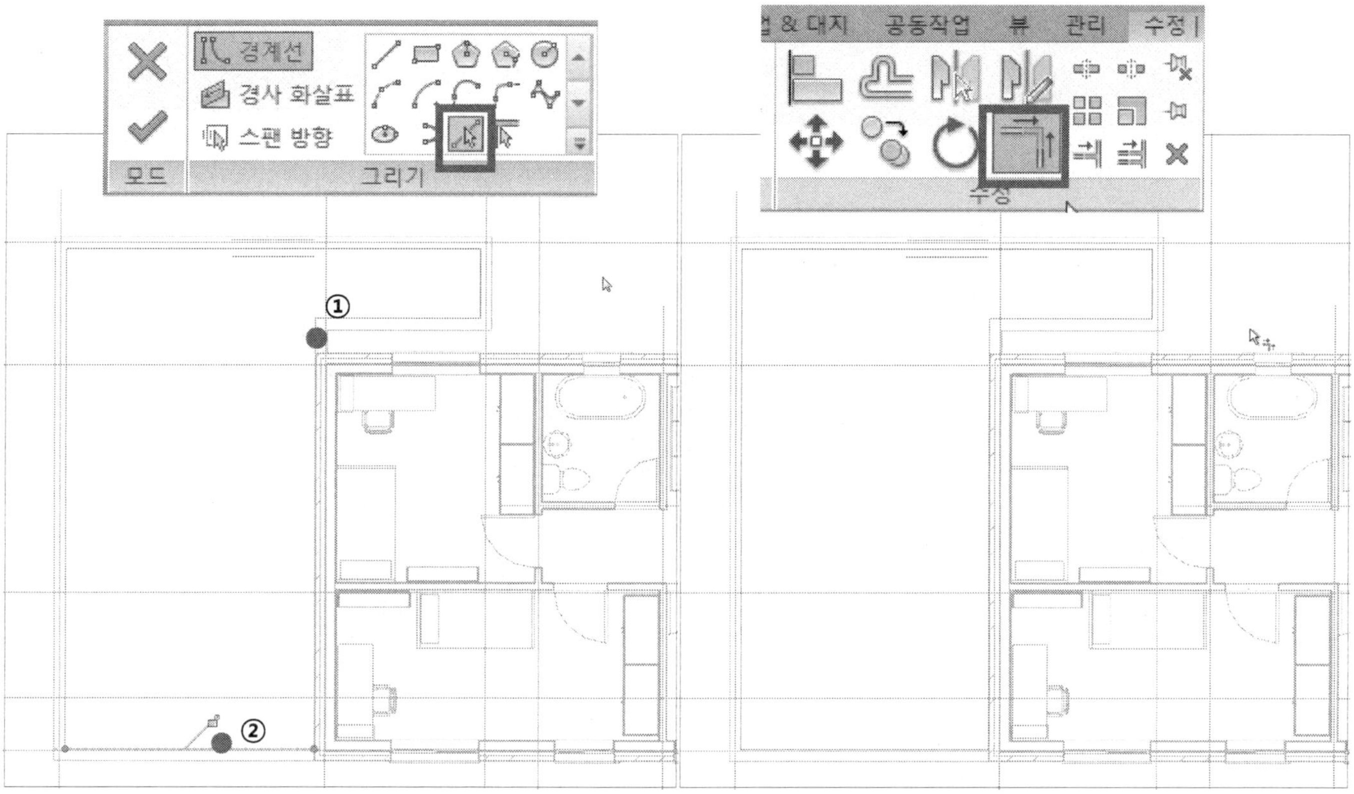

- 3D 뷰에서 확인한다.

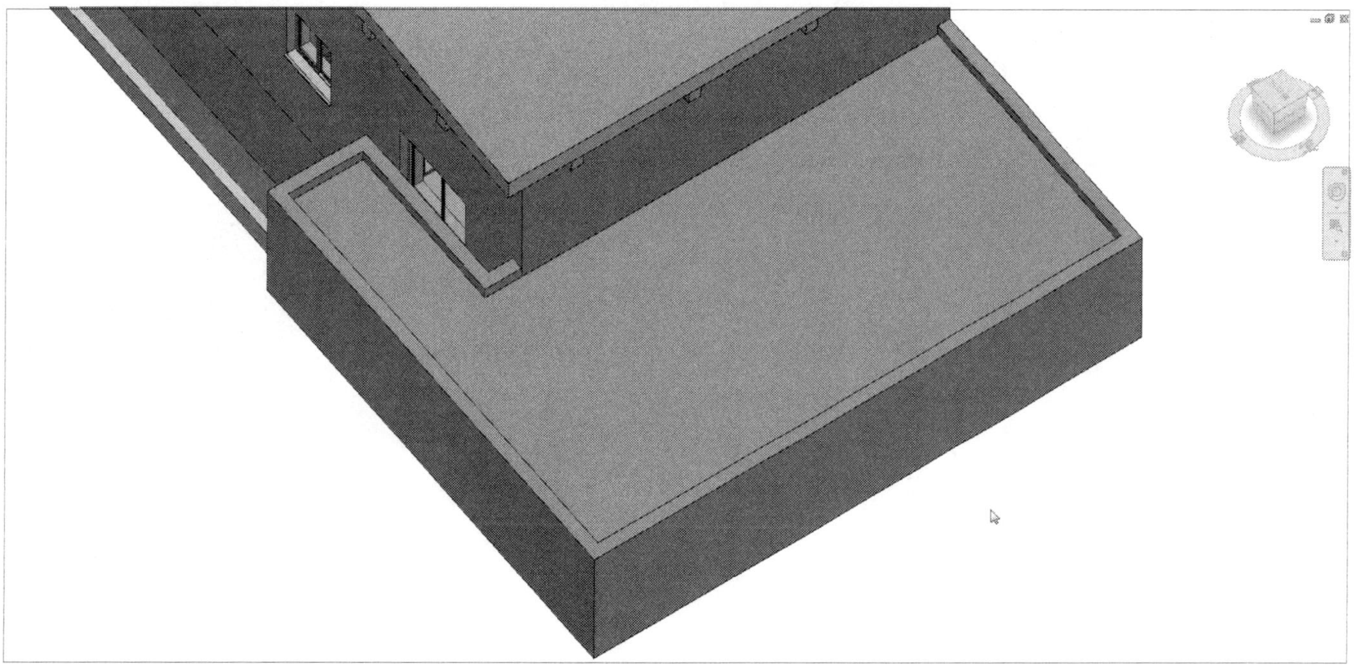

- 외부 테라스와 경사로 입구부분의 모델링이 완성되었다.

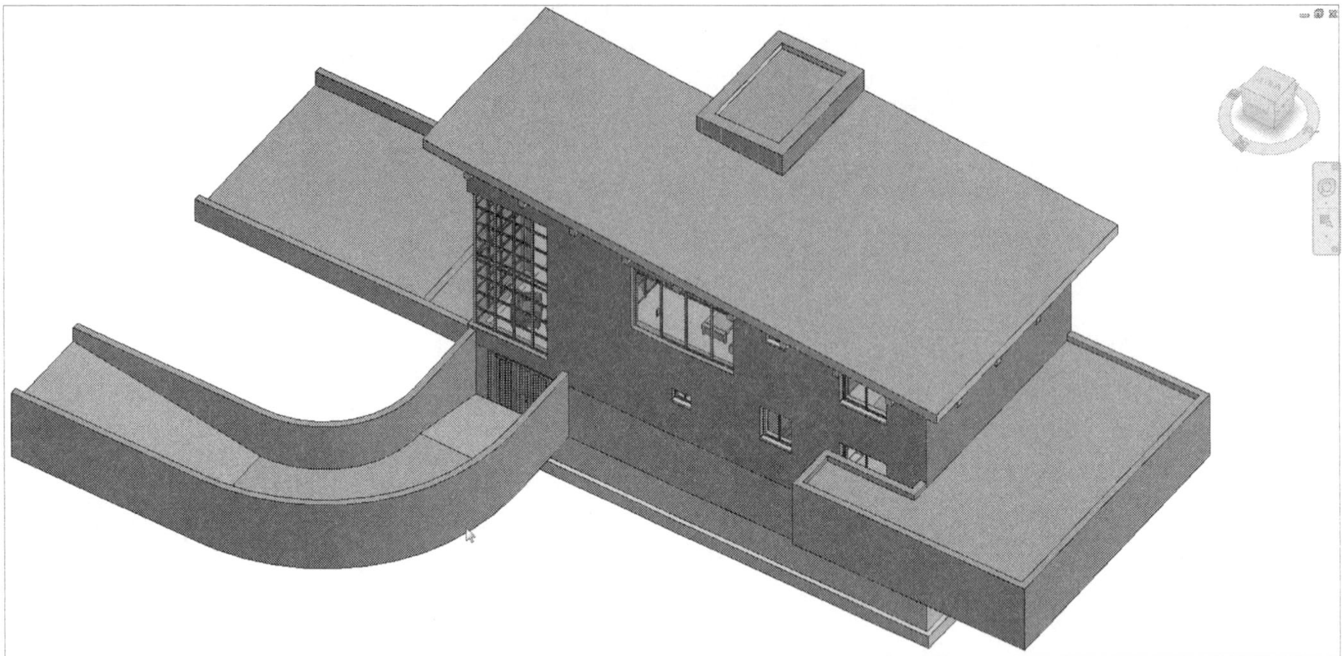

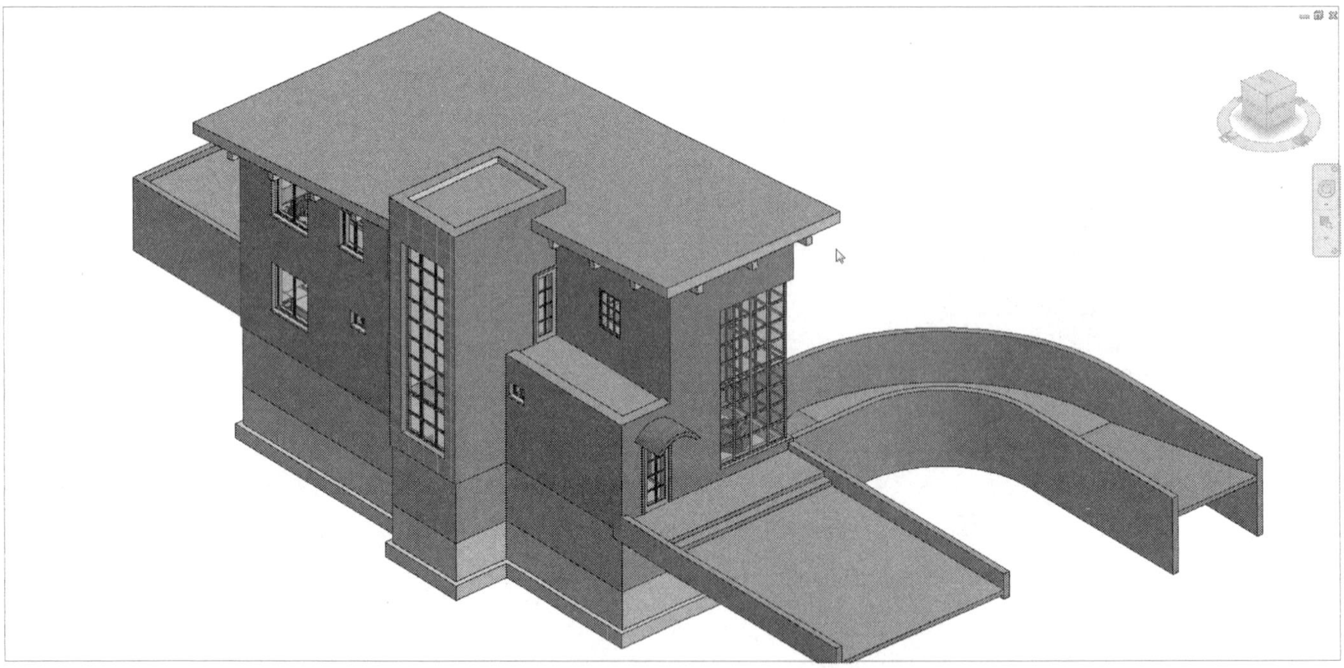

18) 기둥, 보, 독립기초 그리기

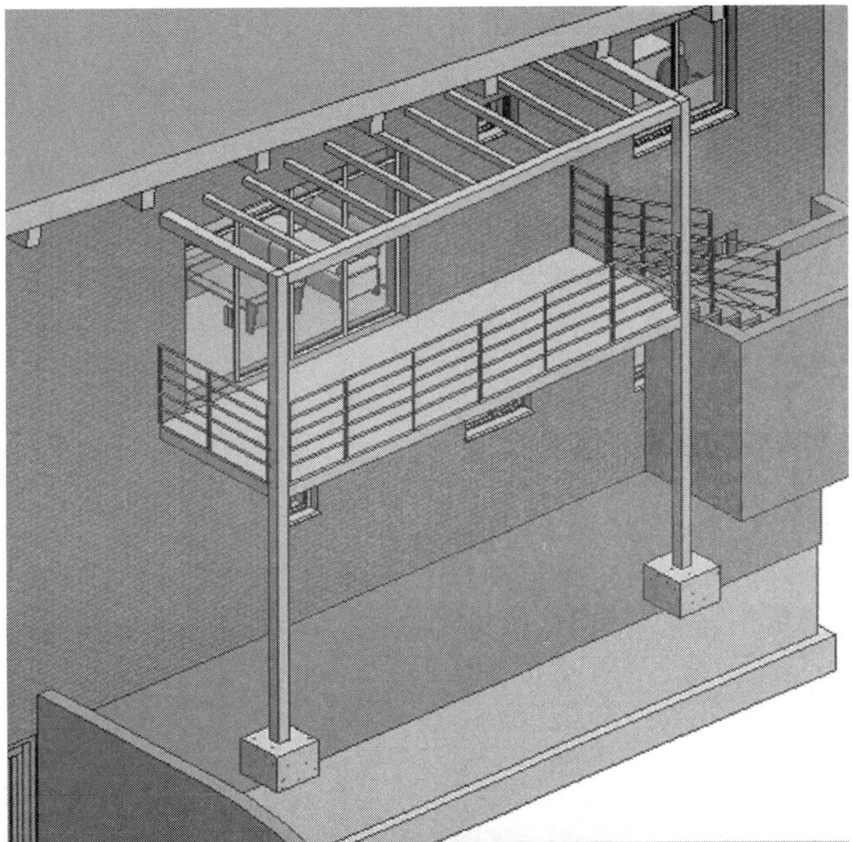

주택의 외부에 기둥, 보, 독립기초를 이용한 발코니를 그린다.

학습목표

- 기둥과 보, 독립기초를 이해한다.
- 기둥 그리는 방법을 실습을 통해 숙지한다.
- 독립기초, 보, 보 시스템, 바닥 그리는 방법을 실습을 통해 숙지한다.
- 외부계단과 난간 그리는 방법을 실습을 통해 숙지한다.

18) 기둥, 보, 독립기초 그리기

● 기둥과 보

기둥은 건축 기둥과 구조 기둥이 있으며, 건축 기둥은 장식용이며, 구조 기둥은 힘을 받는 기둥이다. 기둥을 배치한 뒤에도 기둥의 유형을 변경할 수 있다.

● 기둥과 보 설치하기

기둥은 그리드의 교차점에 자동으로 위치된다. 설계가 변경되었을 때 그리드를 옮기면 그리드에 정렬된 모든 요소들도 함께 움직이게 되며 기둥도 움직일 수 있다. 기둥 그리드를 만든 후에는 보통 보를 배치한. 현재 작업 중인 레벨에 기둥이 배치되어 있다면 그리드 배치 옵션을 사용하여 그리드에 여러 개의 보를 손쉽게 배치 할 수 있다.

① 발코니 기둥 그리기

- 주택 2층 거실에서 외부로 이어지는 발코니를 작성하기 위해서 04 2층 평면도를 활성화하고 확대한다.
- 목재기둥을 그리기 위해서 먼저 삽입 탭의 패밀리로드를 선택한다.
- 구조/ 기둥/ 목재 폴더의 판재-기둥.rfa을 선택하고 유형지정 패널이 나오면 확인을 선택한다.

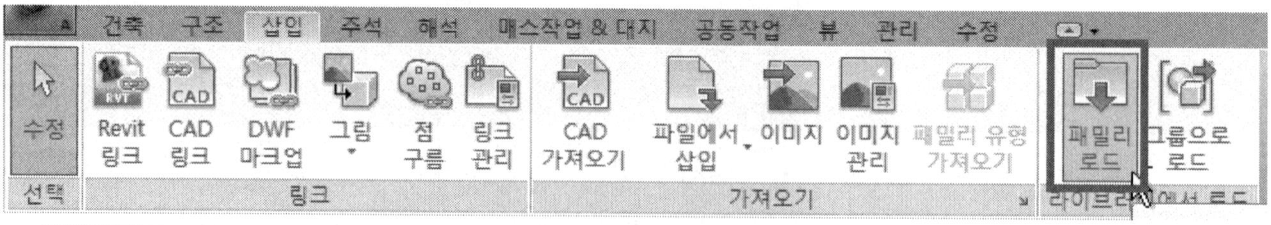

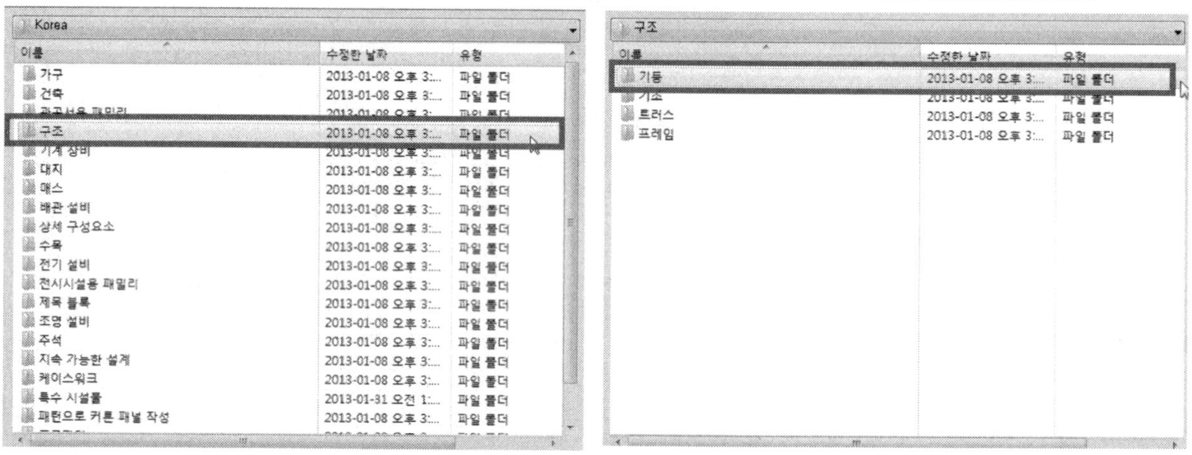

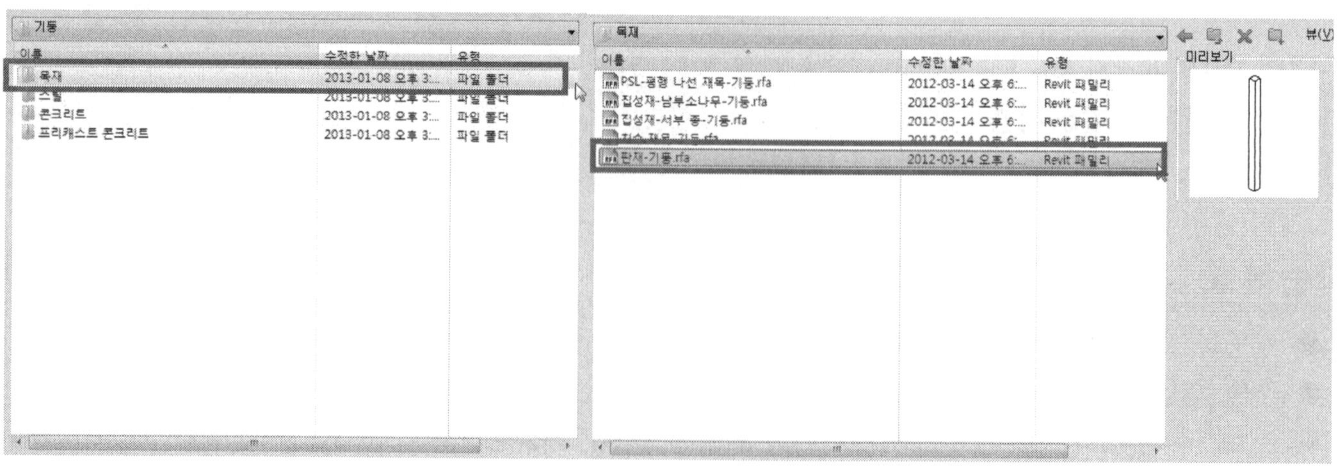

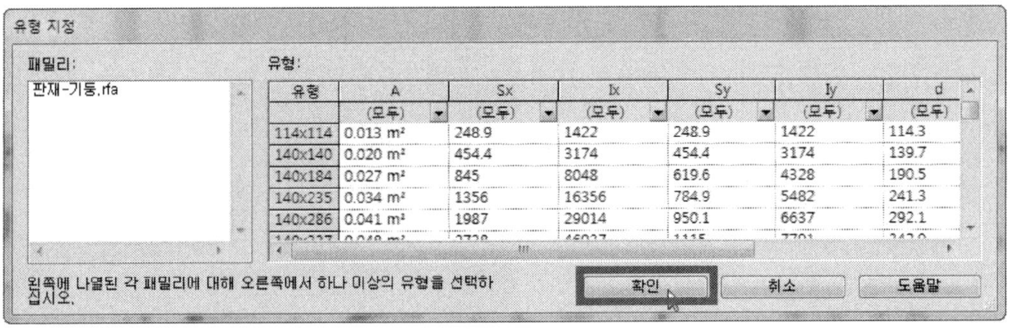

- 건축 탭에서 기둥을 클릭하고 구조 기둥을 선택한다.
- 구조 기둥의 유형이 판재-기둥 140 X 140을 확인하고 새로운 유형을 만들기 위해서 유형편집을 선택한다.
- 복제를 선택하고 150 X 150으로 명명하고 치수의 b와 d를 150, 150으로 수정하고 확인한다.

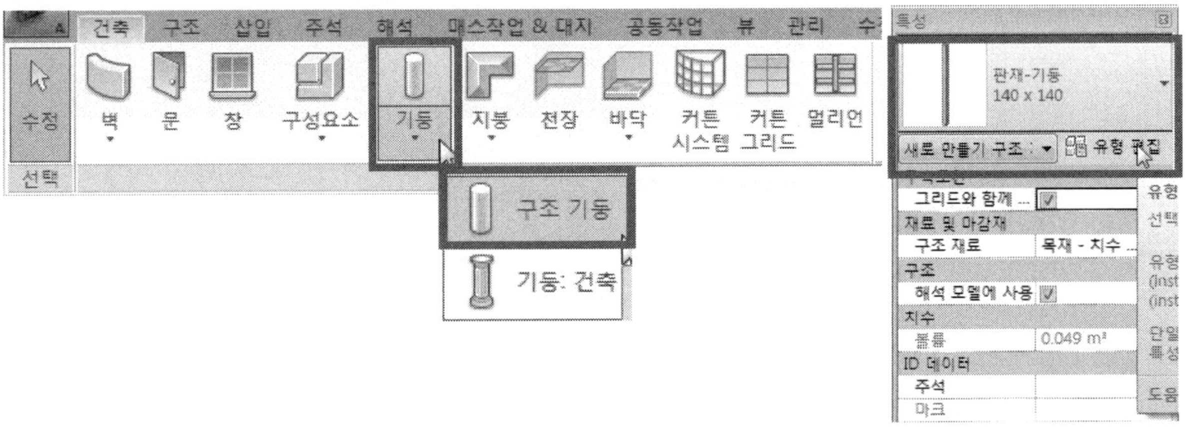

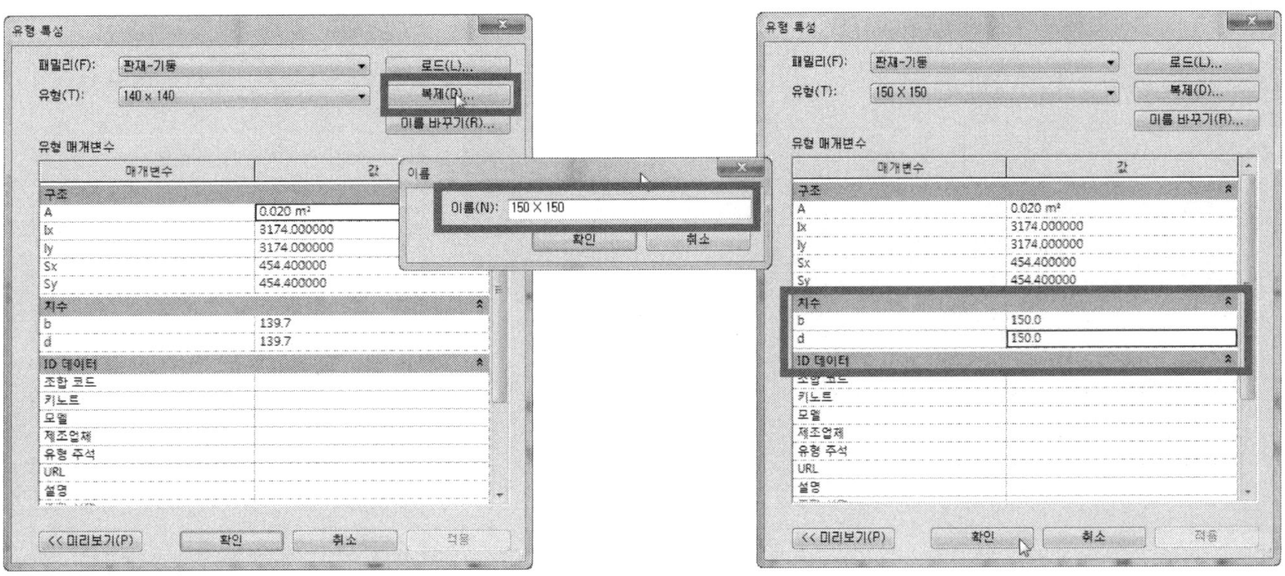

- 아래 그림과 같이 2층 거실 외부의 그리드에 기둥을 설치한다.

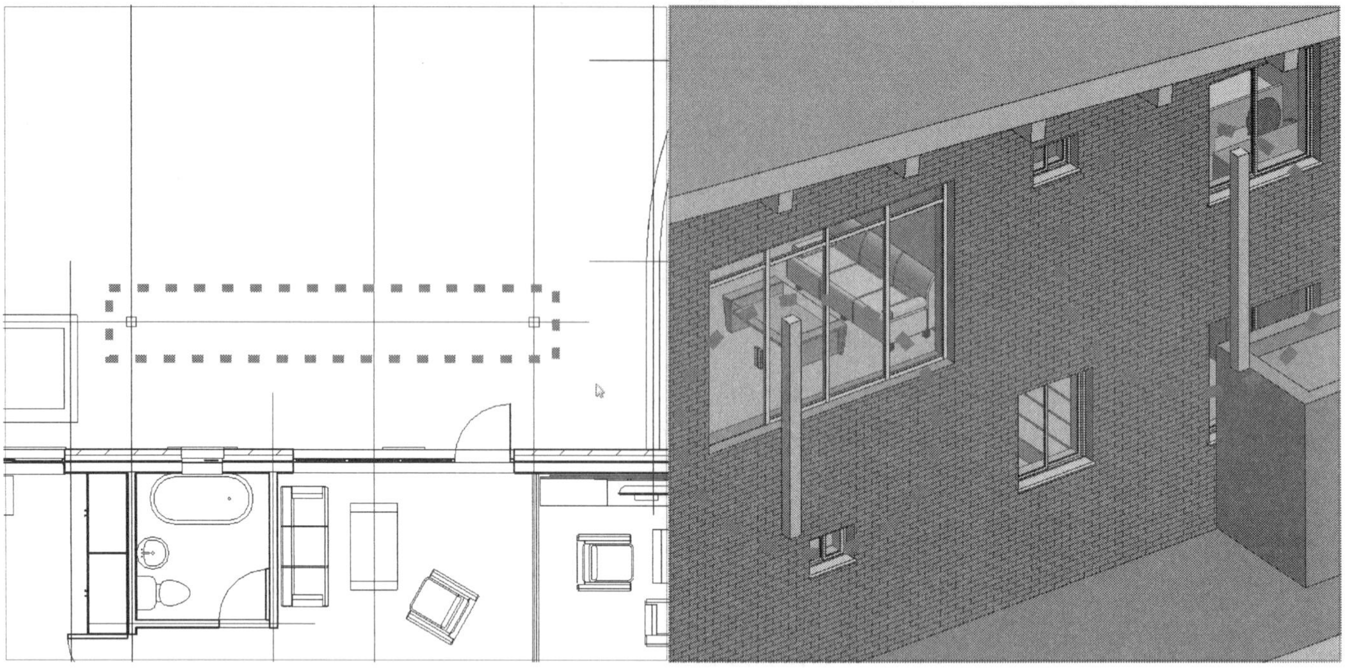

- 새롭게 만들어진 2개의 기둥을 선택하고 베이스 레벨은 02 G.L.로, 상단 레벨은 05 지붕 평면도로 설정한다.

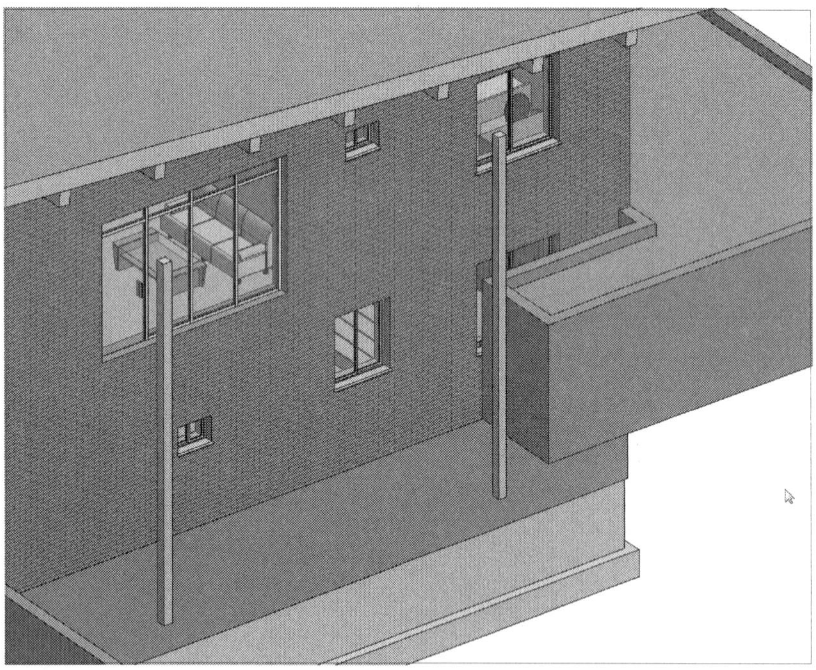

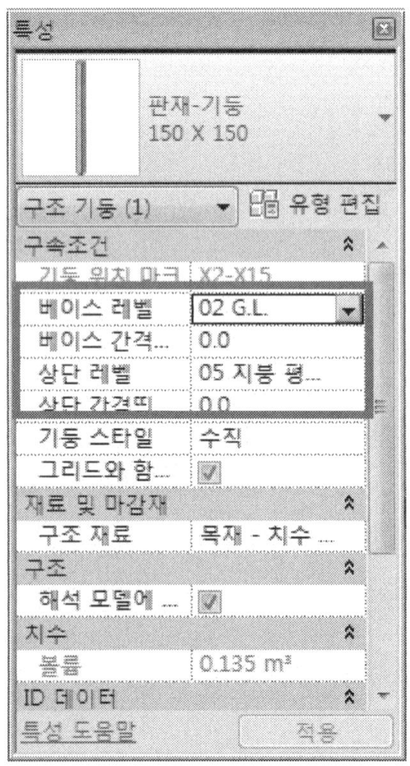

② 발코니 기초와 보 그리기

- 발코니 기둥의 독립기초를 그리기 위해서 02 G.L.을 활성화한다.
- 구조 탭의 기초 항목에서 분리됨(독립기초)를 선택한다.
- 현재 기초 패밀리가 없으니 기초 패밀리를 로드하시겠냐는 메시지가 나타나면 예(Y)를 클릭한다.

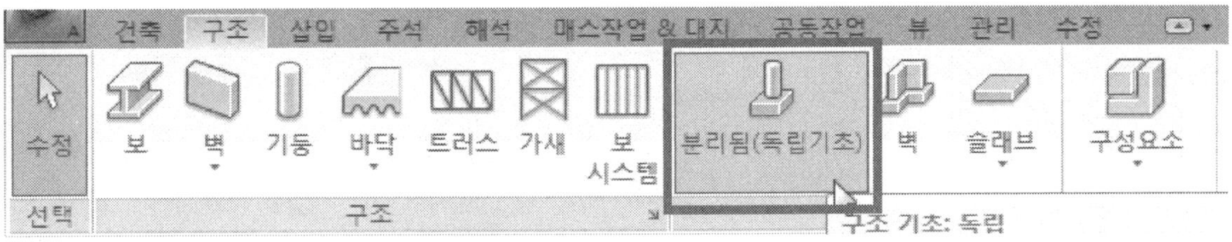

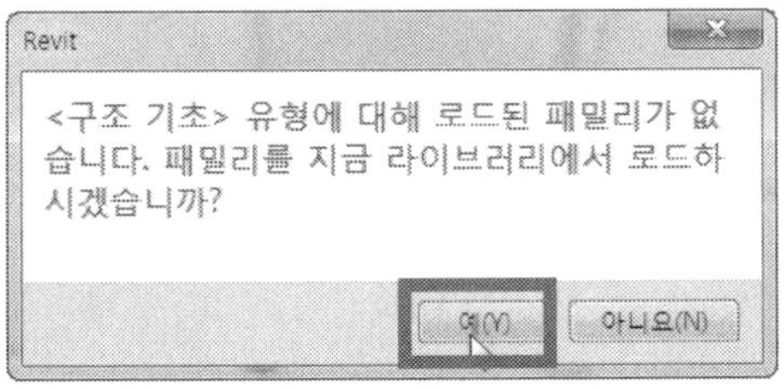

- 구조/ 기초 폴더의 기초-직사각형.rfa을 선택한다.

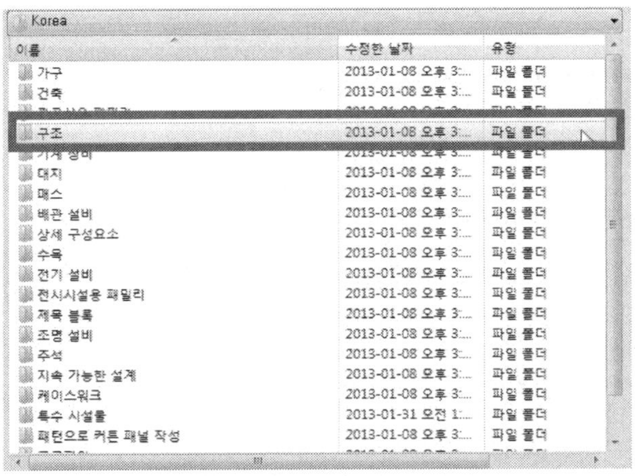

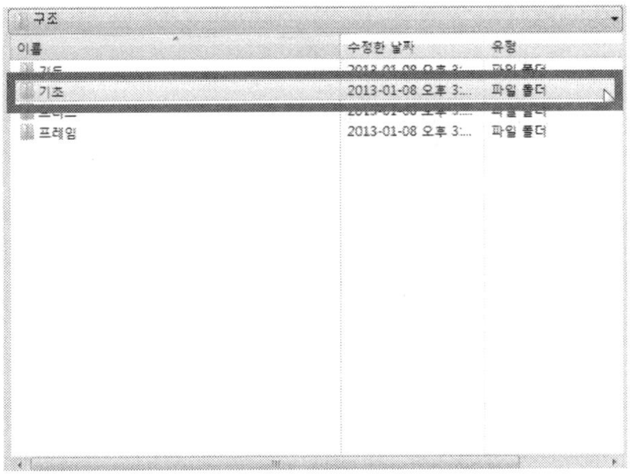

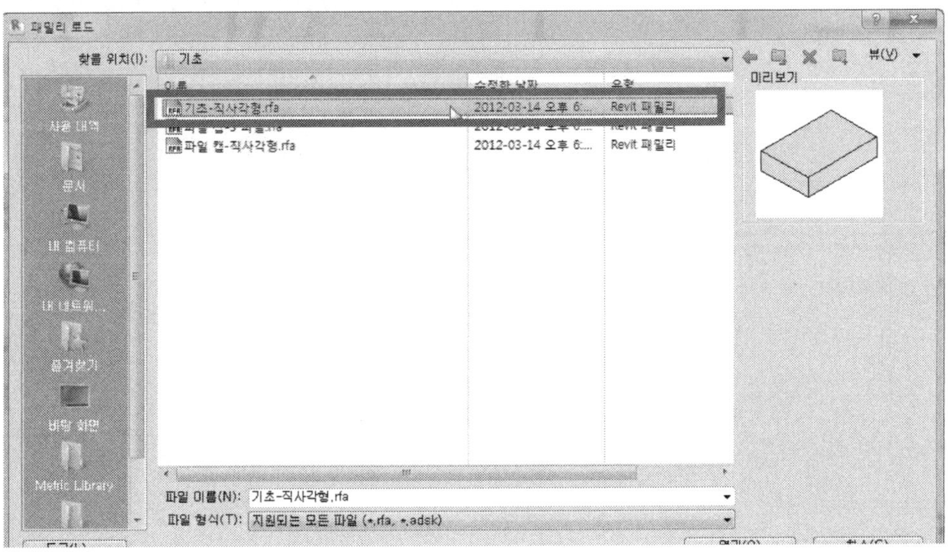

- 기초의 크기가 너무 크므로 유형편집에서 새로운 유형을 만든다.
- 600 X 600 X 450으로 복제하고 폭과 길이를 600mm로 수정한다.

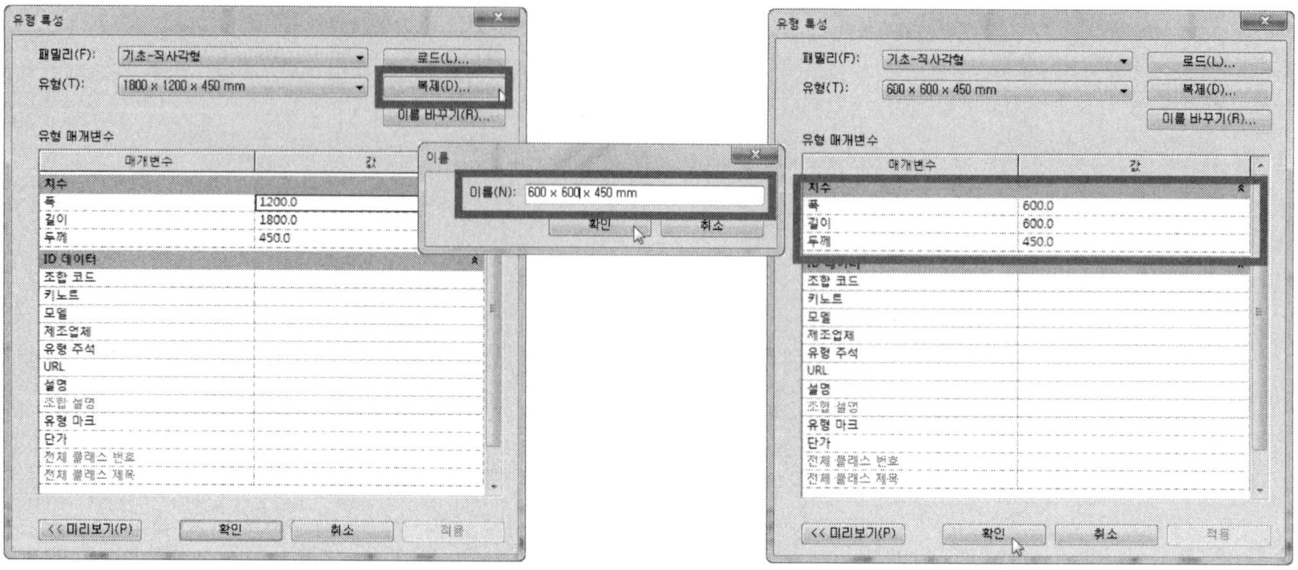

- 아래 그림과 같이 02 G.L.에서 모델링한다.
- 02 G.L. 뷰에서 기초를 볼 수 없다는 메시지가 2번 나타나면 읽고 닫는다.

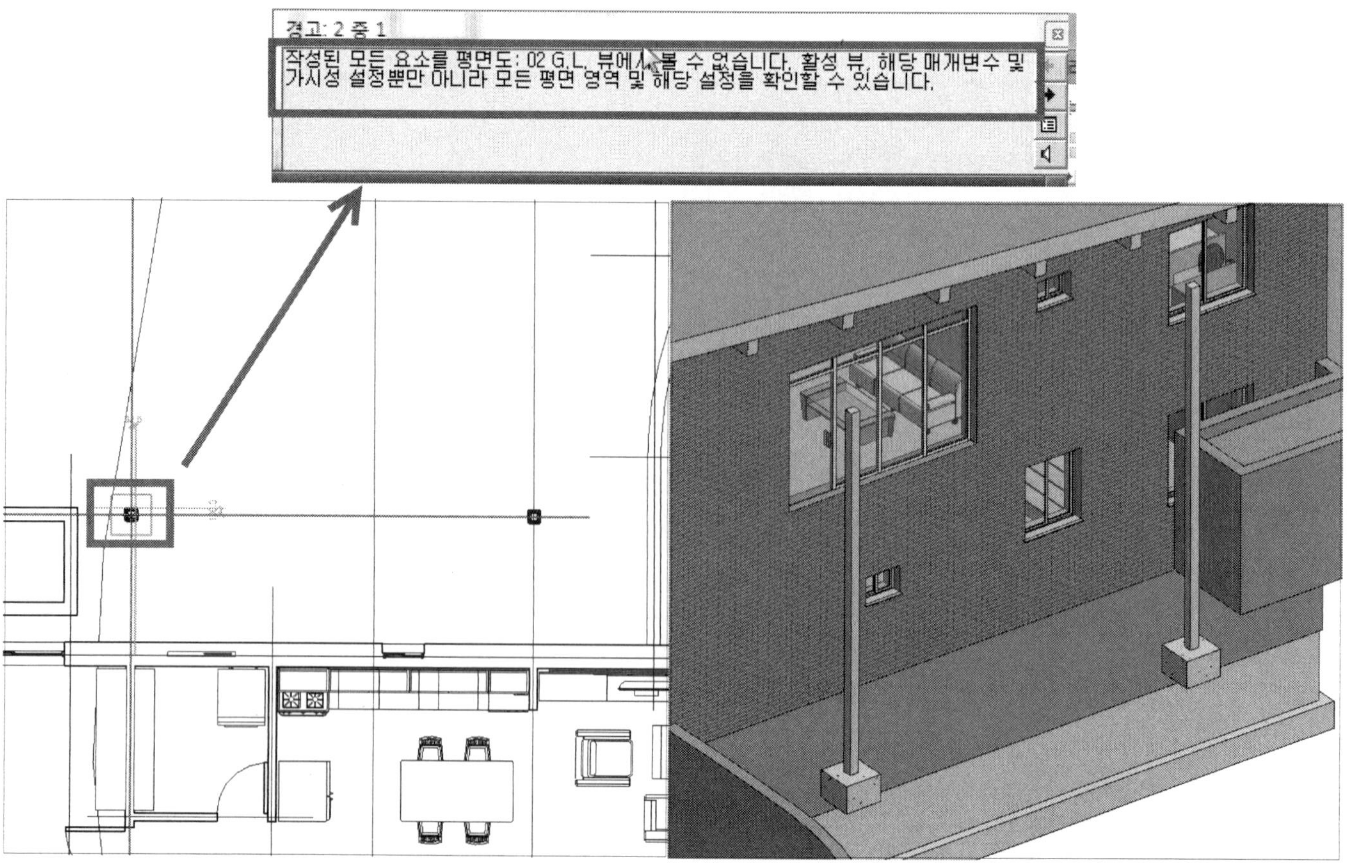

- 03 1층평면도에서는 작성된 기초의 확인이 가능하다.

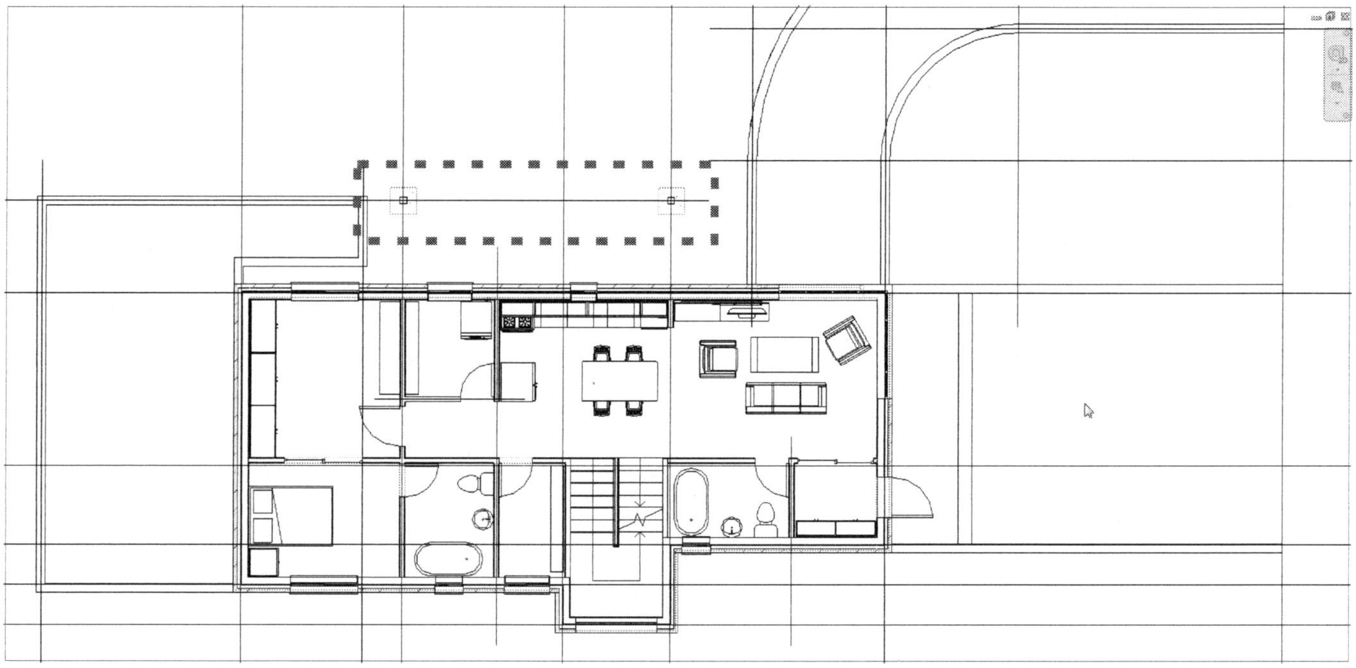

- 보를 그리기 위해서 04 2층 평면도를 활성화한다.
- 구조 탭의 보를 선택하고 아래그림과 같이 그린다.
- 보의 새로운 유형을 복제하여 150 X 150을 만들고 치수 bd를 150으로 수정하여 사용한다.

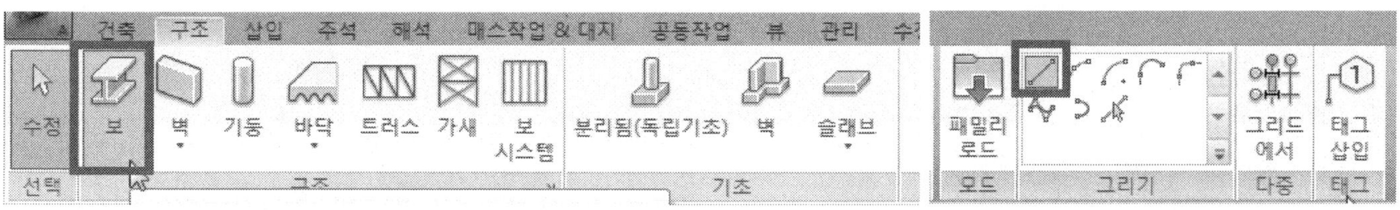

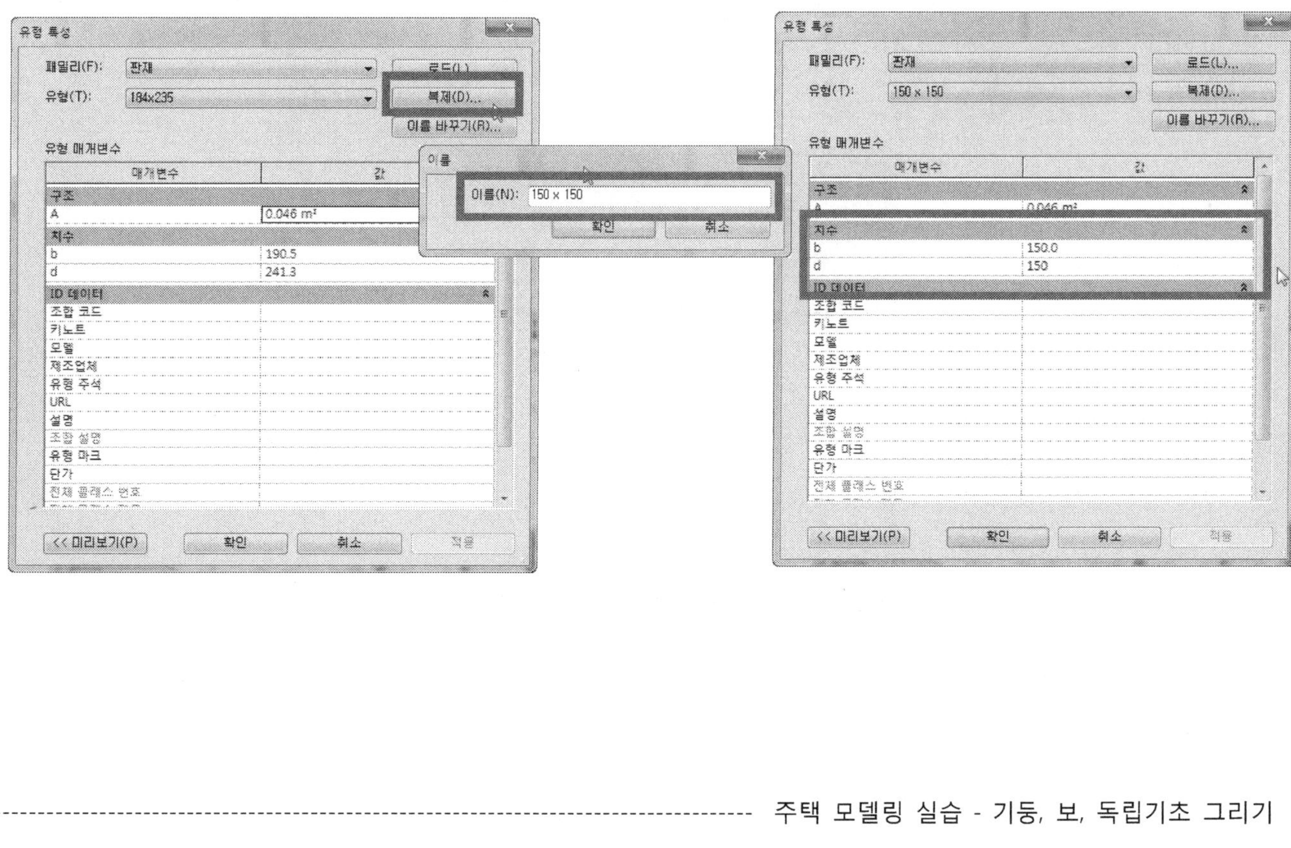

- 아래 그림과 같이 모델링한다.

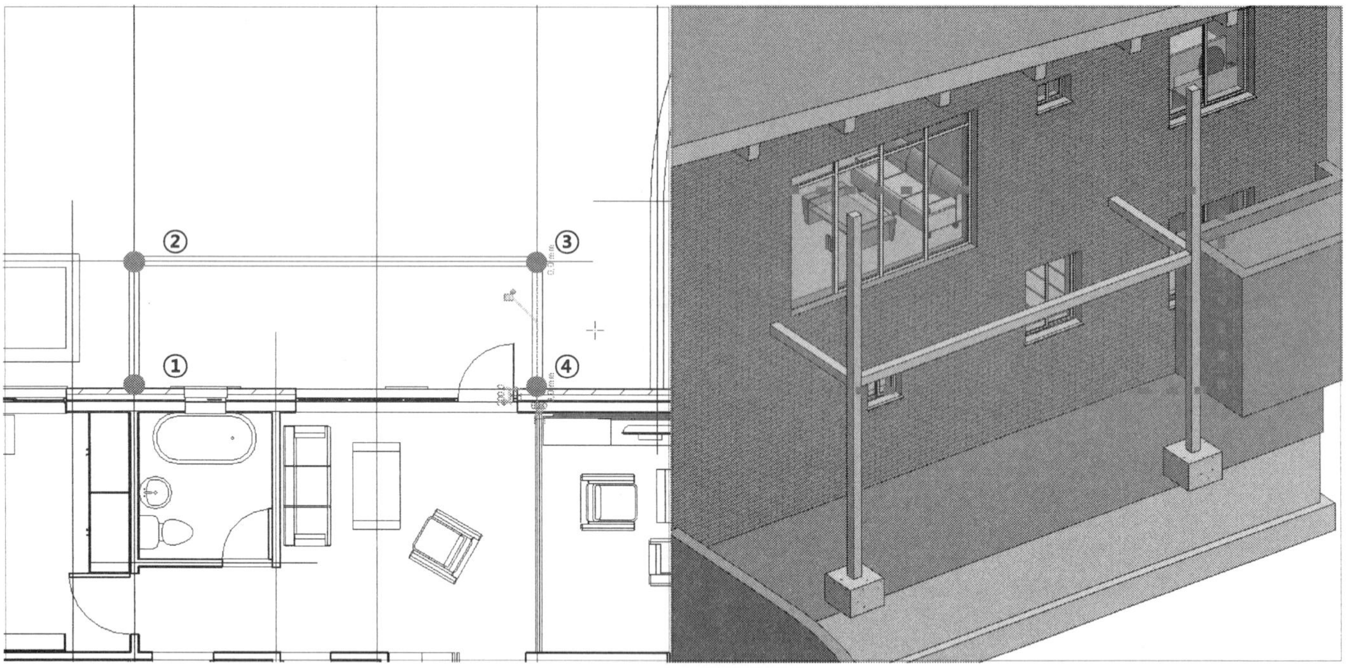

- 3개의 보를 선택하고 클립보드로 복사하고 선택한 레벨에 정렬을 선택한다.
- 레벨 선택은 05 지붕평면도를 선택한다.

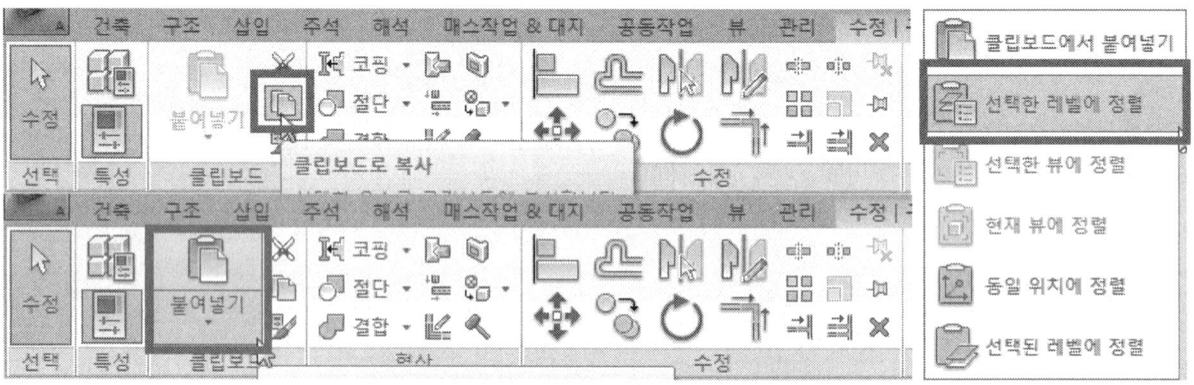

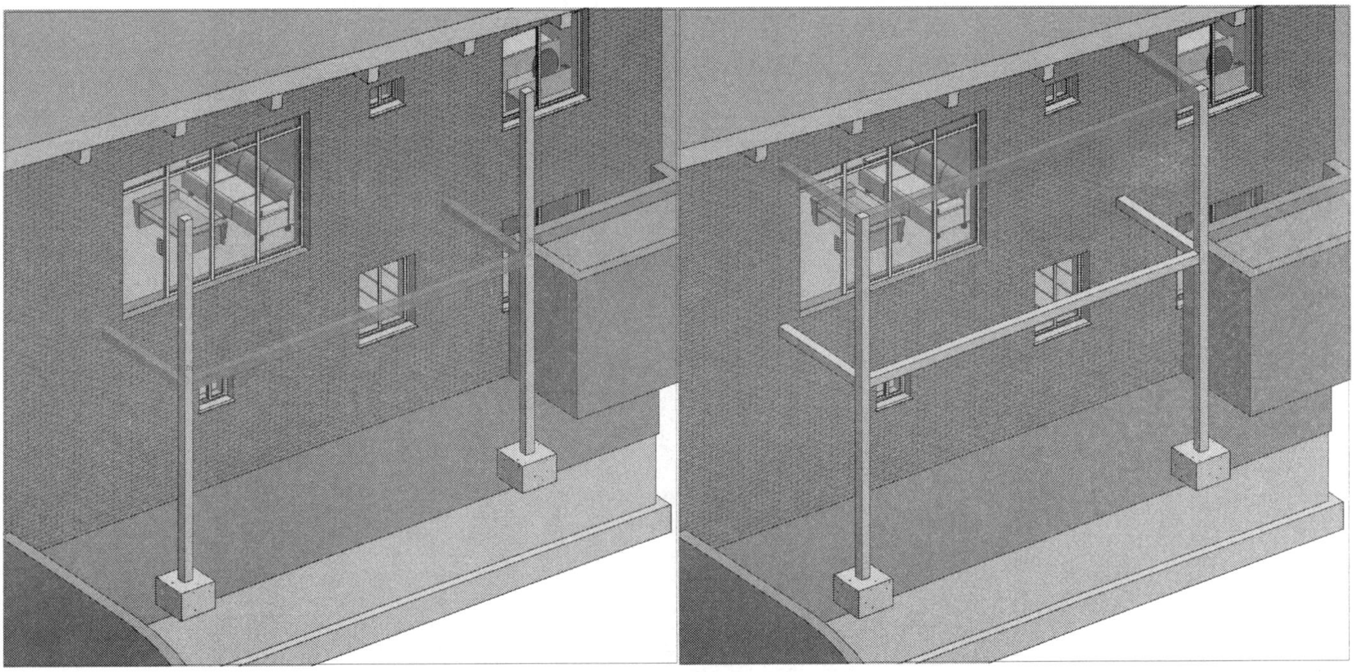

- 테라스에 보 시스템을 설치하기 위해서 구조 탭의 보 시스템을 선택한다.
- 보 시스템의 기준면을 설정하기 위해서 설정을 선택한다.
- 보의 윗면을 그림과 같이 기준면으로 선택한다.

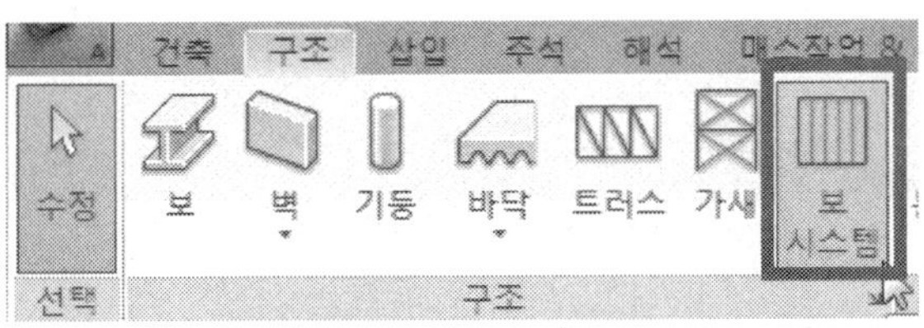

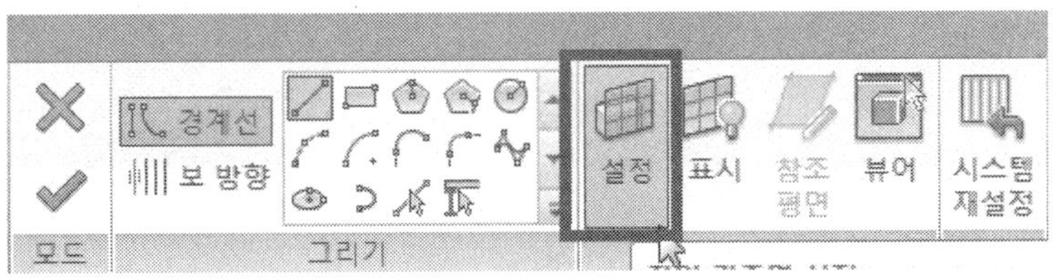

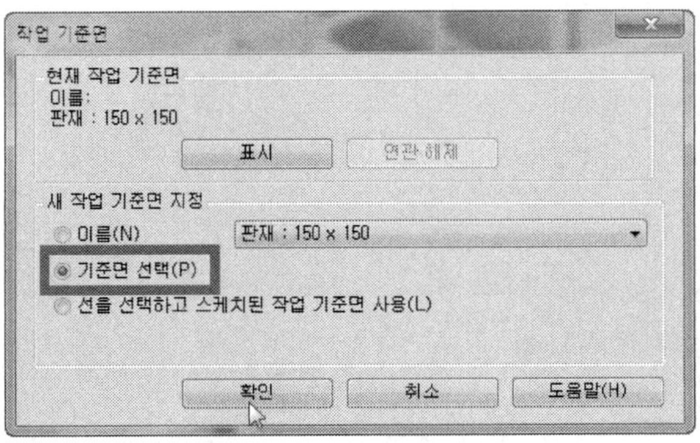

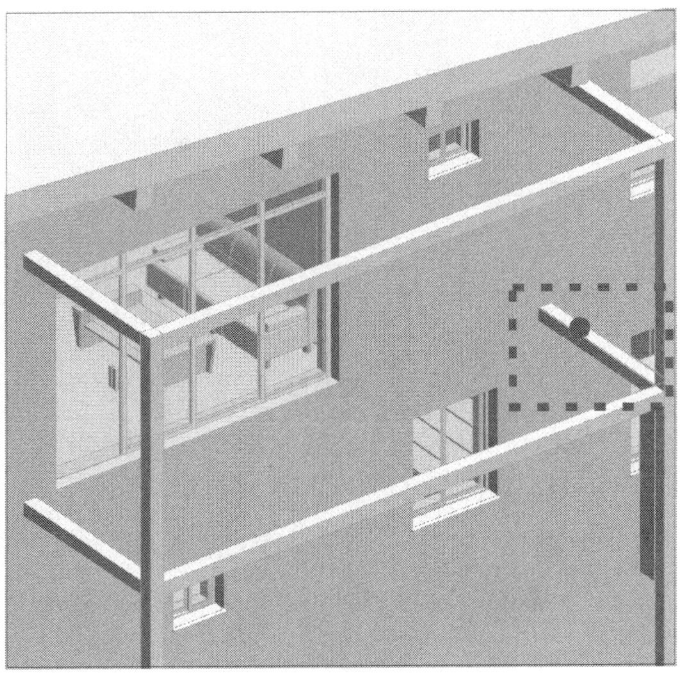

- 선 그리기와 선 선택으로 보 시스템의 경계를 구성한다.
- 고정간격은 1500, 보 유형은 판재: 150 X 150로 선택한다.
- 완료를 선택한다.

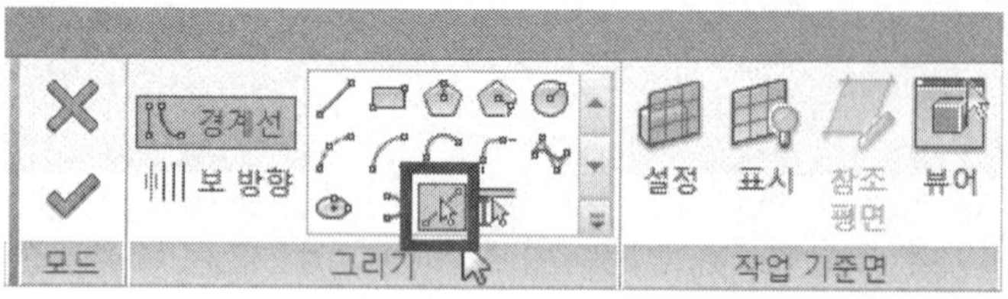

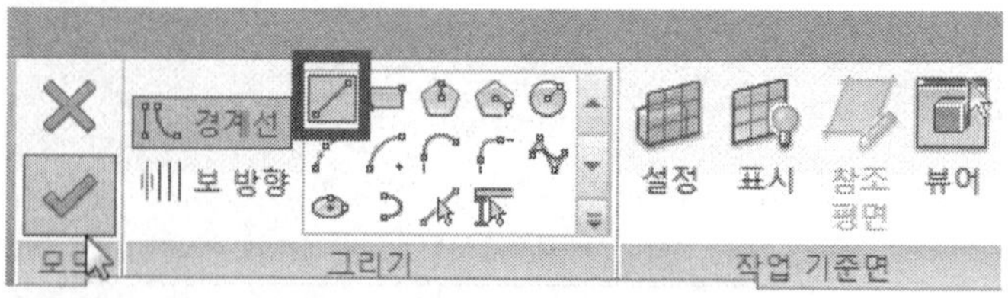

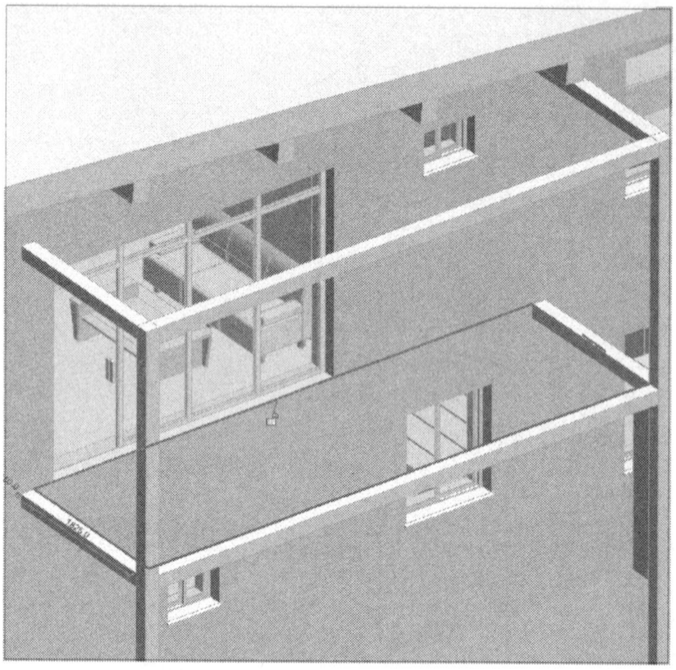

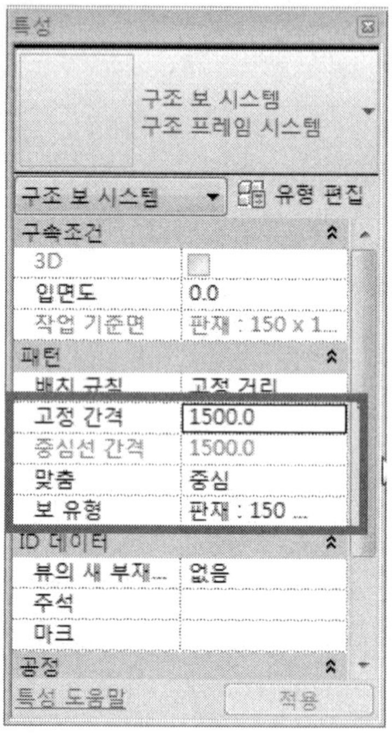

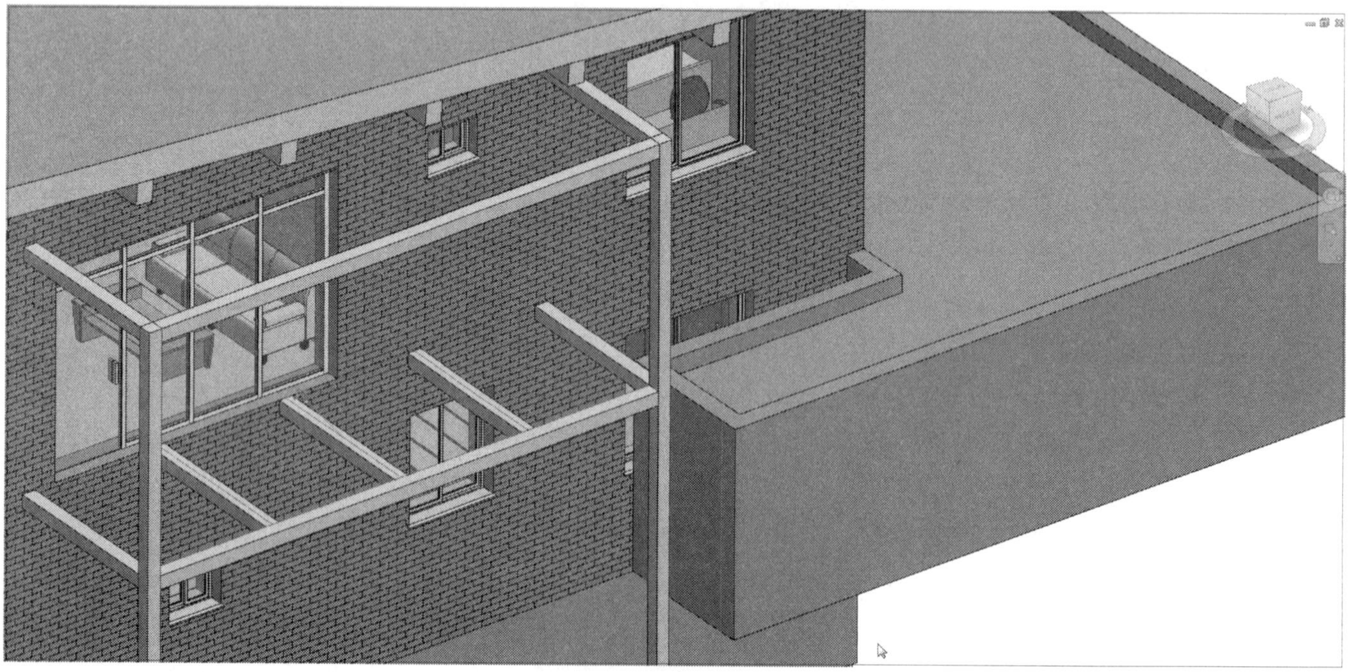

- 테라스에 상부에 보 시스템을 설치하기 위해서 구조 탭의 보 시스템을 선택한다.
- 보 시스템의 기준면을 설정하기 위해서 설정을 선택하고 보의 윗면을 그림과 같이 기준면으로 선택한다.

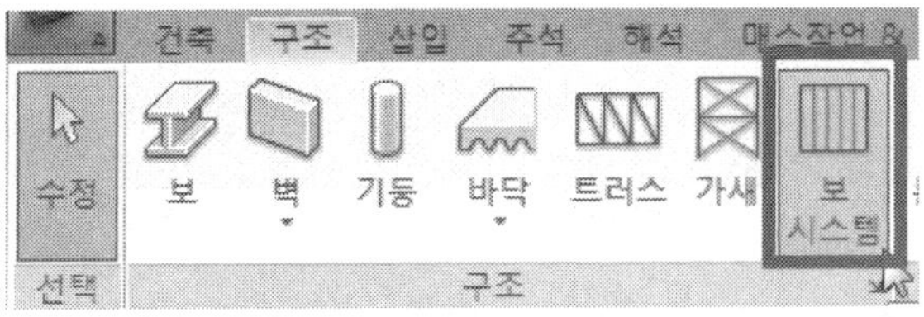

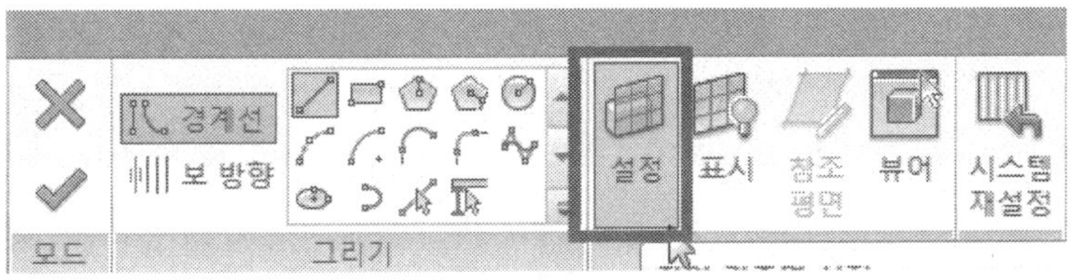

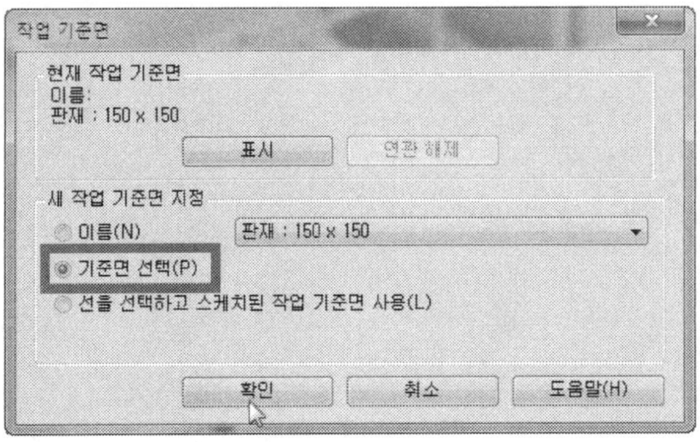

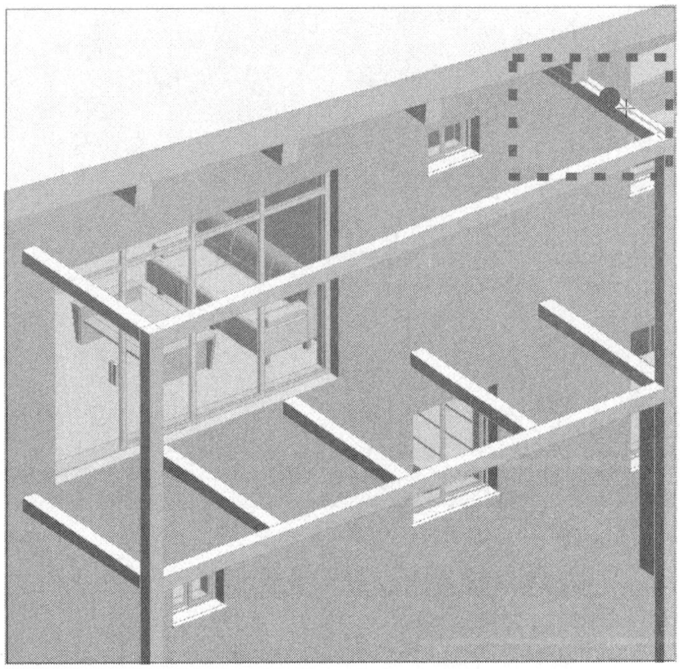

- 선 그리기와 선 선택으로 경계를 구성하고 고정간격은 600, 보 유형은 판재: 150 X 150로 선택한다.

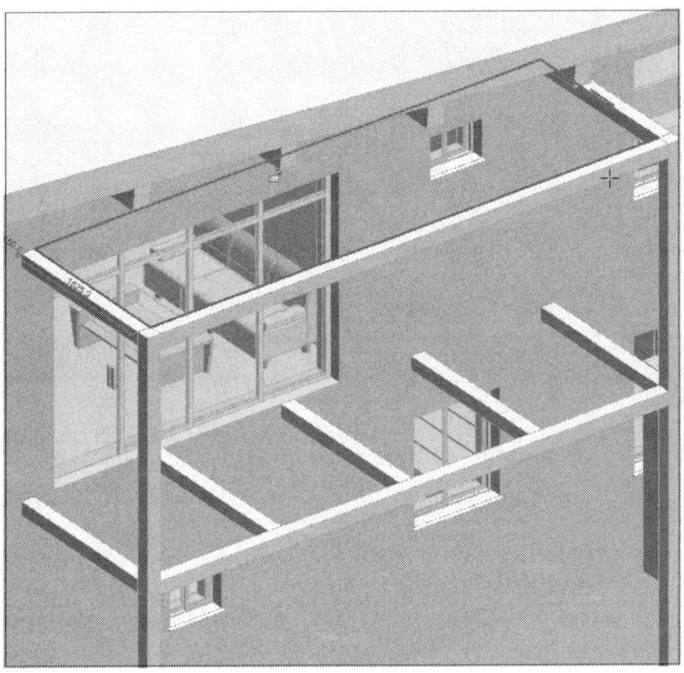

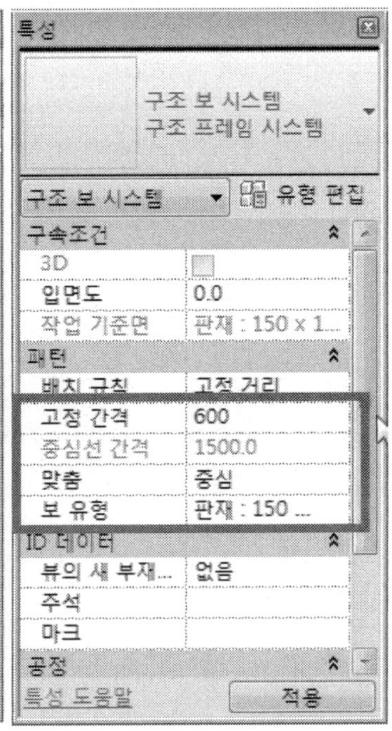

- 완료를 선택한다.
- 보의 유형을 바꾸기 위해서 보를 하나 선택하고 유형편집에서 90 X 90을 복제하고 크기를 바꾼다.
- 보 시스템을 선택하고 보 유형을 90 x 90으로 바꾼다.

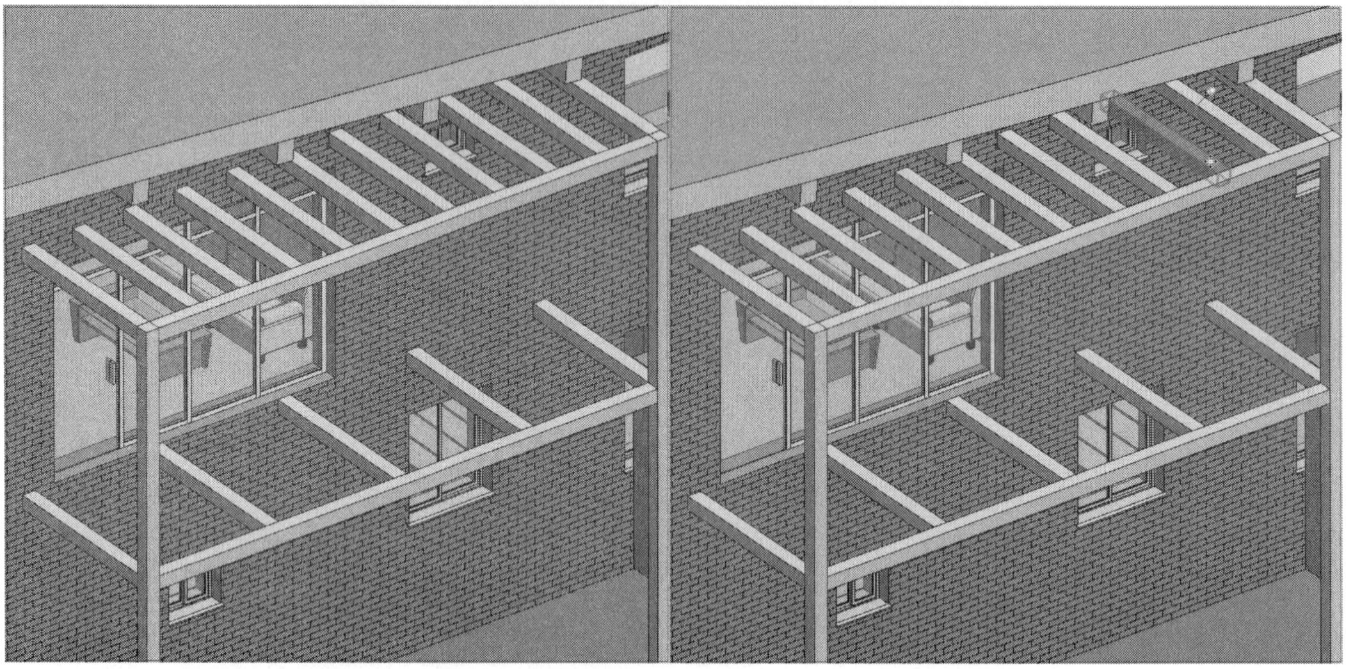

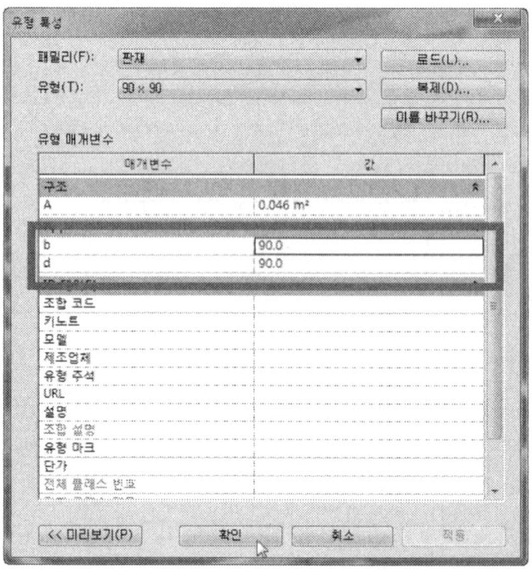

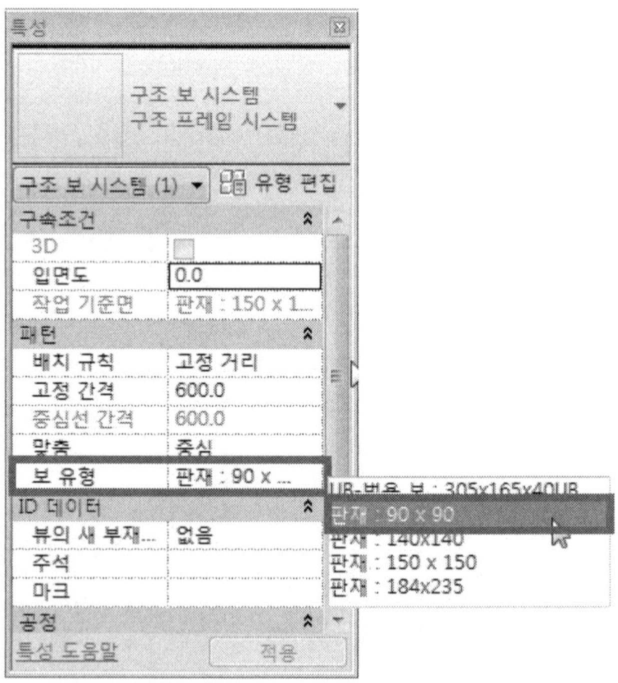

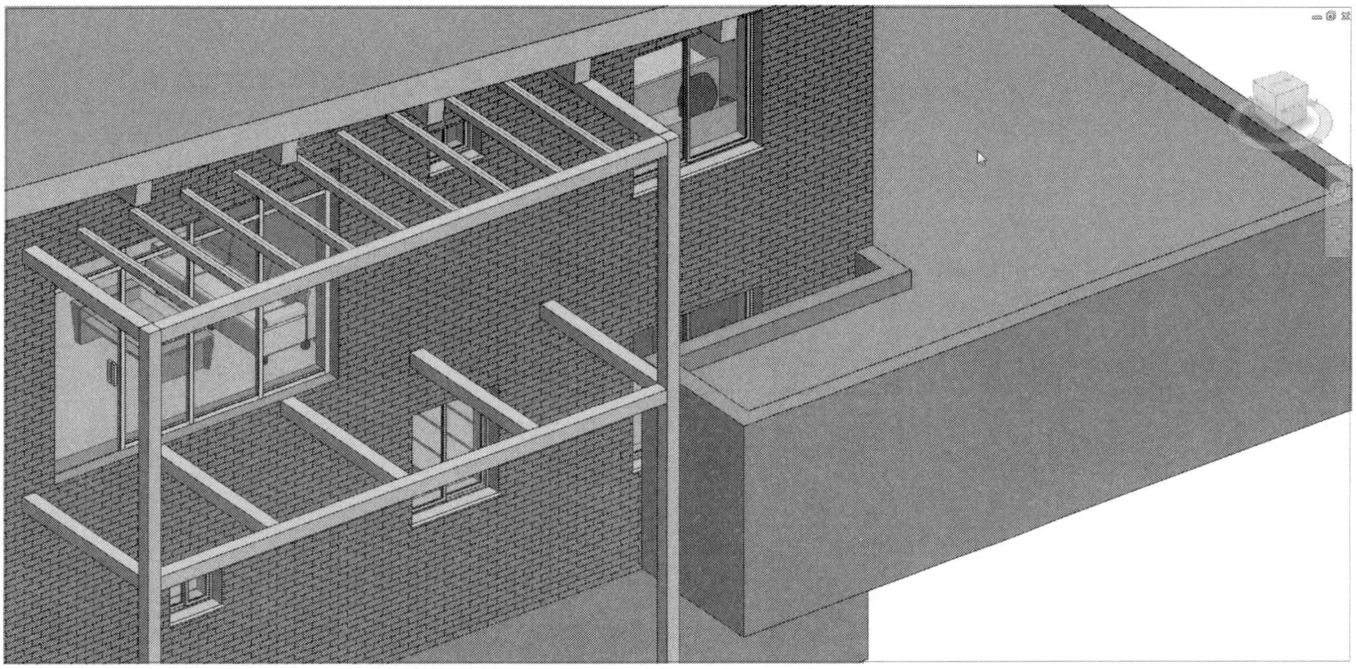

③ 발코니 바닥과 계단, 난간 그리기

- 발코니 바닥을 그리기 위해서 04 2층 평면도를 활성화한다.
- 새로운 바닥 유형을 만들기 위해서 표준 판재 - 목재마감을 유형에서 선택하고 유형편집을 클릭한다.
- 주택 외부 목재 마감을 복제하고 구조의 편집을 클릭한다.

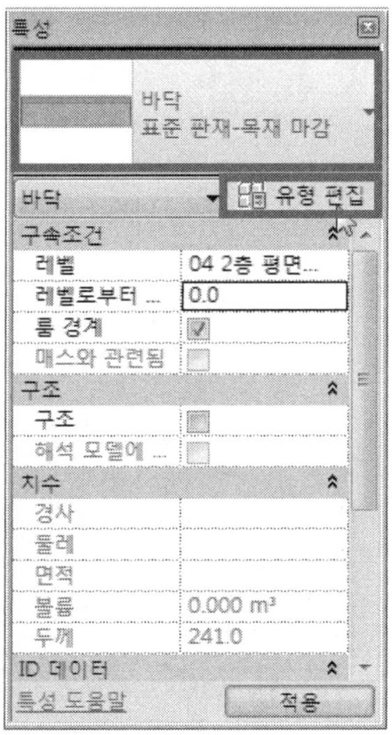

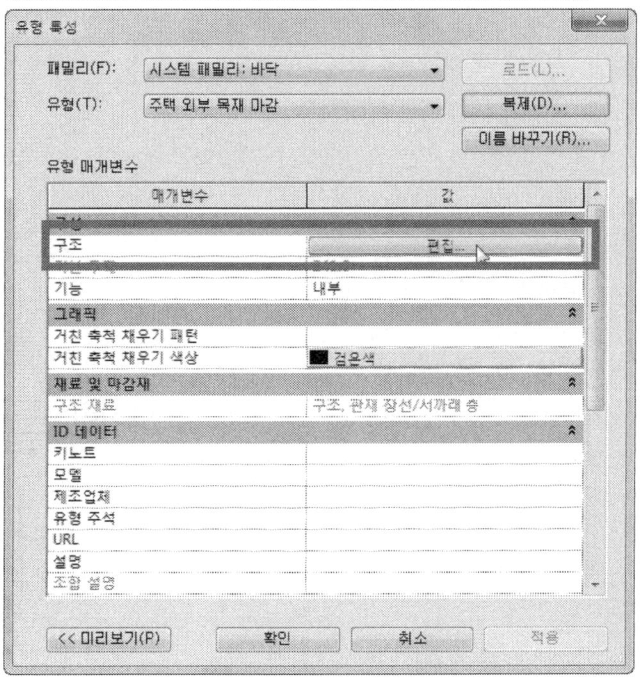

- 구조[1]을 삭제하고 마감재와 하지재의 두께를 각각 20으로 수정한다.

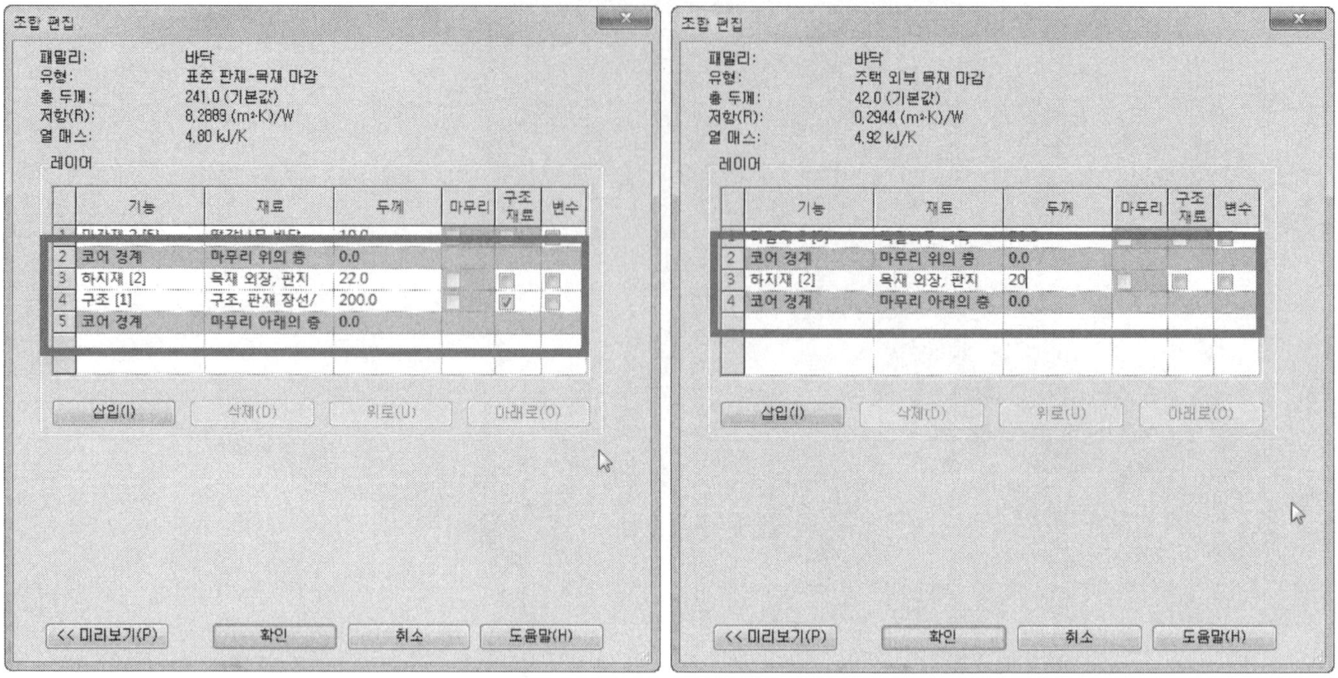

- 선 선택과 자르기 연장을 이용하여 그림과 같이 바닥의 경계를 편집하고 완료한다.

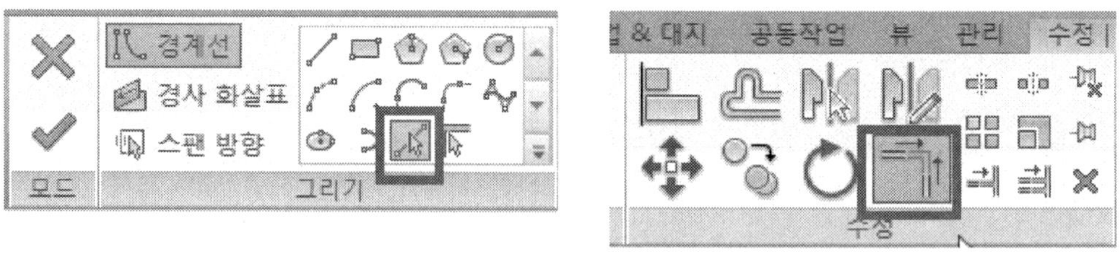

- 3D 뷰에서 확인한다.
- 보와 바닥이 겹치고 있는 것을 확인할 수 있다. 수정하기 위해서 보 3개를 선택한다.

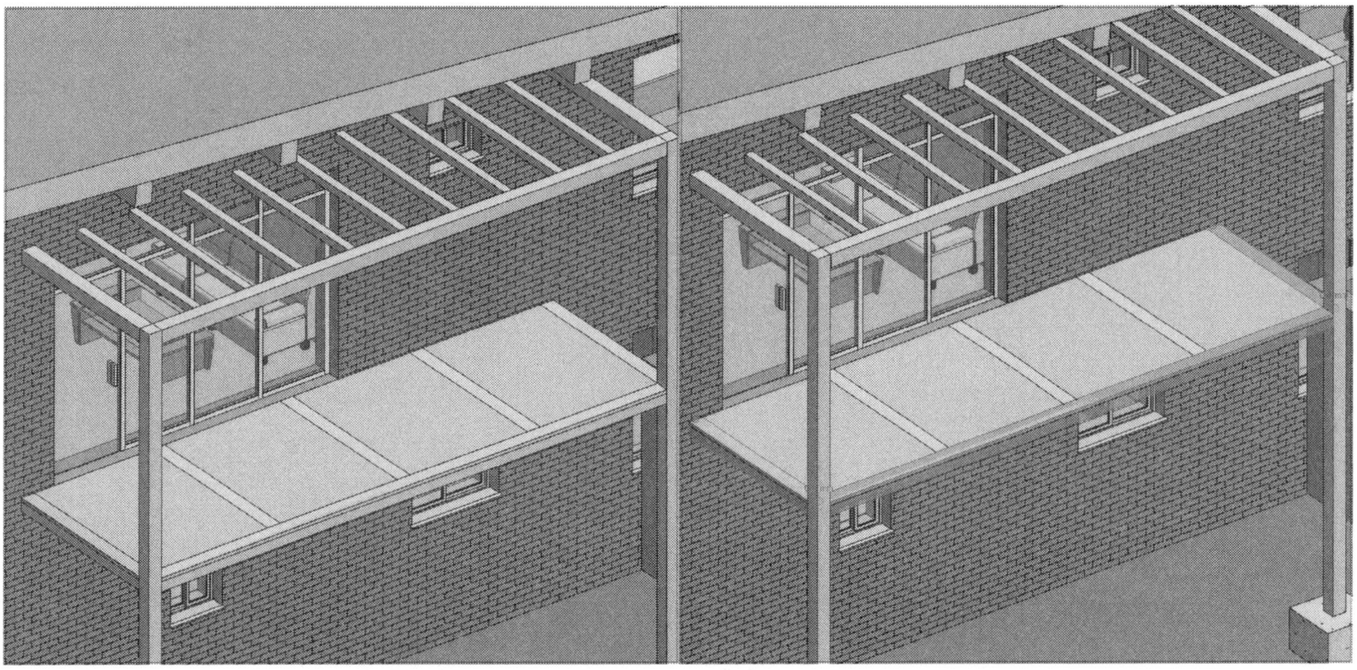

- 특성에서 시작 레벨 간격과 끝 레벨 간격의 수치를 바닥의 두께인 -40으로 설정한다.
- 보와 보 시스템 모두 수정된 것을 확인할 수 있다.

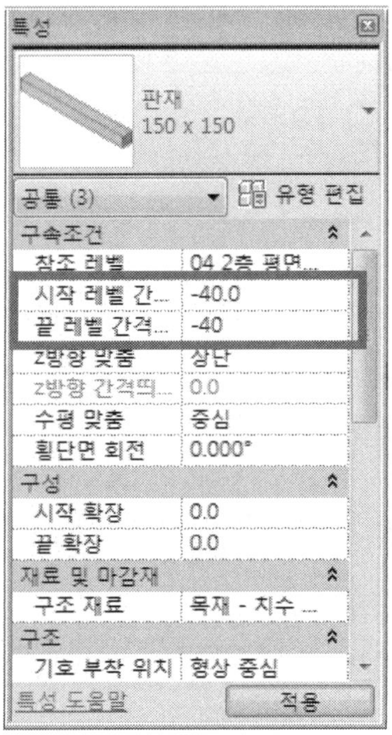

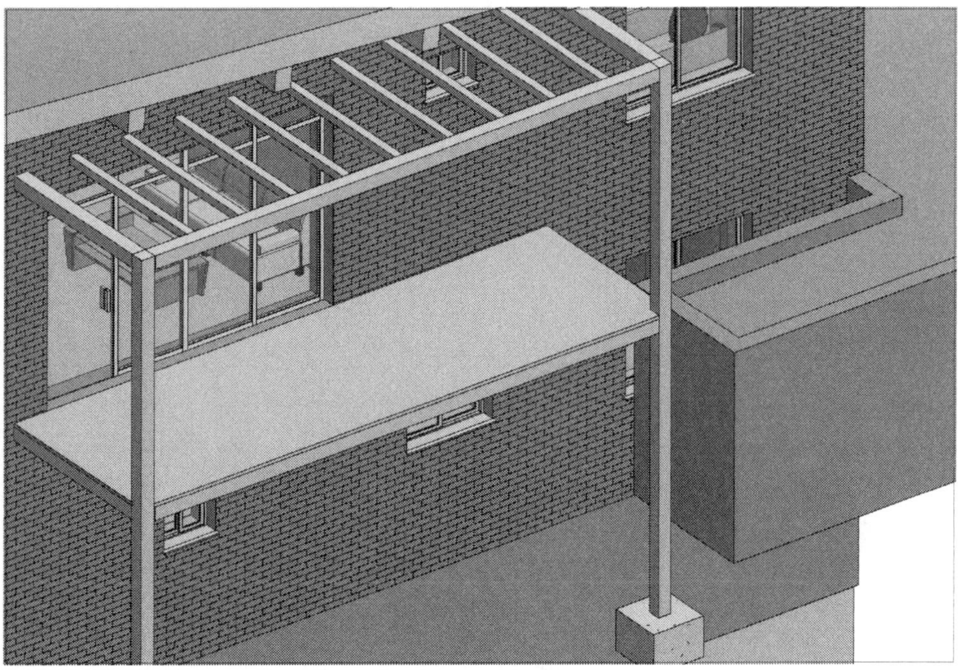

- 계단을 그리기 위해서 03 1층 평면도를 활성화한다. 04 2층 평면도를 언더레이 한다.
- 건축 탭의 계단에서 스케치 기준 계단을 선택한다. 난간을 선택하고 900mm 파이프로 설정한다.
- 베이스 레벨은 03 1층 평면도, 베이스 간격 띄우기는 2100, 상단 레벨은 04 2층 평면도로 설정한다.
- 계단의 폭은 1200, 챌판 수는 6개, 실제 디딤판은 300으로 설정하고 아래 그림과 같이 그린다.

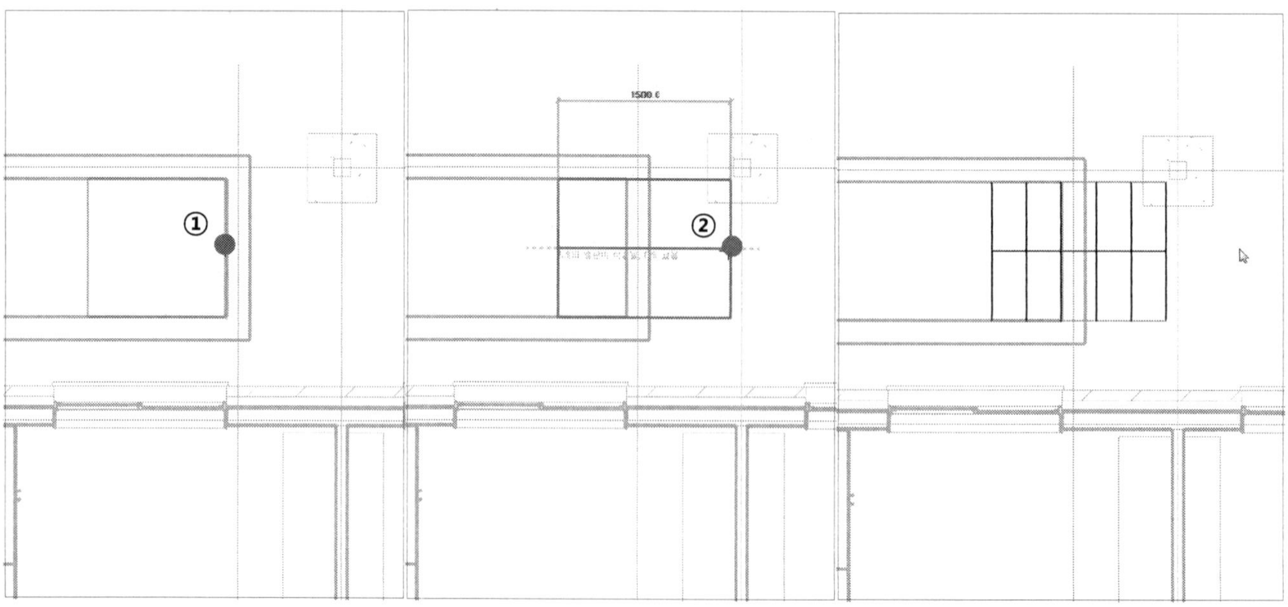

- 완료를 선택한다.

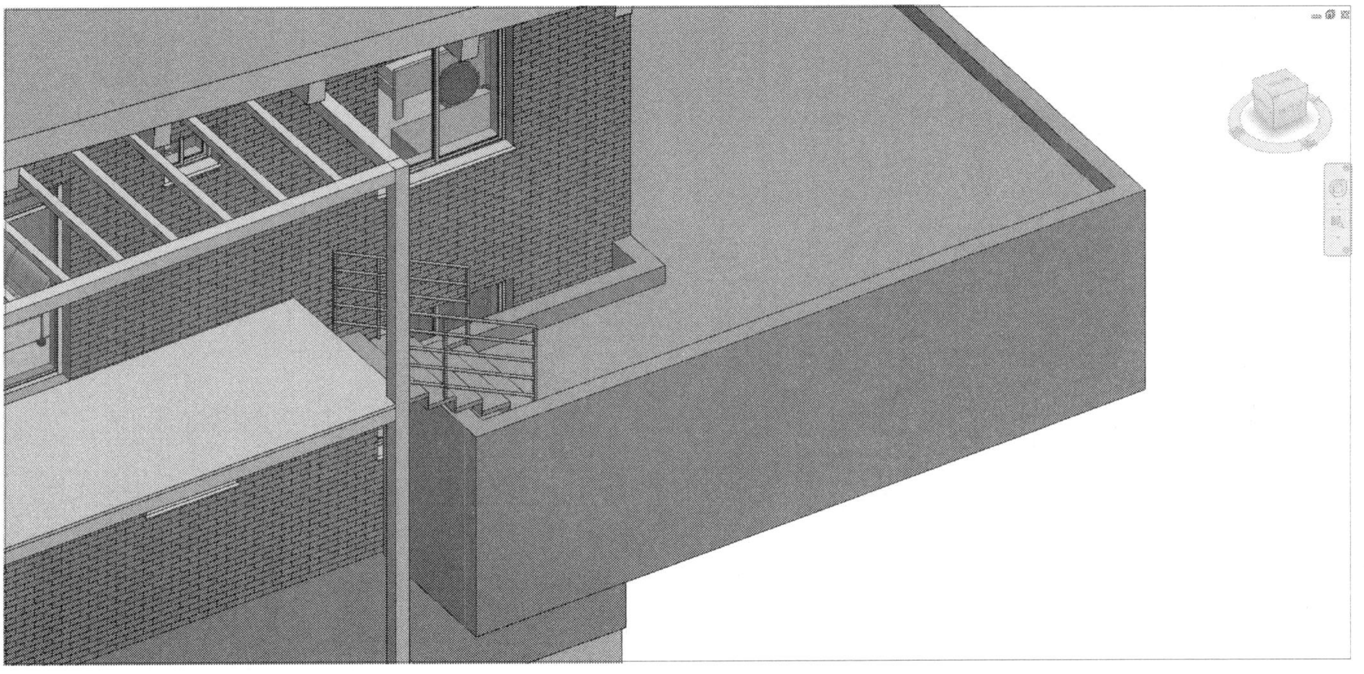

- 계단과 발코니 사이에 간격이 있으니 계단을 전체적으로 이동하여 위치를 조정한다.

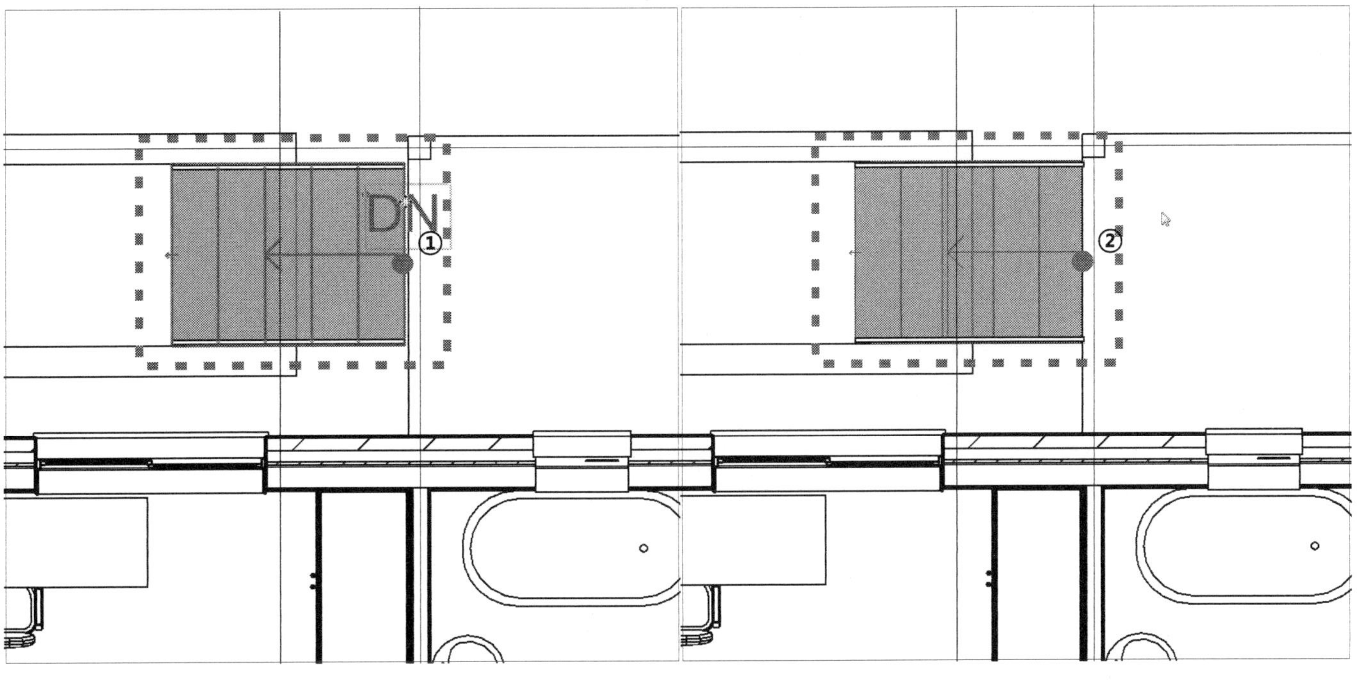

- 발코니의 난간을 구성하기 위해서 04 2층 평면도를 활성화한다.
- 건축 탭의 난간의 경로 스케치를 선택한다.
- 난간의 유형을 900mm 파이프로 설정한다.

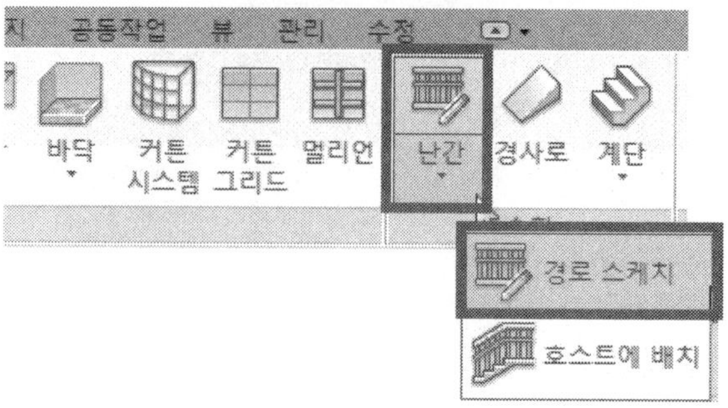

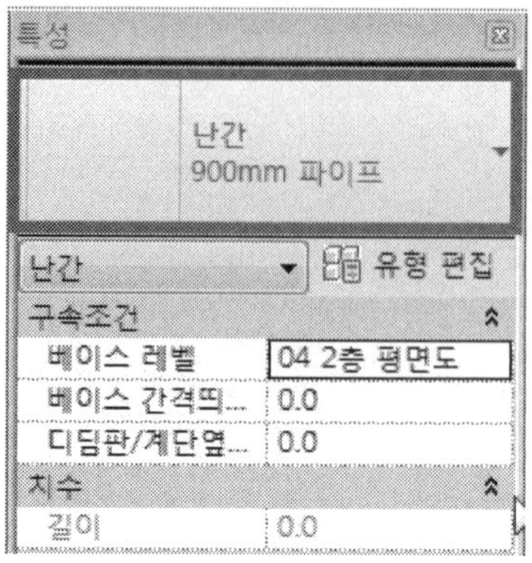

- 선 그리기를 이용하여 각각 3개의 난간을 그린다.

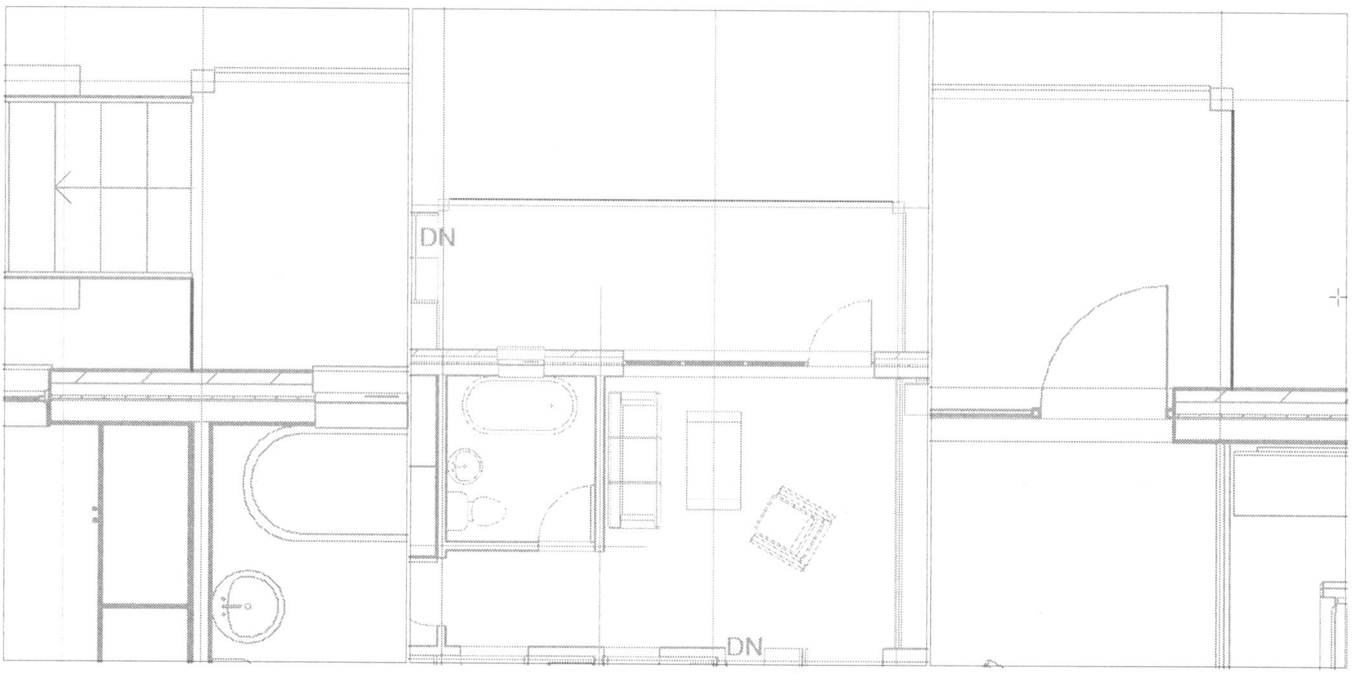

- 완료를 선택한다.

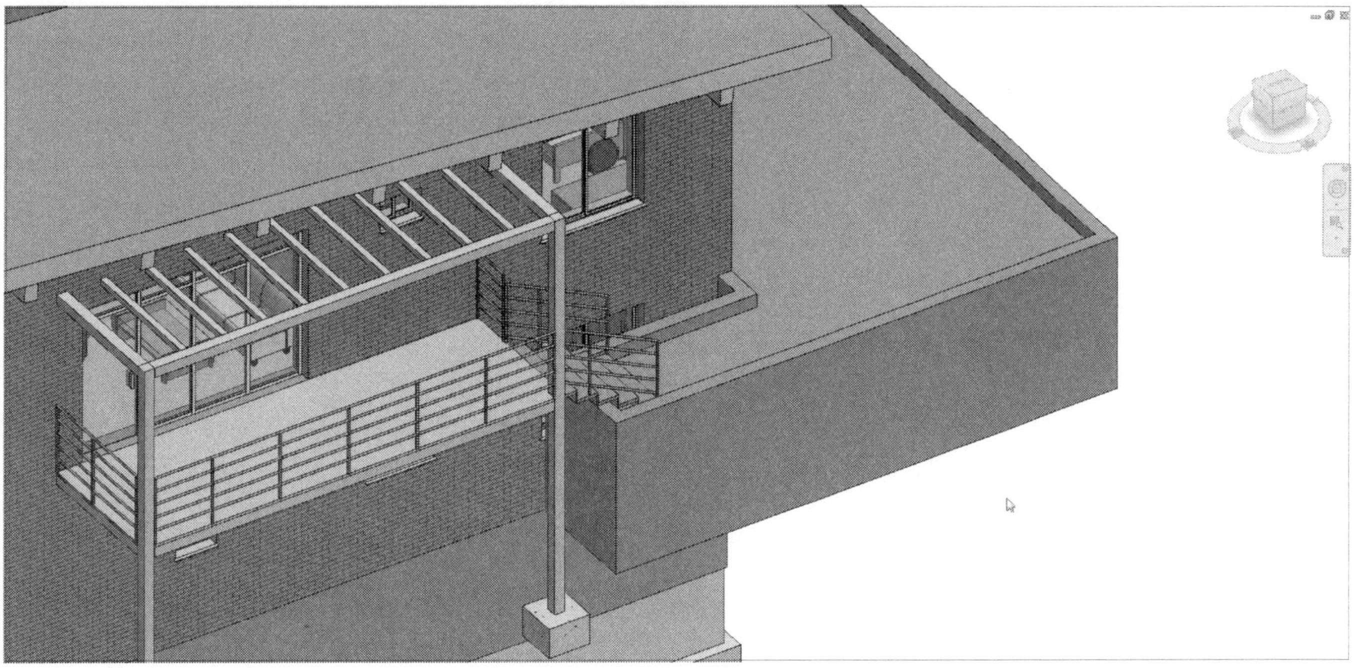

- 계단실에서 외부로 연결된 부분에 난간을 구성하기 위해서 04 2층 평면도를 활성화한다.
- 건축 탭의 난간의 경로 스케치를 선택한다.
- 난간의 유형을 900mm 파이프로 설정한다.

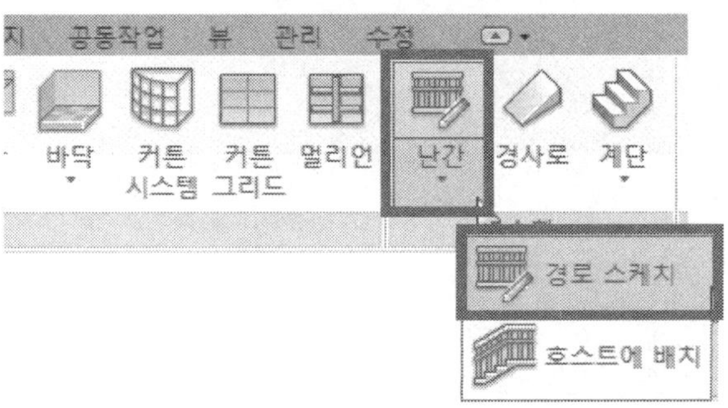

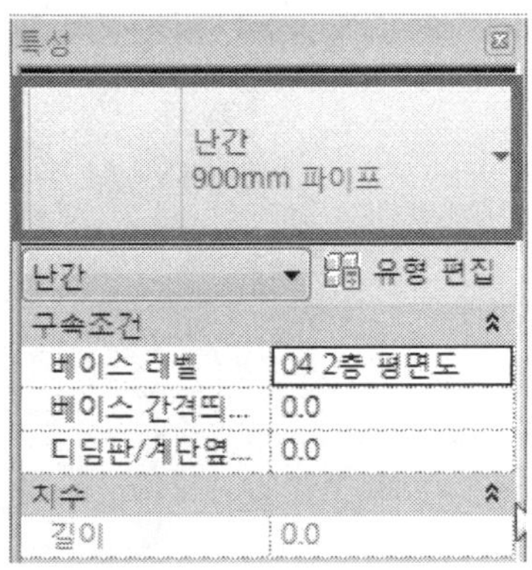

- 선 그리기를 이용하여 난간을 그린다.

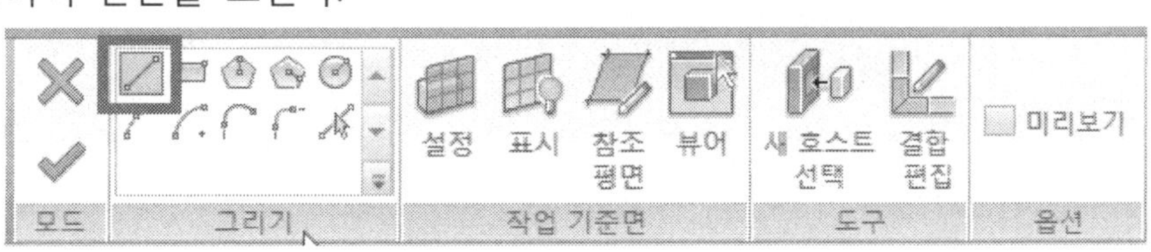

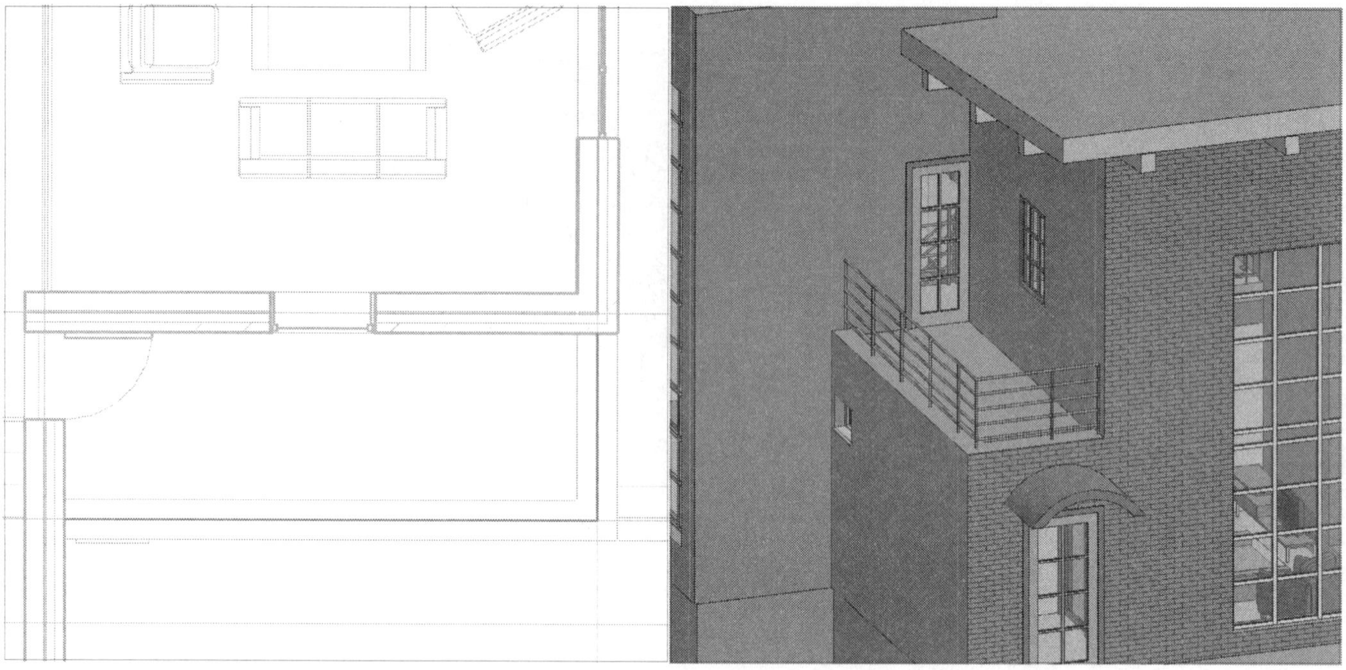

- 뷰를 전체적으로 확대하여 발코니 부분이 완료된 것을 확인한다.

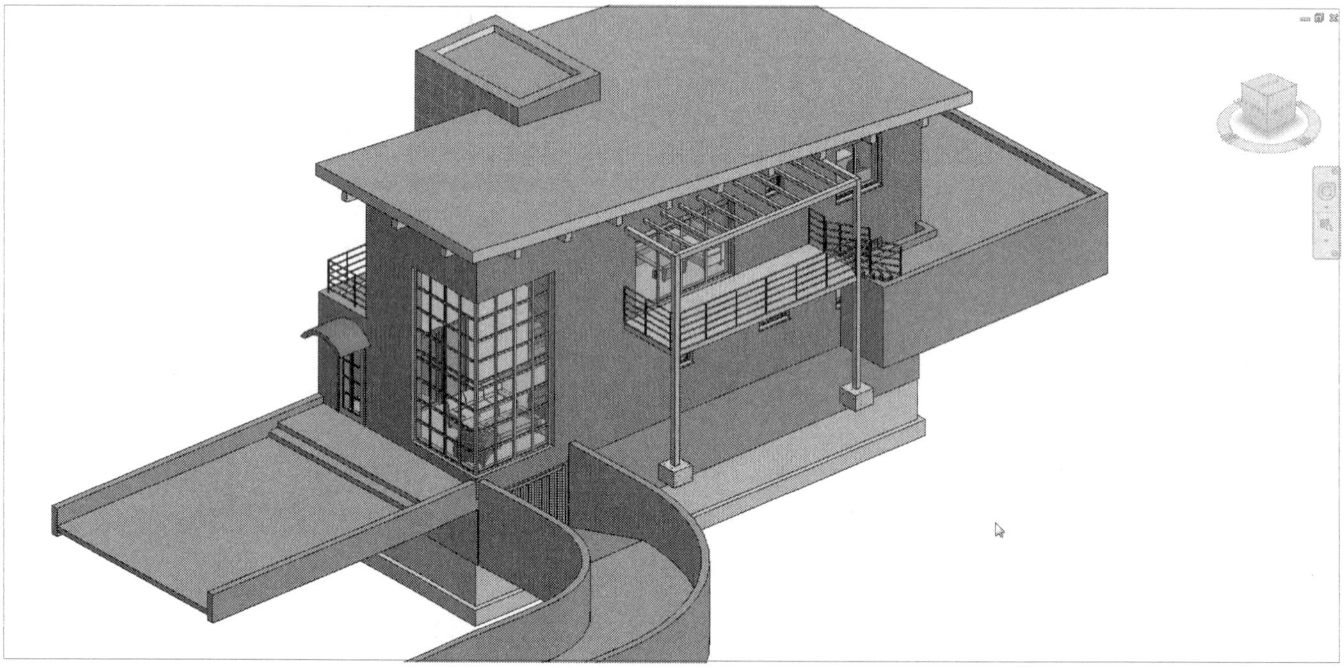

19) 지형면, 건물 패드, 주차장 및 대지 구성요소 그리기

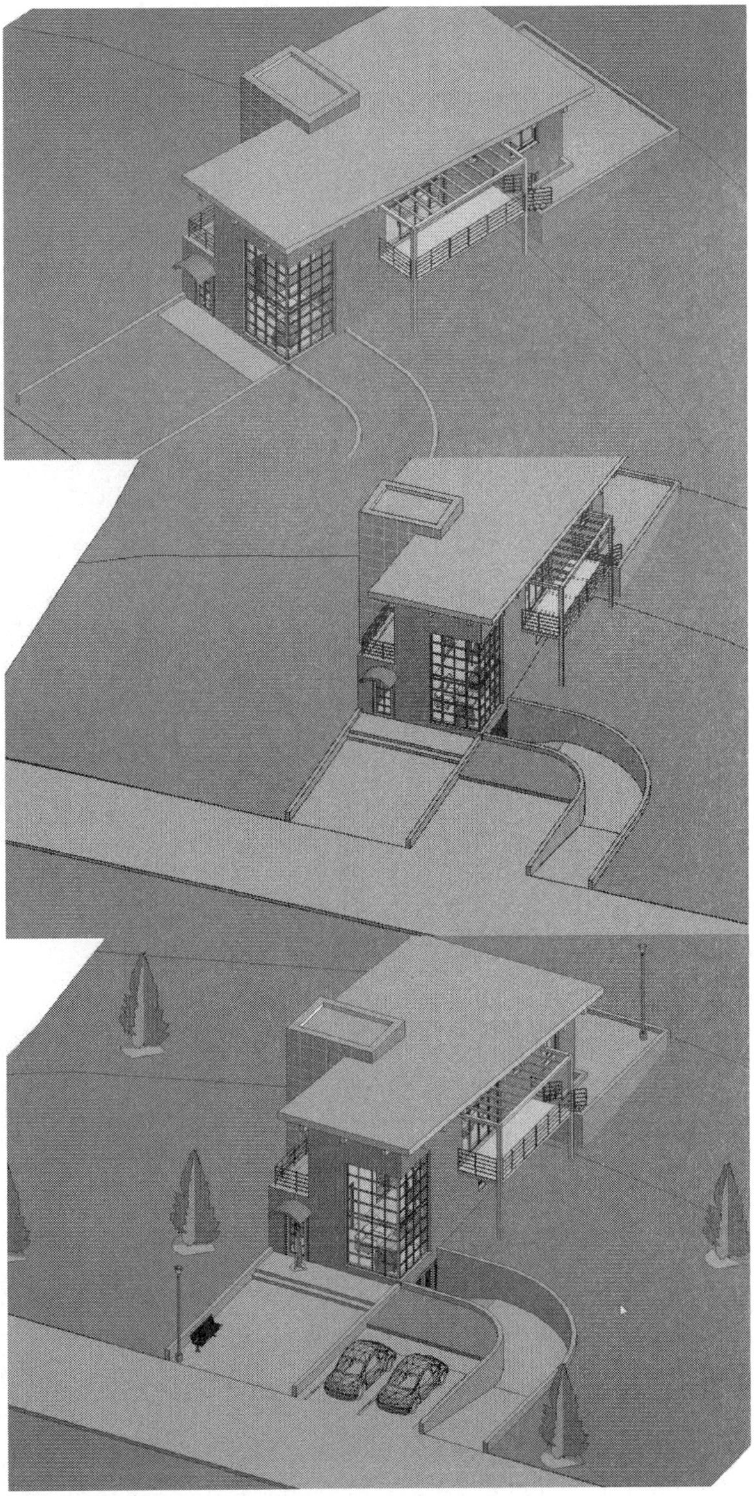

주택의 외부에 지형면, 건물 패드, 주차장, 도로와 대지 구성요소를 삽입한다.

학습목표

- 지형면, 건물 패드, 주차장 및 대지 구성요소를 이해한다.
- 건물 패드 그리는 방법을 실습을 통해 숙지한다.
- 주차장 및 대지 구성요소 배치하는 방법을 실습을 통해 숙지한다.
- 지형면 만드는 방법을 실습을 통해 숙지한다.

19) 지형면, 건물 패드, 주차장 및 대지 구성요소 그리기

① 건물 패드 그리기 - 건물과 테라스, 경사로 하부

- 3D 뷰에서 지형면을 숨기기 해제한다. 단면상자도 해제한다.
- 지형면이 경사로와 주택 입구와 건물 내부에도 나타나고 있는 것을 알 수 있다.
- 주택과 외부 시설들을 나타내게 하기 위해서는 건물 패드를 레벨에 맞게 모델링해야 한다.
- 건물 패드는 기초공사를 통해 지형을 다지는 공정과 일반적인 바닥공사의 공정도 의미할 수 있다.

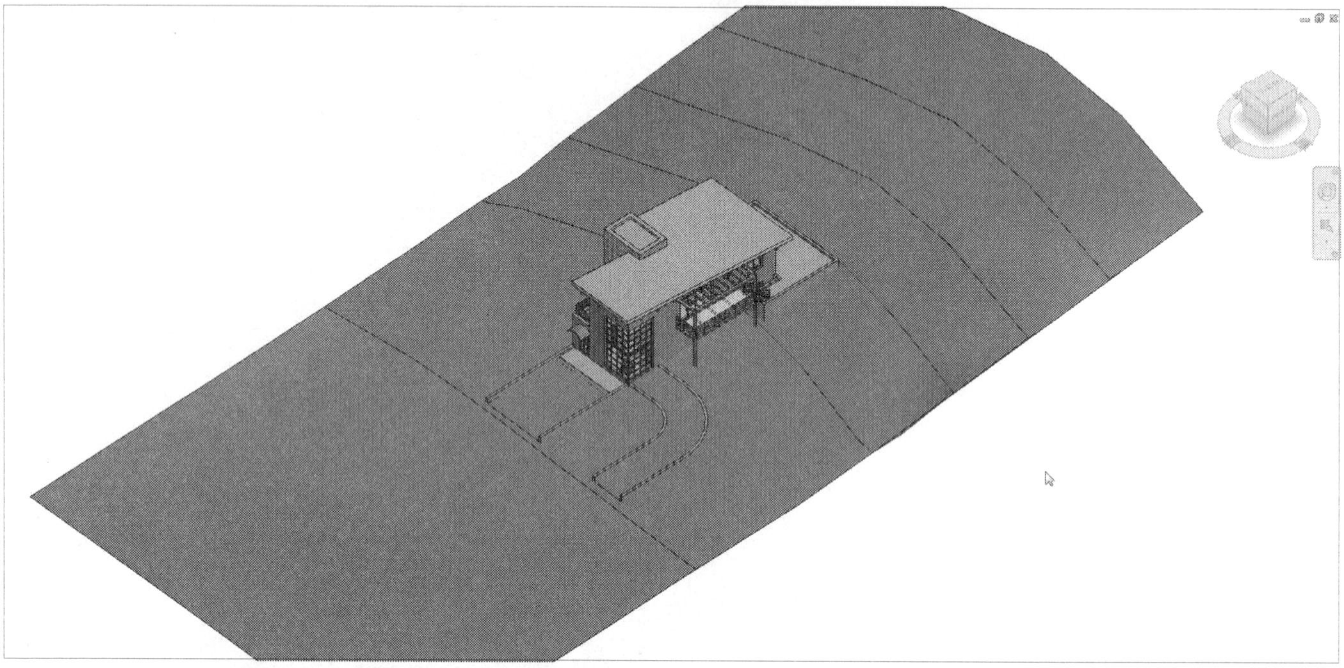

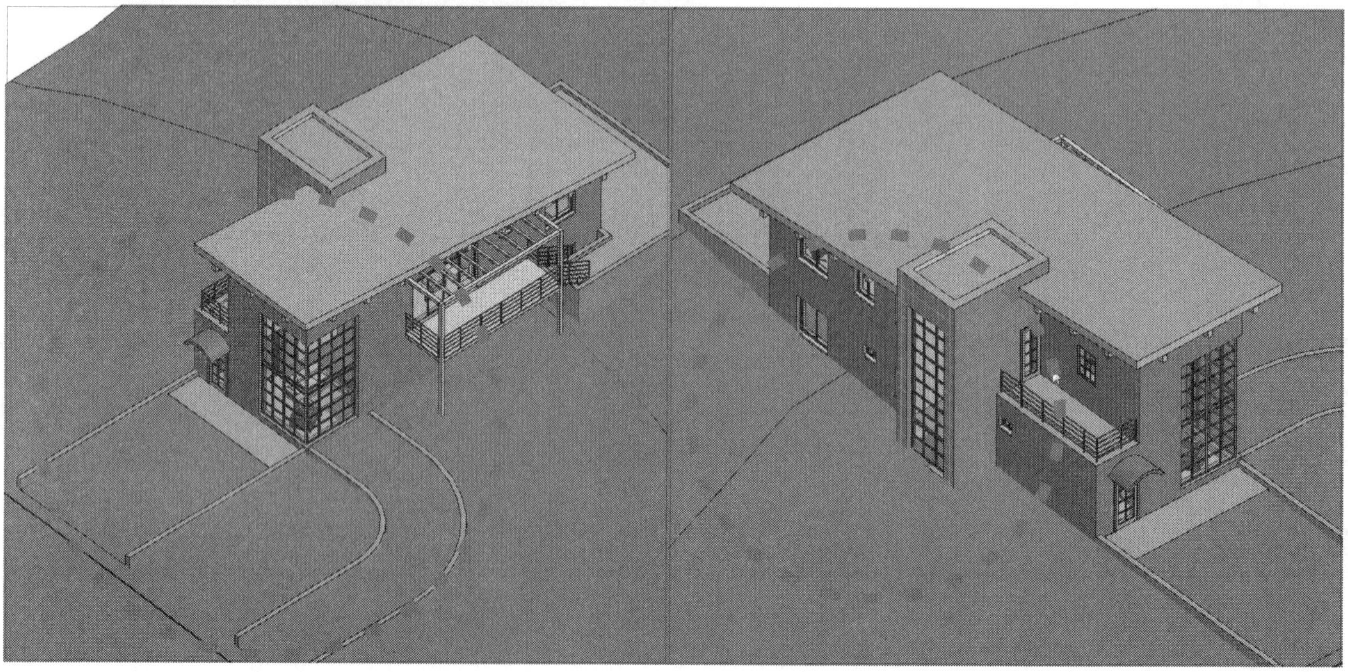

- 먼저 주택 전체를 위한 패드를 그리기 위해 00 기초 평면을 활성화한다.
- 건물 패드를 주택 외부 마감과 일치시키기 위해서 00 기초 평면의 언더레이를 02 G.L.로 설정한다.

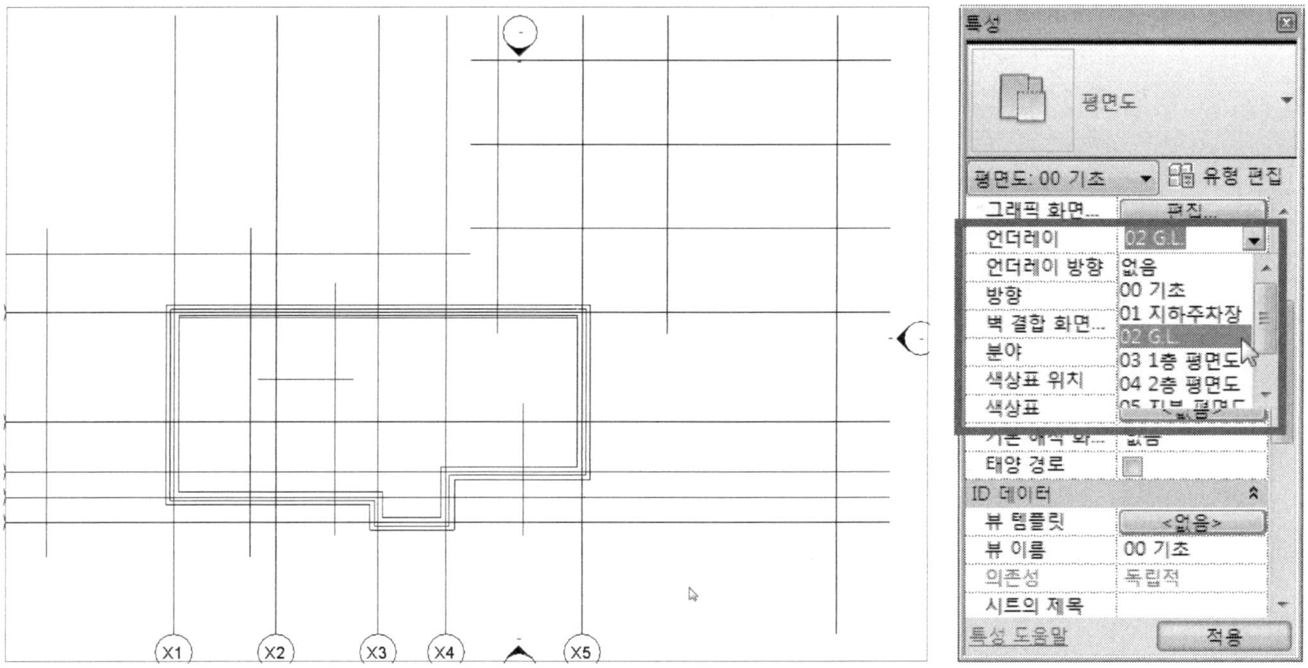

- 02 G.L.의 선들이 나타난다.

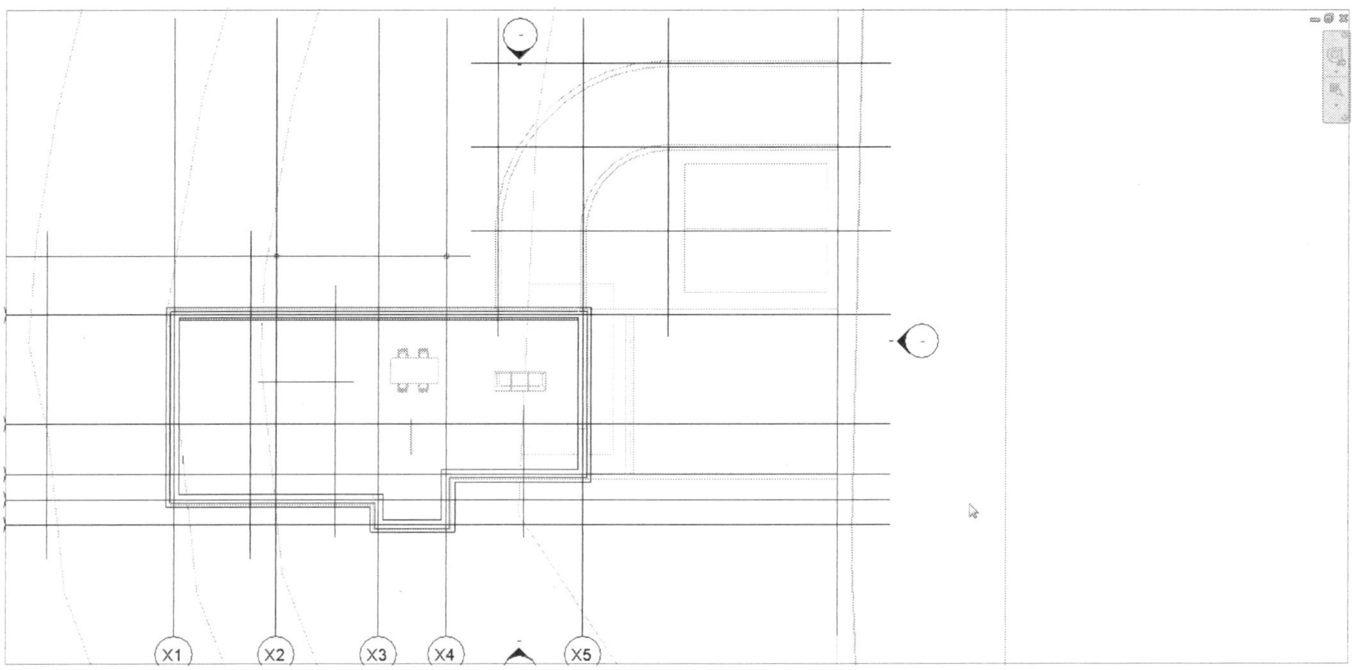

- 매스작업 & 대지의 건물패드를 선택한다.
- 선 선택을 통해서 아래 그림과 같이 주택의 외장마감선을 선택하고 자르기 연장으로 정리한다.

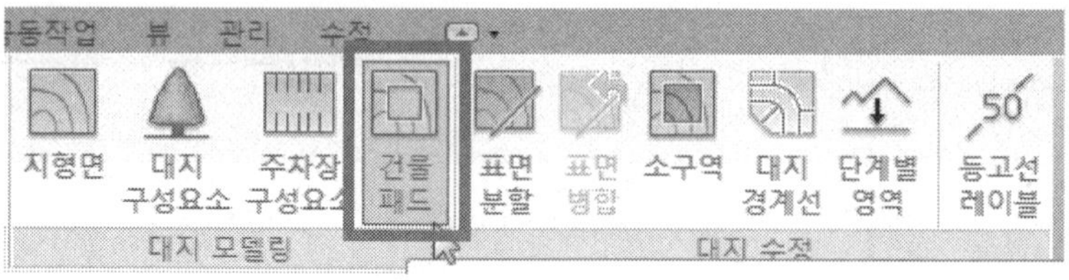

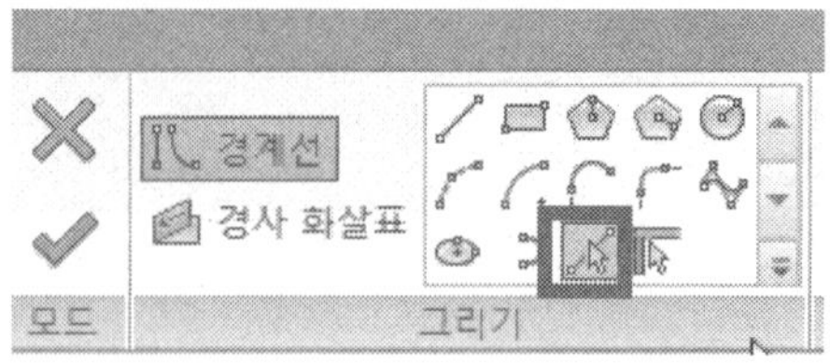

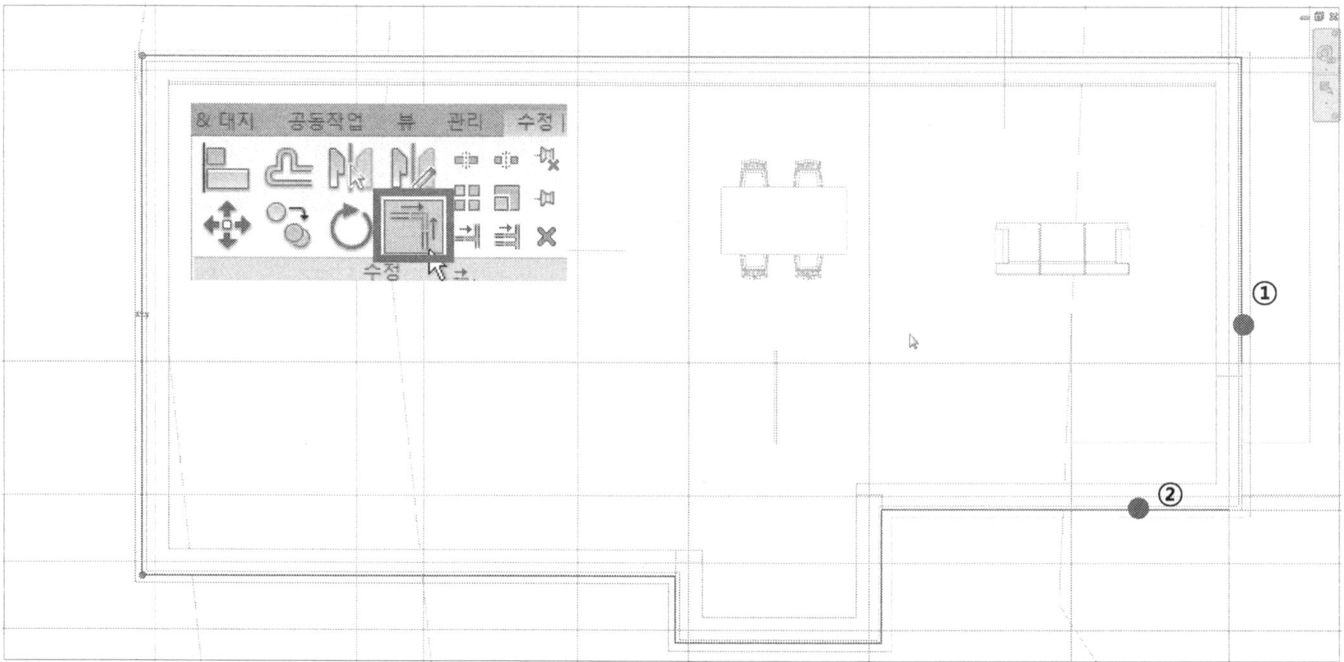

- 완료를 선택한다.

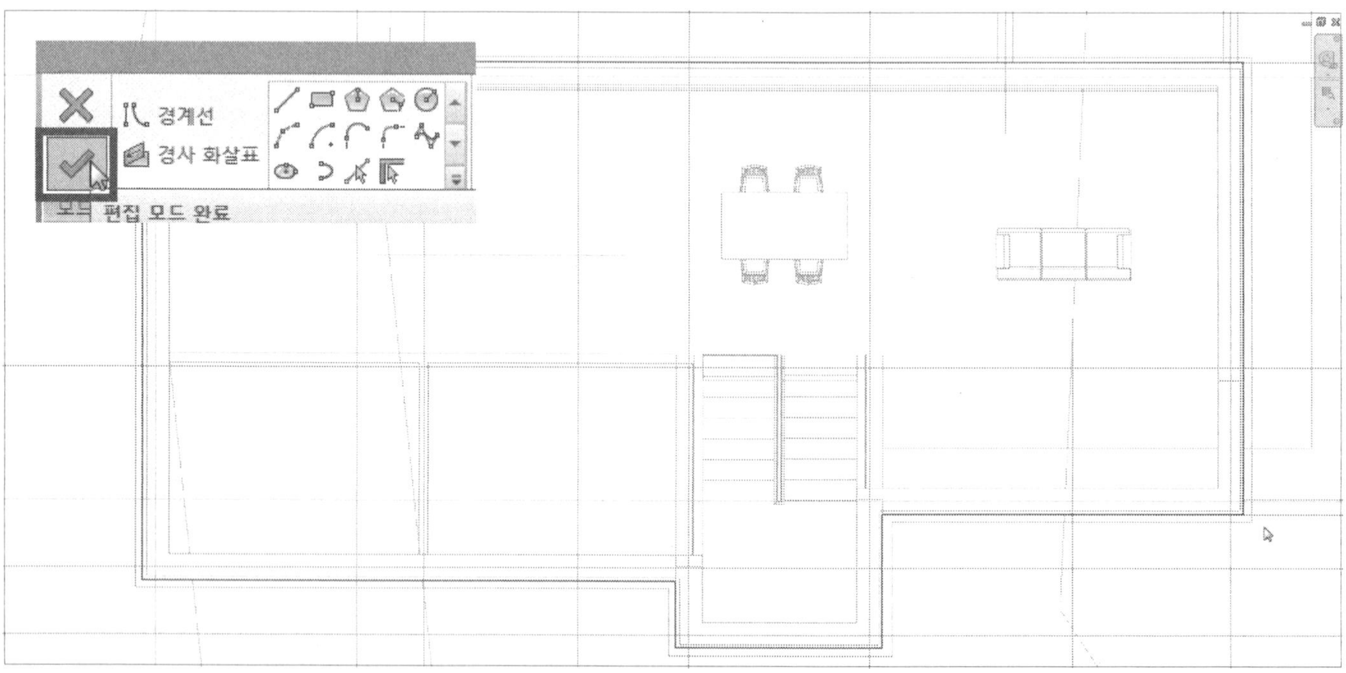

- 3D 뷰에서 확인하면 주택 내부의 지형면들이 사라진 것을 확인할 수 있다.

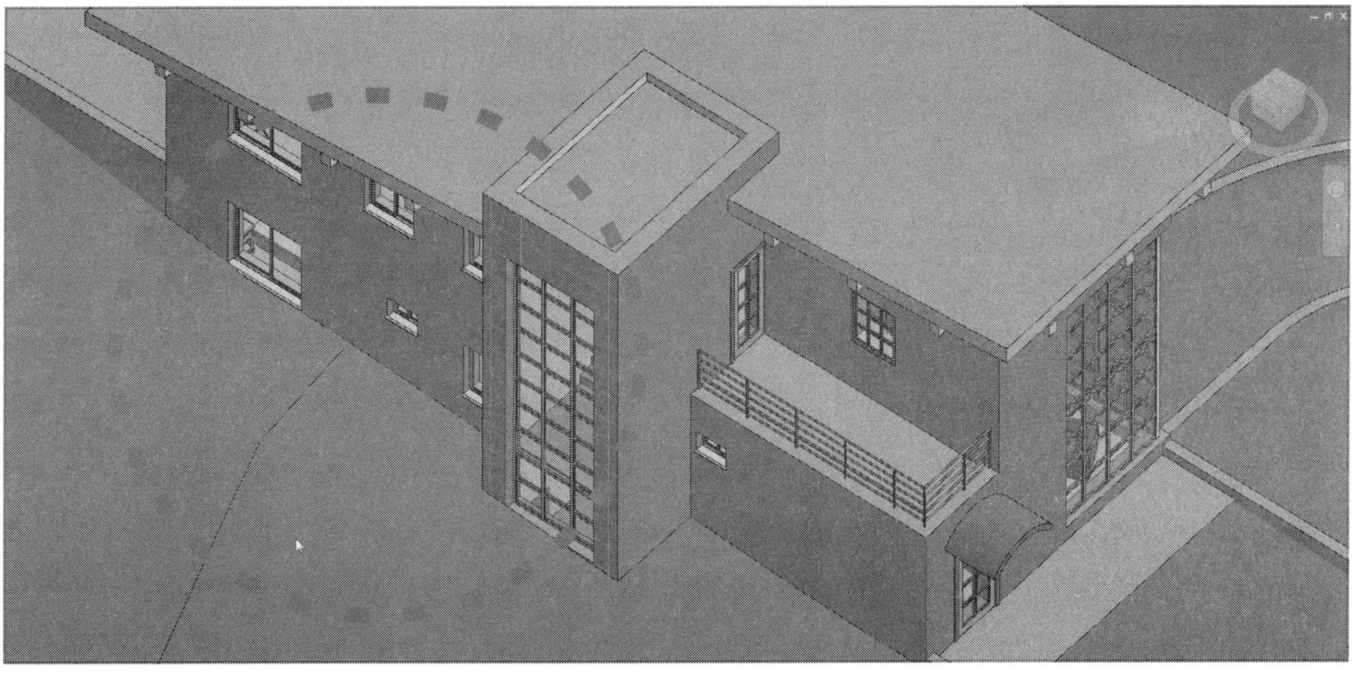

- 지하주차장 경사로와 주택 입구부분에 건물 패드를 설치하기 위해서 01 지하주차장을 활성화한다.
- 건물 패드를 모델링하기 위해서 또한 언더레이를 02 G.L.로 설정한다.

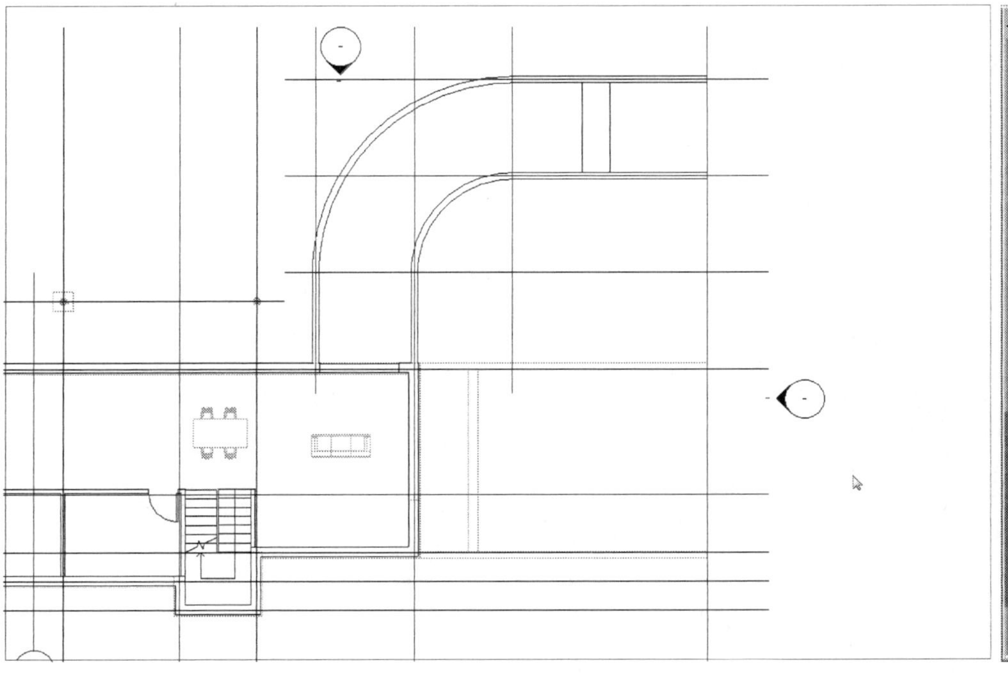

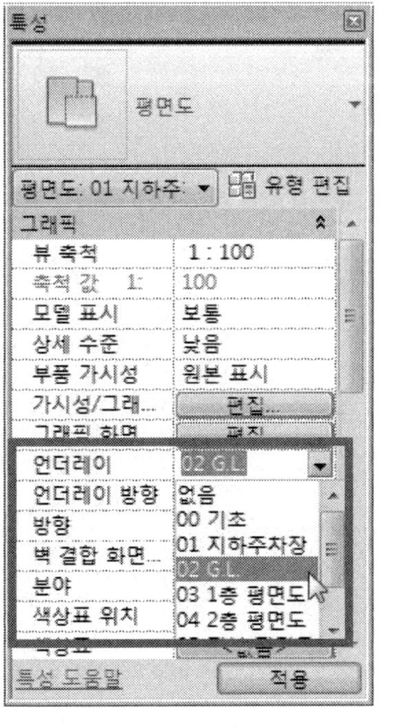

- 지하주차장 경사로에 건물 패드를 설치하기 위해서 아래 그림과 같이 확대한다.
- 매스작업 & 대지의 건물패드를 선택한다.
- 선 선택을 통해서 아래 그림과 같이 경사로의 외곽선을 선택하고 선 그리기로 마무리한다.

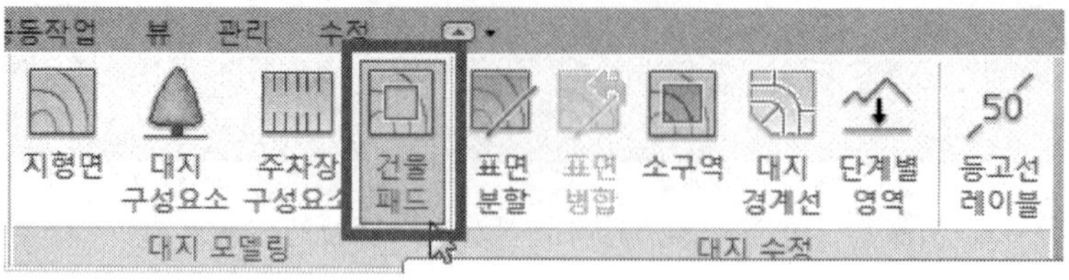

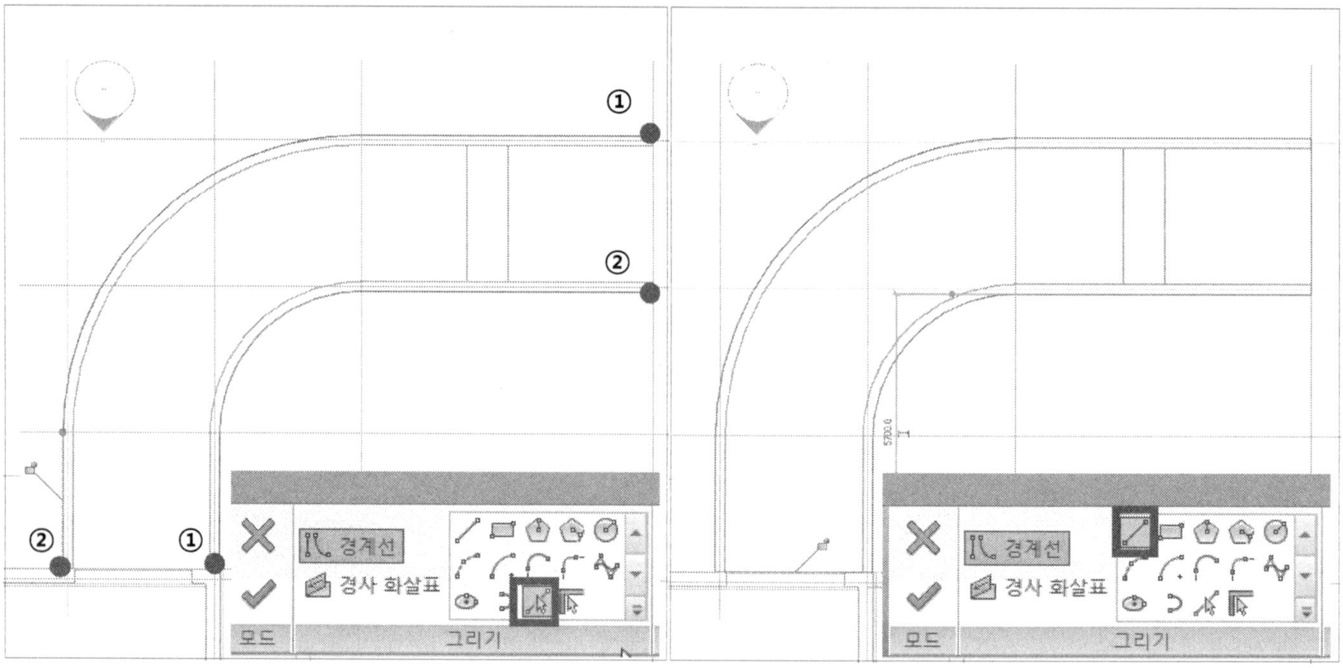

- 완료하고 3D 뷰에서 확인한다.

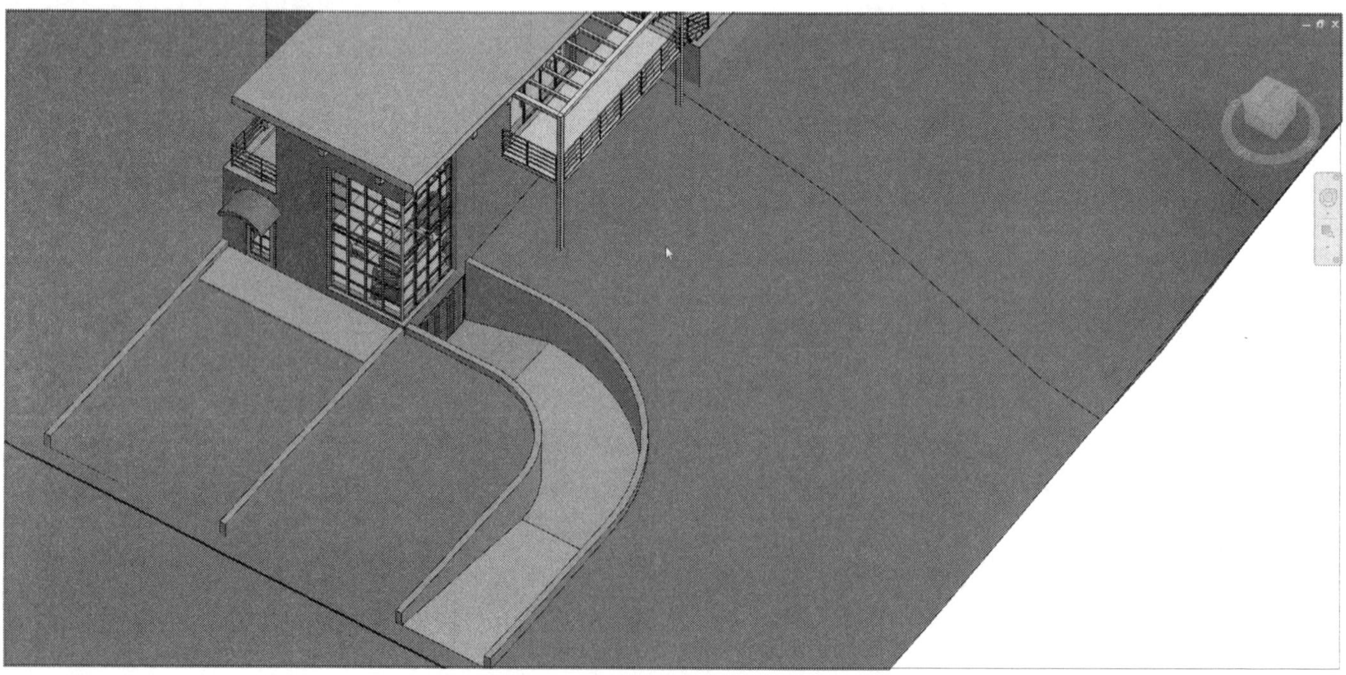

- 주택 입구에 건물 패드를 설치하기 위해서 아래 그림과 같이 확대한다.
- 매스작업 & 대지의 건물패드를 선택한다.
- 선 선택을 통해서 주택 입구의 외곽선과 외벽마감선을 선택하고 자르기 연장으로 정리한다.

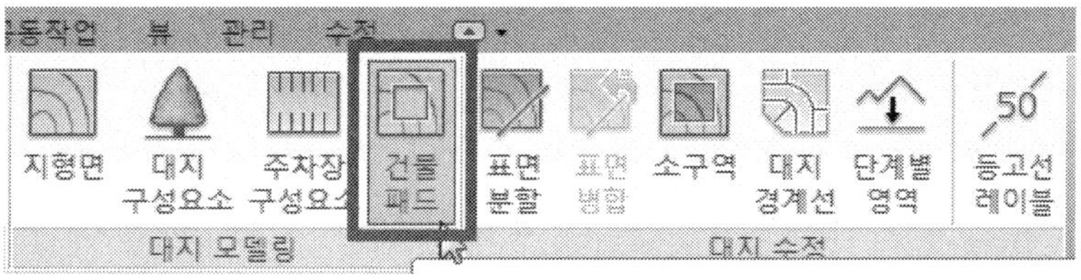

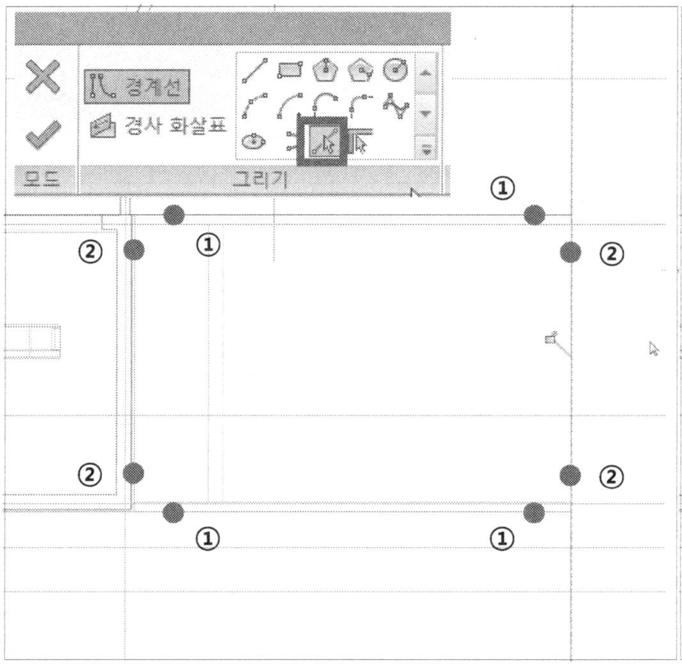

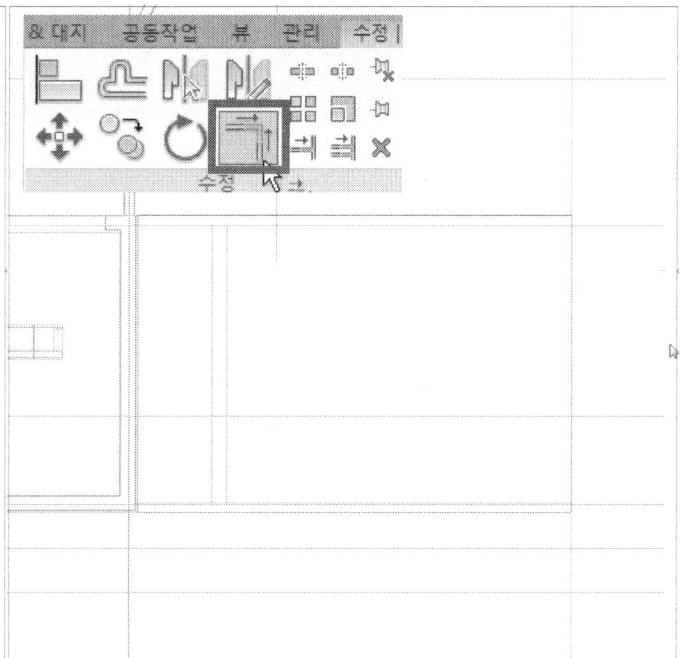

- 레벨에서 높이 간격 띄우기를 1600으로 설정하고 완료를 선택하고 3D 뷰에서 확인한다.

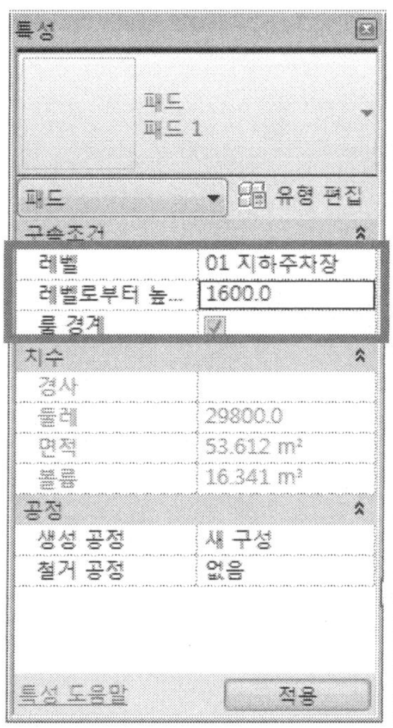

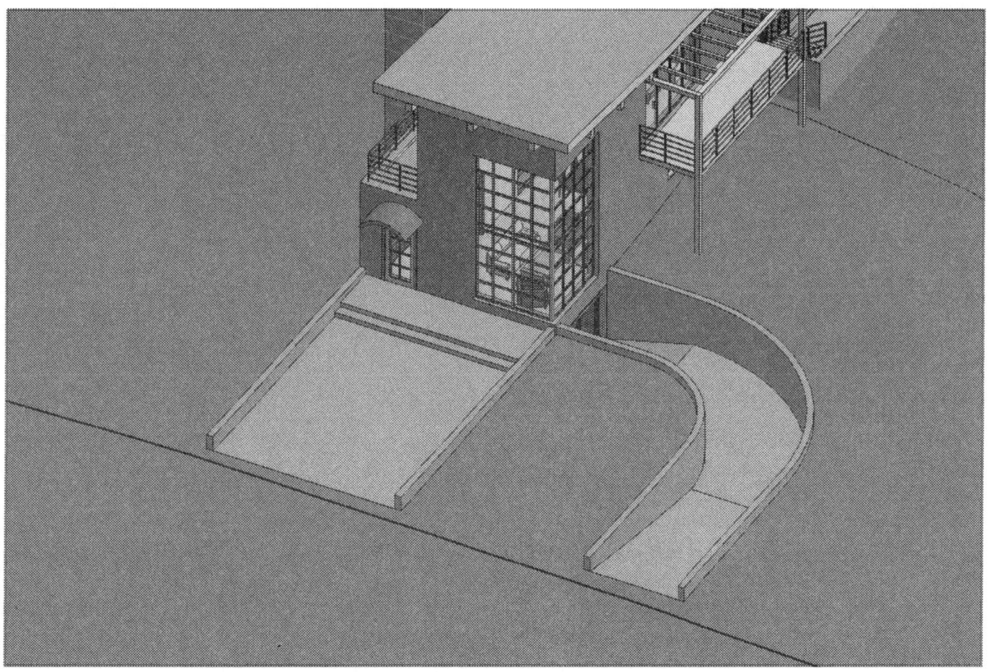

② 건물 패드 그리기 - 주택 전면 도로

- 주택 전면 도로를 건물 패드로 표현하기 위해서 02 G.L.를 활성화한다.
- 지형면이 보이도록 뷰에서 숨기기 해제를 하고 전체 지형면이 보이도록 화면의 크기를 조절한다.
- 매스작업 & 대지의 건물패드를 선택하고 선 선택을 통해서 도로에 면하는 우측 그리드를 선택한다.

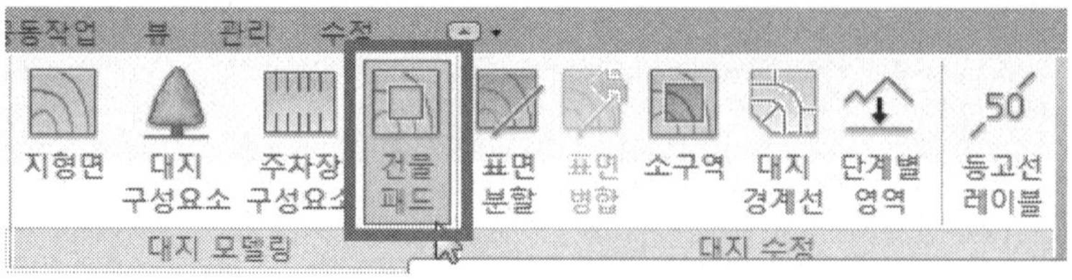

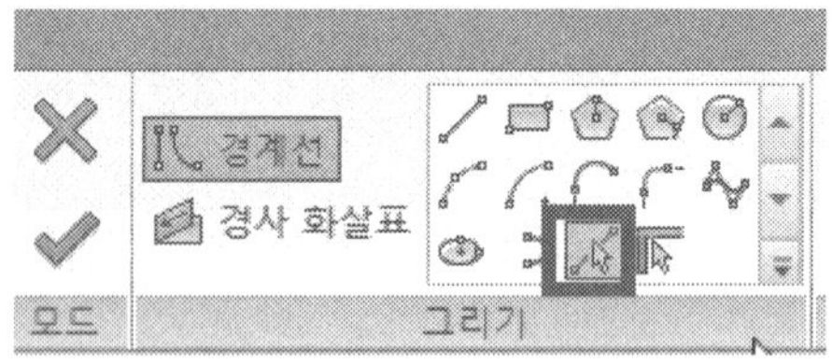

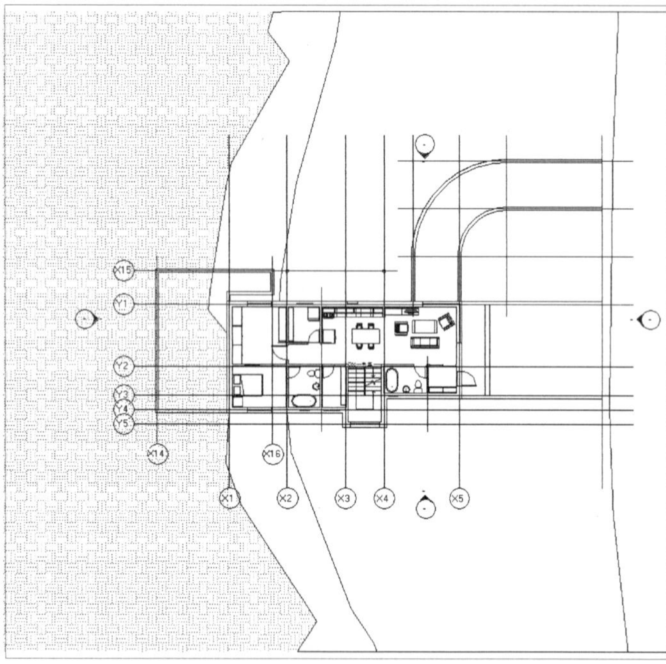

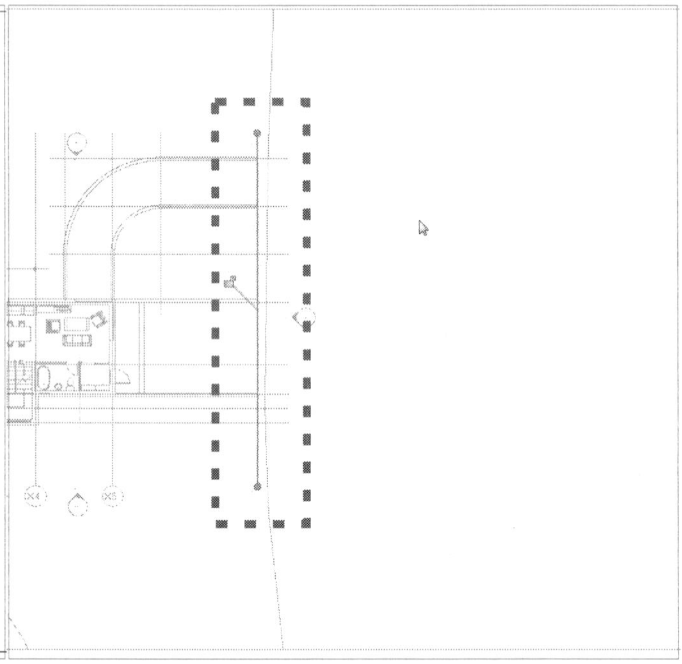

- 간격 띄우기를 도로 폭인 6000으로 주고 새로운 선을 만들고 양 끝선을 이어서 도로를 만든다.

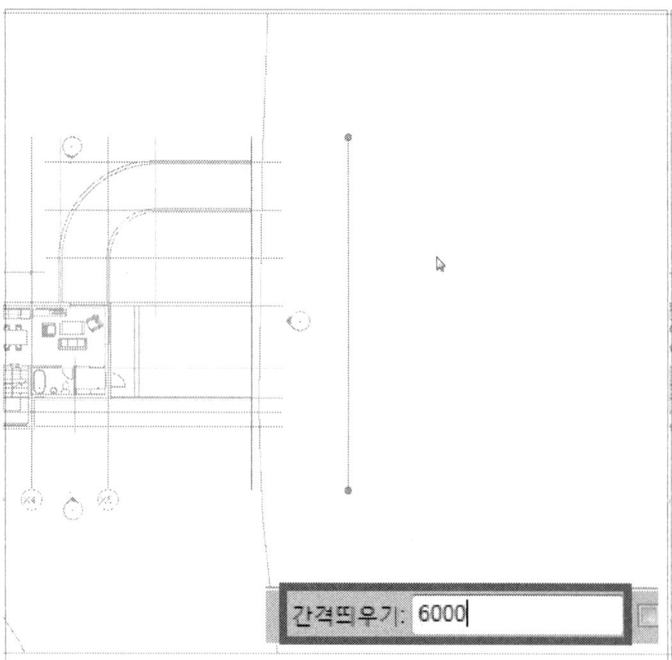

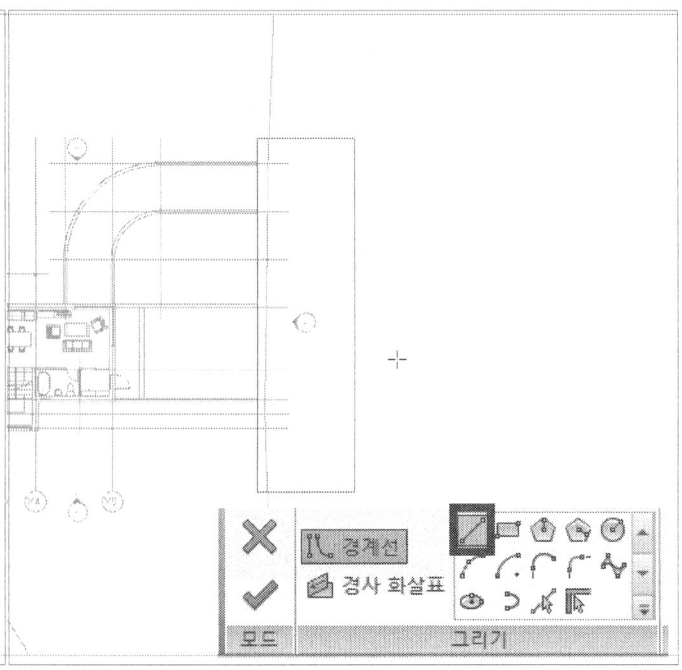

- 만들어진 도로를 지형면 끝까지 이동하여 연장하고 주차장을 그리고 자르기 연장으로 정리하여 아래 그림과 같이 패드 선을 스케치한다.

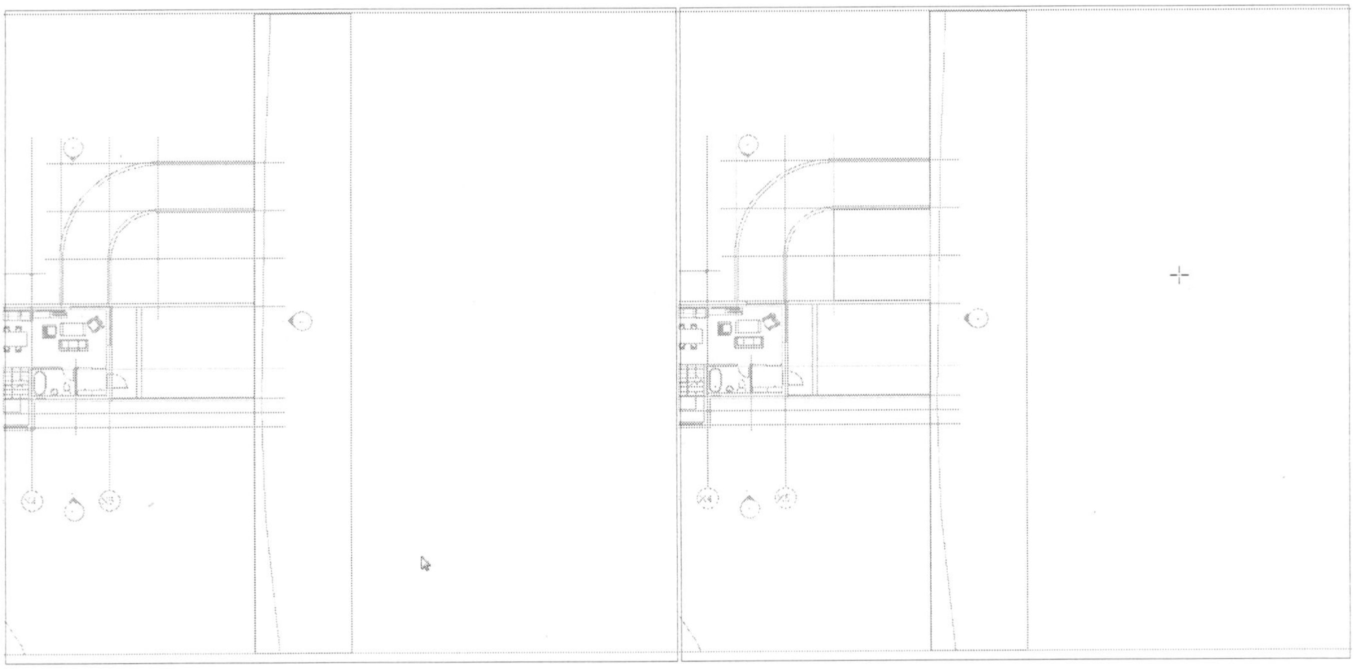

- 레벨에서 높이 간격 띄우기를 0으로 다시 설정하고 완료를 선택하고 3D 뷰에서 확인한다.

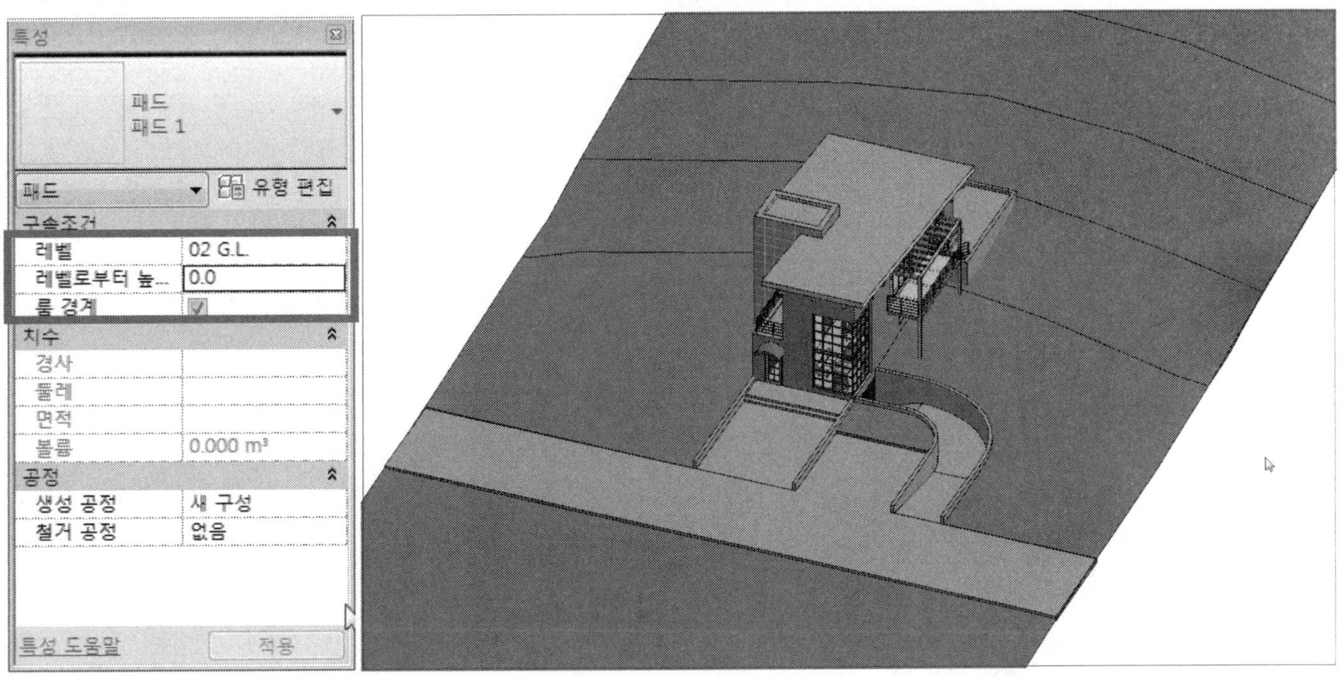

③ 주차장 및 대지 구성요소 배치하기

- 주차장 구성요소를 배치하기 위해서 3D 뷰를 활성화한다.
- 매스작업 & 대지의 주차장 구성요소와 대지 구성요소를 선택하고 그림과 같이 배치한다.

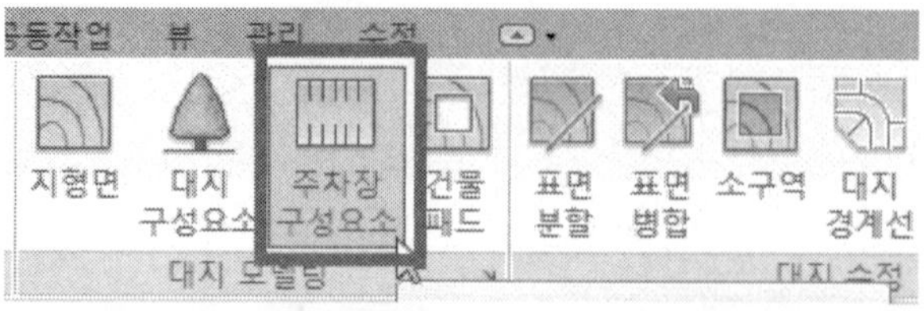

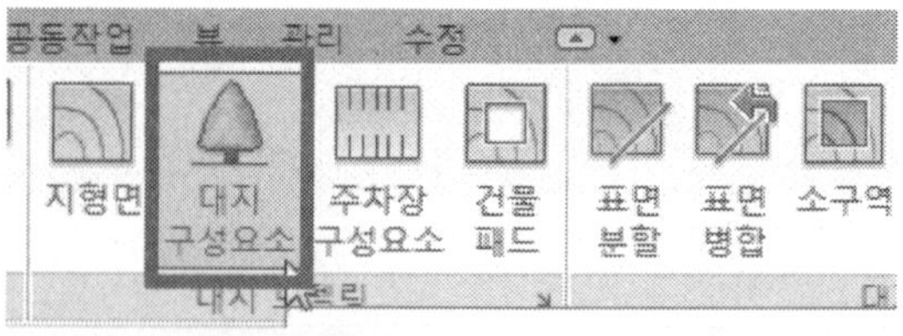

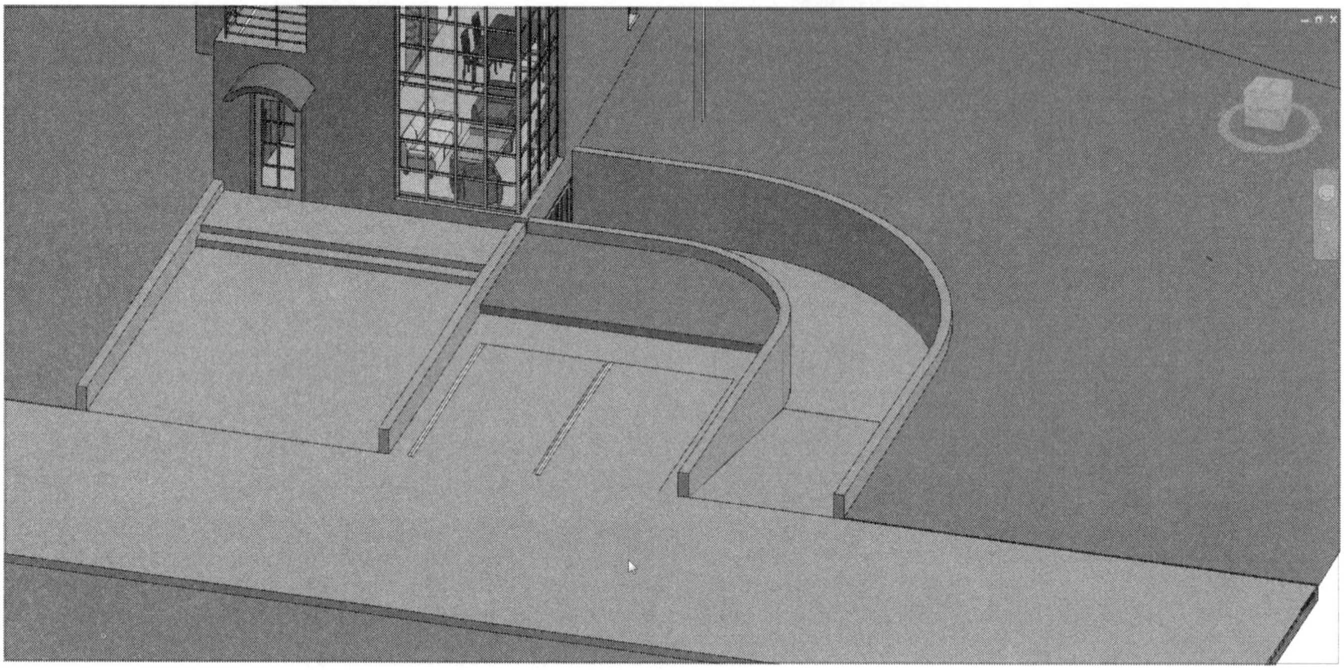

- 자동차와 사람, 나무 가로등 등을 배치한다.

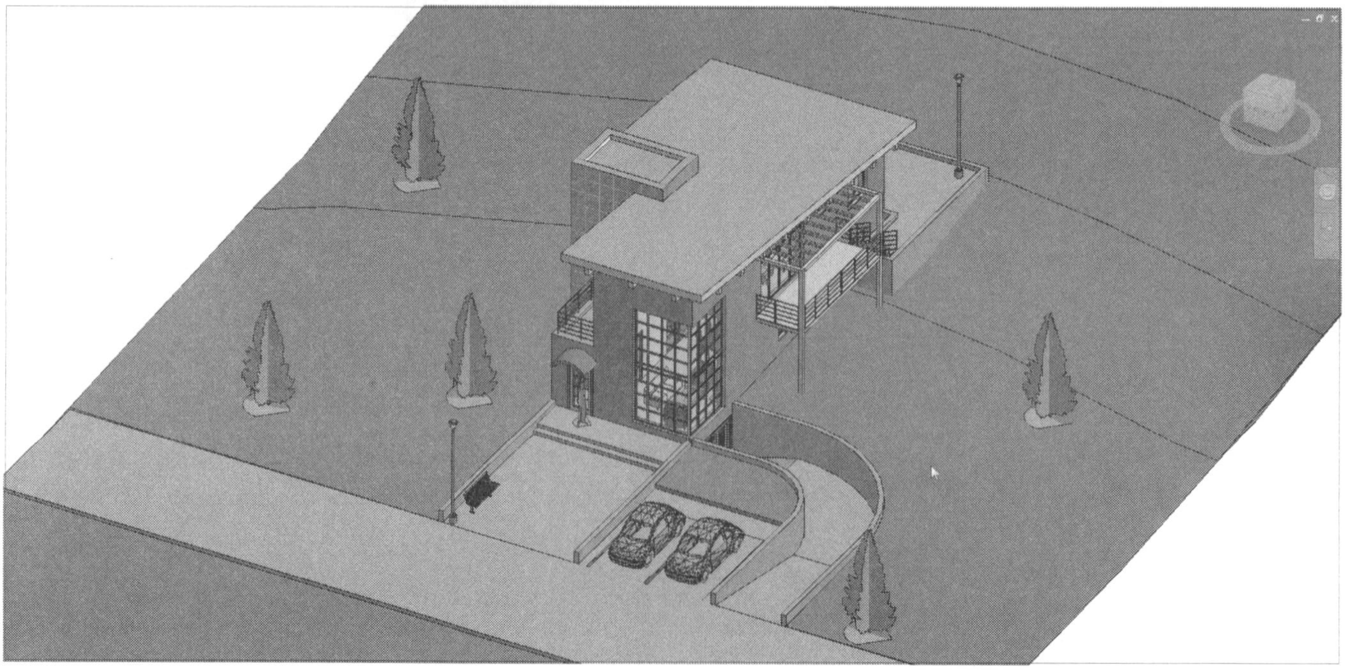

④ 점배치를 이용한 지형면 실습

- 앞에서 지형면을 CAD 수치지형도를 가지고 만드는 실습을 하였는데 이번에는 다른 방법으로 지형면을 만드는 실습을 한다.
- 실습을 위해서 새로운 프로젝트를 연다.

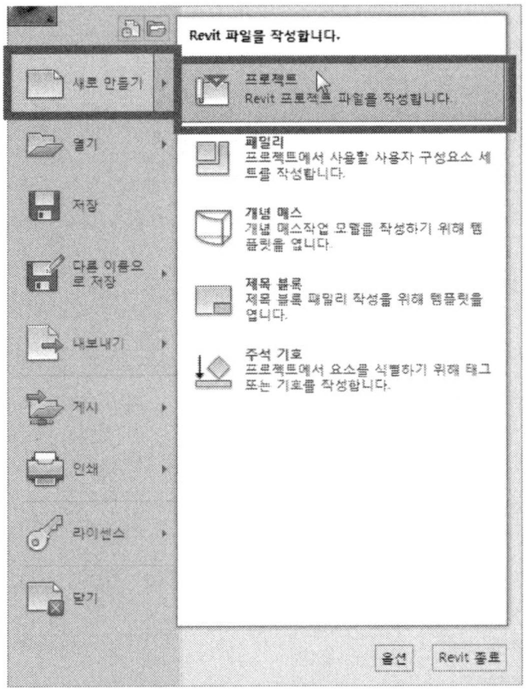

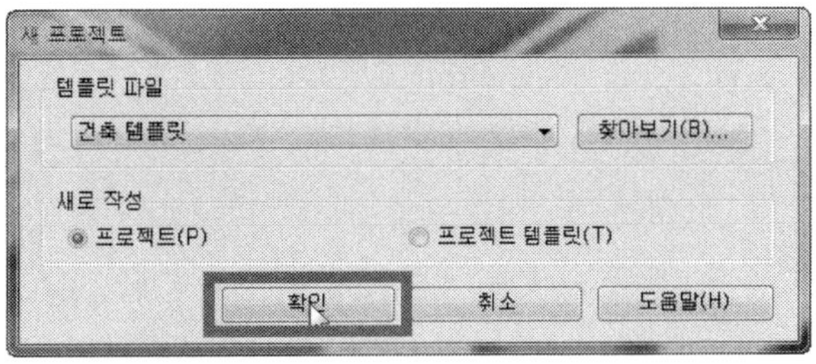

- 평면 뷰에서 배치도를 선택한다.
- 매스작업 &탭에서 지형면을 선택한다.

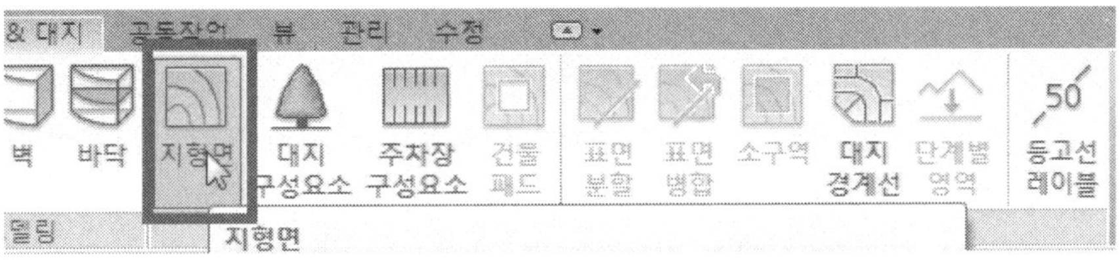

- 표면 편집 탭이 나타나면 점 배치를 선택한다.

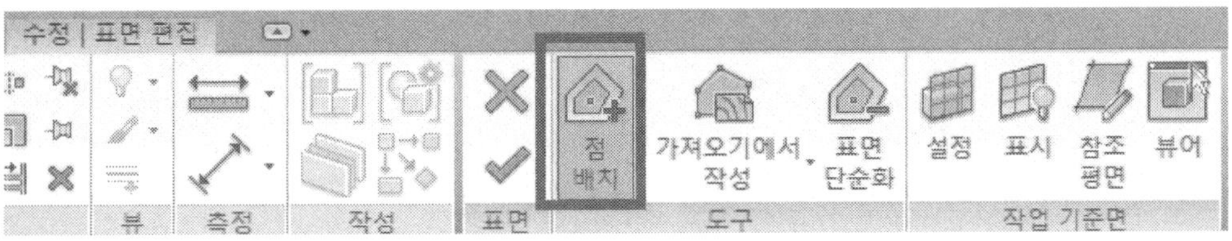

- 옵션 막대에서 입면도의 높이를 0으로 설정한다.

- 화면에 아래 그림처럼 7개의 점을 지정한다.

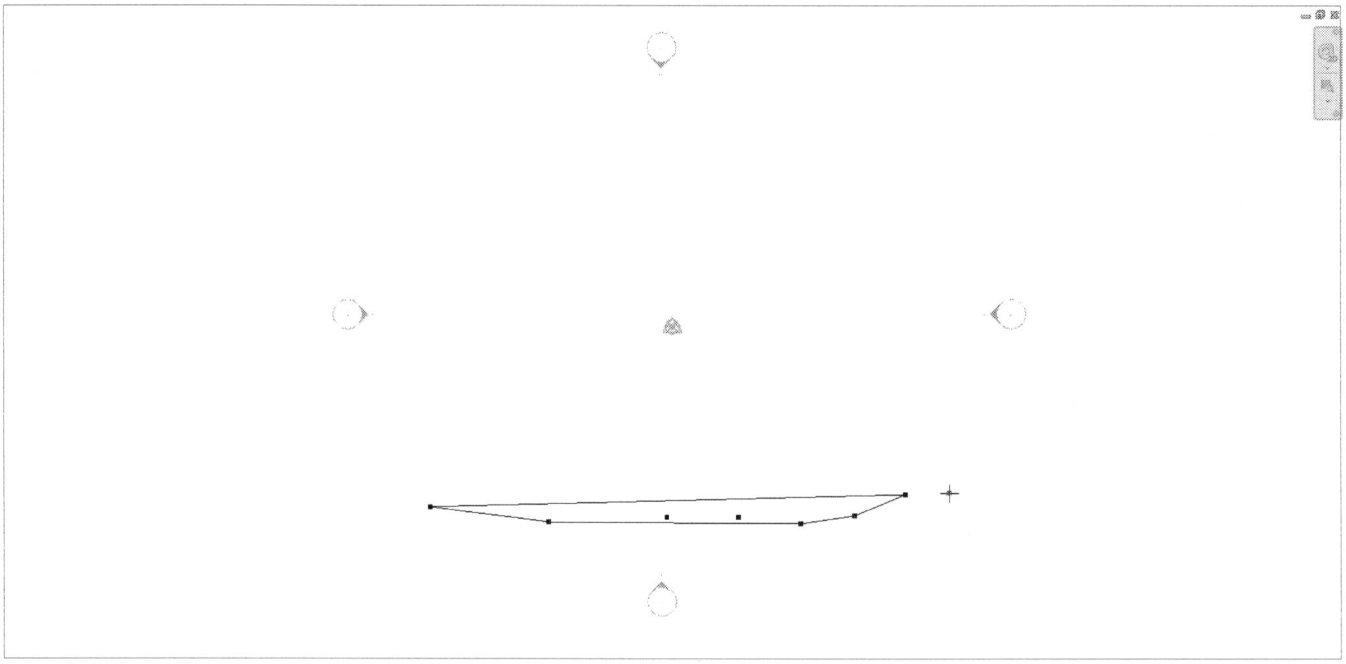

- 옵션 막대에서 입면도의 높이를 1000으로 설정한다.
- 화면에 아래 그림처럼 7개의 점을 지정한다.

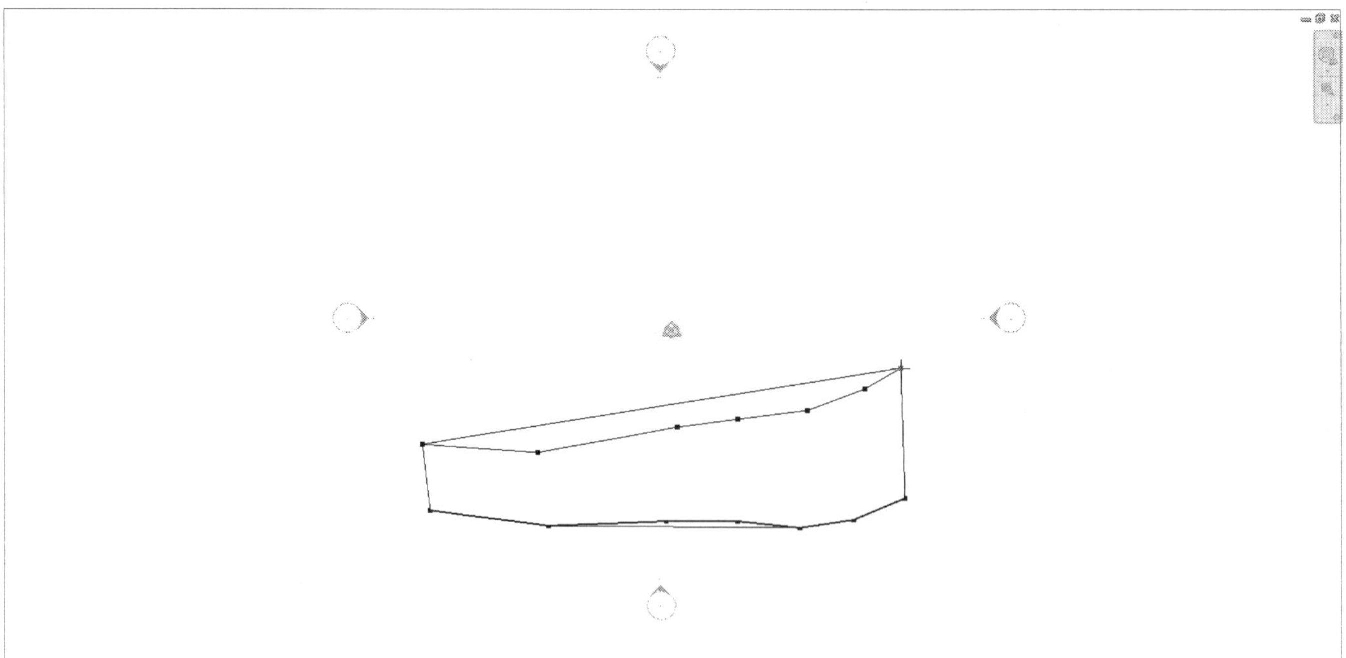

- 옵션 막대에서 입면도의 높이를 2000으로 설정한다.
- 화면에 아래 그림처럼 7개의 점을 지정한다.

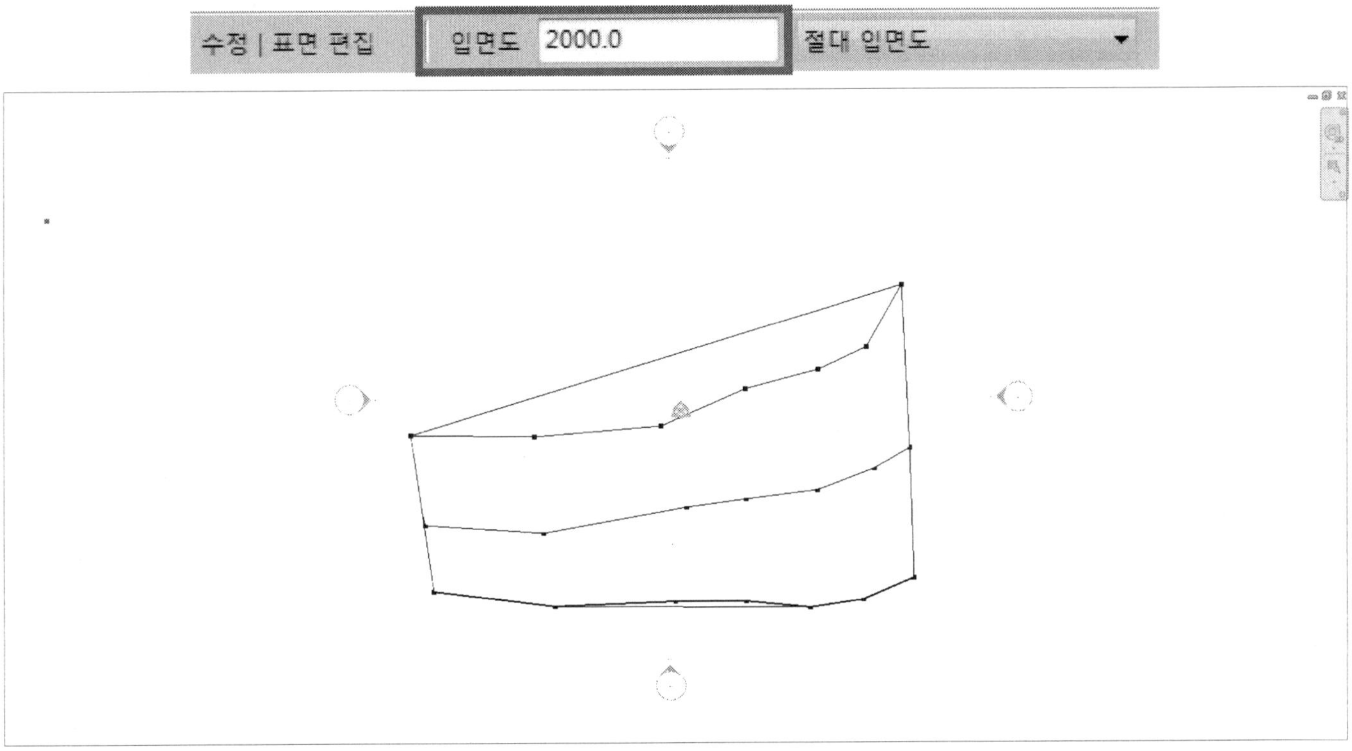

- 옵션 막대에서 입면도의 높이를 3000으로 설정한다.
- 화면에 아래 그림처럼 7개의 점을 지정한다.

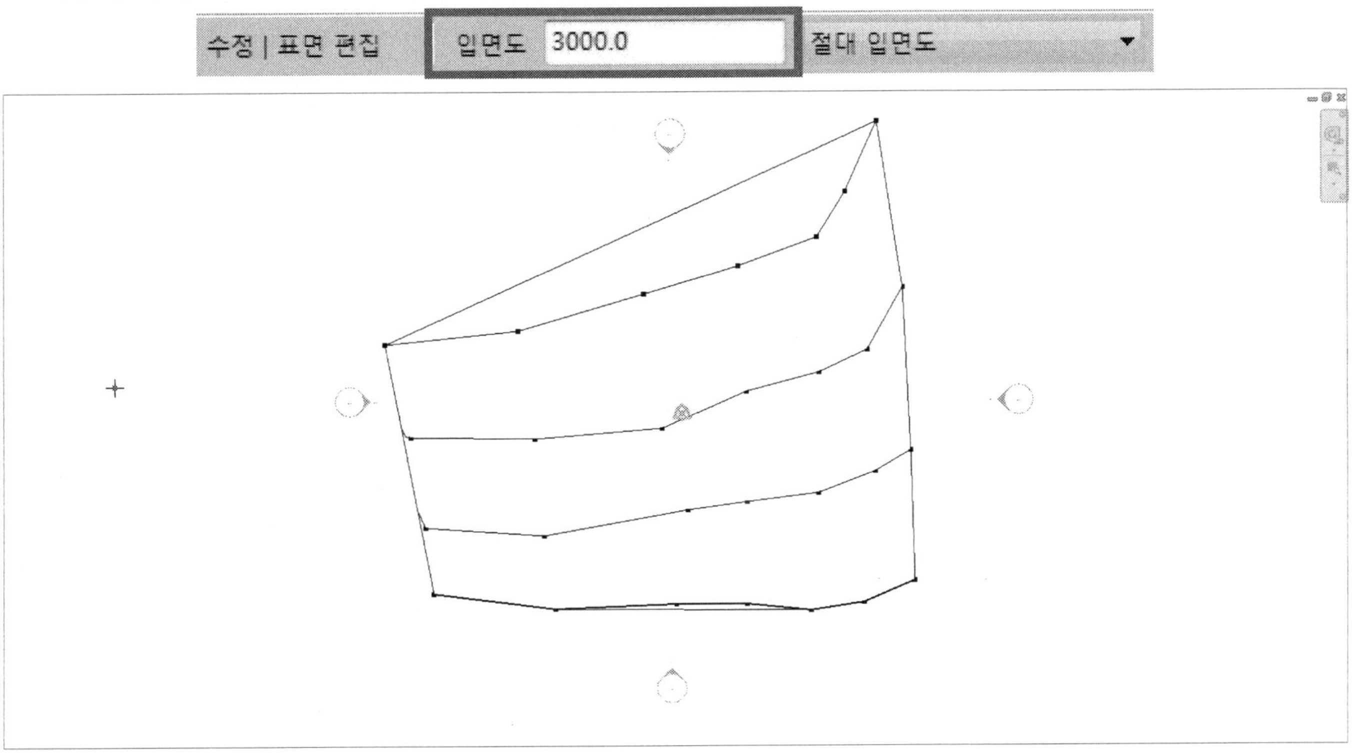

- 옵션 막대에서 입면도의 높이를 4000으로 설정한다.
- 화면에 아래 그림처럼 7개의 점을 지정한다.

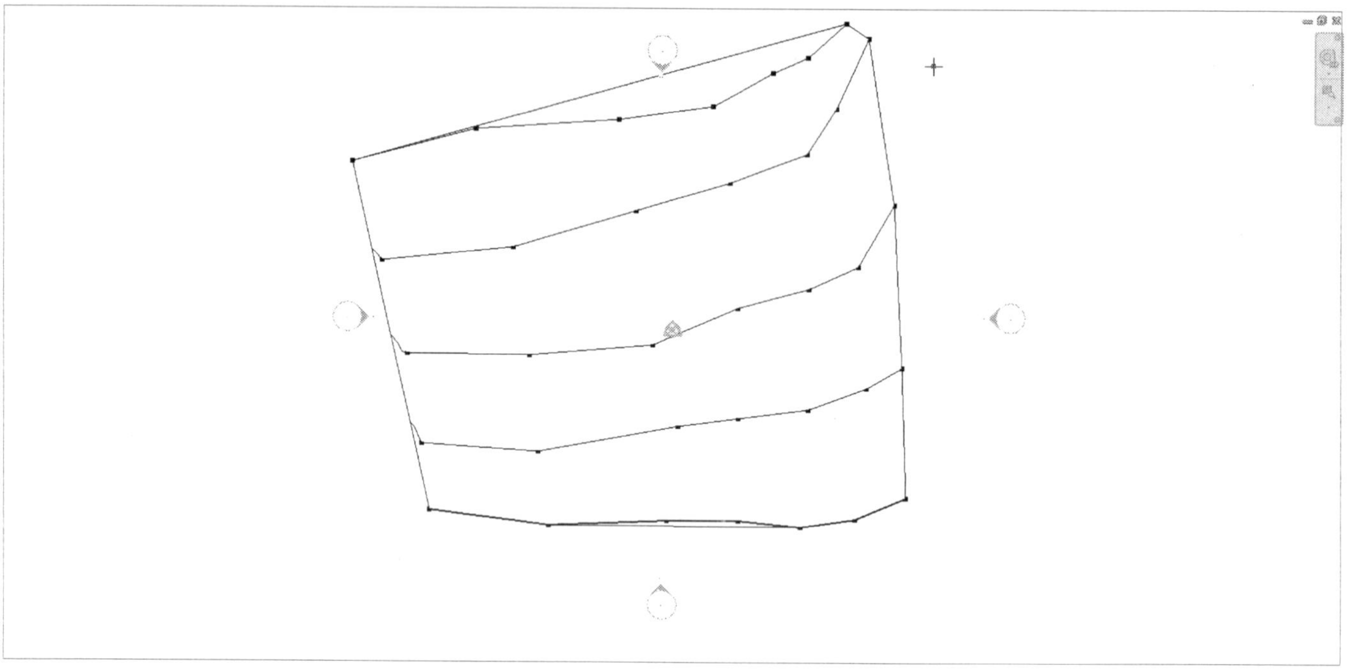

- 완료를 클릭한다.

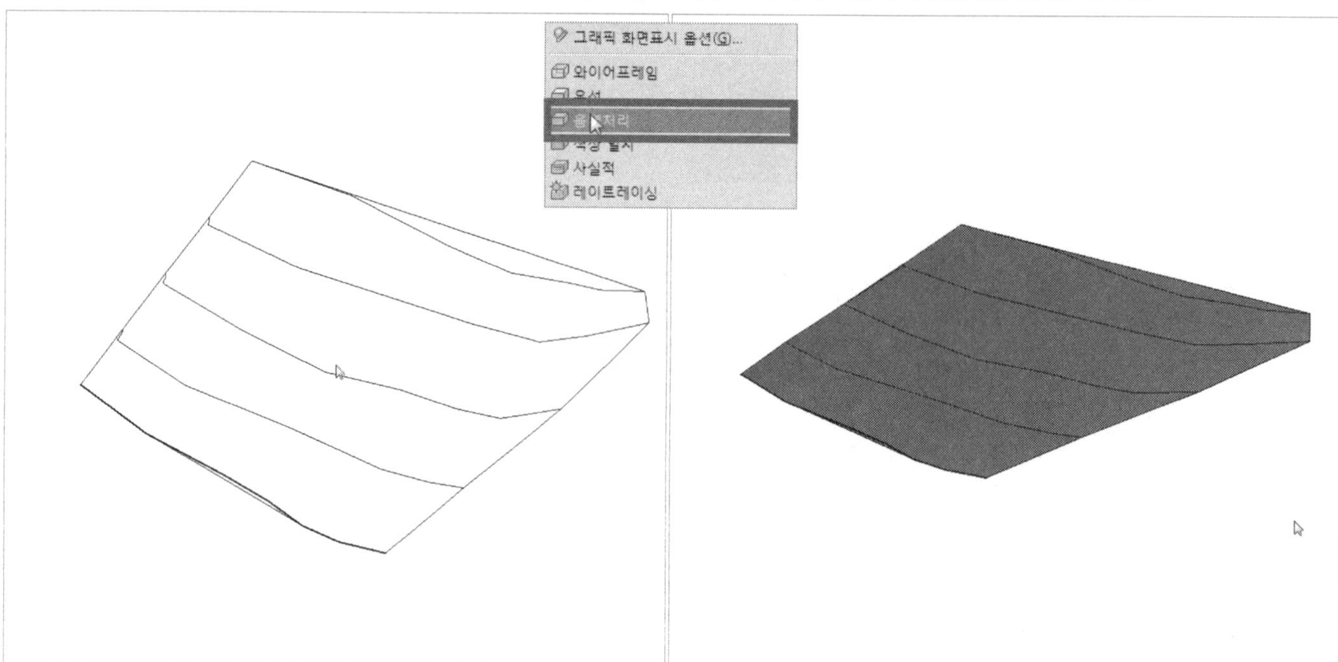

- 지형면이 완성되었다. 지형면을 편집하려면 지형면을 선택하고 표면 편집을 선택한다.
- 옵션 막대에서 입면도의 높이를 5000으로 설정하고 아래 그림과 같이 점을 추가하고 완료한다.

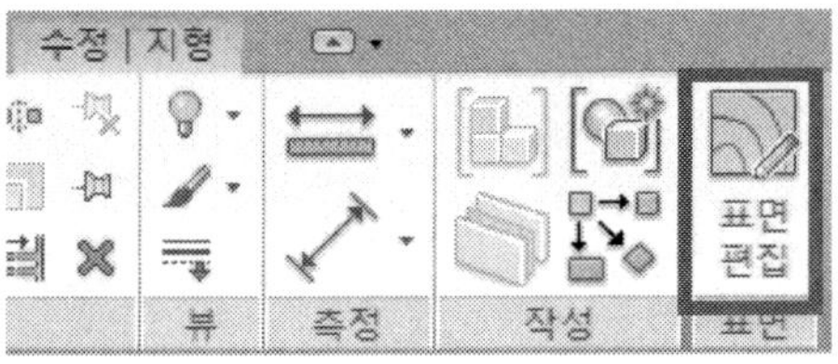

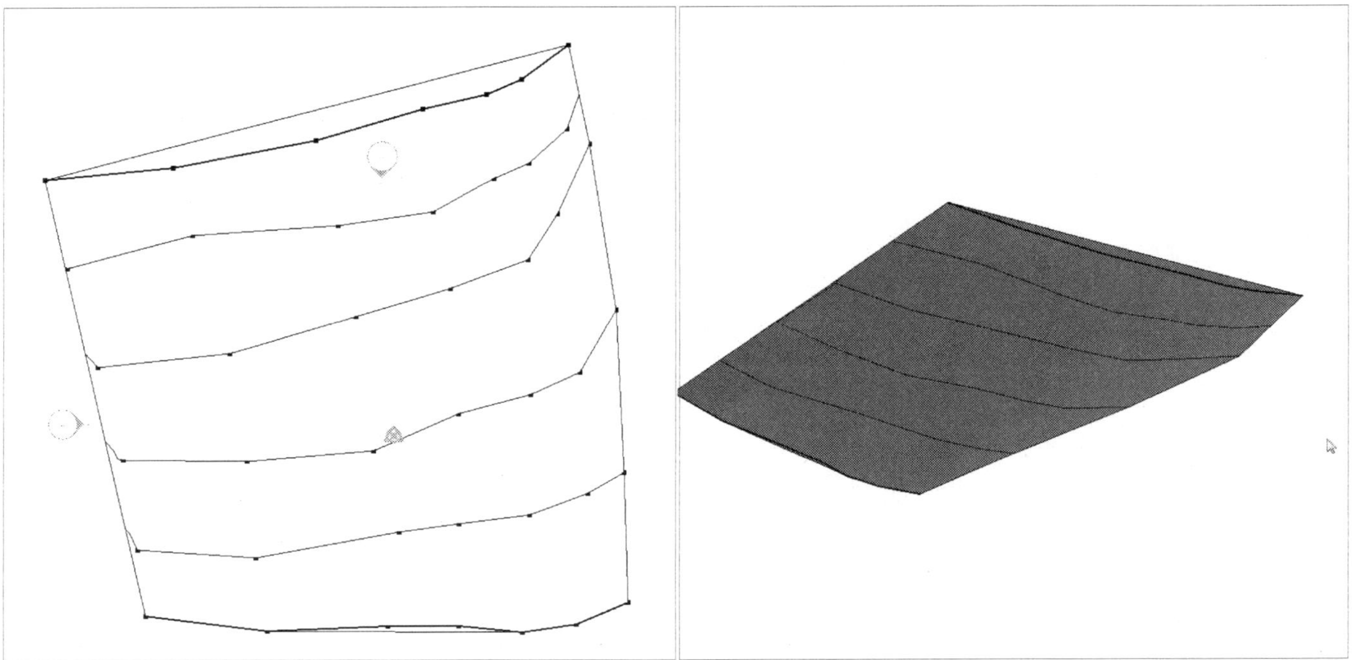

- 지형면의 일정 부분을 분할하려면 매스작업 &탭에서 소구역을 선택한다.
- 직사각형을 선택한다.

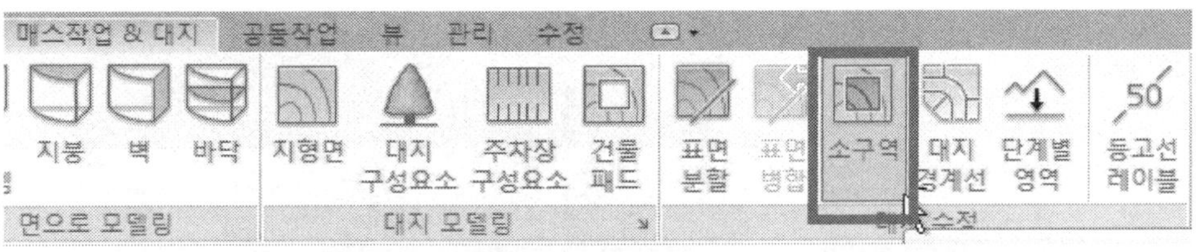

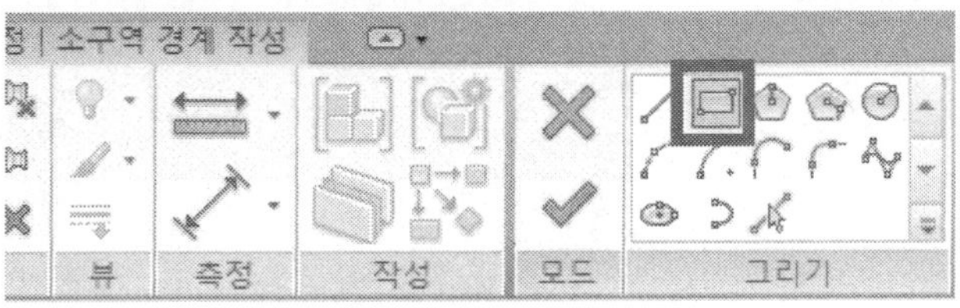

- 직사각형 형태로 지형면 위에 그린다.
- 완료를 선택한다.

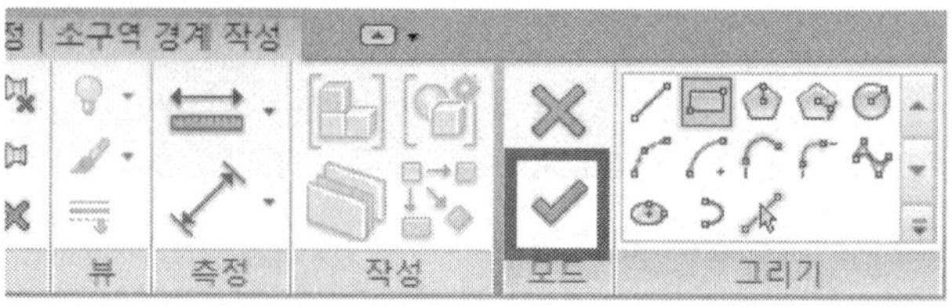

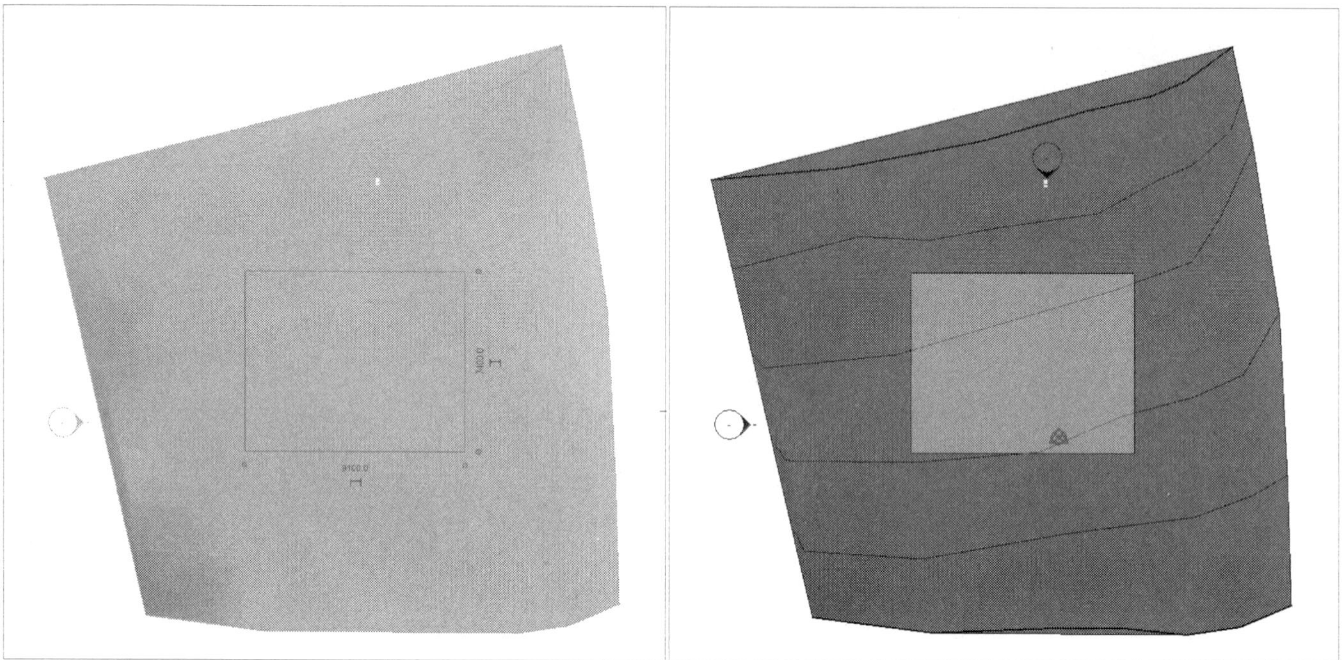

- 새롭게 만든 사각형의 재료를 바꾸기 위해서 사각형 지형면을 선택한 상태에서 특성의 재료 카테고리를 선택한다.

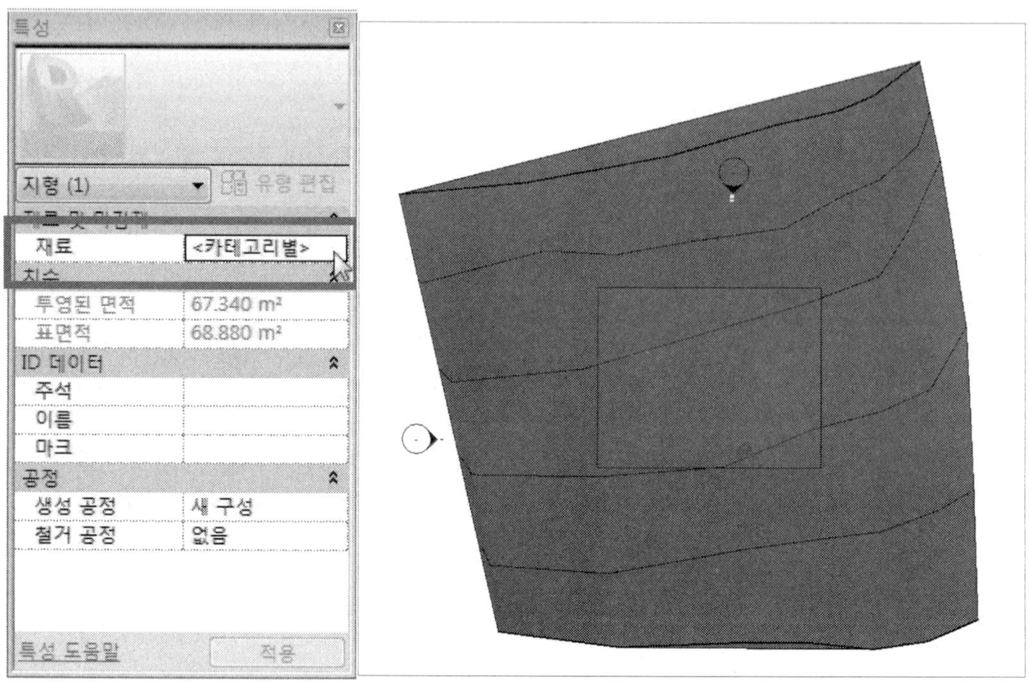

- 재료 탐색기에서 하단의 기타를 선택하고 기타 재료 중 잔디를 선택하고 위로 올림 버튼을 클릭한다.
- 재료 편집기에서 그래픽 특성의 음영의 색을 진한 녹색으로 변경한다.

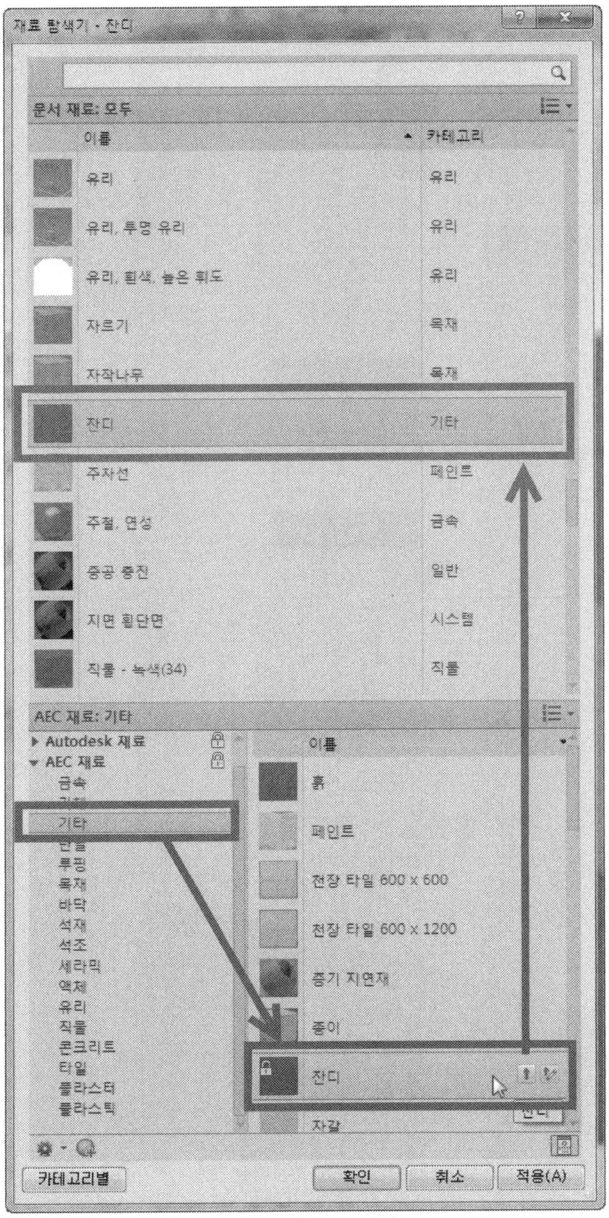

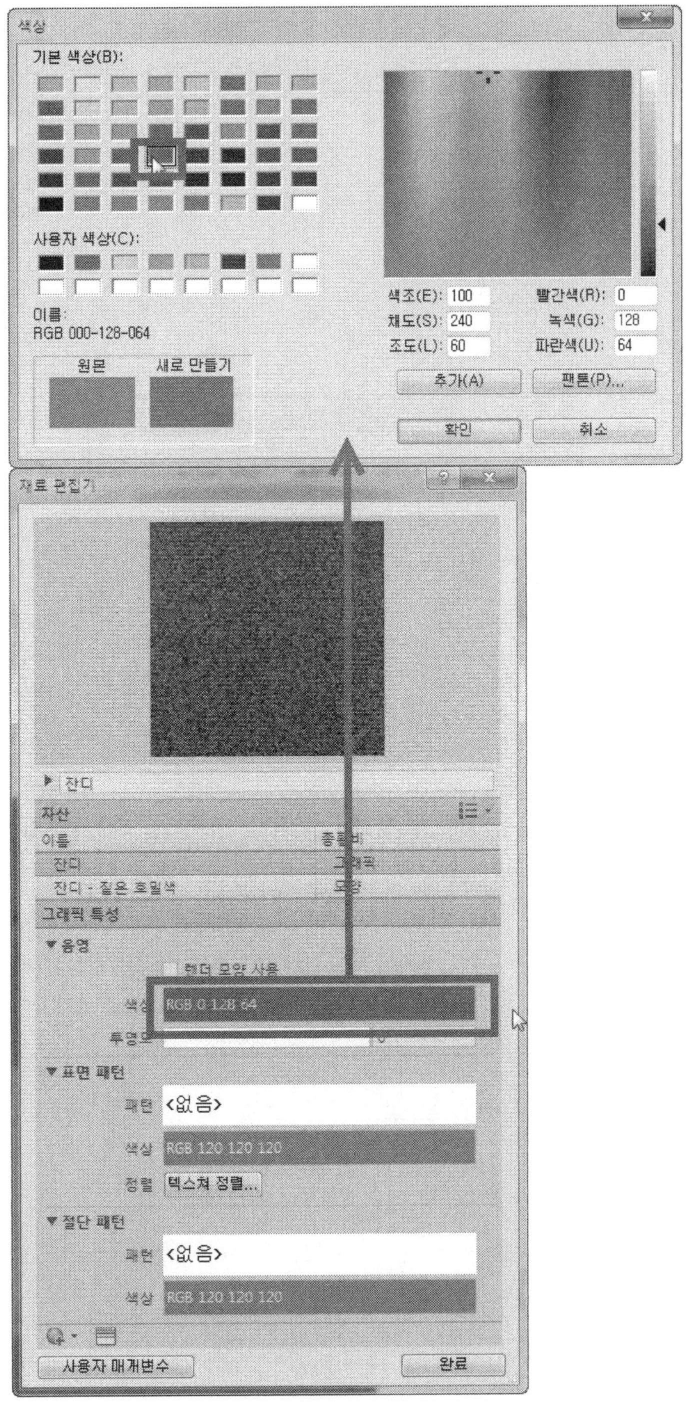

- Revit Architecture 2012에서는 재료에서 대지-잔디를 선택한다.

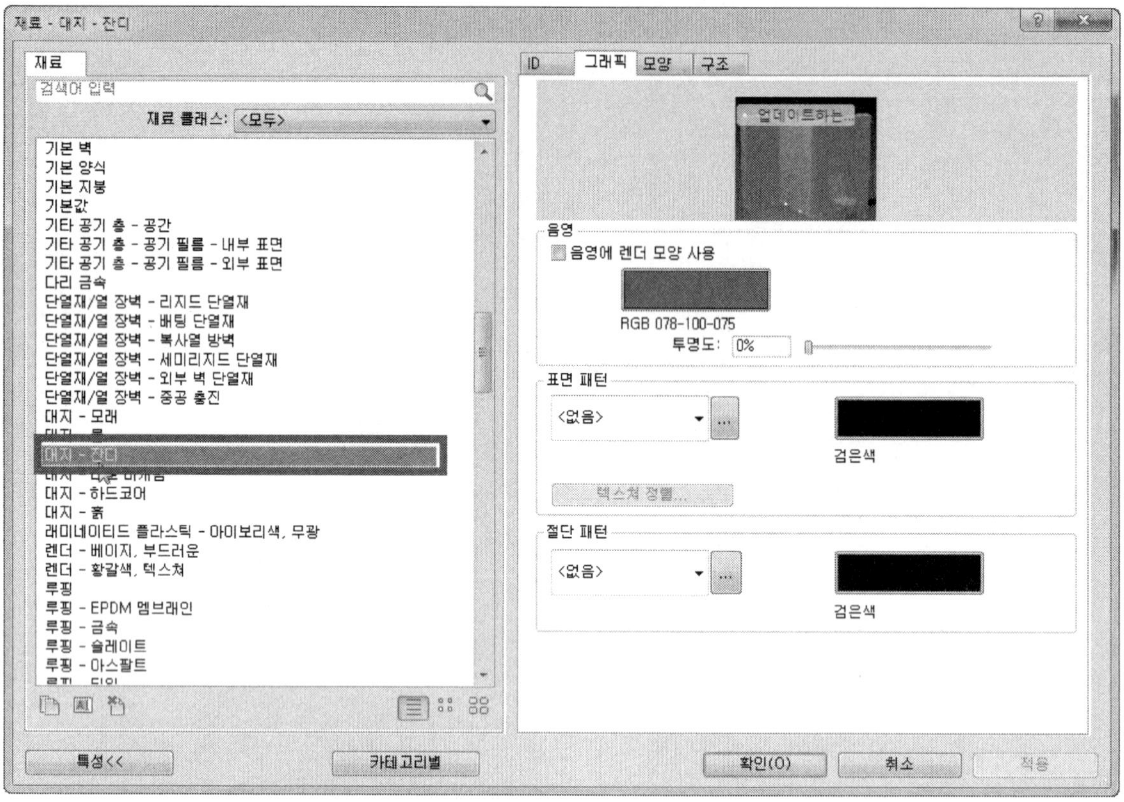

- 지형면을 두 개로 나눌 때는 표면 분할을 사용하며, 합칠 때는 표면 병합을 사용한다.

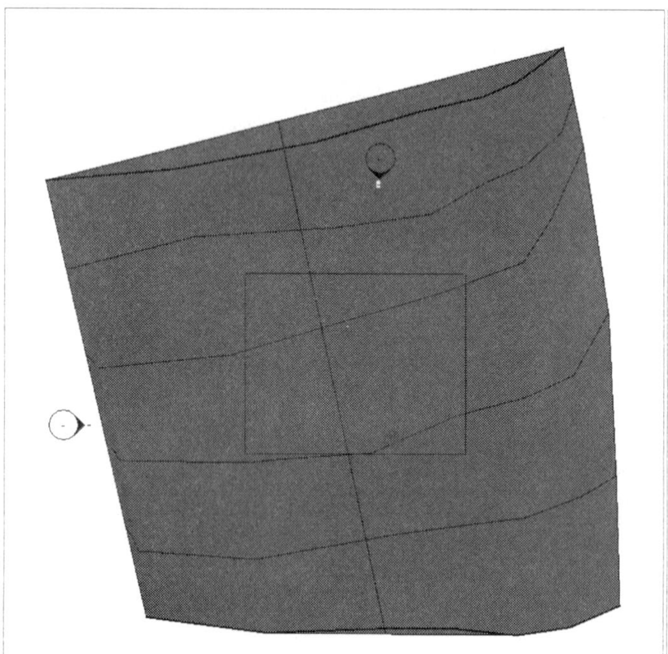

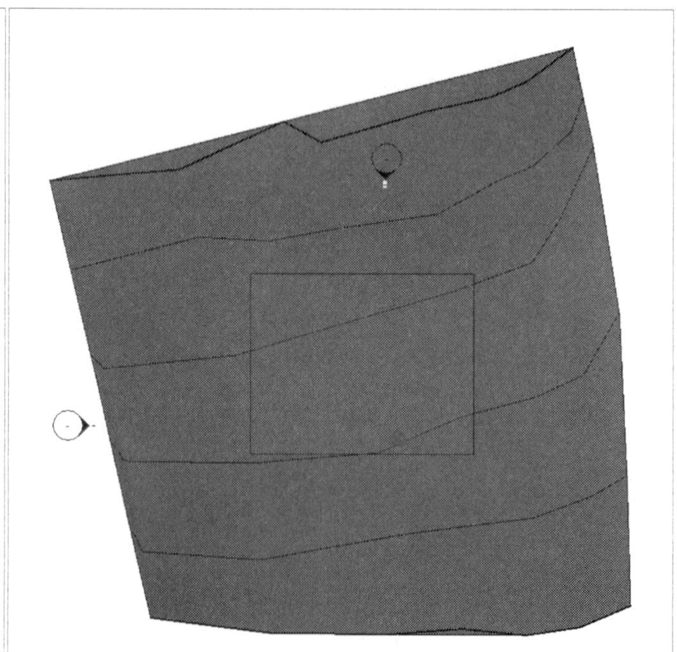

4장 도면 작업

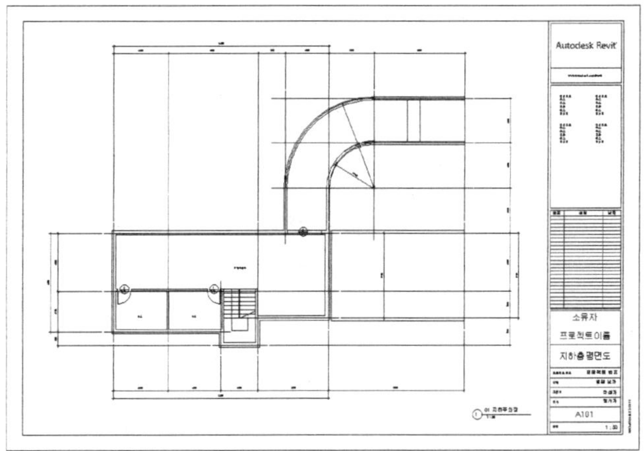

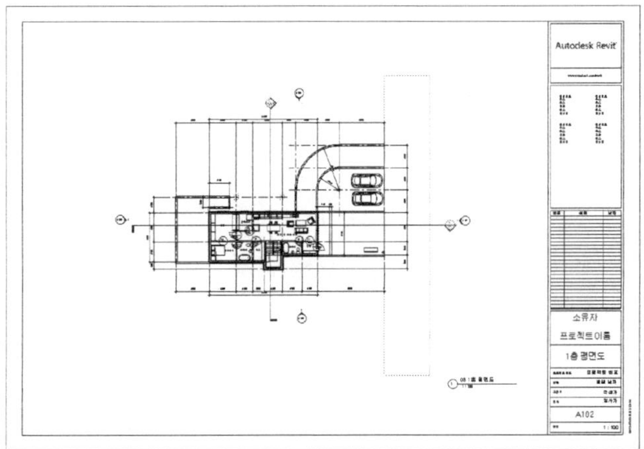

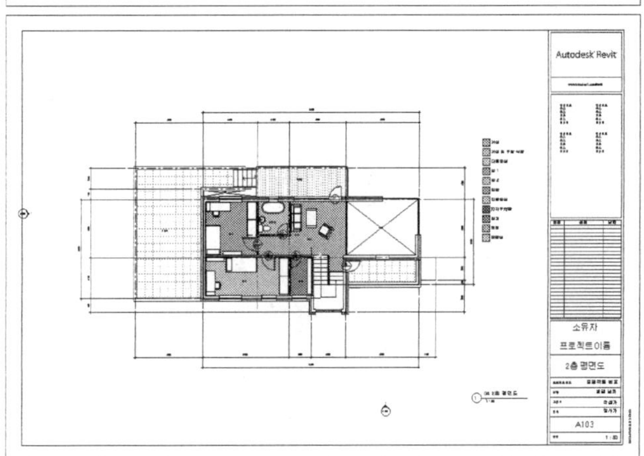

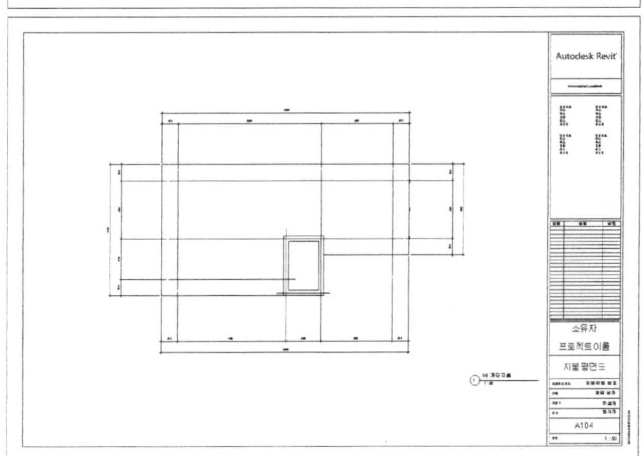

Revit을 이용한 주택 모델링 실습을 통해서 얻어진 결과를 가지고 실무에 필요한 각종 도면들과 일람표 등을 만들어 내기 위한 준비 작업들의 실습과 시트에 표현된 실무 도면을 만드는 실습이 이루어진다.

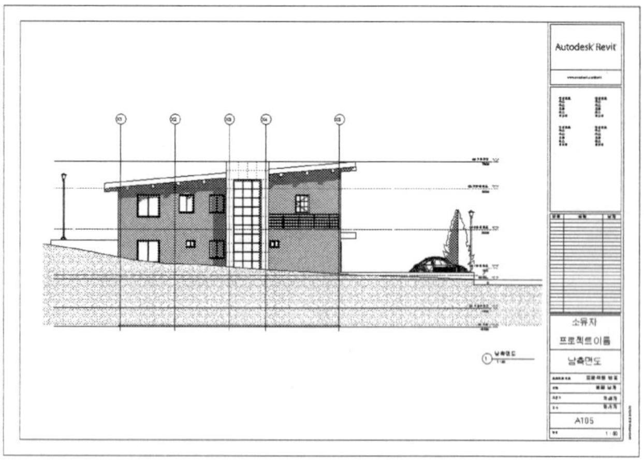
Autodesk Revit
소유자
프로젝트이름
남측면도
A105

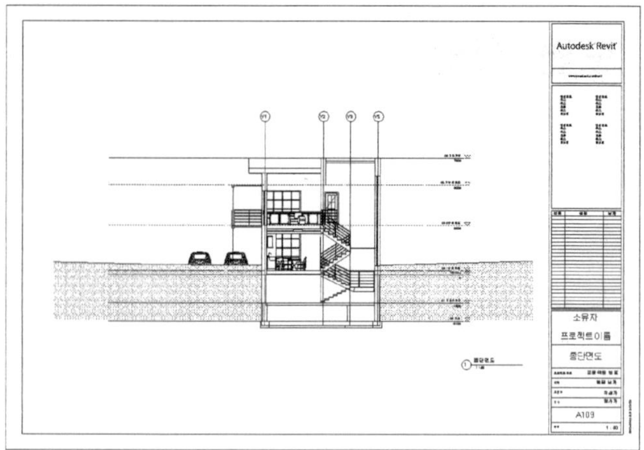
Autodesk Revit
소유자
프로젝트이름
종단면도
A109

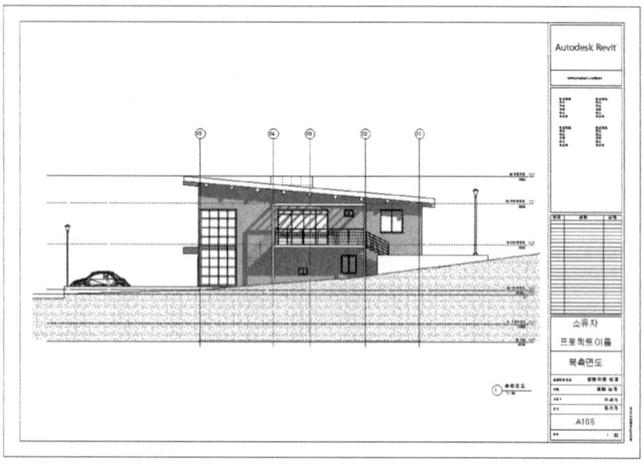
Autodesk Revit
소유자
프로젝트이름
북측면도
A106

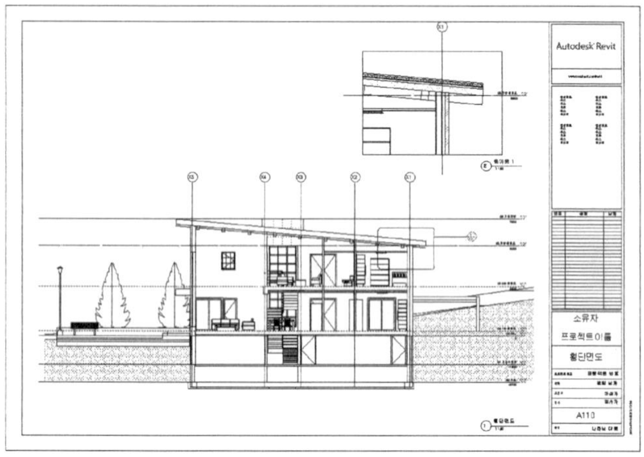
Autodesk Revit
소유자
프로젝트이름
횡단면도
A110

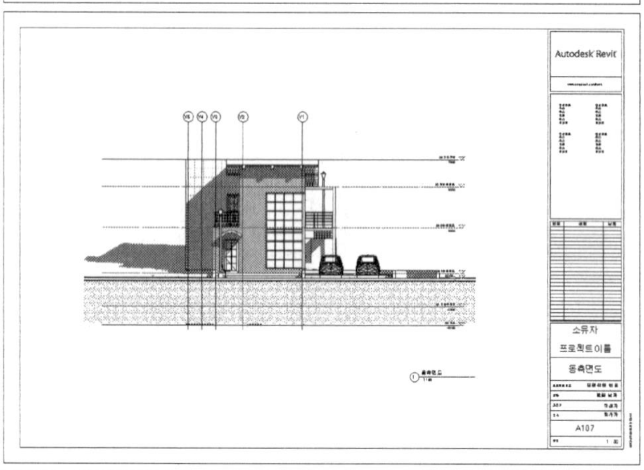
Autodesk Revit
소유자
프로젝트이름
동측면도
A107

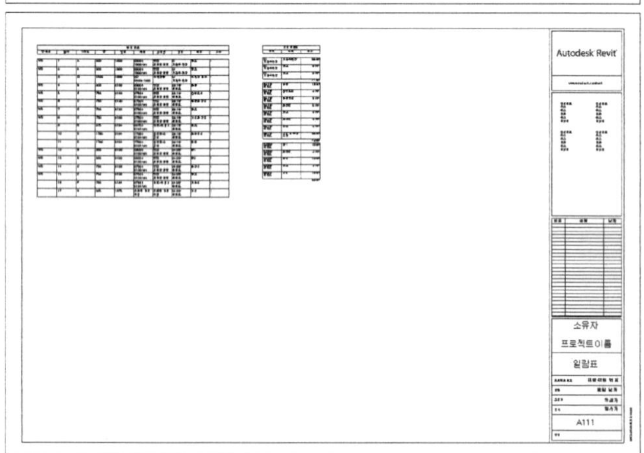
Autodesk Revit
소유자
프로젝트이름
일람표
A111

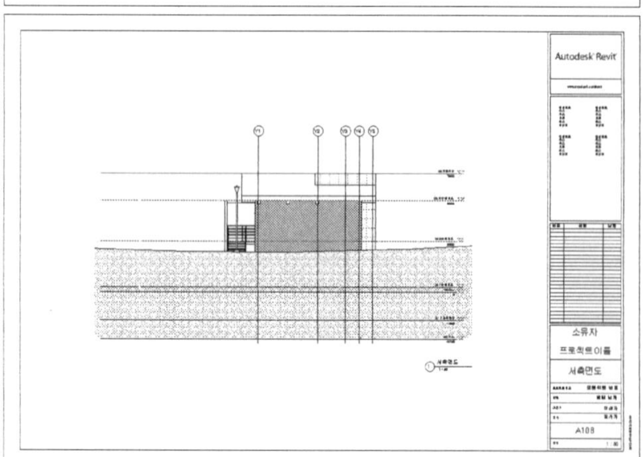
Autodesk Revit
소유자
프로젝트이름
서측면도
A108

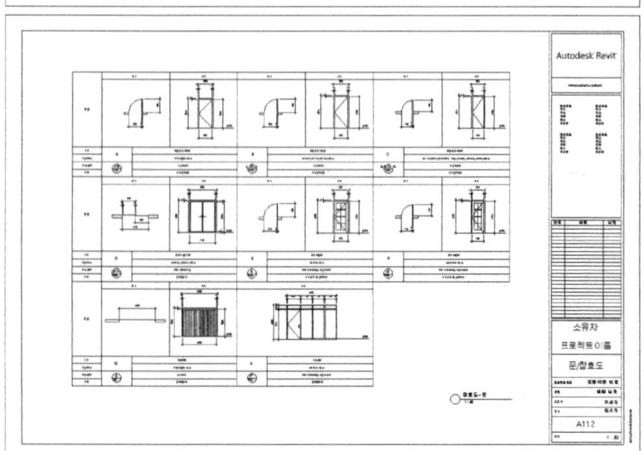
Autodesk Revit
소유자
프로젝트이름
문/창호도
A112

1) 도면 출력을 위한 각 요소 그리기

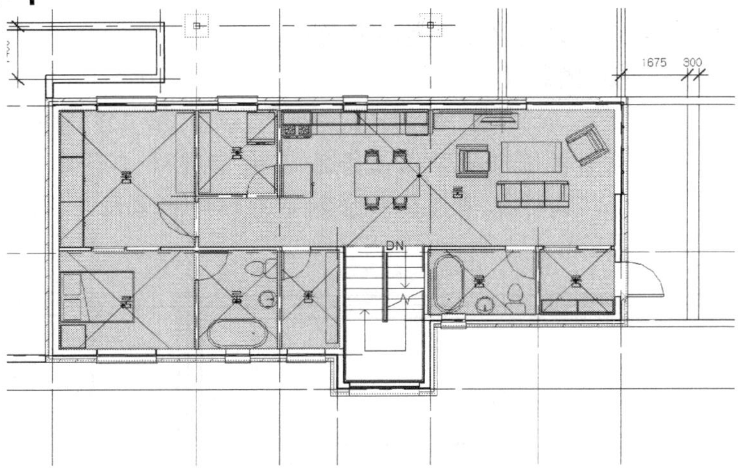

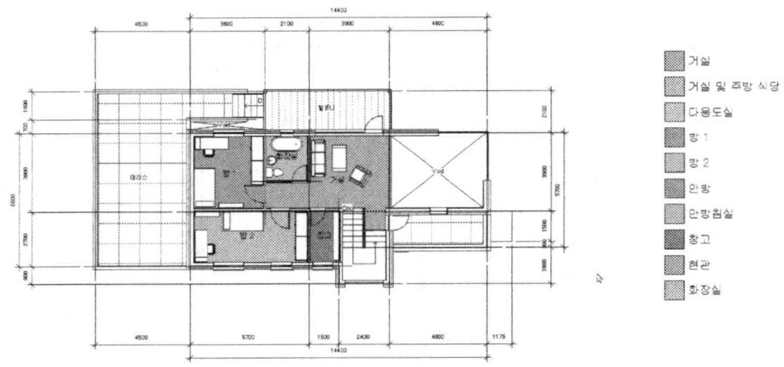

실습을 통해서 이루어진 모델링을 문서화하기 위한 작업들로 그리드의 정리, 치수 기입, 룸 태그 및 실별 면적표, 문창호도를 만드는 실습을 한다.

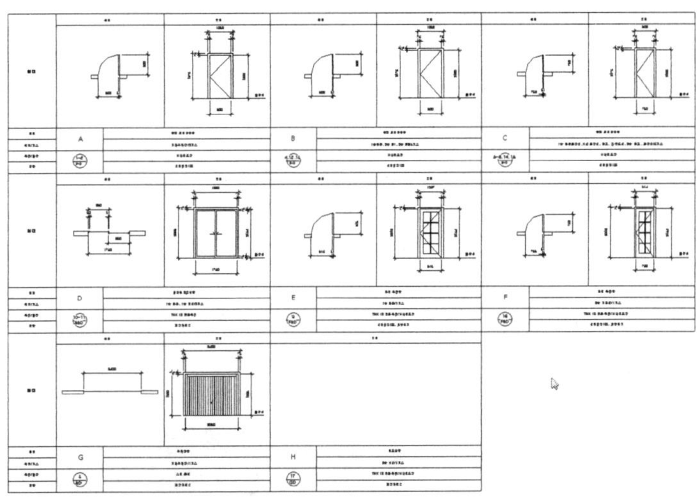

학습목표

- 그리드를 정리한다.
- 치수 그리는 방법을 실습을 통해서 숙지한다.
- 실명 및 패턴 채우는 방법을 실습을 통해서 숙지한다.
- 색상에 의한 각 실별 범례 만드는 방법을 실습을 통해서 숙지한다.
- 실별 일람표 만드는 방법을 실습을 통해서 숙지한다.
- 문 일람표를 이용하여 창호도 만드는 방법을 실습을 통해서 숙지한다.

4 도면 작업

1) 도면 출력을 위한 각 요소 그리기

① 그리드 정리하기

- 전체적인 그리드를 조절하기 위해서 우선 03 1층 평면도를 활성화한다.
- 도면 출력에 불필요한 요소들은 모두 뷰에서 숨긴다. 예) 그리드 버블, 대지 구성요소 중 나무와 사람 등.
- 그리드의 그래픽 속성을 수정하기 위해서 그리드에 걸어놓은 핀을 해제하여 잠금을 푼다.

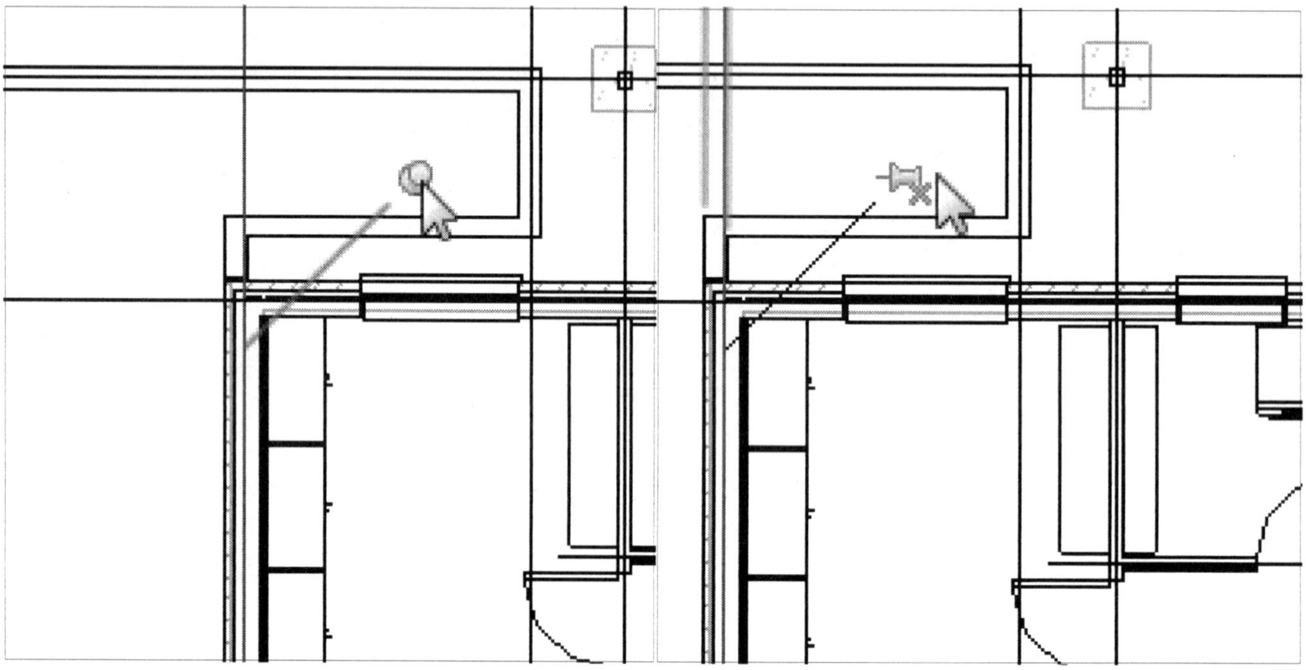

- 그리드의 선 형태를 변경하기 위해 화면에 두 점을 지적하여 화면에 있는 모든 것들을 선택한다.

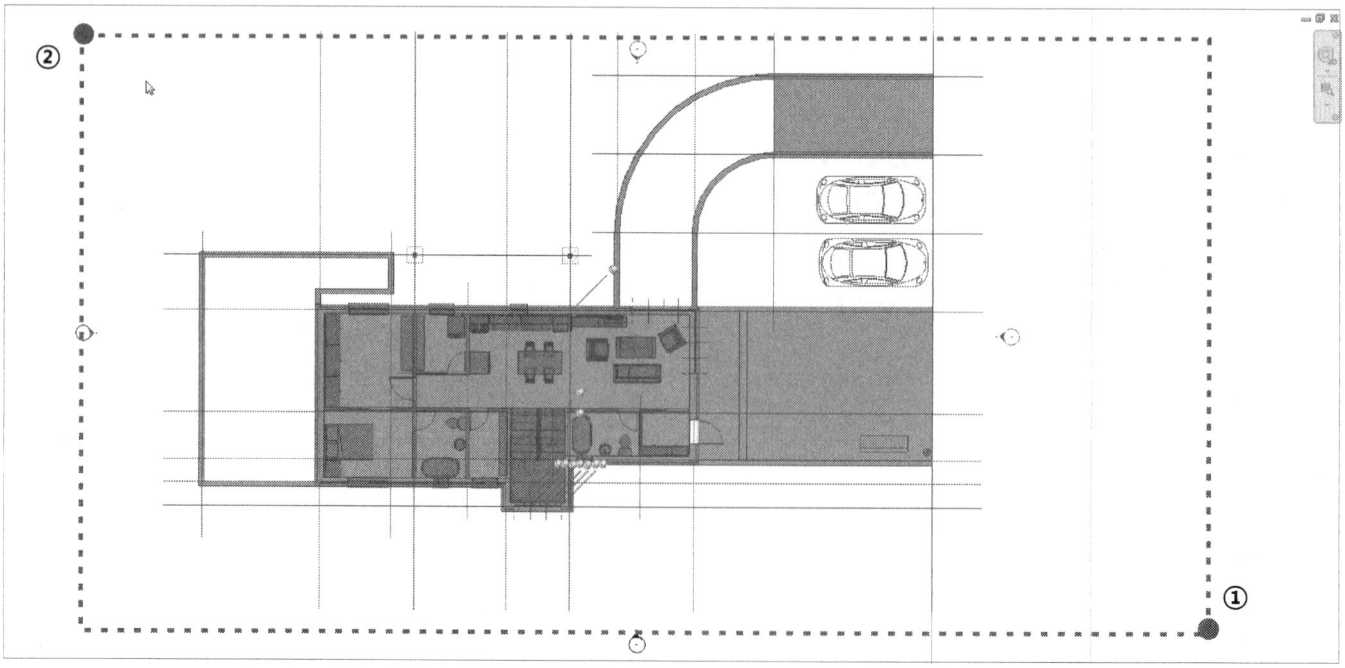

- 그리드만 선택하기 위해서 상부 메뉴 중에서 필터를 선택한다.
- 모두 선택 안 함(N)을 선택한 후 다시 그리드만을 선택한다.

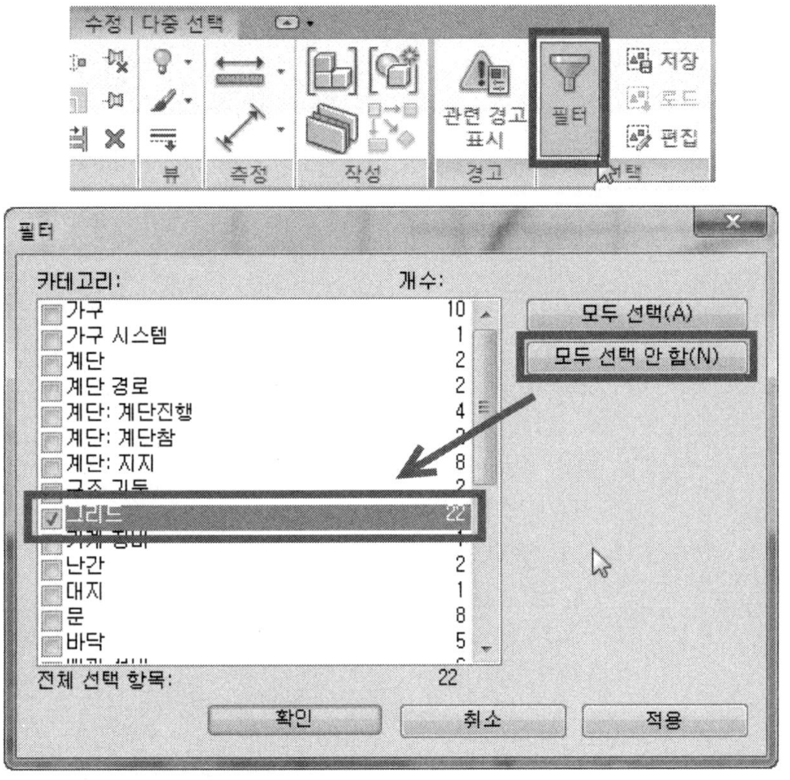

- 그리드만이 선택된 것을 확인할 수 있다.

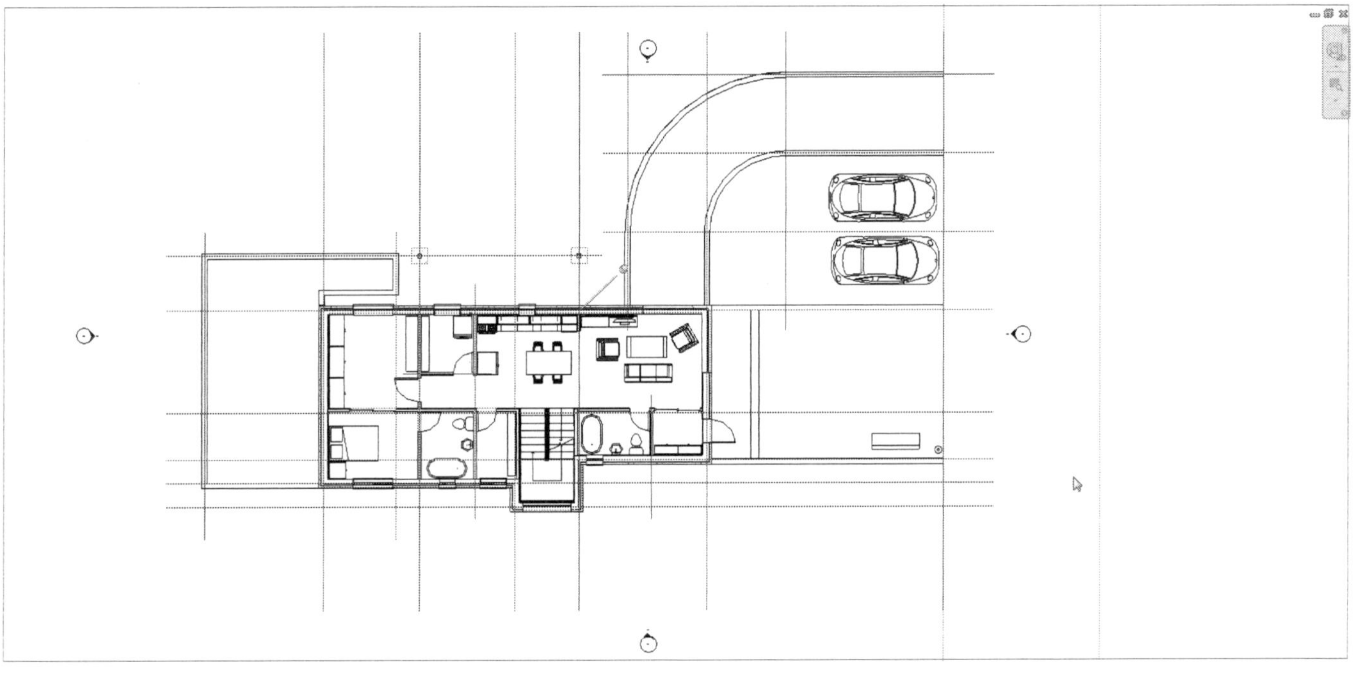

- 마우스의 오른쪽 버튼을 선택하여 뷰에서 그래픽 재지정(V)을 클릭하고 요소별을 선택한다.
- 뷰 특정 요소 그래픽 패널에서 패턴 <객체 스타일별>을 선택한다.
- 그리드의 스타일을 그리드 선으로 선택한다.

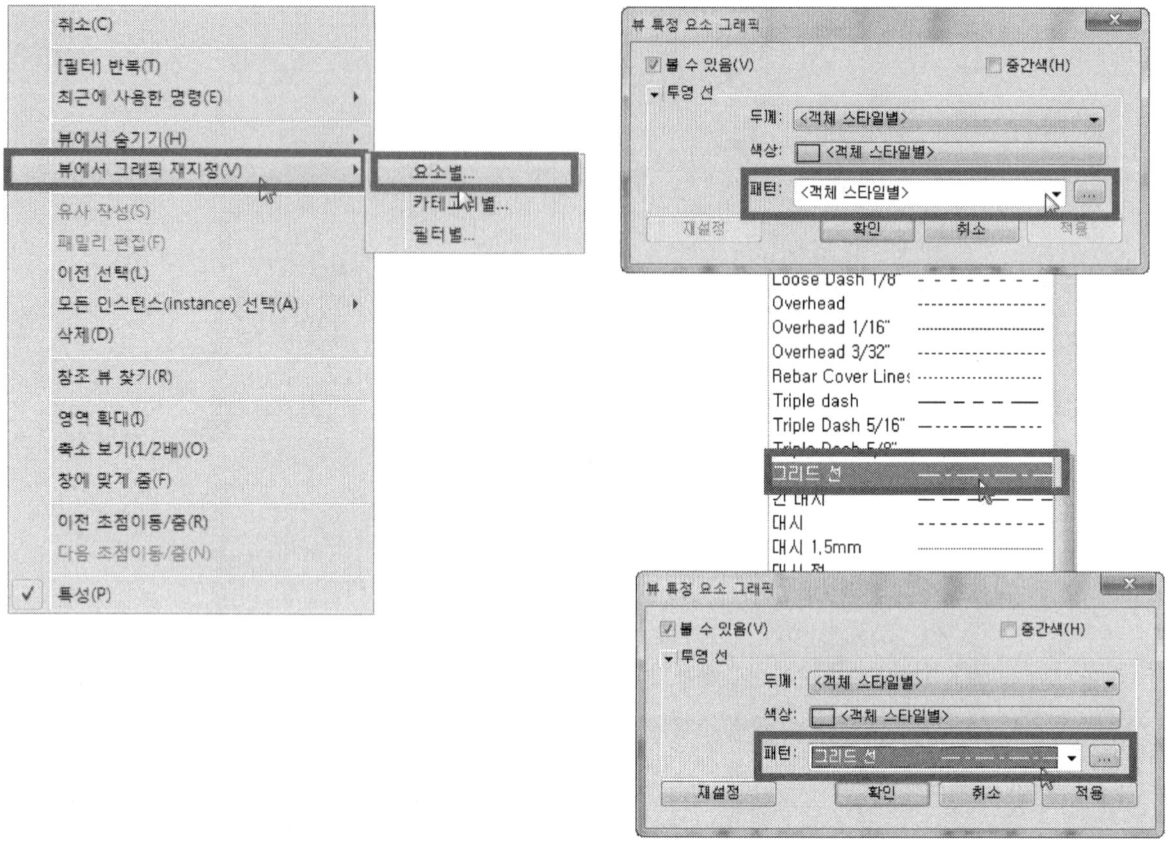

- 그리드의 선 형태가 아래 그림과 같이 변경된 것을 확인한다.

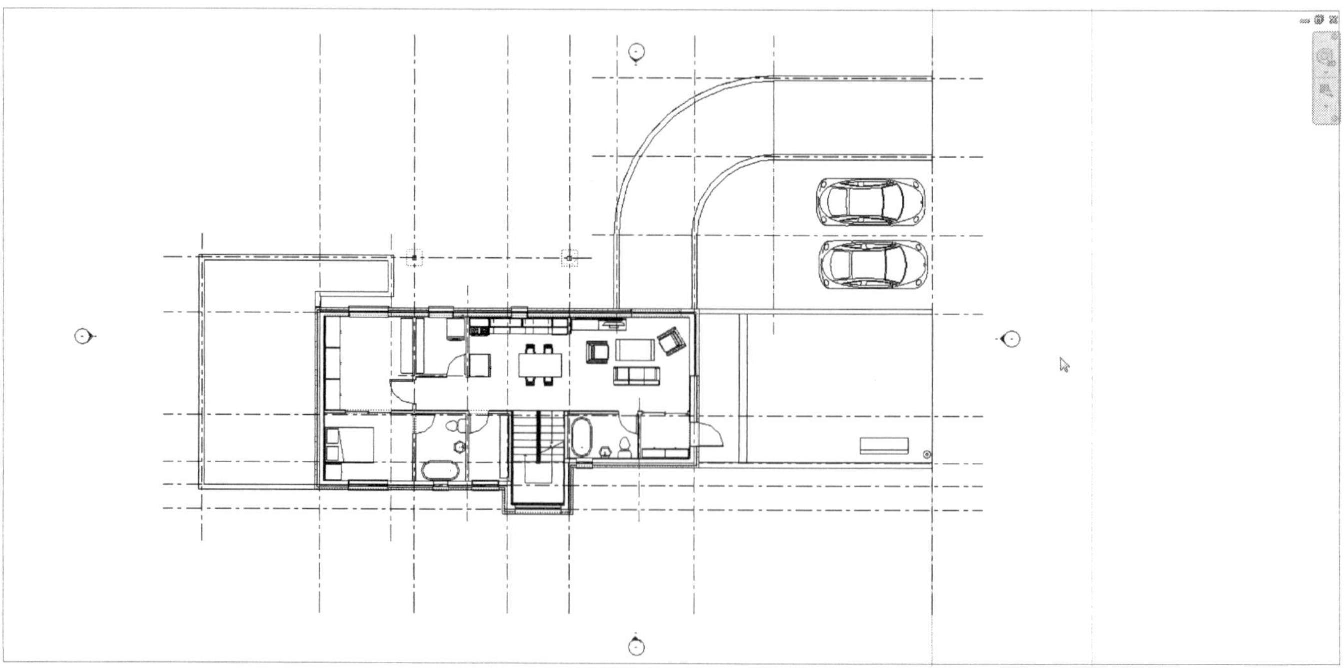

- 그리드를 아래 그림과 같이 정리하고 원형 경사로 옹벽 부분에 원형그리드를 추가한다.

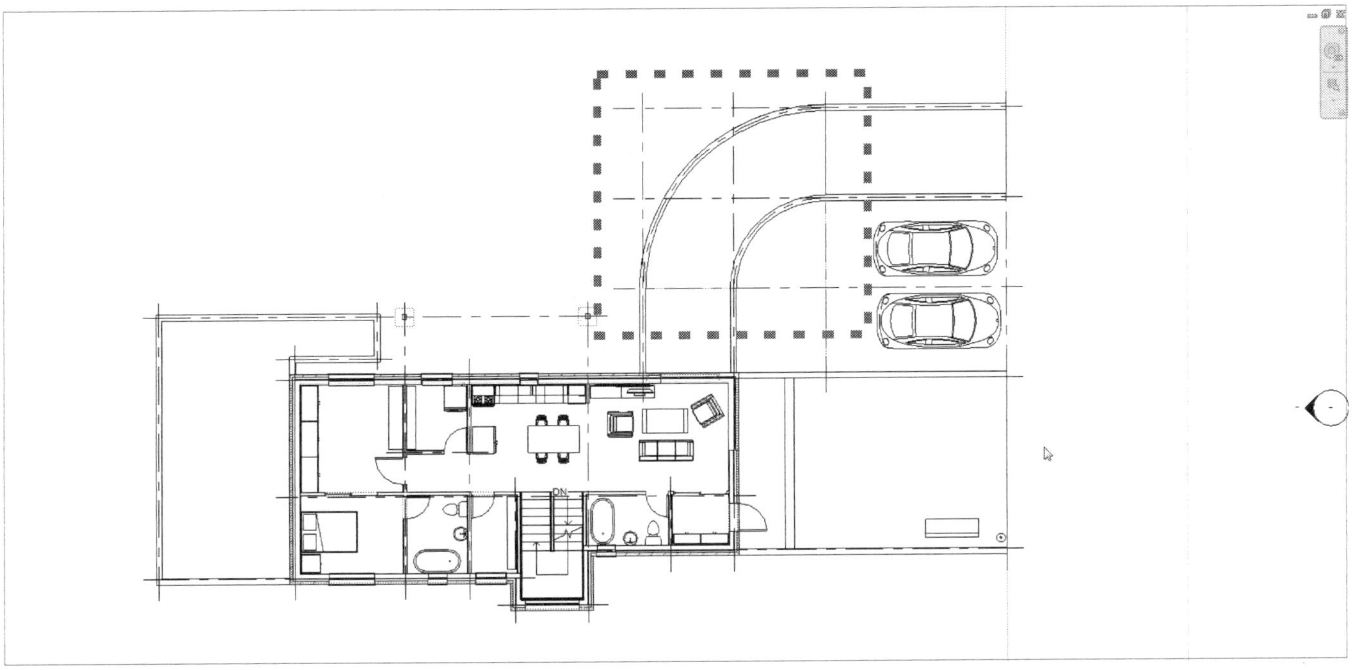

- 건축 탭의 그리드를 선택하고 원형그리드를 그리기 위해서 중간 끝 호를 선택한다.
- 아래 그림과 같은 방법으로 두 개의 원형그리드를 추가한다.

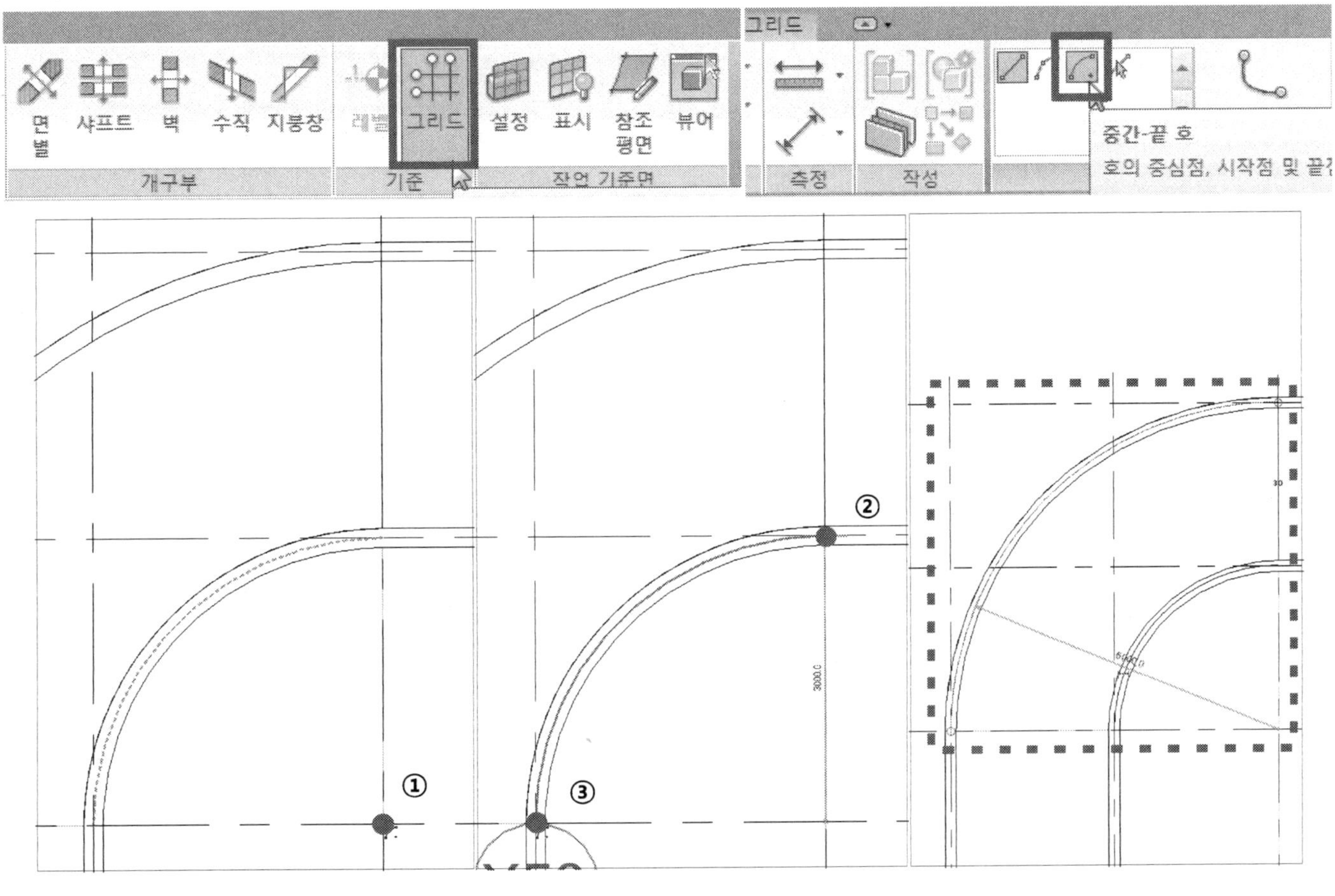

② 치수 그리기

- 치수에는 임시치수와 영구치수가 있으며, 임시치수는 벽과 같은 요소를 선택하거나 새롭게 작성할 때 나타나는 치수를 말하며, 영구치수는 사용자가 직접 그리는 치수를 말한다.

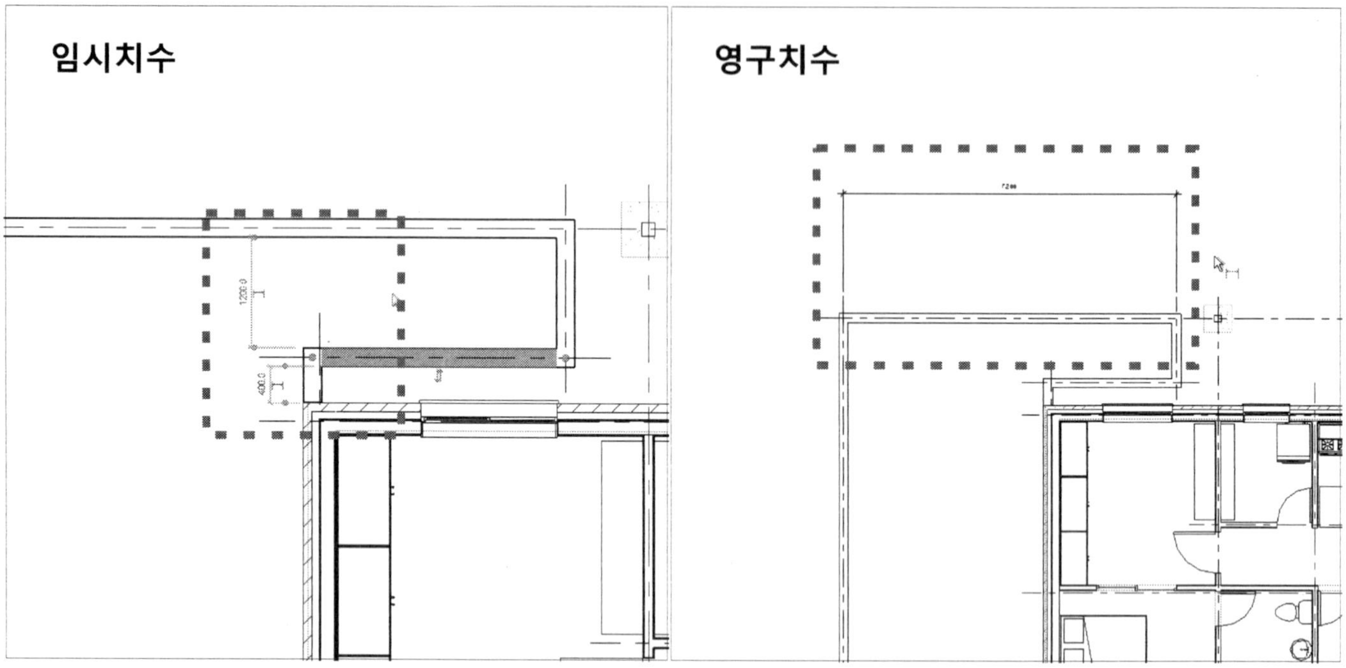

- 치수를 그리기 전에 먼저 치수의 위치 기준을 잡기 위해서 그리드 혹은 참조평면 선을 추가한다.
- 간격띄우기 3000을 주고 가장 외곽에 있는 선 4개를 외부로 추가한다.

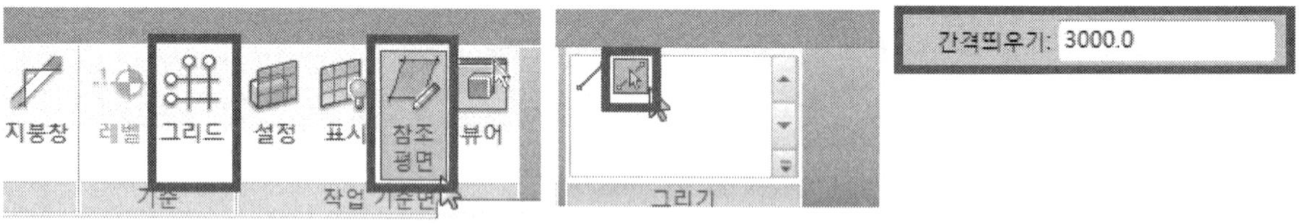

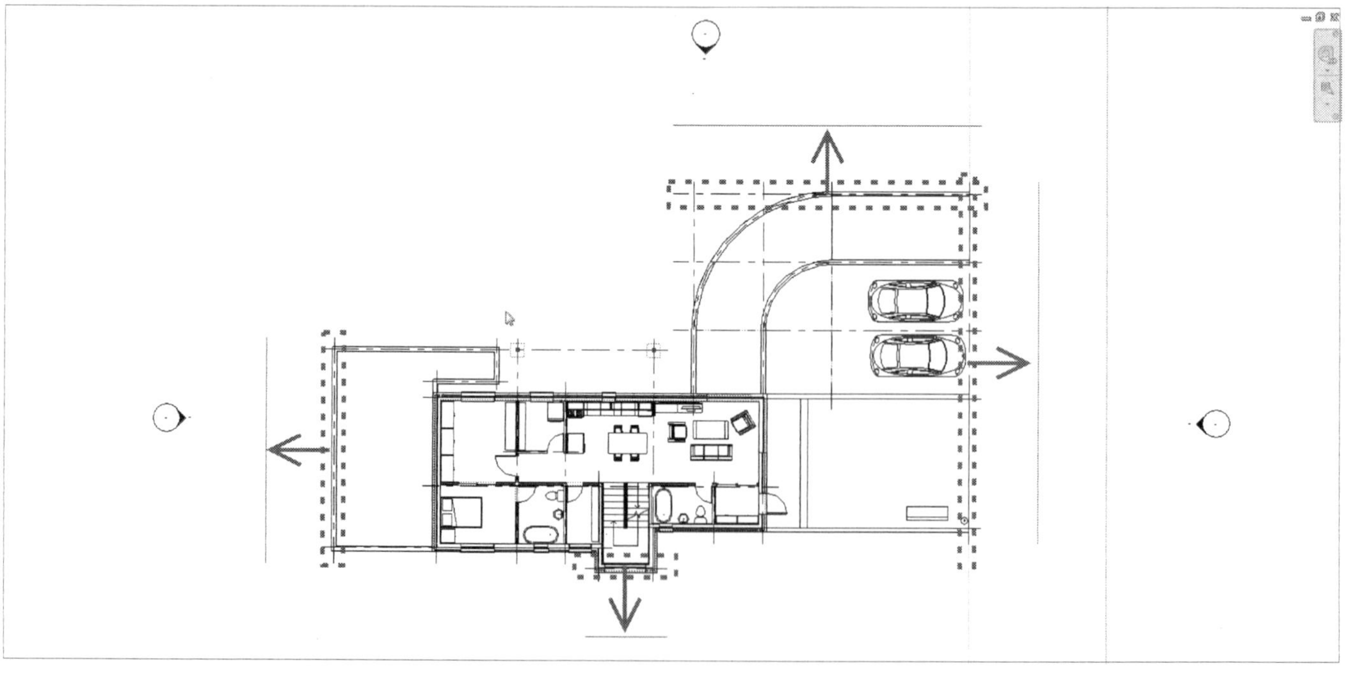

- 주석 탭의 정렬을 선택한 후 두 개의 그리드를 선택하고 보조선 위를 클릭하여 치수를 작도한다.

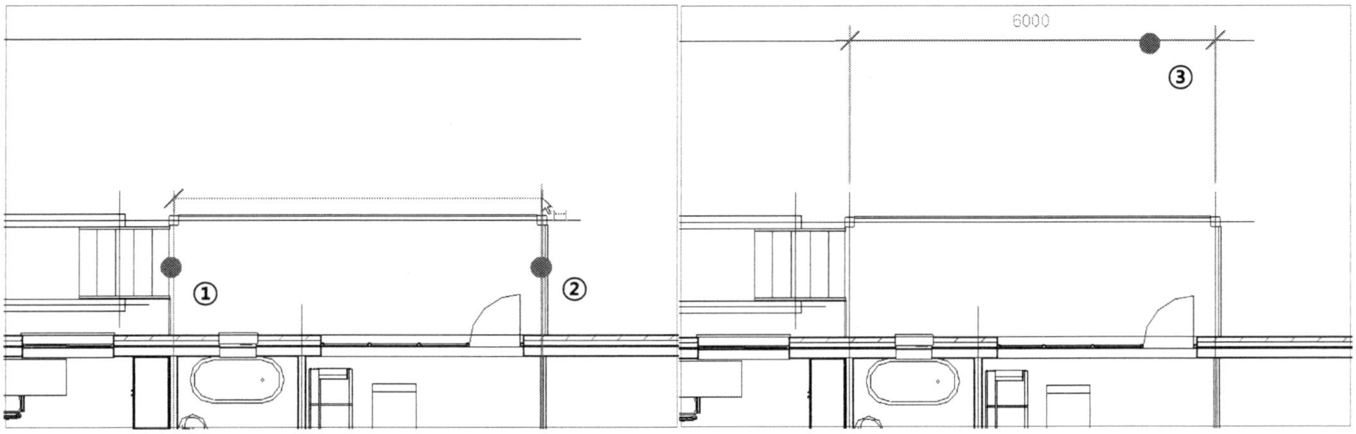

- 반지름 치수는 반지름이 되는 그리드를 선택한 후 반지름이 나타나면 클릭하여 작도한다.

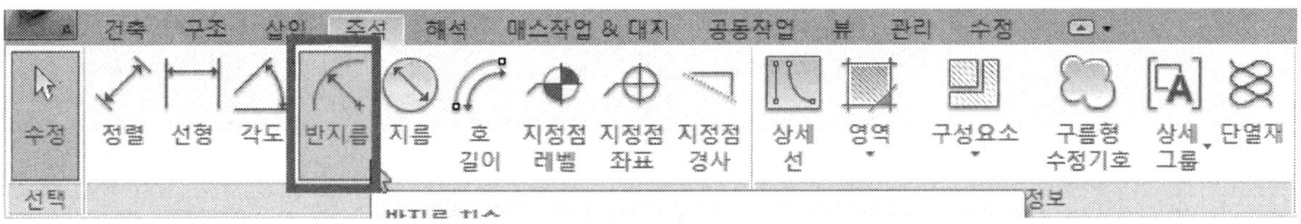

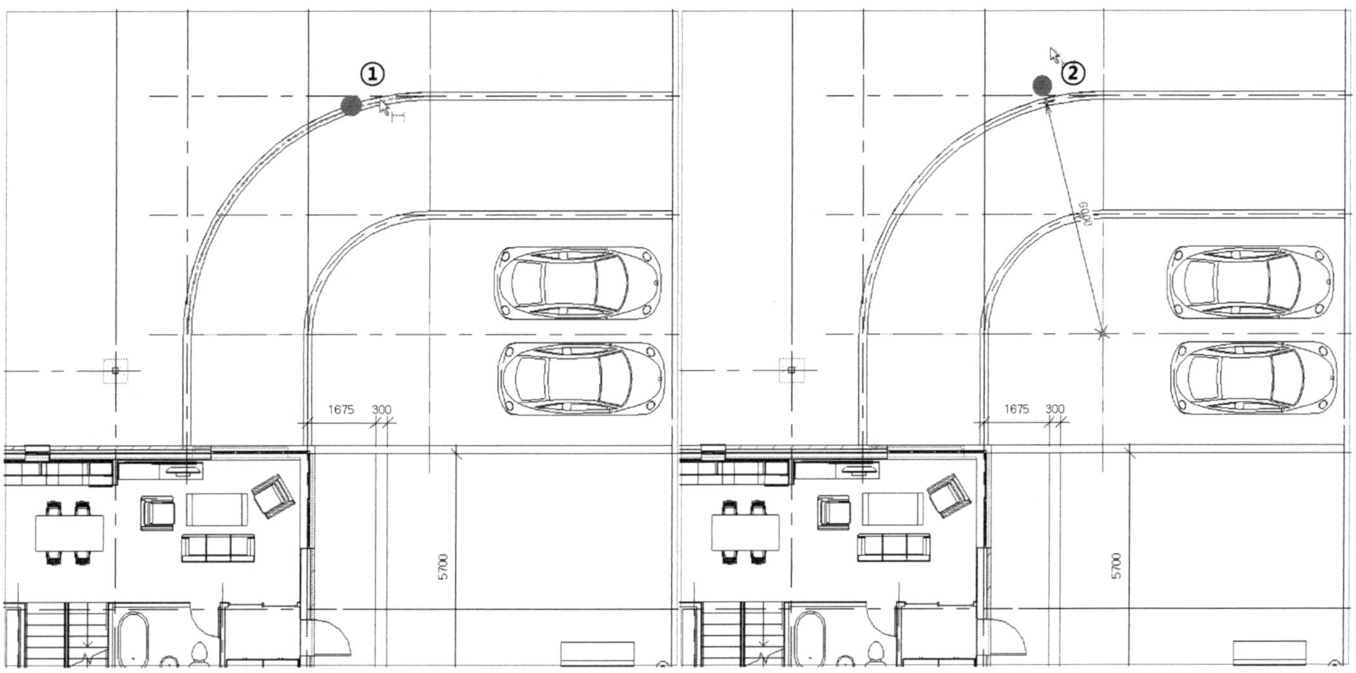

- 아래 그림과 같이 나머지 1층 평면도의 치수를 작도한다.

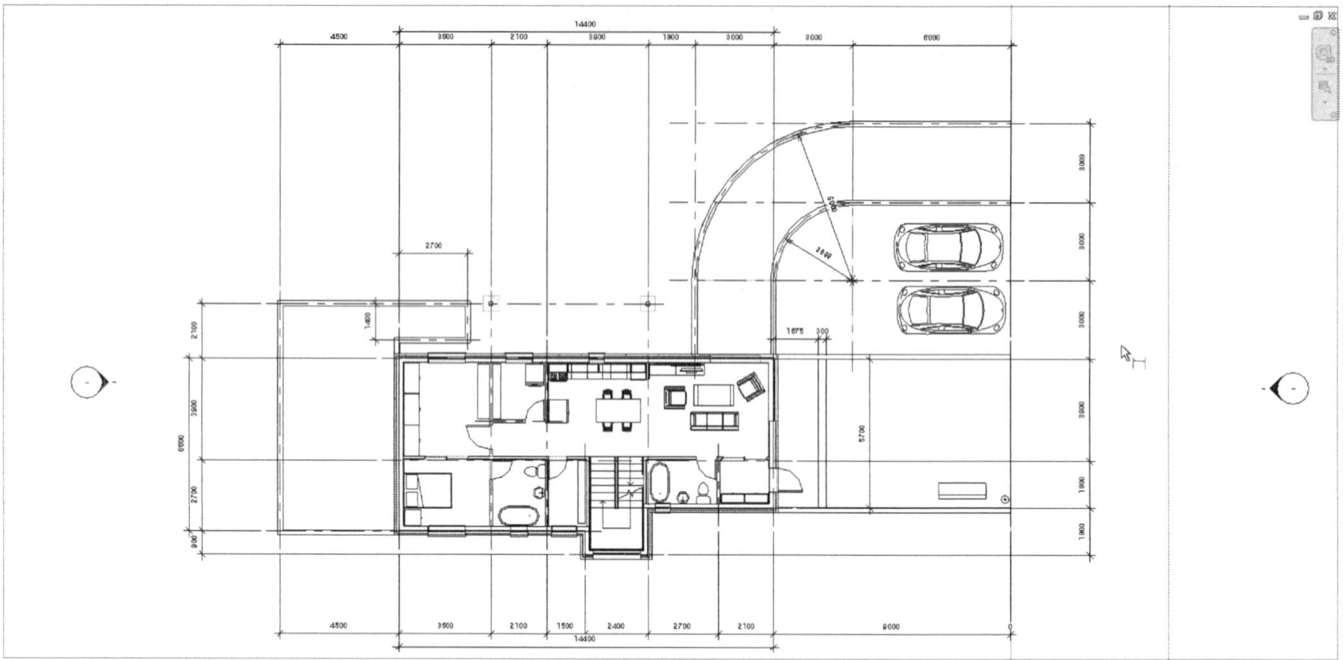

- 아래 그림과 같이 2층 평면도의 치수도 작도한다.

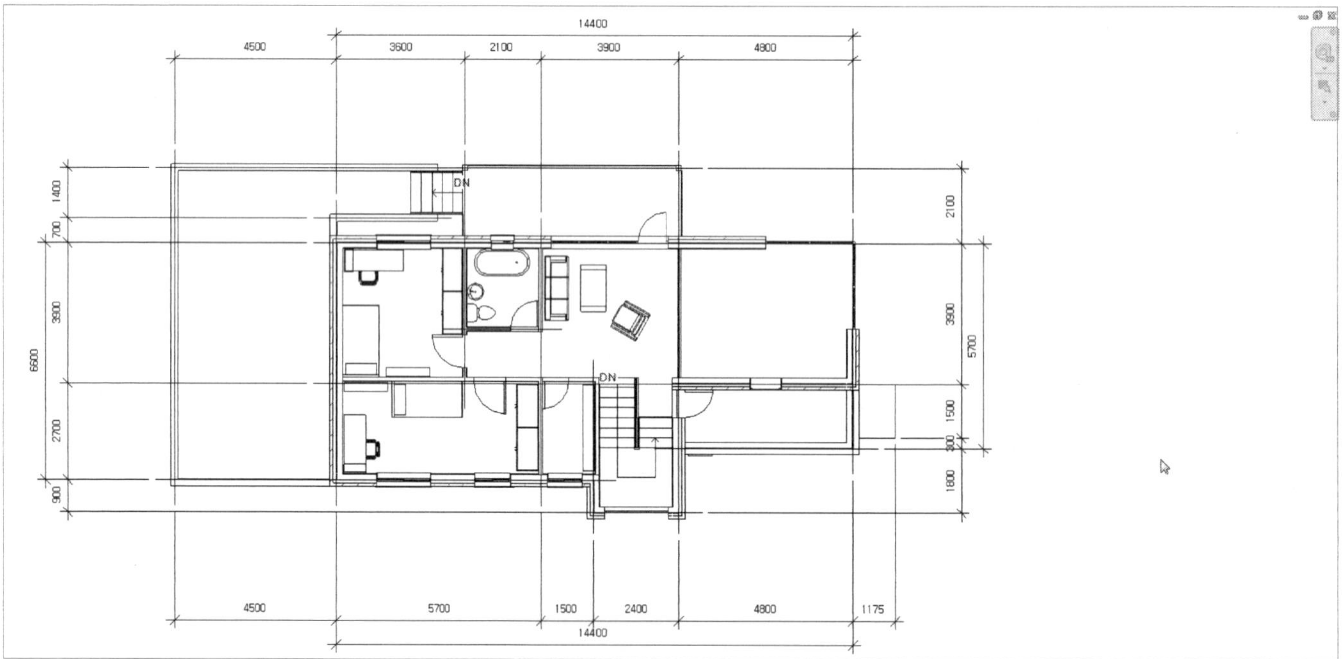

③ 실명 쓰기 - 룸 표시를 이용하여 실명 쓰기

- 실명을 쓰기 위해서 화면을 주택의 각 실들이 모두 나타나도록 확대한다.
- 건축 탭의 룸 및 면적의 룸을 선택하고 태그 삽입이 설정되어 있으면 해제한다.
- 실명을 적을 공간에 마우스를 움직이고 공간에 표시가 나타나면 클릭한다.

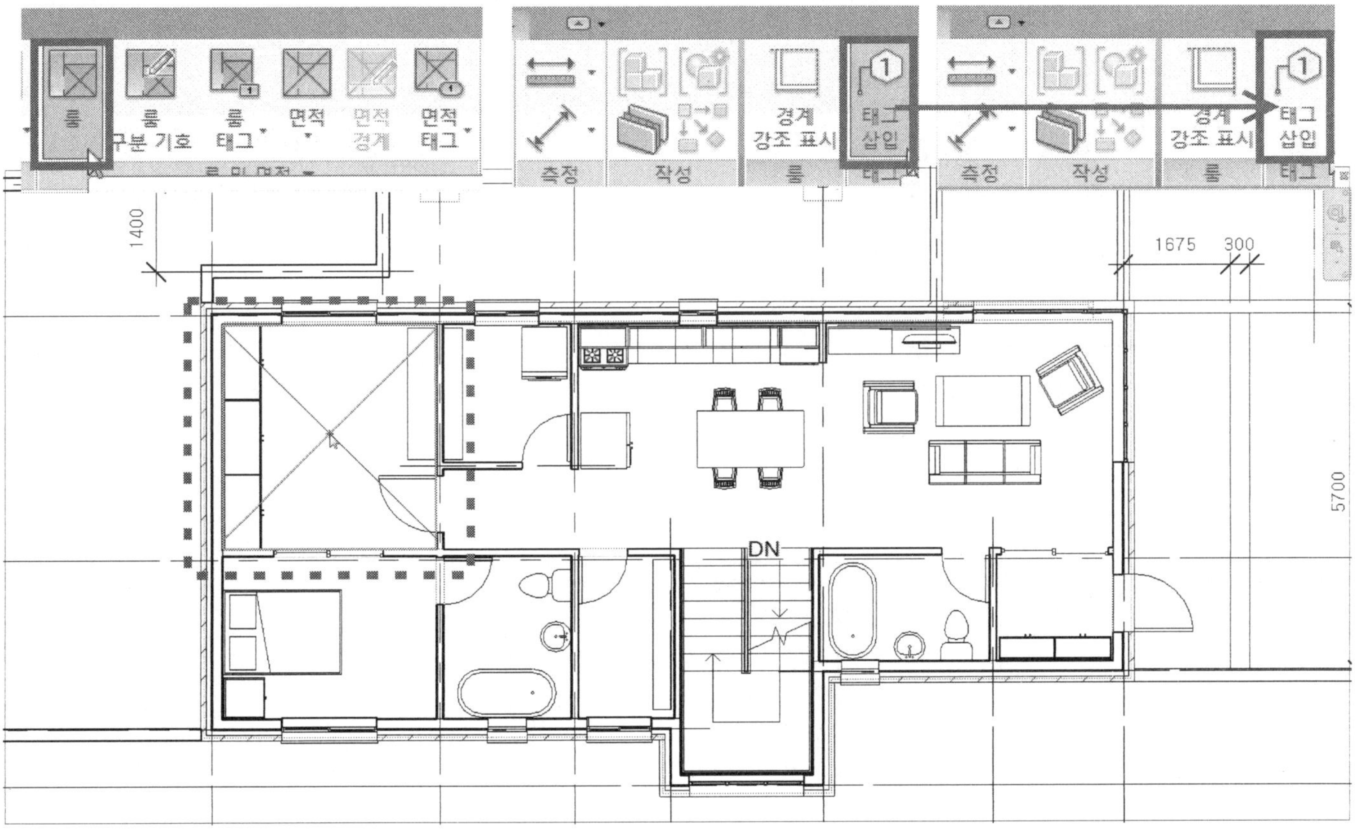

- 아래 그림과 같이 각 공간에 표시한다.

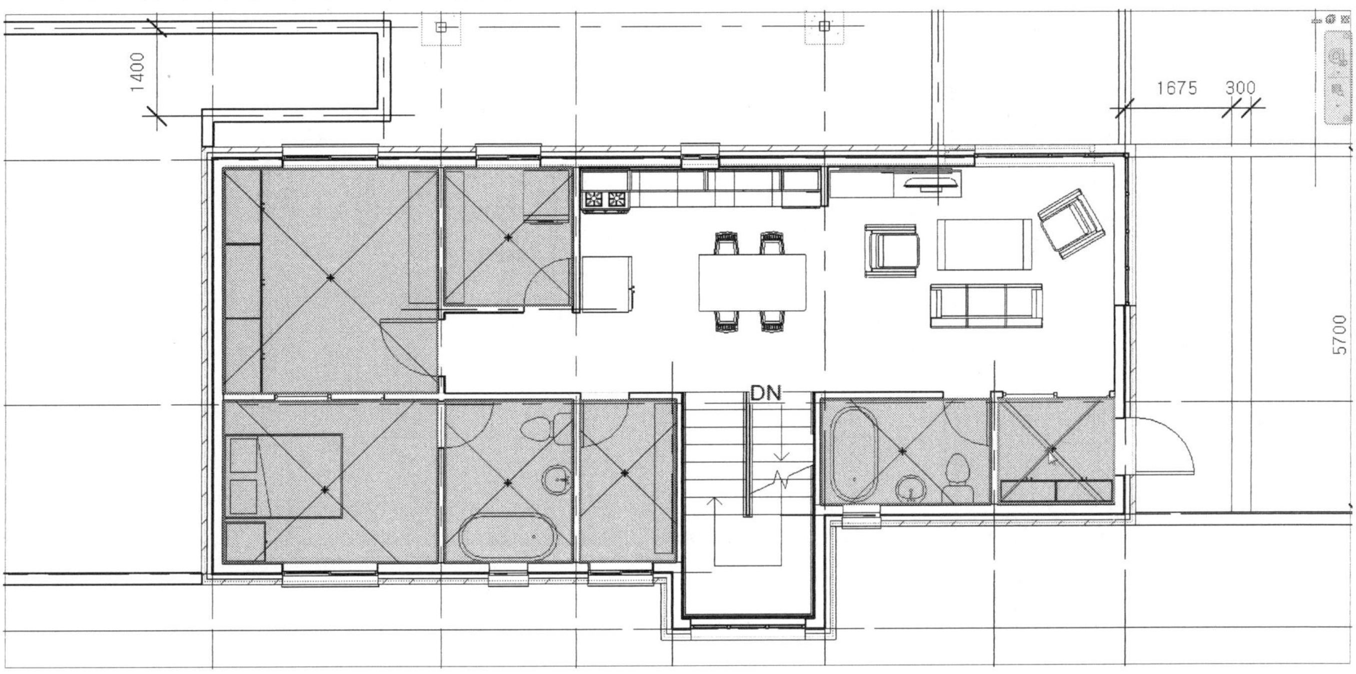

- 계단실을 표시에서 제외하기 위해서 룸 구분 기호를 작도한다.
- 건축 탭의 룸 및 면적의 룸 구분 기호를 선택하고 아래 그림과 같이 작도한다.

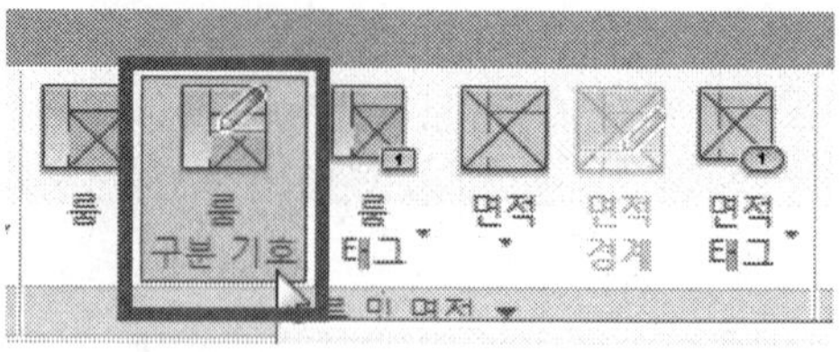

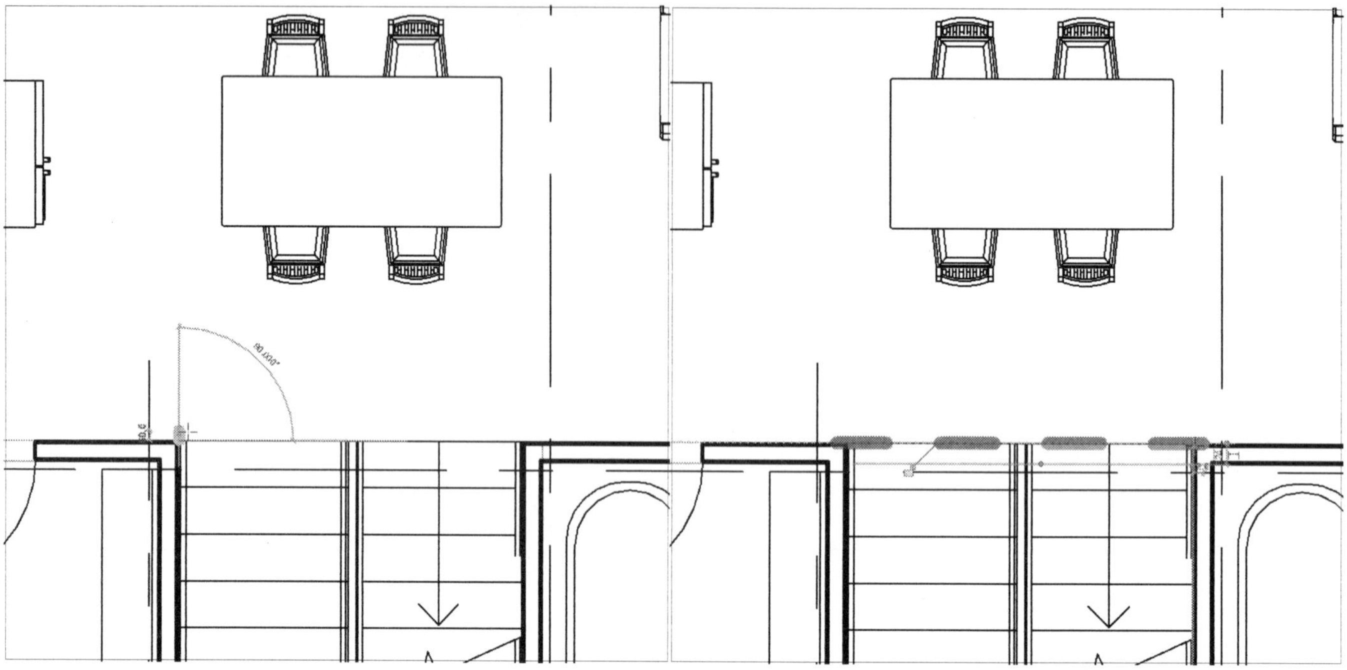

- 이제 거실에 룸 표시를 한다.

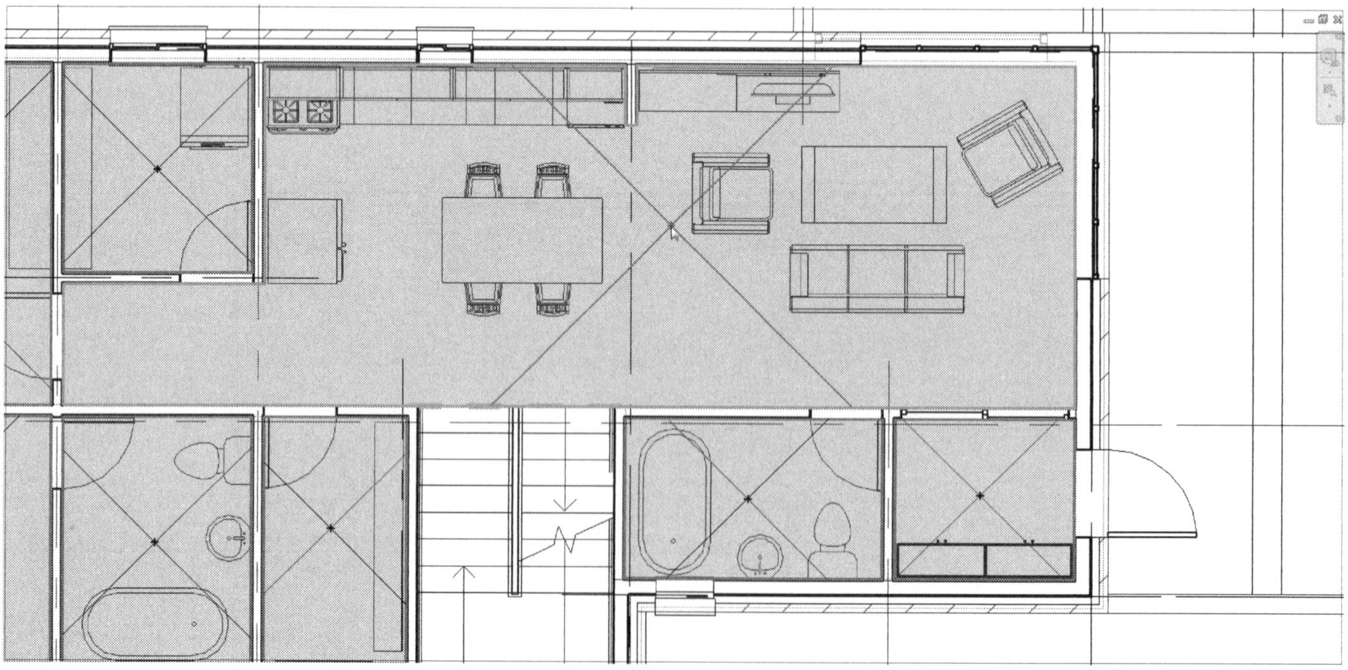

- 룸에 새로운 이름을 주거나 면적, 룸 번호를 넣기 위해서 건축 탭의 룸 및 면적의 룸 태그를 선택한다.
- 룸 태그 유형편집을 선택하고 룸 번호 표시와 면적 표시를 모두 해제하고 확인한다.
- 각 룸 표시에 태그를 표시한다.

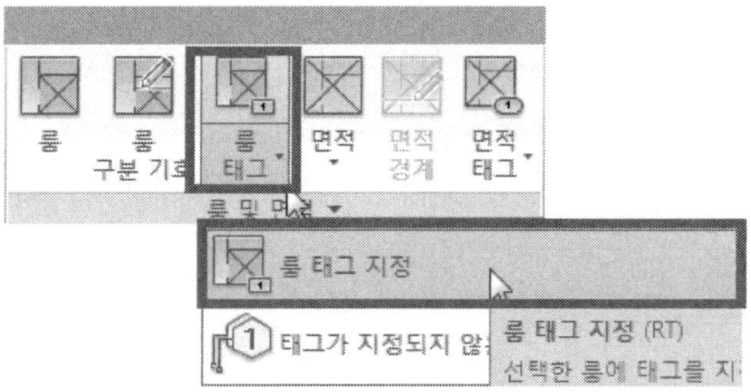

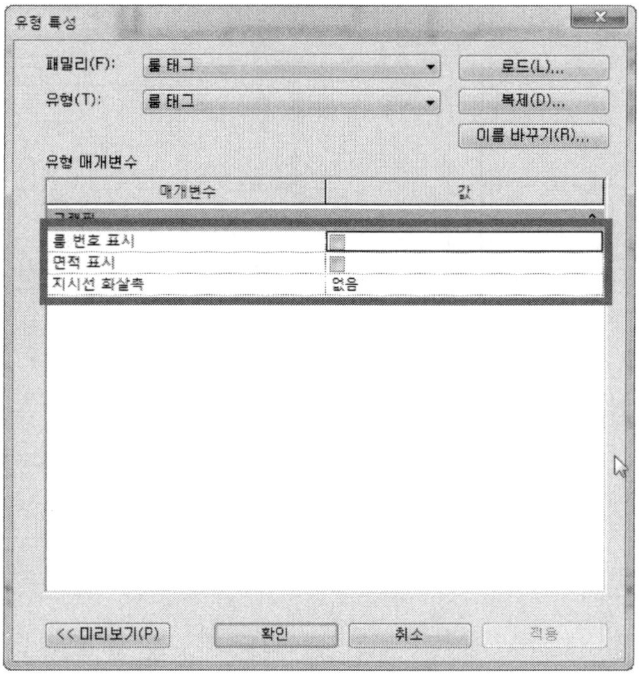

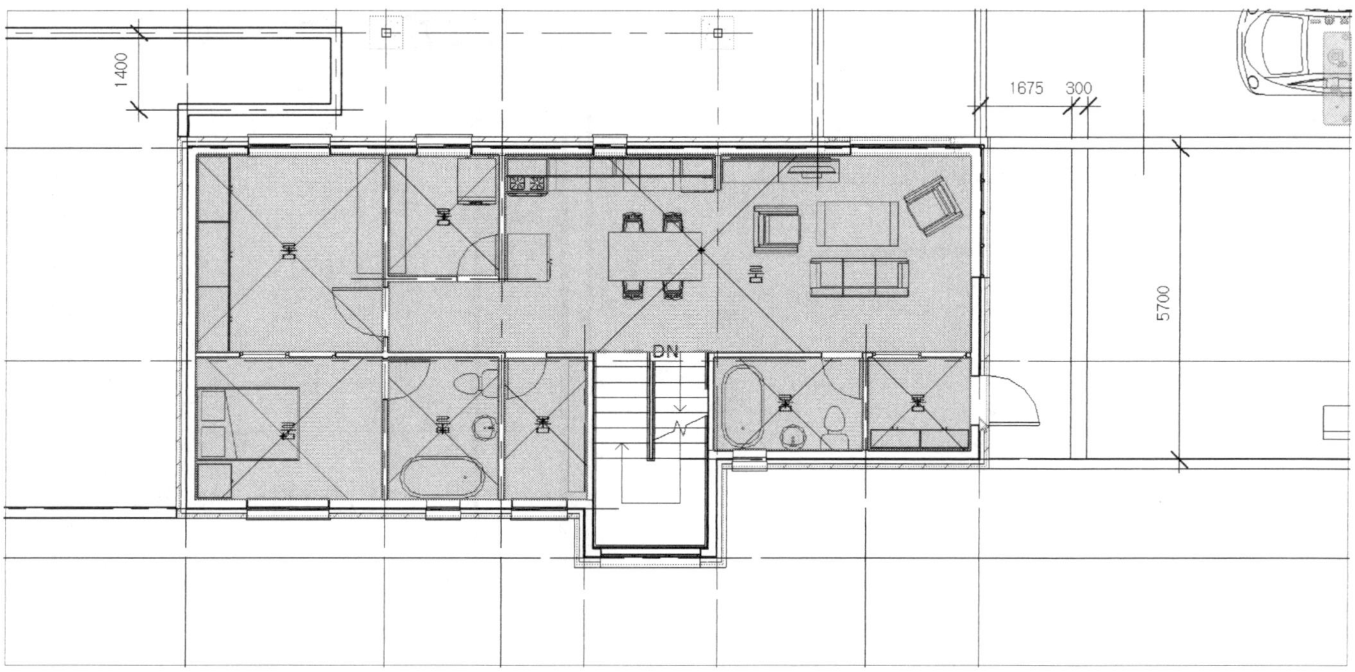

- 각 룸의 이름을 아래 그림과 같이 변경한다.

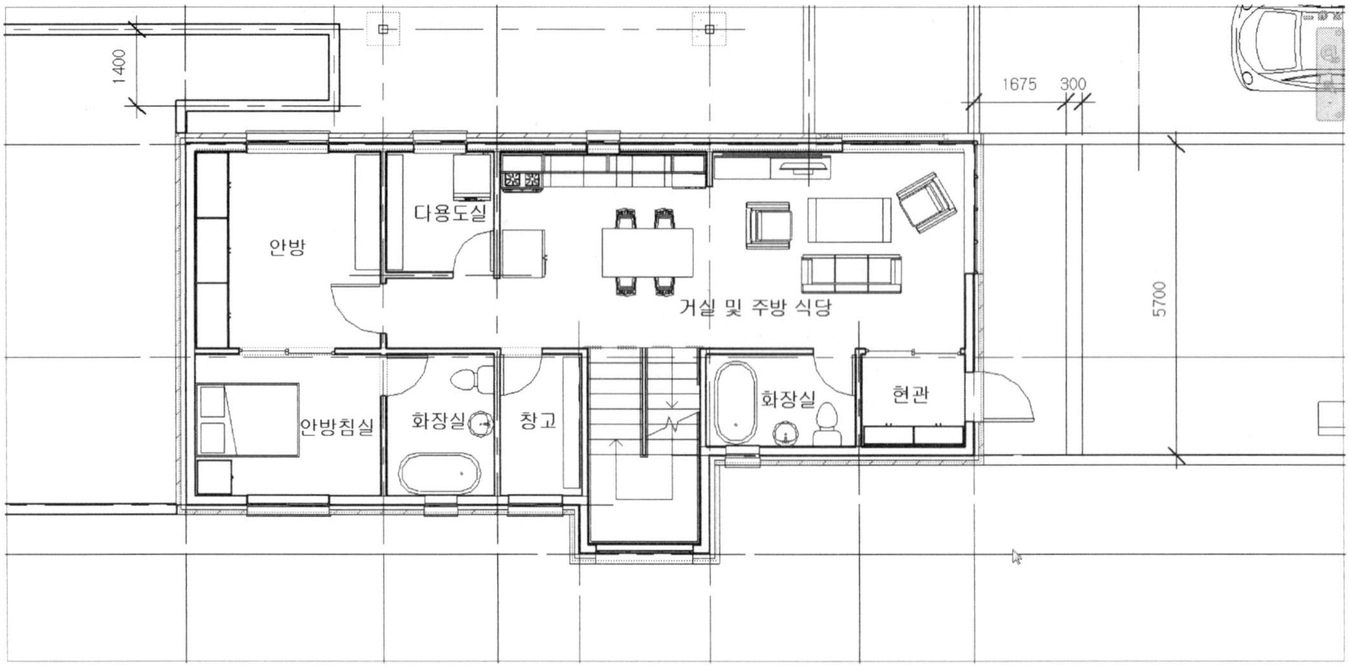

- 룸 태그의 유형을 편집하면 다음과 같은 결과를 얻을 수 있다.

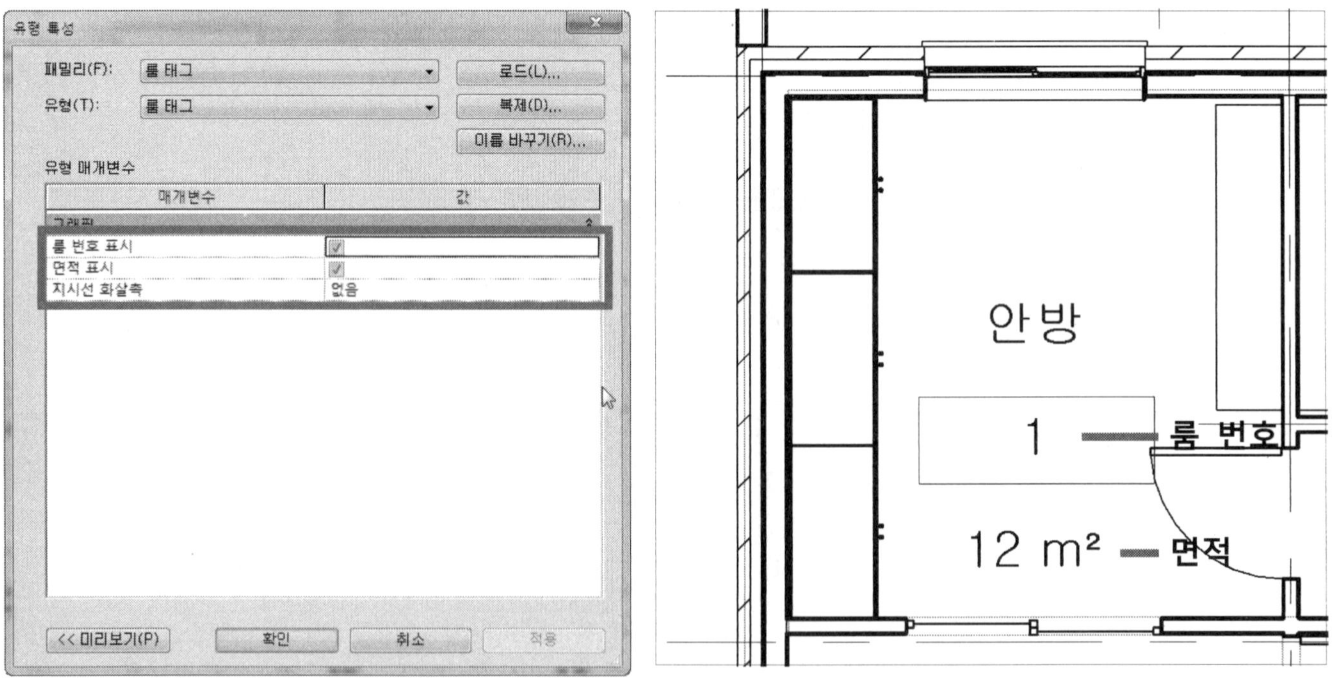

④ 실명 및 패턴 채우기 - 문자에 의한 실명 쓰기

- 다른 형태의 문자를 적기 위해서 2층 평면도를 활성화한다.

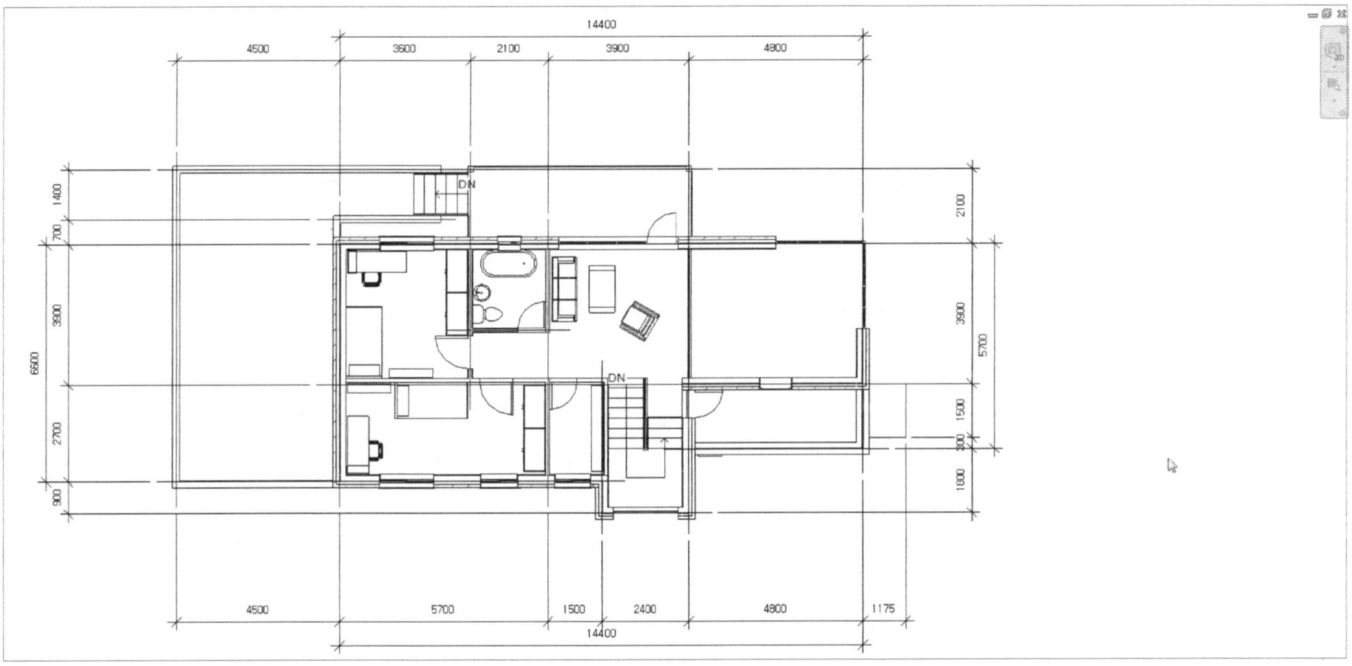

- 도면을 확대하고 주석 탭의 문자의 문자를 선택한다.
- 화면에서 문자를 적을 위치를 선택하고 문자 박스에 문자를 기입한다.

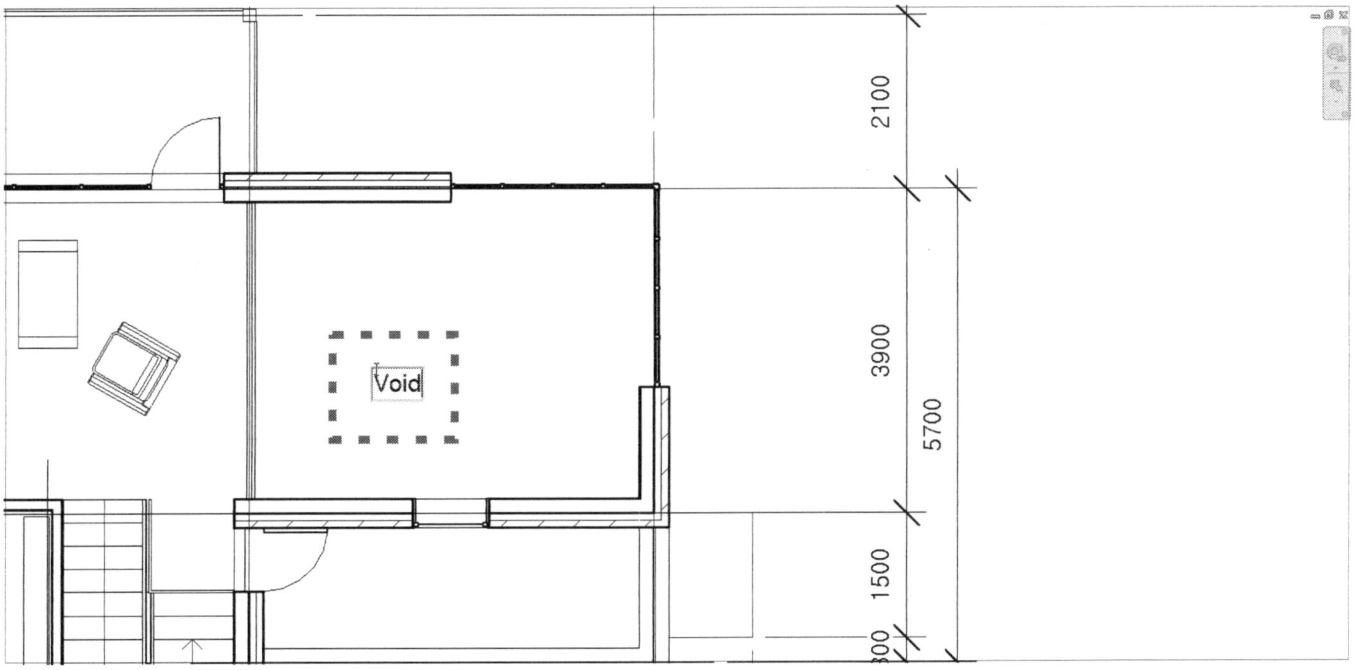

- 다른 부분에도 그림과 같이 문자를 기입한다.

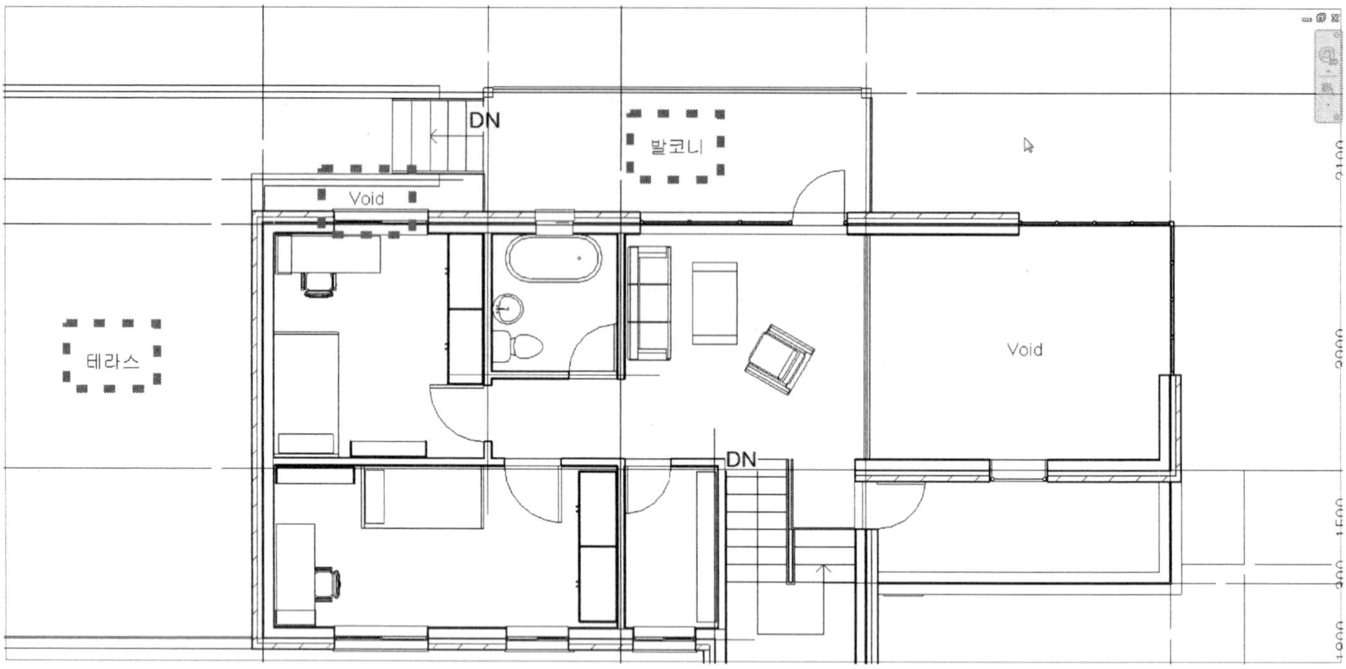

- Void 표시를 하기 위해서 주석 탭 상세정보의 상세 선을 선택하고 그림과 같이 4개의 선을 작도한다.
- 상세 선이 문자 영역을 침범하지 않는 것을 알 수 있다.

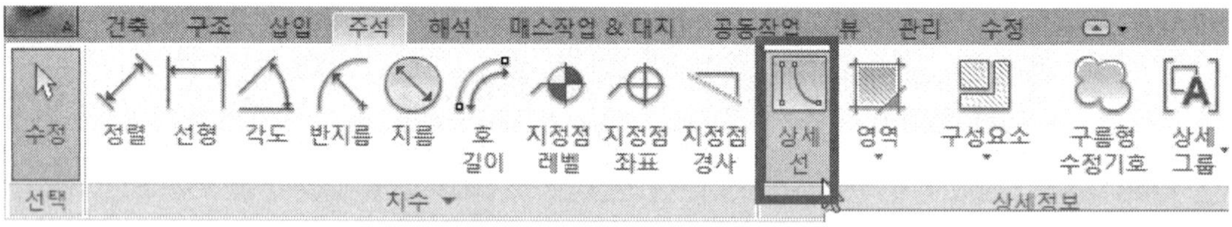

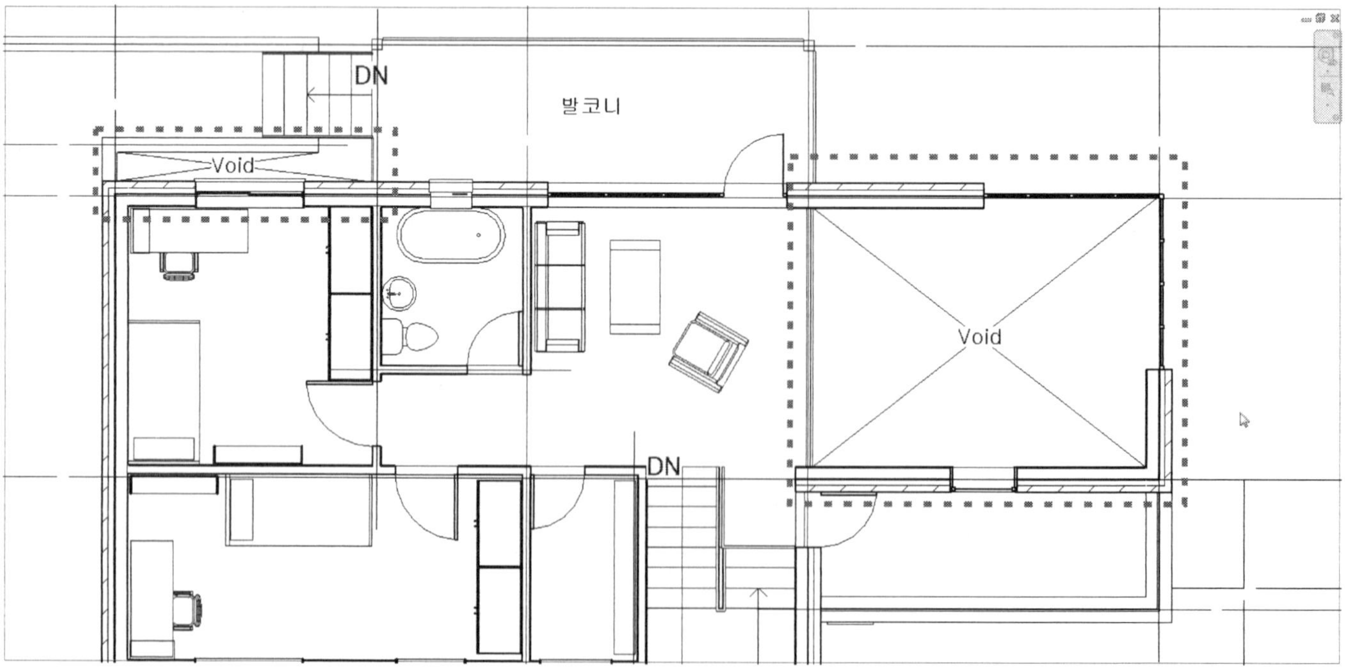

- 발코니의 바닥 패턴을 위해서 도면을 확대하고 영역의 선 선택을 이용해서 주석 탭 상세정보의 영역 중 채워진 영역을 선택한다.
- 선 선택과 자르기 연장을 이용하여 그림처럼 정리한다.

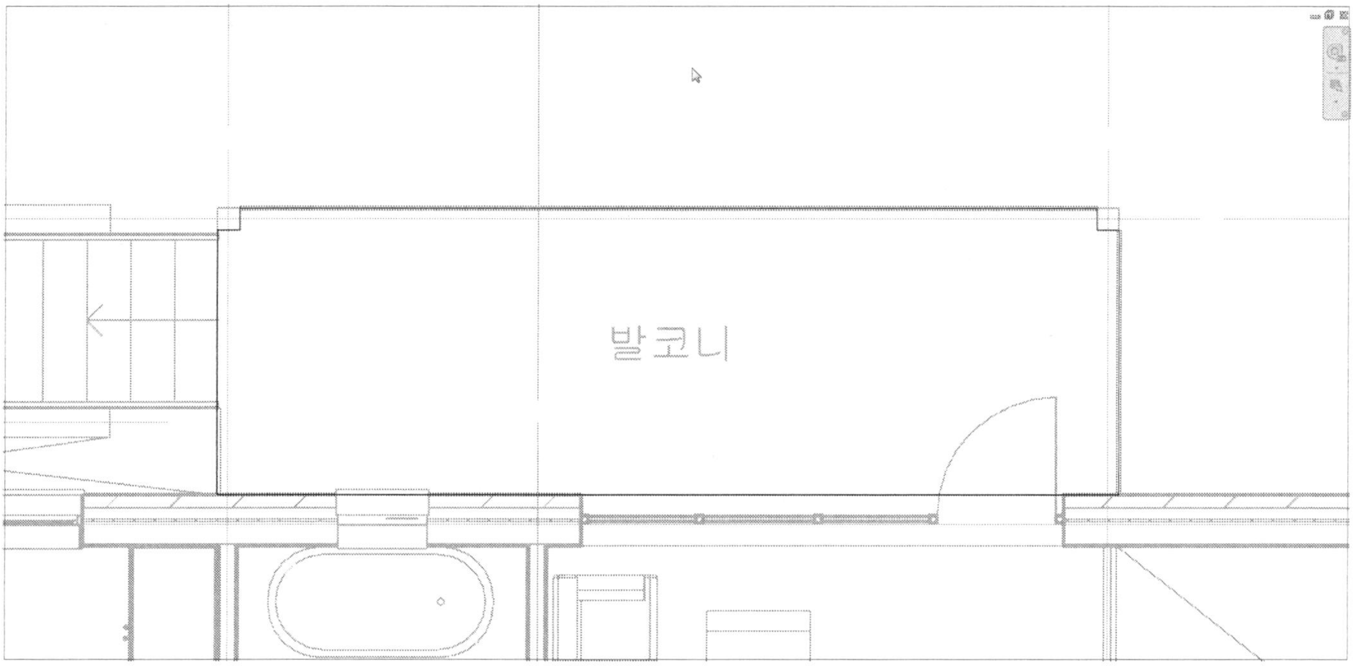

- 스케치를 한 후 유형에서 수직을 선택하고 완료한다.

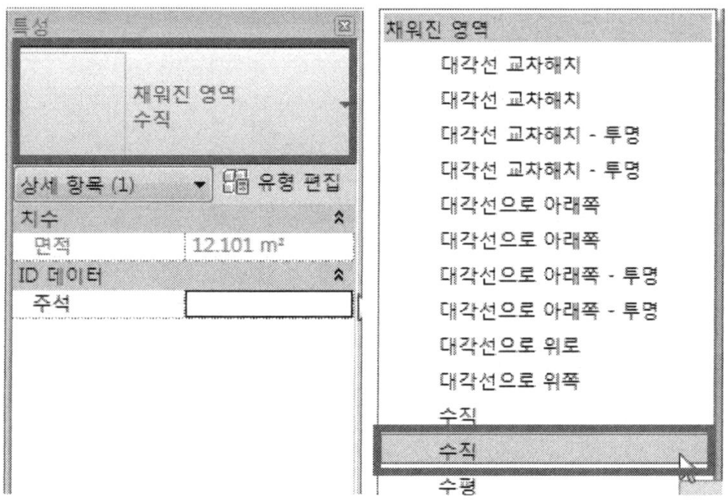

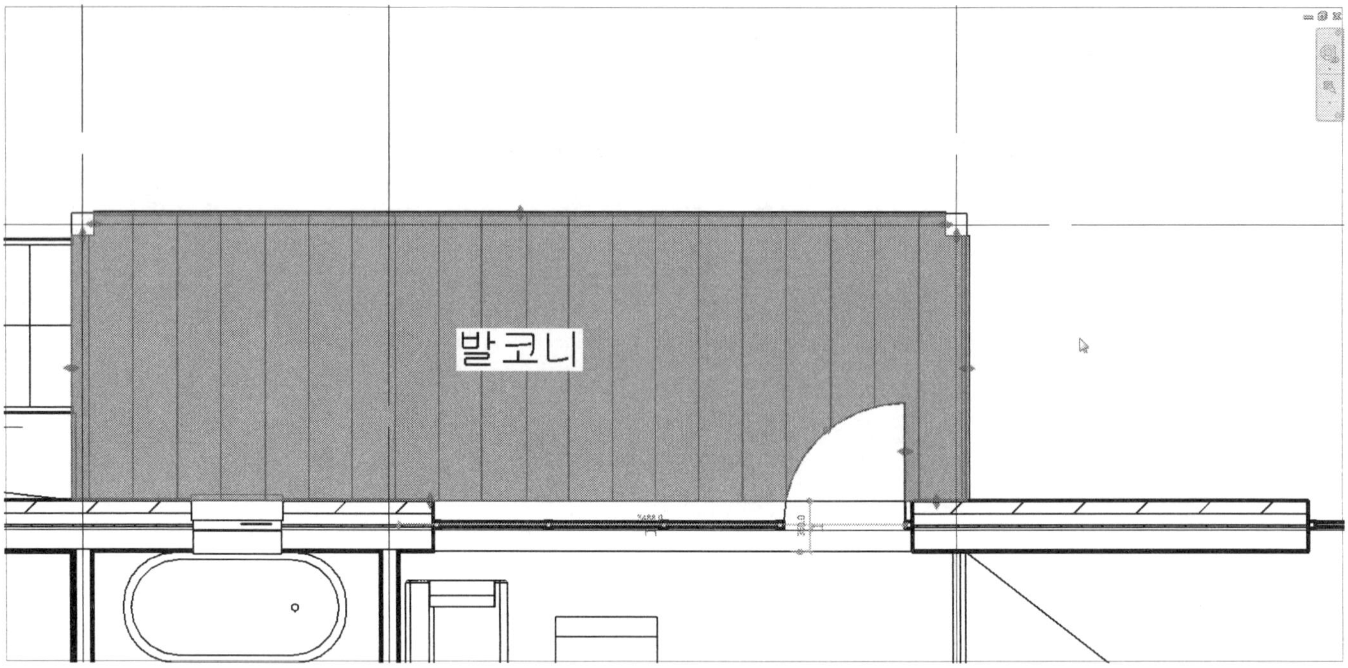

- 테라스와 1층 현관 상부 부분도 직교 교차해치로 패턴을 채운다.

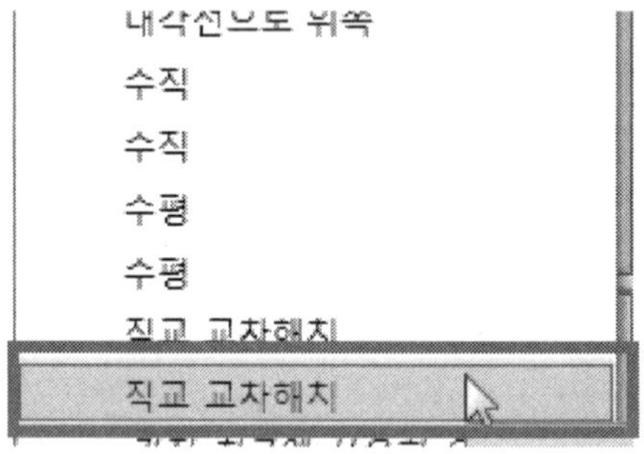

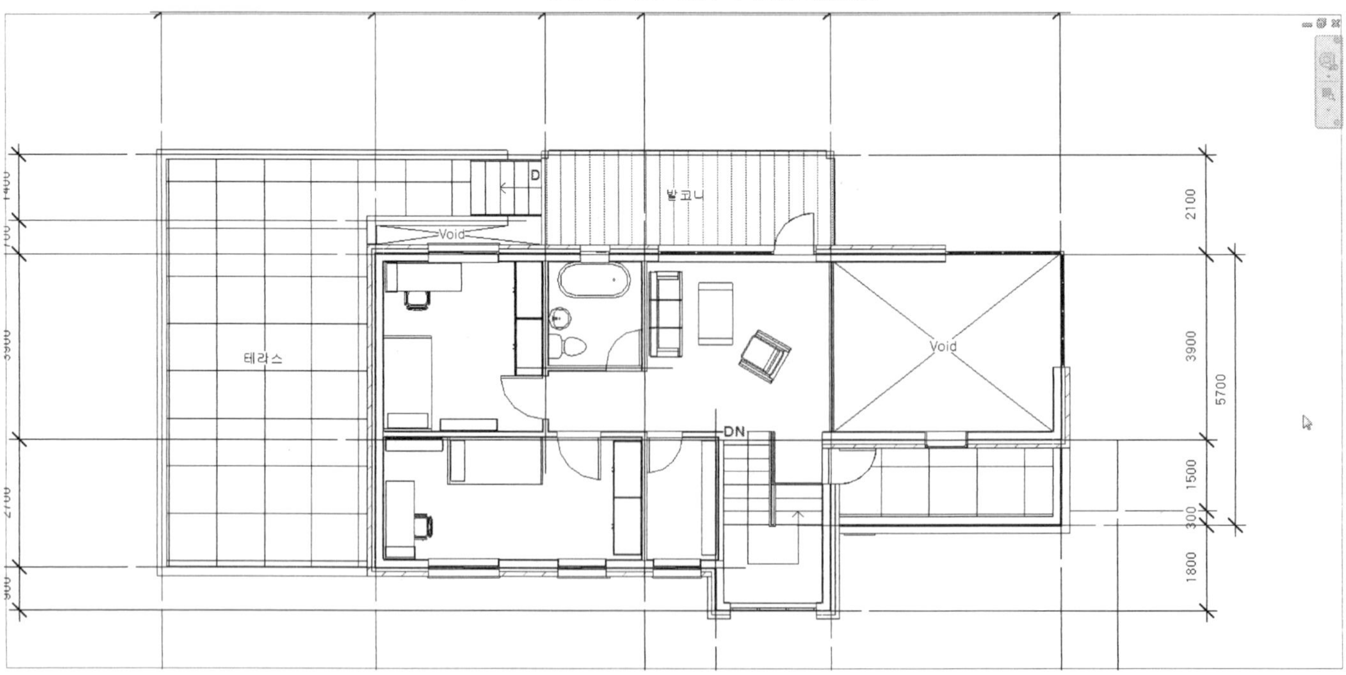

⑤ 실명 쓰기 - 색상에 의한 각 실별 범례 만들기

- 룸 표시를 통한 실의 색상 범례를 만들기 위해서 먼저 룸을 표시한다.
- 계단실과 보이드 된 부분을 제외하기 위해서 룸 구분 기호 작도를 한다.

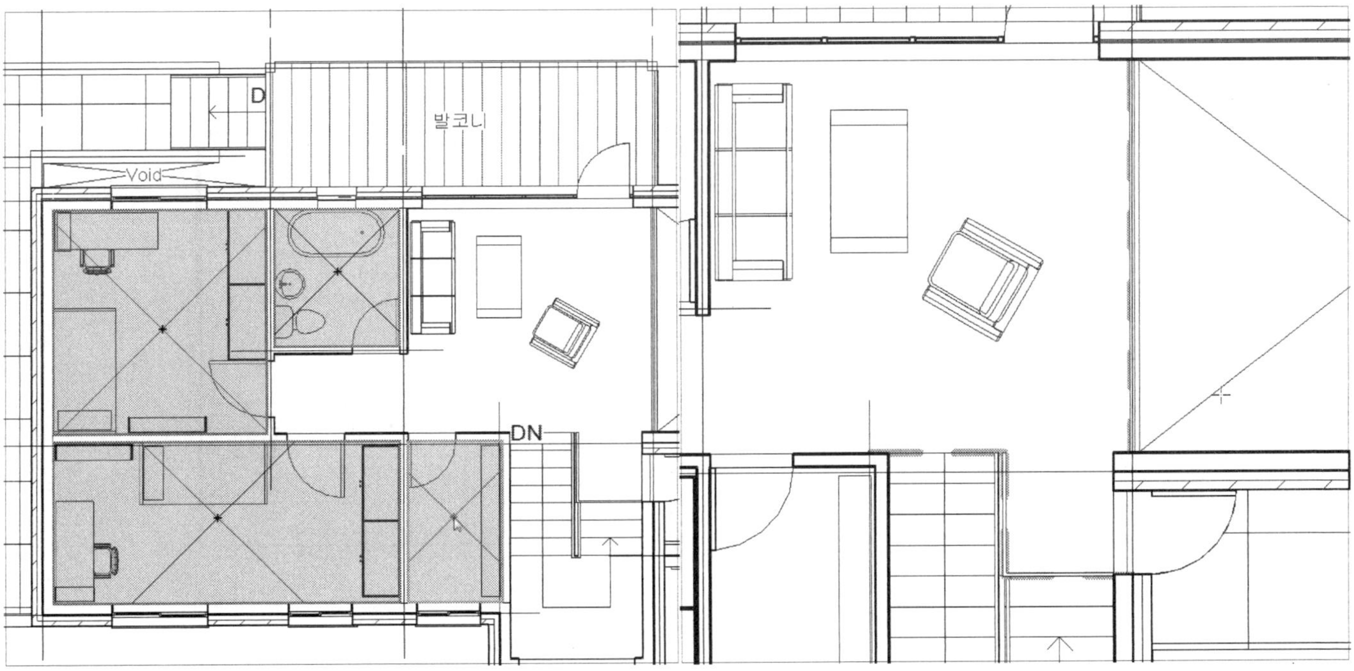

- 거실 부분에 추가로 룸 표시를 한다.

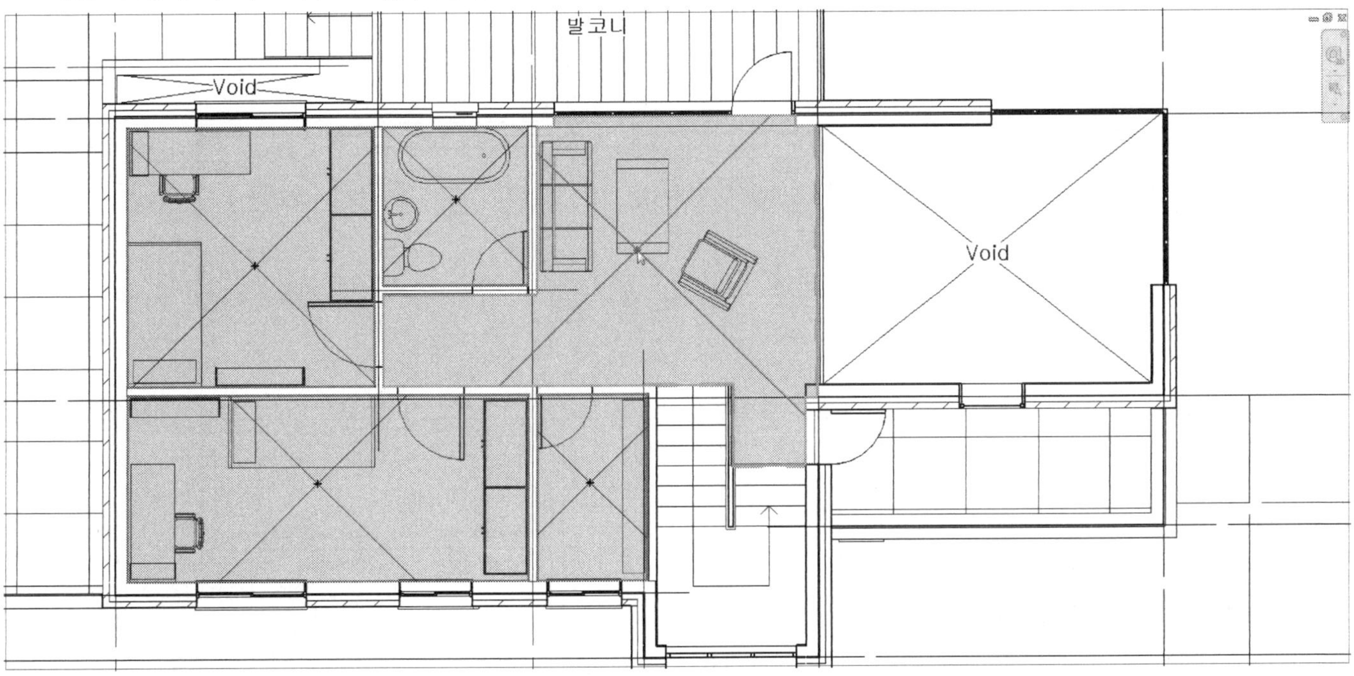

- 룸에 새로운 이름을 주거나 면적, 룸 번호를 넣기 위해서 건축 탭의 룸 및 면적의 룸 태그를 선택한다.
- 각 룸 표시에 태그를 표시한다.

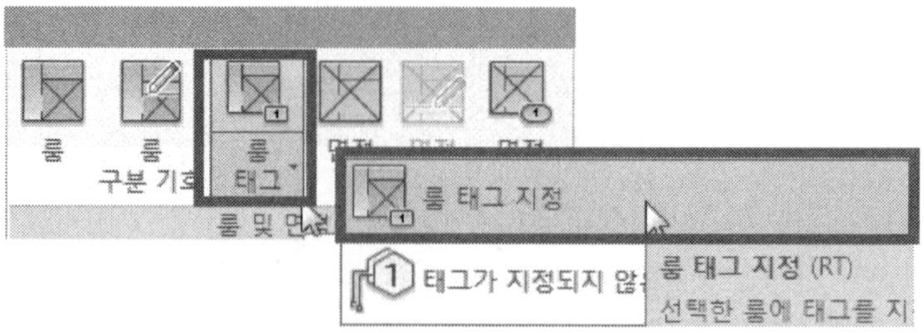

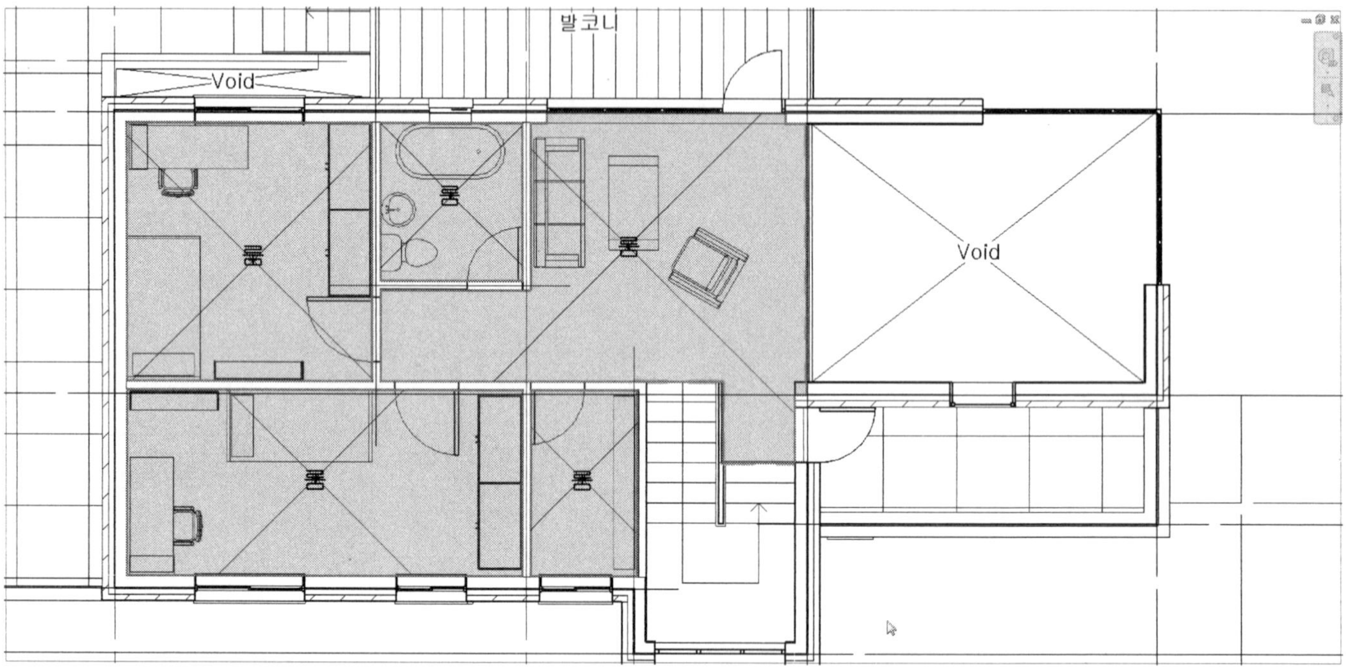

- 각 룸 표시에 태그를 표시하고 실명을 수정한다.

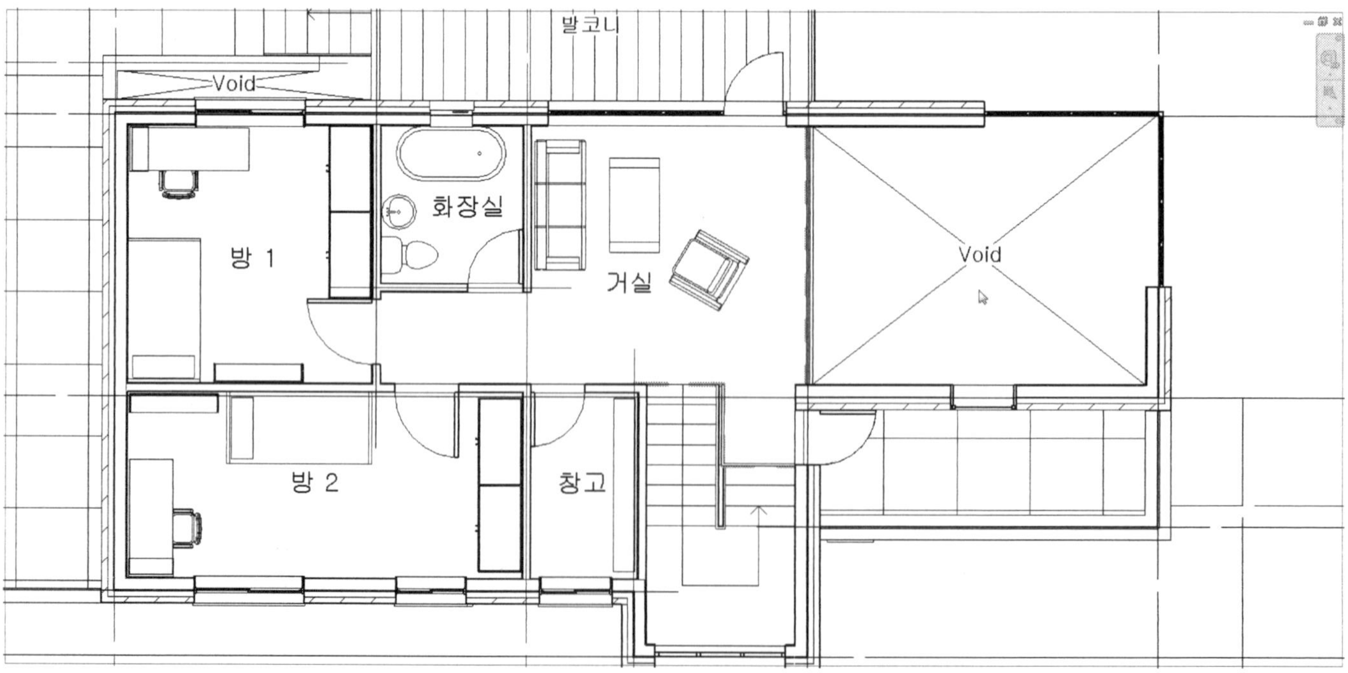

- 룸 색상 범례를 만들기 위해 건축 탭 룸 및 면적의 버튼을 선택하고 색상표를 선택한다.
- 위에 있는 구성1을 선택하고 이름 바꾸기 버튼을 클릭하여 이름으로 바꾼다.
- 제목은 구성1 범례에서 이름 범례로, 색상기준 중 이름을 선택하고 메시지가 나타나면 확인을 클릭한다.

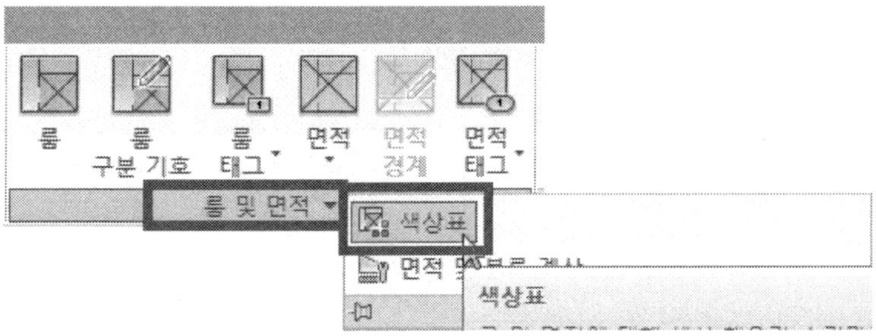

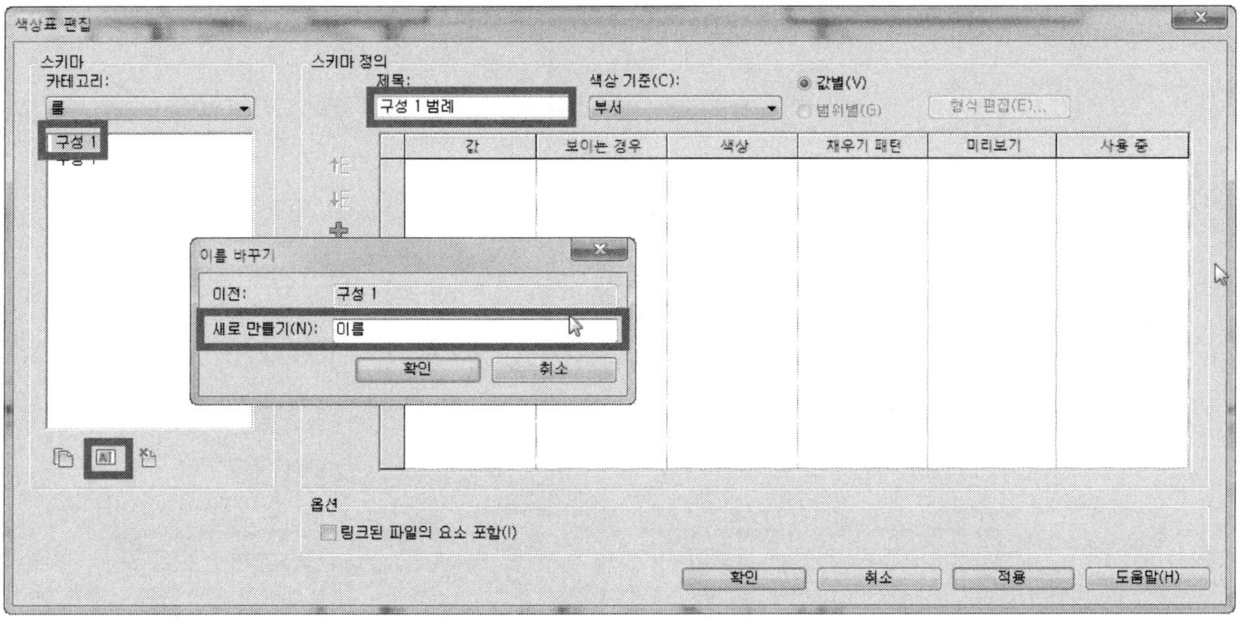

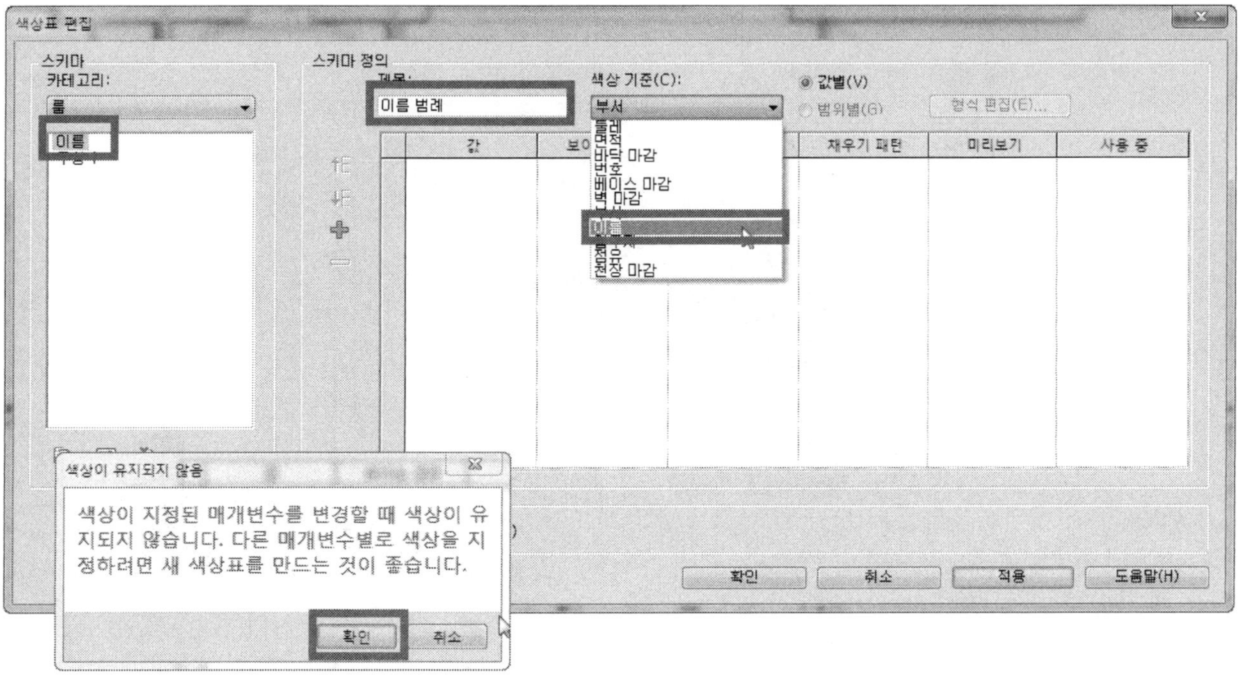

- 색상을 선택하면 색상표가 아래와 같이 만들어진다.

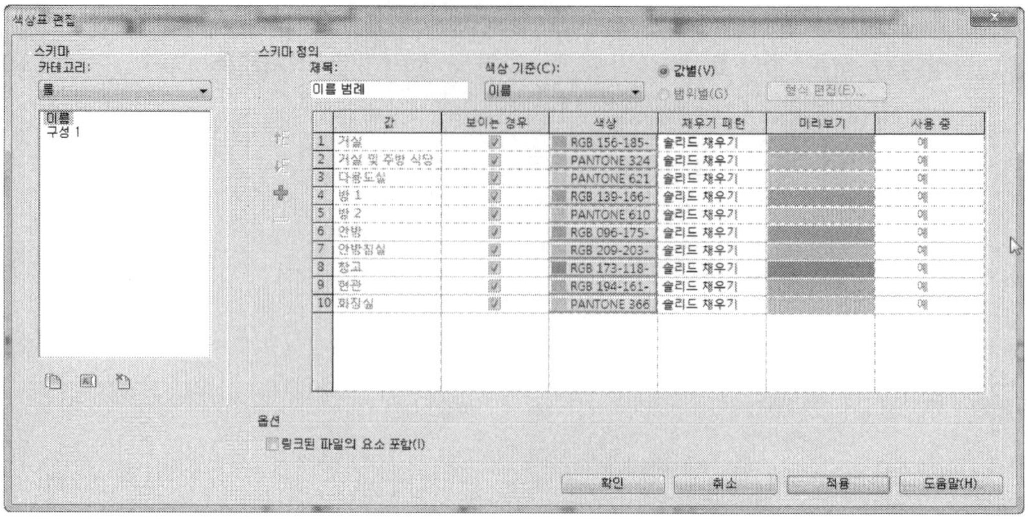

- 확인을 선택한 후 주석 탭 색상 채우기의 색상 채우기 범례를 선택한다.
- 화면을 지적하면 공간 유형 및 색상표 선택 패널이 나타나고 색상표(C)를 이름으로 설정한다.

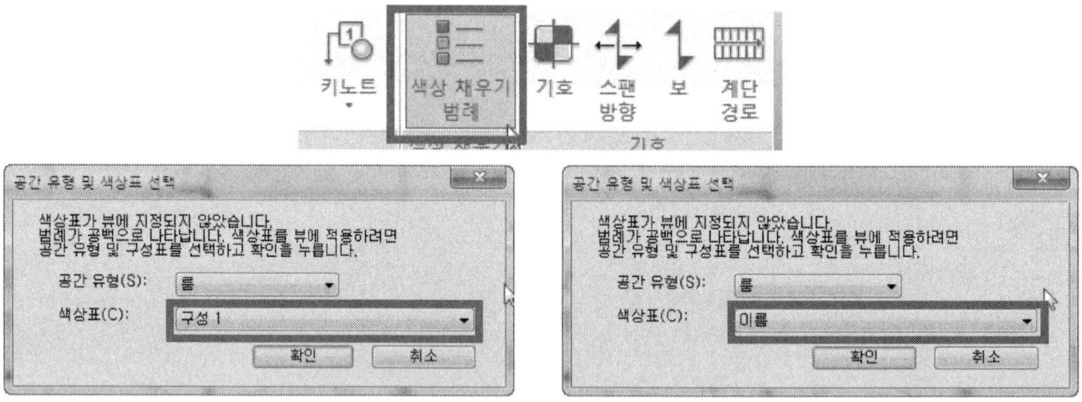

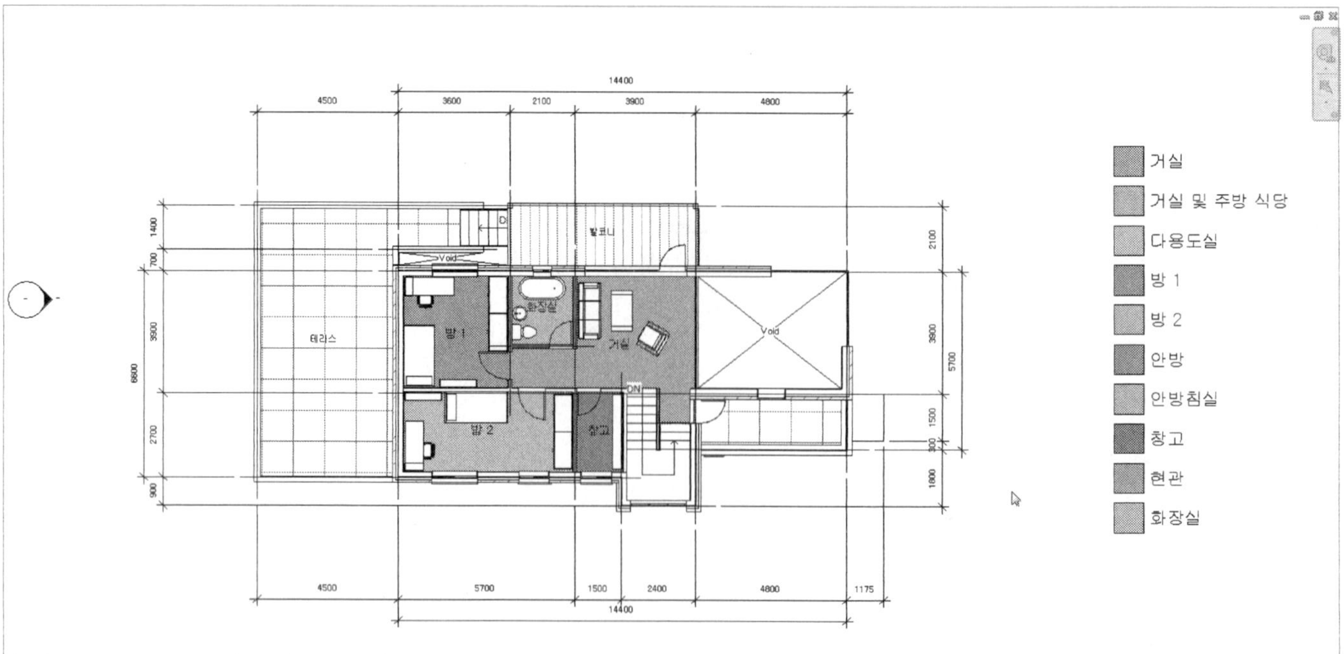

⑥ 실별 일람표 만들기

- 실별 일람표를 만들기 위해서 뷰 탭 작성의 일람표를 선택한다.

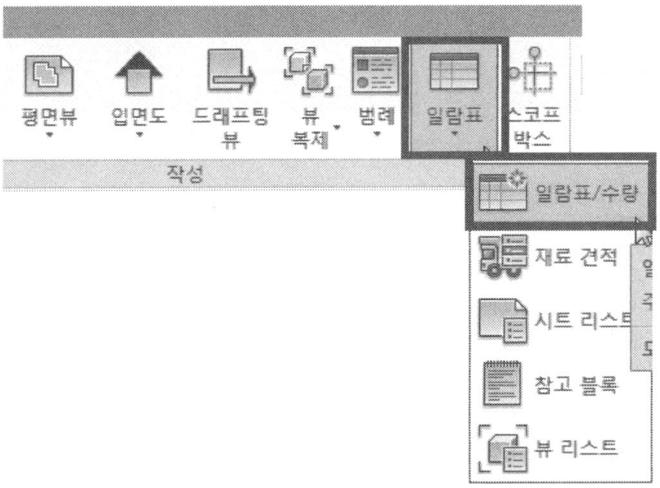

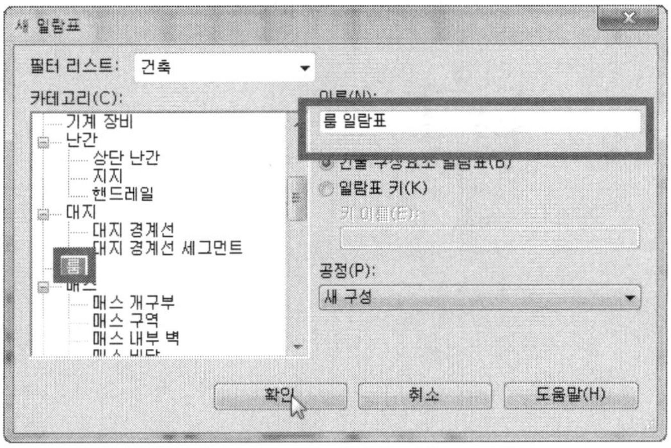

- 일람표 특성 패널의 필드의 사용 가능한 필드에서 레벨, 면적 이름을 Ctrl키를 누른 상태에서 복수로 선택한다. 선택한 후 추가 버튼을 클릭하여 일람표 필드에 추가하고 위로 이동이나 아래로 이동 버튼을 사용하여 레벨, 이름, 면적 순으로 정렬한다.

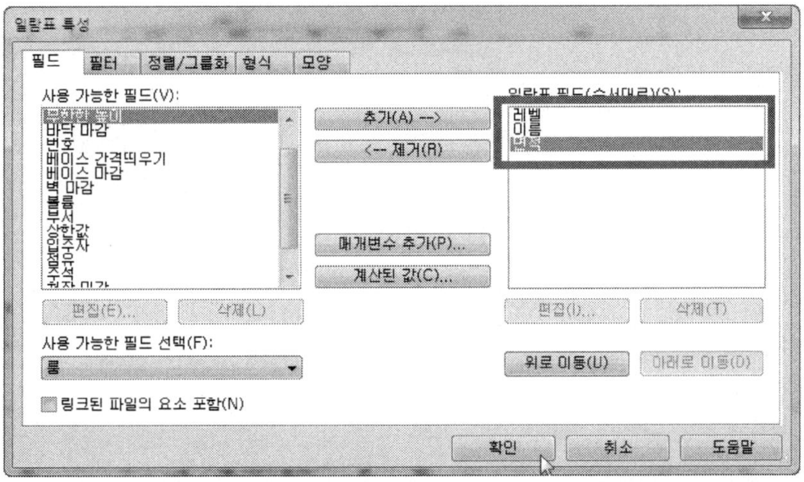

- 정렬/그룹화에서 정렬 기준을 레벨로 정하고 오름차순, 바닥글을 합계만으로 맞춘다.

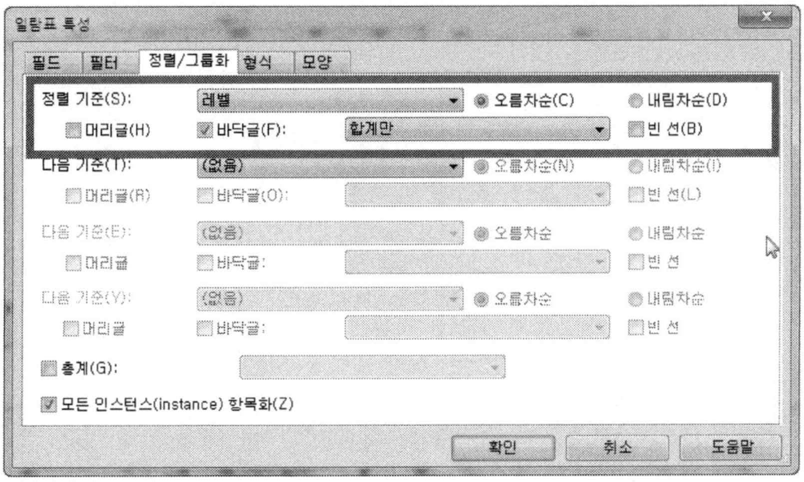

- 형식에서 레벨의 헤딩은 층별로, 이름의 헤딩은 실명으로 변경한다.
- 면적은 배열을 오른쪽으로 총합 계산을 체크하고 확인을 클릭한다.
- 프로젝트 탐색기에서 룸 일람표를 실별 일람표로 이름을 바꾼다.

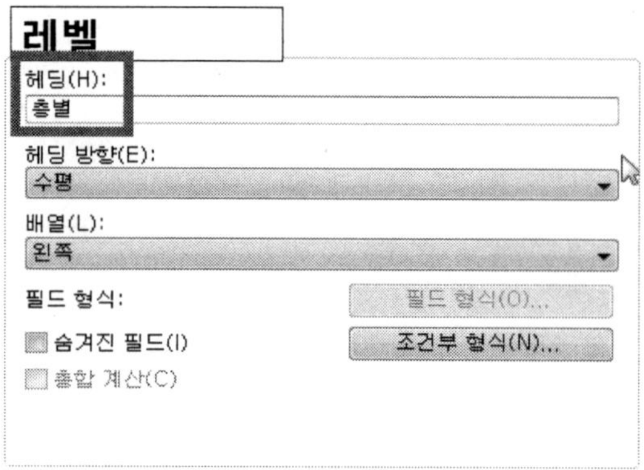

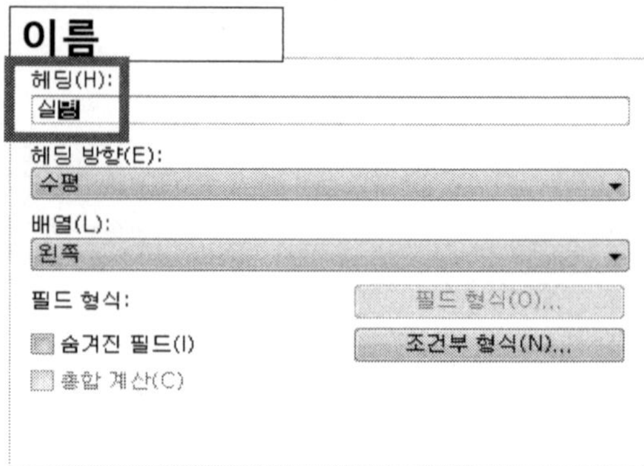

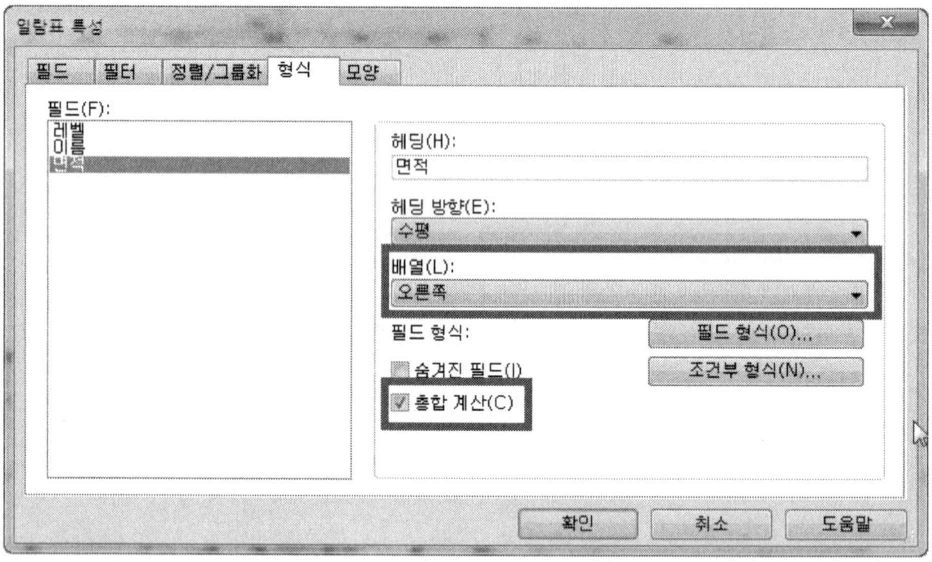

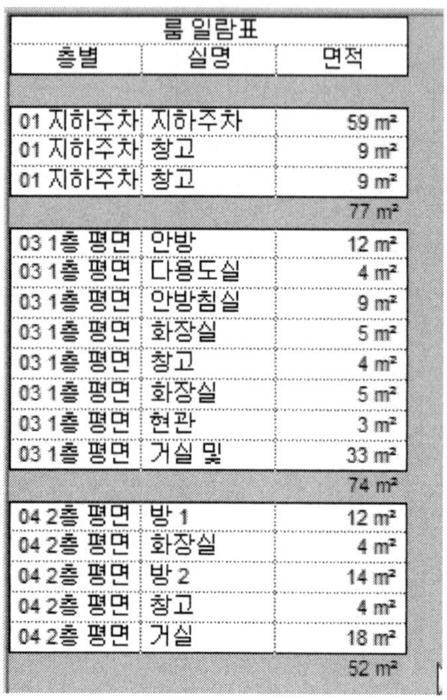

룸 일람표		
층별	실명	면적
01 지하주차	지하주차	59 m²
01 지하주차	창고	9 m²
01 지하주차	창고	9 m²
		77 m²
03 1층 평면	안방	12 m²
03 1층 평면	다용도실	4 m²
03 1층 평면	안방침실	9 m²
03 1층 평면	화장실	5 m²
03 1층 평면	창고	4 m²
03 1층 평면	화장실	5 m²
03 1층 평면	현관	3 m²
03 1층 평면	거실 및	33 m²
		74 m²
04 2층 평면	방 1	12 m²
04 2층 평면	화장실	4 m²
04 2층 평면	방 2	14 m²
04 2층 평면	창고	4 m²
04 2층 평면	거실	18 m²
		52 m²

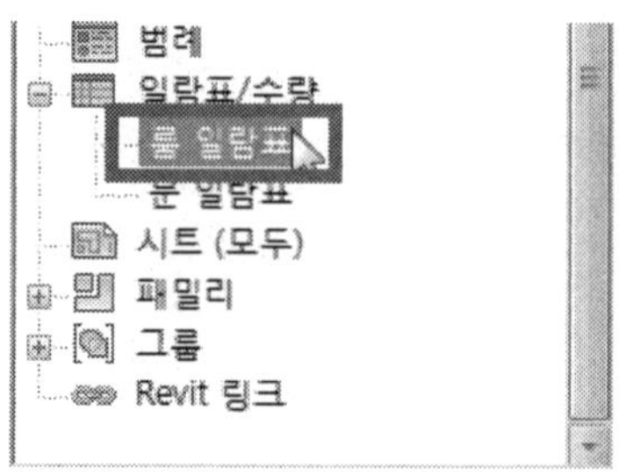

⑦ 문 일람표를 이용하여 창호도 만들기

- 창호도는 일반적으로 창과 문을 통칭해서 표현하는데 문에 관한 창호도 실습을 먼저 한다.
- 먼저 각 지하주차장과 1층 평면도, 2층 평면도에 문의 태그를 모두 표시한다.
- 태그 표시를 위해 주석 탭의 태그의 카테고리별 태그를 선택한다.

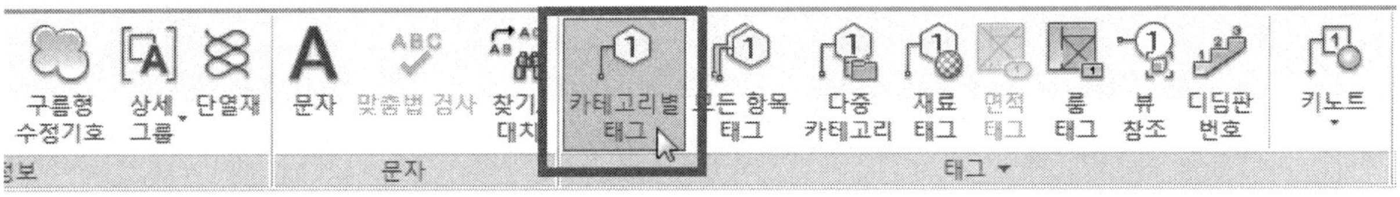

- 옵션 막대에서 지시선 박스의 체크를 풀고 원하는 문에 커서를 위치시키고 Tab키를 눌러 원하는 태그가 나올 때 클릭하여 문에 태그를 설치한다.

- 각 도면에 태그를 설치한 결과는 아래 그림과 같다.

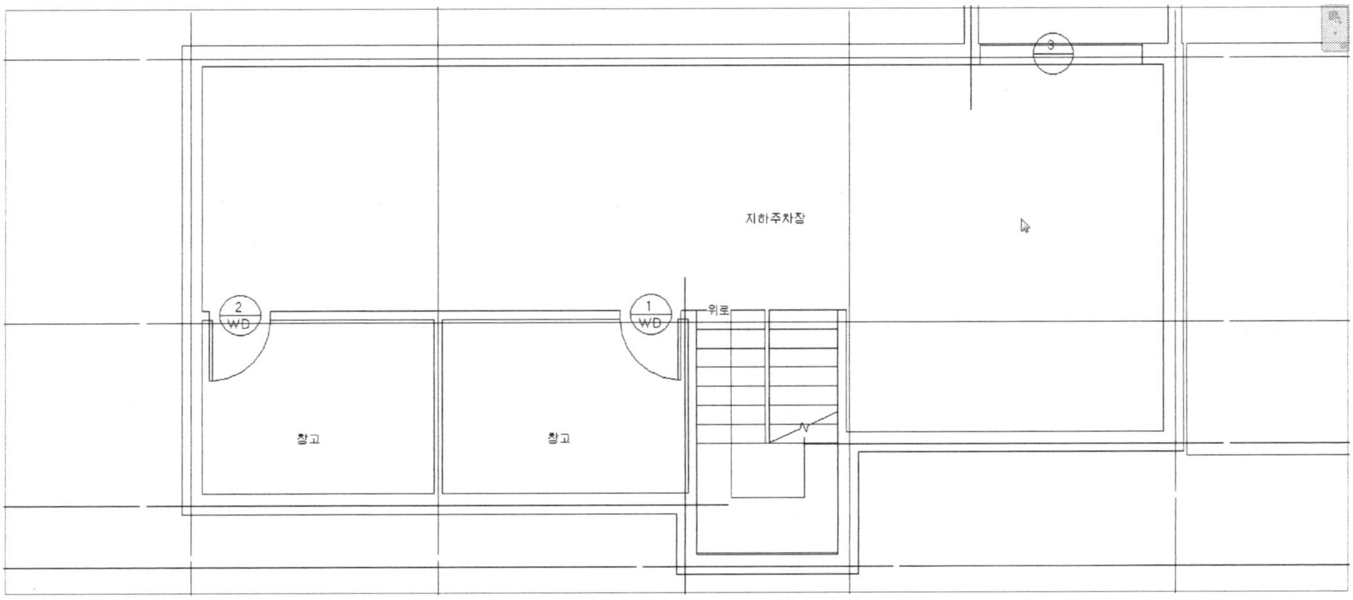

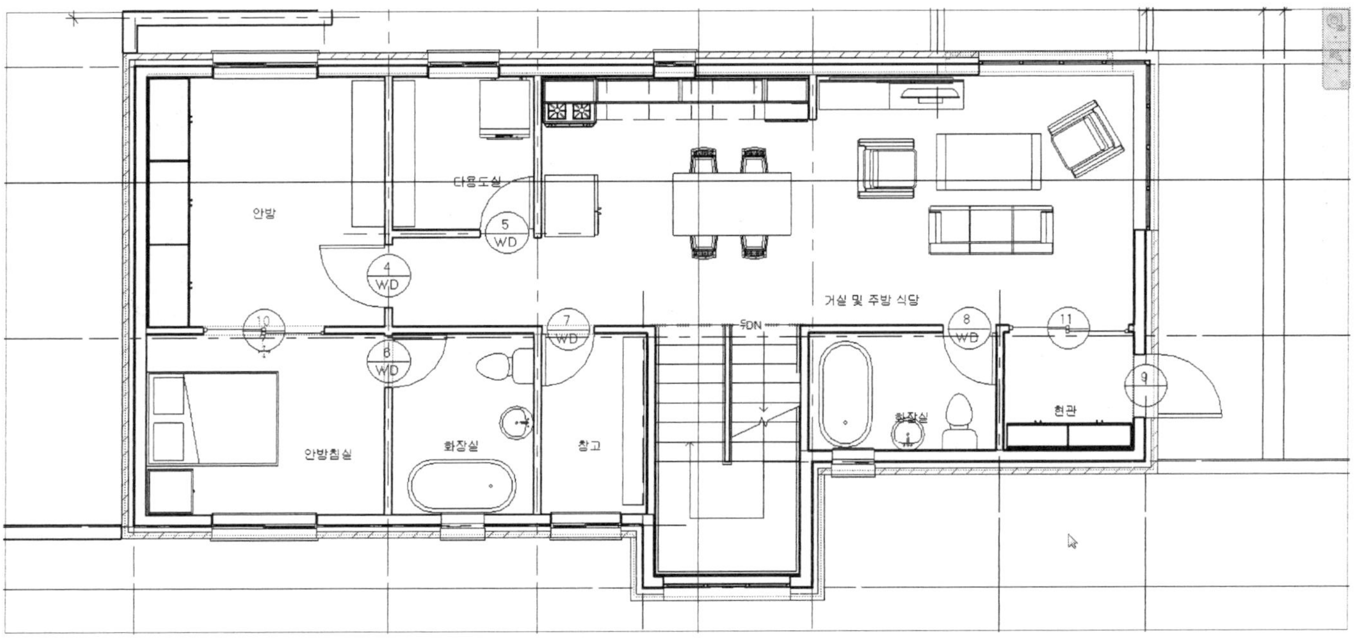

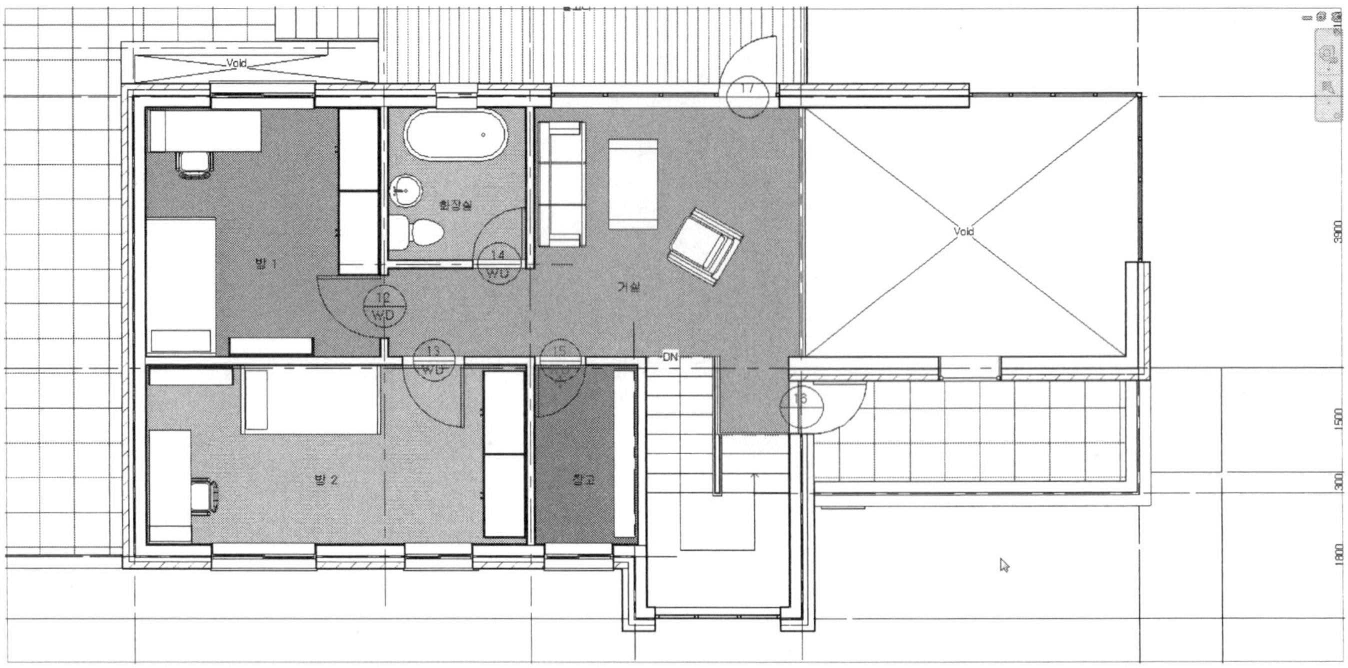

※ 태그에서 하단의 문 유형의 표기가 비워져서 나오는 문은 패밀리의 레이블 적용이 되지 않고 있는 것으로 각 평면도에서 문자로 덧 씌워 추가를 하면 해결 할 수 있다. (초보자를 대상으로 하는 경우이므로 이렇게 해결한다.)

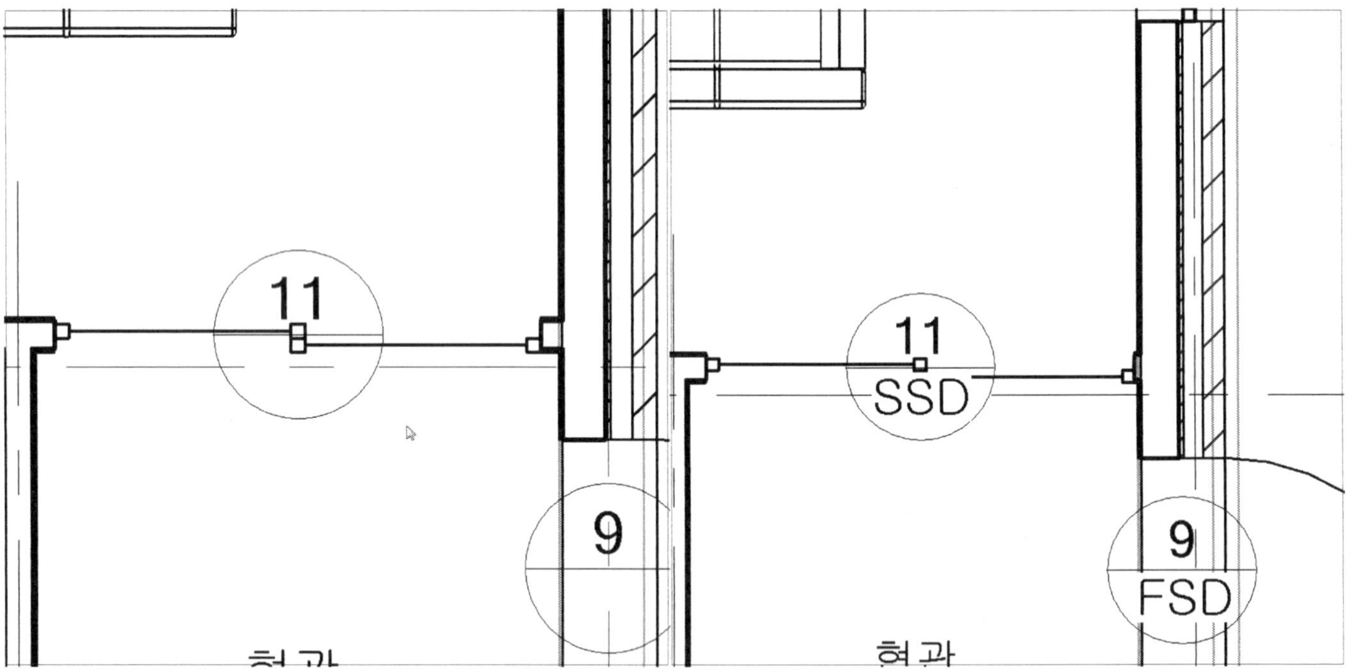

- Revit에서 제공하고 있는 문 일람표를 참조하기 위해서 프로젝트 탐색기에서 일람표/수량에서 문 일람표를 더블 클릭한다. 화면에 문 일람표가 나타난다.

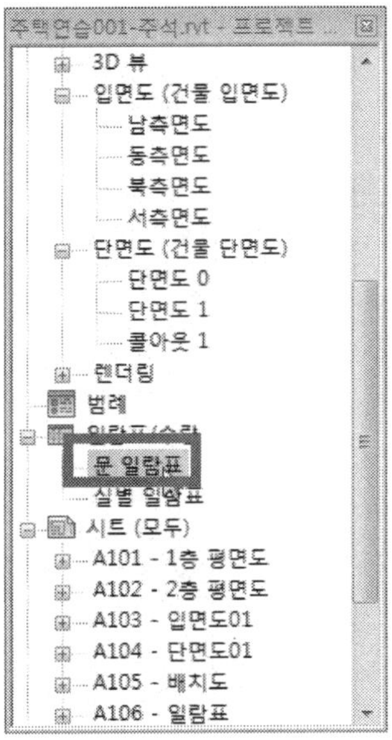

문 일람표							
문 유형	마크	폭	높이	유형	패밀리	레벨	개수
WD	1	900	1900	0900 x 19	목재 외여닫이문	01 지하주차	1
WD	2	900	1900	0900 x 19	목재 외여닫이문	01 지하주차	1
	4	2400	1900	SO 2400x	주차장문	01 지하주차	1
WD	5	900	2100	0900 x 21	목재 외여닫이문	03 1층 평면	1
WD	6	750	2100	0750 x 21	목재 외여닫이문	03 1층 평면	1
WD	7	750	2100	0750 x 21	목재 외여닫이문	03 1층 평면	1
WD	8	750	2100	0750 x 21	목재 외여닫이문	03 1층 평면	1
WD	9	750	2100	0750 x 21	목재 외여닫이문	03 1층 평면	1
	10	915	2134	0915 x 21	단일-유리 2	03 1층 평면	1
	11	1730	2134	1730 x 21	미닫이-2 패널	03 1층 평면	1
	12	1730	2134	1730 x 21	미닫이-2 패널	03 1층 평면	1
WD	13	900	2100	0900 x 21	목재 외여닫이문	04 2층 평면	1
WD	14	750	2100	0750 x 21	목재 외여닫이문	04 2층 평면	1
WD	15	750	2100	0750 x 21	목재 외여닫이문	04 2층 평면	1
WD	16	900	2100	0900 x 21	목재 외여닫이문	04 2층 평면	1
	17	762	2134	0762 x 21	단일-유리 2	04 2층 평면	1
		825	1975	커튼월	커튼월 단일 유리	04 2층 평면	1

- 현재 제공되고 있는 문 일람표를 수정하여 창호도에서 사용할 수 있도록 한다.
- 필드의 변수를 추가하기 위해서 아래 그림과 같이 특성 패널의 필드를 클릭한다.
- 그리고 매개변수 추가 버튼을 클릭한다.

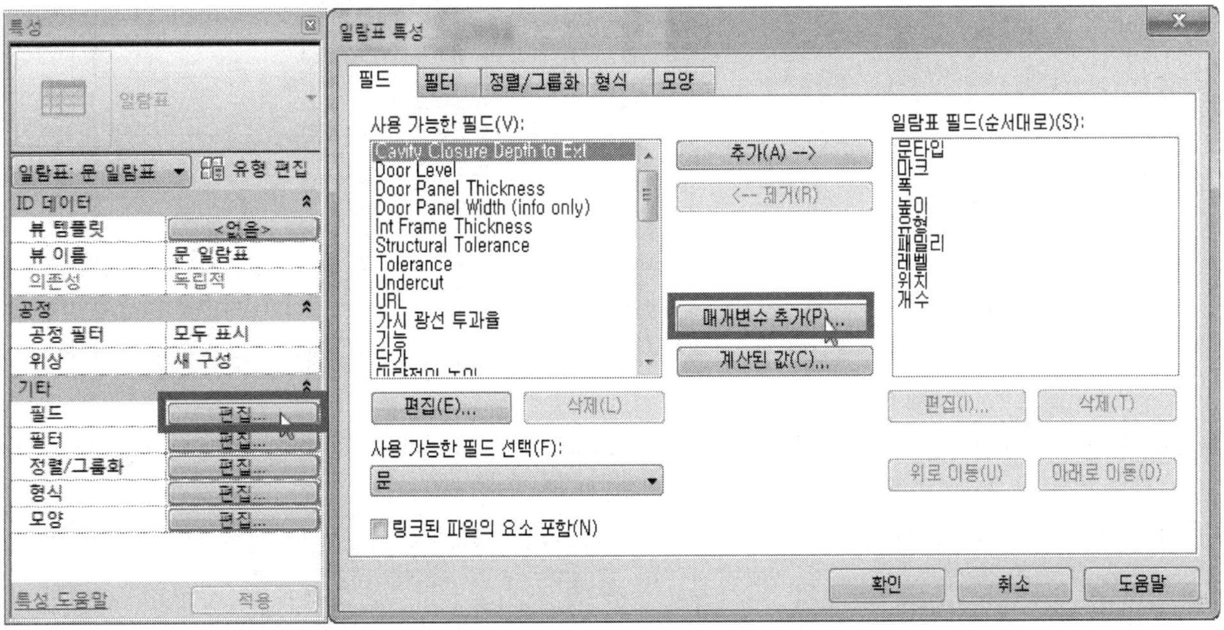

- 매개변수 데이터의 이름을 위치로 지정하고 매개변수 유형을 문자로 지정한다.
- 일람표 필드의 순서에서 위치를 한 단계 위로 올린다.

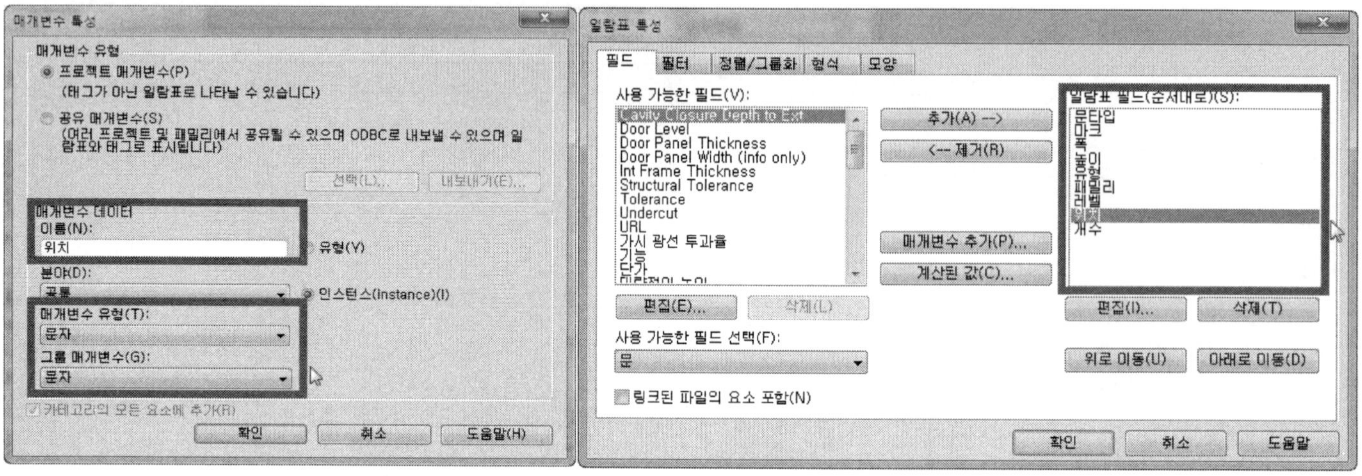

- 마크를 아래와 같이 문 유형별로 정리하여 번호를 수정한다.
- 각 문들의 위치를 아래 표와 같이 기입한다.

문 일람표

문 유형	마크	폭	높이	유형	패밀리	레벨	위치	개수
WD	1	900	1900	0900 x 1900 m	목재 외여닫이문	01 지하주차장	창고	1
WD	2	900	1900	0900 x 1900 m	목재 외여닫이문	01 지하주차장	창고	1
	3	2400	1900	SO 2400x1900	주차장문	01 지하주차장	주차장 입구	1
WD	4	900	2100	0900 x 2100 m	목재 외여닫이문	03 1층 평면도	안방	1
WD	5	750	2100	0750 x 2100 m	목재 외여닫이문	03 1층 평면도	다용도실	1
WD	6	750	2100	0750 x 2100 m	목재 외여닫이문	03 1층 평면도	안방화장실	1
WD	7	750	2100	0750 x 2100 m	목재 외여닫이문	03 1층 평면도	창고	1
WD	8	750	2100	0750 x 2100 m	목재 외여닫이문	03 1층 평면도	거실화장실	1
	9	915	2134	0915 x 2134 m	단일-유리 2	03 1층 평면도	현관	1
	10	1730	2134	1730 x 2134 m	미닫이-2 패널	03 1층 평면도	안방침실	1
	11	1730	2134	1730 x 2134 m	미닫이-2 패널	03 1층 평면도	현관	1
WD	12	900	2100	0900 x 2100 m	목재 외여닫이문	04 2층 평면도	방1	1
WD	13	900	2100	0900 x 2100 m	목재 외여닫이문	04 2층 평면도	방2	1
WD	14	750	2100	0750 x 2100 m	목재 외여닫이문	04 2층 평면도	화장실	1
WD	15	750	2100	0750 x 2100 m	목재 외여닫이문	04 2층 평면도	창고	1
	16	762	2134	0762 x 2134 m	단일-유리 2	04 2층 평면도	계단실	1
	17	825	1975	커튼월 단일	커튼월 단일 유	04 2층 평면도	거실	1

- 창호도를 만들기 위해서 먼저 현재 주택 모델링에 사용된 문들의 종류와 개수를 파악해야 한다.
- 현재 사용되고 있는 문의 종류는 아래 표와 같이 나타난다.
- 문 유형에 표기 되지 않은 사항들을 기입하고, 8개의 타입을 정한다.

NO	문 유형	TYPE	크기	설명	장소	개수
1	WD	A	900X1900	목재 외여닫이문	지하주차장	2
2	WD	B	900X2100	목재 외여닫이문	1층, 2층	3
3	WD	C	750X2100	목재 외여닫이문	1층, 2층	6
4	SSD	D	1730X2134	미닫이 문	1층	2
5	FSD	E	915X2134	단일 유리문	1층	1
6	FSD	F	762X2134	단일 유리문	2층	1
7	SD	G	2400X1900	주차장 문	지하주차장	1
8	GD	H	825X1975	커튼월내 단일 유리문	2층	1

- 앞의 방법과 같은 방법으로 매개변수에 TYPE를 추가 지정한다.

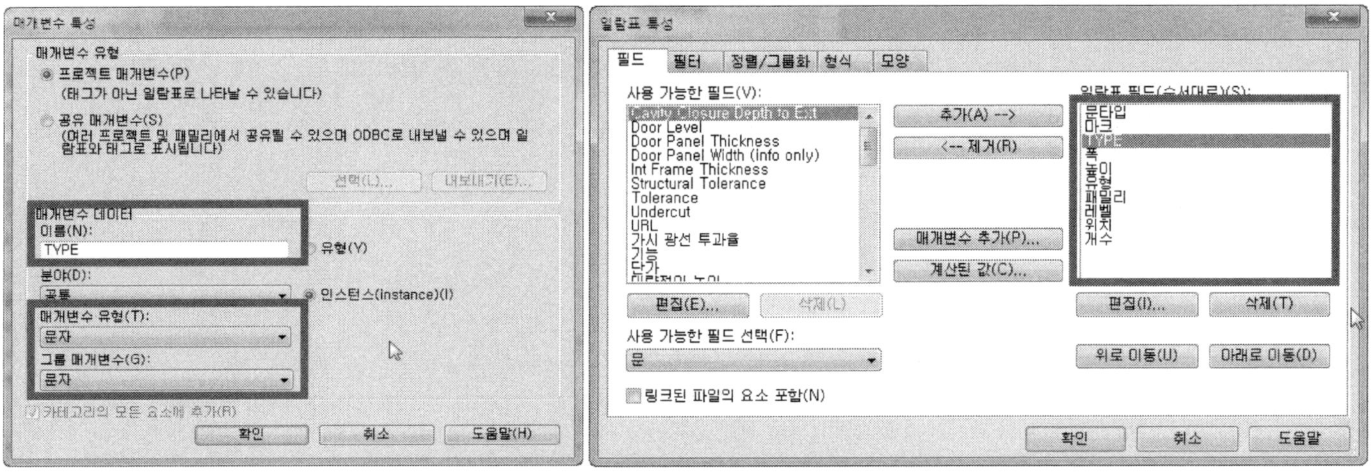

문 일람표									
문 유형	마크	TYPE	폭	높이	유형	패밀리	레벨	위치	개수
WD	1	A	900	1900	0900 x 1900 m	목재 외여닫이문	01 지하주차장	창고	1
WD	2	A	900	1900	0900 x 1900 m	목재 외여닫이문	01 지하주차장	창고	1
	3	G	2400	1900	SO 2400x1900	주차장문	01 지하주차장	주차장 입구	1
WD	4	B	900	2100	0900 x 2100 m	목재 외여닫이문	03 1층 평면도	안방	1
WD	5	C	750	2100	0750 x 2100 m	목재 외여닫이문	03 1층 평면도	다용도실	1
WD	6	C	750	2100	0750 x 2100 m	목재 외여닫이문	03 1층 평면도	안방화장실	1
WD	7	C	750	2100	0750 x 2100 m	목재 외여닫이문	03 1층 평면도	창고	1
WD	8	C	750	2100	0750 x 2100 m	목재 외여닫이문	03 1층 평면도	거실화장실	1
	9	E	915	2134	0915 x 2134 m	단일-유리 2	03 1층 평면도	현관	1
	10	D	1730	2134	1730 x 2134 m	미닫이-2 패널	03 1층 평면도	안방침실	1
	11	D	1730	2134	1730 x 2134 m	미닫이-2 패널	03 1층 평면도	현관	1
WD	12	B	900	2100	0900 x 2100 m	목재 외여닫이문	04 2층 평면도	방1	1
WD	13	B	900	2100	0900 x 2100 m	목재 외여닫이문	04 2층 평면도	방2	1
WD	14	C	750	2100	0750 x 2100 m	목재 외여닫이문	04 2층 평면도	화장실	1
WD	15	C	750	2100	0750 x 2100 m	목재 외여닫이문	04 2층 평면도	창고	1
	16	F	762	2134	0762 x 2134 m	단일-유리 2	04 2층 평면도	계단실	1
	17	H	825	1975	커튼월 단일	커튼월 단일 유	04 2층 평면도	거실	1

- 창호도를 만드는 실습을 위해서 먼저 프로젝트 탐색기의 범례를 오른쪽 클릭하고 새 범례를 선택한다.
- 새 일람표 패널에서 이름에 창호도-문을 지정하고 축척은 1:50으로 정한다.

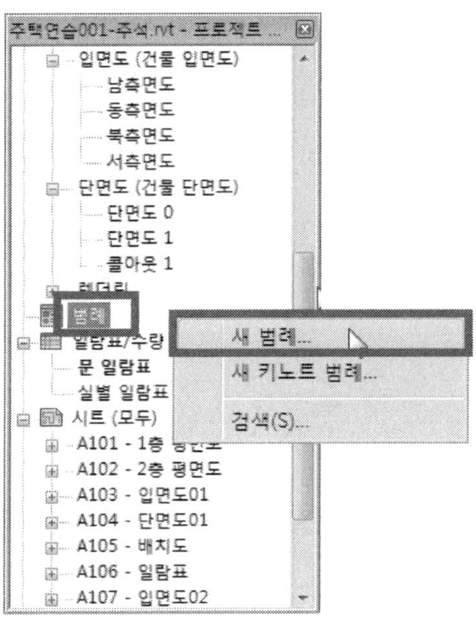

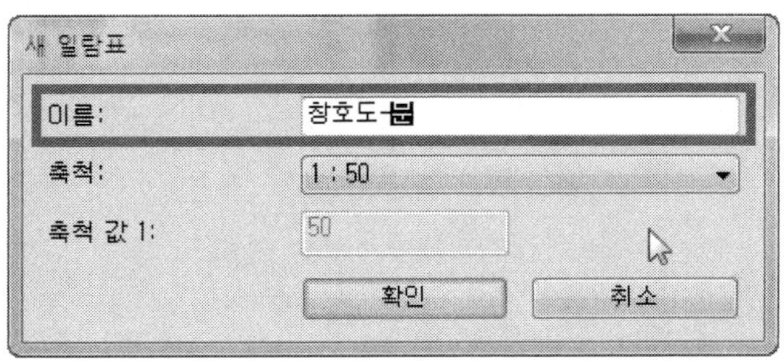

- 새롭게 만들어진 범례의 문-창호도를 더블 클릭하여 활성화한다.
- 주석 탭의 상세선을 이용하여 창호도를 구성할 상자를 아래 그림과 같이 작도한다.

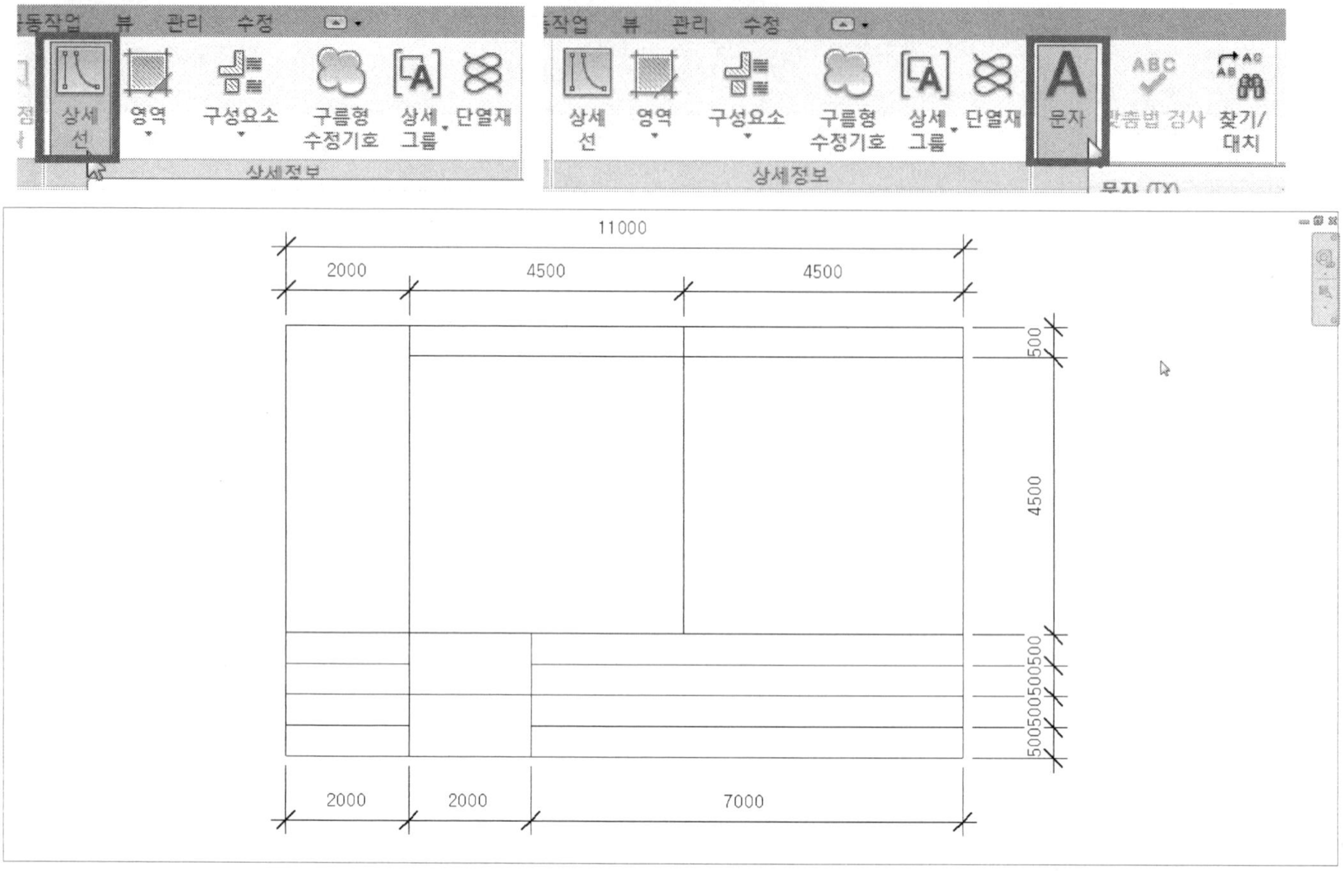

- 문자를 이용하여 박스 안에 제목을 구성한다.
- 문자의 크기는 형태는 3.5mm Arial로 하고 나머지는 2.5mm Arial로 구성한다.

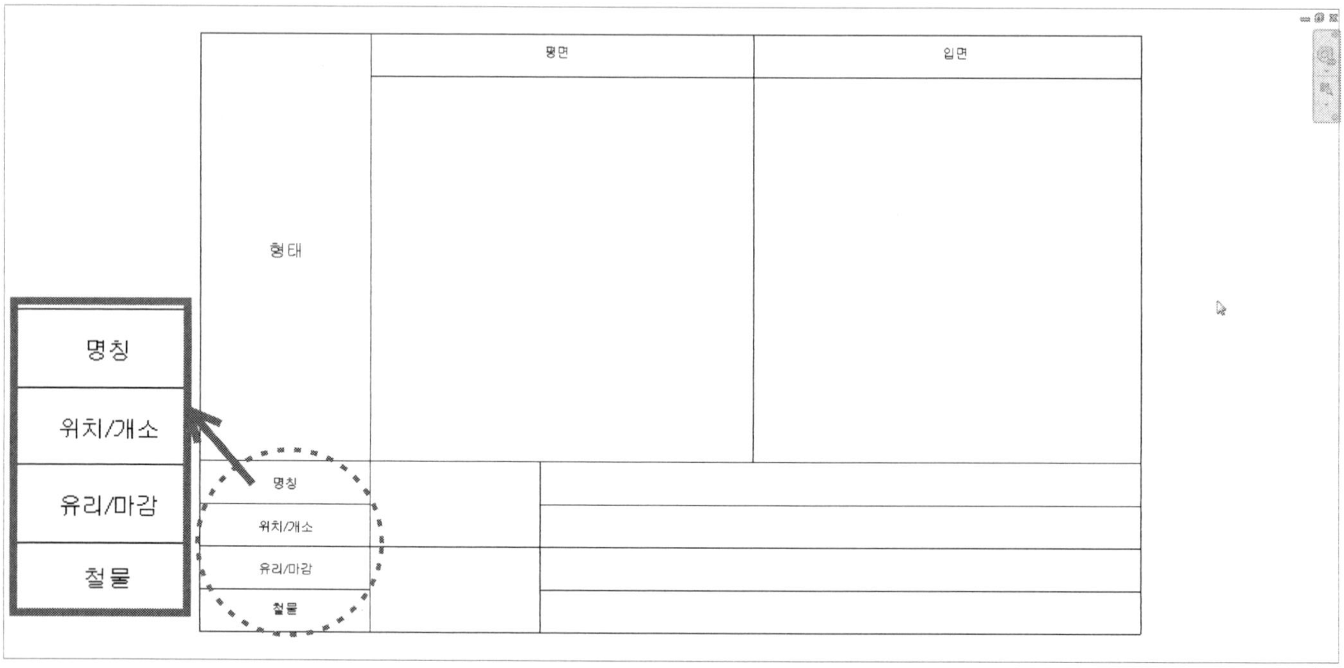

- 문의 범례를 넣기 위해서 주석 탭 상세정보항의 구성요소를 아래로 펼치고 범례 구성요소를 선택한다.

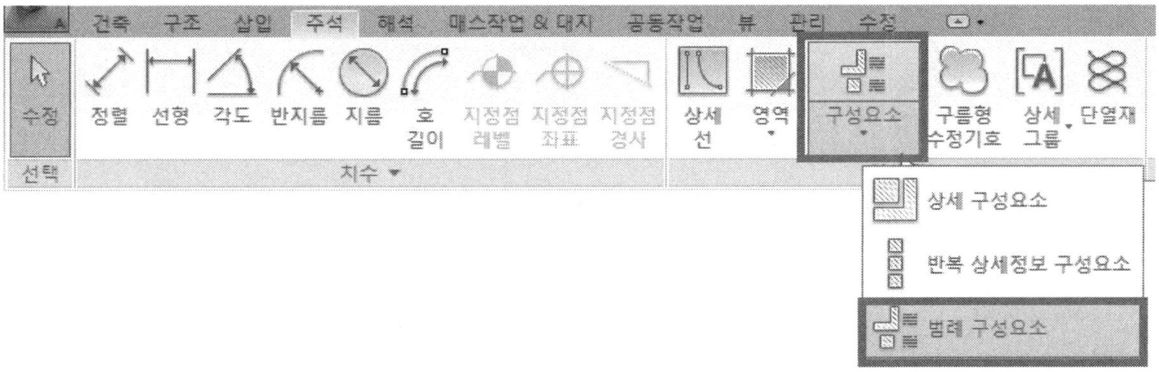

- 옵션막대에서 패밀리에서 A 타입인 목재 외여닫이문 0900 X 1900을 선택하고, 뷰는 평면도를, 호스트 길이는 1500으로 문 양쪽으로 적당하게 벽이 보이도록 설정한다.

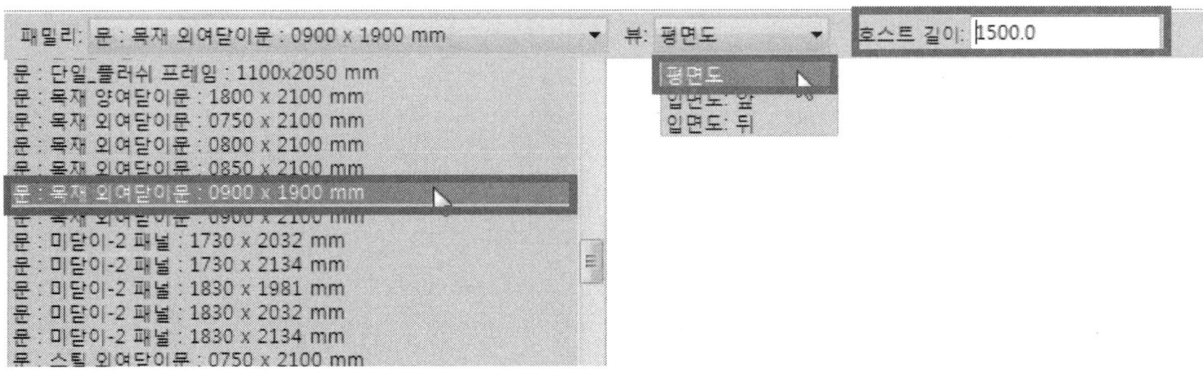

- 화면에 선택한 문의 평면도가 나타나면 아래 그림과 같이 박스 안에 위치시킨다.

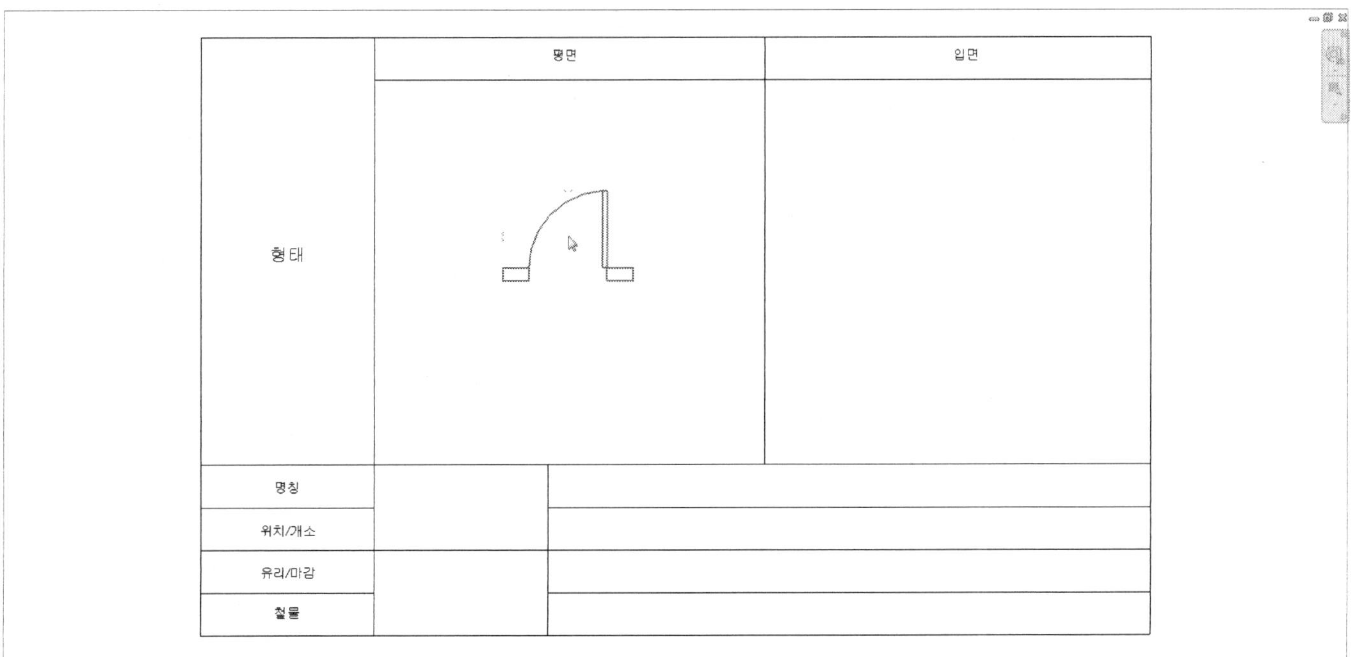

- 다시 옵션막대에서 뷰를 입면도 앞으로 바꾸고 화면에 선택한 문의 입면도가 나타나면 아래 그림과 같이 박스 안에 위치시킨다.

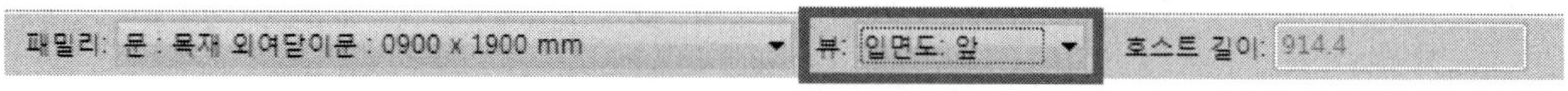

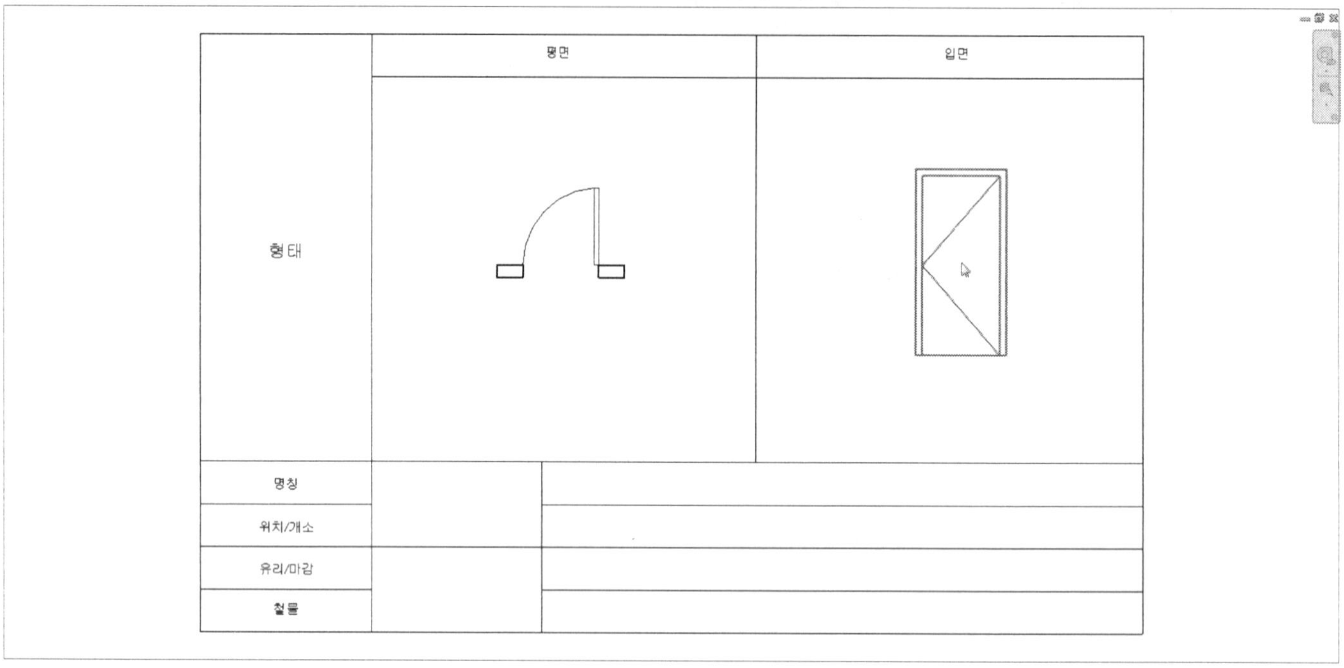

- 문자에서 크기를 5mm Arial로 하고 아래 그림과 같이 박스 안에 A를 적어 타입을 명명한다.

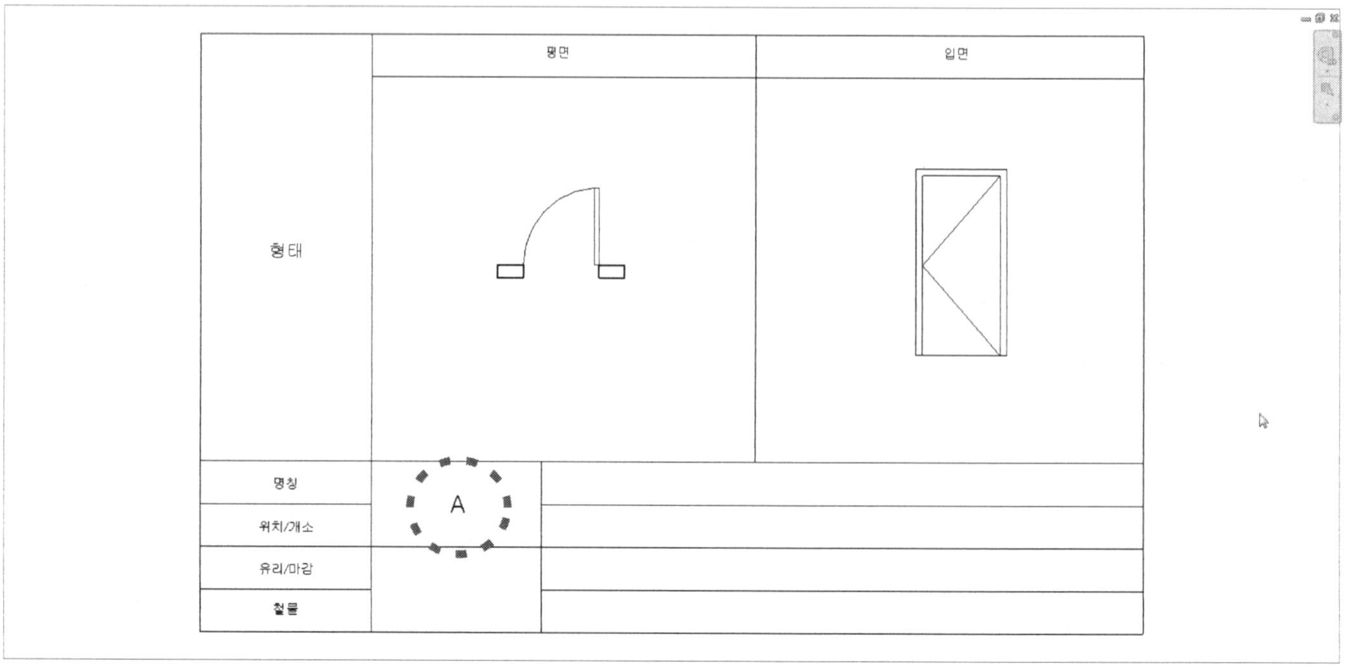

- 문 태그에서 사용되었던 기호를 창호도에 넣기 위해서 먼저 삽입 탭의 패밀리 로드를 통해서 제공된 문 태그_WD_2012.rfa 파일을 로드한다.

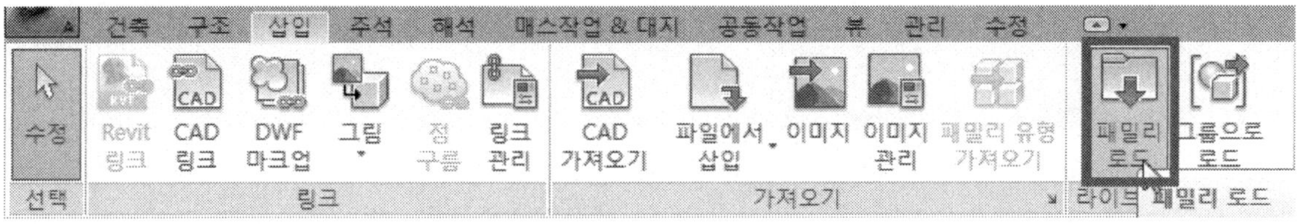

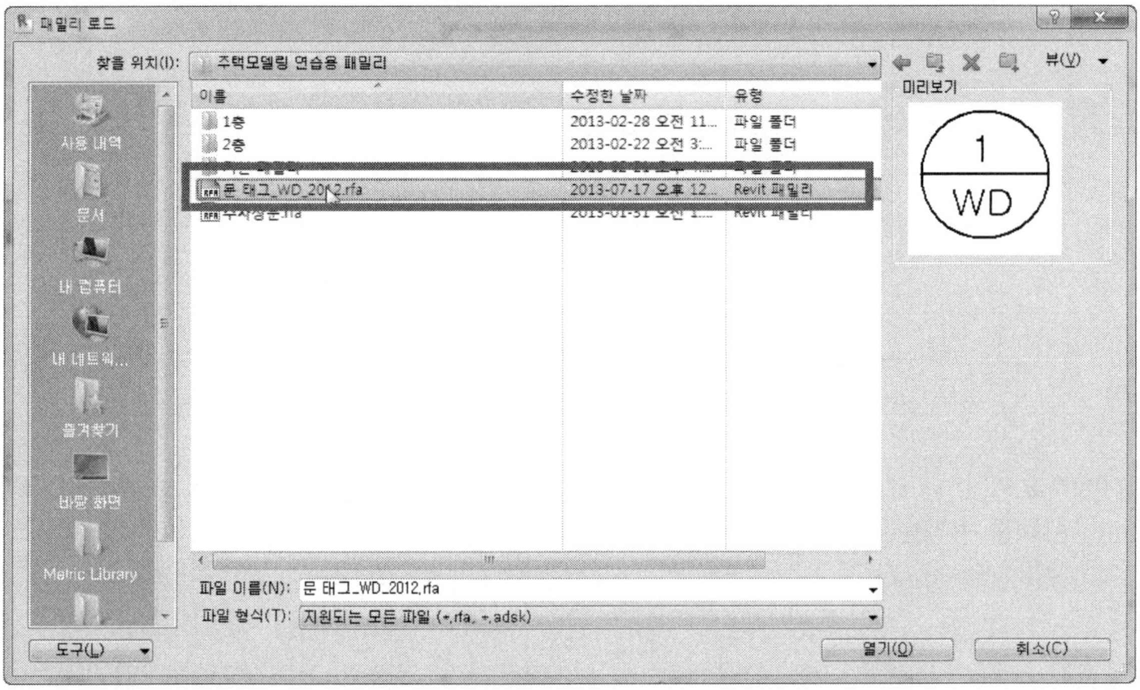

- 주석 탭의 기호를 클릭한 후 특성 패널에서 문 태그_WD_2012을 선택한다.

- 화면에 문 태그 기호가 나타나면 아래 그림과 같이 박스 안에 삽입한다.

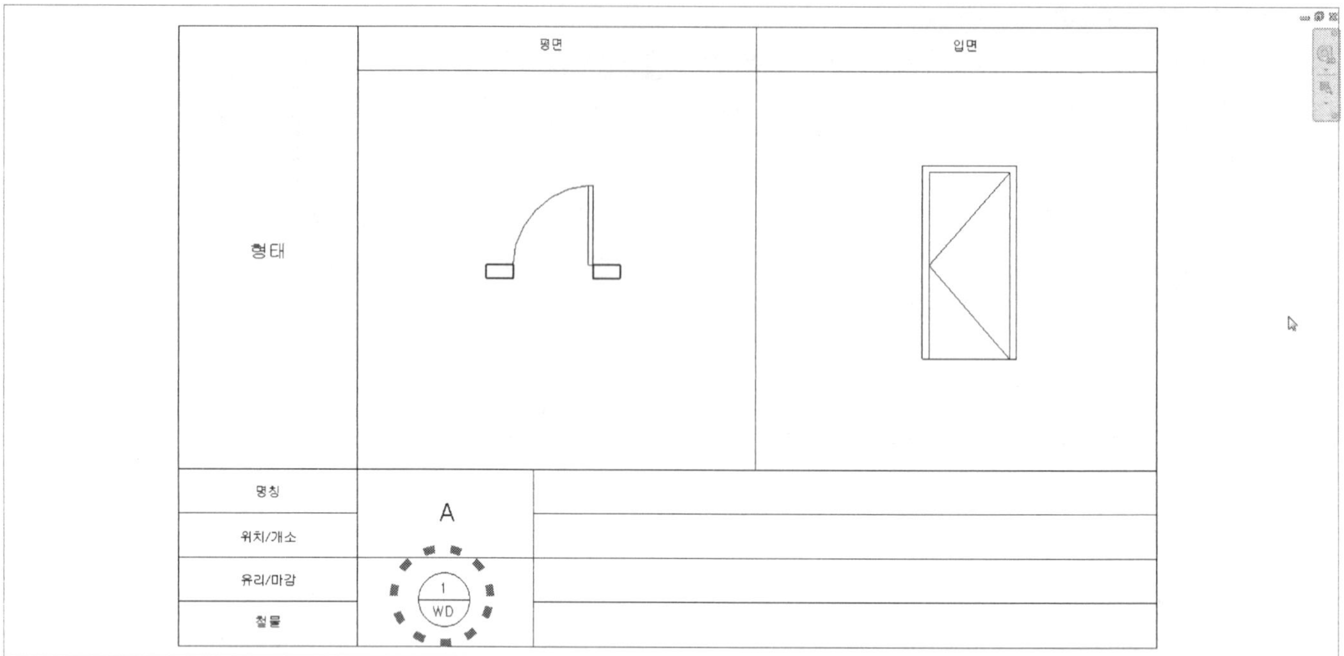

- 문의 입면 하부에 주석 탭의 상세선을 선택하고 아래 그림과 같이 마감선을 그린 후 문자를 클릭하고 유형에서 2.5mm Arial를 선택한 후 마감선을 적는다.

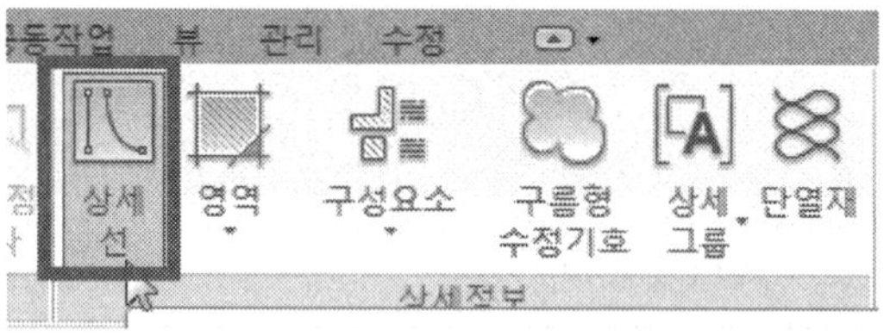

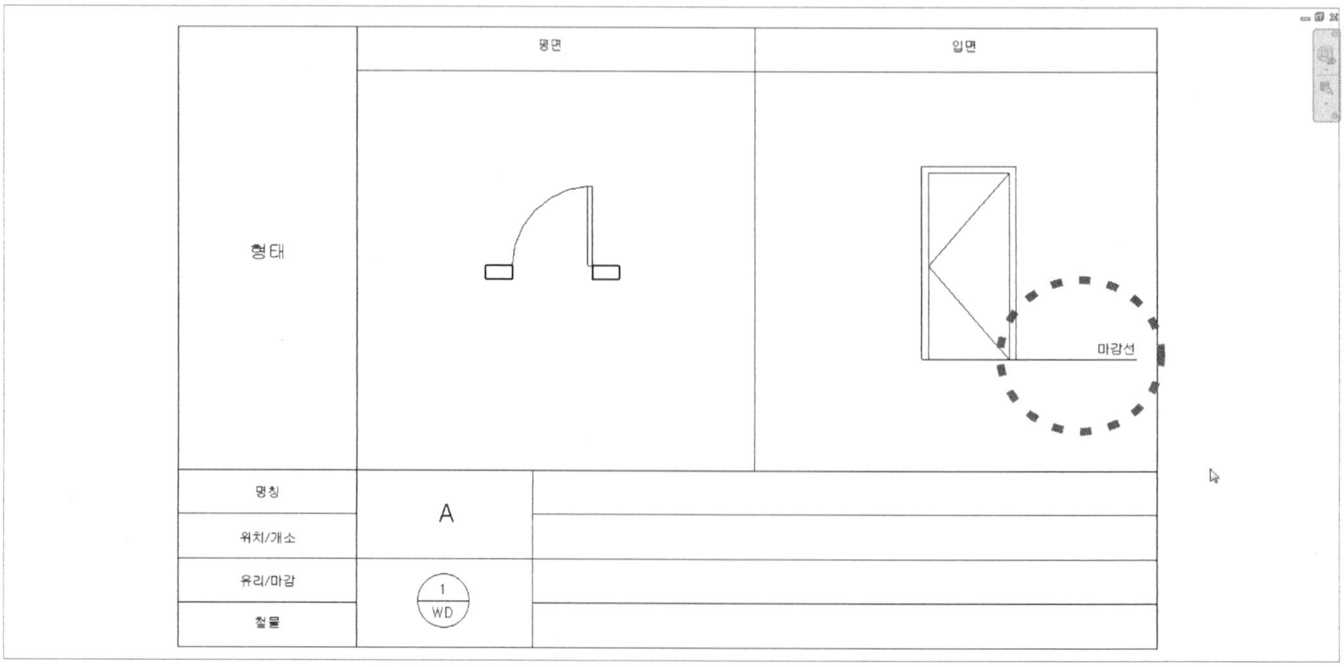

- 주석 탭 치수의 정렬을 선택하고 아래 그림과 같이 치수를 기입한다.

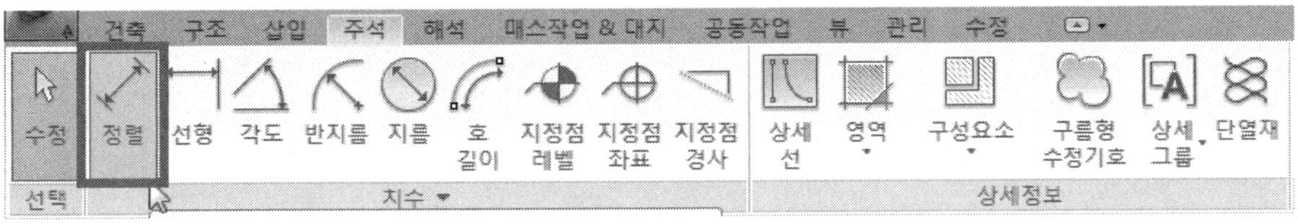

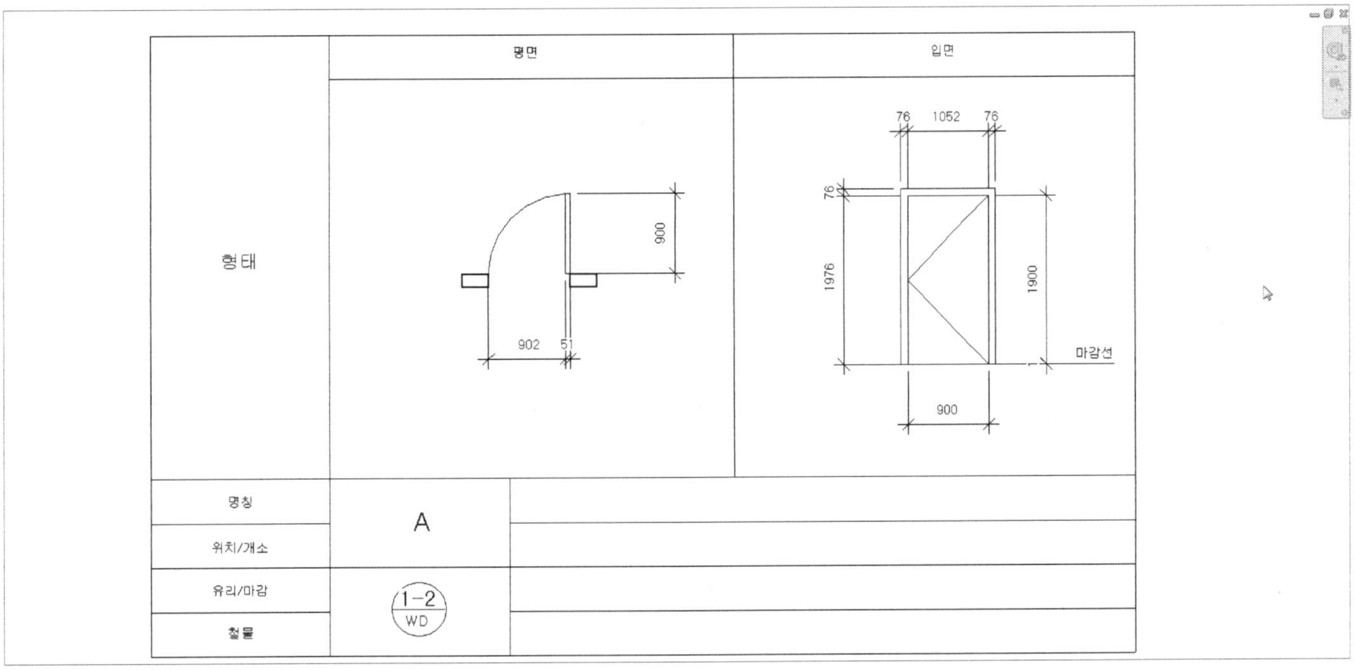

- 문자를 클릭하여 각 항목에 그림과 같이 설명을 적어 넣는다.
- 문 태그 기호 위에 1-2문자를 겹쳐서 기입하여 정확한 태그를 만든다.
- 문자의 크기는 유형편집에서 복제하여 적절하게 조절한다. (4 - 4.5mm)

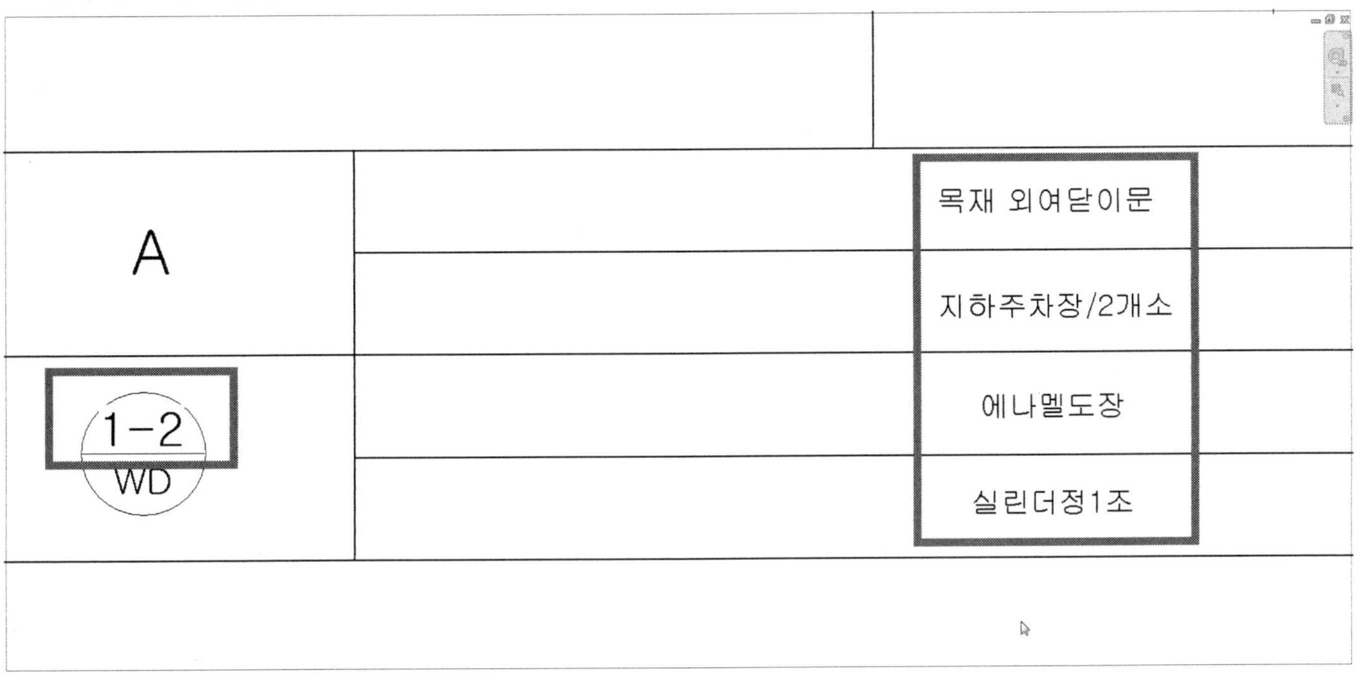

- A 타입 목재 외여닫이문 900 X 1900에 대한 창호도 작성이 완성되었다.

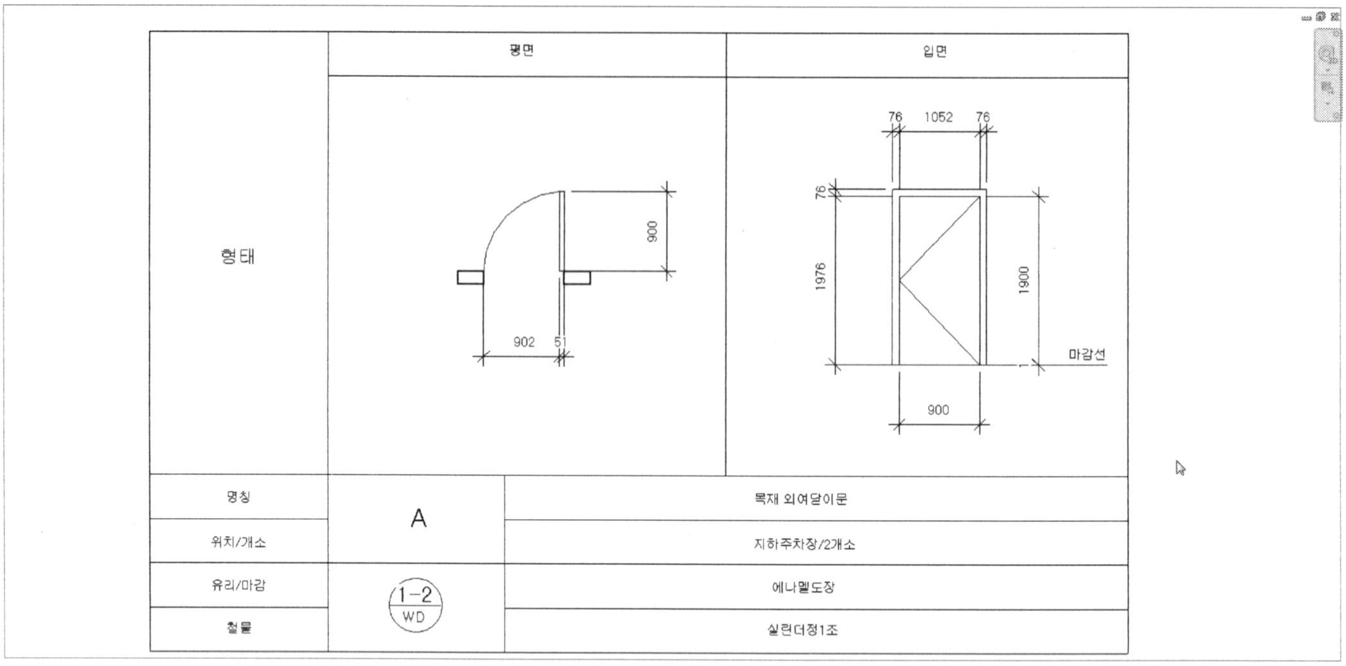

- 창호도의 전체 박스 틀을 아래 그림과 같이 7개 추가하여 구성한다.
- 필요한 용도 문자도 같이 복사한다.

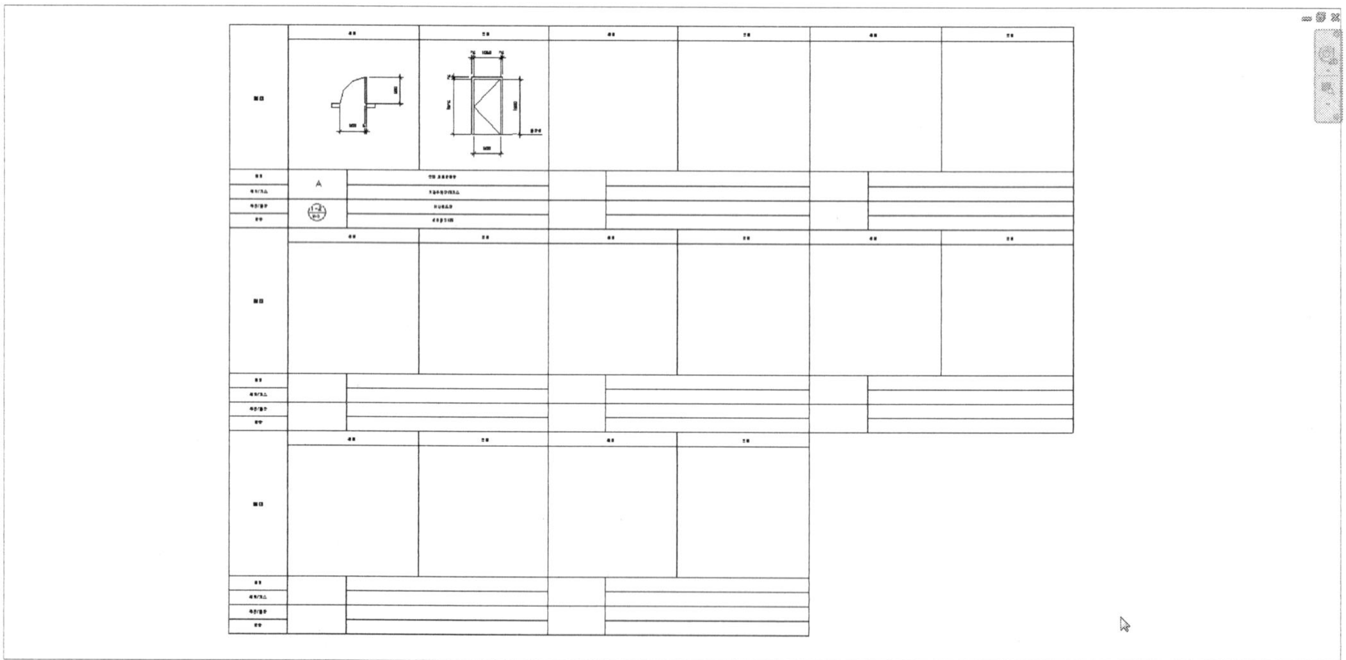

- B타입은 아래 그림과 같이 완성한다.

평면		입면
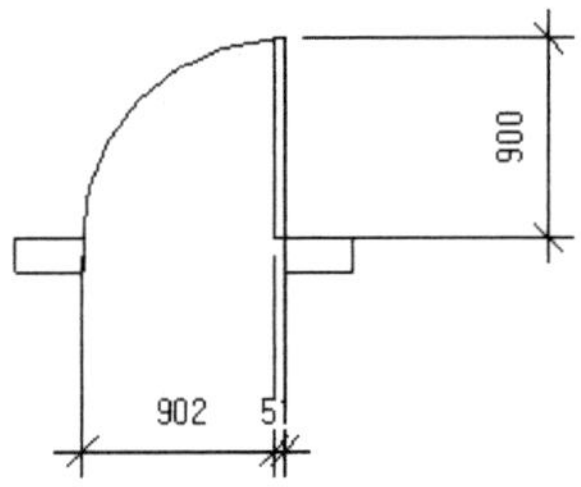		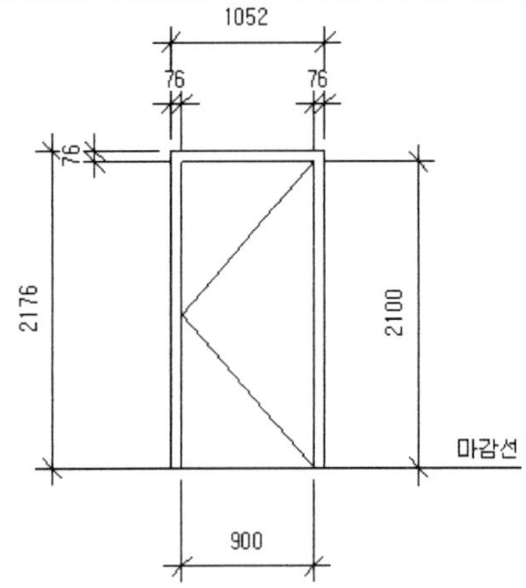
B	목재 외여닫이문	
	1층안방, 2층 방1, 2층 방2/3개소	
4,12,13 WD	에나멜도장	
	실린더정1조	

- C타입도 아래 그림과 같이 완성한다.

평면		입면
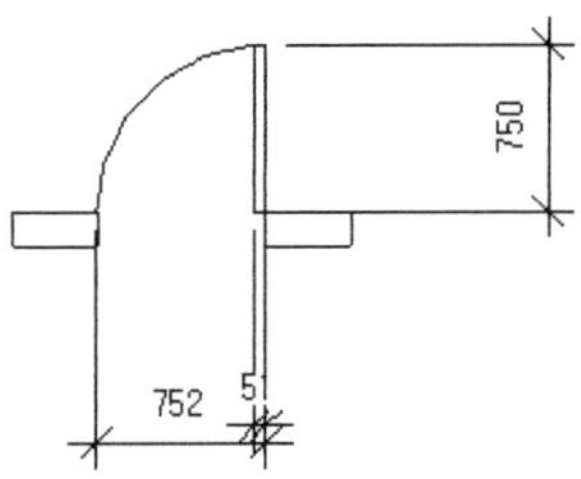		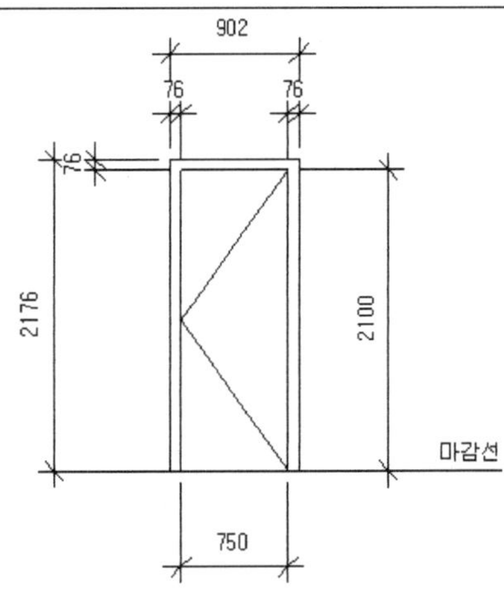
C	목재 외여닫이문	
	1층 안방화장실,거실화장실, 창고, 다용도실, 2층 창고, 화장실/6개소	
5-8,14,15 WD	에나멜도장	
	실린더정1조	

- D 타입은 아래 그림과 같이 완성한다.

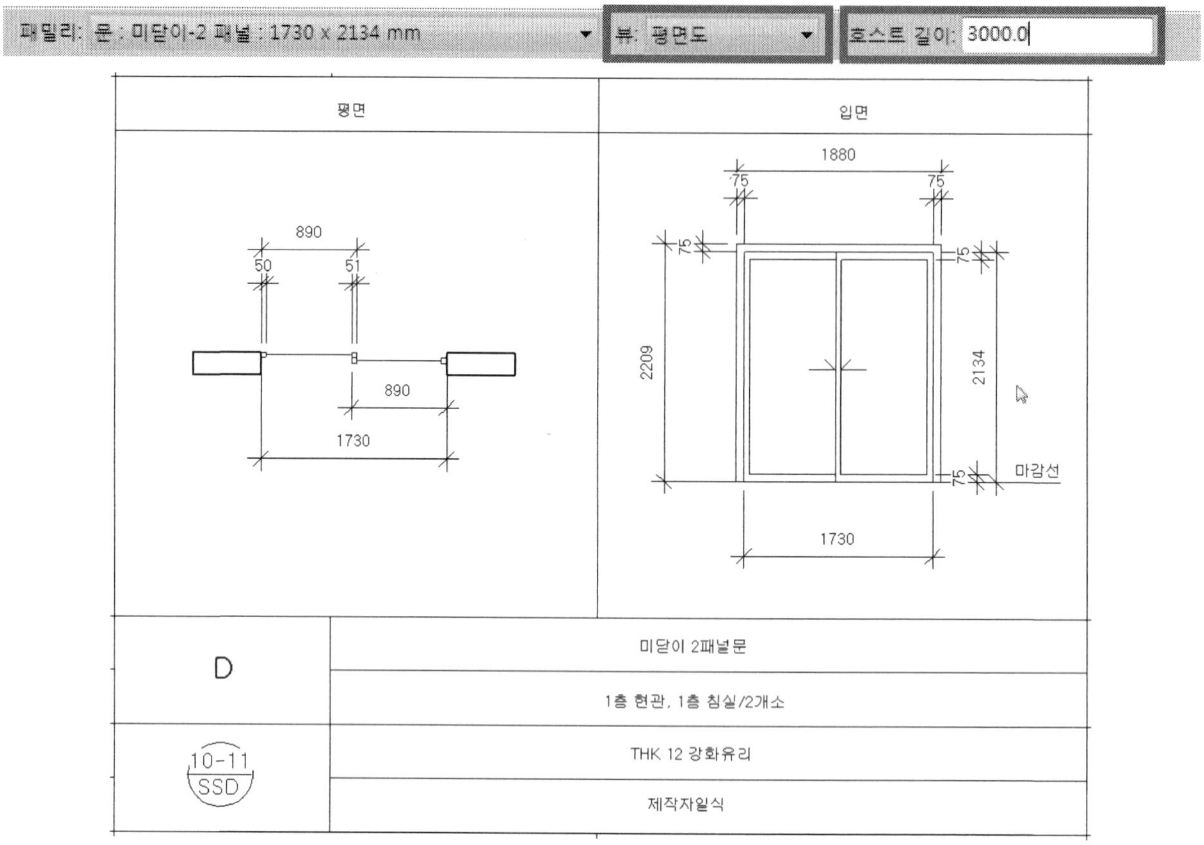

- E 타입은 아래 그림과 같이 완성한다.

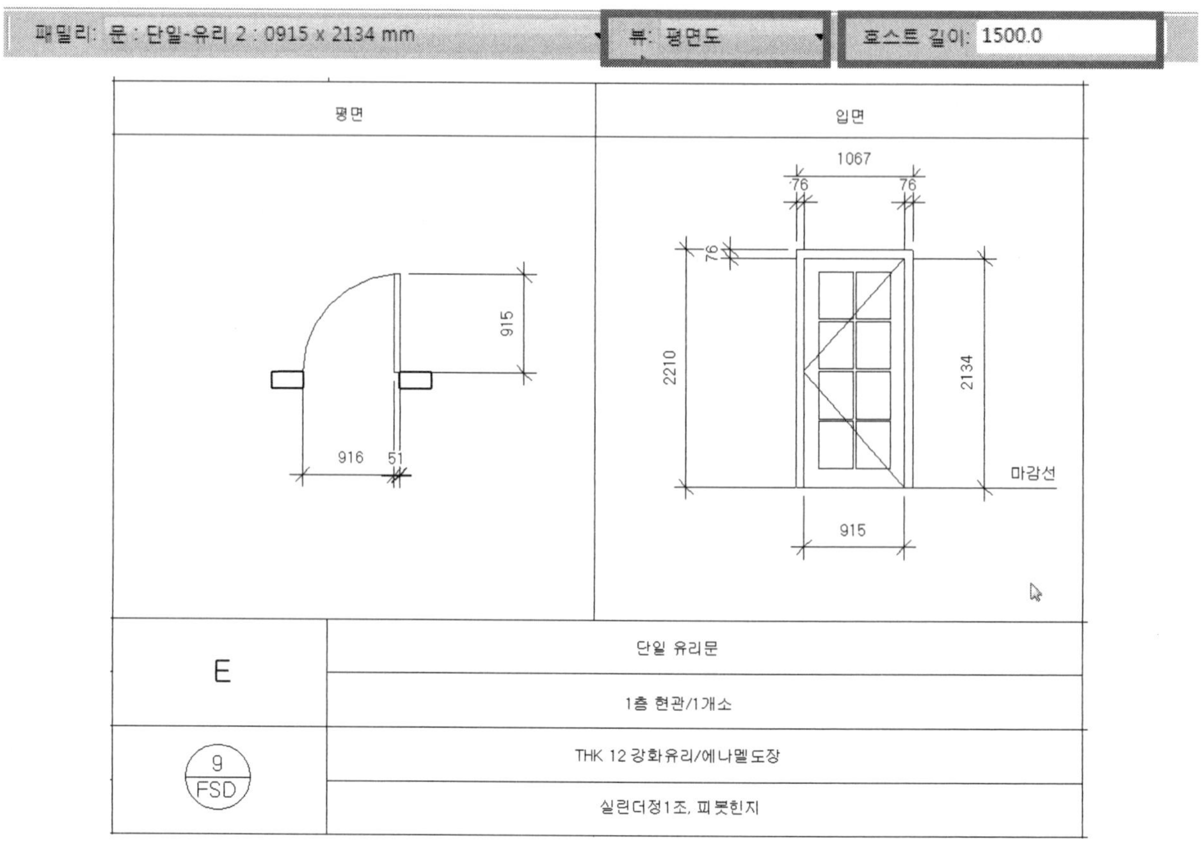

- F 타입은 E 타입을 복사하여 아래 그림과 같이 수정하여 완성한다.

<table>
<tr><td colspan="2">평면</td><td>입면</td></tr>
<tr><td colspan="2">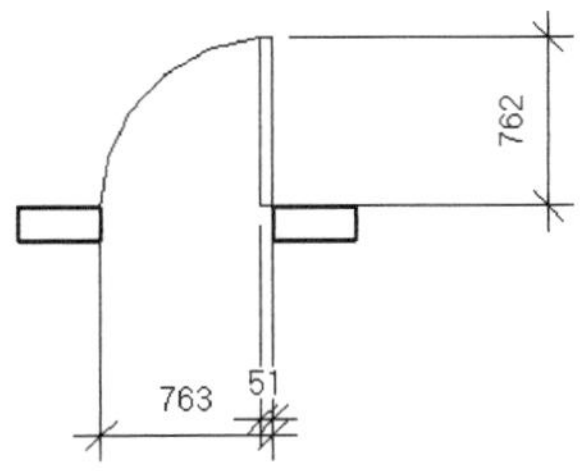</td><td>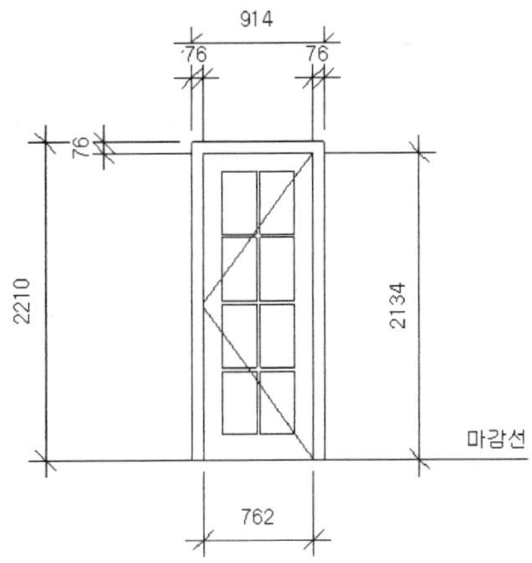</td></tr>
<tr><td rowspan="2">F</td><td colspan="2">단일 유리문</td></tr>
<tr><td colspan="2">2층 계단실/1개소</td></tr>
<tr><td rowspan="2">16
FSD</td><td colspan="2">THK 12 강화유리/에나멜도장</td></tr>
<tr><td colspan="2">실린더정1조, 피봇힌지</td></tr>
</table>

- G 타입은 아래 그림과 같이 완성한다.

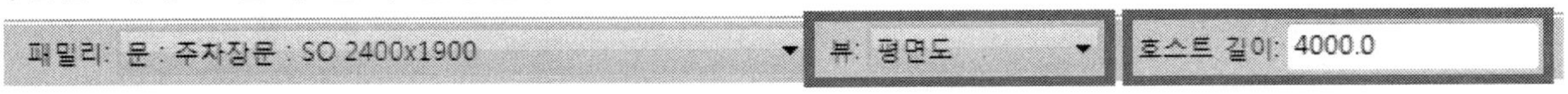

<table>
<tr><td colspan="2">평면</td><td>입면</td></tr>
<tr><td colspan="2">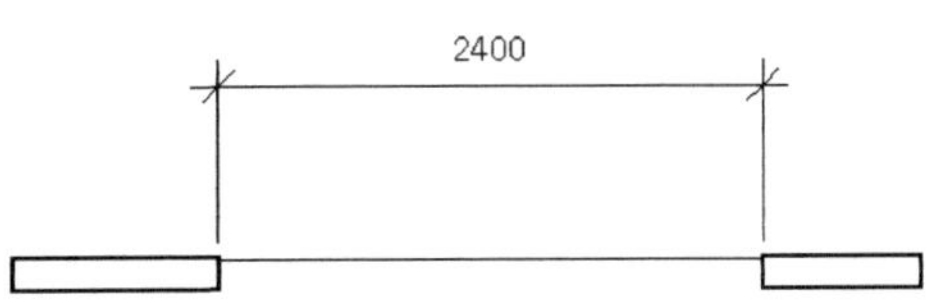</td><td>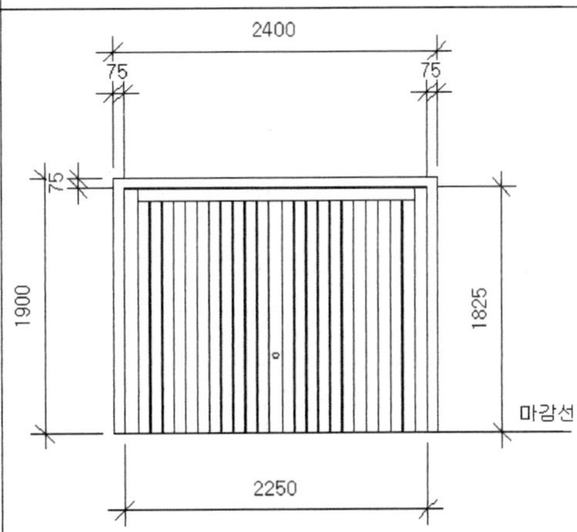</td></tr>
<tr><td rowspan="2">G</td><td colspan="2">주차장문</td></tr>
<tr><td colspan="2">지하주차장/1개소</td></tr>
<tr><td rowspan="2">3
SD</td><td colspan="2">스틸 판넬</td></tr>
<tr><td colspan="2">제작자일식</td></tr>
</table>

- H 타입은 커튼월로 구성된 문이므로 범례에서는 원하는 창호도를 만들 수 없다.
- 따라서 범례에서는 박스 안에 글과 기호만 아래 그림과 같이 구성한다.

H	빌코니문
	2층 거실/1개소
17 GD	THK 12 강화유리/에나멜도장
	제작자일식

- 완성된 창호도는 아래 그림과 같다.

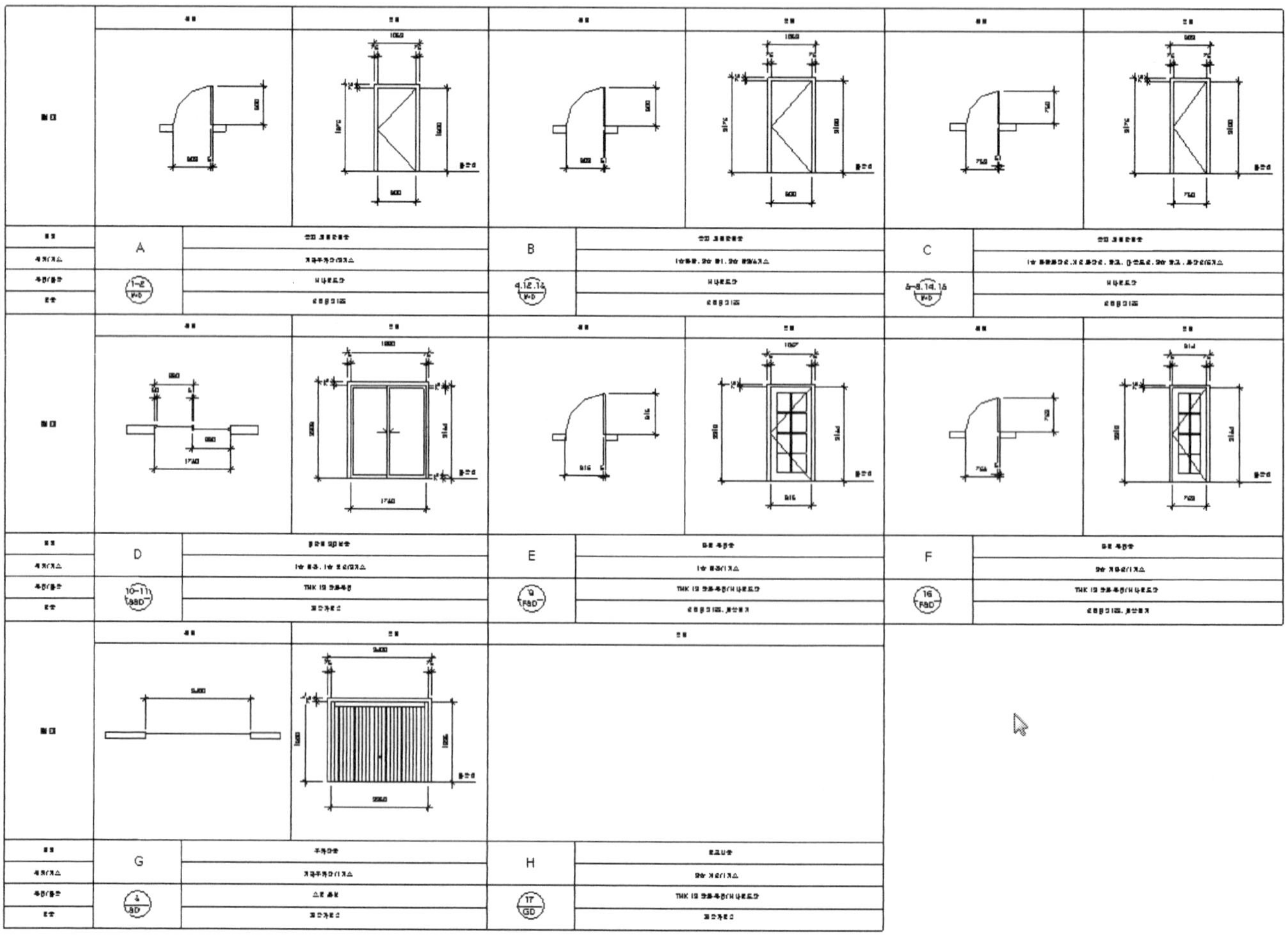

⑧ 단면 뷰 만들기

- 평면과 입면 뷰와는 다르게 단면 뷰는 사용자가 직접 지정하여 만들어야 한다.
- 03 1층 평면도를 활성화하고 뷰 탭의 단면도를 클릭하고, 원하는 부분에 2개의 점을 우좌로 지정한다.

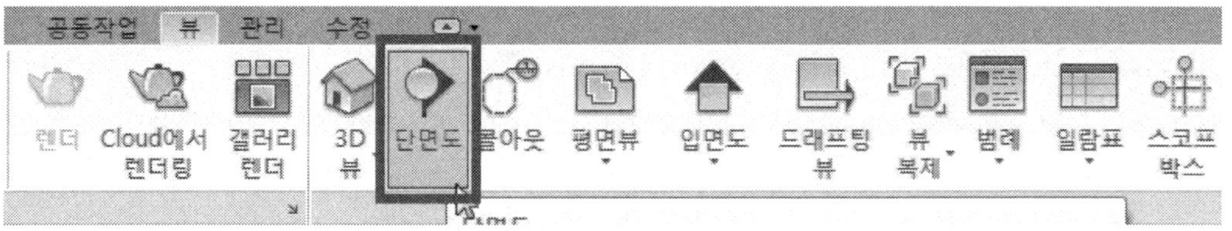

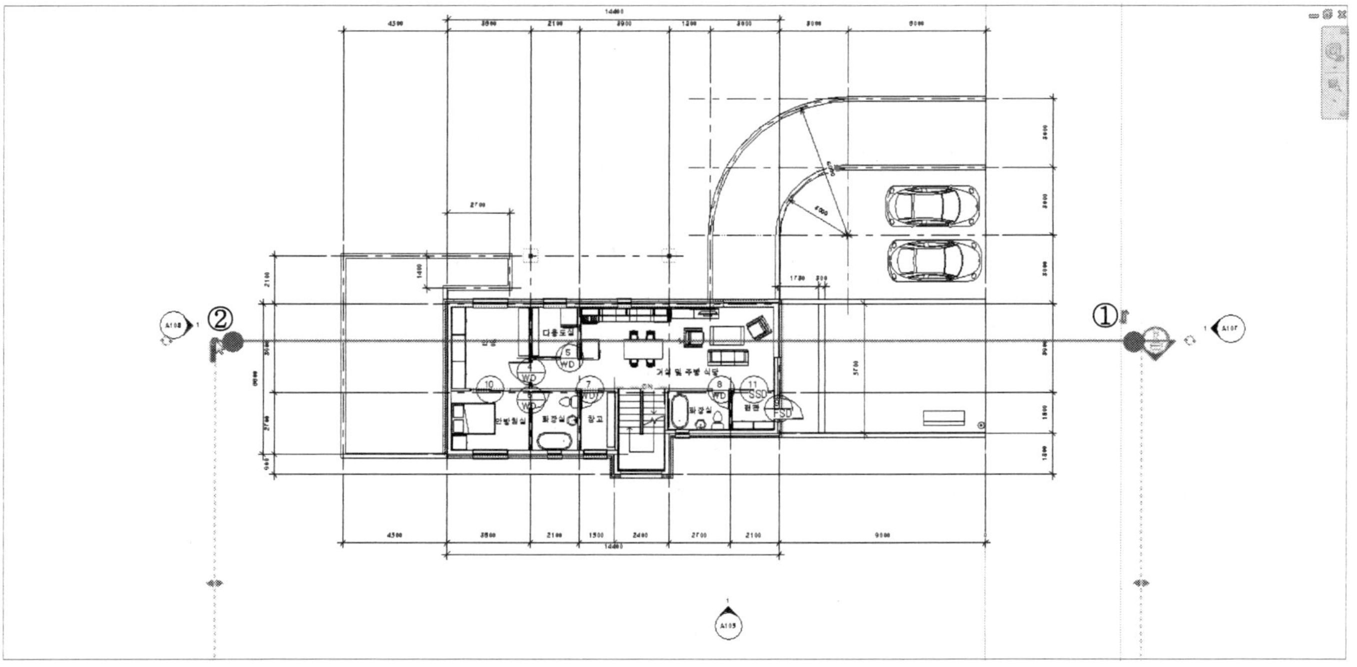

- 프로젝트 탐색기의 단면도 뷰에 단면도 0이 생성되었다. 단면도 0을 더블 클릭한다.

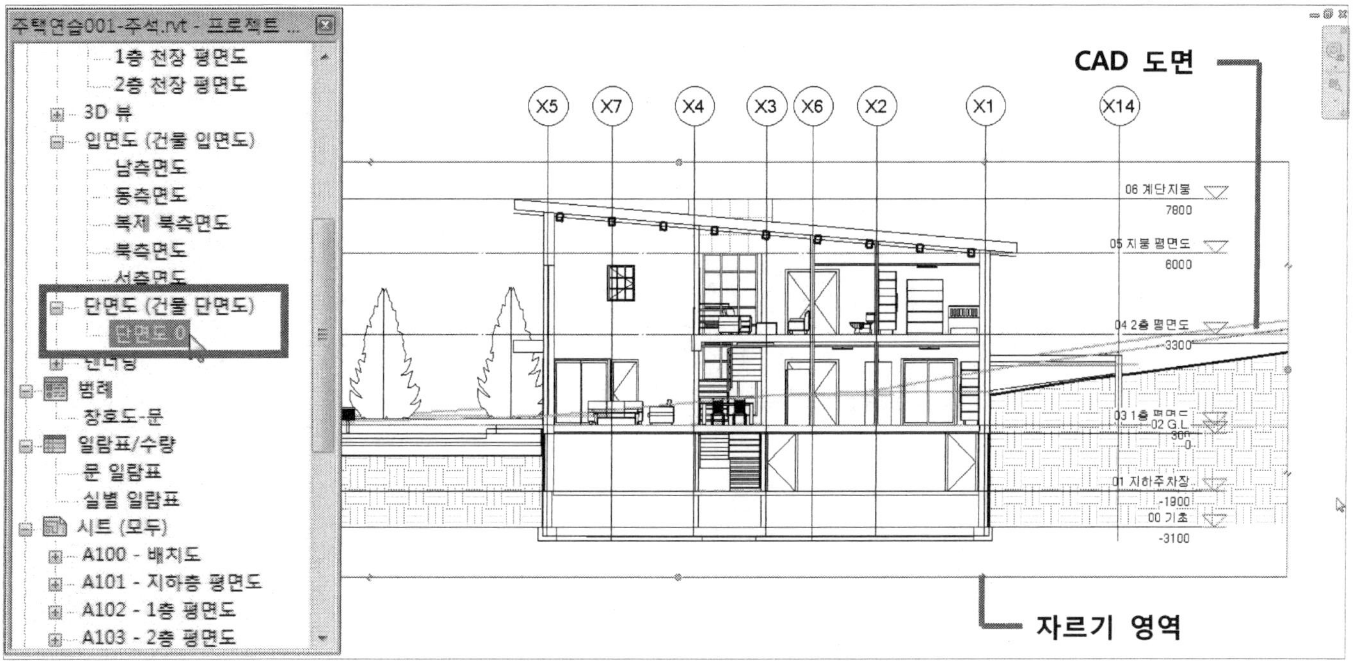

- 화면에 나타난 CAD 도면은 뷰에서 숨기기를 통해 감춘다.
- 자르기 영역도 감춘다.

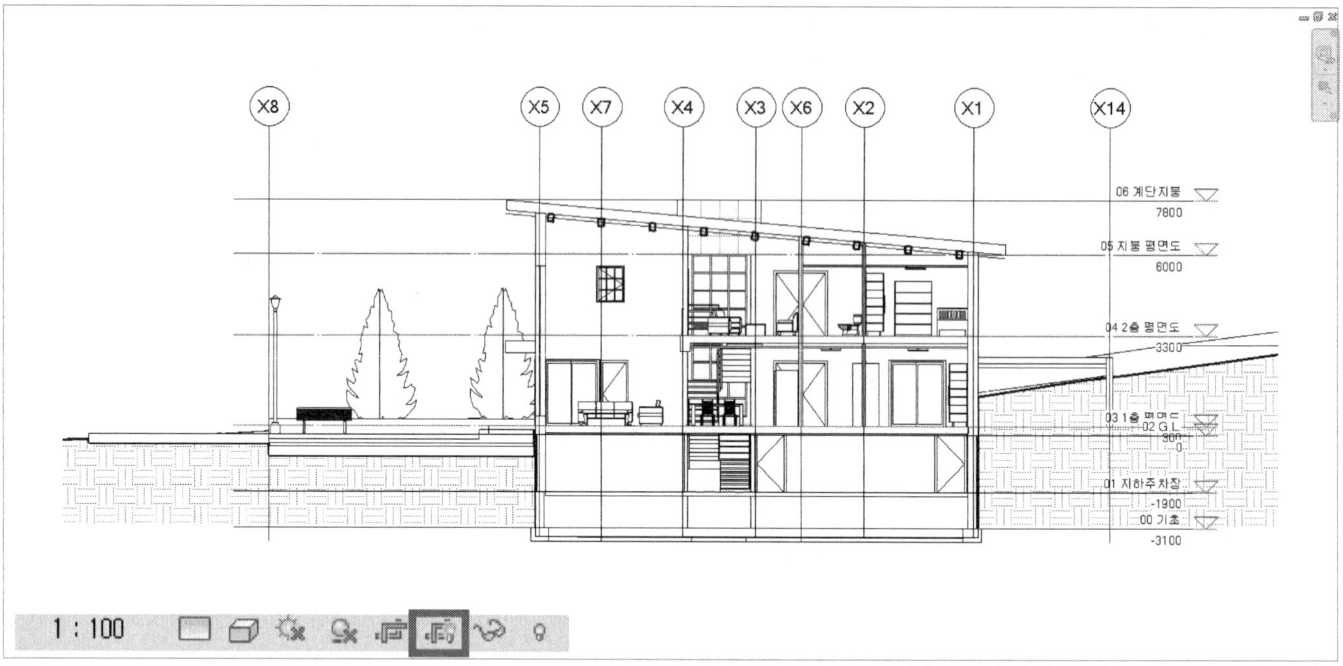

- 뷰 탭의 단면도를 클릭하고 원하는 부분에 2개의 점을 상하로 지정한다.

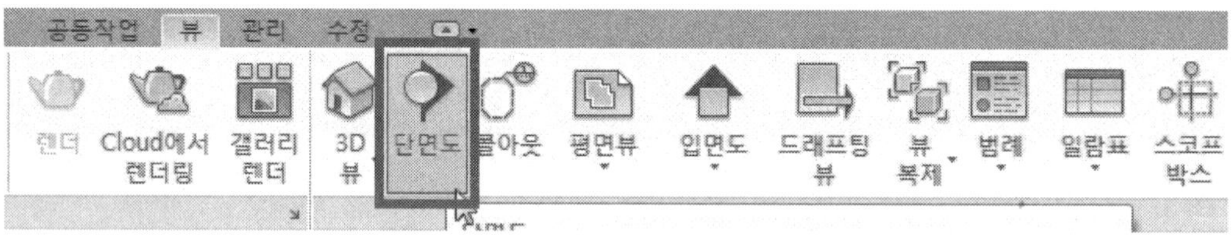

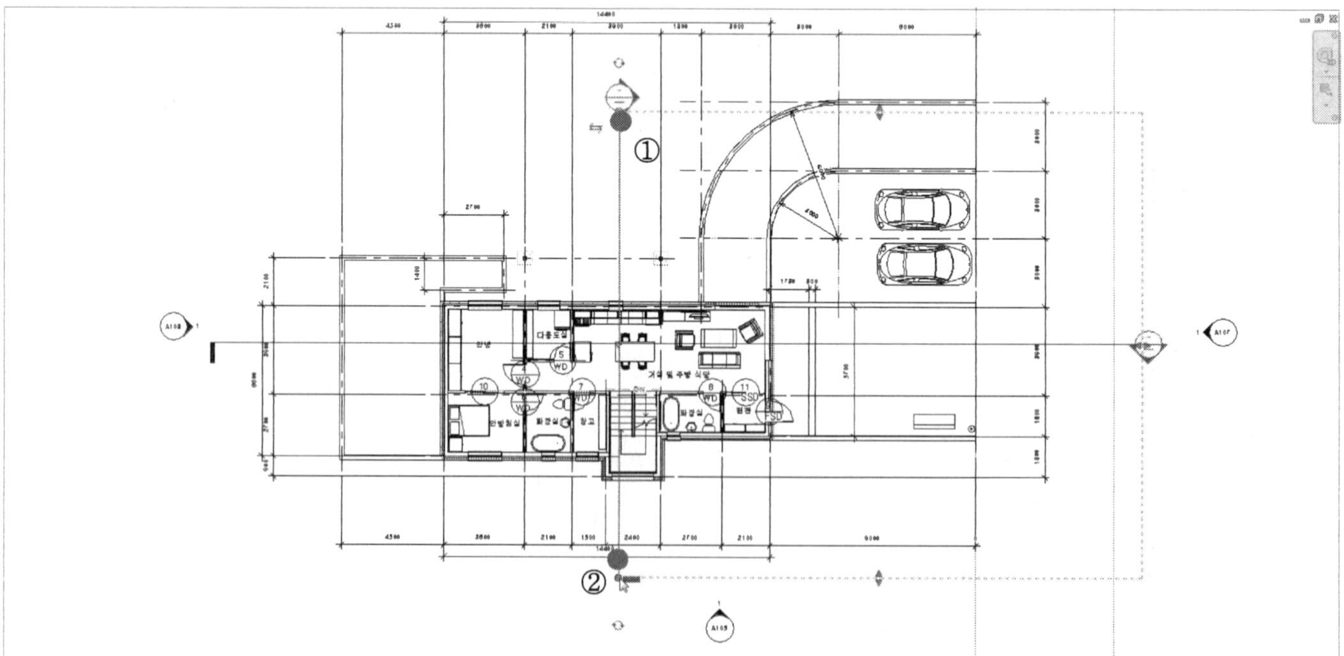

- 프로젝트 탐색기의 단면도 뷰에 단면도 1이 생성되었다. 단면도 1을 더블 클릭한다.
- 화면에 나타난 CAD 도면은 뷰에서 숨기기를 통해 감추고 자르기 영역도 감춘다.

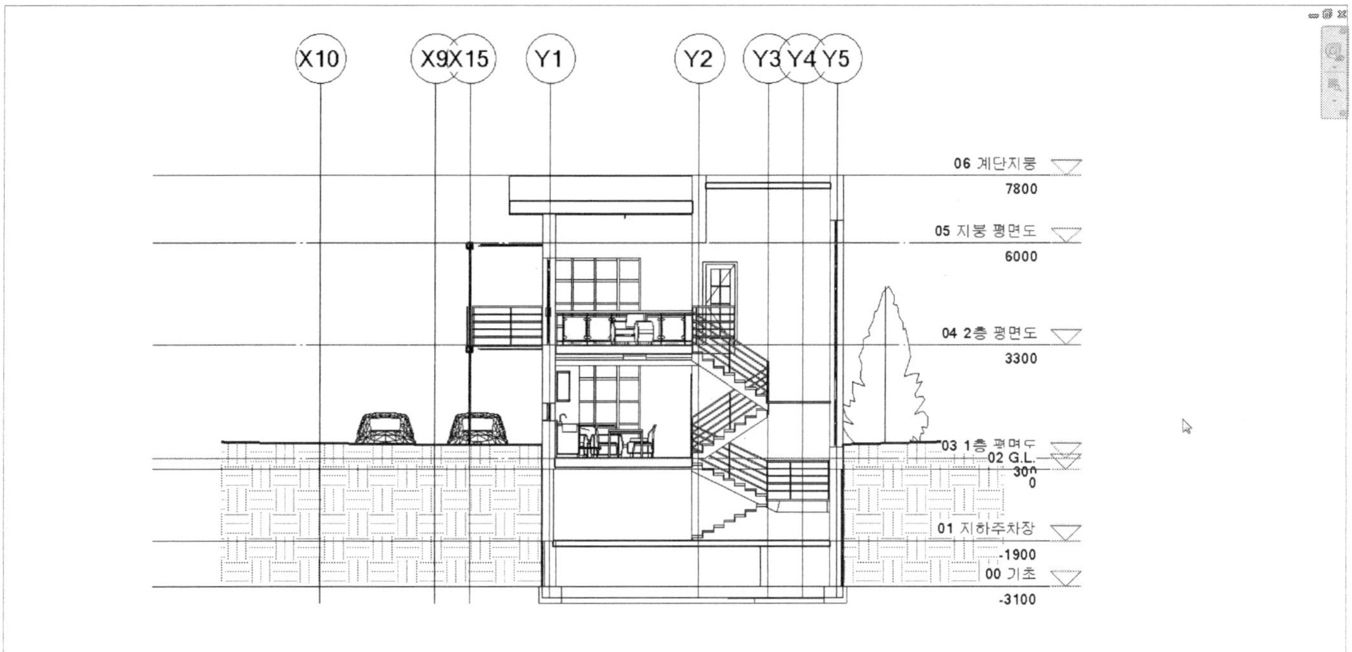

- 단면도 0을 횡단면도로, 단면도 1을 종단면도로 이름을 바꾼다.

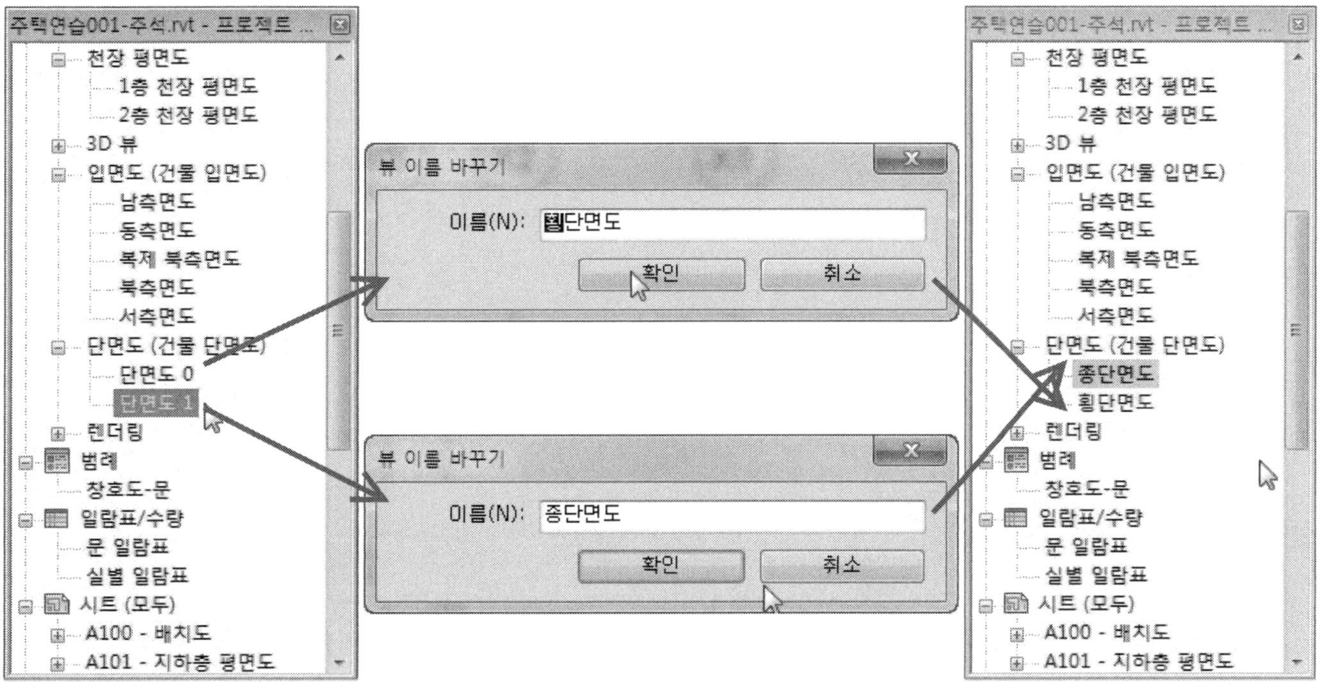

2) 시트 만들기

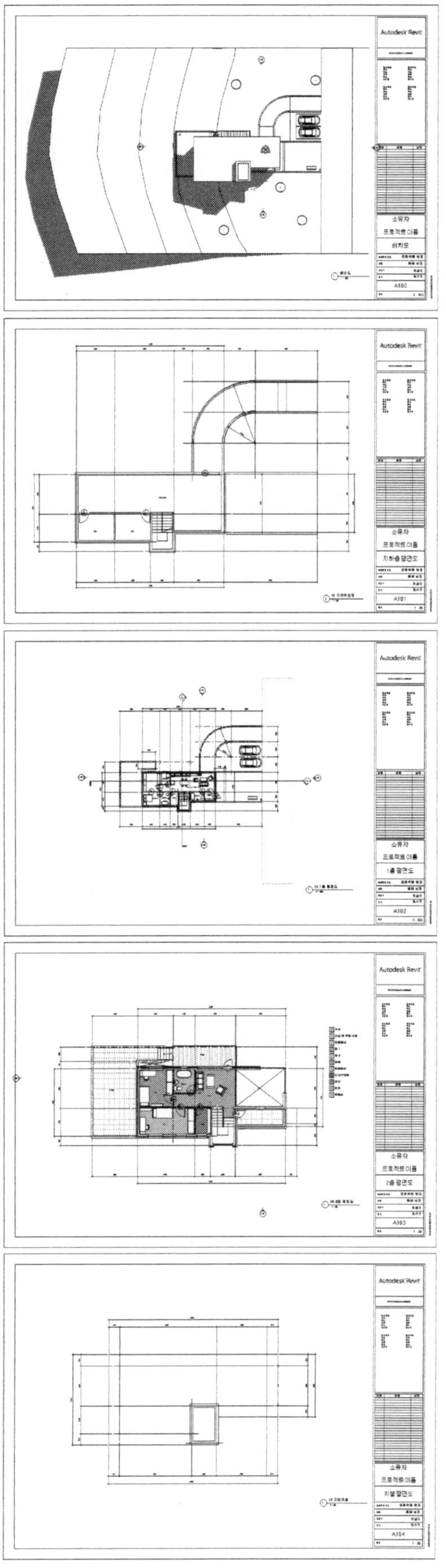

A1 용지에 각 층 평면도와 입면도, 종횡단면도, 배치도, 일람표, 창호도를 실무에 맞게 배치하는 실습을 한다.

학습목표

- 각 층 평면도를 시트에 배치하기
- 입면도를 시트에 배치하기
- 종횡단면도를 시트에 배치하기
- 일람표를 시트에 배치하기
- 창호도를 시트에 배치하기

2) 시트 만들기

① 각 층 평면도 구성하기

- 각 도면에 대한 시트를 구성하기 위해서 프로젝트 탐색기 시트에서 마우스 오른쪽 버튼을 클릭한다.
- 새 시트를 클릭한다. 새 시트가 나타나면 A1 미터법을 선택하고 로드 버튼을 클릭한다.

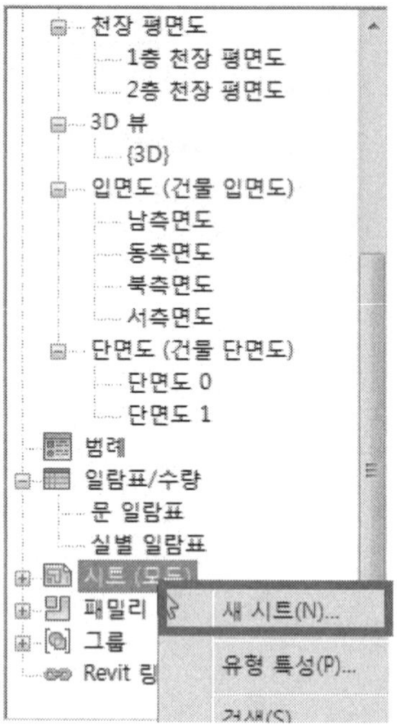

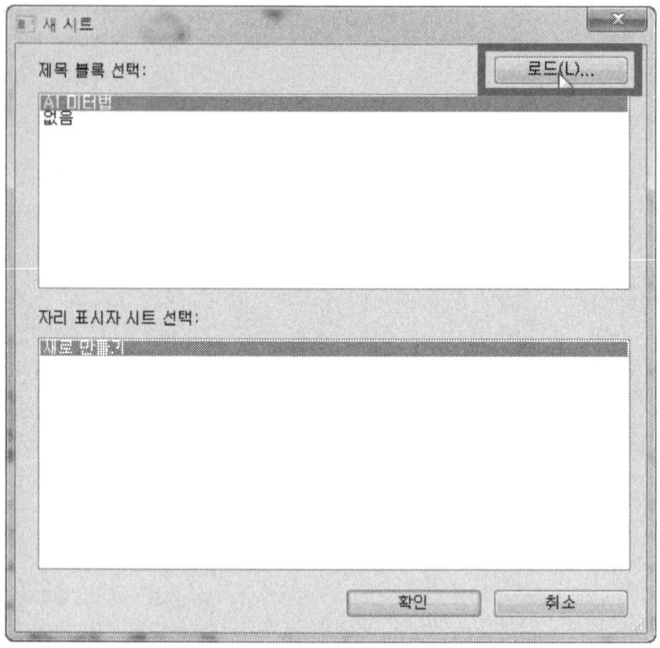

- 제목 블록 폴더 안에서 A1 미터법.rfa 파일을 선택한다.

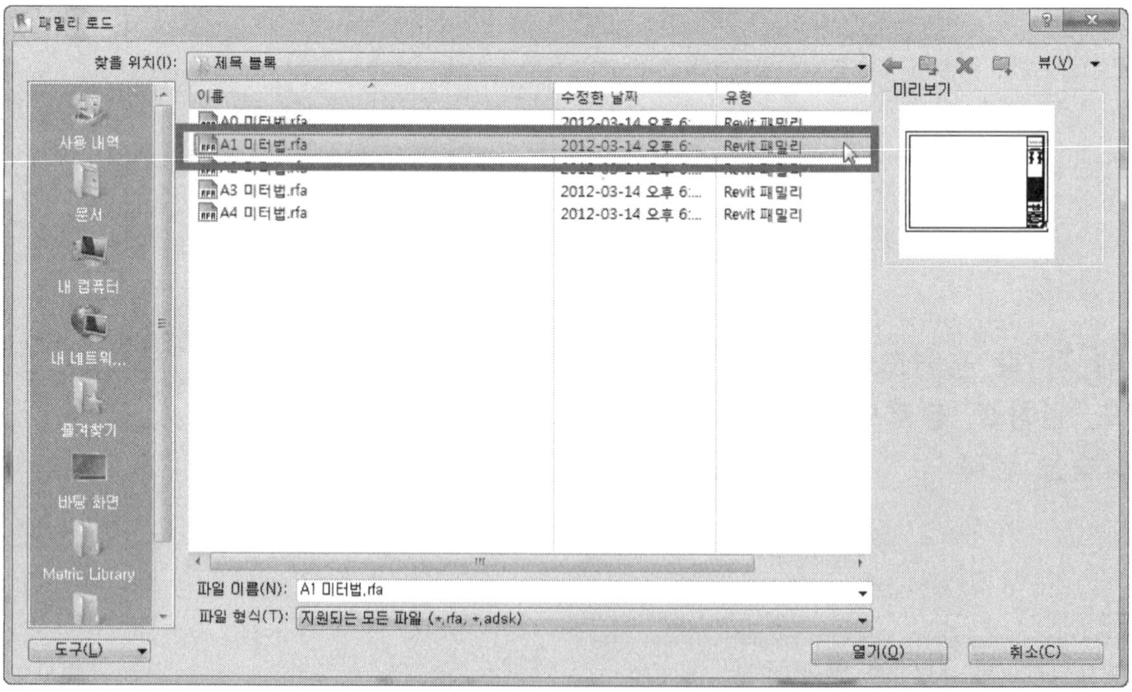

- 화면에 A1 시트가 놓여졌다.

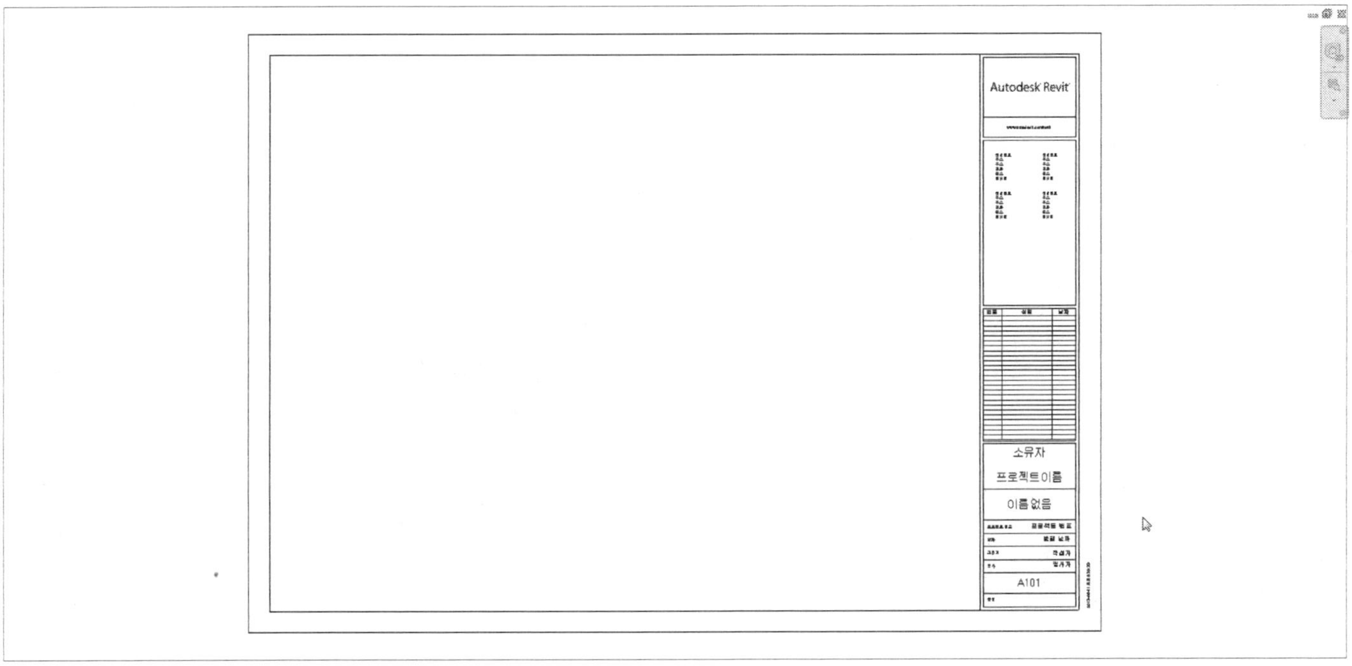

- 프로젝트 탐색기에서 03 1층 평면도를 드래그하여 A1 시트에 놓는다.

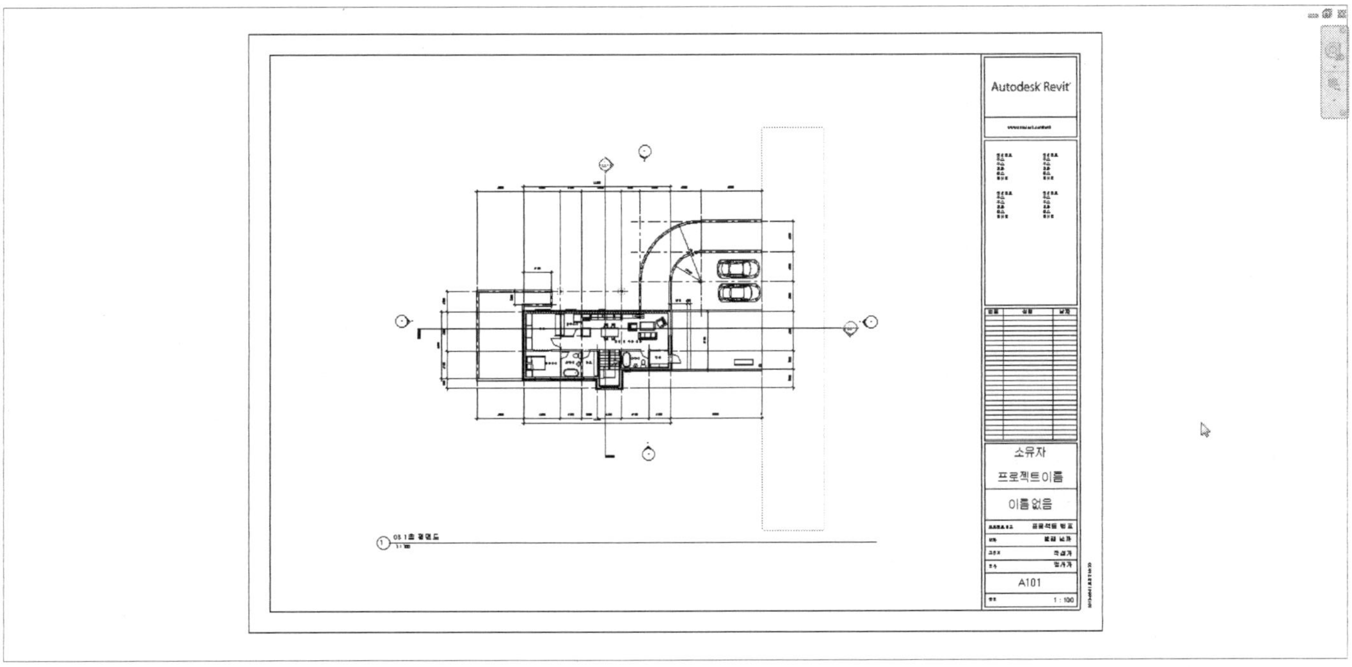

- 프로젝트 탐색기에서 A101 - 이름 없음을 A102 - 1층 평면도로 이름을 변경한다.
- 시트의 이름도 변경된 것을 알 수 있다.

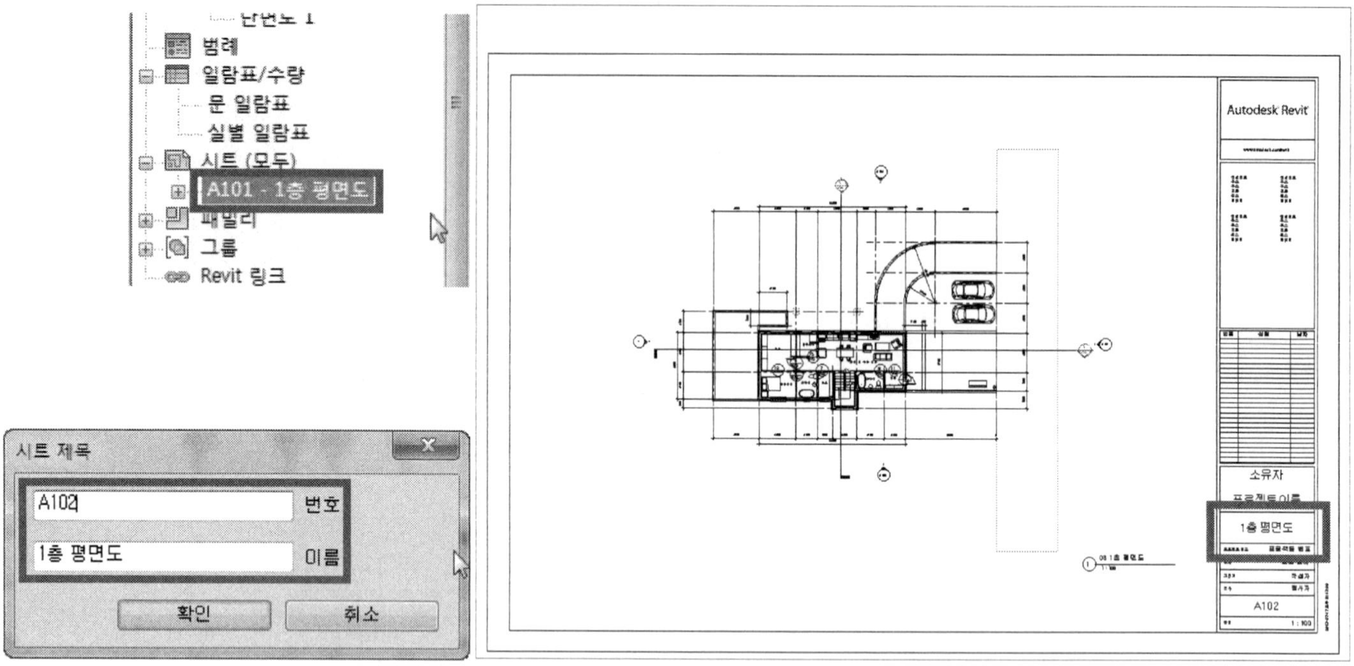

- 도면 명의 길이가 너무 길고 위치도 오른쪽으로 이동해야 한다.
- 도면의 박스를 선택한 후 도면명의 길이를 줄인다.

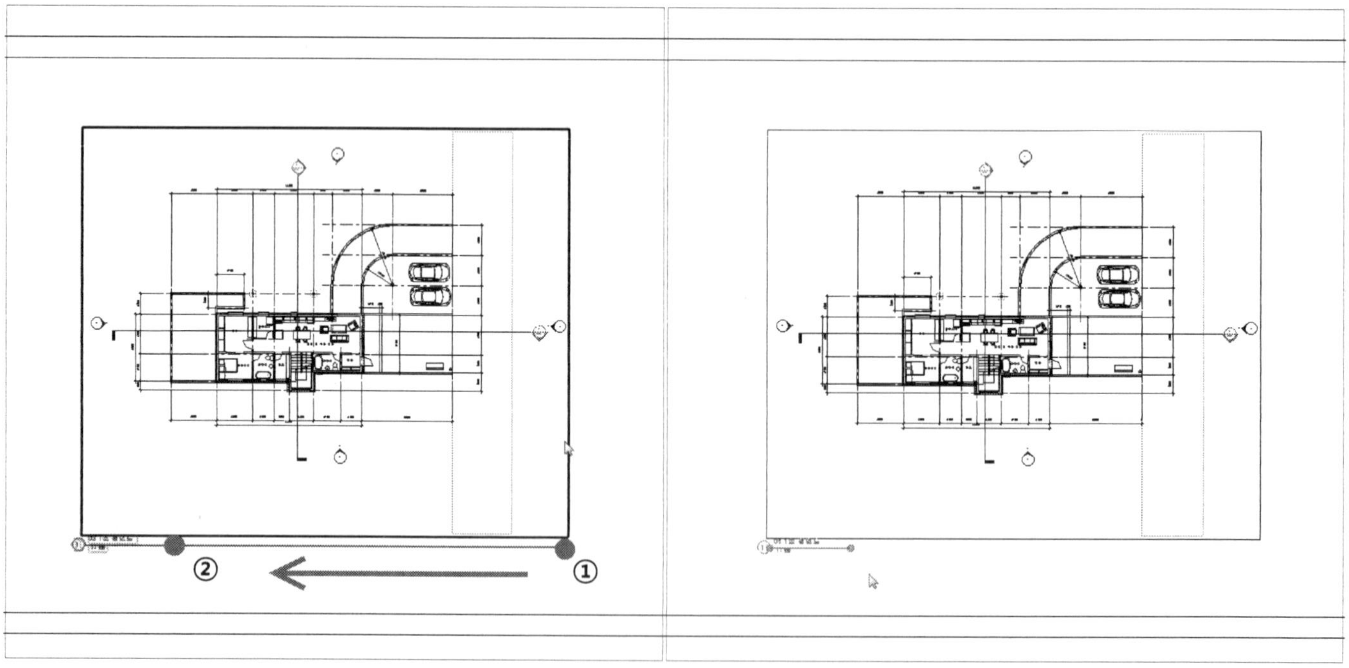

- 도면 명의 위치를 오른쪽으로 이동하기 위해서 박스 선택을 해제한다.
- 도면 명을 선택하여 이동한다.

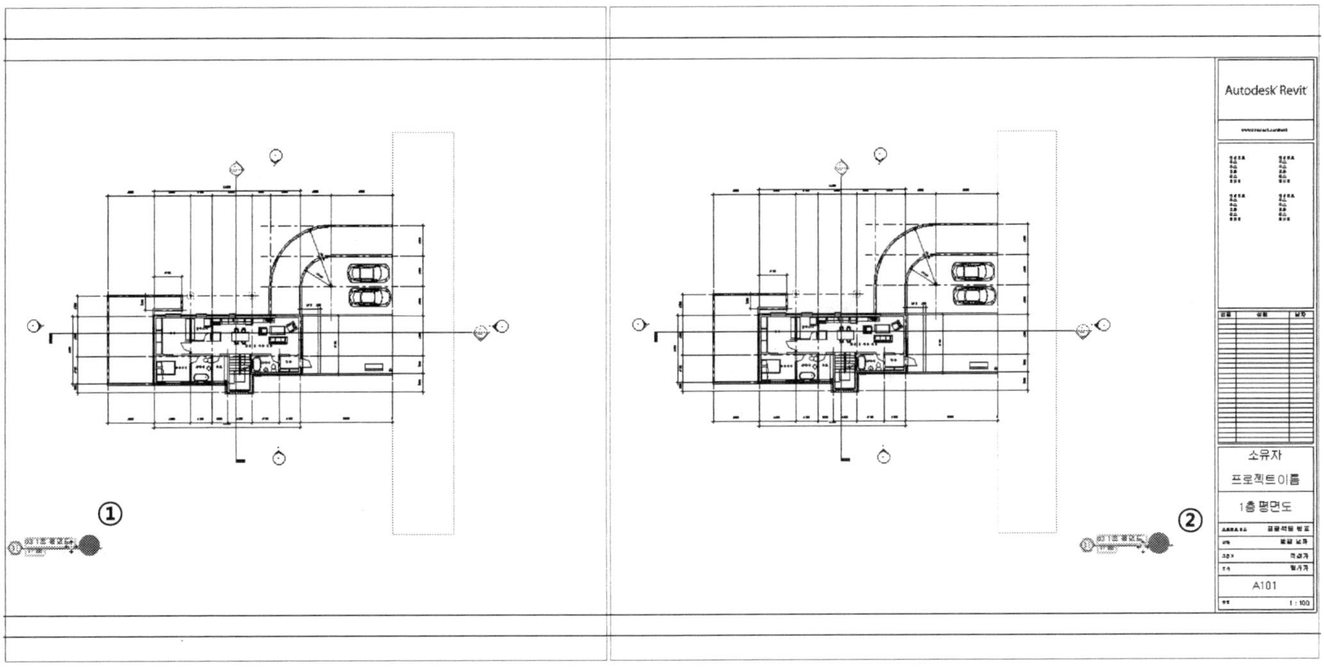

- 새롭게 시트를 만들고 2층 평면도를 드래그한다.
- 하지만 시트의 크기에 비해서 2층 평면도의 크기가 작아 축척을 1:100에서 1:50으로 바꿀 필요가 있다.
- 먼저 2층 평면도를 클릭하고 마우스의 오른쪽 버튼을 클릭하고 뷰활성화(A)를 클릭한다.

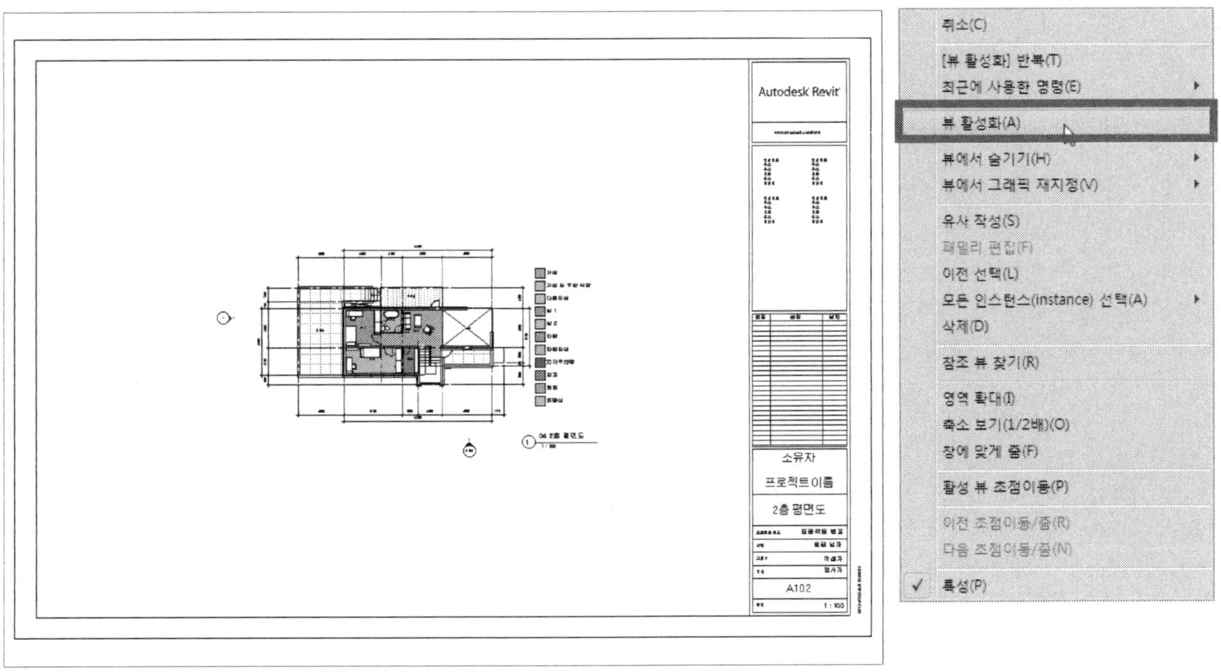

- 뷰가 활성화되면 뷰 조절 막대에서 축척을 1:50으로 바꾼다.

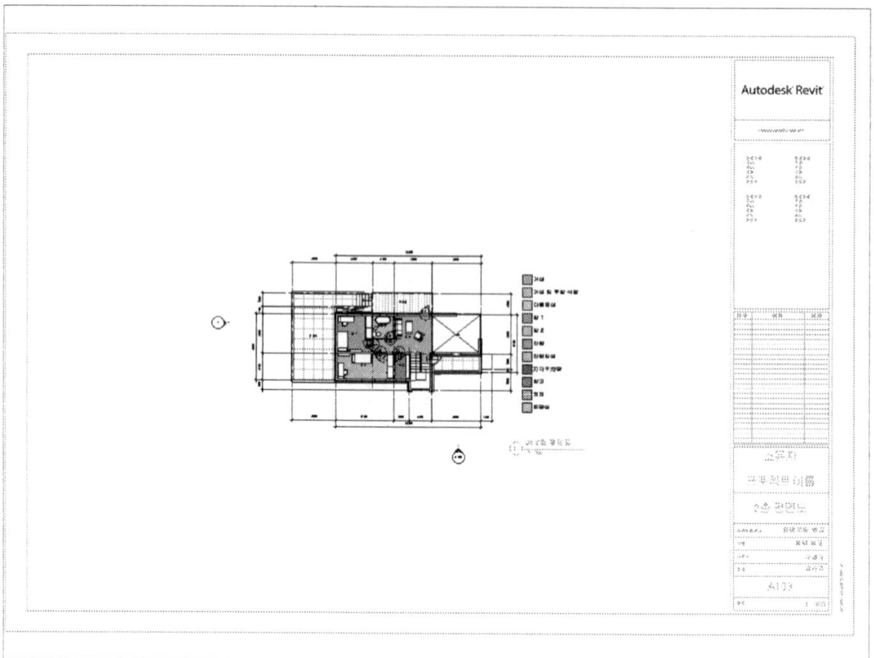

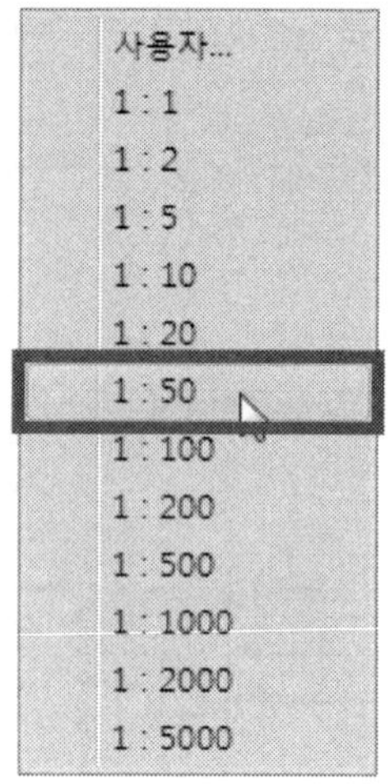

- 축척이 바뀌면 다시 마우스의 오른쪽 버튼을 클릭하여 뷰 비활성화(D)를 선택한다.

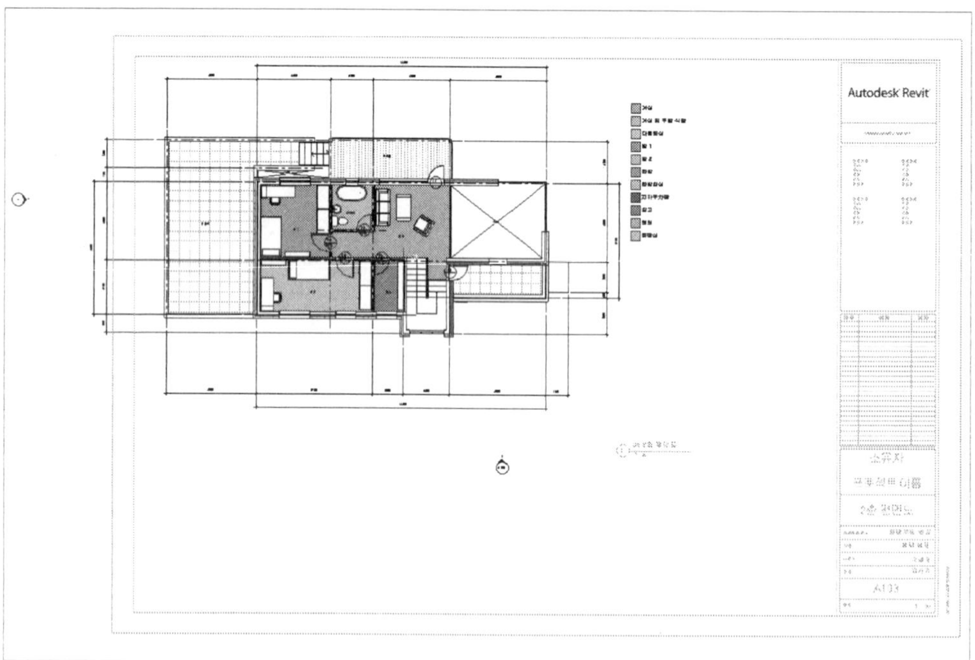

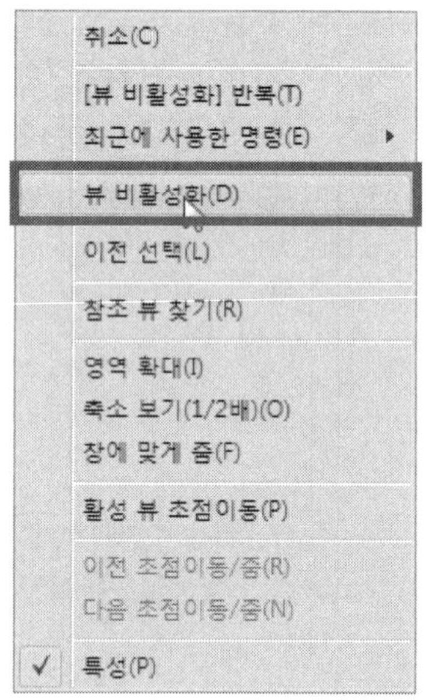

- 2층 평면도의 위치를 적절하게 이동하여 시트에 위치시킨다.
- 시트의 이름을 A103 - 2층 평면도로 이름을 변경한다.

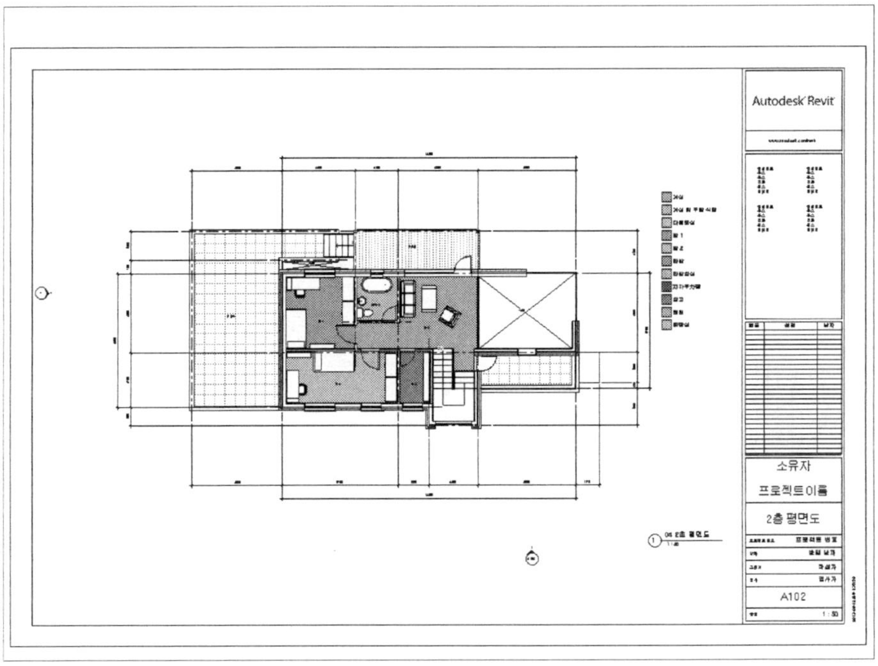

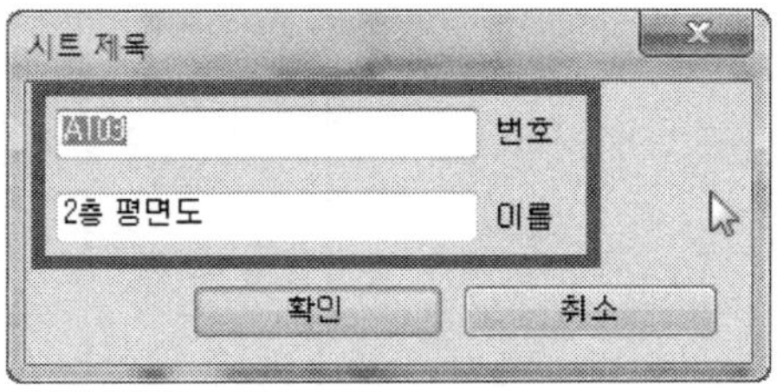

- 같은 방법으로 A100 - 배치도를 구성한다.

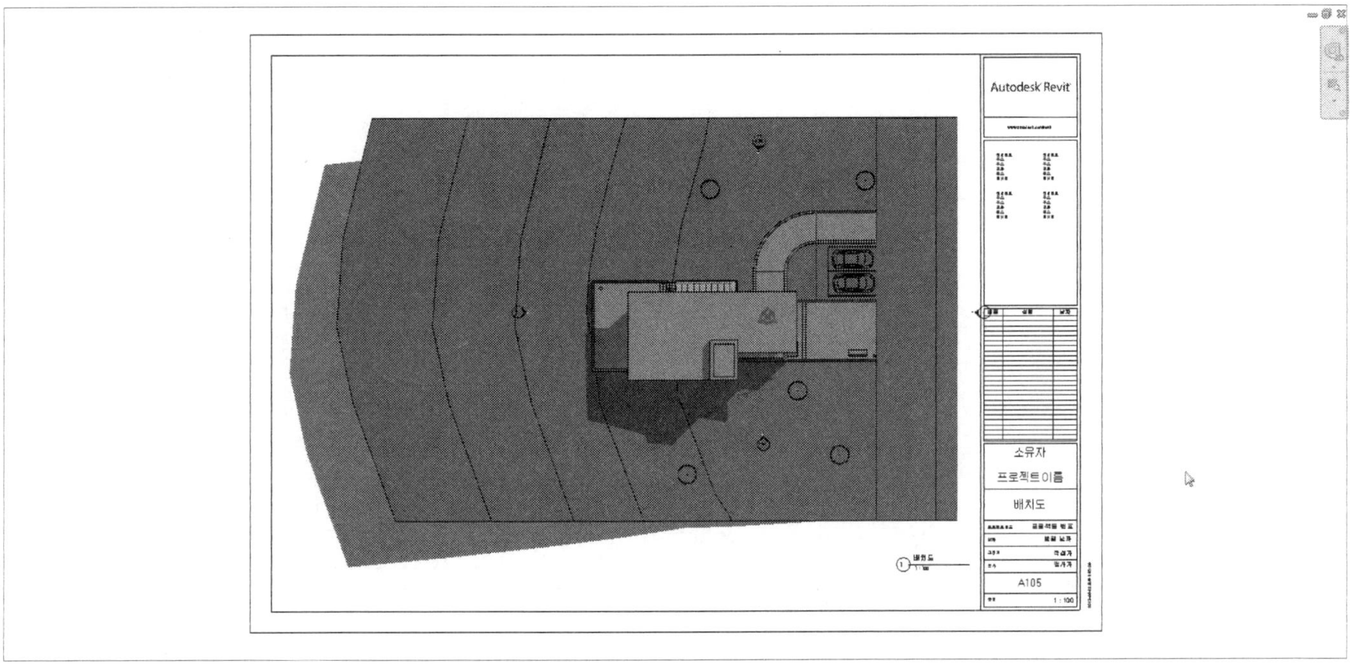

- 같은 방법으로 A101 - 지하층 평면도를 구성한다.

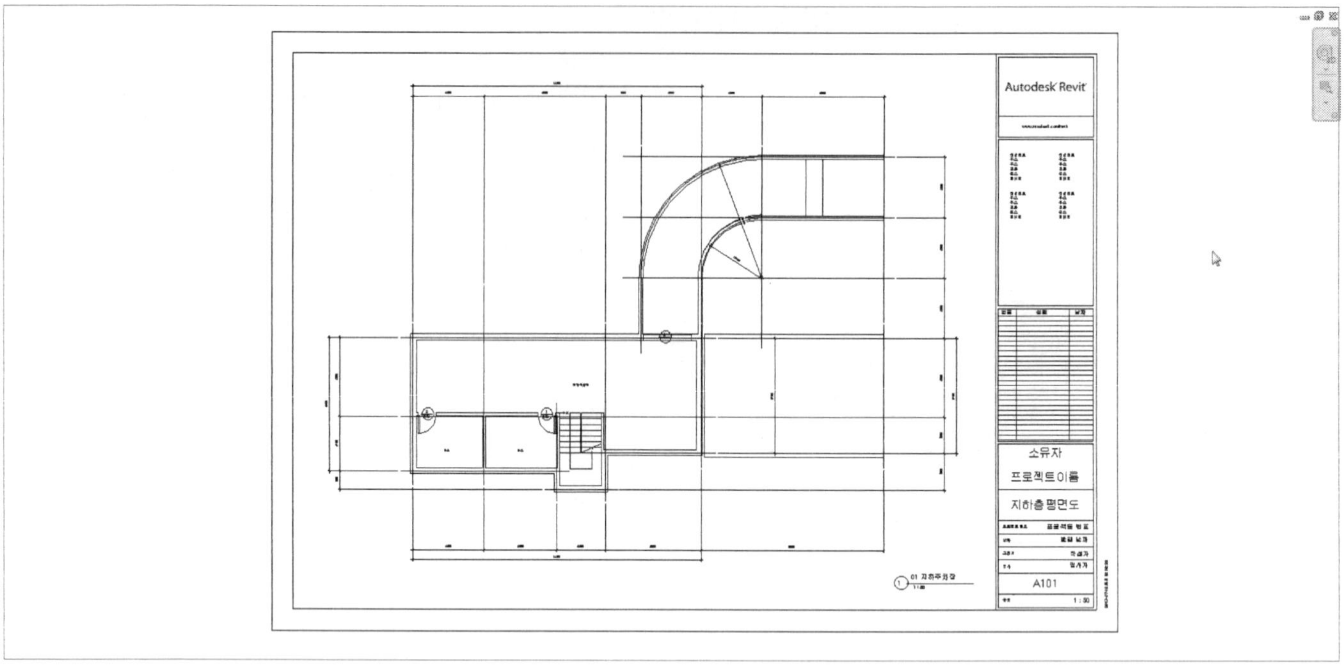

- 같은 방법으로 A104 - 지붕 평면도를 구성한다.

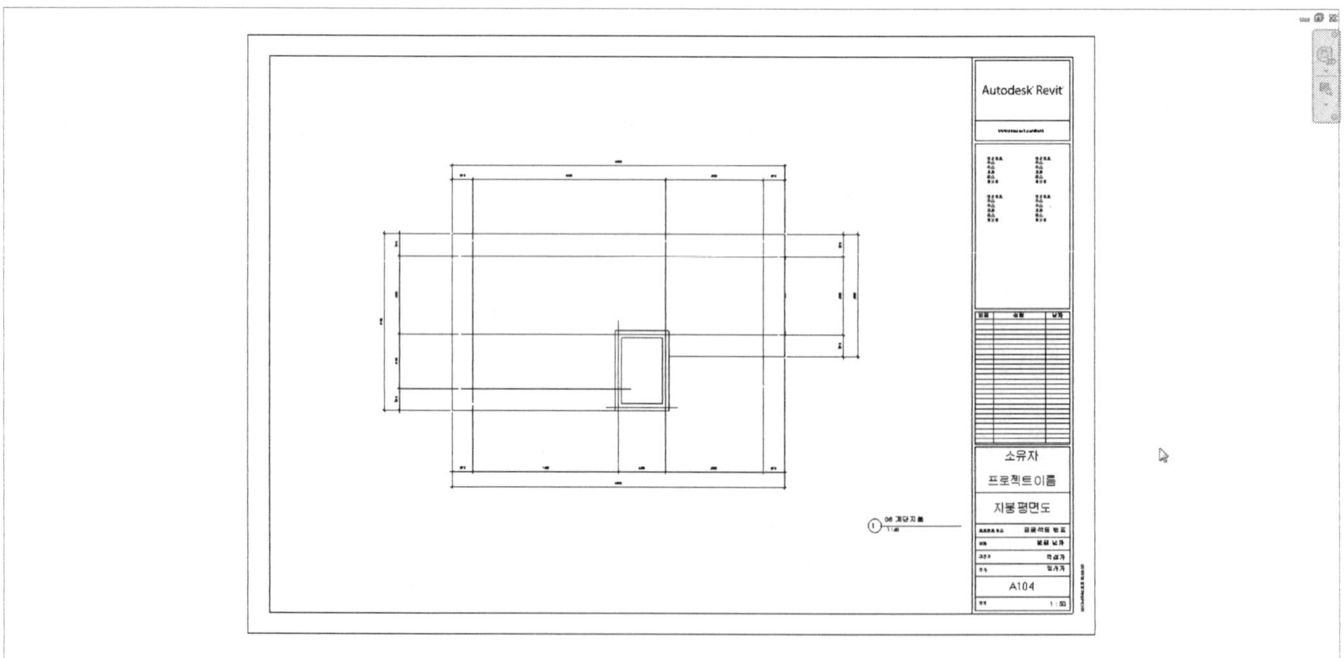

② 입단면도 구성하기

- 같은 방법으로 A105 - 남측면도를 구성한다.

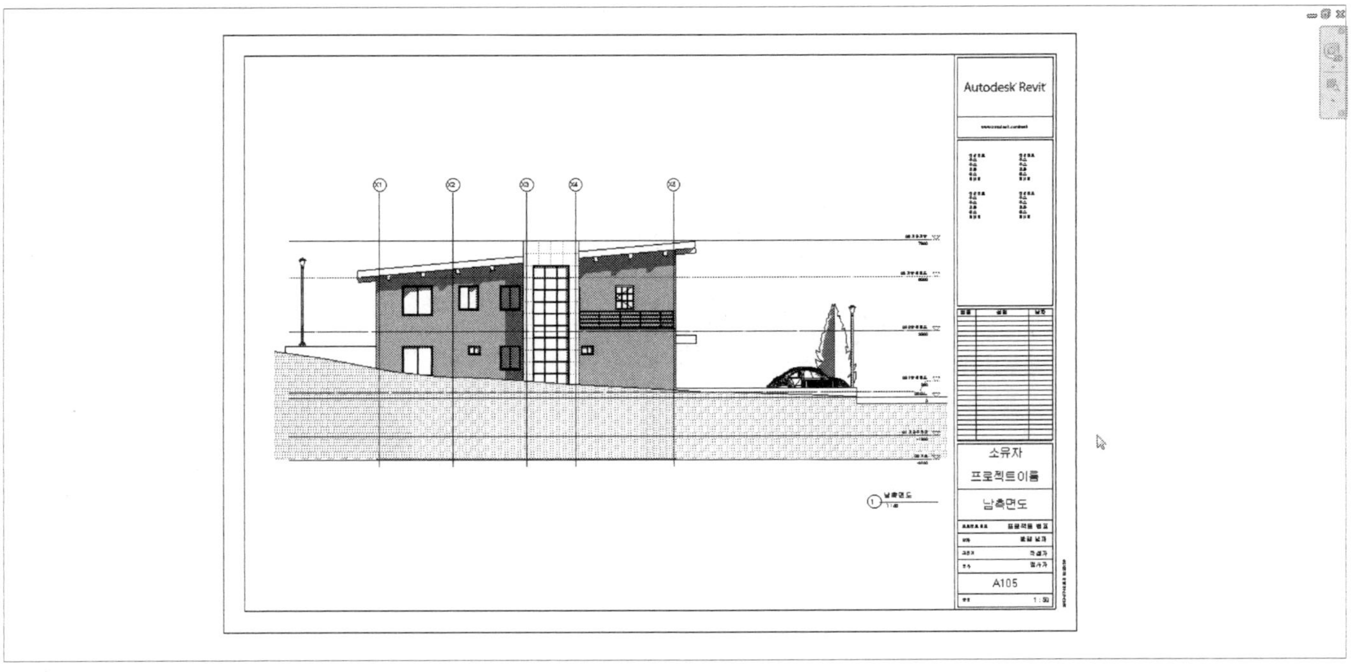

- 같은 방법으로 A106 - 북측면도를 구성한다.

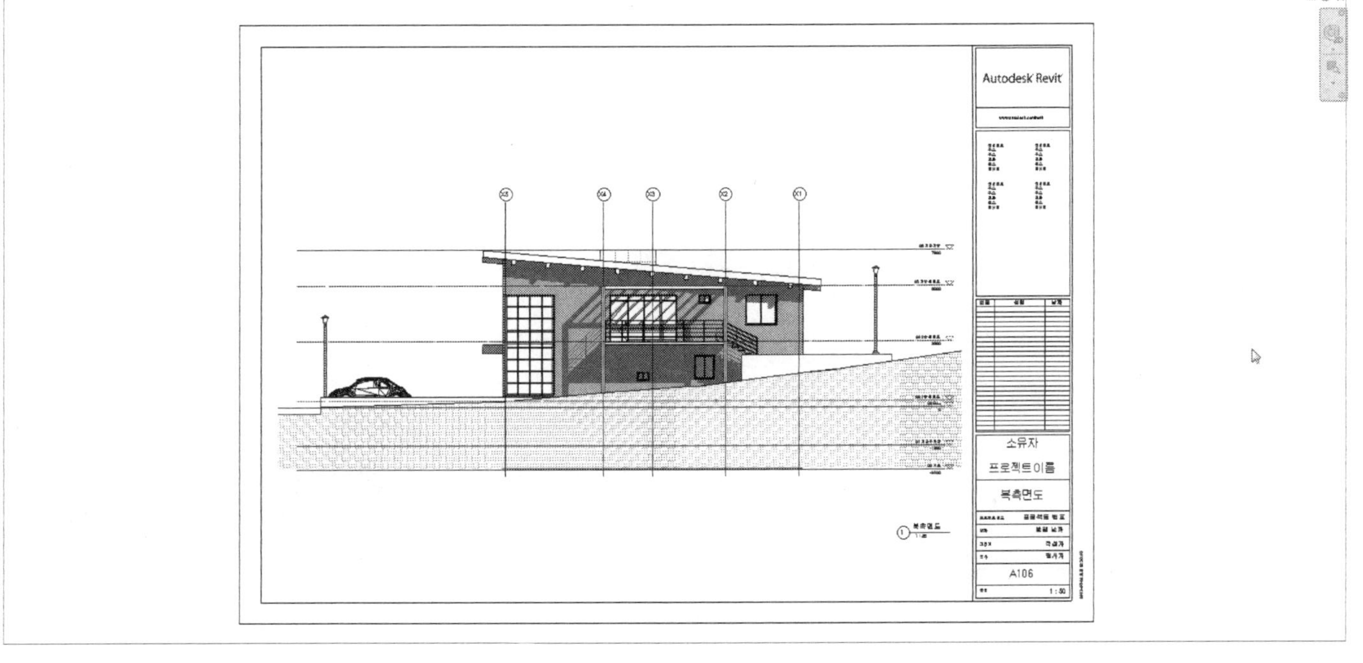

- 같은 방법으로 A107 - 동측면도를 구성한다.

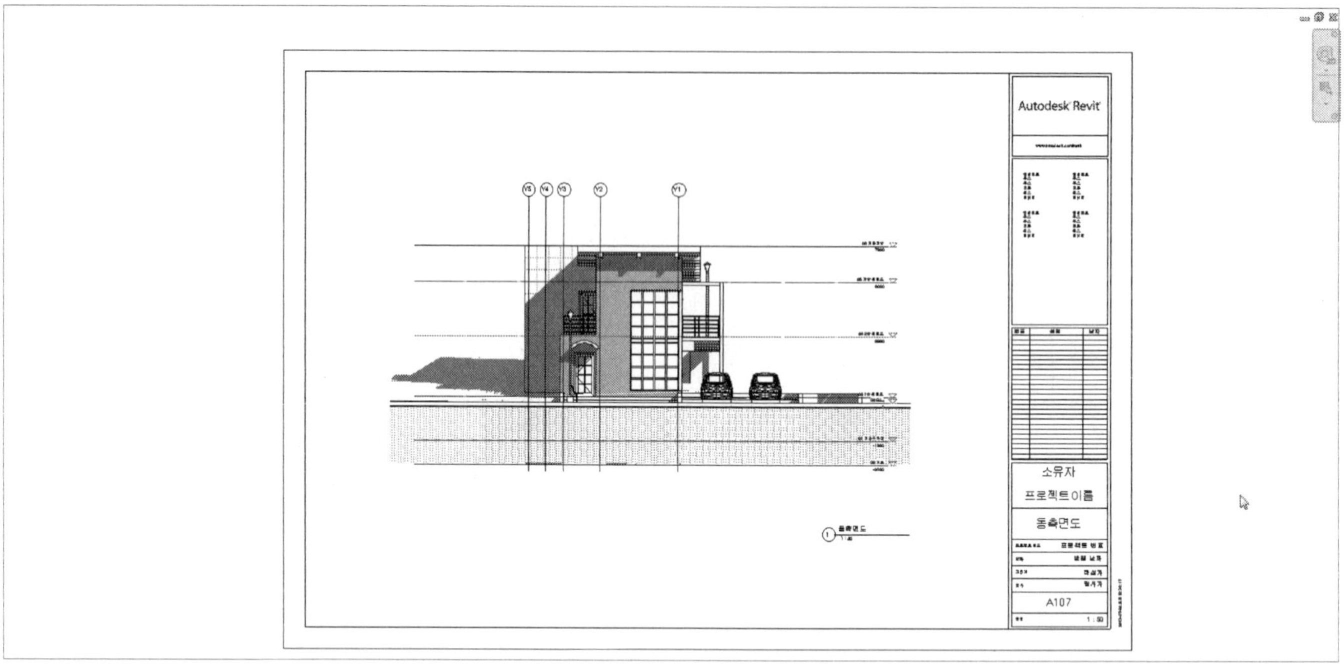

- 같은 방법으로 A108 - 서측면도를 구성한다.

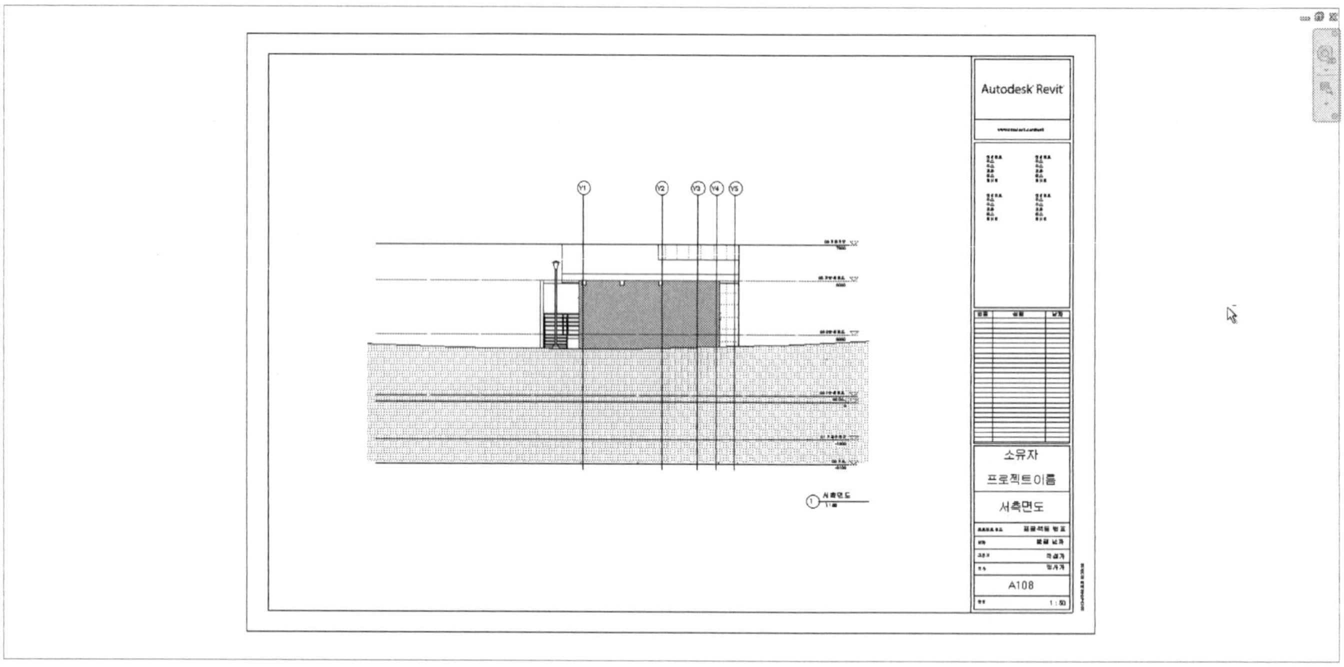

- 같은 방법으로 A109 - 종단면도를 구성한다.
- 이 때 단면도0은 종단면도로 이름을 변경한다.

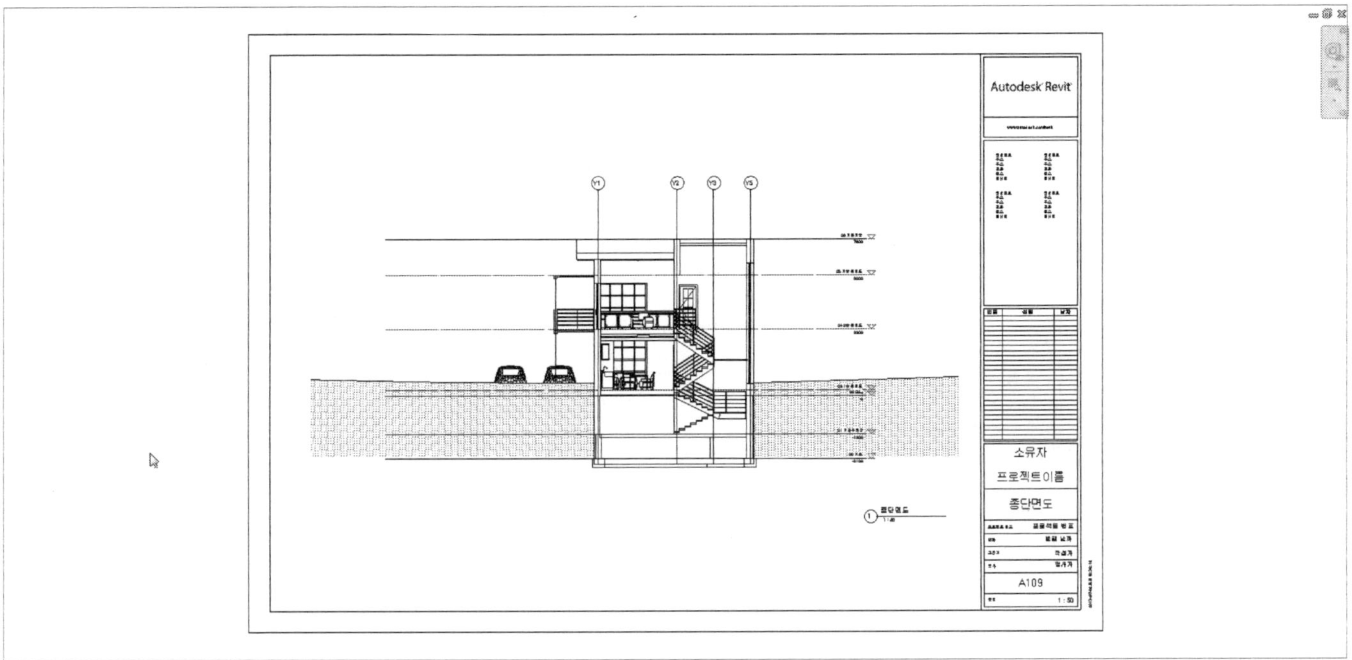

- 같은 방법으로 A110 - 횡단면도를 구성한다.
- 단면도1은 횡단면도로 이름을 변경한다.

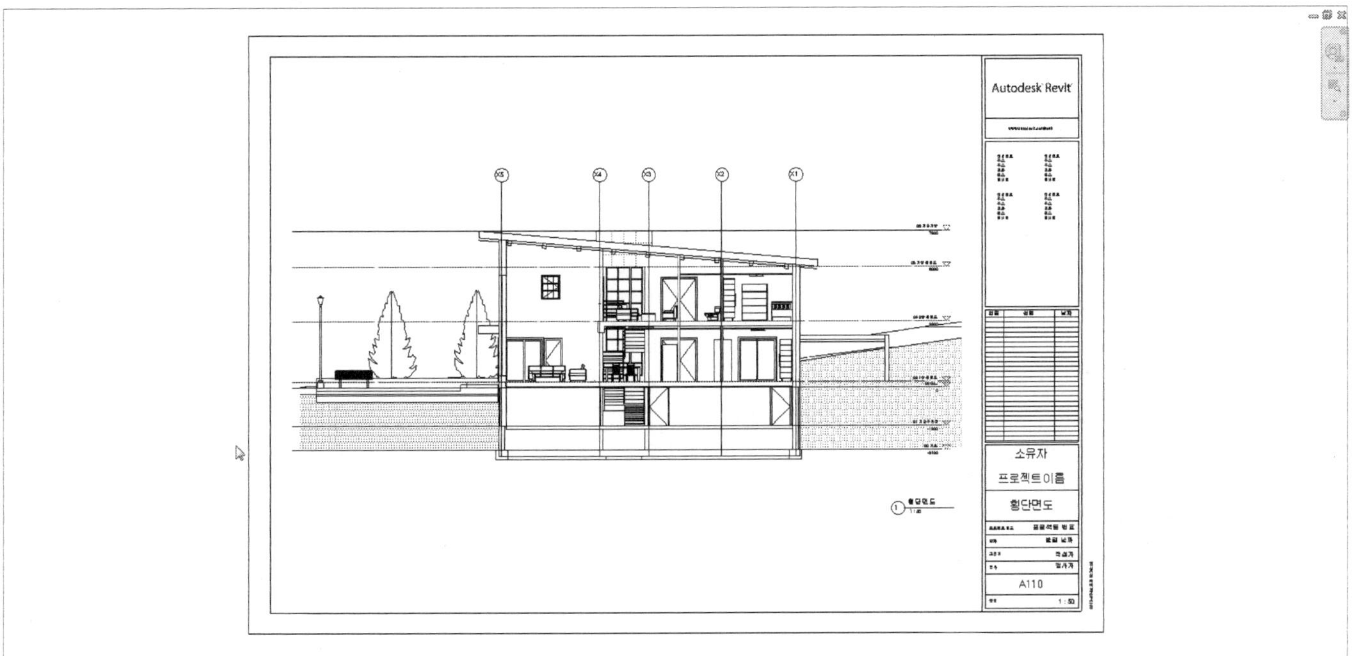

- A110 - 횡단면도에서 콜아웃 뷰를 이용한 상세도를 추가하기 위해서 우선 횡단면도 뷰로 이동한다.
- 뷰 탭에서 콜아웃을 선택하고 아래 그림과 같이 횡단면도에 상세하게 볼 부분을 지정한다.

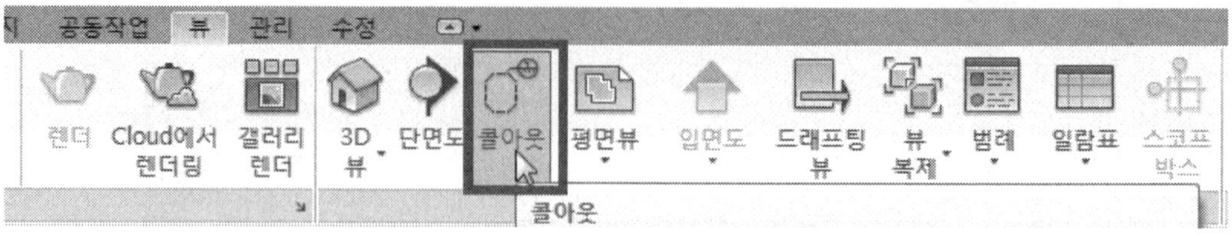

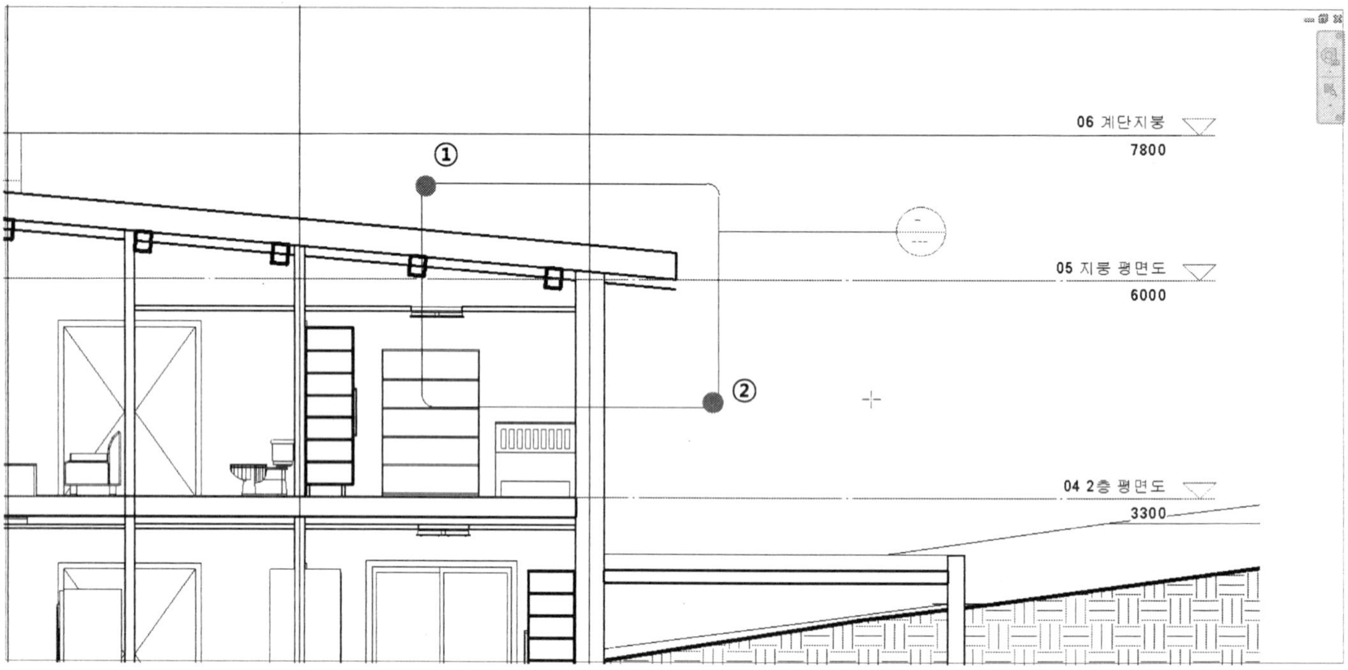

- 프로젝트 탐색기에 콜아웃1이 생성된 것을 확인할 수 있다.
- 이 때 콜아웃 뷰를 활성화하면 아래 그림과 같다. 콜아웃 뷰의 축척을 1:20으로 정한다.

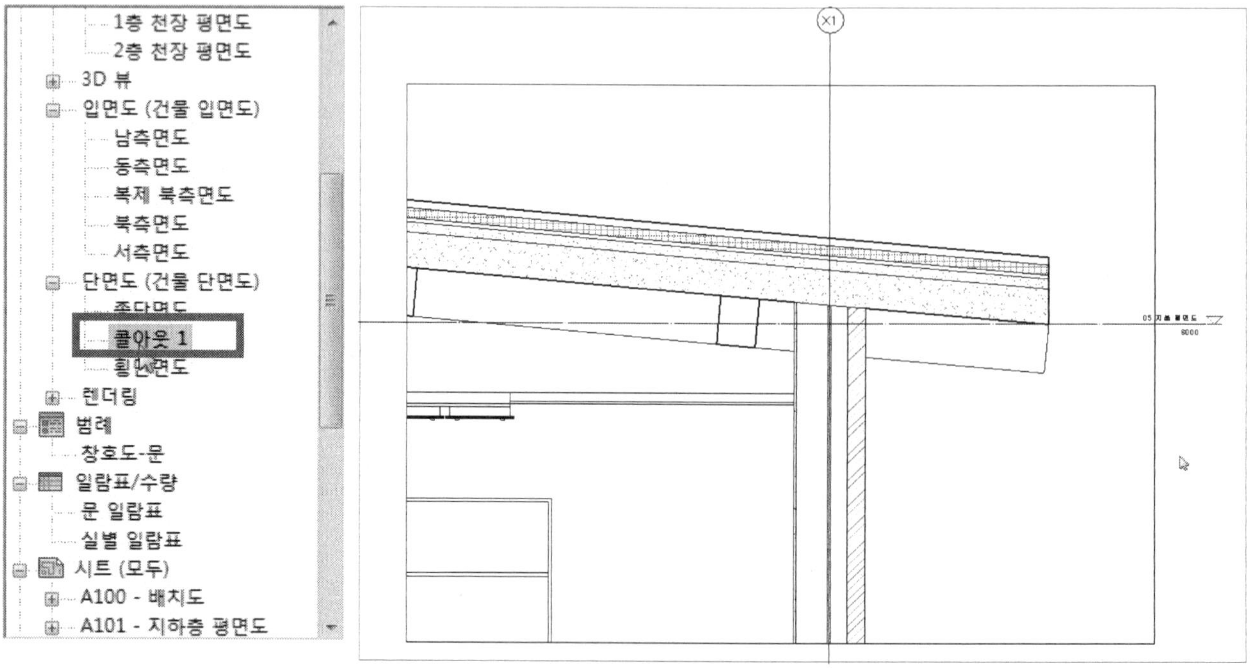

- 다시 A110 - 횡단면도를 활성화하고 콜아웃1을 드래그한다.

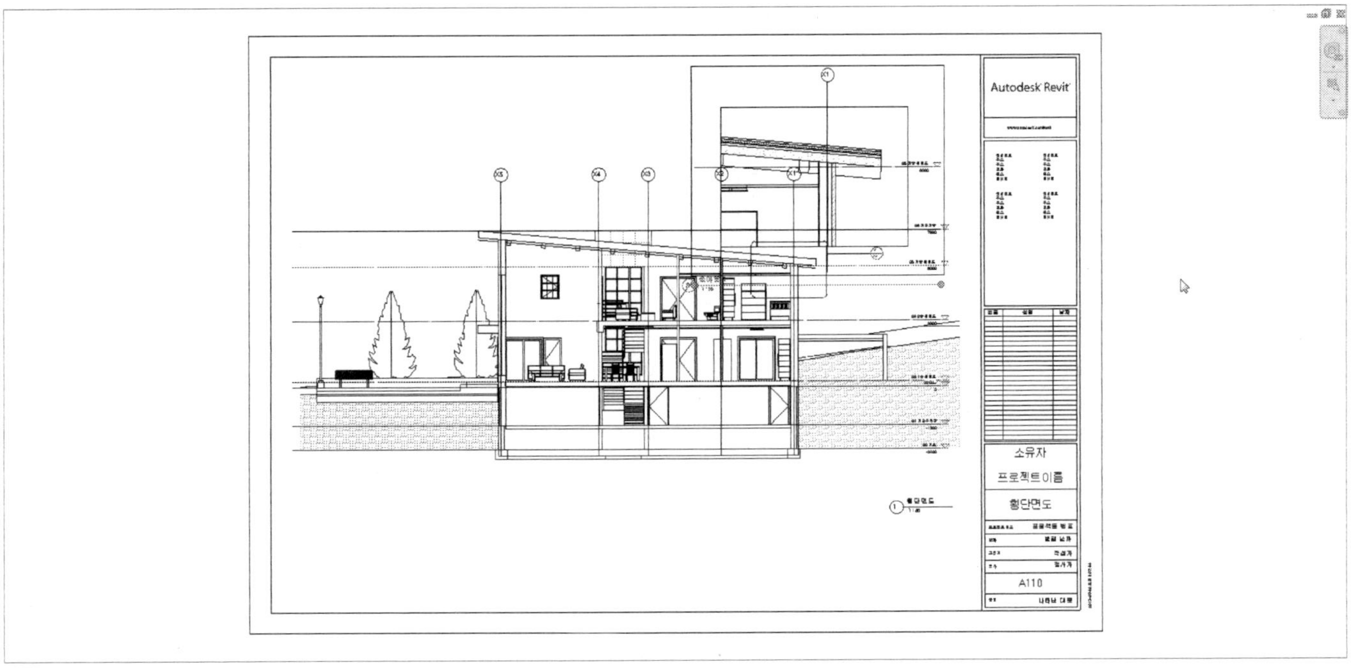

- 콜아웃1과 횡단면도의 위치를 적절하게 이동한다.

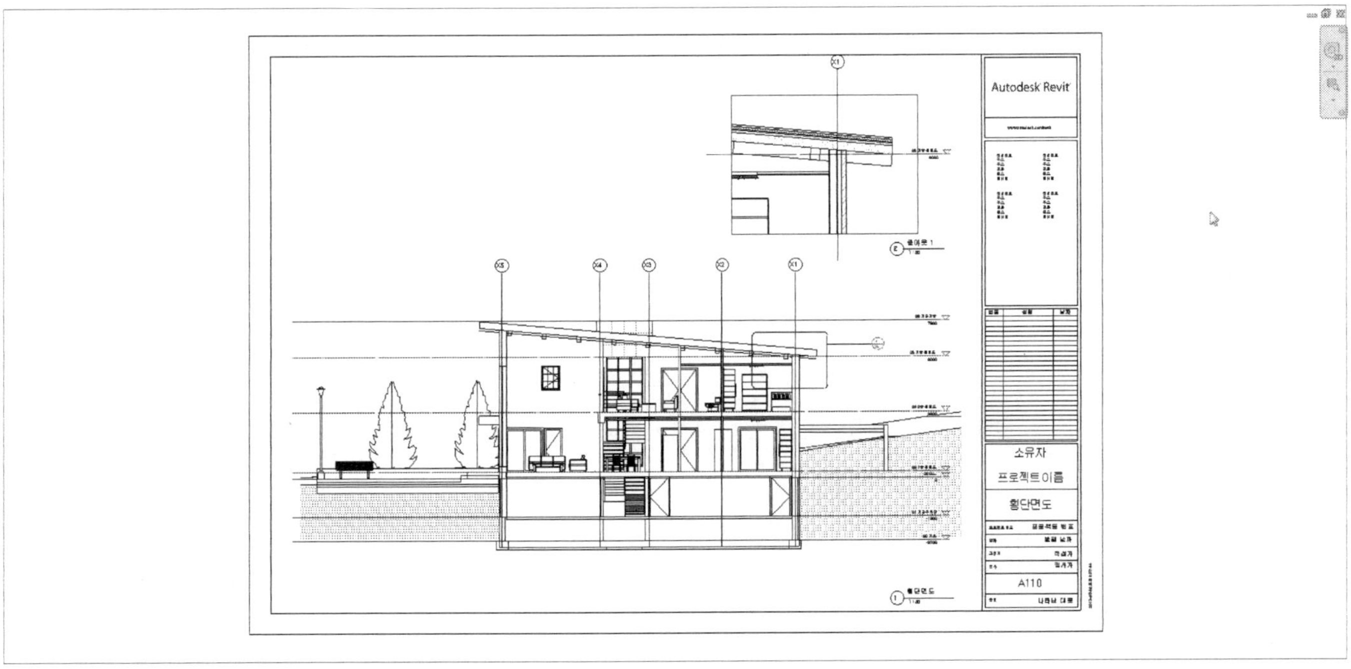

③ 일람표와 창호도 구성하기

- A111 - 일람표 시트를 새로 만들고 실별 일람표와 문 일람표를 드래그하여 가져온다.

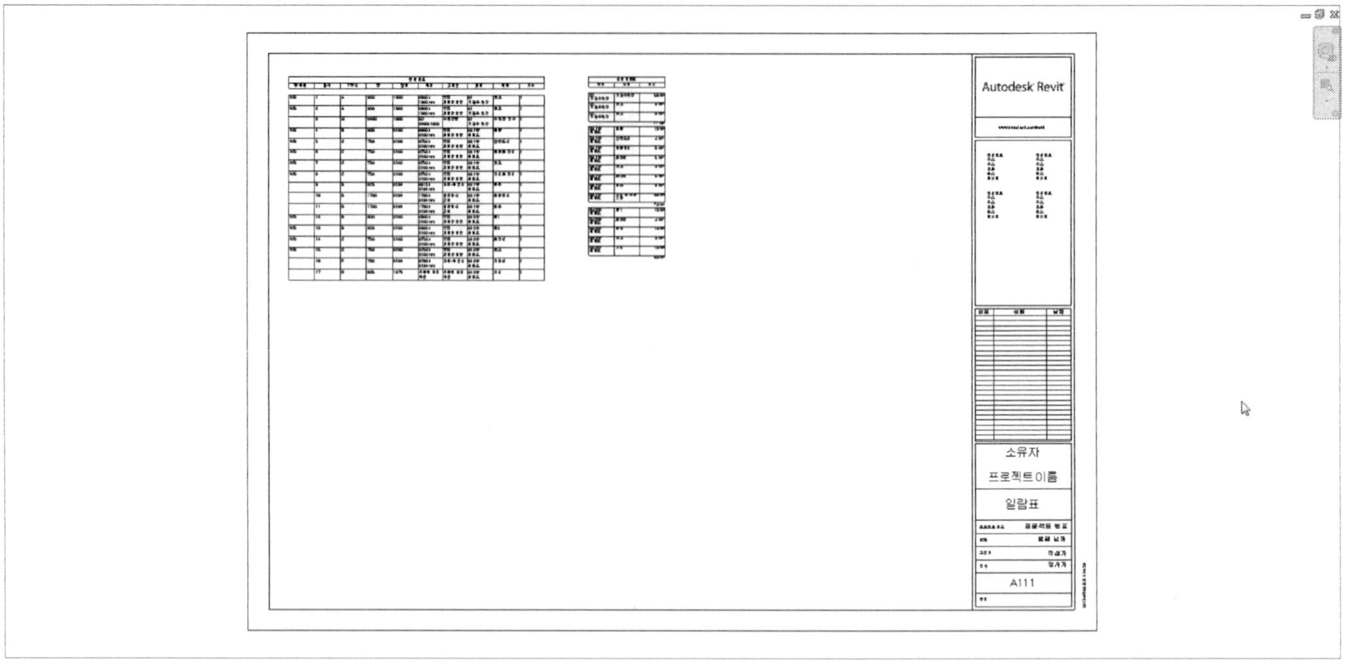

- A112 - 문/창호도 시트를 새로 만들고 범례의 문-창호도를 드래그하여 가져온다.

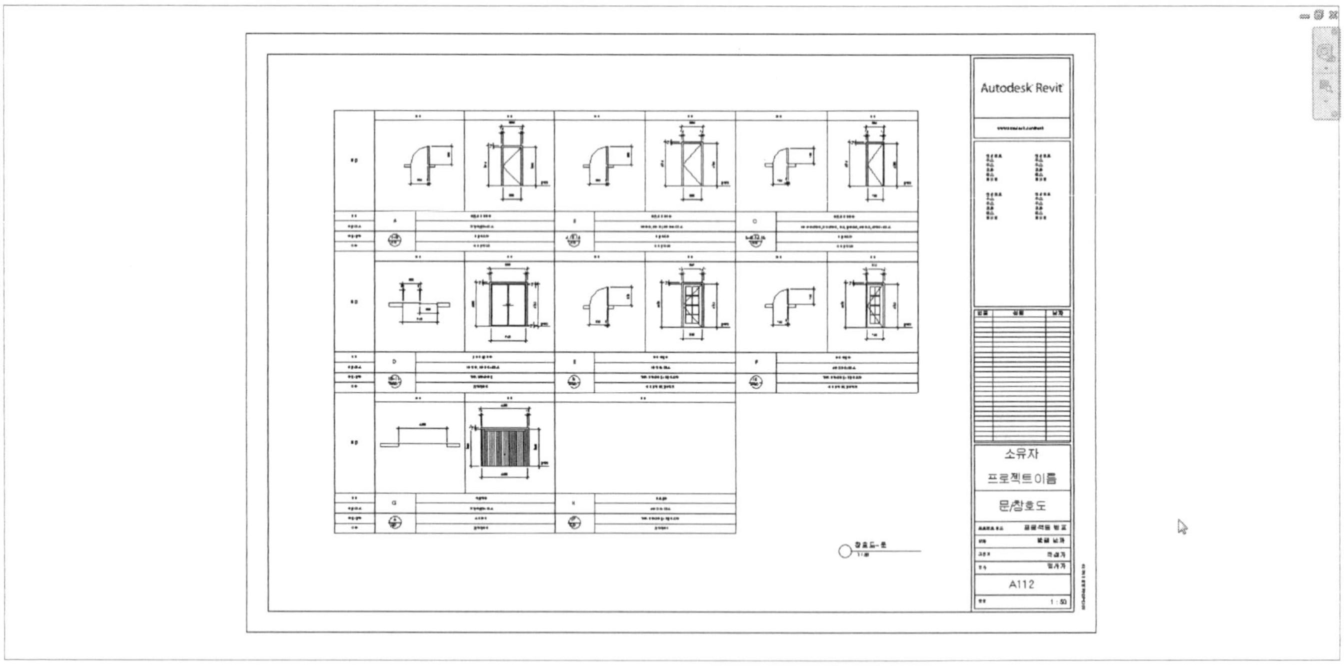

- 비어있는 H 타입의 문을 창호도에 채우기 위해서 먼저 북측면도 뷰를 복제한다.
- 프로젝트 탐색기에서 북측면도에서 마우스 오른쪽 버튼을 클릭하고 뷰 복제(V)의 복제(L)을 선택한다.

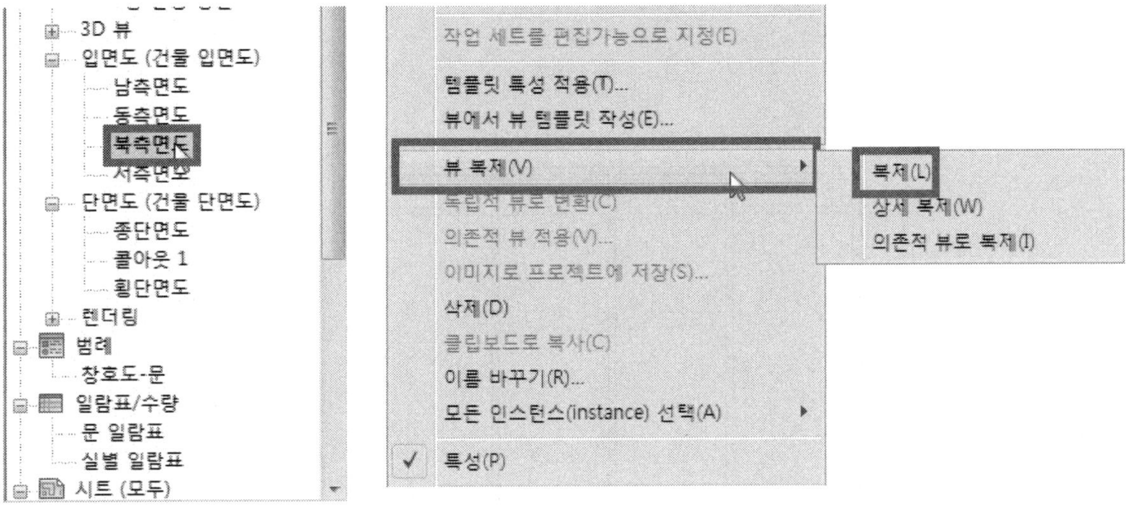

뷰 복제에 관해서

● 뷰 복제

원본 뷰를 복사하여 뷰를 만든다. 복제된 뷰는 모델 요소는 복제하지만, 주석 요소는 복제하지 않는다.

● 상세 복제

원본 뷰의 모든 부분을 그대로 나타내는 뷰로 복제된다. 즉 모델 요소와 주석 요소를 모두 복제한다.

● 의존적 뷰로 복제

원본 뷰의 특성과 뷰 관련 요소들을 모두 이어받는 뷰를 만든다. 복제된 뷰는 원본 뷰의 일부만을 보여주며, 뷰가 분리된 곳을 표시하기 위하여 매치라인을, 뷰를 링크하기 위하여 뷰 참조를 삽입할 수 있다. 이 옵션은 전체 평면이 너무 커서 평면의 일부만 표시하는 뷰를 만들 때 도움이 된다.

- 프로젝트 탐색기에서 복제된 복제 북측면도를 활성화한다.

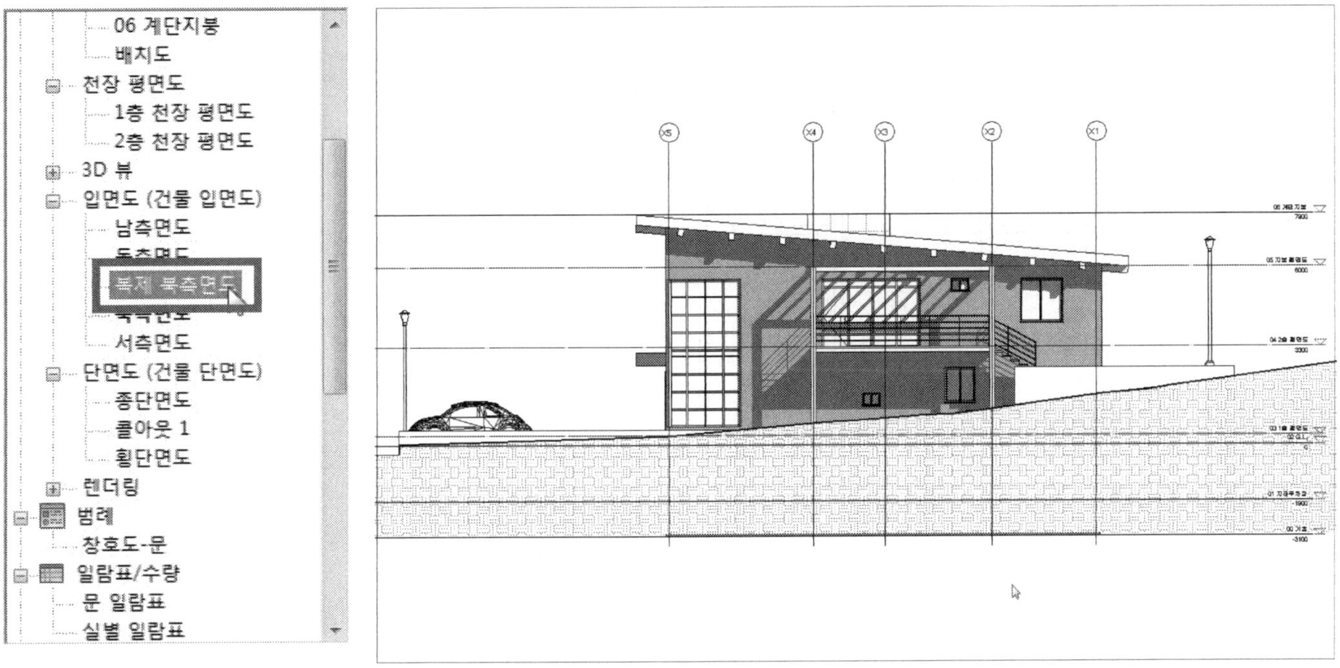

- 복제 북측면도에서 정면에 보이는 2층 거실과 발코니를 연결하는 커튼월만 제외하고 아래 그림과 같이 전부 뷰에서 감춘다.

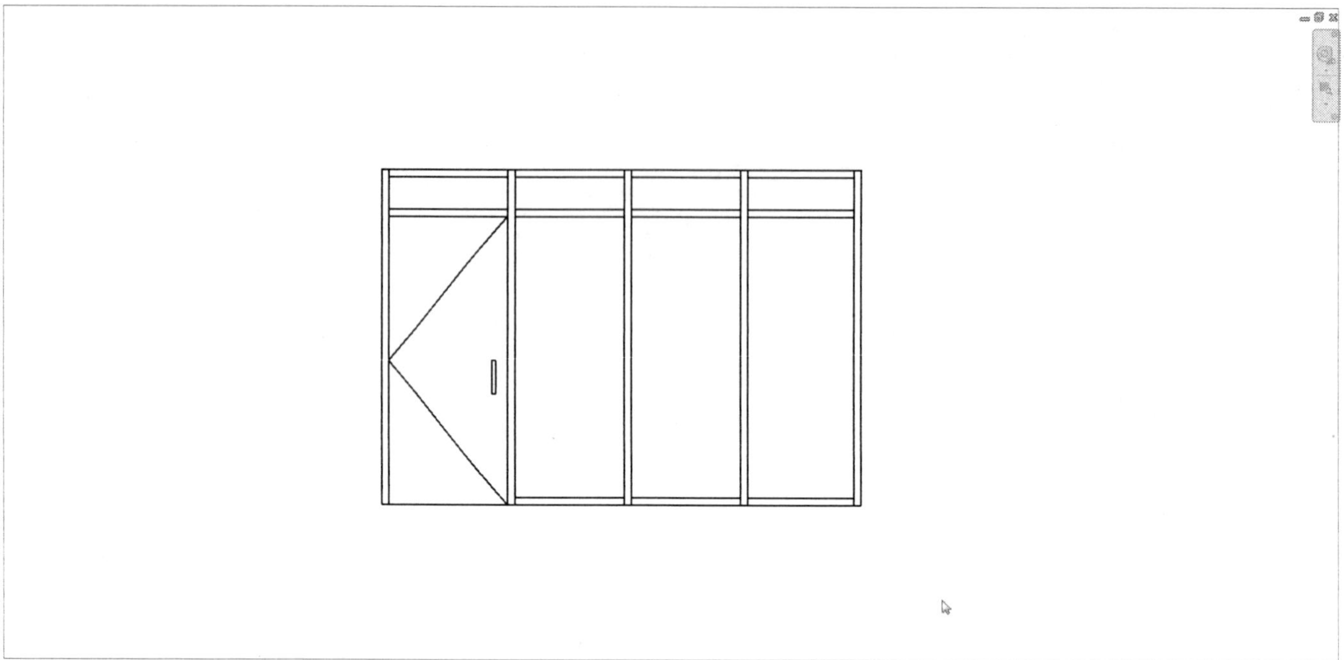

- 축척이 1:50으로 되어있는가를 확인한다.
- 아래 그림과 같이 주석 탭의 치수의 정렬을 이용해서 치수를 적는다.

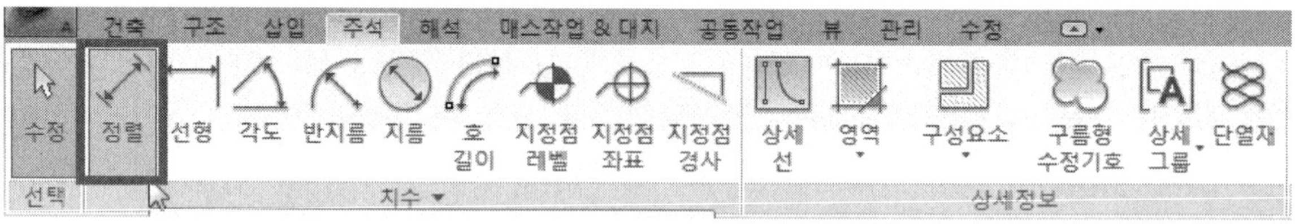

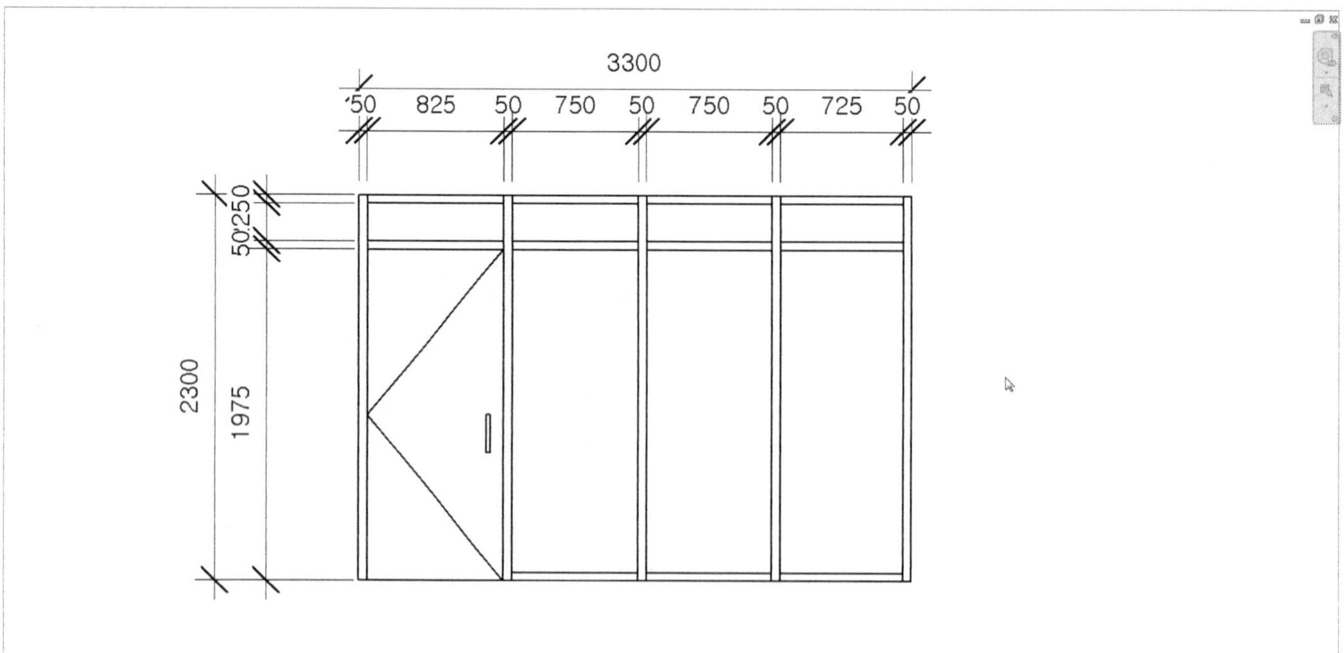

- 시트 A112 - 문/창호도를 활성화하고 복제 북측면도를 드래그한다.

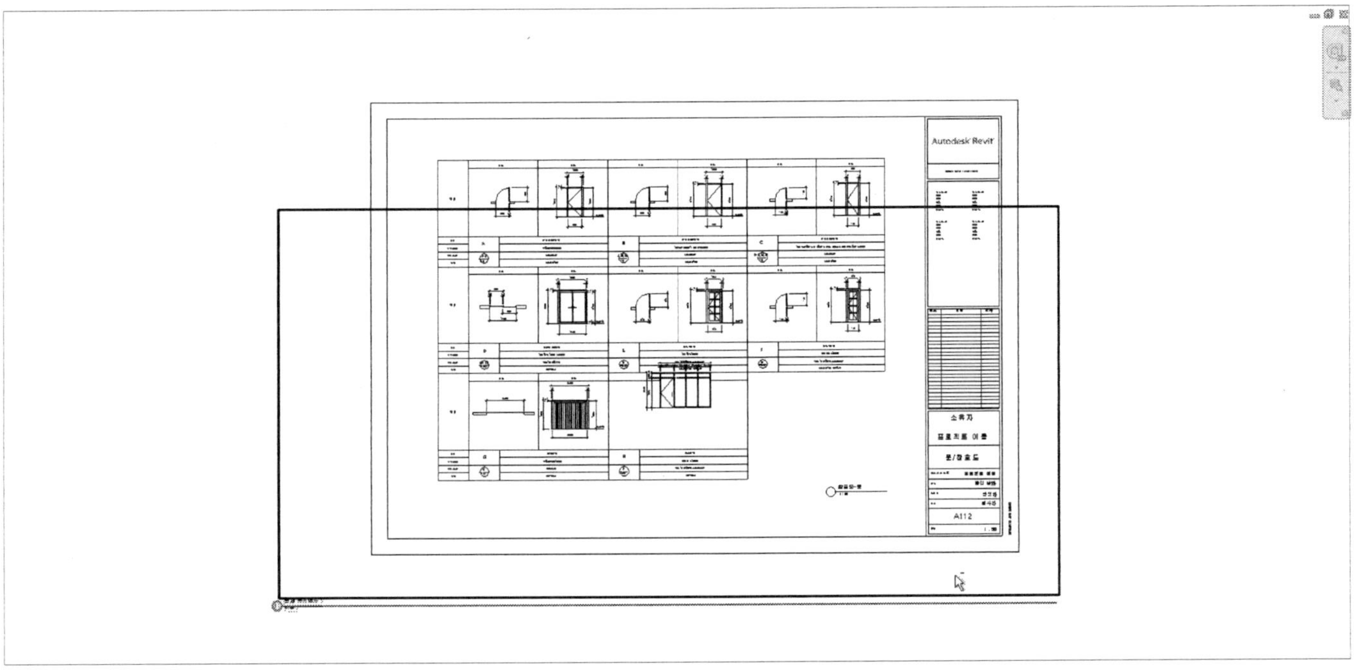

- 드래그 된 복제 북측면도를 선택하고 오른쪽 버튼을 클릭하여 뷰 활성화(A)를 선택한다.

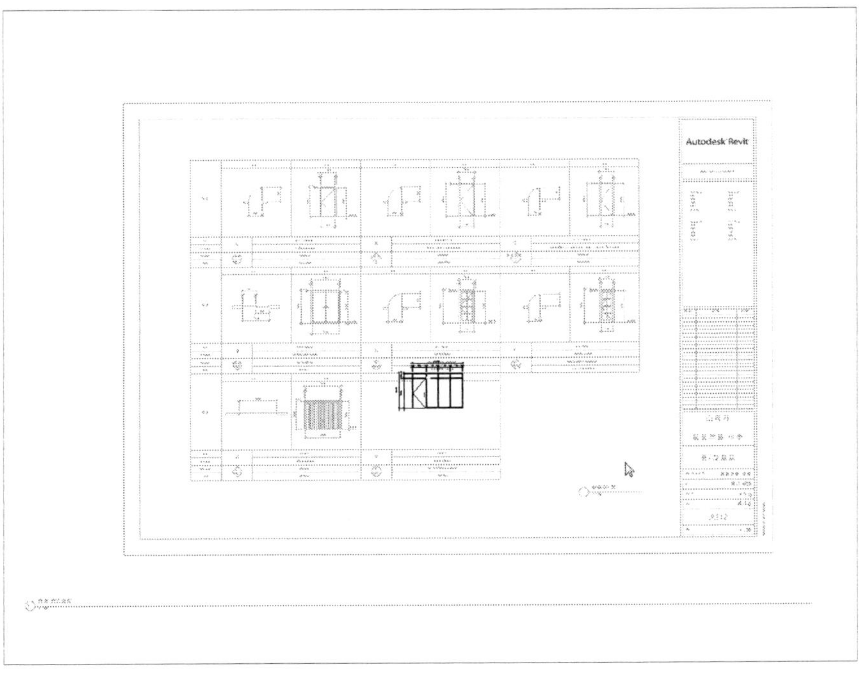

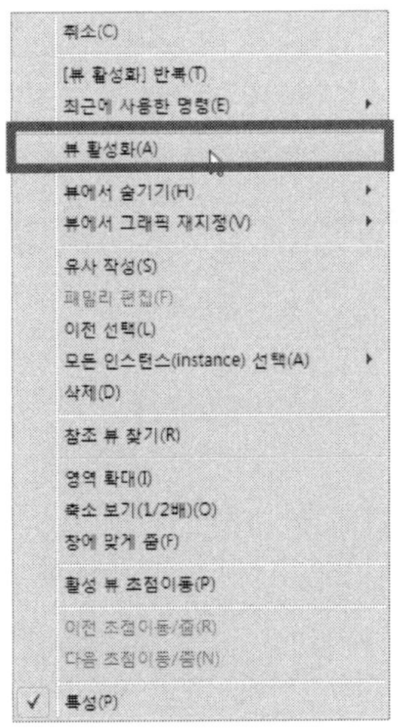

- 자르기 영역 표시를 키고 영역을 조절한 후 복제 북측면도의 위치를 적절하게 이동한 후뷰 비활성화(D)를 선택한다.

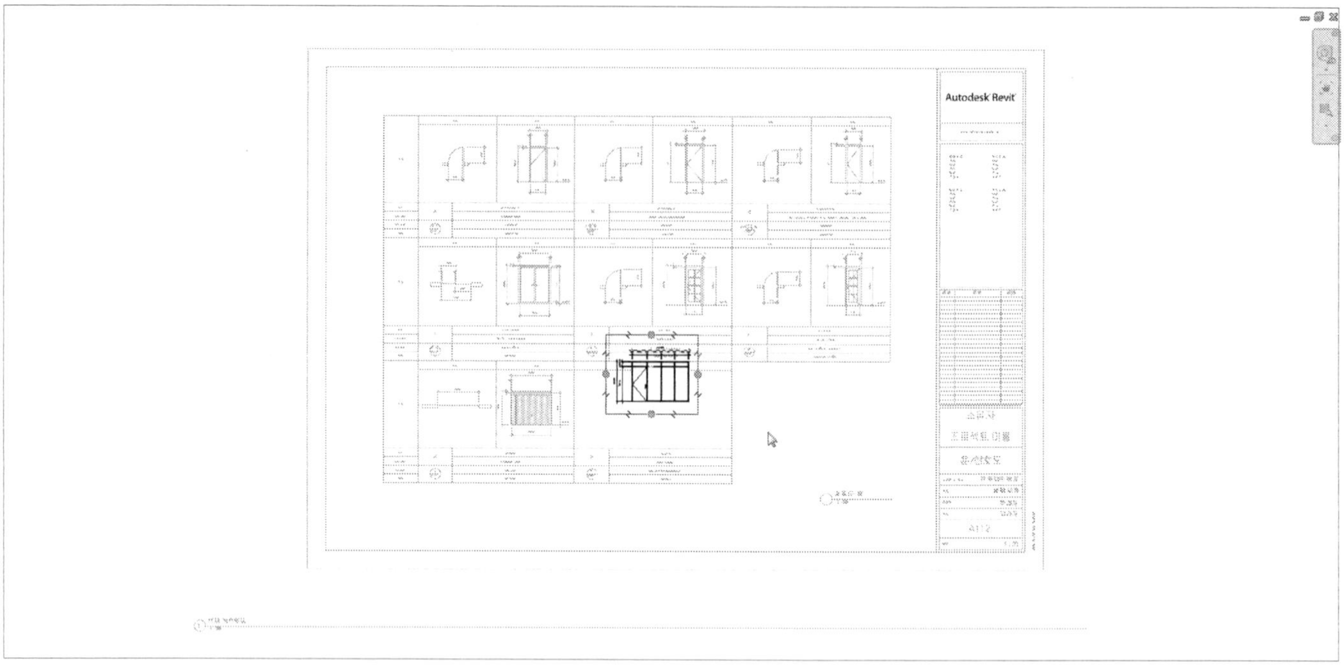

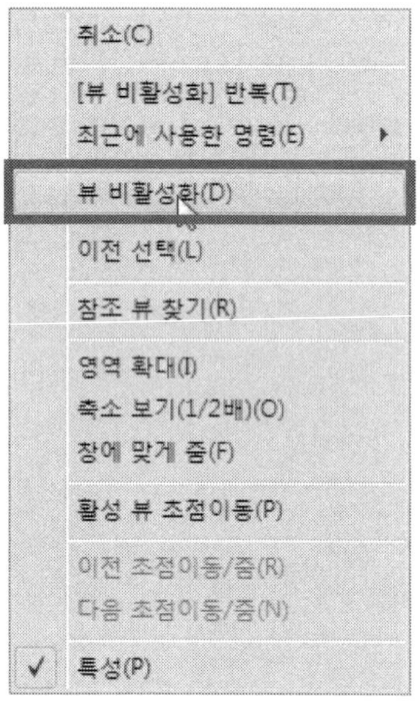

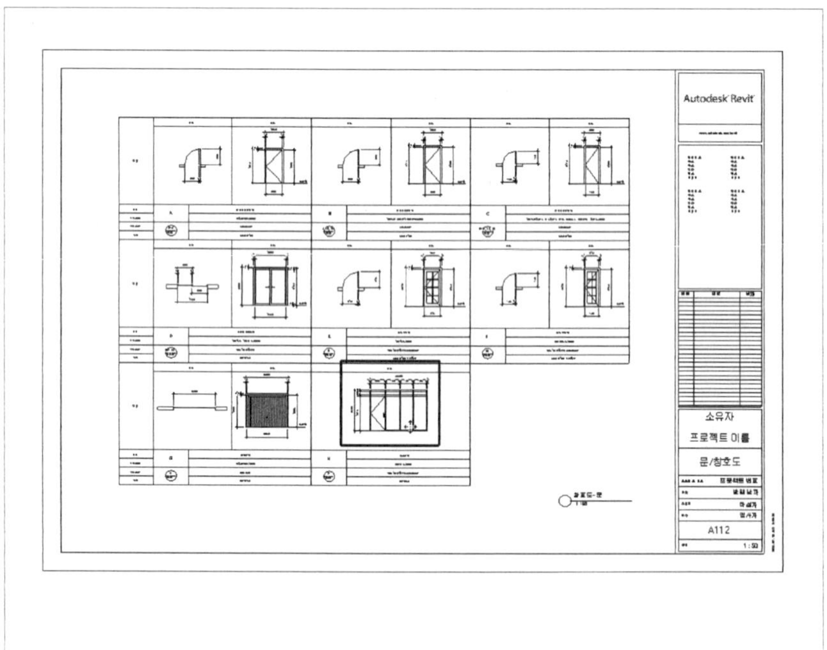

- 복제 북측면도의 뷰포트 박스선을 선택하고 마우스 오른쪽 버튼을 클릭하여 뷰에서 숨긴다.

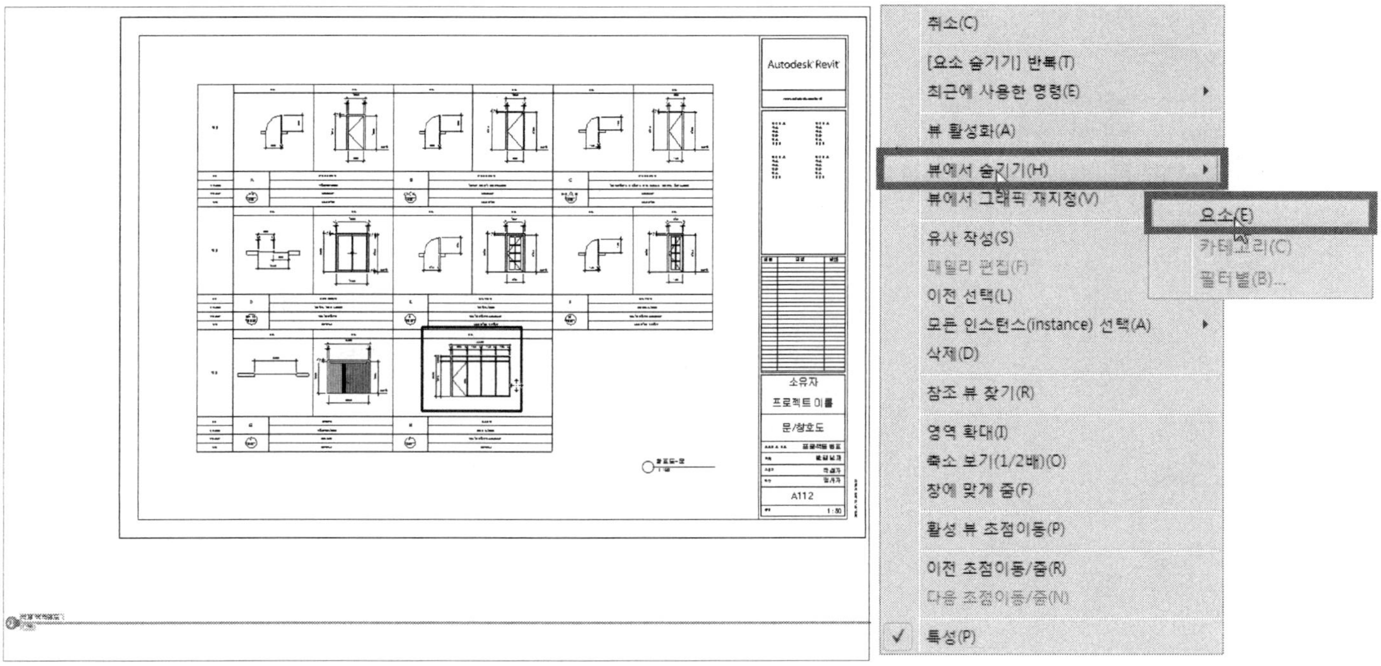

- 문/창호도가 구성된 것을 확인할 수 있다.

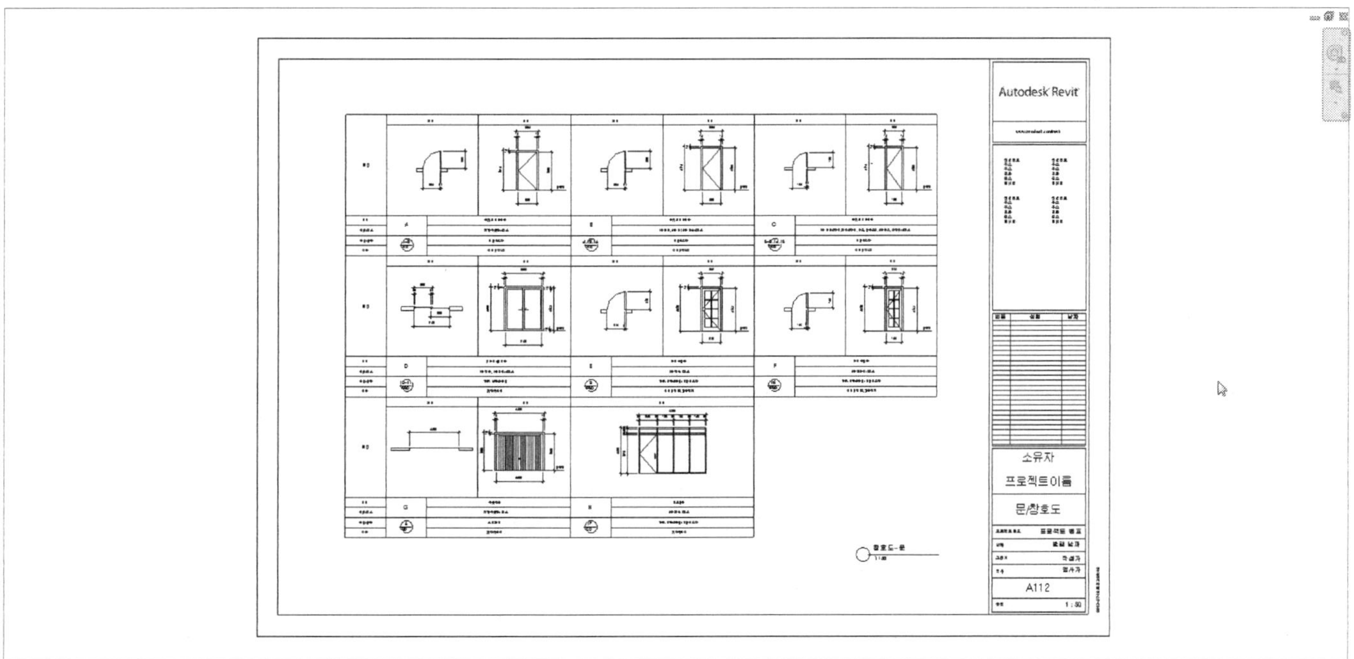

- 창호도에 수정을 하기 위해서 창호도를 선택하고 뷰 활성화(A)를 클릭한다.

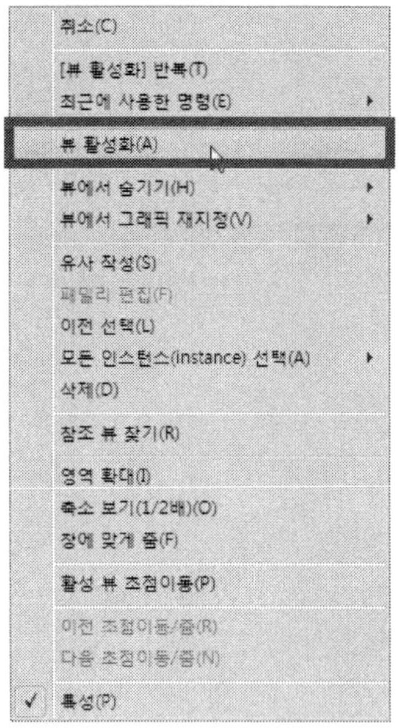

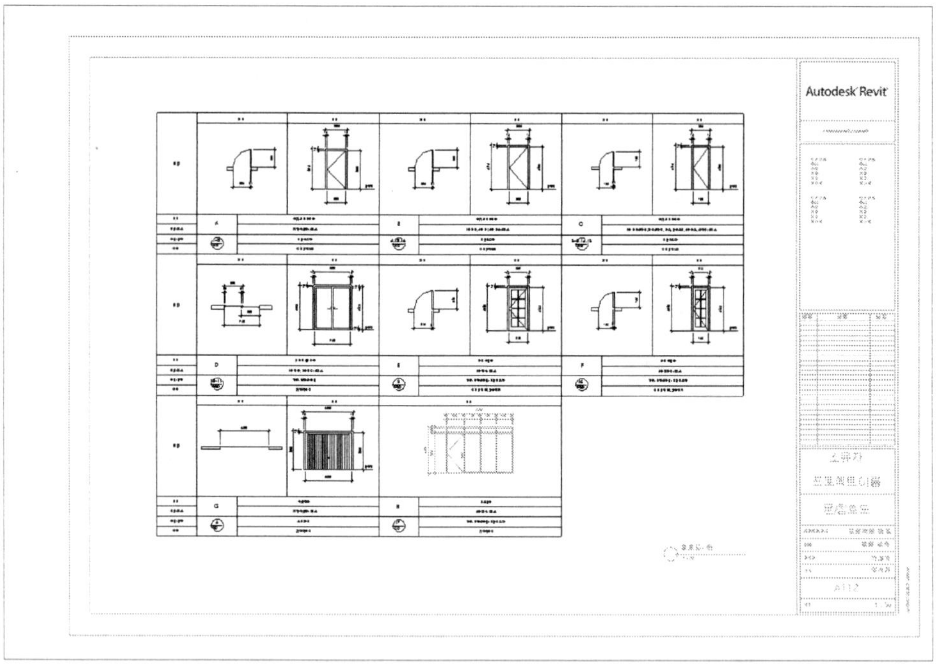

- H 타입 부분을 확대하고 아래 그림과 같이 상세선과 문자를 이용해서 마감선과 선을 작성한다.

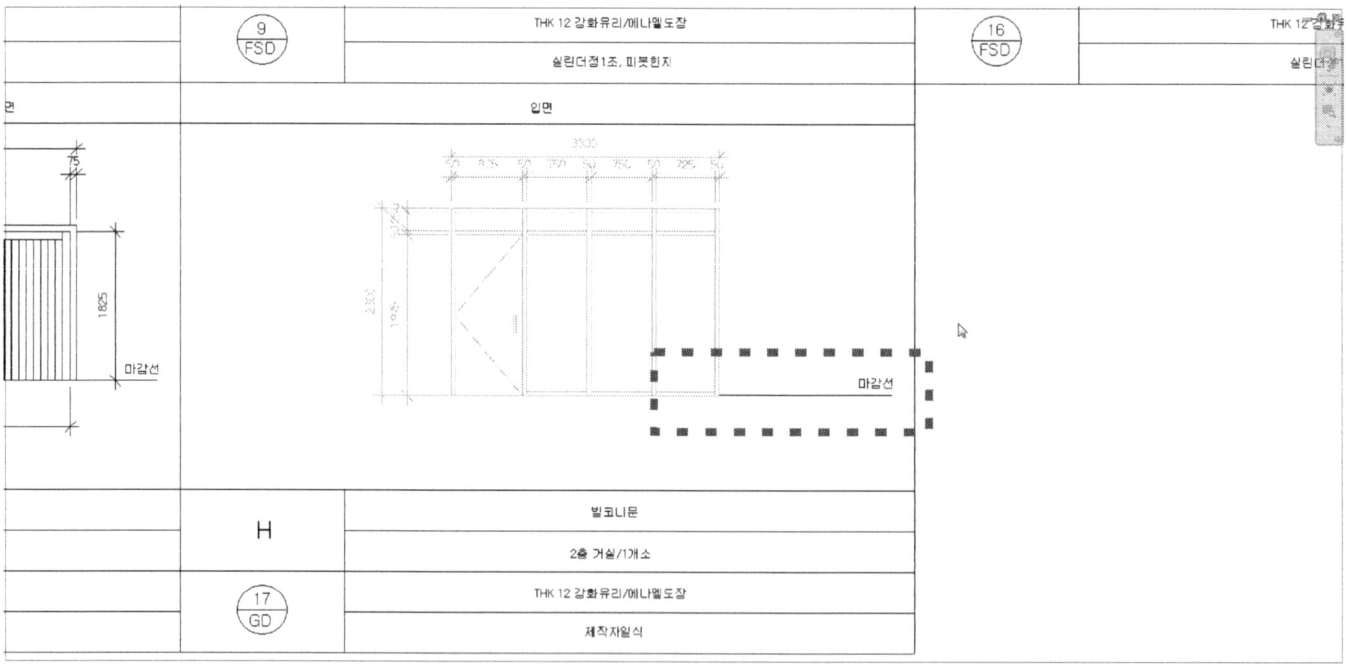

- 복제 북측면도의 뷰포트 박스선을 선택하고 마우스 오른쪽 버튼을 클릭하여 뷰에서 숨긴다.

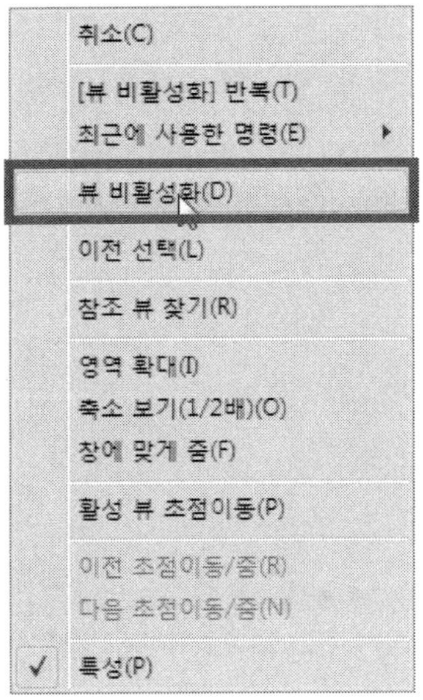

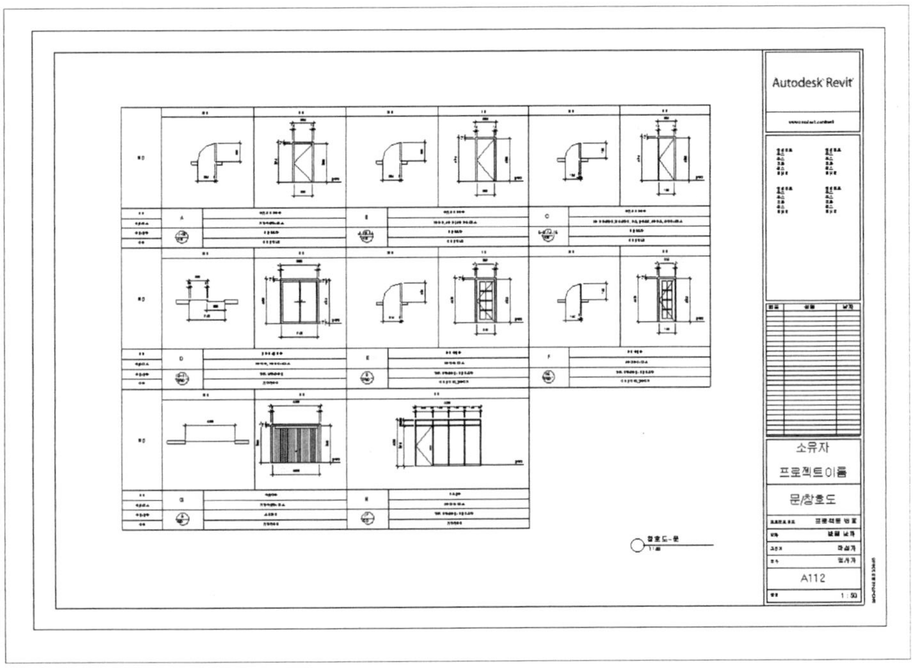

- 문/창호도가 완성된 것을 확인한다.

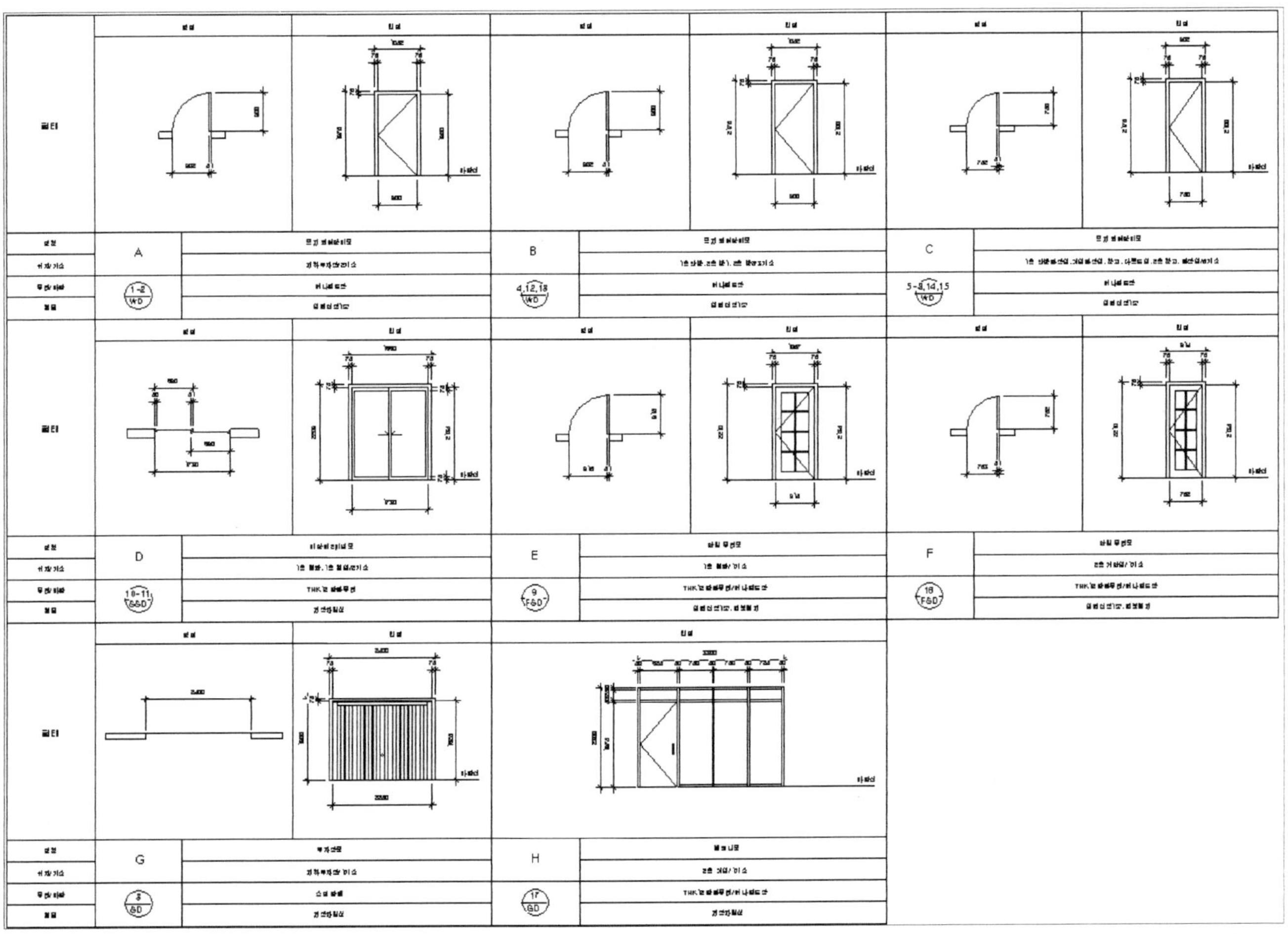

- 시트들을 모두 모으면 다음과 같다.

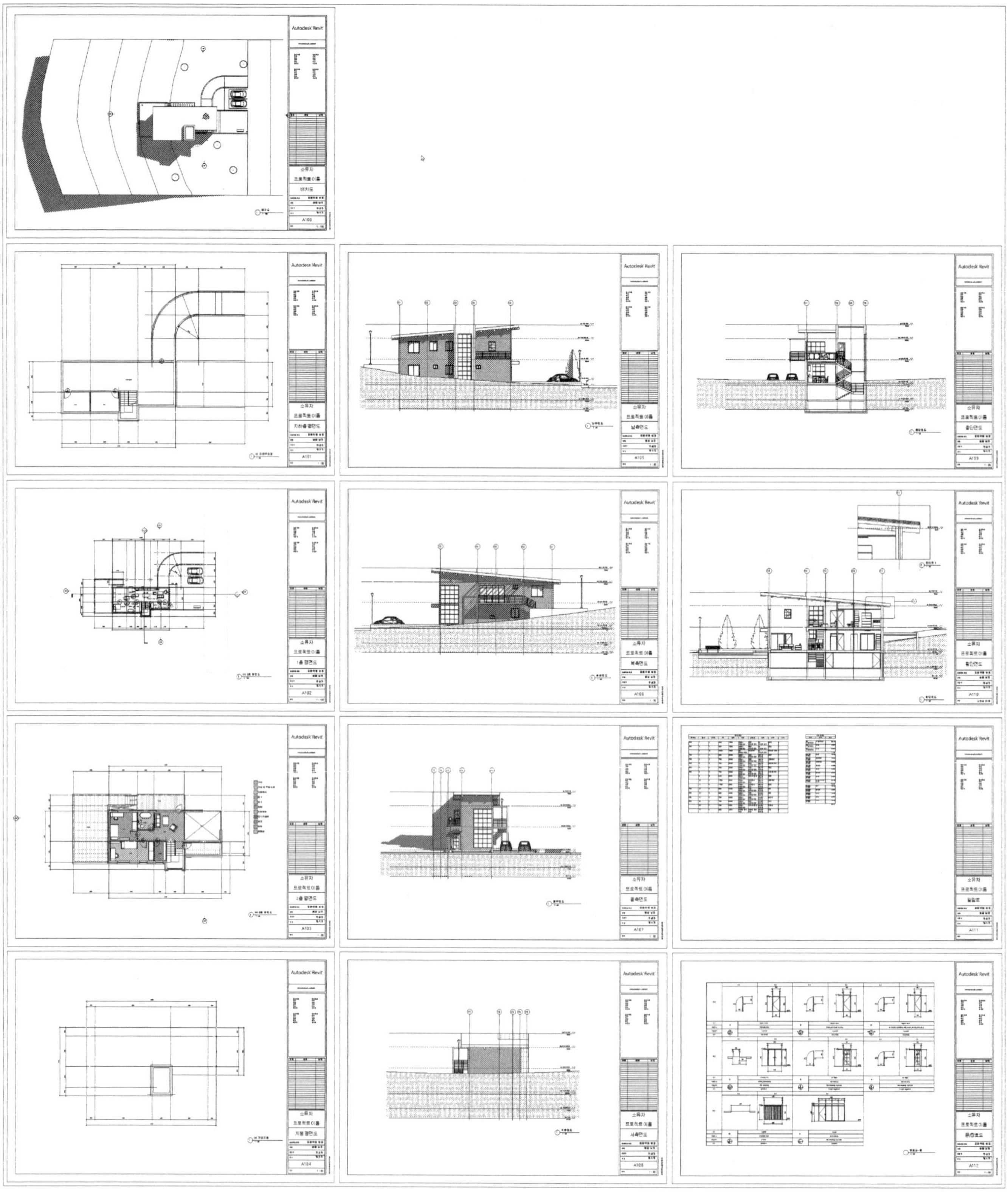

5장 시각적 결과물 추출 작업

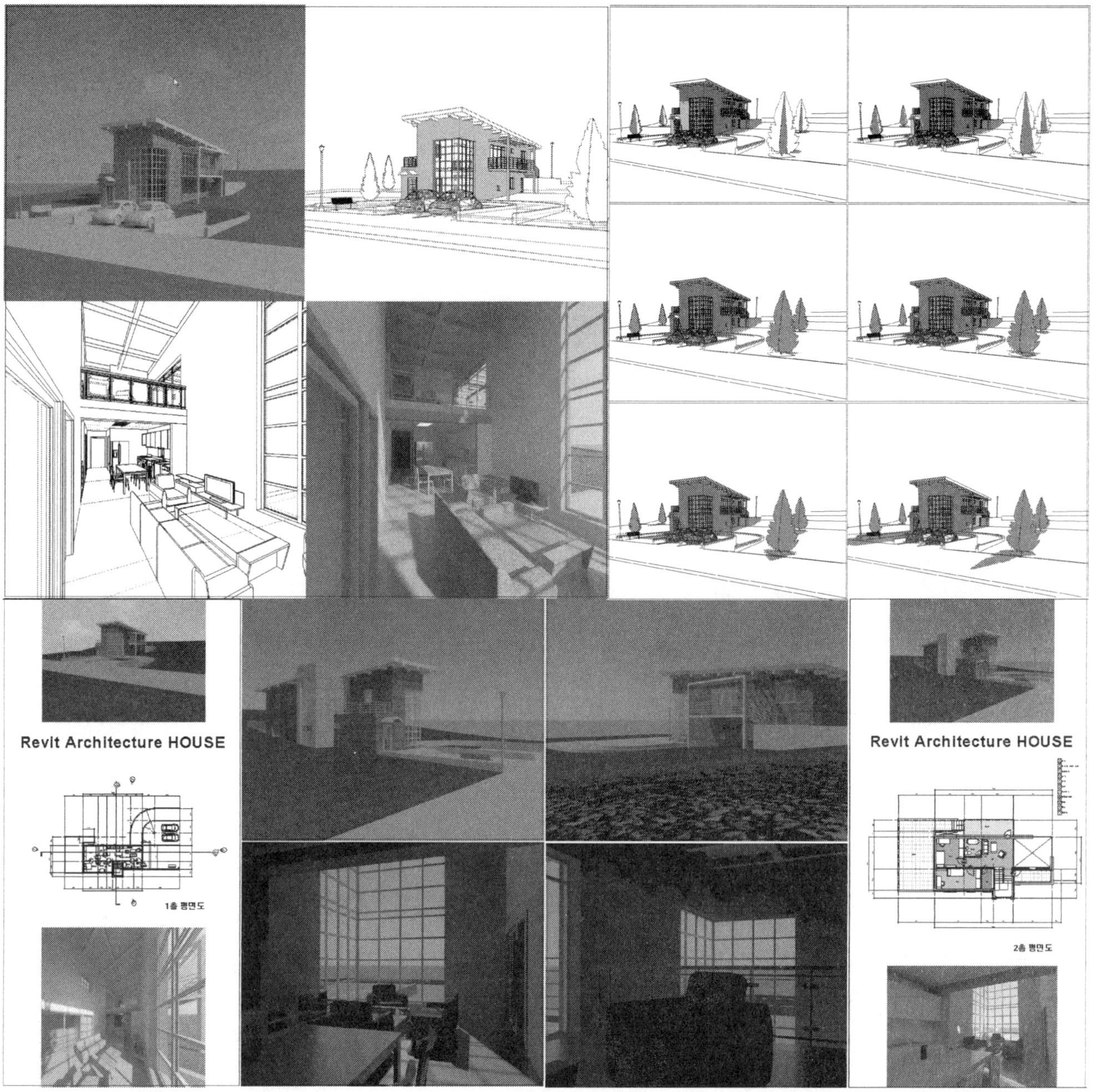

주택 모델링 실습을 통해서 얻어진 결과를 가지고 실내외 투시도와 시각적인 시뮬레이션, 일조 연구, 보행 시선 실험 등과 패널 구성을 통해 시각적인 실험과 표현을 경험해 본다.

1) 카메라 뷰를 이용한 실내외 투시도 및 시각적 결과물 만들기

카메라 뷰를 통해 실내외 투시도 뷰를 설정하고 외관 투시도, 실내 투시도, 각 렌더링 장면, 일조분석, 보행 시선을 통한 동영상 등의 결과물들을 추출한다.

학습목표

- 카메라 뷰를 이용하여 외관 투시도 만드는 방법을 실습을 통해서 숙지한다.
- 외관 투시도 렌더링 장면 만드는 방법을 실습을 통해서 숙지한다.
- 실내 투시도 만들고 렌더링 하는 방법을 실습을 통해서 숙지한다.
- 카메라 뷰를 이용하여 일조분석 하는 방법을 실습을 통해서 숙지한다.
- 카메라 설정을 이용하여 보행 시선 만드는 방법을 실습을 통해서 숙지한다.

5 시각적 결과물 추출 작업

1) 카메라 뷰를 이용한 실내외 투시도 및 시각적 결과물 만들기

① 카메라 뷰를 이용하여 외관 투시도 만들기

- 외부 카메라를 사용하여 외관 투시도를 만들어 본다.
- 외부 투시도 즉 건물 전체 윤곽에 대한 투시도를 만들기 위해서 먼저 02 G.L. 평면을 활성화한다.
- 뷰 탭의 3D 뷰의 카메라를 선택한다.

- 화면에서 아래 그림과 같이 카메라 위치를 먼저 클릭한다.
- 카메라 타켓의 위치를 적절하게 배치한다.

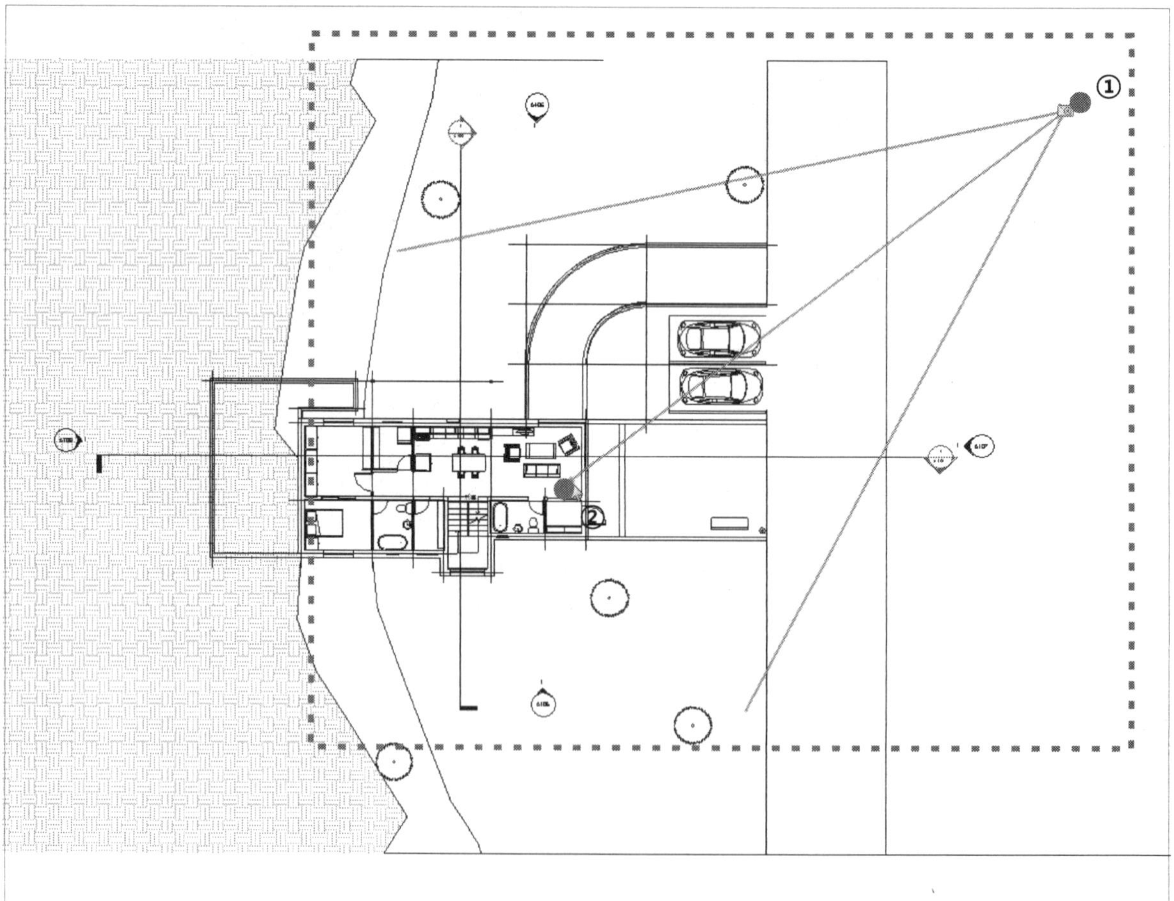

- 화면에 아래 그림과 같은 외관 투시도가 나타난다.
- 프로젝트 탐색기에 3D 뷰 1이 새롭게 만들어진 것을 확인할 수 있다.

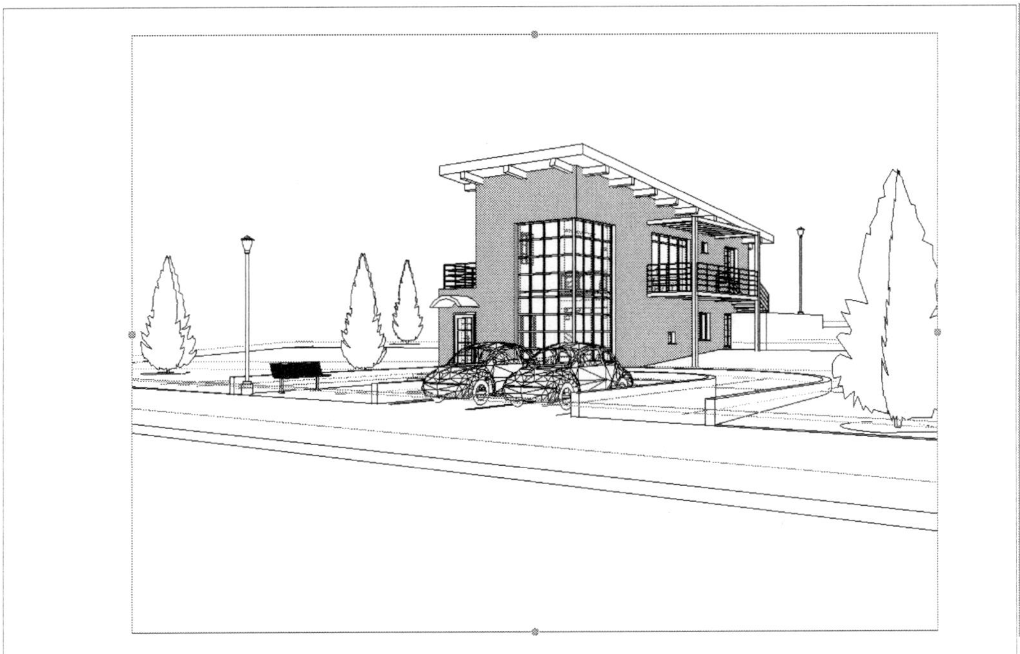

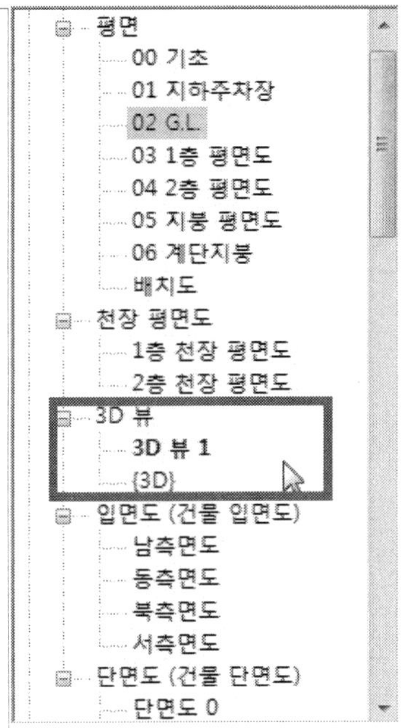

- 먼저 필요 없는 캐드 도면을 뷰에서 감춘다.
- 마우스의 휠을 조절하거나 마우스 휠과 Ctrl키를 누른 상태에서 화면의 크기를 조절할 수 있다.

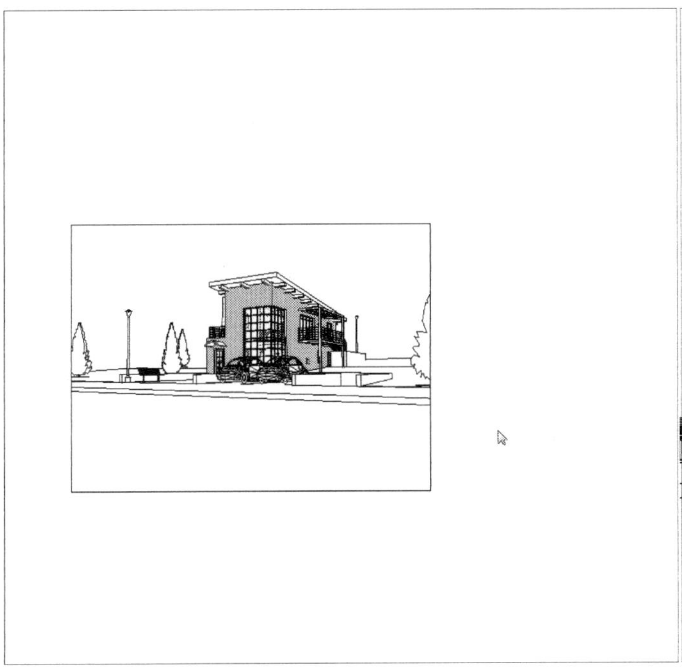

- 카메라의 위치를 조절하기 위해서는 마우스 힐과 Shift키를 이용하며, 이를 이용해서 뷰를 적절하게 조절한다.

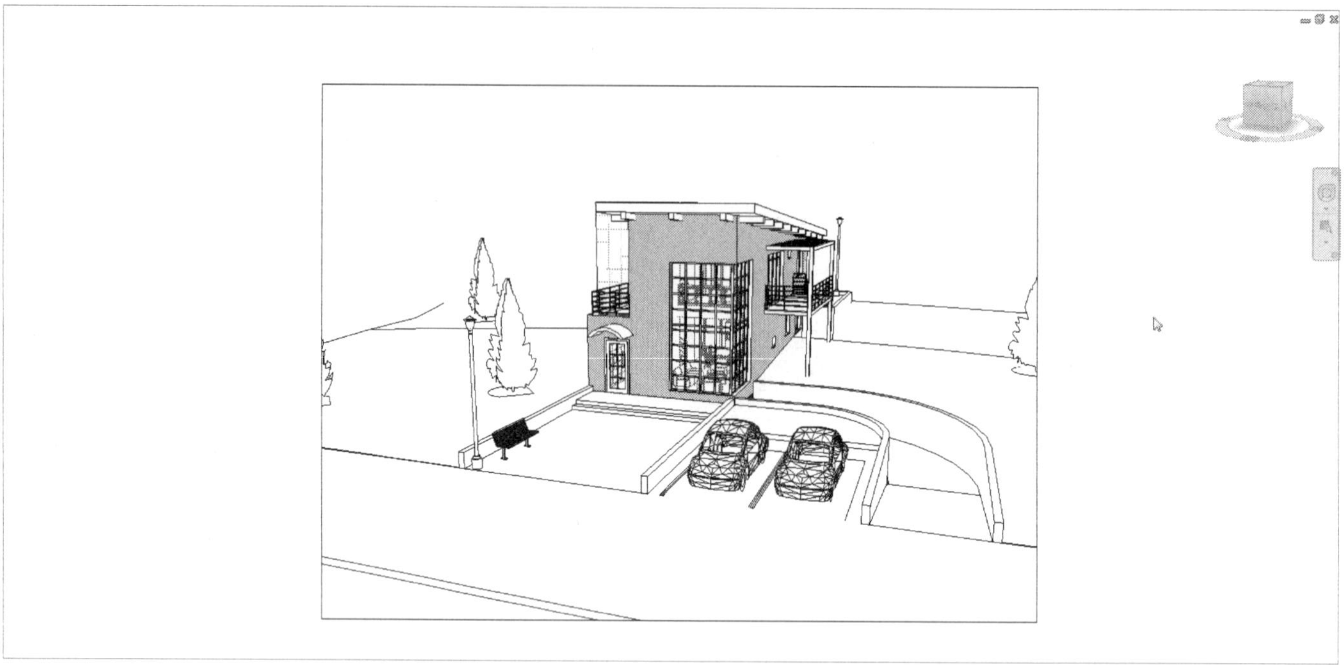

- 카메라의 화면의 범위를 변화시키기 위해서는 뷰의 박스를 선택하고 박스위의 점의 위치를 이동하여 범위를 변화시킨다.

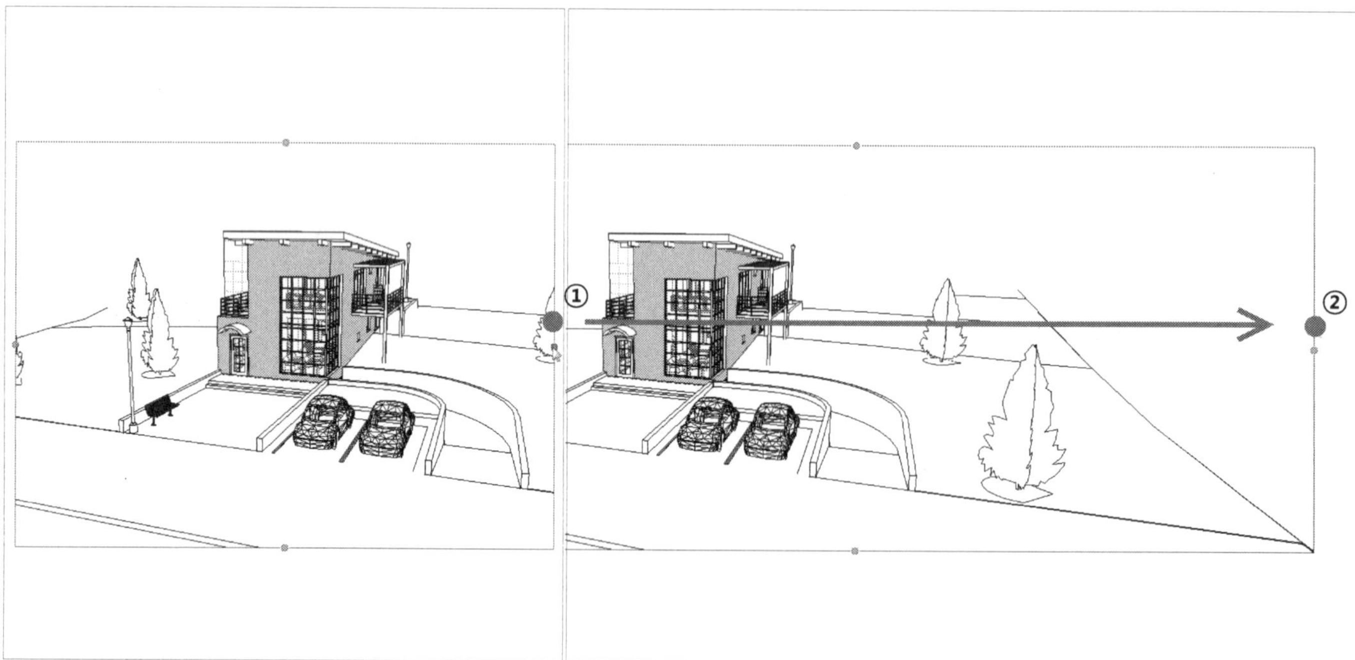

② 외관 투시도 렌더링 장면 만들기

- 외관 투시도로 렌더링 장면을 만들어 본다.
- 먼저 화면 하단에서 렌더링 대화상자 표시 아이콘을 선택한다.

- 렌더링 대화상자가 나타나면 우선적으로 렌더 버튼을 클릭한다.

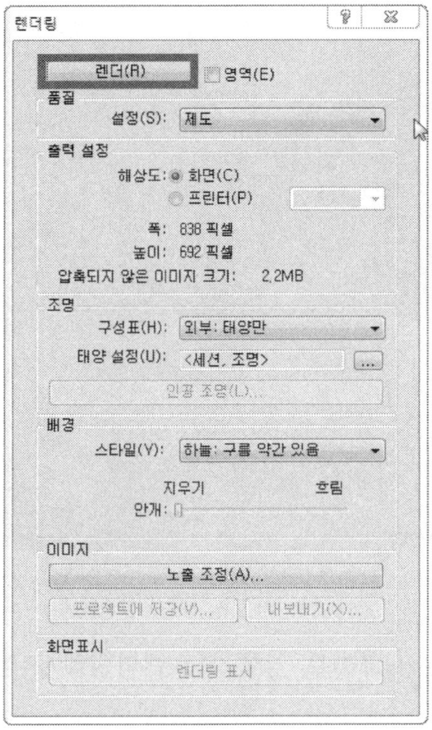

- 화면에 나타난 렌더링의 품질이 매우 거친 것을 알 수 있다.
- 품질의 설정이 가장 낮은 제도로 되어 있기 때문으로 가장 좋음으로 바꾸면 다음과 같다.

- 구름을 조절하여 보면 위의 렌더링 장면은 구름 약간 있음으로 설정되어 있는데 짙은 구름으로 바꾸면 다음과 같다.

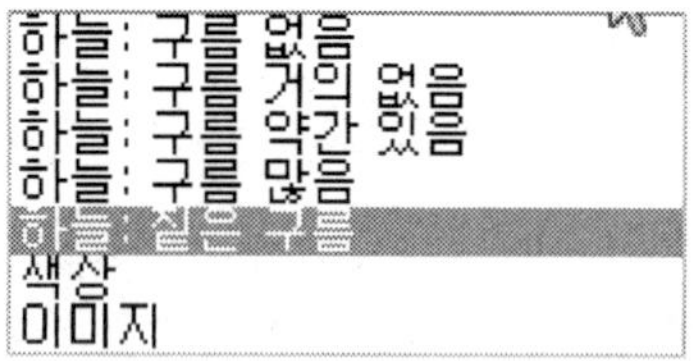

- 렌더링 장면을 프로젝트에 저장하려면 다음과 같이 한다.
- 렌더링 패널에서 프로젝트에 저장(V)을 클릭하고 이름을 설정하면 프로젝트 탐색기의 렌더링에 저장이 된다.

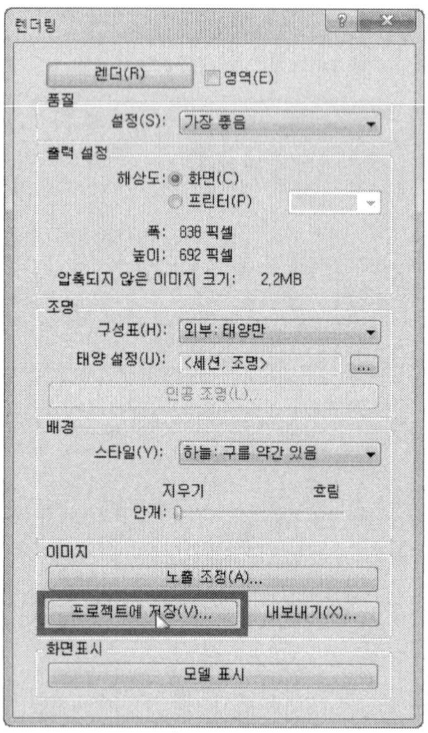

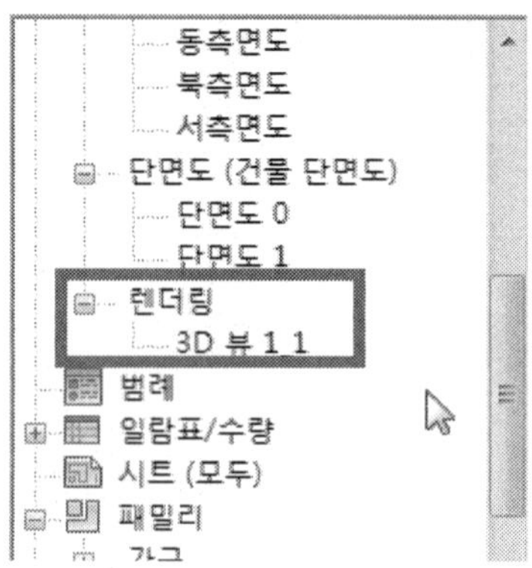

③ 카메라 뷰를 이용하여 실내 투시도 만들고 렌더링 하기

- 1층 거실부분의 실내 투시도를 만들기 위해서 먼저 03 1층 평면도를 활성화한다.
- 뷰 탭의 3D 뷰의 카메라를 선택한다.

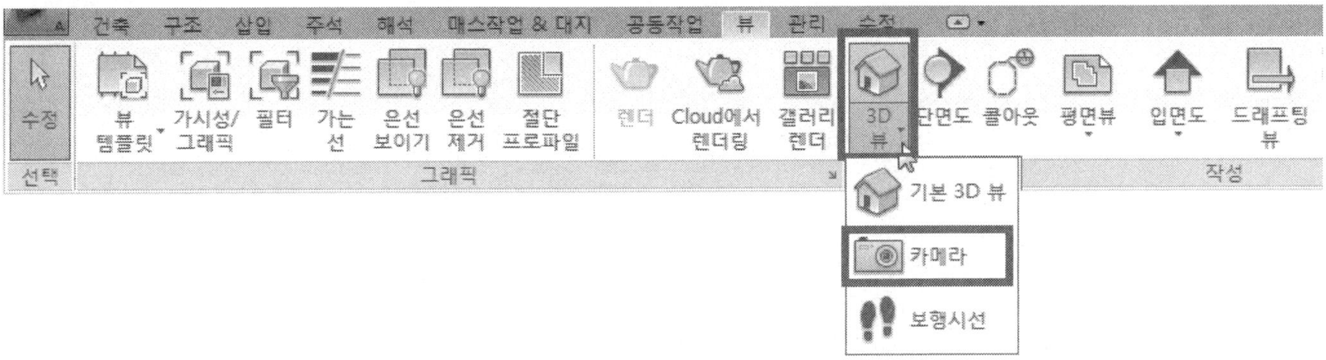

- 화면에서 아래 그림과 같이 카메라 위치를 먼저 클릭한다.
- 카메라 타켓의 위치를 적절하게 배치한다.

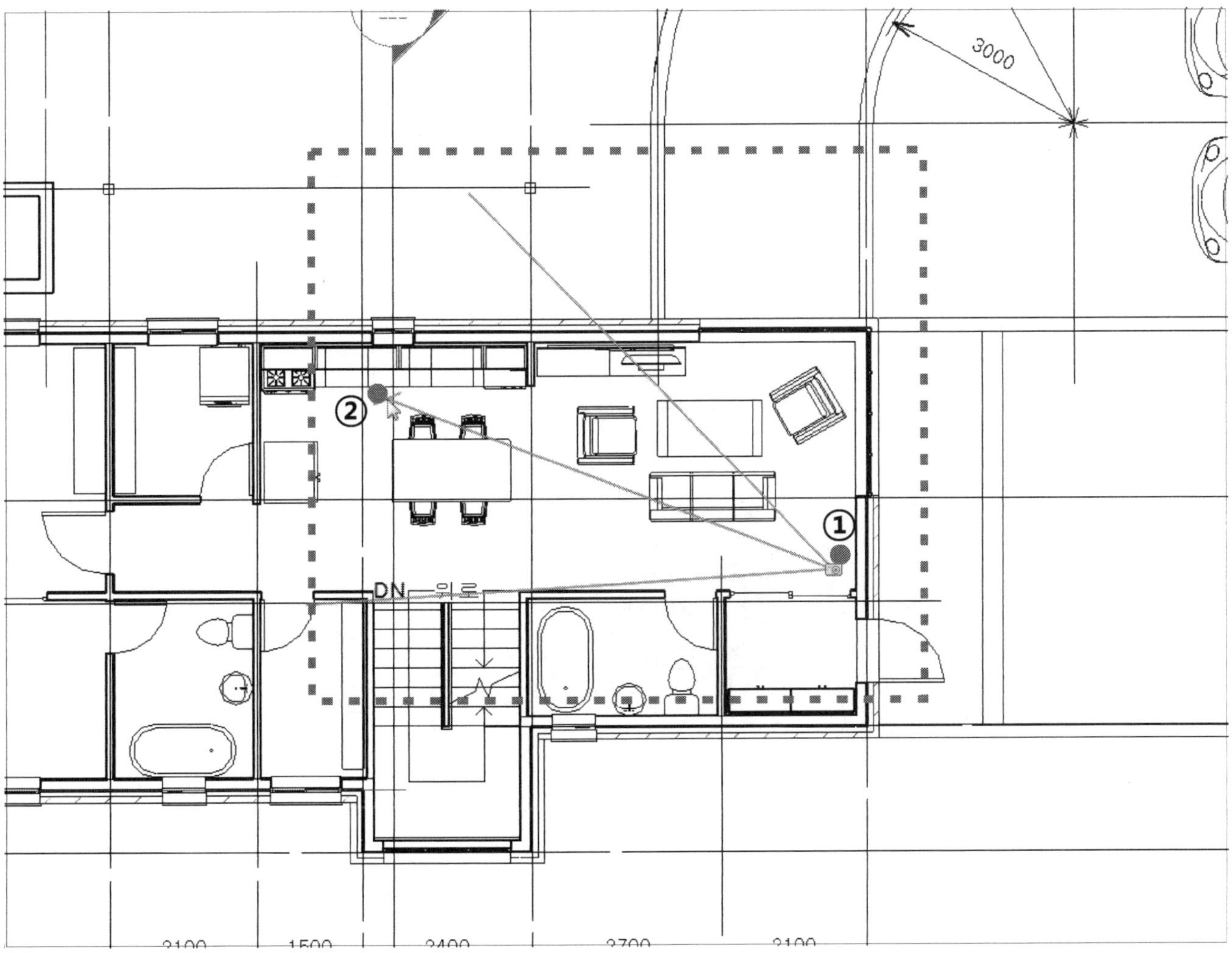

- 화면에 아래 그림과 같은 실내 투시도가 나타난다.

- 마우스 휠과 Shift키, 박스 등을 이용해서 원하는 실내장면을 정한다.

- 내부 투시도로 렌더링 장면을 만들어 본다.
- 먼저 화면 하단에서 렌더링 대화상자 표시 아이콘을 선택한다.

- 렌더링 대화상자가 나타나면 우선적으로 렌더 버튼을 클릭한다.
- 조명을 외부 태양으로만 하여 실내가 어둡다.

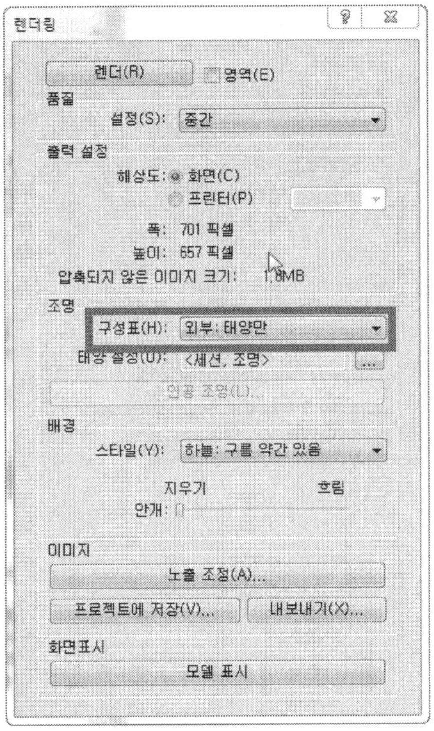

- 조명의 구성표(H)를 태양 및 인공 조명으로 설정하고 렌더링 한다.
- 렌더링 장면이 너무 밝게 나타난다.

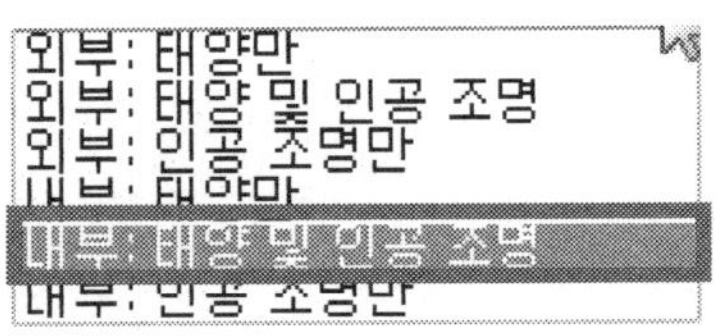

- 노출 값(Exposure Value)을 9에서 12정도로 조정하여 장면의 밝기를 조절하여 렌더링 한다.

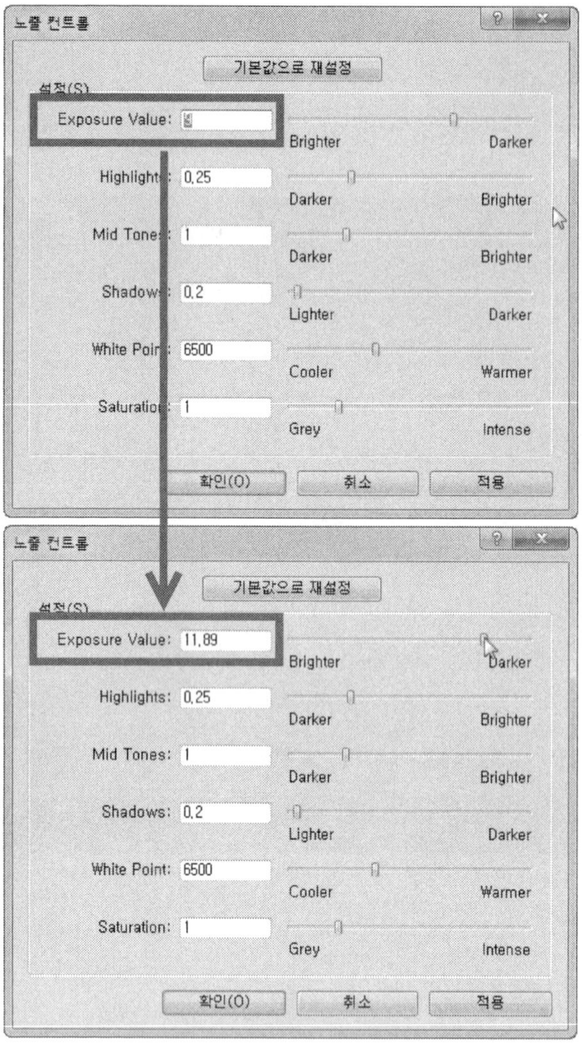

- 같은 방법으로 2층의 방1을 렌더링 한다.

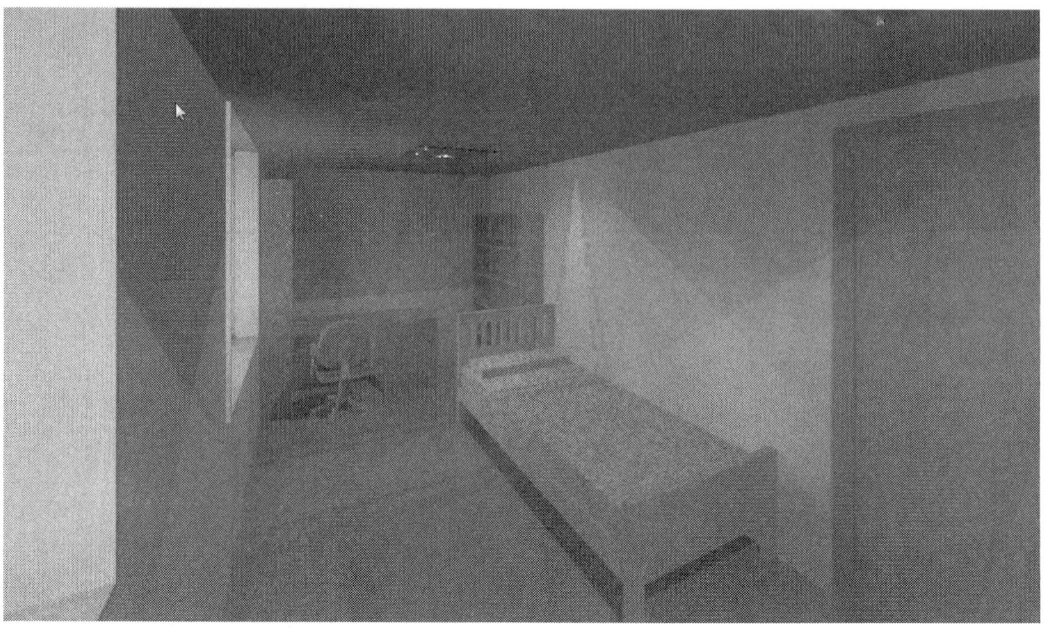

- 렌더링 장면을 외부에 저장을 하기 위해서 내보내기 버튼을 클릭한다.

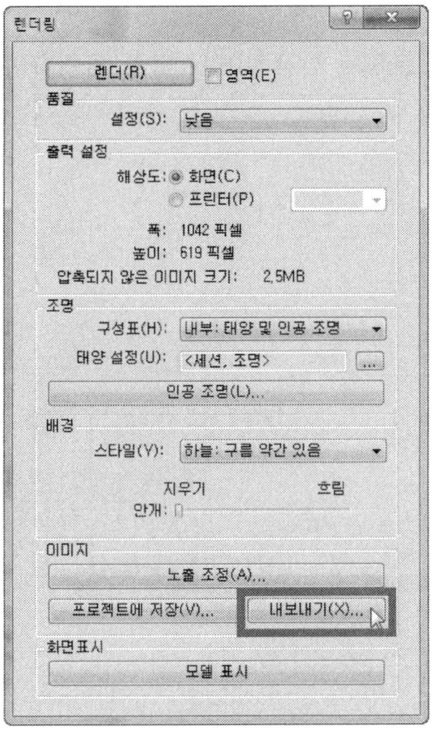

- 파일 이름과 파일 형식을 정의하고 저장한다.

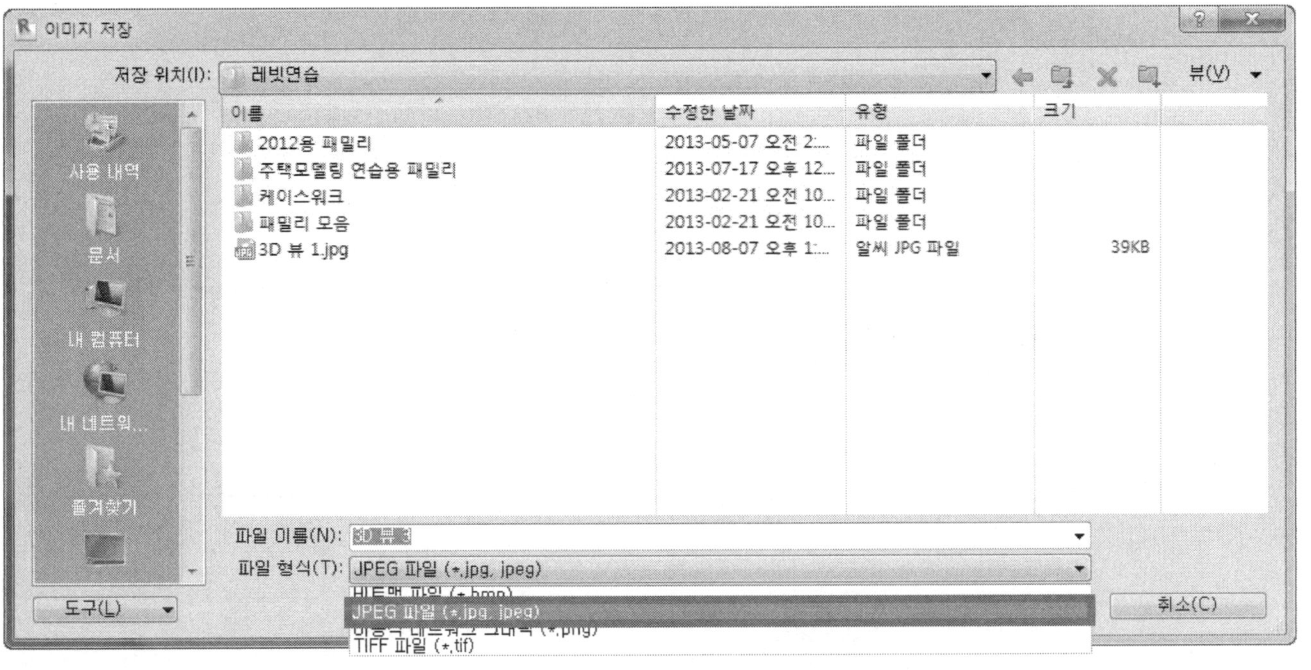

④ 단면 투시도 만들기

- 이번에는 단면 투시도를 만드는 실습을 한다.
- 먼저 작업한 외관 투시도 장면을 프로젝트 탐색기에서 더블 클릭하여 활성화한다.

- 뷰 특성에서 단면 상자를 클릭하고, 단면 상자 콘트롤을 이동시킨다.

- 단면 상자를 선택하고 마우스 오른쪽 버튼을 클릭하고 뷰에서 숨기기(H)/ 요소(E)로 뷰에서 숨긴다.

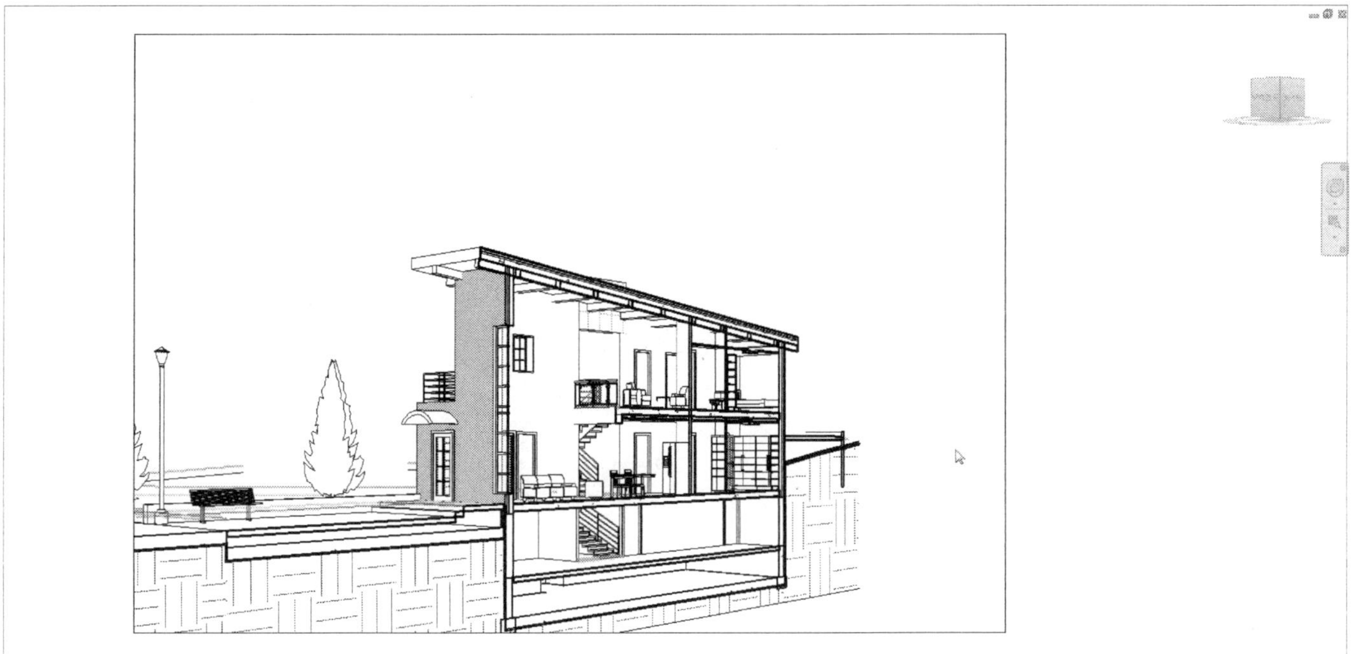

- 화면 하단에서 렌더링 대화상자 표시 아이콘을 선택한다.

- 렌더링 대화상자가 나타나면 품질 설정 높음, 조명 외부: 태양만 하늘: 구름 약간 있음으로 설정하고 렌더 버튼을 클릭한다.

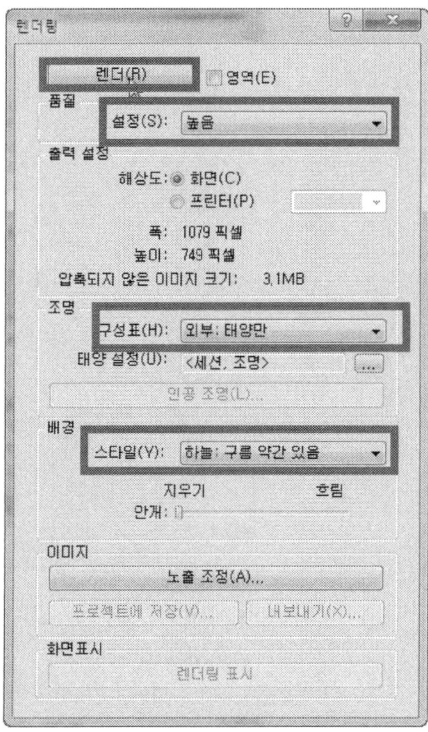

⑤ 카메라 뷰를 이용하여 일조분석 하기

- 일조분석을 위해서 프로젝트 탐색기 3D 뷰에서 앞에서 실습한 3D 뷰 1을 더블 클릭하여 활성화한다.

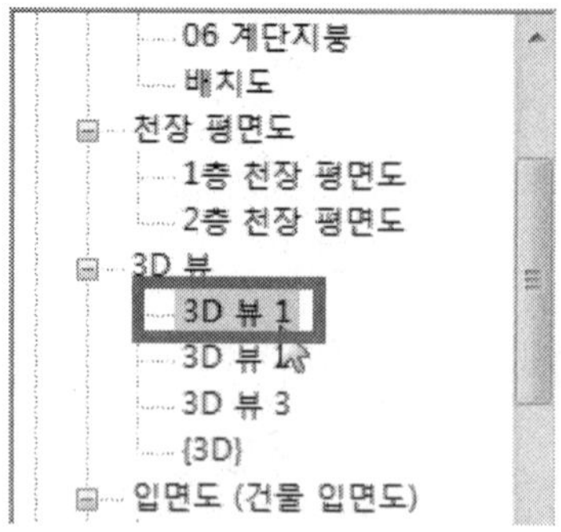

- 먼저 그림자 아이콘을 클릭하여 그림자를 켠다.

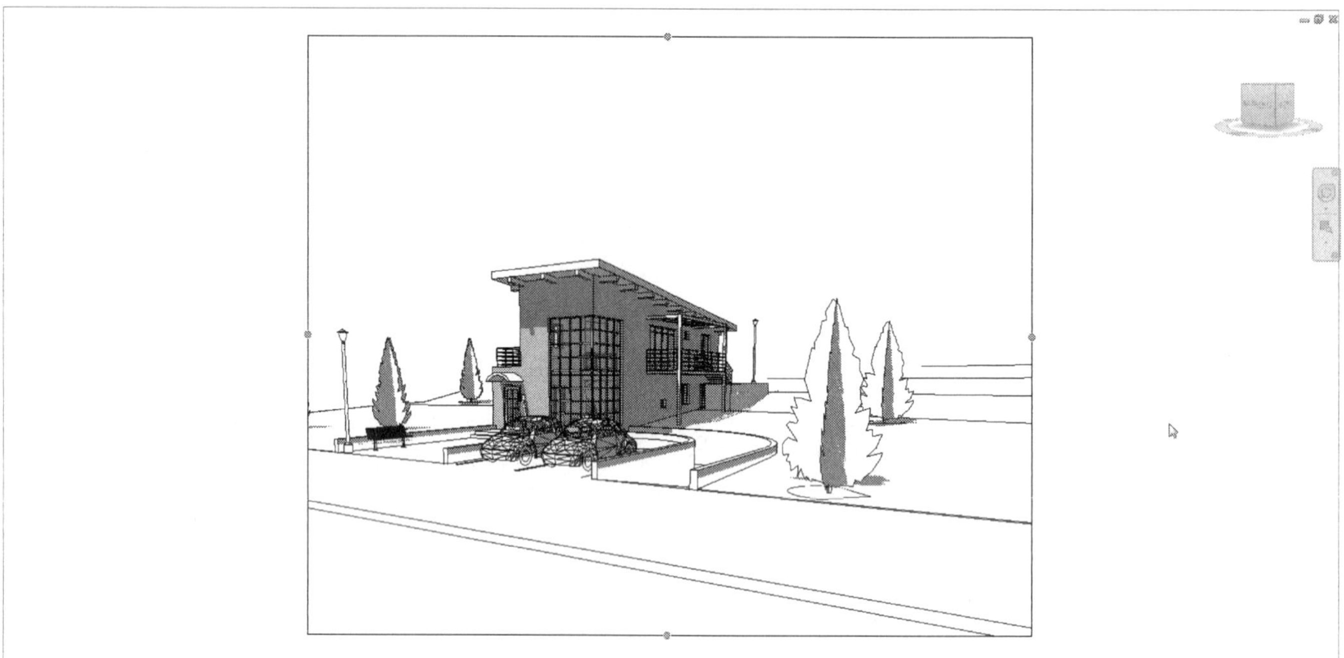

- 태양의 설정을 위해서 태양 경로 아이콘을 클릭하고 태양 설정...을 선택한다.

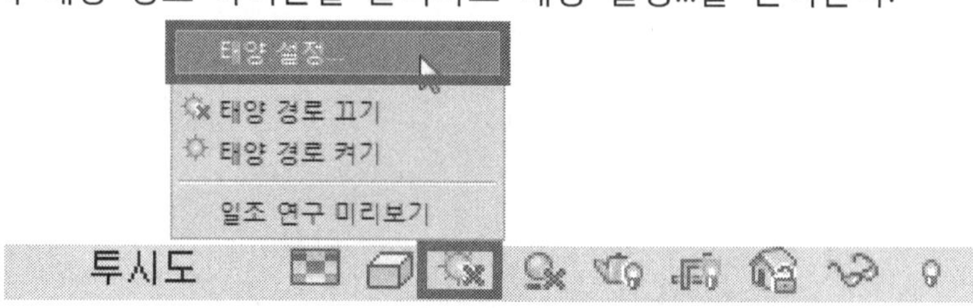

- 태양설정 패널이 나타나면 아래와 같이 설정한다.
- ① 일조연구에서 일일 기준을 선택한다. ② 사전 설정은 하지 일조 연구를 선택한다.
- ③ 위치가 대한민국 서울로 설정되어 있는 것을 확인한다. ④ 시간 간격은 15분으로 설정한다.

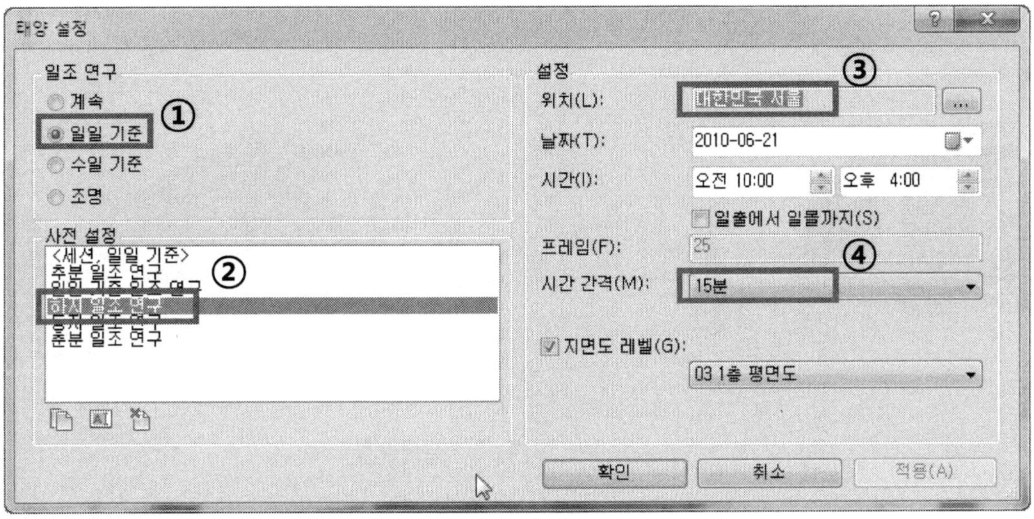

- 일조 연구를 위해서 태양 경로 아이콘을 클릭하고 일조 연구 미리보기를 선택한다.

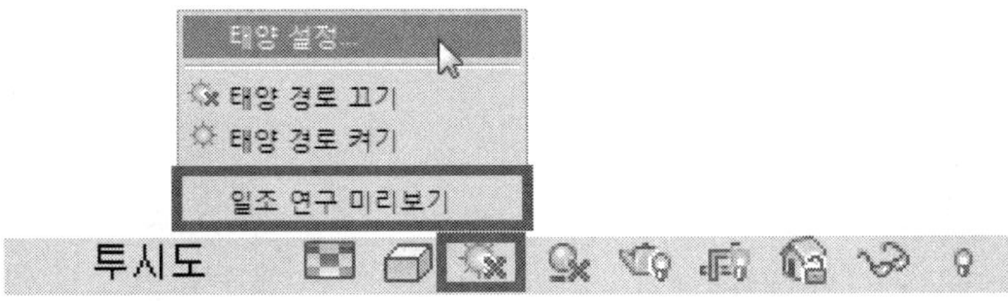

- 프레임의 재생 버튼을 클릭한다.

- 화면에서 실행되는 것을 확인할 수 있다.

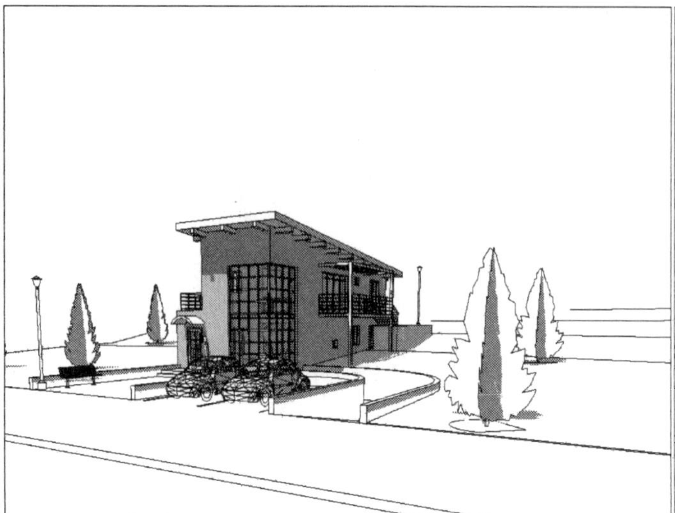
0 프레임

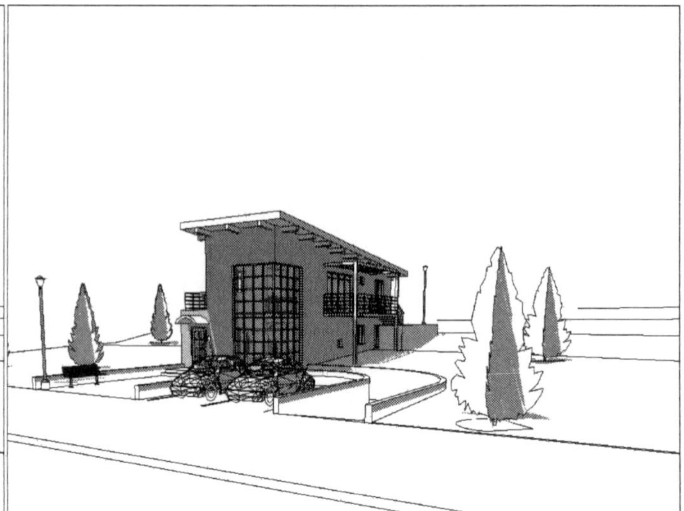
5 프레임

10 프레임

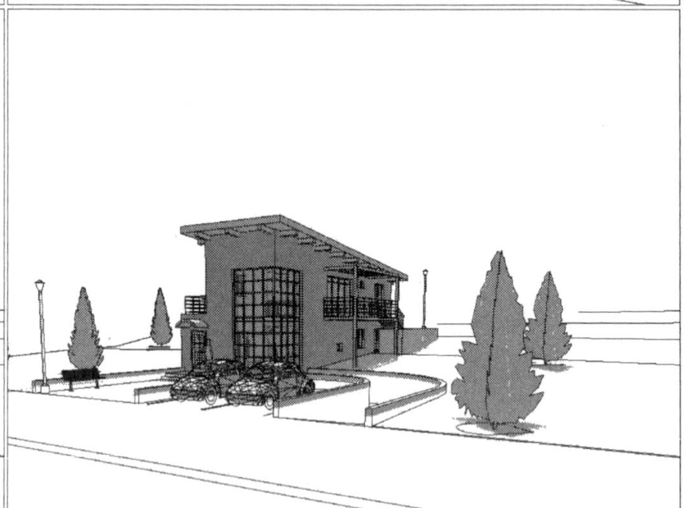
15 프레임

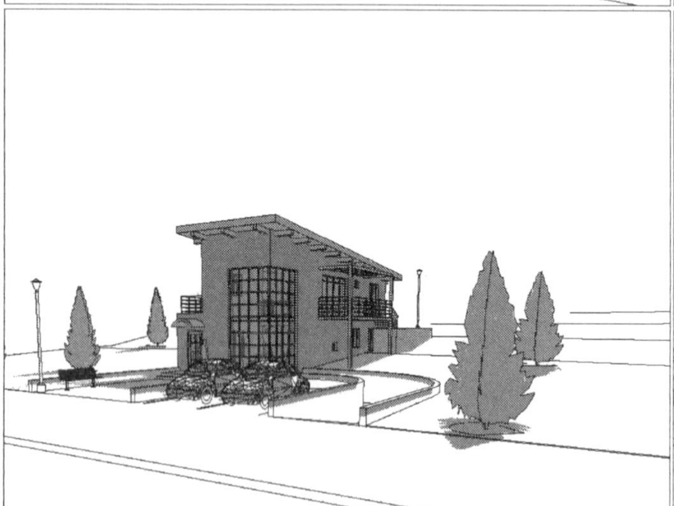
20 프레임

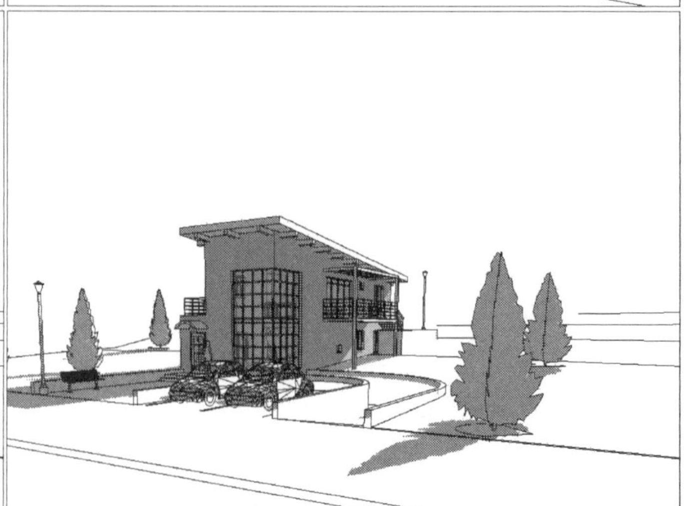
25 프레임

- 실행되는 동영상을 저장하려면 먼저 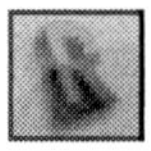 버튼을 클릭한다.
- 내보내기의 이미지 및 동영상 중 일조 연구를 클릭한다.
- 길이/형식 패널에서 설정을 확인하고 확인 버튼(O)을 클릭한다.

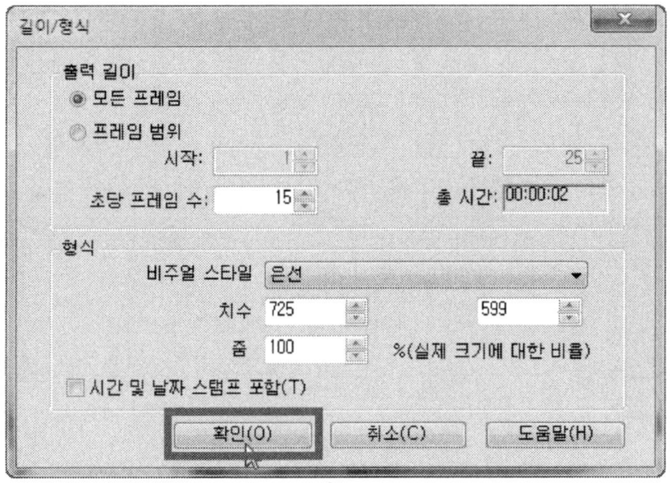

- 파일 이름과 파일 형식을 확인하고 저장한다.

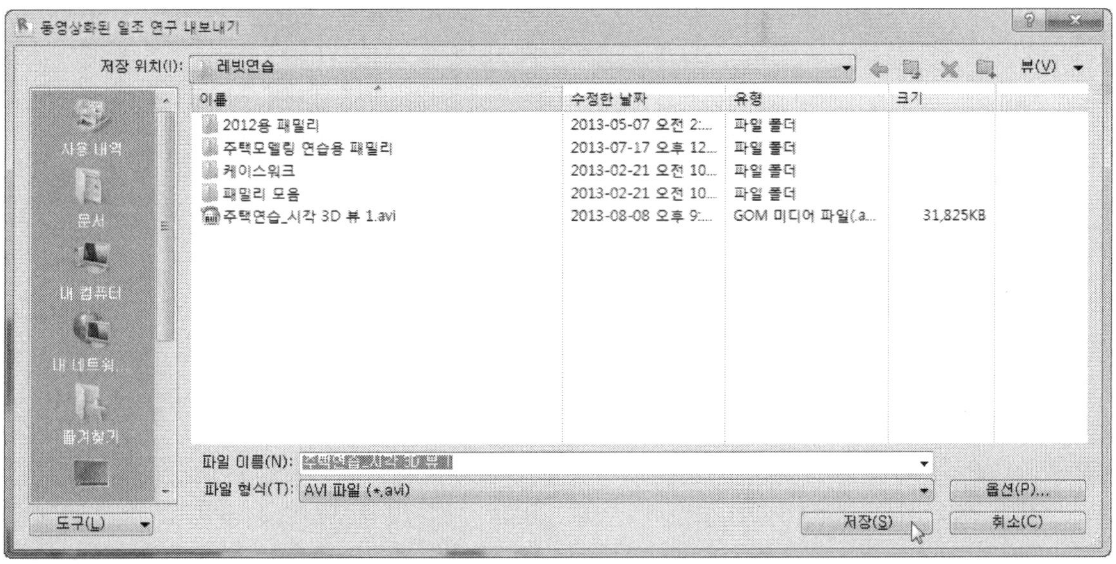

- 주택연습_시각 3D 뷰 1을 실행한다.
- 짧지만 일조의 영향으로 그림자가 변화하는 것을 확인할 수 있다.

⑥ 카메라 설정을 통한 보행시선으로 동영상 만들기

- 보행시선을 통해서 동영상을 만들어 본다.
- 외부의 장면을 만들기 위해서 02 G.L. 평면도를 활성화한다.
- 보행시선은 카메라의 궤적을 스케치하여 사용하는 것이므로 정확한 카메라의 궤적을 설정하려면 보조도구를 사용하는 것이 유리하다.
- 먼저 주택의 외관을 전체적으로 돌아보는 보행시선을 작성하기 위해서 활성화되어 02 G.L. 평면도에 카메라의 궤적을 만들 커다란 원을 하나 구성한다.
- 주석 탭의 상세선을 이용하여 그림과 같이 반지름 30,000 정도의 원을 그린다.
- 상세선의 직선을 이용하여 그림과 같이 8개의 선을 추가한다.

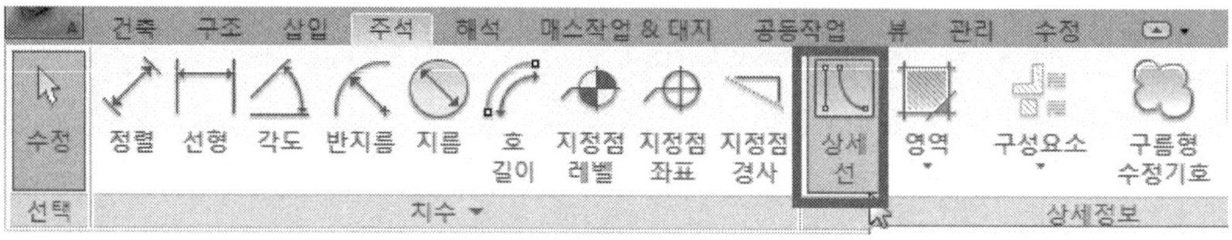

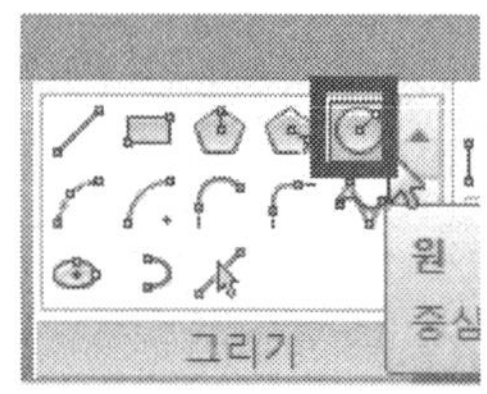

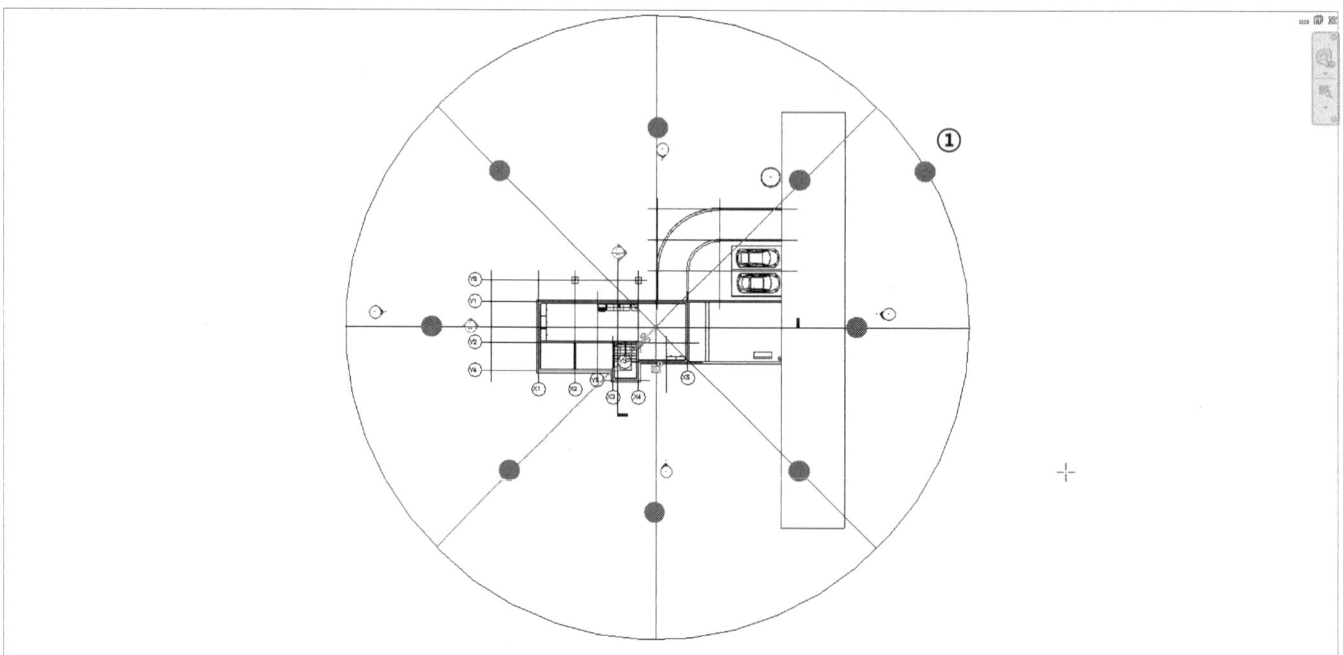

- 뷰 탭의 3D 뷰의 보행시선을 클릭한다.

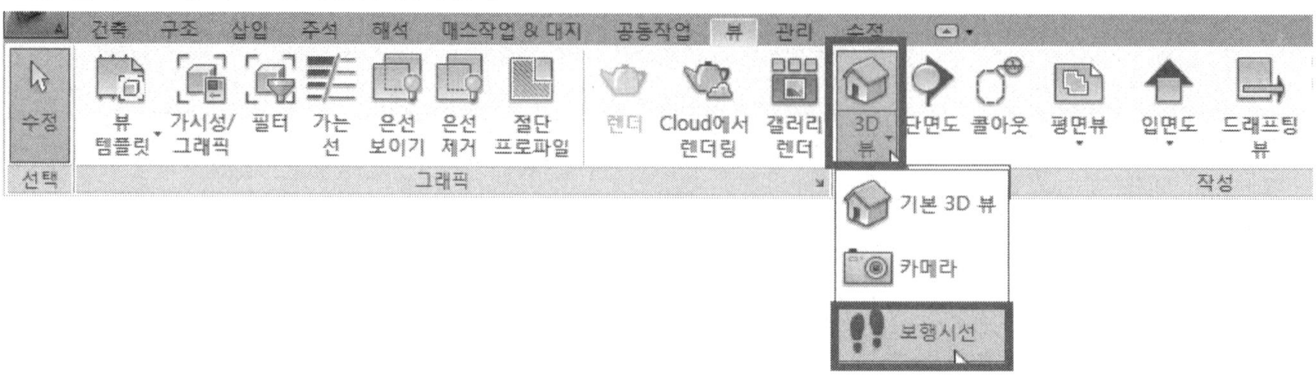

- 보행시선 설정이 실행되면 옵션막대에서 투시도 박스가 체크되어 있는가를 확인한다.
- 간격띄우기는 기준 위치에서 카메라의 높이를 나타내므로 우선 눈높이 정도로 2000을 입력한다.
- 아래 그림과 같이 ①번 교차하는 부분을 클릭한다.

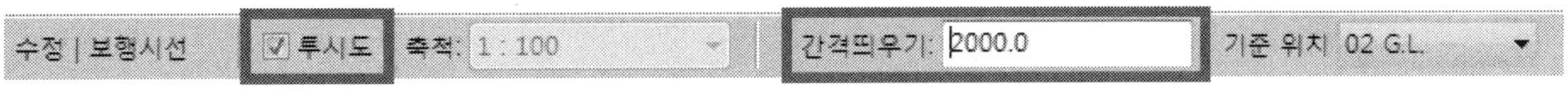

- 간격띄우기의 수치를 3000으로 변경하고 아래 그림과 같이 ②번 교차하는 부분을 클릭한다.

※ 이 때 화면의 커서가 사라져도 당황하지 말고 ②번 부분을 클릭한다.

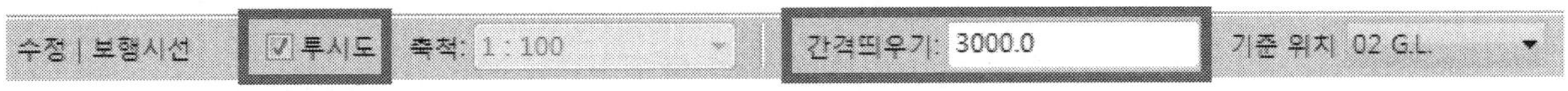

- 간격띄우기의 수치를 4000으로 변경하고 아래 그림과 같이 ③번 교차하는 부분을 클릭한다.

- 간격띄우기의 수치를 5000으로 변경하고 아래 그림과 같이 ④번 교차하는 부분을 클릭한다.

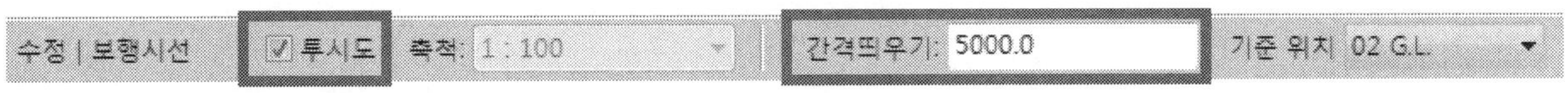

- 간격띄우기의 수치를 6000으로 변경하고 아래 그림과 같이 ⑤번 교차하는 부분을 클릭한다.

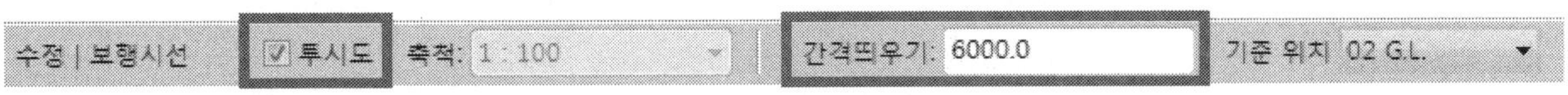

- 같은 방법으로 **⑥번은 5000 ⑦번은 4000 ⑧번은 3000**으로 변경하고 아래 그림과 같이 클릭한다.

⑥ 

⑦ 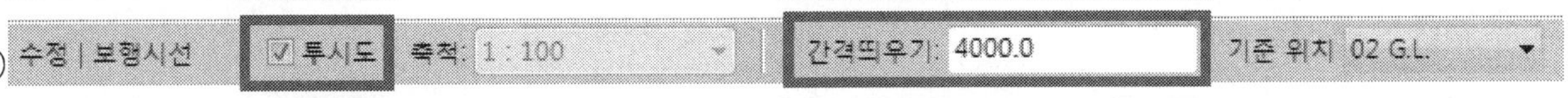

⑧ 

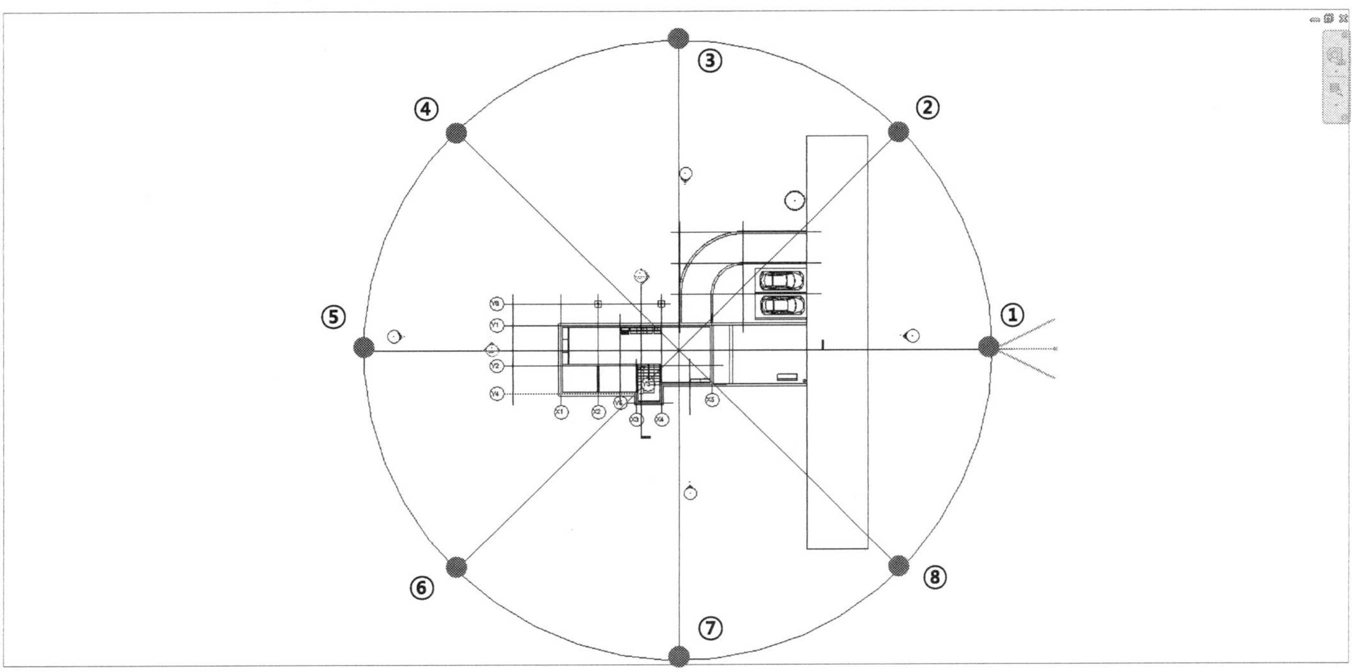

- 아래 그림과 같이 간격띄우기를 2000으로 수정하고 ⑨번 부분을 클릭한다.

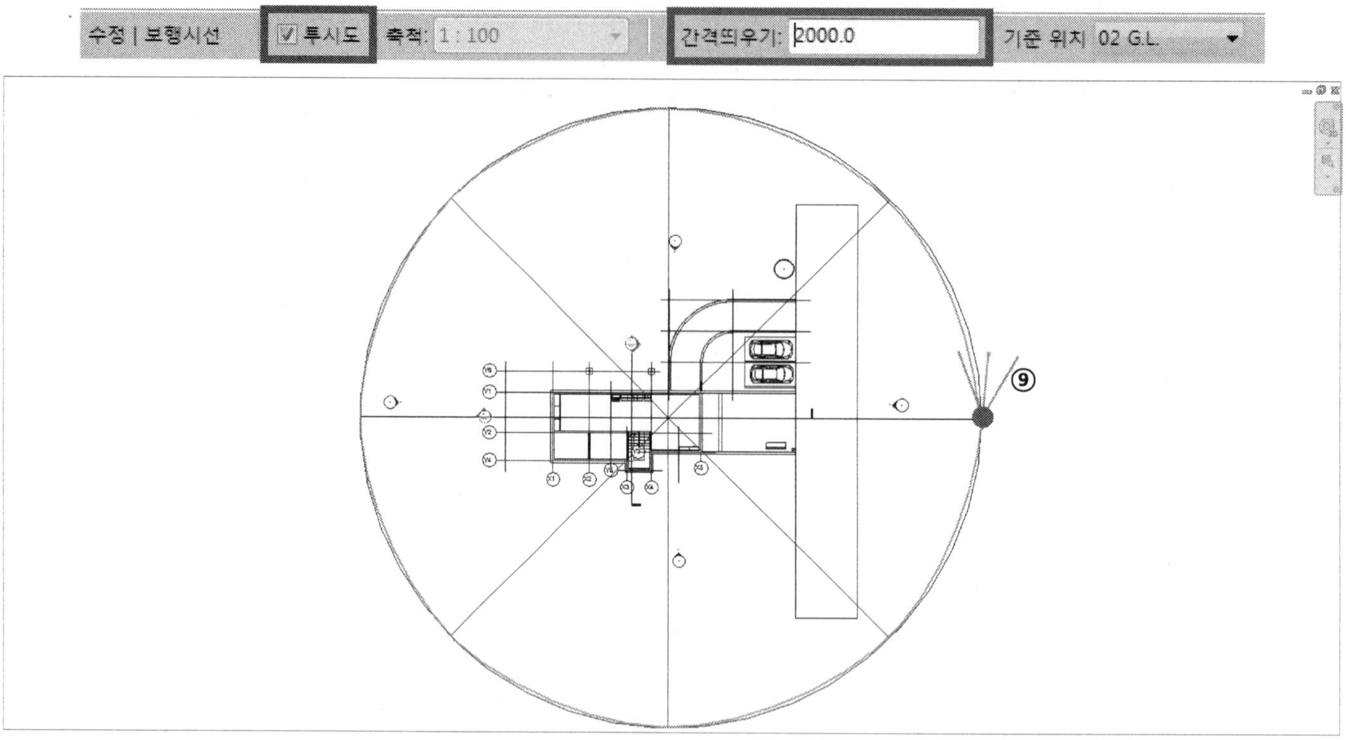

- 상단 메뉴에서 보행시선 완료를 클릭하면 아래 그림과 같이 나타난다.

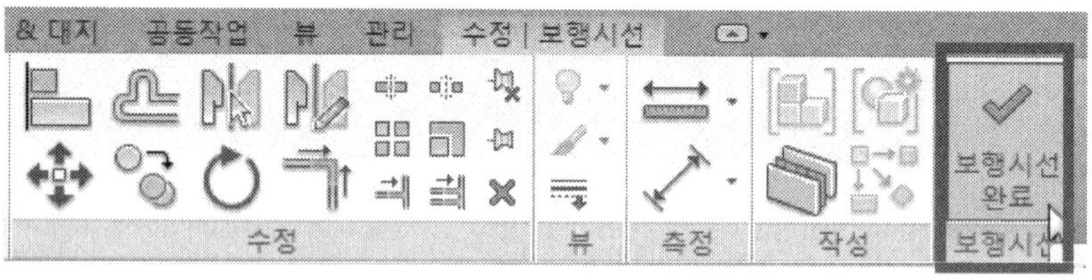

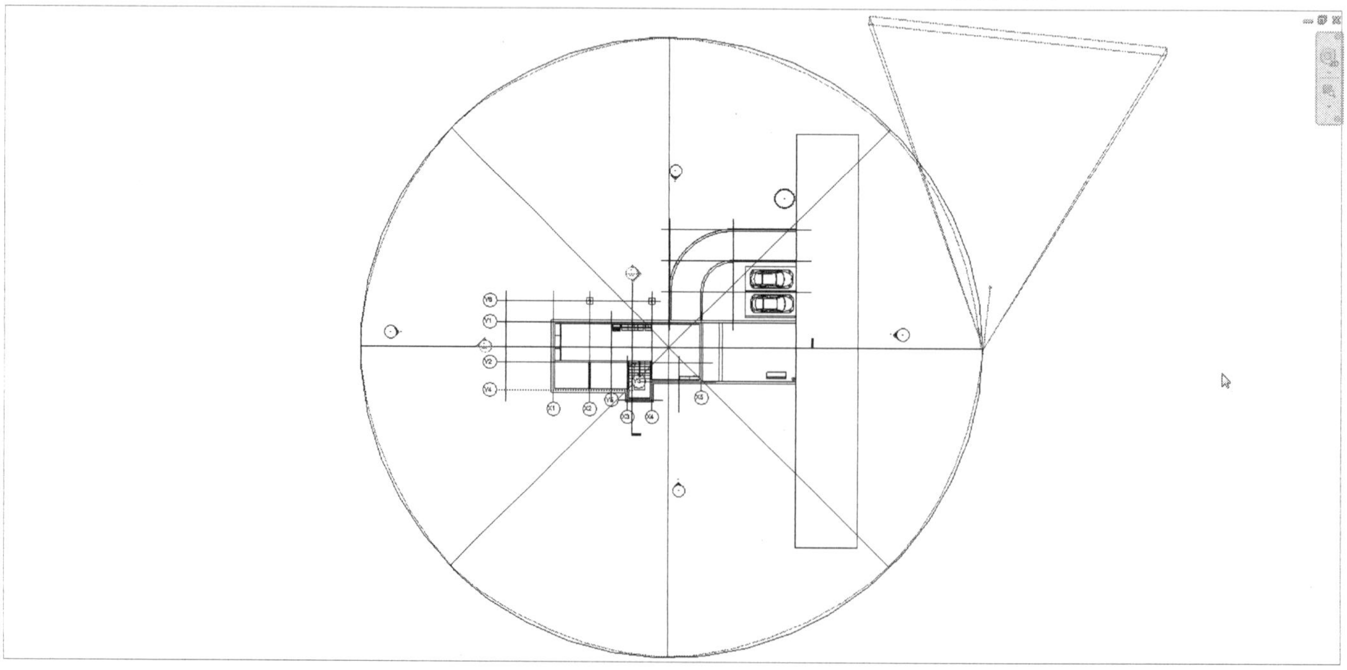

- 카메라의 방향과 범위를 결정하기 위해서 상단 메뉴에서 보행시선 편집을 클릭한다.
- 앞에서 지정하였던 지점에 붉은 포인트가 나타나 있으며, 현재 키 프레임에 카메라의 방향과 범위를 나타내는 삼각형이 나타나 있는 것을 알 수 있다.

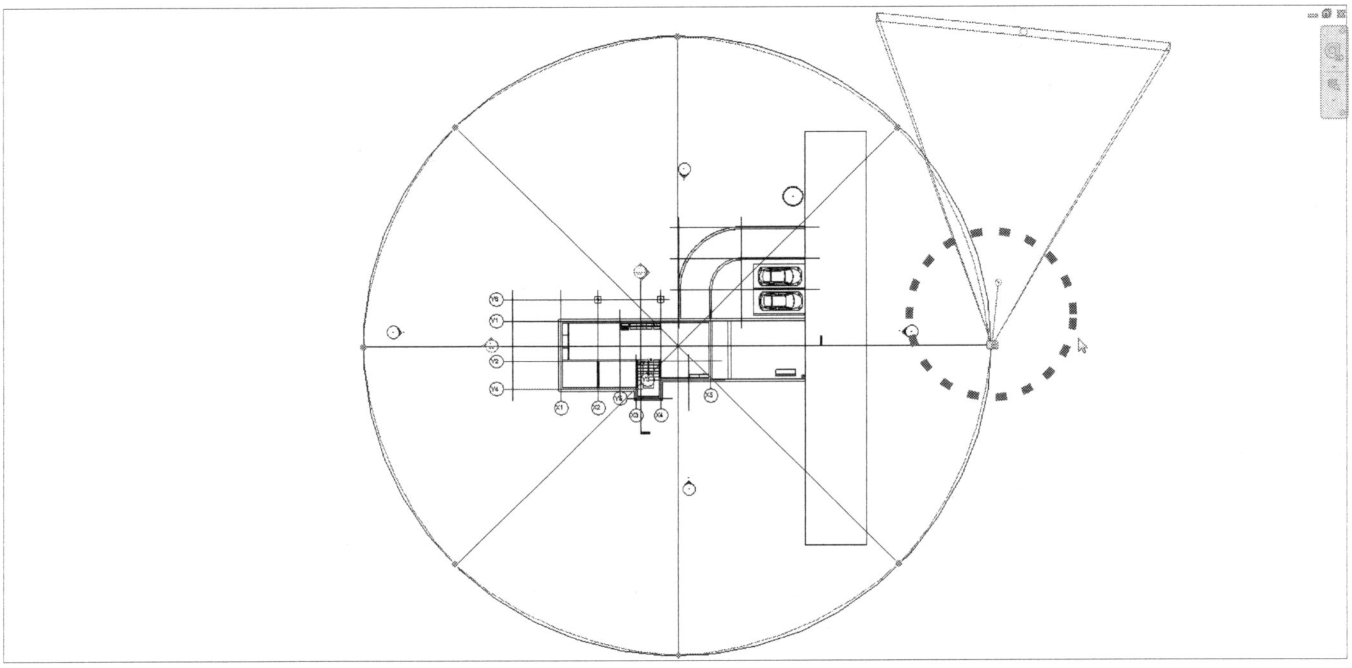

- 삼각형 안의 붉은 포인트를 선택하여 방향을 설정한다.

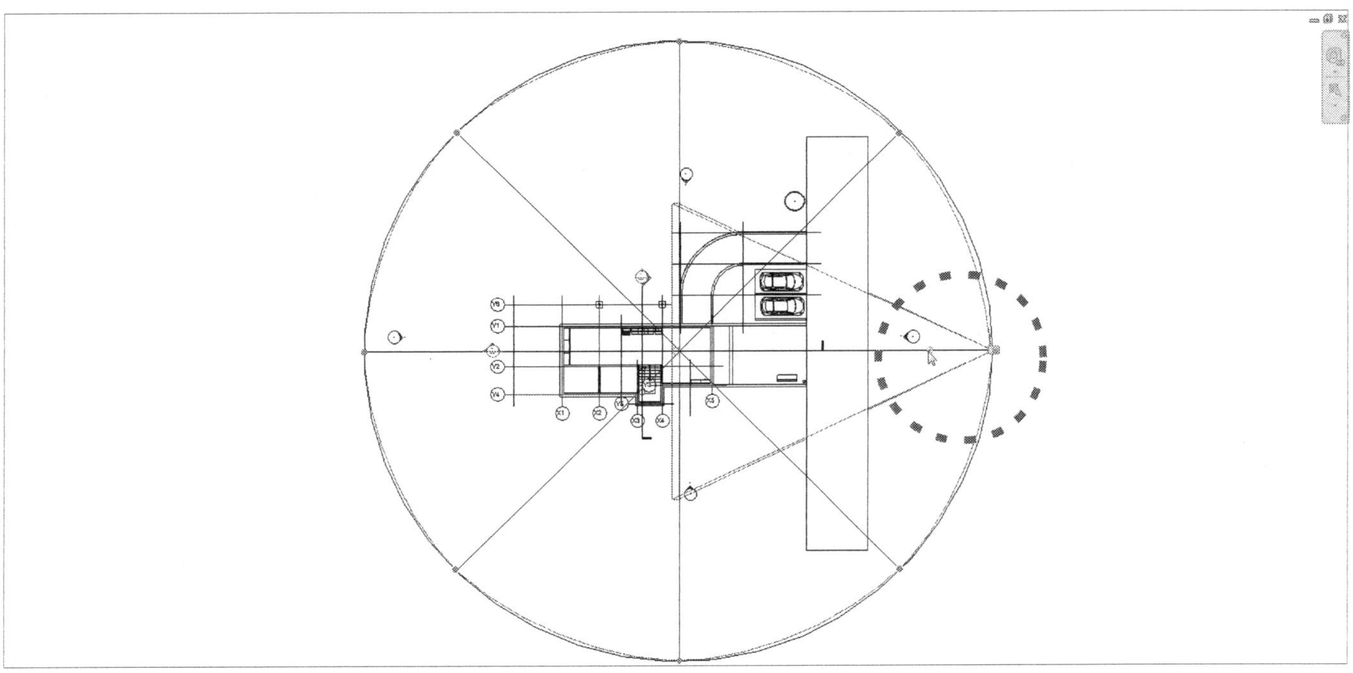

- 삼각형 전면 두선 중앙의 작은 원을 드래그하여 카메라의 범위를 주택이 모두 포함되도록 변경한다.

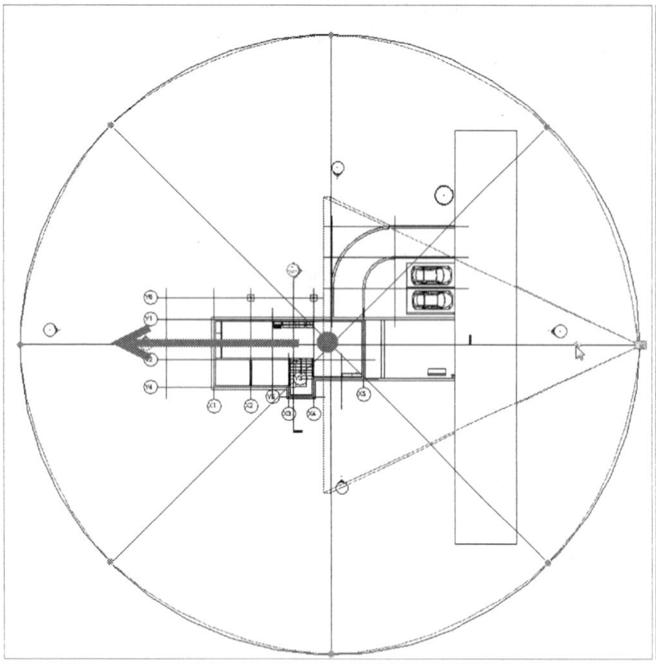

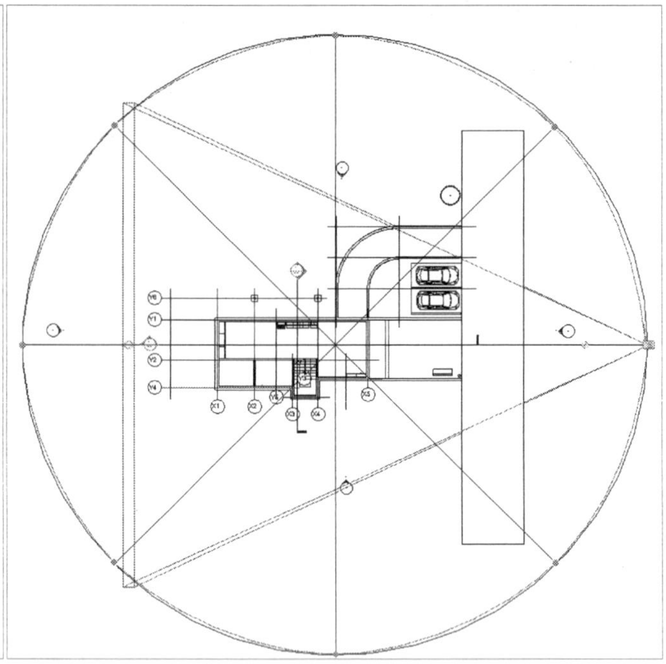

- 상단의 메뉴에서 이전 키 프레임 아이콘을 클릭한다.
- 앞에서의 방법과 같이 카메라의 방향을 주택 쪽으로 회전시킨다.

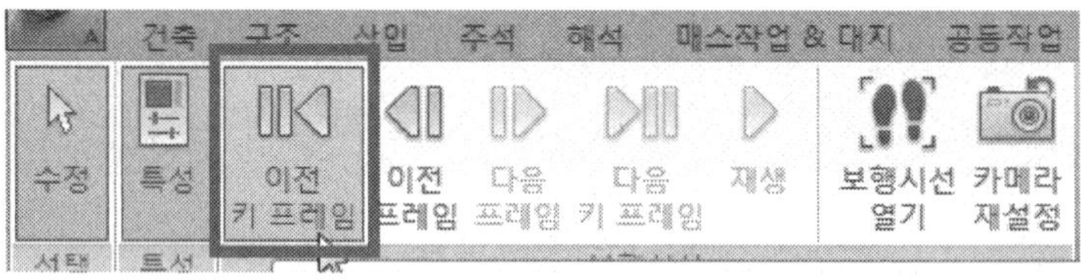

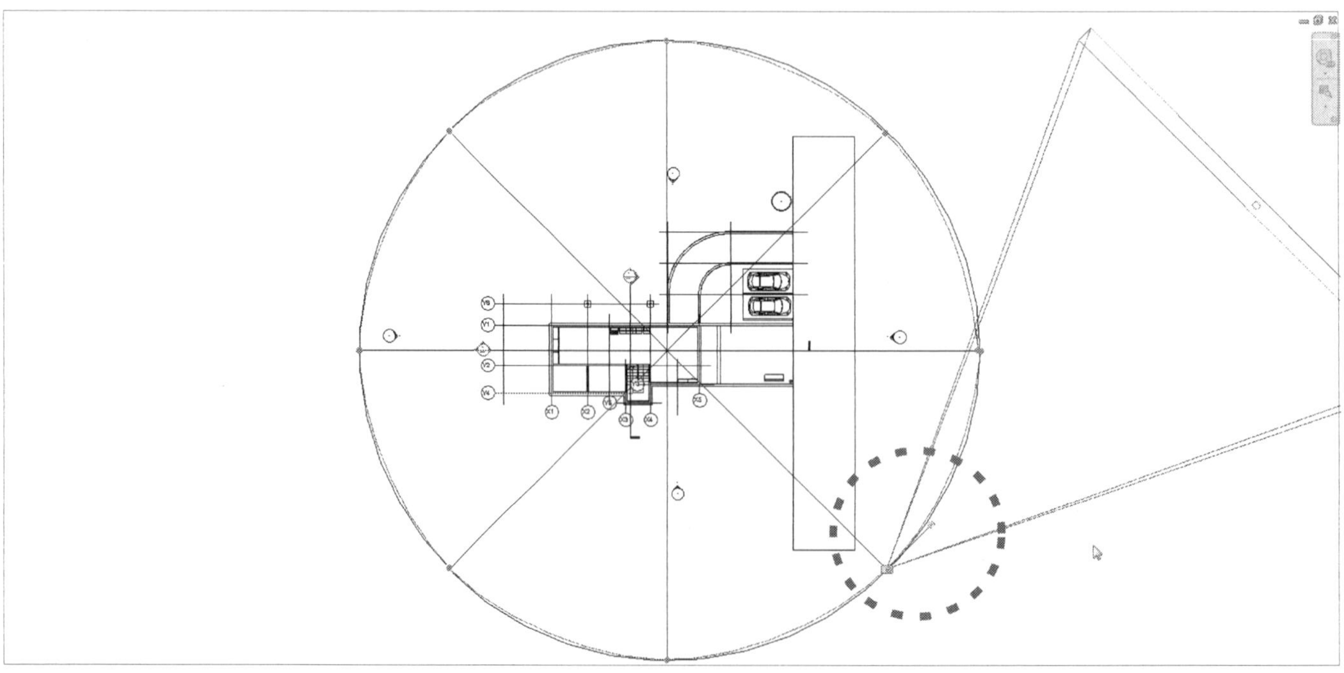

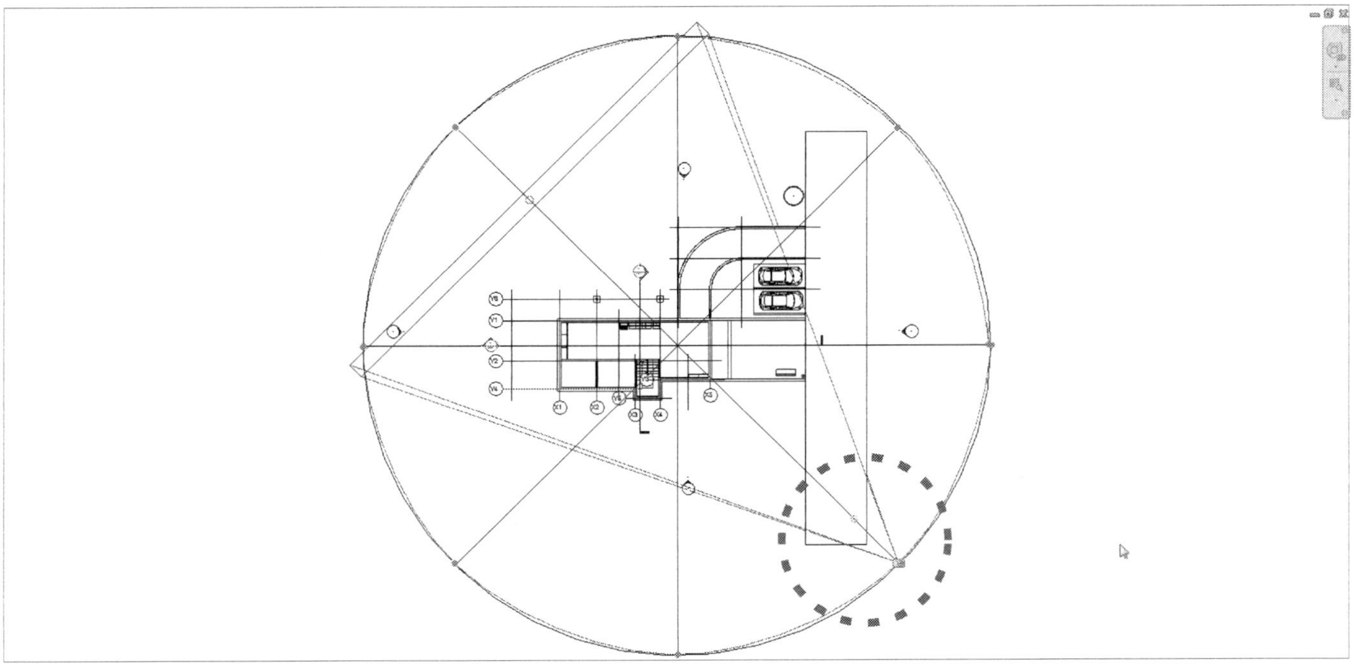

- 같은 방법으로 나머지 이전 키 프레임으로 이동한 후 키 프레임에서의 카메라의 방향을 주택 쪽으로 회전시킨다.

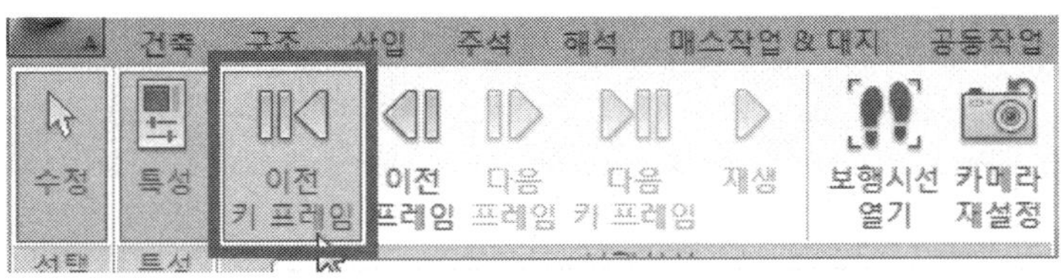

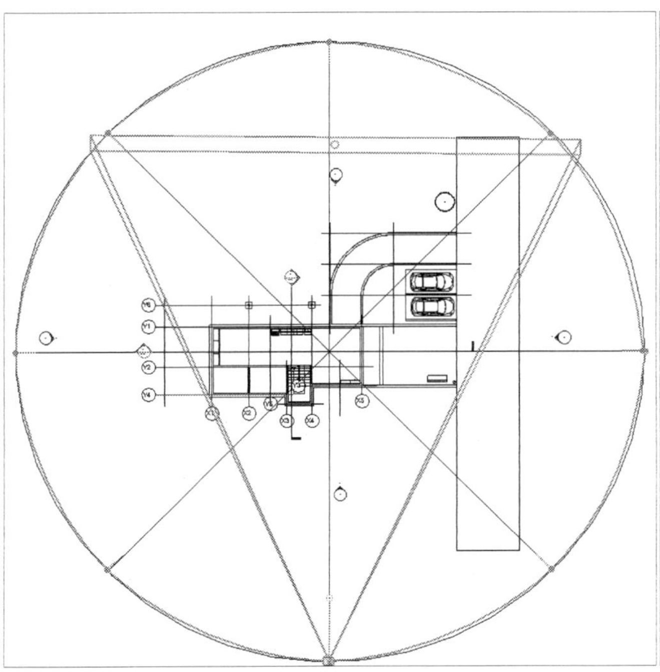

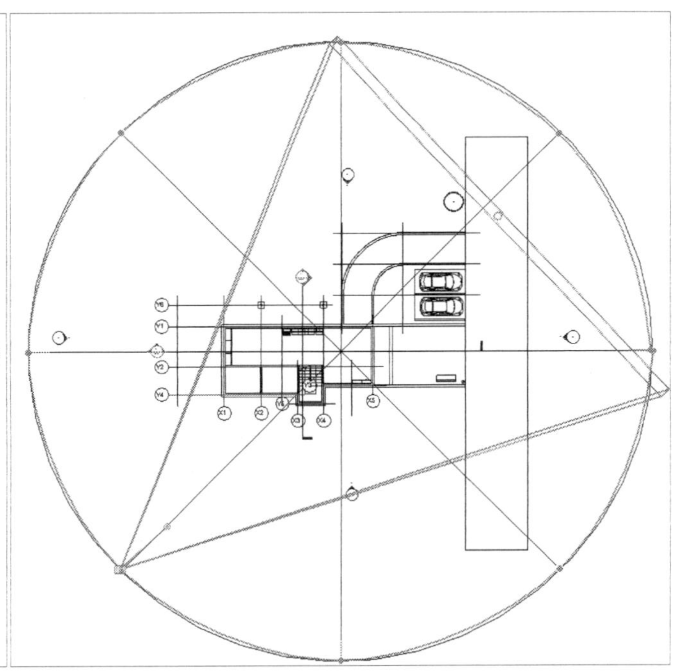

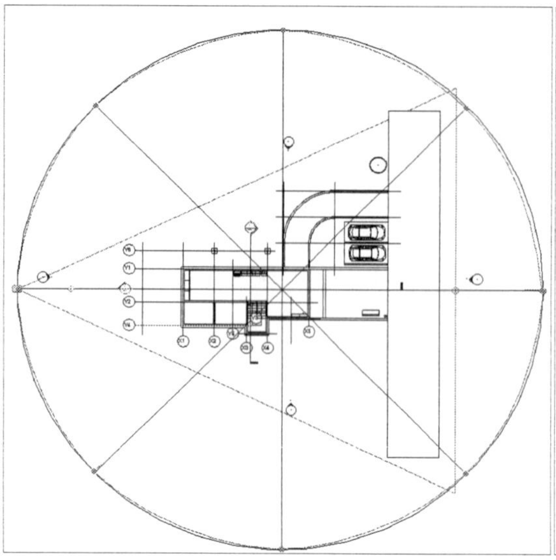

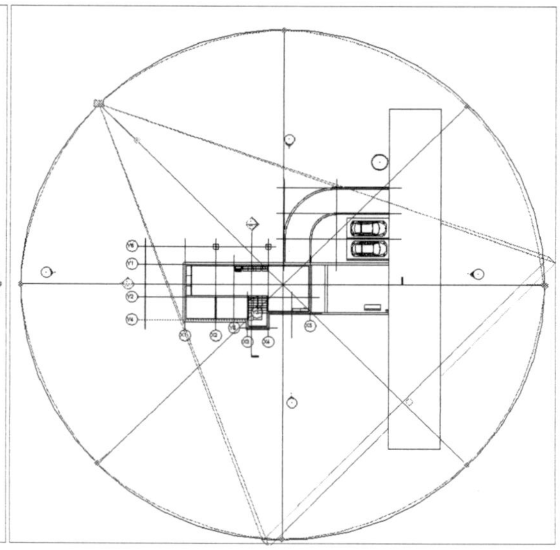

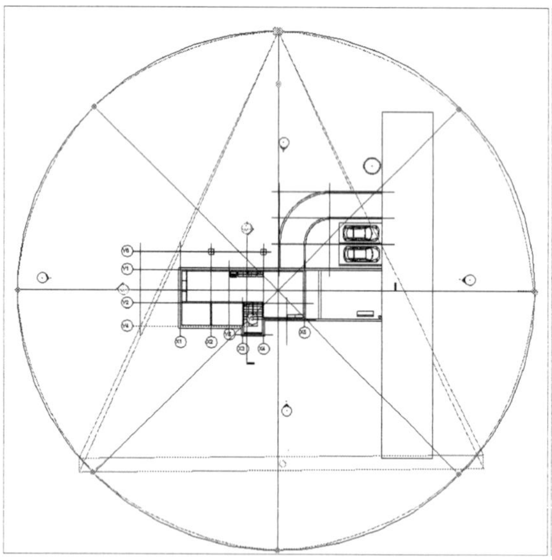

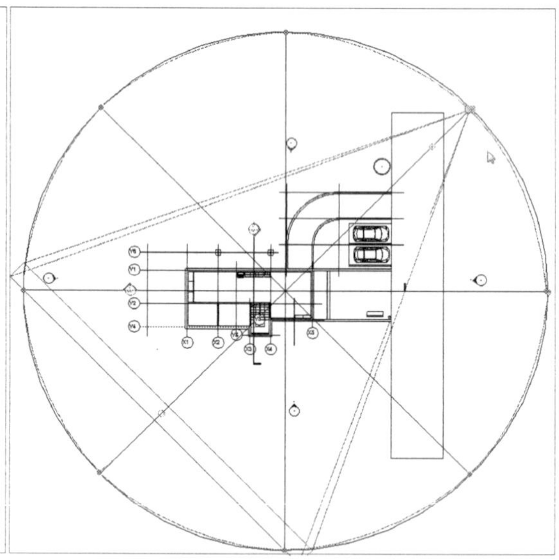

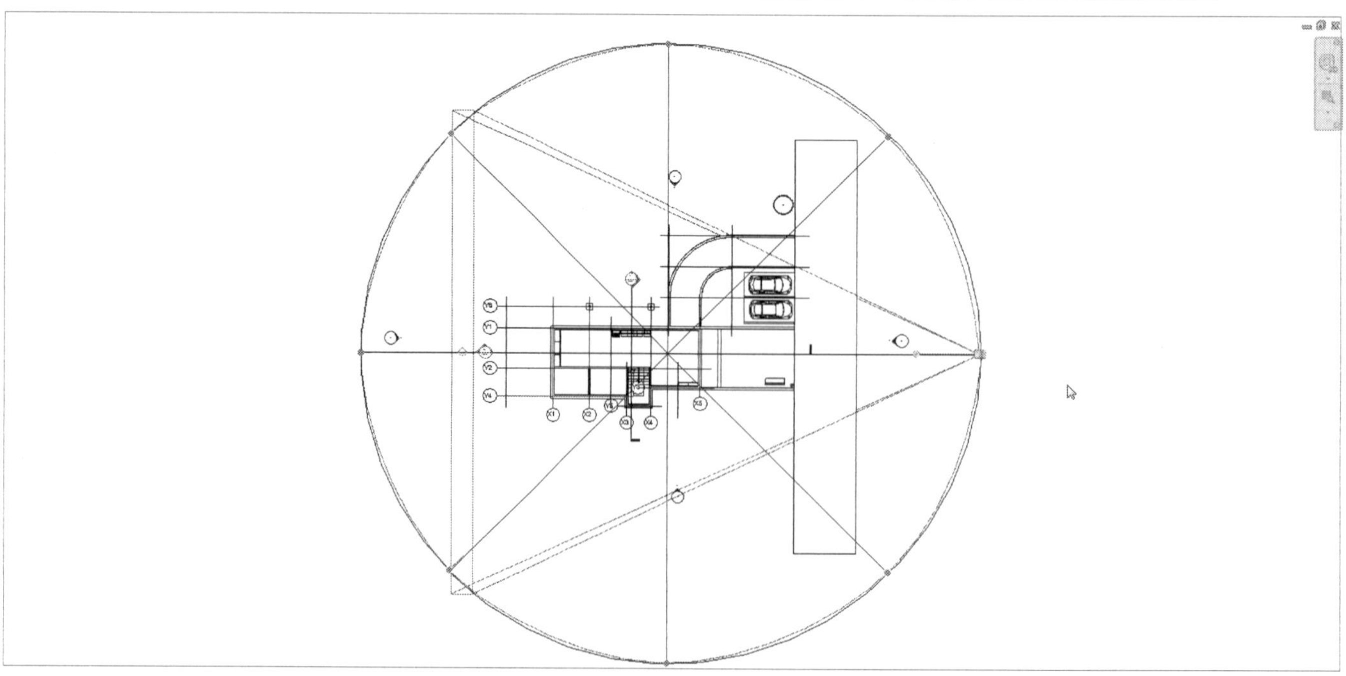

- 키 프레임에서 카메라의 방향과 범위의 편집이 끝나면 상단 메뉴에서 보행시선 열기를 클릭한다.

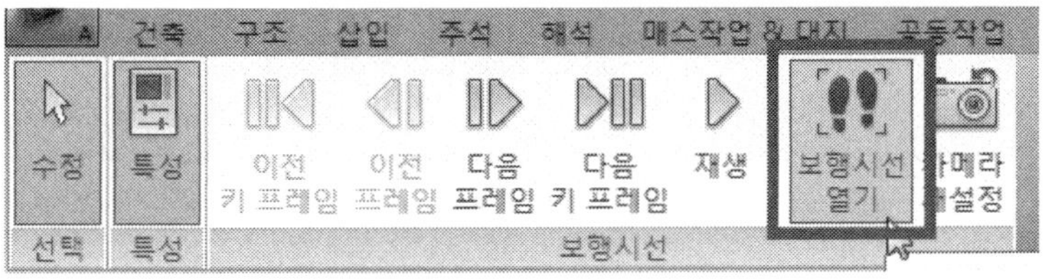

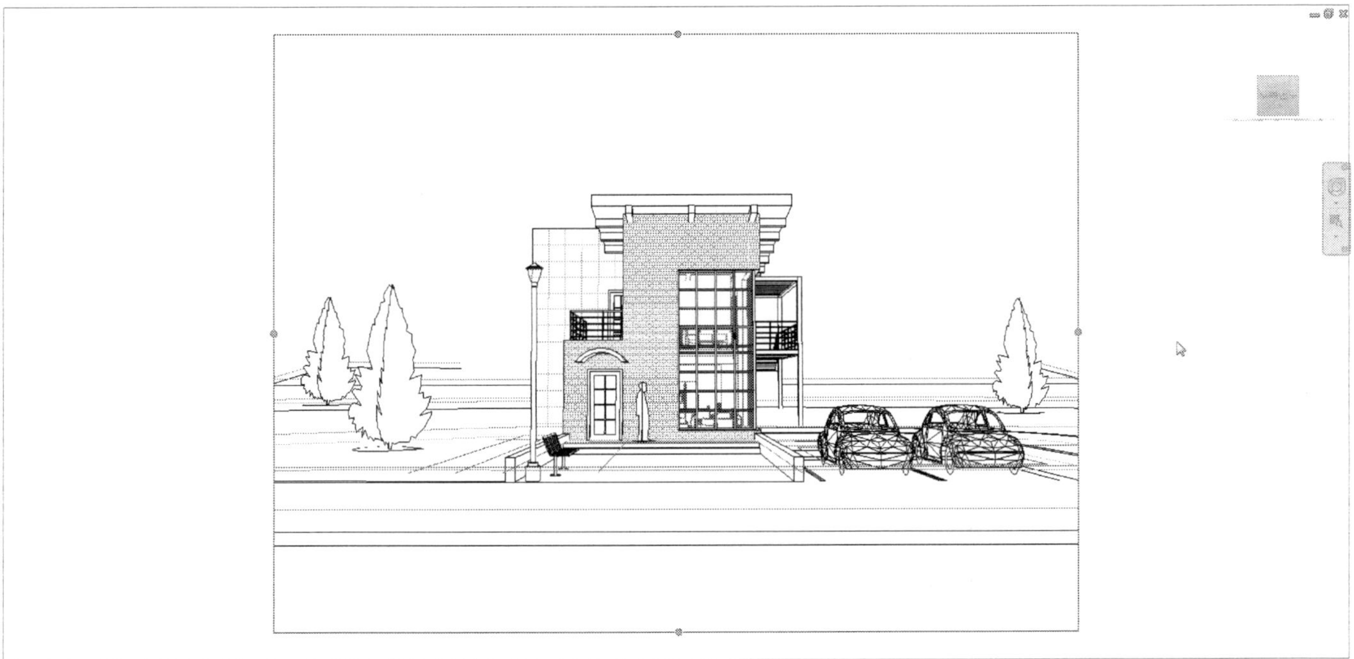

- 먼저 화면에 필요 없는 CAD에서 가져온 선을 선택한다.
- 이 때 보행시선 종료 패널이 나타나면 예를 선택한다.

- CAD에서 가져온 선을 화면에서 감춘다.
- 그림자 아이콘을 클릭하여 그림자를 켠다.

- 사용자가 원하는 보행시선 의 비주얼 스타일을 선택한다.

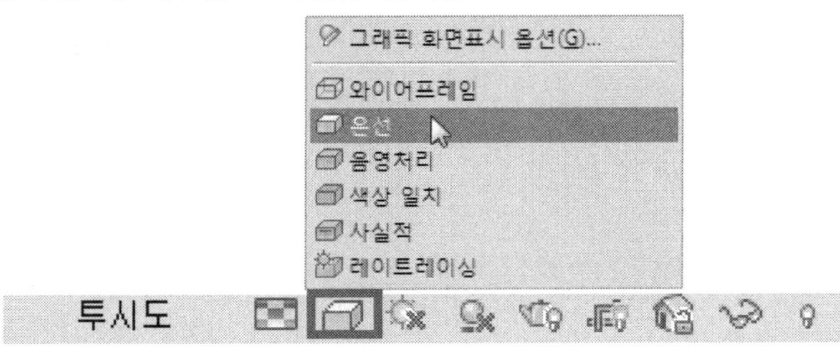

- 다시 화면에서 보행시선의 화면 박스를 선택하면 보행시선을 편집할 수 있다.

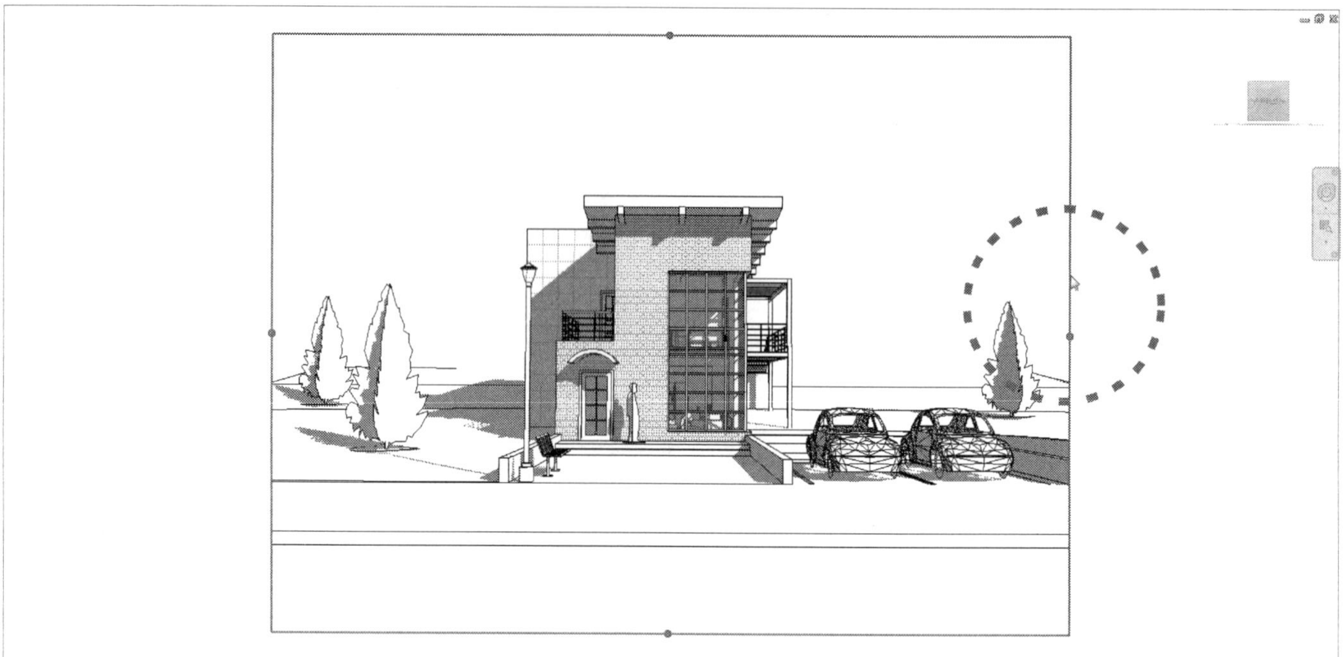

- 상단 메뉴에서 보행시선 편집을 선택한다.

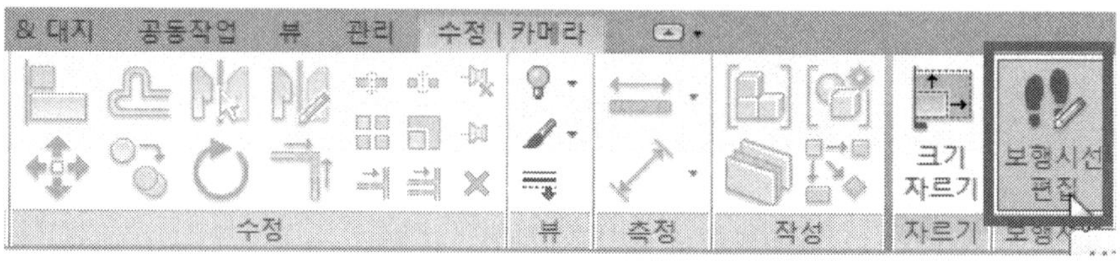

- 옵션 바에서 300 프레임이 할당되어 있는 것을 확인한 후 상단 메뉴에서 재생을 선택한다.
- 또한 프로젝트 탐색기에 보행시선1이 새롭게 만들어진 것을 확인할 수 있다.

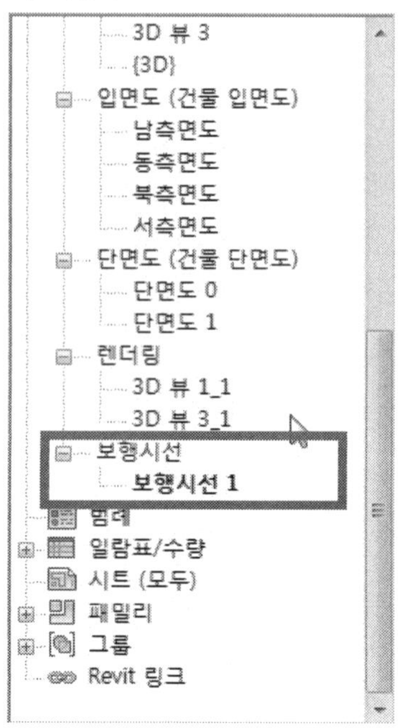

- 보행시선에 카메라의 설정에 따라 장면이 움직이는 동영상을 확인할 수 있다.

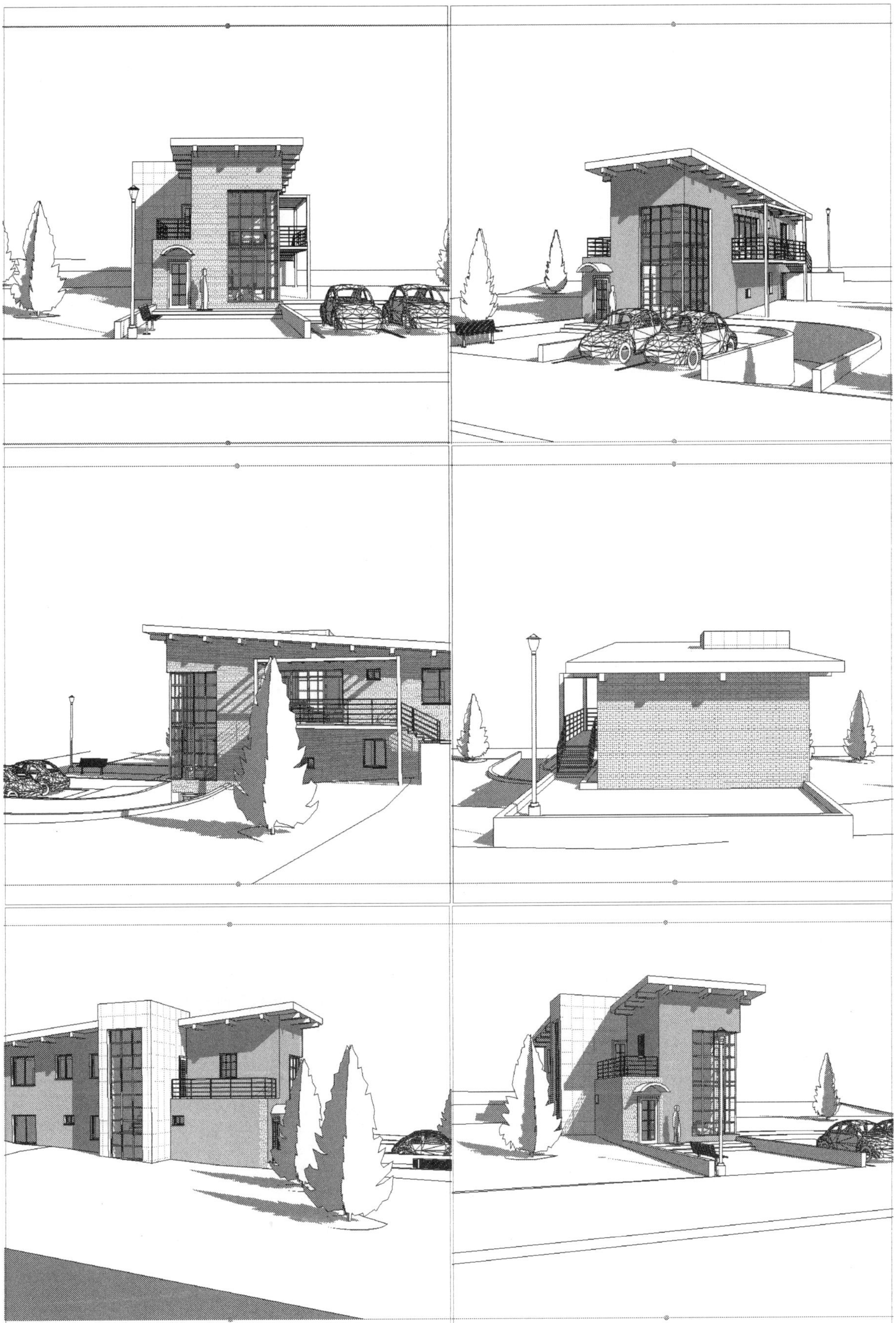

- 실행되는 동영상을 저장하려면 먼저 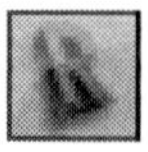 버튼을 클릭한다.
- 내보내기의 이미지 및 동영상 중 보행시선을 클릭한다. 길이/형식 패널에서 설정을 확인하고 확인한다.

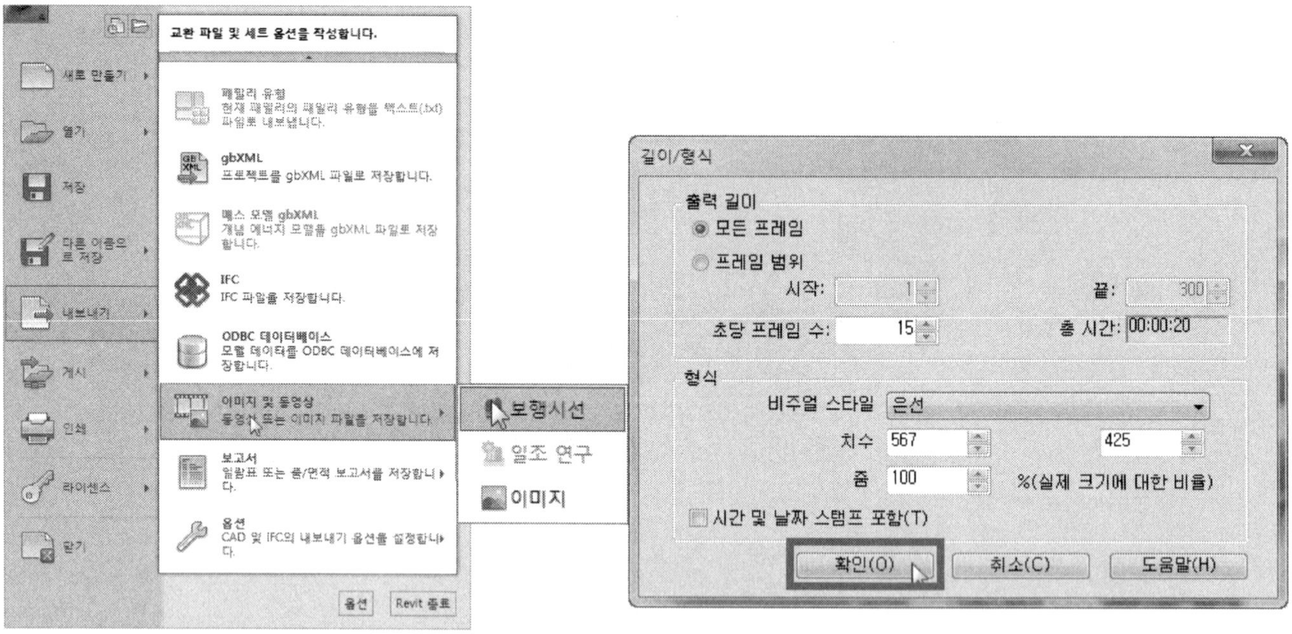

- 파일 이름과 파일 형식을 확인하고 저장을 선택하고 비디오 압축도 확인한다.

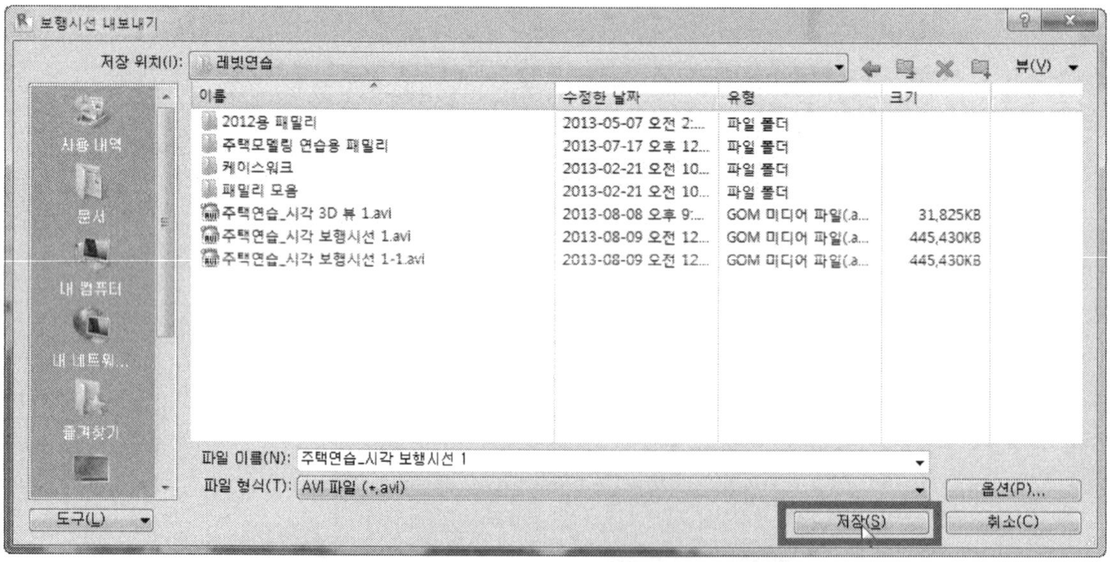

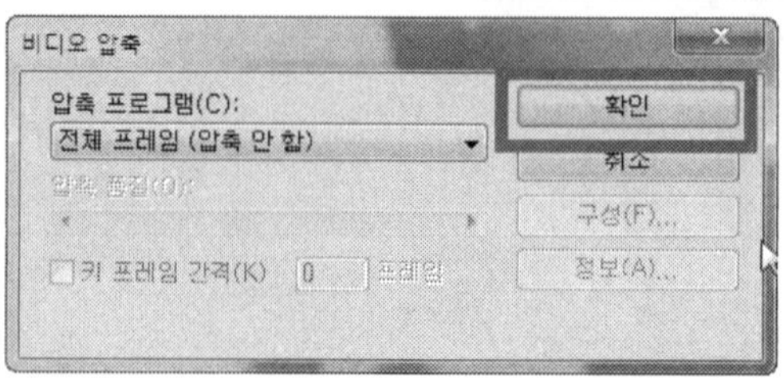

- 주택연습_시각 보행시선 1.avi를 실행한다.
- 동영상을 확인할 수 있다.

- 02 G.L. 평면도로 이동하여 카메라 설정을 위해서 그려 놓은 선들을 선택하여 제거하거나 감춘다.

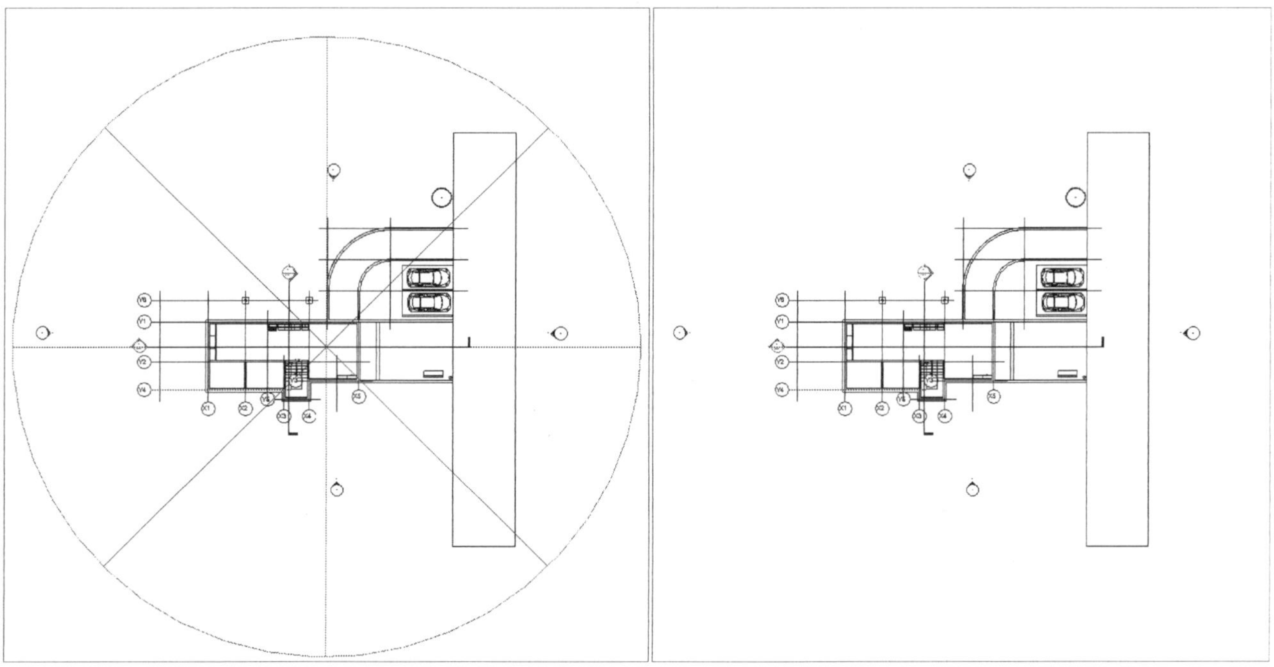

- 보행시선을 실내에 추가하여 실내동영상을 만들어본다.

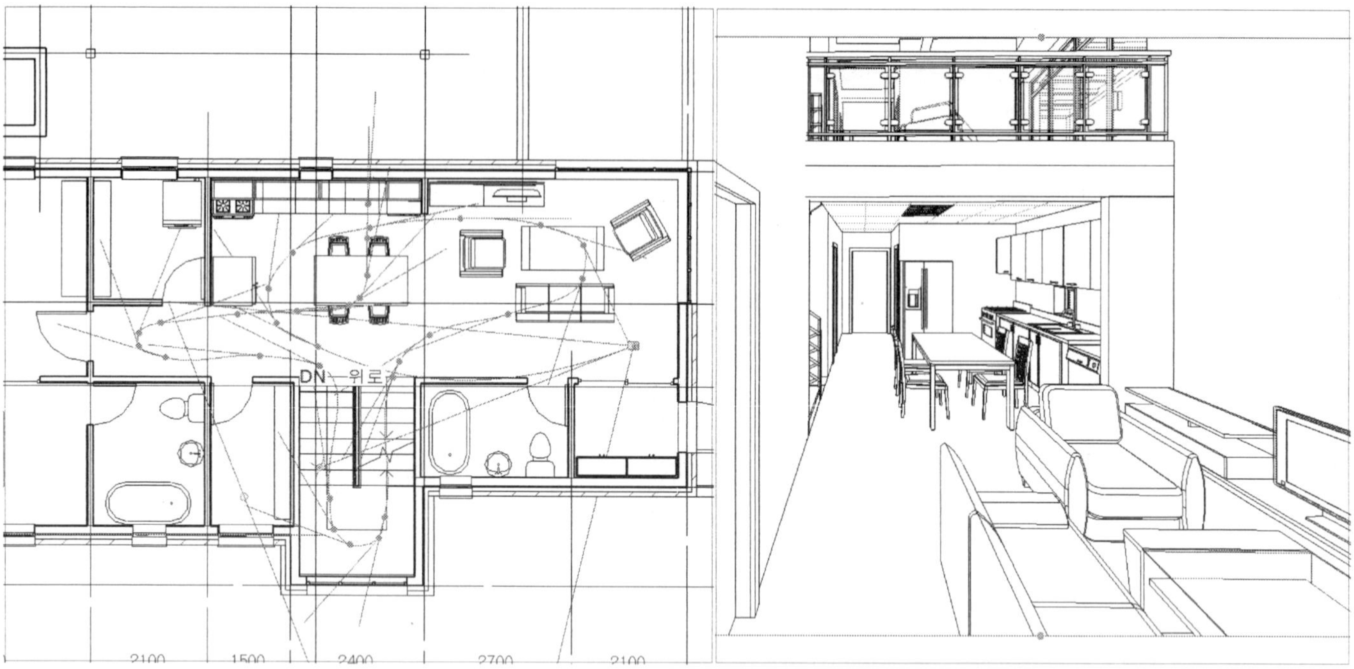

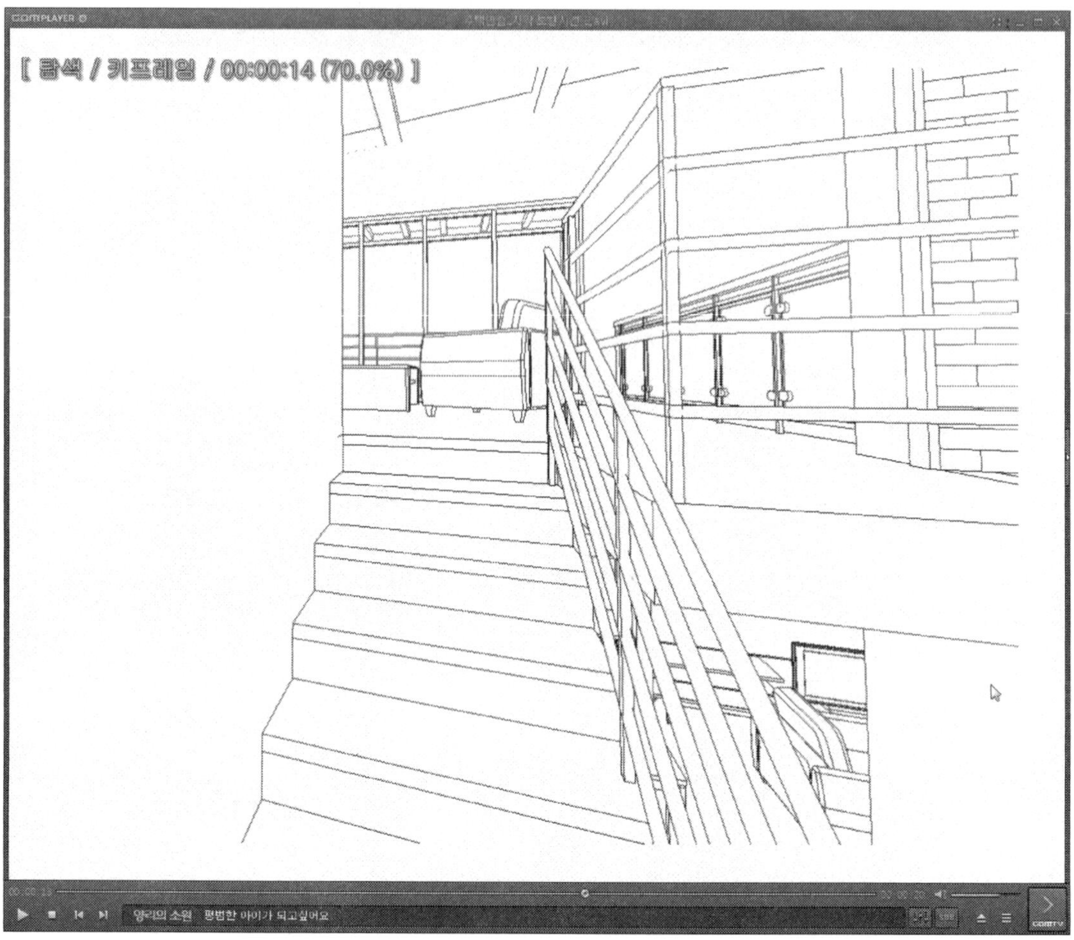

2) Revit Architecture의 자료를 3DS MAX로 보내어 렌더링하기

렌더링 장면을 만드는 프로그램의 기능은 3DS MAX가 Revit Architecture에 비해 우수한 바 Revit Architecture의 데이터를 3DS MAX로 보내어 렌더링 작업을 하게 되면 양질의 렌더링 장면과 동영상을 만들 수 있다.

학습목표

- Revit Architecture에서 FBX파일로 내보내는 방법을 실습을 통해서 숙지한다.
- 3DS MAX에서 FBX파일 열는 방법을 실습을 통해서 숙지한다.
- 3DS MAX에서 Camera, Daylight 만드는 방법을 실습을 통해서 숙지한다.
- 3DS MAX에서 랜더링하는 방법을 실습을 통해서 숙지한다.

2) Revit Architecture의 자료를 3DS MAX로 보내어 렌더링하기

① FBX 파일로 내보내기

- 외관이 표현되어 있는 3D 뷰 중 하나를 활성화한다.
- 3DMAX에서 Revit 모델링 파일을 렌더링하려면 파일 변환을 거쳐야 한다.
- 3DMAX에서 실행되는 FBX 파일로 저장하려면 먼저 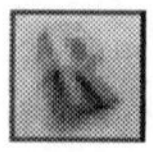 버튼을 클릭한다.
- 내보내기의 FBX를 클릭한다.

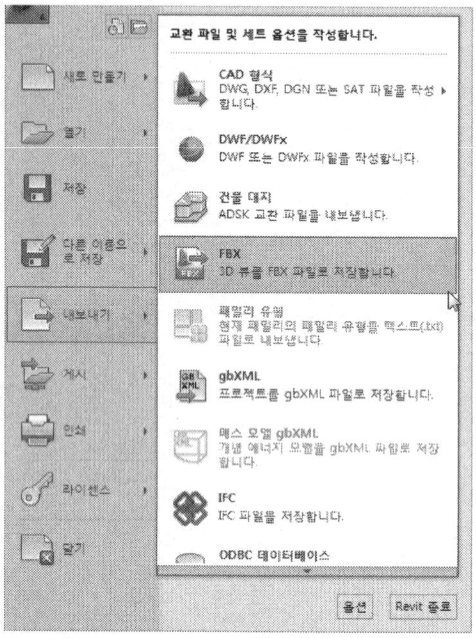

- 파일 이름과 파일 형식을 확인하고 저장을 선택한다.

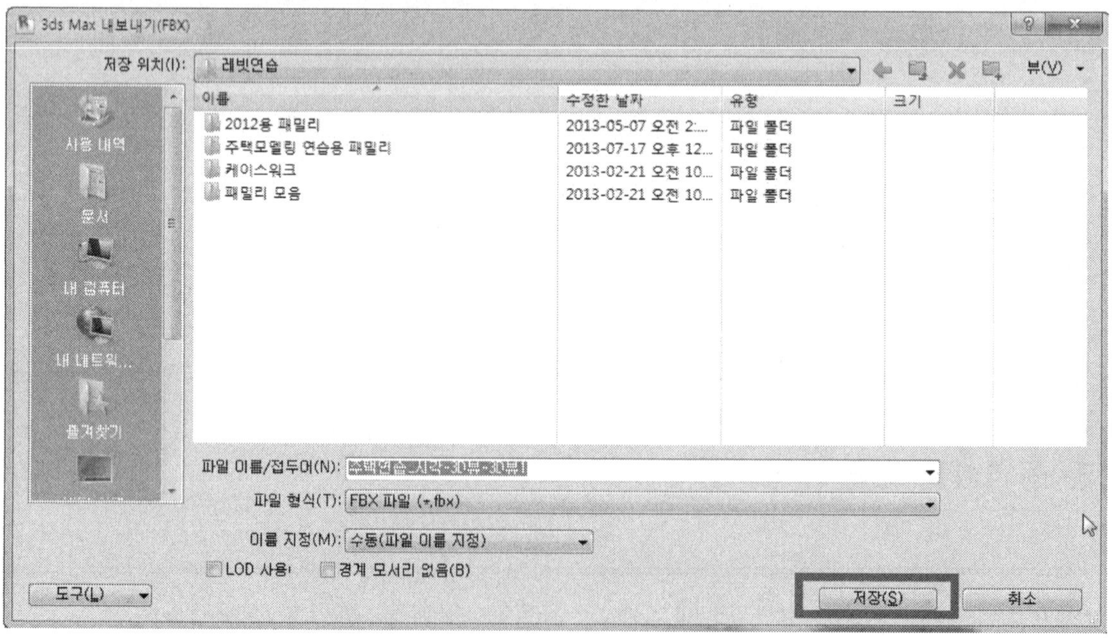

② 3DS MAX에서 FBX 파일 열기

- 3DS Max를 실행한다.
-  을 클릭하고 Import를 선택한다.

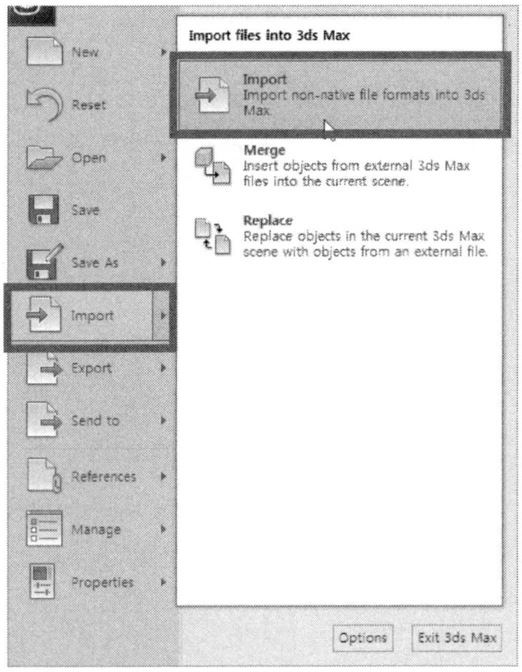

- 파일형식을 Autodesk(*.FBX)로 설정하고 원하는 파일을 선택한다.

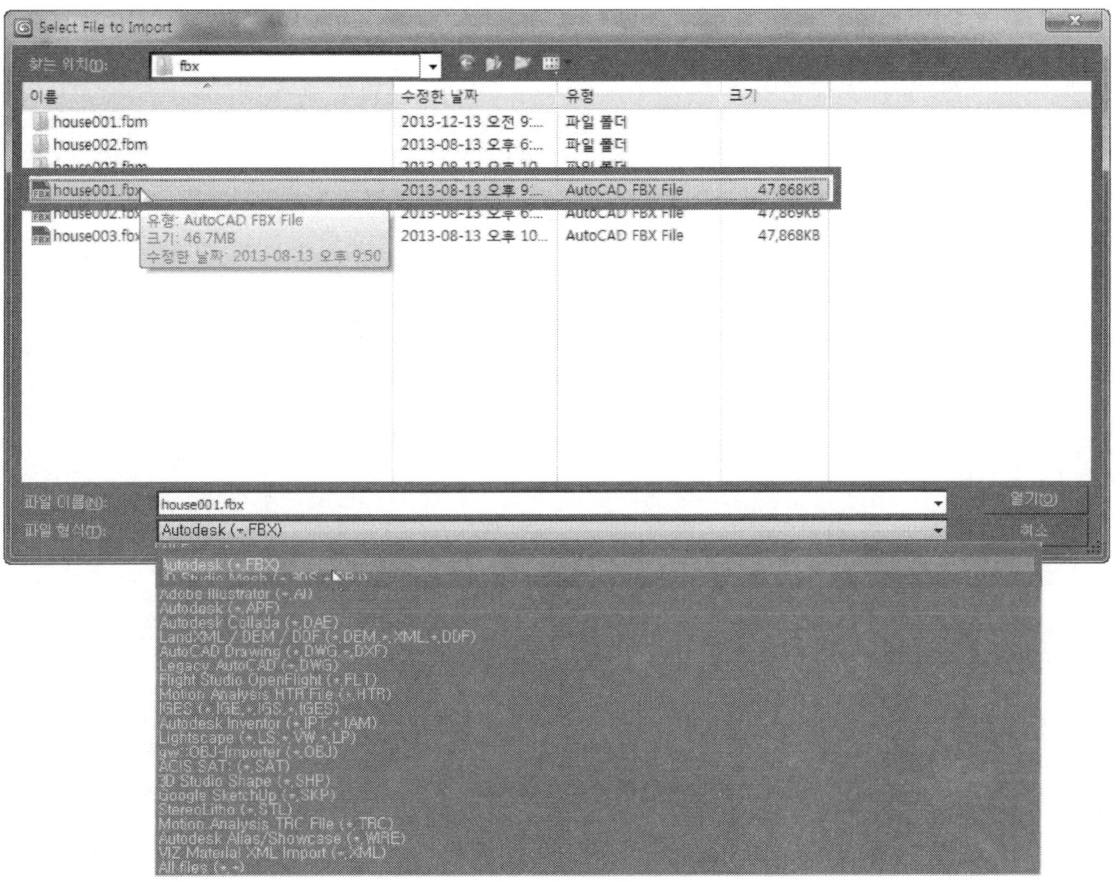

- FBX Import 패널이 나타나면 Light를 펼치고 Sun and Sky 박스가 체크 해제 되어 있는 것을 확인하고 OK 버튼을 클릭한다.

※ 레빗에서 가져온 Sun and Sky는 너무 밝거나 제어하기 어려우므로 가져오지 않는다.

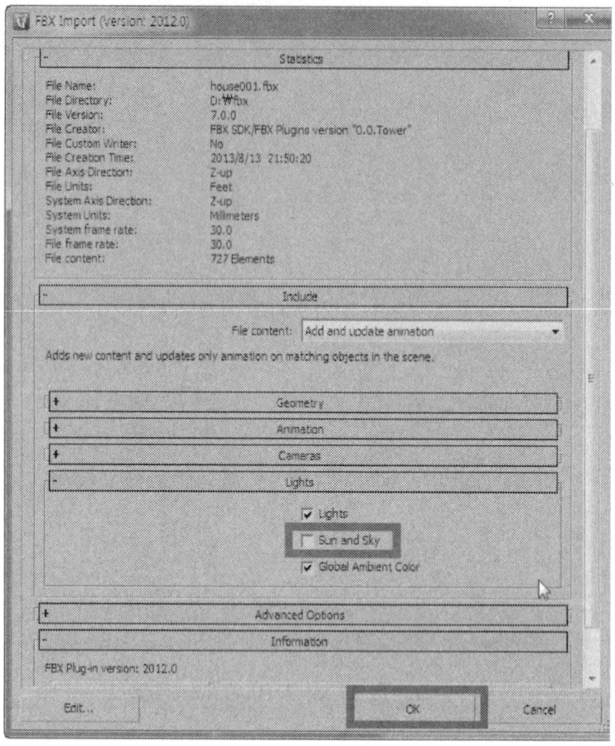

- 3DS Max에 Revit에서 작업한 주택이 나타난다.

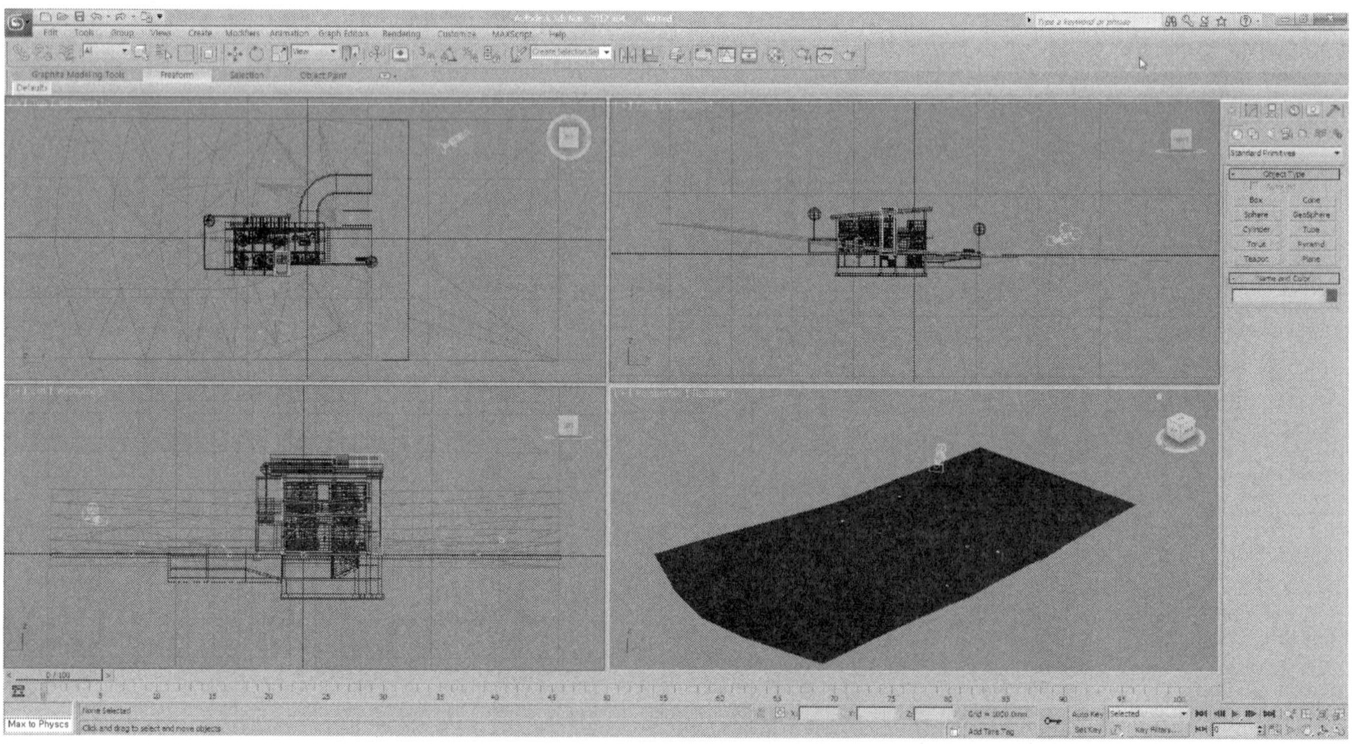

③ 3DS MAX에서 Daylight 만들기

- Perspective 뷰에서 C를 입력하여 카메라 뷰로 바꾼다.

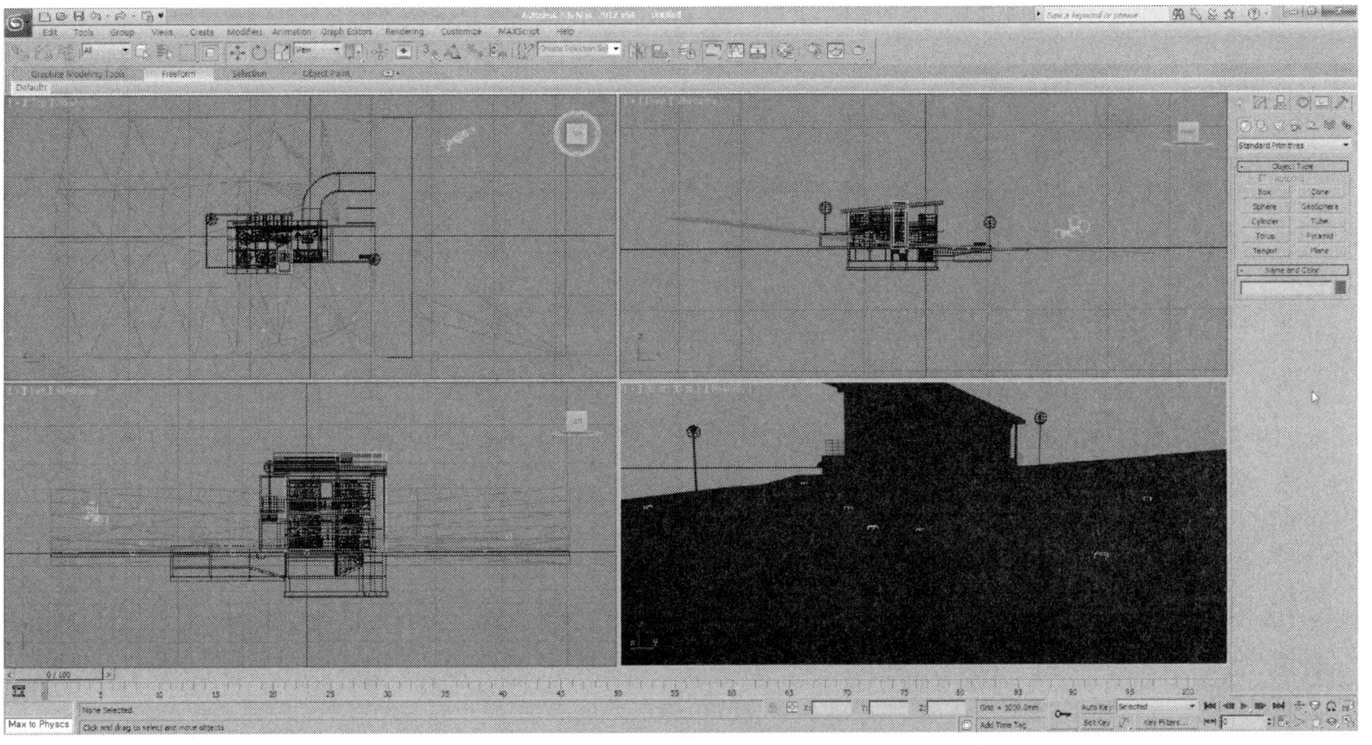

- 카메라 뷰에서 [+I 3D뷰: 3D뷰 1 I Realistic]의 3D뷰: 3D뷰를 클릭하여 Show Safe frames를 선택한다.

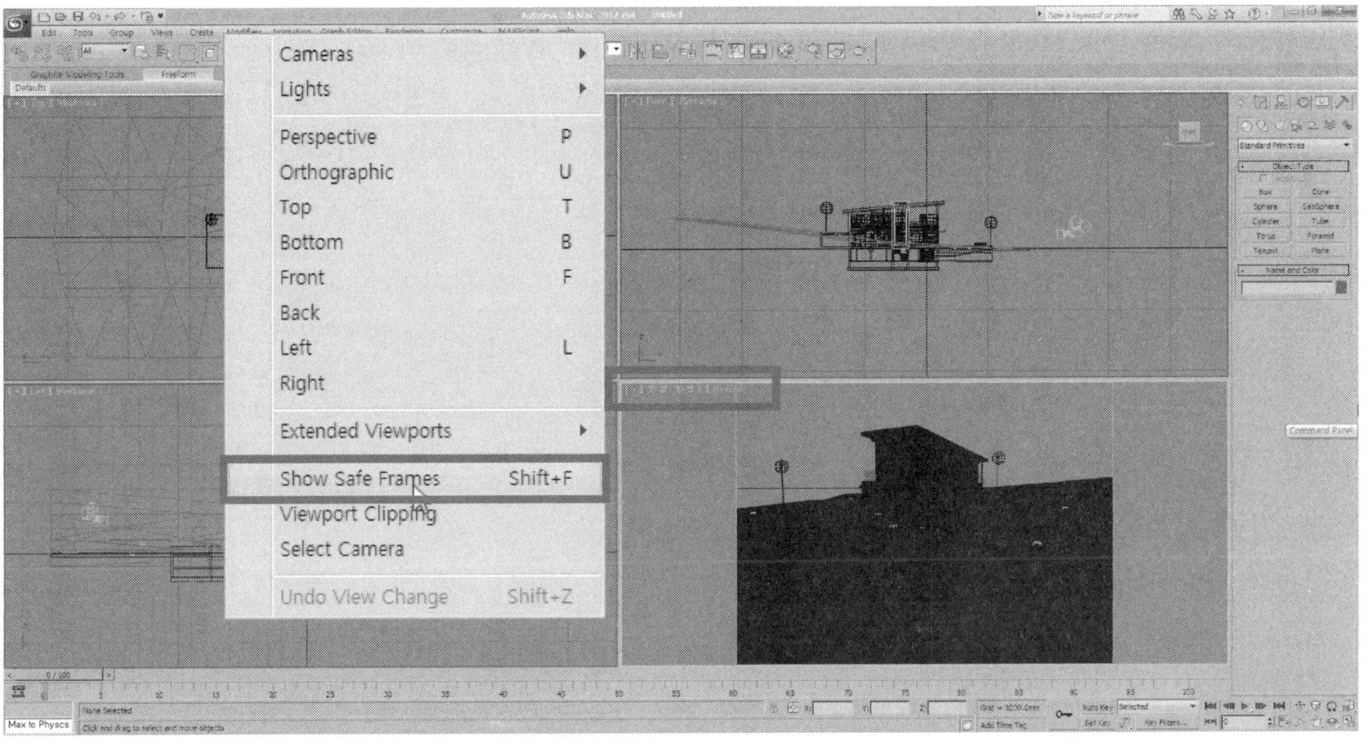

- Daylight를 새롭게 만들기 위해서 먼저 Systems의 Daylight 버튼을 클릭한다.

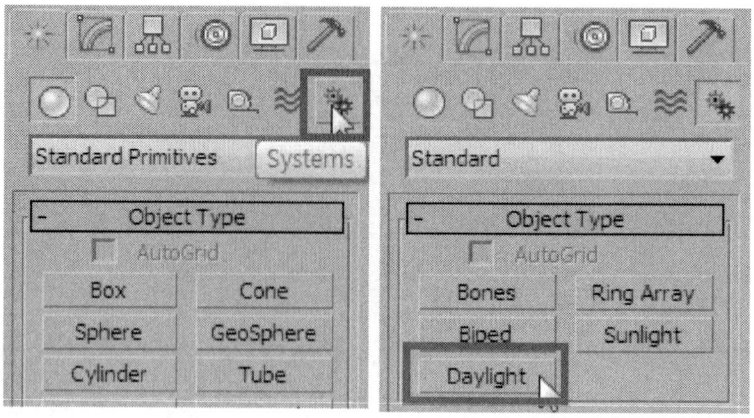

- Top(평면) 뷰에서 적당한 부분을 클릭한다.
- 노출 값을 바꾸겠다는 메시지와 mr Phisical Sky를 사용하겠다는 메시지가 나타나면 모두 Yes를 선택한다.

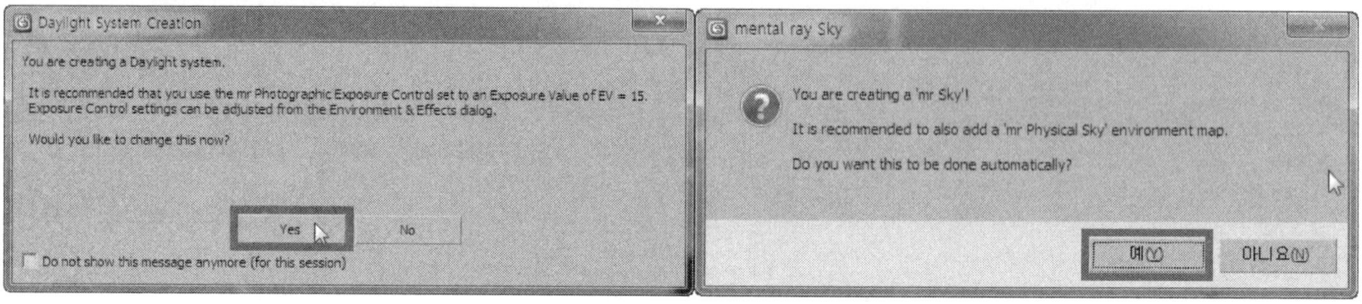

- 만들어진 Daylight를 선택하고 Modify로 이동한 후 Position을 Manual로 바꾼다.
- Daylight를 적당하게 이동하여 위치시킨다.

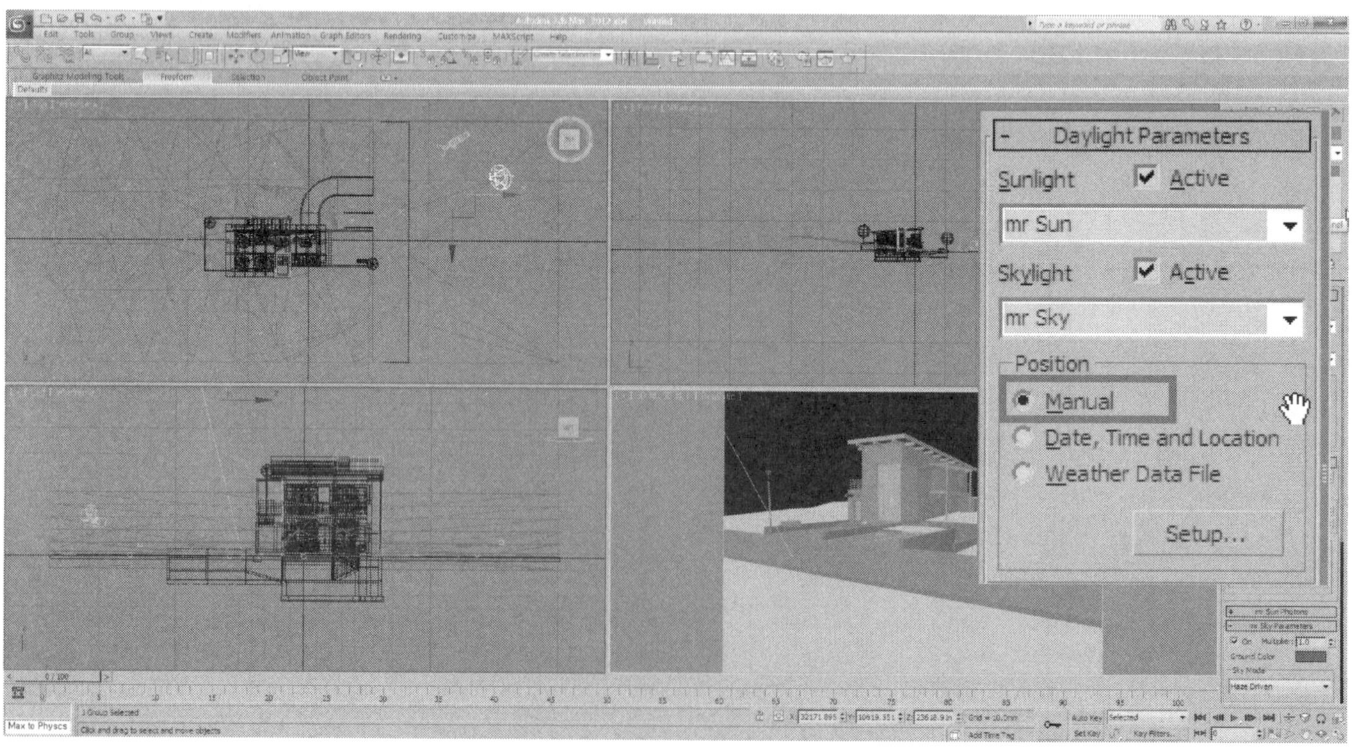

④ 3DS MAX에서 렌더링 하기

- 상부 아이콘 메뉴에서 Rendered Frame Window를 선택한다.

- Rendered Frame Window에서 Render Preset을 mental.ray.daylighting을 선택한다.

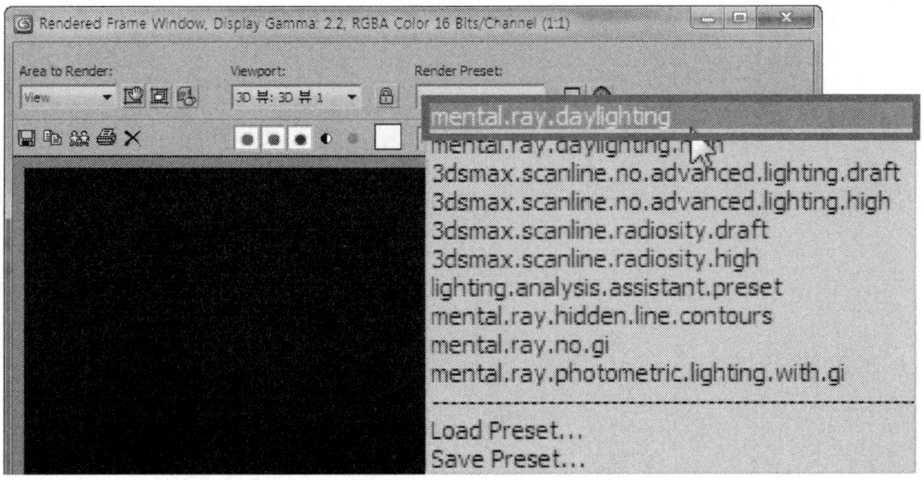

- Render 버튼을 눌러 렌더링한다.

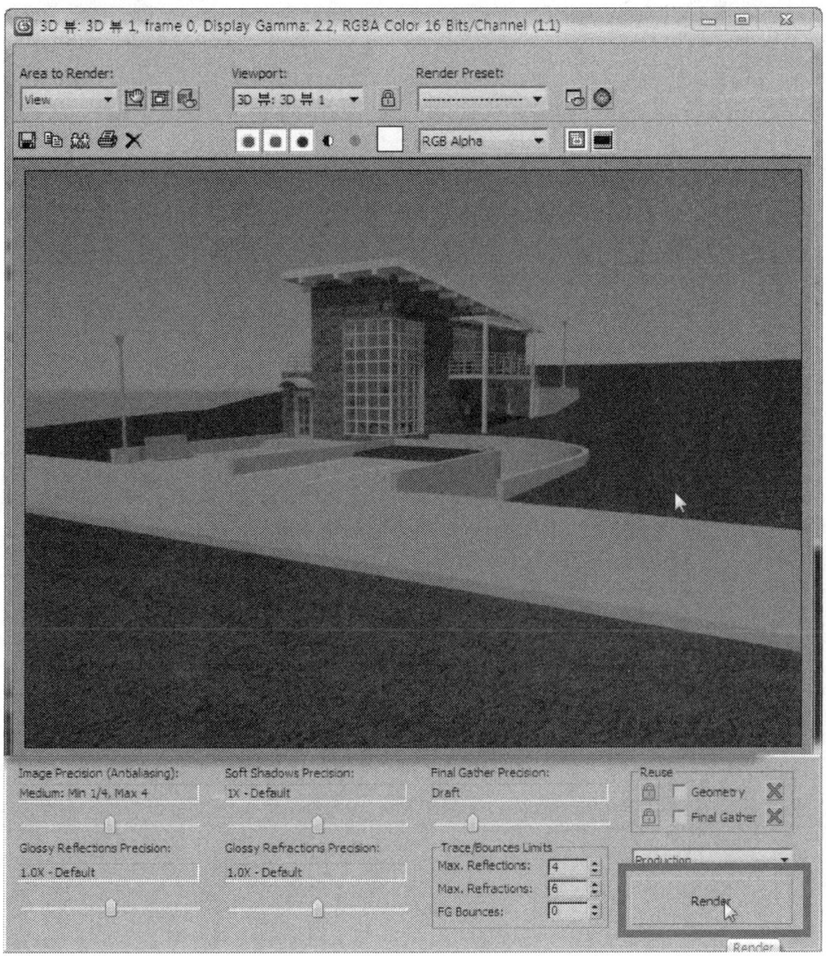

- 카메라를 새로 만들고 다른 장면들을 렌더링하고 저장한다. 하늘 배경도 바꾸어 본다.

3) Revit Architecture에서 Presentation Panel 만들기

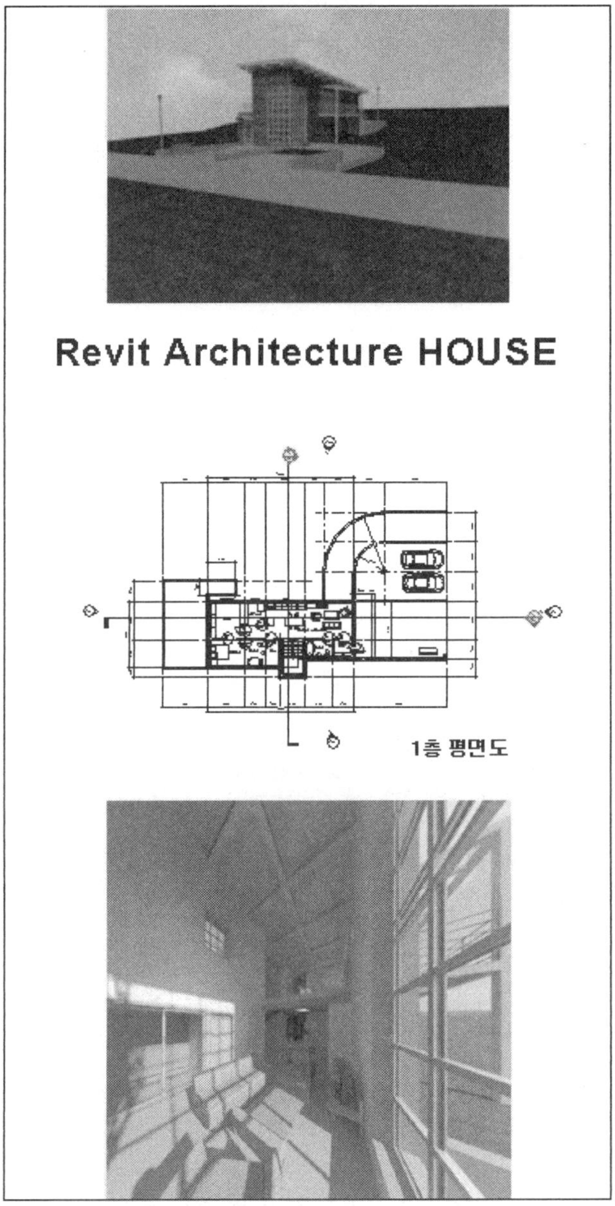

이제까지 작업한 여러 작업들을 모아서 프레젠테이션 하기 위한 패널을 만드는 실습을 한다. 보통 패널작업은 포토 샵이나 일러스트레이터에서 이루어지나 약식으로 Revit Architecture에서 패널을 만드는 방법을 실습해 본다.

학습목표

- 새로운 시트 만드는 방법을 실습을 통해서 숙지한다.
- 시트에 도면 배정하는 방법을 실습을 통해서 숙지한다.
- 시트에 외부 이미지 가져와서 배치하는 방법을 실습을 통해서 숙지한다.
- 시트에 글자 쓰는 방법을 실습을 통해서 숙지한다.

3) Revit Architecture에서 Presentation Panel 만들기

① 새로운 시트 만들기

- 프로젝트 탐색기의 시트에서 마우스 오른쪽 버튼을 클릭하고 새시트를 선택한다.

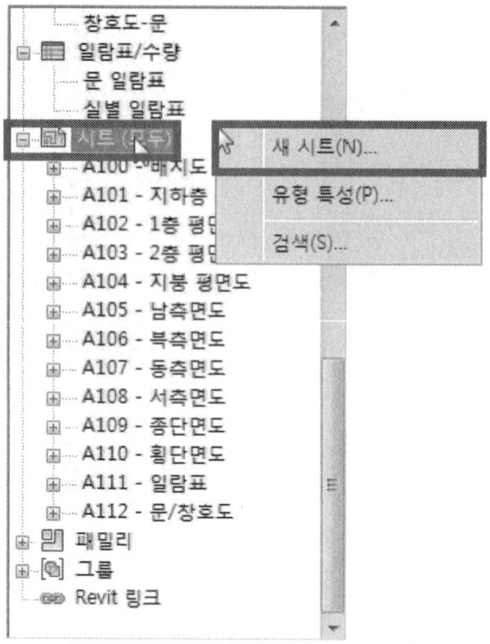

- 새 시트 패널에서 기존에 사용했던 A1 미터법을 선택하고 확인한다.

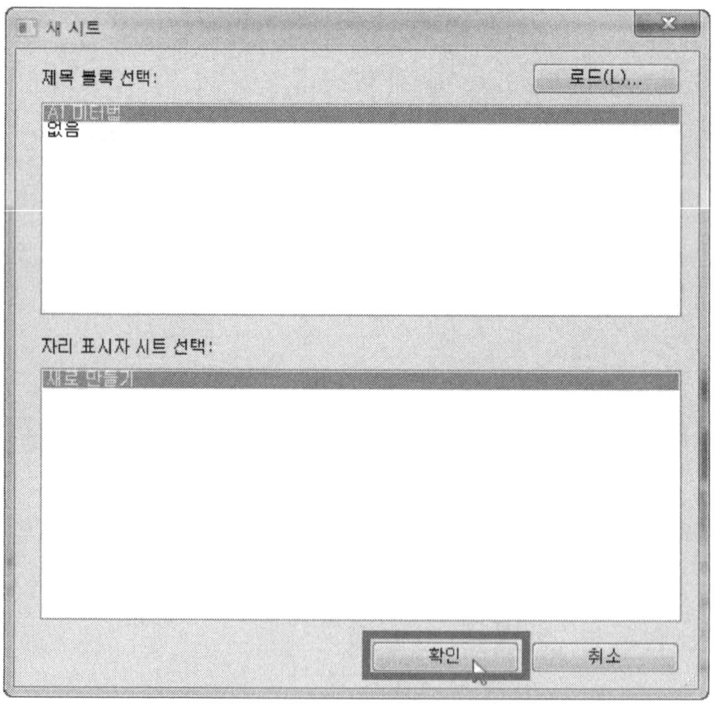

- 화면에 A1 시트가 나타난다.

- 화면의 시트를 선택하고 상단의 수정 탭에서 패밀리 편집을 아이콘을 클릭한다.

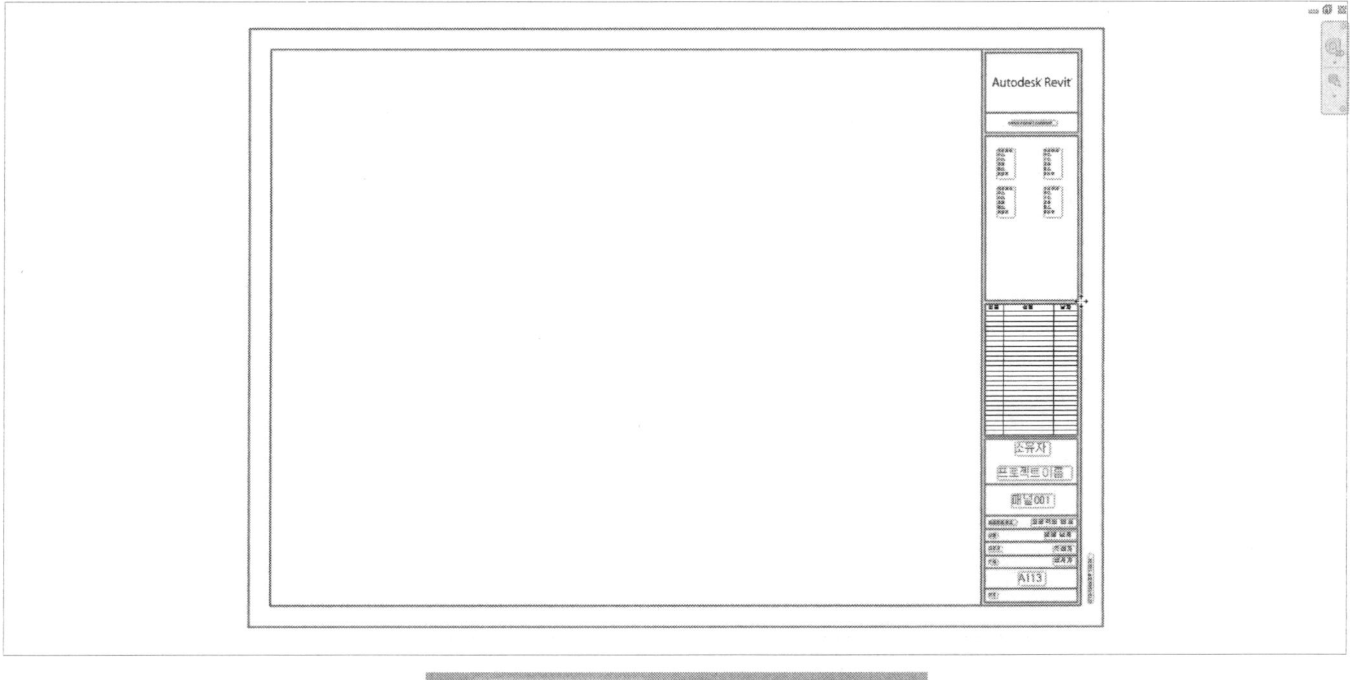

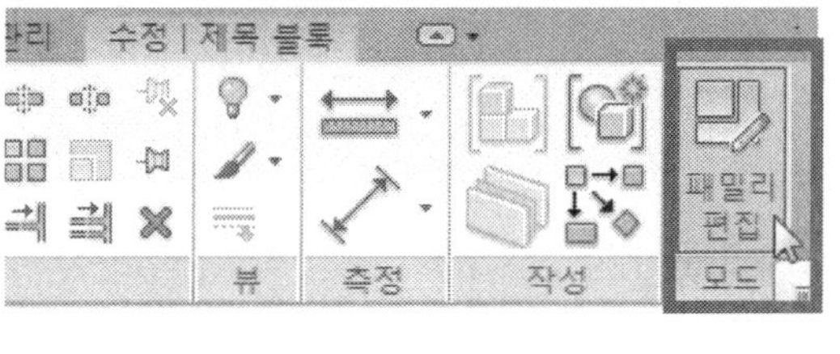

- 패밀리 편집에서 시트의 가장 큰 상자안의 내용 선택하고 지운다.

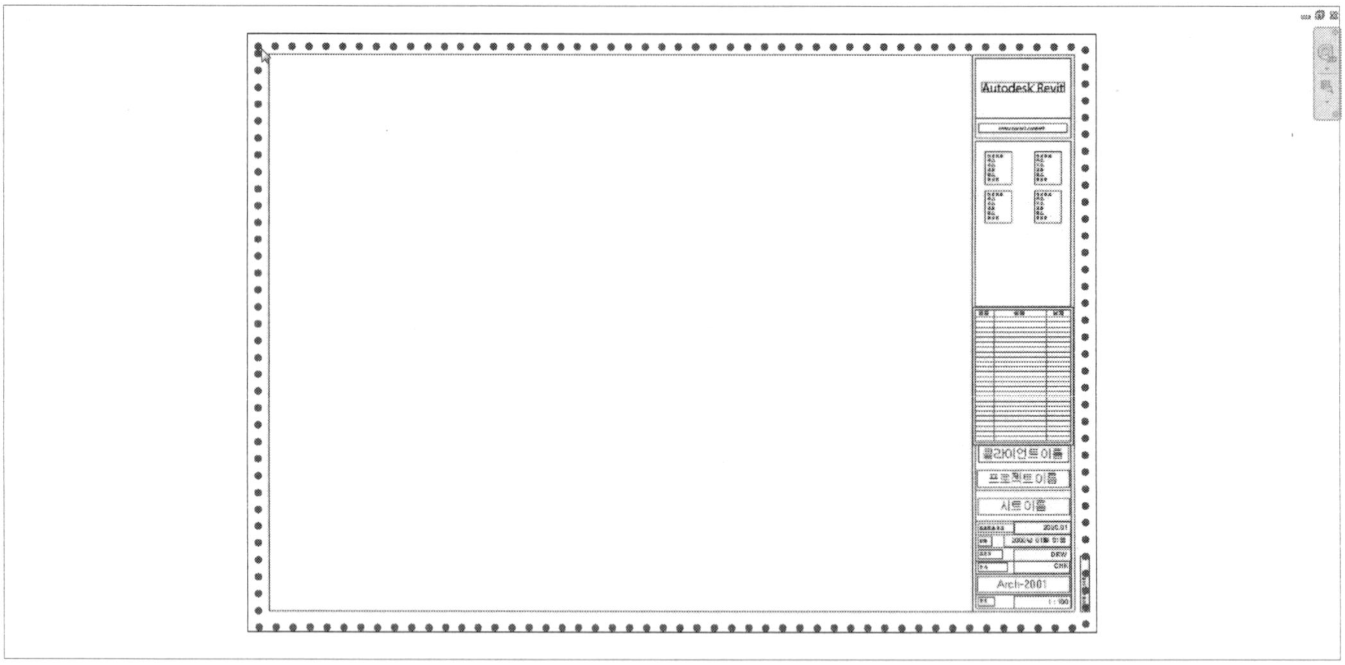

- 상자의 가로선을 선택한 후 세로의 길이가 나타나면 1200으로 수정한다..

- 같은 방법으로 세로선을 선택하고 가로의 길이가 나타나면 600으로 수정한다.

- 다른 이름으로 저장에서 패밀리를 선택한다.

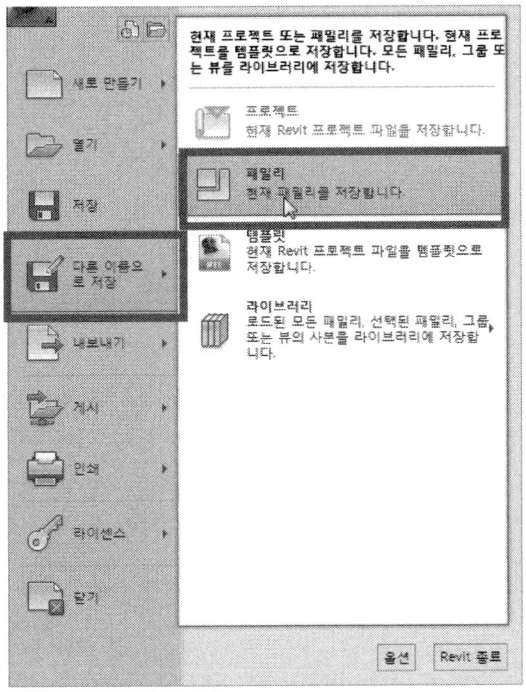

- 다른 이름으로 저장 패널이 나타나면 주택패널이라고 명명하고 저장한다.

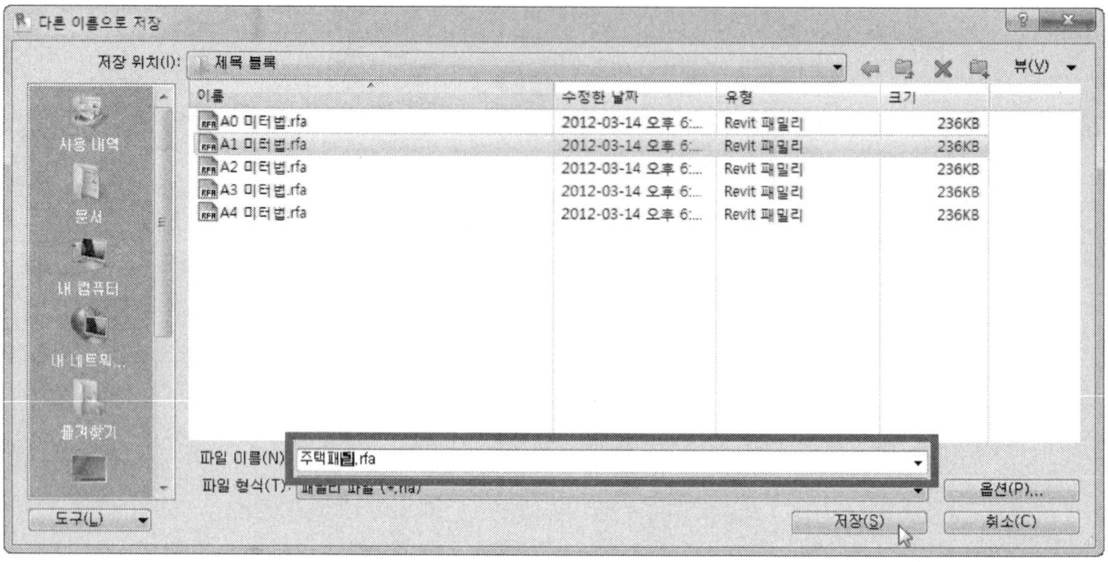

- 활성 창 상단의 닫기를 클릭하여 패밀리 파일을 닫는다. 이 때 메시지가 나타나면 아니요(N)를 선택한다.

- 화면에는 새롭게 A1 시트가 열려 있으므로 다른 시트를 활성화 한 후 그 시트를 삭제한다.
- 다른 시트를 활성화하지 않고 삭제를 하면 아래와 같은 메시지가 나타난다.

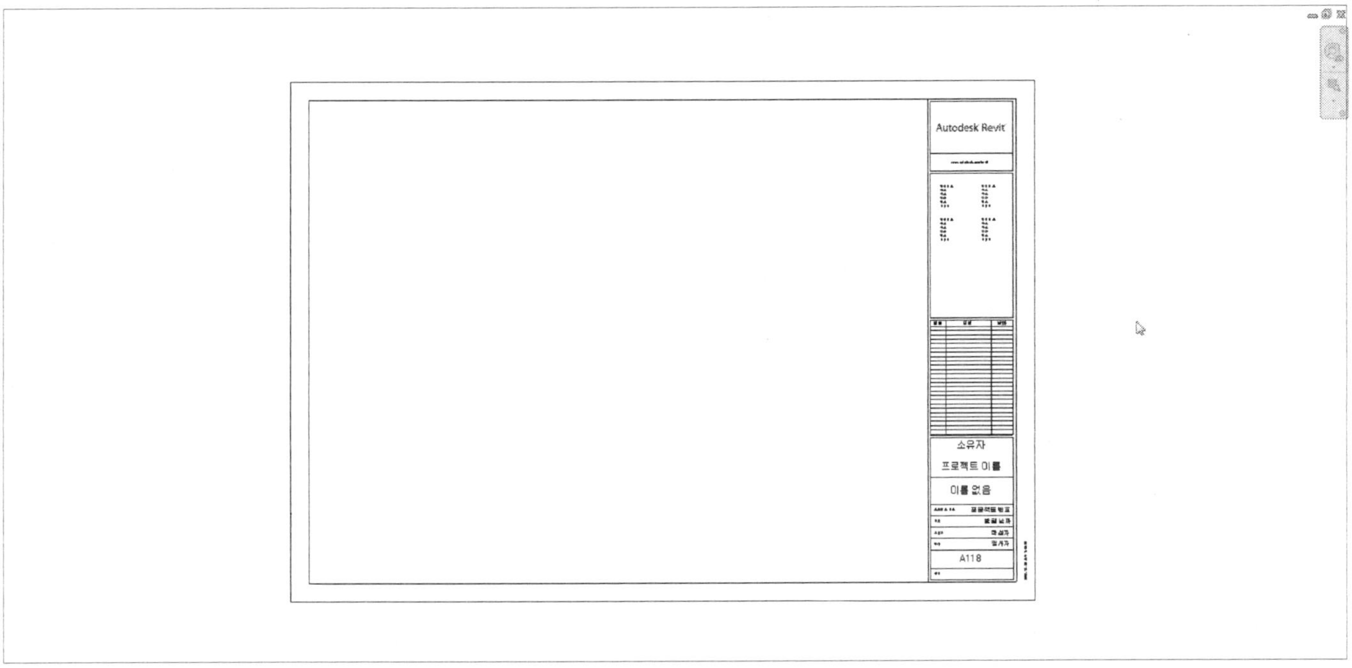

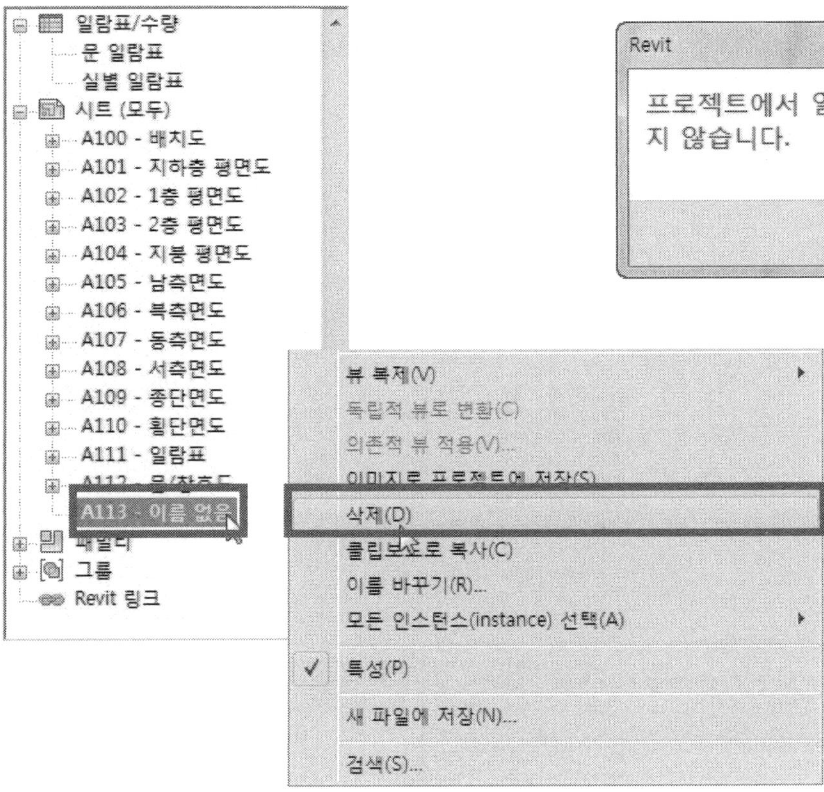

- 프로젝트 탐색기의 시트에서 마우스 오른쪽 버튼을 클릭하고 새시트를 선택한다.

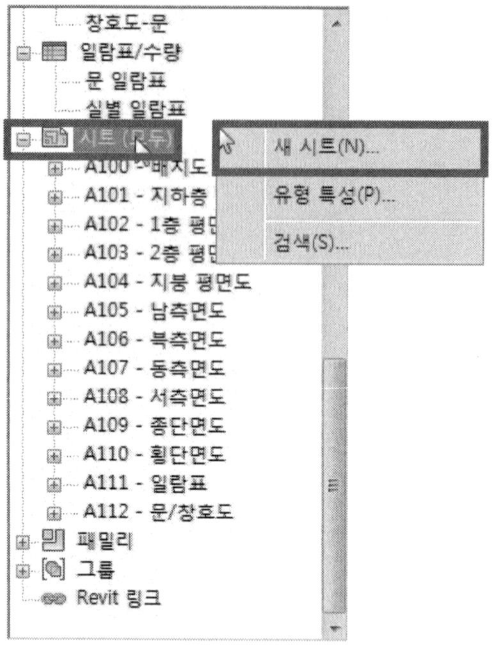

- 새 시트 패널에서 로드를 선택하고 제목 블록 폴더 안의 주택패널.rfa 파일을 선택한다.

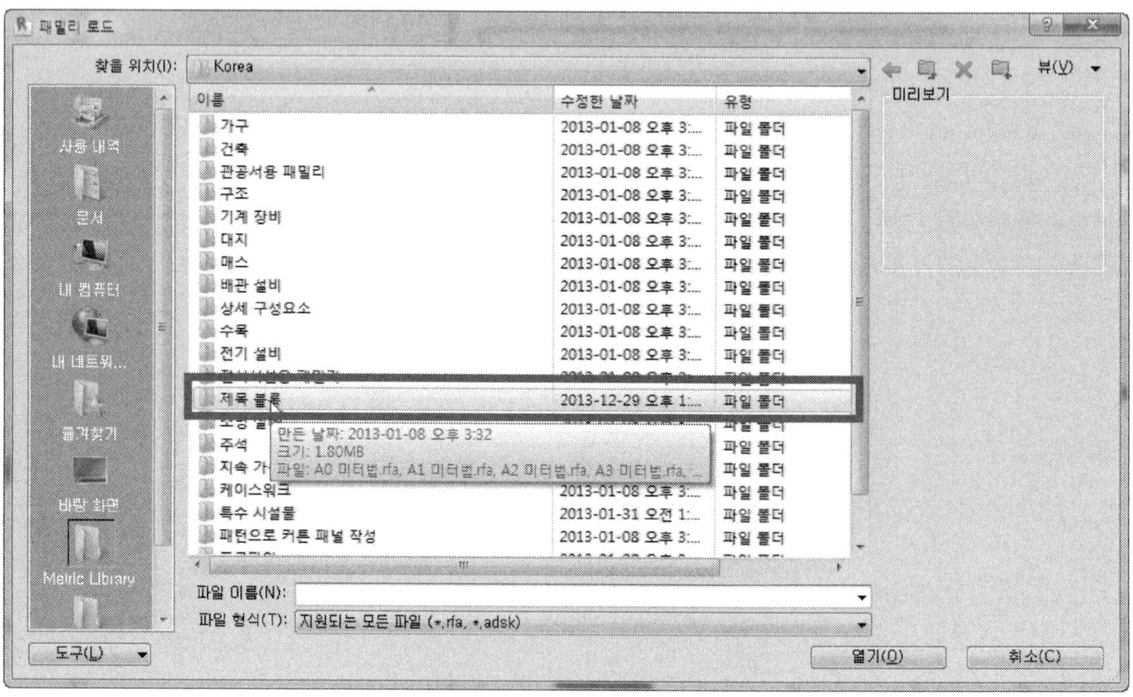

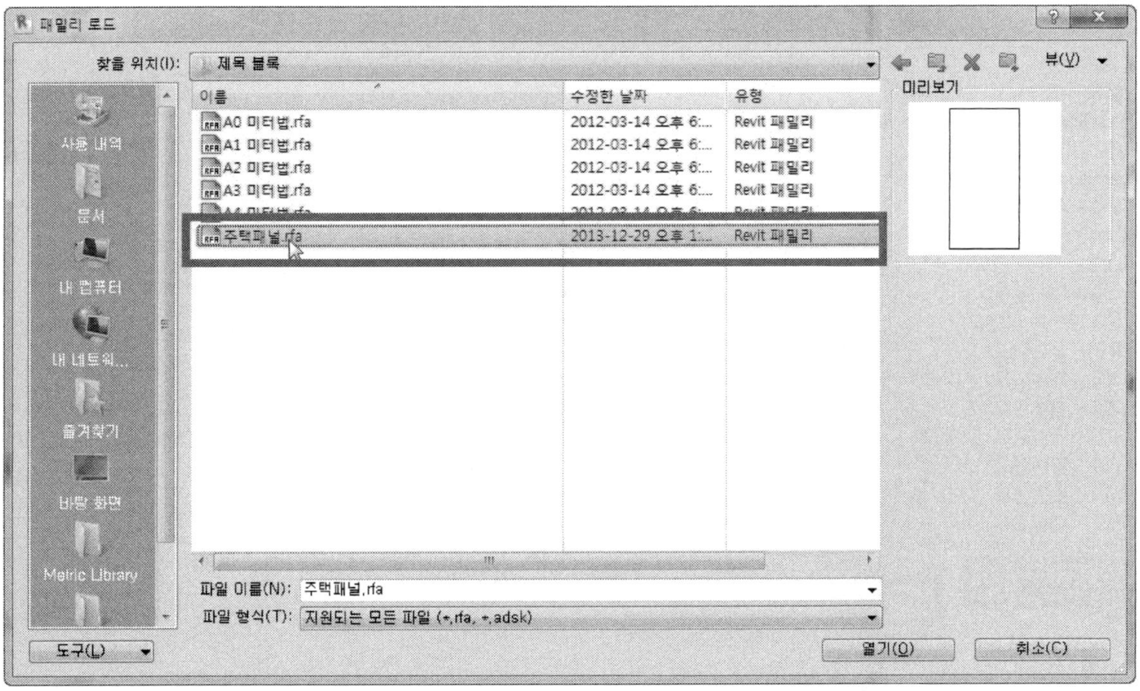

- 새 시트 패널에서 주택패널을 선택하고 확인한다.

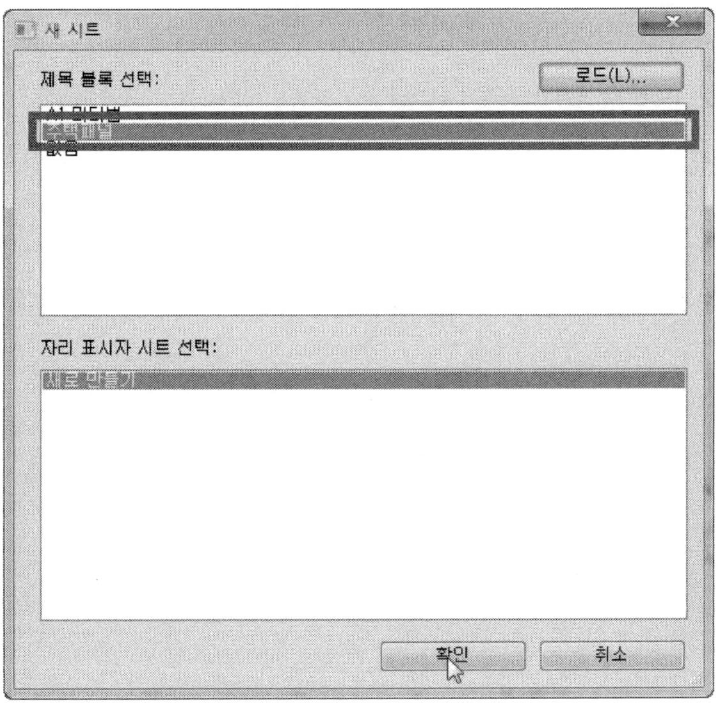

- 프로젝트 탐색기에서 시트 중 새롭게 만든 시트의 이름을 패널001로 변경한다.

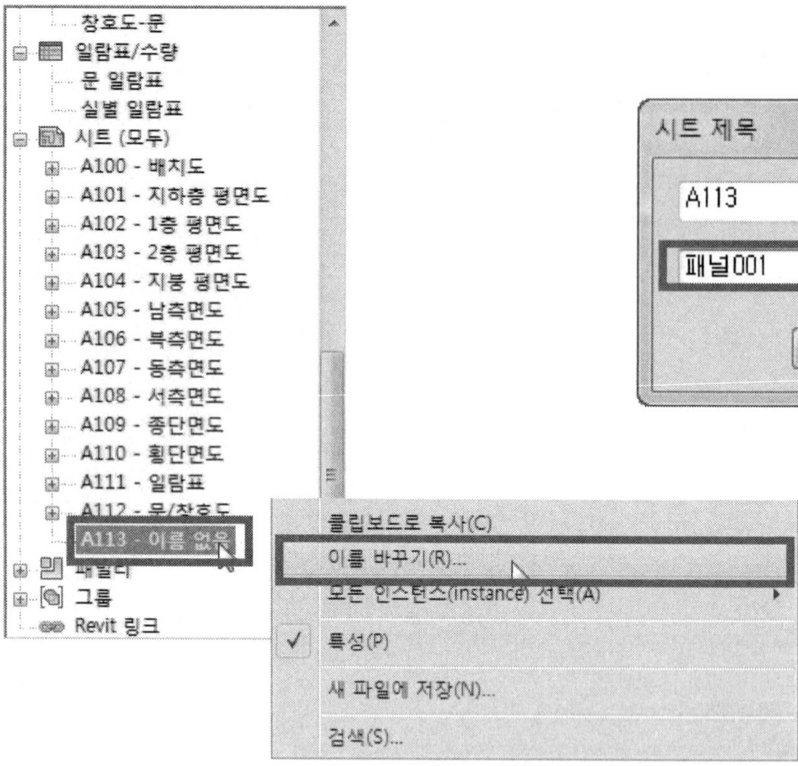

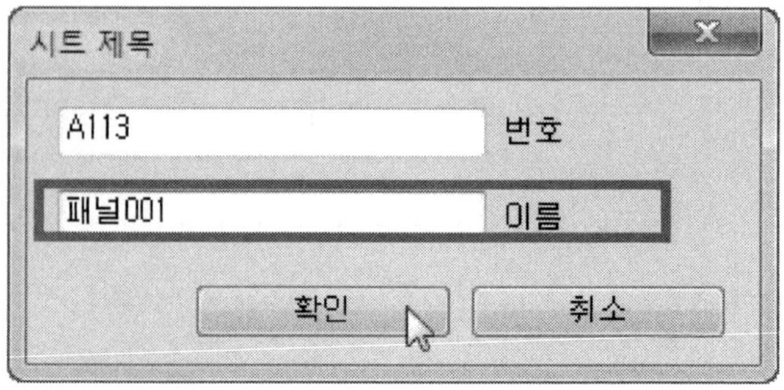

- 이제 화면에 아래와 같은 시트가 준비되어 나타난다.

- 패널 시트에 보조선 작업을 하기 위해서 주석 탭의 상세 선을 선택한다.

- 시트의 세로선을 중심에 하나 그린 후 양쪽으로 200만큼 복사한다.

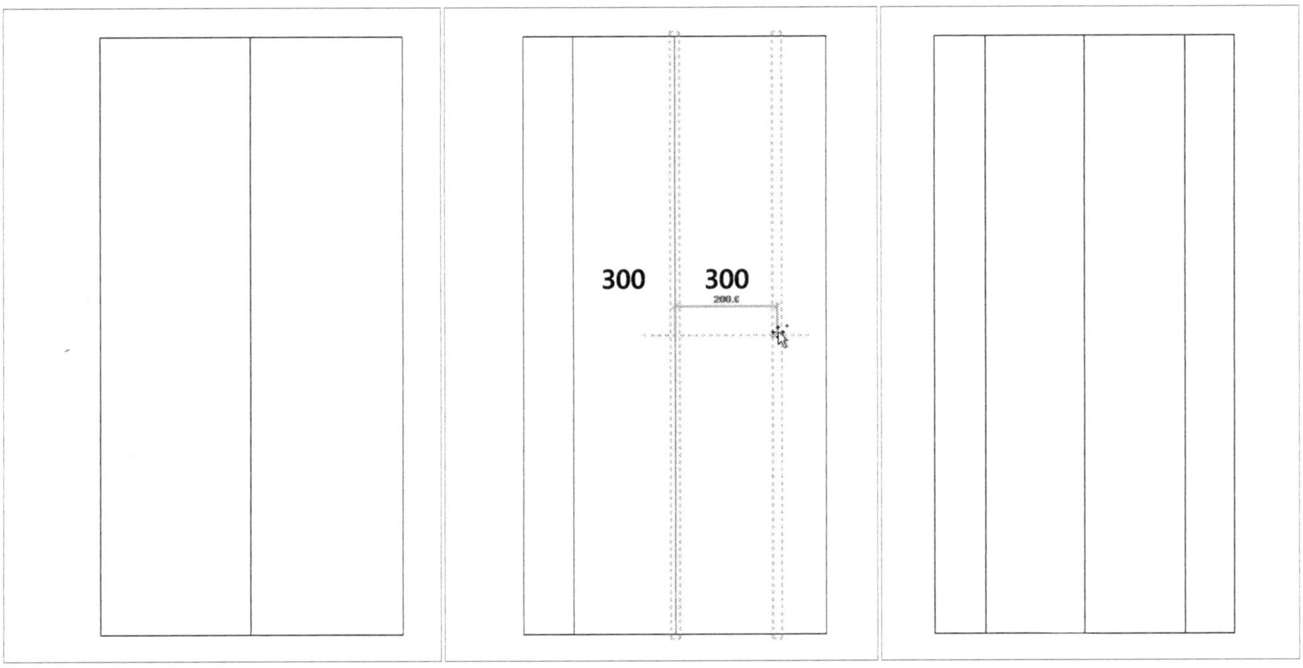

- 시트의 가로선을 중심에 하나 그린 후 위쪽으로 300만큼, 아래쪽으로 200만큼 복사한다.

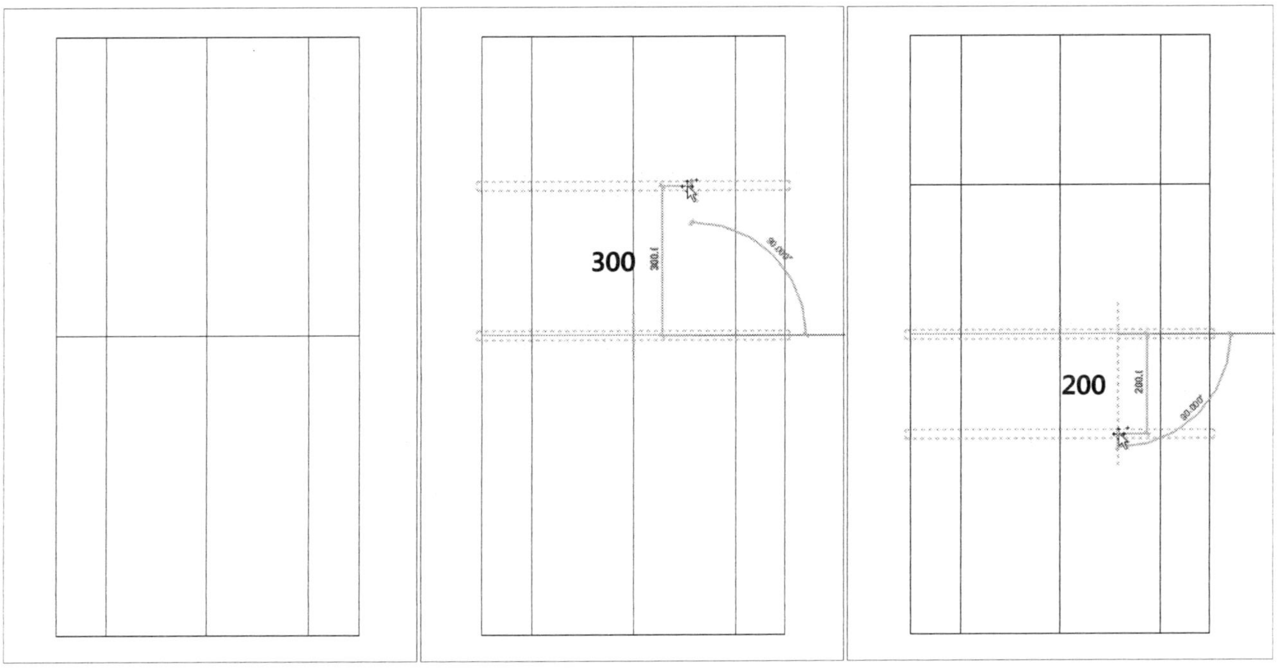

② 시트에 도면 배정하기

- 시트의 보조선을 모두 작성했으므로 도면을 가져온다.

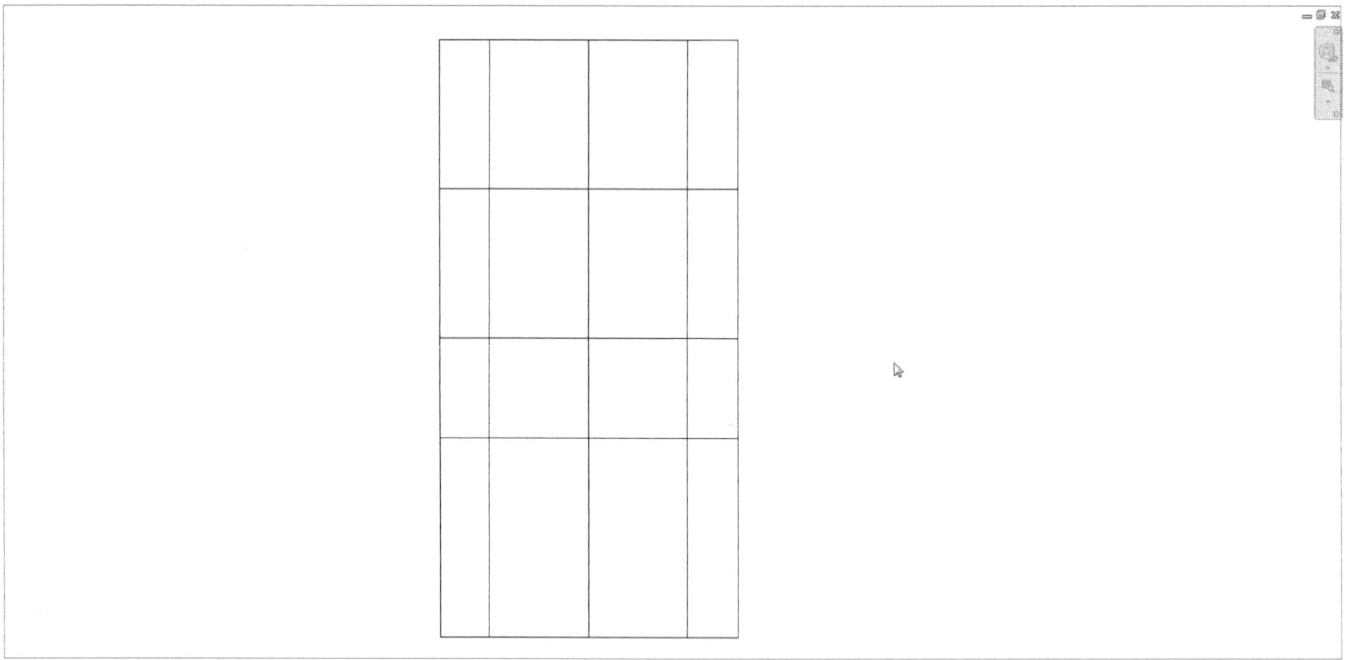

- 프로젝트 탐색기에서 1층 평면도를 드래그하여 시트로 이동한다.

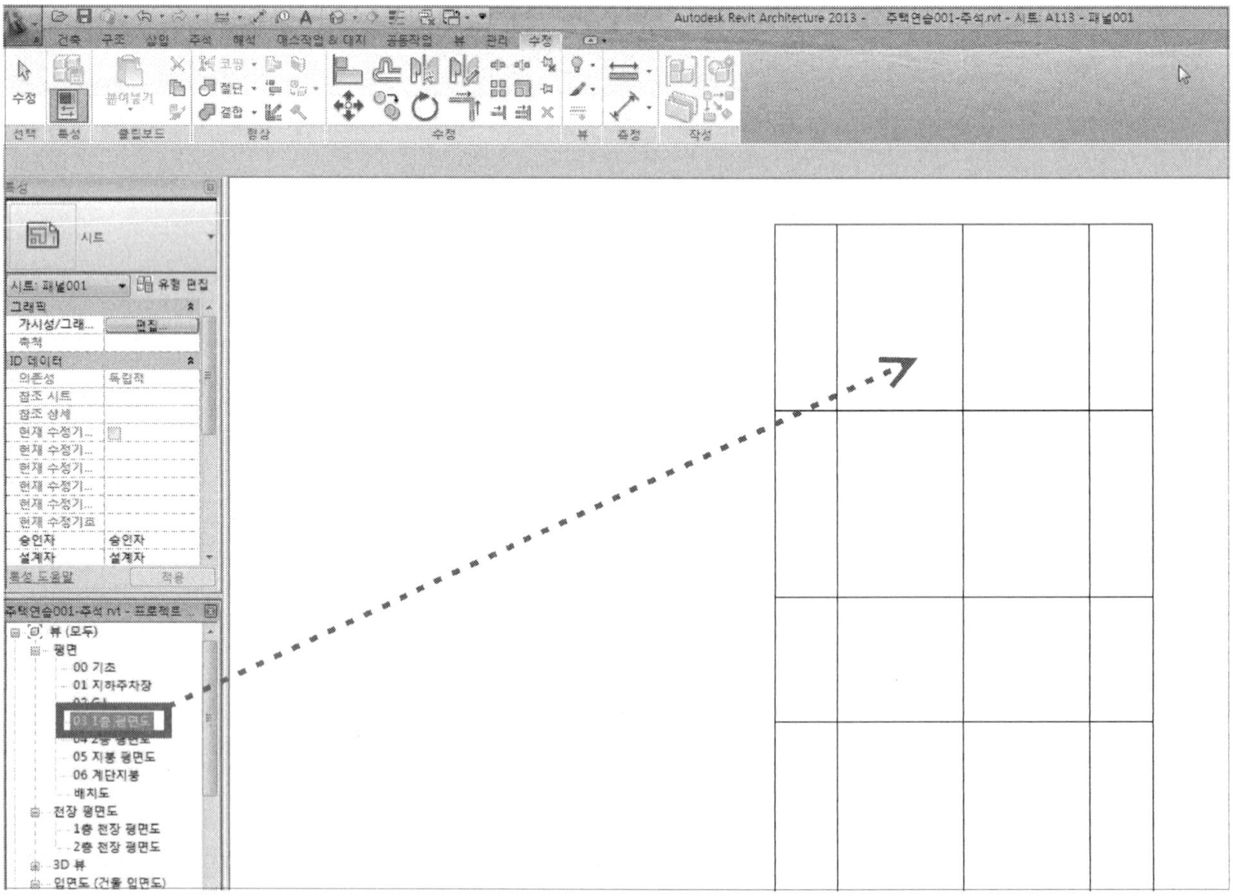

- 이 때 나타나는 메시지는 1층 평면도 뷰를 시트에서 사용했으므로 복제하여 사용하라는 내용으로 읽고 닫기를 클릭한다.

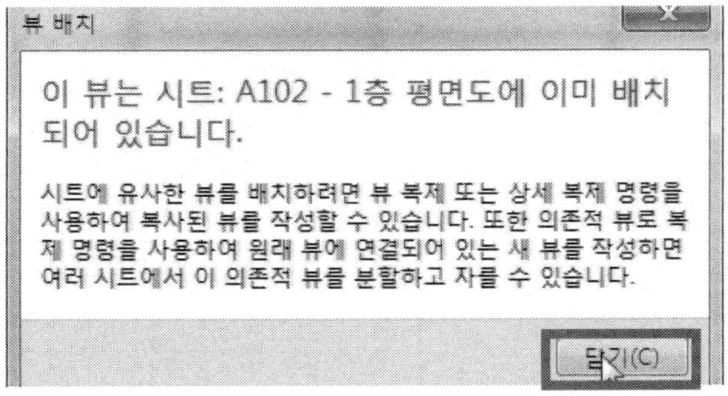

- 프로젝트 탐색기에서 1층 평면도를 선택하고 마우스 오른쪽 버튼/ 뷰 복제/ 상세 복제를 선택한다.
- 복제 된 뷰가 나타난다.

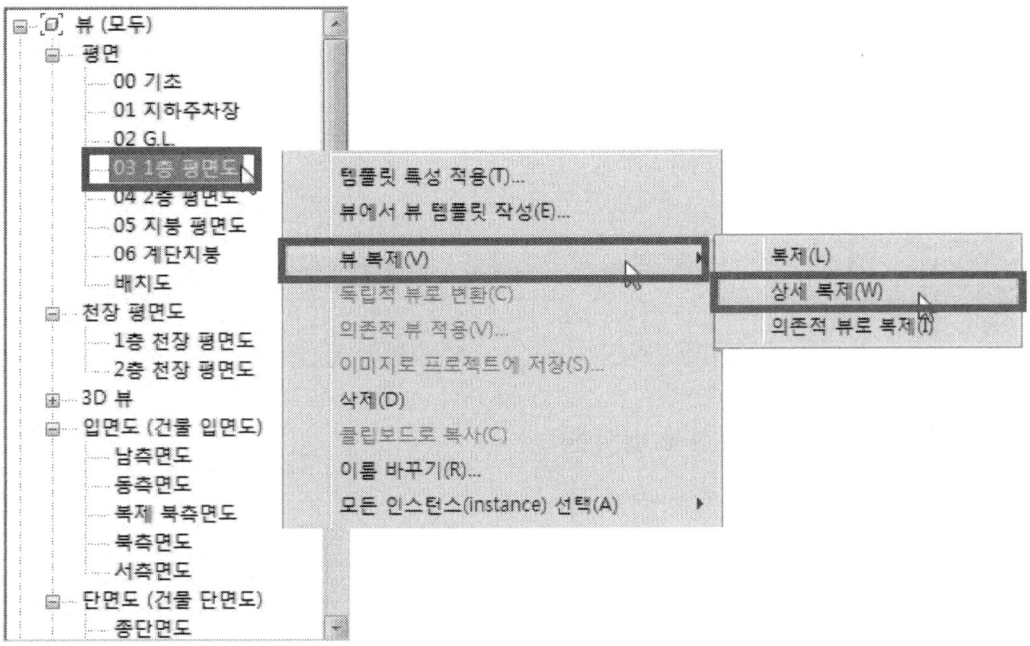

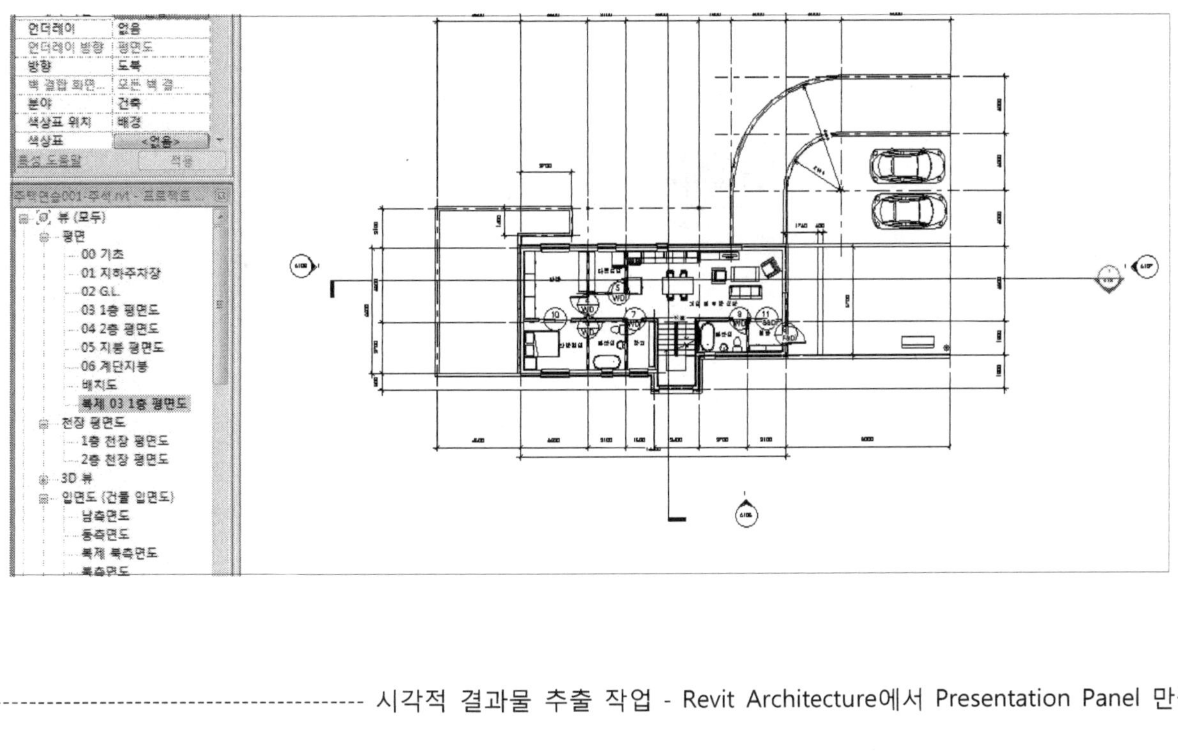

- A113-패널001을 활성화하고 프로젝트 탐색기에서 복제된 1층 평면도를 드래그하여 시트로 이동한다.

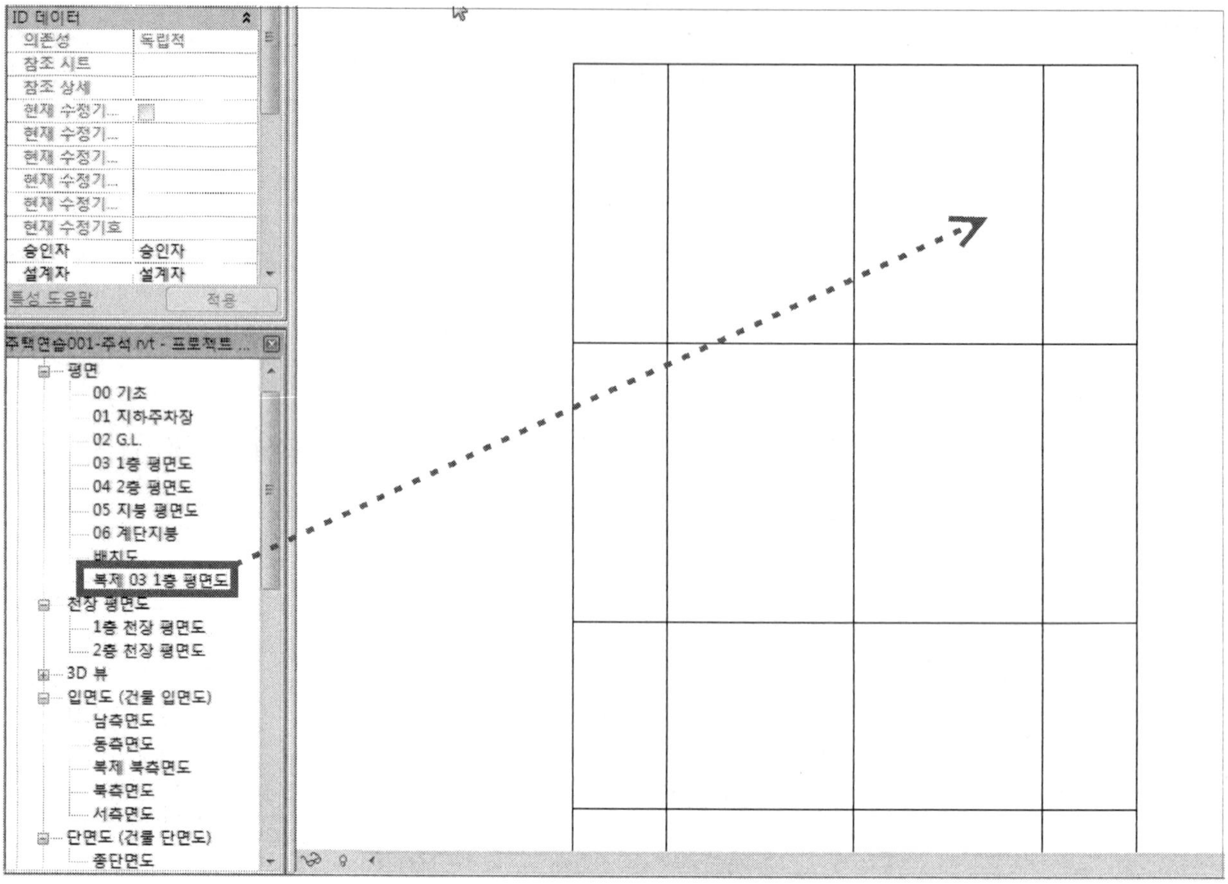

- A113-패널001에 1층 평면도를 적당하게 배치한다.

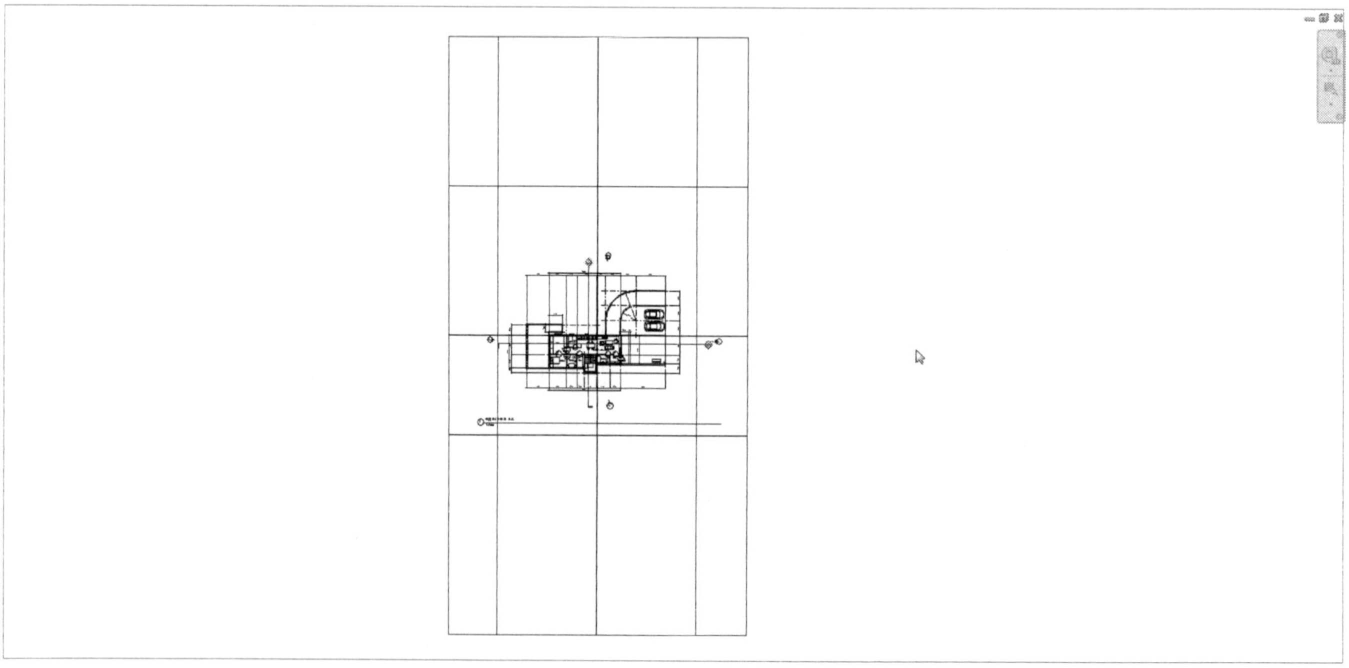

- 1층 평면도의 제목 선을 뷰에서 감추기 위해서 1층 평면도의 감추어진 뷰 박스를 선택하고 마우스의 오른쪽 버튼을 클릭하고 뷰에서 숨기기/ 요소를 선택한다.

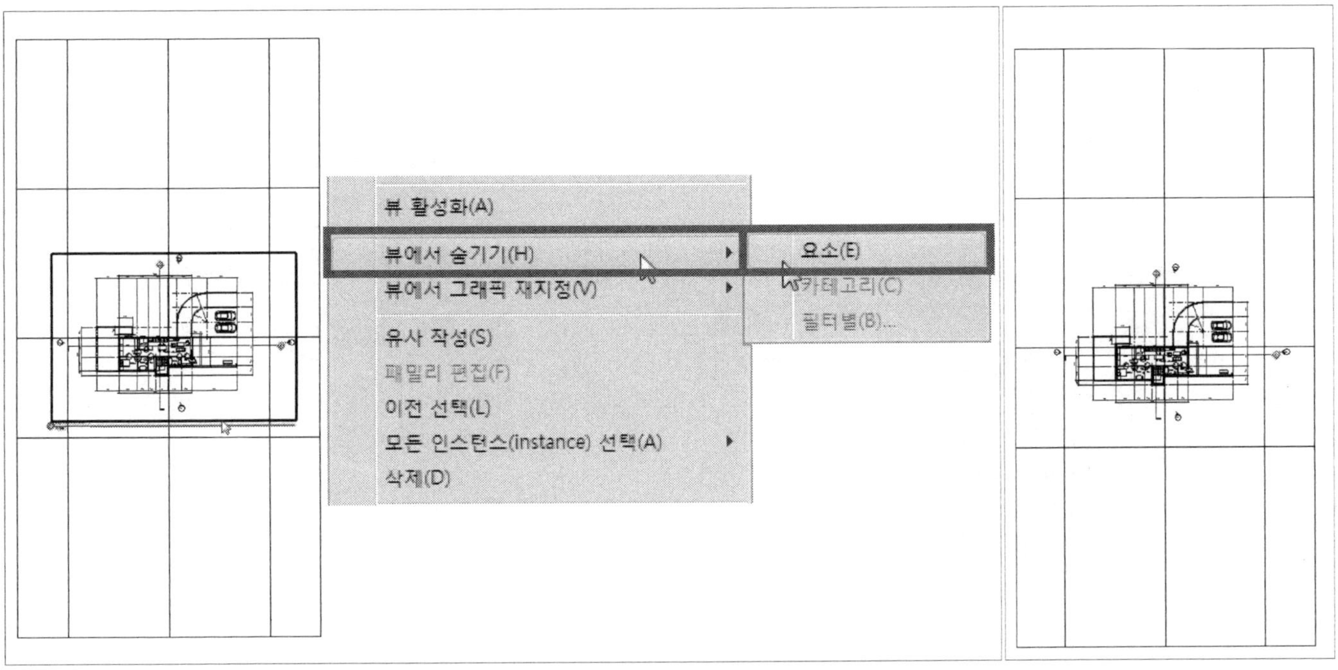

- Revit Architecture에서 실습한 렌더링 장면 중 하나를 패널에 배치하기 위해 저장된 장면을 드래그한다.

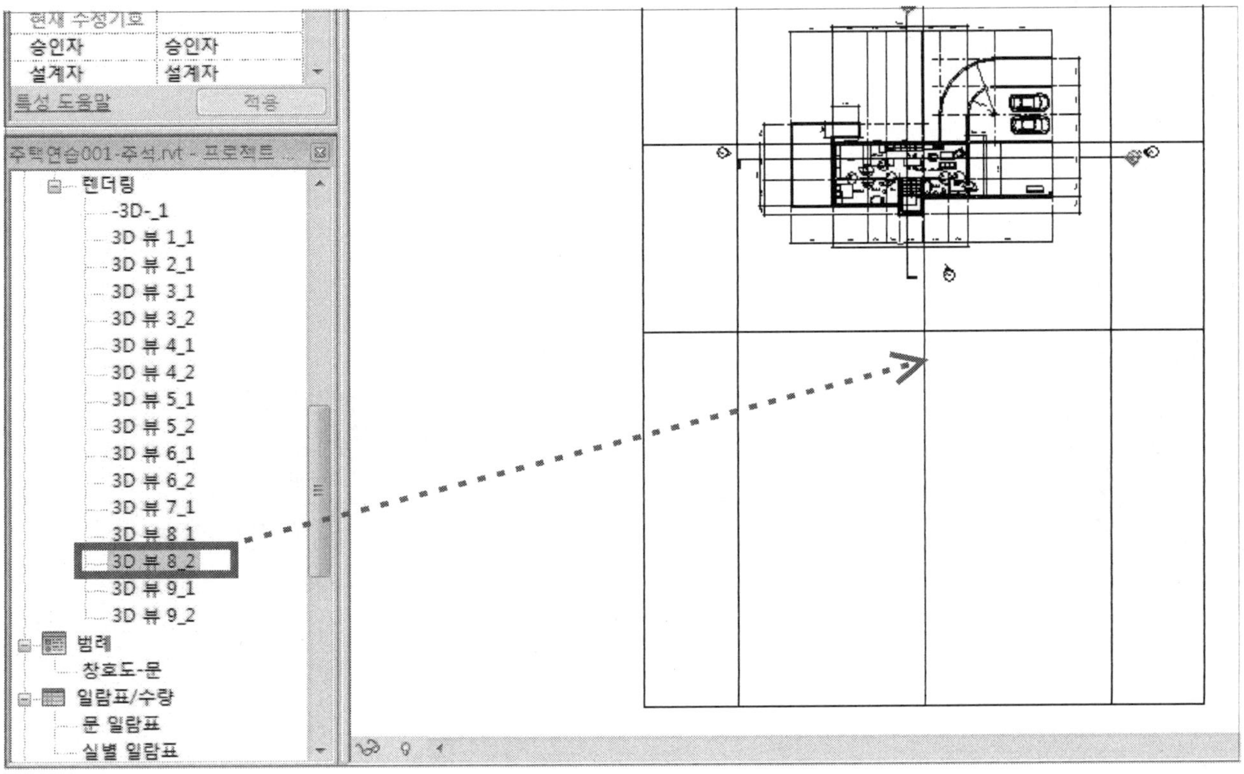

- 드래그한 렌더링 장면을 선택하고 마우스 오른쪽 버튼을 클릭하고 뷰 활성화를 선택한다.

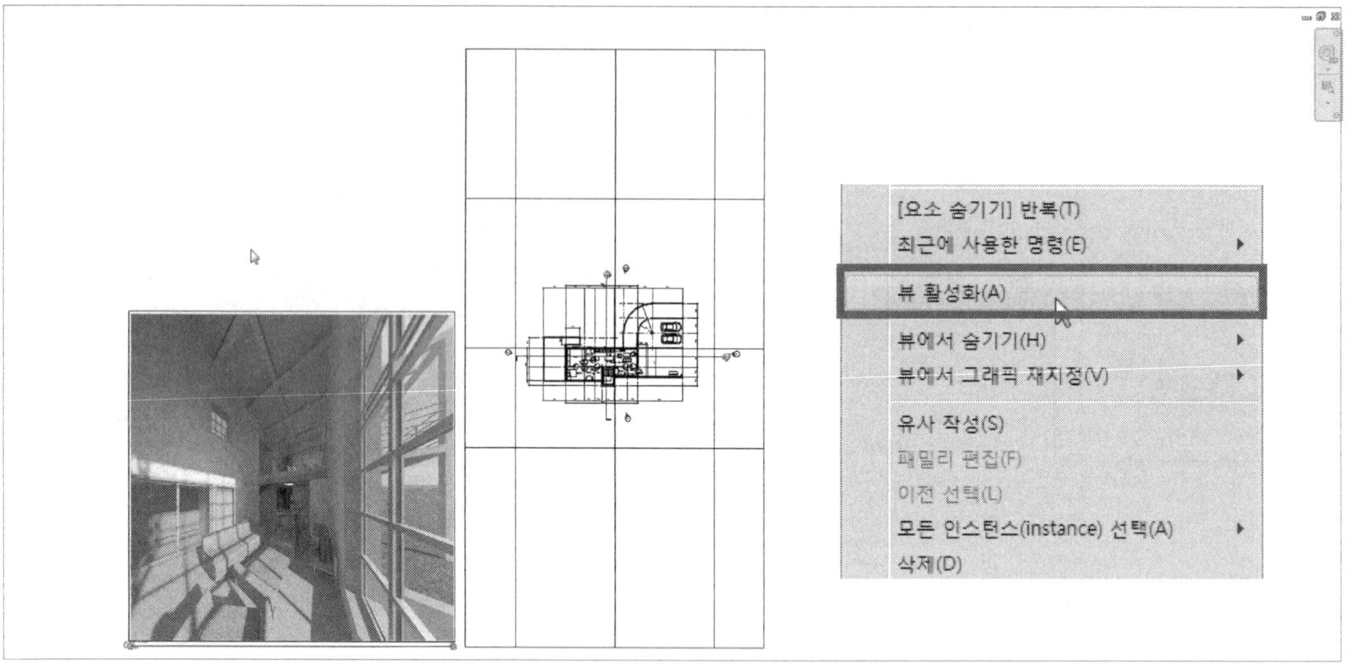

- 렌더링 장면에 파란색 대각선이 나타나면 이동하고 크기를 점을 조절하여 그림과 같이 크기를 조절한다.

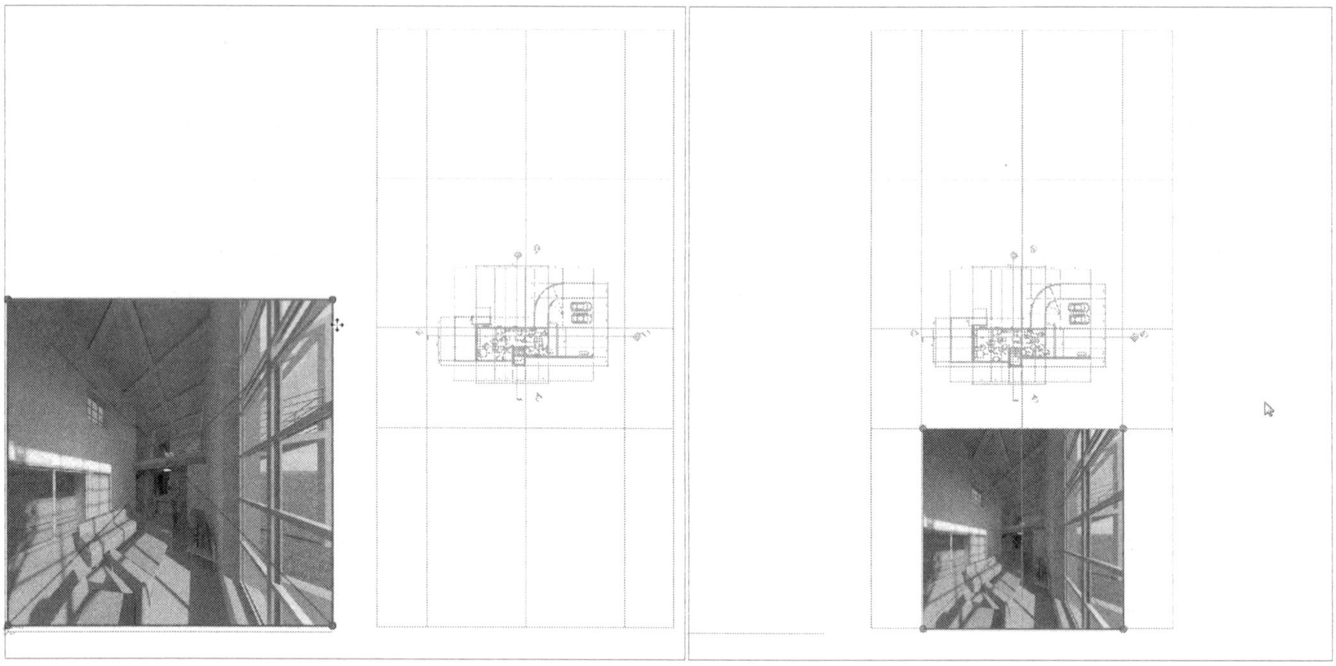

- 렌더링 장면의 자리를 잡았으면 마우스 오른쪽 버튼을 클릭하고 뷰 비활성화를 선택한다.

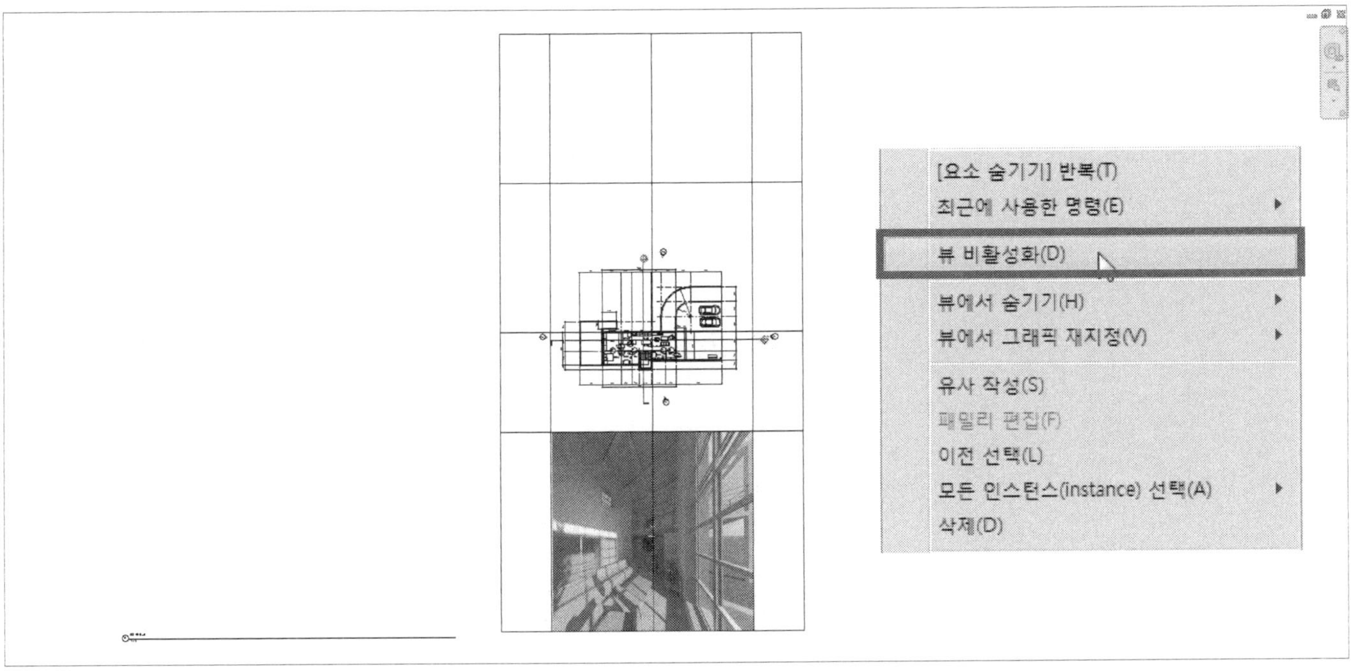

- 렌더링 장면의 제목 선을 감추기 위해서 화면 하단의 숨겨진 요소표시 아이콘을 클릭한다.
- 렌더링 장면의 제목 선을 뷰에서 감추기 위해서 감추어진 뷰 박스를 선택하고 마우스의 오른 쪽 버튼을 클릭하고 뷰에서 숨기기/ 요소를 선택한다.

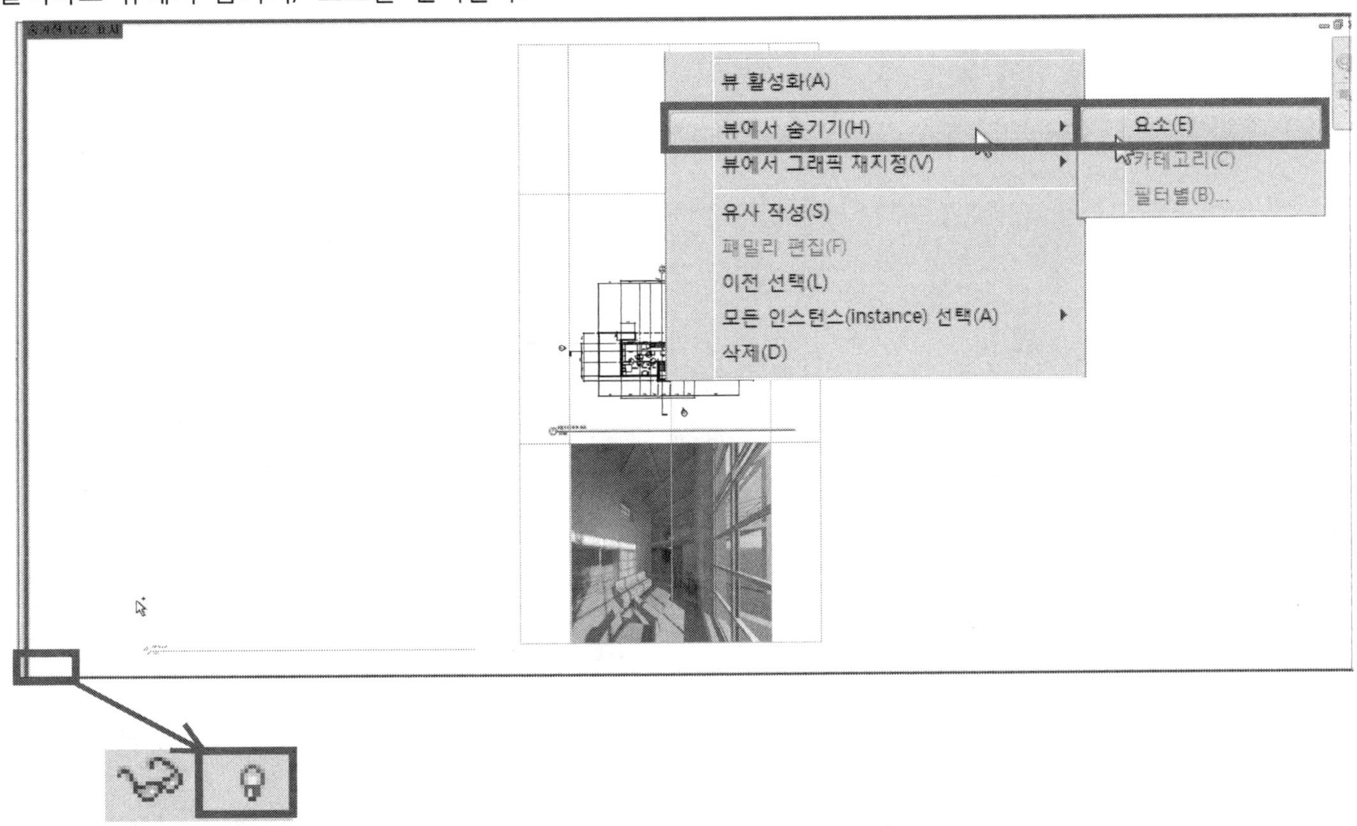

- 렌더링 장면이 시트에 위치된 것을 확인할 수 있다.

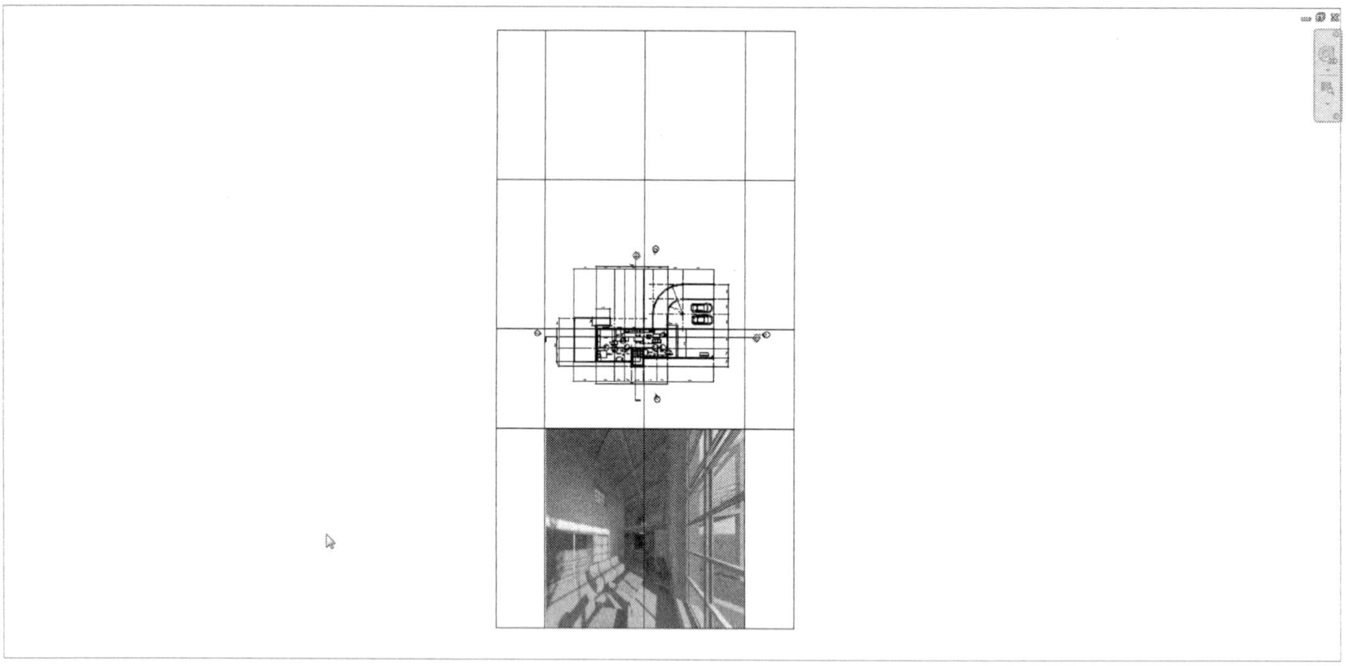

③ 시트에 외부 이미지 가져와서 배치하기

- 3DS MAX에서 만들어진 이미지를 시트에 위치시키기 위해서 삽입 탭의 이미지 아이콘을 클릭한다.
- 이미지 가져오기에서 만들어 놓은 파일을 선택한다.

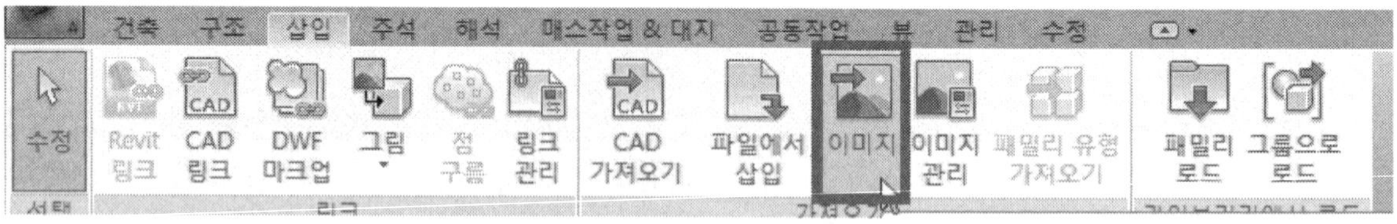

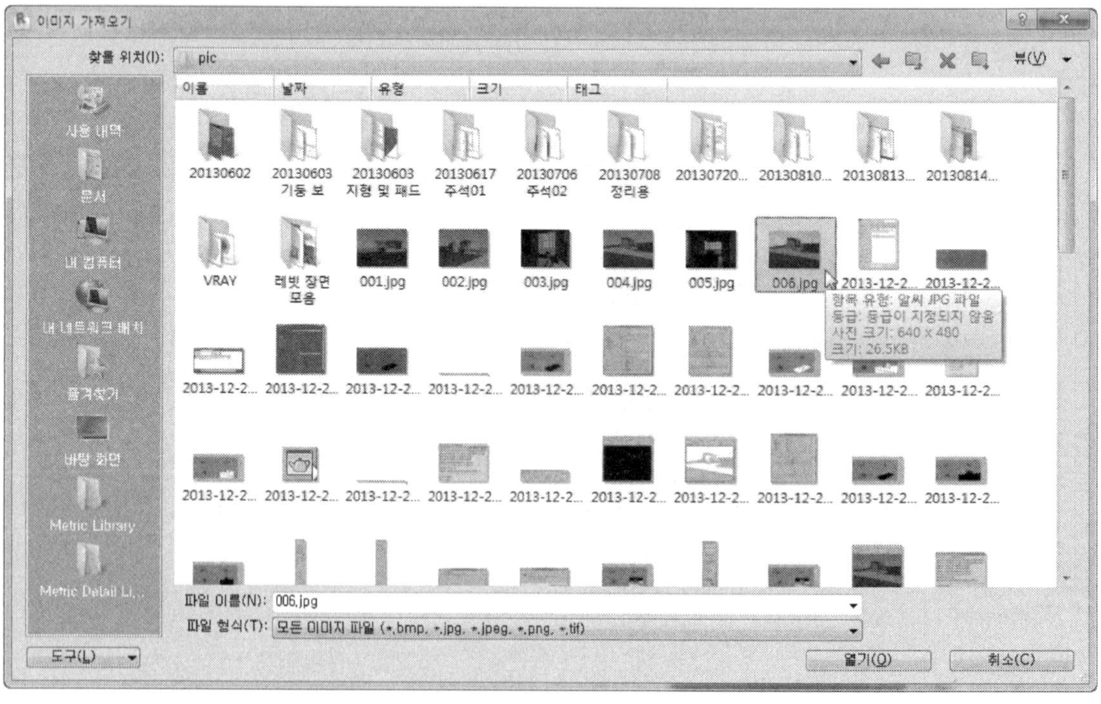

- 화면에 X자 표시가 나타나는데 적당한 자리에 클릭하면 이미지가 나타난다.

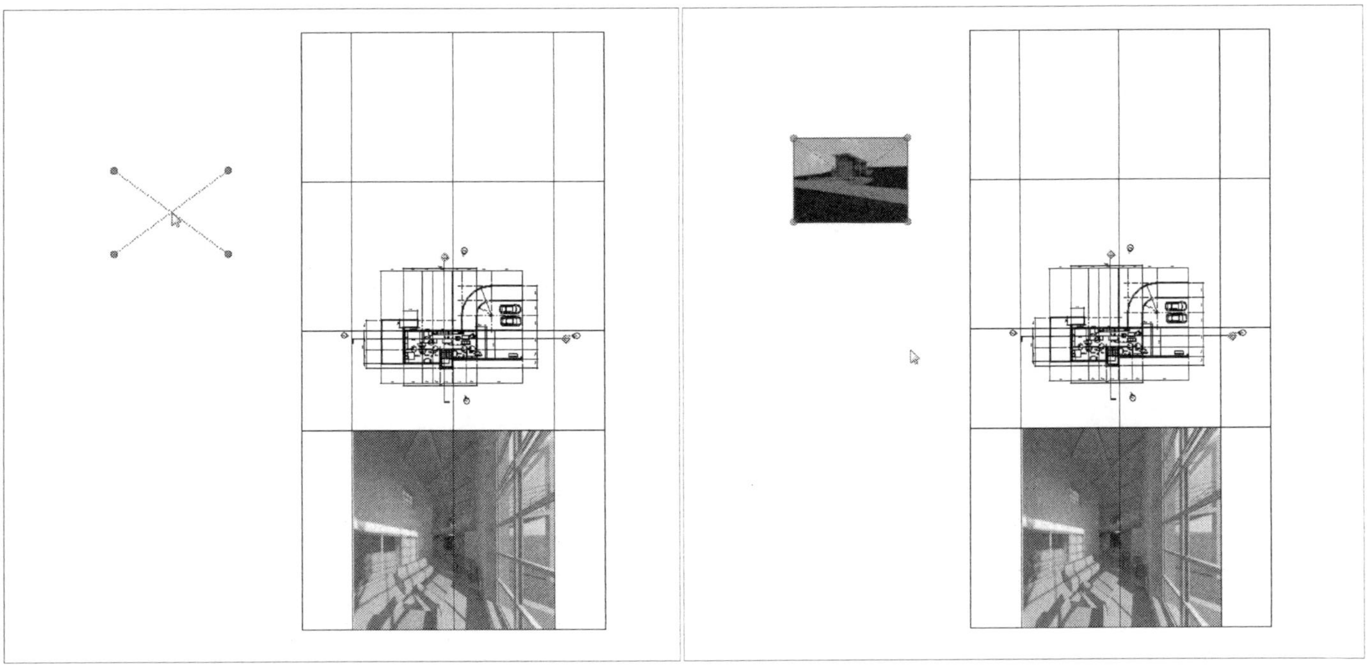

- 이미지를 이동하고 점을 드래그하여 크기를 맞춘다.

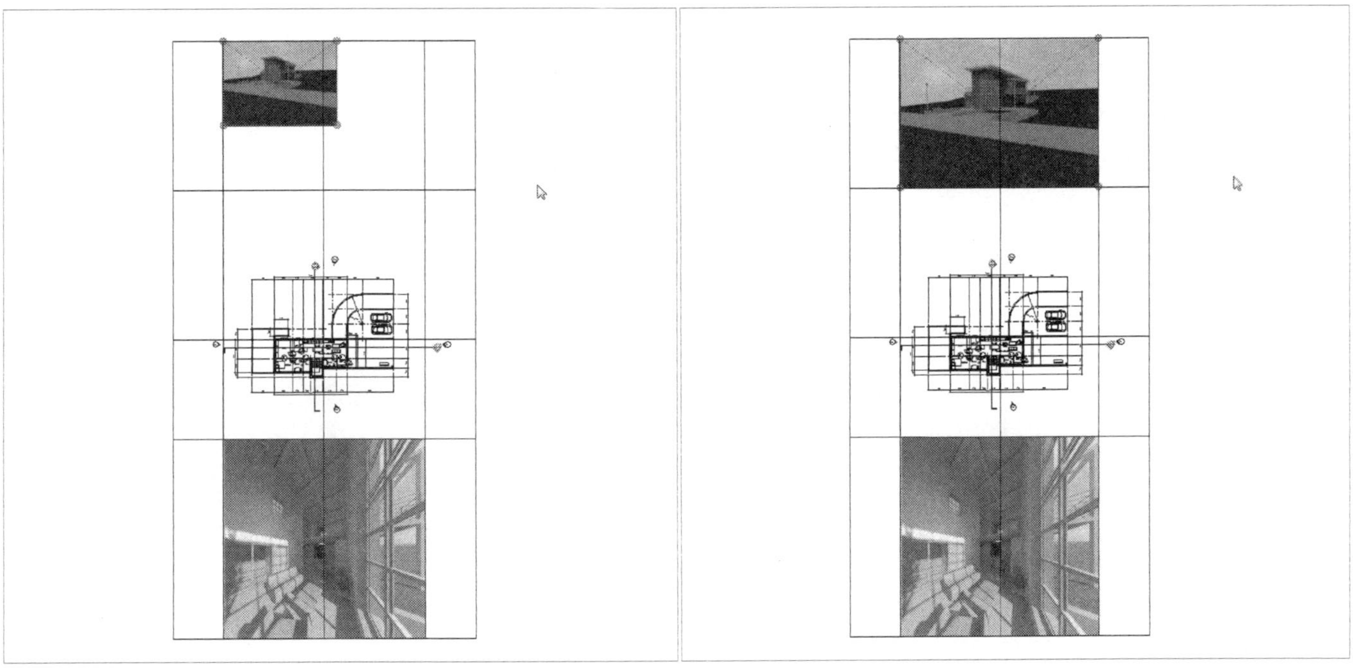

④ 시트에 글자 쓰기

- 만들어진 시트에 글자를 입력하기 위해서 주석 탭의 문자 아이콘을 선택한다.
- 특성에서 유형편집을 선택한다.
- 새로운 문자를 만들기 위해서 복제 버튼을 클릭하고 40mm Arial로 명명한다.

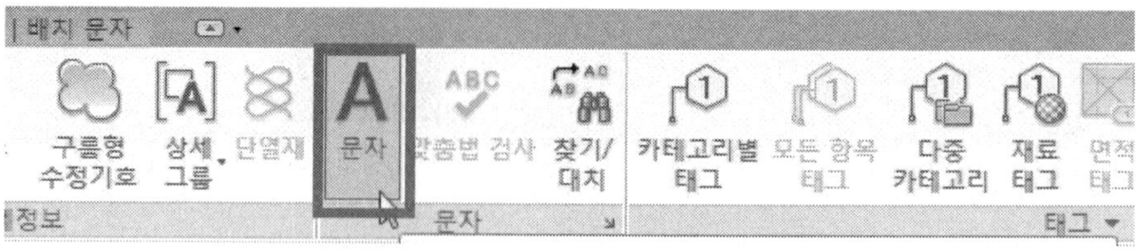

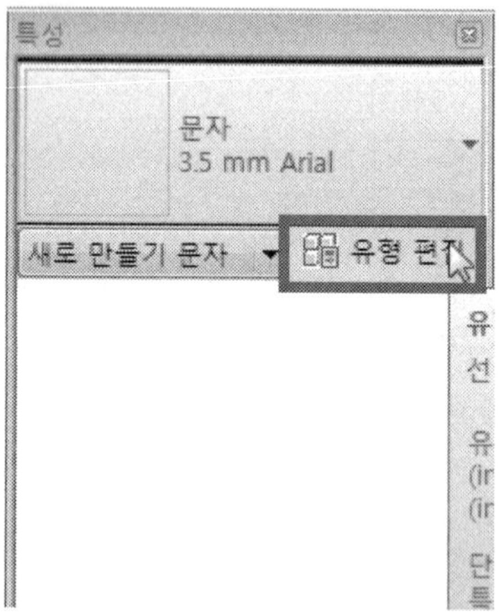

- 문자의 크기를 40.0000mm로 수정한다.

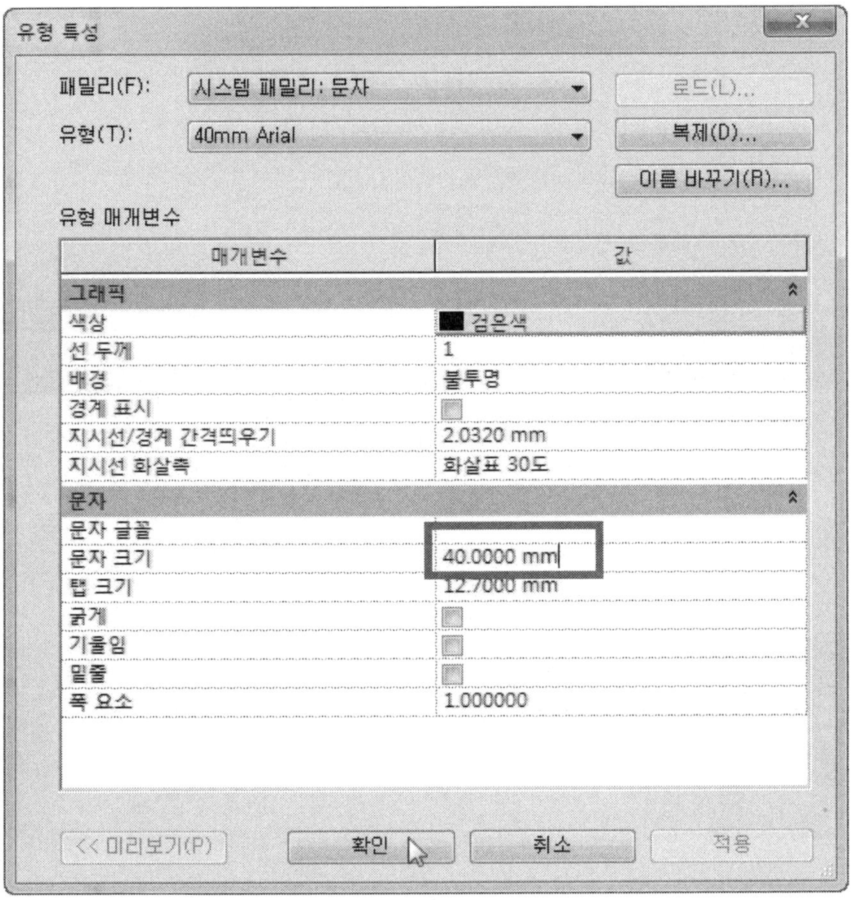

- 시트의 적당한 지점에서 박스를 만들고 문자 Revit Architecture HOUSE를 입력한다.

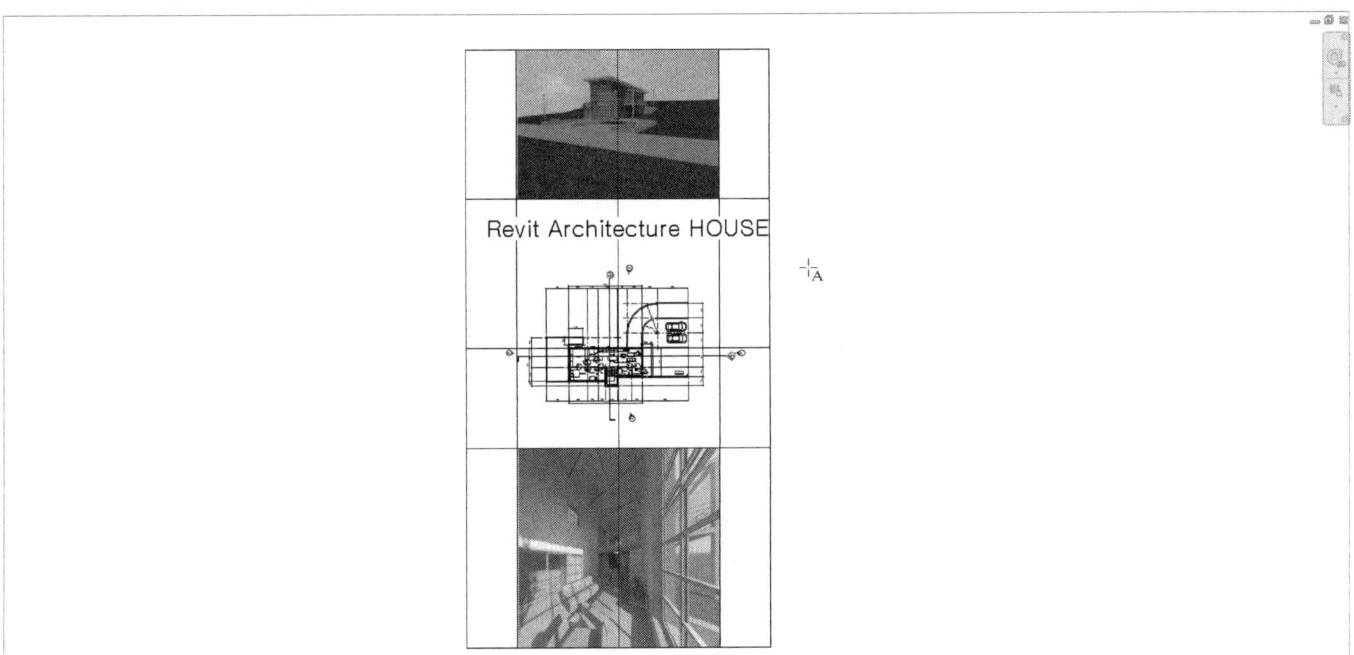

- 문자 Revit Architecture HOUSE를 선택하고 굵게, 가운데 정렬을 한다.

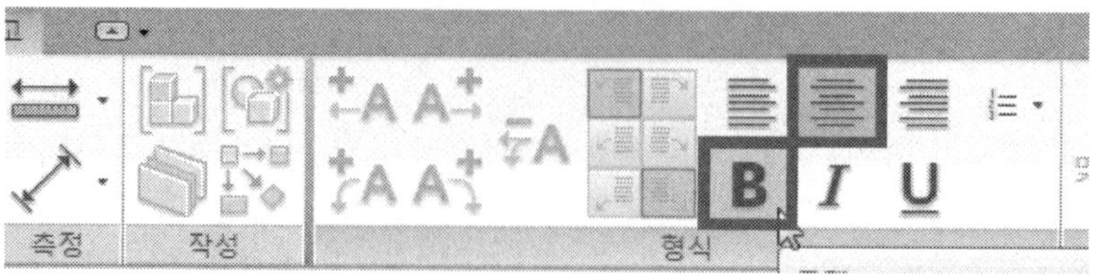

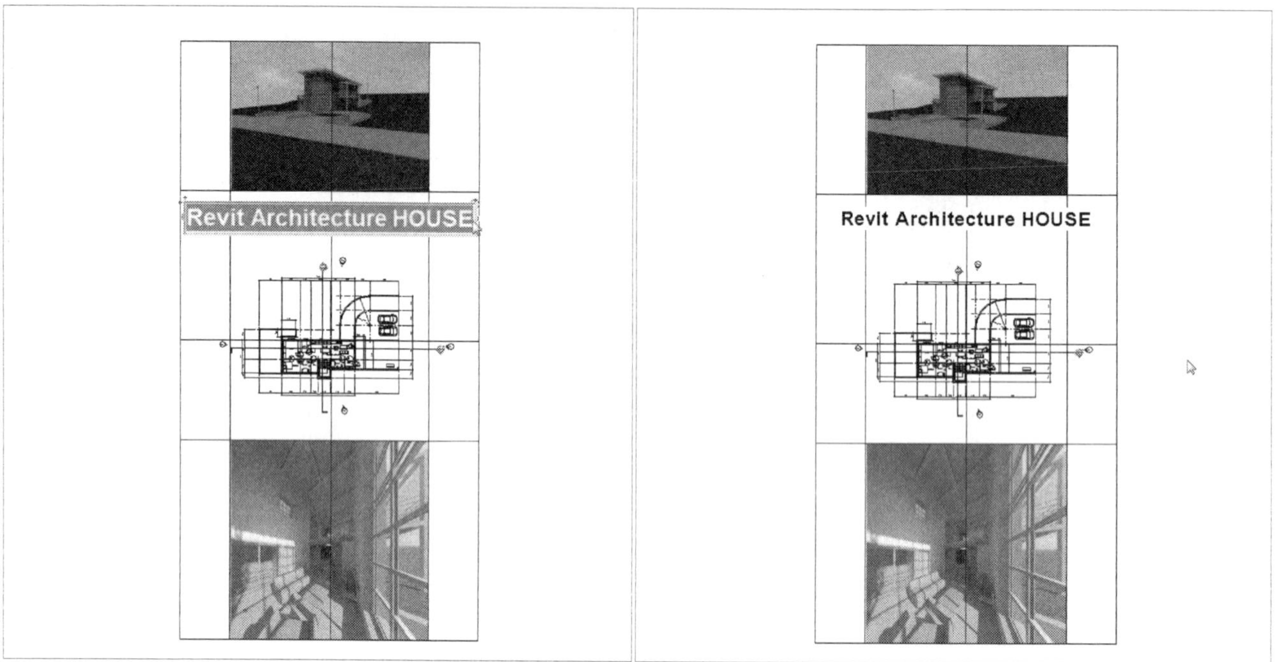

- 같은 방법으로 문자 유형 20mm Arial을 하나 더 복제하여 만들고 1층 평면도를 입력한다.

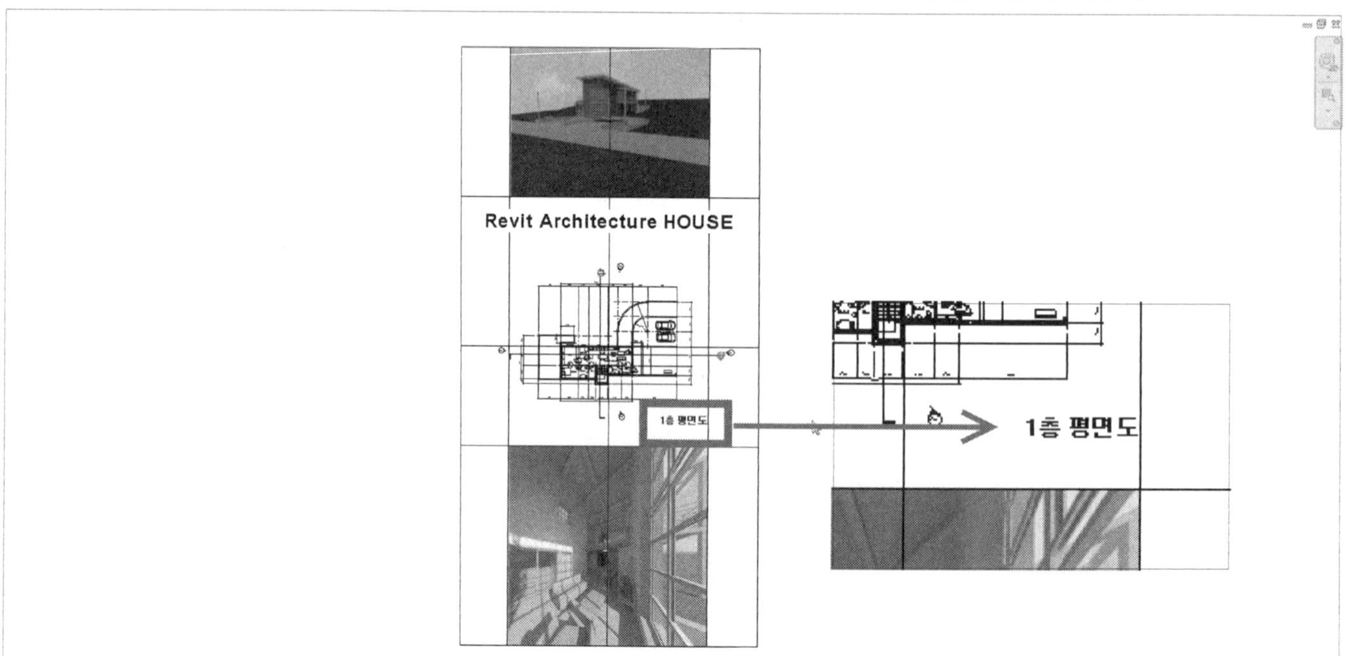

- 시트에 그려 놓은 보조선을 삭제하고 완성한다.
- 같은 방법으로 다른 시트도 복제하여 작성 실습을 한다.

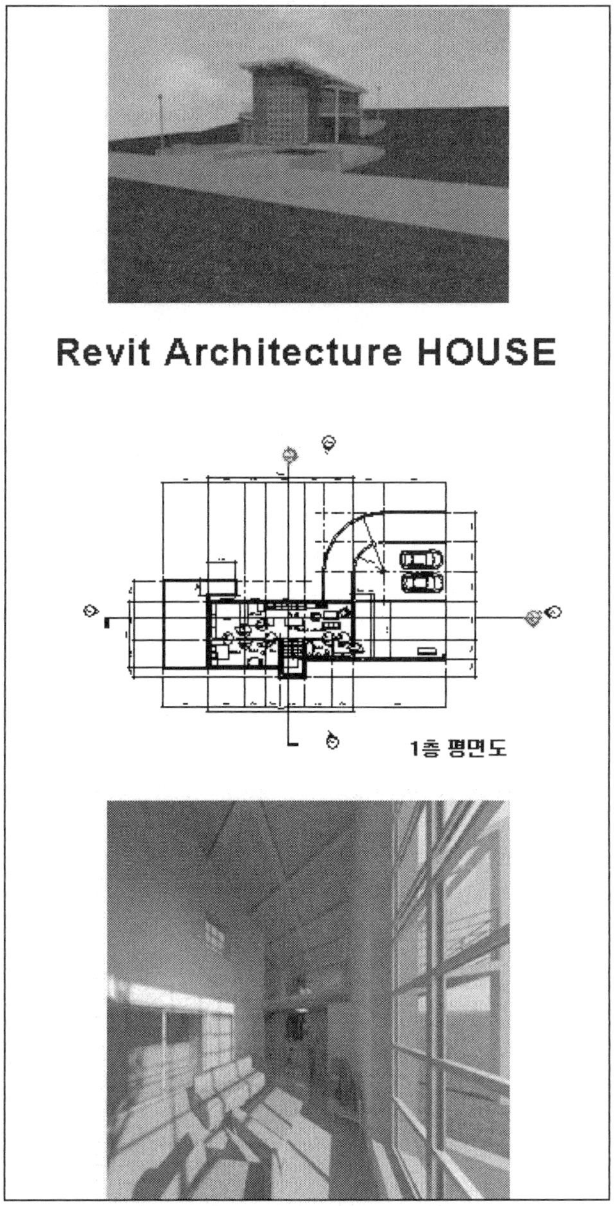

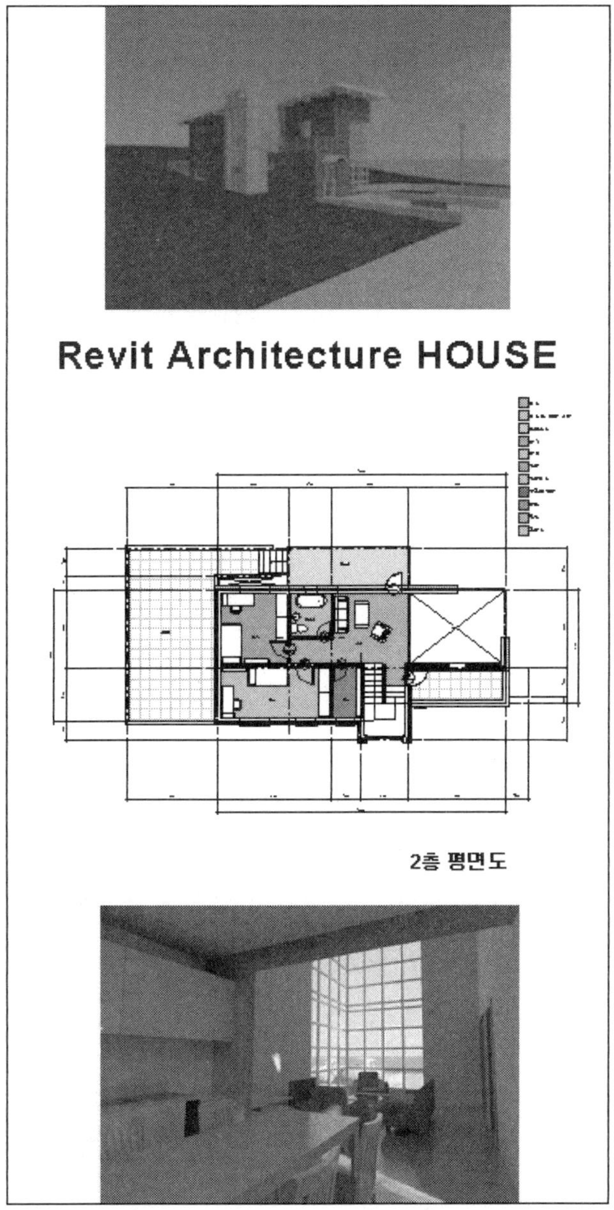

Autodesk Revit Architecture를 이용한 주택 모델링

2023년 6월 20일 인쇄
2023년 6월 30일 발행

공 저 : 이종렬 · 홍사철
펴낸이 : 이 석 환
펴낸곳 : 도서출판 서우
등 록 : 제8-159호
주 소 : 서울시 은평구 대조동 188-8
전 화 : (02)383-1696, 1697
팩 스 : (02)387-9578
ISBN 978-89-97153-47-3 93540

값 25,000 원